Handbuch für Autorinnen und Autoren

.uschtrin.

Handbuch für Autorinnen und Autoren

Informationen und Adressen aus dem deutschen Literaturbetrieb und der Medienbranche

7., völlig überarbeitete und
erweiterte Auflage 2010

Herausgegeben von
Sandra Uschtrin und Heribert Hinrichs

Uschtrin Verlag, München

für Lotte

Bibliografische Information der Deutschen Nationalbibliothek
Die Deutsche Nationalbibliothek verzeichnet diese Publikation in der Deutschen Nationalbibliografie; detaillierte bibliografische Daten sind im Internet über http://dnb.d-nb.de abrufbar.

Herausgegeben von: Sandra Uschtrin und Heribert Hinrichs
info@uschtrin.de | www.uschtrin.de

7. Auflage 2010
Stand: April 2010
ISBN 978-3-932522-14-7

Umschlaggestaltung und Layout: Jana Dujka, KOCHAN & PARTNER GmbH, München
Satz: Robert Iwen, KOCHAN & PARTNER GmbH, München
Produktion: Benedikt Bäumler, KOCHAN & PARTNER GmbH, München
Registererstellung: Jochen Fassbender, www.indexetera.de
Druck und Bindearbeit: Westermann Druck Zwickau GmbH

www.uschtrin.de

INHALT

2 Alternative Publikationsmöglichkeiten

INHALT

INHALT

INHALT

VORWORT

Handbuch im neuen Gewand

Sechs Ausgaben lang kam dieses Handbuch als Softcover mit selbst gestricktem Layout daher, quasi in Jeans und Turnschuhen. Wir fanden, zum Jubiläum – 25 Jahre *Handbuch für Autorinnen und Autoren!* – war es Zeit für ein neues Outfit.
Die siebte Ausgabe präsentiert sich daher als Hardcover mit Fadenheftung und Lesebändchen. Layout und Satz wurden von einer führenden Münchner Firma in Sachen Typografie und Gestaltung übernommen, und zu guter Letzt schickten wir unser Prachtstück nach Bremen zu einem der versiertesten Indexing-Spezialisten Deutschlands.
Wir hoffen, dass Ihnen die neue Optik gefällt und Sie sich in unserer Jubiläumsausgabe bestens zurechtfinden.

Herzstück: unsere Exposé-Sammlung

Selbstverständlich haben wir – wie bei jeder Ausgabe – alle Informationen und Adressen überprüft und aktualisiert. Viele Beiträge und Interviews sind neu und wurden eigens für das Handbuch akquiriert.
Im Mittelpunkt der letzten Ausgabe stand das damals neu konzipierte und nun überarbeitete Kapitel „Geldverdienen mit literarischen Dienstleistungen". Herzstück dieser Ausgabe ist eine Sammlung mit Exposés: In Kapitel 9 („Kontaktaufnahme") erwarten Sie 13 Exposés mit Kommentaren der beteiligten Lektorate und Agenturen aus den Bereichen historischer Roman, Erotik- und Heftroman, Fantasy, Krimi, Kinder- und Jugendbuch, zeitgenössischer Roman, Memoir/Reisebericht, Sachbuch und Ratgeber. Jetzt muss sich niemand mehr davor fürchten, ein Exposé zu schreiben. Wer wissen will, was man in etwa abliefern sollte, kann einfach unsere Exposés studieren. Lieben Dank an alle Autorinnen und Autoren, die uns erlaubt haben, ihr Exposé hier abzudrucken!

Weg mit dem Ballast!

Neu ist auch, dass wir bei vielen Adressen auf Detailangaben verzichtet haben und Straße, Hausnummer, Postleitzahl oder Faxnummer nicht mehr nennen. Bei Verlagsadressen zum Beispiel beschränken wir uns meistens auf den Verlagsnamen, den Ort und die Internetadresse. Denn bevor Sie einen Verlag kontaktieren, sollten Sie ohnehin dessen Website besuchen, um Ihr Gegenüber besser kennenzulernen. Was das betrifft, haben wir also Ballast abgeworfen, den man im Internetzeitalter nicht mehr braucht.
Den dadurch gewonnenen Platz konnten wir für neue Inhalte nutzen, die so bisher nirgendwo zu finden waren – nicht mal im Internet. Dazu zählen neben den schon erwähnten Exposés die Erläuterungen zur *Regelsammlung Bühne* (nach der sich das Honorar der TheaterautorInnen bemisst) oder ein Agenturvertrag, den wir hier zum ersten Mal veröffentlichen.

Was will das Handbuch?

Nichts geändert hat sich an unserer Intention. Nach wie vor geht das Handbuch auf alle Themen und Bereiche ein, die für Schreibende relevant sind. Es ist ein Handbuch *für* Autorinnen und Autoren, das den Literaturbetrieb und die Medienbranche transparenter macht, indem es Informationen und Adressen zur Verfügung stellt. Breiten Raum

nehmen dabei Themen wie Aus- und Fortbildung oder Fragen zur Vermarktung des Geschriebenen ein.
Bisher waren wir immer vom bereits fertigen Manuskript ausgegangen. Das Handbuch wollte keine „Schule des Schreibens“ sein. Doch dann stießen wir auf Ingrid Glomps genialen Schreibkurs. „Keine Regel ohne Ausnahme“, heißt es. Unsere „Ausnahme“ finden Sie als Exkurs am Ende von Kapitel 10, gleich nach Wolf Schneiders Empfehlungen für BerufsschreiberInnen.

Für wen ist das Handbuch?

Zielgruppe sind alle Autorinnen und Autoren, also auch Heftroman-, Drehbuch-, Theater- und HörspielautorInnen. Denn das Handbuch informiert nicht nur. Es inspiriert auch und regt an, einen Blick über die Grenzen des eigenen Genres zu werfen.
Dabei richtet es sich sowohl an „gestandene“ als auch an alte und junge NachwuchsautorInnen mit wenig oder gar keiner Erfahrung im Publizieren.

Danke

25 Jahre Handbuch – so viele Leserinnen und Leser, die uns mit ihrer Kritik und ihrem Zuspruch anspornten! So viele InterviewpartnerInnen und BeiträgerInnen, die das Handbuch mit ihrem Wissen bereicherten! Danke!
Anna Basener (Heftroman), Christine Hegenbart (Theater), Florentine Egger (Hörspiel) und Eike Fuhrmann (Übersetzen) danke ich sehr für die Herausgabe einzelner Kapitel und die gute Zusammenarbeit, Petra Zwerenz für alle Fehler, die sie beim Korrekturlesen entdeckte.
Mein besonderer Dank geht außerdem an Heribert Hinrichs, der zum ersten Mal Mitherausgeber des Handbuchs ist und mir bei allen Fragen mit Rat und vor allem auch Tat zur Seite stand.
Außerdem danke ich meinen „Lieben“, die mich durch ein Jahr Handbuchmachen begleiteten. Toll, dass es euch gibt!

In dieser Jubiläumsausgabe haben wir streckenweise die Sonderfarbe Silber verwendet. Ob 2035, wenn wir zum Gold greifen könnten, überhaupt noch Printbücher hergestellt werden? Wir sind gespannt, wie sich der Literaturbetrieb und die Medienbranche weiterentwickeln. Eines ist sicher: Bedarf an guten Geschichten wird es immer geben.
Wir wünschen Ihnen beim Schreiben allen Erfolg!
Und viel Freude!

München, 19. April 2010
Sandra Uschtrin

Handbuchmachen kostet Geld. Deshalb gibt es auch in dieser Ausgabe Anzeigen und Werbezeilen (gekennzeichnet mit diesem Symbol: ➲). Ich danke allen Werbekunden, die es mit ihren Anzeigen ermöglichen, dieses Handbuch zu produzieren.

BEITRÄGE

INTERVIEWS

Verlage und Genres

1

oder auch: „In der Literatur gibt es viele Wohnungen."

INTERVIEWS

ADRESSEN UND INFORMATIONEN

Rosinen im Buchstabenteig – eine Einführung in dieses Kapitel

Wenn Sie es noch nicht getan haben, tun Sie es bitte jetzt: Fragen Sie sich, wohin Sie mit der Schriftstellerei wollen. Welches Ziel schwebt Ihnen vor Augen?

- Wollen Sie zusammen mit Gleichgesinnten eine Anthologie herausgeben und auf Lesungen in der Region ein selbst geschriebenes Gedicht oder eine Geschichte vortragen? Prima. Das ist vom Aufwand her ungefähr wie Joggen oder Nordic Walking mit Hartmut, Gina und den anderen: Man muss ganz schön fit sein, um mitzuhalten, und manchmal ist es verlockender, einfach nur auf dem Sofa zu lümmeln und „Wer wird Millionär?“ zu gucken. Doch Sie wissen, wenn Sie erst mal dabei sind, bringt Ihnen die Lauferei beziehungsweise das Schreiben richtig Spaß. Ist es so? Dann beginnen Sie mit Kapitel 2 und studieren Sie den Beitrag von Andreas Mäckler über Books on Demand.
- Sie wollen möglichst bald den Ingeborg-Bachmann- oder den Open-Mike-Wettbewerb gewinnen und später dann – wie Herta Müller – den Nobelpreis für Literatur? Gut. Dann wissen Sie sicher, dass Sie entsprechend trainieren müssen. So wie Magdalena Neuner, Siegerin im Biathlon bei den Olympischen Winterspielen in Vancouver 2010. Oder wie Reinhold Messner, wenn er auf einen Gipfel will. Also täglich mehrere Stunden. Ihr Fernseher steht daher längst auf dem Dachboden und Ihr Wecker klingelt morgens um kurz nach vier. Ist es so? Dann beginnen Sie mit Kapitel 5 und finden Sie heraus, welche Agentur am besten zu Ihnen passt.
- Sie wollen irgendwie beides? Dann sind Sie hier richtig.

In diesem Kapitel erfahren Sie, wie es in der Verlagswelt zugeht.
Den Anfang macht ein Beitrag zum Beruf Lektor. Lektorinnen und Lektoren sind diejenigen, die dafür sorgen, dass nicht jedes Manuskript veröffentlicht wird, das man einem Verlag anbietet.
Denn jeder Verlag kann nur eine begrenzte Anzahl von Titeln herausbringen. Bei kleinen Buchverlagen sind es rund 12 Titel im Jahr, die in Erstauflage erscheinen, bei mittleren Verlagen 77 und bei großen Verlagen etwa 266 Titel.[1]

Manuskripte im Überfluss

Gerade die großen und bekannten Publikumsverlage, die mit ihren Belletristik- und Sachbuchtiteln eine breite Öffentlichkeit ansprechen, bekommen jedes Jahr weit mehr Manuskripte angeboten: Der Goldmann Verlag erhält monatlich zwischen 400 und 600 unverlangt eingereichte Manuskripte, das sind jährlich um die 6000 Einsendungen; beim Thienemann Verlag („Der Räuber Hotzenplotz“) sind es etwa 2000.
Mit anderen Worten: Es besteht ein Überangebot an Manuskripten. Verständlich, dass Verlage sich die „Rosinen“ herauspicken und nur die Manuskripte veröffentlichen, von denen sie sich am meisten Erfolg versprechen.
Das sind sie übrigens auch ihren Mitarbeiterinnen und Endabnehmern, den Leserinnen und Lesern, schuldig. Nur Verlage, die sich nach den Bedürfnissen des Marktes richten, haben eine Chance, längere Zeit auf eben diesem Markt zu bestehen. Wo „Hanser“ draufsteht, muss auch „Hanser“ drin sein. Sonst vergrault man seine Kunden, die für ihr Geld ein Buch erwerben wollen, das ihren Erwartungen entspricht.

Kein Verlag verlegt alles

Und schon sind wir mittendrin! Denn in einem typischen „Hanser"-Titel wird anderer Lesestoff zu finden sein als in einem Titel des Verlags „Plaisir d'Amour". Dort erscheint Erotik für Frauen. Und dort wiederum wird man nichts mit einem „Hanser"-Manuskript anfangen wollen. Oder mit einem Bilderbuch für Vierjährige. Oder mit einem Buch zum Thema „Wohnen im Alter".

Es gilt also, für das jeweilige Manuskript den passenden Verlag zu finden. (Oder umgekehrt: das passende Manuskript für den jeweiligen Verlag zu schreiben.)

Wer die Wahl hat ... bedient sich einer Agentur?

Bei mehr als 2000 Verlagen, die in Deutschland regelmäßig Literatur im weitesten Sinne produzieren und im *Adressbuch für den deutschsprachigen Buchhandel* verzeichnet sind, dürfte es doch recht einfach sein, den passenden Verlag zu finden. Ist es auch. Jedenfalls für eine Agentur, die sich auf dem Markt auskennt. Die zwei Haken daran: Eine Agentur will mitverdienen und behält von Ihrem Autorenhonorar 15–20 Prozent ein. Geht in Ordnung, werden Sie denken. Denn Ihnen liegt daran, dass Ihr Manuskript veröffentlicht wird. Das war Haken Nummer eins, den die meisten mühelos schlucken.

Haken Nummer zwei ist anderer Natur. Viele würden ihn gerne schlucken, wenn sie ihn denn zu fassen bekämen. Die Sache ist nämlich die, dass eine Agentur nicht jedes Manuskript akzeptiert, sondern sich ebenfalls, wie schon die Verlage, nur die „Rosinen" herauspickt. Eine „Rosine" ist für eine Agentur ein Manuskript, das Seller- oder lieber noch Bestsellerpotenzial hat und sich dazu eignet, in einem großen Publikumsverlag veröffentlicht zu werden.

Lyrik hat dieses Potenzial in aller Regel nicht.

Warum das so ist, erklärt Sabine Franke in ihrem sehr lesenswerten Beitrag „Warum so viele Lyrikmanuskripte abgelehnt werden". Auch wer keine Gedichte schreibt, sollte diesen Beitrag unbedingt lesen. Dort erfahren Sie, was das Büchermachen kostet, wie man einen Titel kalkuliert und dass Bücher mit niedrigen Auflagen fast immer ein Verlustgeschäft sind, das sich niemand auf Dauer leisten kann. Auch unser Interview mit Daniela Seel wird sicher vielen die Augen öffnen. Hut ab, vor einer Frau, die sich derart für „junge" Literatur und ihre AutorInnen engagiert!

Kurzgeschichten und Kurzprosa

Auch Kurzgeschichten, kurze Geschichten und Kurzprosa(texte) zählen leider nicht zur Lieblingslektüre der Deutschen und verkaufen sich daher schlecht.

Nach Erscheinen der letzten Handbuch-Ausgabe fragte uns ein enttäuschter Leser, warum wir denn nur die Verlage auflisteten, die Krimis, Science Fiction, Kinder- und Jugendliteratur und so weiter publizieren, nicht aber die Verlage, in denen Kurzgeschichten erscheinen. Unsere Antwort: Im Grunde kämen dann alle Verlage infrage, in denen (auch mal) Belletristik erscheint, und das wären mindestens 800. Eine solche Liste zu präsentieren wäre folglich Augenwischerei: Sie würde etwas vorgaukeln, das es, zumindest derzeit, kaum gibt – einen Bedarf an Kurzprosa bei Verlagen und LeserInnen.

Warum dieser Lesestoff so wenig begehrt ist, hat noch niemand erforscht. Tatsache ist, dass in Deutschland die meisten kurzen Prosatexte (denn um Kurzgeschichten handelt es sich dabei nur selten) typische Anfängertexte mit den entsprechenden Anfängerfehlern sind. Weil es keinen „Markt" für Kurzprosa gibt, vermitteln Agenturen diese Texte nur ausnahmsweise. Jeder kennt solche Ausnahmen; ein beliebtes Beispiel ist der Band „Simple Storys" von Ingo Schulze.

Literaturzeitschriften, Wettbewerbe ...

Erfreulicherweise gibt es andere Wege, Kurzgeschichten – und auch Lyrik – einem Publikum vorzustellen. Die meisten Literaturzeitschriften sind gerne bereit, Kurzgeschichten und Gedichte zu veröffentlichen, und suchen ständig nach guten Texten. Ihre Adressen finden Sie in Kapitel 4.

Außerdem werden wöchentlich rund vier Literaturwettbewerbe neu ausgeschrieben. Am häufigsten suchen die Veranstalter Kurzprosa und Gedichte. Wer bei solchen Wettbewerben gewinnt, vergrößert seine Chance, Verlage auf sich und sein Können aufmerksam zu machen.

Wer sich regelmäßig über neue Ausschreibungen informieren möchte, kann unter http://newsletter.uschtrin.de den „Uschtrin-Newsletter-Service Preise & Stipendien" kostenlos abonnieren. Im Internet berichten die Seiten www.uschtrin.de/preise.html bzw. www.uschtrin.de/preise_genre.html sowie www.literaturport.de über das aktuelle Geschehen in Sachen Literaturwettbewerbe.

... und Anthologien

Dankbar für kurze Geschichten sind auch HerausgeberInnen von Anthologien. Oft werden zu einem bestimmten Thema Geschichten gesucht: Katzengeschichten zum Beispiel oder Weihnachtsgeschichten. Alle, die gerne schreiben, sind aufgerufen, sich mit einer Geschichte zu beteiligen. Als Lohn bzw. „Gewinn" sollte wenigstens ein kostenloses Belegexemplar winken; sich mit Geld je gedruckter Seite in solche Bücher einzukaufen, davon rate ich ab. Hohe Auflagen erzielen Anthologien in der Regel selten, weshalb viele im Books-on-Demand-Verfahren hergestellt werden. KäuferInnen sind oft vor allem die AutorInnen selbst. (Vergleiche dazu auch den Hinweis in Kapitel 13, Recht und Soziales. Ausschreibungen zu Anthologieprojekten finden Sie unter www.uschtrin.de/anthologien.html.)

Mit und ohne Agentur

Agenturen nehmen also nur solche Texte an, für die es eine große Leserschaft gibt. Das sind vor allem zeitgenössische Romane sowie Sachbücher. Schauen Sie einmal, was in Buchhandlungen auf den großen Tischen ausliegt – in der Regel sind das die Bücher, die gekauft werden und bei deren Vermittlung AgentInnen die Finger im Spiel hatten.

Dennoch ist es in Deutschland nach wie vor möglich, auch ohne Agentur bei Verlagen zu landen. Gerade die kleineren Verlage bieten sich hier an. Sie sind für Agenturen weniger interessant, weil sie oft nur niedrige oder gar keine Vorschüsse zahlen können.

Auch für Genreliteratur lässt sich noch gut auf eigene Faust ein Verlag finden. Denn hier ist die Anzahl der Verlage vergleichsweise überschaubar. Wer jeden Tag die Internetauftritte von nur zehn Verlagen studiert, kennt in ein, zwei Wochen die wichtigsten Verlage seines Genres.

Wir haben für Sie daher wieder Verlagslisten zusammengestellt, speziell für die Genres Krimi, historischer Roman, erotische Literatur, Science Fiction, Horror, Fantasy, Mystery. Außerdem gibt es Zusammenstellungen von Verlagen, in denen Lyrik erscheint, Kinder- und Jugendbuchverlagen sowie Ratgeber- und Independent-Verlagen.

Independent-Verlage

„Independents" oder „junge Wilde" werden die kleinen unabhängigen Verlage genannt, die „junge" Literatur jenseits des Mainstreams verlegen und noch nicht so etabliert sind wie Rowohlt, S. Fischer oder Piper. So sympathisch diese kleinen, hoch engagierten Verlage sind, die Vertriebspower wie sie die großen Konzernverlage kennzeichnet, besitzen sie nicht. Von den großen Buchhandelsketten werden sie als Verlagszwerge kaum wahrgenommen. Was aber nicht auf den Verkaufsflächen der Filialisten wie Thalia, Hugendubel und Co. angeboten wird, verkauft sich wenig. Und nur von Luft und Liebe können AutorInnen nicht leben, auch der „Abverkauf" ihrer Bücher muss stimmen.

Das Jammern der LektorInnen

Über die Flut von Manuskripten, die sie Woche für Woche erhalten, klagen allerdings alle Verlage, ob klein oder groß.

Bei Hans-Ulrich Müller-Schwefe vom Suhrkamp Verlag klingt das so: „Ich glaube, dieser Strom hört nicht auf. Wenn man lang genug Lektor ist, denkt man, dass jeder Mensch schreibt. Und es hört nicht auf. Aber der Verlag geht heute anders damit um. Kann ich auch gut verstehen. Dafür gibt es seit einigen Jahren Praktikanten und Praktikantinnen, und ein Großteil der Arbeit wird von denen geleistet. Die gucken das an und schreien wahrscheinlich auf, wenn es was ganz Tolles ist."[2]

Jammern über all die Arbeit ist natürlich erlaubt. Wer tut das nicht hin und wieder? Und dennoch ist es die ureigenste Aufgabe von Verlagen, eben diese Filterarbeit zu leisten und aus dem Überangebot an Manuskripten diejenigen herauszufischen und zu publizieren, für die es aller Wahrscheinlichkeit nach einen Markt mit ausreichend vielen LeserInnen gibt.

Im Internet ist das anders: Hier kann jeder publizieren, und als Filter dienen „Freunde", die einem die Empfehlung zutwittern: „Lese gerade ... cooles Teil!"

Belletristik in Zahlen

Die kleine Broschüre „Buch und Buchhandel in Zahlen", die der *Börsenverein des Deutschen Buchhandels* jedes Jahr neu herausgibt, ist eine Fundgrube für alle, die Zahlen und Statistiken lieben. 2008 erschienen demnach 14 780 Belletristik-Titel in Erstauflage, davon 3623 (24,5%) Übersetzungen. Die Sachgruppe Belletristik macht 17,7% der Titelproduktion (Erstauflagen) aus. 2008 wurden insgesamt 83 381 Novitäten publiziert, davon 8,8% Kinder- und Jugendliteratur-Titel (7319).

In der Warengruppe Belletristik ist die erzählende Literatur (Romane/Erzählungen) mit 51,5% am stärksten vertreten. Auf Platz zwei liegen Krimis/Thriller mit 24,9%, gefolgt von Comic/Cartoon/Humor/Satire (7,3%), Science Fiction/Fantasy (6,7%),

Geschenkbuch (6,3%), zweisprachigen Ausgaben (1,7%), Lyrik/Dramatik (1,4%) und gemischten Anthologien (0,2%).

HausautorInnen

Und wer sind nun die glücklichen Autorinnen und Autoren all dieser Bücher, die jedes Jahr neu auf den Markt drängen?
Zum einen sind das die bewährten „HausautorInnen", die manchmal jahrelang mit ein und demselben Verlag zusammenarbeiten, dem Verlag gutes Geld einbringen und deren Manuskripte schon aus diesem Grund sorgfältiger gelesen werden als die fremder oder unbekannter AutorInnen. Man sollte aber nicht glauben, dass diese AutorInnen es deshalb immer leicht haben und im Handumdrehen für alles, was sie schreiben, einen Verlag finden. Auch Profis, auch HausautorInnen kassieren immer wieder Absagen. Das gehört dazu. In Philip Meinholds Beitrag „Das schwierige zweite Buch – Vom Schriftsteller-Werden und -Bleiben" erfahren Sie mehr darüber.

Debütanten

Zum anderen zählen dazu natürlich auch die AutorInnen, die es nun tatsächlich „geschafft", also zum ersten Mal etwas veröffentlicht haben. Weil das Manuskript zum richtigen Zeitpunkt beim richtigen Verlag auf dem richtigen Schreibtisch der richtigen Lektorin zu liegen kam, es ihr gefiel und sie es im Verlag durchsetzen konnte. Weil es als verkaufbar/markttauglich eingestuft wurde.
Wobei „zum ersten Mal" ganz verschieden definiert wird. Denn was, wenn nicht Veröffentlichungen, waren damals die Beiträge in der Schülerzeitung, für die man alle naselang zum Direktor zitiert wurde? Und die Gedichte und Prosatexte in den diversen Literaturzeitschriften? Die Lesungen mit den KollegInnen aus der Schreibgruppe zu Weihnachten im Gemeindezentrum?
Die meisten Autorinnen und Autoren haben für ihre Debüts, die vom Feuilleton schon aufgrund der Masse nur ausnahmsweise überhaupt wahrgenommen werden, jahrelang hart gearbeitet, an ihrer Schreibe gefeilt, Stunden um Stunden vorm Bildschirm gesessen. Denn als Superstar in Sachen Dichtung fällt nur ganz selten jemand vom Himmel – auch wenn die Medien dieses Märchen immer wieder gerne erzählen.
Ja und dann? Dreht sich die Welt einfach weiter. Alle fragen nach dem „zweiten Buch". Und irgendwann erscheint das dritte, vierte ... und man zählt zu den „HausautorInnen", die man einst so beneidete, und verfügt über „Kontakte", die man sich mühsam genug erarbeitet hat.

„Nichts als Kränkungen"

Altlektor Christian Döring über diesen steinigen Weg: „Es ist nicht so, dass das alles ein abgekartetes Spiel ist und es kein Hereinkommen gibt. Doch dazu braucht es Geduld und Fingerspitzengefühl; Enttäuschungen gehören dazu. Genauso wie Sie, wenn Sie das erste Buch veröffentlicht haben, Enttäuschungen ohne Ende erleiden werden. Dann geht der nächste Kampf los: Sie kriegen keine Besprechungen, der Verlag tut nichts für Sie, Sie bekommen keine Lesungen, und wenn Sie Lesungen haben, ist das Honorar geringer als bei anderen, Sie werden nicht zu Literaturfestivals eingeladen – Sie erfahren nichts als Kränkungen die ganze Zeit. Aber das Leben ist an sich eine Kränkung, aus der Literatur erwächst."[4]

Gründlich recherchieren ist die halbe Miete

Das alles klingt schrecklich und doch auch verlockend. Wie also gelingt es Ihnen nun, den passenden Verlag zu finden? Wichtig ist, sich genau über die einzelnen Verlage und ihre Programme zu informieren. Das geht heutzutage bestens über das Internet. 99 Prozent aller Verlage verfügen über eine eigene Website, auf der sie ihr gesamtes Programm präsentieren. Von so etwas konnten AutorInnen früher nur träumen. Wer hier seine Hausaufgaben macht, ist entschieden im Vorteil und spart sich jede Menge Porto, Kopierkosten und Enttäuschungen.

Sinnvoll ist es, mit BuchhändlerInnen zu sprechen und sie zu fragen, welche Verlage ihrer Meinung nach für das Manuskript geeignet sind. BuchhändlerInnen sind auf ihrem Gebiet ExpertInnen. Hören Sie ihnen gut zu.

Hat man nach ausgiebiger Recherche einige passende Verlage gefunden, kann man das Manuskript mit besseren Veröffentlichungschancen in die Literaturwelt hinausschicken. Ratschläge zum Thema Kontaktaufnahme zu Verlagen (und Agenturen) enthält Kapitel 9.

Noch ein paar Worte ...

... zum Umgang mit diesem Handbuch: Auch in Beiträgen, in denen Sie es vielleicht nicht vermuten, finden Sie Tipps, die Ihnen weiterhelfen können. Der Blick über den Tellerrand war noch nie verkehrt. Lesen Sie also ruhig die Beiträge für Sachbuch-, Ratgeber- und FachbuchautorInnen, auch wenn Sie derzeit am liebsten Gedichte schreiben. Das Gleiche gilt umgekehrt natürlich für alle Sachbuch-, Ratgeber- und FachbuchautorInnen: Vielleicht schlummern in Ihnen ungeahnte Talente und Sie hätten das Zeug zu exzellenten JugendbuchautorInnen?

Lassen Sie sich von den folgenden Beiträgen und Interviews inspirieren!

---

[1] Hömberg, Walter: Lektor im Buchverlag. Repräsentative Studie über einen unbekannten Kommunikationsberuf. Konstanz: UVK 2010. S. 236

[2] und [3] Zitiert nach: Hömberg, Walter: a.a.O. S. 88

[4] Christian Döring: Autoren sollten sich ihren Stolz bewahren, 6. 11. 2009. Unter: www.text-manufaktur.de/detailseite/items/id-061109-autoren-sollten-sich-ihren-stolz-bewahren.html)

Beitrag von Sarah Schönfelder

Berufsbild Lektor

„Ich sage das nicht in der Öffentlichkeit, was ich bin, weil dann jeder ankommt und sagt: ‚Sie sind Lektorin! Darf ich Ihnen mal was schicken? Die Tante meiner Freundin schreibt nämlich gerne nette Geschichten!' Ohne Witz: Man bekommt unwahrscheinlich viele Manuskripte angeboten. Gerade so auf Feiern, wenn ich nicht in beruflicher Funktion irgendwo bin, stehe ich dann stundenlang in irgendeiner Ecke und muss mich darüber unterhalten, ob ich jetzt die Liebeslyrik von Tante Lenchen sehen will. Es wird in Deutschland sehr viel geschrieben, weil jeder glaubt, er muss veröffentlicht sein. Das ist mein Geschenk an die Menschheit, dass ich nicht schreiben möchte. Ich habe auch festgestellt, dass sehr wenige Lektoren tatsächlich schreiben wollen."
Maria Dürig, Limes Verlag [1]

Ein Lektor liest und korrigiert Manuskripte – und das acht Stunden am Tag? Von wegen! Die Zeiten sind lange vorbei.
Sarah Schönfelder, freie Lektorin und Geschäftsführerin von BeLLe (www.belle-workshops.de), berichtet in diesem Beitrag, was Verlagslektorinnen und -lektoren in den Verlagen heutzutage alles tun. So viel vorweg: Zum Schmökern bleibt da leider wenig Zeit.

Der Bedeutung seiner lateinischen Bezeichnung („lector") nach ist der Lektor ein Leser. Das Lesen, Beurteilen und Redigieren von Manuskripten zählt zweifellos zu den ursprünglichen und bekanntesten Aufgaben dieses Verlagsmitarbeiters, doch hat sich das Berufsbild in den letzten Jahren grundlegend geändert und ausdifferenziert. Aus dem „geistigen Geburtshelfer" ist der Projektmanager geworden, der den gesamten Entstehungsprozess eines Buches beziehungsweise mehrerer Bücher plant, organisiert und koordiniert. Der Verlagslektor liest und redigiert zwar auch – das allerdings eher nach Feierabend und am Wochenende. Für diese „typischen" Lektoratstätigkeiten fehlt ihm schlichtweg die Zeit, weshalb er sie an freiberufliche Lektoren delegiert.

Projektmanagement

Als *Projektmanager* arbeitet der Lektor eng mit den übrigen Verlagsabteilungen sowie mit freiberuflichen Mitarbeitern zusammen, weshalb die Fachliteratur das Lektorat als „Schaltzentrale der Buchproduktion"[2] bezeichnet.
So steht der Lektor bei der Projektakquise in engem Kontakt mit Autoren, Übersetzern, Agenten, Scouts und Lizenzgebern. Er beauftragt externe Gutachter mit der Prüfung von Manuskripten und berät den Cheflektor sowie den oder die Verleger bei Entscheidungen hinsichtlich der Programmpolitik.
In der Herstellung veranlasst er für jedes Projekt die Kalkulation und wird mitunter in die Buchgestaltung einbezogen.
Für die Werbe- und Presseabteilung muss er Vorschau-, Klappen-, Presse- und weitere Informationstexte schreiben. Wie sonst sollten seine Kollegen die geplanten Neuerscheinungen den Buchhändlern, Lesern und Journalisten schmackhaft machen können?
Abhängig vom Verlag unterstützt der Lektor die Abteilungen Vertrieb und Marketing bei der Planung von Verkaufsstrategien. Der zuständige freie oder angestellte Grafiker wartet bereits auf das Cover-Briefing.

Und dann sind da natürlich noch die freiberuflichen Redakteure, Korrektoren und eventuell auch Illustratoren, die – wie alle übrigen Mitarbeiter – in einen stimmigen Zeitplan eingebettet werden müssen.

Programmplanung

Die vom Lektor übernommenen Funktionen und Zuständigkeiten variieren je nach Verlag und sind von der Art (Fachverlag, Publikumsverlag etc.), der Größe, der Struktur und dem Programm des Hauses abhängig. Neben dem Projektmanagement, das heißt der Betreuung der zahlreichen Buchprojekte innerhalb und außerhalb des Verlags, lässt sich das Aufgabenspektrum eines Lektors in folgende Bereiche unterteilen.

Programmplanung und -entwicklung: Der Lektor muss unentwegt für Titelnachschub sorgen. Hierfür unerlässlich ist, dass er den in- und ausländischen Buchmarkt intensiv beobachtet. Darüber hinaus muss er permanent die aktiv von ihm angeforderten und die passiv an ihn herangetragenen Projekte prüfen. Bei der Vielzahl an Texten, die dem Lektor vorliegen, kann er sie lediglich an- oder querlesen. Überzeugt der erste Eindruck, erfolgt eine intensivere Begutachtung, die häufig ein freier Lektor übernimmt.

Für einen Verlag gibt es mehrere Quellen, über die er an neue Titel kommen kann:

- *International tätige Literaturagenturen,* die in Deutschland für ausländische Verlage, Agenturen und Autoren als Subagenturen agieren und die Übersetzungsrechte der vertretenen Bücher an deutsche Verlage verkaufen.
- Angebote von *Scouts,* die sich auf einen bestimmten Sprachraum oder eine konkrete Region spezialisiert haben und im Auftrag eines oder mehrerer Verlage nach neuen Projekten, Trends und Autoren suchen.
- Was im englischsprachigen Ausland längst üblich ist, entwickelt sich auch innerhalb Deutschlands zur gängigen Praxis: Autoren lassen sich und die Rechte an ihren Büchern von *deutschsprachigen Autorenagenturen* vertreten. Dies führt dazu, dass einige Verlage unverlangt eingesandte Manuskripte mittlerweile nicht mehr annehmen, sondern ausschließlich auf die Vorauswahl der Literaturagenturen ihres Vertrauens zurückgreifen.
- *Deutschsprachige Hardcover-Verlage,* welche die Taschenbuchrechte ihrer Titel anderen deutschsprachigen Verlagen zum Kauf anbieten.
- Vor allem im Sachbuch- und Fachbuchbereich sind es Lektoren, die *eigene Buchideen* konzipieren und sich anschließend auf die Suche nach geeigneten Autoren machen. Mit der Entwicklung solcher Buchprojekte werden zunehmend freie Lektoren oder spezielle Verlagsagenturen, sogenannte *„Producer“,* beauftragt. Diese betreuen von der Themenkonzeption über die Autorensuche bis hin zum Lektorat und der Abgabe der druckfertigen Daten alle Schritte der Buchproduktion oder geben sie ihrerseits wiederum ab, etwa an freie Lektoren und Setzer.
- Ein *Hausautor* plant ein neues Projekt, das er zunächst dem Lektor vorstellt, der ihn betreut.
- *Unverlangt eingesandte Manuskripte,* die sich auf den Tischen der Verlagslektoren stapeln. Ernüchternd, aber wahr: Die Veröffentlichungsquote dieser Titel schwankt in Deutschland zwischen null und drei Prozent.

Programm- und Vertreterkonferenz

Als Programmabteilung eines Verlags hat das Lektorat die Entscheidungskompetenz, ob ein Manuskript, Exposé oder sogar eine reine Buchidee Gegenstand der *Programmkonferenz* wird. Bei dieser wägen in der Regel die Verlagsleitung, die (Chef-)Lektoren sowie der Vertriebs- und Marketingchef das Für und Wider vorgestellter Projekte ab und entscheiden gemeinsam über die Aufnahme in das Verlagsprogramm. Röhring bezeichnet die Mitarbeiter des Lektorats daher treffend als „die Büchermacher bzw. die Bücherverhinderer“[3].

Bei der Entscheidung für oder gegen ein Projekt spielt das Profil des Verlags eine entscheidende Rolle. Denn unabhängig von seiner Qualität muss ein Titel einen wirtschaftlichen Erfolg in Aussicht stellen, zum Verlag passen und sich in dessen Programm reibungslos einfügen. Der Lektor selbst kann daher nicht nur die Titel aufnehmen, die ihm persönlich gefallen, sondern muss „seine“ Bücher bereits innerhalb des Verlags durchsetzen und verteidigen. Dies geschieht während der oben genannten Programmkonferenz sowie der in der Regel zweimal jährlich stattfindenden *Vertreterkonferenz*.

Der Lektor muss seine Kollegen von der Marktfähigkeit der einzelnen Projekte überzeugen. Erst dann verkaufen die Vertreter, also die Außendienstmitarbeiter des Verlags, die Titel an die Buchhändler, welche die Neuerscheinungen dann wiederum ihren Kunden anbieten. So gesehen wird ein jedes Buch insgesamt viermal verkauft.

Trotz aller objektiver Kriterien, die ein Lektor heranzieht, um Manuskripte und Exposés zu bewerten – die Entscheidung für oder gegen ein Buch ist eine sehr subjektive. Fehlgriffe und verpasste Chancen sind hier somit vorprogrammiert und menschlich.

Autorenakquise und -betreuung

Ein ebenfalls zentraler Aufgabenbereich des Lektors ist die *Autorenakquise und -betreuung*. Wie die Titelsuche gestaltet sich auch die Akquise von Autoren aktiv oder passiv. Der Verlagslektor kann sich zum Beispiel bei ihm bekannten Agenturen nach neuen beziehungsweise bewährten Talenten erkundigen. Oder er versucht, einen Hausautor, renommierten Journalisten oder auf seinem Fachgebiet ausgewiesenen Experten für eine von ihm selbst konzipierte Buchidee zu gewinnen. Umgekehrt können sich Autoren anhand von Manuskripten oder Exposés bei Verlagen vorstellen oder sich von Agenten vertreten lassen.

Der Umgang mit seinen Autoren erfordert vom Lektor viel Fingerspitzengefühl – und das nicht nur, da er es immer wieder mit recht eigenwilligen Charakteren zu tun hat. So ist er einerseits der direkte Ansprechpartner des Autors, wenn dieser Rat beim Schreiben braucht, und begleitet seinen Schützling während des gesamten Schaffensprozesses. Er steht dem Autor gegebenenfalls bei Lesungen und weiteren öffentlichen Auftritten zur Seite und baut mitunter ein recht persönliches Verhältnis zu ihm auf. Der Lektor ist andererseits der kritische Erstleser, der Änderungsvorschläge anbringt und mit seinem Bestreben, das Beste aus dem Autor und dessen Projekt herauszuholen, nicht unbedingt auf Gegenliebe stößt. Zudem nimmt er als Vermittler zwischen Autor und Verlag eine heikle Position ein, da er die Vorstellungen des Einen mit den Interessen des Anderen in Einklang bringen muss.

Leider wird es in immer mehr deutschen Verlagshäusern zur traurigen Realität, dass der einzelne Lektor viele Projekte und damit zumeist auch Autoren parallel betreuen muss und so für seine Autoren weniger Zeit hat.
Zu den beliebtesten Tätigkeiten gehört für die meisten Lektoren die Arbeit am und mit dem Text, die – wie bereits erwähnt – überwiegend von freiberuflichen Lektoren übernommen wird. Der Verlagslektor ist allerdings für die Abnahme des Manuskripts vom Autor beziehungsweise Übersetzer verantwortlich.

Manuskriptbearbeitung

Anschließend erfolgt die *Manuskriptbearbeitung,* die sich in der Regel in drei Arbeitsschritte gliedert: Redaktion, Schlusskorrektur, Umbruch.

- Während der *Redaktion* erfolgt vor allem die inhaltliche und stilistische Prüfung des Manuskripts: Ist der Aufbau logisch und nachvollziehbar? Ist der Stil auf Genre, Thematik, Verlag und Zielgruppe abgestimmt? Wenn er den Text nicht selbst bearbeitet, muss der Lektor den freien Redakteur intensiv briefen. Er informiert über die Besonderheiten des Projekts und macht auf mögliche Empfindlichkeiten des Autors oder Übersetzers aufmerksam. Alle wesentlichen Eingriffe in den Text müssen mit dem Verfasser abgesprochen werden, der die Freigabe zur Veröffentlichung erteilt.
- Bei der *Schlusskorrektur* wird die Orthografie, Interpunktion und Grammatik genauestens unter die Lupe genommen. Schreibweisen werden festgelegt und vereinheitlicht. Es gibt Verlage, die diesen Korrekturdurchgang erst durchführen, nachdem das Manuskript bereits gesetzt wurde. In diesem Fall bilden Schluss- und Umbruchkorrektur einen Bearbeitungsschritt.
- Sobald ein Manuskript gesetzt ist, erhalten der Verlagslektor, gegebenenfalls der (freie) Korrektor sowie der Autor oder Übersetzer einen ersten Korrekturabzug. Hier unterscheidet man zwischen *Fahne* und *Umbruch:* Im Umbruch ist im Gegensatz zur Fahne das Layout bereits vollständig eingerichtet. Vor allem Buchprojekte, bei denen nur wenige Korrekturen zu erwarten sind, werden häufig direkt als Umbruch geliefert. Ziel der *Umbruchkorrektur* ist es, alle typografischen Fehler zu korrigieren. Sollte die Schlusskorrektur nicht bereits stattgefunden haben, wird sie an dieser Stelle zusätzlich durchgeführt. Der Lektor erhält vom Korrektor, Autor oder Übersetzer den bearbeiteten Umbruch zurück und führt ihre Korrekturen mit seinen eigenen in einem Exemplar zusammen. Diesen Vorgang bezeichnet man als *Kollation.* Beim Kollationieren entscheidet der Verlagslektor, welche Korrekturen letztlich übernommen werden.
  Die Herstellung arbeitet mit einem Korrekturexemplar weiter. Der Lektor bekommt anschließend einen neuen Ausdruck, den er mit dem kollationierten Exemplar vergleicht, um so zu prüfen, ob alle Änderungen korrekt ausgeführt wurden. Sind neue Fehler entstanden oder Korrekturen übersehen worden, markiert der Lektor diese und leitet sie an den Setzer weiter. Dieser Durchgang heißt *Revision* und wird so lange wiederholt, bis das gesetzte Manuskript fehlerfrei ist und der Lektor oder Verfasser die *Druckfreigabe (Imprimatur)* erteilt.

Zukunft und Qualifikation

Es ist zu beobachten, dass sich die Tätigkeitsfelder innerhalb des Lektorats aufspalten. So ist der *Acquisition Editor* für die Akquisition von Autoren und neuen Projekten zuständig, während der *Copy Editor* für die reine Textarbeit verantwortlich ist.

Analog zum vielschichtigen und abwechslungsreichen Aufgabenspektrum des Lektors ist auch das *Anforderungsprofil* breit gefächert. Da er eben nicht ausschließlich ein Leser ist, muss der heutige Lektor neben einem sehr guten Sprachgefühl, einer fundierten Allgemeinbildung und einem abgeschlossenen Hochschulstudium über spezifisches *Fachwissen* verfügen. Hierzu gehören unter anderem Kenntnisse moderner Herstellungsverfahren sowie ein kaufmännisches Grundwissen. Zudem muss er sich mit dem Verlagsrecht auskennen, um mit Autoren Verträge aushandeln und abschließen zu können.

Der Lektor muss darüber hinaus viele *Schlüsselqualifikationen* mitbringen: Gesucht wird ein ökonomisch denkender Multitasker, der für seine Kollegen jederzeit ansprechbar ist. Für seine Autoren hat er stets ein offenes Ohr und hilft ihnen dank seines psychologischen Geschicks dabei, Schreibblockaden zu überwinden. Er ist äußerst stressresistent und belastbar. Sich selbst sowie die komplexen Abläufe der Buchproduktion organisiert er problemlos und behält dabei stets den Überblick. Auf sein Gespür für Trends ist Verlass. Er ist ein Teamplayer, der sich gegenüber Marketing und Vertrieb dennoch durchzusetzen weiß.

Unerlässlich für die erfüllende Arbeit als Lektor sind neben all diesen (eventuell abschreckenden) Anforderungen allerdings die Begeisterungsfähigkeit und Leidenschaft für Literatur jeder Art – Fähigkeiten, die aus einem stressigen und anspruchsvollen Job einen Traumberuf machen und die vergleichsweise schlechte Bezahlung mitunter vergessen lassen.

PS: „Der Lektor in einem deutschen Buchverlag ist im Schnitt 42 Jahre alt, kinderlos, lebt in einer festen Partnerschaft und ist weiblich. Rund 64 Prozent der Mitarbeiter im Lektorat sind Lektorinnen.“[4]

---

[1] Zitiert nach: Hömberg, Walter: Lektor im Buchverlag. Repräsentative Studie über einen unbekannten Kommunikationsberuf. Konstanz: UVK 2010. S. 86f.

[2] Schickerling, Michael u. Menche, Birgit: Bücher machen. Ein Handbuch für Lektoren und Redakteure. 2. Auflage. Frankfurt am Main: Bramann 2008. S. 14

[3] Röhring, Hans-Helmut: Wie ein Buch entsteht. Einführung in den modernen Buchverlag. 8. Auflage. Darmstadt: Primus Verlag 2008. S. 26

[4] Hömberg, Walter: Lektor im Buchverlag, a.a.O. S. 71

Beitrag von Philip Meinhold

Das schwierige zweite Buch – Vom Schriftsteller-Werden und -Bleiben

Bei meinem ersten Roman ging alles wie von selbst: Morgens setzte ich mich an meinen Schreibtisch, mittags machte ich eine Pause, nachmittags schrieb ich weiter. Ich hörte auf fernzusehen, ging viel spazieren, stellte sogar – ohne dass ich es mir vorgenommen hätte – meine Ernährung um. Wenn ich Lust hatte, schrieb ich auch am Abend und am Wochenende. Es war eine magische Zeit.

Seit ich vierzehn war, hatte ich davon geträumt, einen Roman zu schreiben; war nach dem Abitur erst Buchhändler geworden, dann Journalist – ich hatte mich in konzentrischen Kreisen um das Schreiben bewegt. Bis mir mit neunundzwanzig Jahren plötzlich klar wurde: Ich muss das Risiko eingehen, dass dieser Traum platzt, wenn ich will, dass er Wirklichkeit wird.

Außer meiner E-Mail-Freundin erzählte ich niemandem von dem, was ich tat; und auch ihr gegenüber sprach ich nur von meinem „Geschriebenen", von einem Roman zu reden, erschien mir vermessen. Ich wusste nicht, ob ich zwanzig Seiten vollschreiben würde oder zweihundert, ob ich über eine so große Strecke überhaupt eine zusammenhängende Geschichte würde erzählen können. Nach zwei Monaten hatte ich 230 Seiten geschrieben, ich schickte sie meiner E-Mail-Freundin, sie antwortete einen Tag später: „Dein Geschriebenes ist ein Roman. Und der ist gut."

Ich hatte das Glück, dass zwei große deutsche Verlage das genauso sahen (obwohl eine Agentur das Manuskript zuvor abgelehnt hatte), und so erschien mein Geschriebenes im Herbst 2002 unter dem Titel „Apachenfreiheit" im List Verlag.

Schriftsteller werden und bleiben

Vermutlich die meisten Schreibenden, die noch nicht veröffentlicht haben, träumen von ihrem ersten Roman (dem ersten Erzähl- oder Lyrikband), davon, mit einem Eintrag ins *Verzeichnis lieferbarer Bücher* gewissermaßen offiziell zum Schriftsteller geadelt zu werden. Der Gedanke: das erste Buch – und man hat es geschafft!

Doch nach dem ersten Buch muss das zweite kommen – und Schriftsteller zu bleiben ist mindestens so schwer, wie es zu werden. Nun muss man beweisen, dass man einer ist!

„Ich wollte mich mit dem zweiten Buch als Schriftsteller bestätigen", erzählt mein Kollege Volker Altwasser, der 2003 mit seinem Roman „Wie ich vom Ausschneiden loskam" bei Kiepenheuer & Witsch debütierte. „Und das hieß für mich: Ich wollte einen Stoff finden, der nichts mit mir persönlich zu tun hat und dem ich Authentizität verleihen kann. Aber der Weg vom autobiografischen Erstling zum Stoff von außen war schwierig."

Dass die Schwelle, dem ersten Buch das zweite folgen zu lassen, hoch ist, weiß auch der Schriftsteller Hugo Dittberner, der fünfzehn Jahre lang das Stipendienprogramm „Das zweite Buch" der *Stiftung Niedersachsen* leitete. Autoren wie Julia Franck, Durs Grünbein und Tilman Rammstedt wurden hier bei ihrer Arbeit am Buch nach dem Debüt unterstützt. Neben einer mehrmonatigen finanziellen Unterstützung erhielten jeweils vier Stipendiaten pro Jahr die Möglichkeit, sich in Begleitkolloquien mit anderen Autoren auszutauschen, die mit den gleichen Problemen konfrontiert waren. „Oft sind die eigenen Ansprüche an das zweite Buch so hoch, dass es zu einer Überforderung kommt; dass man zu viel auf einmal will", sagt Hugo Dittberner.

Die Öffentlichkeit im Kopf

Zu dem Druck, den sich ein Autor selbst macht, kommen die Erwartungen von außen. „Plötzlich ist die Außenwelt beim Schreiben dabei", erzählt Open-Mike-Gewinnerin Lucy Fricke, die 2007 mit ihrem Roman „Durst ist schlimmer als Heimweh" im Piper Verlag debütierte. „Man weiß, was nach dem ersten Roman passiert ist, man hat die ersten Verrisse gelesen – mich wieder auf mich zu konzentrieren, ist mir schon schwergefallen."
Fricke musste nach dem Erscheinen ihres ersten Romans erst mal ein paar Monate Pause machen mit dem Schreiben, um die Öffentlichkeit wieder aus dem Kopf zu bekommen; Volker Altwasser flüchtete nach seinem Debüt aus der Schriftsteller-Hochburg Berlin an die Ostsee. „Ich konnte den Druck nicht mehr aushalten, immer gefragt zu werden, wann der nächste Roman denn erscheint. Deswegen habe ich den Leuten irgendwann sogar vorgegaukelt, ich hätte aufgehört mit dem Schreiben. In Wirklichkeit hab ich mich in Rostock versteckt und an meinem Roman geschrieben."
Das wohl prominenteste Beispiel für das schwierige zweite Buch ist Judith Hermann, deren Schreibschwierigkeiten nach dem überwältigenden Erfolg von „Sommerhaus, später" ein offenes Geheimnis waren. Fünf Jahre lang wartete die literarische Öffentlichkeit gespannt auf den Nachfolger; darauf, ob, wann und wie Hermann „nachlegen" würde. Von einer „Heimsuchung" sprach die Autorin im FAZ-Interview, die der Zwang bedeute, die zu bleiben, als die man gelobt worden sei. „Wenn man ein Buch geschrieben hat, das eine solche Resonanz bekommen hat, dann möchte man mit dem zweiten Buch die Erwartung, die da aufgebaut worden ist, auch erfüllen." Jeder Satz sei von ihr unfreiwillig der Untersuchung unterzogen worden, ob es ein Satz sei, der „traumwandlerisch sicher" ist, „schwebend melancholisch", der Satz einer „großen Autorin" und „der Sound einer neuen Generation". Kein einziger Satz, so Hermann, habe dem standhalten können.

Das Glück der langen Verlagssuche

Judith Hermann bedauerte es im Nachhinein manchmal, dass es mit ihrem ersten Buch so schnell gegangen sei, der Zustand des unbewussten Schreibens dadurch beendet wurde. Umgekehrt kann sich das Unglück einer lange vergeblichen Verlagssuche in Bezug auf das zweite Buch manchmal als Glück entpuppen: Vier Jahre suchte Georg Klein für seinen Roman „Barbar Rosa" erfolglos einen Verlag. Nachdem er 1998 schließlich sein Debüt „Libidissi" veröffentlicht hatte, konnte er den bislang unverkäuflichen Vorgänger aus der Schublade ziehen und ihn nicht nur veröffentlichen, sondern mit ihm als nun bekannter Autor auch noch den Bachmann-Preis gewinnen.
Auch der Aspekte-Preisträger Thomas von Steinaecker suchte längere Zeit nach einem Verlag und konnte nach seinem Debüt auf gleich zwei Romane zurückgreifen, die er bereits geschrieben beziehungsweise angefangen hatte – und die nun im Jahrestakt erscheinen konnten.

Markt und Marketing

Denn allzu lange sollte man sich mit dem zweiten Buch nicht Zeit lassen. Das erste Buch ist zwei Verlagsprogramme später in der Regel vergessen (sofern es überhaupt noch lieferbar ist); drei Jahre sind auf dem schnelllebigen Buchmarkt eine Ewigkeit. So kommen zu dem Druck, der auf dem Schriftsteller lastet, Fragen des Marktes und des Marketings: Wie schnell kann man „nachlegen"? Soll man eine Kopie des ersten Buches schreiben oder sich auf neues Terrain begeben? Was ist, wenn ein Verlagswechsel nötig wird, der Debütanten-Bonus aber verbraucht ist? Denn ein veröffentlichtes Buch ist längst keine Garantie mehr, dass ein Verlag auch das zweite Werk machen will – zumal der Personaldurchsatz bei den großen Verlagen dem der Bücher mitunter kaum nachsteht.

Auch Volker Altwasser musste mit seinem zweiten Roman wieder auf Verlagssuche gehen, nachdem sein alter Verlag eine vereinbarte Option nicht gezogen hatte. Auf Vermittlung des Schriftstellers Thomas Hürlimann landete Altwasser nach langer Suche schließlich bei Matthes & Seitz, wo sein zweiter Roman „Letzte Haut" im vergangenen Frühjahr erschien – rund sechs Jahre nach seinem Debütroman.

Lucy Fricke wollte den Verlag von sich aus wechseln – und hatte Glück, dass gleich mehrere Verlage ihren Roman machen wollten, der nun bei Rowohlt erscheinen wird. Interessant dabei, dass der neue Verlag sie trotz ihres ersten Buchs als Debütantin behandelt. „Die sagen, jetzt müssen wir dich wirklich bekannt machen im Buchhandel und im Feuilleton", erzählt Fricke. „Wir fangen noch mal von vorne an – als hätte es das erste Buch nicht gegeben."

Angekommen im Alltag eines Autors

Auch ich musste mit meinem zweiten Roman noch mal über Los gehen. Ein erster Versuch, ihn zu schreiben, scheiterte; irgendwann schrieb ich nur noch zwei oder drei Sätze am Tag, schlitterte in meine erste ausgewachsene Schreibkrise hinein. Anderthalb Jahre ließ ich den Stoff liegen, konnte ihn erst wieder aufnehmen, als ich eine andere Erzählstimme fand. Statt aus dem distanzierten Rückblick eines erwachsenen Mannes erzählte ich die Geschichte des Sohnes, dessen Vater aufhört mit ihm zu sprechen, nun aus der Sicht des jugendlichen Ich-Erzählers, der redete, wie ihm der Schnabel gewachsen war. Ninos rasanter, fabulierender Tonfall – der im Titel des Romans „Fabula rasa" anklingt – ermöglichte auch mir das lustvolle, ungehemmte Erzählen.

Vier Jahre waren seit dem Erscheinen von „Apachenfreiheit" vergangen, als ich mit dem Roman schließlich fertig war. Mein Verlag hatte inzwischen den Eigentümer, meine Lektorin den Verlag gewechselt. Der Roman war sehr anders geworden als mein Debüt, und der Verlag wollte ihn nicht mehr machen. Ein Jahr lang versuchte eine Agentur, das Manuskript zu vermitteln, anschließend kümmerte ich mich selbst darum, erlebte den üblichen Verlagssuche-Dreiklang aus Angebot, Abwarten, Absage.

Bis „Fabula rasa" im Frühjahr 2009 schließlich im Mitteldeutschen Verlag erschien, der all die Vor- und Nachteile mitbringt, die ein kleiner, unabhängiger Verlag eben hat: Kaum vorhandenen Werbemöglichkeiten und einer vergleichsweise geringen Wahrnehmung in den Medien stehen ein engagiertes und exzellentes Lektorat gegenüber, ein fast freundschaftlicher Verlagskontakt, ein Verleger, der die druckfrischen Bücher zur Buchpremiere noch persönlich vorbeibringt.

Inzwischen schreibe ich an meinem dritten Roman – und habe das Gefühl, ich bin angekommen im Arbeitsalltag eines Autors: Man schreibt, veröffentlicht und schreibt weiter, dazwischen gibt es ein paar Lesungen und Rezensionen ... Das Schriftstellerleben hat

➔ Romane von Karsten Zeising bei amazon.de:
„Der einsame Sturz" / „Das Zeitorakel"

den Glanz und Glamour verloren, den es in meiner Vorstellung einmal hatte – aber es hat auch etwas Erleichterndes zu wissen, dass dies die Arbeit ist, die man eben zu tun hat. Dazu gehört die Erkenntnis, dass jeder neue Roman ein Experiment, ein Abenteuer mit ungewissem Ausgang bleibt – egal, ob es der erste, zweite oder fünfte ist. Am Anfang steht immer ein weißes Blatt. Und das ist so schwierig wie schön.

Links

> www.myspace.com/philipmeinhold
> www.mitteldeutscherverlag.de

44 Publikumsverlage, Belletristik (Auswahl)

1 **Arche Literatur Verlag,**
Hamburg, Zürich,
www.arche-verlag.com

2 **Aufbau Verlag,**
Berlin,
www.aufbauverlag.de

3 **Berlin Verlag,**
Berlin,
www.berlinverlage.de

4 **Blanvalet Verlag,**
München,
www.randomhouse.de/blanvalet/

5 **Blessing Verlag,**
München,
www.randomhouse.de/blessing/

6 **C. H. Beck,**
München,
www.beck.de

7 **Carl Hanser Verlag,**
München,
www.hanser.de

8 **Diogenes Verlag,**
Zürich,
www.diogenes.ch

9 **Droemer Knaur,**
München,
www.droemer-knaur.de

10 **Droste Verlag,**
Düsseldorf,
www.droste-buchverlag.de

11 **dtv Deutscher Taschenbuch Verlag,**
München,
www.dtv.de

12 **DuMont Buchverlag,**
Köln,
www.dumont-buchverlag.de

13 **DVA Deutsche Verlags-Anstalt,**
München,
www.randomhouse.de/dva/

14 **Ehrenwirth Verlag,**
Verlagsgruppe Lübbe,
Köln,
www.ehrenwirth.de

15 **Eichborn,**
Frankfurt am Main,
www.eichborn.de

16 **Fischer,**
Frankfurt am Main,
www.fischerverlage.de

17 **Frankfurter Verlagsanstalt,**
Frankfurt am Main,
www.frankfurter-verlagsanstalt.de

18 **Goldmann Verlag,**
München,
www.randomhouse.de/goldmann/

19 **Gustav Lübbe Verlag,**
Verlagsgruppe Lübbe, Köln,
www.luebbe.de

20 **Hanser Verlag,**
München,
www.hanser.de

21 **Heyne Verlag,**
München,
www.randomhouse.de/heyne/

22 **Hoffmann und Campe Verlag,**
Hamburg,
www.hoffmann-und-campe.de

23 **Jung und Jung,**
Salzburg,
www.jungundjung.at

24 **Kiepenheuer & Witsch,**
Köln,
www.kiwi-verlag.de

25 **Klett-Cotta Verlag,**
Stuttgart,
www.klett-cotta.de

26 **Knaus Verlag,**
München,
www.randomhouse.de/knaus/

27 **LangenMüller Herbig nymphenburger terra magica, Buchverlage,**
München,
www.herbig.net/verlage/

28 **Limes Verlag,**
München,
www.randomhouse.de/limes/

29 **Literaturverlag Droschl,**
Graz,
www.droschl.com
30 **Luchterhand Literaturverlag,**
München,
www.randomhouse.de/luchterhand/
31 **Piper Verlag,**
München,
www.piper-verlag.de
32 **Residenz Verlag,**
St. Pölten,
www.residenzverlag.at
33 **Rogner & Bernhard,**
Berlin,
www.rogner-bernhard.de
34 **Rowohlt Verlag,**
Reinbek,
www.rowohlt.de
35 **S. Fischer Verlag,**
Frankfurt am Main,
www.fischerverlage.de
36 **SchirmerGraf Verlag,**
München,
www.schirmer-graf.de
37 **Schöffling & Co.,**
Frankfurt am Main,
www.schoeffling.de
38 **Suhrkamp Verlag,**
Berlin,
www.suhrkamp.de
39 **Ullstein Verlag,**
Berlin,
www.ullstein.de
40 **Verlag Antje Kunstmann,**
München,
www.kunstmann.de
41 **Verlag Klaus Wagenbach,**
Berlin,
www.wagenbach.de
42 **Wallstein Verlag,**
Göttingen,
wallstein-verlag.de
43 **Zsolnay und Deuticke Verlag,**
Wien,
via www.hanser-literaturverlage.de
44 **Zweitausendeins,**
Frankfurt am Main,
www.zweitausendeins.de

Unverlangt eingesandte Manuskripte arbeiten gegen sich selbst

Daniela Seel, Dichterin, Verlegerin und Lektorin, gründete 2003 den Verlag kookbooks, in dem Lyrik-, Prosa- und Essaybände sowie Künstler- und Kinderbücher erscheinen. Daniela Seel, 1974 in Frankfurt am Main geboren, studierte Literaturwissenschaft, absolvierte eine Ausbildung zur Verlagskauffrau und lebt und arbeitet in Berlin.

› *Auf Ihrer Website www.kookbooks.de steht: „1. wir ersticken an unverlangt eingesandten manuskripten. 2. ein unverlangt eingesandtes manuskript arbeitet gegen sich selbst. 3. enttäuscht eure illusionen. 4. misstraut verlagen. 5. findet eine bessere lösung.“ Wie ist das zu verstehen? Ersticken Sie nach wie vor an unverlangt eingesandten Manuskripten?*
Es hat sich etwas gebessert, ist aber immer dann sehr stark, wenn die Medien über kookbooks berichten. Man merkt sofort, wenn irgendwo ein Verlagsporträt oder ein Porträt über mich erschienen ist: Sofort nimmt die Zahl der Einsendungen wieder zu.
Sicher haben diese Hinweise auf unserer Website auch über kookbooks hinaus Geltung. Dass wir an unverlangt eingesandten Manuskripten so wenig interessiert sind, hängt aber auch damit zusammen, dass wir aus einem Künstlernetzwerk heraus entstanden sind. Künstler aus verschiedenen Sparten: Autoren, Musiker, bildende Künstler, die sich irgendwann – vor allem in Berlin – begegnet sind und angefangen haben, miteinander zu arbeiten. Die meisten von ihnen kenne ich seit über zehn Jahren und viele davon sind heute Autoren des Verlages. Über Jahre hinweg haben wir etwa bei Werkstatttreffen über Texte gesprochen, Lesungen gemacht, Ausstellungen. Und aus diesem Kreis von befreundeten Menschen, die schon miteinander künstlerisch verwoben waren, sind dann mit der Zeit Manuskripte entstanden, die so gut waren, dass sie veröffentlicht werden konnten und veröffentlicht werden mussten. Da lag die Idee nahe, einen Verlag zu gründen – zumal Musiker des Netzwerks schon Ende der 90er Jahre ihr eigenes KOOK-Label gegründet hatten. Denn im eigenen Verlag kann man ganz anders mit bestimmten Dingen umgehen: Die Bücher können anders aussehen, man hat ein anderes Verhältnis zueinander, man kann anders an den Texten arbeiten.
Der Verlag hat sich also organisch entwickelt. Der Zusammenhalt zwischen den Autoren von kookbooks ist ein anderer als der zwischen Autoren anderer Verlage. Da fällt es sehr schwer, Manuskripte anzuschauen, die auf derart unpersönlichen Wegen zu uns gelangen. Das kommt für uns im Grunde genommen gar nicht infrage. Wir sind, sage ich immer, ein „Labor für Poesie als Lebensform“ – nach wie vor. Ganz viel passiert auf einer Ebene unterhalb von Büchern. Dass Bücher entstehen, ist dann gewissermaßen die Spitze des Eisberges, weil natürlich die Dichtung in Austausch gebracht werden muss und auch Leute, die gerade nicht vor Ort sind, daran partizipieren können sollen. Deswegen gibt es die Bücher.
Aber kookbooks ist eben kein Verlag im klassischen Sinn, wo irgendwer irgendwelche Texte einreichen kann und der Verlag macht daraus Bücher. Bei uns gibt es bis heute einen relativ engen poetologischen Austausch der Autoren untereinander. Es gibt eine Anteilnahme an den Arbeiten der anderen.

› Sie hatten also eine Basis, Menschen, die Sie bereits kannten, einen Pool, aus dem Sie schöpfen konnten.

Genau, das war sozusagen das Grundkapital des Verlages. Und neue Arbeiten dieses Autorengrundstocks haben weiterhin Vorrang bei der Programmgestaltung.

Andererseits kann ein Verlag auf Dauer nicht davon leben, immer dieselben Autoren zu bringen. Es gibt eine natürliche Neugier, man ist interessiert daran, neue Stimmen zu hören, sich mit neuen Dichtern auseinanderzusetzen. Da trifft es sich gut, dass unsere Autoren gern geladene Festivalgäste sind. So sind sie auch ein bisschen unsere Scouts. Sie kommen viel herum, lernen andere Menschen kennen, empfehlen uns neue Talente. Auch unsere Lesereihe KOOKread ist eine schöne Möglichkeit, neue Autoren näher kennenzulernen. Hier versuchen wir immer wieder, auch ganz junge Menschen einzuladen, Menschen, denen wir dann vielleicht ihre allererste Lesung in einem größeren Rahmen ermöglichen. Solche Lesungen können an einen professionelleren Umgang mit den eigenen Texten heranführen, an den Umgang mit einem Publikum, sie fördern den Austausch mit erfahreneren Autoren. So etwas braucht man, um in das Autorsein gewissermaßen hineinwachsen zu können. Bevor das erste Buch erscheint, sind junge Autoren in der Regel schon fünf bis zehn Jahre „im Geschäft“, auf einer unterschwelligen Ebene mit Lesungen und Veröffentlichungen in Zeitschriften, der Teilnahme an Wettbewerben oder was auch immer.

Und gerade weil unser Fokus bei Gedichten liegt und hier das Feld relativ übersichtlich ist, bekommt man so meist schon frühzeitig mit, wenn eine gute neue Stimme auftaucht.

Weil man dadurch viele über Jahre hinweg schon immer mal wieder gesehen und mit ihnen gesprochen, sie gelesen und gehört hat, ergibt es sich dann einfach, dass man jemanden findet, mit dem man so gut zueinanderpasst, dass man ihn oder sie direkt anspricht und fragt, ob er oder sie vielleicht ein Buch bei kookbooks machen möchte.

› Sie haben Literaturwettbewerbe erwähnt. Viele Ihrer Autorinnen und Autoren haben renommierte Preise gewonnen. Ist das auch eine Möglichkeit, Leute aus Verlagen auf sich als Autor, Autorin aufmerksam zu machen?

Ja, es gibt mittlerweile so viele und wirklich sinnvolle Wettbewerbe – etwa den *open mike* in Berlin – oder auch Werkstätten. Diese Wettbewerbe und Werkstätten arbeiten immer mit Lektoren zusammen. Das ist oft ein Weg, wie Lektoren und Autoren zusammenkommen: dass ein Lektor mit in der Jury oder Vorjury sitzt, der darüber auf Texte stößt und Autoren kennenlernt. Und dann ergibt sich etwas. Denn ohne dass die persönliche Beziehung stimmt, kann man nicht zusammenarbeiten – das ist in anderen Verlagen auch so.

› Es aufgrund „persönlicher Beziehungen“ geschafft zu haben, einen Verlag zu finden, wird von manchen, die es noch nicht „geschafft“ haben, gerne verächtlich gemacht. Dabei ist auch das eine Leistung: fähig und willens zu sein, sich die Mühe zu machen, eine persönliche Beziehung aufzubauen, Kontakte zu knüpfen. Es ist ja viel einfacher – aber eben wenig aussichtsreich –, die eigenen Manuskripte per Post oder via Mail wahllos an irgendwelche Verlage zu senden. Nicht bedacht wird dabei allerdings, dass die Menschen in den Verlagen gar nicht

die Zeit haben, all diese Texte zu lesen, geschweige denn, ihre Absagen in langen Briefen zu begründen. Begründen Sie Ihre Absagen?
Das mache ich überhaupt nicht. Die Papierstapel sind ohnehin überhaupt nicht zu bändigen. Die wachsen ununterbrochen, auch weil ich den Verlag ja alleine betreibe. Andreas Töpfer macht zwar die Grafik und alles Gestalterische, aber für die inhaltlichen Sachen bin ich zuständig. Ab und zu hilft mir ein Praktikant oder eine Praktikantin, aber im Wesentlichen bin ich mit allem alleine beschäftigt. Und zusätzlich muss ich auch noch ein bisschen Geld verdienen. Mit anderen Worten, diese Papierberge kann ich überhaupt nicht sichten. Manchmal schaffe ich es, dass ich wenigstens kurz drüber gucke und dass wenigstens der eine oder andere Name hängen bleibt. Aber ich kann das überhaupt nicht durcharbeiten vom zeitlichen Aufwand her.
Ein anderes Problem ist auch, dass vielfach Sachen eingeschickt werden, denen man anmerkt, dass sich die Leute keine Sekunde Gedanken darüber gemacht haben, wem sie das schicken. So einen Autor, dem es anscheinend völlig egal ist, wo er mit seinen Texten erscheint, und der so überhaupt keine Souveränität im Umgang mit der anderen Seite hat, so einen Autor kann ich nicht gebrauchen. Ich will einen Autor, der weiß, was er tut. Das ist etwas, was mich sehr genervt hat. Auch darauf bezieht sich mein Satz: „Ein unverlangt eingesandtes manuskript arbeitet gegen sich selbst."

› *Dabei erwarten ja gerade diese Autoren oft eine detaillierte Rückmeldung.*
Die wissen gar nicht, wie viel hier gearbeitet wird! Im normalen Tagesablauf gibt es ja jede Menge Dinge zu tun, die man einfach tun muss, und auf eine gewisse Weise ist dann alles, was außerdem reinkommt, eine Störung. Dann hat man schon grundsätzlich die Haltung des Genervtseins. Das ist natürlich ein ganz schlechter Erstkontakt – besonders für den Autor, auch wenn das ungerecht ist. Insofern ist es immer sehr viel besser, eine positive Situation zu erzeugen, also nicht derjenige zu sein, der unverlangt dazwischenfunkt. Sondern irgendetwas zu schaffen, womit der andere – in dem Fall ich – etwas Angenehmes verbindet.

› *Sie empfehlen Autorinnen und Autoren also rauszugehen, sich am Literaturbetrieb zu beteiligen mit der Teilnahme an Werkstätten, Wettbewerben ...*
Ja und mit Veröffentlichungen. Denn Lektoren sind doch von Natur aus wie auch von Berufs wegen neugierig. Wenn man also irgendwo etwas veröffentlicht, wird es auffallen. Und dass jemand die Texte gut findet und auf einen zugeht und mehr davon lesen will, das ist doch hundertmal besser, als den umgekehrten Weg zu gehen.

› *Veröffentlichungen – Sie meinen in Literaturzeitschriften?*
Genau.

› *Welche fallen Ihnen da ein? Welche können Sie empfehlen?*
Wichtige Zeitschriften sind sicherlich *BELLA triste* und *Edit*, also die Zeitschriften im Umfeld der Literaturinstitute von Hildesheim und Leipzig. Dann gibt es die Klassiker, etwa *Sprache im technischen Zeitalter* oder *Manuskripte*. Ganz großartig natürlich die Zeitschrift von Urs Engeler *Zwischen den Zeilen*, die ist fast unverzichtbar. Sehr gut ist auch

das *Jahrbuch der Lyrik* von Christoph Buchwald. Das ist ein Organ, in dem jedes Jahr neue Autoren veröffentlicht werden. Wenn man dort reinkommt, wird man auf jeden Fall wahrgenommen.
Ein zunehmend wichtiger werdender Ort im Internet ist der *Poetenladen*. Texte im Poetenladen online zu stellen, kann ich nur empfehlen. Er ist fast schon so etwas wie eine allgemeine Datenbank für Dichter, insbesondere auch für Nachwuchsdichter, in der ich sehr gerne nachschaue, wenn ich mich über jemanden informieren will. Zum Beispiel wenn hier Lesungen sind und ich überlege, zu welchen Lesungen ich gehen soll. Denn ich besuche sehr viele Lesungen, um mir Autoren anzuhören, die mich interessieren. Und der Poetenladen ist das ideale Arbeitsmittel, um mich gut vorzubereiten.

› *Zu Beginn einer Schriftstellerkarriere sind Literaturzeitschriften und ein Ort wie der Poetenladen also Ihrer Meinung nach ideal, um Lyrik und Prosa zu veröffentlichen und auf die Art Verlage auf sich aufmerksam zu machen. Außerdem sollte man sich an literarischen Wettbewerben und Werkstätten beteiligen, netzwerken und versuchen, Leute kennenzulernen. Was können Sie noch empfehlen?*
Dass man im Buchladen seines Vertrauens schaut, was es überhaupt für Zeitschriften und Verlage gibt. Was lese ich selbst gerne? In welchem Zusammenhang würde ich gerne erscheinen? Denn schreiben ist ja immer kommunizieren. Jemand, der nur schreiben will und gar kein Interesse daran hat, was danach mit seinen Werken passiert, der ist irgendwie fehl am Platz. Deswegen kann ich mit Autoren, die nicht rausgehen und gar nichts mit ihren Texten machen wollen, auch nur ganz wenig anfangen.

› *Angenommen, Sie hätten die Wahl zwischen zwei Autorinnen: Autorin A wäre auf ihr Kämmerlein fixiert und lehnte es ab, Lesungen zu machen; Autorin B wäre das Gegenteil – dann würden Sie sich also für Autorin B, die kommunikativere von beiden, entscheiden? Verständlich, zumal sich die Bücher von Autorin B sicher sehr viel besser verkauften.*
Letztendlich kommt es immer noch auf die Texte an, die die Grundlage sein müssen. Aber jemand, der nicht kommunizieren möchte über seine Texte, der hat im Grunde genommen heutzutage überhaupt keine Chance mehr. Einfach weil so viel produziert wird wie nie zuvor. Die Verlage bringen jedes Jahr mehr Neuerscheinungen heraus, und es gibt auch ein großes Interesse an den Sachen. Aber es gibt eben auch ein großes Interesse an den Menschen, die dahinterstehen. Ein Buch von jemandem, der nicht auch als Mensch präsent ist, das hat, glaube ich, heute so gut wie keine Chance mehr. Und was nützt es einem Autor, wenn er zwar ein Buch hat, das sich aber vielleicht nur zwanzigmal verkauft? Das ist für den Autor genauso scheiße wie für den Verleger.

› *Ich könnte mir vorstellen, dass Sie viel mehr Bücher machen könnten, als Sie sich finanziell erlauben können.*
Ja, das ist richtig.

› *Aber leben können Sie im Moment noch nicht davon?*
Leben kann man nicht davon, nein! Das ist gerade mit Gedichten sehr, sehr schwierig. Aber es braucht Orte wie kookbooks, damit solche Bücher weiter entstehen. Das

Geldverdienen ist nicht die ausschlaggebende Motivation dahinter. Klar, es muss irgendwie möglich sein, das fortzusetzen. Und insofern sehe ich den „Markt" eher als den Ort, wo genügend, ja, Umschlag stattfindet, damit das Projekt weitergehen kann, damit weiterhin Bücher erscheinen können. Und wenn das nicht in ausreichendem Maße gewährleistet ist, dann muss ich eben nebenher Geld verdienen, damit es weitergehen kann. Aber ein Idealzustand ist das natürlich nicht, und es ist auch sehr Kraft aufzehrend.

› *Sie arbeiten noch nebenher?*
Ja, vor allem Korrekturlesen. Manchmal arbeite ich für den Deutschlandfunk, halte Vorträge oder mache Lesungen. Oder im letzten Jahr habe ich im Münchner Literaturhaus ein *Textwerk*-Seminar geleitet. Solche Dinge sind immer sehr willkommen, um zusätzlich ein bisschen Geld zu verdienen. Aber hauptsächlich ist es das Korrekturlesen.

› *In Ihrem Verlag sind bisher 16 Lyrik- und 11 Prosabände, 4 Essays, 4 Kinderbücher, 3 Kunstbücher, 1 Hörbuch und eine sogenannte Mäzenatengabe erschienen. Ihr Schwerpunkt liegt also eher bei der Lyrik. Sabine Franke vom Mitteldeutschen Verlag hat erzählt, Verlage zahlten bei Lyrik fast immer drauf, weil die Auflagen dort so niedrig seien. Ein normaler Lyrikband verkaufe sich selten häufiger als 500-mal. Pro Band kam sie bei ihrer Kalkulation auf ein Minus von 3000 Euro. Sie sagten, Sie seien nicht darauf aus, mit Ihrem Verlag reich zu werden. Aber wäre es nicht schön, wenn Sie nicht noch hinzubuttern müssten? Denn auf Dauer kann doch die Arbeit keinen Spaß machen, wenn Sie bei jedem Buch noch 3000 Euro von Ihrem privaten Geld drauflegen müssen?*
Ja, das ist schon oft so.

› *Das ist oft so?*
Ja. Und das ist etwas, um noch mal auf die unverlangten Manuskripte zurückzukommen, das mich oft sehr ärgert: dass dieses eben auch finanzielle Engagement von vielen Autoren nicht gesehen wird. Viele meinen, sie täten dem Verlag etwas Gutes, weil der mit ihren Büchern ja Geld verdienen könne. Dass der Verlag erst einmal 10 000 Euro reinstecken, das ganze Geld vorlegen muss – von der eigenen Arbeit noch abgesehen – und es, wenn überhaupt, nur langsam zurückbekommt, dass kookbooks kein Verlag ist, der Geld im Hintergrund hat, und dass alles von mir erwirtschaftet werden muss – auf die eine oder andere Weise –, das wird gar nicht wahrgenommen. Stattdessen steckt man mich in einen Topf mit Bertelsmann: die Bösen auf der falschen Seite der Verwertungskette. Darüber kann ich mich schon ärgern.

› *Wie ist Ihre durchschnittliche Auflagenhöhe bei Lyrik?*
Wir versuchen jetzt grundsätzlich keine Bücher mehr zu machen, die unter 2000 Exemplaren gedruckt werden. Da ist manchmal klar, dass sich nicht alles verkaufen lässt oder vielleicht nicht in den ersten zwanzig Jahren, aber anders ist es eben auch schwierig.

› *Entschuldigen Sie, wenn ich Sie unterbreche: „in den ersten zwanzig Jahren" – meinen Sie das ernst? Gibt es da keine Lagerungsprobleme? Und ist „totes Kapital" nicht unwirtschaftlich?*
Nein, wir haben ja eine Auslieferung, das heißt, die großen Mengen, die lagern ja nicht bei uns. Im Verlag haben wir nur ein kleines Handlager. Aber wir haben die schmerzliche Erfahrung gemacht, dass wir am Anfang zu geringe Auflagen hatten. Wir haben die ersten paar Bücher nur mit einer Auflage von 750 Exemplaren drucken lassen, und die sind alle verkauft. Eine Nachauflage zu drucken, dafür fehlt dann aber das Geld. Dieses Problem haben wir derzeit bei Daniel Falbs Gedichtband „die räumung dieser parks". Eine Nachauflage würde fast noch mal das Gleiche kosten wie damals beziehungsweise sogar mehr, weil die Papierpreise und Druckkosten deutlich gestiegen sind. Man müsste dann quasi ein Buch im Jahr weniger machen – eine Nachauflage statt eines neuen Titels. Das kann auch nicht Sinn der Sache sein.

› *Mich erstaunt nur die hohe Auflage von 2000 Exemplaren bei Lyrik.*
Es geht wahnsinnig viel an sonstigen Exemplaren weg: Presseexemplare, Lesungsexemplare. Das ist ebenfalls etwas, was mich zunehmend nervt: das mangelnde Bewusstsein dafür, was es für uns bedeutet, immer wieder kostenlos Bücher abzugeben. Regelmäßig kommt es vor, dass ein Autor zu einer Lesung eingeladen wird, und dann möchte der Veranstalter drei Exemplare umsonst haben: eins für den Moderator, eins für die Presse und eins fürs Archiv. Oder Wettbewerbe: Da ist der Autor in der Endrunde und die Jury – sieben Leute – will von jedem seiner drei Bücher je ein Exemplar. Das ist der absolute Horror! Dass Hunderte Exemplare auf diese Weise jedes Jahr einfach verschenkt werden und was das für einen Verlag wie kookbooks bedeutet, dafür fehlt das Bewusstsein.

› *Was würden Sie einem Autor empfehlen, der die Wahl hat? Sollte er seine Texte lieber bei einem großen oder bei einem kleinen Verlag veröffentlichen?*
Ich glaube, diese Frage lässt sich so pauschal nicht beantworten. Es kommt immer sehr stark auf den Autor und auf die Art seiner Texte an. Die Verlage sind zunehmend spezialisiert. Man muss den richtigen Verlag dafür finden.
Doch was so eine bestimmte Sorte Standard-Erzählprosa betrifft, da sind in der Regel größere Verlage besser, weil sie bessere Vertriebsstrukturen haben und die Buchhändler kleine Verlage häufig rundweg ausschließen. Sie empfangen die Vertreter nicht mehr oder bestellen nur noch bei bestimmten Auslieferungen.
Andererseits: Wenn man bei einem großen Verlag erst auf Seite 30 der Verlagsvorschau platziert ist, dann ist es wahrscheinlich besser, zu einem kleinen engagierten Verlag zu gehen, weil der sich für die wenigen Bücher, die er macht, viel mehr einsetzt, als wenn man irgendwo nur unter „ferner liefen" vorkommt.
Und bei Lyrik kann man überhaupt nicht sagen, dass größere Verlage besser sind als kleinere. Das gilt auch für bestimmte Genres, etwa für Krimis oder für Fantasy. Da hilft es oft gar nichts, sich an die klassischen Publikumsverlage zu wenden.

› *Schreiben Sie selbst?*
Ich schreibe Gedichte. So ist es ja auch entstanden. Wir waren alle Autoren. Aber weil ich die Einzige war, die schon Berufserfahrung in diesem Bereich hatte, habe ich den

Verlag gegründet. Aber ich schreibe eben nach wie vor und bin auch guter Dinge, vielleicht noch in diesem Herbst mein eigenes Manuskript abschließen zu können.

› *Wo sollen Ihre Gedichte erscheinen? In Ihrem eigenen Verlag?*
Das ist eine schwierige Frage. Ich überlege schon lange und habe mit vielen Leuten darüber gesprochen. Natürlich wäre Urs Engeler eine hervorragende Adresse gewesen, aber er will beziehungsweise muss sein Verlagsprogramm ja nun herunterfahren. Daher gibt es keinen Verlag, der sich mir aufdrängen würde, eher Verlage, die ich ausschließen müsste. Trotz vieler und berechtigter Bedenken zieht es mich doch zu kookbooks. Das ist meine Heimat, schließlich haben wir kookbooks als eine Art Familie gegründet. Das Buch woanders zu machen, käme mir vor, wie ins Exil zu müssen. Wozu haben wir das seit so vielen Jahren betrieben, wenn ich dann als Dichterin nicht mehr dazugehören könnte?

› *Interview: Sandra Uschtrin*

53 Independent-Verlage (Auswahl)

1 **A1 Verlag,**
München, www.a1-verlag.de
2 **asphalt & anders Verlag,**
Hamburg, www.asphalt-anders.de
3 **Axel Dielmann,**
Frankfurt/Main,
www.dielmann-verlag.de
4 **Bajazzo,**
Zürich, www.bajazzoverlag.ch
5 **Berenberg,**
Berlin, www.berenberg-verlag.de
6 **Bildschöne Bücher,**
Berlin, www.bildschoene-buecher.de
7 **bilgerverlag,**
Zürich, www.bilgerverlag.ch
8 **Blumenbar,**
Berlin, www.blumenbar.de
9 **Connewitzer Verlagsbuchhandlung,**
Leipzig, www.cvb.de
10 **Dörlemann,**
Zürich, www.doerlemann.com
11 **Edition Ebersbach,**
Berlin, www.edition-ebersbach.de
12 **edition karo,**
Berlin, www.edition-karo.de
13 **Edition Nautilus,**
Hamburg, www.edition-nautilus.de
14 **Edition Rugerup,**
Hörby, www.rugerup.de
15 **Glück & Schiller,**
Hildesheim,
www.glueck-und-schiller.net
16 **gutleut verlag,**
Frankfurt/Main, Weimar,
www.gutleut-verlag.com
17 **Jung & Jung,**
Salzburg, http://jungundjung.at
18 **Klingenstein Verlag,**
Hamburg, www.klingenstein-verlag.de
19 **kookbooks,**
Berlin, www.kookbooks.de
20 **Kunstmann,**
München, www.kunstmann.de
21 **Liebeskind,**
München, www.liebeskind.de
22 **Lilienfeld Verlag,**
Düsseldorf, www.lilienfeld-verlag.de
23 **Luftschacht,**
Wien, www.luftschacht.com
24 **luxbooks,**
Wiesbaden, www.luxbooks.de
25 **mairisch,**
Hamburg, www.mairisch.de
26 **Matthes & Seitz,**
Berlin, www.matthes-seitz-berlin.de
27 **Merve Verlag,**
Berlin, www.merve.de
28 **Minimal Trash Art,**
Hamburg, www.minimaltrashart.de
29 **Onkel & Onkel,**
Berlin, www.onkelundonkel.com
30 **Pop Verlag,**
Ludwigsburg, www.pop-verlag.com
31 **P. Kirchheim-Verlag,**
Kirchheim, www.kirchheimverlag.de
32 **poetenladen,**
Leipzig,
www.poetenladen-der-verlag.de
33 **Rimbaud Verlag,**
Aachen, www.rimbaud.de
34 **Rogner & Bernhard,**
Berlin, www.rogner-bernhard.de
35 **Salis Verlag,**
Zürich, www.salisverlag.com
36 **Storia Verlag,**
München, www.storia-verlag.de
37 **SuKuLTuR Verlag,**
Berlin, www.satt.org/sukultur/
38 **supposé,**
Berlin, www.suppose.de
39 **Textem Verlag,**
Hamburg, www.textem-verlag.de
40 **Transit Buchverlag,**
Berlin, www.transit-verlag.de
41 **Tulipan Verlag,**
Berlin, www.tulipan-verlag.de

42 **Urs Engeler,**
Basel, www.engeler.de

43 **Ventil Verlag,**
Mainz, www.ventil-verlag.de

44 **Verbrecher Verlag,**
Berlin, www.verbrecherei.de

45 **Verlag Vorwerk 8,**
Berlin, www.vorwerk8.de

46 **Verlag Klaus Wagenbach,**
Berlin, www.wagenbach.de

47 **Verlagshaus J. Frank,**
Berlin, www.belletristik-berlin.de

48 **Voland & Quist,**
Dresden, www.voland-quist.de

49 **Wallstein Verlag,**
Göttingen, www.wallstein-verlag.de

50 **Weissbooks,**
Frankfurt/Main,
www.weissbooks.com

51 **yedermann Verlag,**
München, www.yedermann.de

52 **zeter & mordio,**
Hannover, www.zeterundmordio.de

53 **zu Klampen! Verlag,**
Springe, www.zuklampen.de

Sachbücher realisieren

Ariadne-Buch ist eine Sachbuchagentur (www.ariadne-buch.de). Das Münchner Unternehmen vertritt deutsche sowie internationale Autorinnen und Autoren und vermittelt Konzepte sowie Manuskripte an die passenden Verlage.
Darüber hinaus ist Ariadne-Buch auch als Producer tätig. Christine Proske, Inhaberin und Geschäftsführerin von Ariadne-Buch, und ihr Team entwickeln Gesamtkonzeptionen zu Buchreihen, Sachbüchern und Zeitschriften. Das Resultat: Seit 1991 platzierte das Unternehmen mehr als 800 Bücher und Projekte bei über 30 Verlagen. Ariadne-Buch realisiert die Projekte von der Themenfindung über die Suche und Betreuung der AutorInnen und GrafikerInnen bis hin zur fertigen Druckvorlage. Über 600 FachautorInnen und JournalistInnen gehören zum Autorenpool. Zu ihren Verlagskunden zählen die großen Publikumsverlage wie Droemer, Eichborn, Rowohlt oder Ullstein und etliche Ratgeber-, Sach- und Fachbuchverlage.

› *Der Börsenverein meldete vor Kurzem, die Zahl der Neuerscheinungen sei zum ersten Mal seit Jahren rückläufig. Merken Sie etwas davon? Ist es schwieriger geworden, Sachbuchthemen und -autorInnen bei Verlagen unterzubringen?*
Nein, denn die Verlage kaufen gerade im Sachbuch- und Memoirbereich verstärkt deutsche Originalausgaben ein, die den Bedürfnissen der deutschsprachigen Leser besser entsprechen als die oft überteuerten ausländischen Lizenzen.

› *Ariadne-Buch entwickelt eigene Buchideen. Wie kommen Sie auf all diese Ideen und wie viele dieser Ideen werden in etwa realisiert?*
Wir beobachten konzentriert aktuelle Trends, schauen, was am Buchmarkt fehlt, und spüren ganz konkret nach spannenden Themen. Von den Ideen, die wir den Verlagen anbieten, verkaufen wir etwa 95 Prozent.

› *Angenommen Sie haben eine tolle Idee für ein Buch – was ist eine tolle Idee? –, wie gehen Sie dann vor?*
Eine tolle Idee ist ein Buch, das es so noch nicht gab, das aber ein sehr großes Zielpublikum anspricht, kombiniert mit einem medienfähigen Autor. Ein Beispiel: Wir hatten in der Agentur die Idee, ein Buch mit Liselotte Vogel zu machen über den Entschluss des Ehepaars Dr. Hans-Jochen und Liselotte Vogel, relativ früh in eine Einrichtung für Senioren zu ziehen. Wir haben Frau Vogel die Idee vorgeschlagen, und sie hat die Idee gerne aufgegriffen. Daraufhin haben wir in der Agentur ein Konzept geschrieben und es auf der Buchmesse 2008 versteigert. „Ich lebe weiter selbstbestimmt", so der Titel, erschien nun im Herbst 2009, und das Medieninteresse war entsprechend hoch.

› *Wie gestaltet sich die Autorenakquise? Nach welchen Kriterien wählen Sie eine passende Autorin aus? Oder anders: Wie werde ich Ariadne-Autorin, eine von den über 600 in Ihrem Autorenpool?*
Sie wenden sich mit einer guten Buchidee und einem Konzept an uns. Das ist die eine Möglichkeit. Die andere besteht darin, dass wir Sie ansprechen, wenn wir zu einem bestimmten Thema Autoren suchen, die den notwendigen fachlichen Hintergrund mitbringen und in der Lage sind, ihre Inhalte schriftlich gut zu vermitteln.

› *Wann klappt es nicht mit der Zusammenarbeit?*
Wenn die Themen, die Sie vorschlagen, keinen Markt finden würden oder wenn Sie nicht in der Lage sind, strukturiert zu schreiben.

› *Wie sollte man sich an Ariadne-Buch wenden? Telefonisch, per Mail, mit einem Exposé? Was sollte in einem solchen Exposé stehen?*
Erstkontakt bitte immer per Mail mit einem Exposé. Ein Exposé muss immer folgende Punkte enthalten: kurze Inhaltsangabe, Näheres zum Aufbau des Buches, seiner These und Aktualität, eine Zielgruppendefinition, eine Konkurrenzanalyse sowie die Argumente, die für das Buch sprechen. Dazu eine Autorenbiografie und eine Leseprobe von 5 bis 10 Seiten. Für unsere Autoren haben wir ein Manual erstellt, wie ein gutes Exposé auszusehen hat.

› *Bitte schildern Sie, wie die Zusammenarbeit zwischen Ihnen und einer Sachbuchautorin für gewöhnlich abläuft.*
Wir helfen der Autorin dabei, ihr Exposé so zu gestalten, dass es die optimale Chance hat, von einem Verlag angenommen zu werden, und vertreten sie im Weiteren bei allen wesentlichen Schritten. Wir verkaufen ihr Konzept an einen Verlag mit dem optimalen Programmumfeld, führen die Verkaufsverhandlungen, prüfen die Verträge, beraten sie beim Schreiben, unterstützen die Presseaktivitäten und prüfen die Abrechnungen.

› *Stimmt es, dass ein Verlagsvertrag zunehmend von der Prominenz eines Autors abhängt?*
Nein, aber es hilft natürlich, wenn der Autor den Medien bereits bekannt ist, da diese sehr gerne über bekannte Persönlichkeiten berichten. Und Buchverlage kaufen natürlich lieber Projekte ein, die sicher in den Medien besprochen werden.

› *Wie viele feste und freie Lektorinnen arbeiten für Ariadne-Buch? Was genau ist ihre Aufgabe? Wer macht was? Und was macht Frau Proske?*
In der Agentur sind wir zu dritt. Wir arbeiten ständig mit zwölf freien Lektoren und Lektorinnen zusammen. Die Kolleginnen in der Agentur und ich suchen Themen und Autoren, erstellen Exposés und führen die Verhandlungen mit den Verlagen. Die freien Kolleginnen lektorieren und korrigieren die Manuskripte und unterstützen uns ebenfalls bei der Themensuche. Ich mache genau dasselbe wie alle anderen, nehme die Geschäftsführungstätigkeiten wahr, repräsentiere die Agentur nach außen und bilde zusammen mit den Kolleginnen die Volontärinnen aus. Außerdem unterrichte ich an der Münchner Universität im Studiengang Buchwissenschaften und bin für diesen Studiengang auch im Beirat tätig.

› *Lektorieren Sie auch die Manuskripte von AutorInnen, die sich an Sie als Agentur wenden? Und wenn ja, ist das für die AutorInnen ein kostenloser Service?*
Wir lektorieren die Manuskripte im Auftrag der veröffentlichenden Verlage, die auch das Honorar für das Lektorat übernehmen.

› *Wie lange dauert es in etwa, bis eine Buchidee umgesetzt worden ist und man das fertige Buch im Handel kaufen kann?*
Das ist sehr unterschiedlich: Beim Schnellschuss geht das im Extremfall innerhalb von drei Wochen, so geschehen bei unserem internationalen Bestseller zu Osama bin Laden nach dem 11. September. Im Ratgeberbereich sind es üblicherweise fünf Monate. Im Sachbuch im Schnitt neun Monate. Natürlich hängt es davon ab, wie schnell ein Autor schreiben kann.

› *Der Vertrag ist unterzeichnet, das Manuskript kann geschrieben werden. Gibt es häufig wiederkehrende Fehler, wo Sie sagen: „Mensch, das ist noch ein typischer Anfängerfehler!"?*
Nein. Wir arbeiten so intensiv an den Konzepten vor Vertragsabschluss, dass sich die Schwächen der Autoren meist bereits in diesem Stadium zeigen und ausgeglichen werden können.

› *Gibt es bei der Formatierung des Manuskripts etwas zu bedenken?*
Ja, wir haben für unsere Autorinnen und Autoren natürlich eine Seiteneinrichtung vorbereitet, die genau einer Normseite entspricht. So wissen sie beim Schreiben immer, wo sie vom Gesamtumfang her stehen. Ansonsten bitten wir darum, auf Formatierungen zu verzichten. Diese müssen später in der Herstellung alle entfernt werden.

› *Thema Autorenhonorar: Wie viel Prozent erhalten Sie, wenn Sie für eine Autorin als Agentur tätig werden? Und wie viel sind es, wenn Sie als Producer agieren?*
Wenn das Thema eine Idee der Autorin ist, erhalten wir 15 Prozent, wenn wir die Autorin mit einem Thema beauftragen, 20 Prozent von allen Einnahmen aus dem von uns vermittelten Verlagsvertrag. Unsere Producerhonorare werden projektbezogen kalkuliert. Das lässt sich nicht pauschalieren.

› *Wie hoch sind die Auflagen bei Sachbüchern derzeit in etwa? Was ist ein übliches Autorenhonorar?*
Die Auflagenhöhe variiert je nach Thema und Verkaufserwartung. Wir in der Agentur bieten im Sachbuch nur Themen an mit einer Mindesterwartung von 12 000 bis 15 000 verkauften Exemplaren. Im Ratgeberbereich liegt das etwas niedriger, hier gehen wir von einer Mindesterwartung von 4000 Exemplaren aus.
Die Höhe von Autorenhonoraren ist so individuell wie es die Autoren-Themen-Kombinationen sind. Das Honorar hängt von der Bekanntheit des Autors ab, von der Aktualität des Themas, von den Alleinstellungsmerkmalen des Projekts und natürlich vom Genre. Und wir sprechen hier von einer Spanne zwischen vierstelligen und sechsstelligen Honoraren.

› *Interview: Sandra Uschtrin*

Beitrag von Nina Weber

Die Kunst, Ratgeber neu zu erfinden

Nina Weber (www.seashell-productions.de) bietet seit 2008 maßgeschneiderte Begleitung für Ratgeber- und Sachbuch-Autoren an (z.B. in der Exposé- oder Manuskriptphase) und arbeitete viele Jahre als Redakteurin/Lektorin bei den Verlagen Gräfe und Unzer und Heinrich Hugendubel in München.

Damit Sie als AutorIn beim nächsten Buchprojekt die Nase vorn haben, soll es hier um die Gesetzmäßigkeiten und Spielregeln der Ratgeber- und Sachbuch-Branche gehen. Der Schwerpunkt liegt dabei auf den Ratgebern, da sie in den meisten Autorenbüchern zugunsten der Sachbücher vernachlässigt werden.

Hauptsächlich wird es um die Programmkonzipierung und Titelbetreuung gehen, um Ihnen ein klareres Bild zu vermitteln, welche Konzepte bei Ratgeberverlagen auf Interesse stoßen und wie die Zusammenarbeit abläuft. Dies ist natürlich je nach Verlag, Reihe, betreuendem Redakteur unterschiedlich – ich will Blitzlichter bieten, die Orientierung sein können.

Kurz zur Benennung: Die Person, die Sie im Verlag betreut, heißt je nach Sitte des Hauses Lektor/-in oder Redakteur/-in. Dies können Sie oft aus der Verlagsvorschau erkennen: Nennt sich der Bereich „Redaktion Haus & Garten", wird auch die Person, die die Buchprojekte betreut, Redakteur bzw. Redakteurin heißen; wenn der Verlagsbereich „Lektorat Modernes Leben" heißt, analog Lektor bzw. Lektorin. Im Ratgeberbereich heißen die Verlagsprogrammbereiche oft Redaktion. Dies entspringt dem Selbstverständnis der Ratgeberverlage: Die Bücher sind zum einen stärker an Zeitschriftenlayouts angelehnt, auch durch den hohen Bildanteil, zum anderen arbeiten Ratgeberredakteure verstärkt als „Projektmanager". Die eigentliche Lektoratsarbeit am Text wird meist außer Haus abgewickelt. Die Redakteure sind damit in der Regel nicht sehr stark in die direkte Arbeit am Manuskript involviert – für diese Arbeit werden freie LektorInnen für einzelne Projekte verpflichtet. Dafür begleiten Redakteure die Konzipierungsphase eines Buches sehr intensiv und konzipieren auch selbst Reihen und Buchprojekte.

Was ist das, ein Ratgeber?

Was einen Ratgeber vor allem ausmacht, ist der Nutzwert. Die Bücher sind nutzerorientiert (= immer klar auf den Leser fokussiert) und nutzwertlastig. Berühmt-berüchtigt ist der Ratgeber für seine sogenannten Nutzwert-Elemente: Selbsttests, Checklisten, Übungsanleitungen, Muster, Kästen jeder Art ...

Diese Art des Schreibstils liegt nicht jedem. Wenn Sie vor Ihrem inneren Auge ein Buch sehen, das zu zwei Dritteln beschreibend ist und höchstens im letzten Drittel ein paar Tippkästen oder Übungen enthält, dann ist dies kein Ratgeber, sondern ein Sachbuch. Allerdings werden die Grenzen zwischen Ratgeber und Sachbuch immer fließender.

Seit Anfang 2004 gibt es im Börsenverein des deutschen Buchhandels einen „Arbeitskreis Ratgeberverlage". Die Kriterien, nach denen über eine Teilnahme von Verlagen entschieden wird, sind: Der Verlag muss ausschließlich oder zu einem größeren Anteil Bücher veröffentlichen, die anleitungsorientiert konzipiert wurden und damit nutzenorientierte Information bieten. Der Hauptunterschied zwischen Ratgebern und Sachbüchern besteht darin, dass der Schwerpunkt bei Ratgebern auf der praktischen Anwendung und nicht auf der abstrakten Beschreibung liegt.

Ratgeber unterscheiden sich laut „Arbeitskreis Ratgeberverlage" von Sachbüchern auch durch einen hohen Vierfarb-Anteil. Sie benötigen die Vierfarbigkeit nicht zwingend (Übungen und Checklisten kann man genauso gut in einem einfarbigen Buch darbieten). Aber es ist richtig, dass typische Ratgeber meist vierfarbig gedruckt werden – denken Sie nur an Wellness- oder Kochbücher. Diese Vierfarbigkeit bedingt eine ganz eigene Kosten- und Honorarstruktur in der Ratgeberbranche.

Ratgeber – das Geschäft jenseits des Rampenlichts

Ratgeber verkaufen sich, je nach Thema, in hohen Auflagen und oft über einen langen Zeitraum. Für einmal geleistete Arbeit und gelegentliche Aktualisierungen erhalten Sie also lange Geld, wenn Ihr Thema über viele Jahre im Programm des Verlages bleibt, also backlist-tauglich ist.

Allerdings darf man nicht verschweigen, dass Ratgeber nach wie vor ein Image-Problem haben und inzwischen auch unter dem „Wikipedia-Effekt" leiden. Wenn Ihnen der Sinn steht nach Besprechungen im Feuilleton, den Weihen der SPIEGEL-Bestsellerliste oder anerkennenden Laudationes auf der Buchmesse, müssen Sie wohl doch in die Belletristik oder ins gehobene Sachbuch wechseln. Denn Ratgeber werden auch als Gebrauchsliteratur bezeichnet. Damit erzielen die Bücher hohe Auflagen – werden aber, anders als Sachbücher, vom Feuilleton und kleineren Buchhandlungen gerne ignoriert.

Die SPIEGEL-Bestsellerliste bildet Ratgeber nicht ab, angeblich, weil sie bis zu ihrer Verbannung immer die vorderen Ränge der Liste dominierten. Auch störte wohl, dass es kaum Bewegung auf der Bestsellerliste gab, da über lange Zeit dieselben Titel auf den vorderen Rängen lagen. Die Crux: Stammen die Ratgeber nicht von einem klassischen Ratgeberverlag, sondern zum Beispiel von einem Verlag, der auch Sachbücher im Programm hat, werden sie durchaus in die Liste aufgenommen. Die „Nur-Ratgeber"-Verlage laufen seit Jahren Sturm gegen diese Ungleichbehandlung, da der Markt dadurch verzerrt widergespiegelt wird. Warum regen sich Ratgeberverlage und -autoren so darüber auf, wo doch FOCUS, STERN und andere Zeitschriften Ratgeber in ihren Bestsellerlisten verzeichnen? Das Problem ist die (wenn auch schwindende) Marktmacht der SPIEGEL-Bestsellerliste. Wie Sie vermutlich auch schon bemerkt haben, sind viele Buchhandlungen mit den Top Ten des SPIEGELS bestückt. Hier ist Ihr Buch also, trotz guter Verkaufszahlen, nicht sichtbar, wenn es von einem reinen Ratgeberverlag stammt. Die Bestsellerliste kann außerdem den Verkauf Ihres Buches ankurbeln, da sie die Pressearbeit für den Verlag einfacher macht.

Nötig ist die Bestsellerliste nicht. Bestimmt sind Ihnen Titel von GU wie die „Magische Kohlsuppe" oder die „Glyx-Diät" bekannt? Diese Ratgeber fanden sich noch nie auf der SPIEGEL-Bestsellerliste, sind aber trotzdem seit Jahren Bestseller.

Welchen Verlagen können Sie Ratgeberprojekte anbieten?

Insgesamt gibt es etwa 30 kleine und große Verlage, auf die die oben genannten Kriterien zutreffen. Darunter sind „Nur-Ratgeber"-Verlage wie Gräfe und Unzer (mit Marken wie GU), Urania oder auch blv. Und darunter sind Verlage, bei denen Ratgeber nur einen Teil des Programms bilden, etwa in einzelnen Reihen wie bei Droemer Knaur, Haufe oder Eichborn.

Die Branche ist in Bewegung: Etliche Verlage bieten Bücher mit Ratgeberelementen an, ohne sich die Ratgeberei explizit auf ihre Fahnen geschrieben zu haben (z.B. „Simplify your Life" von Campus). Andere Verlage rutschen durch Taschenbuchlizenzen in die Ratgeberei (Goldmann, Rowohlt) – ob Sie dort auch als Erstausgabe mit Ihrem Buchvorschlag landen können, müssen Sie prüfen. Wie schon erwähnt, macht den Ratgebern seit einiger Zeit der „Wikipedia-Effekt" zu schaffen. Zunächst betraf es, und zwar massiv, nur die Lexika-Verlage, inzwischen spüren alle RatgeberautorInnen die Konkurrenz des Internets. Warum noch Kochbücher kaufen, Fitnessratgeber oder ein Buch zum Thema Arbeitszeugnisse, wenn man sich die Informationen via Google und Blogs gratis ins Haus holen kann? Der Ratgeber muss schon wirklich gut sein und einen hohen Nutzen versprechen, damit die Leser noch zugreifen. Oder auf andere, internetferne Zielgruppen zugeschnitten sein – die gibt es aber immer weniger.

Auch innerhalb der Ratgeber gibt es verschiedene Spielarten und immer wieder neue Trends. Einer waren die sogenannten erzählenden Ratgeber („Mäusestrategie für Manager", „Fish!"), in denen der „ratgeberische" Inhalt in eine Geschichte verpackt ist.

Generell gilt: Als AutorIn sollten Sie die Vorschauen und Gesamtverzeichnisse der Verlage daraufhin prüfen, ob ein Verlag eine Ratgeberreihe etabliert hat und ob das Buchprojekt, das Ihnen vorschwebt, zu diesem Haus passt.

Programmentwicklung – wie ein Ratgeberprogramm entsteht

Bevor ich etwas zum konkreten Verfassen eines Exposés sage, ist es sinnvoll, sich anzusehen, wie ein (hoffentlich erfolgreiches) Ratgeberprogramm überhaupt entsteht und wie Exposés und Autoren von Ratgeberverlagen ausgewählt werden.

Die Exposés, die Buchredakteure von Autoren erhalten oder selbst erstellen, müssen in den Verlagshäusern mehrere zeitlich versetzte Hürden nehmen (Redaktionsrunden, Programmkonferenzen).

Zusätzlich zum Qualitätsanspruch des Verlages werden Exposés aus zwei Gründen auf Herz und Nieren geprüft: Die Leser geben schon seit einiger Zeit weniger Geld für Bücher aus; erschwerend kommt hinzu, dass es immer weniger Leser für eine riesige Anzahl von Novitäten in jedem Programmhalbjahr gibt. Ein Thema und ein Buchkonzept müssen also exakt auf dem Punkt sitzen, will man mit dem Buch erfolgreich sein.

Redakteure leben ziemlich weit in der Zukunft, da die Programmentwicklung (der sogenannte Themenvorlauf) mindestens ein bis anderthalb Jahre zuvor geplant werden muss. Projekte können allerdings nicht über mehrere Jahre verbindlich dingfest gemacht werden, da der Markt sich natürlich in der Zeit auch verändern kann. Die Projekte werden daher zwischen Redakteur und Autorin erarbeitet, es kommt aber noch nicht zum Vertrag, da der Verlag sich ein Stück weit unbeweglich machen würde, würde er über ein Jahr hinaus verbindlich akquirieren.

Was bedeutet der Themenvorlauf für Sie als AutorIn? Zum einen ist er für Ihre Themenwahl relevant. Zum anderen müssen Sie sich auf einen langen Prozess gefasst machen, nachdem ein Verlag positiv auf Ihr Exposé reagiert hat. Sie können einem Verlag nicht heute ein Exposé für ein Buch schicken, das Sie gerne in den nächsten zwei Monaten veröffentlicht sehen wollen. Hier bleibt Ihnen vermutlich nur das Veröffentlichen per Book on Demand oder als E-Book. Es gibt allerdings auch Projekte, die aus der Langzeitplanung herausfallen, sogenannte Schnellschüsse. Diese Schnellschüsse werden vom Verlag aber nicht realisiert, weil ein Autor oder eine Redakteurin es gerne möchten, sondern nur wenn es in irgendeiner Form einen Marktzwang gibt – wenn es also beispielsweise um ein Thema wie die Tour de France geht, das zu einer ganz bestimmten Zeit erscheinen muss. Sie sind eher die Ausnahme.

Hürdenlauf im Verlag

Alle Exposés, auch gute und sehr interessante, müssen im Verlag langwierige Entscheidungsprozesse durchlaufen. Normalerweise wird die Redakteurin das Buchprojekt zunächst innerhalb der Redaktionsrunde ihren Kolleginnen und Vorgesetzten vorstellen und Feedback einholen. Es kann sein, dass das Feedback entweder das Aus für dieses Projekt bedeutet oder aber massive Änderungen nötig macht. Passiert Ihr Projekt diese Hürde, wird es, je nach Verlagshaus, in einer großen Redaktionsrunde oder in einer Programmkonferenz vorgestellt. Die Zusammensetzung und Abfolge dieser Runden wird in jedem Verlag unterschiedlich gehandhabt. Zu irgendeinem Zeitpunkt wird aber in jedem Fall das Projekt den Vertriebs- und Marketingabteilungen und der Geschäftsführung des Verlages vorgelegt.

Was Redakteurs- und Autorennerven strapazieren kann, ist: Falls eine dieser Runden nicht schon das Aus für das Projekt bedeutet, werden zumeist Änderungen am Konzept gewünscht. Die Kriterien sind streng: Nicht nur müssen Konzept und AutorIn zum Verlag und zur Reihe passen. Betrachtet wird auch das Zusammenspiel der vorgeschlagenen Projekte untereinander: Sind in diesem Halbjahr alle Themenbereiche abgedeckt? Gibt es einen Highlight-Titel, der heraussticht? Geprüft wird zudem, wie sich der neue Titel zur Backlist verhalten würde: Was haben wir schon in einem ähnlichen Themenbereich? Wie laufen diese Titel? Wie ist das Feedback der Vertreter zu diesen Titeln? Außerdem müssen die Redakteure die Konkurrenzbücher berücksichtigen, gegen die es zu bestehen gilt. Daher sitzen Thema und Konzept selten schon beim ersten Versuch.

Welche Konzepte gleich abgelehnt werden und welche weiterkommen, ist auch abhängig von der Erwartung des Verlages, wie viel sich als Erstauflage verkaufen sollte. Einen Bestseller wollen natürlich alle Verlage und Autoren. Aber für den einen Verlag bedeutet ein Bestseller, 3000 Exemplare im ersten Jahr zu verkaufen, für einen anderen 20 000. Je höher die Auflagenerwartung eines Verlages ist, desto mehr Themen werden als zu speziell eingeschätzt. Ausnahmen sind Verlage, die sich auf kleinere Zielgruppen spezialisiert haben (z.B. Anwalts- oder Psychologie-Literatur). Hier muss das Konzept aber noch stärker auf den Punkt gebracht werden!

Themenspezifizierung

Wichtig sind auch das Selbstverständnis des Verlages und die hauseigene Definition der Buchreihe: Akzeptiert der Verlag auch trendige Themen, oder wird er ein Thema erst in Buchform bringen, wenn es eine gewisse kritische Masse erreicht hat? Will er ein Vorreiter sein, der Trends schnell in Bücher umsetzt, oder wartet er lieber ab, bis andere Verlage das Thema schon mit Büchern bedient haben und mit diesen Titeln Erfolg hatten?

Wenn er ein solcher sogenannter Nachfolger ist, wird er vom Autor erwarten, der beste Autor zum Thema zu sein, Nutzwert zu bieten, den es in den anderen Büchern noch nicht gibt, und so insgesamt das überzeugendste Buch zum Thema anzubieten. Das bedeutet für Sie als AutorIn: Sie können auf Trends aufspringen (Sie müssen nur die lange Vorlaufzeit im Ratgeberbereich bedenken!); vorausgesetzt, Sie haben ein schlüssiges Konzept. Doch wie können Sie messen, ob ein Thema eine kritische Masse erreicht hat? Dies gleicht oft dem Teesatz-Lesen ... Hier können Sie als Autorin, die ja Fachfrau für genau dieses Thema ist, die Redakteure unterstützen. Ich bitte Autoren immer darum, mich für die Programmkonferenz zu „munitionieren": Wo ist Ihnen das Thema in den Medien begegnet? Gibt es dazu viele (private, semi-professionelle, professionelle) Websites? Tauchte es als Thema auf großen Magazin-Websites auf (Focus, Stern, Amica ...)? Es gibt natürlich noch viele weitere Indikatoren dieser Art, die man je nach Thema heranziehen kann.

Ob es damit auch als *Buch*thema geeignet ist, ist eine andere Frage. Vieles, das einem immer wieder in den Medien begegnet, ist nur ein Zeitschriftenthema: Entweder es muss um Randthemen ergänzt werden, um überhaupt ein Buch von 100 Seiten Minimum zu tragen. Oder das Thema lässt sich zwar locker auf über 100 Seiten von allen Seiten beleuchten, aber die Menschen nehmen es nur in einer Zeitschrift mit. Sie kaufen also eine Zeitschrift, bei der das Thema der Aufmacher ist, geben aber vielleicht keine 7 Euro für ein Buch aus – geschweige denn 12,90 oder 14,90 Euro, was viele Ratgeber jenseits des Pocket-Formats kosten.

Bei vielen speziellen Themen, etwa juristischen Feinheiten, wissen die Menschen bzw. potenziellen Leser oft auch nicht, dass sie ein Problem haben. Sie als Fachfrau wissen um die prekäre Lage, in der sich zum Beispiel Patchwork-Familien aus rechtlicher Sicht befinden. Aber wenn es diesen Familien nicht bewusst ist, werden sie nicht in die Rechtsabteilung der Buchhandlung gehen und sich ein Buch zum Thema kaufen.

Bei erfolgreichen Themen gibt es schnell ganze Flutwellen von Ratgebern mit dreißig oder vierzig Titeln zu einem Bereich: Apfelessig, Teebaumöl, Geldanlage mit Aktien ... Bei so vielen Büchern geht manchen Trends sehr schnell die Luft aus. Verlage nennen solche Themen „abgefeiert". Um einen Verlag von so einem Thema trotzdem zu überzeugen und dann auch noch seine Leser zu finden, muss Ihr Konzept aus der Masse herausstechen und Ihr Buch muss sich klar von den Konkurrenzbüchern abgrenzen. Bei dieser Abgrenzung wählen viele Autoren einen Nebenschauplatz der anderen Bücher als Fokus des eigenen Buches. Hier wird der Verlag genau prüfen, ob Sie sich nicht eine so winzige thematische Nische ausgesucht haben, dass die Zielgruppe des Buches zu klein wird. Wenn „Geldanlage für Frauen" ein Renner ist, muss es „So werden Frauen mit Put-Optionen reich" nicht auch werden. Überlegen Sie sich, wie oben schon geschildert: Hat die Zielgruppe Ihres Buches mit diesem speziellen Thema wirklich ein so großes Problem, dass sie sich ein ganzes Buch kaufen würde?

Exposé

Ein gut gemachtes Exposé besteht aus den unten aufgeführten Bestandteilen. Wichtig: Reichen Sie wirklich immer nur ein Exposé beim Verlag ein, auch wenn Sie bereits mehr geschrieben haben! Steht schon sehr viel vom Text, geht der Redakteur davon aus, dass Sie (wie die meisten Autoren) unwillig sind, noch etwas Entscheidendes am Konzept des Projektes zu ändern, da dies umfangreiche Textänderungen nach sich zieht. Aus eigener

Erfahrung weiß ich: Das Exposé ist runder, wenn Sie schon etliche Seiten des Buches produziert haben. Aber widerstehen Sie trotzdem der Versuchung, mehr als nur ein paar Seiten Probetext mitzuschicken! Ratgeberverlage betrachten fertige Manuskripte mit Skepsis, da sie in die Konzipierung stärker eingreifen und dies im Stadium vor der Manuskripterstellung am leichtesten möglich ist. Tun Sie daher so, als hätten Sie noch nichts außer dem Exposé geschrieben, auch wenn Sie schon mehr geschrieben haben sollten. Der fertige Text ist nicht umsonst entstanden, denn Sie haben dadurch mehr Material, aus dem Sie ca. fünf gute, zusammenhängende Seiten Probetext auswählen können.

Die Basics eines guten Exposés

Das Exposé sollte umfassen:

- Etwa eine halbe Seite des Exposés: Was kann das Buch, wieso ist das Thema für welche Zielgruppe entscheidend? Was gibt es an Konkurrenz und wie unterscheidet sich Ihr Buch davon? Denken Sie daran, dass dieser Text das Potenzial Ihres Buches offenbart. Er hilft zum einen der Redakteurin, Ihr Buchprojekt in einer Programmkonferenz verabschieden zu lassen. Zum anderen beschäftigen Sie sich intensiv damit, welchen Markt und welche Kunden es für Ihr Thema gibt. Führen Sie hier handfeste Infos so kurz und übersichtlich wie möglich auf.
- Dazu ein Inhaltsverzeichnis mit Überschriften erster (Ü1) und zweiter Ordnung (Ü2) (vielleicht an einigen Stellen Ü3s zur Verdeutlichung einbauen). Das Inhaltsverzeichnis sollte in etwa so aussehen, wie Sie es sich im fertigen Buch vorstellen, also von Einstieg bis Ende ausgearbeitet sein. Ein bisschen Witz in der Formulierung spricht natürlich die Verlagsmenschen an, aber verkünsteln Sie sich nicht in besonders peppigen Überschriften; besser sind aussagekräftige Überschriften, die den Inhalt des jeweiligen Kapitels verdeutlichen.
- Außerdem sollten Sie eine Vita mit einer Länge von rund einer viertel bis einer halben Seite dazulegen, die deutlich macht, warum Sie *die* Autorin für das Projekt sind. Ein Grund könnte sein, dass Sie eine Fachfrau für das Thema sind, etwa als Coach. Aber zur Not reicht auch eine *private Leidenschaft* – beispielsweise bei einem Thema wie „Tücher binden". Falls Sie über Medienkontakte bzw. -erfahrung verfügen, erwähnen Sie dies unbedingt (siehe „Welche Kriterien geben bei der Autorenakquise den Ausschlag?"). Am besten ist es, die Vita in der dritten Person zu schreiben. Wenn es sich für Sie zu seltsam anfühlt, in der dritten Person über sich selbst zu schreiben, können Sie die Vita natürlich auch in der ersten Person schreiben („Ich interessiere mich schon seit Jahren für das Thema XY, da ..."). Was Sie *nicht* dazulegen sollten, ist ein tabellarischer Lebenslauf.
- Haben Sie schon Artikel oder Bücher veröffentlicht, sollten Sie der Vita unbedingt eine Bibliografie hinzufügen, auch wenn die Bücher schon vergriffen oder bei sehr kleinen Verlagen erschienen sind.

Was Sie noch zum Thema Exposé wissen sollten

a) Konkurrenzanalyse

Widerstehen Sie der Versuchung, unter der Überschrift „Konkurrenz" zu schreiben: „Es gibt keine Konkurrenz. Mein Buch ist einzigartig." Diese Aussage ist meistens schlicht

falsch und wirkt unglaubwürdig – Konkurrenz wird sich im deutschen Buchmarkt immer finden lassen. Natürlich ist jedes Buch irgendwie anders, aber das heißt nicht, dass andere Titel zum Thema keine Konkurrenz wären.
Sie müssen Konkurrenz auch nicht scheuen. Wie im Abschnitt zur Programmentwicklung gezeigt, ist es einem Verlag eher unheimlich, wenn es keine anderen Verlage gibt, die sich an das Thema herangetraut haben. Finden Sie zum Beispiel bei Amazon.de zwar einige Bücher zum Thema, die aber alle vergriffen sind, sollte das ein Warnsignal für Sie sein, dass dieses Thema vielleicht nicht sein Publikum findet. Besser ist es da schon, Sie finden ein, zwei lieferbare Konkurrenzbücher und führen diese auch im Exposé auf. Sie müssen nur dem Verlag klarmachen, warum Ihr Buch diese Konkurrenz nicht fürchten muss. Investieren Sie dazu ein paar Stunden in der Buchhandlung und prüfen Sie die Bücher gründlich. Inwiefern unterscheidet sich Ihre Herangehensweise an das Thema? Wieso wird Ihr Buch neben diesen Büchern gut bestehen? Hier müssen Sie in Ihrem Exposé keine leeren Beteuerungen auffahren – es finden sich oft gute Argumente. Es kann ja gut sein, dass die bisher erschienenen Bücher eher wissenschaftlich orientiert waren, inzwischen veraltet sind oder Ähnliches. Diese Hinweise sind für den Verlagsredakteur sehr wichtig, der die Konkurrenzbücher nicht alle selbst prüfen kann.

b) Titelfindung

Sie müssen sich über den Titel Ihres vorgestellten Projektes nicht wochenlang den Kopf zerbrechen. Beim Ratgeber steht, platt ausgedrückt, meistens das auf dem Buch, was drin ist. Dies kann beim Sachbuch auch so sein, es ist aber auch möglich, einen ironischen Titel, ein Wortspiel etc. zu verwenden. Autorinnen sind häufig entsetzt, dass ihr so künstlerisch betiteltes Projekt später dann einfach „Mietrecht", „Anti-Aging" oder „Gedächtnistraining" heißt. Die meisten Leser von Ratgebern haben ein Problem oder sogar eine Pein, die abgestellt werden muss – da haben sie keine Muße für poetische oder witzige Titelformulierungen; sie wollen gleich erkennen, was das Thema ist und direkt bei ihrem Problem abgeholt werden. Ausnahmen gibt es natürlich auch, zum Beispiel Bestseller aus dem Karriere-Ratgeberbereich wie etwa „Mein Chef ist ein Arschloch, und Ihrer?". Häufig sind diese Ausnahmen dann möglich, wenn es sich um ein Sachbuch mit ratgeberischen Elementen handelt.
Verwenden Sie einfach nicht zu viel Aufwand auf den Titel Ihres Projektes. Ein Titel, der sofort das Thema klar macht, vielleicht in Kombination mit einem pfiffigen oder witzigen Untertitel, reicht völlig aus. Der Verlag wird mit Ihnen zu einem späteren Zeitpunkt eine Lösung finden.

c) Textprobe

Sie müssen mit Ihrem Exposé keine Textprobe zusenden, können aber natürlich etwa 5 Seiten mitschicken. Spätestens wenn der Verlag Interesse hat, wird er Sie um eine Textprobe bitten.
Natürlich achten Redakteure bei der Textprobe darauf, ob Ihr Schreibstil zum Verlag passt. Machen Sie sich aber nicht zu viele Sorgen, denn es gibt ja auch ein externes Lektorat, das einiges retten kann. Am besten ist, Sie stellen sich, während Sie das Probekapitel schreiben, immer wieder vor, dass Sie die Buchinhalte in einem Seminar

vermitteln. Wenn Sie zu wissenschaftlich schreiben oder mit Zitaten und Grafiken um sich werfen, verlieren Sie Ihre Leser nach kurzer Zeit – und der Verlagsredakteur ist letztlich einfach nur Ihr erster Leser.

Reihen und Exposé

Im Ratgeberbereich spielen Reihen eine große Rolle. Zum einen steht bei vielen Verlagen beim Ratgeber, überspitzt ausgedrückt, das Layout vor dem Text. Die Gestaltung von Layouts kostet viel Geld – und sie werden daher nicht oder selten für ein einzelnes Buch in Angriff genommen (Ausnahme: Spitzentitel), sondern gleich für eine Reihe, in der über den Zeitraum von mehreren Jahren, bei Erfolg auch Jahrzehnten, in jedem Programm eine bestimmte Anzahl von neuen Titeln (Novitäten) erscheint.

Reihen haben den Vorteil des Wiedererkennungseffektes und etablieren sich dadurch im Buchhandel. Oft gibt es für eine Reihe ein eigenes Präsentationsmöbel (Drehsäule; Thekenaufsteller aus Metall oder Pappe u. Ä.), mit denen eine Buchhändlerin nicht ein oder zwei Titel, sondern eine große Auswahl an Titeln ständig in ihrer Buchhandlung präsentiert. Erfolgreiche Bücher ziehen dann neue Titel in derselben Reihe nach.

Verschaffen Sie sich einen Überblick, was in Ihrem Themenbereich in diesem Verlag an Büchern produziert wird, bevor Sie eine ungefähre Seitenzahl für Ihr Buchprojekt oder einen bestimmten Ausstattungswunsch (Hardcover, Fotos, CDs dazulegen ...) im Exposé angeben. Schreiben Sie zum Beispiel besser nicht in Ihr Exposé, „ca. 120 vierfarbige Fotos sind dringend nötig“, wenn die Reihe des Verlagsbereichs, in den Ihr Thema fällt, keine illustrierten Bücher im Programm hat.

Sie müssen aber auch nicht übergenau sein, denn ein Ratgeberverlag versteht einen Exposévorschlag als Rohmasse, den er passend für seine Reihenkonzepte formen kann. Vielleicht ist die Reihe weiterentwickelt worden oder der Redakteur sucht Themen für eine neue Reihe, die sich erst in ein, zwei Jahren in der Buchhandlung finden wird. Er wird dementsprechend Ihr Exposé mit Ihrer Hilfe umformen (siehe auch „Der Verlag hat Interesse – was nun?“ zum Thema Stolpersteine).

Exkurs: Pseudonym

Da die PR, die Verlag und Autoren für ihr Buch machen können, entscheidend ist, werden Ratgeber nur im Notfall mit Pseudonym veröffentlicht. Bestehen Sie auf einem Pseudonym, kann es gut sein, dass Sie damit als Autor für den Verlag ausscheiden.

Ihr Name sollte dem Buchverkauf allerdings auch nicht schaden ... Ein peppig aufgemachtes Wellness-Buch von Irmtrud Griese-Krausebeck ließe sich wahrscheinlich nicht so gut verkaufen. Hier wäre ein Pseudonym vielleicht ganz gut, die Autorin müsste es, um PR für ihr Buch zu machen, dann aber vermutlich bei jedem Interview lüften.

Andererseits könnte es sein, dass sich unsere fiktive Frau Griese-Krausebeck zum Beispiel als Ärztin einen Namen für den Bereich Anti-Aging/Wellness gemacht hat; dann müssten Verlag und sie in den sauren Apfel beißen und ihren Originalnamen beibehalten.

Wie finden Sie einen Verlag?

Es ist meist gar nicht schwer, Verlage zu finden, die zu Ihrem Thema passen und dann deren Adresse herauszubekommen.
Ihr erster Schritt sollte Sie zu Amazon.de oder einem anderen Internetbuchhändler mit detaillierten Buchbeschreibungen führen. Hier können Sie durch Eingabe eines relevanten Stichwortes die ganze Bandbreite an Titeln sehen, die es zu Ihrem Thema gibt und gab (dass der Titel nicht mehr lieferbar ist, sehen Sie daran, dass er nicht mehr von Amazon direkt angeboten wird, sondern nur noch über Drittanbieter). Bei Amazon finden sich große Verlage genauso wie kleinere gleichberechtigt nebeneinander. Zuerst werden die Titel genannt, die die Amazon-Kunden zurzeit besonders häufig anklicken. Welche Verlage sind darunter?
Gehen Sie nun in eine gut sortierte Buchhandlung. Je nachdem ob es sich bei Ihrem Thema um ein populäres oder eher ein Nischenthema handelt, werden Sie hier eine ähnliche Vielfalt wie im Internet finden. Eventuell werden Sie bei einem neueren oder kleineren Thema aber auch nur ein Buch oder gar keins vorfinden. Könnten Bücher zu Ihrem Thema eher in einer Uni-Buchhandlung vorrätig sein? In einer spezialisierten Buchhandlung (Psychologie, Religion)?
Wenn es noch gar kein Buch zu Ihrem Thema gibt oder wenn es bisher nur wissenschaftliche Bücher gab, Sie dieses Thema aber gerne für den Mainstream aufbereiten möchten, orientieren Sie sich einfach an Ratgebern zu vergleichbaren Themen, die Sie in der Buchhandlung finden.
Vor Ort können Sie sich nun ein genaues Bild von der Aufmachung, vom Format und der Ausstattung der Bücher machen. Welches würde Sie als Leser am ehesten ansprechen? Welches Layout gefällt Ihnen am besten? Prüfen Sie das Erscheinungsjahr und ob es seitdem weitere Auflagen gegeben hat. Hat der Buchhändler vielleicht mehrere Titel einer Verlagsreihe vorrätig? Gibt es Unterschiede im Layout von Band zu Band, variiert die Seitenzahl? (Dies kann für Sie eine wichtige Information bei der Zuspitzung des Exposés für einen bestimmten Verlag sein.)
Nun können Sie sich eine Favoritenliste von Verlagen anlegen, bei denen Sie Ihr Buch gerne veröffentlichen möchten. Vom Bücherschreiben kann man in der Regel nicht leben, und reich macht es Sie erst recht nicht. Gehen Sie daher nicht nach der Größe des Verlages, sondern danach, welcher Verlag Ihnen persönlich am sympathischsten erscheint. Diesen Verlag schreiben Sie ganz oben auf Ihre Liste und arbeiten sich dann nach unten vor.

Internetrecherche für Adresse und Vorschau

Wie kommen Sie nun an die Adressen und die Verlagsvorschauen? Die meisten Verlage, auch kleinere, finden Sie das ganze Jahr über auf der Buchmessen-Website www.buchmesse.de (unter „Verzeichnisse & Programme"). Für Aussteller und Premium-Kunden, die 24 Euro im Jahr zahlen, sind hier Post- und Internetadresse des Verlages und auch Telefonnummern verzeichnet. (Zum Anrufen im Verlag: siehe weiter unten.) Achtung: Die auf www.buchmesse.de aufgeführten Namen sind häufig die der Geschäftsführer des Verlages und der Mitarbeiter der Vertriebsabteilung, da es sich um die für die *Buchmesse* relevanten Ansprechpartner handelt. An diese Personen sollten Sie Ihr Exposé

nicht schicken, wenn Sie nicht riskieren wollen, dass es in einer wochenlangen Odyssee durchs Verlagshaus wandert oder gleich als Irrläufer entsorgt wird!
Da die Daten des Buchmessenkatalogs inzwischen kostenpflichtig sind, können Sie auch erst einmal Google bemühen. Auch Buchreport (www.buchreport.de) kann einen Versuch wert sein – hier gibt es ein „Who is Who" der Buchbranche für registrierte Mitglieder (Stand 2009 war die Registrierung kostenlos). Eine Google-Suche kann mühselig sein, da die ersten Fundseiten meistens nur Amazon-Einträge von Büchern des Verlages sind.
Bevor Sie Kontakt mit dem Verlag aufnehmen (z.B. wegen einer Vorschau), surfen Sie auf die Internetseite des Verlages. Viele Verlage stellen Ihre Vorschauen nur noch ins Internet. Wenn Vorschauen auch an Endkunden versandt werden, gibt es auf der Website in der Regel einen Link, über den Sie die Vorschau bequem bestellen können. Auf der Website finden Sie nun das, was Sie eigentlich suchen: den Namen der Redaktion/des Lektorates, die/das für Ihren Themenbereich zuständig ist, und die Postadresse der Redaktion. Eventuell steht hier auch der Name einer Redakteurin, an die Sie das Exposé senden können.
In der Verlagsvorschau finden Sie auch häufig einen oder mehrere Ansprechpartner für Ihren Themenbereich – zumindest aber die Benennung der Redaktion (etwa „Leben&Lernen"). Verwenden Sie diese Bezeichnungen unbedingt im Adressfeld Ihres Anschreibens, damit Ihr Exposé nicht wochenlang durch das Verlagshaus irrt, sondern gleich auf dem richtigen Tisch landet. Wenn Sie keinen Ansprechpartner über das Internet finden, lassen Sie sich die zuständige Redakteurin vom Verlag selbst nennen.
Übrigens: Selbst im 21. Jahrhundert ist es bei einigen Autoren noch beliebt, ihre Briefe mit „Sehr geehrte Herren" zu beginnen. Da in der Buchbranche mit überwältigender Mehrheit Frauen arbeiten, wäre es taktisch klüger, „Sehr geehrte Damen und Herren" zu schreiben.

Mit dem Verlag Kontakt aufnehmen

Sollten Sie im Verlag anrufen, bevor Sie ein Exposé hinsenden? Die meisten Autorenratgeber empfehlen dies, damit Sie herausfinden können, ob das Thema zum Verlag passt und wer genau Ihr Ansprechpartner ist. Es kann aber sein, dass Sie sich mit einem Anruf keinen Gefallen tun. Die Redakteure werden viele Male am Tag aus der Arbeit an aktuellen Projekten oder der Planung neuer Projekte herausgerissen, wenn Autoren anrufen und gerne telefonisch ihr Thema vorstellen möchten – dementsprechend charmant fällt da leider manchmal die Reaktion aus. Ohne Ihr Exposé zu kennen, kann der Redakteur Ihnen auch kein qualifiziertes Feedback geben. Eventuell handeln Sie sich eine verfrühte Absage ein, da er sich aufgrund Ihrer kurzen Beschreibung des Projektes ein falsches Bild davon macht. Es ist meiner Ansicht nach besser, Sie schicken dem Redakteur erst Ihr Exposé, damit er sich eine Meinung bilden kann, bevor Sie beide telefonisch in Kontakt treten.
Sie sollten warten, bis der Verlag mit Ihnen Kontakt aufnimmt. Autoren beschweren sich allerdings zu Recht darüber, dass die Mühlen in den Verlagen langsam mahlen und man häufig Monate nach der Einsendung noch keine Reaktion des Verlages erhalten hat. Daran können Sie mit einem Anruf allerdings auch nichts ändern, Sie drängen den

Redakteur höchstens in eine Abwehrhaltung Ihnen und Ihrem Exposé gegenüber. Sehr viel hilfreicher ist ein gut recherchiertes und strukturiertes Exposé. Wenn der Text auch noch pfiffig geschrieben ist, ist die Gefahr viel geringer, dass es „zur späteren Prüfung" auf einen Stapel wandert und dort versauert. Hat Ihnen das Internet beziehungsweise die Vorschau den Namen der zuständigen Redakteurin nicht verraten, können Sie diesen mit einem Anruf herausfinden. Gibt man Ihnen den Namen nicht beim Empfang, dann rufen Sie in der Redaktion direkt an. Sie müssen ja nicht in die oben beschriebene Detail-Diskussion einsteigen, sondern können einfach nur sagen, dass Sie eine Idee für einen Ratgeber haben, der gut in Reihe X oder Themenfeld Y passen würde und dass man Ihnen bitte den Namen nennt, zu deren/dessen Händen Sie das Exposé schicken können.

Wie steht es mit Ideenklau?

Viele Autoren haben Angst, Verlage könnten ihre Idee oder auch die Titelformulierung ihres Buchprojektes stehlen und für ein Projekt mit einem anderen Autor verwenden. Dies verleitet sie dazu, ihr Exposé nur skizzenhaft anzudeuten oder mit Warnungen vor Ideenklau an den Verlag zu versehen. Das Problem: Diese Angst lässt den Autor unsicher und unsympathisch erscheinen.

Wenn Sie um Ihr Exposé fürchten, ist die elegantere Alternative, einen Umschlag mit Ihrem Exposé beim Notar mit Datum versiegelt zu hinterlegen oder, die preiswertere Möglichkeit, in einem versiegelten Umschlag an sich selbst zu schicken. Wichtig ist: Der Poststempel muss leserlich sein und das Siegel muss intakt bleiben.

Wenn der Verlag an Ihrem Buchprojekt interessiert ist, wird er das Buch auch mit Ihnen realisieren. Trotzdem kommt es natürlich vor, dass ein Verlag ein Buch zu Ihrem Thema veröffentlicht, obwohl Ihr Exposé abgelehnt wurde. Prüfen Sie das erschienene Buch genau, bevor Sie laut „Ideenklau" rufen. Denn gerade bei Ratgebern gibt es immer wieder eine Gleichzeitigkeit von Ideen und bestimmte Themen, die einfach in der Luft liegen oder die die logische Fortsetzung von Büchern sind, die der Verlag schon im Programm hatte.

Autorenakquise – Wie kommen Verlage zu ihren Autoren?

a) Internet, Zeitschriften

Häufig werden Autoren für fertige Themen und Konzepte gesucht, da die im Verlag angestellten Redakteure Themen-Scouting betreiben und selbst Bücher konzipieren. Werden diese Konzepte auf einer Programmkonferenz verabschiedet, machen sich die Redakteure auf die Suche nach einer Autorin, die zu diesem Thema und diesem Konzept (seriös, frech ...) passt.

Um als Autorin von einem Verlag angesprochen zu werden, müssen Sie sich in irgendeiner Form finden lassen und den Redakteuren als mögliche Autorin auffallen. Im Ratgeberbereich ist dies einfacher als in der Belletristik: Ratgeberautoren sind häufig Coaches, Trainerinnen und andere Fachleute (z.B. Ärzte). Zum einen passt ihr Beruf sehr gut zu den praxisnahen Ratgebern, zum anderen – ein etwas banalerer Grund – lassen sie sich leicht über Suchmaschinen finden. Auch Journalisten, die den Redakteuren durch Artikel zum gesuchten Thema aufgefallen sind, werden gerne angesprochen. Für Sie als

Newcomer sind allerdings die schon veröffentlichten Autoren die größte Konkurrenz. Ob sie schon im selben Verlag zuvor ein Buch veröffentlicht haben oder bei der Konkurrenz: Veröffentlichte Autoren erhalten am ehesten wieder ein Angebot. Ein Grund ist auch hier die Sichtbarkeit der Autoren – gibt die Redakteurin das Thema des geplanten Buches als Schlagwort im *Verzeichnis Lieferbarer Bücher (VLB)* oder bei Amazon.de ein, erhält sie die Namen der Autoren, die zu diesem Thema oder ähnlichen veröffentlicht haben. Außerdem sind Autoren, die schon veröffentlicht haben, insofern interessant, als sie es bereits geschafft haben, einen Ratgeber zu einem bestimmten Termin fertigzuschreiben, also ein Buchprojekt mit einem bestimmten Umfang zu stemmen, wie man es im Verlagsjargon nennt.

b) Agenturen

Anders als im angelsächsischen Raum benötigen Sie in Deutschland nicht unbedingt einen Agenten, um bei einem Verlag Fuß zu fassen. Es gibt ein paar Agenten, die auf die Ratgeberei spezialisiert sind. Die großen Agenturen in diesem Bereich vertreten jedoch in der Regel nur VIP-Autoren, häufig aus dem Seminarbereich. Bei solchen Autoren kreiert der betreuende Redakteur eine neue Reihe oder ein Solitärkonzept um die Stärke des Autors herum. Der Ablauf ist also anders als bei einem normalen Buchprojekt.

Es gibt einige kleinere Agenturen, die ein Händchen dafür haben, gute Konzepte gemeinsam mit ihren Autoren zu erarbeiten und ansprechend für Verlage aufzubereiten. Bisher sind sie aber eher selten.

Wenn Sie eine Agentin nicht unbedingt benötigen, warum kann sie für Sie trotzdem interessant sein? Eine Agentin kann Sie dabei unterstützen, den passenden Verlag für Ihr Buchprojekt zu finden, kann Sie in Honorar- und Vertragsfragen beraten und Sie dabei unterstützen, ein gutes Exposé zu verfassen. Wenn Sie Unterstützung durch eine Agentin haben möchten, sollten Sie die Agentur allerdings gründlich prüfen.

Eine seriöse Agentur wird von Ihnen in aller Regel niemals Geld verlangen für die Prüfung eines Manuskripts oder Exposés. Von Projekten, die die Agentin für Sie vermittelt, wird sie meistens um die 15 Prozent vom ausgehandelten Honorar einbehalten. Es gibt auch Agenturen, die 20 Prozent einbehalten. Ob Ihnen die Leistungen der Agentin dieses Honorar wert sind, können nur Sie beurteilen. Auch der Stil der Agentur/der Agentin sollte zu Ihnen passen. Ermöglicht die Agentin ein gemeinsames Gespräch mit dem Verlag? Lässt sie direkte Kontakte zwischen Ihnen und dem Verlag zu, wenn es zum Beispiel um Detailfragen zum Buchprojekt geht? Wie ist ihr Ton in Briefen und am Telefon?

Welche Kriterien geben bei der Autorenakquise den Ausschlag?

Bei Ratgebern ist es wichtig, dass Sie Fachmann/Fachfrau auf dem Themengebiet des von Ihnen angebotenen Buches sind. *Wie* wichtig, das ist abhängig von Format, Thema und Zielgruppe. Wenn Sie ein kleines Buch im Pocket-Format schreiben, können Sie sich die relevanten Informationen anlesen. Aber sobald es um umfangreichere Ratgeberformate geht, in denen Sie viel fundierten Nutzwert wie Übungen, Muster, Checklisten bieten müssen, wird der Verlag sehr genau darauf achten, was Sie an Erfahrungen mitbringen. Wenn Sie Seminare zum Thema geben, haben Sie meistens schon interaktive Elemente für die Seminarstunden entwickelt und direktes Feedback zu Ihrer Herangehensweise an das Thema erhalten, was Sie zu einer besseren Ratgeberautorin macht. Andererseits haben Sie, anders als eine Journalistin, vielleicht noch nie einen längeren Sachtext mit Nutzwert geschrieben, was für den Verlag im schlimmsten Fall bedeutet, Ihnen eine erfahrene Lektorin oder sogar einen Ghostwriter an die Seite stellen zu müssen, falls es partout nicht klappt.

Für Verlage ist außerdem wichtig, was Sie bereit sind, selbst für den Erfolg Ihres Buches zu tun. Wie medienwirksam und wie medial vernetzt sind Sie? Verlage kaufen nicht nur Projekte, sondern Autoren, die sie dann aufbauen können und die auch über die Publikation des Buches hinaus noch für das Buch tätig sind.

Das ist ein Problem für Autoren, die Dutzende von Büchern im Portfolio haben und zu so gut wie jedem Thema schreiben. Sie sind gute Ansprechpartner, wenn ein Verlag schnell ein kleines Büchlein zu einem leicht zugänglichen Thema benötigt. Aber wirklich aufbauen lässt sich so ein Autor nicht, da man der Presse und auch den Kunden (Buchhändlern und Lesern) nicht vermitteln kann, warum Frau X, die im letzten Programm noch einen Gesundheitsratgeber zur Darmsanierung schrieb, jetzt plötzlich ein fundiertes Buch zur Kindererziehung vorlegt. Daher ist es eher hinderlich als hilfreich für Ihre Autorenkarriere und hat vielleicht sogar negative Auswirkungen auf bisher schon erschienene Bücher, wenn Sie thematisch zu breit aufgestellt sind.

Normalerweise machen sich Autoren-Einsteiger zu viele Gedanken über einen bunten Strauß von Themen, den sie anbieten können. Versuchen Sie zunächst, mit einem Exposé bei einem Verlag Fuß zu fassen. Verwenden Sie viel Zeit und Liebe zum Detail auf dieses Exposé (siehe oben). Wird das Projekt vom Verlag angenommen und verkauft sich das Buch gut, können Sie in Zusammenarbeit mit Ihrer Redakteurin prüfen, welche Themen noch zu Ihnen passen oder, wenn Ihr Thema eng umrissen ist (wie „Arbeitszeugnisse"), ob sich das Thema nicht in unterschiedlichen Ausschnitten für andere Reihen anbietet. Denn Sie müssen ja nicht unbedingt thematisch in die Breite gehen; Sie können auch Breite in der Vertikalen, über verschiedene Reihen, erreichen. Wenn wir beim Beispiel Arbeitszeugnisse bleiben, könnte eine Verteilung der Titel über verschiedene Reihen zum Beispiel so aussehen: Das erste Buch heißt „Alles rund um Arbeitszeugnisse", kostet um die 14 Euro und hat um die 120 Seiten; es folgt ein kleines Büchlein „100 Fragen zu Arbeitszeugnissen", in dem Sie alle Fragen und Antworten aus Ihrer Beratungspraxis/ Ihren Seminaren/... versammeln. Dann könnte es, vielleicht ein Jahr später, noch einen sehr umfangreichen Titel, über 200 Seiten, geben, in dem Sie deutlich mehr Musterzeugnisse als im ersten Band bieten mit ausführlichen Interpretationen. Die Bücher kommen sich nicht ins Gehege und Sie sind mit drei Titeln lieferbar, obwohl Sie „nur" ein Thema als Autorin beherrschen.

Der Verlag hat Interesse – was nun?

Wenn ein Verlag Interesse an Ihrem Exposé signalisiert, sind Sie schon einen großen Schritt weitergekommen. Jetzt werden Sie vermutlich mit Ihrem Gegenüber im Verlag (dem Redakteur oder der Redakteurin) intensiv über das Exposé, die vorgeschlagene Gliederung des Buches und die weiteren Schritte in den nächsten Monaten sprechen.

Ein paar Stolpersteine sind hier fast schon vorprogrammiert, da unterschiedliche Interessen aufeinanderprallen: Sie sind im Glückstaumel, dass Ihr Buch auf Interesse gestoßen ist, vielleicht sogar bei dem Verlag, der ganz oben auf Ihrer Wunschliste stand. Sie wollen möglichst bald einen Vertrag erhalten, ein gutes Honorar aushandeln und mit dem Schreiben beginnen.

Die Redakteurin hat noch etliche Änderungswünsche am Exposé, bevor sie sich damit auf den Weg durch die Konferenzen des Verlages wagt. Sie wird vermutlich mehrere Exposés zu einem Thema vorliegen haben und versuchen, die Autoren anhand von Probetexten und Gesprächen zu bewerten, um die Autorin zu finden, die sie für am besten geeignet hält. Erst wenn das Exposé die verschiedenen Hürden im Haus genommen hat und der Erscheinungstermin auf ein halbes Jahr herangerückt ist, kann sie wirklich Nägel mit Köpfen machen und in die Vertrags- und Honorarverhandlungen einsteigen. So lange wird sie versuchen, Sie bei Laune und hinzuhalten.

Um auf der Zielgeraden nicht doch noch zu scheitern, hier ein paar Tipps für diese Phase Ihres Buchprojektes.

Ihr Buchkonzept wird geändert

Wie schon erwähnt, formen Redakteure das von Ihnen eingereichte Exposé für die Bedürfnisse ihres Verlagsbereichs beziehungsweise ihrer Reihen um. Wichtig ist, dass Sie darauf flexibel reagieren.

Ein gewisses Widerstreben ist völlig normal: Sie haben lange an Ihrem Exposé gearbeitet und ein ganz bestimmtes Buch im Kopf. Verständlicherweise können Sie sich nicht auf Anhieb für die Änderungsvorschläge des Redakteurs erwärmen. Bitten Sie um Zusendung einer Verlagsvorschau, eines Gesamtverzeichnisses und Büchern der Reihe, in der der Redakteur Ihr Projekt sieht. Am besten sollte er Ihnen auch ein Konzept der Reihe (also das Grundgerüst, wie alle Titel der Reihe aufgebaut sind) mailen oder schicken. Sie gewinnen damit Zeit, ohne Ihr Unbehagen thematisieren zu müssen.

Für Sie sollte die Hauptsache sein, dass jemand angebissen hat. Mit etwas zeitlichem Abstand gefällt Ihnen der Vorschlag des Redakteurs vielleicht sogar sehr gut. Falls es nicht so ist, können Sie Ihre bisherige Gliederung oder den thematischen Schwerpunkt Ihres Buches natürlich auch verteidigen, solange Sie es nicht übertreiben. Sie sind schließlich die Fachfrau für Ihr Thema. Behalten Sie die Frage im Hinterkopf: „Ist dies das Buch, das ich schreiben wollte?" Behagt Ihnen die thematische Zuspitzung/Ausweitung, die der Redakteur vorschlägt? Behalten Sie auch die Frage von Abbildungen (möglich/nicht möglich), Mustern o. Ä. im Auge, die für Ihr Thema relevant sind: Der Redakteur steckt nicht so tief in diesem Thema wie Sie und hat nur die Vorstellung vom Buch, die er sich aufgrund Ihres Exposés gemacht hat. Wenn Ihr medizinischer Praxisratgeber ohne vierfarbige Fotos nicht machbar ist, müssen Sie klären, ob dies in der Reihe möglich ist.

Honorar

In der Honorardiskussion ist es schwierig, den richtigen Zeitpunkt zu treffen. Sie kennen dies vermutlich von Vorstellungsgesprächen: Wenn Sie das Thema Gehalt gar nicht ansprechen, wirken Sie so, als wären Sie mit jedem Angebot zufrieden, und man wird versuchen, Sie preiswert einzukaufen. Sprechen Sie das Thema Gehalt viel zu früh an, hat es negative Auswirkungen, da es so wirkt, als sei dies das Einzige, das Sie interessiert.

Verlage und Autoren wollen natürlich mit Büchern Geld verdienen. Aber es ist eine Branche, die auch viel vom Idealismus der Beteiligten lebt. Wenn Sie versuchen, ein Honorar auszuhandeln, bevor Sie überhaupt mit dem Redakteur über den Inhalt des Buches, die Buchreihe und Ähnliches gesprochen haben, wirkt dies ähnlich abschreckend wie im Vorstellungsgespräch. Aber nachdem Sie ausführlich mit dem Redakteur über das Exposé gesprochen haben und er erläutert hat, in welchem Format er sich Ihr Thema vorstellen kann, ist es durchaus angebracht, über das Honorar zu reden. Zu diesem frühen Zeitpunkt wird sich der Redakteur noch nicht auf genaue Angaben festlegen wollen (er hat ja auch noch keine Auflagenschätzung für das Buch, von der die Höhe des Honorars in den meisten Fällen abhängt). Aber er kann Ihnen zumindest ungefähre Anhaltspunkte nennen. Später, in der eigentlichen Honorardiskussion, ist es am besten sich vorzutasten.

Trotz sinkender Buchpreise und geringerer Auflagen haben viele Autoren noch überzogene Vorstellungen von den Honoraren, die im Buchbusiness gezahlt werden. Man kann vom Schreiben wirklich nicht reich werden, es sei denn, es gelingt durch Zufall ein Bestseller. Andererseits sollten Sie sich natürlich auch nicht über den Tisch ziehen lassen. In der besten Position sind Sie, wenn Sie einen Autor kennen, der schon in dieser Buchreihe veröffentlicht hat, oder wenn Sie Angebote von mehreren Verlagen vergleichen können. (Beachten Sie dabei aber auch, ob Sie wirklich die gleichen Zahlen vergleichen. Zur Not müssen Sie Vorschüsse, Pauschal- und Prozenthonorare auf eine bestimmte Auflage hoch- oder pro Exemplar herunterrechnen.)

Für kleinere Buchformate erhalten Sie oft Pauschalhonorare (Summe x für 1000 gedruckte Exemplare), für größere Formate Prozenthonorare. Gemeint ist damit x Prozent vom Nettoladenverkaufspreis (gleich Ladenverkaufspreis minus Mehrwertsteuer).

Der Vorteil von Pauschalhonoraren kann sein, dass Sie Ihr Honorar sofort mit Drucklegung des ersten Exemplars für die vollen 1000 Exemplare erhalten. Werden 5000 Exemplare nachgedruckt, erhalten Sie also fünf Mal die Summe x sofort nach dem Druck der Exemplare. Prozenthonorare werden für verkaufte, nicht remittierte (also vom Buchhandel als unverkäuflich zurückgesandte) Exemplare abgerechnet, für gewöhnlich alle 6 Monate. Sie erhalten also das Geld erst nach einer längeren Vorlaufzeit.

Die meisten Verlage bieten Ihnen für die erste Auflage einen Vorschuss an. Erst wenn die Höhe des Vorschusses durch den Abverkauf Ihres Titels erreicht ist, werden Sie weiteres Geld bekommen. Beispiel: Erhalten Sie Summe x für 5000 Exemplare einer Novität, dann erhalten Sie das ausgehandelte Prozenthonorar erst, wenn das 5001. Exemplar verkauft wird.

Die Höhe der Honorare ist sehr unterschiedlich, je nach Verlag, Auflage, Format und Preispunkt der Reihe. Auf jeden Fall sind niedrigere Prozente als bei Belletristikverlagen üblich, unter anderem auch aufgrund der hohen Satzkosten und auch Entwicklungskosten für die Layouts.

Der Grundgedanke der Ratgeberei ist, dass der Autor nur ein Teil ist, der den Erfolg des Buches ausmacht. Layout, Buchqualität, Vertrieb, Design, Markenführung, Marketing etc. tragen ebenfalls maßgeblich zum Erfolg bei.

Die Höhe des Honorarangebots wird auch davon abhängen, ob Sie schon zuvor veröffentlicht haben, ob Sie ein guter Multiplikator sind (Geben Sie Seminare? Haben Sie gute

Kontakte zur Presse? Macht Ihnen PR-Arbeit Spaß?) und von ähnlichen Faktoren. Hier spielt natürlich wieder Ihr Exposé hinein: Der Redakteur wird Ihre Vita im Hinterkopf haben, wenn er Ihnen ein Angebot macht. Machen Sie sich also nicht unnötig klein.

Vertrag

Zu Verträgen lässt sich schlecht etwas Generelles raten, da die meisten Häuser eigene Varianten haben. An drei Stellen gibt es meist Klärungsbedarf: bei den Nebenrechten, der Options- und der Konkurrenzklausel.
Autoren haben manchmal ein Problem damit, dass der Verlag versuchen wird, sich möglichst den kompletten Nebenrechtskatalog zu sichern (vergleiche Paragraph 2, Absatz 2 und 3 des Normvertrags). Für den Verlag ist es sinnvoll, die Verwertungskette für ein Buch voll ausschöpfen zu können (Nebenmärkte, Weltbild-/Club-Ausgaben u.Ä.). Sie können natürlich darüber verhandeln, wie Sie prozentual am Verkauf einzelner Nebenrechte beteiligt sind. Sie können auch versuchen, einzelne Nebenrechte herauszulösen und sie nicht zum Teil des Vertrages zu machen. Dies wird allerdings zu Diskussionen mit dem Verlag führen. Und wenn Sie keinen Agenten oder Manager haben, wird es vermutlich schwer für Sie, diese Nebenrechte (z.B. Taschenbuch oder Club-Ausgaben) selbst zu verwerten.
Falls Paragraphen im Vertrag unverständlich sind, lassen Sie sie sich vom betreuenden Redakteur erklären. Sie können sich auch von einer Anwältin beraten lassen oder über Ihren Berufsverband, den Verband deutscher Schriftsteller (VS) in ver.di, oder über mediafon.net. Auch in einem Internetforum wie dem Montségur Autorenforum wird es Personen geben, die sich in Urheberrechtsfragen und Verlagsverträgen auskennen.
Prüfen sollten Sie auf jeden Fall auch die Options- und Konkurrenzklauseln. Bei der Option geht es darum, dass der Verlag auch weitere Buchprojekte mit Ihnen realisieren möchte (denn Autoren sollen ja aufgebaut werden, wie oben beschrieben). Es gibt allerdings zwei Varianten für die Klausel. Möglichst sollte die Formulierung in etwa lauten „Der Autor wird/ist eingeladen, auch sein nächstes Projekt an den Verlag zu schicken" und nicht „muss sein nächstes Projekt ...". In beiden Fällen können Sie einen Termin hinzufügen lassen, bis zu dem der Verlag Ihnen verbindlich Bescheid gegeben haben muss, ob er Interesse an dem Projekt hat. Dies könnte zum Beispiel „6 Wochen nach Eingang des Exposés" sein.
Die Konkurrenzklausel findet sich in vielen Verlagsverträgen, sie ist aber sehr unterschiedlich formuliert. Verwehrt soll Ihnen damit werden, ein Buch bei einem Konkurrenzverlag zu veröffentlichen, das dem Buch, um das es sich in diesem Vertrag dreht, Konkurrenz machen könnte. Dies kann für Sie als Autorin sehr einschränkend sein. Denn wenn Sie in nur einem Themenfeld unterwegs sind, und das wird bei einer Ratgeberautorin ja oft so sein, fehlt Ihnen die Möglichkeit, die Konkurrenzklausel zu umgehen: bei einem anderen Verlag zu einem *anderen Thema* zu veröffentlichen. Sie müssen daher genau darauf achten, zu welchem Preispunkt und mit welchem Umfang Sie Bücher bei unterschiedlichen Verlagen zu ein und demselben Thema veröffentlichen.
Natürlich sind für Sie Veröffentlichungen bei mehreren Verlagen aus finanzieller Hinsicht interessant (erneute Vorschüsse). Sich die Veröffentlichung bei anderen Verlagen genau zu überlegen, ist aber keine Schikane, sondern lohnt sich auch für Sie als Autorin.

Denn die Gefahr ist, dass das zweite/dritte/... Buch dem ersten Buch Leser wegnimmt, Sie sich also selbst kannibalisieren, anstatt zusätzliche Leser zu gewinnen.

Fazit

Sie wollen also mit Ihrem Exposé die Programmkonferenz erreichen und erfolgreich passieren? Hier noch einmal die wichtigsten Basics:

- Prüfen Sie thematisch verwandte Titel des Verlages und achten Sie dabei auf das Erscheinungsjahr! Welcher Stil lässt sich erkennen? Welche Reihen gibt es und wie sieht der formale Rahmen der Reihen aus (Seitenzahl, Abbildungen, Themenbreite usw.)?
- Bestellen Sie eine aktuelle Verlagsvorschau und ein Gesamtverzeichnis. In der Vorschau bzw. im Internet finden Sie auch die Ansprechpartner für Ihren Themenbereich, sodass Sie Ihr Exposé gezielt zusenden können.
- Stellen Sie Ihr Exposé auf die Reihe ab, zu der es Ihrer Meinung nach am besten passt.
- Recherchieren Sie begleitende Infos (Konkurrenz, Zielgruppe).
- Reichen Sie nur ein Exposé ein (nicht ein fertiges Manuskript)!

Ich hoffe, ich konnte für Sie die Ratgeberbranche etwas transparenter machen. Wenn Sie sich als Autor bewusst für Ratgeber entscheiden, zum Beispiel weil Ihr Thema geradezu danach schreit, mit Nutzwert angereichert dargeboten zu werden, oder weil Sie Seminare zu einem bestimmten Thema geben und nun diese interaktiven Elemente gerne in ein Buch einbauen würden, können Sie sicherlich ein überzeugendes Konzept erstellen und auch ein Zuhause für Ihr Buch finden. Denn der Ratgebermarkt ist immer auf der Suche nach neuen Ideen für seine Reihen und auch nach interessanten Solitären. Mit einem gut gemachten Konzept und einem anschaulichen Schreibstil können Sie hier mit ziemlicher Sicherheit als AutorIn landen – auch wenn man Ihr Buchprojekt vielleicht in eine Richtung umstrickt, die Sie zunächst gar nicht gesehen hatten.

Ein Ratgeber-Exposé von Nina Weber finden Sie in Kapitel 9, Seite 469–471.

51 Ratgeberverlage (Auswahl)

„Ob Kochbuch, Gesundheitsratgeber oder die Anleitung zur KFZ-Reparatur: Das Metier der Ratgeberverlage ist die Aufbereitung handlungs- oder nutzenorientierter Themen für den privaten Bereich. Das Hauptaugenmerk der Verlage ist darauf gerichtet, möglichst praxisnah und konkret Informationen zu vermitteln – zu allen Bereichen des Lebens.“
(In: www.was-verlage-leisten.de/content/view/143/64/)

Mitglieder im Arbeitskreis Ratgeberverlage (AkR)
im *Börsenverein des Deutschen Buchhandels,* Stand November 2009:

1 **BALANCE buch + medien verlag GmbH & Co. KG,** www.balance-verlag.de
2 **Beuth Verlag GmbH,** www.beuth.de
3 **BLV Buchverlag GmbH & Co. KG,** www.blv.de
4 **Börsenverein des Deutschen Buchhandels e. V.,** www.boersenverein.de
5 **Breuer & Wardin Verlagskontor GmbH,** www.verlagskontor.com
6 **BuchMarkt – Verlag K. Werner GmbH,** www.buchmarkt.de
7 **Buchverlag für die Frau GmbH,** www.buchverlag-fuer-die-frau.de
8 **Campus Verlag GmbH,** www.campus.de
9 **Christian Verlag GmbH (Kaleidoskop Buch, Prestel Publishing Group),** www.christian-verlag.de
10 **Claudius Verlag GmbH im Evangelischen Presseverband e. V.,** www.claudius.de
11 **Delius Klasing Verlag GmbH,** www.delius-klasing.de
12 **Dorling Kindersley Verlag GmbH,** www.dorlingkindersleyverlag.de
13 **Dr. Oetker Verlag KG,** www.oetker-verlag.de
14 **Eberhard Blottner Verlag GmbH,** www.blottner.de
15 **Edition Ruprecht,** www.edition-ruprecht.de
16 **Egmont vgs in Egmont Verlagsgesellschaften mbH,** www.vgs.de
17 **Elsevier GmbH,** www.elsevier.de
18 **Englisch Verlag GmbH,** www.englisch-verlag.de
19 **Ennsthaler GmbH & Co. KG,** www.ennsthaler.at
20 **Eugen Ulmer Verlag KG,** www.ulmer.de
21 **Franckh-Kosmos Verlags-GmbH & Co. KG,** www.kosmos.de
22 **frechverlag GmbH,** www.frechverlag.de
23 **Frederking & Thaler Verlag GmbH,** www.frederking-thaler.de
24 **GABAL-Verlag GmbH,** www.gabal-verlag.de
25 **Gentlemen’s Digest Ltd. & Co. KG,** www.gdigest.com
26 **Gräfe und Unzer Verlag GmbH,** www.gu-online.de
27 **Hampp Verlag GmbH,** www.hamppmedia.de
28 **Heel Verlag GmbH,** www.heel-verlag.de

29 Humboldt Verlags GmbH,
www.humboldt.de
30 Julius Beltz GmbH & Co. KG,
www.beltz.de
31 Mehr Zeit für Kinder e.V.,
www.mzfk.de
32 Meyer & Meyer Fachverlag und Buchhandel GmbH,
www.m-m-sports.com
33 MVB Marketing- und Verlagsservice des Buchhandels GmbH,
www.mvb-online.de
34 MVS Medizinverlage Stuttgart GmbH & Co. KG,
www.medizinverlage.de
35 pala-verlag GmbH,
www.pala-verlag.de
36 Pattloch Verlag GmbH & Co. KG,
www.droemer-knaur.de
37 Paul Pietsch Verlage GmbH + Co. (Motorbuch-Verlag),
www.motorbuch.de
38 Pearson Education Deutschland GmbH,
www.pearson.de
39 Psychiatrie-Verlag GmbH,
http://verlag.psychiatrie.de/start
40 Red Sales Curry Edutainment (Frank Stockmann),
www.redsalescurry.com
41 Rudolf Haufe Verlag GmbH & Co. KG,
www.haufe.de
42 Schlütersche Verlagsgesellschaft mbH & Co. KG,
www.schluetersche.de
43 Schwaneberger Verlag GmbH,
www.briefmarken.de
44 spomedis GmbH,
www.spomedis.de
45 Verbraucherzentrale Nordrhein-Westfalen e.V.,
www.vz-nrw.de
46 Verlag Herder GmbH,
www.herder.de
47 Verlagsgruppe Droemer Knaur GmbH & Co. KG,
www.droemer-knaur.de
48 Verlagsgruppe Random House GmbH,
www.randomhouse.de
49 Walter Hädecke Verlag (Inh. Joachim Graff),
www.haedecke-verlag.de
50 WRS Verlag – Wirtschaft, Recht und Steuern GmbH & Co. KG (Fachverlag),
www.wrs.de
51 Ziethen-Panorama Verlag GmbH,
www.ziethen-panoramaverlag.de

„Schwierig schreiben kann jeder" – Schreiben für Fachverlage

In Deutschland gibt es über 600 Fach- und Wissenschaftsverlage. Welche Chance hat man als AutorIn, bei diesen Verlagen Fuß zu fassen? Was sollten (Fach-)AutorInnen können? Und wie arbeiten diese Verlage?
Mit diesen Fragen wandte ich mich an WEKA MEDIA, einen der größten und modernsten Fachverlage Deutschlands (www.weka.de). WEKA MEDIA lebt davon, Fachinformationen zu verkaufen. Zu den Käuferinnen und Käufern zählen Architektinnen, Ingenieure, Bauunternehmer, Qualitäts- und Produktmanagerinnen, Altenpflegerinnen, Brandschutz- und Feuerwehrleute, Betriebs- und Personalräte oder Menschen, die beruflich in der Unternehmensführung oder der Kommunalverwaltung arbeiten. Autorinnen und Autoren gehören also nicht zur Zielgruppe von WEKA MEDIA. Doch natürlich werden auch für s/Sie Fachinformationen von Fachverlagen angeboten: Denken Sie nur an dieses Handbuch, an die „Federwelt – Zeitschrift für Autorinnen und Autoren" oder an den Uschtrin-Newsletter „Preise & Stipendien".
Neben „Riesen" wie WEKA MEDIA gibt es also auch „Zwerge", kleine Fachverlage, die sich auf eine bestimmte Zielgruppe spezialisiert haben. Allen gemein ist ihre Ausrichtung auf Profis, auf Menschen, die diese Informationen beruflich nutzen wollen. Und noch etwas ist für Fachverlage typisch: die Multimedialität ihrer Produkte. Viele von ihnen geben nicht nur Bücher und Zeitschriften heraus, sondern bieten auch Software- und Onlineprodukte an, entwickeln E-Learning-Angebote oder veranstalten Seminare, Fachtagungen und Kongresse.
Doch wieder zu WEKA MEDIA. Als Interviewpartnerin stellte sich Sigrid Habersaat zur Verfügung. Seit zehn Jahren arbeitet sie in dem Unternehmen und das sehr gerne. Keine Selbstverständlichkeit für eine Frau, die ursprünglich davon träumte, nach ihrem Germanistikstudium bei einem Verlag wie Suhrkamp zu arbeiten.

› *Sie sind Fachredakteurin bei WEKA MEDIA. Was genau machen Sie? Akquirieren Sie die Autoren und redigieren Sie deren Texte?*
Ich betreue unsere Produkte für Einkäufer und Logistiker. Viele Einkäufer sind für große Unternehmen tätig, etwa Zulieferer der Automobilindustrie. Sie kaufen ihre Produkte, die oft aus mehreren Komponenten bestehen, global ein und sind weltweit unterwegs. Dabei schließen sie Verträge ab und benötigen ein Rechtswissen, das sehr komplex ist. Unsere Aufgabe ist es nun, Infopakete zu entwickeln und bereitzustellen, die genau zum jeweiligen Wissensbedarf passen.
Daher sind die Lektorate der einzelnen Fachbereiche bei uns zweigeteilt: Es gibt Produktmanager und Fachredakteure. Hier am Standort Kissing arbeiten rund 30 Fachredakteure und etwa genauso viele Produktmanager.
Die Produktmanager sind oft unterwegs, führen Zielgruppengespräche, sind auf Messen, Seminaren, Veranstaltungen, bei den Verbänden. Sie erwerben sich Zielgruppenkenntnisse und versuchen, möglichst detailliert herauszufinden, was diese Zielgruppe an Fachinformationen braucht. Dann entwerfen sie die Produktkonzepte. Das ist teilweise ein recht langer Prozess, beispielsweise bei der Entwicklung spezieller Software. Außerdem suchen sie für die jeweiligen Produkte die passenden Autorinnen und Autoren.
Wir, die Fachredakteure, kümmern uns um die Umsetzung. Alles, was mit dem Text, auch mit dem Onlinetext zu tun hat, ist unsere Aufgabe. Wir haben sehr engen Kontakt zu den

Autoren und besprechen mit ihnen ihre Manuskripte. Verantwortlich sind wir außerdem für die multimediale Darstellung. Wir produzieren zum Beispiel die CDs selbst und auch die Onlinewerke. Ursprünglich waren wir ein klassischer Verlag, der sich auf Loseblattsammlungen spezialisiert hatte. Damit ist WEKA groß geworden. Jetzt gerade erleben wir einen großen Umbruch hin zum Onlineverlag, für den wir technisch sehr gut aufgestellt sind.

› *Sind auch Ihre Autorinnen und Autoren gut dafür „aufgestellt"? Müssen viele nicht erst lernen, fürs Web zu schreiben?*
Ein guter Text ist ein guter Text, egal in welchem Medium er veröffentlicht wird. Aber die Schwächen eines Textes, die werden online viel deutlicher als auf dem Papier. Außerdem muss ein Onlinetext natürlich mit Links arbeiten und ganz anders gestaltet sein.

› *Inwiefern?*
Die Absätze müssen kürzer sein. Alle zwei bis drei Absätze muss eine Zwischenüberschrift kommen. Denn das Auge muss sich sofort orientieren und ermüdet am Bildschirm ja viel schneller. Außerdem sollte es einen Teaser geben, also zwei, drei Sätze am Anfang, sodass der Leser die wichtigsten Informationen zu Beginn erhält und gleich weiß, ob es sich für ihn lohnt weiterzulesen oder ob er weiterklicken kann.
Wie ein solcher Onlinetext aussehen sollte, haben wir kürzlich in unserem Autorenleitfaden zusammengefasst. Denn die Lesbarkeit der Texte und ein einheitliches Erscheinungsbild sind uns sehr wichtig, zumal wir inzwischen fast mehr online herausgeben als in Printform.

› *Was ist WEKA MEDIA dann eigentlich? Ein Fachbuchverlag, ein Fachverlag oder ein Fachinformationsanbieter?*
Ich würde sagen, wir sind ein Fachverlag. Denn die Strukturen sind bei uns wie bei einem klassischen Verlag. Einzelne Bücher machen wir allerdings nur sehr selten. Und wenn, dann veröffentlichen wir Fachbücher und keine Sachbücher.

› *Wie definieren Sie den Unterschied?*
Fachbücher werden vor allem beruflich genutzt. Sachbücher sind von allgemeinem, breiterem Interesse und daher eher in einer Buchhandlung zu finden. „Materialwirtschaft und Logistik", ein WEKA-Titel, ist ein typisches Fachbuch. „Schlank und schön" wäre eher ein Sachbuchtitel.
Wenn ein Autor uns also fragt, ob wir daran interessiert seien, ein Buch zu dem und dem Thema zu machen, müssen wir meistens nein sagen, besonders, wenn es für eine Zielgruppe gedacht ist, die wir gar nicht bedienen. Denn wir verkaufen unsere Produkte ja nicht breit über den Buchhandel. Wir sind eben kein Publikumsverlag. Die Produkte, die wir herausgeben, haben wir oft selbst entwickelt. Das sind Werke wie das „Rechtshandbuch für die Einkaufspraxis", das ich betreue. Davon machen wir jetzt die 71. Aktualisierung; im Jahr sind das fünf Updates.

› *So viele Updates – haben die Autoren denn dafür die Zeit? Oder erledigen das die Fachredakteure hier im Haus?*
Wir bekommen die Informationen immer von den Autoren und haben unsere Werke schon immer regelmäßig aktualisiert. Jetzt teilen wir die Arbeit gerne in kleinere Häppchen auf, um möglichst zeitnah zu informieren. Kommt also beispielsweise eine neue Vorschrift heraus, bemühen wir uns, sie möglichst sofort online zu stellen. Unser Printproduktionsweg dauert länger: vom Manuskripteingang bis zum Druck fast drei Monate. Das ist der traditionelle Weg: Das Manuskript kommt herein, wird von uns bearbeitet, geht noch einmal zurück an den Autor, der es wieder an uns schickt, und dann erst geht es in den Satz und in den Druck.

› *Drei Monate, davon können Belletristikautoren nur träumen! Bis ein Roman erscheint, vergehen in der Regel mindestens zwölf Monate. Es muss ein Marketingkonzept entwickelt werden, der Titel sollte in der Vorschau erscheinen, die Vertreter müssen damit auf Reisen gehen …*
Bei uns ist eben meistens schon ein bestimmter Rahmen vorhanden. Das Werk als solches, etwa das gerade erwähnte „Rechtshandbuch für die Einkaufspraxis", gibt es ja bereits. Da tauschen wir dann nur bestimmte Kapitel aus oder aktualisieren die eine oder andere Passage, weil sich in einem Bereich zum Beispiel die Rechtsprechung geändert hat. Gedruckt sind das 140 bis 150 Seiten von rund 2500. Dieses dreibändige Werk gibt es außer in der Printfassung noch als CD-ROM und online. Das sind die drei Medien, in denen wir bis jetzt publizieren. Wobei die Tendenz eindeutig hin zur Online-Veröffentlichung geht. Das ist das Medium der Zukunft, was die Arbeitswelt betrifft. Eine Einkäuferin sitzt zum Beispiel in einem Hotel in Shanghai an ihrem Bildschirm und recherchiert ihre Lieferanten in China. Wenn sie den genauen Wortlaut eines bestimmten Vertrags wissen muss oder wenn sie eine Checkliste oder ein Formular braucht, guckt sie schnell online in ihrem Werk nach und lädt sich was herunter. Die Printfassungen werden nicht von heute auf morgen sterben, ganz und gar nicht. Aber viele unserer Kunden – und das sind oft Unternehmen – favorisieren mittlerweile unsere Onlinelösungen.

› *Kann ich mir auf Ihrer Website auch als Privatperson Informationen herunterladen?*
In bestimmten Bereichen bieten wir Einzeldownloads an. Manchmal braucht der Kunde nur einen Vertrag, zum Beispiel für einen Gebrauchtwagenkauf – so etwas haben wir auch. Aber in der Regel sind die Werke, die wir anbieten, sehr umfassend. Die bezieht man als Kunde entweder im Abonnement und bekommt regelmäßig die Updates oder sie sind Teil einer Onlinelösung. Dann muss sich der Mitarbeiter der betreffenden Firma über das WEKA Business Portal in seinen Bereich einloggen. Seit über zehn Jahren sind wir mit Produkten auch online, seit Juli 2008 mit dem Business Portal. Dort haben wir über dreihundert einzelne Werke zusammengefasst beziehungsweise spezielle Onlinemodule entwickelt. Die Unternehmen können dort Paketlösungen für ihre Mitarbeiter kaufen. Sie suchen sich aus, was sie brauchen, und stellen sich zum Beispiel zwanzig Module zusammen: für den Umweltschutz, für den Sicherheitsbeauftragten, für die Einkäuferin und für wen oder was auch immer. Dieses Modell läuft sehr gut. Was ich auch damit sagen will: Wir werden im Netz nicht zufällig gefunden. Wer zu uns kommt, sucht nach ganz bestimmten Informationen.

Noch recht neu ist unsere Seminarabteilung. Denn Inhalte lassen sich ja nicht nur über Onlinepakete oder Bücher kommunizieren, sondern auch über Seminare. Das klassische Loseblattgeschäft, WEKAs frühere Domäne, bröckelt immer mehr ab. Heutzutage wollen immer weniger Kunden in ein dreibändiges Werk Aktualisierungen einordnen.

› *Was müssen Fachautorinnen und -autoren können? Was müssen sie bereit sein zu leisten?*
Was ein Autor können muss, resultiert aus dem, was die Zielgruppe braucht. Unsere Zielgruppe braucht Fachinformationen. Die wollen sie von uns kaufen, und diese Fachinformationen müssen stimmen und aktuell und gut recherchiert sein, sodass man sich auf sie verlassen kann.
Das heißt, der ideale Fachautor

- verfügt über Expertenwissen und kennt die Zielgruppe;
- er informiert stets aktuell über die neuesten Entwicklungen oder Vorschriften im Fach;
- er schreibt verständlich und gut lesbar;
- er liefert dem Leser die notwendigen Arbeitshilfen mit, um das Fachwissen umsetzen zu können;
- er denkt an die verschiedenen Medien und liefert die Texte und Visualisierungen zum Beispiel onlinegerecht mit Teaser.

› *Als Redakteurin der Zeitschrift „Federwelt" weiß ich, dass es schwer ist, jemanden zu finden, der Fachwissen besitzt und noch dazu gut schreibt.*
Ja, das ist leider auch oft unser Problem: dass unsere Produktmanager Autoren akquirieren, die sich zwar sehr gut in ihrem Fachgebiet auskennen, aber nicht gerade Meister der Feder sind.

› *Was machen Sie dann?*
Dann müssen wir die Texte bearbeiten und umschreiben, Sätze kürzen und zum Beispiel das Juristendeutsch in ein verständliches Deutsch bringen. Denn wir sind mit der Herausgabe ja an feste Zeitpläne gebunden – das ist bei uns alles recht eng getaktet.

› *Geben Sie einen Text manchmal an den Autor zurück?*
Ja. Aber natürlich bemühen wir uns, mit Leuten zusammenzuarbeiten, die schreibaffin sind. Unseren Produktmanagern legen wir immer ans Herz, auch darauf zu achten und vor Vertragsabschluss einen Probetext für uns anzufordern. Denn leider lernt man ja nirgendwo, sich verständlich auszudrücken.

› *Sollten Fachinformationen denn nicht in einer Fachsprache vermittelt werden? Warum vom „Oberschenkelknochen" reden, wenn ich mich an Mediziner wende, die wissen, was ich mit „Femur" meine?*
Sicher gibt es fachinterne Begriffe und Abkürzungen, die der Leser kennt und auch erwartet. Doch wenn zum Beispiel die Rechtsanwältin für den Einkäufer schreibt oder für Entwickler oder Hersteller, die etwas über Produkthaftung wissen müssen, dann sollte sie so schreiben, dass sie verstanden wird. Denn so nah am Fach sind die Zielgruppen dann auch wieder nicht.

Wir sehen es als unsere Aufgabe an, Texte verständlich rüberzubringen, damit der Leser nicht die Mühe hat, erst lange entschlüsseln zu müssen, was da steht. Gerade am Bildschirm, wo das Lesen ohnehin schon anstrengend ist. Das versuchen wir gerade, mit unseren Autoren zu trainieren. Und genau deshalb haben wir unseren Autorenleitfaden entwickelt.

› *In einem Leitfaden zusammenzufassen, wie man schreiben und worauf man dabei achten sollte, ist sicher hilfreich. Bieten Sie auch Schulungen an, in denen Autorinnen und Autoren ein Schreibtraining erhalten?*
Nein, da erschlägt uns die schiere Masse. Wir haben ja Hunderte von Autoren! Und die wenigsten könnten sich einfach eine Woche frei nehmen, weil sie oft noch berufstätig sind. Viermal im Jahr geben wir allerdings einen Newsletter heraus – intern für unsere Autoren –, der sich speziell mit dem Thema Schreiben befasst.

› *Besonders lehrreich finde ich darin Ihre Vorher-Nachher-Beispiele. Über dieses muss ich immer wieder schmunzeln:*
Text vor der Korrektur – wenig leserfreundlich:

```
Priorität¹ der Änderung (seitens des Antragstellers)
☐ 1
☐ 2
☐ 3
__________
¹ 1 = fundamental
  2 = wichtig
  3 = nice to have
```

Text nach der Korrektur – leserfreundlich formuliert:

```
Die Änderung ist für den Antragsteller:
☐ fundamental
☐ wichtig
☐ ein angenehmes Extra
```

Das ist sehr typisch. Je einfacher sich etwas liest, umso mehr Arbeit steckt meistens in dem Text. Schwierig schreiben kann jeder. Und es ist leider auch eine deutsche Eigenheit. Das müssen die Deutschen wirklich lernen! Die Autoren im angloamerikanischen Sprachraum können das viel besser. Dort können Wissenschaftler über hochkomplexe Themen schreiben und man versteht alles. Die Deutschen lieben es, sich hinter Wortungetümen zu verstecken und klare Aussagen zu vermeiden.
Aber das ist eben genau das, was einen guten Fachautor ausmacht: dass er Inhalte richtig und verständlich rüberbringt. Es ist schon eine Kunst, einen trockenen juristischen Text – etwa für Betriebsräte – mit Storytelling oder anderen Kniffen aufzulockern. Das beherrscht nicht jeder, lässt sich aber mit ein wenig Übung lernen.

› *Was tun Sie konkret, wenn ein Autor zwar fachlich hervorragend ist, beim Schreiben aber schwächelt?*
Wenn ich sehe, jemand macht immer wieder denselben Fehler, spreche ich ihn natürlich darauf an. Gestern erst habe ich eine Autorin gebeten, kürzere Sätze zu schreiben. Denn das war ihr Hauptproblem. Wenn es gar nicht geht, trennen wir uns. Aber gerade für bestimmte Bereiche ist es gar nicht so einfach, neue Autoren zu finden.
Das ist für die Leser vielleicht interessant: Unsere Produktmanager suchen nicht nur auf Messen, Kongressen und ähnlichen Veranstaltungen nach geeigneten Autorinnen und Autoren, sondern auch auf XING und ähnlichen Social-Media-Plattformen. Sich dort als Autor mit einem bestimmten Fachgebiet darzustellen, lohnt sich also.

› *Wie sollte eine Autorin vorgehen, die Ihrem Verlag etwas anbieten möchte?*
Sie sollte sich vorab informieren, welche Bereiche wir abdecken und uns dann einfach kontaktieren. Manchmal sind wir direkt dankbar, wenn wir jemanden haben, der gut schreiben kann. Darunter sind auch immer wieder Journalisten, weil sie oft geschickter mit Sprache umgehen können.

› *„Kontaktieren“, damit meinen Sie ...?*
... einfach anrufen und fragen: „Wer ist der zuständige Produktmanager, wer der zuständige Fachredakteur? Suchen Sie gerade Autoren für den und den Bereich?“ Dann ergibt sich vielleicht ein Gespräch, und wir sagen: „Qualitätsmanagement in Krankenhäusern? Prima, schicken Sie uns doch bitte einen Entwurf!“ Alles Weitere wird dann gegebenenfalls später besprochen: die Länge des Beitrags, die technischen Details, wie man mit unserer Dokumentvorlage umgehen muss, und so weiter.

› *Mit welchem Honorar können Autorinnen und Autoren rechnen?*
Die Honorierungen sind in unserem Autorenvertrag sehr genau festgelegt. Pro Druckseite zahlen wir in der Regel 30 Euro. Wir gehen aber immer stärker zu aufwandsbezogenen Pauschalsätzen über, gerade um gute Komprimierung besonders zu honorieren.

› *Eine Pauschale also, mit der alles abgegolten ist? Egal wie häufig dieser Inhalt dann online abgerufen wird oder in anderen Produkten auftaucht, weil man ihn dort ebenfalls verwenden konnte?*
Ja, genau.

› *Reich werden kann man damit also nicht?*
Man kann bei uns sehr zuverlässig Geld verdienen, indem man zum Beispiel pro Update ein bis zwei Beiträge liefert oder als Herausgeber Beiträge akquiriert. Wir haben einige Autoren und Herausgeber, für die das sehr wichtig ist, weil sie freiberuflich arbeiten. Wenn ich fest damit rechnen kann, pro Update ein Honorar von 1500 Euro zu erhalten und das fünfmal im Jahr, dann ist das sehr angenehm.

› *Interview: Sandra Uschtrin*

Warum so viele Lyrikmanuskripte abgelehnt werden

Sabine Franke ist Lektorin des Mitteldeutschen Verlags in Halle (www.mitteldeutscherverlag.de). Dort betreut sie seit mehreren Jahren einen Teil des Belletristikprogramms. Zuvor arbeitete sie als freie Lektorin und Rezensentin für Zeitungen wie die „Frankfurter Rundschau“ und den „Tagesspiegel“.

Rilke, Celan, Neruda, Fried ...

„Es ist schon traurig, dass heutzutage die Verlage kaum mehr Lyrik rausbringen“ – das höre ich regelmäßig, wenn die Sprache darauf kommt, dass ich als Lektorin für einen Verlag arbeite, der unter anderem Gedichtbände im Programm hat. Vorwurfsvoll hört sich das an, als müsste sich irgendwo irgendwer dafür schämen, dass hier mutwillig ein nationales Heiligtum zugrunde gerichtet wird, weil es sich, wie alles Gute, offenbar nicht genug rentiert. Dank der Heldenhaftigkeit unseres Verlags bin ich für den Moment von dieser Kritik ausgenommen, gehören wir doch zu den seltenen letzten Kämpfern für eine gute Sache – wie natürlich auch mein jeweiliges Gegenüber, das nun mit todernster Miene in „Früher war mehr Lyrik“-Stimmung trostlos vor sich hinstarren will und davon ausgeht, dass ich mitstarre.

Stattdessen frage ich, wann der Gesprächspartner denn zuletzt einen Lyrikband gekauft hat. Ein großer Celan/Kling/Erb-Fan sei man, so die Antwort, und habe sich gerade diese tolle, edel gestaltete Ausgabe aus der Bibliothek geholt ... – „Gekauft!“, unterbreche ich streng. – „Ja, also, da muss ich erst nachdenken.“ Ich lasse mein Gegenüber nachdenken. Es geht immerhin um den Fortbestand der deutschen Lyrikszene.

Zusammenfassend kann ich berichten, dass die meisten Lyrikfans zwar viele Neuerscheinungen kennen und gelesen haben, sobald es aber darum geht, diese Anerkennung auch dadurch zu zeigen, dass man Käufe tätigt (und nur so hat die Lyrikerin/der Lyriker wirklich etwas davon), knickt die Fangemeinde schnell ein. „Letztes Jahr zu Weihnachten“ habe man, wie ich beim Nachbohren erfahre, irgendwem in der Verwandtschaft (die „lyrikmäßig nicht so hardcore“ drauf sei) eine Wintergedichte-Anthologie/einen Erich-Fried-Band/Rilkes *Elegien* gekauft – es handelt sich wohlgemerkt um „oder“-Angaben. Manchen fällt noch Pablo Neruda ein oder Pablo Picasso, weil dessen Gedichte seit einiger Zeit in einer wirklich schönen Ausgabe mit bunten Streifen an den Kassen der Buchhandlungen stehen. Als ich noch nicht in einem Verlag gearbeitet habe, hätte ich das ganz in Ordnung gefunden. Heute sage ich: Fried und Rilke in Ehren, aber die sind beide tot, und Neruda und Picasso sind Ausländer, und wenn Ausländer nicht lange genug tot sind, muss der Verlag für die Rechte erst noch zahlen, von der Übersetzung ganz zu schweigen.

Schmutzige Geldfragen

Weil ich mich nun doch als eine der Bösen entpuppe, die die hohe Literatur mit schmutzigen Geldfragen besudelt, kann mein Gegenüber gleich unumwunden eine weitere Unsitte des Verlagswesens beklagen, nämlich dass Bücher, insbesondere Lyrikbände, eben einfach zu teuer seien, 18 Euro für einen Gedichtband, der reine Wahnsinn, wer habe denn heute noch so viel Geld! In der Tat, wer 18 Euro in der Tasche hat, geht damit nur im Ausnahmefall an das Lyrikregal im Buchladen oder klickt den entsprechenden Button beim Online-Händler seiner Wahl. So haben viele, die den Untergang

der Verlagskultur mit Krokodilstränen betrauern, noch gar nicht mitbekommen, dass die Lyrikabteilungen voll sind, vor allem auch mit neuen Lyrikerinnen und Lyrikern, ausgewählt und veröffentlicht von Verlagen, großen wie kleinen, die mit jedem einzelnen dieser Bände ein Wagnis eingehen.
Auf jede Lyrikpublikation kommt eine dreistellige Zahl von abgelehnten Manuskripten. Ähnlich wie bei „Deutschland sucht den Superstar", wo viele Leute, die gerne singen, so singen, dass man ihnen nichts Böses will, aber deswegen noch lange keine CD von ihnen besitzen möchte, ist es auch mit Manuskripten: Die meisten kommen für eine Publikation nicht infrage, weil der nüchterne Betrachter leicht voraussehen kann, dass sich ein solches Buch (abgesehen von 50 Exemplaren an Freunde, Kollegen und Verwandte) nicht verkaufen würde. Sind die Gedichte dagegen gut, fangen die Probleme erst richtig an. Dann beginnt eine Rechnerei, bei der die Kunst darin besteht, mit allen Tricks am Ende bei null rauszukommen. Nicht wie bei der Steuer, wohlgemerkt, denn es wird nichts kleingeredet und kein vorhandenes Geld versteckt, sondern genau andersrum: Wir kommen tief aus dem Minus und versuchen, den Nullgipfel zu erklimmen.

Kalkulationsbeispiel für einen Titel mit niedriger Auflage

Ein Rechenbeispiel, wie es nicht nur auf einen typischen Lyrikband zutreffen könnte, sondern allgemein auf kleine Auflagen:
1) Uns schwebt ein zwar nicht luxuriös ausgestatteter, aber doch ansehnlich und professionell gestalteter Gedichtband vor, zum Beispiel eine kostengünstige, aber fein aufgemachte Klappenbroschur im Format 12,5 x 20 cm, mit vierfarbig gedrucktem Umschlag. Das Papier im Innenteil soll chamois sein, nicht zu dünn (90 g/m^2), die Schrift ganz unkapriziös: einfarbig schwarz. Wenn die Bücher am Ende noch, um nicht einzustauben oder sonst wie zu verdrecken, einzeln in Folie geschweißt bei uns ankommen sollen, betragen die Material-, Druck-, Buchbinder- und Speditionskosten für einen 128-seitigen Gedichtband bei einer Auflage von 500 Stück etwa 2500 Euro. An Herstellungskosten sind weiterhin zu veranschlagen: 150 Euro für die Buch-/Umschlaggestaltung (6 Stunden à 25 Euro) und 500 Euro für den professionellen Satz und das Layout (20 Stunden à 25 Euro). Der Text soll schließlich (nach meist mehreren Korrekturphasen) frei von typografischen Schönheitsfehlern sein, und die Maße des Umschlags müssen genau stimmen.
2) Für Lektorat und Korrektorat, also die gesamte Arbeitszeit von der ersten Manuskriptsichtung bis zur Druckfreigabe setzt der Verlag 800 Euro (40 Stunden à 20 Euro) für die fest angestellte Lektorin an. Darin inbegriffen sind neben der eigentlichen Lese- und Textarbeit alle Besprechungen, Telefonate und Mails mit Autorin/Autor, Grafikern, Setzern/Herstellern, die Betreuung der Korrekturphasen und die Erstellung von Katalog- und Klappentexten. (Im Umkehrschluss ist aber nicht davon auszugehen, dass das Lektorat bei 52 Wochen im Jahr abzüglich Urlaub an die 50 Bücher schafft! Und zusätzlich noch neue Manuskripte sichtet … Es ist also im Auge zu behalten, dass auch die Arbeitsleistung für alle abgelehnten Manuskripte u.Ä. durch die Einnahmen aus realisierten Projekten, sprich in diesem Fall einem Lyrikband, gedeckt sein muss.)
3) Auch die Arbeit der Presseabteilung, des Vertriebs und des Marketings kostet den Verlag Geld: Jemand muss den neuen Titel mit einer noch unbenutzten ISBN versorgen,

sich termingerecht um Katalogerstellung und -versand kümmern, den Titel in Buchhandlungen vorstellen und bei den Internethändlern melden, Pressetexte formulieren, Pflichtexemplare an die Deutsche Nationalbibliothek senden, den Internetauftritt pflegen, mit Veranstaltern und Zeitungsredakteuren telefonieren, die Erstellung und Verteilung von Flyern und Lesungsplakaten koordinieren, Einladungen zu Lesungen schreiben und versenden, sich abends hinter Büchertische stellen, Gedichte der Autorin/des Autors für Lyrikpreise einreichen, Inventur machen, Rechnungen an Buchhändlerinnen und Direktkunden schreiben, die Verkaufszahlen des Buches dokumentieren, sodass wir am Ende des Halbjahrs der Autorin oder dem Autor eine korrekte Honorarabrechnung vorlegen können. Besonders viel Geld verschlingen die Messeauftritte, bei denen das neue Programm präsentiert wird: Fahrtkosten, Standdesign, Standmiete, Standaufbau, Hotelkosten und Spesen der Mitarbeiter belaufen sich auf eine Zahl im zweistelligen Tausenderbereich. Im Verlag selbst fallen Portokosten für den Presseversand an, Telefonrechnungen, Raummieten, Kosten für Arbeits- und Verpackungsmaterialien, für die Hardware und Software, Datensicherheit, Wartung und Pflege des Equipments usw. Im Einzelnen scheint dies mit Lyrik zum Teil herzlich wenig zu tun zu haben, schlägt aber („Verlagsgemeinkosten") mit einer Pauschale von 900 Euro zu Buche.

4) Für Werbung (etwa eine Anzeige in einer einschlägigen Literaturzeitschrift und dem Stadtmagazin, Lesungsplakate und Postkarten zur Buchmesse) veranschlagen wir 300 Euro.

5) Insgesamt entstehen also Kosten von 5150 Euro in der Herstellung und im Verlag.

6) Bei der Buchkalkulation werden diese nun mit den möglichen Einnahmen gegengerechnet. Im Fall eines Lyrikbandes ist davon auszugehen, dass es im deutschsprachigen Raum nur eine sehr kleine Leserschaft gibt. Eine noch viel seltenere Spezies aber ist die Lyrikkäuferschaft. Wir planen daher realistischerweise eine kleine Auflage von 500 Exemplaren, von denen wir, nachdem die Freiexemplare für die Autorin/den Autor, die Grafiker, die Presse, die Buchhändlerinnen usw. abgezogen sind, noch 400 für den Verkauf übrig haben. Wir hoffen, innerhalb von zwei Jahren 300 Stück zu verkaufen. Den Ladenpreis setzen wir möglichst niedrig an, bei 14 Euro. Erfahrungsgemäß bleibt das Geld sonst in den Taschen der Lyrikfans stecken – immerhin kann man von dem Geld ja auch zweimal ins Kino gehen.

7) Bei 14 Euro Verkaufspreis beträgt der Nettopreis (bei 7% MwSt.) pro Buch 13,08 Euro. Von den zu erwartenden Gesamteinnahmen ist selbstverständlich das Autorenhonorar abzuziehen, bei den üblichen 10% erhält die Lyrikerin/der Lyriker also 393 Euro (1,31 pro Expl. x 300 Expl. = 393 Euro). Zudem bleiben etwa 50% des Verkaufspreises im Vertrieb hängen: Die Buchhändler leben von den Rabatten, die Verlagsvertreter und die Verlagsauslieferung erhalten ebenfalls Prozente. So bleiben uns 1732 Euro von den möglichen Gesamteinnahmen.

8) Mit diesen 1732 Euro wollen wir die Herstellungs- und Verlagskosten decken, bevor wir in den Supermarkt gehen und Milch, Brot und Duschgel kaufen sowie eine Kiste Sekt für die nächste Buchpremiere. Die Rechnung sieht nicht gut aus.

9) Der Verlag entschließt sich – wenn er kann –, aus Idealismus, Imagegründen oder aus Naivität 800 Euro aus eigener Tasche in das Projekt zuzuschießen.

Kalkulation

128 Seiten, Klappenbroschur
Ladenpreis: 14,00 Euro (Netto-LVP: 13,08 €)

Auflage	**500**
Freiexemplare	20
Werbeexemplare (Presse, Partie etc.)	80
Verkaufsexemplare	400

1 Ausgaben/Kostenaufschlüsselung (alle Posten netto)

1.1 Herstellungskosten

Satz und Layout	500,00 €
Cover	150,00 €
Druck- und Buchbinderkosten	2.500,00 €
Summe	**3.150,00 €**

1.2 Verlagskosten

Lektorat, Korrektur	800,00 €
Verlagsgemeinkosten (Presse, Vertrieb, Marketing)	900,00 €
Werbung	300,00 €
Summe	**2.000,00 €**

1.3 Honorarkosten

Autor/Autorin (Umsatzhonorar)	393,00 €
Summe	**393,00 €**

Ausgaben gesamt (netto)	**5.543,00 €**

2 Einnahmen

2.1 Einnahmen aus Verkauf

geschätzter Absatz in 2 Jahren: 300 Expl.	4.200,00 €
-45% durchschnittlicher Handelsrabatt	1.890,00 €
	2.310,00 €
-10% Verlagsauslieferung	231,00 €
- 8% Verlagsvertreter	185,00 €
- 7% Mehrwertsteuer	162,00 €
Summe	**1.732,00 €**

2.2 Sonstige Zuwendungen

Verlagsinvestition	800,00 €
Drittmittel	0,00 €
Summe	**800,00 €**

Einnahmen gesamt (netto)	**2.532,00 €**

3 Bedarfsermittlung

Ausgaben/Gesamtsumme	**5.543,00 €**
Einnahmen/Gesamtsumme	**2.532,00 €**
Fehlender Betrag:	**3.011,00 €**

10) Dennoch: Gesetzt den Fall, dass sich tatsächlich 300 Exemplare verkaufen, bleibt immer noch ein eklatantes Minus: 3011 Euro. Der Gedichtband ist also nicht realisierbar, wenn man die Existenz des Verlags nicht aufs Spiel setzen will.

„Modell Zuckerhut" oder „Modell Selbstausbeutung"?

Natürlich stehen wir dem nicht tatenlos gegenüber. Wir sind hartnäckig, haben Fantasie und einen Hang zur Skrupellosigkeit, wenn es um Lyrik geht. Wir träumen vom Erreichen des Nullpunktes, obwohl wir wissen, dass man zum Überleben ein Plus bräuchte. Es kommen diverse Tricks ins Spiel. Man dreht und schraubt an jedem Posten herum. Vielleicht gibt es irgendwo eine günstigere Druckerei, vielleicht in Tschechien, vielleicht in Litauen? Eine Papiersorte, die etwas billiger ist? Vielleicht machen 5 mm weniger Rand etwas am Preis aus? Lässt sich, wenn man mehrere Titel des Verlags in derselben Druckerei druckt, ein Nachlass aushandeln? Und vielleicht gibt es irgendwo doch noch Geld: bei einer Kulturförderung in der Heimatregion der Autorin, einem Verlagsmäzen, einer Bank, die man überfallen könnte. Vielleicht erklärt sich die Zuckerfabrik am Ort bereit, 100 Exemplare des Gedichtbandes, wenn wir ihn „Zuckerhut" nennen, als Geschenke für Geschäftskunden abzunehmen. Vielleicht macht man das Lektorat aus schierer Begeisterung doch am Wochenende, kostenlos, in seiner Freizeit ...

Oft genug bringen jedoch alle Tricks nichts und das Vorhaben scheitert schon in einem frühen Stadium – hat den Verlag aber doch bereits Zeit und Geld bei der Prüfung des Gedichtmanuskripts, der Buchkalkulation, der Suche nach Finanzierungsmöglichkeiten und bei internen Verlagsbesprechungen gekostet.

Kauft Lyrik!

Wohl in kaum einem anderen Programmbereich sitzen Autorinnen/Autoren und Verlegerinnen/Verleger so eng im selben Boot zusammen und trotzen gemeinsam den Umständen wie bei der Lyrik. Angesichts der beeindruckenden Vielfalt von Formen und Sprechweisen, mit denen sich die deutsche Gegenwartslyrik derzeit präsentiert, ist das eigentliche Trauerspiel, dass diesem Phänomen viel zu wenige Interessenten gegenüberstehen, die auch als Käuferinnen und Käufer auftreten. Solange aber das, was die Verlage unter oft halsbrecherischer Aufbietung all ihrer Möglichkeiten und entgegen allen Widrigkeiten an Lyrik auf den Markt bringen, nicht begieriger gekauft wird, werden die Lyrikreihen ganz gewiss nicht weiter ausgebaut und auch gute Manuskripte nicht realisiert werden.

Anders gesagt: Es reicht nicht, Lyrik zu lesen, damit wieder mehr Lyrik ist, man muss sie auch kaufen!

99 Lyrikverlage & mehr

Die Verlagsliste Lyrik basiert auf den Recherchen von Martina Weber für ihr Buch „Zwischen Handwerk und Inspiration. Lyrik schreiben und veröffentlichen“ (2. Auflage, Uschtrin Verlag 2008). In ihrem Buch nennt Martina Weber auch die Anschriften, Programmschwerpunkte und Ansprechpersonen; hier begnügen wir uns aus Platzgründen mit den Webadressen.

Martina Weber zu ihrer Liste: „Einige Verlage baten mich ausdrücklich darum, ihre Adresse nicht in die Liste aufzunehmen: Man möchte vermeiden, mit Anfängergedichten ‚zugeschüttet‘ zu werden oder hat keinen Bedarf an neuen AutorInnen. Diese Liste erhebt also keinen Anspruch auf Vollständigkeit, sondern versteht sich als Ausgangspunkt für die eigene Suche.“

Verlage, in denen auch Lyrik erscheint:

1 **A1 Verlag,** München, www.a1-verlag.de

2 **Akademie Schloss Solitude,** Stuttgart, www.akademie-solitude.de

3 **Aphaia Verlag,** Svea Haske, Sonja Schumann, Berlin, www.aphaia-verlag.de

4 **Ariel Verlag O. Bopp EK,** Riedstadt, www.ariel-verlag.de

5 **Atelier Verlag Fritz Werf,** Andernach, www.atelierverlag-andernach.de

6 **AutorInnenverlag Bern,** Bern, www.autorinnenverlag.ch/verlag/verlag.html

7 **axel dielmann-verlag,** Frankfurt, www.dielmann-verlag.de

8 **Berlin Verlag,** Berlin, www.berlinverlag.de

9 **Brandes & Apsel Verlag,** Frankfurt, www.brandes-apsel-verlag.de

10 **BuchKunst Kleinheinrich,** Münster, www.kleinheinrich.de

11 **Carl Hanser Verlag,** München, www.hanser.de

12 **Corvinus Presse Hendrik Liersch,** Berlin, www.corvinus-presse.de

13 **Dahlemer Verlagsanstalt Michael Fischer,** Berlin, www.da-ve.de

14 **Dr. Bachmaier Verlag,** München, www.verlag-drbachmaier.de

15 **Drey-Verlag,** Gutach, www.drey-verlag.com

16 **DuMont Buchverlag,** Köln, www.dumont-buchverlag.de

17 **Edition 350 im Verlag der Kooperative Dürnau,** Dürnau, www.edition350.net

18 **Edition Azur,** Dresden, www.edition-azur.de

19 **edition carpe plumbum,** Leipzig, www.carpe-plumbum.de

20 **Edition Eigensinn,** Edeltraud Gallinge, Mainaschaff

21 **edition fundamental,** Fulda, www.edition-fundamental.de

22 **Edition Howeg,** Zürich, www.editionhoweg.ch

23 **Edition Korrespondenzen,** Wien, www.korrespondenzen.at

24 **Edition Maldoror,** Kunstverein HERZATTACKE e.V., Berlin, www.herzattacke.de/html/books/maldoror/maldoror.html

25 **edition pudelundpinscher,** CH-Unterschächen, www.pudelundpinscher.ch

26 **Edition Schrittmacher im Rhein-Mosel-Verlag**, Alf/Mosel, www.edition-schrittmacher.de
27 **edition selene**, Wien, www.selene.at
28 **Edition Sisyphos**, Dr. Gisela Haehnel, Winfried Fuegen, Köln, www.edition-sisyphos.de
29 **Edition Thaleia e.V.**, St. Ingbert, www.edition-thaleia.de
30 **Edition Wörtersee in der Connewitzer Verlagsbuchhandlung**, Leipzig, www.cvb.de/Verlag/woertersee.html
31 **Edition YE**, Theo Breuer, Sistig/Eifel, www.theobreuer.de
32 **editon bauwagen/ Futura black edition**, Itzehoe, http://lyrische-reihe-edition-bauwagen.blogspot.com
33 **Eremitenpresse**, Düsseldorf, www.abooks.de/eremiten/index.html
34 **Faber & Faber Verlag**, Leipzig, www.faberundfaber.de
35 **FIXPOETRY – Lesehefte im Verlag im Proberaum 3**, Klingenberg, www.fixpoetry.com
36 **Galrev Druck- und Verlagsgesellschaft**, Berlin, www.galrev.com
37 **Geest-Verlag**, Vechta, www.geest-verlag.de
38 **Gollenstein Verlag**, Blieskastel, www.gollenstein.de
39 **Grupello Verlag**, Düsseldorf, www.grupello.de
40 **Gutleut Verlag Michael Wagener**, Frankfurt, www.gutleut-verlag.com
41 **Haymon Verlag**, Innsbruck, www.haymonverlag.at
42 **Heiderhoff Verlag Carsten Pfeiffer**, Berlin, www.heiderhoff-verlag.de
43 **Husum Verlag**, Husum, www.verlagsgruppe.de
44 **Jung und Jung**, Salzburg, www.jungundjung.at
45 **Kirsten Gutke Verlag**, Köln, Frankfurt, www.gutke-verlag.de
46 **Klöpfer & Meyer**, Tübingen, www.kloepfer-meyer.de
47 **Kookbooks**, Daniela Seel, Berlin, www.kookbooks.de
48 **Krash Neue Edition im Stahl-Verlag**, Köln, www.krash.de
49 **Langewiesche-Brandt**, Ebenhausen, www.langewiesche-brandt.de
50 **Lautsprecher Verlag**, Stuttgart, www.lautsprecherverlag.com
51 **Leipziger Literaturverlag**, Leipzig, www.erata.de
52 **Leykam Buchverlag**, Graz, www.leykamverlag.at
53 **lichtung verlag**, Viechtach, www.lichtung-verlag.de
54 **Literaturedition Niederösterreich**, St. Pölten, http://literaturedition-noe.at
55 **Literaturverlag Droschl**, Graz, www.droschl.com
56 **Lotsch Verlag**, München, Allershausen, www.lotsch.de
57 **Luchterhand Literaturverlag**, München, www.randomhouse.de/luchterhand/
58 **Luxbooks**, Christian Lux Verlag, Wiesbaden, www.luxbooks.de
59 **Lyrikedition 2000**, München, www.lyrikedition-2000.de
60 **Marien-Blatt Verlag**, Lübeck, www.dreischneuss.de/verlag1.html

➔ frisch und anders: Franziska Röchter, hummeln im hintern, Poesie 21 (Steinmeier, Hrsg. A. G. Leitner, 2009)
erfrischend anders: Franziska Röchter, Trete ein in Wundergärten ... (P&B, Pia Bächthold, 2009), www.Franzis-LitFass.de

61 **Marsilius Verlag Gabriele Adam**, Speyer, www.marsilius.de
62 **Mitteldeutscher Verlag**, Halle, www.mitteldeutscherverlag.de
63 **Mückenschweinverlag**, Stralsund, www.mueckenschwein.de
64 **Neues Literaturkontor**, Münster, www.neues-literaturkontor.de
65 **Nimrod-Literaturverlag**, Zürich, www.nimrod-literaturverlag.de.
66 **Nora Handpresse Düsseldorf**, Düsseldorf, www.nora-handpresse.de
67 **onomato Verlag Axel Grube**, Düsseldorf, www.onomato.de
68 **Otto Müller Verlag**, Salzburg, www.omvs.at
69 **Parasitenpresse Köln**, Köln, http://parasitenpresse.kulturserver-nrw.de
70 **perspektivenverlag**, Kösching, www.perspektivenverlag.de
71 **PO EM PRESS Verlag**, Pentling, www.poempress.de
72 **poetenladen – der verlag**, Leipzig, www.poetenladen-der-verlag.de
73 **RADIUS-VERLAG**, Stuttgart, www.radius-verlag.de
74 **Rimbaud Verlag**, Aachen, www.rimbaud.de
75 **S. Fischer Verlag**, Frankfurt, www.fischerverlage.de
76 **SALON LiteraturVERLAG**, München, www.salonliteraturverlag.de
77 **Sic-Verlag**: Noch im Aufbau, Informationen unter www.siconline.de
78 **Silberburg-Verlag**, Tübingen, www.silberburg.de
79 **Silver Horse Edition**, Marklkofen, www.silverhorseedition.de
80 **Skarabæus Verlag, Innsbruck**, www.skarabaeus.at
81 **Suhrkamp Verlag**, Berlin, www.suhrkamp.de
82 **SuKuLTuR**, Berlin, www.sukultur.de
83 **Tenea Verlag**, Berlin, www.tenea-verlag.de
84 **Urs Engeler Editor**, Weil am Rhein, www.engeler.de
85 **Verlag Das Wunderhorn**, Heidelberg, www.wunderhorn.de
86 **Verlag Der Apfel**, Wien, www.verlagderapfel.at
87 **Verlag im Wald/Edition en forêt**, Rimbach, www.verlagimwald.de
88 **Verlag Landpresse**, Weilerswist, www.landpresse.de
89 **Verlag Laufschrift Edition**, Fürth, www.laufschrift-magazin.de
90 **Verlag Peter Engstler**, Ostheim/Rhön, www.engstler-verlag.de
91 **Verlag Ulrich Keicher**, Leonberg, www.verlag-ulrich-keicher.de
92 **Verlag Volant & Quist**, Dresden, www.volant-quist.de
93 **Waldgut Verlag & Atelier Bodoni**, Frauenfeld, www.waldgut.ch
94 **Wallstein Verlag**, Göttingen, www.wallstein-verlag.de
95 **Weidle Verlag**, Bonn, www.weidleverlag.de
96 **Wiesenburg Verlag**, Schweinfurt, www.wiesenburgverlag.de
97 **Wieser Verlag**, Klagenfurt/Celovec, www.wieser-verlag.com
98 **Wolfbach Verlag**, Zürich, www.wolfbach-verlag.ch
99 **yedermann Verlag**, Riemerling, www.yedermann.de

Links & Literatur

LINKS (LYRIK)

- **www.fixpoetry.com**: *Fixpoetry* von Julietta Fix: Poetryletter, Podcasts, Feuilleton – alles online, alles wunderschön!
- **www.lyrik-kabinett.de**: *Lyrik Kabinett München,* Lyrik-Bibliothek, -Lesungen, Publikationen (Edition Lyrik Kabinett bei Hanser) mit angegliederter Autorenwerkstatt
- **www.lyrikline.org**: Zeitgenössische Poesie multimedial als Originaltext, in Übersetzungen und vom Autor oder von der Autorin in Originalsprache gesprochen. „Sie finden auf lyrikline.org über 5560 Gedichte von 619 Dichtern aus 50 Sprachen und über 6872 Übersetzungen in 51 Sprachen!“
- **www.poetenladen.de**: „virtueller Raum für Dichtung“ – toller Laden!
- **http://lyrikzeitung.wordpress.com**: *Lyrik-Zeitung & Poetry News* – im Internet erscheinende Zeitschrift mit aktuellen Nachrichten zur deutschen und internationalen Lyrik von Michael Gratz
- **www.uni-due.de/lyriktheorie/**: Textsammlung (derzeit 329 Texte) und Bibliografie zur Lyriktheorie, Projekt der Universität Duisburg-Essen – eine Fundgrube!

LITERATUR (LYRIK)

- Braun, Michael (Hg.): Deutschlandfunk Lyrikkalender [2010]. Für jeden Tag ein Gedicht. Heidelberg: Wunderhorn 2009
- Höllerer, Walter: Theorie der modernen Lyrik. Dokumente zur Poetik. 2 Bände. Neu herausgegeben von Norbert Miller und Harald Hartung. München, Wien: Hanser 2003
- Hummelt, Norbert und Siblewski, Klaus: Wie Gedichte entstehen. München: Luchterhand 2009
- Jahrbuch der Lyrik, Lyrikregister 1979–2009 (www.fischerverlage.de/sixcms/media.php/690/Lyrik_2009.pdf)
- Nitzberg, Alexander: Lyrik Baukasten. Wie man ein Gedicht macht. Köln: DuMont Verlag 2006
- Weber, Martina: Zwischen Handwerk und Inspiration. Lyrik schreiben und veröffentlichen. 2., vollständig überarb. Auflage. München: Uschtrin Verlag 2008

LITERATURWETTBEWERBE (LYRIK)

- Christine-Lavant-Lyrikpreis, www.christinelavant.at
- Dresdner Lyrikpreis, www.dresdner-literaturbuero.de
- Literarischer März, Lyrikwettbewerb um den Leonce-und-Lena-Preis und die Wolfang-Weyrauch-Förderpreise – der wohl wichtigste deutschsprachige Wettbewerb für LyrikerInnen (bis 35 Jahre), www.literarischer-maerz.de
- Lyrikpreis Meran, www.kuenstlerbund.org
- Mondseer Lyrikpreis, http://blog.mundwerk.at/
- open mike: www.literaturwerkstatt.org (auch Prosa)
- weitere Wettbewerbe: siehe www.uschtrin.de/preise_genre.html l#lyrik

36 Verlage, die erotische Literatur veröffentlichen

„Eine generelle Empfehlung: Machen Sie sich unbedingt vor einer Bewerbung mit dem Verlagsprogramm vertraut! In den meisten Fällen erspart es Ihnen nämlich eine unnütze Bewerbung und uns eine vergebliche Manuskriptprüfung. 95 Prozent der Manuskripteinsendungen sind Fehleinsendungen, da vorher von den Bewerbern darauf verzichtet wurde, zu prüfen, welche Art von erotischer Literatur der Verlag verlegt."
(In: www.plaisirdamourbooks.com/manuskripte/)
ANAIS schreibt: „Was wir nicht verlegen: [...] Wir möchten definitiv keine »Lustgrotten«, keinen »Pfahl«, keinen »Prügel«, keine »pralle Eichel«, keine »geöffneten Schamlippen« und ähnliche vollkommen klischeehafte und unerotische Wortwahl ... [...] Erst recht keine pseudo-poetischen Phantasiewörter oder aus dem Kamasutra übernommene Bezeichnungen. Es muss auch nicht jeder Schwanz gigantisch sein, nicht jede Brust riesengroß. Das ist alles ödes Klischee und passt nicht in unser Programm. [...] Alles Übersinnliche schließen wir komplett aus, sei es Eso, Rückführung, Shapeshifter, Vampire, Werwölfe etc. pp. Auch ferne Inseln, Forschungsreisen zu furchterregenden, aber gut bestückten Eingeborenen und reine Urlaubsträumereien sind uninteressant. [...]"
(In: www.anais.de/tippsfuerautorinnen/index.php)

1 **ANAIS, Schwarzkopf & Schwarzkopf Verlag,** Berlin, www.anais.de (Erotik für Frauen)
2 **Blanvalet Taschenbuch Verlag,** München, www.randomhouse.de/blanvalet/
3 **blue panther books,** Hamburg, www.blue-panther-books.de
4 **Bruno Gmünder Verlag,** Berlin www.brunogmuender.com (für Schwule)
5 **Carl Stephenson Verlag,** Flensburg, www.stephenson.de
6 **Charon Verlag,** Hamburg, www.schlagzeilen.com (SM)
7 **Cora Verlag,** Hamburg, www.cora.de
8 **Edition Banzini-Hefte,** Hamburg, www.banzini.de (Liebesromanreihe mit [homo-]erotischen Kurzromanen)
9 **editio cupido, dead soft verlag,** Mettingen, www.editio-cupido.deadsoft.de (für Schwule)
10 **édition el!es,** www.elles.de (für Lesben)
11 **Eichborn,** Frankfurt, www.eichborn.de
12 **Goldmann Verlag,** München, www.randomhouse.de/goldmann/
13 **Herpers Verlag,** Grande, www.herpersverlag.de
14 **Heyne Verlag,** München, www.randomhouse.de/heyne/ und www.heyne-hardcore.de
15 **Himmelstürmer Verlag,** Hamburg, www.himmelstuermer-verlag.de (für Schwule)
16 **Knaur Taschenbuch,** München, www.droemer-knaur.de
17 **konkursbuch Verlag Claudia Gehrke,** Tübingen, www.konkursbuch.com
18 **Kyrene Literaturverlag,** Innsbruck, www.kyrene-verlag.com
19 **Lübbe,** Köln, www.luebbe.de
20 **Lyx, Egmont Verlagsgesellschaften,** Köln, www.egmont-lyx.de (Erotic Fantasy)

21 **Männerschwarm Verlag**, Hamburg, www.maennerschwarm.de (für Schwule)
22 **Marterpfahl Verlag**, Nehren, www.marterpfahlverlag.com (SM)
23 **Mira Taschenbuch im Cora Verlag**, Hamburg, www.mira-taschenbuch.de
24 **NachtwaertZ**, Schwieberdingen, www.nachtwaertz.com
25 **Passion Publishing**, London, www.passion-publishing.de
26 **Piper Verlag**, München, www.piper-verlag.de
27 **Plaisir d'Amour Verlag**, Lautertal, www.plaisirdamourbooks.com (Erotik für Frauen)
28 **Querverlag**, Berlin, www.querverlag.de (für Lesben und Schwule)
29 **Rowohlt Taschenbuch Verlag (rororo)**, Reinbek, www.rowohlt.de
30 **Schwarzkopf & Schwarzkopf Verlag**, Berlin, www.schwarzkopf-schwarzkopf.de
31 **Seitenblick**, Verlag Bettina Tegtmeier, Siegburg, www.seitenblickverlag.de (SM)
32 **Storia Verlag**, München, www.storia-verlag.de
33 **Ubooks Verlag**, Diedorf, www.ubooks.de
34 **Ullstein Taschenbuch**, Berlin, www.ullsteinbuchverlage.de
35 **Ulrike Helmer Verlag**, Sulzbach, www.ulrike-helmer-verlag.de
36 **Verlag Krug & Schadenberg**, Berlin, www.krugschadenberg.de (für Lesben)

Links (erotische Literatur)

› Buchhandlungen (mit Online-Shop): www.daserotischekabinett.de und www.sinnundsinnlichkeit.com (beide München)
› E-Books: Club der Sinne, Online-Shop für erotische Geschichten im E-Book-Format, www.club-der-sinne.de
› Feigenblatt, Magazin für Erotisches: www.feigenblatt-magazin.de
› Hörbuch: Downloadportal für Erotik-Hörbücher, www.fetischaudio.de
› Menantes-Preis für erotische Dichtung, www.menantes-wandersleben.de/litpreis.html

Interview mit Katja Ernst, Gmeiner-Verlag

Regionalkrimis boomen noch immer

Der Gmeiner-Verlag (www.gmeiner-verlag.de) ist seit über zehn Jahren auf Themen- und Regionalkrimis spezialisiert: Gemordet wird vom Allgäu bis nach Zwickau in mehr als 280 Buchtiteln. Tina Schlegel sprach mit Katja Ernst, Lektorin bei Gmeiner.

› *Wie kamen Sie damals auf die Idee, Regionalkrimis zu verlegen?*
Seit der Gründung des Verlags im Jahre 1986 hatte unser Programm immer eine regionalspezifische Ausrichtung. Um den landes- und regionalgeschichtlichen Sachbuchbereich durch einen entsprechenden belletristischen Bereich zu ergänzen, entschlossen wir uns, eine Krimireihe zu etablieren. Sie sollte ausschließlich Originalausgaben deutschsprachiger Autorinnen und Autoren umfassen, die an realen Handlungsorten im deutschsprachigen Raum spielen. Der große Erfolg dieser Reihe führte dazu, dass sich der Gmeiner-Verlag heute klar als Krimiverlag positioniert. Zeitgenössische und historische Kriminalromane machen 90 Prozent unseres Verlagsprogramms aus.

› *Weshalb kommen Regionalkrimis derart gut an?*
Leser können sich mit Handlungsorten, die sie gut kennen, und Themen, über die sie in ihrer Tageszeitung lesen oder auf der Straße sprechen, wunderbar identifizieren. In Regionalkrimis kommt genau das zum Tragen: Das lokale beziehungsweise regionale Milieu wird in den Krimis sehr realistisch beschrieben. Dazu gehören die kulturellen Besonderheiten, wie die Mentalität der Menschen, ihre Sprache, Bräuche, Traditionen und Eigenheiten, und natürlich auch die realen, genau nachvollziehbaren Schauplätze. Dieses Authentische, verbunden mit einer unterhaltsam-spannenden Geschichte aus der scheinbar heilen Provinz, in die nach erfolgreicher kriminalistischer Aufklärung natürlich wieder die gewohnte Ruhe und Ordnung einkehren, spricht Einheimische, aber auch Gäste der Region an und ist sicher das Erfolgsgeheimnis des Regionalkrimis und der Grund für seinen anhaltenden Boom.

› *AutorInnen, die sich bei Ihnen bewerben, müssen eine Exposé-Vorlage anfordern und diverse Fragen beantworten (› Kapitel 9). Seit wann ist das so und wie kamen Sie darauf?*
Die Exposé-Vorlage gibt es seit 2002, als unsere Schwabenkrimi-Reihe „globalisiert" wurde. Die Ausdehnung des lokalen Bezugs vom Schwäbischen auf den gesamten deutschsprachigen Raum sowie unsere Spezialisierung auf Themenkrimis mit Lokalkolorit setzen bestimmte Kriterien voraus, die ein Krimi erfüllen muss. Dadurch wurde eine speziell auf uns zugeschnittene Exposé-Vorlage notwendig.
Für uns hat sie den Vorteil, dass wir schnell erkennen, ob ein Manuskript in unser Verlagsprogramm passt. So können wir dem Autor und uns ein aufwändiges Auswahlverfahren ersparen.
Wir erhalten von Autoren oft die Rückmeldung, dass sie sich aufgrund unserer Exposé-Vorlage noch einmal gründlich mit ihrem Manuskript auseinandergesetzt haben und das unter Gesichtspunkten, die sie vorher noch nicht berücksichtigt hatten.

› *Wie viele Manuskripte erhalten Sie pro Woche und worauf achten Sie dabei besonders? Gibt es bestimmte Stoffe oder Regionen, die Sie gerne in Ihrem Programm sehen würden?*
Pro Jahr bekommen wir gut 400 Manuskriptangebote – mit steigender Tendenz.

Wir haben uns auf Themenkrimis mit Lokalkolorit spezialisiert, wobei wir Wert darauf legen, dass das Thema von allgemeinem Interesse ist und möglichst aktuelle Bezüge hat. Der Begriff „Thema" kann durchaus großzügig ausgelegt werden. Das kann ein Hobby sein, ein saisonales Fest, eine große Veranstaltung, eine berühmte Persönlichkeit, ein bestimmtes berufliches Umfeld, ein bestimmtes Jubiläum oder einfach ein gesellschaftliches Trendthema.
Hat der Krimi ein derartiges Thema, findet er nicht nur in der Region, in der er spielt, sondern auch überregional Leser, weil über den Roman auch Sachinhalte auf spannende Weise transportiert werden können. Voraussetzung ist natürlich, dass sich die Autorin in dem Themenbereich gut auskennt und in der Lage ist, ihr Wissen harmonisch in die Romanhandlung einzubauen.
Literatur hat viele Facetten, auch der Krimi. Neben dem klassischen Ermittlerroman spielen bei uns auch andere Erzähl- und Handlungsschemata, Umfelder und Subgenres eine Rolle. Wir wollen nicht nur die klassischen Krimileser, sondern auch neue Lesergruppen ansprechen. Derzeit liegen beispielsweise humoristische Krimis im Trend, wie der vor kurzem erschienene Krimi „Alpendöner". Dieser Titel geht jetzt bereits in die fünfte Auflage.
Aus dem Osten der Republik, etwa aus Thüringen und Sachsen-Anhalt, aber auch aus Österreich und der Schweiz, wünschen wir uns noch mehr gute Krimis. Aber auch Regionen, die bereits Teil der bekannten Krimilandschaft sind, wie zum Beispiel Baden oder das Rheinland, bieten sicher noch Platz für den einen oder anderen neuen Ermittler. Über Angebote bislang noch unentdeckter Autorentalente – egal woher sie stammen – freuen wir uns immer sehr!

› *Wird der Krimi weiter boomen?*
Davon bin ich überzeugt – zumindest was die deutschsprachigen Krimis betrifft. Der Regionalkrimimarkt wächst immer noch. Unsere Absatzzahlen sind in den letzten Jahren kontinuierlich gestiegen. Auch aktuell bestehen Zuwächse, die im zweistelligen Bereich liegen.

› *Interview: Tina Schlegel*

121 Krimi-Verlage & mehr

Diese Zusammenstellung basiert auf den Listen des Friedrich-Glauser-Preises 2008 und 2009, Einreichungen Roman und Debütroman, im Internet als PDF-Dateien veröffentlicht auf der Website des Syndikats, http://das-syndikat.com. Sie ist mit Sicherheit nicht vollständig, das heißt, es gibt mehr Verlage, in denen (hin und wieder) Krimis erscheinen, als hier aufgelistet werden.
* Verlag, der vorwiegend Krimis verlegt

1 **Appenzeller Verlag,**
Herisau, www.appenzellerverlag.ch

2 **Arche Literatur Verlag Hamburg, Hamburg + Arche Literatur Verlag Zürich,**
Zürich, www.arche-verlag.com

3 **Ariadne, Manuskriptredaktion Ariadne, Argument Verlag,**
Hamburg, www.argument.de/admi/manuskripte.html (Frauenkrimis mit Schwerpunkt auf einem politischen und/oder sozialkritischen Blickwinkel)

4 **ars vivendi verlag,**
Cadolzburg, www.arsvivendi.com (u.a. Franken-Krimis)

5 **Atrium Verlag AG Zürich,**
Hamburg, + Atrium Verlag AG Zürich, Zürich,
www.atrium-verlag.com

6 **Aufbau Verlag,**
Berlin, www.aufbauverlag.de

7 **Bastei Lübbe, Verlagsgruppe Lübbe,**
Köln, www.luebbe.de

8 **berlin.krimi.verlag, be.bra verlag,**
Berlin, www.bebraverlag.de

9 **berlinkriminell.de,**
Berlin, www.berlinkriminell.de

10 **Biberacher Verlagsdruckerei,**
Biberach, www.bvd.de

11 **Blanvalet, Verlagsgruppe Random House,**
München,
www.randomhouse.de/blanvalet/

12 **Blatt Verlag,**
Menden, www.kathrin-heinrichs.de/krimis.htm (Sauerland-Krimis)

13 **Bookspot Verlag,**
München, www.bookspot.de

14 **Brücken Verlag,**
Wiesbaden, www.brueckenverlag.de

15 **Conte-Verlag, Buhles und Wirtz GbR,**
Saarbrücken, www.conte-verlag.de

16 **Cosmos Verlag,**
Muri bei Bern,
www.cosmos-verlag.ch

17 **Das Neue Berlin,**
Berlin, www.eulenspiegel-verlag.de

18 **Delius Klasing Verlag,**
Bielefeld, www.delius-klasing.de (Der Verlag ist auf [Wasser-]Sport spezialisiert.)

19 **Diogenes Verlag AG,**
Zürich, www.diogenes.ch

20 **Droemer, Verlagsgruppe Droemer Knaur,**
München, www.droemer-knaur.de

21 **Droste Verlag,**
Düsseldorf, www.droste-buchverlag.de (Krimi im Ruhrgebiet, Krimi in Düsseldorf)

22 **dtv Deutscher Taschenbuch Verlag,**
München, www.dtv.de

23 **DuMont Literatur und Kunst Verlag,**
Köln,
www.dumontliteraturundkunst.de

24 **Düssel ART Verlag,** Düsseldorf,
www.duesselart-verlag.de

25 **echomedia verlag,**
Wien, www.echo.at/bereich/buecher

26 **Edition Atelier der Wiener Zeitung,**
Wien, www.wienerzeitung.at

27 **Edition Buche, Maria-Bernadette Ehrenhuber Buchverlag,**
Stainz, www.editionbuche.at

28 **edition karo, Verlag Josefine Rosalski,**
Berlin, www.edition-karo.de
(Berlin-Krimis, Weihnachtskrimis)

29 **Edition Köln, Verlag Peter Faecke,**
Köln, www.peterfaecke.de

30 **Edition Nautilus,**
Hamburg, www.edition-nautilus.de

31 **Edition Signathur,**
Dozwil, http://wl19www223.webland.ch/edition.htm

32 **Edition Temmen,**
Bremen, www.edition-temmen.de

33 **Ehrenwirth Verlag, Verlagsgruppe Lübbe,**
Köln, www.ehrenwirth.de

34 **Eichborn AG,**
Frankfurt, www.eichborn.de

35 **Ellert & Richter Verlag,**
Hamburg, www.ellert-richter.de
(Hamburg-Krimis)

36 **Emons Verlag Köln,**
Köln, www.emons-verlag.de,
(Regio-Krimis, diverse Regionen, Fußball-Krimis u.v.m.)*

37 **Festa Verlag,**
Taucha bei Leipzig,
www.festa-verlag.de

38 **Folio Verlaggesellschaft mbH,**
Wien, www.folioverlag.com

39 **fredeboldundfischer,**
Köln, www.fredeboldundfischer.de

40 **Gmeiner-Verlag,**
Meßkirch, www.gmeiner-verlag.de
(Themenkrimis im deutschsprachigen Raum)*

41 **Goldmann, Verlagsgruppe Random House,**
München, www.randomhouse.de/goldmann/

42 **Gollenstein Verlag,**
Merzig, www.gollenstein.de

43 **Grafit Verlag,**
Dortmund, www.grafit.de*

44 **Haymon Verlag,**
Innsbruck, www.haymonverlag.at

45 **Heyne Verlag,**
München, www.randomhouse.de/heyne/

46 **Hoffmann und Campe Verlag,**
Hamburg,
www.hoffmann-und-campe.de

47 **IATROS-Verlag,**
Dienheim, www.iatros-verlag.de

48 **Jaron Verlag,**
Berlin, www.jaron-verlag.de (Berlin-Krimis)

49 **Kahl Verlag,**
Dresden, www.kahl-verlag.de

50 **kaliber.64**, siehe Edition Nautilus*

51 **KBV Verlags- und Medien-GmbH,**
Hillesheim, www.kbv-verlag.de*

52 **Knaur, Verlagsgruppe Droemer Knaur,**
München, www.droemer-knaur.de

53 **Kölnisch-Preußische Lektoratsanstalt,**
Köln, www.lektoratsanstalt.de

54 **konkursbuch Verlag Claudia Gehrke,**
Tübingen, www.konkursbuch.com
(Schwerpunkt erotische Literatur)

55 **Kontrast Verlag,**
Pfalzfeld, www.kontrast-verlag.de

56 **KUUUK Verlag und Medien Klaus Jans,**
Königswinter, www.kuuuk.com

57 **LangenMüller, Buchverlage LangenMüller Herbig Nymphenburger,**
München, www.herbig.net

58 **LEDA-Verlag,** Leer, www.leda-verlag.de*
59 **Leinpfad Verlag,** Ingelheim, www.leinpfad-verlag.de
60 **Leporello Verlag e.K.,** Krefeld, www.leporello-verlag.de*
61 **Leykam Buchverlagsgesellschaft,** Graz, www.leykamverlag.at
62 **Limbus Verlag,** Innsbruck/Hohenems, www.limbusverlag.at
63 **Limmat Verlag,** Zürich, www.limmatverlag.ch
64 **List, Ullstein Buchverlage,** Berlin, www.ullsteinbuchverlage.de/listhc/
65 **Maximilian Dietrich Verlag,** Memmingen, www.maximilian-dietrich-verlag.de (Allgäu-Krimis, Krimis aus dem Süden u.a.)
66 **mdv Mitteldeutscher Verlag,** Halle, www.mitteldeutscherverlag.de (Reihen „TatortOst" u. „Authentische Fälle")
67 **Manhattan, Verlagsgruppe Random House,** München, www.randomhouse.de/manhattan/*
68 **Milena Verlag,** Wien, www.milena-verlag.at
69 **Mitteldeutscher Verlag,** Halle, www.mitteldeutscherverlag.de
70 **munda Verlag,** Brugg, www.munda.ch
71 **Neuer Europa Verlag Leipzig,** Leipzig, www.neuer-europa-verlag.de
72 **no es nada Verlag,** Chardonne, www.noesnada.ch
73 **Nymphenburger, Buchverlage LangenMüller Herbig Nymphenburger,** München, www.herbig.net (Reihe „Die Dunklen Seiten")
74 **Oertel + Spörer,** Reutlingen, www.oe-sp.de/
75 **Page & Turner,** München, www.randomhouse.de/pageundturner/
76 **Pandion Verlag,** Simmern, www.pandion-verlag.de
77 **Paul Zsolnay Verlag,** Wien, www.zsolnay.at
78 **Pendo Verlag,** München, www.pendo.de
79 **Pendragon Verlag,** Bielefeld, www.pendragon.de
80 **Piper Verlag,** München, www.piper-verlag.de
81 **Principal Verlag,** Münster, www.principal.de
82 **Prolibris Verlag Rolf Wagner,** Kassel, www.prolibris-verlag.de (Regionalkrimis, deutschlandweit)*
83 **Quadratkreis Autorenverlag,** Rösrath, www.quadratkreis.de*
84 **Querverlag,** Berlin, www.querverlag.de
85 **Residenz Verlag im Niederösterreichischen Pressehaus, Druck- u. Verlagsgesellschaft,** St. Pölten, www.residenzverlag.at
86 **Rhein-Mosel-Verlag A. Houben,** Zell/Mosel, www.rhein-mosel-verlag.de
87 **Rotbuch Verlag,** Berlin, www.rotbuch.de
88 **Rowohlt Verlag,** Reinbek, www.rowohlt.de
89 **S. Fischer Verlag,** Frankfurt am Main, www.fischerverlage.de
90 **Scherz, S. Fischer Verlag,** Frankfurt am Main, www.fischerverlage.de
91 **Schünemann Verlag,** Bremen, www.schuenemann-verlag.de
92 **SHAYOL Verlag,** Berlin, www.shayol-verlag.de

93 **Sieben-Verlag,**
Fischbachtal, www.sieben-verlag.de

94 **Silberburg-Verlag,**
Tübingen, www.silberburg.de

95 **Societäts-Verlag,**
Frankfurt am Main,
www.societaets-verlag.de

96 **Spielberg Verlag,**
Regensburg-Lappersdorf,
www.spielberg-verlag.de

97 **Suhrkamp Krimi, Suhrkamp Verlag,**
Berlin, www.suhrkamp.de

98 **Sutton Verlag,**
Erfurt, www.suttonverlag.de

99 **Tatort Verlag,**
Basel, www.tatort-verlag.ch

100 **Thienemann Verlag,**
Stuttgart, www. thienemann.de

101 **topp+möller,**
Detmold, www.topp-moeller.com

102 **trafo verlag,**
Berlin, www.trafoberlin.de

103 **Traumwelt Verlag,**
Frankfurt am Main,
www.traumwelt-verlag.de

104 **Ulber Verlag,**
Isernhagen, www.ulberverlag.de
(Hannover-Krimis)

105 **Ullstein, Ullstein Buchverlage,**
Berlin, www.ullsteinbuchverlage.de/
ullsteinhc/

106 **Unionsverlag,**
Zürich, www.unionsverlag.ch

107 **VEDRA Verlag,**
München, www.vedra.com
(„Verlag für fantastisch mystische
Literatur")

108 **Verlag Antje Kunstmann,**
München, www.kunstmann.de

109 **Verlag Bibliothek der Provinz,**
Weitra, www.bibliothekderprovinz.at

110 **Verlag der Criminale,**
BUCH&media, München,
www.verlag-der-criminale.de

111 **Verlag Deutsche Polizeiliteratur,**
Hilden, www.vdpolizei.de

112 **Verlag Dr. Thomas Balistier,**
Mähringen, www.kreta-buch.de
(Griechenland-Krimis)

113 **Verlag Josef Knecht in der Verlag**
Herder GmbH,
Freiburg, www.knecht-verlag.de
(Kirchen-Krimis)

114 **Verlag Kiepenheuer & Witsch,**
Köln, www.kiwi-verlag.de

115 **Verlag M. Naumann,**
Nidderau, www.mundartverlag.de

116 **Verlag Nagel & Kimche,**
Zürich, www.nagel-kimche.ch

117 **Verlag RegioKom,**
Aschaffenburg,
www.verlagregiokom.de

118 **Verlageinundsiebzig,**
Plön, www.verlag71.de

119 **Vertigo Verlag,**
München, www.vertigo-verlag.de

120 **Wellhöfer Verlag,**
Mannheim, www.wellhoefer-verlag.
de (Kurpfalz-Krimis)

121 **Wunderlich Verlag (bei Rowohlt),**
Reinbek, www.rowohlt.de

Links & Literatur

LINKS (KRIMI)

- **www.alligatorpapiere.de** („Die Krimiseite im Internet" – dem ist so! Aktuelle News, Rezensionen, Thomas Przybilkas Krimi-Tipps, Infoseiten mit Autorenlexikon, -interviews, Kolumnen, Linklisten)
- **www.hoerspielkrimi.de** (Welcher Sender strahlt wann welche Hörspielkrimis aus?)
- **www.iacw.org** (International Association of Crime Writers)
- **www.krimiautoren.at** (Österreichische Kriminalschriftstellerinnen und -schriftsteller)
- **www.krimiautorinnen.at** (Regionalgruppe Wien/Österreich der Mörderischen Schwestern)
- **www.krimiblog.de** („Fundstücke eines Krimilesers. Ermittlungen seit 2005" von Ludger Menke)
- **www.krimi-couch.de** (Rezensionen, Forum und mehr)
- **www.krimilexikon.de/servfaq.htm** (Reinhard Jahn, Autorenservice: Alles, was ein Krimi-Autor wissen muss ... KRIMISCHREIBER-FAQ, wichtigste Seite für angehende KrimiautorInnen)
- **www.moerderische-schwestern.eu** (Mörderische Schwestern, Vereinigung deutschsprachiger KrimiAutorinnen)
- **www.das-syndikat.com** (SYNDIKAT, Autorengruppe deutschsprachige Kriminalliteratur)

LITERATUR (KRIMI)

- Büttner, Manfred und Lehmann, Christine: Von Arsen bis Zielfahndung. Das aktuelle Handbuch für Krimiautorinnen und Neugierige. Ariadne[Leit]Faden. Hamburg: Argument Verlag mit Ariadne 2009
- Frey, James N.: Wie man einen verdammt guten Kriminalroman schreibt: Von der Inspiration bis zum fertigen Manuskript: eine schrittweise Anleitung. Köln: Emons 2005
- Kemmerzell, Anja und Laudan, Else (Hg.): Das Wort zum Mord. Wie schreibe ich einen Krimi? 4., veränderte Auflage. Hamburg: Argument Verlag mit Ariadne 2004
- Nusser, Peter: Der Kriminalroman. Reihe: Sammlung Metzler, Band 191. 4., aktualisierte u. erweiterte Auflage. Stuttgart: Verlag J. B. Metzler 2009

LITERATURWETTBEWERBE (KRIMI)

- Agatha-Christie-Krimipreis, www.agatha-christie.de
- Deutscher Krimi Preis, www.deutscher-krimipreis.de
- Deutscher Kurzkrimi-Preis (Tatort Eifel), www.tatort-eifel.de
- Friedrich-Glauser-Preis (in den Kategorien „Ehrenglauser", „Roman", „Debütroman", „Kurzkrimi") via http://das-syndikat.com
- Kärntner Krimipreis, www.kaerntner-krimipreis.at
- Hansjörg-Martin-Preis (für Kinder- und Jugendkrimis) via http://das-syndikat.com
- Mimi – Krimipublikumspreis, www.wortundtotschlag.de/mimi-intro.htm
- Ripper Award, Europäischer Preis für Kriminalliteratur, http://autorennetz-nrw.de/mah3/html/index.php?name=News&file=article&sid=308
- weitere Wettbewerbe: siehe www.uschtrin.de/preise_genre.html#krimis

Science Fiction – ein Randthema für Minderheiten?

Klaus N. Frick ist seit vielen Jahren Chefredakteur von „Perry Rhodan", der weltweit größten Science-Fiction-Serie (www.perry-rhodan.net). Er leitet Seminare für Autorinnen und Autoren.

› *Frank Schätzings Roman „Limit" ist in den Bestsellerlisten auf den vordersten Plätzen, „Avatar" begeistert die Massen im Kino – ist Science Fiction wieder ein Thema? Profitiert davon der Buchmarkt?*

Ein Frank Schätzing macht noch keinen SF-Sommer. Sein Roman „Limit" ist lupenreine Science Fiction, es geht sogar um Raumfahrt und dergleichen, aber ich bin sicher, dass das viele Leser nicht unbedingt so sehen werden. Seine Romane werden eher „trotz" des Themas gern gelesen, nicht wegen des Themas. Ähnliches gilt nach wie vor für Andreas Eschbach, interessanterweise auch für eine Literatin wie Julie Zeh, deren Roman „Corpus Delicti" nicht als SF verkauft wird.

Nach wie vor erfolgreich ist die Perry-Rhodan-Serie, sowohl im Buch- als auch im Taschenbuch- und Heftroman-Format; wir haben in den letzten Jahren verstärkt mit Audio-Büchern und E-Books nachgeholt.

Darüber hinaus fristet die deutschsprachige Science Fiction in den großen Verlagen eher ein Schattendasein. Was allerdings nicht verwundern darf: Science Fiction ist hierzulande eher ein Randthema für Minderheiten.

› *Wie viele deutsche SF-Neuerscheinungen gibt es jährlich in Buchform, die keine Serie oder Reihe bedienen?*

Dazu kann ich keine genauen Angaben machen. In den großen Verlagen wie Heyne, Piper, Lübbe oder auch Ullstein gibt es höchstens ein Dutzend deutschsprachiger SF-Romane; die Fantasy aus dem deutschsprachigen Raum ist hier wesentlich erfolgreicher.

Den Kleinverlagsbereich beherrschen die deutschsprachigen Autorinnen und Autoren – kein Wunder, die Kleinverlage können die Lizenzen und Übersetzungshonorare nicht bezahlen. Bei den großen Verlagen ist es umgekehrt: Dort werden vor allem Übersetzungen aus dem Englischen publiziert.

In den letzten Jahren haben sich aber Kleinverlage wie Atlantis, Zaubermond oder Blitz durchaus einen guten Namen erarbeiten können. Dort gibt es für deutschsprachige Autoren zwar nur ein kleines Honorar, aber immerhin die Möglichkeit, sich nach oben zu schreiben.

› *Wie viele „Terraner" lesen jede Woche das neueste Perry-Rhodan-Heft?*

Da es Perry Rhodan nicht nur als Heftroman, sondern auch im Taschenbuch und in gebundener Form gibt, gehe ich davon aus, dass wir eine Viertelmillion regelmäßiger Käufer und Leser haben. Die exakten Auflagenhöhen zählen nach wie vor zu den Verlagsinterna.

Interessant ist in meinen Augen vor allem eines: Jeder unserer neuen Romane kommt in drei Versionen heraus – als gedruckter Roman, als Hörbuch zum Download und als E-Book. Die drei Produktformen befruchten sich gegenseitig, sind sich gegenseitig keine Konkurrenz. Es kommt also nicht zu den gefürchteten Kannibalisierungseffekten.

› Bei den Neuerscheinungen in der Sachgruppe Belletristik ist ungefähr jeder vierte Titel eine Übersetzung. Soweit ich weiß, gilt das nicht für den Bereich Science Fiction. Dort soll es sehr viel mehr Übersetzungen geben, vor allem aus dem angloamerikanischen Sprachraum. Was schätzen Sie, wie ist bei der Science Fiction das Verhältnis zwischen deutschsprachigen Novitäten und Novitäten, die aus einer fremden Sprache übersetzt wurden?
Hier muss man – wie schon erwähnt – zwischen den Kleinverlagen, den Heftromanverlagen und den großen Taschenbuch- und Hardcover-Verlagen unterscheiden. Bei den Kleinverlagen werden praktisch nur deutschsprachige Autoren publiziert, bei den Heftromanverlagen ebenso, während bei den großen Häusern wie Heyne und Lübbe der deutschsprachige Anteil deutlich unter zehn Prozent liegt.

› Woran liegt es, dass die großen Verlage bevorzugt amerikanische Science Fiction drucken? Oder anders ausgedrückt: Was finden deutsche LeserInnen an amerikanischen AutorInnen so attraktiv?
Amerikanische und englische SF-Autoren schreiben meist „auf der Höhe der Zeit", treffen mit ihren Werken einen gewissen internationalen Zeitgeist – und dies erklärt einen Teil ihres Erfolgs.

› Haben die Amerikaner mehr Fantasie? Können sie besser schreiben?
Ich glaube nicht, dass es an der Fantasie liegt. Es liegt meist am Handwerk. Hier sind die Amerikaner und Engländer einfach besser, und hier unterscheidet sich die Science Fiction nicht von anderer Genre-Literatur. Die deutschen Leserinnen und Leser entscheiden sich nicht aus Bösartigkeit für amerikanische Autoren, sondern deshalb, weil sie deren Romane schlicht besser finden.
Wobei sich langsam die Erkenntnis durchsetzt, dass auch deutschsprachige Genre-Autoren gut schreiben können. In den letzten Jahren haben Andreas Brandhorst, Frank Borsch und Michael Marcus Thurner beispielsweise bei Heyne hervorragende Science-Fiction-Romane veröffentlicht.

› Wenn es also an der Qualität der Texte liegt, woran hapert es bei den Deutschen? Was sind die häufigsten Schwachpunkte?
Ich weiß es nicht; die von mir genannten Autoren sind auf jeden Fall in der Lage, international mitzuhalten. Manche deutschsprachige Autorinnen und Autoren, die bei den Verlagen ihre Manuskripte einreichen, beherrschen aber nicht einmal die rudimentären Regeln der deutschen Sprache und meinen, sich nicht um Charakterentwicklung, Spannungsaufbau oder eine brauchbare Science-Fiction-Idee kümmern zu müssen. Da wird in den USA wohl mehr Wert darauf gelegt. Häufig hapert es hierzulande an eben diesen grundsätzlichen Dingen.
Vielleicht trägt die Schule hier eine Mitschuld: Deutschsprachige Autorinnen und Autoren vertrauen gerne auf den sogenannten Musenkuss, glauben daran, dass sie Künstler sind und auf ihre Eingebungen warten müssen. Es ist ihnen schwer zu vermitteln, dass Schreiben eben auch Arbeit ist, die geleistet werden muss. Nur wenn ein Text ernsthaft erarbeitet wurde, kann er genügend inhaltliche und stilistische Qualität aufweisen, dass ein Lektor oder eine Lektorin ihn gut finden wird.

› Seit 1995 finden an der Bundesakademie für kulturelle Bildung Wolfenbüttel zweimal jährlich Literaturwerkstätten zum Genre Science Fiction statt, die Sie, gemeinsam mit einem Co-Referenten, leiten. Eine weitere SF-Schreibwerkstatt organisiert ein- bis zweimal jährlich die Autorin Uschi Zietsch in Bayern. Reicht es aus, an solchen Seminaren teilzunehmen, um sich nachhaltig zu verbessern? Was kann man als Autorin in rund 18 Stunden lernen? Inwiefern ist es sinnvoll, solche Seminare anzubieten und an ihnen teilzunehmen?

Solche Seminare können Autorinnen und Autoren nach meiner Beobachtung tatsächlich helfen, an sich selbst und an den eigenen Texten zu arbeiten. Ein wichtiger Bestandteil solcher Seminare ist doch letztlich, dass die Teilnehmer sich untereinander austauschen, dass sie lernen, Kritik an eigenen Texten zu ertragen, diese Kritik vielleicht später umzusetzen und auch Kritik an anderen Texten zu üben. Gerade die Gespräche am Rand oder die nächtlichen Diskussionen haben stets die Seminare ausgezeichnet, an denen ich teilgenommen habe.

Die Autorinnen und Autoren lernen darüber hinaus handwerkliches Rüstzeug, das ihnen auch die Lektüre von Büchern nicht vermitteln kann. Es ist anscheinend ein Unterschied, ob man dieselbe Sache liest oder von einem Referenten vermittelt bekommt. Kurze Übungen, wie wir sie beispielsweise in Wolfenbüttel immer wieder einschieben, zeigen zudem, dass jeder auch unter Druck kreativ sein kann. Gerade die Texte, die bei diesen Übungen entstehen, sind häufig lebendiger als das, was die jeweilige Autorin oder der jeweilige Autor im Voraus eingereicht haben.

Wenn's nach mir ginge, würden schon in den Schulen die kreativen Fähigkeiten der Schüler gefördert: Wer erkennt, wie viel Spaß es machen kann, eigene Geschichten zu erfinden und diese anderen Menschen mitzuteilen – ob geschrieben oder erzählt, das ist fast schon egal –, wird selbst gerne lesen.

Kurse in kreativem Schreiben gibt es teilweise an Volkshochschulen, das Niveau solcher Schreibkurse schwankt zwischen gut und erschreckend – es hängt hier eben vom Leiter eines solchen Kurses ab. Trotzdem ist es meines Erachtens sinnvoll, an Schreibwerkstätten und Seminaren teilzunehmen. Allein schon der Kontakt zu anderen Schreibenden ist doch unglaublich wichtig!

› Was ist das SF-Spezifische an Ihren Literaturwerkstätten, abgesehen von der Zielgruppe, nämlich AutorInnen, die sich für Science Fiction begeistern?

Tatsache ist, dass die meisten Dinge, die wir in diesen Literaturwerkstätten in Wolfenbüttel zu vermitteln versuchen, ganz normale handwerkliche Dinge sind: angefangen von den formalen Dingen – wie sieht ein Norm-Manuskript aus? – über Grammatik-Fragen bis hin zur Charakterisierung von Helden oder dem spannenden Aufbau eines Dialogs.

Der SF-Aspekt kommt meist dadurch zustande, dass wir in diesen Seminaren starken Wert darauf legen, dass die Welten stimmen, in denen die Autorinnen und Autoren ihre Geschichten anlegen. Das ist sowohl bei einer Kurzgeschichte als auch bei einem Roman sinnvoll.

Seit 2010 ist das Roman-Seminar ja vom Charakter „aufgebrochen“ worden: Es geht nicht nur um Science Fiction, sondern ebenso um Fantasy und Horror. Letztlich geht es immer darum, eine möglichst stimmige fantastische Welt zu erschaffen.

› SF-AutorInnen sind also nicht irgendwie „anders", brauchen also kein spezielles Training, das ihnen nur eine SF-Werkstatt bieten kann?
SF-Autoren sind höchstens in dem Punkt anders, dass sie gerne versuchen, eine bestimmte, möglichst originelle Idee umzusetzen. Die Science Fiction als Ideenliteratur legte früher nicht so arg viel Wert auf ausgefeilte Charaktere, um es vorsichtig zu formulieren – und die Klassiker des Genres prägen heutige Autoren nach wie vor. Das reicht aber nicht mehr: Der SF-Leser von heute möchte sehr wohl gut charakterisierte Hauptpersonen haben, einen spannenden Plot und eine gut geschilderte Gesellschaft. Die sogenannte SF-Idee, also der fantastische Effekt, den der Autor oder die Autorin zusätzlich erfinden, kommt gewissermaßen als „Sahnehäubchen" obendrauf – und das ist wohl auch der wichtigste Unterschied zwischen Science Fiction und allgemeiner Literatur.

› Andreas Eschbach, den viele auf den ersten Blick für einen Senkrechtstarter halten würden, hat auf seinen Erfolg über zwanzig Jahre lang hingearbeitet und, wie Sie schreiben, „sein Handwerk wirklich mühselig erlernt". Ist der Weg zum Erfolg notwendigerweise immer so mühsam? Über welche Stationen führt dieser Weg im Allgemeinen?
Andreas Eschbach hat damit sicher recht: Schreiben ist in vielerlei Hinsicht ein Handwerk, das man erlernen muss. Niemand erwartet von einem Schreinerlehrling, dass er im ersten Lehrjahr einen wunderschönen handgeschnitzten Wandschrank erstellt. Einen großen Teil lernt man beim Schreiben sicher durch das Schreiben an sich: Wer eine gewisse Routine gewinnt und wer immer wieder seine eigenen Fehler überprüft, wird irgendwann besser.
Sicher gibt es Autoren, die unglaubliche Talente sind und aus dem Stand heraus ein Meisterwerk schaffen. Die sind aber extrem selten. Die üblichen Stationen sind eben das Schreiben an sich. In der Science-Fiction- und Fantasy-Szene kommt noch hinzu, dass man in zahlreichen Fan-Zeitschriften oder auf den unterschiedlichsten Diskussionsseiten im Internet seine Geschichten publizieren kann und auf diese Weise ein interessantes Feedback auf seine Texte erhält.

› Sie sind nicht nur Chefredakteur und Werkstattleiter, Sie sind auch Autor. Zuletzt erschien von Ihnen der Kurzroman „Schatten des Friedens" im Basilisk-Verlag, davor das Buch „Das Tier von Garoua" im Dryas-Verlag. Wo veröffentlichen Sie Ihre Texte außerdem?
Ich schreibe selbst eher selten, da meine Zeit kaum dafür reicht. Und wenn ich Geschichten publiziere, geschieht dies meist in kleinauflagigen Heften oder in kleineren Verlagen. Ich sehe mich selbst als Hobbyautor.

› Es gibt große Verlage, mittlere und kleine, die Science Fiction verlegen. Welche Vorteile, welche Nachteile bringt die jeweilige Größe eines Verlages für eine Autorin mit sich?
Leider gilt folgende Faustregel nicht immer: Je kleiner der Verlag, desto intensiver die Betreuung des Autors durch die Herausgeber und Lektoren. Auch die Regel, dass kleine Verlage prinzipiell schlechter bezahlen als große, stimmt ja nicht immer. Tatsache aber ist, dass gerade Menschen, die Science Fiction oder fantastische Literatur im weitesten Sinne schreiben, bei einem kleineren Verlag eher eine Chance haben dürften als bei

einem großen Verlag, der mit „schrägen“ Themen möglicherweise größere Probleme hat als ein kleiner Anbieter, der gezielt die Nische bedient.

› *Was müsste Ihrer Meinung nach noch getan werden, um den Nachwuchs zu fördern?*
Nachwuchsförderung müsste in der Schule beginnen. Solange es noch Zigtausende von Lehrern gibt, die den Schülern den Spaß an der Sprache austreiben, anstatt ihn zu fördern, solange wird die Autorenmisere anhalten. Wenn es mehr begeisterte Hobby-Autoren gibt, die an sich und ihrem Stil arbeiten, wird sich der Nachwuchs von selbst professionalisieren.

› *Und was müsste der Nachwuchs selbst tun?*
Nicht nur jammern, sondern schreiben, schreiben, schreiben. Veröffentlichungsmöglichkeiten gibt es immer wieder, man muss einfach gut sein und zur richtigen Zeit am richtigen Ort sein. Und nicht aufgeben – das wäre auch noch ein wichtiger Punkt.

› *Zu Beginn unseres Gesprächs sagten Sie, dass die Fantasy aus dem deutschsprachigen Raum wesentlich erfolgreicher sei als die Science Fiction. Wie erklären Sie sich das? Auch Ihr SF-Seminar in Wolfenbüttel wendet sich ja nun an Fantasy- und Horror-AutorInnen.*
Die Frage müsste ein Literaturwissenschaftler nach umfangreichen Befragungen beantworten, fürchte ich. Ich glaube, es gibt zweierlei Gründe: Fantasy ist derzeit deshalb so beliebt, weil viele Leute gerne in fremde Welten flüchten. Im Gegensatz zur oftmals sehr nachdenklich daherkommenden Science Fiction ist die Fantasy sicher die bessere Fluchtliteratur, und das meine ich nicht negativ. Der Erfolg von Fantasy-Computerspielen belegt das in gewisser Weise ebenfalls: Wer „World of Warcraft“ spielt, und das tun Millionen, möchte solche Welten auch als Lektüre haben. Der andere Grund: Wenn ein Autor eine glaubhafte Science-Fiction-Zukunft beschreiben will, benötigt er ein komplexes Vokabular – und das wiederum überfordert viele Leser, die sich eben lieber unterhalten lassen wollen.
Warum ausgerechnet deutschsprachige Autoren in der Fantasy so erfolgreich sind, hängt sicher auch damit zusammen, dass die deutschen Verlage systematisch danach gesucht haben. Die findigen Verlagsleute haben erkannt, dass sich mit gewissen Fantasy-Strömungen ordentliche Auflagen erzielen lassen, und haben sich dann teilweise bewusst auf die Suche nach entsprechenden Autoren gemacht. Und die Leser, durch die aktuellen Verfilmungen von „Harry Potter“ oder dem „Herrn der Ringe“ sensibilisiert, haben begeistert zugegriffen.
Der Fantasy-Boom wird sicher noch eine Weile anhalten und das Genre verändern: Vieles von dem, was früher als „normaler“ Liebesroman erschienen wäre, erhält heute ein Fantasy-orientiertes Titelbild und landet dann bei der Fantasy im Buchhandel oder gleich im speziell eingerichteten Vampir-Regal. Gerade die romantische Fantasy ist in mancherlei Hinsicht eine Fortsetzung des Liebesromans (egal ob als Taschenheft oder Taschenbuch) in phantastischem Gewand. Ebenso finden „ChickLit“-Bücher heute auch ihre Entsprechung im Fantasy-Umfeld. Da sind einige Verlage sehr erfindungsreich – und die Leserinnen nehmen das dankbar an.

› *Interview: Sandra Uschtrin*

65 SF-Horror-Fantasy-Mystery-Verlage und mehr

Recherchiert wurde im Internet, in Linkverzeichnissen auf einzelnen Websites sowie in den Listen für Nominierungen und PreisträgerInnen von Literaturpreisen. Alle angegebenen Websites sind zurzeit aktiv.
Wichtig bei der Vorgehensweise: Senden Sie Ihr Manuskript nicht einfach ungefragt an irgendeinen der hier aufgeführten Verlage, sondern studieren Sie vorher gründlich den Internetauftritt des betreffenden Verlages. Gibt es „Hinweise für AutorInnen", wie man sich als AutorIn an den Verlag wenden soll? Reicht eine Textprobe? Wer ist die Ansprechpartnerin? Erst dann gegebenenfalls anrufen und fragen, ob an dem Manuskript Interesse besteht.
Im Bereich Kinder- und Jugendbücher tauchen immer wieder Titel mit phantastischen Inhalten auf, die sich an alle Altersgruppen wenden, Stichwort „All-Age-Literatur". Bestes Beispiel ist „Harry Potter" im Carlsen Verlag; siehe daher auch die Einträge im Kapitel Kinder- und Jugendbuch.

1 **Abenteuer Medien Verlag**, Hamburg, www.abenteuermedien.de
2 **Arcanum Fantasy Verlag**, Dortmund, www.arcanum-fantasy-verlag.de
3 **Arena Verlag**, Würzburg, www.arena-verlag.de (für Kinder und Jugendliche)
4 **Argon Verlag**, Berlin, www.argon-verlag.de (Hörbuch)
5 **arsEdition**, München, www.arsedition.de/kinderbuch/ (für Kinder)
6 **Atlantis Verlag Guido Latz**, Stolberg, www.atlantis-verlag.de
7 **Basilisk Verlag**, Reichelsheim, www.basilisk-verlag.de
8 **Bastei Lübbe Taschenbücher, Verlagsgruppe Lübbe**, Köln, www.luebbe.de
9 **Bastei Verlag in der Verlagsgruppe Lübbe**, Köln, www.bastei.de (Heftromane)
10 **Baumhaus Verlag**, Köln, www.baumhaus-verlag.de (für Kinder)
11 **Blanvalet Verlag, Verlagsgruppe Random House**, München, www.randomhouse.de/blanvalet/
12 **BLITZ-Verlag**, Windeck, www.blitz-verlag.de
13 **Carl Hanser Verlag**, München, www.hanser-literaturverlage.de
14 **cbj**, Verlagsgruppe Random House, München, www.randomhouse.de/cbjugendbuch/ (für Jugendliche)
15 **cbt**, Verlagsgruppe Random House, München, www.randomhouse.de/cbt/ (für Jugendliche)
16 **Curtis Nike Verlag**, Berlin, www.curtisnikeverlag.de
17 **DAV**, Berlin, www.der-audio-verlag.de
18 **dead soft verlag**, Mettingen, www.deadsoft.de (für Schwule)
19 **Deutscher Taschenbuch Verlag**, München, www.dtv.de
20 **Edition Phantasia**, Joachim Körber & Uli Kohnle, Bellheim, www.edition-phantasia.de
21 **Eldur Verlag**, Aachen, www.eldur-verlag.de
22 **Emons Verlag**, Köln, www.emons-verlag.de (Urban Fantasy)
23 **Erika Klopp Verlag**, Hamburg, www.erika-klopp.de (für Kinder und Jugendliche)
24 **Erster Deutscher Fantasy Club e.V.**, www.edfc.de

25 **Fabylon-Verlag**, Markt Rettenbach, www.fabylon-verlag.de
26 **Fantasy Club e. V.**, Marburg, www.magira.com
27 **Feder & Schwert**, Mannheim, www.feder-und-schwert.com
28 **Festa Verlag**, Frank Festa, Leipzig, www.festa-verlag.de
29 **Goldmann Verlag**, Verlagsgruppe Random House, München, www.randomhouse.de/goldmann/ (Fantasy)
30 **Hary Production**, Neunkirchen, www.harypro.de
31 **Hexentorverlag**, Jürgen G. Hahn, Berlin, www.hexentorverlag.de
32 **KBV Verlags- und Medien-GmbH**, Hillesheim, www.kbv-verlag.de
33 **Kiepenheuer & Witsch**, Köln, www.kiwi-koeln.de
34 **Knaur Taschenbuch**, Verlagsgruppe Droemer Knaur, München, www.droemer-knaur.de
35 **LAUSCH**, Günter Merlau, Hamburg, www.merlausch.de (Phantastische Hörspiele)
36 **Loewe Verlag**, Bindlach, www.loewe-verlag.de (für Kinder und Jugendliche)
37 **Lyx**, Köln, www.egmont-lyx.de
38 **Martin Kelter Verlag**, Hamburg, www.kelter.de (Heftromane)
39 **Medusenblut**, Boris Koch, Berlin, www.medusenblut.de
40 **mgVerlag**, Walter L. Kelch, Plaidt, www.mgverlag.de
41 **Mohlberg-Verlag**, Heinz Mohlberg, Köln, www.mohlberg-verlag.de
42 **Pabel-Moewig Verlag**, Rastatt, www.vpm.de
43 **PAN Verlag**, Verlagsgruppe Droemer Knaur, München, www.pan-verlag.de
44 **PENHALIGON**, Verlagsgruppe Random House, München, www.randomhouse.de/penhaligon/
45 **Piper Fantasy**, München, www.piper-verlag.de/fantasy/
46 **Rainar NITZSCHE Verlag**, Kaiserslautern, www.nitzscheverlag.de.vu
47 **Romantruhe**, Kerpen-Türnich, www.romantruhe.de
48 **SHAYOL Verlag**, Berlin, www.shayol-verlag.de
49 **Sieben-Verlag**, Fischbachtal, www.sieben-verlag.de
50 **Storisende Verlag & Versandbuchhandel**, Bünde, www.storisende.net
51 **Thienemann Verlag**, Stuttgart, www.thienemann.de
52 **Ubooks Verlag**, Diedorf, www.ubooks.de
53 **Verlag Achim Havemann**, Hitzacker, www.phantastisch.net
54 **Verlag Carl Ueberreuter**, Wien, www.ueberreuter.at
55 **Verlag Klett-Cotta**, Stuttgart, www.klett-cotta.de
56 **Verlag Lindenstruth**, Gießen, www.verlag-lindenstruth.de
57 **Verlag Martin Ellermeier**, Bensheim, www.dunkle-welten.de
58 **Verlag Stendel**, Waiblingen, www.stendelverlag.de
59 **Verlag Torsten Low**, Meitingen, www.verlag-torsten-low.de
60 **Verlageinundsiebzig**, Plön, www.verlag71.de
61 **VirPriV Verlag**, Monika Wunderlich, Fuchstal, www.virpriv.de
62 **Voodoo Press Verlag**, Möllersdorf (Österreich), www.voodoo-press.com
63 **Wilhelm Heyne Verlag** in der Verlagsgruppe Random House, München, www.heyne.de
64 **Wurdack Verlag**, Nittendorf, www.wurdackverlag.de
65 **Zaubermond Verlag**, Thomas Born, Schwelm, www.zaubermond.de

Links & Literatur

AUTORINNENVEREINIGUNGEN (SF, HORROR, FANTASY, MYSTERY)

› Erster Deutscher Fantasy Club e.V., www.edfc.de
› Science Fiction Club Deutschland e.V., www.sfcd-online.de

LINKS (SF, HORROR, FANTASY, MYSTERY)

› The fantastic Worlds of Science Fiction, www.epilog.de/sf/ (sehr informatives SF-Portal)
› Feminist Science Fiction, Fantasy & Utopia, http://feministsf.org (Informationen und Kritiken zu feministischer phantastisch-utopischer Literatur)
› Fictionfantasy – Phantastische Literatur und Film, www.fictionfantasy.de (Phantastisches Portal mit Informationen und Datenbanken zu Literatur, Film und Spiel sowie Grafiken und Kurzgeschichten)
› Phantastik-News – täglich phantastische Nachrichten, www.phantastik-news.de (Nachrichtenservice von phantastik.de)
› Perry Rhodan, http://perry-rhodan.net (die Tür zum Perry-Rhodan-Universum)
› SF-Fan.de – Das Science Fiction-Portal, www.sf-fan.de (Florian Breitsameters Seite mit den Kategorien SF-Buch, SF-Film u.a.)
› Sf-Netzwerk, www.sf-netzwerk.de (Treffpunkt, Diskussionsforen und Datenbanken für Science-Fiction- und Phantastik-Fans)

LITERATURWETTBEWERBE (SF, HORROR, FANTASY, MYSTERY)

› Deutscher Phantastik Preis, www.deutscher-phantastik-preis.de
› Deutscher Science Fiction Preis: www.dsfp.de
› Wolfgang-Hohlbein-Preis: www.hohlbein.de (für Kinder und Jugendliche)
› Kurd Laßwitz Preis, www.sci-fantasy.de/2009/07/kurd-lasswitz-preis-2009/
› Phantastik-Preis der Stadt Wetzlar, www.phantastik.eu
› Rattenfänger-Literaturpreis, www.hameln.de (für Kinder und Jugendliche)
› Vincent Preis, www.defms.de
› William Voltz Award, www.williamvoltz.de
› weitere Wettbewerbe: siehe www.uschtrin.de/preise_genre.html#phantastik

MAGAZINE (SF, HORROR, FANTASY, MYSTERY)

› Arcana, www.verlag-lindenstruth.de
› c't – magazin für computertechnik, www.heise.de/ct/ (c't erscheint 14-täglich; darin jeweils eine SF-Geschichte)
› Fantasia eBook, www.edfc.de
› Magira, www.magira.com
› Mephisto, www.dunklewelten.de
› Nautilus, www.abenteuermedien.de
› NOCTURNO, www.nocturno-mag.de.vu
› Nova, www.nova-sf.de
› Omen, www.festa-verlag.de
› Phantastisch!, www.phantastisch.net
› Quarber Merkur, Franz Rottensteiners Literaturzeitschrift für Science Fiction und Phantastik (› Kapitel Literaturzeitschriften)

42 Verlage mit historischen Romanen (Auswahl)

1 **Aufbau Verlag**, Berlin, www.aufbauverlag.de
2 **Bajazzo Verlag**, Zürich, www.bajazzoverlag.ch (historische Jugendromane)
3 **Bastei Lübbe**, Köln, www.bastei-luebbe.de
4 **Blanvalet**, München, www.randomhouse.de/Blanvalet/
5 **BLT**, Köln, www.luebbe.de
6 **Boje Verlag**, Köln, www.boje-verlag.de (histor. Jugendromane)
7 **Bookspot Verlag**, München, www.bookspot.de
8 **btb**, München, www.randomhouse.de/btb
9 **Deutscher Taschenbuch Verlag**, München, www.dtv.de
10 **Diogenes Verlag**, Zürich, www.diogenes.ch
11 **Droemer**, München, www.droemer-knaur.de
12 **Dryas Verlag**, Oldenburg, www.dryas.de
13 **Eichborn Verlag**, Frankfurt am Main, www.eichborn.de
14 **Ehrenwirth Verlag**, Köln, www.luebbe.de
15 **Elfenbein Verlag**, Berlin, www.elfenbein-verlag.de
16 **Emons Verlag**, Köln, www.emons-verlag.de (histor. Krimis)
17 **EVA Europäische Verlagsanstalt**, Die Hanse, Hamburg, www.die-hanse.de
18 **Fischer Taschenbuch Verlag**, Frankfurt am Main, www.fischerverlage.de
19 **Gmeiner-Verlag**, Meßkirch, www.gmeiner-verlag.de (histor. Krimis)
20 **Goldmann Verlag**, München, www.randomhouse.de/goldmann/
21 **Grafit Verlag**, Dortmund, www.grafit.de
22 **Herbig LangenMüller Nymphenburger**, München, www.herbig.net
23 **Heyne Verlag**, München, www.randomhouse.de/heyne/
24 **KaMeRu Verlag**, Zürich, www.kameru.ch
25 **Kindler Verlag**, Reinbek bei Hamburg, www.rowohlt.de/verlag/kindler
26 **Knaur**, München, www.droemer-knaur.de
27 **Knecht Verlag**, Freiburg im Breisgau, www.knecht-verlag.de
28 **Krüger Verlag**, Frankfurt am Main, www.fischerverlage.de
29 **Limes Verlag**, München, www.randomhouse.de/limes/
30 **List Verlag**, Berlin, www.ullsteinbuchverlage.de
31 **Lübbe**, Köln, www.luebbe.de
32 **Marion von Schröder**, Berlin, www.ullsteinbuchverlage.de
33 **Moments, area-Verlag**, Erftstadt, www.area-verlag.de
34 **Page & Turner**, München, www.randomhouse.de/pageundturner/
35 **Piper Verlag**, München, www.piper-verlag.de
36 **Rowohlt Verlag**, Reinbek bei Hamburg, www.rowohlt.de
37 **Rütten & Loening**, Berlin, www.aufbauverlag.de
38 **Sieben Verlag**, Fischbachtal, www.sieben-verlag.de
39 **Sutton Verlag**, Erfurt, www.suttonverlag.de
40 **Verlag Carl Ueberreuter**, Wien, www.ueberreuter.at (histor. Jugendromane)
41 **Verlag Philipp von Zabern**, Mainz, www.zabern.de
42 **Wunderlich Verlag**, Reinbek bei Hamburg, www.rowohlt.de/verlag/wunderlich

Links (historische Romane)

- Autoren-Forum, Kaiserslautern: Wissensportal für AutorInnen, Experte für den Bereich „historischer Roman“ ist Titus Müller, www.autorenforum.de
- Autorenkreis historischer Roman „Quo Vadis“: www.akqv.org
- Biographie-Portal: www.biographie-portal.eu
- FrauenMediaTurm (FMT), Köln, www.frauenmediaturm.de
- Histo-Couch, Berlin: Online-Portal für historische Romane mit Bewertungsmöglichkeit der vorgestellten Romane für die Nutzer: www.histo-couch.de
- historicum.net – geschichtswissenschaftliche Informationsangebote im Internet
- Mittelalterrechner zum Umrechnen alter Währungen und Einheiten: www.mittelalterrechner.de
- Quo-Vadis-Kurzgeschichtenpreis: via www.akqv.org
- Sir-Walter-Scott-Preis: via www.akqv.org

Kinder- und Jugendbücher schreiben und verkaufen

„Wenn du es träumen kannst, kann es auch wahr werden!" Dieser Satz passt zu Heidemarie Brosche (www.h-brosche.de). Mitten im „Erziehungsurlaub", 1988, beschloss sie: „Ich werde Kinderbuchautorin!" So schnell, wie sie hoffte, kam der Erfolg zwar nicht, aber er kam. Warum? Weil sie Misserfolge mit Humor nahm, aus ihren Fehlern lernte, immer weiter schrieb und schließlich so gut wurde, dass Verlage bei ihren Manuskripten zugriffen. Seither hat Heidemarie Brosche etwa 50 Bilder- und Erstlesebücher, Kinderromane und Ratgeber für Erwachsene geschrieben. In Autorenkreisen bekannt ist ihr Ratgeber „Kinder- und Jugendbuch schreiben und veröffentlichen", in dem sie erzählt, mit welchen Startschwierigkeiten sie zu kämpfen hatte.

Kinder- und Jugendbuchautor Manfred Theisen (www.manfredtheisen.de) kennt keine Ablehnungsschreiben. Sein Agent Ulrich Pöppl (› Kapitel 5) sondiert Theisens Ideen und hat in den letzten zehn Jahren jedes Manuskript in einem Verlag untergebracht (zuletzt: „Der Koffer der Adele Kurzweil", erschienen bei Sauerländer). Erstaunlich, denn in Theisens Elternhaus hatten Bücher nur eine Funktion: Sie wurden unters Tischbein geschoben, falls der Tisch wackelte. Dafür wurde daheim umso mehr erzählt – Manfred Theisen liebt Geschichten. Für jede recherchiert er eingehend und reist schon mal nach Frankreich, Israel oder Äthiopien, wenn ihn ein Thema so richtig packt. Meist schreibt er jedoch daheim zwischen 5 und 7 Uhr morgens. Dann ist es noch so schön ruhig. Später toben seine Kinder durchs Haus. Manfred Theisen hat vier Mädchen, bei Heidemarie Brosche sind es drei Buben.

› *Hilft es, eigene Kinder zu haben, wenn man für Kinder und Jugendliche schreiben will?*

Heidemarie Brosche: Es hilft, ja. Aber es ist nicht das Wesentliche. Was tatsächlich in meine Texte einfließt, ist eine Mixtur aus Kindheitserinnerungen, Erlebnissen mit meinen eigenen und fremden Kindern und dem, was ich über die Medien wahrnehme. Meine Fantasie setzt dann noch etwas obendrauf.

Verdienstmöglichkeiten

› *Ist es möglich, eine Familie allein durch das Schreiben von Kinder- und Jugendbüchern zu ernähren?*

Heidemarie Brosche: Es ist sicher möglich. Aber ich selbst hätte das wohl nie geschafft. Gerade als ich so weit war, mich selbst mit dem Schreiben einigermaßen durchzubringen, stand bei mir die Entscheidung an: Soll ich wieder in meinen alten Beruf als Lehrerin zurückkehren oder ganz aufs Schreiben setzen? Keine Ahnung, wie es gelaufen wäre, wenn ich Nur-Autorin geblieben wäre. Jetzt, mit Teilzeittätigkeit als Lehrerin, habe ich schlichtweg nicht die Zeit, so viel zu schreiben, dass es für die ganze Familie auch nur annähernd reichen könnte. Und ich hatte eben auch nie das Glück – oder die Begabung? –, mit einem einzigen Werk einen Bestseller zu landen. Weil ich also nicht von den Einnahmen eines einzigen Buches zehren kann, muss ich immer wieder Neues schreiben – was ich allerdings sehr gerne tue.

› *Welche Honorare werden für Kinder- und Jugendbücher gezahlt? Was lässt sich womit verdienen?*

Heidemarie Brosche: Ich kann nur von meinen Erfahrungen berichten. Als garantierter Honorarvorschuss sind bei mir – je nach Verlag und Art des Buches – 1000 bis 2500 Euro üblich. Wenn es schlecht läuft, kommt nichts mehr dazu. Der Vorschuss wird ja verrechnet, und wenn die Einnahmen nicht höher sind als der Vorschuss, bleibt es eben dabei. Wenn's besser geht, kommen noch einige Tausend Euro hinzu. In den fünfstelligen Bereich bin ich selten vorgestoßen.

Für Bilderbücher habe ich in letzter Zeit meist 1500 Euro als Vorschuss erhalten, für Erstlesertexte/Kinderromane etwa 2500 Euro.

Bis auf meine allerersten Bücher habe ich übrigens immer einen Vorschuss kassiert. Darauf sollten Autoren auch pochen. Lediglich im Schulbuchbereich musste ich darum kämpfen. Dort scheint ein Vorschuss nicht üblich zu sein, was ich nicht verstehe. Selbst wenn Schulbücher oft von Lehrkräften geschrieben werden, Personen also, die einen Brotberuf haben, bleibt es doch bei der Tatsache, dass sie enorm in Vorlage treten und erst nach Ablauf von Monaten oder gar Jahren Geld sehen. Ein Unding! Welcher Maurer wartet ein Jahr auf seinen Lohn?

Manfred Theisen: Das sehe ich ähnlich. Allerdings habe ich im Jugendbuch-Bereich andere Erfahrungen gemacht. Das betrifft vor allem „Cross-Generation/All-Age"-Titel, also Bücher, die sowohl von Jugendlichen oder Kindern als auch von Erwachsenen gelesen werden. Da gab es – ausnahmsweise! – auch schon mal einen Vorschuss von 20 000 Euro.

› *Ist das niedriger als im Erwachsenenbereich? Und falls ja: warum?*

Heidemarie Brosche: Teils schon. Vermutlich geht man davon aus, dass der Arbeitsaufwand bei Erwachsenenbüchern höher ist. Dass es sich für Kinder und Jugendliche besonders leicht schreibt, stimmt natürlich nicht. Das weiß jeder, der etwas von der Sache versteht. Im Gespräch mit KollegInnen stelle ich fest, dass das Schreibtempo sehr unterschiedlich ist. Ich selbst brauche für ein kurzes Erstleserbuch ein paar Wochen, für einen Kinder- oder Jugendroman ein paar Monate. Denn als Lehrerin kann ich leider nicht acht Stunden am Tag schreiben.

Manfred Theisen: Da würde ich gerne einhaken. Ich glaube nicht, dass im Jugendbuchbereich prinzipiell weniger verdient wird als bei den Erwachsenen – siehe „Harry Potter", „Eragon", „Artemis Fowl", „Bis(s) zum Morgengrauen" und so weiter. Früher haben Erwachsene sich selten getraut, in der Öffentlichkeit ein Kinder- oder Jugendbuch zu lesen. Das wurde mit „Momo" oder „Sophies Welt" anders. Der Markt für Jugendbücher ist dadurch gewachsen und damit sind – so denke ich – die Verdienstmöglichkeiten für die Autoren gestiegen.

Ich vermute, dass der Verdienst hauptsächlich von den Verkaufsaussichten abhängt. Und da sollte man den Kinder- und Jugendbuchmarkt nicht schlechtreden. Zumal es hier ja noch einen Markt neben den Buchläden gibt: die Schulen.

Wenn sich ein Lehrer die Materialien zu einem Buch zugelegt hat, wird er das Buch wahrscheinlich in mehreren Klassen einsetzen. Früher wurden in den Schulen oft nur Klassiker gelesen, heute wird – vor allem in der Mittelstufe – extrem häufig zu Jugendliteratur gegriffen. Und ein Morton Rhue, der „Die Welle“ geschrieben hat, wird daher sicher einen großen Vorschuss vom Verlag erhalten. Solche Bücher sind vermutlich die heimlichen Bestseller. Und Kinderbücher wie „Lauras Stern“ oder „Wo die wilden Kerle wohnen“ verkaufen sich sicher auch bestens.

› *Wenn ein Verlag ein Buch als erfolgreich bezeichnet, wie oft ist es dann über den Ladentisch gegangen?*
Heidemarie Brosche: Das kommt auf das Buch und auf den Verlag an. Bei manchen Verlagen und manchen Büchern sind 1000 verkaufte Exemplare schon ein Erfolg, bei anderen braucht es dazu 10 000.
Meiner Erfahrung nach bewegen sich Erstauflagen zwischen 3000 und 5000 Stück. Bei gänzlich unbekannten AutorInnen kann die Auflage auch niedriger sein, bei den Stars ist sie natürlich erheblich höher.

› *Wie fallen die Beteiligungen in Prozent aus?*
Heidemarie Brosche: Üblich sind meines Wissens etwa zehn Prozent vom Nettoladenverkaufspreis für Illustrator und Autor zusammen. Bei einem durchgehend illustrierten Bilderbuch bekommt der Illustrator natürlich mehr als bei einem Kinderroman, der nur alle paar Seiten bebildert ist.

› *Womit lässt sich das oft eher magere Autoreneinkommen am besten „aufpeppen“?*
Heidemarie Brosche: Bei mir sind es Lesungen. Da verbinden sich meine beiden Berufe. Ich lese ausgesprochen gerne vor Kindern und Jugendlichen, wobei ich eben nicht in erster Linie *lese.* Ich suche das Gespräch, den Austausch mit meinem Publikum und lasse dabei an den jeweils passenden Stellen einfließen, was mir aus meinem Autorinnenleben wichtig erscheint. Zurzeit nehme ich für eine Lesung 200 Euro, für zwei Lesungen 350. Ich weiß, dass es AutorInnen gibt, die kostenlos lesen, um ihre Bücher bekannt zu machen, aber auch solche, die höhere Sätze haben.
Manfred Theisen: Auch bei mir machen Lesungen den Löwenanteil meines Einkommens aus. Wenn ich Glück habe, kommt mal ein Stipendium oder ein Preis dazu. Aber das lässt sich leider nicht einplanen.

› *Wie sieht es mit den Erlösen aus der Verwertung von Nebenrechten aus?*
Heidemarie Brosche: Eine zusätzliche Einkommensquelle, die munter sprudelt, ist das bei mir eher nicht. Ab und zu gibt es Auslandslizenzen oder eine Verwertung als Hörbuch. Leider werden Kinderbücher selten verfilmt.

› *Angenommen, mir wird als „Jungautorin“ ein Vertrag mit einem sehr niedrigen Honorar angeboten. Soll ich dann einfach „kleine Brötchen backen“ und unterschreiben oder darf ich auch handeln?*
Heidemarie Brosche: Ich sage ungern: „Machen Sie es so und nicht anders!“ Natürlich soll sich niemand über den Tisch ziehen lassen. Und klar sagen, dass das zu wenig Geld ist, würde ich auf jeden Fall. Andererseits kann sich gerade diese Buchveröffentlichung als Türöffner bei anderen Verlagen erweisen. Das muss jede Autorin, jeder Autor selbst

entscheiden, auch auf die Gefahr hin, dass ein anderer Autor verpflichtet wird. Aber diese Gefahr sollte man nicht überschätzen. In der Regel lassen Verlage mit sich handeln – schließlich sind sie an dem betreffenden Manuskript ja interessiert. Wer nicht wagt, der nicht gewinnt!

› *Sind Ihnen schon „buy-out-Verträge", also Pauschalhonorare angeboten worden? Wenn ja, wie hoch war die Pauschale, mit der alles abgegolten sein sollte?*
Heidemarie Brosche: Dies ist mir nur einmal passiert, und zwar ganz am Anfang meiner Laufbahn. Da hat man mir eine Geschichte für den stolzen Preis von 40 DM abgekauft. Noch Jahre später habe ich sie in irgendwelchen Sammelbänden gefunden, ohne je wieder einen Pfennig bzw. Cent erhalten zu haben. Ab dann bin ich immer prozentual beteiligt worden.

› *Stimmt es, dass unter den KinderbuchautorInnen überdurchschnittlich viele Frauen sind? Besonders viele in der Erziehungszeit?*
Heidemarie Brosche: Ich habe den Eindruck, dass das stimmt. Auf meinen Ratgeber melden sich viel, viel mehr Frauen als Männer. Und es melden sich tatsächlich sehr oft Frauen, die gerade wegen der Kinder nicht berufstätig sind oder in der Elternzeit zu schreiben begonnen haben. Bei mir war es ja nicht anders. Frauen in dieser Situation sind oft dankbar, überhaupt veröffentlichen zu „dürfen", und auch schon auf kleine Beträge stolz, die sie selbst mit ihrer Tätigkeit verdienen. Sie sind ja auch nicht wirklich angewiesen auf dieses Einkommen, da meist der Ehemann das „große" Geld verdient.
Manfred Theisen: Das kann ich so nicht sagen. Ich kenne eher Männer, die Lyrik schreiben und damit nichts verdienen und eine Lehrerin zur Frau haben, die das Geld nach Hause bringt. Ich glaube, die Mann-Frau-Klischees stimmen heute nicht mehr.

› *Wie sieht es – in Zeiten der Wirtschaftskrise – auf dem Kinderbuchmarkt aus? Wie geht es den Verlagen?*
Heidemarie Brosche: Das wissen die Verlage besser als ich. Aus meiner Sicht produzieren sie weiterhin wie wild Bücher, wagen aber eher wenig Risiken mit unbekannten Autoren oder umstrittenen Themen. Der erwartete Verkaufserfolg ist *das* zentrale Thema.
Manfred Theisen: Zum Problem könnten die öffentlichen Kassen werden: Im vergangenen Jahr sind zwei meiner Lesereisen abgesagt worden. Die Termine konnte ich Gott sei Dank anderweitig füllen, aber immer weniger Bibliotheken und Schulen haben Geld. Alle reden von PISA, aber keiner will wirklich etwas für Bildung ausgeben. Stattdessen werden die Lehrer und Schüler ständig getestet. „Vom Wiegen wird die Sau nicht fett!": Man muss die Schulen mit Geld füttern – nicht mit Evaluationsbögen überschwemmen!

Verlagsakquise

› *Angenommen, ich habe ein gutes Manuskript geschrieben. Wie und wann biete ich es einem Verlag an?*
Heidemarie Brosche: Ich persönlich lasse es von einer kundigen Frau meines Vertrauens gegenlesen. 1991 habe ich auf einem Fortbildungsseminar eine fünf Jahre jüngere Autorin kennengelernt: Astrid Rösel. Bis heute lesen wir gegenseitig kritisch unsere Texte

und knallen uns schon mal ein „Das kannst du besser!“ oder „Langweilig, ohne Pep, muss anders werden!“ um die Ohren.
Wenn dann alle Einwände geprüft, alle Änderungen eingepflegt sind, muss das Manuskript raus. Inzwischen schreibe ich nicht mehr „auf Verdacht“. Das heißt, ich habe schon vorher mit einem Verlag gesprochen und muss das Manuskript nicht mehr anbieten, sondern nur noch schicken. Dennoch bin ich jedes Mal aufgeregt. Es könnte ja sein, dass die Reaktion ein totaler Verriss sein wird.
Auch als ich Manuskripte noch richtiggehend angeboten habe, war gründliche Information über die jeweiligen Verlagsprogramme oberste Pflicht. Ob bei einem Verlag, der bereits fünf Piratenbücher im Programm hat, Interesse an einem sechsten besteht, versuche ich bis heute am Telefon zu klären. Dazu fasse ich das Besondere meiner geplanten Geschichte in wenigen Sätzen zusammen und versuche, bereits mündlich gute Argumente zu liefern, warum es gerade *diese* Geschichte noch auf dem Markt braucht. Signalisiert der Verlag nach so einem Telefonat Interesse, kann man sein Werk oder eine Leseprobe – gemeinsam mit einem wirklich guten Exposé – gleich der entsprechenden Lektorin schicken und sich im Anschreiben auf das Gespräch beziehen. Und bitte bedenken: Ein Verlag investiert viele Tausend Euro in ein einziges, gutes Manuskript. Wer zu dieser Vorlage verlocken will, sollte sich, *bevor* er zum Hörer greift, wirklich genau überlegen, was für sein Werk spricht, wer es kaufen könnte und warum. Denn: Wenn man es selbst nicht weiß, wer dann?

› *Und wie groß ist dann meine Chance auf eine Veröffentlichung?*
Heidemarie Brosche: Das kann ich nicht in Zahlen ausdrücken. Nehmen wir einmal an, dass diese eine Lektorin das Manuskript oder den Probetext wirklich mit großem Interesse erwartet und auch nach kritischem Lesen noch angetan ist. Dann lesen es aber meist noch die Kolleginnen und Kollegen, anschließend muss es in der Redaktionskonferenz bestehen und auch der Vertrieb muss sein Okay geben. Mir sind schon die tollsten Dinge passiert: Einmal ist das Buch, das schon zum Illustrieren freigegeben war, vom Vertrieb abgesägt worden. „Zurzeit keine Chance auf dem Markt!“, war die Begründung. „Wusste man das denn nicht vorher?“, fragte ich verzagt. Und erhielt die Antwort: „Nein, das Kaufverhalten der Kunden ändert sich oft schnell.“

› *Nach drei Monaten habe ich immer noch nichts vom Verlag gehört. Greife ich jetzt zum Telefon? Oder lieber nicht?*
Heidemarie Brosche: Natürlich! Ich würde es nie anders machen – auch auf die Gefahr hin, als Nervensäge rüberzukommen. Ich habe schon einige Male erfahren dürfen, dass das Manuskript ohne telefonische Nachfrage vergessen worden wäre oder dass es tatsächlich verloren gegangen war. Da ich selbst aber keine Freude daran habe, mich immer wieder als „Nervensäge Brosche“ vorzustellen, habe ich inzwischen schon öfter LektorInnen gefragt, welche Methode aus ihrer Sicht denn die angemessene sei. Und siehe da – die von mir gewählte des „gemäßigten Nervens“ wurde durchaus positiv bewertet. Aber eben nur, weil ich nicht alle zwei Wochen anrufe und nachfrage, sondern mich etwa sechs Wochen gedulde. Wenn man mir von vorneherein in Aussicht gestellt hat, dass es

drei Monate dauern kann, akzeptiere ich das zähneknirschend, melde mich danach aber umgehend, wenn ich keinerlei Resonanz erhalten habe.

› *Frau Brosche, Sie bieten Ihre Manuskripte direkt an. Herr Theisen, bei Ihnen erledigt das eine Agentur. Wie kommt das?*
Heidemarie Brosche: Solange es sozusagen von selbst läuft, wüsste ich nicht, warum ich einen Teil meines Honorars einer Agentur überlassen sollte. Vielleicht hätte eine Agentin bessere Verträge ausgehandelt oder mir bessere Aufträge an Land gezogen. Aber bis jetzt hat in meinen Augen einfach alles gut ohne Agentur geklappt. Und vielleicht hat das auch damit zu tun, dass ich seit Beginn meiner Autorinnenlaufbahn mehrgleisig fahre: Mal schreibe ich ein Sachbilderbuch, mal ein fantastisches Bilderbuch, mal einen Erstleser, mal ein Jugendbuch, dann wieder ein fantastisches Bilderbuch, dann ein Sachbuch für Erwachsene ... So hatte ich bis jetzt immer etwas Schönes zu tun. Mehr hätte ich einfach nicht geschafft.
Manfred Theisen: Frau Brosche hat da ihre Erfahrungen gemacht. Meine sind halt überwiegend mit Agent und gut. Bei meinem ersten Buch im Jahr 2000 habe ich schlichtweg Glück gehabt: Ich hatte eine Geschichte geschrieben und sie gefiel einer Lektorin – damals hatte ich übrigens gar kein Exposé verfasst. Eine Familie hätte ich damit, trotz Veröffentlichung, nicht ernähren können.
Erst als der Agent ins Spiel kam, kam auch das Geld: mit „Checkpoint Jerusalem". Weil Pöppls damaliger Mitarbeiter, der renommierte Lektor Uwe-Michael Gutzschhahn, dafür sorgte, dass sich der Bertelsmann Verlag darum bemühte, auch die Lehrer auf Bücher aufmerksam zu machen. Meinem Agenten und Herrn Gutzschhahn verdanke ich heute meine wirtschaftliche Existenz. Vielleicht auch, weil ich zu kleinlaut wäre, um wirklich auf Vorschüsse zu pochen oder bestimmte Bedingungen herauszuschlagen. Da ist es mir lieber, der Agent übernimmt das, und die 15 Prozent sind meiner Meinung nach gut angelegt, da er ja nicht nur das Vertragliche regelt, sondern auch als Berater fungiert, das Exposé genau mit mir durchspricht und auch rechtlich einen gewissen Schutz bietet.

› *Wie wichtig sind persönliche Kontakte? Braucht es Vitamin B, um auf dem Markt Fuß zu fassen? AutorInnen, die sich gegenseitig unterstützen? Oder hilft es am besten, sich nicht in die Karten schauen zu lassen und die Konkurrenz zu meiden?*
Heidemarie Brosche: Zu Beginn meiner Autorinnentätigkeit hatte ich überhaupt keine Beziehungen. Aber die Kontakte, die ich in dieser langen Zeit geknüpft habe, sind mir schon oft zugutegekommen. Für mich persönlich ist es viel schöner, nicht die Einzelkämpferin zu geben, sondern auch an befreundete KollegInnen zu denken, wenn ich von einem möglichen Auftrag höre, der nichts für mich selbst ist. Umgekehrt hat schon öfter jemand an mich gedacht und mich ins Spiel gebracht. Wenn es ein gegenseitiges Geben und Nehmen ist, finde ich es absolut bejahenswert, sich gegenseitig zu unterstützen.
Manfred Theisen: Der Agent hat das Vitamin B in der Tasche. Aber prinzipiell ist es überhaupt wichtig, die richtigen Leute kennenzulernen, um von ihnen zu lernen. Denn ein guter Lektor sagt einem, wenn man auf dem Holzweg ist. Ein schlechter lässt einen womöglich ins Messer rennen. Das heißt: Wenn du Pech hast, kommst du an einen

schlechten Lektor, der nur Geld wittert und ein literarisch schlechtes Buch von dir verlegt. Und wenn du dann noch mehr Pech hast, wird das Buch womöglich ein Bestseller – und dir ist dann deine eigene Schreiberei peinlich. Das soll aber nicht heißen, dass Bestseller schlecht sein müssen. Es gibt sicher mehr gute Bücher unter den Bestsellern als unter den schlecht verkäuflichen Büchern.

Themen und Zutaten für erfolgreiche Bücher

› *Gibt es bestimmte Themen, die besser oder schlechter ankommen? Oder gewisse Spielregeln, die alle beachten sollten, die auf dem Kinderbuchmarkt mitmischen wollen?*
Heidemarie Brosche: Wenn es so einfach wäre, Erfolgsthemen zu finden, würden sich vermutlich viele darauf stürzen. Es gibt wohl Zeiten, in denen bestimmte Themen „gut gehen", mal sind es Feen, mal Piraten oder Dinosaurier. Was noch lange nicht heißt, dass jedes Piratenbuch dann ein Erfolg wird. Umgekehrt werden manche Bücher auch abgesägt, weil ihr Thema in letzter Zeit keine guten Verkaufszahlen gebracht hat. Mir ging es mal so, dass ich ein kleines Erstleserbuch geschrieben hatte, in dem es um eine Fantasiefigur ging, die alles liebte, was stank. Kurz vor Drucklegung hieß es plötzlich: Die Vertreter haben Veto eingelegt: Bücher, in denen das Stinken thematisiert werde, seien zum Misserfolg verdammt.
Manfred Theisen: Ich hab da nur wenige Regeln für mich: So würde ich mich nie um einen Titel streiten oder ums Cover – außer es ist völlig daneben. Denn ich glaube, dass im Verlag Mitarbeiter sitzen, die einfach mehr Ahnung vom Marketing haben als ich. Der Verlag verlegt das Buch, ich schreibe es „nur". Das schont vor allem meine Nerven. Und in der Regel meint es der Verlag ja nur gut mit mir.

› *Was denken Sie: Welche Zutaten braucht es unbedingt für ein gutes Kinder- oder Jugendbuch?*
Heidemarie Brosche: Das Buch darf seine Leser einfach nicht langweilen. Es muss außer dem Lesespaß, den ich für sehr wichtig halte, dem Kind oder Jugendlichen auch etwas Neues „geben" – einen Denkanstoß zum Beispiel.
Manfred Theisen: Ich mag Kinder- und Jugendbücher, die mir selbst gut gefallen. Und ich mag eigentlich die Unterscheidung Kinder-, Jugend- und Erwachsenenbuch überhaupt nicht. „Peter Pan" ist für Kinder und Erwachsene ein literarisches Vergnügen. Ob es an der Sprache oder am Erzähltempo liegt, kann ich nicht sagen. Sympathisch und nicht „verkopft" sollten sie sein.

› *Typische Anfängerfehler sind ...*
Heidemarie Brosche: ... den eigenen Text zu unkritisch zu sehen. Das Lob von nahestehenden Menschen viel zu hoch zu bewerten. Auf Biegen und Brechen den eigenen Text, so wie er ist, bei einem großen Verlag unterbringen zu wollen. Zu moralisierend, belehrend oder verniedlichend zu schreiben. Texte vor lauter guter Absicht zu überfrachten. Und: ein Exposé ohne überzeugende Argumente für die Geschichte zu versenden. Denn diese Argumente dienen der Lektorin ja auch dazu, das Manuskript im Haus durchzusetzen. Je bessere Argumente ich ihr liefere, desto größer die Wahrscheinlichkeit, meinen Titel über die Hürden der Programm- und Vertreterkonferenz zu bringen.

› Ist es derzeit schwierig, in der Kinder- und Jugendbuchbranche Fuß zu fassen?

Heidemarie Brosche: Ich denke, viele Verlage wollen auf Nummer sicher gehen und setzen auf bewährte Namen. Dennoch brauchen sie immer wieder neue Autorinnen und Autoren.

Wenig Erfolg verspreche ich mir davon, das eigene Werk auf dem Stapel der „unaufgefordert eingesandten Manuskripte“ landen zu lassen und zu hoffen, dass eine Lektorin oder ein Praktikant das Genie entdecken, das dahinter steckt. Verlage, gerade im Kinderbuchbereich, bekommen so viele Manuskripte zugeschickt, dass sie sie kaum genauer prüfen können. Mein Tipp: Tun Sie etwas, um aus der Masse herauszuragen! Nehmen Sie zum Beispiel an literarischen Wettbewerben teil. Wer da gewinnt oder nominiert wird, kann das später in seinen Anschreiben oder in seiner Vita erwähnen und auf diese Art Interesse wecken.

Manfred Theisen: Ich glaube, die Menge an qualitativ hochwertigen Texten hat gerade im Jugendbuchbereich extrem zugenommen, da immer mehr Autoren auf den Markt drängen, die wirklich gute Texte liefern – siehe etwa Markus Zusak.

Beim Kinder-/Jugendbuch gibt es das „Problem“, dass Eltern sentimental sind. Eltern kaufen ihren Kindern bevorzugt Bücher, die sie auch schon gerne gelesen haben. Das verstopft natürlich den Markt für junge Autoren. Zudem verwenden einige Lehrer immer noch Unterrichtsmaterialien von Büchern, die sie schon seit zwanzig Jahren im Unterricht durchnehmen.

Schreiben für lesemüde „echte Kerle“

› Seit PISA ist es in aller Munde: Jungen lesen nicht, anders oder zumindest viel seltener als Mädchen. Was sollte ich als Autorin berücksichtigen, wenn ich gerade für diese Zielgruppe schreiben will? Wie kriegen wir die Jungs ans Buch?

Heidemarie Brosche: Wenn ich das wüsste, würde ich nichts anderes mehr tun, als für lesemüde Jungs zu schreiben. Versucht habe ich es zumindest mit meinem aktuellen Jugendroman „Schilly-Billy Superstar“ [› Kapitel 9, Exposé 4]. Mein Rezept war eine Mischung aus flotter, frecher Schreibe, Humor, Spannung und realistischer Lebenswelt. Den Rückmeldungen nach habe ich tatsächlich einige lesemüde Jungen mit diesem bewusst kurz gehaltenen Buch ansprechen und zum „Durchhalten“ verlocken können. Andererseits bin ich sicher, dass man die Lesemüden auch mit viel Action und Abenteuer ins Boot holen kann. Aber das ist eher nicht mein Ding.

Manfred Theisen: Meine drei- bis fünfjährigen Mädchen spielen oft Mutter-Vater-Kind. Jungen sind da körperbetonter, ballern auch mal und raufen mehr. Im späteren Leben dürfen die Jungen in der Regel nicht mehr ballern, außer am PC oder via Empathie im Kino. Das in der Kindheit „Trainierte“ wird also nicht mehr benötigt – was ja auch gut ist –, stattdessen zählt in unserer Gesellschaft Kommunikation. In der Literatur mögen Jungen es aber, wenn es ab und an gröber zugeht. Und in Sachen Sex würde ich eine Grundregel wagen: Mädchen mögen Geschichten bis zum ersten Kuss, Jungen ab dem ersten Kuss. Das sind sicher Klischees. Aber selbst wenn die Erwachsenenwelt die Rollen verwischt hat, sind solche Klischees oft noch tief in unseren Köpfen verankert. Welche Regeln ein Autor daraus für sein Schreiben zieht, sei ihm überlassen.

› *Wäre eine „Harriet Potter" genauso berühmt geworden wie „Harry Potter"?*
Heidemarie Brosche: Das weiß ich nicht. Ich weiß nur, dass ich von sehr vielen Kindern und Jugendlichen gehört habe, die eigentlich nicht gern lesen, aber die *Harry-Potter*-Bände verschlungen haben. Da kann ich nur sagen: Respekt, Joanne Rowling!
Manfred Theisen: Sicher nicht. Mädchen tragen manchmal Blau, Jungen viel seltener Rosa. Will heißen: Wenn ich *alle* ansprechen will, wähle ich besser eine männliche Hauptfigur, da die Jungen, im Gegensatz zu den Mädchen, offensichtlich Probleme damit haben, sich schnell mit einem andersgeschlechtlichen Charakter zu identifizieren. Woran das liegt, wird uns vielleicht demnächst die Hirnforschung sagen. Oder es ist auch nur ein Klischee, das immer wieder neu eintrainiert und vorgelebt wird.
Interessant ist in diesem Zusammenhang, sich selbst zu fragen, welches Geschlecht wohl mehrheitlich Filme wie „Titanic" oder „Stirb langsam" bevorzugt. Haben Sie die Antwort? Dann wissen Sie, was „echte Kerle" wollen. Ob Sie diesen Kerlen dann nach dem Mund schreiben wollen, müssen Sie selbst wissen. Hollywood tut es! Eines jedoch ist sicher: Autoren können noch so gute Jungenbücher schreiben – wenn Väter nicht lesen, haben diese Bücher kaum eine Chance. Denn warum sollte ein Junge Romane lesen, wenn sein Papa nur vor dem Fernseher oder PC hockt?

Nachwort: Schreiben Sie nicht für den Markt – schreiben Sie von Dingen, die Sie bewegen!

Paul Maar gehört zu den ganz Großen der Kinder- und Jugendliteratur. Er ist der meistgespielte lebende deutsche Theaterautor und schreibt neben Theaterstücken Romane, Gedichte und Drehbücher. Viele seiner Werke haben es in die Kinos geschafft, darunter „Herr Bello und das blaue Wunder" und zuletzt „Lippels Traum". Eine seiner berühmtesten Figuren ist das SAMS, ein freches Fabelwesen. Für sein Gesamtwerk wurde Paul Maar mit dem Sonderpreis des Deutschen Jugendliteraturpreises ausgezeichnet. Weitere Infos: www.wunschpunkte.de

› *Herr Maar, wie geht es den Kinder- und Jugendbuchverlagen derzeit?*
Den Kinderbuchverlagen geht es besser als den Belletristikverlagen. Die jährlichen Zuwachsraten liegen laut Auskunft verschiedener Kinderbuchverleger zwischen 5 und 30 Prozent. Deshalb gründeten und gründen ja auch viele Verlage, die vorher nur Bücher für Erwachsene publizierten, eine Kinderbuchabteilung.

› *Wie lange hält sich ein Buch auf dem Markt? Wie lange sind Ihre Titel lieferbar?*
Kommt ein Buch bei den Kindern an, bleibt es im Handel. „Der tätowierte Hund" ist seit 1968 ununterbrochen lieferbar, die Auflagen sind kaum noch zu zählen. Dabei gibt es das Buch sowohl als Hardcover (bei Oetinger) als auch als Taschenbuch (bei Rowohlt).

› *Was verkauft sich? Geben die Verlage inhaltliche Vorgaben? Wer bestimmt, was später in den Läden liegt?*
Aktuell verkauft sich Fantasy-Literatur. Es gibt daneben aber auch Themen, die *ewig jung* sind: spannende oder humorvolle Alltagsgeschichten.
„Mein" Verlag, Friedrich Oetinger, gab mir bis jetzt noch nie inhaltliche Vorgaben.
In den letzten Jahren wird die Macht der großen Buchhandelsketten wie Thalia immer größer. Sie lassen sich von den Verlagen drei, vier „Spitzentitel" nennen, die sie in großen Mengen einkaufen, die anderen Bücher fallen durch das Raster.

› *Wie schätzen Sie da die Chancen für neue Autorinnen und Autoren ein?*
Ich kann von Glück sprechen, schon seit Jahrzehnten „etabliert" zu sein. Die Chancen für neue Autoren werden immer schlechter. Es sei denn, sie landen mit ihrem Neuling einen Überraschungserfolg und ihr Buch wird vom Verlag als „Spitzentitel" deklariert.

› *Was raten Sie ihnen?*
Mein Rat an Neulinge wäre: Lassen Sie sich nicht verleiten, Trends zu folgen, auch nicht von einem Verlag überreden, ein Pferdebuch, Ritter- oder Piratenbuch zu schreiben, weil die „gerade so gut ankommen", sondern schreiben Sie von Dingen, Erfahrungen, die Sie bewegen, die Ihnen wichtig sind.

› *Interview: Anke Gasch*

Interview mit Kinder- und Jugendbuchverleger Klaus Willberg

Ackern für den Erfolg

Klaus Willberg, seit 2002 Verleger des Thienemann Verlages (www.thienemann.de), war lange Zeit Vorsitzender der Arbeitsgemeinschaft von Jugendbuchverlagen e. V. (www.avj-online.de). Im Gespräch mit Anke Gasch äußert er sich über die aktuelle Situation der Kinder- und Jugendbuchverlage.

› *Herr Willberg, Carlsen hat mit „Harry Potter" und nun mit den „Bis(s)"-Titeln von Stephenie Meyer unglaubliche Erfolge erzielt. Wenn wir uns den Markt, also das vorhandene Geld, welches Eltern und Verwandte in Kinder- und Jugendbücher investieren, als einen Kuchen vorstellen, ist ein Löwenanteil bei Carlsen gelandet. Bleiben da für alle anderen Verlage nur die Krümel übrig? Oder anders gefragt: Wie geht es den Kinder- und Jugendbuchverlagen insgesamt?*

Dem deutschen Kinder- und Jugendbuchmarkt geht es gut: Insgesamt gibt es zwar weniger Leute, die lesen, aber die, die es tun, lesen immer mehr. Unsere Branche macht im Vergleich zu anderen Segmenten mit weniger Büchern mehr Umsatz, was sich in einem kontinuierlichen Wachstum niederschlägt. Da haben auch junge Nischenverlage mit besonderen, originellen Titeln durchaus gute Chancen, ein Stück vom Kuchen zu bekommen.

Die „Potter"- und „Bis(s)-Titel" sollte man gesondert betrachten: „Harry Potter" wurde, soweit ich weiß, zu 70 Prozent von Erwachsenen gekauft, Meyers Bücher aber zum größten Teil von LeserInnen ab 12, also der tatsächlichen Zielgruppe.

In der breiteren Öffentlichkeit nicht bekannt ist, dass die deutschen Kinder- und Jugendbuchverlage mit Abstand – auch vor den Verlagen, die Belletristik für Erwachsene verlegen – die meisten Lizenzen ins Ausland verkaufen. Was Honorare angeht, haben wir längst Belletristik-Niveau erreicht, dasselbe gilt für Vorschüsse. Es gibt nur eines, was noch nicht gleich ist: Die Ladenpreise unserer Bücher müssen immer noch günstiger sein, als die für Erwachsene. Leider!

› *Haben Sie ein Beispiel für einen „jungen" Verlag?*

Ja, sogar mehrere: Horncastle Verlag, Klett Kinderbuch, mixtvision Verlag, Tulipan Verlag und das Verlagshaus Jacoby & Stuart.

› *Bedeutet das, dass auch junge AutorInnen, die überzeugende Qualität liefern, eine Chance auf Veröffentlichung haben?*

Eine Chance, ja. Aber um vom Schreiben leben zu können, braucht es mehr: Erfolg – und zwar richtig großen. Es gibt nicht allzu viele Autorinnen und Autoren, die das schaffen. Für so etwas muss man richtig ackern. Ein Beispiel: Unser erfolgreicher Autor Joachim Friedrich hält bis zu 250 Lesungen pro Jahr. Dazu gehört dann auch, mal eine Dorfschule auf der Schwäbischen Alb zu besuchen und dort vor nur 15 Schülern zu lesen.

Prinzipiell rate ich Neulingen, sich sehr gut anzusehen, welcher Verlag, welches Programm am besten zu seinem Manuskript passt, und es dann an das entsprechende Lektorat zu senden. Bitte nicht an den Verleger, denn der liest es definitiv (erst einmal) nicht.

› *Was ist gute Qualität?*
Eine Geschichte, die unterhält, Erfahrungen weitergibt, möglichst sogar das Bewusstsein der jungen Leserinnen und Leser erweitert und etwas Besonderes, etwas Originelles hat. So was schreibt sich nicht mal eben schnell; gerade Bilderbücher sind in dieser Hinsicht eine große Herausforderung. Da muss der Text so verdichtet werden, dass er von Kindern verstanden wird und trotzdem noch alle anderen Voraussetzungen erfüllt. Dieser Umstand wird oft verkannt! Was noch wichtig ist: Kinder lesen, was ihnen Spaß macht, und nicht das, was Erwachsene kaufen oder für qualitativ hochwertig halten.

› *Vorausgesetzt, ich habe alles so gemacht: Wie groß ist dann die Wahrscheinlichkeit, dass mein Manuskript auch zum Buch wird?*
Das kann ich für den gesamten Markt nicht in Prozenten ausdrücken. Mein Verlag, also Thienemann allein, erhält über 2000 unverlangt eingesandte Manuskripte pro Jahr. Davon schaffen es dann, wenn es gut kommt, zwei bis drei Titel bis zur Veröffentlichung, was nicht heißt, dass die dann auch Erfolg haben! Siehe oben!
Ein „Muss" ist für mich, dass AutorInnen wissen, für welche Zielgruppe inklusive Lesealter sie ihren Text geschrieben haben, und das auch erwähnen. Was AutorInnen getrost lassen können: sich mit ihrem Text bei einer Buchmesse vorzustellen. Sie haben mehr Erfolg, wenn sie das Manuskript direkt schicken.

› *Verderben schreibende „Hausfrauen" anderen AutorInnen die Preise?*
Nein, und das ist auch Quatsch! Wir nehmen, was gut, was originell ist, was ins Programm passt und das völlig unabhängig davon, wer es einreicht. Die „Preise" definieren sich allein über den guten Namen des Autors/der Autorin, und diesen Namen muss man sich eben erst erarbeiten. Will heißen, jeder Autor/jede Autorin fängt erst einmal „klein" an.

› *Interview: Anke Gasch*

96 Kinder- und Jugendbuchverlage (Auswahl) & mehr

1 **Agora Verlag**, Berlin, www.agora-verlag.de
2 **Annette Betz Verlag**, Wien, www.annettebetz.com
3 **Arena Verlag**, Würzburg, www.arena-verlag.de
4 **arsEdition**, München, www.arsedition.de
5 **Atlantis Orell Füssli Verlag**, Zürich, www.atlantis-verlag.ch
6 **Aufbau Verlag**, Berlin, www.aufbau-verlag.de
7 **Bajazzo Verlag Kinderbücher**, Zürich, www.bajazzoverlag.ch
8 **Baumhaus Verlag**, Frankfurt am Main, www.baumhaus-verlag.de
9 **Beltz & Gelberg**, Weinheim, www.beltz.de
10 **Bloomsbury Berlin Verlag**, Berlin, www.berlinverlag.de
11 **bohem press**, Zürich, www.bohem.ch
12 **Boje Verlag**, Köln, www.boje-verlag.de
13 **Buchverlag Junge Welt im Tesloff Verlag**, Nürnberg, www.Buchverlagjw.com
14 **BVK Buch Verlag Kempen**, Kempen, www.buchverlagkempen.de
15 **Campus Verlag**, Frankfurt am Main, www.campus.de
16 **CARLSEN Verlag**, Hamburg, www.carlsen.de
17 **cbj Verlag**, München, www.randomhouse.de/cbjugendbuch/
18 **cbt**, München, www.randomhouse.de/cbt/
19 **Cecilie Dressler Verlag**, Hamburg, www.cecilie-dressler.de
20 **Coppenrath Verlag**, Münster, www.coppenrath.de
21 **Deutscher Taschenbuch Verlag**, München, *dtv junior* www.dtvjunior.de/kinder/ (Kinderbuch) und *Reihe Hanser* www.dtvjunior.de/jugend/ (Jugendbuch)
22 **Diogenes Verlag**, www.diogenes.ch
23 **Dix Verlag & PR**, Düren, www.dix-verlag.eu
24 **Domino Verlag Günther Brinek** (Redaktion und Verlag), München, www.domino-verlag.de
25 **Dorling Kindersley Verlag**, München, www.dorlingkindersleyverlag.de und www.wissenmitlinks.de
26 **Dreieck Verlag**, Wiltingen, www.dreieck-verlag.de
27 **Echter Verlag**, Würzburg, www.echter-verlag.de
28 **Edel:kids / Edel Germany**, Hamburg, www.edel.de
29 **Edition See-Igel**, Iznang, www.see-igel.de
30 **edition zweihorn**, Neureichenau, www.edition-zweihorn.de
31 **Egmont Franz Schneider Verlag**, Köln, www.schneiderbuch.de
32 **Egmont Horizont Verlag**, Lindau, www.egmont-horizont.de
33 **EGMONT Verlagsgesellschaften mbH SchneiderBuch**, Köln, www.egmont-vg.de und www.schneiderbuch.de
34 **Erika Klopp Verlag**, Hamburg, www.erika-klopp.de
35 **Esslinger Verlag J. F. Schreiber**, Esslingen, www.esslinger-verlag.de
36 **Eulennest Verlag**, Landsberg/Lech, www.eulennestverlag.de
37 **Fischer Schatzinsel, S. Fischer Verlag**, Frankfurt am Main, www.fischerschatzinsel.de und www.fischergeneration.de
38 **FNverlag der Dt. Reiterlichen Vereinigung**, Warendorf, www.fnverlag.de
39 **Franckh Kosmos Verlags & CO.KG**, Stuttgart, www.kosmos.de

40 **G&G Kinder- und Jugendbuch**, Wien, www.kindermedien.at
41 **Gabriel Verlag**, Stuttgart, www.gabriel-verlag.de
42 **Georg Olms Verlag**, Hildesheim, www.olms.de
43 **Gerstenberg Verlag**, Hildesheim, www.gerstenberg-verlag.de
44 **GUNsT Verlag**, Heidelberg, www.gunst-verlag.de
45 **Hanser Kinderbuch**, München, www.hanser-literaturverlage.de
46 **Härter Kinderbuchverlag**, Reutlingen, www.haerterverlag.de
47 **Hase und Igel Verlag**, Garching b. München, www.hase-und-igel.de
48 **Heinrich Ellermann Verlag**, Verlagsgruppe Oetinger, Hamburg, www.ellermann.de
49 **Hinstorff Verlag**, Rostock, www.hinstorff.de
50 **Horncastle Verlag**, München, www.horncastle-verlag.de
51 **JUMBO Neue Medien & Verlag**, Hamburg, www.jumbo-medien.de
52 **Karl-May-Verlag**, Bamberg, www.karl-may.de
53 **Kaufmann Verlag**, Lahr, www.kaufmann-verlag.de
54 **Kindermann Verlag Berlin**, Berlin, www.kindermannverlag.de
55 **kleiner bachmann verlag**, Rösrath, www.kleinerbachmann.de
56 **Klett Kinderbuch**, Friedrich Berlin Verlagsgesellschaft mbH, Leipzig, www.klett-kinderbuch.de
57 **Laetitia-Verlag**, Kellenhusen/Ostsee, www.laetitia-verlag.de
58 **Lappan Verlag**, Oldenburg, www.lappan.de
59 **LeiV Leipziger Kinderbuchverlag**, Leipzig, www.leiv-verlag.de
60 **Loewe Verlag**, Bindlach, www.loewe-verlag.de
61 **Minedition**, Michael Neugebauer Edition, Bargteheide, www.minedition.de
62 **mixtvision Verlag**, München, www.mixtvision-verlag.de
63 **moses. Verlag**, Kempen, www.moses-verlag.de
64 **Nilpferd im Residenz Verlag**, St. Pölten, www.residenzverlag.at
65 **NordSüd Verlag**, Zürich, www.nord-sued.com
66 **Parragon**, Köln, www.parragon.com
67 **Patmos Verlag**, Düsseldorf, www.patmos.de
68 **Pattloch Verlag**, München, www.pattloch.de
69 **Peter Hammer Verlag**, Wuppertal, www.peter-hammer-verlag.de
70 **Picus Verlag**, Wien, www.picus.at
71 **Ravensburger Buchverlag**, Ravensburg, www.ravensburger.de/buchverlag
72 **Rowohlt Verlag rororo rotfuchs**, Reinbek, www.rowohlt.de und www.fuxx-online.de
73 **Saatkorn-Verlag**, Lüneburg, www.saatkorn-verlag.de (christliches Programm)
74 **Sauerländer im Patmos Verlagshaus**, Düsseldorf, www.patmos.de
75 **SCM-Verlag**, Witten, www.scm-shop.de
76 **Staudt Enterprises Ltd. London**, Zug, www.staudt-verlag.de
77 **Terzio**, München, www.terzio.de
78 **Tessloff Verlag**, Nürnberg, www.tessloff.com
79 **Thienemann Verlag Stuttgart/Wien**, www.thienemann.de und www.frechemaedchen.de
80 **Titania Verlag**, München, www.titania-verlag.de
81 **Tivola Verlag**, Berlin, www.tivola.de

82 **Tulipan Verlag,**
Berlin, www.tulipan-verlag.de
83 **Tyrolia Verlag,**
Innsbruck, www.tyrolia-verlag.at
84 **Verlag Carl Ueberreuter,**
Wien, www.ueberreuter.de und www.ueberreuter.at
85 **Verlag Eifelkrone Musik und Buch,**
Neroth, www.kinderland-musik.de
86 **Verlag Freies Geistesleben,**
Stuttgart, www.geistesleben.com
87 **Verlag Friedrich Oetinger,**
Hamburg, www.oetinger.de
88 **Verlag Heinrich Ellermann,**
Hamburg, www.ellermann.de
89 **Verlag Herder,**
Freiburg, www.herder.de
90 **Verlag Jungbrunnen,**
Wien, www.jungbrunnen.co.at
91 **Verlag Kerle im Verlag Herder,**
Freiburg, www.kerle.de
92 **Verlag Klaus Wingefeld,** Holzhausen,
www.kinderbuchverlag.de
93 **Verlag Nagel & Kimche,**
München, www.nagel-kimche.de
94 **Verlag Urachhaus,**
Stuttgart, www.urachhaus.com
95 **Verlagshaus Jacoby & Stuart,**
Berlin, www.jacobystuart.de
96 **Xenos Verlag,**
Hamburg, www.xenos-verlag.de

Links & Literatur

LINKS (KINDER- UND JUGENDLITERATUR)

- > **www.1001buch.de**, 1000 und 1 Buch – Magazin für Kinder- und Jugendliteratur
- > **www.ajum.de**, Arbeitsgemeinschaft Jugendliteratur und Medien der GEW (mit Datenbank, die rund 20 000 Rezensionen vorrätig hält)
- > **www.avj-online.de**, Arbeitsgemeinschaft von Jugendbuchverlagen e. V. (derzeit 79 Mitgliedsverlage), Frankfurt am Main
- > **www.bilderbuchmuseum.de**, Bilderbuchmuseum Burg Wissem, Troisdorf
- > **www.bookfair.bolognafiere.it**, Internationale Kinderbuchmesse Bologna
- > **www.buchmesse-saarbruecken.eu**, Europäische Kinder- und Jugendbuchmesse, Saarbrücken
- > **www.ibby.org**, Internationales Kuratorium für das Jugendbuch (IBBY), Basel
- > **www.ijb.de**, Internationale Jugendbibliothek München
- > **www.jugendliteratur.net**, Institut für Jugendliteratur, Wien (offeriert kostenpflichtigen Manuskriptbeurteilungsservice)
- > **www.jugendliteratur.org**, Arbeitskreis für Jugendliteratur e. V., München (Dachverband der Kinder- und Jugendliteratur in Deutschland)
- > **www.kjtz.de**, Kinder- und Jugendtheaterzentrum in der Bundesrepublik Deutschland, Frankfurt am Main
- > **www.oldenburg.de/kibum**, KIBUM – Oldenburger Kinder- und Jugendbuchmesse

> **www.olfoki.uni-oldenburg.de**, Forschungsstelle Kinder- und Jugendliteratur der Universität Oldenburg
> **www.sikjm.ch/d/**, Schweizerisches Institut für Kinder- und Jugendmedien, Zürich
> **www.stiftunglesen.de**, Stiftung Lesen, Mainz
> **www.stube.at**, Studien- und Beratungsstelle für Kinder- und Jugendliteratur, Wien
> **www.uni-frankfurt.de/fb/fb10/jubufo/index.html**, Institut für Jugendbuchforschung an der Goethe Universität Frankfurt am Main (Das Institut bietet als einzige universitäre Institution im deutschsprachigen Raum einen Magister-Teilstudiengang „Kinder- und Jugendliteraturwissenschaft" an.)

LITERATUR (KINDER- UND JUGENDLITERATUR)

> Arbeitsgemeinschaft von Jugendbuchverlagen (avj) e.V. (Hg.): Kinder- und Jugendbuchverlage A–Z. Frankfurt am Main 2009 (Die Mitglieder der avj stellen sich mit ihren Adressen und Ansprechpartnern, Verlagsprofilen und Programmschwerpunkten vor. Im Anhang finden sich Adressen und Informationen rund um Kinder- und Jugendmedien. Erscheint jedes Jahr neu. www.avj-online.de/publikationen/kinder_und_jugenbuchverlage_a-z/)
> Brosche, Heidemarie: Kinder- und Jugendbuch schreiben & veröffentlichen. 3., überarbeitete Neuausgabe. Berlin: Autorenhaus Verlag 2009
> Maar, Paul: Vom Lesen und Schreiben. Reden und Aufsätze zur Kinderliteratur. Hamburg: Oetinger 2007
> Seibert, Ernst: Themen, Stoffe und Motive in der Literatur für Kinder und Jugendliche. Stuttgart: Utb 2008
> Wild, Reiner (Hg.): Geschichte der deutschen Kinder- und Jugendliteratur. 3. Aufl. Stuttgart/Weimar: J. B. Metzler 2007

LITERATURWETTBEWERBE (KINDER- UND JUGENDLITERATUR)

> Buxtehuder Bulle, www.buxtehuder-bulle.de
> Deutscher Jugendliteraturpreis, www.jugendliteratur.org
> „Eberhard" (Umweltthematik), www.barnim.de
> Friedrich-Gerstäcker-Literaturpreis, www2.braunschweig.de/friedrich-gerstaecker-preis/
> Gustav-Heinemann-Friedenspreis, www.politische-bildung.nrw.de/print/heinemannpreis/
> Hans-im-Glück-Preis, www.limburg.de > Kunst & Kultur
> Katholischer Kinder- und Jugendbuchpreis, www.dbk.de/kkujbp0.html
> Kinder- und Jugendbuchpreis der Stadt Oldenburg, www.oldenburg.de
> Peter-Härtling-Preis, www.beltz.de/haertling
> weitere Wettbewerbe, siehe www.uschtrin.de/preise_genre.html#kinder

Literaturwettbewerbe

Jedes Jahr werden rund 400 Literaturwettbewerbe ausgeschrieben, an denen sich Autorinnen und Autoren beteiligen können. Die aktuellen Ausschreibungen finden Sie auf den Seiten des Uschtrin Verlags unter www.uschtrin.de/preise.html, www.uschtrin.de/preise_genre.html und www.uschtrin.de/stip.html sowie im Berliner Literaturport unter www.literaturport.de. Wer sich regelmäßig über die neuesten Wettbewerbe und Stipendien informieren lassen möchte, kann kostenlos den Uschtrin-Newsletter abonnieren (http://newsletter.uschtrin.de). Er erscheint etwa alle zwei Wochen und hat derzeit 22000 AbonnentInnen.

Aktuelle Ausschreibungen für ÜbersetzerInnen gibt es auf www.literaturuebersetzer.de.

Die auf Genreliteratur spezialisierten Wettbewerbe wurden in diesem Kapitel bereits genannt (vergleiche die Linklisten bei den Rubriken Lyrik, Krimi, SF/Fantasy, Kinder- und Jugendliteratur); die Stücke- und Hörspielwettbewerbe finden Sie in Kapitel 6 und 7.

Es gibt gar nicht so viele Wettbewerbe, an denen wirklich alle teilnehmen dürfen und die noch dazu ein gewisses Ansehen genießen. Mal darf man nicht älter sein als 35 Jahre (offenbar die magische Grenze vom Jung- zum Altautor), mal muss man in Westfalen-Lippe oder Berlin oder Mainz geboren sein oder dort leben oder für eine gewisse Zeit dort gelebt haben, um mitmachen zu können. Wir beschränken uns hier auf die wichtigsten Wettbewerbe mit überregionaler Bedeutung, für die sich AutorInnen selbst bewerben können (Eigenbewerbung). Für den Nobelpreis für Literatur oder den Mara-Cassens-Preis für den ersten Roman kann man sich nämlich nicht selbst bewerben. Daher fehlen solche Preise in dieser Liste.

Preise

> Alfred-Döblin-Preis, www.lcb.de/autoren/doeblin/index.htm
> Freudenthal-Preis (niederdeutsche Literatur), www.freudenthal-gesellschaft.de/preis.htm
> Hattinger Förderpreis für junge Literatur, www.kubischu.de
> Holzhäuser Heckethaler, www.immenhausen.de
> Irseer Pegasus, www.uschtrin.de/pr_irsee.html
> Limburg-Preis, www.bad-duerkheim.de/html/Bildung_Kultur_und_Freizeit/Kultur/
> Lise Meitner Literaturpreis (Texte zur Technik), www.lisemeitnerpreis.at
> Literaturpreis Prenzlauer Berg, www.literaturortprenzlauerberg.de
> Literaturpreis Ruhrgebiet (Förderpreise), www.literaturbuero-ruhr.de
> Literaturwettbewerb Wartholz, www.schlosswartholz.at/literaturwettbewerb.html
> MDR-Literaturpreis, www.mdr.de/mdr-figaro/literatur/
> Münchner-Menü-Wettbewerb + Federwelt-Jurypreis, www.uschtrin.de/pr_menue.html
> open mike, www.literaturwerkstatt.org
> Tage der deutschsprachigen Literatur (Ingeborg-Bachmann-Preis und weitere Preise), http://bachmannpreis.orf.at
> Treffen Junger Autoren, www.berlinerfestspiele.de
> Uwe-Johnson-Preis, www.nordkurier.de/uwe-johnson-preis/
> Walter-Serner-Preis, www.uschtrin.de/pr_serner.html
> Würth-Literaturpreis, www.germ-serv.de/poetikvl/preis.htm

Stipendien

Arbeits-, Werk-, Förder-, Aufenthalts- und Reisestipendien mit regionalem Bezug, Stipendien also, die von Städten, Kommunen und Bundesländern nur an AutorInnen (und ÜbersetzerInnen) vergeben werden, die dort auch wohnen und/oder geboren sind, sind hier nicht aufgelistet. Das Kulturamt der Stadt, der Regierungsbezirk und die Kultusbehörde des Landes (> Kapitel 14) informieren gerne über Fördermöglichkeiten.
Bei den hier aufgeführten Stipendien handelt es sich in der Regel um Förderungen ohne Ortsbezug, das heißt, alle deutschsprachigen AutorInnen können sich um das angegebene Stipendium bewerben. Zu diesen Stipendien zählen fast immer die Stellen für Stadt-, Dorf- und BurgschreiberInnen.

- Arbeitsstipendien des Künstlerhauses Lukas in Ahrenshoop, www.kuenstlerhaus-lukas.de
- Aufenthaltsstipendien für Nichtberliner Autorinnen und Autoren im Literarischen Colloquium, www.lcb.de/autoren/stipendien/aufenthalt.htm
- Autorenwerkstatt Prosa (LCB), www.lcb.de/autoren/werkstatt/
- Baldreit-Stipendium, www.baden-baden.de
- Bremer Netzresidenz, www.literaturhaus-bremen.de
- Deutscher Literaturfonds e.V.: Werkstipendien für AutorInnen, www.deutscher-literaturfonds.de
- DorfschreiberIn in Eisenbach, www.kreatives-eisenbach.de/dorfschreiber.htm
- Dresdner StadtschreiberIn, www.dresdner-literaturbuero.de
- Erfurter StadtschreiberIn-Literaturpreis, www.erfurt.de/ef/de/engagiert/kunst/stadtschreiber/
- Esslinger BahnwärterIn, www.uschtrin.de/stip_essbahn.html
- „Feuergriffel“ – Mannheimer Stadtschreiber-Stipendium für Kinder und Jugendliteratur, www.stadtbibliothek.mannheim.de
- Gartenhaus am Süderwall – Stipendium Otterndorf, www.otterndorf.de
- Grazer StadtschreiberIn, www.kulturserver-graz.at/kulturamt/33
- Grenzgänger – Recherchen in Mittel-, Ost-, Südosteuropa und in China, www.bosch-stiftung.de/grenzgaenger
- Hausacher LeseLenz-Stipendien, www.leselenz.de/html/stipendium.html
- Heinrich-Heine-Stipendium in Lüneburg, www.literaturbuero-lueneburg.de
- Kinder- und Jugendbuchautorenresidenz „Struwwelpippi kommt zur Springprozession“, Luxemburg, http://struwwelpippi.literaturarchiv.lu/
- Künstlerhaus Lauenburg/Elbe, www.kuenstlerhaus-lauenburg.de
- Spreewald-Literatur-Stipendium, www.spreewaelder-kulturstiftung.com
- StadtschreiberIn in Ranis, www.stadt-ranis.de
- StadtschreiberIn in Rottweil, www.rottweil.de
- Stipendium der Stiftung Künstlerdorf Schöppingen, www.stiftung-kuenstlerdorf.de
- Stipendium im Stuttgarter Schriftstellerhaus, www.stuttgarter-schriftstellerhaus.de
- Sylt-Quelle Literaturstipendium „InselschreiberIn“, www.inselschreiber.de
- Villa-Massimo-Stipendium, www.villamassimo.de, www.kulturstaatsminister.de

Preise & Stipendien – 8 häufig gestellte Fragen

1. Frage: Warum sollte man an Wettbewerben teilnehmen? Was hat man davon?
Antwort: Neben dem Zuwachs an Renommee und Popularität (Zeitungsberichte für die Pressemappe sammeln!), dem Geldbetrag als solchem, steigenden Honorareinnahmen bei höherem Abverkauf der Bücher und Streicheleinheiten für das Ego bieten Wettbewerbe die Gelegenheit, Kontakte zu knüpfen zu Verlagen, Lektorinnen, anderen Autorinnen und Autoren, den Jurymitgliedern und den VeranstalterInnen.
Außerdem machen sich gewonnene Preise in der Karriere als SchriftstellerIn und in einer Vita gut. LektorInnen erkennen sofort: Dieser Person ist es wichtig, sich aktiv am literarischen Geschehen zu beteiligen. Hier interessiert sich jemand für sein literarisches Umfeld und nimmt sich und sein Schreiben ernst. Mit solchen „KandidatInnen" arbeitet man gerne zusammen. Lieber als mit „grauen Mäusen", die sich nicht aus ihrem Versteck trauen.
Aus einer Pressemitteilung der *literaturWERKstatt berlin*, die den renommierten *open mike*, veranstaltet: „Der open mike hat sich, seitdem er 1993 zum ersten Mal verliehen wurde, zum wichtigsten deutschsprachigen Literatur-Nachwuchswettbewerb entwickelt und ist Karrieresprungbrett für junge Autoren. Gewonnen haben ihn u.a. Karen Duve, Kathrin Röggla, Jochen Schmidt, Terézia Mora, Tilman Rammstedt, Rabea Edel und Jörg Albrecht."

2. Frage: Woraus setzt sich der „Wert" eines Preises/Stipendiums zusammen? An welchen Wettbewerben lohnt es sich teilzunehmen, an welchen nicht?
Antwort: Jeder Preis/jedes Stipendium hat einen ideellen/immateriellen und einen materiellen Wert. Der materielle Wert wird durch die Höhe des Geldbetrags bestimmt, bei Sachpreisen durch den Geldwert der Sache (Reise, Füllfederhalter, Büchergutschein etc.); der ideelle Wert durch die Faktoren: a) Prestige der Stifterin oder des Sponsors, b) Originalität und/oder „Rühmlichkeit" der Zielsetzung, c) Renommee der Jury, d) derzeitiger Bekanntheitsgrad früherer PreisträgerInnen.
Fragen Sie sich immer, welche Ziele die VeranstalterInnen mit der Auslobung eines Preises verbinden. Geht es (auch) darum, AutorInnen zu fördern? Ist es ein „Gewinn", wenn die Siegergeschichte honorarfrei in einer großen Frauenzeitschrift veröffentlicht wird und wenn ja, für wen? Was ist davon zu halten, wenn die ersten drei ein Taschengeld bekommen und die „besten Texte" in einer Anthologie veröffentlicht werden sollen, die man mit Autorenrabatt bzw. zum Sonder-/Vorzugspreis erwerben kann? Pflegt da jemand ein schönes Hobby? Oder ist man auf Ihr Geld aus? Versuchen Sie, via Internet mehr über den Veranstalter herauszufinden. Schicken Sie Ihre Texte nicht wahllos durch die Gegend!
Tatsache ist: Je höher ein Preis dotiert ist, desto stärker ist die Konkurrenz. 2010 nahmen am renommierten MDR-Literaturwettbewerb 2044 AutorInnen teil. Der Hauptpreis ist mit 5000 Euro dotiert – da lohnt sich das Mitmachen auch für die Profis. Bei niedrig dotierten Wettbewerben bleiben die AnfängerInnen eher unter sich. Wer sich anstrengt und sich an die Teilnahmebedingungen hält, hat bei der Vielzahl an Wettbewerben eine reelle Chance, über kurz oder lang einen Preis zu gewinnen.

3. Frage: Oft ist in Ausschreibungen zu lesen, der eingereichte Text dürfe noch nicht veröffentlicht worden sein oder teilnehmen dürfe nur, wer schon etwas veröffentlicht hat. Was ist unter einer „Veröffentlichung" zu verstehen?
Antwort: Nach § 6 Abs. 1 Urheberrechtsgesetz ist ein Werk veröffentlicht, „wenn es mit Zustimmung des Berechtigten der Öffentlichkeit zugänglich gemacht worden ist." Was darunter genau zu verstehen ist, ist Definitionssache. Im Zweifelsfall sollten Sie also die Veranstalterin fragen, ob Sie mit einem Text teilnehmen dürften, der beispielsweise auf Ihrer Homepage stand. Denn streng genommen ist ein solcher Text veröffentlicht.
Nur wenige Veranstalter drücken sich in ihren Ausschreibungstexten so präzise aus wie die Organisatoren des Heinrich-Heine-Stipendiums: „Mit Veröffentlichung ist hier eine Buchveröffentlichung in deutscher Sprache (nicht im Selbstverlag oder von Autoren finanzierten Drucken) gemeint. Als mit einer Buchveröffentlichung vergleichbar wird eine größere Anzahl von Einzelveröffentlichungen, ein Theatertext oder ein Hörspiel angesehen."
Eng wird dieser Begriff beim Ingeborg-Bachmann-Wettbewerb in Klagenfurt ausgelegt: „Die Texte dürfen ausnahmslos in keiner Form und/oder Bearbeitung veröffentlicht oder zuvor bei ähnlichen Wettbewerben eingereicht worden sein. Auch eine öffentliche Lesung gilt dabei als Veröffentlichung." Schon mehrfach ist es passiert, dass jemand, der nach Klagenfurt eingeladen worden war, seinen Text dann doch nicht vorstellen durfte: Er hatte sich – wie bitter! – als schon veröffentlicht entpuppt.

4. Frage: In der Ausschreibung steht, der Beitrag soll anonymisiert, also mit einem Kennwort versehen werden. Was ist darunter zu verstehen? Was ist ein gutes Kennwort?
Antwort: Soll der Wettbewerbstext anonymisiert werden, bedeutet das, dass der Name der Autorin nicht auf dem Manuskript, dem Wettbewerbsbeitrag, erscheinen darf. Stattdessen wird das Manuskript – möglichst auf jeder Seite – mit einem Kennwort, zum Beispiel „Frühlingserwachen" oder „Wurzelfee", versehen. Für das weitere Prozedere gibt es verschiedene Varianten. Eine häufig praktizierte: Dem anonymisierten und mit einem Kennwort versehenen Wettbewerbsbeitrag wird ein Schreiben beigelegt, aus dem hervorgeht, wer die Autorin des betreffenden Textes ist (plus Anschrift, plus gegebenenfalls Lebenslauf und Bibliografie der bisher veröffentlichten Werke). Dieses Schreiben befindet sich in einem verschlossenen Briefumschlag, auf dem lediglich das Kennwort („Wurzelfee") steht. Zu den Wettbewerbsunterlagen gehörten bei einer solchen Ausschreibung demnach: Anschreiben, Wettbewerbsbeitrag in Kopie (in x-facher Ausfertigung), verschlossener Briefumschlag mit Kennwort-Auflösung und eventuell Lebenslauf.
Ein gutes Kennwort verhindert, dass der Beitrag mit einem anderen verwechselt werden kann. Lautet das Thema der Ausschreibung „Frühlingserwachen", wäre das Kennwort „Frühlingserwachen " schlecht gewählt, da es unter den 427 Einsendungen mit Sicherheit mindestens 21 AutorInnen gibt, die sich dieses Kennworts bedienen. Ein gutes Kennwort wäre etwa „kudp37", also ein Kennwort, mit dessen Hilfe sich der Wettbewerbsbeitrag eindeutig der Person zuordnen lässt, die ihn verfasst hat.

5. Frage: Warum versenden die meisten Veranstalter nach Erhalt der Unterlagen keine Eingangsbestätigung und warum senden sie die eingereichten Unterlagen nicht zurück?
Antwort: Den Eingang von 200 bis 2000 Einsendungen zu bestätigen und später alle Unterlagen zurückzusenden, ist ein großer organisatorischer Aufwand, der Zeit und Geld verschlingt. Viele VeranstalterInnen weisen daher schon in ihren Ausschreibungen darauf hin, dass sie die eingereichten Unterlagen aus Kostengründen nicht zurücksenden, und bitten darum, ihnen keine Originale zuzusenden. Dass man niemals Originale, sondern immer nur Kopien verschickt, sollte sich von selbst verstehen.

6. Frage: Sind Preisgelder einkommensteuerpflichtig?
Antwort: Meistens. Und zwar immer dann, wenn sie „im Zusammenhang mit der beruflichen Tätigkeit" vergeben werden. „Dieser Zusammenhang ist z.B. gegeben, wenn der Preis im Rahmen eines Wettbewerbes oder für ein bestimmtes Werk verliehen wird. [...] Steuerfrei sind nur solche [Kulturpreise], die ‚die Persönlichkeit, das Gesamtschaffen oder die Vorbildfunktion' der Preisträgerin würdigen sollen. Bekommt etwa eine Journalistin einen Preis mit der Begründung, sie habe ‚mit ihren Veröffentlichungen zur Überwindung der Ausländerfeindlichkeit in Deutschland beigetragen', so wird damit ihre Person geehrt: Der Preis ist steuerfrei. Bekommt sie ihn dagegen für einen bestimmten Artikel zur Ausländerfeindlichkeit in deutschen Behörden, so ist er steuerpflichtig. Ist die Steuerpflicht eines Preises unklar, so richten sich die Finanzämter nach dem Text der Preis-Ausschreibung bzw. der Begründung der Jury." Goetz Buchholz empfiehlt in seinem „Ratgeber Freie" (www.ratgeber-freie.de), die Geldgeber zu fragen. Die wüssten in der Regel, ob ihre Fördergelder steuerpflichtig sind.

7. Frage: Muss man sich an die Teilnahmebedingungen halten?
Antwort: Ja, unbedingt! Kein Veranstalter prämiert einen Text, der länger ist, als es erlaubt war. Oder ein Gedicht, wenn Prosa verlangt war. Oder einen Text über das Liebesleben der Murmeltiere in der Mongolei, wenn das Thema „Urlaub am Meer" lautete. Alle TeilnehmerInnen, die den Preis nicht gewonnen haben, würden sich beim Veranstalter beschweren – und das zu Recht.

8. Dieselbe Frage, anders gestellt (Zitat): „Die Kurzgeschichte, die ich einsenden möchte, hat fünfeinhalb Seiten, sechs Seiten sind erlaubt. Das wäre also noch okay! Aber mit meiner Arial-Standardschrift komme ich pro Seite auf 48 Zeilen und 81 Anschläge pro Zeile. Erlaubt sind 30 Zeilen und 60 Anschläge. Muss ich das nun alles noch ändern? Auch meine Kurzvita hat statt der angegebenen 12 Zeilen immerhin 34 Zeilen. Muss ich das auch abändern?"
Antwort: Ja und ja. Damit die Geschichte nicht aussortiert wird und im Schredder landet, sollte man die Teilnahmebedingungen sorgfältig lesen und sich an sie halten. Das ist die erste Hürde, an der mindestens zehn Prozent aller TeilnehmerInnen – erwachsene Menschen immerhin – scheitern.

Links & Literatur (allgemein)

LINKS

- **http://autorenforum.montsegur.de** (Montségur Autorenforum)
- **www.aktionsbuendnis-faire-verlage.com** (Aktionsbündnis für faire Verlage, eine Initiative deutscher, österreichischer und schweizerischer Autorenverbände)
- **www.boersenverein.de** (Börsenverein des Deutschen Buchhandels. Verband für Verlage, Buchhandlungen, den Zwischenbuchhandel, Antiquariate und Verlagsvertreter)
- **www.buecherfrauen.de** (Netzwerk für Frauen aus Buchhandel, Verlagen, Agenturen und allen anderen Arbeitsbereichen rund ums Buch)
- **www.lektorenkonferenz.com/bibliografie.html** (Literatur über den Lektorenberuf)
- **www.literaturcafe.de** (Das Literatur-Café. Der literarische Treffpunkt im Internet)
- **www.sachbuchforschung.de** (das deutschsprachige Sachbuch in seiner Geschichte, Theorie und Praxis)

LITERATUR

- Arnold, Heinz Ludwig (Hg.); Beilein, Matthias: Literaturbetrieb in Deutschland. 3. Auflage. Neufassung, München: edition text + kritik 2009
- Bruch, Martin; Schneider, Johannes (Hg.): In der Werkstatt der Lektoren: 10 Gespräche. Verlag Universitätsbibliothek Hildesheim: Hildesheim 2007
- Englert, Sylvia: So finden Sie einen Verlag für Ihr Manuskript. Schritt für Schritt zur eigenen Veröffentlichung. 6. aktualisierte Auflage. Frankfurt am Main: Campus 2007
- Gorus, Oliver; Zoll, Jörg Achim: Erfolgreich als Sachbuchautor: Gekonnt publizieren – von der Buchidee bis zur Vermarktung. Offenbach: GABAL 2006
- Hömberg, Walter: Lektor im Buchverlag. Repräsentative Studie über einen unbekannten Kommunikationsberuf. Unter Mitarbeit von Susanne Pypke und Christian Klenk. Konstanz: UVK Verlagsgesellschaft 2010
- Jessen, Joachim; Meyer-Maluck, Martin; Schlück, Bastian u. Thomas: Traumberuf Autor. Frankfurt am Main: mvg/Moderne Industrie 2001
- Klug, Sonja: Ein Buch ist ein Buch ist ein Buch. Der erfolgreiche Weg zum eigenen Sachbuch. Zürich: Orell Füssli 2002
- Meynecke, Dirk R.: Von der Buchidee zum Bestseller. Für Autoren und alle, die es werden wollen. München/Berlin: Ullstein 2004
- Plinke, Manfred; Tieger, Gerhild (Hg.): Deutsches Jahrbuch für Autoren/Autorinnen 2010/2011. Schreiben und Veröffentlichen. Berlin: Autorenhaus 2009
- Röhring, Hans-Helmut: Wie ein Buch entsteht. Einführung in den modernen Buchverlag. 8., überarb. u. aktualisierte Auflage. Darmstadt: Primus 2008
- Ruiss, Gerhard: Literarisches Leben in Österreich. Handbuch Nr. 5. Wien: 2001
- Schickerling, Michael u. Menche, Birgit: Bücher machen. Ein Handbuch für Lektoren und Redakteure. 2. aktualisierte Auflage. Frankfurt am Main: Bramann 2008
- Török, Imre: VS-Handbuch. Ein Ratgeber für Autorinnen und Autoren, Übersetzerinnen und Übersetzer. 2., aktualisierte Auflage. Göttingen: Steidl 2001

Alternative Publikationsmöglichkeiten

2

oder auch: „Viele Wege führen nach Rom."

BEITRÄGE

ORIGINALTEXTE

ADRESSEN UND INFORMATIONEN

Einführung von Sandra Uschtrin

Start frei

Im ersten Kapitel sind wir davon ausgegangen, dass ein Werk über einen Verlag und den verbreitenden Buchhandel zu seinen Leserinnen und Lesern gelangt. Wir haben die verschiedenen Genres unter die Lupe genommen und gesehen, wie vielfältig die Verlagslandschaft ist: Es gibt Fachbuch- und Sachbuchverlage, Verlage, in denen nur Ratgeber erscheinen, Kinder- und Jugendbuchverlage, kleine Verlage, die auf bestimmte Themen spezialisiert sind, die großen Publikumsverlage, deren Titel es oft auf die Bestsellerlisten schaffen ... Zwischenstation waren immer die Verlage. Denn über sie führt üblicherweise der Weg, den ein Manuskript nimmt.

Von Pfaden, die manchmal ebenfalls, aber durchaus nicht immer nach „Rom" führen, handelt dieses Kapitel. „Alternative Publikationsmöglichkeiten" – damit sind Varianten gemeint wie der Selbstverlag oder das Publizieren via Book on Demand. Denn natürlich kann man ein Manuskript „auch so", ohne einen Verlag im Rücken, an den Leser bringen. Ob dieser Weg für Sie und Ihr jeweiliges Werk optimal ist, können wir Ihnen leider nicht sagen. Manche, die beispielsweise einen eigenen Verlag gegründet haben, um ihr Werk herauszugeben, sind dabei auf den Geschmack gekommen und heute mit Leib und Seele Kleinverleger. Für andere verliert das Abenteuer „Selbstverlag" schnell an Reiz – Menschen sind verschieden.
Die in der Schreibgruppe entstandenen Geschichten im Print-on-Demand-Verfahren drucken zu lassen, um bei den nächsten gemeinsamen Lesungen ein paar Bücher zum Kauf anbieten zu können, kann Spaß machen. Auf diesem Weg einen Bestseller zu landen ist dagegen eher unwahrscheinlich. Aber auch das ist schon vorgekommen.
Voll im Trend sind E-Books. Wer seine Gedichte oder Kurzkrimis als PDF- oder ePub-Datei auf seiner oder einer darauf spezialisierten Website zum Download anbietet, wird sicher Leser auf sein Werk aufmerksam machen. Über das Internet mit seinen Social-Web-Tools wie Facebook, Twitter oder Blogs können AutorInnen ihre Leser direkt ansprechen und ihre Texte ganz ohne Verlag in Form von E-Books verkaufen. Gerade hier werden sich in den nächsten Jahren Vertriebsmöglichkeiten auftun, die sich jetzt noch kaum abschätzen lassen. Halten Sie also die Augen offen!
Und dann gibt es natürlich noch diese „Verlage", die streng genommen keine Verlage sind. Gemeint sind die sogenannten Pseudo- und Zuschussverlage. Ob es sich bei ihnen wirklich um eine Alternative handelt, muss jeder nach reiflicher Überlegung für sich entscheiden.

Also lässt sich ein Buch auch ohne einen Verlag unters Volk bringen? Richtig. Doch bevor Sie sich in dieses Abenteuer stürzen, noch ein paar Worte, weshalb Verlage so viele Manuskripte ablehnen – sie tun es ja nicht aus Bosheit. Und außerdem ist das eine Sache des Blickwinkels: 2008 erschienen in Deutschland rund 15 000 Novitäten allein in der Belletristik. Insgesamt kamen in diesem Jahr 83 381 Erstauflagen auf den Markt – die Verlage waren also nicht faul! Sie sind nur gezwungen, ordentlich zu wirtschaften.
Denn „Verlag" kommt von „vorlegen". Lektorat, Satz und Druck eines Buches kosten Geld – Geld, das vorgelegt werden muss, bevor Einnahmen erzielt werden können. Ein Verlag, der es verdient, als solcher bezeichnet zu werden, wird daher nur die Werke veröffentlichen, an die er glaubt. Das sind mehrheitlich solche, von denen er annimmt, dass

sie sich gut verkaufen und das in sie investierte Geld wieder einspielen. Manuskripte, an die ein Verlag nicht glaubt, wird er ablehnen müssen; das ist er sich und seinen Angestellten schuldig. Denn kein Unternehmen kann es sich leisten, Flops zu produzieren – es würde nicht lange auf dem Markt existieren.

Welche Titel floppen und welche nicht, lässt sich nicht mit Sicherheit sagen. Hier müssen Verlage auf ihre Erfahrung zurückgreifen. Und diese lehrt: Ein Buch von Bundeskanzlerin Angela Merkel mit Rezepten ihrer liebsten Weihnachtsplätzchen samt farbiger Fotostrecken (Frau Merkel beim Backen) wird vermutlich ein Erfolg. „Die Lebensbeichte des Versicherungssachbearbeiters Werner Lange" klingt dagegen – zumindest im ersten Moment – deutlich weniger vielversprechend. Ein Verlag, der noch einen Programmplatz frei hat, würde sich also eher für das Merkel-Projekt entscheiden. Denn: „Nur ein verkauftes Buch ist ein gutes Buch", so eine alte Verlegerweisheit.

Wird ein Manuskript vom Verlag abgelehnt, muss das also nicht bedeuten, dass es nichts taugt, weil es beispielsweise schlecht geschrieben ist. Natürlich ist auch das oft ein Grund. Der Hauptgrund aber wird sein, dass der Verlag den vorgeschlagenen Titel für sich und sein Programm für nicht genügend markttauglich hält. Was „genügend markttauglich" ist, definiert jeder Verlag anders.

Ein Manuskript mit Gruselgeschichten für Sechsjährige ist für einen Jugendbuchverlag uninteressant – und erst recht für einen Verlag, der gar keine Kinder- und Jugendbücher im Programm hat. Bücher sind eben nicht gleich Bücher, und kein Verlag verlegt alles. „Leider passen Ihre lustigen Geschichten nicht in unser Programm", wird die freundliche Lektorin des Jugendbuchverlags also dem Autor antworten.

Bei diesem Beispiel eben ging es um die Frage, inwiefern die Zielgruppen übereinstimmen, die Autor und Verlag im Blick haben. Entscheidend wird zudem sein, wie groß die jeweilige Zielgruppe ist. Wird das Spar-dir-den-Friseur-Buch „Ab damit!" wirklich genügend Leserinnen und Leser finden? Ein kleiner Verlag mag mit 1500 verkauften Exemplaren zufrieden sein; die Verantwortlichen eines großen Publikumsverlags werden sich bei einer Verkaufszahl wie dieser überlegen, was sie falsch gemacht haben.

Viele AutorInnen sind sich über diese Zusammenhänge nicht im Klaren. Lehnt ein Verlag ihr Manuskript ab, nehmen sie das den Leuten im Verlag übel. Sie können sich nur schlecht in ihr Gegenüber versetzen und bedenken nicht, dass es sich bei Verlagen um Wirtschaftsunternehmen handelt. Es geht nicht darum, ob ein Text gut geschrieben ist oder ob man einen Titel drucken kann oder nicht – ein Buch zu drucken ist einfach, und die Kosten dafür sind überschaubar. Das Buch anschließend zu verkaufen, das ist das, was Arbeit macht, sehr viel Know-how erfordert und Zeit und Energie kostet. Das kann doch wohl nicht so schwer sein? Doch! Alle, die es einmal versucht haben, wissen: Es ist Schwerstarbeit, Menschen dazu zu bringen, vierzehn Euro auszugeben. So viel Geld kostet in Deutschland durchschnittlich ein Buch. Manche sind bereit, dafür einen Roman von Cornelia Funke oder Dan Brown zu erwerben – gerne auch secondhand. Aber die Lebensbeichte von Werner Lange? Die wird es nicht leicht haben.

„Falls Sie nicht verlegt werden, ist das also nicht ein Verbrechen der Gesellschaft und keine Ignoranz der Dummen, sondern Ihr Verdienst", schreibt Bjørn Jagnow in seinem Buch „Marketing für Autoren" etwas provokativ. Und weiter: „Sie haben entweder nicht genug auf sich aufmerksam gemacht oder Ihr Angebot war einfach nicht verlockend."

Was aber tun mit einem Manuskript, für das sich kein Verlag findet, der es gegen Honorar drucken will? In den meisten Fällen wird es ratsam sein, dieses Manuskript vorerst ad acta zu legen und mit dem nächsten Werk zu beginnen. Viele erfolgreiche Schriftsteller haben etliche solcher Manuskripte in ihren Schubladen liegen. Der Durchbruch mit ihrem gefeierten Debüt gelang ihnen erst nach Tausenden von Seiten mit Manuskript Nummer X. Und viele von ihnen sind im Nachhinein froh, dass diese Manuskripte nicht veröffentlicht wurden – damals waren sie einfach noch nicht so weit. Aufgabe eines Verlags ist es schließlich auch, eine Auswahl unter den eingereichten Manuskripten zu treffen, um keine Leser/Kunden zu vergraulen.

Natürlich gibt es auch den Fall, dass ein Manuskript in der Flut an Einsendungen untergeht und vom Verlag nicht wahrgenommen wird. Das Belletristik-Lektorat von Goldmann erhält pro Monat rund 400 bis 600 unverlangt eingereichte Manuskripte. Da kann so etwas schon mal passieren. Wir raten daher, es mit Manuskripten, die für die großen Publikumsverlage interessant sein könnten, lieber gleich über eine Agentur zu versuchen.

Und wenn es dennoch Absagen hagelt? Und das Manuskript trotzdem unbedingt ans Licht der Öffentlichkeit soll? – Natürlich ist auch das möglich. Alternativen gibt es wie so oft im Leben auch hier. – Start frei für dieses Kapitel!

Beitrag von Andreas Mäckler

Books on Demand – über das Geschäft mit Autoren

„Dank Books on Demand ist die Produktion von Büchern so einfach geworden wie Brötchen backen. Das Problem, das auch das Internet und die digitale Drucktechnologie nicht lösen können, ist für den Autor jedoch: Wie bekommt er die Bücher anschließend auch verkauft?“ Andreas Mäckler (www.maeckler.com, www.xlibri.de), Experte in Sachen Books on Demand, erläutert in seinem Artikel die Vor- und Nachteile, die dieses Herstellungsverfahren für AutorInnen mit sich bringt. Seine provokante These: Ob sich Autoren für Books on Demand oder für einen Zuschussverlag entscheiden, macht keinen großen Unterschied. Bei beiden Publikationsvarianten werden sie zur Kasse gebeten und verpulvern ihr Geld – mal mehr, mal weniger, Ausnahmen bestätigen die Regel.

Der Name deutet es bereits an: Wie nahezu alle modernen Kulturtechnologien stammt auch diese aus Amerika. „Books on Demand“ – Bücher bzw. Buchdruck auf Bestellung – sind eine Folge der Digitalisierung von Daten in Verbindung mit dem Laserdruck. Das führte in den USA Mitte der 90er Jahre zur Gründung mehrerer Dienstleistungsunternehmen, die Pate standen für eine rasante Entwicklung der digitalen Buchproduktion. Mit Venture-Capital von Ingram Books, Barnes & Noble und Random House ausgestattet, entwickelten sich Lightning Source (www.lightningsource.com), iUniverse (www.iuniverse.com) und Xlibris (www.xlibris.com) zu führenden Anbietern der neuen Buchkultur. Sie sprechen ihre Kunden weltweit über das Internet an und deklarieren die neue Technologie als „Revolution auf dem Buchmarkt“. Ihre Zielgruppe ist die Mehrheit der (Hobby-)Autoren, die nach praktikablen Formen des Selbstverlegens suchen, weil ihre Manuskripte von etablierten Verlagen abgelehnt werden. Doch auch immer mehr Profiautoren und Verlage nutzen diese Technologie für Kleinauflagen und Nachdrucke. Neben der Produktion von Büchern in Broschur und Hardcover, auch komplett in Farbe, bieten iUniverse & Co. zahlreiche Marketing-Tools (Lesezeichen, Postkarten, Flyer, Poster), Autorenratgeber und Foren an, um den Hilfe suchenden Schriftstellern unter die Arme zu greifen. Damit setzen sie neue Standards im modernen Autoren-Dienstleistungsgewerbe, ganz der unkompliziert-pragmatisch-fröhlichen „Selfhelp“- und „How to ...“-Ratgebertradition verpflichtet, die für die Amerikaner so typisch ist.

Die Produktionsidee, Bücher erst dann zu drucken und an den Buchhandel auszuliefern, wenn eine Nachfrage vorliegt, wurde auch in Deutschland übernommen. 1998 etablierte der Hamburger Buchgrossist Georg Lingenbrink (Libri) die Books on Demand GmbH in Norderstedt (www.bod.de). In Zusammenarbeit mit dem US-Druckmaschinenhersteller Xerox und mit Startkapital in Millionenhöhe entwickelte sich das Unternehmen rasch zum Marktführer in Deutschland. Weil der Begriff „Book(s) on Demand“ nicht zu registrieren war, ließen die Norderstedter „BoD“ als Trademark schützen und mahnten konkurrierende Anbieter ab, die ihre digitalen Buchprodukte ebenfalls BoD nennen wollten. Nur Bücher, die bei der Books on Demand GmbH hergestellt worden sind, dürfen seither BoD genannt werden. Der Firmenname „Books on Demand GmbH“ stellt eine enge Verbindung zwischen Produkt und Hersteller her, was häufig zu Verwechslungen führt und eine Monopolstellung des Herstellers suggeriert, die keine ist. Neue Digitaldruckereien und Dienstleister mit teilweise vergleichbarem Angebot schossen wie Pilze aus dem Boden, und der Markt griff auf ähnliche („freie“) Bezeichnungen zurück, die letztlich

dasselbe meinen: PoD, Print on Demand, Publishing on Demand, mit und ohne Bindestrich geschrieben.
Bei der Suche nach deutschen Begriffen tat sich die neue Branche schwer, obwohl von Akzidenzdruckereien „auf Bestellung" schon vorher nicht nur Visitenkarten und Briefpapier gedruckt worden sind. Innovative Desktop-Publisher wie der Verleger und Autor Jörg Schröder (März Verlag) boten Newsletter und Infodienste „on demand" an, als noch niemand davon sprach. Nahezu alle „Alternativpublizisten" der späten 60er bis 90er Jahre produzierten Schriftwerke, Bücher und Broschüren in kleiner Auflage „nach Bedarf" im Copyshop oder in der „Schnelldruckerei".
„Demokratisierung der Buchkultur", „Jeder Autor kann sein Buch publizieren", „Nieder mit dem Meinungsmonopol der Großverlage!", „Weg mit dem Diktat der Lektorate!" und ähnliche Sprüche der frühen Books-on-Demand-Apostel erinnern an die Zeit der 68er – mit dem Unterschied, dass politische und gesellschaftsbewegende Inhalte heute kaum eine Rolle mehr spielen. Die „Books-on-Demand-Revolution" war von Anfang an technologiebedingt. Mit ihrer innovativen Lösung kam sie dem Überangebot an Manuskripten und vergriffenen Büchern entgegen, die ohne sie nicht (wieder) publiziert würden, weil kein Verlag als Investor unkalkulierbare wirtschaftliche Risiken übernimmt. Kritiker, die Literatur als elitäres Phänomen definieren, befürchten angesichts der neuen (Hobby-) Autoren-Publikationswelle einen Niedergang der Buchkultur. Fürsprecher begrüßen die neue Publikationsfreiheit, die jedem problemlos die eigene Buchveröffentlichung ermöglicht. Dem Selbstverlags-Prinzip hat sie einen neuen Boom, aber auch neue Probleme beschert.

Was ist das Besondere an dieser Technik?

Neu ist weniger das Prinzip der Buchproduktion in kleiner Auflage als vielmehr die Technologie des Digitaldrucks. Sie ermöglicht, direkt aus der Datei heraus (PDF, Postscript, EPS) in der „Auflage eins" zeit- und kostengünstig zu drucken. Überflüssig ist – im Gegensatz zum Offsetdruck – das fotomechanische Herstellen von Druckplatten und Einrichten der Druckmaschinen sowie das Falzen und Zusammentragen der Druckbögen. Wie beim Kopiergerät kommt der Buchblock häufig auf DIN-A4-Papier aus der Maschine und wird mit dem Cover zusammengeführt, gebunden und beschnitten. Eine Xerox *DocuTech* schafft rund 180 Seiten pro Minute in einer Auflösung von 600 dpi (dots [Punkte] per inch). So dauert die Herstellung eines Paperbacks weniger als zwei Minuten.
In Zusammenarbeit mit IBM entwickelte der Druckmaschinenhersteller OCE den Digitaldruck auf der Rolle, der eine größere Variationsbreite bei Papieren und Formaten bietet, jedoch durch das Zusammenführen der Bogen (wie beim Offsetdruck) nicht die Auflage eins kostengünstig ermöglicht.
Exotisch unter den Digitaldruckmaschinen wirkt Victor Celorios *Instabook* – mit sechs Kubikmetern kaum größer als ein stationäres Kopiergerät. Im Terminal, das auf dem Gerät montiert ist, wird ein Datenträger eingelegt oder ein Buchtitel über die internetbasierte Datenbank ausgewählt, und nach fünf Minuten kommt unten das fertige Taschenbuch wie beim Zigarettenautomaten aus dem Schacht – zumindest theoretisch. Derzeit erfordern die Prototypen, die in einigen Buchhandlungen Kanadas, Mexikos und in den USA im Einsatz sind, noch Handarbeit, vor allem beim Schneiden des Buchblocks.

Da die Technologie vorhanden, aber nicht ausgereift ist, wurde die Maschine in Deutschland noch nicht eingeführt. Irgendwann, so zumindest die Vision des amerikanischen Tüftlers, soll weltweit in jedem größeren Buchladen einer Stadt ein *Instabook* stehen (www.instabook.net).

Bücher, die in einer bestimmten Auflage (zumeist ab 500 Exemplaren) im Offsetdruck hergestellt worden sind, erfordern eine aufwändige Lagerhaltung bei Verlag, Grossist und Buchhändler. Bei Books on Demand, die nicht mehr materiell, sondern als Datensatz bereitgehalten und erst nach Bedarf in der entsprechenden Auflage gedruckt und an den Buchhandel ausgeliefert werden, entfällt dieser Kostenfaktor der Überproduktion und Lagerung von Büchern. Das sieht auf den ersten Blick finanziell attraktiv, kunden- und umweltfreundlich aus. Zwar verhindert PoD nicht das Abholzen von Wäldern, weil Bücher normalerweise auf holzfreiem Papier gedruckt werden. Die neue Technologie hilft aber die Unmengen an Energie einzusparen, die bei der Papierherstellung und beim Buchdruck benötigt und dementsprechend beim Druck nicht benötigter Bücher verschwendet wird. Die durch Books on Demand institutionalisierte, zum Normalfall gewordene physische „Nichtpräsenz“ von Büchern wirft jedoch neue Fragen auf, die sich Autoren in dieser Form bisher nicht stellten.

Wer verdient an Books on Demand?

Auch wenn Books on Demand als „Revolution auf dem Buchmarkt“ angepriesen wurden, haben sie am verpönten „Druckkostenzuschuss-Prinzip“ nichts geändert. Im Gegenteil: Niemals zuvor wurden so viele Autorinnen und Autoren für ihre Publikationen zur Kasse gebeten wie heutzutage. Allein die Books on Demand GmbH in Norderstedt hat mehr als 100 000 Titel in ihrer Datenbank (Stand: September 2009), weil der einfache Download von Buchdateien („BoD Fun“) als Lockangebot kostenlos ist. Wie groß das Potenzial an unveröffentlichten Buchmanuskripten in Deutschland ist, lässt sich nur spekulieren. Mehr als 140 000 Journalisten und Buchautoren, die den Nachweis einer professionellen Publikation erbringen konnten, sind bei der Verwertungsgesellschaft Wort (www.vgwort.de) gemeldet. Die Zahl der (Hobby-)Autoren dürfte um ein Vielfaches größer sein.

Fremd- und autorenfinanzierte Publikationen, die aus unterschiedlichsten Gründen keinen Verlag gefunden haben, der das wirtschaftliche Risiko übernimmt, sind kein Phänomen von heute, sondern so alt wie die Publizistik selbst. Seien es Fürsten, die als Sponsoren auftraten, oder klerikale Geldgeber oder im selbstbewusst werdenden Bürgertum des 18. Jahrhunderts die Autoren selbst, die für ihre Publikationen zu Selbstzahlern wurden. Friedrich Schiller brachte die Erstausgabe der *Räuber* eigenhändig auf den Buchmarkt; Goethe verlor Geld, als er den *Götz von Berlichingen* im Selbstverlag edierte. Die meisten wissenschaftlichen Publikationen werden seit jeher von Autoren, Instituten und Fonds finanziert und nur selten über den Buchverkauf auf dem Markt.

Das Prinzip der autorenfinanzierten Publikation geriet in den letzten Jahren jedoch zunehmend ins Kreuzfeuer der Kritik. Einigen sogenannten „Druckkostenzuschussverlagen“ wurden in renommierten Zeitungen unlautere Geschäftspraktiken vorgeworfen, worauf diese sich mit juristischen Mitteln der Abmahnung und Einstweiligen Verfügung wegen falscher Tatsachenbehauptung wehrten. Wer öffentlich als „Betrüger“

gebrandmarkt wird, hat wohl kaum andere Möglichkeiten, als mit den vom Gesetzgeber vorgegebenen Instrumentarien zu reagieren – oder das Geschäftsmodell zu ändern, sofern es zu Recht angeprangert wurde.

Von Gegnern wie Befürwortern gleichermaßen wird der Begriff des „Druckkostenzuschussverlags" zumeist falsch angewandt, denn der Autor zahlt nicht einen „Zuschuss zum Druck", sondern er liefert als Auftraggeber/Unternehmer kostenfrei sein Manuskript, bezahlt in der Regel die komplette Buchproduktion und einen Teil der Betriebskosten des Unternehmens sowie anteilig dessen Gewinn inklusive der Werbung, durch die er auf das Unternehmen aufmerksam geworden ist. Und letztlich bezahlt der Autor auch die PR- und Marketingkosten, um sein Buch bekannt zu machen und damit Verkäufe zu generieren.

Zwar sind die Produktionskosten von Büchern im kleinen Auflagenbereich gesunken, doch haben Autoren als Selbstverleger noch immer 400 bis 1500 Euro und mehr zu berappen, bis sie ihr eigenes Werk in kleiner Auflage von 50 bis 100 Stück in Händen halten. Kommen besondere Layoutwünsche, intensives Lektorat, PR- und Vertriebsarbeiten als Fremdleistung hinzu, fallen schon mal Beträge an, die sich vom Angebot verfemter Druckkostenzuschussverlage kaum mehr unterscheiden. Ist es daher nicht sekundär, ob Autoren für die Publikation ihres Buchs 500, 5000 oder 15 000 Euro bezahlen, wenn der Endeffekt der gleiche bleibt: dass an der Produktion der Bücher in erster Linie sogenannte Verlage, (Digital-)Druckereien und Dienstleister (Layouter, Lektoren, Presseagenturen) verdienen?

Bei Büchern mit der „Druckauflage eins" darf kein Autor oder Verlag erwarten, Geld zu erwirtschaften. Er verliert nur weniger. Wie leicht ein Investment zum Totalverlust wird bzw. sich eine Buchproduktion als schwer verkäuflich herausstellt, erfahren Tausende von Autoren nicht nur bei BoD in Norderstedt, sondern auch bei anderen Anbietern, wenn die (vierteljährliche) Margenabrechnung verschickt wird. Dann trauen viele ihren Augen nicht, wenn Null- und Kleinstsummen addiert werden. Jeder kann dank Books on Demand ein Buch publizieren, aber nur die wenigsten verdienen damit Geld. Einzig die Dienstleister leben gut von den Werken. Manche haben sich die Mentalität von Medizinern angeeignet, die ihre Autoren als Patienten betrachten und wie Kranke behandeln. Andere geben sich wie ordentliche Kaufleute, die ihrem Angebot gegenüber zu keinerlei Distanz fähig sind, solange sie damit Profit erwirtschaften.

Da deutsche PoD-Anbieter sich mit der Publikation detaillierter Verkaufszahlen ihrer Bücher über den Buchhandel aus gutem Grund zurückhalten und jährlich nur die Akquisition neuer Autoren, Titel und Druckquoten verkünden, weil Masse bekanntlich Masse anzieht, seien einmal die Verkaufszahlen des US-Marktführers Ligthning Source Inc. zitiert, wie sie auf der Website www.lightningsource.com nachzulesen sind (Stand: 22. April 2008): „Our digital library houses over 400 000 titles. We have manufactured over 33 000 000 books to date."

Man braucht keinen Taschenrechner, um mit diesen Zahlen zu folgendem Ergebnis zu kommen: 33 Millionen gedruckter Bücher, geteilt durch 400 000 Titel = 82,5 Bücher pro Titel, die von Lightning Source seit der Gründung 1997 bis zum Jahr 2008 gedruckt worden sind. Das sind weniger als acht verkaufte Bücher pro Titel und Jahr!

Man braucht auch kein Statistiker zu sein, um bei diesen ernüchternden Zahlen folgendes Szenario als realistisch zu erkennen: Wenn von einem Titel statt acht Bücher pro Jahr 100 Bücher gedruckt worden sind, müssen zwangsläufig rund zwölf andere Titel mit der Summe Null deklariert werden. Bei 1000 gedruckten Büchern pro Titel und Jahr ergeben das bereits 125 weitere Titel, die leer ausgehen ...

Inwieweit die publizierten Daten des US-Marktführers Lightning Source tendenziell mit deutschen PoD-Anbietern vergleichbar sind, sei dahingestellt. Eine quantifizierbare Objektivität kann es auf dem PoD-Buchmarkt so lange nicht geben, bis vergleichbare Zahlen publiziert werden. Titel, die in einer digitalen Datenbank gespeichert, aber nicht oder nur selten abgerufen werden, bringen dem Autor und auch dem Verlag kein Geld. Das betrifft gleichermaßen Bücher, die nach dem Abverkauf der Druckauflage am „Ende ihres Lebenszyklus" angelangt sind, wie Neuerscheinungen von Autoren, die diesen „Lebenszyklus" aufgrund mangelnden Verkaufs erst gar nicht erreichen und dieser biologistischen Terminologie nach als „Totgeburten" zu bezeichnen sind.

Als Gegensatz zu meiner These, dass schätzungsweise 90 Prozent aller (Hobby-)Autoren nicht nur bei Druckkostenzuschussverlagen, sondern auch bei PoD-Publikationen ihr Investment abschreiben müssen und weitgehend innerhalb ihres Bekanntenkreises die einzigen Käufer und Verkäufer ihrer Bücher bleiben, sagte BoD auf Anfrage hierzu: „Die Fakten sprechen allerdings eine andere Sprache: Die Books on Demand GmbH bietet Autorinnen und Autoren ein neuartiges Publikationskonzept, bei dem sie zu einem Teil die Verlegerrolle übernehmen und damit auch einen Teil der Anfangsinvestitionen. Im Vergleich zum branchenüblichen Autorenhonorar von ca. 3–8 Prozent erhalten sie bei BoD durchschnittlich 22 Prozent. Zusätzlich haben Kunden von BoD eine vollkommene Preistransparenz, behalten ihre Rechte und können sich für die Inanspruchnahme von individuellen Dienstleistungen frei entscheiden. BoD produziert zurzeit ca. eine Million Bücher und hat in den letzten Jahren mehrere Millionen Euro Autorenhonorare ausgeschüttet. Autoren, die eine klare Zielgruppe definiert haben und sich mit Lesungen und PR engagieren, erhalten in der Regel bereits nach wenigen Monaten ihre Anfangsinvestitionen zurück. Jene Autoren allerdings, die die Verlegerrolle nicht aktiv ausüben, verzeichnen nur geringe Absätze."

Die Autorin Nikola Hahn ist von BoD begeistert, wie sie in einem Beitrag in der Mailingliste der Autorengruppe *Das Syndikat* vom 12. Oktober 2004 schreibt. „Da für Kurzgeschichten und Gedichte Ullstein und Co. (wo meine Romane erscheinen) nicht infrage kamen und ich zudem unbedingt Cover, Layout und Titel selbst bestimmen wollte, suchte ich – zugegebenermaßen ein bisschen gegen die Norm – abseits meines großen einen kleinen Verlag, der mir diesen Wunsch ermöglichen würde. Ich fand keinen. Das war ein Grund, warum ich mein Buch schließlich direkt bei BoD gemacht habe, und zwar von Anfang bis Ende in Eigenregie. Der ganze Spaß war nicht sonderlich teuer und ist durch den Buchverkauf bereits wieder eingespielt. Im Gegensatz zu Verlagen, die mit BoD zusammenarbeiten, kassiert ein Autor, der direkt bei BoD veröffentlicht, die Verkaufsanteile des Verlags und der Buchhändler beim Direktverkauf. BoD finde ich eine tolle Sache und eine durchaus reelle Möglichkeit, auch Nischenprodukte unters Volk zu bringen, und es eröffnet einem als Autor ungeheure Möglichkeiten, sein Buchprojekt kreativ zu verwirklichen."

Unzweifelhaft bleibt: Für den Buchmarkt zu schreiben und damit Geld zu verdienen, ist eine Kunst, die nur wenige beherrschen, auch wenn es nicht den Anschein hat, weil viele glauben, seit ihrer Schulzeit schreiben zu können. In der heutigen Schwätzerkultur plappert und publiziert nahezu jeder, aber immer weniger lesen und hören zu. So erklärt sich die wachsende Zahl von Buchpublikationen bei sinkender Auflage. Dank Books on Demand ist die Produktion von Büchern so einfach geworden wie Brötchen backen. Das Problem, das auch das Internet und die digitale Drucktechnologie nicht lösen können, ist für den Autor jedoch: Wie bekommt er die Bücher anschließend auch verkauft?

„Bücher, die nie vergriffen sind" – ein solcher Slogan der Books-on-Demand-Anbieter kann wie die Drohung aus dem Reich des Vampirismus interpretiert werden, wo täglich die Zahl digitaler Dateileichen wächst, die aufgrund fehlender Nachfrage zu keinem Buch mehr rematerialisiert werden und nur noch virtuell in Datenbanken und den Köpfen ihrer Autoren rumoren. Nicht mehr der Verkaufserfolg eines Buchs ist dann zum Normalfall geworden, sondern der Flop. Zwar wird der Publikationswunsch des Autors, nicht aber die Nachfrage des Publikums erfüllt, dem die Entscheidung bei zunehmender Medienkonkurrenz schwerer fällt, wessen Angeboten es überhaupt noch seine Aufmerksamkeit schenken soll.
Freudig und gewinnbringend nehmen sich einzig spezialisierte Publikationsdienstleister dieser Untoten an: „Druckkostenzuschussverlage", Digitaldruckereien, freie Lektoren, Layouter, Marketing- und Presseexperten suchen unpublizierte Manuskripte, vergriffene Bücher und Autoren, bei denen etablierte Verlage längst abgewunken haben. Das verbindet Books on Demand mit der „Vanity Press" (Vanity = Eitelkeit), deren Geschäftsbasis das Überangebot an Autoren ist, die bedingungslos publizieren wollen, auch wenn keine Nachfrage zu verzeichnen ist. Ähnlich wie Rauchen oder andere Süchte, sind solche Publikationsbedürfnisse rational nur schwer erklärbar. Immerhin werden zunehmend mehr selbst verlegte Bücher im Familien- und Bekanntenkreis verschenkt, was viel Freude, aber auch manches Entsetzen bereiten kann.
BoD Norderstedt schreibt dazu: „Es ist ja nicht so, dass ein von klassischen Verlagen abgelehnter Autor automatisch schlecht verkäufliche Bücher schreibt. Eine ganze Reihe von BoD-Autoren wurden von Verlagshäusern abgeworben, wie z.B. Freya Gräfin von Korff (zum Piper Verlag gewechselt), Roman Rausch (Rowohlt), John Punisher (Eichborn) oder Michael Bresser (Ullstein). Beispiele von prominenten Autoren, deren Manuskripte ursprünglich von bis zu 150 Verlagen abgelehnt wurden, sind JK Rowling, Robert Schneider oder Petra Hammesfahr. Dass es neben ambitionierten Debütanten und renommierten Schriftstellern auch Autoren gibt, die eine Buchveröffentlichung als Hobby betreiben, ist nicht verwerflich, im Gegenteil."
Dem ist gern zuzustimmen. Print-on-Demand-Geschäftsmodelle basieren nicht nur auf Dienstleistungen für Profiautoren und Verlage, sondern funktionieren vielmehr durch die Zahlkraft tausender Hobby-Autoren. Ebenso wie der Offsetdruck ist auch PoD kein Klasse-Markt, sondern ein Masse-Markt, in dem die Druckmaschinen ausgelastet werden müssen – was nicht ausschließt, dass es vorzügliche PoD-Publikationen gibt. Aber sie sind nicht die Regel.

Vermutlich hat kein PoD-Dienstleister so viele un- und schwerverkäufliche Buchtitel in seiner Datenbank wie Lightning Source in Amerika (400 000) und eben, was den deutschen Markt betrifft, BoD in Norderstedt (100 000). Der ehemalige Ullstein- und jetzige BoD-Verleger Wolfram Göbel (www.buchmedia.de) jedoch relativiert: „Als ich 1996 zu Ullstein kam, haben wir 6 Millionen Taschenbücher geramscht und makuliert. Titel, die zum Teil seit zehn Jahren Lagerbewegung null hatten! Da steckt ein riesiges Vermögen drin. Das alles wird künftig mit klug angewandter Digitaltechnik nicht mehr vernichtet werden."

Das ist richtig. Die Lagerbewegung null bedeutet für Verlage und Autoren gleichermaßen großen Schaden bis hin zum Ruin. Doch geringe Druck- und Verkaufsquoten, wie sie bei PoD-Publikationen üblich sind, helfen den Betroffenen wirtschaftlich auch nicht weiter. Daher leiden alle unter der Rezession des Buchmarkts. Dass zudem immer mehr Verlage die neue Technik nutzen, um vergriffene Bücher lieferbar zu halten („zu parken") und dadurch die Verlagsrechte nicht zurückgeben zu müssen, verschafft dem Autor trotz gegenteiliger Versicherung seitens der Verlage keinen Vorteil. Nur Bücher, die durch aktives Marketing in hoher Zahl und Marge verkauft werden, bringen nennenswertes Honorar.

Früher galt die Verlegerregel: Ein Drittel der produzierten Titel bleibt im Minus und wird abgeschrieben; das zweite Drittel trägt sich selbst, und das dritte bringt den Gewinn ins Haus. Aufgrund des übergroßen, stetig wachsenden Medienangebots, das nur auf eine gleichbleibende Größe potenzieller Leser greifen kann, wird der Prozentsatz der Gewinnbringer noch geringer. Bücher zu schreiben und zu publizieren war schon immer ein Geschäft mit Illusionen, die erst dann platzten, wenn das Geld verpulvert und der Verleger auf seinen unverkauften Büchern sitzen (oder schlafen) blieb. Bei der neuen Publikationsvariante Books on Demand, die unbedarfte Autoren zu Selbstverlegern macht, scheint der Null-Verkauf jedoch zum Normalfall zu werden. Deshalb bieten viele PoD-Dienstleister Marketing-Tools, Autorenratgeber und Workshops an und machen daraus ein weiteres Geschäft.

BoD Norderstedt schrieb mir im Jahr 2004 dazu: „Gewinnerwirtschaftung ist bei Autoren, die sich aktiv um die Vermarktung ihrer Bücher kümmern, der Normalfall. Bei einem Taschenbuch mit einem Ladenpreis von 9,80 Euro und einer Netto-Gewinnmarge von z. B. 2,44 Euro reichen bei einer einmaligen Investition von 400 Euro bereits 164 Exemplare aus, um das zu Beginn investierte Geld wieder reinzuholen. Alle weiteren verkauften Exemplare erbringen für den Autor dann Gewinn. Weitere Verdienstmöglichkeiten eröffnen sich ihm, wenn er über Lesungen u. ä. zusätzliche Bücher verkauft und damit die noch höhere Gewinnmarge von 6,48 Euro einstreicht (bei einer Kleinauflage von z. B. 25 Stück)."

Spätestens an dieser Stelle könnte man sich folgende Frage stellen: Warum überhaupt Kritik an Books on Demand? Was sollte an dieser Art von Geschäften mit Autoren verwerflich sein? Warum werden manche PoD-Unternehmen in erhitzten Debatten gar mit „Druckkostenzuschussverlagen" gleichgesetzt und angegriffen? Bleibt es nicht jedem erwachsenen Menschen unbenommen, mit seinem Geld zu machen, was er will, ohne dafür öffentlich kritisiert oder gar gemaßregelt zu werden?

Die Problematik liegt darin begründet: „Druckkostenzuschussverlage" und auch viele PoD-Anbieter stellen in ihren Angeboten die Refinanzierungs- und Gewinnmöglichkeiten für den Autor nicht nur in Aussicht, sondern in den Mittelpunkt ihrer Werbung. Da ist die Enttäuschung zwangsläufig. Jeder sollte wissen, dass sich kein Buch von selbst verkauft! Zu den 400 Euro BoD-Gebühren (um bei dem obigen Beispiel zu bleiben) müssen, sofern keine Druckvorstufenkosten wie Lektorat und Layout angefallen sind, mindestens auch PR- und Marketingkosten hinzugerechnet werden. Im regionalen Bereich lassen sich manchmal ohne viel Aufwand gute Presse-Erfolge erzielen, aber der Erfolg ist nicht die Regel – auch Regionalredaktionen werden überschüttet mit unverlangt eingesandten Rezensionsexemplaren ortsansässiger Autoren. Flyer, Postkarten und andere Marketing-Artikel und -Aktionen kosten weiteres Geld. Schließlich wird jeder Autor als Selbstverleger erkennen, dass Umsatz nicht gleich Gewinn ist – und dass das oben zitierte Rechenbeispiel von BoD Vorstellungen weckt, die nicht realistisch sind. Bücher sind Produkte, die zumeist nur mit konsequenter Selbstausbeutung an den Leser zu bringen sind.

Und ein zweiter Kritikpunkt kommt hinzu: Die sogenannten „Druckkostenzuschussverlage", und auch viele PoD-Anbieter, betreiben einen eklatanten Etikettenschwindel, indem sie ihr Unternehmen „Verlag" nennen. Der Terminus „Verlag" ist in seinem traditionellen Verständnis klar definiert: Er kommt von „vorlegen", vorfinanzieren. Der Autor bringt seine Vorleistung, indem er das Manuskript über Wochen, Monate und Jahre geschrieben hat, der Verlag macht seine Vorleistung, indem er den Druck und Vertrieb des Manuskripts finanziert und sein Investment inklusive Rendite durch Verkauf auf dem Buchmarkt refinanziert. Ebenso wie „Druckkostenzuschussverlage" finanzieren viele „PoD-Verlage" jedoch nichts vor außer den Kosten für Lektorat, Satz, Umschlaggestaltung, ISBN, Mastering (sowie dem Start ihres Unternehmens). Auch der Begriff des „Dienstleisterverlags", den manche Anbieter gern verwenden, führt in die Irre, weil der Dienstleister in der Regel eben kaum etwas „verlegt" im Sinne der Vorfinanzierung. All diese Bezeichnungen sind Augenwischerei.

Dieser Etikettenschwindel wird aus wirtschaftlich eigennützigen Gründen betrieben, die die selbst bezahlte Dienstleistung verbrämen, weil Autoren und Publikum traditionell Verlage suchen und keine Dienstleister. „Verlag" und Verlagsproduktionen bedeuten Qualität durch harte Selektion, nur in die wenigsten und „besten" Autoren und Manuskripte wird bekanntlich Kapital investiert. Wessen Manuskript daher von einem (renommierten) Verlag publiziert worden ist, wird als Autor nobilitiert; meine ersten vier Bücher erschienen in den Jahren 1987–1991 bei DuMont in einer verkauften Gesamtauflage von 61 000 Exemplaren. Meine Books-on-Demand-Ratgeber dagegen, die ich 2001/2002 bei BoD publizierte, dümpeln mit wenigen Hundert verkauften Exemplaren im trostlosen Bereich.

Der Selbstverlag gilt immer noch als „Aussatz", ebenso wie PoD-Autoren in Diskussionen und Kritiken vielfach als zweitklassig diskreditiert werden. Ich kenne professionelle Autoren, die sich in Kollegenkreisen wegen ihrer Print-on-Demand-Publikationen schämen. Für sie ist PoD ein Synonym des Abstiegs, andere Autoren nutzen die Chance und werden erfolgreich. Letztlich muss jeder, gleichgültig wo und wie er publiziert, mit

jedem Buch neu sein Publikum erobern. Wer heute als „Literatur-Star" hochgejubelt wird, kann morgen bereits vergessen sein.
Anspruchsvolle Autorenverbände wie der Verband deutscher Schriftsteller (VS) lehnen Selbstverlags- und PoD-Autoren als Mitglieder ab, sofern sie nicht auch eine fremdfinanzierte Verlagspublikation vorzuweisen haben. Diese traditionalistischen Denkstrukturen ändern sich allerdings seit einigen Jahren zugunsten von Books on Demand, bedingt durch die Marktsituation, die es auch renommierten Autoren zunehmend schwieriger macht, Bücher in traditionell arbeitenden Verlagen zu publizieren. Von den VS-Vorsitzenden Fred Breinersdorfer und Wolfgang Bittner sind ebenso BoD-Publikationen (als Neuauflage vergriffener Titel) erhältlich wie von Reman Demirkan (Erstveröffentlichung) und Elfriede Jelinek, der Literatur-Nobelpreisträgerin 2004 (alle verlegt von Wolfram Göbels Buch&media und gedruckt bei BoD Norderstedt).
Die ketzerische Frage, warum viele Autorenverbände die sogenannten Druckkostenzuschussverlage verteufeln und deren Autoren bestenfalls bemitleiden, Books on Demand dagegen zunehmend empfehlen, obgleich beides selbst finanzierte Publikationsformen sind, wird auch in Zukunft für Diskussionen sorgen.

Die Dienstleister

Wer im Internet recherchiert („Books on Demand", „BoD", „PoD", „Buchproduktion", „Selbstverlag", „Autorendienstleister"), findet zahlreiche Digitaldruckereien und Dienstleister, die Buchproduktionen im kleinen Auflagenbereich realisieren. Auch können Autoren in den regionalen *Gelben Seiten* ortsansässige Druckereien finden, die günstige Buchproduktionen anbieten, weil von den Herstellern zunehmend mehr Digitaldruckmaschinen verkauft werden.
Häufig werden von PoD-Anbietern neben der Buchproduktion auch Lektorat, Layout, Pressearbeit und Auslieferung angeboten, die sich qualitativ und preislich stark voneinander unterscheiden. Gleich ist allen Angeboten, dass keiner der Dienstleister wirklich Einfluss auf Erfolg oder Misserfolg einer Buchpublikation hat und der Autor als Auftraggeber allein das wirtschaftliche Risiko trägt.

Da es zunehmend mehr Books-on-Demand-Anbieter gibt, kann es in diesem Beitrag keine vollständige und auch nur eine subjektive Liste geben. Zwar bietet der Preisvergleich bestimmter Leistungen wie Druckkosten etc. einen Anhaltspunkt, doch schreibt BoD Norderstedt zu Recht: „Ein objektiver Preisvergleich fehlt. Zu berücksichtigen ist, dass BoD durch die für den Autor risikofreie Abwicklung mit dem Buchhandel und die Listung im deutschsprachigen und holländischen Raum einen deutlichen Mehrwert gegenüber Digitaldruckereien oder Kleinstverlagen bietet. Die Aufnahme in die Kataloge des Buchgroßhandels ist eine notwendige Grundvoraussetzung dafür, dass der Buchhändler den Titel bequem recherchieren und bestellen kann."
Ohne Zweifel: Das Angebot von BoD Norderstedt ist professionell und umfangreich. Es lässt keine Autorenwünsche offen – außer, dass das Unternehmen den Verkauf eines Buchs über den Buchhandel nicht garantieren kann. Daher stellt sich die Frage, ob für Buchpublikationen im kleinen Auflagenbereich (50–200 Stück) überhaupt so viel Angebot nötig ist? Schließlich muss ja alles von den Autoren selbst bezahlt werden. Wird die

Anbindung an Buchgrossisten wie Libri, KNV u.a. generell nicht überschätzt, wenn es um den Verkauf von Büchern aus Klein- und Selbstverlagen geht?
Wer als Autor und Selbstverleger seine Zielgruppe nicht über Lesungen, PR und andere Events direkt anspricht, Bücher vor Ort verkauft und weitere Nachfrage über Presseartikel und Internet generiert, verkauft auch über den Buchhandel wenig oder nichts. Für Klein- und Selbstverleger ist der stationäre Buchhandel daher in den meisten Fällen nur ein Nebenmarkt. Ein Buch über Vollwerternährung beispielsweise wird besser in Naturkostläden verkauft als in irgendeiner Buchhandlung.
Von den Büchern, die bei meiner kleinen Firma xlibri.de mit der Druckauflage 50 bis 2500 Stück produziert und verkauft werden, setzen wir 0 bis 5 Prozent über Buchhandelsbestellungen ab – mit oder ohne Anbindung an Grossisten wie Libri, Umbreit und KNV. Eine Hardcover-Edition über den Wallfahrtsort Altötting (Auflage 2000) liefert der Autor direkt an den örtlichen Buchhandel. Wie seit Jahrzehnten von vielen Selbst- und Kleinverlegern vorexerziert, wird zum Anschub des Erstkontakts das Auto mit Büchern vollgepackt und zum „Point of Sale“ gefahren, schließlich ist der Autor als Selbstverleger auch sein eigener Handelsvertreter. Hinzu kommt die Kontaktaufnahme mit Fachleuten und Redakteuren, um werbende Artikel in der Regionalpresse zu platzieren. Nachfolgende Bestellungen werden über Telefon, Fax, Mail und Paketdienst abgewickelt.
Wenn ein Buchtitel über die ISBN (Internationale Standard-Buchnummer) in der VLB-Datenbank *(Verzeichnis Lieferbarer Bücher)* gelistet ist, wo er mit Klappentext und Buchcover verkaufsfördernd ergänzt werden kann, kommt er automatisch zu buchhandel.de und auf die Amazon-Website. Amazon ist das wichtigste Internet-Schaufenster für Bücher; sein *Marketplace* wird von vielen Autoren und Verlagen noch immer nicht richtig gepflegt. Da, wie ich schätze, 90 Prozent aller Books-on-Demand-Autoren weniger als zehn Bücher pro Jahr über den Buchhandel verkaufen, ist der Postversand kein Aufwand, den man an einen Buchgrossisten wie Libri oder KNV delegieren müsste, die wegen mangelnder Nachfrage bei Klein- und Selbstverlagen ohnehin häufig abwinken.
Letztlich sollte jeder Autor als Selbstverleger bedenken, dass Dienstleister, die zwischen ihm und dem Leser agieren, Kosten verursachen, die er vom eigenen Umsatz abziehen muss und die damit seinen Ertrag schmälern. Wer kein eigenes, funktionierendes Marketing- und Vertriebssystem aufbaut (mit oder ohne Libri & Co.), hat ohnehin keine Chance. Im größeren, überregionalen Buchvertrieb von (bekannten) Autoren und Titeln, die auch eine solche Nachfrage erwarten lassen, halte ich das Barsortiment für unverzichtbar. Bei PoD-Publikationen im Auflagenbereich bis 2000 Exemplaren würde ich diese Notwendigkeit jedoch hinterfragen.
Autoren, die mich in meinen Seminaren fragen, wie sie mit ihren Eigenpublikationen überregional, gar „international“ in Österreich, der Schweiz und darüber hinaus „berühmt“ werden können, antworte ich gern, dass sie zuerst in ihrer Heimatregion (dort, wo sie als Vortragende aktiv sind) und bei der engsten Zielgruppe beginnen sollten, eine Lesergemeinde aufzubauen, bevor sie Größeres anstreben.

Aus der Perspektive von Autoren, die Bücher in kleiner Auflage publizieren, sind letztlich alle Books-on-Demand-Anbieter als Dienstleister austauschbar. Im Gegensatz zu traditionellen Autoren-Verlags-Beziehungen, die von Autoren nur ungern gelöst werden, weil sie Renommee und Honorare gewährleisten, finden im PoD-Bereich rege Migrationen von einem zum anderen Anbieter statt. Daher gibt es – im Gegensatz zu „Druckkostenzuschussverlagen“ – keine allgemeingültigen Argumente, bestimmte PoD-Anbieter vorzuziehen oder zu meiden. Letztlich hängt der Verkaufserfolg eines Buchs immer vom Engagement des Autors ab, und die Dienstleister helfen bei guter Bezahlung, die Nachfrage zu befriedigen, die sie nicht selbst erzeugt haben.

Selbstverständlich gibt es Feinheiten, Stärken und Schwächen einzelner Anbieter, die aber oft nur der Profi zu würdigen weiß. In der Regel drucken die Druckereien mit den gleichen Maschinen, die Bindemaschinen sind zumeist gleich, Standardlösungen sind ähnlich. Unterschiede in der Fertigung der Umschläge, der Bindung, der Laminierung und der Verpackung der Bücher fallen dem Laien kaum auf – und wenn, dann häufig erst zu spät. Auch der Service rund um den Druck – Lektorat, Layout, Marketing, Presse – ist ähnlich, sofern er professionell betrieben wird.

Generell sollten Autoren als Selbstverleger ein entspanntes Verhältnis zum Geld entwickeln. Sie sollten nur „vorlegen“, wenn sie Kapital zum Vorlegen haben und gegebenenfalls problemlos den Totalverlust (ähnlich wie Börsen-Spekulanten) abschreiben können. In den wenigsten Fällen sind Manuskripte ein Kapital, das sich per PoD auf dem Buchmarkt im Selbstverlag refinanziert. Ich kann jedem Autor „als Existenzgründer“ nur dringend davon abraten, Publikationen mit Krediten zu finanzieren und auf Gewinn zu hoffen.

www.bod.de

(Autoren- und Verlagsdienstleister)

Die *Books on Demand GmbH* in Norderstedt bietet als Marktführer das größte Angebot für Autoren und Verlage. Das Angebot reicht von „BoD Fun“ (0 Euro) bis zu „BoD Premium“ (ab 1999 Euro).

www.book-on-demand.de

(Druckerei mit Autorenservice)

Unternehmen der *Pro Business GmbH* (www.pro-business.com), einer Berliner Digitaldruckerei mit Autorenservice.

www.buchmedia.de

(Buchproduktion und Verlag)

Die BoD-Kultur hat dem Münchner Verleger Wolfram Göbel viel zu verdanken. Mit seiner Produktionsfirma *Buch&media GmbH* hob er das Niveau der BoD-Publikationen deutlich an und trug zu einer positiveren Wahrnehmung der neuen Publikationsgattung bei, ohne sie aus dem Schussfeld der Kritik nehmen zu können.

Parallel zu seinem Dienstleistungsbereich betreibt er vier Verlage, die bei BoD Norderstedt drucken: *Allitera* (Belletristik, Sachbuch und Wissenschaft), *Verlag der Criminale* (Krimis in Verbindung mit der Autorenvereinigung *Das Syndikat*), *Lyrikedition 2000* (herausgegeben von dem Literaturkritiker Heinz Ludwig Arnold) und *Die Schatzkiste* (Kinder- und Jugendbuch, gegründet in Zusammenarbeit mit dem Bundesverband der Bödecker-Kreise).

www.1buch.com
(Autoren- und Verlagsdienstleister)
Ein 2009 gegründetes Unternehmen der *wissenmedia GmbH*, die zur *Bertelsmann arvato AG* gehört. Der Firmenname ist Programm: Buchdruck ab Auflage eins – ab 11 Euro.

www.epubli.de
(Autoren- und Verlagsdienstleister)
Ein Unternehmen der *Verlagsgruppe Georg von Holtzbrinck*, 2008 gegründet.
Auch hier wird der Buchdruck ab einem Exemplar angeboten.

www.lightningsource.com
(Autoren- und Verlagsdienstleister)
Der weltweite Marktführer für PoD hat jetzt auch eine deutsche Homepage.
Das Kontaktbüro für Europa befindet sich in England.

www.lulu.com
(Autoren- und Verlagsdienstleister)
International operierendes US-Digitaldruck-Unternehmen mit deutscher Website. Gedruckt (ab Auflage eins) und ausgeliefert wird in Spanien. Ein deutsches Büro hat das Unternehmen nicht.

www.schaltungsdienst.de
(Digitaldruckerei)
Vor den Verlags- und Autorenbüchern druckten Digitaldruckereien technische Schriften (Bedienungsanleitungen, Schaltungsunterlagen, Handbücher) in kleiner Auflage, die mit jeder Produktänderung in Details zwangsläufig aktualisiert werden müssen. Daher hat der *Schaltungsdienst Lange* seinen Namen.
Die Druckerei bietet ein gutes Preis-Leistungs-Verhältnis bei Broschur und Hardcover, in Schwarz-Weiß und Farbe. Wie die anderen Anbieter auch hat der *Schaltungsdienst Lange* auf seiner Homepage einen Kalkulator, den jeder Interessent nutzen sollte, da sich die Preise ständig ändern.
Die Druckerei vergibt, wie viele andere Digitaldruckereien, keine ISBN.
Diese Nummer zur eindeutigen Identifikation eines jeden Buches können sich Autoren über die ISBN-Agentur für derzeit 79,08 Euro aber problemlos selbst besorgen.
Der Druck einer Auflage von 25 Exemplaren mit 200 Seiten DIN A5, Buchblock in sw, ein korrigierbares Musterexemplar vorab, Farbumschlag, Softcover kostet beim Schaltungsdienst Lange 143,25 Euro ÷ 25 Exemplare = 5,73 Euro, zzgl. 7 % MwSt. = 6,13 Euro pro Exemplar.
Der Druck einer Auflage von 100 Exemplaren mit 200 Seiten DIN A5, Buchblock in sw, ein korrigierbares Musterexemplar vorab, Farbumschlag, Softcover kostet
444 Euro ÷ 100 Exemplare = 4,44 Euro, zzgl. 7 % MwSt. = 4,75 Euro pro Exemplar (Stand: 1. August 2009).

www.sdv.de
(Digitaldruckerei)
Das sächsische Digitaldruckzentrum gehört zu den Digitaldruck-Pionieren in Deutschland mit einem umfassenden Buchdruck-Angebot, aber auch mit vielen anderen nützlichen Drucksachen, beispielsweise individualisierten Postkarten. Die Preise sind günstig, die Qualität ist gut.

www.xlibri.de
(Autoren- und Verlagsdienstleister)
Ursprünglich vom Autor Andreas Mäckler zur Kooperation mit dem US-Unternehmen Xlibris.com gegründet, bietet xlibri.de Buchproduktionen im Digital- und Offsetdruck an: Lektorat, Layout, Druckabwicklung, Pressearbeit und Marketing. Wert wird auf Beratung und Entwicklung individueller Vertriebsstrategien im Sachbuchbereich gelegt. Um nicht in die Grauzone der „Druckkostenzuschuss"- und einiger „PoD-Verlage" zu kommen, nennt sich xlibri.de konsequent nur „Dienstleister" und niemals „Verlag".

Wo bekomme ich als Autor Hilfe?

Was die Produktion von Books on Demand betrifft, bieten nahezu alle größeren Dienstleister auf ihren Webseiten und in Hochglanzbroschüren Hilfe an, schließlich haben sie Interesse daran, dass Autoren druckfähige PDF-Dateien abgeben und informiert werden, welche Leistungen sie außerdem kaufen können. Die *Books on Demand GmbH* bietet auf ihrer Website www.bod.de unter der Rubrik „Hilfe & Service" nützliche Informationen, die thematisch den Aufbau eines Buchs über Layout- und Bildbearbeitung bis hin zu Marketing und Pressearbeit behandeln.
Hilfe erhalten Autoren auch in der Newsgroup bod_ies@yahoogroups.de. Hier findet ein reger Austausch rund um Books on Demand statt. Jeder in dieser unmoderierten Mailingliste schreibt, wie ihm zumute ist, doch irgendjemand hilft einem immer.
Allgemein empfehlenswert ist www.autorenforum.de. Hier werden Fragen und Themen rund um das Dasein als Autor anspruchsvoll und kompetent behandelt. In meinen Augen ist das *Autorenforum* mit seinen ehrenamtlichen Experten die beste Internetadresse für Autorinnen und Autoren.

Erfahrungsbericht von Stefan Bouxsein

Selbstverlag: Krimis selbst verlegen

Warum sich jemand hinsetzt und in monatelanger Arbeit ein Buch schreibt, sei einmal dahingestellt. Wer es aber tut und irgendwann tatsächlich ein brauchbares Ergebnis in Form eines ausgedruckten Manuskriptes vor sich liegen hat, benötigt jetzt nur noch einen Verlag.
Wenn man aber nicht zufälligerweise als Bundeskanzlerin oder Papst tätig ist oder sich wenigstens als Schauspieler oder Komikerin bereits einen Namen gemacht hat, könnte die Sache mit dem benötigten Verlag zum Problem werden.
Für die meisten Leserinnen und Leser dieses Buches wird das natürlich keine neue Information sein. Ich kannte das Problem zwar auch, als ich etwa zwanzig Verlage mit Leseproben von meinem Erstlingswerk versorgte, war mir aber ganz sicher, dass das schon klappen würde. Hat es aber nicht.

Modell Selbstverlag – die Lösung aller Probleme?

Dass aus meinem Manuskript ein Buch werden musste, stand für mich trotzdem außer Frage. Nur das Wie war mir ein Rätsel. Während ich noch rätselte, stöberte ich eines Tages in einer großen Buchhandlung nach Krimis und den dazugehörigen Verlagen. Dabei stieß ich auf die gut präsentierten Krimi-Episoden eines Frankfurter Autors. Der Verlag, der die Bücher herausbrachte, war mir völlig unbekannt.
Zurück an meinem Computer suchte ich nach ihm im Internet und wurde fündig. Der Autor (Frank Demant) verlegte seine Bücher selbst (in seinem Röschen Verlag) und empfahl auf seiner Internetseite das Modell Selbstverlag auch wärmstens allen anderen, die nach einem Verlag suchen. Hätte ich seine Bücher nicht kurz vorher beim Hugendubel in der Hand gehalten, hätte ich diesen Rat vielleicht nicht so schnell befolgt. Jetzt war ich aber davon überzeugt, dass der eigene Verlag die Lösung aller Probleme sei. Was der kann, kann ich auch, dachte ich mir und gründete kurzum meinen Traumwelt Verlag.

Wissen aneignen im Schnellverfahren

Zum 1. Januar 2006 hatte ich meinen Verlag beim Gewerbeamt angemeldet und war somit offiziell Verleger. Mehr als mein Krimi-Manuskript in der Schublade hatte ich aber immer noch nicht zu bieten. Viele Fragen waren noch offen: Wie bekommt mein Buch seine ISBN? Wie viele Bücher lasse ich wo drucken und was kostet das? Wie teile ich den Leuten mit, dass es bald einen neuen spannenden Krimi zu kaufen gibt? Wie viel Startkapital benötige ich? Antworten auf diese Fragen geben entsprechende Ratgeber. Ich habe mich intensiv mit dem Buch „Mini-Verlag“ von Manfred Plinke beschäftigt. Die Lektüre dieses Ratgebers hat sich auf alle Fälle gelohnt. Ohne ein grundlegendes Wissen über das Verlagswesen sollte man sich jedenfalls nicht als VerlegerIn betätigen.
Als Buch erschien mein Manuskript dann auch erst ein halbes Jahr nach Verlagsgründung. In diesem halben Jahr gab es einiges zu tun. Ein Buchcover und eine Internetpräsenz mussten her, und mein Manuskript musste in ein druckfähiges Layout umgewandelt werden. Glücklicherweise hatte sich ebenfalls zum Jahresbeginn ein guter Freund als Grafiker mit einer Medienagentur selbstständig gemacht und brauchte noch Kunden. Ich gab ihm den Auftrag für das Layout von Buchumschlag, Buchinhalt und Homepage, und bald lagen brauchbare Ergebnisse auf dem Tisch.

Lektorat: Geiz ist ungeil

Bevor der Grafiker das Manuskript bearbeitet, sollte es nach Möglichkeit frei von orthografischen Mängeln sein. Freie Lektorinnen und Lektoren machen das gerne gegen Honorar. Ich war bei meinem Einstieg als Selbstverleger zu geizig, habe mein eigenes Manuskript noch dreimal gelesen und von verschiedenen Freunden lesen lassen und konnte kurz vor Druck noch etliche Fehler ausmerzen. Aber halt doch nicht alle. Hinterher ärgert man sich über die falschen Kommas und missratenen Wortkonstruktionen, die einem dann unter die Nase gehalten werden.

Nicht zu viele Exemplare drucken lassen

Mein nächster Schritt war der zur Druckerei. Wenn man dort vorstellig wird und der Layouter im Vorfeld gute Arbeit geleistet hat, ist es kein Problem, bei Vorlage der druckfähigen Dateien ein Angebot zu bekommen. Ob Digital- oder Offsetdruck ist eine Frage der Auflagenhöhe. Je höher die Auflage, desto niedriger die Kosten pro Buch und desto höher das Risiko, später einmal zusammen mit einem Berg unverkaufter Bücher beerdigt zu werden.

Bei meinem Start habe ich 1200 Bücher drucken lassen. Das sind schon ein paar Kartons, die auch gelagert werden müssen.

PR im Sommerloch

Anfang Juni 2006 hatte ich also 1200 Bücher im Keller lagern. De facto war ich nun wirklich Verleger. Die Bücher mussten jetzt irgendwie von meinem Keller in die Buchhandlungen. Anfang Juni 2006 begann aber auch die Fußballweltmeisterschaft, und das Sommermärchen kam zeitgleich mit einer unerträglichen Hitzewelle ins Land geschwappt. Ich ließ meine wertvollen Bücher also erst mal im kühlen Keller, bei über 40 Grad in der Mittagssonne sollte man sich so wenig wie möglich bewegen. Den Weg in die Buchhandlungen habe ich also erst mal verschoben.

Ganz untätig blieb ich während der heißen Sommermonate aber nicht. Im Bekannten- und Freundeskreis konnte ich im Juni die ersten 58 Bücher verkaufen. Wer Verleger ist, gehört ins Lager der Geschäftsleute, und Geschäftsleute haben nichts zu verschenken. Wer anfängt, seine Bücher im Freundeskreis zu verschenken, beraubt sich einer sicheren Einnahmequelle. Ausgenommen sind natürlich die Hilfslektoren, die sich vor dem Druck aufopferungsvoll auf die Jagd nach dem Fehlerteufel gemacht haben.

Neben den 58 verkauften Büchern in meinem ersten Verlegermonat habe ich außerdem 54 Bücher kostenlos abgegeben. Nicht als Geschenk, sondern als Investition. Leseexemplare gingen an die Kultur-Redaktionen der hessischen Tageszeitungen, an Frauenzeitschriften wie *Brigitte* oder *Petra* sowie an spezielle Krimi-Buchhandlungen in ganz Deutschland. Die Qualität der Öffentlichkeitsarbeit muss mindestens genauso hoch sein wie die Qualität des angepriesenen Buches, denkt sich der Selbstverleger und gibt fortan mehrmals täglich den Titel seines Buches bei Google ein.

Während Google und andere Suchmaschinen komischerweise keine Treffer über aktuelle Pressemitteilungen meines neu erschienenen Krimis zutage förderten, kümmerte ich mich bereits leicht enttäuscht im Juli 2006 um Logistik und Distribution des Buchverkaufs.

Barsortiment – 50 Prozent Rabatt

BuchhändlerInnen bestellen ihre Bücher oft lieber beim Barsortiment als direkt beim Verlag, hatte ich mir angelesen. Zwei große Barsortimente versorgen in Deutschland die Buchhandlungen mit Büchern, daneben gibt es noch zwei kleinere. Als Selbstverleger mit dem imposanten Verlagsprogramm von einem Titel macht man bei seinen neuen Geschäftspartnern noch keinen allzu großen Eindruck. Bei mir blieb nur ein Barsortiment übrig, das bereit war, meinen Titel zu listen: Libri, das zweitgrößte Barsortiment der Branche, das dann auch gleich zwanzig Stück meines Krimis orderte. Das Barsortiment kauft beim Verlag in der Regel zum Rabatt von 50 Prozent, die Versandkosten trägt (bei Libri) der Verlag. Mit diesen Konditionen muss der Verleger, die Verlegerin im Vorfeld den Verkaufspreis kalkulieren.

Libri hat sich nach kurzer Zeit zu meinem größten Abnehmer entwickelt. Hätte ich mich bei meinem festgelegten Verkaufspreis von 12 Euro nicht am Rabatt der Barsortimente orientiert, wäre ich bereits pleite.

Vertreter in eigener Sache ...

Nachdem meine Bücher also beim Barsortiment gelistet waren, das Fußballfieber vorüber und die Temperaturen erträglicher geworden waren, machte ich mich im September auf den Weg in die Buchhandlungen, zumindest in Frankfurt und Umgebung. Zu diesem Zeitpunkt hatte ich für Layout, Druck, Homepage und erste Werbemaßnahmen bereits 9000 Euro investiert, die ich mir zuvor bei einer Bank geborgt hatte. Mein erster Weg führte mich in die Frankfurter Thalia-Filiale, die wie fast überall, wo es Thalia gibt, in einem belebten Einkaufszentrum angesiedelt ist. Dort gibt es einen Tisch, auf dem ausschließlich Frankfurt-Krimis ausgelegt sind. Eigentlich wollte ich meinen aufregenden Krimi ja nicht in die Schublade des Regionalkrimis stecken, aber wenn man mit einem einzelnen Buch im Gepäck in die Buchhandlung marschiert, kommt man sich vor, als wolle man dem König von Saudi Arabien eine Tüte voll Sand verkaufen. Eine taktisch ausgefeilte Verkaufsargumentation ist also vonnöten.

Ich pries meinen Krimi also als Frankfurt-Krimi an, der doch vorzüglich auf den Tisch mit den Frankfurt-Krimis passen würde. Das fand auch der Buchhändler, an den ich geraten war, und fragte mich nach einem Leseexemplar. Eine Woche später durfte ich zehn Bücher abliefern, nach einer weiteren Woche nochmals dreißig Exemplare. Nach einem Jahr waren in dieser einen Thalia-Filiale 300 Bücher verkauft worden!

Als es dort so gut anlief, wurde kurzerhand eine Signierstunde mit mir in der Buchhandlung organisiert. Neben mir signierte ein weiterer Frankfurter Selbstverleger seine Bücher: Frank Demant, von dem ich etwa ein Jahr zuvor die Idee des Selbstverlages übernommen hatte. Wir haben uns bei dieser Signierstunde das erste Mal persönlich getroffen. Mittlerweile unterstützen wir uns nicht nur gegenseitig, sondern spielen auch gemeinsam Fußball.

... ein steiniger Weg

Der Erfolg in dieser Thalia-Filiale ist natürlich nicht repräsentativ. Bei Hugendubel in der Frankfurter City habe ich zwar auch einen ziemlich großen Abverkauf, bei den vielen kleinen Buchhandlungen hat man es als Selbstverleger aber schon viel schwerer.

Viele Buchhändler erklären sich bereit, zwei, drei oder fünf Exemplare auf Kommission auszulegen. Das ist immerhin schon mal ein Erfolg. Man muss dann aber immer wieder nachfragen, ob die Bücher denn verkauft sind. Bücher, die nach einem Jahr noch nicht verkauft waren, habe ich dann wieder eingesammelt oder abgeschrieben, wenn mir der Weg zur Buchhandlung zu weit war. Etwa 90 Prozent der auf Kommission abgegebenen Bücher konnte ich aber abrechnen.
Andere Buchhändler möchten das Buch auf jeden Fall erst mal lesen, bevor sie es ihrer Kundschaft anbieten. Einige haben mein Buch gelesen und abgelehnt, weil es nicht auf den kleinen, als konservativ eingeschätzten Kundenkreis zugeschnitten ist. Andere kommen nie dazu, es zu lesen, weil so viele andere Bücher auch noch gelesen werden wollen.
Ende September 2006 hatte ich zum Beispiel in einer Buchhandlung ein Leseexemplar abgegeben und mich anschließend zweimal erfolglos nach einer Entscheidung erkundigt. Als ich zum dritten Mal erschien, fragte mich die Buchhändlerin, von welchem Buch ich denn reden würde. Es lag noch immer dort, wo es bei meinem ersten Besuch abgelegt worden war, und nun sollte ich es besser wieder mitnehmen. Die gute Frau warf dann doch noch einen Blick auf das angebotene Stück, fragte, ob es in Frankfurt spielen würde, und als ich bejahte, überlegte sie es sich spontan anders und orderte zehn Stück auf Kommission. Zwei Monate später hatte sie über 60 Exemplare verkauft.

Ein Frankfurt-Krimi verkauft sich nicht in Stuttgart

Bei Regionalkrimis kann die Buchhändlerin eigentlich nicht viel verkehrt machen, und daher wird man bei den meisten heimischen Buchhandlungen ein paar Exemplare los. Ganz schwierig wird es aber, wenn man „expandieren" will. Als ich geschäftlich (in meinem Hauptberuf) für zwei Tage in Stuttgart war, nahm ich die Gelegenheit wahr und stellte einer in Hotelnähe gelegenen Buchhandlung meinen Krimi vor. Wo mein Krimi denn spiele, wurde ich gefragt. In Frankfurt, sagte ich. In Stuttgart liest man aber Stuttgart-Krimis und keine Frankfurt-Krimis, wurde ich belehrt und mit einem Kopfschütteln abgewiesen. Das ist in Deutschland ein Dilemma: Entweder man schreibt einen Regio-Krimi oder einen Bestseller. Dazwischen gibt es nicht viel. Ohne entsprechendes Werbebudget wird aus dem Krimi, der ja zwangsläufig irgendwo spielen muss, leider selten ein Bestseller.
Ich habe mich daraufhin entschieden, meinen ersten selbstverlegten Titel ganz bewusst als Regionalkrimi zu vermarkten, die Zielgruppe im Rhein-Main-Gebiet ist ja schließlich groß genug.

Erste Zwischenbilanz

Immerhin hatte ich nach einem Jahr bereits 1000 Bücher verkauft und seit April 2007 die zweite Auflage mit 1500 Büchern im Keller stehen. Mit der 2. Auflage hatte ich auch 50 000 Werbezettel drucken lassen, die ich dann im Frankfurter Stadtgebiet in den Briefkästen verteilte. Etwa drei Monate lang jeden Abend ein paar Stunden laufen, an den Wochenenden etwas länger, das ist auf jeden Fall gesund ...
In der zweiten Jahreshälfte 2007 konnte ich trotzdem (nur) noch 400 Bücher von diesem Titel verkaufen. Zuvor hatte ich nach zwölf Monaten Verlegertätigkeit etwa 1000 Bücher

verkauft und dabei einen Umsatz von 7800 Euro erwirtschaftet. Ein Gewinn blieb nicht übrig, von Juni bis Dezember 2006 stand ein Verlust in den Büchern, der aber mit einer negativen Einnahmeüberschussrechnung in der Steuererklärung zu einer Rückerstattung vom Finanzamt geführt hat. Eine schwarze Null nach Steuern war das Ergebnis meiner Bemühungen im zweiten Halbjahr 2006.

Krimi Nummer zwei

Damit war der Entschluss gefasst, einen zweiten Krimi zu verlegen, der bis dahin schon zum größten Teil geschrieben war. Geplanter Erscheinungstermin war September 2007. Mitte November hatte ich dann nach einigen Verzögerungen 2000 Bücher von meinem zweiten Titel im Keller stehen. Eigentlich zu spät, um das lukrative Weihnachtsgeschäft im Buchhandel noch mitzunehmen. Aber mittlerweile wusste ich ja, in welchen Buchhandlungen ich gut angekommen war, und beschränkte mich bei der Vorstellung meines neuen Werkes auf diese Buchhändler. Bei Libri hatte ich schon Monate vorher den Titel angekündigt, 90 Exemplare konnte ich direkt nach Erscheinen an das Barsortiment liefern. Bei meiner Top-Buchhandlung Thalia durfte ich gleich am ersten Tag nach Erscheinen 100 Bücher abliefern. Innerhalb der ersten zwei Wochen waren bereits 360 Bücher des zweiten Titels verkauft, bis Ende Januar waren es 444.
Mit meinem zweiten Titel nahm ich dann auch wieder Anlauf, um die regionalen Grenzen zu überwinden. Etwa 300 Bücher verschickte ich als Leseexemplar an Buchhandlungen beziehungsweise als Spendenexemplar an Stadtbibliotheken. Von den bis dato verkauften Exemplaren dürfte der Großteil trotzdem im heimischen Markt an die Leserschaft gegangen sein. Beim Vertrieb über das Barsortiment weiß man es aber leider nie so genau.
Kurz vor Weihnachten wurden im Rhein-Main-Teil der FAZ acht Frankfurter Autorinnen und Autoren mit ihren neuesten Werken vorgestellt. Dort erschien mein Porträt neben AutorInnen wie Andreas Franz, Jan Seghers oder Astrid Paprotta und meinem bereits erwähnten Vorbild Frank Demant. Das hat sich zwar positiv auf die Verkaufszahlen ausgewirkt, zum Durchbruch in die tiefschwarzen Zahlen hat es dennoch nicht gereicht. Aber immerhin, es geht voran und der Selbstverleger schmiedet eifrig Pläne.

Mit geballter Zwergenmacht

Auch mit zwei – und seit Oktober 2008 mit drei – Titeln bin ich als Verlag noch einer der kleinsten unter den Verlagszwergen. Aber wenn sich ein paar Zwerge zusammenschließen, können sie schon einiges bewirken. Im Februar 2008 erstellte ich gemeinsam mit meinem Kollegen Demant und zwei weiteren Selbstverlegern ein Verlagsprogramm und ließ 3000 Stück davon drucken. Vier Selbstverleger stellen darin ihre Bücher vor. Unsere Internetseiten haben wir miteinander verlinkt und in unseren Büchern drucken wir gegenseitig Anzeigen für unsere aktuellen Titel. Mit geballter Zwergenmacht stellen wir uns gegen die Riesen, und ein paar Krümel vom großen Bücherkuchen fallen regelmäßig für uns ab.

Mekka der Buchmenschen – die Frankfurter Buchmesse

Im Frühjahr 2008 bekamen wir Selbstverleger-Zwerge das Angebot, unsere Bücher an einem Stand auf der Frankfurter Buchmesse zu präsentieren. Ein befreundeter Verlag aus Hanau hatte einen Stand von 8 m^2 Fläche gemietet. Wegen der hohen Standkosten bot man uns davon 3 m^2 zur Untermiete an. Der Glanz der Frankfurter Buchmesse, da konnten wir einfach nicht widerstehen und griffen zu. Mit vier Selbstverlegern teilten wir uns die 3 m^2 und die dafür anfallenden Kosten von etwa 1600 Euro für Standmiete, Katalogeintrag und ein Möbelpaket, bestehend aus einem Tisch und vier Stühlen.

Bis zum großen Auftritt auf der Buchmesse im Oktober 2008 waren noch ein paar Monate Zeit. In dieser Zeit wollte ich meinen dritten Krimi fertig schreiben, lektorieren und drucken lassen. Mein zweiter Krimi war kaum auf dem Markt, schon setzte ich mich mit Krimi Nummer drei wieder unter Druck. Ich schrieb und schrieb und hatte dabei immer den Termin der Buchmesse im Kopf. *Just in time* ist ja modern, die Druckerei lieferte mein neuestes Werk am Abend vor dem ersten Messetag.

Zuvor hatte ich mir viele Gedanken gemacht. So ein Auftritt muss ja angekündigt werden. Ohne professionelle Pressearbeit macht das gar keinen Sinn, dachte ich mir, und schrieb eine Pressemitteilung. Meine Headline: „Selbstverleger erobern Buchmesse“. Es folgten die Ankündigung meines neuen Krimis und eine Vorstellung von mir und meinen Kollegen. Das Ganze ließ ich über die dpa-Tochter *news aktuell* an die Redaktionen der Republik verteilen.

Dann ging es endlich los. Mit viel Elan bauten wir unseren Stand auf, ich hatte mir sogar hundert Poster drucken lassen. Wir waren mittendrin, Halle 3.1, da wo auch Piper, Knaur, S. Fischer oder Rowohlt die Leserscharen erwarteten. Die Stände dieser Verlage waren allerdings etwas größer – vielleicht lag es daran, dass sich das Publikum überwiegend dort aufhielt.

Aber einen Höhepunkt gab es auch an unserem Stand. Gleich am ersten Messetag bekam unser Hanauer Standnachbar Besuch vom Hanauer Bürgermeister samt Tross. Gleichzeitig besuchte die Presse uns Selbstverleger. Meine Pressemitteilung hatte Früchte getragen. Es handelte sich um eine Journalistin und einen Fotografen von der Frankfurter Neuen Presse. Der Bürgermeister hielt eine Rede, und wir Selbstverleger gaben Interviews und ließen uns vor unserem Stand ablichten – da war richtig was los!

Am Tag nach dem Pressebesuch erschienen wir groß in der Zeitung, den Pressetermin mit der Frankfurter Neuen Presse hätte ich mit einem Anruf aber deutlich günstiger ergattern können.

Die restlichen Tage waren eher langweilig. Unzählige Menschen schlenderten an unserem Stand vorbei, manche nahmen auch mal einen unserer Prospekte mit, ansonsten wurden wir von BuchhändlerInnen und vom Publikum ignoriert.

Eine Erfahrung war die Messe aber allemal; 2009 fand sie allerdings wieder ohne uns statt. Frankfurter Buchmesse, das ist *big business* für die wenigen Großen im Verlagsgeschäft, die vielen kleinen VerlegerInnen schauen da nur staunend zu.

Verlagsauslieferung und Verlagsvertretung

Trotzdem hat mein Besuch auf der Buchmesse meinen Verlag nachhaltig geprägt. Ich lernte den Leiter einer Frankfurter Verlagsauslieferung kennen und kam dadurch auch mit einem Verlagsvertreter ins Gespräch.

Mittlerweile hatte ich in meinem Keller ja drei Titel gelagert, von meinem dritten Krimi waren 1500 Exemplare dazugekommen. Insgesamt hatte ich nun etwa 3000 Bücher auf Lager. Nach der Buchmesse erkundigte ich mich dann genauer über die Vorzüge einer Verlagsauslieferung. Dort werden die Bücher von diversen Verlagen gelagert und die Bestellungen vom Buchhandel abgewickelt. Ende 2008 entschied ich mich, diesen Service in Anspruch zu nehmen, und räumte meinen Keller aus. Seit Januar 2009 habe ich also Lagerung, Auslieferung und das Rechnungswesen an einen externen Dienstleister abgegeben. Lediglich private Bestellungen, die mich über meine Homepage erreichen, wickele ich noch selbst ab. Um Bestellungen, die vom Buchhandel getätigt werden, brauche ich mich nicht mehr zu kümmern.

Um das Geschäft anzukurbeln, heuerte ich zudem einen freien Verlagsvertreter an. Die meisten Verlagsvertreter bereisen nur ein, zwei oder drei Bundesländer, besuchen dafür aber auch die vielen kleinen Buchhandlungen in den Dörfern. Verlage, die das gesamte Bundesgebiet abdecken, beschäftigen in der Regel entsprechend viele Vertreter. Da ich mich nach wie vor mit meinen Werken nicht regional beschränken, mir aber auch keine ganze Mannschaft an Vertretern zulegen wollte, entschied ich mich für einen freien Handelsvertreter, der ausschließlich die Buchhandlungen der großen Filialisten in den Großstädten im gesamten Bundesgebiet besucht. Damit der Mann seinen Kunden etwas in die Hand geben konnte, ließ ich für meine drei Titel nun ein eigenes Verlagsprogramm drucken. Damit stattete ich nicht nur meinen Vertreter, sondern auch meine Verlagsauslieferung aus. Meine Verlagsauslieferung beglückt über tausend Partnerbuchhandlungen mit den aktuellen Verlagsprogrammen der bei ihr angesiedelten Verlage. Außerdem ist sie mit einem Stand auf der Leipziger Buchmesse vertreten. Im März 2009 standen meine Bücher daher erneut auf einer großen Buchmesse, diesmal am Stand der Verlagsauslieferung.

Anfang 2009 war ich also schon fast wie ein professioneller Verlag aufgestellt. Damit hatte ich für die Auslieferung und meinen Vertreter monatliche Fixkosten von etwa 280 Euro am Hals, die meine Bücher auf jeden Fall wieder einspielen müssen. Neben den Fixkosten kommen noch Provisionen für Auslieferung und Vertreter hinzu, die sich prozentual auf die Anzahl der ausgelieferten Bücher berechnen. Im Gegenzug spare ich Portokosten und Zeit.

Zweite Zwischenbilanz

Nachdem ich 2007 und 2008 jeweils rund 1150 Bücher verkaufen konnte, haben in den ersten acht Monaten 2009 etwa 750 Bücher den Weg zu den Lesern und Leserinnen gefunden. Damit konnte ich trotz professioneller Vertriebsunterstützung meine Verkaufszahlen aus den Vorjahren nicht verbessern. Mein erster Titel läuft immer noch am besten: Von den 750 Büchern, die ich 2009 verkaufen konnte, entfallen 50 Prozent auf mein Erstlingswerk, die zwei Folgebücher hinken mit einem Anteil von je 25 Prozent hinterher. Damit habe ich von meinem Debütroman nach drei Jahren immerhin über

2000 Exemplare verkaufen können. Von allen drei Titeln sind bisher über 3500 Exemplare über den Ladentisch gegangen.

Dass sich meine Titel Nummer zwei und drei deutlich schlechter verkaufen, liegt meiner Meinung nach nicht an der inhaltlichen Qualität, sondern an den Tücken der Bestellwege im Buchhandel. Wie in den Jahren zuvor war auch in den ersten acht Monaten 2009 das Barsortiment mein größter Kunde. Von den 750 verkauften Büchern habe ich 16 Prozent (122 Bücher) in Eigenregie über meine Homepage, im Bekanntenkreis oder auf Lesungen verkauft und damit 25 Prozent vom Umsatz erwirtschaftet. 84 Prozent (636 Bücher) sind von meiner Verlagsauslieferung an den Buchhandel geliefert worden. Das entspricht 75 Prozent vom Gesamtumsatz. Davon sind etwa 55 Prozent (364 Bücher) über das Barsortiment gelaufen, 45 Prozent wurden direkt an 32 verschiedene Buchhandlungen geliefert, meine Frankfurter Thalia-Filiale gehört auch dazu und hat dabei den größten Anteil. Knapp die Hälfte aller verkauften Titel wurde 2009 also über das Barsortiment abgewickelt. Auf diese Weise ist es als Kleinst- und Selbstverleger fast unmöglich, Kundenpflege oder Kundenmanagement zu betreiben. Man fängt bei jedem Titel quasi von vorne an, weil man nicht weiß, wo der Großteil der Leserinnen und Leser eigentlich herkommt.

Mein Gesamtumsatz wird 2009 etwa genauso hoch ausfallen wie in den beiden Jahren zuvor und bei rund 8200 Euro liegen. Als Freizeitverleger habe ich damit von Juni 2006 bis Dezember 2009 voraussichtlich 30 000 Euro umgesetzt.

Zukunftsaussichten

Gewinne kann ich auch nach über drei Jahren als tapferer Selbstverleger noch nicht abschöpfen. Trotz der gestiegenen Kosten bleiben zwar ein paar Euro hängen, die werden aber für das zukünftige Geschäft benötigt. Spätestens Anfang 2010 geht mein Debütroman in die dritte Auflage, im Frühjahr 2010 plane ich, meinen vierten Titel ins Rennen zu schicken.

Das Jahr 2009 betrachte ich als Übergangsjahr. Wegen der zusätzlichen Kosten für Auslieferung und Verlagsvertreter habe ich auf Werbemaßnahmen verzichtet. Das macht sich beim Absatz natürlich bemerkbar. Wer nicht wirbt, der stirbt. Mit Erscheinen meines vierten Titels will ich dann auch wieder in Werbung investieren. Dafür werde ich 2010 ohne einen Verlagsvertreter auskommen müssen. Mein Vertreter machte übrigens dieselben Erfahrungen wie ich. Auch ihm erzählten die Buchhändlerinnen jenseits von Frankfurt: „Wir haben unsere eigenen Regionalkrimis.“

Ganz habe ich auf Werbung aber auch 2009 nicht verzichtet. Auf Netzwerken wie *Xing*, *wkw* oder *meinVZ* habe ich mir ein Autorenprofil zugelegt und sehr viel Zeit im Netz verbracht. Ich schätze, dass ich 2009 auf diese Weise die meisten Leser gewonnen habe. Von vielen habe ich ein Feedback bekommen. Meine Krimis werden oft mit denen von Andreas Franz oder Sebastian Fitzek verglichen und halten dem Vergleich mühelos stand. Von Regionalkrimi ist dann keine Rede mehr, aber wie mache ich das dem Buchhandel begreiflich?

Mit Werbung und einem neuen Verlagsprogramm werde ich 2010 auf jeden Fall einen neuen Anlauf nehmen. Mit vier Titeln im Programm kann man schon mal über eine kostspielige Werbeanzeige in einem geeigneten Medium nachdenken.

Einiges habe ich zwar schon erreicht, aber es ist natürlich viel zu wenig, um ein wirtschaftlich rentables Geschäft zu betreiben. Als Selbstverleger ist es fast unmöglich, sich in der Branche durchzusetzen. Aber noch betone ich das Wörtchen „fast". Fünf Jahre und fünf Bücher will ich mir geben, dann werde ich das Projekt Selbstverlag noch einmal kritisch betrachten.
Ein paar Kilometer von mir entfernt lebt die Autorin Nele Neuhaus, deren Krimis im Taunus spielen. Auch sie hat einige Jahre ihre Bücher mit viel Herzblut selbst vermarktet und ist jetzt bei einem großen Verlag (List) gelandet. Diese Option bleibt mir auf jeden Fall. Wenn man erst mal ein paar Tausend Bücher verkauft hat, sind sie nämlich schon viel aufgeschlossener, die großen Verlage.

Selbstverlag – eine Option für alle?

Das Projekt Selbstverlag kann ich nicht vorbehaltlos weiterempfehlen. Einige Voraussetzungen sollten auf jeden Fall gegeben sein, wenn man sich in ein derartiges Abenteuer stürzt.
Es macht einen bedeutenden Unterschied, ob man einen Krimi, einen Gedichtband, ein Sachbuch oder ein Kinderbuch herausgeben will. Wer eine Vorliebe für Lyrik hat, muss wissen, dass in den Buchhandlungen hauptsächlich Romane, Ratgeber und Sachbücher über die Ladentheke gehen. Ein Blick auf die Verkaufstische einer gut frequentierten Buchhandlung sollte genügen, um die Verkaufschancen des eigenen Werkes einzuschätzen. Bei Nischenprodukten sind Informationsgespräche mit BuchhändlerInnen und anderen Fachleuten empfehlenswert, die sich in dieser Nische auskennen.
Zu den meistgeschriebenen und meistgelesenen Büchern dürfte der Krimi gehören, dem auch ich mich verschrieben habe. Beim Krimi gibt es etliche Subgenres; die wichtigste Abteilung für den angehenden Selbstverleger dürfte der Regionalkrimi sein. Wie hier beschrieben, öffnet sich damit die eine oder andere Buchhandlungstür in der Nachbarschaft. Der Großstädter hat dabei gegenüber dem Landbewohner natürlich einige Vorteile. Eine gründliche Analyse der regionalen Konkurrenz sollte vor Verlagsgründung erfolgen. Wenn man es geschafft hat, sich regional zu etablieren, kann man einen Blick über die Stadt- und Landesgrenze werfen. Vorausgesetzt, der Stadtplan wurde nicht zu einem Krimi in Schriftform verarbeitet.
Aber nicht nur das Genre und Subgenre, in dem man schreibt, ist entscheidend. Man sollte auch fähig sein, sich selbst kritisch zu beurteilen. Ist das eigene „Produkt" wirklich gut genug, um ausreichend viele Käufer zu finden? Ist man UnternehmerIn genug, um das Projekt zu stemmen? Verfügt man über betriebswirtschaftliche Kenntnisse, über Geduld, Eigeninitiative, Durchsetzungs- und Durchhaltevermögen? Stehen Freunde und Familie hinter dem Projekt? Wo gibt es Wissenslücken? Wie und bis wann lassen sich diese Lücken stopfen? Hier helfen Checklisten, wie sie in Büchern zum Thema „Existenzgründung" zu finden sind, sowie das Studium buchhändlerischer Fachliteratur. Eine Zusammenstellung wichtiger Titel gibt der Börsenverein des Deutschen Buchhandels heraus. Die Broschüre „Buchhändlerische Fachliteratur" kostet 7 Euro und kann direkt beim Börsenverein bestellt werden.

Branchentreffs für (angehende) VerlegerInnen

Zwei Netzwerke sind zu nennen: die *BücherFrauen* und die *Jungen Verlagsmenschen*.
Die *BücherFrauen* sind ein berufliches Netzwerk für Frauen aus Buchhandel, Verlagen, Agenturen und allen anderen Arbeitsbereichen rund ums Buch. Das Netzwerk, gegründet 1990, hat derzeit rund 800 Mitglieder, die sich in den größeren Städten regelmäßig zu Austausch und Fortbildung treffen.
Die *Jungen Verlagsmenschen*, gegründet 2007, sind ein Netzwerk für Berufseinsteiger in der Verlagsbranche. „Jeder, der im Verlagswesen arbeitet oder einen Job in der Branche anstrebt und Lust hat auf Gespräche, Austausch und neue Kontakte, ist herzlich eingeladen“, einen der Stammtische zu besuchen, die es in den großen Verlagsstädten gibt.

Mein Fazit

Die eigenen Bücher zu verlegen, ist spannend und anstrengend zugleich. Es kostet sehr viel Zeit und Energie, die man dann für andere Dinge nicht mehr hat – zum Beispiel fürs Schreiben oder für die Familie. Andererseits kann man dabei sehr viel lernen und viele neue Kontakte knüpfen. Die Erfahrungen, die ich gemacht habe, möchte ich nicht missen. Meine Achtung vor den Verlagsprofis in Vertrieb und Marketing ist gestiegen. Ob ich meine Bücher weiterhin selbst verlege, kann ich jetzt noch nicht sagen. Reich bin ich damit nicht geworden, aber ich habe auch keine Verluste gemacht. Und: 3500 Bücher habe ich bisher immerhin „unters Volk“ bringen können. Meine Manuskripte sind nicht in meiner Schublade verstaubt. Darauf bin ich schon ein wenig stolz.

Internetseiten von Selbstverlegern

› www.traumwelt-verlag.de – Stefan Bouxsein
› www.roeschen-verlag.de – Frank Demant
› www.ganthuarim.de – Thomas Krüger
› www.vogelfrei-verlag.de – Peter Ripper

Ein Blick auf die aktuelle Entwicklung

Michael Roesler-Graichen ist Redakteur beim „Börsenblatt – Wochenmagazin für den deutschen Buchhandel".

Täglich neue Wasserstandsmeldungen über neue E-Book-Reader und Leseplattformen, über neue Content-Partnerschaften und Marktteilnehmer machen uns bewusst, dass das E-Book zum Synonym für ein Projekt und einen Prozess geworden ist, dessen Ziel nicht immer klar und dessen Ende nicht absehbar ist. Grob gesagt handelt es sich um die Transformation des Buchhandels in eine digitale, teilweise virtuelle Welt einer Contentproduktion, -distribution und -konsumtion, die sich mit den Strukturen der Printwelt nur noch in Teilen berührt. Dieser Übergang spielt sich zugleich hinter den Kulissen der Buchproduktion ab, mit dem Umbau von Workflows und einer Multichannel-Strategie, in der der Buchdruck nur ein Ausgabemedium neben anderen ist. Schon in wenigen Jahren wird es bei vielen Verlagen heißen: „e first" und werden physische Titel nur noch „on demand" gedruckt. Bei Springer Science + Business Media etwa soll es in fünf Jahren so weit sein. Anders ist die Situation bei den Publikumsverlagen, die auf lange Sicht hybrid produzieren werden.

Das E-Book – man könnte weiter gefasst sagen: alle neuen digitalen Content- und Lesetechnologien – spielt dabei die Rolle eines Motors, der die Entwicklung vorantreibt. Dabei ist nicht entscheidend, auf welchem Trägermedium dieses elektronische Buch gespeichert wird und von wo aus es abgerufen werden kann: E-Books sind auf dem E-Reader, dem iPhone, dem Netbook, dem PC oder online „in the cloud" zu lesen. Die aktuelle Diskussion ist zwar auf E-Reader, insbesondere Geräte auf E-Ink-Basis, fokussiert – man könnte auch sagen: fixiert –, öffnet sich aber mehr und mehr auch den anderen Leseplattformen, die in Zukunft eine wichtigere Rolle spielen werden, wie die Diskussion in den USA zeigt.

Der US-Marktforscher Gartner rechnet mit dem Durchbruch für E-Books 2010. Schon im Weihnachtsgeschäft soll es eine regelrechte „E-Reader-Mania" geben – zumindest in den USA.

Die Zahl der im Handel erhältlichen und für 2010 angekündigten E-Book-Reader ist einer aktuellen Studie von Kirchner + Robrecht vom Herbst 2009 zufolge inzwischen von 20 auf 39 Geräte gestiegen, inzwischen dürften es einige mehr sein. Einige der Reader sind erst vor Kurzem in den deutschen Markt eingeführt worden, darunter der netzunabhängige Kindle Wireless, der Sony Touch Edition, das Cybook Opus und der „Story" vom iRiver. Angekündigt ist der Txtr Reader, der Mitte Dezember 2009 in den Handel kommt. In den USA hat Barnes & Noble die erste Charge des „Nook" bereits verkauft, weitere Geräte wie der Que Reader von Plastic Logic (das vermutlich erste im Handel erhältliche Gerät mit einem flexiblen E-Ink-Display) sind für 2010 angekündigt. Samsung, Vodafone und Apple haben ebenfalls neue, innovative Geräte angemeldet.

Kirchner + Robrecht erwarten für Deutschland aufgrund einer vorsichtigen Schätzung rund 170 000 verkaufte E-Reader bis Mitte 2011. Würde man die Schätzung des US-Marktforschers Forrester Research als Maßstab wählen, müssten es 330 000 Geräte sein. Doch weder die Marktstruktur noch die Verbrauchergewohnheiten noch der Verlauf der Geräteeinführung in Deutschland lässt sich ohne Einschränkungen mit den USA vergleichen.

- Die Neigung der Konsumenten, sich E-Reader zu kaufen, ist bisher nicht so ausgeprägt wie in den USA.
- Außerdem ist noch kein Kindle-Effekt zu beobachten. Die jüngste Version des Lesegeräts von Amazon – der drahtlose E-Book-Weltempfänger – kann zwar in Deutschland bestellt werden (über die USA), aber der deutschsprachige Content fehlt bis auf wenige Ausnahmen. Amazon sagt zwar, man sei mit dem Verkaufsstart des Kindle Wireless zufrieden, doch Zahlen für Deutschland und Europa erfährt man ebenso wenig wie Verkaufszahlen aus den USA. Ob sich die Dynamik des E-Book-Verkaufs beschleunigt, wenn der ebenfalls drahtlose txtr Reader mit einem breiten Content-Angebot in den Handel kommt, lässt sich heute noch nicht sagen. Immerhin sind txtr Reader in vierstelliger Höhe vorgemerkt worden.
- Die E-Reader könnten in Deutschland schneller als erwartet von Smartphones und anderen Leseplattformen überholt werden: Es stehen immer komfortablere Geräte – demnächst auch mit größeren Displays – zur Verfügung, die wegen ihrer Multifunktionalität die Anschaffung eines speziellen E-Readers erübrigen. Auch die Zahl der Betriebssysteme, die derzeit für Lesegeräte eingesetzt werden, etwa Googles Android oder Windows CE, wird sich in den kommenden Jahren reduzieren, sodass eine Übertragung von E-Books von einem Gerät auf das andere erleichtert wird.
- Zudem wird das Lesen in Webbrowsern zunehmen, nachdem Google sein E-Book-Geschäftsmodell Google Editions für das erste Halbjahr 2010 angekündigt hat und Libre Digital einen offenen E-Book-Standard anbieten will, der das Lesen auf allen Plattformen ermöglicht, Stichwort: „all access“. Vielleicht ist das Modell auch eine Konkurrenz zum E-Pub-Standard, aber auf jeden Fall bestätigt es den Trend zu formatunabhängiger, plattformübergreifender Präsentation und Lektüre von Inhalten. Freie Software wie Calibre oder kommerzielle Software von Anbietern wie DNAML und von Adobe machen es bald möglich, jedes E-Book in jedes beliebige Format umzuwandeln und umgekehrt. Proprietäre Formate wie Amazons Kindle-Format AZW auf MOBI-Basis oder Sonys Library-Format BBeB werden zurückgedrängt und durch offene Formate ersetzt. Die iPhone- und PC-Applikationen von Amazon sprechen da eine deutliche Sprache.

E-Book-Markt Deutschland: Prognosen und Statistiken

Der E-Book-Publikumsmarkt hat in Deutschland seit dem Start der E-Book-Kooperation von Sony, Libri und Thalia und der Aufstockung der E-Book-Verkaufsplattformen (vor allem Ciando, libreka! und andere) noch keine nennenswerte Größe erreicht. Wenn hier das Bild vom Wasserstand zutreffend wäre, dann müsste man eher von einem Rinnsal sprechen. Laut GfK sind im ersten Halbjahr rund 65 000 E-Books im Buchhandel verkauft worden. Die Frage nach Verkaufszahlen für das dritte Quartal 2009 beantwortet die GfK so: „Aufgrund der überschaubaren verkauften E-Books werden wir unsere nächsten Hochrechnungen für das Gesamtjahr 2009 vorlegen." Man habe sich dafür entschieden, für das dritte Quartal 2009 keine öffentlichen Aussagen zu machen. Die Zahlen für das vierte Quartal 2009 und für das gesamte Jahr 2009 liegen noch nicht vor. Mediacontrol, ein Tochterunternehmen der GfK Gruppe, plant ab 2010 gemeinsam mit dem Börsenverein ein Panel, das E-Book-Verkäufe besser als bisher ermitteln soll.

Die Zahl der verkauften E-Reader liegt bei maximal 10 000 Geräten, vielleicht sind es auch mehr. Verlässliche Zahlen liegen nicht vor, aber die aktuelle Zahl dürfte noch weit von den 170 000 verkauften E-Readern entfernt sein, die Kirchner + Robrecht in ihrer Studie bis 2011 prognostizieren. Sony wirbt mit einer Größenordnung von 300 000 verkauften Sony Readern weltweit, nennt aber für Europa und Deutschland keine genauen Zahlen.

In Prognosen ist immer wieder davon die Rede, dass der E-Book-Markt in Deutschland in etwa zwei bis drei Jahren den Marktanteil erreicht haben könnte, den elektronische Bücher in den Vereinigten Staaten bereits heute haben – je nach Berechnungsgrundlage bis zu zwei Prozent. Doch selbst wenn man die Ergebnisse aus den USA relativiert und aufgrund konservativerer Einstellungen eine geringere Marktdynamik bei der Verbreitung von Lesegeräten erwartet, dürfte der prognostizierte Marktanteil noch verfehlt werden. Derzeit bewegt sich der deutsche E-Book-Publikumsmarkt allenfalls im Promillebereich, was durchgesickerte oder hinter vorgehaltener Hand genannte Downloadzahlen bestätigen. Von Dan Browns Bestseller „The Lost Symbol" etwa wurden inzwischen 1,5 Millionen Printexemplare in den Handel verkauft, während ein Bestseller von Ken Follett („Die Säulen der Erde") in der E-Book-Version nur dreistellige Downloads verzeichnet („The Lost Symbol" liegt noch nicht als deutschsprachiges E-Book vor).

An den schwachen Verkaufszahlen ändert im Moment auch das vorhandene Angebot wenig. Libri bietet seit Anfang 2010 rund 12 000 Titel, darunter auch bis zu 1500 Titel der Holtzbrinck-Verlage; libreka! hat rund 14 000 Titel im Angebot (darunter auch zahlreiche Wissenschaftstitel), txtr wird auf seiner Plattform txtr.com neben Libri und libreka! das Angebot von Ciando einbinden – und dennoch dürfte der Markt nicht so bald abheben, um ein anderes Bild zu gebrauchen. Im Gegenteil: Man wird den Eindruck nicht los, dass die Maschine immer noch auf der Rollbahn ist und mangels Schubkraft nicht den nötigen Auftrieb erhält.

Sobald geeignete, flexible Lesegeräte in ausreichender Zahl zu einem günstigen Preis zu haben sind, sobald das Content-Angebot attraktiver wird und die Installation der Geräte möglichst unaufwendig ist, könnte der Markt tatsächlich abheben.

Zudem treten auch neue Anbieter wie Aggregatoren (Google) oder Telekommunikationsunternehmen in den Markt ein. So plant Swisscom in Zusammenarbeit mit Orell Füssli und anderen Unternehmen eine E-Reading-Plattform, auf der E-Books verkauft werden sollen.

Zukünftige Lesetechnologien

Ob wir in fünf oder zehn Jahren unter E-Book noch dasselbe verstehen werden wie heute, ist offen. Mit der Entwicklung der neuen Lesetechnologien wird sich auch der Charakter des Lesens und der gelesenen Inhalte verändern. Weder die spezifischen Lesegeräte noch die Formate noch die Inhalte haben eine unveränderliche Form. Neue Gerätegenerationen, die flexible Displays haben, die mehr können als die bisher im Handel erhältlichen E-Ink-Reader, sind in Vorbereitung. Im Netz kursieren bereits Prototypen farbiger Geräte von Bridgestone und anderen Herstellern oder von den Tablet-E-Readern, die ASUS (in Kooperation mit Vodafone), Microsoft (Courier) und Apple planen.

E-Books werden nicht nur die digitale Entsprechung gedruckter Bücher sein (wie dies bei der Belletristik bisher meist der Fall ist), sondern neue, multimediale Formen der Inhaltspräsentation ermöglichen. Die sogenannten Vooks in den USA, die Text, Audiofiles und Videos miteinander verbinden, stehen exemplarisch dafür. Wir werden es also nicht nur mit einer Revolution der Trägermedien zu tun haben, sondern mit einer Revolution der Darbietungsformen, der literarischen Gattungen und des Lesens selbst.

Wir haben es mit elektronischem Lesen zu tun, das einerseits die Erfahrung des herkömmlichen Lesens möglichst originalgetreu nachbilden will (etwa in der Typografie), sich zugleich aber partiell von der traditionellen Weise des Lesens gedruckter Bücher entfernt. Wir werden in wenigen Jahren mediale Welten kennenlernen, in denen der Text nicht immer die zentrale Rolle spielt, sondern als ein Element in einem multimedialen, interaktiven Kontext rezipiert wird – eine Entwicklung, wie man sie bei Webauftritten bereits beobachten kann.

Preisgestaltung, Honorar und Verlagsverträge bei E-Books

Einen Einfluss auf den Markt hat auch die Preispolitik der Verlage und der Branche. Die vergleichsweise hohen Verkaufszahlen von E-Books in den USA haben auch damit zu tun, dass vor allem Amazon seine E-Books zu Niedrigpreisen weit unter dem Hardcover- oder Paperbackpreis gedruckter Bücher verkauft. Betriebe man in Deutschland ein ähnliches Preisdumping, wären die Downloadzahlen wahrscheinlich erheblich höher. Die Bereitschaft, einen print-ähnlichen Preis zu zahlen, ist bei den Verbrauchern noch nicht sehr ausgeprägt. Im Gegenteil: Die meisten Kindle-Bestseller von Amazon kosten nichts.

Eine einheitliche Linie beim Pricing gibt es nicht: Es gibt die Verfechter der 1:1-Lösung – ein E-Book kostet mindestens so viel wie die günstigste Print-Version; es gibt die Anhänger der 80-Prozent-Preislösung; und es gibt Verlage, die E-Books wesentlich günstiger anbieten und anbieten werden – etwa für Google Editions, die im zweiten Quartal 2010 starten sollen.

Wegen der hohen Anfangsinvestitionen in die E-Book-Produktion und der dahinter stehenden Workflows führt die Gleichung Print-Verkaufspreis gleich E-Book-Verkaufspreis sogar in vielen Fällen noch zu einer Unterdeckung – zumal in Deutschland für E-Books der volle Mehrwertsteuersatz gilt. Die Verantwortlichen in den Verlagen gehen deshalb in der ersten Marktphase noch von einer Quersubventionierung aus. Sollte der E-Book-Anteil der Produktion eines Tages weit über 50 Prozent liegen, wäre es vermutlich umgekehrt: Dann müssten die gedruckten Bücher mit den Erlösen der elektronischen Ausgaben subventioniert werden.

Wegen der anfangs noch hohen Herstellungskosten können zumindest deutsche Autoren zunächst nicht damit rechnen, dass für E-Books höhere Honorare gezahlt werden als für gedruckte Titel. In Modellrechnungen einiger Verlage wird der Honoraranteil mit maximal 20 Prozent angesetzt. Höhere Vergütungen können Autoren nur erhalten, wenn sie ihre Rechte direkt über einen Online-Händler wie Amazon in den USA verwerten – wovon einige US-Schriftsteller bereits Gebrauch machen. Der Regelfall wird aber der sein, dass Autoren Verträge über Bücher abschließen, die zunächst in gedruckter Form und später als E-Book oder zeitgleich in gedruckter wie in digitaler Form in einem Verlag erscheinen. Der Autor erhält dann einen bestimmten, vertraglich festgelegten Anteil des Nettoerlöses, den der Verlag erzielt. Dabei muss der Honoraranteil für die gedruckte Version nicht identisch sein mit der Vergütung für das E-Book.

Bei Verlagsverträgen, die über demnächst erscheinende Titel abgeschlossen werden, ist die Einräumung der elektronischen Nutzungsrechte (als E-Book, Online-Datenbank oder Ähnliches) selbstverständlicher Bestandteil der Vereinbarung. Anders liegen die Dinge bei älteren Publikationen, für die zum Zeitpunkt des Vertragsabschlusses noch keine elektronischen Nutzungen absehbar oder vorhersehbar waren. Hier muss der Vertrag zwischen Verlag und Autor ergänzt werden, wenn der Verlag den betreffenden Titel nun in elektronischer Form herausbringen will. In einem Ergänzungsvertrag muss dann klar geregelt werden, welche digitalen Nutzungsmöglichkeiten dem Verlag gestattet werden (E-Book-Download, kapitelweiser Download, Kombination von Print- und E-Produkt etc.) und wie das Honorar berechnet wird. Kostet beispielsweise ein Kombi-Produkt aus Buch und E-Book weniger als jedes Produkt in einer Einzelausgabe, so reduziert sich der Honoraranteil im selben Verhältnis, wie der Kombi-Preis günstiger ist gegenüber den jeweiligen Einzelausgaben.

Da es derzeit noch schwierig ist, den Honoraranteil von E-Books für einen längeren Zeitraum festzulegen (unter anderem wegen der noch nicht endgültig geklärten Frage, inwieweit E-Books auch der Preisbindung unterliegen), empfiehlt es sich, den Ergänzungsvertrag für einen befristeten Zeitraum abzuschließen. Musterverträge gibt es bei Autorenverbänden (VS) und beim Börsenverein.

Rechtssicherheit ist in diesem Fall besonders wichtig, zumal Verlagsgruppen wie Random House in den USA die Ansicht vertreten, dass auch ältere Verlagsverträge durch die Bestimmung der bei Vertragsabschluss noch „unbekannten Nutzungsarten“ die Rechte zur Nutzung als E-Book einschließen. Dem haben die Autorenverbände in den USA vehement widersprochen.

Pseudo-/Zuschussverlage

Eine der wichtigsten Websites finden Autorinnen und Autoren, die sich im Literaturbetrieb noch nicht auskennen, unter www.aktionsbuendnis-faire-verlage.com. Hier wird erklärt, wovor man sich als Neuling hüten sollte. Man spart sehr viel Lehrgeld, wenn man die Informationen auf dieser Website gründlich studiert und die Ratschläge beherzigt, die dort veröffentlicht werden.

Betreiber der Website ist das 2008 gegründete *Aktionsbündnis für faire Verlage*. Initiiert haben es die Berufsverbände der AutorInnen in den deutschsprachigen Ländern: der *Verband deutscher Schriftsteller (VS) in ver.di* und der *Bundesverband junger Autoren und Autorinnen e. V.* (beide Deutschland), die *IG Autorinnen Autoren* (Österreich) und die *AdS Autorinnen & Autoren der Schweiz*. Mittlerweile sind diesem Aktionsbündnis rund 50 Literatureinrichtungen beigetreten. Ihr Ziel: „den unlauteren Praktiken von Pseudoverlagen Einhalt zu gebieten" und Neulinge über Zuschuss-/Pseudoverlage aufzuklären.

Doch worum geht es bei alledem überhaupt? Es geht um „Verlage", die das Verlagsprinzip umkehren und vom Autor für die Veröffentlichung eines Manuskriptes Geld verlangen. Normal ist das nicht. Denn normalerweise ist es so, dass der Autor vom Verlag für seine Veröffentlichung Geld in Form eines Honorars erhält. Das Wort „Verlag" kommt nämlich von „vorlegen". Ein Verleger legt Geld vor: Bis aus einem Manuskript ein Buch geworden ist, das im Buchhandel hoffentlich jede Menge Käufer findet, um so das Geld wieder einzuspielen, entstehen dem Verlag Kosten. Diese Kosten übernimmt der Verlag. Er allein trägt das wirtschaftliche Risiko. Ein Verlag wird also nur solche Manuskripte annehmen und veröffentlichen, von denen er sich verspricht, Geld zu erwirtschaften. Der Autor/die Autorin zahlt bei alledem keinen Cent. Nicht für die Sichtung des Manuskripts. Nicht für das Lektorat. Nicht für den Druck. Nicht für Werbemaßnahmen. Für gar nichts. Und AutorInnen schießen auch kein Geld vor, das später „verrechnet" wird. Merken Sie sich einfach: Geld fließt immer nur in eine Richtung: in Ihre! Oder, Merksatz Nummer zwei: Finger weg von Pseudoverlagen! Sie tun sich mit einer solchen Veröffentlichung keinen Gefallen. Sondern bestatten Ihr Manuskript damit in der Regel in einer Art „Bücherfriedhof".

Dieser Ansicht ist auch der ehemalige Pseudoverleger Wilhelm Ruprecht Frieling, der 2009 seine „Lebensabschnittsgeschichte" herausbrachte. „Der Bücherprinz", so auch der Titel seiner Memoiren, erzählt darin, wie Pseudo-/Zuschussverlage arbeiten und ihre Betreiber, Frieling nennt sie „Friedhofsgärtner", agieren. Einen Ausschnitt aus diesen Memoiren finden Sie im folgenden Beitrag.

Veröffentlicht wird an dieser Stelle außerdem die „Fairlag-Erklärung" von 2008. Sie findet sich ebenfalls auf www.aktionsbuendnis-faire-verlage.com.

Zuletzt noch ein paar Worte zu den verschiedenen Begriffen: Ein „Pseudoverlag" berechnet dem Autor gegenüber „sämtliche entstehenden Kosten, zuzüglich einer Gewinnspanne. Ein Risiko trägt der Verlag nicht. Der wälzt das gesamte unternehmerische Risiko auf den Autor ab." Ein „Druckkostenzuschussverlag" (österr./schweiz.: „Selbstzahlerverlag") beteiligt „den Autor oder einen Dritten an den Kosten der Erstauflage und verringert so sein unternehmerisches Risiko – zum Teil auf beträchtliche Weise. Der Autor trägt einen Teil der Kosten. Damit teilt sich der Verlag das unternehmerische Risiko." Die Definitionen stammen von der bereits erwähnten Website des *Aktionsbündnisses für faire Verlage*. Die Übergänge zwischen Pseudo- und Druckkostenzuschussverlagen sind fließend.

Zuschussverleger – Friedhofsgärtner im Buchgewerbe

„Verlag sucht gute Manuskripte", „Erzählungen für Jahrbuch gesucht", „Literaturwettbewerb lädt ein" ... Die Kleinanzeigen der Tageszeitungen und vor allem der Blätter, die sich mit Büchern beschäftigen, quellen über vor Suchanzeigen. Offensichtlich existiert allen Unkenrufen zum Trotz ein erheblicher Bedarf an neuen Texten und unbekannten Autoren, denn sonst würde wohl niemand Geld investieren, um Talente zu entdecken! – Oder nicht?
Wilhelm Ruprecht Frieling war zwanzig Jahre lang Verleger, genauer: Zuschussverleger, bis er 2003 seinen Zuschussverlag verkaufte. Wenn einer dieses Gewerbe genau kennt, dann er. Hier plaudert er aus dem Nähkästchen.
(Bei diesem Beitrag handelt es sich um einen Nachdruck aus der „Lebensabschnittsgeschichte" von: Wilhelm Ruprecht Frieling: Der Bücherprinz. Wie ich Verleger wurde. Berlin: Internet-Buchverlag 2009 und seinem Artikel „Autor sucht Verleger [4]: Die Zuschussverlage" vom 16. September 2007 im Internet auf http://frieling.blog.de.)

Aus jahrzehntelanger Erfahrung als Verleger weiß ich genau, dass Slogans wie „Verlag sucht Autoren" oder „Schreiben Sie?" wie ein Signalfeuer am nächtlichen Himmel wirken und Tausende Autoren veranlassen, ihre Manuskripte hoffnungsfroh einzusenden. Die meisten der Einsender sind leider ein wenig weltfremd und überschätzen sich und die Qualität ihres Werkes maßlos. Sie leben in der hoffnungsfrohen Überzeugung, die Buchwelt warte auf ihr Manuskript und werde mit der Veröffentlichung einen Megaorgasmus bekommen. Leider ist die Antwort der Werbungtreibenden immer gleich: Die Verfasser sollen für die Herausgabe ihrer Bücher in die eigene Tasche greifen und zahlen.
Manch sensible Seele fühlt sich verprellt, wenn es an das Thema der Finanzierung geht und reagiert schroff und ablehnend. Dabei hätte sich das jeder Einsender wohl vorher denken können. Denn welcher Verlag investiert Werbemillionen in Suchanzeigen, um dann weiteres Geld in die Produktion unbekannter Werke namenloser Autoren zu versenken? Kein Verlag, der aus der eigenen Tasche seine Bücher finanziert, das Geld für seine Bücher also vorlegt (daher das Wort „Verlag"), sucht neue Texte per Inserat. Geld wird ausgegeben, um Werbung für Bücher zu machen. Wo immer auch Autoren oder deren Texte via Anzeigen gesucht werden, stecken andere Interessen dahinter. Gesucht wird stets das Beste des Autors, und das ist nun mal sein Geld.
Aus meiner Zeit als Zuschussverleger weiß ich: Die Mehrheit derjenigen, die uns ihr Werk einsandten, war von der Qualität ihrer Arbeit felsenfest überzeugt. Ich erlebte ältere Herren, die mir bei der feierlichen Übergabe ihres Manuskriptes ins Ohr raunten, Goethe habe wohl Qualität, bei der Lektüre des vorliegenden Werkes würde mir aber sofort klar werden, dass ich weitaus Besseres in den Händen hielte. Die Vermessenheit einiger Autoren ging so weit, alle anderen Manuskripte in Bausch und Bogen abzukanzeln und das eigene Werk als einzig beachtenswert zu empfehlen. Dabei handelte es sich häufig um Autoren, die selbst wenig gelesen hatten und höchst widerwillig andere Bücher zur Hand nahmen.
Manuskriptkopien wurden mit einer Feierlichkeit überreicht, als handele es sich um edles Geschmeide, um filigrane Kunstwerke, die jeden Augenblick auseinanderbrechen könnten. Es wurde ein Tamtam um einige Werke gemacht, als müsse der interessierte

Verleger erst einmal einen Initiationskurs in das Wesen der Schreiberseele absolvieren, bevor er den Text berühren dürfe. Stundenlange Referate wurden gehalten, bis die Manuskriptkopie aus der Hand gegeben wurde. Immer wieder wurden mir heilige Schwüre abverlangt, die einzigartige Idee des Werkes keinesfalls preiszugeben oder an Hollywood oder wen auch immer zu verkaufen. Es gab Werke, die zuvor bei Notaren versiegelt wurden, weil ihre Schöpfer unterstellten, irgendwer habe bei dem Überangebot an Texten den Nerv, ihre Ideen zu klauen, um diese dann selbst erfolgreich umzusetzen. Ich will damit sagen: Wirklichkeitsnähe ist manchen Autoren ein Fremdwort, sie sehen die Welt durch ihre subjektive Brille, und die ist leider in den seltensten Fällen mit Sachverstand und Selbstkritik geschliffen.

Sobald es dann an die Bezahlung ging, vollführten viele Autoren einen geheimnisvollen Eiertanz. Die Selbstherrlichen begannen eine Diskussion, in ihrem Fall sei der Erfolg absolut sicher. Ein Publikumserfolg sei aufgrund des grandiosen Themas, der einzigartigen Schreibe oder der brillanten Umsetzung des Stoffes zweifelsfrei. Ein Zuschuss sei also entbehrlich. Stellte man behutsam die Frage, wieso diese Qualität bislang nicht von Großverlagen, die doch in Sachen Bestseller als Verwerter prädestiniert seien, erkannt worden sei, rotierten die Autoren wie Tintenfische beim Laichen: Da und dort liege noch eine Manuskriptkopie auf Eis, es sei noch keine endgültige Entscheidung gefallen; die großen Lektorate hätten übrigens keinerlei Ahnung von echter Qualität; die Verfasser selbst seien zeitlich außerstande, sich mit den einzelnen Verlagen zu befassen und so weiter. Auch die Argumentation, ein Zuschuss würde sich in Lichtgeschwindigkeit wieder einspielen, wenn das Werk ein derartig sicherer Erfolg sei, fruchtete wenig. Vielleicht glauben Autoren, die schon vorher wissen, dass sie Weltliteratur schaffen, doch weniger an sich und ihre Fähigkeiten, als sie bisweilen lauthals behaupten?

Andere Autoren meinten, ein Zuschuss könne doch entfallen, wenn der Verlag selbst an die Zukunft ihres Manuskripts glaube und sich auch finanziell engagiere. Das Argument trifft schon eher ins Mark. Doch wir betrieben ein Projekt, das sich ausschließlich Autoren öffnete, die zu unseren Bedingungen bereit waren anzutreten.

Will sagen: Privat-, Zuschuss-, Dienstleister-, Eitelkeits-, Pseudo-, Bezahl-, Selbstzahlerverlage, Vanity Press oder wie auch immer sie oft abwertend genannt werden, umwerben mit erheblichem Werbewind Autoren. Sie bieten eine konkrete Dienstleistung und nehmen dafür so wie andere Dienstleistungsberufe Geld. Autoren, die sich an derartige Unternehmen wenden, sollten dies in ihren Überlegungen berücksichtigen und nicht aus allen Wolken fallen, wenn ihnen nach psychologischer Vorbereitung (helle Begeisterung über das eingesandte Werk und tiefes Bedauern über das derzeit leider ausgelastete Programm) ein Kostenvoranschlag unterbreitet wird.

Zuschussverlage produzieren in unterschiedlicher Qualität und mit unterschiedlichster Erfahrung Bücher im Auftrag für die Autoren. Sie korrigieren die Texte, sie layouten und gestalten die Bücher und sorgen für eine ansprechende Umschlaggestaltung. Das Buch wird mit ISBN und Barcode versehen, es wird bei den Auslieferungen und Sortimenten angezeigt und im Falle konkreter Bestellungen an den Handel ausgeliefert. Diejenigen Unternehmen, die einen hohen professionellen Herstellungsstandard pflegen, stellen Bücher in einer Qualität her, die den Auftraggeber in Hochachtung vor dem eigenen Werk staunen macht. Alle Voraussetzungen für einen Verkaufserfolg wären damit gegeben ...

„Ein gutes Buch ist ein verkauftes Buch“, heißt ein geflügeltes Wort der Branche. Ein Verleger kann noch so wunderbare Autoren verlegen, bleibt ein Buch liegen, wird es nicht verkauft, dann ist es mausetot, und es wird nie wieder auferstehen. Das eigentliche Dilemma des Zuschussverlegers ist, Betreiber eines weitläufigen Bücherfriedhofes zu sein. Damit ist zugleich seine Achillesferse beschrieben. Seine Motivation, sich für den Verkauf der vorliegenden Werke einzusetzen, ist gering, da die Autoren die komplette Produktion sowie den sogenannten Overhead, das sind die Gemeinkosten und der unternehmerische Gewinn, als Eintrittsgeld in den Bücherhimmel vorab entrichtet haben. Mit der Herstellung sowie dem Bereithalten der Bücher ist sein Job erledigt. Außerdem handelt es sich oft um Bücher, die schon aufgrund ihrer inhaltlichen und stilistischen Qualität unverkäuflich sind.

Außerdem kann der Zuschussverleger damit rechnen, dass mindestens ein Drittel seiner Autoren ihre Werke vor der Makulatur retten und später selbst erwerben werden, wodurch ein zusätzlicher Reibach entsteht. In seinem wundervollen Roman „Das Foucaultsche Pendel“ beschreibt Umberto Eco den tieferen Grund, warum die von ihm „AEK“ genannten „Autoren auf eigene Kosten“ ihre eigenen Werke aufkaufen: Die Schreiber können nicht zulassen, dass „ihr Werk in den Reißwolf wandert, um zu Klopapier verarbeitet zu werden“.

Um in diesem Widerspruch gegenüber dem Kunden zu bestehen, schlägt der Zuschussverleger einen eigenen Trommelwirbel für die Bücher, der ihn absichern und gegenüber Vorwürfen schützen soll: Er verfasst Waschzettel für Buchhandel und Presse, verstreut davon eine gewisse Menge im Umfeld des Autors, schickt Besprechungsexemplare an Hinz und Kunz, stellt die Neuerscheinungen in seinem beeindruckenden Katalog vor, zeigt sie auf Messen und Ausstellungen und veranstaltet gelegentlich Lesungen. Ergibt sich bei diesem aufwändigen Rummel dann immer noch kein Ergebnis, fühlt sich der Verleger moralisch entlastet, denn er hat sogar mehr geleistet, als er vertraglich versprach und schuldete. Ergo zuckt er bedauernd die Achseln und schafft im Lager Platz für hoffnungsvollen Nachwuchs.

Gibt es eine wirklich berechtigte Kritik am Tätigkeitsfeld des Zuschussverlegers, dann ist es seine tragische Funktion als Friedhofsgärtner, die sich leider nur selten positiv auflöst. Die eigentliche Last des Vertriebes bleibt beim Autor hängen. Stellt er sich hin und wirbt für seine Bücher, dann ist eine Chance vorhanden. Insofern kommen einige wenige „privat“ verlegte Bücher, das sei der Vollständigkeit halber erwähnt, tatsächlich in die Auflagen und erwirtschaften Gewinn.

Wer also eingeladen wird, Geld für die Veröffentlichung seines Werkes, und sei es auch nur (zum Anfüttern) für ein paar Euronen in einer Anthologie (Sammelwerk), auszugeben, der sollte wissen, auf was er sich einlässt und realistisch bleiben. Er erhält in den meisten Fällen handwerklich einwandfrei gemachte Bücher, die im Freundes- und Familienkreis viel Aufmerksamkeit erzielen und im besten Fall sogar beim lokalen Buchhändler liegen. Wer damit zufrieden ist, findet im Zuschussverlag einen geeigneten Ansprechpartner.

Die Möglichkeiten der Technik bieten inzwischen Alternativen zum Dienstleistungsverlag. „Printing on demand“ und „Book on demand“ lauten die entsprechenden Stichworte. Damit kann jeder sein eigener Verleger werden und viel Geld sparen.

Fairlag-Erklärung deutscher, österreichischer und schweizerischer Autorenverbände

Gefahren einer Veröffentlichung in sog. Druckkostenzuschussverlagen/ Selbstzahlerverlagen bzw. Pseudoverlagen

Mit großer Besorgnis über die unlauteren Praktiken von Verlagen, deren Verlagstätigkeit auf der Finanzierung ihrer Verlagsprodukte durch die von ihnen verlegten Autorinnen und Autoren beruht, und über die damit einhergehenden Auswirkungen weit über deren eigenes unmittelbares Tätigkeitsfeld hinaus wenden sich die unterzeichnenden Autorenverbände und literarischen Einrichtungen mit dieser gemeinsamen Erklärung an die Öffentlichkeit. Immer öfter sehen sich Autoren-Interessenvertretungen mit Problemen konfrontiert, die aus der Zusammenarbeit von Autoren mit den in Deutschland als „Druckkostenzuschussverlage“ bezeichneten, in Österreich und der Schweiz als „Selbstzahlerverlage“ bekannten Verlagen entstehen, die gegenüber ihren Autoren gerne als „Dienstleister“ bzw. Verlage im üblichen Sinn auftreten und ihre von den Autoren selbst zu bezahlenden Dienstleistungen oft als branchenübliche Verlagsarbeit darstellen.

Zudem geht von solchen Verlagen, die im Angelsächsischen „Vanity Press“ (Eitelkeitsverlage) genannt werden, die große Gefahr der Aufweichung rechtlicher und qualitativer Standards aus. Denn die übliche Risikoteilung (für den Autor bei der Verfassung des Manuskripts, für den Verlag bei der Herstellung des Buchs und dessen Vertrieb und Bewerbung) gilt für sie nicht, und die Zahlungsfähigkeit ihrer Autoren stellt das einzige Qualitätskriterium für das Zustandekommen ihrer Verlagsprogramme dar. Schlechte oder fehlende Lektoratsarbeit ist häufig zu beklagen. Für die Zahlung der geforderten Summen bieten die Verlage ihren Autoren oftmals nur ungenügende Gegenleistungen: Manuskripte werden gar nicht oder nur mangelhaft lektoriert, Gestaltung und Aufmachung der publizierten Werke sind unzulänglich, der Einsatz für ihren Vertrieb ist häufig praktisch gleich null.

Entsprechend wird der Ruf dieser Verlage eingeschätzt: „Nicht nur in Fachkreisen gilt es als unseriös, einen Zuschussverlag zu betreiben, in welchem die Autoren selbst die Erstellung ihrer eigenen Bücher bezahlen müssen“ (vgl. LG Stuttgart, Az. 17 O 338/06). Dessen ungeachtet werden junge und unerfahrene Autoren durch solche Verlage zu kostenpflichtigen Veröffentlichungen angeworben, für die bis zu fünfstellige Eurobeträge verlangt werden. Es soll ihnen nicht nur der Traum von einem schnellen Erfolg am Buchmarkt „ermöglicht“ werden, sondern es wird ihnen zugleich viel Geld für ein äußerst fragwürdiges Projekt abverlangt. Selbst durch einen Online-Gedichte-Generator erzeugte Manuskripte (vgl. ZDF-Sendung WISO vom 19. Dezember 2006) wurden bereits angenommen, als „eindeutig empfehlenswert“ (unter Beilegung des Kostenangebots) eingestuft und zur Veröffentlichung empfohlen. Autoren wird aufgrund ihrer „erkauften Veröffentlichung“ oft die Chance genommen, auf dem Literaturmarkt und bei anderen Verlagen Fuß zu fassen. Sie sehen sich jeder Möglichkeit enthoben, ein eigenständiges literarisches Renommee zu entwickeln, und sind aufgrund solcher Veröffentlichungen von manchen seriösen Literaturwettbewerben und Förderungsmöglichkeiten ausgeschlossen.

Als Neulinge in der Literaturbranche sind sich viele der in solchen Verlagen publizierenden Autoren der Auswirkungen einer derartigen Publikation nicht bewusst. Wie selbstverständlich werden sie von den Verlagen, in denen ihre eigenfinanzierten Bücher erscheinen, über die Gefahren derartiger Publikationen auch nicht aufgeklärt. Die

Unterzeichner, denen als Interessenvertreter von Autoren der Schutz von jungen und unerfahrenen Autoren nicht weniger wichtig ist als der ihrer etablierten Kollegen, sehen es als ihre Pflicht an, gegen diese Geschäftspraktiken unmissverständlich Stellung zu beziehen und junge und unerfahrene Autoren und die Öffentlichkeit auf diese Gefahren hinzuweisen. Dabei weisen die Unterzeichner darauf hin, dass eine Veröffentlichung in einem Druckkostenzuschussverlag völlig unabhängig von der literarischen Qualität der Publikation zu sehen ist. Es geht also darum, dass ein Autor, der nicht bei einem renommierten Publikumsverlag angenommen wird und deshalb in Kauf nimmt, seine eigene Publikation zu bezuschussen, noch lange kein schlechter Autor ist. Allerdings machen sich die von uns kritisierten Verlage den Veröffentlichungswunsch eines Autors willkürlich zu Nutzen. Dies stößt auf unmissverständliche Kritik.

In einem auch auf diesem Sektor zunehmend umkämpften „Markt“ haben neue Technologien, insbesondere die digitalen Dienstleistungsmöglichkeiten (Print on demand, Electronic Publishing) in den vergangenen Jahren zu verstärkten Werbeaktivitäten der Druckkostenzuschussverlage bzw. Selbstzahlerverlage geführt. Die Unterzeichner stellen deren sehr zielbewusstes Werben in renommierten Tageszeitungen und auf Buchmessen um Autoren fest. Im Internet sind ihre Anzeigen auf den verschiedensten Foren, auf Websites und sogar bei Mailboxprovidern kaum zu übersehen. Kritische Äußerungen über sie werden nicht selten sofort mit juristischen Abmahnungen, Klagen, Einstweiligen Verfügungen bis hin zu Bestrafungsanträgen verfolgt.

Einschüchterung von Autorenverbänden, Verlagen und Schriftstellern

Wenngleich die Klagebegehren oft abgewiesen werden bzw. nicht erfolgreich sind, gehen mit ihnen nicht nur Arbeitsbelastungen einher, sondern sollen auch Autorenverbände, Verlage und Schriftsteller, die sich kritisch zu den Praktiken von Selbstzahlerverlagen bzw. Druckkostenzuschussverlagen äußern, eingeschüchtert werden. Es werden nicht selten Ängste um die Existenz von sich betrogen fühlenden Betroffenen bzw. Kritikern geschürt. In Einzelfällen haben heimliche Telefonaufzeichnungen und fingierte Anfragen Kritiker an den Rand des finanziellen Ruins getrieben bzw. „mundtot“ gemacht. Die Unterzeichner wenden sich entschieden gegen diese Einschüchterungstaktiken, die nach dezidierter Auffassung der Unterzeichner mit den Grundregeln des demokratischen Zusammenlebens unvereinbar sind.

Kritische Berichte in Internet-Verbraucherforen (sog. kommerzielle Verbraucher-Communities) werden nicht nur (im harmloseren Fall) durch Pseudo-User abgewertet, sondern oft durch Anwälte angegriffen. In diesem Fall geben die Forenbetreiber meist klein bei und sperren die Berichte. Dadurch wird eine öffentliche Auseinandersetzung selbst im Internet wirksam unterbunden. Die als „Bauernfängerei“ (ZDF) und „unlautere Machenschaften“ (FAZ) bezeichneten Geschäftspraktiken mancher Unternehmen sind jungen und unerfahrenen Autoren nicht sofort ersichtlich, und eine Aufklärung wird auf diese Weise verhindert.

Indes werden junge Autoren sogar mit Gratis-Buchbänden versorgt, die aus der Irreführung von arrivierten Schriftstellern („Unlautere Machenschaften“, FAZ vom 28. April 1999), die dafür Beiträge zur Verfügung gestellt haben, herrühren. Die Unterzeichner kritisieren bereits seit vielen Jahren, dass sich die betreffenden Verlage zum Teil mit sehr renommierten Namen schmücken und in einzelnen Fällen sogar die Ansiedlung in die örtliche Nähe zu bedeutenden Literaturinstitutionen für ihre Zwecke nutzen. Auch mit täuschend ähnlichen Emblemen etwa zu renommierten Verlagen und vergleichbaren Mitteln wird an die Verdienste namhafter Literaten und Verlage sowie an große Traditionen und bekannte Namen angeknüpft – um „neue" Autoren anzuwerben.

Fruchtbares Umfeld

Noch problematischer stellt sich die Situation dar, wenn dazu ein organisatorisches Umfeld geschaffen worden ist (vgl. Landgericht Frankfurt am Main vom 17. Mai 2005, Az: 2-03 O 730/04), in dem jungen und unerfahrenen Autoren die kostenpflichtige Veröffentlichung in solchen Verlagen empfohlen wird. Ähnlich funktioniert ein sogenanntes „freies Portal für Autoren" im Internet, auf dem für selbstfinanziertes Publizieren in diesen Verlagen geworben wird, das aber dem Inhaber der beworbenen Verlage selbst gehört. Ferner fällt es Neulingen im Literaturbetrieb naturgemäß schwer zu beurteilen, welche Absichten hinter einem angeblich unabhängigen Schriftstellerverein stehen, der in großen Tages- und Wochenzeitungen Anzeigen schaltet und kostenlose Beratungen in Urheberrechts- und Vertragsfragen anbietet, der jedoch über kaum Mitglieder im Vergleich zu etablierten Autorenverbänden verfügt.

Druckkostenzuschussverlage/Selbstzahlerverlage und im Besonderen Pseudoverlage kehren das Verlagsprinzip um. Die Unterzeichner verwahren sich ausdrücklich gegen Behauptungen, selbst Dichterfürsten und bekannte Schriftsteller hätten einst ihre Erstlingswerke selbst finanziert. Soweit dies überhaupt der Fall war, täuscht diese Ansicht über die von Autoren und Autorenverbänden in den letzten Jahrhunderten und Jahrzehnten hart erkämpften Rechtsnormen und Mindeststandards hinweg. „Verlegen" kommt von „Vorlegen". Wer etwas schreibt, hat es verdient, Geld dafür zu bekommen, und nicht, dafür zahlen zu müssen.

Die Unterzeichner betonen, dass nicht jeder Verlag, der mit Zuschüssen publiziert, schon ein Druckkostenzuschussverlag bzw. Selbstzahlerverlag im Sinne der in dieser Erklärung beschriebenen Verlagstätigkeiten ist, und dass es ihnen nicht darum geht, die unterschiedlichen Buchfinanzierungsmodelle auf ihre moralische Vertretbarkeit hin zu überprüfen. Sie sehen es jedoch als ihre Pflicht an, junge und unerfahrene Autoren auf die Problematik der Folgen für ihre beabsichtigte und/oder weitere schriftstellerische Tätigkeit und die breite Öffentlichkeit auf die problematische Qualität der Verlagsprodukte aus Druckkostenzuschuss- bzw. Selbstzahlerverlagen aufmerksam zu machen. Die Unterzeichner können nur ausdrücklich davor warnen, für Buchpublikationen bei solchen Verlagen Geld auszugeben. Das Verhältnis der Autoren zu ihren Verlegern und Lesern, die Errungenschaften von Autoren- und Verlagsrechten sowie von professioneller Verlagsarbeit und qualifizierten Produkten dürfen nicht durch Spekulationen dieser Verlage, die auf der Unerfahrenheit ihrer Autoren beruhen, aus den Angeln gehoben werden.

Die „Fairlag-Erklärung" wurde verfasst von den/vom

- *AdS Autorinnen & Autoren der Schweiz, Zürich, www.a-d-s.ch*
- *Bundesverband junger Autoren und Autorinnen e.V., Bonn, www.bvja-online.de*
- *IG Autorinnen Autoren, Wien, www.literaturhaus.at/lh/ig/*
- *Verband deutscher Schriftsteller (VS) in ver.di, http://vs.verdi.de*
- *und wird von derzeit 49 weiteren Verbänden und Einrichtungen unterstützt.*

Links & Literatur

LINKS

› **http://frieling.blog.de/** › Dort: „Autor sucht Verleger (4): Die Zuschussverlage"
› **http://home.libri.de** (Libri GmbH, Barsortiment)
› **www.aktionsbuendnis-faire-verlage.com**
› **www.buecherfrauen.de** (BücherFrauen e.V.)
› **www.fortbildung-verlag.com** (Seminardatenbank der Landesverbände des Börsenvereins des Deutschen Buchhandels und der Schulen des Deutschen Buchhandels)
› **www.german-isbn.de** (ISBN-Agentur)
› **www.jungeverlagsmenschen.de** (Junge Verlagsmenschen)
› **www.knv.de** (Koch, Neff & Volckmar, Barsortiment)
› **www.literaturcafe.de/welche-verlage-und-literaturagenten-wir-empfehlen/**

LITERATUR

› Börsenverein des Deutschen Buchhandels (Hrsg.): Buchhändlerische Fachliteratur. Frankfurt (jährlich neu zur Frankfurter Buchmesse)
› Frieling, Wilhelm Ruprecht: Der Bücherprinz. Wie ich Verleger wurde. Berlin: Internet-Buchverlag 2009
› Holm, Carsten: Mit Herzblut in den Ruin. In: DER SPIEGEL. Nr. 35 vom 28. 08. 2000. S. 202–206
› Itschert, Michael: 33 Tipps für Kleinverleger. Literatur, Adressen, Anregungen. 8., bearb. u. erw. Auflage. Remscheid: Gardez! Verlag 2009
› Jagnow, Bjørn: Marketing für Autoren. München: Uschtrin Verlag 2005
› Janßen, Michael (Kaelo), Liehr, Tom: Schlecht, schlechter – gut genug für „Zuschussverlage". In: Autorenkalender 2010. Hrsg. von den 42erAutoren – Verein zur Förderung der Literatur e.V. München: Uschtrin Verlag 2009. S. 144–152
› Plenz, Ralf: Wie mache ich mich mit einem Verlag selbständig. 7. völlig überarb. Neuauflage. Hamburg: Input-Verlag 2008
› Plinke, Manfred: Mini-Verlag. 7. Auflage. Berlin: Autorenhaus Verlag 2009

Der Heftroman und wie man ihn verkauft

3

oder auch: „Wo sich Herz zum Herzen find't“

Kapitelbeitrag von Anna Basener

BEITRÄGE

EXPOSÉS

ADRESSEN UND INFORMATIONEN

Kapitelbeitrag von Anna Basener

Der Heftroman und wie man ihn verkauft

Der Buchmarkt ist vor allem ein Markt. Man muss nicht nur schreiben, man muss seine Texte zur richtigen Zeit am richtigen Ort dem richtigen Verlag mit den richtigen Argumenten verkaufen können. Wenn Sie einen Heftroman verfasst haben und einen Verlag für ein kleines, feines Stück Trivialliteratur suchen, dann wollen Sie einen Betrieb bedienen, dessen Produkte einen noch stärkeren Warencharakter haben als die des Buchmarkts.

Streitbar ist, wo die Trivialliteratur inhaltlich aufhört und wo die Unterhaltungsliteratur anfängt. „Bücher-Romane" haben mitunter einen ähnlich trivialen Charme wie Heftroman und Co. Der Heftroman definiert sich daher nicht allein über seinen Inhalt und durch den Begriff der Trivialität. Es geht um die Form: Produktionsweise und Vertriebswege machen aus den „Groschenromanen" das, was sie sind. Heftromane, Zeitschriften und Taschenhefte werden als Magazine vertrieben und an Kiosken und beim Zeitschriftenhändler verkauft. Sie haben mit dem Buchhandel, der über Grossisten einkauft, nichts zu tun. Der Heftroman macht seine äußere Form zum Gattungsmerkmal: Er wird geheftet und nicht mit einer Klebe- oder gar Fadenbindung zusammengehalten. Etwa 50 Romantitel veröffentlichen die beiden großen Heftromanverlage Bastei und Kelter in Deutschland wöchentlich; das sind 200 Hefte pro Monat und 2400 Publikationen im Jahr. Hier findet also eine große Menge an Texten ihren Weg an die Öffentlichkeit. Wäre da nicht auch Platz für einen Roman von Ihnen? Vielleicht. Aber bevor Sie sich an einen Verlag wenden, sollten Sie sich mit der Gattung Heftroman gründlich auseinandersetzen. Auf keinen Fall dürfen Sie wie ein gescheiterter Hochliterat wirken, der es jetzt eben bei Kelter versucht. Lernen Sie die Gattung kennen und lieben! Das folgende Kapitel wird Ihnen dabei helfen und Ihnen die Besonderheiten zeigen.

Aus der Sicht des Verlages

Die Liebe

Der Heftroman teilt sich in zwei Bereiche oder Abteilungen. Früher unter dem Namen „Frauenromane" zusammengefasst, definiert sich die erste Abteilung heute über ihr Thema: die Liebe. Man hat davon Abstand genommen, den Leserkreis gleich zu Beginn auf ein Geschlecht zu reduzieren. Liebesromane werden nach wie vor hauptsächlich von Frauen gelesen. Dennoch kann es nicht Ziel des Verlages sein, die Hälfte aller potenziellen Leser bereits über den Namen auszuschließen. Die Leserinnen und Leser können sich selbst einem Thema zuordnen und nach ihren Interessen Hefte kaufen. Im Falle des Liebesromans finden sie in jedem Roman die Geschichte von mindestens einer großen, glücklichen Liebe. Mindestens ein Paar findet zueinander und verspricht sich im Happy End ewige Treue.

Ob Arzt-, Fürsten-, Heimat-, Romantasy-Roman oder genrelos, der Liebesroman hat eine starke, unumstrittene Heldin: die Liebe. Ihr gegenüber steht die Erzfeindin: die Vernunft. Diese wird der Liebe einige Probleme bereiten, ihre Antagonistin ins Schleudern bringen, die Liebenden an ihren tiefen Gefühlen zweifeln lassen – und am Ende besiegt werden. Die Vernunft ist, über kurz oder lang, der Liebe unterlegen. Bis dahin säumen

Missverständnisse, Hass, Eifersucht und Schicksalsschläge den Weg des jungen Paares, das sich sein glückliches Ende erst verdienen muss.
Das Genre Romantasy (Romantic Fantasy oder Romantic Thriller) zählt, wie der Name schon ahnen lässt, ebenfalls zu den Liebesromanen, ist aber ein Sonderfall: Die Genremerkmale Fantasy beziehungsweise Thriller sind mitunter dominanter als der Plot der Liebesgeschichte. Hier kann die Dramaturgie Verlieben – Konflikt – Lösung nicht zwingend auf jeden Roman angewandt werden. Manchmal bezieht die Geschichte ihre Spannung auch komplett aus der Konfrontation der Figuren mit mystisch fantastischen oder anderweitig bedrohlichen Vorgängen.
Vorbilder der Standard-Liebesheftromane sind die Romane von Marlitt, Hedwig Courths-Mahler und Konsalik. Es wird dramatisch, aber nie zu tragisch, es wird geweint und geküsst – und vor allem: gefühlt. Der Liebesheftroman ist der Inbegriff des Kitsches, und er ist es gerne. Aber er ist auch die Geschichte von jungen Menschen, die erwachsen werden, die mit dem richtigen Partner auch sich selbst finden, die lernen, Fehler auszubügeln und Verantwortung zu übernehmen, von politisch und moralisch korrekten Helden, die jeden Leser unmissverständlich auf ihre Seite ziehen. Liebesheftromane pflegen ein Millionenpublikum, weil sie unter Garantie gut ausgehen, und werden trotzdem belächelt – meistens von denen, die nie einen Heftroman gelesen haben.

Die Spannung

Früher von der „Frauenredaktion" völlig getrennt, sind die „Männerromane" heute in der Abteilung „Spannung" zusammengefasst. Dramaturgisch gesehen benötigt jede Geschichte – ob kurz oder lang, ob auf Liebe oder Spannung fokussiert – einen Spannungsbogen. Spannung meint im Fall der Spannungsromane ganz konkret den Fantasy-, Horror-, Kriminal-, Kriegs- und Science-Fiction-, aber auch den Erotikroman. Das Thema in dieser Abteilung ist das Überleben: Sich selbst und andere im Weltraum oder in einer Millionenmetropole vor Verbrechern zu retten, übersinnliche böse Mächte oder landesweit gesuchte Banditen zu besiegen, darum geht es hier. Die erotischen Romane sind als Western ebenfalls Abenteuergeschichten. Auch hier müssen die Helden Leben retten, sie werden dafür nur anders belohnt als in ihren nichterotischen Parallelreihen. In der Abteilung „Spannung" werden lebensbedrohliche Gefahren überwunden. Die Subtextfrage des Liebesromans – „Kriegen sie sich?" – lautet hier: „Werden sie überleben?" Die jeweilige Frage ist in beiden Bereichen meistens eine rhetorische. Das Happy End ist auch im Spannungsroman gern gesehen. *Jerry Cotton* wird auf keinen Fall sterben, genauso wenig wie *John Sinclair.* Aber für die eine oder andere *Maddrax*- oder *Perry-Rhodan*-Figur ist die Reise tatsächlich bereits zu Ende. Im *Landser* werden die Soldaten erst durch ihren Tod zu Helden. Diese umstrittene Romanreihe macht aus der Niederlage einen Sieg und wird oft als kriegsverherrlichend eingestuft. Der Spannungsroman erlaubt sich mehr Brutalität und Sexualität als die Abteilung Romantik, ist aber natürlich nicht frei von Liebe: Diese gibt ein gutes Mordmotiv ab, auch für einen Höllenfürst. Und was wäre *Maddrax* ohne seine aufreizende Gefährtin *Aruula?* Dennoch will der Spannungsroman nicht romantisch oder gar gefühlig sein und wird deshalb selten so nah an den Kitsch herangerückt wie der Liebesroman.

Um das Thema „Liebe" oder „Spannung" in Tausenden von Romanheften garantieren zu können, braucht es simpel strukturierte Muster. Die wirken mitunter affektiert und sind relativ durchschaubar. Und sie sind der Preis, den der Heftroman für seine Liebes- beziehungsweise Spannungsgarantie zahlt.

Die Reihe

Heftromane erscheinen entweder in Reihen oder in Serien, und zwar wöchentlich oder vierzehntägig. Ihr Vertriebsweg ist der von Zeitschriften und nicht der von Büchern. Während man ein Buch nach Inhalt oder AutorIn aussucht und bestellen kann, kaufen HeftromanleserInnen primär eine bestimmte Reihe oder Serie – diese Woche den Roman einer anderen Autorin als nächste Woche, je nachdem was beim Zeitschriftenhändler ausliegt. Nachbestellen ist möglich, aber selbst im Internet ist das gewünschte Heft nicht immer zu finden. Eine Reihe bietet dem Leser jeden Monat einen neuen Roman mit neuen Figuren und Schauplätzen. Die Reihe *Alpengold* etwa ist ein vierzehntägig erscheinender Heimatroman, der Ausgabe für Ausgabe eine neue Romanze aus den österreichischen oder bayerischen Bergen erzählt. Er thematisiert idyllisches Dorfleben und umschreibt Heft für Heft den Begriff „Heimat" als etwas Beschauliches, Ursprüngliches und Tradiertes. Hierfür verliebt sich alle zwei Wochen ein anderes junges Paar ineinander. Ähnlich funktioniert der Adelsroman, der von der Liebe der Oberschicht erzählt und Glamour sowie Luxus garantiert.
Im Bereich „Spannung" gibt es derzeit nur wenige Reihen wie etwa den Western. Jede Woche geht es hier um das Abenteuer eines anderen Helden zu Pferde. Auch der *Landser* schildert die Geschichten von immer neuen Soldaten, ist also eine Reihe.

Die Serie

Im Unterschied zur Reihe hat die Heftroman-Serie ein Stammpersonal. Jedes Heft erzählt die Geschichte einer oder mehrerer Figuren, die durch ein Serienexposé bestimmt werden. Festgelegt sind darin die Charakterzüge, das Aussehen und die Hobbys der Figuren sowie die Beziehungen der Figuren untereinander. *Jerry Cotton*, *Dr. Stefan Frank* und der *Bergpfarrer* begegnen wöchentlich Verbrechen oder der Liebe und geben ihrer Serie den Titel. Das Stammpersonal einer Serie kann bis zu fünfzig Figuren umfassen. *Dr. Andrea Bergen* arbeitet in einem Krankenhaus mit großer Belegschaft. Ihre Kolleginnen und Kollegen, die Krankenschwestern und -pfleger werden im Serienexposé bis ins Detail beschrieben. Vorkommen muss in jedem Roman aber nur ein Bruchteil der möglichen Charaktere; Anwesenheitspflicht besteht nur für die Hauptfiguren.
Die Heftroman-Serie lässt sich in zirkuläre und progressive Serien unterteilen. Einfacher zu produzieren sind die *zirkulären* Serien, deren Figuren zu Beginn des Romans dort stehen, wo sie auch am Ende stehen werden, ähnlich dem amerikanischen Fernsehformat der Sitcom. *Jerry Cotton* tauscht sein Auto aus, *Dr. Andrea Bergens* Hund stirbt, und irgendwann in der Geschichte hat sich *Dr. Stefan Frank* auch mal verliebt, aber das ist dann etwas Besonderes. Diese Figuren ändern mit viel Mut und Engagement das Leben des Gastpersonals ihrer Serie, nicht ihr eigenes. Selten passiert ihnen etwas, das ins Serienexposé eingetragen und von allen Autorinnen und Autoren bedacht werden muss. Im Fokus steht *Lassiters* Fall, wie er ihn löst und wie

er dafür belohnt wird; nicht, ob die Geschehnisse einen anderen Menschen aus ihm machen – machen sie nämlich nicht: Im nächsten Roman ist er der gleiche Haudegen, umschwärmt von willigen Frauen und wahnsinnig gut im Bett oder wo auch immer. Mehr redaktionellen Aufwand erfordern *progressive* Serien. Sie haben neben dem Stammpersonal eine ständig sich weiterentwickelnde Geschichte. Quereinsteiger – sowohl Autoren als auch Leser – haben hier einiges aufzuholen. Jeder einzelne Roman kann für die gesamte Serie alles verändern. Ständig entwickeln sich Figuren weiter oder sterben, und der Entwurf jedes einzelnen Romans ist wichtig für das Serienexposé. Autoren von zirkulären Serien (oder Reihen) kennen die Anforderungen, ohne ihre Vorgängerromane alle gelesen zu haben. Ob man sich die letzten *Bergdoktor*-Ausgaben zu Gemüte geführt hat oder nicht, macht keinen Unterschied, die Serie ist auf dem gleichen Stand. *Maddrax*-Schreiber dagegen müssen nicht nur wissen, wo Matt & Co sich topografisch, dramaturgisch und figurenpsychologisch gerade befinden oder befanden, sie müssen sich – wie alle AutorInnen von progressiven Serien – auch bewusst machen, wo der aktuelle Zyklus hinführt. Ein Zyklus hat im Falle dieser Science-Fiction-Serie 25 Bände. In regelmäßigen Autorenkonferenzen wird von Autoren und Redakteuren festgelegt, wie der nächste Zyklus enden soll. *Perry Rhodan* hat einen Exposéautor, der die Entwicklungen der kompletten Serie und alle Figuren im Blick behält. Aus seinen 30-seitigen Exposés fertigen die Autoren dann die einzelnen Romane an. Die Dramaturgie wird bei diesen Serien streng überwacht, denn die Kontinuität muss gesichert sein. Bei zirkulären Serien ist es dagegen nicht notwendig, Autorenkonferenzen abzuhalten. Es finden daher auch keine statt.

Der Redakteur

Der Redakteur einer Reihe oder Serie – auch Lektor genannt – hält die Fäden in der Hand. Er plant, redigiert und korrigiert, steht in Kontakt mit seinen Autoren, trifft in Rücksprache mit der gesamten Redaktion und den anderen Abteilungen des Verlages Entscheidungen und konzipiert neue Produkte. Er ist es, der einer Reihe/Serie mit verschiedenen Autorinnen und Autoren eine Richtung geben kann und geben muss. Der Redakteur entscheidet über das, was seine Romane auszeichnet und worin sie sich unterscheiden dürfen. Er sollte wissen, welchen Lesestoff seine Leserinnen und Leser sich wünschen und deren Erwartungen in seinen Heften durchsetzen.

Die Titel

Spricht man in der Heftromanbranche vom „Titel", meint man nicht, wie in der Buchbranche, das Werk als solches, sondern schlicht den Namen eines Romans. Es geht um die Überschrift. Allerdings wird nicht einfach ein Roman geschrieben und dann ein passender Titel gesucht. Meistens ist die Reihenfolge genau umgekehrt: Der Anfang eines neuen Romans ist sein Titel und der wird nicht vom Autor verfasst, sondern vom Redakteur.

Die meisten Romanhefte werden in einem vierwöchigen Rhythmus eingeplant. Einmal im Monat werden die Weichen für vier weitere Ausgaben jeder Reihe/Serie gestellt. Der Redakteur beginnt damit, vier Romantitel zu verfassen (Beispiel aus der Arztroman-Reihe *Dr. Stefan Frank:* Band 2010: „Dr. Frank und die Heiratsschwindlerin" [Untertitel:

„Sie war schön wie ein Engel – aber ohne Herz"], Band 2011: „Tränen fielen auf den Brautstrauß" [Untertitel: „Dr. Frank und die bittersüße Romanze einer schönen Kollegin"], Band 2012: „OP-Schwester Julias Liebeslüge" [Untertitel: „Sie hatte Mitleid mit dem Schwerkranken – und wurde schuldig"], Band 2013: „Die Schwester nahm ihr den Geliebten" [Untertitel: „Als die neue Pflegerin zur Rivalin der schönen Chirurgin Dr. Linda Berg wurde"]). Hierbei berücksichtigt der Redakteur, welche Themen in den vorangegangen Einplanungsphasen behandelt wurden. Schließlich sollte nicht jeden Monat ein Rosenschloss als Kulisse eines Fürstenromans dienen oder ein Koksdeal *Jerry Cottons* neuster Fall sein. Darf schon wieder das Wort „Braut" im Titel vorkommen? Kann *Lassiters* Geliebte diesmal Gina heißen? Alles war schon einmal da, einen vollkommen neuen Titel zu verfassen ist nach 60-jähriger Romanhefttradition unmöglich. Man kann – und muss – nur dafür sorgen, dass sich diese Wiederholungen in größtmöglichem Abstand ereignen.

Besonders eng sind hier die Vorgaben bei progressiven Serien. Da die Crew der Science-Fiction-Serie *Sternenfaust* am Ende eines Romans nicht notwendigerweise am gleichen Punkt steht wie zu Beginn und es einen Handlungsstrang gibt, der den einzelnen Romanen übergeordnet ist, darf nicht wahllos betitelt werden. Der Redakteur hat das Ziel eines Erzählzyklus im Auge, während er Titel verfasst.

Meistens sind Titel und Untertitel der Anfang eines weiteren Heftromans, aber es gibt Ausnahmen: Der Redakteur bezieht in seine Einplanung je nach Angebotslage auch Romane mit ein, die ihm schon fertig vorliegen. Neue Autoren werden zum Beispiel erst eingeplant, wenn ihr Roman bereits eingegangen und korrigiert ist. In einigen Reihen ist es auch üblich, keine Aufträge zu vergeben, sondern Romane abhängig davon einzuplanen, was Autoren im Voraus liefern oder vorschlagen. Ein Vorschlag wäre ein Exposé, mit dem ein Autor um einen Auftrag bittet (dazu später mehr). Im Bereich Liebe werden Arbeitstitel der Autoren seltener übernommen als bei den Spannungsromanen. Das letzte Wort hat der Redakteur, der die Verantwortung für die Reihe/Serie trägt. Er entscheidet, was er aus den Vorschlägen macht.

In der Regel verfasst also der Redakteur – und nicht, wie man meinen könnte, der Autor – einen Titel mit passendem Untertitel und beginnt auf diese Weise die Arbeit an einem neuen Heftroman.

Die Bilder

Stehen die vier nächsten Titel der Reihe/Serie, werden passende Titelbilder ausgewählt. Während Liebesromane auf ein Kontingent an Fotos zurückgreifen, die der Verlag bereits bezahlt und selbst archiviert hat, wird für jeden *Jerry Cotton* ein neues, eigenes *Filmstill* (Standfoto, das bei den Dreharbeiten eines Films entstanden ist) von einer Bildagentur gekauft. Westernromane greifen auf ein Kontingent an gemalten, schon bezahlten Bildern zurück, und für *Maddrax* werden exklusiv Bilder gemalt. Ein eigens gemaltes Bild ist natürlich die teuerste Variante. Aber auch ein Bildarchiv, das ständig erweitert werden muss, um die nötige Auswahl zu gewährleisten, hat seinen Preis. Leider finden sich auch in einem großen Archiv nicht immer Bilder, die zum Titel passen und noch dazu neueren Datums sind. Deshalb sind auf neuen Liebesromanen mitunter Bilder aus den Achtzigern zu sehen.

Bei Spannungsromanen einer progressiven Serie können andere Titelbildprobleme auftauchen. Wenn ein exklusives Bild nicht den Wünschen des Redakteurs entspricht, bleibt nur wenig Zeit, etwas zu ändern. Das verursacht Kosten und bedeutet Stress für Künstler und Redakteur. Dafür ist aber gewährleistet, dass *Mathew Drax* immer gleich aussieht und die Leser ihre *Maddrax*-Hauptfigur wiedererkennen. Anders bei zirkulären Serien wie *Jerry Cotton* oder *Dr. Stefan Frank:* Deren Hauptfiguren werden auf den Titelbildern immer wieder durch andere Schauspieler beziehungsweise Models neu interpretiert.
Je weiter der einzelne Roman entwickelt ist, desto schwieriger wird es, ein wirklich passendes Bild zu finden. Existiert erst der Titel des Redakteurs, spielen Haarfarben und Kulisse keine oder kaum eine Rolle. So sollte das Rosenschloss, das im Titel „Urlaub auf dem Rosenschloss" vorkommt, zwar im Idealfall auch auf dem Cover zu sehen sein, aber auch eine Schnittrose in der Hand der Heldin greift das Motiv notfalls auf. Gibt es zum Titel bereits ein Exposé, muss unter Umständen der Erzählstrang berücksichtigt werden. Ein Showdown am Meer wird schlecht zu einem Alpenbild passen. Sollte bereits der ganze Roman vorliegen, müssen mindestens Haarfarben und Frisuren der Hauptfiguren übereinstimmen, im Idealfall sollte die Szene des Titelbildes im Roman vorkommen. Die Suche nach einem geeigneten Bild kostet den Redakteur Zeit. Sie gestaltet sich umso schwieriger, je „fertiger" ein Roman ist. Der Redakteur wird es deshalb vorziehen, ein Bild zu einem Titel auszusuchen und dann erst den passenden (Roman-)Text dazu schreiben zu lassen.
Die Bildauswahl ist ein wichtiger Teil der Preispolitik. Der Heftroman soll erschwinglich sein. Jeder soll sich diese Lektüre leisten können, Woche für Woche. Damit sich ein solches Produkt rechnet, muss der Verlag zwischen der günstigsten Titelbildlösung und dem individuellen Stil der einzelnen Serie/Reihe die Balance halten.

Die Autoren

Nachdem der Redakteur die Titel der nächsten Romanhefte verfasst und geeignete Titelbilder ausgesucht hat, wählt er nun aus seinem Autorenstab die passenden Schreiber aus. Einige schreiben monatlich, andere wird er nur jeden zweiten, dritten oder vierten Monat einplanen. Monatlich schreibende Autoren leben von Heftromanen und sind abhängig davon, für zwei bis drei Reihen/Serien je einen Roman pro Monat zu schreiben. Ihre Abhängigkeit kommt der Redaktion sehr zugute. Diese Profis können so gut wie jeden Termin einrichten und nehmen jeden Titel. Der Redakteur muss hier nicht lange herumtelefonieren und fragen, ob der Termin recht ist oder ob es lieber einer der anderen drei Titel sein soll. Gelegenheitsschreiber machen mehr Arbeit, bringen aber Abwechslung in die Reihe und ermöglichen den Berufsschreibern, zwischendurch auch mal Urlaub zu machen.
Der Autor erfährt zu diesem Zeitpunkt meistens auch, wie das Bild aussieht, das seinen Roman schmücken wird. Eine Beschreibung des Bildes ermöglicht dem Autor, den passenden Roman zum Cover zu schreiben – einen Text, für den man kein besseres Bild finden könnte. Nicht der Autor entscheidet über die Haarfarbe seiner Figuren, sondern der Redakteur, der das Bild ausgewählt hat.
Das gesamte Autorenkontingent besteht aus sehr unterschiedlichen Schreiberinnen und Schreibern. Trotz aller Reglementierung schreiben einige sachlicher, andere bildlicher,

brauchen einige viel Zeit, andere im Ernstfall nur eine Woche. In jeder Abteilung gibt es sogenannte Alleskönner, die zur Not für jede Reihe/Serie schreiben können und dafür manchmal weniger als eine Woche brauchen. Ganz auf die Schnelle einen Roman schreiben zu müssen kann notwendig werden, wenn ein Autor überraschenderweise ausfällt. Oft rächt sich das leider bei der Qualität. Der Verlag wird jedoch immer eher etwas Schlechtes als gar nichts veröffentlichen, denn er muss wöchentlich liefern. An solch einem Notfallmanuskript redigiert man sich die Finger wund, und nicht selten schreiben Redakteure den Text noch einmal zur Hälfte um, Hauptsache, es wird ein Heftroman publiziert.
Anfänger einzuplanen ist für den Redakteur die meiste Arbeit, aber natürlich auch lohnenswert. Ist der neue Autor wirklich gut – und andere kommen gar nicht erst durch –, wird der Redakteur seine Arbeiten gerne publizieren und ihn in seiner Reihe/Serie einführen.

Die Pseudonyme

In der Regel werden Heftromane unter Pseudonymen veröffentlicht. Der Autor hat wenig Autorität und bekommt die korrigierte Version seines Textes nicht mal mehr zu Gesicht, geschweige denn, dass er Änderungen absegnen muss. Das Sagen hat der Redakteur, und ein Autorenpseudonym ist Teil der jeweiligen Reihe/Serie. Es wird der Reglementierung und eingeschränkten kreativen Freiheit des Autors mehr gerecht, als wenn der Autor unter eigenem Namen publizieren würde. Vor allem aber ist es natürlich etwas anderes für die Leserinnen und Leser und ihr Bild vom Autor, ob „Egon Huber" oder „Petra Schmidt" einen Adelsroman verfasst haben oder eine „Sibylle Schönthal". Der Verlag wird die Pseudonyme immer an den Stil der jeweiligen Reihe/Serie anpassen. Liebesromanautoren verschwinden meistens hinter Namen, die zu der Zeit, als sie zu schreiben begannen, einen schönen Klang hatten. *Jerry Cotton* ist selbst „Autor" seiner Serie; und der *Bergdoktor* wird von „Andreas Kufsteiner" geschrieben (und nicht etwa von „Svantje Sörensen"). Der ist zwar keine Figur der Serie selbst, aber eben eine, die den Schein wahrt, der *Bergdoktor* werde von nur einem Autor geschrieben. Bei „Jason Dark" ist das tatsächlich so. Dieses Pseudonym meint seit Jahrzehnten ein und denselben Autor, Helmut Rellergerd, der ganz allein alle Manuskripte für *John Sinclair* liefert. Manchmal ist es also von außen nicht erkennbar, ob sich hinter einem Pseudonym ein Autor, eine Autorin oder mehrere Autorinnen und/oder Autoren verbergen.

Das Exposé

Nachdem der Redakteur alle Titel verteilt hat, bekommt er nach und nach die Exposés zu den zukünftigen Romanen. Der Autor stellt auf einem ein- bis dreiseitigen Entwurf seine Figuren, den Konflikt und dessen Lösung vor. Mit diesem Exposé vermittelt er dem Redakteur einen Eindruck davon, worum es in seiner Geschichte geht. Jetzt kann der Redakteur noch eingreifen und offene Fragen klären oder Ungereimtheiten aus dem Weg räumen. Er wird sich daher fragen: Ist die Geschichte spannend und die Dramaturgie glaubhaft? Hat die Liebe es auch nicht zu einfach, oder hat sie es gar zu schwer? Kommen alle relevanten Figuren vor, und wird das einzelne Exposé dem der ganzen Serie gerecht? An dieser Stelle gibt der Autor einen ersten Teil seiner Verantwortung ab. Was der Redakteur hier absegnet, hat er „gekauft". Wenn sich das später im Roman etwas schief liest, muss der Redakteur dafür geradestehen, er hat die Idee schließlich angenommen.

Der Roman

Als Nächstes trifft der fertige Roman in der Redaktion ein. Selten fragen Autoren noch einmal etwas nach; sie schreiben einfach ihren Text und liefern ihn. Ein Heftroman hat zwischen 25 000 und 30 000 Wörter und ist damit eigentlich kein Roman. Die literarische Gattung Roman ist schwer zu definieren. Der kleinste gemeinsame Nenner aber ist: eine fiktionale Prosaerzählung von mindestens 50 000 Wörtern. Auch hier wird deutlich: Für den Heftroman gelten andere Regeln. Der kleinste gemeinsame Nenner ist im Trivialen um einiges größer: eine fiktionale, abgeschlossene Prosaerzählung im epischen Präteritum, unterteilt in 20 bis 30 Kapitel und chronologisch erzählt.
Spannung wird klassisch aufgebaut, es gibt einen Konflikt und dessen Lösung. Die Erzählhaltung ist dramatisch und szenisch. Es wird beschrieben, was passiert. Das Geschehen wird nicht reflektiert oder ironisiert. Der klare Spannungsaufbau erinnert ans Drehbuchschreiben. Wie die Vorlage zu einem Film reiht der Heftroman Szenen aneinander. Kapitel für Kapitel passiert etwas, Handlung ist Aktion. Das Drehbuch wäre die protokollarische Beschreibung dieser Aktion, der Heftroman ist die erzählende. „Erzählend" meint in diesem Fall, dass gezeigt und nicht zusammengefasst oder reflektiert werden soll, was passiert – *show don't tell!* Die Sprache der Trivialliteratur ist schlicht bis bildhaft, nicht experimentell oder lyrisch, nicht überpräsent oder avantgardistisch – sie stiehlt der Handlung nicht die Show.
Die Darstellungen von Sex und Gewalt halten sich in eng gesteckten Grenzen. Zwar geht *Lassiter* sexuell sehr viel weiter als der *Fürsten-Roman*. Aber selbst der Westernheld begnügt sich mit „sauberen" Geschlechtsakten, die eher erotisch als pornografisch sind. Und auch wenn im Heftroman geprügelt und getötet wird, geschieht es mit verhaltener Brutalität.

Das Lektorat

Anders als bei Hochliterarischem stehen Autor und Redakteur/Lektor hier nicht in ständigem Dialog miteinander. Sie schicken sich keine Manuskriptseiten mit Korrekturvorschlägen hin und her oder besprechen Schwachstellen. Für all das hat man beim Heftroman keine Zeit. Denn Arbeitszeit ist teuer, und Heftromane müssen billig sein. Bücher sorgfältig zu lektorieren kostet Zeit und Geld, was am Ende natürlich der Kunde zahlt. Das Lektorat des Heftromans ist kostengünstig. Das kommt den Leserinnen und Lesern zugute.
Erfahrene Autoren werden bei Manuskriptabgabe bezahlt, und zwar rasch. Ihre Arbeit ist damit getan. Der Heftromanlektor erhält das fertige Manuskript und korrigiert es. Er bügelt Schwachstellen aus, schreibt Teile um oder neu, wenn es gar nicht geht. Den Autor lässt er nur im Extremfall etwas überarbeiten, was er selbst dann aber wieder ohne Rücksprache korrigiert. Es wird gekürzt und angepasst, je nach Autor mehr oder weniger. Dieser sieht sein Manuskript erst als fertiges Heft wieder.

Selten fällt ein Manuskript durch dieses qualitäts- und quantitätssichernde Raster. Sollte das doch einmal passieren, muss der Roman leider dennoch gedruckt werden. Auch wenn es sinnvoller wäre, einen komplett neuen Roman schreiben zu lassen, wird der schlechte Text überarbeitet, denn er ist zu diesem Zeitpunkt bereits bezahlt. Ein neuer Auftrag würde zu viel Zeit und Geld kosten.

Die Werbung

Jeder Roman wird auf der letzten Seite seines Vorgängers angekündigt. In kleinen, romantischen oder spannenden Teasertexten wird Lust auf das nächste Heft gemacht. Dabei greift der Redakteur einen Aspekt des Romans heraus und schreibt einen Zehnzeiler über das, was die nächste Geschichte lesenswert macht. Hierfür wird der Roman regelrecht benutzt und – wenn nötig – ein Moment der Story herausgepickt, der in Bezug auf die Gesamtdramaturgie unwichtig ist, sich dafür aber reißerisch aufmachen lässt. Der einzelne Roman wird einzig und allein mit dieser Vorankündigung beworben. Reklame wird sonst – wenn überhaupt – nur für eine gesamte Reihe/Serie gemacht und das meistens auch nur in Parallelprodukten des Verlags. Darüber hinaus muss man die Auflagenhöhe als Werbemaßnahme begreifen. Von 20 000 Exemplaren wird nicht selten bloß ein Viertel gekauft. Dass eine aktuelle Ausgabe jeder Reihe oder Serie trotzdem im Zeitschriftenregal präsent war, ist eben auch eine Marketingstrategie. Romanhefte bewerben sich selbst durch ihre Präsenz und darüber, dass sie wöchentlich erneuert werden.

Die Rotaseite des Romans befindet sich auf der ersten Seite des eigentlichen Heftes und ersetzt Umschlag- und Klappentext. Auf ihr platziert ist je nach Reihe/Serie die Vorankündigung (Teaser) oder der Einleitungstext/Anfang des Romans. Als Blickfang und Schmuck dienen häufig eine Illustration sowie das Serien- und Verlagslogo.

Das Heft

Aus der Sicht des Verlags ist das fertige Heft nicht mehr von Interesse. Während bei einem Buch wenigstens noch die Marketing- und die Lizenzabteilung das Produkt betreuen, ist das Heft viel zu kurzlebig, um weitere Anstrengungen zu rechtfertigen. Man beschäftigt sich gegebenenfalls mit den Verkaufszahlen und Lizenzverkäufen einer Reihe/Serie, nicht jedoch mit den Daten der einzelnen Romane.

Redakteure progressiver Serien werden hin und wieder etwas in einem alten Heft nachschlagen müssen, bei zirkulären Serien reicht hierfür aber schon das Exposé.

Gute Autoren und Hefte bleiben natürlich in Erinnerung. Aber das einzelne Heft wird als Endprodukt vom Redakteur nicht weiter beachtet. Bei Erscheinen ist der Redakteur im Arbeitsprozess schon drei Monate weiter und verfasst die nächsten Titel, sucht Bilder aus und ruft Autoren an …

Aus der Sicht des Autors

Der Profi

Der erfahrene professionelle Autor schreibt, wie Sie inzwischen wissen, bis zu drei Romane im Monat. Pro Roman erhält er zwischen 700 und 1200 Euro, je nach Verlag, Abteilung, Reihe oder Serie. Pabel-Moewig zahlt für *Perry Rhodan* mehr, schränkt die Autoren mit seinen langen, vorgegebenen Exposés aber auch am meisten ein. Von diesen Honoraren müssen die Autorinnen und Autoren sich versichern, Steuern zahlen und nicht zuletzt ihren Arbeitsplatz unterhalten. Man kann seinen Lebensunterhalt so bestreiten. Ist das Verhältnis zum Verlag einmal etabliert, kommt es einer Festanstellung fast näher als dem Leben des freien Autors von Hoch- oder Unterhaltungsliteratur. Der verdient mit einem einzelnen Roman vielleicht mehr. Aber ein Werk, das zwei Jahre Arbeit gekostet hat und zwei Jahre lang monatlich über 2000 Euro einbringt, schreiben die allerwenigsten AutorInnen. Ein Heftromanautor hingegen wird in diesem Zeitraum alle zwei Wochen einen Roman fertig schreiben und ein regelmäßiges Einkommen erzielen.

Der Autor ist der Hauptdienstleister im Produktionsprozess, am Gewinn wird er nicht beteiligt. Die Zeit, die das Schreiben eines Romans in Anspruch nimmt, deckt sich bei erfahrenen, schnellen Autoren mit der Zeit, die sie vom Honorar leben können. Für Gelegenheitsautoren sind Heftromane ein lukrativer Nebenjob: Hier muss man das Honorar lediglich versteuern, versichert ist man ja sowieso.

Das Bild des Heftromanautors, der nichts anderes schreiben kann oder verkauft bekommt, entspricht nicht der Realität. Die wenigsten Autoren anspruchsvoller Hochliteratur wären in der Lage, den Anforderungen der Heftromanbranche zu genügen (und umgekehrt). Der klassische Spannungsbogen des Kitschromans ist leicht zu durchschauen, aber noch lange nicht schnell und einfach aus dem Ärmel zu schütteln. Den Regeln des Romanhefts zu folgen und gleichzeitig eine schöne, spannende Geschichte zu erzählen, ist eine Herausforderung. Die leistet man nicht mal so eben ab, weil das gesellschaftskritisch experimentelle Romanfragment es weder bei Suhrkamp noch bei einem der Independent-Verlage geschafft hat. Man hat dafür ja auch nicht beliebig lange Zeit, wenn sich diese Arbeit rechnen soll. Nein, den Heftroman muss man verstehen! Man muss sich in seine Strukturen hineindenken und seine Mechanismen nachvollziehen können. Heftromanautoren verachten ihre Arbeit nicht und schämen sich nicht dafür. Für viele ist dieser Beruf ihr Traumberuf; die meisten sind sehr gut ausgebildet, oft sogar Akademiker. Heftromanautoren haben strukturierte Tagesabläufe und gut und gerne einen Achtstundentag, zu dem sie sich täglich selbst motivieren und disziplinieren müssen. Sie können die Heftromanstrukturen meistens spielend auf die Profile mehrerer Serien oder Reihen anwenden. Sie schreiben für den Markt und damit für ein sehr großes Publikum. Bei einer Auflage von durchschnittlich 20 000 Stück pro Roman, kann der Autor trotz hoher Remittendenquote davon ausgehen, viele Leserinnen und Leser erreicht zu haben.

In Reihen und zirkulären Serien wird gerne nachgedruckt. Es erscheinen Reihen, die nur aus Nachdrucken bestehen. Das bringt den betreffenden Autoren ein Nachdruckhonorar, über das sie sich freuen. Fest rechnen lässt sich mit diesen zusätzlichen Einnahmen allerdings nicht. Autoren haben keinen Einfluss darauf, ob ihre Romane erneut aufgelegt werden.

Der Anfänger

Sie wollen Heftromanautor werden? Nachdem Sie sich nun rundum über das Produkt und seine Produzenten informiert haben, wollen Sie für Bastei, Kelter oder Pabel-Moewig schreiben? Dann los! Gerade junge Autorinnen und Autoren werden gesucht, Nachwuchs ist gefragt. Happy Ends am laufenden Band zu produzieren kann glücklich machen.

Wie schon erwähnt, steigen Sie als Anfänger nicht gleich in die Einplanungszyklen ein, ohne dass man Ihren jeweiligen Roman kennt. Den müssen Sie auf eigene Verantwortung vorher fertig schreiben und einreichen. Erst wenn er geprüft wurde, wird man ihn kaufen und einplanen.

In einem Standardvertrag räumen Sie dann dem Verlag ein unbeschränktes Nutzungsrecht ein. Das Honorar ist Verhandlungssache, wird bei Anfängern aber natürlich eher im unteren Bereich der Spanne angesiedelt sein. In diesem Vertrag verzichtet der Autor auf sein Recht auf Namensnennung als Urheber und gibt auch die Lizenzrechte weiter. Vermittelt der Verlag Nutzungsrechte erfolgreich an Dritte, teilt er sich den Erlös aus diesem Lizenzverkauf fünfzig zu fünfzig mit dem Autor (Ausnahme: E-Books). Nach zwei oder drei Jahren darf man als Autor um die Freistellung des Manuskriptes bitten und den Text an andere Verlage verkaufen, allerdings nur im deutschsprachigen Raum; das Recht an Auslandslizenzen hat sich der Verlag im Vertrag unabhängig von einer späteren Freistellung gesichert.

Am einfachsten werden Sie es haben, wenn Sie für Reihen schreiben wollen. Das Profil einer Reihe wird sich Ihnen am ehesten offenbaren. Wenn Sie einen Heimatroman verfassen möchten, lesen Sie vorher so viele Heimatromane wie möglich. Überprüfen Sie, ob Ihr Text auch wirklich ein Heimatroman ist. Was sind die Kriterien dieses Genres? Wird Ihre Geschichte diesen Kriterien gerecht? Recherchieren Sie die formalen Bedingungen: Wenn Sie für Bastei schreiben wollen, müssen Sie eventuell einen kürzeren Text abgeben als für Kelter. Zählen Sie hierfür die Zeichen eines publizierten Romans inklusive Leerzeichen: Anzahl der Zeichen einer Zeile mal Anzahl der Zeilen einer Spalte mal Anzahl der Spalten des Heftes. Diese kleine Zählarbeit ist schnell gemacht und wird eine Zahl zwischen 140 000 und 220 000 Zeichen ergeben. Sie sollten die Länge der abgedruckten Romane eher über- als unterschreiten. Lektoren haben schneller etwas gestrichen als hinzugeschrieben. Sie reichen nun Ihren vollständigen Text inklusive eines Exposés ein. Ihr Exposé stellt auf höchstens drei Seiten den Inhalt Ihres Romans vor. Während die Geschichte selbst im epischen Präteritum geschrieben sein muss, ist Ihr Exposé im Präsens. Diese Zusammenfassung darf nüchtern klingen. Schreiben Sie nicht reißerisch, interpretieren Sie Ihre eigene Arbeit nicht, auch nicht im Hinblick auf die Anforderungen der Reihe oder die Vorlieben des Lesers. Lassen Sie Ihre Geschichte sprechen. Erzählen Sie diese zu Ende, es ist nicht Ihre Aufgabe, einen Teaser mit offenen Fragen zu verfassen. Ihr Exposé wird zeigen, ob Sie eine Story aufbauen können, Ihr Roman beweisen, dass Sie ein Exposé umsetzen können. Arbeiten Sie mit Normseiten auf weißem Papier. Fügen Sie ein Anschreiben bei, in dem Sie sich kurz vorstellen. Legen Sie eine Kurzvita oder Publikationsliste dazu und schicken Sie alles an das Romanlektorat des jeweiligen Verlags. Die Adressen finden Sie im Internet, siehe unten.

Der Einstieg in Heftroman-Serien ist schwieriger, weil Sie als Anfänger natürlich keinen Zugriff auf das Serienexposé haben. Und während Sie bei *Jerry Cotton* noch durch sorgfältige Lektüre genügend Informationen erhalten können, um einen ersten Romanentwurf (den reichen Sie ein und überarbeiten ihn auf Anfrage) zu schreiben, bleibt Ihnen bei progressiven Serien nichts anderes übrig, als neben ausgiebiger Lektüre eine Kontaktaufnahme zu versuchen. Sprechen Sie mit dem jeweiligen Redakteur ab, was Sie einreichen müssen, um eine Chance zu bekommen. Bei *Maddrax* etwa werden auf der Homepage alle wichtigen Völker und Figuren sowie Länder vorgestellt; dennoch werden Sie als Außenstehender nichts schreiben können, was in die aktuellen Zykluskonzeptionen der Redaktion passt, solange Sie diese nicht kennen. Aber wer für *Maddrax* oder *Perry Rhodan* schreiben will, ist in der Regel ohnehin schon Teil einer dicht gewebten Szene. Da ist der Schritt zum Redakteur kleiner, weil sich Macher und Fans untereinander austauschen. Diesen engen Kontakt gibt es zum Beispiel beim Fürstenroman nicht. Dennoch, selbst ein ehemaliger *Perry-Rhodan*-Redakteur und -Autor müsste vor dem Verfassen eines neuen Romans erst mal die letzten fünfzig Bände lesen, um sich auf den aktuellen Stand der Serie zu beamen.

Nachdem Sie Ihr Manuskript eingereicht haben, müssen Sie warten. Die Prüfung dauert, wie in jedem Verlag, bis zu zehn Wochen. Im Falle einer Absage sollten Sie professionell reagieren und nicht nachhaken. Ein Nein ist ein Nein. Trotz des hohen Bedarfs an Nachwuchsautoren fehlt in den Redaktionen die Zeit, mit Ihnen zu arbeiten. Wenn Ihr unverlangt eingesandtes Manuskript nicht perfekt ist, wird es abgelehnt. Ein anständiges Lektorat macht Ihren abgelehnten Roman vielleicht perfekt, aber eben nur vielleicht. Wenn man nach wochenlanger Arbeit feststellt, dass es mit Ihnen nichts wird, hat der Redakteur seine Zeit verschwendet. Dieses Risiko wird der Verlag nicht eingehen. Außerdem will er seine Ressourcen schonen und lieber darauf verwenden, die Qualität der im Akkord produzierten Hefte hochzuhalten. Es ist nicht Aufgabe des Verlages, Ihnen kostenlos Nachhilfeunterricht im Schreiben zu erteilen.

Der Vorteil der Heftromanbranche ist jedoch ihre Schnelllebigkeit. Nehmen Sie sich einige Monate Zeit, verbessern Sie Ihre Schreibe, überprüfen Sie die Anforderungen von Serien und Reihen erneut und schicken Sie ein neues Projekt. Bitte überarbeiten Sie nicht einfach Ihren ersten Versuch, das geht meistens schief. Bei einem neuen Roman können Sie bereits Gelerntes anwenden und weiterentwickeln. Lassen Sie den Roman, der keinen Anklang gefunden hat, los. Loslassen müssen Sie in dieser Branche sowieso fast wöchentlich. Sollten Sie die erste Absage ohne Nachfragen hingenommen haben, wird man einem zweiten Manuskript eine Chance geben und sich an Ihren ersten Versuch möglicherweise sowieso nicht mehr erinnern.

Beispiel-Exposé

Das folgende Exposé eines Fürstenromans zeigt Ihnen, wie Exposés in der Heftromanbranche aussehen können, und stellt die Basisdramaturgie eines Liebesromans vor.

Geküsst von einem Prinzen

Kann die schöne Marie auf Schloss Derlenburg glücklich werden?

In einer Düsseldorfer Nobeldisco lernt die Studentin Marie Mertens (23) in den Sommersemesterferien den attraktiven Dorian (26) kennen. Nach einem kleinen Flirt verabschiedet sich Marie mit einem leidenschaftlichen Kuss von dem jungen Mann und steckt ihm selbstbewusst ihre Handynummer zu. Tatsächlich meldet sich Dorian bald, und über einige Verabredungen lernen sich die beiden kennen und lieben. Als Marie seinen Eltern vorgestellt wird, fällt sie aus allen Wolken. Der gut gekleidete Student Dorian von Derlenburg ist der Erbprinz des Fürstenhauses Derlenburg. Nach einer kurzen Prüfung wird die Studentin zwar als „adelstauglich" eingestuft, aber sogleich in alle gesellschaftlichen Ereignisse eingespannt und dem Fürstenhaus verpflichtet. Gnadenlos versucht Dorians Mutter, die kühle Fürstin Carina (51), eine würdige Nachfolgerin aus Marie zu schnitzen. Als die Semesterferien zu Ende sind, geht Dorian nach Cambridge zurück, Marie will in Düsseldorf weiterstudieren. Aber neben all den Verpflichtungen einer zukünftigen Erbprinzessin bleibt ihr Studium auf der Strecke. Dorian kommt schon im November zu Besuch und überrascht sie mit einem Verlobungsring. Marie ist überglücklich und verspricht dem Prinzen ihre Hand. Postwendend macht Carina aus Dorians einwöchigem Besuch einen PR-Verlobungsmarathon, dessen Höhepunkt ein glamouröser Verlobungsball ist. Zeit füreinander findet das junge Paar nicht. Für die nahe Zukunft sieht es nicht besser aus. Marie muss Weihnachten im Schloss verbringen und wird ihre Eltern in Bremen nur kurz besuchen können. Für ihr Studium sieht es ebenfalls schlecht aus, da für den nächsten Frühling bereits die Hochzeit angesetzt ist. Das meiste davon werden Carina und Marie in Dorians Abwesenheit alleine durchführen, da er Abschlussprüfungen in Cambridge absolvieren muss. Erst nach der Hochzeit wird er wieder Zeit für Marie haben. Dann wird die junge Frau auch endlich wieder studieren können. Aber alle - selbst Dorian - rechnen damit, dass sie spätestens kurz nach der Hochzeit schwanger ist. Marie bleibt die Luft weg. Inzwischen wohnt sie bereits im Derlenburg'schen Schloss, lässt sich von all dem Glamour aber kaum noch blenden. Wo bleibt ihre Liebe bei all dem Stress? Wo sie selbst? Eines Nachts verlässt sie spontan das Schloss und flieht in die WG einer Kommilitonin, wo gerade eine Party gefeiert wird. Endlich wieder „frei", lässt sie sich gehen und trinkt etwas zu viel Alkohol. Mehr aus

Versehen küsst sie in diesem Zustand einen Bekannten. Das wird fotografiert und achtlos mit vielen anderen Partyfotos ins Internet gestellt. Am nächsten Morgen erwacht Marie verkatert im Schloss und trifft beim - sehr späten - Frühstück auf Dorian. Er hat das Foto im Internet gesehen und ist trotz Abschlussprüfung sofort nach Düsseldorf geflogen. Inzwischen ist das Bild gelöscht - das Fürstenhaus hat alles veranlasst -, aber Dorian zweifelt an Maries Liebe. Sie kann die Situation zwar erklären, aber all ihr Frust bricht aus ihr heraus, und ein Streit entbrennt. Marie äußert Zweifel. Sie kenne Dorian ja kaum, nie sei er da, und sie selbst wisse nicht, ob sie so leben wolle. Sie habe ihr Studium gemocht, aber niemand habe sie nach ihren Zukunftsplänen gefragt. Dorian beteuert, sie sehr wohl gefragt zu haben. Schließlich habe sie sogar Ja gesagt und trage seinen Ring. Marie sieht darin inzwischen eine Fessel und streift ihn im Eifer des Gefechts ab. Sie fühlt sich unverstanden und verlässt das Schloss. Einige Gazetten fotografieren diesen Auszug und melden am nächsten Tag das Aus der Beziehung. Weder Marie noch Dorian dementieren. Sie sind zu verletzt und betrachten die Beziehung unabhängig voneinander als beendet. Carina sieht ihren Sohn leiden und stellt ihn zur Rede. Interessanterweise zeigt sie aber Verständnis für Marie. Über einen Geliebten, der sich auf die Seite seiner Mutter schlägt und seine Verlobte nicht unterstützt, kann sie nur den Kopf schütteln. Sie erkennt aber auch ihre eigenen Fehler an und ist bereit, sich zu entschuldigen. Als junge Frau war Carina ins kalte Wasser eines Daseins als Fürstin geworfen worden. Das hatte sie einer künftigen Schwiegertochter eigentlich immer ersparen wollen. Dorian allerdings bleibt uneinsichtig. Marie verzeiht zwar Carina, als diese sie besucht, nicht aber Dorian - der soll sich schon selbst entschuldigen! Als Marie kurz darauf einen Strauß roter Rosen mit einer Entschuldigungskarte erhält, glaubt sie, Carina stecke dahinter. Wütend fährt sie ins Schloss und fragt Dorian, warum er sich auf Geheiß seiner Mutter entschuldigt und nicht von selbst auf die Idee gekommen sei. Überhaupt, sie liebe ihn ja, er sei nur so ein Sturkopf. Dorian hat Marie nicht mal die Blumen geschickt, das war Carina. Aber als seine ehemalige Verlobte vor ihm steht, die in ihrer Wut ganz bezaubernd aussieht und in ihrem Redeschwall auch noch sagt, wie sehr sie ihn liebe und vermisse, ist er hin und weg. Leidenschaftlich zieht er sie an sich, küsst sie und gesteht, dass er sie ebenfalls liebt. Mit zärtlicher Stimme bittet er Marie um Verzeihung für das, was er ihr angetan hat, und schwört, sie nie mehr allein zu lassen. In Versöhnungsstimmung finden beide endlich zueinander und können vernünftig über die Zukunft, die Hochzeit und Maries Studium sprechen.

Weitere Verdienstquellen

Romanhefte sind Kult; sie zu schreiben macht Freude. Eine weitere Möglichkeit, mit dem Schreiben von Trivialliteratur Geld zu verdienen, bieten Romanzeitschriften und Erlebnismagazine. In diesen Zeitschriften finden sich pro Heft ein gutes Dutzend Storys. Auch in einigen Zeitschriften der Yellow Press werden kurze Geschichten veröffentlicht, zumeist Liebes- oder Kriminalgeschichten.

Erlebnismagazine

Die meisten Erlebnismagazine erscheinen beim Hamburger Martin Kelter Verlag. Die Namen der Magazine künden davon, worum es in ihnen geht: *Wahre Gefühle*, *Meine Liebesbeichte*, *Meine Lebenslüge*, *Meine Schuld* usw. Aus der Ankündigung von *Meine Liebesbeichte:* „In diesem vielseitigen Erlebnismagazin der Extraklasse finden Sie aufrüttelnde Schicksale und Bekenntnisgeschichten, verzweifelte Hilferufe und brisante Eheschicksale, die unter die Haut gehen."

In dieser Gattung wird gerne so getan, als handle es sich nicht um frei erfundene Geschichten, sondern um Erlebnisprotokolle von Begebenheiten, die irgendwer tatsächlich so erlebt hat. Das Zeitschriftenformat verstärkt diese Illusion. Denn was in Zeitschriften steht, verbinden die meisten mit journalistischen Berichten über Ereignisse, die tatsächlich in der Realität stattgefunden haben. Fakt ist jedoch, dass es sich hierbei um Fiktion handelt.

Sollten Sie sich dafür interessieren, solche *Wahren Geschichten/True Storys* zu schreiben, müssen Sie sich, wie immer, ins Genre einarbeiten. Finden Sie heraus, welches Magazin welche Geschichten bringt und fragen Sie nach: Ist der direkte Kontakt erwünscht? Oder bevorzugt die Redaktion, über eine Agentur, die sich auf dieses Gebiet spezialisiert hat, mit Ihnen zusammenzuarbeiten? Gibt es für die Zeitschrift Ihrer Wahl überhaupt eine Nachfrage an Autoren – womöglich besteht das Magazin aus Nachdrucken? Eine Zeitschrift, die letztes Jahr noch Originale gedruckt hat, kann dieses Jahr schon die Hälfte aller Geschichten nachdrucken. Der Markt verändert sich laufend, und Sie müssen sich zeitnah informieren. Redakteure wechseln, ihre Nachfolger haben andere Vorlieben, und auch das spricht dafür, dass Sie den Kontakt erst kurz vorab suchen sollten.

Ihre Geschichten reichen Sie dann bei den Zeitschriften ohne Exposé oder Ähnliches ein. Bei einer Länge von 6 000 bis 20 000 Zeichen ist eine Zusammenfassung überflüssig. Auch werden hier äußerst selten Aufträge erteilt. Sie als Autor, Autorin bieten Ihre Geschichte einfach an. Je nach Redaktion wird sie gedruckt und bezahlt, oder Sie erhalten eine Absage. Sollte die Geschichte gedruckt werden, verpflichten Sie sich, diese Story innerhalb eines Jahres keiner anderen Zeitschrift anzubieten.

Während im Heftroman der Trend zur größeren Schrift geht, drucken die Magazine immer mehr Bilder und eine höhere Anzahl immer kürzerer Geschichten. Obwohl die kurze Romanze manchmal mehr Arbeit macht, weil hier genauer gearbeitet werden muss, bringt sie weniger Geld als eine längere Geschichte. Für eine zwölfseitige True Story kann man 400 Euro Honorar bekommen und muss mit etwa drei Arbeitstagen rechnen. Das ist etwas mehr als das durchschnittliche Heftromanhonorar, wenn man es auf Tage umrechnet. Wenn! Neun Tage lang an einem Heftroman zu arbeiten oder in der gleichen Zeit drei verschiedene schmissige Zwölfseiter mit Pointe und interessanten

Figuren zu verfassen, fällt nicht allen Autorinnen und Autoren gleich leicht beziehungsweise schwer.

Taschenhefte

Der Vollständigkeit halber seien hier auch die Taschenhefte erwähnt. Taschenhefte sind eigentlich keine Hefte. Sie werden nicht geheftet, sondern sind sehr günstig produzierte Bücher mit Klebebindung, die aber ebenfalls über den Zeitschriftenvertrieb angeboten werden. Leider sind Taschenhefte für deutsche Autoren heutzutage uninteressant, weil sie inzwischen entweder Übersetzungen sind oder Sammel- und Sonderbände gängiger Heftromane enthalten.

Genre-Übersicht

Zum Schluss eine Liste aller Heftromangenres, die derzeit auf dem Markt sind. Da Verlage schnell mal eine Reihe hinzufügen oder herausnehmen, macht es keinen Sinn, Sie an dieser Stelle detailliert über einzelne Reihen oder Serien zu informieren. Wenn Sie ein bestimmtes Genre favorisieren, beispielsweise Arztromane schreiben wollen, sollten Sie sich sehr breit durch alle Serien dieses Genres lesen und immer einen möglichst aktuellen Überblick über den Markt haben. Hierfür müssen Sie in der Regel mehrere Zeitschriftenhändler aufsuchen, da die meisten Händler nur eine kleine Auswahl des Angebots präsentieren.

Adel

Ein Liebesroman, der als Reihe und Serie erscheint. Ein Genre, bei dem der Fokus auf Luxus und Glamour liegt.

Arzt

Ein Liebesroman, der in verschiedenen Serien erscheint. Jede dieser Serien dreht sich um die Figur eines Arztes/einer Ärztin, die nicht die eigenen, sondern die Konflikte und Liebesprobleme ihrer Mitmenschen löst.

Fantasy

Ein Spannungsroman, in dem der Held sein eigenes Überleben und das anderer Personen im Kampf gegen übersinnliche Mächte sichert.

Heimat

Ein Liebesroman, sowohl Reihe als auch Serie, der in den bayerischen oder österreichischen Bergen spielt. Er thematisiert idyllisches Dorfleben und definiert den Begriff der Heimat als etwas Beschauliches, Ursprüngliches und Tradiertes, das es zu erhalten gilt.

Krieg

In diesem Spannungsroman kämpfen Soldaten vor der Kulisse eines historischen Krieges.

Krimi

Ein Spannungsroman, der sich dem Aufklären von Verbrechen widmet. Die Helden haben die Staatsgewalt im Rücken und handeln moralisch und politisch korrekt.

Liebe

Nicht alle Liebesromane lassen sich als Adel-, Arzt- oder Heimatroman einordnen. Immer mal wieder gibt es auch Reihen, die unabhängig von diesen Genres Liebesgeschichten erzählen.

Mutter & Kind

Ein Liebesroman, in dem nicht nur Paare zusammenfinden, sondern auch Kinder eine wichtige Rolle spielen, zum Beispiel indem sie helfen, die „seltsamen Erwachsenenhindernisse" der Liebe zu überwinden.

Romantasy

Ein Liebesroman, in dem neben der Liebes- auch eine Spannungsgeschichte erzählt wird. Romantische und gruselige Handlungsstränge befruchten sich hier gegenseitig.

Science Fiction

Ein Spannungsroman, dessen Helden gegen außerirdische Mächte ums Überleben kämpfen und der meistens in der Zukunft spielt.

Western

Ein Spannungsroman mit der Kulisse des Wilden Westens (weder zeitlich noch örtlich zu genau definiert). Hier gefährden beispielsweise Banditen, Indianer, zwielichtige Großgrundbesitzer oder skrupellose Kopfgeldjäger das Überleben. Im Subgenre Erotik wird der Held für seinen Kampf mit Sex belohnt.

Links & Literatur

LINKS

› **www.agentur-wengler.de:** Die Agentur Raija Wengler, Baden-Baden, vermittelt u.a. Kurzgeschichten, Liebesromane und Wahre Geschichten. (› Seite 302)
› **www.asv.de:** Der Hamburger Alex Springer Verlag druckt in seinen Fernsehzeitschriften Kurzgeschichten, -romane und -krimis ab.
› **www.bastei.de:** Der Heftromanverlag des Bastei Lübbe Verlags mit Sitz in Köln publiziert Liebe und Spannung in Form von Romanheften.
› **www.delia-online.de:** Vereinigung deutschsprachiger Liebesroman-Autorinnen und -Autoren (DeLiA)
› **www.doernersche.de:** Die Dörnersche Verlagsgesellschaft in Reinbek ist eine der wenigen Agenturen, die auch Kurzromane, Lovestorys, Fortsetzungsromane und Krimis vermittelt. (› Seite 281)

- **www.gong.de:** Der Gong Verlag aus Ismaning gehört der WAZ Mediengruppe und hat einige Zeitschriften im Programm, die Kurzgeschichten abdrucken.
- **www.hbv.de:** Der Bauer Media Group in Hamburg publiziert eine große Auswahl an verschiedenen Zeitschriften, in denen Storys und Kurzromane erscheinen.
- **www.hml-media.de:** HML-MEDIA NÜRNBERG ist eine literarische Agentur mit den Schwerpunkten True Storys und Kurzroman. Agenturgründer Harald M. Landgraf gibt auf seiner Website wertvolle Tipps! (› Seite 287)
- **www.hubert-burda-media.de:** In Offenburg bringt die Verlagsgruppe Burda Zeitschriften heraus, in denen Kurzkrimis, Storys und Romane abgedruckt werden.
- **www.kelter.de:** Der Hamburger Martin Kelter Verlag hat ein großes Angebot an Liebesromanen, dafür wenig Spannungsromane. Herausgegeben werden außerdem etliche Zeitschriften (Erlebnismagazine) mit Wahren Geschichten.
- **www.klambt.de:** In Baden-Baden sitzt die Mediengruppe Klambt, die verschiedene Zeitschriften mit Kurzromanen herausbringt.
- **www.maddrax.de:** Homepage der Bastei-Serie
- **www.perry-rhodan.net:** Homepage der größten Science-Fiction-Serie der Welt mit derzeit über 2.500 Heften
- **www.vpm.de:** Der Pabel-Moewig Verlag in Rastatt veröffentlicht neben Perry Rhodan noch den Landser, aber keine Liebesromane mehr.
- **www.waz-mediengruppe.de:** Die WAZ-Mediengruppe mit Sitz in Essen publiziert Kurzgeschichten in diversen Zeitschriften.

LITERATUR

- Basener, Anna: Heftromane schreiben und veröffentlichen. Berlin: Autorenhaus Verlag 2010.
- Bauer, Angeline: Liebesromane schreiben. Berlin: Autorenhaus Verlag 2004.
- Uschtrin, Sandra: Traumberuf Heftroman-Autorin. Interview mit Anita Friedrich. In: Federwelt. Zeitschrift für Autorinnen und Autoren. 12. Jg. Heft 75, April/Mai 2009. München: Uschtrin Verlag, S. 30–36.

Anzeige

FEDERWELT
ZEITSCHRIFT FÜR AUTORINNEN UND AUTOREN

Praxisorientierte Fachartikel, Interviews zum Thema Schreiben und Veröffentlichen, Informationen über Literaturwettbewerbe und Seminare sowie Rezensionen, Gedichte und kurze Prosatexte.

Erscheint alle 2 Monate
im Uschtrin Verlag
Einzelheft-Preis: 6,50 Euro zzgl. Versand
Abonnement: 33 Euro (Inland,
inkl. Versand) für 6 Hefte
60 Seiten, farbig

.uschtrin.

www.federwelt.de

Literaturzeitschriften

4

oder auch: „Wer vieles bringt, wird manchem etwas bringen."

ADRESSEN UND INFORMATIONEN

Literaturzeitschriften – Adressen und Profile

Eine Veröffentlichung in einer halbwegs renommierten Zeitschrift stärkt das Selbstbewusstsein.
(Joachim Feldmann, Redakteur der Zeitschrift „Am Erker“)

Die Vielfalt von Literaturzeitschriften im deutschsprachigen Raum ist beeindruckend. Wir haben etwa 230 uns bekannte Titel für dieses Kapitel überprüft, sind aber sicher, dass wir nicht alle erfassen konnten.
Die mit Abstand älteste, noch existierende Literaturzeitschrift ist offenbar die „Neue Rundschau“, gegründet 1890. In dieser Zeitung haben zum Beispiel Thomas Mann, Paul Celan und Ingeborg Bachmann mehrfach publiziert. Die letzten Neugründungen sind vermutlich „wortwuchs – Erfurter Zeitschrift für junge Literatur“, die seit Januar 2009 von StudentInnen in Erfurt herausgegeben wird, und „Crocodil + Co – Magazin für politisch-satirische Versdichtung“, ebenfalls 2009 gegründet. Und welche Zeitschrift ist die auflagenstärkste? Welche veröffentlicht Lyrik? Wo bekommen Sie ein Honorar? (Bei den wenigsten!) Antworten auf Ihre Fragen finden Sie in der nachfolgenden Aufstellung.

Fragebogen

Name der Zeitschrift: ...
Untertitel: ...
HerausgeberIn: ...
Redaktion: ...
Verlag: ...
Ort(e) (Herausgeber/Redaktion/Verlag): ...
Mail: ...
Website: ...

1. Gründungsjahr: ... — 1 Gegr.:
2. derzeitige Auflagenhöhe: ... Exemplare — 2 Aufl.:
3. Inhalte/Textgattungen Ihrer Zeitschrift: ... — 3 Inhalt:
4. Profil und Anspruch sowie die wesentlichen Merkmale Ihrer Zeitschrift (maximal 700 Zeichen): ... — 4 Profil:
5. Erscheinungsweise: ... Ausgaben pro Jahr, und zwar in folgenden Monaten: ... — 5 Hefte/Jahr:
6. durchschnittliche Seitenzahl: ... Seiten — 6 Seiten:

Für rund ein Drittel der überprüften 230 Titel waren keine oder nur sehr veraltete Angaben zu finden. Wir gehen davon aus, dass diese Zeitschriften nicht mehr existieren. An 155 Zeitschriften haben wir Fragebogen versandt, 125 Adressaten haben geantwortet. Ihre Angaben haben wir in der Regel unverändert für das Profil übernommen. Bei den wenigen Zeitschriften, die ausdrücklich keine Angaben veröffentlichen wollten, nennen wir nur den Titel und die Website. Für Zeitschriften, bei denen unsere wiederholten Anfragen unbeantwortet geblieben sind, haben wir aus den uns zur Verfügung stehenden Quellen (vor allem der Website) Informationen zusammengestellt. Diese sind sicher unvollständig und können nur so aktuell sein wie die Quelle, sie sind also möglicherweise veraltet. Wir haben sie besonders gekennzeichnet.
Zeitschriften, die hier nicht genannt werden, können in das Online-Verzeichnis (www.uschtrin.de/litzs.html) aufgenommen werden. Der Eintrag ist (wie auch hier) kostenlos.

7. kostenloses Probeheft: ja: ... / nein: ... Wenn nein, Preis eines Heftes: ... € zzgl. ... € Versand (Inland)	**7** Probeheft:
8. AutorInnen, die in Ihrer Zeitschrift bereits mehrfach publiziert haben (Auswahl, maximal 7 Namen): ...	**8** AutorInnen:
9. Sind Sie an Zusendungen interessiert: ja: ... / nein: ... Wenn ja, wie lang darf ein Text maximal sein (Zeichen inkl. Leerzeichen): ...	**9** Texte erwünscht:
10. Wie sollen AutorInnen zu Ihnen Kontakt aufnehmen (Mehrfachnennungen möglich): per Mail an (Mailadresse): ... telefonisch (Telefonnummer): ... postalisch (Name/Str./PLZ/Ort): ...	**10** Kontakt:
11. Zahlen Sie bei der Veröffentlichung eines Textes ein Honorar: ja: ... / nein: ...	**11** Honorar:
12. Sonstiges: ...	**12** Sonstiges:
13. Unser Tipp an AutorInnen: ...	**13** Tipp:

A

AKZENTE – Zeitschrift für Literatur
Herausgeber: Michael Krüger, Verlag: Carl Hanser Verlag, Ort: D-München
Mail: info@hanser.de, Website: www.hanser.de

1 Gegr.: 1954 2 Aufl.: 3500 3 Inhalt: moderne Poesie, Essays, Themenhefte, offen für alle 5 Hefte/Jahr: 6 6 Seiten: 96 7 Probeheft: 7,90 € 8 AutorInnen: Inger Christensen, Seamus Heaney, Durs Grünbein, Joseph Brodsky, Derek Walcott, Lars Gustafsson, John Ashbery, Les Murray, Raoul Schrott, Hans Bender, Poul Vad, Günter Kunert, Tomas Tranströmer 9 Texte erwünscht: ja 10 Kontakt: info@hanser.de, telefonisch: 089/998300, postalisch: Carl Hanser Verlag, Vilshofener Str. 10, 81679 München 11 Honorar: ja

AM ERKER – Zeitschrift für Literatur
Herausgeber: Fiktiver Alltag. Verein zur Förderung junger Literatur und Medien e. V., Redaktion: Dr. Georg Deggerich, Joachim Feldmann, Dr. Gerald Funk, Andreas Heckmann, Frank Lingnau, Verlag: Daedalus Verlag, Oderstr. 25, 48145 Münster, Ort: D-Münster, Mail: redaktion@am-erker.de
Website: www.am-erker.de

1 Gegr.: 1977 2 Aufl.: 1000 3 Inhalt: Erzählende Prosa, gelegentlich Lyrik, literarische Essays, Autorengespräche, Literaturkritik 4 Profil: *Am Erker* versteht sich vor allem als Zeitschrift für Geschichten, in denen die Abgründe unseres Alltags ausgelotet werden. Wir haben aber auch Platz für Gedichte und Essays. Einen relativ großen Raum nimmt die Bücherschau ein, in der Neuerscheinungen kritisch und unkonventionell vorgestellt werden. Die einzelnen Hefte stehen jeweils unter einem Thema. 5 Hefte/Jahr: 2 (Juni, November) 6 Seiten: 160 7 Probeheft: 9 € 8 AutorInnen: Burkhard Spinnen, Franziska Gerstenberg, Tanja Dückers, Georg Klein, Volker Kaminski, Markus Orths, Georges Hausemer 9 Texte erwünscht: ja; am liebsten sind uns Texte von bis zu 10 000 Zeichen 10 Kontakt: redaktion@am-erker.de, postalisch: Redaktion Am Erker, c/o Frank Lingnau, Rudolfstr. 8, 48145 Münster 11 Honorar: ja 12 Sonstiges: Bitte erkundigen Sie sich vor der Zusendung auf unserer Website nach dem anstehenden Thema. Zusendungen als Word-Dokument per Mail sind uns am liebsten.

Joachim Feldmann, Redakteur der Zeitschrift *Am Erker,* beantwortete uns drei Fragen:

› Warum sollten AutorInnen in Literaturzeitschriften veröffentlichen, wenn sie dort für ihre Veröffentlichung in der Regel kein Honorar erhalten?

Eine Veröffentlichung in einer halbwegs renommierten Zeitschrift wie *Am Erker* stärkt zum einen das Selbstbewusstsein eines Autors/einer Autorin, da er/sie sich sicher sein kann, einen strengen Auswahlprozess durchlaufen zu haben. Darüber hinaus hat man nun etwas zum „Vorzeigen“. Ein weiterer, nicht zu unterschätzender Umstand ist, dass *Am Erker* im Literaturbetrieb zur Kenntnis genommen wird. Es ist nicht nur einmal vorgekommen, dass Autor/inn/en über die Veröffentlichung in *Am Erker* einen Verlag gefunden haben.

A

ARCANA – Magazin für klassische und moderne Phantastik
Herausgeber: Robert N. Bloch, Gerhard Lindenstruth, Verlag: Verlag Gerhard Lindenstruth, Ort: D-Gießen, Mail: arcana@verlag-lindenstruth.de
Website: www.verlag-lindenstruth.de
3 Inhalt: In *Arcana* erscheinen Sachartikel, Rezensionen sowie Erzählungen klassischer und moderner Autoren. 5 Hefte/Jahr: ca. 2 6 Seiten: ca. 64 7 Probeheft: 4 €

AROVELL-KULTURZEITSCHRIFT – Hintergrundinformationen und Rezensionen
Herausgeber: Paul Jaeg, Redaktion: Paul Jaeg, Verlag: Arovell-Kulturverlag Österreich, Ort: A-Gosau, A-Salzburg, A-Wien, Mail: arovell@arovell.at
Website: www.arovell.at
1 Gegr.: 1991 2 Aufl.: 300 3 Inhalt: Berichte, Rezensionen, Textproben zeitgenössischer Autoren/Autorinnen, Termine 4 Profil: Vernetzungen von Literatur und Kunst und Musik in Österreich und Bayern 5 Hefte/Jahr: 4 6 Seiten: 90 7 Probeheft: 3 € 8 AutorInnen: Peter Paul Wiplinger, Christoph Janacs, Peter Assmann, Hermann Knapp, Christine Roiter, Christine Werner, Günther Kaip, Reinhold Aumaier, Karin Gayer 9 Texte erwünscht: ja, 1 Seite Text inkl. 1–2 Fotos 10 Kontakt: arovell@arovell.at 11 Honorar: ja

ASPHALTSPUREN – Kultur und Subkultur
Herausgeberin: Regina Holz, Redaktion: Jürgen Olejok, Werner Theis
Ort: D-Düsseldorf, D-Duisburg, D-Stuttgart
Mail: redaktion.print@asphaltspuren.de, Website: www.asphaltspuren.de
1 Gegr.: 2003 2 Aufl.: 200 3 Inhalt: Kurzprosa und Lyrik, Sach- und Fachartikel zum Schreiben, Rezensionen, Berichte über Literatur-Projekte, Artikel zum netzbezogenen Arbeiten, Vorstellungen von Autorengruppen, Grafik, Zeichnungen u.a. 4 Profil: Wir beschäftigen uns mit der deutschsprachigen Literatur und den subkulturellen Strömungen, die im täglichen Geschäft der etablierten Verlage kaum Beachtung finden. Dabei möchten wir auch den Autoren eine Plattform bieten, die bisher noch nicht veröffentlicht wurden, deren Potenzial aber unverkennbar vorhanden ist. 5 Hefte/Jahr: 2 6 Seiten: 94 7 Probeheft: 6 € 8 AutorInnen: Frank Hebben, Carmen Caputo, Tobias Falberg,

› Was sollten AutorInnen beachten, wenn sie Ihnen Texte zusenden?
Wer uns Texte schickt, sollte die Zeitschrift ein wenig kennen. Zumindest unsere Website. Dann wäre es schön, wenn das dort angegebene Thema berücksichtigt wird. Keinesfalls sollte man uns fünfzig Gedichte in fünfzig separaten Dateien senden oder ganze Romane und Kurzgeschichtensammlungen.

› Welche Arbeit machen Sie besonders gerne und vor welcher würden Sie sich am liebsten drücken?
Ich selbst redigiere gerne Texte und pflege Kontakt mit Autor/inn/en. Ich glaube, das geht auch meinen Kollegen in der Redaktion so. Ausgesprochen ungern schreibe ich Anträge für Fördergelder.

Constantin Göttfert, Michael K. Iwoleit, Anke Behrend **9** Texte erwünscht: ja, maximal 10 000 Zeichen; 1 Story bzw. 3 Lyriks pro Zusendung **10** Kontakt: redaktion.print@asphaltspuren.de **11** Honorar: nein (Belegexemplar) **13** Tipp: Manchmal reichen die Worte für eine Idee nicht aus. Viel öfter reicht die Idee nicht für viele Worte aus. Erst wenn Idee und Umsetzung eine untrennbare Symbiose eingehen, wird der Text für den Leser zum Erlebnis. Jede weitere Stufe zum literarischen Erfolg hat weniger mit Können zu tun, sondern nur mit Glück.

AURORA – Magazin für Kultur, Wissen und Gesellschaft
Redaktion: Franz Wagner, Kristina Werndl, Reinhard Winkler, Ort: A-Wien
Mail: redakt.aurora@aon.at, Website: www.aurora-magazin.at
1 Gegr.: 2000 **4** Profil: *Aurora* bringt „bevorzugt Texte, die aus bewusst subjektiver Perspektive verfasst sind. Textsorten wie Essays, Rezensionen oder wissenschaftliche Aufsätze sollen sich keineswegs auf die scheinbar objektive, bloß inhaltliche Wiedergabe von Sachverhalten beschränken, sondern ihren Gegenstand argumentativ, mitunter auch polemisch durchleuchten und bewerten."
(Angaben von der Handbuch-Redaktion)

AUSSER.DEM
Herausgeber: p.l.o.t. e.V., Redaktion: Jochen Kunzmann, Sabina Lorenz, Thomas Steiner, Armin Steigenberger, Christel Steigenberger, Ort: D-München
Mail: text@ausserdem.de (für Texte), info@ausserdem.de (für Nachfragen)
Website: www.ausserdem.de
1 Gegr.: 1998 **3** Inhalt: Alle Genres. Es gibt keine Themenbindung und keinen festen Redaktionsschluss. *außer.dem* veröffentlicht ausschließlich PRIMÄRtexte, keine Buchbesprechungen etc. *außer.dem* enthält keine Werbung, d.h. der Raum steht maximal den Autoren zur Verfügung. **4** Profil: *außer.dem* ist an zeitgenössischen modernen Texten interessiert, die über die üblichen klassischen Muster hinausreichen und an markanten Stellen das gängige Schema von Lyrik und Prosa verlassen. *außer.dem* veröffentlicht auch Texte, die sich außerhalb des eingeführten Literaturbetriebs sehen; Texte, die der üblichen Lyrik und Prosa überraschende und innovative Textalternativen gegenüberstellen. **5** Hefte/Jahr: 1 (Oktober/November) **6** Seiten: 50 **7** Probeheft: 7 € zzgl. 2 € Versand **8** AutorInnen: Dominik Dombrowski, Tobias Falberg, Karin Fellner, Gerald Fiebig, Augusta Laar, Jörg Neugebauer, Silke Peters **9** Texte erwünscht: Ja, 8 Normseiten, bei Lyrik maximal 10 Gedichte. Alle Texte als Mail-Anhang in 1 einzigen Datei (doc/rtf kein pdf/docx) oder direkt in 1 Mail; Autorenangaben nur als 160-Zeichen-Bio mit aktueller Postanschrift. **10** Kontakt: info@ausserdem.de, text@ausserdem.de (Einsendungen bitte nur per Mail. Texteinreichungen per Post können weder bearbeitet noch zurückgesandt werden.) **11** Honorar: nein **12** Sonstiges: *außer.dem* präsentiert seine neuen Ausgaben jeweils mit einer Lesung von 6–8 Autoren in München an wechselnden Veranstaltungsorten. Wer über diese Veranstaltungen informiert werden möchte, kann sich gerne in den Mailverteiler eintragen lassen. Bei Veröffentlichung erhalten Autoren 2 Belege. – Wir drucken keine Rezensionen und bitten deshalb, von unaufgeforderten Bücherzusendungen abzusehen. Auch für Essays, Rezensionen, authentische (also

nichtfiktionale) Reiseberichte und Schilderungen, Tagebücher, therapeutisches Schreiben, Auszüge aus längeren Werken und Bildmaterial (Fotos und Grafiken) haben wir keine Verwendung. Blindbewerbungen um eine (Praktikanten-)Stelle in der Redaktion kann nicht entsprochen werden; die Redaktion arbeitet unentgeltlich.

BELLA TRISTE – Zeitschrift für junge Literatur
HerausgeberInnen: Clara Ehrenwerth, Nikolas Hoppe, Victor Kümel, Marcel Maas, Lisa-Maria Seydlitz, Ort: D-Hildesheim, Mail: bella_triste@gmx.de
Website: www.bellatriste.de
1 Gegr.: 2001 2 Aufl.: 2000 3 Inhalt: Prosa, Lyrik, Essay, Interview 4 Profil: *BELLA triste* ist eine Zeitschrift für deutschsprachige Gegenwartsliteratur. Dreimal im Jahr präsentiert *BELLA triste* Prosa und Lyrik, Essays und Reflexionen. So wird das Dickicht des jungen Erzählens umkreist, werden Schneisen geschlagen und Entdeckungen gemacht. Auf der Spur aktueller Tendenzen setzt *BELLA triste* der Vielstimmigkeit des Literaturbetriebs eigene Akzente entgegen: Seit dem Frühjahr 2001 erzählen die Ausgaben der *BELLA triste* davon, was uns, die Redaktion, am stärksten begeistert und fasziniert. *BELLA triste* zeigt: Es gibt nichts Schöneres und Wilderes, Verschlungeneres und Spannenderes als die Literatur der Gegenwart – und ihre Zukunft. Kommen Sie mit! 5 Hefte/Jahr: 3 (März, Juli, Oktober) 6 Seiten: 120 7 Probeheft: 5,35 € zzgl. 0,85 € Versand 8 AutorInnen: Jörg Albrecht, Marcel Beyer, Nora Bossong, Ulrike Draesner, Steffen Popp, Michael Stauffer, Kevin Vennemann 9 Texte erwünscht: ja, maximal 25 000 Zeichen 10 Kontakt: bella_triste@gmx.de, postalisch: Moltkestr. 64, 31135 Hildesheim 11 Honorar: nein

BELLETRISTIK – Zeitschrift für Literatur und Illustration
Herausgeber: Johannes CS Frank und Dominik Ziller, Redaktion: Nadia Matin
Verlag: Verlagshaus J. Frank, Berlin, Ort: D-Berlin, A-Wien, F-Paris, IL-Jerusalem
Mail: post@belletristik-berlin.de, Website: www.belletristik-berlin.de
1 Gegr.: 2005 2 Aufl.: 1500 3 Inhalt: alle Inhalte, alle Gattungen 4 Profil: Das Zentrum der publizistischen Tätigkeit des Verlagshauses J. Frank, Berlin, bildet die unabhängige Literaturzeitschrift *Belletristik*. Diese versteht sich als die Plattform für junge und aufstrebende Autorinnen und Autoren. Der Verlag erlegt den Autoren keinerlei thematische oder inhaltliche Vorgaben auf. Auch Gattung und Form eines Textes stehen einem jeden Autor völlig offen. Als innovatives Medium nimmt die *Belletristik* den jungen Autor in seinem Schreiben ernst: In der Zeitschrift gibt es keine Rezension, keine Werbung, keine Veranstaltungshinweise – ausschließlich das Wort kommt zu Wort. Hingegen sucht die *Belletristik* die Auseinandersetzung mit dem Bild. 5 Hefte/Jahr: 3 6 Seiten: 88 7 Probeheft: 7,60 € zzgl. 3 € Versand 8 AutorInnen: Dominic Angeloch, Hannes Bajohr, Katharina Bendixen, Tom Bresemann, Marion Dick, Alexander Græff, Katharina Hartwell, Lilly Jäckl, Andre Rudolph, Jan Wagner, Philipp Weber, Ron Winkler 9 Texte erwünscht: ja 10 Kontakt: postalisch: Postfach 021216, 10123 Berlin 11 Honorar: nein

BLUMENFRESSER – Zeitschrift für literarischen Übermut
Herausgeber, Redaktion: Maren Burghard, Andreas Neuner, Christian Schloyer, Dirk Stolzenberger, Ort: D-Nürnberg, Mail: alle@blumenfresser.de
Website: www.blumenfresser.de
1 Gegr.: 2008 2 Aufl.: 800 3 Inhalt: Lyrik, Prosa, Drama, Comics, Partituren, Essays, Kritik & Diskussion 4 Profil: Eine Erzählung ist ein Gedicht ist ein Essay ist eine Comicpartitur mit Fußnoten, eine Science-Fiction-Elegie, die sich als Komödie entpuppt, ein Drama, das bei genauem Hinsehen ein poetischer Werkstattbericht ist. Der *Blumenfresser* hat Lust auf Zwischenformen, auf Experimente und Überschneidungen mit anderen Kunstarten, die in kein Genre passen. Der *Blumenfresser* mag ständig etwas anderes. Er weiß überhaupt nicht, was er will – aber das weiß er nur zu gut. „Corporate Identity" jedenfalls bereitet ihm Leib- und Magenschmerzen. Und er hat schon gar keine Lust, eine Marke zu sein. Er wird vielleicht trotzdem eine. Nur eines bleibt: Im Zentrum stehen Texte und Comics, die gut gemacht sind. 5 Hefte/Jahr: 1 6 Seiten: 80 7 Probeheft: 7 € 8 AutorInnen: Katharina Bendixen, Nora Gomringer, Martina Wildner, Johannes Witek, Ron Winkler, Jan Philipp Heilgenthal 9 Texte erwünscht: Ja. Bei Qualität nehmen wir auch richtig lange Texte. Grundsätzlich wird es aber ab 15 000 Zeichen schwierig. 10 Kontakt: alle@blumenfresser.de, postalisch: Maren Burghard, Bleichstr. 14, 90429 Nürnberg 11 Honorar: nein 12 Sonstiges: Wir suchen Gestaltungskünstler. Denn jeder neue *Blumenfresser* behält nur seinen Namen. Seine äußere Form wird jedes Jahr an eine(n) andere(n) Künstler(in) zur freien Gestaltung ausgeschrieben. 13 Tipp: Nicht zögern, sondern uns die Blumen schicken. Und nicht ungeduldig werden, wenn es mit der Antwort etwas dauert.

DIE BRÜCKE – Forum für antirassistische Politik und Kultur
Herausgeber: DIE BRÜCKE e.V. – Verein zur Förderung politischer, sozialer und kultureller Verständigung zwischen Mitbürgern deutscher und ausländischer Herkunft, Ort: D-Saarbrücken, Mail: bruecke@handshake.de
Website: www.bruecke-saarbruecken.de
5 Hefte/Jahr: 4 7 Probeheft: 9 €
(Angaben von der Handbuch-Redaktion)

BRÜCKENSCHLAG – Zeitschrift für Sozialpsychiatrie, Literatur, Kunst
Herausgeber, Redaktion: Fritz Bremer, Jürgen Blume, Hartwig Hansen
Verlag: Paranus Verlag, Ort: D-Neumünster, Mail: verlag@paranus.de
Website: www.paranus.de
1 Gegr.: 1985 2 Aufl.: 1000 3 Inhalt: Bericht, Erzählung, Gedicht, Fachaufsatz, Essay, Bild, Foto, Zeichnung 4 Profil: Veröffentlichungsort für Texte, Bilder etc. von psychiatrie-erfahrenen Menschen; Fachzeitschrift für Sozialpsychiatrie mit Texten von Pädagogen, Psychologen, Ärzten; Literaturzeitschrift 5 Hefte/Jahr: 1 (Mai) 6 Seiten: 250 7 Probeheft: kostenlos 8 AutorInnen: Heinrich Detering, Heiner Egge, Wolfdietrich und Marina Schnurre, Wolfgang Sieg, Werner Landsburgh, Jochen Missfeldt, Feridun Zaimoglu 9 Texte erwünscht: ja, maximal 10 000 Zeichen 10 Kontakt: postalisch: Paranus

C

Verlag, Postfach 1264, 24502 Neumünster 11 Honorar: nein 12 Sonstiges: Hinweise für AutorInnen finden sich auf unserer Website.

BÜCHER – Das unabhängige Magazin zum Lesen
Herausgeber, Redaktion, Verlag: VVA Kommunikation GmbH, Ort: D-Essen
Mail: leser@buecher-magazin.de, Website: www.buecher-magazin.de
1 Gegr.: 2004 2 Aufl.: 60 000 3 Inhalt: Es finden sich Artikel, Interviews, Dossiers etc. zu folgenden Themen: Belletristik, Krimi, populäres Sachbuch, Hörbuch, Kinderbuch. 4 Profil: BÜCHER, das heißt: Literatur in Farbe. Und in all ihren Facetten. Das Premium-Magazin für den anspruchsvollen Vielleser ist hochwertig gestaltet – und ist das einzige Magazin, das seinen Lesern die gesamte Palette des Buchmarktes ohne Scheuklappen vorstellt: Debüts wie Klassiker, Bestseller wie Wiederentdeckungen – und das in allen Genres. Intelligent und unterhaltsam, kritisch und klar. BÜCHER beleuchtet Trends, setzt Themen. Außerdem findet der Leser in jeder Ausgabe aufwändig inszenierte Porträts, Reportagen und Interviews sowie Rankings – und mindestens 80 Kurzrezensionen. In BÜCHER schreiben Bestsellerautoren und bekannte Kritiker. Mit Themenspecials, Dossiers, Umfragen sowie exklusiven Beigaben wie Hörbuch-CDs oder Vorab-Leseproben leistet BÜCHER Entscheidungshilfe beim Buchkauf. 5 Hefte/Jahr: 6 (ca. Februar, April, Juni, August, Oktober, Dezember) 6 Seiten: 108 7 Probeheft: ja, Angebot: „2 Hefte gratis testen" 8 AutorInnen: Helmut Krausser schreibt in einer festen Kolumne. Andere Autoren wechseln je nach Thema. 9 Texte erwünscht: Bitte keine kompletten Texte schicken. Interessant sind (journalistische) Themenvorschläge/Exposés, die in der Redaktionskonferenz diskutiert werden. Ggf. werden die Ideengeber beauftragt. 10 Kontakt: j.poggenpohl@vva.de (Chefredakteur) 11 Honorar: ja 12 Sonstiges: Obwohl regelmäßig Originaltexte abgedruckt werden, ist BÜCHER in erster Linie kein Autorenmagazin. BÜCHER will Leser über den Buchmarkt informieren und Lesetipps geben (siehe Profil).

CALIGO – unabhängige Literaturzeitschrift
Herausgeber: Carsten Schmidt, Redaktion: Meike Dircks, Susanne Lenhard, Mariska Feil, Verlag: Caligo Verlag, Ort: D-Halle, Mail: redaktion.caligo@arcor.de
Website: www.caligo-zeitschrift.de.vu
1 Gegr.: 2006 2 Aufl.: 500 3 Inhalt: Krimi, SciFi, Grusel, Satire, Lyrik, Karikaturen, Fotos, Rezensionen, Kulturtipps 4 Profil: Der Schwerpunkt liegt bei Autorenwerken, weniger auf Informationen zum Literaturbetrieb. Literatur soll unterhalten. Gesellschaftspolitische Feuilleton-Literatur wird man vergeblich suchen. 5 Hefte/Jahr: 2 (Frühjahr, Herbst) 6 Seiten: 60 7 Probeheft: 3,50 € zzgl. 0,85 € Versand 8 AutorInnen: Dorothea Zohren, Sandra Rehschuh, Arne Lipschitz, Eva Schuster 9 Texte erwünscht: ja, maximal 10 Seiten 10 Kontakt: redaktion.caligo@arcor.de 11 Honorar: nein 12 Sonstiges: Gedichte bitte in einer Datei senden; Fotos und Karikaturen wenn möglich als Thumbnail. Texte als doc- oder odt-Datei.

COGNAC & BISKOTTEN – Das Literaturmagazin mit dem Wow-Aha-Effekt
Herausgeber: Gemeinnütziger Literaturverein Cognac & Biskotten
Redaktion: Thomas Schafferer (Chefredakteur/Obmann), Johannes Emerich, Daniel Suckert, Ort: A-Innsbruck, Mail: club@cobi.at, Website: www.cobi.at

1 Gegr.: 1998 2 Aufl.: 1–800 3 Inhalt: keine journalistischen Texte, aber Primärliteratur aller literarischen Gattungen 4 Profil: Der Hauptunterschied zu konventionellen Literaturmagazinen ist das sich von Ausgabe zu Ausgabe verändernde Format bzw. Trägermedium (u.a. Tragtasche, CD-ROM, bedruckte Straßenbahn, Medikamentenschachtel mit Beipackzettel, Tischdecke, Papierflieger). Das Format hängt vom Thema (u.a. Kindheit, Fußball, Musik, Chaos, Pop, Inspiration) ab. Außerdem soll der Ort der thematisch inszenierten Präsentation (u.a. Fußballstadion, Postamt, Schule, Umspannwerk, Kindergarten) das Thema vermitteln und den Inhalt unterstreichen. *Cognac & Biskotten* versteht sich also als ein Gesamtkunstwerk (z.B. Nr. 18: Thema „Dekadenz & Askese", Format Einkaufstasche, Auflage 300 000 Stück, Präsentation im Supermarkt). 5 Hefte/Jahr: 2 (Frühsommer, [Spät]-Herbst) 6 Seiten: variiert 7 Probeheft: variiert 8 AutorInnen: Franzobel, Sybille Berg, Felix Mitterer, Michael Köhlmeier, Hermes Phettberg, Robert Schindel, Kathrin Röggla u.a. 9 Texte erwünscht: Ja. Textlänge: verschieden, je nach Ausschreibungen, siehe Website 10 Kontakt: Anfragen an club@cobi.at / Texte (siehe Ausschreibung): texte@cobi.at, Anfragen bitte per Mail, nur in Ausnahmefällen telefonisch via 0043/650/5075050. Bitte keine Texte per Post! Nur Sonstiges an Cognac & Biskotten, Mitterweg 115, A-6020 Innsbruck. 11 Honorar: nein 12 Sonstiges: Cognac & Biskotten unterscheidet sich also grundlegend durch seinen spielerischen und unkonventionellen Zugang vom ansonsten oft zu ernsthaften Literaturbetrieb. „(...) die kreativste Zeitschrift, die jemals in Tirol erschienen ist. Unvergleichbar im ganzen deutschsprachigen Sprachraum", so Dozent Mag. Fritz Gaigg, Universität Innsbruck/Germanistik. 13 Tipp: Die AutorInnenförderung geschieht über gemeinsame, einzigartig inszenierte Auftritte und besondere Veröffentlichungen von unbekannten mit bereits etablierten AutorInnen, aber auch durch spezielle Veranstaltungsreihen. Aber nicht im Rahmen von hohen Geldzuwendungen, Lesehonoraren oder Reisekostenvergütungen. Jede/r AutorIn erhält mind. 1 Belegexemplar der Ausgabe (falls die Auflage nicht nur aus 1 Stück besteht, wie es bei Ausgabe Nr. 25 der Fall gewesen ist). Bislang sind 30 Ausgaben erschienen.

CROCODIL + CO – Magazin für politisch-satirische Versdichtung
Herausgeber: Fritz Hans Rückel, Redaktion, Verlag: Fritz Hans Rückel, Bruno Wendt, Helmut O. Ehses, Ort: D-Diersdorf, Mail: fritz_und_brita@t-online.de

1 Gegr.: 2009 2 Aufl.: 80–100 3 Inhalt: politisch-satirische Versdichtung 4 Profil: Werbung für politisch-satirische Versdichter 5 Hefte/Jahr: 4 6 Seiten: 20 7 Probeheft: kostenlos 8 AutorInnen: Bruno Wendt, Fritz Hans Rückel, Wolfgang Reuter, Barbara Siwik 9 Texte erwünscht: ja, maximal 30 Zeilen 10 Kontakt: fritz_und_brita@t-online.de, telefonisch: 02689/7107 11 Honorar: nein 12 Sonstiges: Das Magazin wird an Medienvertreter kostenlos verschickt. 13 Tipp: aktuelle politische Satire

D

DICHTUNGSRING – Zeitschrift für Literatur
Herausgeber: Autorengruppe Dichtungsring e.V., Redaktion: Ulrich Bergmann
Verlag: Dichtungsring, Ort: D-Bonn, Mail: uli.bergmann@web.de
Website: www.dichtungsring-ev.de

1 Gegr.: 1981 2 Aufl.: 500 3 Inhalt: Alle Textarten, Lyrik und Prosa, auch dramatische Szenen, Hörspiel, Essay, Rezensionen. Fotos, Zeichnungen, Bilder, Comic … (s/w) 4 Profil: Neue deutsche Lyrik und Prosa zum Themenschwerpunkt (siehe Webseite) – dazu europäische, süd- und nordamerikanische Literatur 5 Hefte/Jahr: 1 (Herbst) 6 Seiten: 125 7 Probeheft: 9 € zzgl. 1,50 € Versand 9 Texte erwünscht: Gewünscht sind kürzere Texte (1–3 Seiten Word-Dokument, Schriftgröße 12), bei außergewöhnlich guter Qualität auch längere. 10 Kontakt: uli.bergmann@web.de, postalisch: Ulrich Bergmann, Lotharstr. 9, 53115 Bonn 11 Honorar: nein 12 Sonstiges: Kurze Angaben zum Autor erwünscht. Alle Beiträge als Datei einsenden. Einsendungen werden nur im Erfolgsfall beantwortet. 13 Tipp: Möglichst nicht mehr als 10 Gedichte bzw. 3 Erzählungen einreichen.

DO!PEN – Literaturzeitschrift
Herausgeber, Redaktion: Michael Steffens, Thomas Tonn, Ort: D-Bad Kreuznach
Mail: do-pen@gmx.de und thomas-tonn@gmx.de, Website: www.do-pen.de

1 Gegr.: 2000 2 Aufl.: 120 3 Inhalt: Prosa, Lyrik 5 Hefte/Jahr: kein regelmäßiges Erscheinen 6 Seiten: 80 7 Probeheft: 7 € zzgl. 0,85 € Versand 9 Texte erwünscht: ja, maximal 20 000 Zeichen 10 Kontakt: do-pen@gmx.de 11 Honorar: nein

DAS DOSIERTE LEBEN – Avant-Avantgarde-Magazin
Herausgeberin: Ágota König, Redaktion: Jochen König, Ulrich Balbach,
Werner Rabus, Verlag: Holzpferd Verlag, Ort: D-Mannheim
Mail: redaktion@das-dosierte-leben.de, Website: www.das-dosierte-leben.de

1 Gegr.: 1996 2 Aufl.: 246 3 Inhalt: Collagen. Rhetorische Figuren. Aperçus. Philosophie. Gedichte über Gedichte. Der gaaanz weite Kunstbegriff. 4 Profil: *Dosismus* als Kunstrichtung aus dem „Best of" aus Dadaismus, Fluxus, Futurismus, Surrealismus, Neoismus, Lettrismus, Situationismus. Wir erforschen die Phänomene „Dosis" und „Dose" und wir machen Äquatorialguinea bekannt. Neu: Autorenausgaben (= 1 Heft, 1 Autor, 1 Illustrator, mit „Dosis"-Star-Portrait-Fragebogen, ca. 52 Seiten A5; Bewerbung notwendig 5 Hefte/Jahr: 4–8 6 Seiten: 100 7 Probeheft: 6,12 € 8 AutorInnen: Oliver Uschmann, Hadayatullah Hübsch, Jochen Kunzmann, Dr. Nicolas Nowack, Frank Bröker 9 Texte erwünscht: ja, maximal 1–2 gestaltete A5-Seiten 10 Kontakt: postalisch: Jochen König, Obere Riedstr. 57, 68309 Mannheim 11 Honorar: nein 12 Sonstiges: Bitte per Mail vor Textzusendung aktuell anstehende Metathemen und Termine abrufen. 13 Tipp: Bitte keine Tonnen an Texten unaufgefordert senden, sondern sich erst mit dem Magazin und seinen Besonderheiten sichtbar auseinandersetzen.

DER DREISCHNEUSS – Zeitschrift für Literatur
Herausgeberin: Regine Mönkemeier, Redaktion: Regine Mönkemeier
Verlag: Marien-Blatt Verlag, Ort: D-Lübeck, Mail: marienblatt@gmx.net
Website: www.dreischneuss.de

1 Gegr.: 1996 2 Aufl.: 300 3 Inhalt: Lyrik und kurze Prosa zum ausgeschriebenen Thema, Grafik eines Künstlers, Rezensionen 4 Profil: In *Der Dreischneuß* werden sorgfältig ausgewählte Texte der Gegenwartsliteratur von Autoren verschiedener Altersgruppen als Erstveröffentlichungen präsentiert. Jede Ausgabe hat eine ISBN, die besonders für junge Autoren Chancen eröffnet. Neben den Standardausgaben erscheinen Sonderhefte von *Der Dreischneuß* als Einzeltitel. 5 Hefte/Jahr: 1 (August) 6 Seiten: 44 7 Probeheft: 3,20 € zzgl. 0,85 € Versand 8 AutorInnen: Jan Wagner, Sybil Volks, Crauss., Klára Hurkova, Wjatscheslaw Kuprijanow, Hartwig Mauritz, Andreas Lehmann 9 Texte erwünscht: ja, Gedichte für 1–2 Seiten, Kurzprosa 6000–8000 Zeichen 10 Kontakt: marienblatt@gmx.net 11 Honorar: nein (Belegexemplar) 12 Sonstiges: Bei Einsendungen von Texten ist unbedingt der Ausschreibungstext auf www.dreischneuss.de zu beachten.

DULZINEA – Zeitschrift für Junge Lyrik
Herausgeber: Uwe Pfeiffer, Redaktion: Carmen Jakel, Tomas Camo und Uwe Pfeiffer, Verlag: Camo & Pfeiffer OHG, Ort: D-Fulda, Mail: redaktion@dulzinea.de
Website: www.dulzinea.de

1 Gegr.: 2002 2 Aufl.: 800–1000 3 Inhalt: Jetztzeitliche/moderne Lyrik: Gedichte zu Themen, Textgruppen, Haiku 4 Profil: *Dulzinea* erscheint seit 2010 in einem Softcoverformat (156 x 220 mm). Jede Heftausgabe besitzt ein Hauptthema. Die Zeitschrift versteht sich als Leserzeitschrift, d.h. lyrischer Text bildet den Schwerpunkt jeder Publikation. Anzeigen oder Werbung werden nicht in ihr veröffentlicht. Die Autoren der Hefte stammen überwiegend aus Deutschland und Österreich. Da sich *Dulzinea* ausschließlich neuzeitlicher Lyrik widmet, sollten eingereichte Texte die heute in der Literaturszene gesetzten Ansprüche an Lyrik berücksichtigen. Erwünschte Merkmale: Unverbrauchte Sprache, Originalität und Innovationsfähigkeit in allen Textaspekten. Lyrik ist zuallererst Sprachkunst. 5 Hefte/Jahr: 1–2 (unregelmäßig) 6 Seiten: 120–160 7 Probeheft:

Regine Mönkemeier, Herausgeberin der Zeitschrift *Der Dreischneuß*, beantwortete uns drei Fragen:

› Wie finanzieren Sie Ihre Zeitschrift? Was bleibt übrig?
Ich finanziere den *Dreischneuß* seit 1996 selbst, da bleibt meist nicht viel übrig. Manchmal entstehen auch Verluste, die ich durch den Verkauf meiner Kunstblätter aus der Marmorier- und Bleisatzwerkstatt ausgleichen kann.

› Was treibt Sie an (Geld, Zeit und Nerven zu opfern)?
Das frage ich mich auch, kann es aber noch nicht lassen, denn die Freude am Tun überwiegt.

D

3,50 € zzgl. 0,85 € Versand 8 AutorInnen: Ulrike Bail, Kerstin Becker, Wolfgang Haenle, Stefan Heuer, Susanna Moll, Marcus Neuert, Lutz Rathenow 9 Texte erwünscht: ja, beliebig lang 10 Kontakt: redaktion@dulzinea.de, postalisch: *Dulzinea*, Postfach 1927, 36009 Fulda 11 Honorar: nein 12 Sonstiges: Zu jeder Heftausgabe werden verschiedene Förderpreise an Autoren vergeben. Für diese Preise können sich Autoren über die Teilnahme an den Heftausschreibungen bewerben. Heftausschreibungen und Teilnahmebedingungen finden sich auf www.dulzinea.de. Autorenzusendungen sind sehr willkommen!

DUM – Das Ultimative Magazin
Herausgeber: DUM – Das Ultimative Magazin (Verein), Redaktion: Wolfgang Kühn, Kathrin Kuna, Verlag: DUM – Das Ultimative Magazin, Ort: A-Langenlois
Mail: dummail@gmx.at, Website: www.dum.at
1 Gegr.: 1992 2 Aufl.: 1000 3 Inhalt: Lyrik und Prosa 4 Profil: Plattform für noch nicht etablierte Autoren und Autorinnen, wobei das Alter weniger wichtig ist als die Qualität. 5 Hefte/Jahr: 4 (März, Juni, September, November) 6 Seiten: 40 7 Probeheft: 3,30 € 8 AutorInnen: Markus Köhle, Doris Mitterbacher (Mieze Medusa), Magda Woitzuck, Daniel Kindslehner, Constantin Göttfert, Hans Kumpfmüller, Cornelia Travnicek 9 Texte erwünscht: ja, maximal 15 000 Zeichen 10 Kontakt: dummail@gmx.at, telefonisch: 0043/664/4327973, postalisch: DUM, Wolfgang Kühn, Walterstr. 33/2, A-3550 Langenlois 11 Honorar: nein 12 Sonstiges: Veröffentlichte AutorInnen werden mit Kurzbio und Foto abgedruckt, beides wird auch auf www.dum.at veröffentlicht. Sie erhalten ein Belegexemplar und können weitere Exemplare zum reduzierten Preis beziehen. 13 Tipp: Bitte auf www.dum.at unsere Schwerpunktthemen einsehen! Themenlose Beiträge können nicht abgedruckt werden!

› Warum sollten AutorInnen in Literaturzeitschriften veröffentlichen, wenn sie dort für ihre Veröffentlichung in der Regel kein Honorar erhalten?

Auch ohne Honorar bieten selbst kleine Zeitschriften wie *Der Dreischneuß*, der neben der Zeitschriftennummer jeweils eine ISBN hat, den Vorteil, dass Autoren durch ihre Beiträge bekannter werden. Außerdem steigern auch kleine Veröffentlichungen die Schaffenslust. Denn jeder, der schreibt, braucht Bestätigung. Besondere Vorteile bieten die Sonderhefte von *Der Dreischneuß*. Hier handelt es sich um Einzeltitel für Autoren, die in der Regel schon mehrfach in der Zeitschrift veröffentlicht haben. Für diese Autoren entstehen keinerlei Belastungen wie z. B. Abnahmeverpflichtungen, und die Rechte verbleiben auch bei den Rechtsinhabern.

EDIT – Papier für neue Texte
Herausgeber: Literaturverein EDIT e.V., Redaktion: Hannes Becker, Jan Kuhlbrodt, Mathias Zeiske, Ort: D-Leipzig, Mail: post@editonline.de
Website: www.editonline.de
Gegr: 1993 2 Aufl.: 1400 3 Inhalt: alle Textgattungen; Schwerpunkt Essay; neue deutschsprachige Literatur; Übersetzungen 4 Profil: EDIT ist eines der wichtigsten und einflussreichsten Foren für neue deutschsprachige Literatur. Die Zeitschrift erscheint seit 1993 dreimal jährlich. Durch den Abdruck von Prosa, Lyrik, Essay, Drama und Kritik bietet sie Einblick in aktuelle Entwicklungen der deutschsprachigen Literatur. Neben neuen Arbeiten renommierter Autoren und Autorinnen finden sich in EDIT vor allem die Texte junger, noch unbekannter Talente. Viele der in EDIT erstmals der literarischen Öffentlichkeit vorgestellten Schriftsteller und Schriftstellerinnen zählen heute zu den wichtigsten und interessantesten Stimmen der deutschen Literatur. 5 Hefte/Jahr: 3 (Frühjahr, Sommer, Winter) 6 Seiten: 75 7 Probeheft: 5 € zzgl. 0,85 € Versand 8 AutorInnen: Marcel Beyer, Martina Hefter, Johannes Jansen, Georg Klein, Tilman Rammstedt, Lutz Seiler, Antje Rávic Strubel 9 Texte erwünscht: ja 10 Kontakt: postalisch: EDIT. Papier für neue Texte, Gerichtsweg 28, 04103 Leipzig 11 Honorar: nein

EL VAU (LOST VOICES)
Herausgeber, Redaktion: Marc Mrosk, Ort: D-Hannover, Mail: ElVau@gmx.de
Website: www.myspace.com/lostvoicesmagazine, www.elvau.de.tl
1 Gegr.: 2007 2 Aufl.: ca. 50 3 Inhalt: Kurzprosa, Lyrik, Kommentare, Weisheiten, Kolumnen, Liebeserklärungen, Interviews 4 Profil: Es gibt keine Vorgaben oder Regeln. Der Kreativität und dem Schaffen der einzelnen Arbeiten sollen keine Grenzen gesetzt werden. Das ist irgendwie ein immer wieder gern benutzter Slogan für etwaige Kunst- und Literaturprojekte, aber so ist es nun mal. Themenvorgaben gibt es nicht. Das Zine soll einfach noch unbekannten Autoren und sonstigen Künstlern die Möglichkeit

Hannes Becker, Redakteur der Zeitschrift *EDIT*, beantwortete uns drei Fragen:

› Was halten Sie von öffentlichen Fördergeldern für Literaturzeitschriften?
Sehr viel! Öffentliche Mittel erlauben uns, unabhängig von kommerziellen Vorhaben unser Heft zu machen. Ebenso wenig sind wir den Ansprüchen einer literarischen Szene verpflichtet. Eine öffentliche Förderung fordert von uns das, was wir selbst wollen, nämlich, dass wir in einem verantwortlichen Sinne auf die literarische Öffentlichkeit Einfluss nehmen: nicht mit unserer Privatmeinung (als Geschmack, über den man nicht streiten soll), sondern als potenziell für alle, die Literatur machen oder lesen, relevantes Vorhaben. Darüber kann dann gestritten werden.

› Was treibt Sie an (Geld, Zeit und Nerven zu opfern)?
Es ist die einmalige Gelegenheit, die Arbeit von bisher unbekannten Autorinnen und Autoren erstmals einer größeren Öffentlichkeit vorzustellen: Autorinnen und Autoren,

E

bieten, ihre Arbeiten publiziert zu sehen. Das motiviert, um weiterzumachen, egal, wie klein oder bescheiden das Heft auch aussehen mag. 5 Hefte/Jahr: 3 (meistens im Frühjahr, Spätsommer, Winter) 6 Seiten: 23 7 Probeheft: 1,50 € zzgl. 1,45 € Versand 8 AutorInnen: Marcus Mohr, Annika Senger, Johannes Witek, Rüdiger Saß, Ivar Bahn u.a. 9 Texte erwünscht: ja, maximal ca. 10 000 Zeichen 10 Kontakt: ElVau@gmx.de 11 Honorar: nein

ELFENSCHRIFT – Das kleine phantastische Literaturheftchen
Herausgeberin, Redaktion, Verlag: Ulrike Stegemann, Ort: D-Gronau
Mail: info@elfenschrift.de, Website: www.elfenschrift.de
1 Gegr.: 2004 2 Aufl.: 150 3 Inhalt: Kurzgeschichten, Lyrik, Artikel, Interviews, Buchvorstellungen und mehr – rund um das Genre Fantasy 4 Profil: *Elfenschrift* nennen wir ein kleines phantastisches Literaturheftchen, das eine Liebeserklärung an eine Welt mit neuen Horizonten und poetischen Bildern ist, welches sich zur Aufgabe macht, die geheimnisvollen Traumtäler der Seele in jedem von uns zu durchwandern und neu zu entdecken ... (Rena Larf). 5 Hefte/Jahr: 4 (März, Juni, September, Dezember) 6 Seiten: 40 7 Probeheft: 2,50 € zzgl. 1 € Versand 8 AutorInnen: Rena Larf, Petra Hartmann, Andrea Tillmanns, Charlotte Engmann, Christel Scheja, Volkmar Kuhnle, Mark-Denis Leitner 9 Texte erwünscht: ja, maximal 8000 Zeichen 10 Kontakt: info@elfenschrift.de, postalisch: Redaktion *Elfenschrift,* c/o Ulrike Stegemann, Stichstr. 6, 31028 Gronau (Leine) 11 Honorar: nein 12 Sonstiges: Jede Ausgabe steht unter einem bestimmten Thema. Vor Einsendung eines Beitrages bitten wir, darauf zu achten. Hinweise zu den einzelnen Themen sowie zum jeweiligen Einsendeschluss sind auf unserer Homepage zu finden. Illustrationen nehmen wir ebenfalls gerne entgegen.

von denen wir denken, dass ihr Schreiben für die Literatur als Ganze von Bedeutung ist und in dieser Bedeutung anerkannt werden soll. Es ist ein großes Glück, dass die *EDIT* mit einem solchen Anspruch auftreten kann und darin ernstgenommen wird.

› Wenn Sie eines Tages aufhören, Ihre Zeitschrift zu machen, was wird voraussichtlich der Grund sein?
Der Grund wird sein, dass ich etwas tun werde, was ich auch auf längere Sicht tun möchte und kann. Eine Zeitschrift wie die *EDIT* kann denen, die sie machen, leider nicht den Lebensunterhalt finanzieren; die *EDIT* machen Leute für eine begrenzte Zeit, dafür mit umso größerem Anspruch und Enthusiasmus für die Sache. Dann kommen neue Leute mit neuen Ideen.

ENTLADUNGEN – Zeitschrift für Literatur
Herausgeberin, Verlag: AGA – Arbeitsgemeinschaft Autorinnen, Redaktion: Barbara Neuwirth, Ort: A-Wien, Mail: info@aga.at, Website: www.aga.at
1 Gegr.: 1980 2 Aufl.: 300 3 Inhalt: Literaturzeitschrift mit Beiträgen der Mitglieder der AGA 4 Profil: themenbezogene Jahreshefte 5 Hefte/Jahr: 1 6 Seiten: 60 7 Probeheft: 3,50 € zzgl. 1,50 € Versand 8 Autorinnen: Ilse Krüger, Margit Hahn, Inga Wissgott, Josefa Mayer-Proidl, Elfriede Haslehner, Eva Austin, Ingrid Maria Lang 9 Texte erwünscht: nein 10 Kontakt: info@aga.at 11 Honorar: nein 12 Sonstiges: Die AGA trifft sich regelmäßig an der VHS Ottakring, Wien.

ENTWÜRFE – Zeitschrift für Literatur
Herausgeber: Verein „entwürfe für literatur", Redaktion: Charlotte Blome, Thomas Goetz, Thomas Greber, Christoph Steier, Myriam Tschopp, Lorenz Wesemann, Verlag: Verlag Urbane Medien, vum!, Ort: CH-Zürich Mail: redaktion@entwuerfe.ch, Website: www.entwuerfe.ch
1 Gegr.: 1991 2 Aufl.: 750 3 Inhalt: Prosa, Lyrik, Essay, Kritik, Fotografie und Kunst 4 Profil: Viermal jährlich beleuchtet *entwürfe* ein aktuelles Thema aus verschiedenen Blickwinkeln: auf sprachlicher Ebene in Form von Prosa, Lyrik und Essays, auf visueller Ebene in Form von unveröffentlichten Fotoessays und bildender Kunst. 5 Hefte/Jahr: 4 6 Seiten: 128 7 Probeheft: kostenlos 8 AutorInnen: Ruth Schweikert, Ulrike Ulrich, Hugo Loetscher, Katja Fusek 9 Texte erwünscht: ja, maximal 15 000 Zeichen oder 6–10 Gedichte 10 Kontakt: redaktion@entwuerfe.ch 11 Honorar: nein

ER – Earth Rocks Magazin
Herausgeber: Verein zur Förderung phantastischer Literatur in Österreich Redaktion: Manuela Führer, Florian Stummer, Verlag: Earth Rocks Vereinsmagazin Ort: A-4910 Ried im Innkreis, A-6020 Innsbruck, Mail: redaktion@earth-rocks.at Website: www.earth-rocks.at
1 Gegr.: 2007 2 Aufl.: 300 3 Inhalt: Literatur und Sekundärliteratur aus dem Bereich der Phantastik 4 Profil: Das Magazin ER sieht sich als Spezialanfertigung für den Literaturmarkt. Insbesondere sollen Verlage, Autoren, Agenturen und Journalisten angesprochen werden. Seit 2009 enthält das Magazin eine Hör-CD, auf der Geschichten bekannter Autoren durch professionelle Sprecher eingelesen werden. Der Verein ist gemeinnützig und stellt sein Vermögen in den Dienst junger, deutschsprachiger Schriftsteller, die durch den dreimal jährlich stattfindenden Wettbewerb die Möglichkeit erhalten, erste Schritte in der Literaturwelt zu machen. 5 Hefte/Jahr: 3 (April/Mai, August/September, Dezember/Jänner) 6 Seiten: 60 7 Probeheft: 5,40 € zzgl. Versand 8 AutorInnen: Andreas Gruber, Friedhelm Schneidewind, Ian Ulster, Manuela P. Forst, Mark-Denis Leitner, Bruna Phlox 9 Texte erwünscht: ja, maximal 12 000 Zeichen 10 Kontakt: redaktion@earth-rocks.at 11 Honorar: nein 13 Tipp: Bitte Geschichten ordentlich lektorieren. Fehlerhafte Texte haben keine Chance gelesen zu werden.

F

EROSTEPOST
Literaturzeitschrift, Ort: A-Salzburg, Mail: erostepost@literaturhaus-salzburg.at
Website: www.erostepost.at
1 Gegr.: 1987
(Angaben von der Handbuch-Redaktion)

EXOT – Magazin für komische Literatur
Herausgeber: Christian Bartel, Anselm Neft, Olaf Guercke, Redaktion: Christian Bartel, Anselm Neft, Olaf Guercke, Nadja Schlüter, Lars Weisbrod
Verlag: Exot Verlag, Muschel Verlag, Ort: D-Bonn, D-Köln
Mail: redaktion@exot-magazin.de, Website: www.exot-magazin.de
1 Gegr.: 2005 2 Aufl.: 500 3 Inhalt: komische Literatur aller Gattungen 4 Profil: EXOT ist eine Zeitschrift für komische Literatur und versucht, die Vielfalt komischer Gestaltungsmittel und Konzepte darzustellen. Mehr als die tagesaktuelle politische Satire finden daher literarische Erzählformen wie Grotesken oder tragikomische Kurzgeschichten Eingang in das Heft; außerdem widmet sich die Zeitschrift der komischen Lyrik verschiedener Traditionsformen. EXOT bildet ein wachsendes Netzwerk zwischen Illustratorinnen und Illustratoren sowie Autorinnen und Autoren der jüngeren Generation, wie sie sich auf Poetry Slams, Lesebühnen und in Weblogs, aber auch außerhalb dieser Szenen präsentieren. 5 Hefte/Jahr: 2 (Frühjahr, Herbst) 6 Seiten: 120 7 Probeheft: 5 € zzgl. 1 € Versand 8 AutorInnen: Kirsten Fuchs, Micha Ebeling, Falko Henning, Uli Hannemann, Nils Heinrich, Dagmar Schönleber, Katinka Buddenkotte 9 Texte erwünscht: ja, „nicht allzu lang ..." 10 Kontakt: redaktion@exot-magazin.de, telefonisch: 0228/2618321, postalisch: Exot-Verlag, Bonner Talweg 115, 53113 Bonn 11 Honorar: nein 12 Sonstiges: Abgesehen von Texten sind wir auch stets an Illustrationen interessiert. 13 Tipp: Schreibt's halt alles auf!

FALTBLATT – Lyrische Zeitung für neue Gedichte, Essays, Buchvorstellungen
Herausgeber: Theo Breuer, Ort: D-Sistig/Eifel, Mail: EditionYE@t-online.de
Website: www.editionye.blogspot.com
1 Gegr.: 1994 2 Aufl.: 900 4 Profil: *Faltblatt* ist die unkommerzielle Lyrikzeitschrift mit vielen neuen Gedichten, zahlreichen Essays, massenhaft Buchvorstellungen sowie regelmäßigen Autoren-, Verlags- und Zeitschriftenporträts. *Faltblatt* fördert Korrespondenz, Kontakt und Kommunikation innerhalb eines beständig wachsenden Netzwerks der rein lyrisch orientierten Edition YE, in der neben *Faltblatt* und der Schachteledition YE eine Lyrikreihe erscheint, in der mit Vorliebe Erstlinge von langjährigen *Faltblatt*-AutorInnen herausgegeben werden. *Faltblatt* ist offen für alle kommunikativ ausgerichteten Lyrikstimmen, die sich nicht nur für sich selbst interessieren. 5 Hefte/Jahr: 1 6 Seiten: 116 8 AutorInnen: Margot Beierwaltes, Hans Bender, Joseph Buhl, Marianne Glaßer, Axel Kutsch, Andreas Noga, Antje Paehler, Jan Roenert, Gerd Sonntag, Maximilian Zander 9 Texte erwünscht: nein, bitte keine Einsendungen 11 Honorar: nein

FANTASIA – Magazin für Phantastik in Literatur und Kunst
Herausgeber: Gustav Gaisbauer, Redaktion: Franz Schröpf
Verlag: Erster Deutscher Fantasy Club e. V., Ort: D-Passau, Mail: edfc@edfc.de
Website: www.edfc.de

1 Gegr.: 1977 2 Aufl.: 300 3 Inhalt: Buchbesprechungen zur phantastischen Literatur, Neuerscheinungen, Erzählungen 4 Profil: Hauptanliegen von *Fantasia* ist, auf die lesenswerten Bücher innerhalb der großen Zahl von Veröffentlichungen von phantastischer Literatur hinzuweisen. Daneben werden auch Original-Erzählungen veröffentlicht. Beiträge sind jederzeit willkommen. Seit 2009 erscheint *Fantasia* als E-Book und wird per Mail versandt. 5 Hefte/Jahr: 24 (ca. vierzehntägig) 6 Seiten: 160 7 Probeheft: kostenlos 8 AutorInnen: Manfred Borchard, Frank W. Haubold, Matthias Falke, Alisha Bionda, Klaus-Michael Vent, Bernd Karwath, Peter M. Gaschler 9 Texte erwünscht: ja, beliebig lang 10 Kontakt: edfc@edfc.de, postalisch: edfc, Postfach 1371, 94032 Passau 11 Honorar: nein

FEDERWELT – Zeitschrift für Autorinnen und Autoren
Herausgeberin: Sandra Uschtrin, Redaktion: Andreas Noga (Lyrik), Marc Halupczok (Digest), Pia Helfferich (Rezension), Sandra Uschtrin (Literaturbetrieb)
Verlag: Uschtrin Verlag, Ort: D-München, Mail: redaktion@federwelt.de
Website: www.federwelt.de

1 Gegr.: 1998 2 Aufl.: 3000 3 Inhalt: praxisorientierte Fachartikel und Interviews zum Thema Schreiben und Veröffentlichen; Informationen über Literaturwettbewerbe und -stipendien; Rezensionen (Fachliteratur); Gedichte und Kurzprosa 4 Profil: Special-Interest-Zeitschrift für Autorinnen und Autoren 5 Hefte/Jahr: 6 (Februar, April, Juni, August, Oktober, Dezember) 6 Seiten: 60 7 Probeheft: 6,50 € zzgl. 2 € Versand 9 Texte erwünscht: ja, und zwar Lyrik direkt an Andreas Noga; Artikel nach Absprache 10 Kontakt: Lyrik: andreas.noga@federwelt.de; andere Beiträge: info@uschtrin.de, telefonisch: 089/15980166, postalisch: Uschtrin Verlag, Taxisstr. 15, 80637 München 11 Honorar: Lyrik und Prosa: nein (2 Belegexemplare); Fachartikel: ja

FEIGENBLATT – Magazin für Erotisches
Herausgeberin: Anja Braun, Redaktion: Anja und Herbert Braun
Verlag: Woerter-Verlag, Ort: D-Berlin, Mail: redaktion@feigenblatt-magazin.de
Website: www.feigenblatt-magazin.de

1 Gegr.: 2005 2 Aufl.: 12 000 3 Inhalt: erotische Prosa, Lyrik, Essays 4 Profil: *Feigenblatt* ist das erotische Magazin für Männer und Frauen, das gegen den Strom schwimmt. Es sucht die Erotik jenseits der Extreme, wagt den anderen, weiblichen Blick auf die schönste Sache der Welt. Dieser Blick ist nicht prüde, aber er enthüllt auch nicht alles. Denn das *Feigenblatt* will seinen Leserinnen und Lesern Lust machen, indem es Raum für Fantasie lässt. Das Kulturmagazin widmet sich der schönsten Sache der Welt mit Reportagen und Kulturtipps; Kurzgeschichten und Gedichte drehen sich um die Facetten des Begehrens. 5 Hefte/Jahr: 4 (März, Juni, September, Dezember) 6 Seiten: 68 7 Probeheft: 5 € zzgl. 1,30 € Versand 8 AutorInnen: SAID, Sandra Niermeyer, Daniel Klaus 9 Texte erwünscht: ja, maximal 20 000 Zeichen 10 Kontakt: texte@feigenblatt-

G

magazin.de 11 Honorar: nein (3 Belegexemplare) 13 Tipp: Den Ausschreibungstext für das nächste Heftthema finden Sie auf unserer Homepage.

FLOPPY MYRIAPODA – Subkommando für die freie Assoziation
Herausgeberin: Epidemie der Künste, Redaktion: Ann Cotten, Ralph Gabriel, Florian Günther, Andreas Hansen, Herbert Laschet, Bert Papenfuß, Kai Pohl
Verlag: Distillery, Ort: D-Berlin, Mail: redaktion@floppymyriapoda.de
Website: www.floppymyriapoda.de
1 Gegr.: 2006 2 Aufl.: 500 3 Inhalt: Prosa, Lyrik, Essay, politische Texte 4 Profil: Die Zeitschrift stellt sich in die Reihe kulturpolitischer Periodika, die bemüht sind, künstlerische Ausdrucksformen mit politisch-gesellschaftlichem Fokus zu konfrontieren. Schwerpunkte sind Lyrik, Essay, Avantgarde und Anarchismus. Gestalterischen Fragen wird besondere Aufmerksamkeit geschenkt. Es werden überwiegend unveröffentlichte Texte von lebenden Autoren abgedruckt. 5 Hefte/Jahr: 3 (Januar, Mai, September) 6 Seiten: 32 7 Probeheft: 3 € zzgl. 1 € Versand 8 AutorInnen: Jörg Burkhard, Stefan Döring, Peter Engstler, Elke Erb, Ernst Fuhrmann, Helmut Höge, Johannes Jansen, Brigitte Struzyk 9 Texte erwünscht: ja, maximal ca. 30 000 Zeichen 10 Kontakt: beitraege@floppymyriapoda.de 11 Honorar: nein 12 Sonstiges: Bitte vor der Einreichung von Beiträgen das Archiv unserer Zeitschrift auf unserer Website ansehen und überlegen, ob die Sorte Text, die eingereicht werden soll, zu der Zeitschrift passen könnte.

FREIBERGER LESEHEFTE – worte & bilder
Herausgeber, Verlag: Autorengemeinschaft WORT e.V. Freiberg
Redaktion: Chefredakteur: Peter Segler, Ort: D-Freiberg (Sachs.)
Mail: team@freibergerlesehefte.de, Website: www.freibergerlesehefte.de
1 Gegr.: 1995 2 Aufl.: 1000 3 Inhalt: Belletristik (außer Essay und Rezensionen) in deutscher Sprache 4 Profil: Ausgaben erscheinen als Themenhefte, Ausschreibung der Themen jährlich im Internet, anspruchsvoller Dialog zwischen Literatur und bildender Kunst, hochwertige Ausstattung (Kunstdruckpapier), großzügige Präsentation der Texte (pro Seite 1 Text), offen für alle deutschsprachigen Autoren. 5 Hefte/Jahr: 1 6 Seiten: 110 7 Probeheft: 8 € 8 AutorInnen: siehe Wikipedia-Eintrag *Freiberger Lesehefte* 9 Texte erwünscht: ja, maximal 5 Seiten (Thema beachten) 10 Kontakt: team@freibergerlesehefte.de, telefonisch: bitte nicht, postalisch: AG WORT e.V., Kunsthandwerkerhof, Burgstr. 19, 09599 Freiberg (Sachs.) 11 Honorar: nein (Belegexemplar und 30 % Rabatt beim Kauf weiterer Expl.) 13 Tipp: Weniger ist mehr.

DAS GEDICHT – Zeitschrift für Lyrik, Essay und Kritik
Herausgeber: Anton G. Leitner (seit 2008 mit wechselnden Mitherausgebern, z.B. 2009 zusammen mit Friedrich Ani), Redaktion: Anton G. Leitner (verantwortlich)
Verlag: Anton G. Leitner Verlag, Ort: D-Weßling bei München, Mail: Redaktion@DasGedicht.de, Website: www.DasGedicht.de und www.AntonLeitner.de (Blog)
1 Gegr.: 1993 von Anton G. Leitner und Ludwig Steinherr 2 Aufl.: 3000 bis 5000 (je nach Themenschwerpunkt) 3 Inhalt: Lyrik, Essays 4 Profil: Anspruch der buchstarken Zeitschrift DAS GEDICHT ist es, einem möglichst großen Publikum zeitgenössische

deutschsprachige Lyrik zu vermitteln. „Die Zeitschrift bietet generationsübergreifend eine informative Mischung aus Erstveröffentlichungen namhafter Autoren wie auch unbekannter Talente, provokative Essays, aktuelle Strömungen, Kritik und praktische Tipps zum Literaturbetrieb" (Südwest Presse). Zahlreiche junge Autoren wie Nico Bleutge, Bas Böttcher, Lydia Daher oder Anja Utler fanden in der Zeitschrift DAS GEDICHT ein erstes renommiertes Forum für ihre Lyrik und machten danach ihren Weg im Literaturbetrieb. In der begleitenden edition DAS GEDICHT erschienen bislang ein Hörbuch und drei Buchtitel, darunter die deutsche Erstveröffentlichung des Bandes „Und ein Lächeln, das alles verwirrt. Ein Dichter in China" von Mario Luzi (1914–2005), dem Altmeister der italienischen Gegenwartslyrik. DAS GEDICHT bietet seit 1995 eine ganze Palette von Dienstleistungen für Leser, Autoren und Verlage an. Sie reichen vom Lektorats-Service für Lyrik-Manuskripte über die GEDICHT-Akademie bis hin zu Komplettproduktionen von Videoclips und Einzeltiteln in der Reihe Poesie 21 sowie Anthologien/Hörbücher für renommierte Verlage und werden im Kundendialog ständig weiterentwickelt. 5 Hefte/Jahr: 1 6 Seiten: ca. 150–200 7 Probeheft: 12 € zzgl. Versand 8 AutorInnen: Friedrich Ani, Ulrike Draesner, Hans Magnus Enzensberger, Franzobel, Robert Gernhardt, Günter Grass, Ulla Hahn, Helmut Krausser, Friederike Mayröcker, Matthias Politycki, Paul Wühr 9 Texte erwünscht: Unspezifische Einsendungen von Gedichten sind wegen des Themenbezugs der einzelnen GEDICHT-Ausgaben nicht sinnvoll. 10 Kontakt: Redaktion@DasGedicht.de, telefonisch: 08153/952522, postalisch: Anton G. Leitner Verlag, Buchenweg 3 b, 82234 Weßling 11 Honorar: nein 12 Sonstiges: Themenhefte (u.a. zur Erotik, Religion, Sinnlichkeit, Pop, Politik, Kinder, Tiere, Gesundheit, Angst)

DAS GEFRORENE MEER

Ort: D-Dresden/Radebeul, Mail: redaktion@dasgefrorenemeer.de
Website: www.dasgefrorenemeer.de

1 Gegr.: 2000 3 Inhalt: Lyrik, Prosa, Essays, Interviews, Vorträge und Kritiken über Literatur, Kunst und Philosophie. Dazu kommen Zeichnungen und Fotografien, die einzelne Texte illustrieren oder für sich allein stehen.
(Angaben von der Handbuch-Redaktion)

GEGNER

Herausgeber, Verlag: BasisDruck Verlag, Berlin, Redaktion: Stefan Döring, Bert Papenfuß, Michael Peschke, Tone Avenstroup, Hugo Velarde, Ort: D-Berlin
Mail: gegner@onlinehome.de, Website: www.basisdruck.de

1 Gegr.: 1999 2 Aufl.: 800 4 Profil: Kultur- und Politikkritik. Aufarbeitung deutscher und osteuropäischer Geschichte und Literatur 5 Hefte/Jahr: 4 6 Seiten: 48 7 Probeheft: 5 € 8 AutorInnen: Bert Papenfuß, Helmut Höge, Andreas Hansen, Tone Avenstroup, Stefan Döring, Kai Pohl 9 Texte erwünscht: ja, maximal 40 000 Zeichen 10 Kontakt: gegner@onlinehome.de, telefonisch: 030/4457680, postalisch: BasisDruck Verlag, Schliemannstr. 23, 10437 Berlin 11 Honorar: nein

H

GOLDMAG
Herausgeber: Mitglieder des Gold e.V., Ort: D-Berlin, Mail: redaktion@goldmag.de
Website: www.goldmag.de
(Angaben von der Handbuch-Redaktion)

DAS HEFT DAS SEINEN LANGEN NAMEN ÄNDERN WOLLTE
Herausgeber: Matthias Burki, Verlag: Der gesunde Menschenversand
Ort: CH-Luzern, Mail: heft@menschenversand.ch
Website: www.menschenversand.ch
1 Gegr.: 1998 2 Aufl.: 250 3 Inhalt: Kürzestgeschichten, Lyrik, Illustrationen, Mundart-Texte, hauptsächlich aus dem Spoken-Word-Umfeld, bekannte und unbekannte AutorInnen 5 Hefte/Jahr: 2 (unregelmäßig) 6 Seiten: 40 7 Probeheft: 4,50 € zzgl. 3 € Versand 8 AutorInnen: Pedro Lenz, Matto Kämpf, Guy Krneta, Noyau, Jürg Halter 9 Texte erwünscht: ja, maximal 4000 Zeichen 10 Kontakt: heft@menschenversand.ch 11 Honorar: nein

HERZGALOPP – Zeitschrift für Poesie & Lebenskunst
Herausgeber: Förderkreis Wilhelmsburger Kunstbüro e.V., Redaktion: Raimund Samson, Verlag: Selbstverlag, Ort: D-Hamburg, Mail: raimund.samson@arcor.de
Website: www.raimundsamson.com
1 Gegr.: 1995 2 Aufl.: 100 3 Inhalt: Gedichte, Prosa, Rezensionen, Zeichnungen, Collagen, Beat 4 Profil: Texte/Künstler/DichterInnen, die der Hrsg. schätzt oder „interessant" findet 5 Hefte/Jahr: 1 (letztes Heft 2005, seither Pause) 6 Seiten: 64 7 Probeheft: 3 € zzgl. 0,90 € Versand 8 AutorInnen: Thomas Schweisthal, Hadayatullah Hübsch, Helga Goetze Sophia, Urs Böke 9 Texte erwünscht: zurzeit nicht 11 Honorar: nein 12 Sonstiges: die nächste Ausgabe erscheint frühestens 2010

DIE HOREN – Zeitschrift für Literatur, Kunst und Kritik
Herausgeber: Johann P. Tammen, Redaktion: Peter K. Kirchhof, Jürgen Krätzer, Heiko Postma, Klaus Stadtmüller, Verlag: „edition die horen" im Wirtschaftsverlag NW Verlag für Neue Wissenschaft GmbH, Ort: D-Bremerhaven
Mail: diehoren@johann-p-tammen.de, Website: www.die-horen.de
1 Gegr.: 1955 2 Aufl.: 5500 3 Inhalt: Lyrik, Prosa, Essay, Rezensionen 4 Profil: Zum Themenspektrum der Zeitschrift gehören nahezu alle Aspekte zeitgenössischer Literatur. Der Leser findet Übersichten zu literarischen Genres, z.B. zur Kriminalliteratur, er findet „offene" Bände mit Hinwendung zu ausgewählten Autoren oder Porträtbände, Bände zu „vergessenen Autoren und Büchern", die zur Wiederentdeckung einladen, und lesebuchartige Bände zur Geschichte des Kabaretts, zur Kinder- und Jugendliteratur, über literarische Fälschungen, zum autobiografischen Schreiben u.v.a.m. Zum Markenzeichen geworden sind die Bände zur fremdsprachigen Literatur, vorwiegend mit deutschen Erstübersetzungen. 5 Hefte/Jahr: 4 (jeweils am Ende des Quartals) 6 Seiten: 240 7 Probeheft: 12,50/14 € zzgl. Versand 9 Texte erwünscht: ja 10 Kontakt: diehoren@johann-p-tammen.de, postalisch: Redaktion „die horen", Wurster Str. 380, 27580 Bremerhaven 11 Honorar: ja

HORIZONTE – Italianistische Zeitschrift für Kulturwissenschaft und Gegenwartsliteratur
HerausgeberIn: Georg Maag, Franca Janowski, Verlag: Narr Francke Attempto Verlag Ort: D-Tübingen, Mail: info@narr.de, Website: www.narr.de
2 Aufl.: 1500 5 Hefte/Jahr: 1 7 Probeheft: 34 €
(Angaben von der Handbuch-Redaktion)

IGDA-AKTUELL – Zeitschrift für Literatur, Kunst und Kritik
Herausgeber, Redaktion: Interessengemeinschaft deutschsprachiger Autoren e.V. Ort: D-Wuppertal, Mail: angelika.zoellner@gmx.de, Website: www.igda.net
1 Gegr.: 1969 2 Aufl.: 330 3 Inhalt: Lyrik, Prosa. Essay, Buchankündigungen, Feuilleton, Rezensionen, Bericht über Aktivitäten der Mitglieder des Vereins; Serviceteil: Ausschreibungen, Stipendien, ggf. Vereinsnachrichten 4 Profil: vornehmlich ein Periodicum von und für die Mitglieder, Kulturinteressierte; Schwerpunkt Literatur 5 Hefte/Jahr: 4 (März, Juni, September, Dezember) 6 Seiten: 48 7 Probeheft: kostenlos 8 AutorInnen: Mitglieder und Gastautoren 9 Texte erwünscht: ja, vornehmlich Prosa, Essay, Glosse, Feuilleton 10 Kontakt: Lyrik: angelika.zoellner@gmx.de, telefonisch: 0202/526512, postalisch: Imkerweg 12, 42279 Wuppertal; Prosa: gabyblattl@chello.at, telefonisch: 0043/1/9671024, postalisch: Anton Baumgartnerstr. 44/C3/2503, A-1230 Wien 11 Honorar: nein

KALLIOPE – Zeitschrift für Literatur und Kunst
Herausgeber, Redaktion: A. Milad Karimi, Claudia Weise, Verlag: Bernstein Verlag Ort: D-Freiburg, D-Münster, D-Bonn, Mail: kalliope_literatur@yahoo.de oder kalliope@bernstein-verlag.de, Website: www.kalliope.bernstein-verlag.de
1 Gegr.: 2008 2 Aufl.: 1000 3 Inhalt: anspruchsvolle Lyrik, Prosa, Essay (Philosophie, Literaturkritik, Musikwissenschaft, Kunstkritik), Interview, Rezension, Übersetzung literarischer Texte, teilweise zweisprachig (bislang Latein, Englisch, Italienisch), Kunst (Farbdruck), Propemptikon in alten oder selten gesprochenen Sprachen. 4 Profil: Forum für junge Literatur und Kunst. Jederzeit auch Einreichungen von jungen Autoren und Künstlern, die noch keine Veröffentlichungen haben. 5 Hefte/Jahr: 2 6 Seiten: 80 7 Probeheft: 6 € zzgl. Versand 8 AutorInnen: Einzelpublikationen von Durs Grünbein, Jan Wagner, Matthias Kehle, Helmut Krausser, Ron Winkler, Nadja Küchenmeister, Jakob Hein, Markus Gabriel, Stefanie Golisch, Daniel Ketteler 9 Texte erwünscht: ja; Lyrik maximal 10 Gedichte, Prosa/Essay maximal 6–8 Seiten 10 Kontakt: kalliope_literatur@yahoo.de, postalisch: Kalliope. Zeitschrift für Literatur und Kunst, Bernstein-Verlag, Gebr. Remmel, Postfach 1968, 53009 Bonn 11 Honorar: nein 13 Tipp: Bitte alle Texte in einer Datei einschließlich einer Kurzvita einreichen.

K

KEINE DELIKATESSEN – Bühne für SchriftBilder
Herausgeber: Verein Keine Delikatessen – Bühne für SchriftBilder
Redaktion: Maria Seisenbacher, Sarah Legler, Ort: A-Wien
Mail: info@keinedelikatessen.at, Website: www.keinedelikatessen.at
1 Gegr.: 2003 2 Aufl.: 200 3 Inhalt: Literaturzeitschrift mit Essays, Rezensionen (Literatur und Musik), Lyrik, Prosa, literaturwissenschaftliche Aufsätze/Artikel; in jedem Heft wird außerdem eine Literaturinitiative oder -gruppe mit Interviews und Textproben vorgestellt. 4 Profil: „Keine Delikatessen" – ein Bachmann-Gedicht als Titelgeber, zwei Frauen, Maria Seisenbacher (Schriftstellerin) und Sarah Legler (Lektorin), als literaturwissenschaftliche Herausgeberinnen und eine Mixtur aus thematischer Prosa und Lyrik, Essays und Analysen. Jedem Text wird schriftbildnerische Ruhe gewährt, jedem abgedruckten Werk bildender und fotografischer Kunst ein würdiger Wirkensplatz eingeräumt. Hier bahnen weiters Interviews, Rezensionen und komparatistische Analysen den noch nicht abgefeierten Schriftsteller(inne)n und Literaturinitiativen einen Weg an die Öffentlichkeit, das hektische Trendabfeiern findet anderswo statt. 5 Hefte/Jahr: 2 (Mai, Oktober) 6 Seiten: 60 7 Probeheft: 3,50 € zzgl. 1,25 € Versand 8 AutorInnen: Andrea Grill, Sophie Reyer, Andreas Unterweger, Angelika Rainer, Julya Rabinowich, Seher Cakir 9 Texte erwünscht: ja, maximal 8000 Zeichen (ohne Leerzeichen) 10 Kontakt: texte@keinedelikatessen.at (Textannahme) 11 Honorar: nein (Belegexemplar) 12 Sonstiges: Bei Erscheinung der Ausgabe gibt es eine Präsentation; wir sind bemüht, den Lesenden ein Honorar zu zahlen.

KLIVUSKANTE – Zeitschrift für Literatur, ironisch, sarkastisch, dekadent
Herausgeber: Christian Hoffmann, Dr. Hans D. Boeters, Bernhard Horwatitsch
Redaktion: Christian Hoffmann, Bernhard Horwatitsch, Ort: D-München
Mail: kontakt@klivuskante.com, Website: www.klivuskante.com
1 Gegr.: 1996 3 Inhalt: kurze Prosa, satirische Kurztexte, Essays, Rezensionen 5 Hefte/Jahr: unregelmäßig; immer dann, wenn's fertig ist 7 Probeheft: 3,50 € 9 Texte erwünscht: ja, maximal 8 Normseiten 10 Kontakt: texteinsendungen@klivuskante.com 11 Honorar: nein 12 Sonstiges: Damit wir eure besten Texte bekommen, geben wir keine Themen mehr vor. Es kann durchaus sein, dass sich durch die Texte ein Thema herauskristallisiert. Aber Qualität geht stets vor Thema.

KOLIK – zeitschrift für literatur
HerausgeberIn, Redaktion: Gustav Ernst, Karin Fleischanderl, Verlag: Verein für neue Literatur, Ort: A-Wien, Mail: kolik@aon.at, Website: www.kolik.at
1 Gegr.: 1997 2 Aufl.: 1500 3 Inhalt: Literatur, Besprechungen, Essays zur Literatur 4 Profil: neue Literatur 5 Hefte/Jahr: 4 (jeweils im Quartal) 6 Seiten: 150 7 Probeheft: 9 € (A), 12 € (Ausland), keine Versandkosten 8 AutorInnen: Werner Kofler, Robert Schindel, Antonio Fian, Gerhard Rühm, Gerhild Steinbuch etc. 9 Texte erwünscht: ja, Textlänge: egal 10 Kontakt: kolik@aon.at, postalisch: Taborstr. 33/21, A-1020 Wien 11 Honorar: nein

KONTRO VERS
Ort: D-Heidelberg, Mail: redaktion@kontro-vers.de, Website: www.kontro-vers.de
(Angaben von der Handbuch-Redaktion)

KONZEPTE – Zeitschrift für Literatur
Herausgeber: Bundesverband junger Autoren und Autorinnen e.V.
Redaktion: Christine Langer, Ort: D-Neu-Ulm (Redaktion)
Website: www.bvja-online.de (www.christine-langer.de)
1 Gegr.: 1985 2 Aufl.: 800 3 Inhalt: Lyrik, Prosa, Essay, Hörspiel, Drama, Rezension, Fotografie 4 Profil: etablierte und junge Autoren, auch Debüts 5 Hefte/Jahr: 1–2 6 Seiten: ca. 176 8 AutorInnen: Friederike Mayröcker, Jan Wagner, Nico Bleutge, Mirko Bonné, Ulrike Draesner, Kurt Drawert, Steffen Jacobs, Hendrik Rost, Oskar Pastior, Thomas von Steinaecker, Thomas Lang, Joachim Zelter 9 Texte erwünscht: ja, maximal 10 Gedichte/15 Seiten Prosa 10 Kontakt: postalisch: Konzepte – Zeitschrift für Literatur, Postfach 2654, 89216 Neu-Ulm 11 Honorar: nein (Belegexemplar)

KRACHKULTUR
Herausgeber, Redaktion: Martin Brinkmann, Fabian Reimann, Verlag: Bunte Raben Verlag, Ort: D-Bremen und D-Leipzig (Redaktion), D-Lintig-Meckelstedt (Verlag)
Mail: bremen@krachkultur.de oder leipzig@krachkultur.de
Website: www.krachkultur.de
1 Gegr.: 1993 2 Aufl.: 1000 3 Inhalt: Prosa, Lyrik, Essay 4 Profil: *Krachkultur* veröffentlicht in erster Linie die neue deutschsprachige Literatur. Die Redaktion ist der Fahnder in der hiesigen jungen Szene. So veröffentlichte Saša Stanišić seine erste literarische Arbeit überhaupt in der *Krachkultur*. Jede Ausgabe hat außerdem einen Themenschwerpunkt. Hier werden entweder nationale oder internationale Größen gefeiert bzw. wiederentdeckt, bisher u.a. Helmut Salzinger, „Matthias“ BAADER Holst und Ernst Jünger, oder weltliterarische Seitenstücke erstmals überhaupt bzw. erstmals in deutscher Sprache präsentiert, bisher u.a. Emmanuel Bove, Richard Yates, Anatoli Marienhof, Heimito von Doderer, Léon Bloy, H. P. Lovecraft oder Raymond Carver. 5 Hefte/Jahr: 1 6 Seiten: 200 7 Probeheft: 10 € zzgl. 1,50 € Versand 8 AutorInnen: Wolfgang Schömel, Xaver Bayer, Anna von Bayern, Thomas Kling, Daniel Dubbe, Arne Rautenberg, Anja Utler 9 Texte erwünscht: ja, Textlänge: egal 10 Kontakt: postalisch: Redaktion Bremen, z.Hd. Martin Brinkmann, Hollerallee 6, 28209 Bremen 11 Honorar: nein 13 Tipp: vorher wenigstens ein Exemplar der Zeitschrift besichtigen

KRAUTGARTEN – Forum für junge Literatur
Herausgeber, Redaktion: Bruno Kartheuser, Verlag: edition KRAUTGARTEN
Ort: B-Neundorf St. Vith, Mail: bruno.kartheuser@skynet.be
Website: www.krautgarten.be
1 Gegr.: 1982 2 Aufl.: 1000 3 Inhalt: Literarische Texte (inédits) – eine Künstlervorstellung – im Journal Rezensionen, Analysen, Reportagen, Statements 4 Profil: KRAUTGARTEN erscheint semestriell in der deutschsprachigen Gemeinschaft Belgiens und wendet sich vorwiegend an Autoren und Leser in Belgien, Deutschland, Luxemburg,

Österreich, der Schweiz, den Niederlanden. Pro Heft werden Texte von ca. 25 Autoren zusammengefügt, im Original oder in Übersetzung. Mit großzügigen Reproduktionen wird Einblick in das Werk eines Künstlers der genannten Länder und Regionen geboten. Das Journal enthält meist eine Reflexion über die politische und kulturelle Gestaltung der Region Ostbelgien sowie Rezensionen, Reportagen und aktuelle Meldungen. Die Redaktionsarbeit wird von 6 Personen wahrgenommen: Auswahl, inhaltliche Gestaltung, Rezensionen. 5 Hefte/Jahr: 2 (Juni, November) 6 Seiten: 104 7 Probeheft: 10 € zzgl. 2 € Versand 8 AutorInnen: Gillessen, Sous, Helminger, Mayröcker, Manderscheid, Schindel, Kunert 9 Texte erwünscht: ja, 2–10 Seiten 10 Kontakt: bruno.kartheuser@skynet.be, telefonisch: 0032/8022/7376, postalisch: KRAUTGARTEN, Postfach 42, 4780 St. Vith, Belgien 11 Honorar: nein 12 Sonstiges: Abo: 4 Hefte, zwei Jahre, 32 € 13 Tipp: Alle vorgeschlagenen (unveröffentlichten) Texte in einer Datei gruppieren und mit einer bio-/bibliografischen Notiz versehen. Unbedingt auch Postanschrift, Mailadresse und Telefon angeben.

KRITISCHE AUSGABE – Zeitschrift für Germanistik und Literatur
Herausgeber: Verein der Freunde und Förderer der Kritischen Ausgabe e.V.
Redaktion/Verlag: Kritische Ausgabe, Ort: D-Bonn
Mail: redaktion@kritische-ausgabe.de, Website: www.kritische-ausgabe.de
1 Gegr.: 1997 2 Aufl.: 850 3 Inhalt: themengebundene Essays, Rezensionen, Autorenporträts 4 Profil: Die *Kritische Ausgabe (K. A.)* ist eine literaturkritische Zeitschrift, die seit 1997 am heutigen Institut für Germanistik, Vergleichende Literatur- und Kulturwissenschaft der Universität Bonn erscheint und 2004 durch ein Online-Magazin ergänzt wurde. Sie richtet sich an eine Leserschaft, die sich für historische und theoretische Hintergründe von Literaturproduktion und -rezeption interessiert. Ihr Ziel besteht zum einen darin, insbesondere literaturwissenschaftliche Inhalte auch einem nicht-akademischen Publikum in verständlicher und ansprechender Weise nahezubringen, zum anderen die deutschsprachige Gegenwartsliteratur beispielhaft zu porträtieren und ihren Tendenzen nachzuspüren. 5 Hefte/Jahr: 2 (März, Oktober) 6 Seiten: 120 7 Probeheft: 5 € zzgl. 1,40 € Versand 8 AutorInnen: Andreas Jüngling, Fabian Beer, Benedikt Viertelhaus, Crauss, Marcel Diel, Anna Valerius, Anna-Lena Scholz 9 Texte erwünscht: ja 10 Kontakt: redaktion@kritische-ausgabe.de, postalisch: Institut für Germanistik, Vergleichende Literatur- und Kulturwissenschaft der Universität Bonn, Am Hof 1d, 53113 Bonn 11 Honorar: nein 12 Sonstiges: Bitte schauen Sie auf unserer Internetseite nach den Hinweisen für Autoren, die Ihnen die wichtigsten Tipps geben, wie Sie mit Ihren Vorschlägen an uns herantreten können.

KULT – Das letzte Poesy-Chaotycum der Republyk
Herausgeber: Karlyce Schrybyr, Ort: D-Goldbach, Mail: schreiber.space@gmx.de
Website: www.aalfaa.de
1 Gegr.: 1995 2 Aufl.: 200 4 Profil: Texte myt Nyveau & Charysma: Lyteratur aller Art, Essays zu allen stryttygen Themen, Rezensyonen zu Sublyt-Büchern & anderen ynteressanten Projekten – eyn Chaotycum eben fyr alle Spylarten der Poesy & deren hartnäckyge Lybhaber 5 Hefte/Jahr: 2 6 Seiten: 60 8 AutorInnen: Theo Breuer, Frank Bröker,

Carmen Caputo, Kai Engelke, Wolfgang G. Fienhold, HEL, Dieter P. Meier-Lenz, Stefan T. Pinternagel, Lutz Rathenow, Hartmut T. Reliwette 11 Honorar: nein 12 Sonstiges: KULT lesen yst wy eyn Schaumbad yn der Poesy.

KULTUR & GESPENSTER
Herausgeber, Redaktion: Jan-Frederik Bandel, Gustav Mechlenburg, Nora Sdun, Christoph Steinegger, Verlag: Textem Verlag, Ort: D-Hamburg
Mail: post@kulturgespenster.de, Website: www.kulturgespenster.de
1 Gegr.: 2006 2 Aufl.: 2000 3 Inhalt: Essay 4 Profil: Kulturzeitschrift 5 Hefte/Jahr: 2–4 6 Seiten: 300 7 Probeheft: 12 € zzgl. 2 € Versand 8 AutorInnen: Alexander Schimmelbusch, Tim Trzaskalik, Roberto Ohrt, Thomas von Steinaecker 9 Texte erwünscht: ja, Textlänge: unbegrenzt 10 Kontakt: post@textem.de 11 Honorar: nein 12 Sonstiges: Wir veröffentlichen keine Gedichte.

DER KULTUR-HEROLD – Nachrichtenmagazin für Kunst und Literatur
Herausgeber: Michael Schneider-Braune, J. Heinrich Heikamp
Redaktion: J. Heinrich Heikamp, Giller Str. 65, 41569 Rommerskirchen
Verlag: Crago-Verlag, Michael Schneider-Braune, Postfach 1248, 97990 Weikersheim, Ort: D-Weikersheim (Verlag), D-Rommerskirchen (Redaktion)
Mail: kultur-herold@web.de, Website: www.kultur-herold.de, www.crago-verlag.de
1 Gegr.: 1983 2 Aufl.: 300 3 Inhalt: Artikel, Hintergrundinformationen, Autoren- und Künstler-Porträts, Fotos, Nachrichten, Buchvorstellungen, Leserbriefe, Cartoons, Comics, Kurzgeschichten (keine Lyrik), Ausschreibungen, Wettbewerbe, Kleinanzeigen, Kulturtermine, Illustrationen 4 Profil: Nachrichtenmagazin für alle Kulturszenen in Deutschland, Österreich und Schweiz; eine der (dienst)ältesten Kleinzeitschriften im deutschsprachigen Raum 5 Hefte/Jahr: 3–4 (Januar/Februar, März/April, Juli/August, Oktober/November) 6 Seiten: 32 7 Probeheft: 2 € 8 AutorInnen: Hanno Berg, Inge Braune, Thorsten Grewe, Sandra Henke, Inge Hüsgen, Harry Messerschmidt, Irene Salzmann, Gisela Schäfer, Christel Scheja, Andreas Schmitt, Markus Schönrock, Andrea Tillmanns 9 Texte erwünscht: ja, maximal 3 Manuskriptseiten (30 Zeilen à 60 Anschläge) 10 Kontakt: kultur-herold@web.de 11 Honorar: nein (Wir versenden keine Belegexemplare!) 12 Sonstiges: Wir suchen nur Kurzgeschichten, die Unterhaltung mit Niveau bieten. Bitte keine Lyrik und keine experimentellen Texte. *Der Kultur-Herold* ist in erster Linie ein Nachrichtenmagazin, keine Literaturzeitschrift.

KUNST + KULTUR
Kulturpolitische Zeitschrift der Vereinten Dienstleistungsgewerkschaft (ver.di)
Herausgeber: ver.di: Frank Bsirske, Frank Werneke, Berlin
Redaktion: Burkhard Baltzer, Tübingen, Verlag: ConBrio, Regensburg
Ort: D-Berlin, D-Tübingen, D-Regensburg, Mail: burkhard.baltzer@verdi.de
Website: www.kunstundkultur-online.de
1 Gegr.: 1994 2 Aufl.: 27 500 3 Inhalt: kulturpolitische Berichte und Kommentare; literarische Texte (Prosa, Lyrik); Texte zu Musik, Bühne, bildender Kunst, Übersetzungen

L

4 Profil: grafisch gestaltete Ausgaben für Künstlerinnen und Künstler in der Gewerkschaft Deutschlands und Österreichs sowie für der Gewerkschaft nahestehende mit Kultur und Kulturpolitik befasste LeserInnen 5 Hefte/Jahr: 4 6 Seiten: 20 (Berliner Format, beschnitten) 7 Probeheft: 4 € zzgl. 1,45 € Versand 9 Texte erwünscht: ja, Länge nach Absprache 10 Kontakt: burkhard.baltzer@verdi.de, telefonisch: 07071/940180, postalisch: Neckarhalde 27a, 72070 Tübingen 11 Honorar: ja

L. DER LITERATURBOTE
Herausgeber: Hessisches Literaturforum im Mousonturm e.V.
Redaktion: Harry Oberländer, Werner Söllner, Paulus Böhmer
Ort: D-Frankfurt am Main, Website: www.hlfm.de
1 Gegr.: 1986 2 Aufl.: 500 3 Inhalt: Lyrik, Prosa, Essay 5 Hefte/Jahr: 4 6 Seiten: 64 7 Probeheft: kostenlos 8 AutorInnen: Ulrich Holbein, Peter Kurzeck, Jan Volker Röhnert, Ria Endres, Hanne Kulessa, Franz Hodjak, Ricarda Junge 9 Texte erwünscht: nein 10 Kontakt: telefonisch: 069/24449940, postalisch: Waldschmidtstr. 4, 60316 Frankfurt am Main 11 Honorar: ja 12 Sonstiges: Wir interessieren uns nicht für Autoren, die einfach nur publizieren möchten, sondern für solche, die aufgrund der Lektüre unserer Zeitschrift ein inhaltliches Interesse an der Publikation begründen können.

LAUTER NIEMAND – Die Berliner Zeitschrift für Lyrik und Prosa
Herausgeber: lauter niemand e.V., Redaktion: Jinn Pogy, Tom Schulz, Johannes Hupp, Clemens Kuhnert, Ort: D-Berlin, Mail: redaktion@lauter-niemand.de
Website: www.lauter-niemand.de
1 Gegr.: 1996 2 Aufl.: 8000 3 Inhalt: Lyrik und Prosa 4 Profil: Die Redaktion von *lauter niemand* sucht nach formal interessanten Texten mit einer ungewöhnlichen Perspektive auf ein Thema oder nach Texten mit interessanten Themen: Sie sollten natürlich Ihrem Anspruch angemessen gut geschrieben sein. Bevorzugt werden unbekannte Autoren auf der Höhe ihrer derzeitigen Möglichkeiten vorgestellt. 5 Hefte/Jahr: 1 (zumeist im Dezember) 6 Seiten: 36 7 Probeheft: 4 € zzgl. 1 € Versand 8 AutorInnen: eine Menge unbekannter Autoren, die jetzt bekannter sind 9 Texte erwünscht: Bei Lyrik: maximal 10 Gedichte und bitte möglichst alle Gedichte in einer Datei. Bei Prosa: 9 Normseiten und nicht mehr als 3 Texte. Zur Person: Name, Geburtsdatum, Wohnort, ggf. letzte Veröffentlichung/Preise 10 Kontakt: redaktion@lauter-niemand.de, postalisch (nur in Ausnahmen): Redaktion *lauter niemand,* c/o Clemens Kuhnert, Friedelstr. 54, 12047 Berlin 11 Honorar: nein 12 Sonstiges: Weitere Aktivitäten des *lauter niemand e.V.* sind unter anderen: das *lauter niemand literaturlabor:* Jeder Autor kann hier seinen Text zur Diskussion stellen (jeden Sonntag, Einlass 20.30 Uhr, *Fehre6* in der Fehrbelliner Str. 6, Prenzl. berg); „No man's land", die Zeitschrift für neue deutsche Literatur auf Englisch (www.no-mans-land.org); und der *lauter niemand preis für politische Lyrik.* 13 Tipp: Kommt uns im *lauter niemand literaturlabor* in Berlin besuchen oder besucht unsere Homepage!

LEBENSBAUM – Literarische Zeitschrift für Natur-Bewußtsein
Herausgeber, Redaktion: Erwin Bauereiß, Ort: D-Lenkersheim
1 Gegr.: 1987 2 Aufl.: 250 3 Inhalt: Natur-Lyrik, -Prosa, Märchen, Sachbeiträge, Illustrationen s/w. Bewusste Auseinandersetzung mit den Belangen der Natur, gerne mit spirituellem Tiefgang. 4 Profil: In einer stark von äußeren Werten geprägten Welt soll durch den *Lebensbaum* die Bedeutung eines naturgemäßen Lebens zum Ausdruck kommen. Der Mensch hat seine Wurzeln in den Naturzusammenhängen. Eine sinnvolle Zukunft auch für den Menschen kann deshalb nur durch eine ökologische Lebensweise bestehen. 5 Hefte/Jahr: 2 (zur Winter- und Sommersonnenwende) 6 Seiten: 40 7 Probeheft: 3 € 8 AutorInnen: Wolf-Dieter Storl, Hans Wagner, Silent Wolf, Arnhild Lensch, Peter Würl, Helmut Hintermeier, Konstanze Keller, Gabriele Feyerer 9 Texte erwünscht: ja, maximal 3 Seiten 10 Kontakt: telefonisch: 09841/2974, postalisch: Erwin Bauereiß, Markgrafenstr. 21, 91438 Lenkersheim 11 Honorar: nein (Belegexemplar) 13 Tipp: Ohne die Natur keine Zukunft für die Menschheit.

LESART – Unabhängiges Journal für Literatur
Herausgeber: Dr. Karsten Schröder, Ort: D-Rangsdorf, Mail: lesart@t-online.de
Website: www.lesart-online.de
5 Hefte/Jahr: 4 (März, Juni, September, November) 7 Probeheft: kostenlos
(Angaben von der Handbuch-Redaktion)

LETTRE INTERNATIONAL – Europas Kulturzeitung
Redaktion: Frank Berberich, Dirk Höfer, Ort: D-Berlin, Mail: redaktion@lettre.de
info@lettre.de, Website: www.lettre.de
1 Gegr.: 1984/1988 3 Inhalt: Reportagen, Hintergrundanalysen, Interviews, Essays, Literatur und Kunst 4 Profil: „*Lettre International* ist eine unabhängige, internationale Publikation und versteht sich als interdisziplinäres intellektuelles Forum. *Lettre* sieht sich keiner politischen Programmatik verpflichtet. *Lettre* veröffentlicht ernsthafte, gut recherchierte und lebendige Beschreibungen unserer Welt und unserer Zeit. Die Zeitschrift versteht sich als Laboratorium der Neugier und setzt auf Qualität. Wo es um das Verständnis vielschichtiger Sachverhalte geht, wo es um die Durchdringung scheinbar homogener Strukturen geht, liefert *Lettre* Materialien für den Dialog, authentische Stimmen und streitbare Überzeugungen, die der Kultivierung von Offenheit dienen."
5 Hefte/Jahr: 4 6 Seiten: 116
(Angaben von der Handbuch-Redaktion)

LICHTUNGEN – Zeitschrift für Literatur, Kunst und Zeitkritik
Herausgeber: Markus Jaroschka, Helwig Brunner, Georg Petz, Werner Fenz
Redaktion: Markus Jaroschka, Helwig Brunner, Georg Petz, Nicole Scheiber, Friederike Schwab, Ort: A-Graz, Mail: office@lichtungen.at
Website: www.lichtungen.at
1 Gegr.: 1979 2 Aufl.: 1500 3 Inhalt: Lyrik, Prosa, Essays, Texte zur Zeitkritik, Kunstteil 4 Profil: Die LICHTUNGEN haben sich in den vergangenen 30 Jahren mit internationalen Länder- und Städte-Schwerpunkten zu einer in Österreich, Deutschland und

L

Südosteuropa bekannten Literaturzeitschrift entwickelt. Die Zeitschrift fördert neben arrivierten, vor allem noch unbekannte, meist junge AutorInnen mit besonderem Augenmerk auf den literarischen Nachwuchs aus Österreich und der Steiermark und bietet ihnen so eine Öffentlichkeit. Ein weiterer Aspekt der Zeitschrift ist der Bereich der bildenden Kunst, in dem gleichfalls meist junge KünstlerInnen präsentiert werden. In der Rubrik „Zeitkritik" werden Beiträge namhafter WissenschaftlerInnen und EssayistInnen veröffentlicht. 5 Hefte/Jahr: 4 (März, Juni, September, November) 6 Seiten: 130 7 Probeheft: 6 € 8 AutorInnen: Olga Flor, Clemens Setz, Mike Markart, Georg Petz, Ilma Rakusa, Carlos Aguilera 9 Texte erwünscht: Ja, Lyrik: 10–15 Gedichte, Kurzprosa: 3–4 Erzählungen, Romanauszüge bis maximal 20 Seiten. Nur Unveröffentlichtes. 10 Kontakt: office@lichtungen.at 11 Honorar: ja

LICHTWOLF – Zeitschrift trotz Philosophie
Herausgeber: Timotheus Schneidegger, Verlag: catware.net Verlag, Ort: D-Norden
Mail: redaktion@lichtwolf.de, Website: www.lichtwolf.de
1 Gegr.: 2002 2 Aufl.: 750 3 Inhalt: Essays, Satiren, Polemiken und Kommentare, seltener fiktionale Kurztexte (Prosa oder Lyrik); vorwiegend gezeichnete Illustrationen 4 Profil: Der *Lichtwolf* ist eine neue Moralische Quartalsschrift alter Schule, bei der Trotz großgeschrieben wird. Die Autoren sind klug und entschlossen, die Aufmachung ist altmodisch. Philosophie erweist sich hier als Verbindung von Punk und Bildungsbürgertum. 5 Hefte/Jahr: 4 (März, Juli, September, Dezember) 6 Seiten: 52 7 Probeheft: 5 € 8 AutorInnen: Michael Helming, August Maria Neander, Johannes Franzen, Norbert Hildebrand, Lino Wirag 9 Texte erwünscht: ja, maximal 20 000 Zeichen 10 Kontakt: redaktion@lichtwolf.de, postalisch: Timotheus Schneidegger, Süderdeichstr. 6, 26506 Norden 11 Honorar: ja 12 Sonstiges: Der *Lichtwolf* ist keine Literaturzeitschrift, sondern ein un- und antiakademisches Philosophie-Magazin; wir bitten, dies vor der unaufgeforderten Zusendung von Beiträgen zu beachten!

LISAN – Zeitschrift für arabische Literatur
Herausgeber: Lisan Verlag, Redaktion: Hassan Hammad, Ort: CH-Basel
Mail: info@lisan.ch, Website: www.lisan.ch
1 Gegr.: 2006 2 Aufl.: 1000–1500 3 Inhalt: ins Deutsche übersetzte arabische Literatur 4 Profil: Die Zeitschrift gibt anhand von Themenschwerpunkten Einblicke in das vielfältige arabische Literaturschaffen. Veröffentlicht werden Kurzgeschichten, Romanauszüge, Poesie, Reiseberichte, Blogs und Hintergrundberichte zum jeweiligen Themenschwerpunkt. 5 Hefte/Jahr: 2 (Frühling, Herbst) 6 Seiten: 176 7 Probeheft: kostenlos für Bibliotheken und Journalisten 8 AutorInnen: Joumana Haddad, Mansoura Ezz Eldin, Randa Jarrar, Salah al-Hamdani, Yassin Adnan, Alawiyya Sobh, Samuel Shimon, Iman Mersal 9 Texte erwünscht: nein 11 Honorar: nein 12 Sonstiges: Das Magazin kann abonniert werden.

LITERAMUS TRIER
Literaturzeitschrift der literarisch musischen Gesellschaft Trier e. V.
Herausgeber: Hans Greis, Erwin Otto, Redaktion: Hans Greis, Verlag: WVT Wissenschaftlicher Verlag Trier, Ort: D-Trier, Mail: redaktion@literamus-trier.de
Website: www.literamus-trier.de
1 Gegr.: 1993 2 Aufl.: 1000 4 Profil: *Literamus* „ist eine Zeitschrift im Trierer Literaturleben und möchte Sprachrohr sein für Menschen, die glauben, etwas zu sagen zu haben. Jedem soll erst einmal Möglichkeit und Gelegenheit gegeben werden, sich frei oder so zu gestellten Themen zu äußern." 5 Hefte/Jahr: 2 6 Seiten: 150 7 Probeheft: 3,50 € zzgl. Versand
(Angaben von der Handbuch-Redaktion)

LITERARISCHES MAGAZIN (LIMA) – Das Literaturmagazin des BVjA
Herausgeber: Bundesverband junger Autoren und Autorinnen e. V. (BVjA)
Redaktion: Nicole Strauss, Ort: D-Bonn, Mail: BVjADieSchublade@aol.com
Website: www.bvja-online.de
1 Gegr.: 1999 2 Aufl.: 500 3 Inhalt: Kurzprosa und Lyrik 4 Profil: In LIMA veröffentlichen vorwiegend Autoren aus dem BVjA. Externe Autoren können ebenfalls angenommen werden. Die Ausgaben 2008 und 2009 erscheinen als Anthologien zu den zwei BVjA-Literaturwettbewerben „Wertfrei" und „Ich bin ein 89er" aus diesen Jahren. 5 Hefte/Jahr: 1 6 Seiten: 80 7 Probeheft: 5 € zzgl. Versand 9 Texte erwünscht: ja (auf Ausschreibung hin), maximal 10 000 Zeichen 10 Kontakt: BVjADieSchublade@aol.com, postalisch: BVjA, Postfach 200303, 53133 Bonn 11 Honorar: nein 12 Sonstiges: Zu Texteinsendungen rufen wir per Ausschreibung auf.

LITERATUR IN BAYERN
HerausgeberIn: Prof. Dr. Dietz-Rüdiger Moser (LMU), Dr. Carolin Raffelsbauer
Redaktion: Dr. Carolin Raffelsbauer, Verlag: Literatur in Bayern, Ort: D-München
Mail: Redaktion@LiteraturInBayern.de, Website: www.LiteraturInBayern.de
1 Gegr.: 1985 2 Aufl.: 2000 3 Inhalt: deutsche Literatur- und Kulturzeitschrift, Literatur, Kultur, Volkskunde, Brauchtum, Musik, Theater, Geschichte 4 Profil: Die Beiträge befassen sich mit Personen und literarischen sowie kulturellen Gegenständen in und um Bayern wie auch der bayerischen Geschichte. Außerdem erscheinen Rezensionen, Ausstellungsbesprechungen, Prosa und Lyrik sowie wissenschaftliche Beiträge und Aufsätze. 5 Hefte/Jahr: 4 (März, Juni, September, Dezember) 6 Seiten: 64–72 7 Probeheft: kostenlos 8 AutorInnen: Rosendorfer, Holzheimer, Heißerer, Frühwald, Schnetz, Bammesberger, Moser, Maier u.v.m. 9 Texte erwünscht: ja; nach Anfrage, 2 bis maximal 7 Schreibmaschinenseiten 10 Kontakt: Redaktion@LiteraturInBayern.de, postalisch: Literatur in Bayern, Postfach 340220, 80099 München 11 Honorar: nein (wir geben bis zu 20 Autorenexemplare) 12 Sonstiges: Bitte keinesfalls erwarten, dass der Beitrag sofort abgedruckt wird. Thema vorher absprechen.

L

LITERATUR UND KRITIK
Herausgeber: Karl Markus Gauß, Arno Kleibel, Redaktion: Karl Markus Gauß
Verlag: Otto Müller Verlag, Ort: A-Salzburg, Mail: luk@omvs.at,
Website: www.omvs.at
1 Gegr.: 1966 2 Aufl.: 2500 3 Inhalt: Essays, Literaturrezensionen, literarische Texte, Autorenporträts 4 Profil: *Literatur und Kritik* möchte nicht alleine der experimentellen oder der politisierten österreichischen Literatur eine Gasse schlagen, sondern eine Vielfalt von Schreibweisen und literarischen Haltungen zulassen. LuK will beitragen, die Autoren des Exils in Österreich wieder heimisch zu machen und an vergessene, verschollene, totgeschwiegene Traditionen einer literarischen Aufklärung in Österreich zu erinnern. Die Zeitschrift stellt den Anspruch, allen anderen deutschsprachigen Zeitschriften einen Schritt voraus zu sein, wenn es um die Vermittlung unbekannter Landschaften der Literatur, zumal Mittel- und Südosteuropas geht. 5 Hefte/Jahr: 5 (März, Mai, Juli, September, November) 6 Seiten: 112 7 Probeheft: kostenlos 9 Texte erwünscht: ja 10 Kontakt: luk@omvs.at, telefonisch: 0043/0662/881974-72, postalisch: Literatur und Kritik, Ernest-Thun-Str. 11, A-5020 Salzburg 11 Honorar: ja

LITERATURBLATT BADEN UND WÜRTTEMBERG – Termine und Texte
Herausgeberin: Irene Ferchl, Redaktion: Burgherrenstr. 95, 70469 Stuttgart
Tel.: 0711/8147283, Verlag: Hirzel Verlag, Stuttgart, Ort: D-Stuttgart
Mail: info@literaturblatt.de, Website: www.literaturblatt.de
1 Gegr.: 1993 2 Aufl.: 7000 3 Inhalt: Porträts von und Interviews mit AutorInnen, ÜbersetzerInnen und anderen Buchmenschen; Artikel zu aktuellen und vergessenen Büchern; literarische Spaziergänge und Reisen 4 Profil: anspruchsvolles Feuilleton zur deutschsprachigen und internationalen Literatur, ergänzt um einen Kalender mit literarischen Veranstaltungen in Baden-Württemberg, Ausstellungen rund ums Buch im deutschen Sprachraum 5 Hefte/Jahr: 6 6 Seiten: 36 7 Probeheft: kostenlos 8 AutorInnen: Michael Bienert, Elke Linda Buchholz, Susanne Fritz, Günter Ohnemus, Dorothea Keuler, Gunther Nickel, Angelika Overath 9 Texte erwünscht: nein 11 Honorar: ja 12 Sonstiges: Das *Literaturblatt* wird von Buchhandlungen, Bibliotheken und Institutionen bezogen, kostenlos oder gegen eine Schutzgebühr abgegeben. Einzelabonnements gibt es auch. Unverlangte Texte sind nicht erwünscht.

LITERATUREN
Herausgeber, Verlag: Friedrich Berlin Verlag, Ort: D-Berlin, Mail: redaktion@literaturen.de, Website: www.kultiversum.de/Literatur-Literaturen/
2 Aufl.: 20 000 4 Profil: „Neben Belletristik und Sachbuch bietet es Platz für Primärliteratur, den literarischen Markt und das literarische Leben, für Genres und Medien wie Krimis, Kinderbücher, Hörbucher und Filme. *Literaturen* ist die Zeitschrift, die zwischen Büchern und Lesern vermittelt: treffsicher, kurzweilig und so authentisch und neugierig wie immer.“ 5 Hefte/Jahr: zweimonatlich 7 Probeheft: 9,50 € zzgl. Versand
(Angaben von der Handbuch-Redaktion)

LIT°FORM – Programme – Infos – Perspektiven
Herausgeber: Westfälisches Literaturbüro in Unna e.V.
Redaktion: Dr. Herbert Knorr, Karen Homann, Christiane Antons, Ort: D-Unna
Mail: post@wlb.de, Website: www.wlb.de
1 Gegr.: 1986 2 Aufl.: 900 3 Inhalt: Informationen aus dem westfälischen Literaturbetrieb 4 Profil: Die LIT°FORM ist eine reine Informationszeitschrift. 5 Hefte/Jahr: 4 (Januar, April, Juli, Oktober) 6 Seiten: 24 7 Probeheft: kostenlos 9 Texte erwünscht: nein 11 Honorar: nein

MACONDO – Die Lust am Lesen
HerausgeberIn, Redaktion: Frank Schorneck, Petra Vesper
Verlag: Verlag im Laerfeld, Ort: D-Bochum, Mail: info@macondo-magazin.de
Website: www.Die-Lust-am-Lesen.de
1 Gegr.: 1998 2 Aufl.: 10 000 3 Inhalt: Lyrik und Prosa (Kurzprosa, aber auch Romanauszüge) 4 Profil: *Macondo* ist ein Magazin für junge Literatur und Fotografie – ein Magazin, das an Neuentdeckungen interessiert ist, aber auch regelmäßig etablierte Autoren abdruckt. 5 Hefte/Jahr: 2 (Juni, Dezember) 6 Seiten: 112 7 Probeheft: 7,50 € zzgl. 0,85 € 8 AutorInnen: Frank Schulz, Markus Orths, Daniel Zahno, Martina Weber, Almut Baumgarten, Marcus Jensen, Kerstin Kempker 9 Texte erwünscht: ja, maximal 30 000 Zeichen 10 Kontakt: info@Die-Lust-am-Lesen.de (aber keine Mail-Zusendung!), telefonisch: 0234/361486, postalisch: Verlag im Laerfeld, Laerfeldstr. 35, 44803 Bochum 11 Honorar: nein 12 Sonstiges: *Macondo* ist deutschlandweit im Zeitschriften- und Bahnhofsbuchhandel erhältlich. Jede Ausgabe verfügt über eine ISBN und ist daher über das Verzeichnis Lieferbarer Bücher (VLB) in jeder Buchhandlung bestellbar. 13 Tipp: *Macondo* erscheint jeweils zu einem vorgegebenen Thema – bitte die aktuellen Ausschreibungen auf der Homepage beachten.

MANUSKRIPTE
Herausgeber: Alfred Kolleritsch, Redaktion: Alfred Kolleritsch, Andrea Stift, Julian Kolleritsch, Ort: A-Graz, Mail: lz@manuskripte.at, Website: www.manuskripte.at
1 Gegr.: 1960 2 Aufl.: 2000 3 Inhalt: Literatur 4 Profil: Die Zeitschrift *manuskripte* publiziert in deutscher Sprache vornehmlich Erstveröffentlichungen. 5 Hefte/Jahr: 4 (März, Juni, Oktober, Dezember) 6 Seiten: 160 7 Probeheft: kostenlos 8 AutorInnen: Michael Donhauser, Barbara Frischmuth, Peter Handke, Klaus Hoffer, Elfriede Jelinek, Gert Jonke, Gerhard Roth, Peter Waterhouse 9 Texte erwünscht: ja, ca. 10 Seiten/10 Gedichte für einen ersten Überblick 10 Kontakt: lz@manuskripte.at 11 Honorar: nein

MATRIX – Zeitschrift für Literatur und Kunst
Herausgeber: Traian Pop, Redaktion: Traian Pop, Francisca Ricinski-Marienfeld, Rainer Wedler, Uli Rothfuss, Dr. Edith Konradt, Ulrich Bergmann, Barbara-Marie Mundt, Urszula Usakowska-Wolff u.a., Verlag: POP-Verlag, Ludwigsburg

Ort: D-Ludwigsburg, Mail: pop-verlag@gmx.de
Website: www.edition-matrix.com, www.pop-verlag.com
1 Gegr.: 1985 2 Aufl.: 500–1000 3 Inhalt: Lyrik und Prosa, Rezensionen, Essays über aktuelle und historische, kulturelle und politische, künstlerische und biografische Themen, Interviews, Informationen über Verlage, Literaturfestivals, Ausstellungen und Publikationen 4 Profil: *Matrix* ist der europäischen Idee verpflichtet und will deutschen Lesern Gemeinsamkeiten und Unterschiede der vielfältigen Kulturen, Sprachen und Literaturen des Kontinents näher bringen sowie Künstlern aus ganz Europa ermöglichen, sich gegenseitig kennenzulernen. Die Zeitschrift hat sich zum Ziel gesetzt, sowohl Traditionen zu pflegen als auch Innovationen vorzustellen. Die wichtigsten Rubriken heißen: „Die Welt und ihre Dichter“, „Leuchttürme“, „Atelier“, „Prima Verba“, „Rezensionen“, „Aus der Kulturszene“. 5 Hefte/Jahr: 4 6 Seiten: 200 7 Probeheft: 5 € zzgl. 2 € Versand 8 AutorInnen: Dieter Schlesak, Herta Müller, Imre Török, Johann Lippet, Jan Koneffke, Otta Filip, Wolfgang Schlott 9 Texte erwünscht: ja 10 Kontakt: pop-verlag@gmx.de, postalisch: POP-Verlag, Postfach 0190, 71630 Ludwigsburg 11 Honorar: ja und nein 12 Sonstiges: Belegexemplar kostenlos

DER MAULKORB – Zeitschrift für Literatur
Herausgeber: Silvio Colditz, Verlag: Literaturverein Maulkorb e. V., Ort: D-Dresden
Mail: maulkorb@gmx.de, Website: www.dermaulkorb.de
1 Gegr.: 2007 2 Aufl.: 250–300 3 Inhalt: Kurzprosa, Lyrik 4 Profil: Offen für alle Autoren, ein Schwerpunkt ist gesellschaftskritische Literatur. 5 Hefte/Jahr: ca. 2 (zurzeit unregelmäßig) 6 Seiten: 64 7 Probeheft: 3 € 8 AutorInnen: Franz Kovacs, Johannes Witek, Hilmar Reusch, Patrick Beck 9 Texte erwünscht: ja 10 Kontakt: maulkorb@gmx.de 11 Honorar: nein

LA MER GELÉE – Kunst und Kritik
Herausgeber: Alban Lefranc, Redaktion: Alban Lefranc, Daniela Dröscher, Gaëtan Pégny, Aurélie Maurin, Franziska Schottmann, Verlag: La mer gelée, Ort: F-Paris, D-Berlin, Mail: redaktion@lamergelee.com, Website: www.lamergelee.com
1 Gegr.: 2004 2 Aufl.: 1000 3 Inhalt: literarische und theoretische Beiträge 4 Profil: Das Anliegen der Zeitschrift ist es, möglichst umfassend verschiedene Perspektiven zu einem jeweiligen Thema zu bündeln: Hierbei werden nicht nur literarische Sprechweisen versammelt, sondern ebenso philosophische, soziologische und journalistische Arbeiten nebeneinandergestellt. Jede Ausgabe enthält zudem eine Serie von Zeichnungen eines bildenden Künstlers. Alle Textbeiträge werden zweisprachig – deutsch und französisch – abgedruckt. 5 Hefte/Jahr: 1 6 Seiten: 120 7 Probeheft: 15 € zzgl. Versand 8 AutorInnen: Monika Rinck, Elfriede Jelinek, Daniela Dröscher, Alban Lefranc 9 Texte erwünscht: ja, maximal 10 000 Zeichen 10 Kontakt: redaktion@lamergelee.com 11 Honorar: nein

MINIMA – Papier für Poesie, die wenig Platz braucht
Herausgeber: Wolfram Lotz, Ort: D-Leipzig, Mail: minima@gmx.de
Website: www.minima-papier.de
5 Hefte/Jahr: 2 (April, Oktober) 9 Texte erwünscht: ja 10 Kontakt: minima@gmx.de, postalisch: Wolfram Lotz, Industriestr. 4, 04229 Leipzig
(Angaben von der Handbuch-Redaktion)

MIROMENTE – Zeitschrift für Gut und Bös
Herausgeber: Kurt Bracharz, Daniela Egger, Ulrich Gabriel, Wolfgang Mörth
Redaktion: Wolfgang Mörth, Verlag: unartproduktion, Ort: A-Vorarlberg
A-Bregenz, A-Dornbirn, Mail: info@miromente.at, Website: www.miromente.at
1 Gegr.: 2005 2 Aufl.: 1000 3 Inhalt: alle Genres 4 Profil: In der *miromente* wird Literatur nicht besprochen und kommentiert, sondern veröffentlicht. Die Redaktion lädt in der Regel Autorinnen und Autoren ein, die ihr auffallen, oder reagiert auf Empfehlung aus einem für sie überschaubaren Umfeld. Naturgemäß ist die Vorarlberger Literatur gut vertreten, etwa drei Viertel machen allerdings Texte aus dem gesamten deutschsprachigen Raum aus. Da das Hauptverbreitungsgebiet der Zeitschrift Westösterreich ist, gibt es ein besonderes Interesse am Kontakt mit der Schweizer und Liechtensteiner Literaturszene. 5 Hefte/Jahr: 4 (März, Juni, September, Dezember) 6 Seiten: 44 7 Probeheft: kostenlos 8 AutorInnen: Gabriele Bösch, Franzobel, Christian Futscher, Egyd Gstättner, Reinhard Kaiser-Mühlecker, Michael Stavaric, Christian Zillner 9 Texte erwünscht: ja, maximal 15 000 Zeichen 10 Kontakt: info@miromente.at 11 Honorar: nein 13 Tipp: Machen Sie sich ein Bild von der Zeitschrift bzw. von den darin veröffentlichten Autorinnen und Autoren, bevor Sie Texte senden.

Alban Lefranc, Herausgeber und Redakteur der Zeitschrift *La mer gelée*, beantwortete uns drei Fragen:

› Was treibt Sie an (Geld, Zeit und Nerven zu opfern)?
La mer gelée versteht sich als pluridisziplinären Ort, wie es ihn im Verlagswesen selten gibt: Schriftsteller, Übersetzer, bildende Künstler, Grafiker und Philosophen arbeiten gemeinsam an einem vorgegebenen Thema *(Berlin Alexanderplatz, Randgänge),* das sie in die verschiedensten Richtungen entwickeln. Das Vergnügen, diese Zeitschrift zu machen, kommt insbesondere von den Begegnungen, die sie ermöglicht. *La mer gelée* ist keine vorgefertigte Struktur: Ihre Identität ändert sich mit jeder Ausgabe entsprechend den Mitwirkenden und ihren Initiativen.

› Warum sollten AutorInnen in Literaturzeitschriften veröffentlichen, wenn sie dort für ihre Veröffentlichung in der Regel kein Honorar erhalten?
La mer gelée existiert seit 2002 und wird dank eines Netzwerks von Buchläden und Bibliotheken in Frankreich, der Schweiz, Deutschland und Österreich vertrieben, aber

N

DER MONGOLE WARTET – Zeitschrift für Literatur und Kunst
Herausgeber, Redaktion: Michael Arenz, Verlag: Zenon Verlag, Ort: D-Düsseldorf
Mail: Dr.Zittlau@arcor.de, Website: www.zenon-verlag.de.vu
1 Gegr.: 1994 2 Aufl.: 500 3 Inhalt: Literatur (Prosa, Essays, Lyrik), Bildende Kunst 4 Profil: Gebundene Kunstzeitschrift, deren Konzept die Gegenüberstellung von bildenden Künstlern und Autoren ist. Umfangreiche Einzelbeiträge geben einen Einblick in die Arbeit der Maler und Literaten und liefern zudem ausführliche biografische Porträts. Das Spektrum reicht von Essays über Prosa bis hin zu Lyrik im Bereich der Literatur. Im Bereich der bildenden Kunst präsentiert *Der Mongole* Künstler der Vergangenheit und Gegenwart wie z.B. Lovis Corinth, Markus Lüpertz oder Norbert Tadeusz. 5 Hefte/Jahr: 1–2 6 Seiten: 520 7 Probeheft: 25 € zzgl. 2 € Versand 8 AutorInnen: Hermann Peter Piwitt, Gerhard Köpf, Walter Kappacher, Florian Günther, Maximilian Zander, Michael Hillen, Bernd HARLEM Fischle 9 Texte erwünscht: ja, maximal 10–16 Seiten 10 Kontakt: postalisch: Michael Arenz, Am Dornbusch 15, 44789 Bochum 11 Honorar: nein

MÜNCHNER HEFTE/MÜNCHNER HEFTE ONLINE – Zeitschrift junger Literatur
Herausgeber: Dennis André Ballwieser, Holger Zapf, Redaktion
Verlag: Münchner Hefte Verlag, Ort: D-München
Mail: redaktion@muenchner-hefte.de, Website: www.muenchner-hefte.de
1 Gegr.: 2002/2006 3 Inhalt: Gedichte, Geschichten, Bilder junger Fotografen (Angaben von der Handbuch-Redaktion)

NEUE RUNDSCHAU
Herausgeber: Hans-Jürgen Balmes, Jörg Bong, Alexander Roesler, Oliver Vogel
Redaktion: Isabel Kupski, Verlag: S. Fischer Verlag, Ort: D-Frankfurt am Main

auch in Quebec und Belgien. Die Zeitschrift ist vollständig zweisprachig (französisch/deutsch) und ermöglicht somit deutschsprachigen Autoren, ein anderes Publikum anzusprechen und von kompetenten Übersetzern übersetzt zu werden. *La mer gelée* versammelt bekannte und unbekannte Autoren: Für einen jungen Autor bietet sich so die Gelegenheit, im Inhaltsverzeichnis neben Elfriede Jelinek zu erscheinen, die einen bislang unveröffentlichten Text in Ausgabe 5 veröffentlichte.

› Schreiben Sie selbst? Wenn ja: Wie wirkt sich das Blattmachen auf Ihr Schreiben aus?
Meine Romane (deren Protagonisten Fassbinder, Baader, Vesper oder Nico sind) wurden letztes Jahr von Katja Roloff auf Deutsch übersetzt (Angriffe, Blumenbar), die auch sehr viele Texte für die Zeitschrift übersetzt hat. Durch die Zusammenarbeit mit Künstlern aus anderen Bereichen, mit anspruchsvollen und gewissenhaften Übersetzern, konnte ich andere Herangehensweisen an ein gegebenes Thema entdecken, andere Methoden, um sich ein Thema anzueignen. Die Verfahren der Collage und Motivverschiebung haben mich immer sehr fasziniert, wir verwenden diese Techniken in *La mer gelée* sehr häufig.

Mail: NeueRundschau@fischerverlage.de
Website: www.fischerverlage.de/page/neue_rundschau

1 Gegr.: 1890 2 Aufl.: 3000 3 Inhalt: Geisteswissenschaften, Literatur, Essays 4 Profil: „Eine freie Bühne für das moderne Leben schlagen wir auf. Im Mittelpunkt unserer Bestrebungen soll die Kunst stehen; die neue Kunst, die die Wirklichkeit anschaut und das gegenwärtige Dasein." So stand es auf der ersten Seite des 1890 erschienenen ersten Hefts. Die *Neue Rundschau* wurde schnell zum arrivierten Forum moderner Literatur und Essayistik. Zu ihr gehört die Verbindung zwischen Essays und Literatur, zwischen theoretischen Reflexionen und Stücken poetischer Praxis, zwischen den Wissenschaften und den Künsten. Die *Neue Rundschau* versteht sich als ein Ort intellektueller Debatten, literarischer Neuentdeckungen und Wiedererinnerungen. 5 Hefte/Jahr: 4 6 Seiten: 236 7 Probeheft: 12 € 8 AutorInnen: Henning Ahrens, Michael Lentz, Richard Powers, Martin Seel, Laszlo Krasznahorkai 9 Texte erwünscht: ja, maximal 7 Seiten 10 Kontakt: NeueRundschau@fischerverlage.de 11 Honorar: ja

NEUE SIRENE – Wegweisende Literatur der Gegenwart
Herausgeberin: Bettina Hohoff, Redaktion: Dr. Irmgard Ackermann, Rüdiger Fischer und Prof. Hans Joachim Lechler, Verlag: Neue Sirene, Ort: D-München
Mail: redaktion@neuesirene.de, Website: www.neuesirene.de, www.neuesirene.com

1 Gegr.: 1994 3 Inhalt: Erzählungen, Novellen, Romanauszüge, Kriminalgeschichten, Fabeln, Märchen, Kurzgeschichten, Kurzprosa, Briefe, Aphorismen, literarische Reportagen, Interviews, Essays, Reden, Vorträge, Gedichte, Übersetzungen, Einführungen in literarische Werke 4 Profil: Bei allen literarischen Beiträgen handelt es sich um Erstveröffentlichungen oder Erstübersetzungen. Zahlreiche Beiträge veröffentlichen wir zweisprachig. Die publizierten Beiträge durchlaufen ein fachlich qualifiziertes Lektorat. 5 Hefte/Jahr: 2 (Frühjahr, Herbst) 6 Seiten: 130 7 Probeheft: 12 € zzgl. 1 € Versand 8 AutorInnen: Edith Huber, Raffaello Baldini, Zehra Çirak, Belton Dominick, Katerina Angelaki-Rooke, Theodor Weißenborn und Wallace Stevens 9 Texte erwünscht: ja, maximal 20 Seiten 10 Kontakt: redaktion@neuesirene.de, telefonisch: 089/355117, postalisch: Neue Sirene, c/o Bettina Hohoff, Orleansstr. 23, 81667 München 12 Sonstiges: Die Buchreihe *Wegweisende Literatur der Gegenwart* ist die Nachfolgerin der Literaturzeitschrift *Neue Sirene*. Leseproben können online abgerufen werden. 13 Tipp: Bitte legen Sie Ihrer Einsendung eine kurze Bio- und Bibliografie bei. Sie sollten Ihre Texte nicht zeitgleich bei anderen Zeitschriften oder Verlagen einreichen.

NOCTURNO/EDITION NOCTURNO – Das Magazin für Dunkle Phantastik
Herausgeber: Markus Kastenholz, Ort: D-Bad Krotzingen, Mail: verlag@virpriv.de
Website: www.nocturno-mag.de.vu

1 Gegr.: 2000/2004 3 Inhalt: Phantastik, Horror, Fantasy und SF 9 Texte erwünscht: ja 13 Tipp: Stories aus den Genres Phantastik, Horror, Fantasy und SF (aber bitte keine Space-Opera) sind jederzeit gern gesehen, ebenso wie passende Zeichnungen und Illus-

trationen. Wer Interesse hat – einfach mal melden und etwas anbieten! Wir beißen nur manchmal!
(Angaben von der Handbuch-Redaktion)

NOVA – DAS MAGAZIN FÜR SCIENCE FICTION & SPEKULATION
www.nova-sf.de

OMEN – DAS HORROR-JOURNAL
www.festa-verlag.de

ORTE – Schweizer Literaturzeitschrift
Herausgeber: Werner Bucher, Virgilio Masciadri, Redaktion: Irene Bosshart, Anne-Marie Kenessey, Jolanda Fäh, Erwin Messmer, Regula Michel, Vera Schindler, Peter K. Wehrli, Verlag: orte-Verlag, Ort: CH-Oberegg AI, Mail: info@orteverlag.ch, Website: www.orteverlag.ch
1 Gegr.: 1974 2 Aufl.: 1200 3 Inhalt: Lyrik, Prosa, Essay, Literaturkritik 4 Profil: *orte* – das sind Gedichte und Essays, Prosa und Fotos, Berichte und – kurz: Literatur und alles, was uns bewegt! Jede Nummer enthält ein Schwerpunktthema, z.B. Mundarttexte, Rätoromanen, Gottfried Benn, Wölfe, Claudia Storz, Literatur und Fussball, Liebesgedichte, Meeranschluss für die Schweiz ... Dazu kommen Texte von Autorinnen und Autoren aus der Schweiz, dem deutschen Sprachraum, der ganzen Welt, ausserdem Rubriken wie *orte*-Buchladen, *orte*-Lyrikregal, Fund-*orte*, Zünd-*orte*, News, Kleininserate und vieles andere mehr! „Es gibt bei *orte* offensichtlich kein Dogma, kein literarisches Tabu, aber es gibt auch kein einengendes formales oder inhaltliches Konzept.“ (Tages-Anzeiger). 5 Hefte/Jahr: 5 (variabel) 6 Seiten: 64 7 Probeheft: 8 € 8 AutorInnen: Beat Brechbühl, Ernst Burren, Brigitte Fuchs, Hans Gysi, Franz Hohler, Kurt Marti und viele andere. 9 Texte erwünscht: Ja. Beliebig lang, Auswahl und Kürzungen durch die Redaktion vorbehalten 10 Kontakt: postalisch: orte – Schweizer Literaturzeitschrift, Wirtschaft „Rütegg“, Rüteggstr. 278, CH-9413 Oberegg AI 11 Honorar: nein 12 Sonstiges: Keine Annahme von Manuskripten auf elektronischem Weg! Unverlangte Einsendungen werden nicht zurückgeschickt. 13 Tipp: Sehen Sie sich ein paar unserer Nummern an, ehe Sie uns Texte schicken! Das erspart Missverständnisse ...

ORT DER AUGEN – Blätter für Literatur aus Sachsen-Anhalt
Herausgeber: Friedrich-Bödecker-Kreis in Sachsen-Anhalt e.V.
Redaktion: André Schinkel, Verlag: dr. ziethen verlag, Ort: D-Oschersleben
Mail: info@dr-ziethen-verlag.de, Website: www.dr-ziethen-verlag.de
1 Gegr.: 1993 2 Aufl.: 1000 3 Inhalt: Prosa, Lyrik, Dramatik, Essay, Rezensionen 4 Profil: Die Zeitschrift stellt sich das Ziel, neue Tendenzen der Literaturentwicklung aufzuzeigen. Dabei sieht sie sich vor allem als Podium von Autoren aus Sachsen-Anhalt, stellt aber auch deutschsprachige Autoren überhaupt vor und präsentiert Übersetzungen und Nachdichtungen ausländischer Schriftsteller. In jeder Ausgabe wird ein bildender Künstler vorgestellt. 5 Hefte/Jahr: 4 (März, Juni, September, Dezember) 6 Seiten: 96 7 Probeheft: kostenlos 8 AutorInnen: Richard Pietraß, Peter Gosse, Hans-Georg

Bulla, Thomas Böhme, Wilhelm Bartsch, Ruth Kraft, Wulf Kirsten 9 Texte erwünscht: ja, maximal 8 A4-Seiten 10 Kontakt: info@dr-ziethen-verlag.de, telefonisch: 03949/4396, postalisch: dr. ziethen verlag, Friedrichstr. 15a, 39387 Oschersleben 11 Honorar: ja

OSTRAGEHEGE – Zeitschrift für Literatur und Kunst
Herausgeber, Verlag: Literarische Arena e.V., Redaktion: Ulf Großmann, Axel Helbig, Jayne-Ann Igel, Ort: D-Dresden,
Mail: ostragehege-redaktion@web.de, Website: www.ostra-gehege.de
1 Gegr.: 1994 2 Aufl.: 600 3 Inhalt: Lyrik, Prosa, Essay, Interview, Rezensionen, Dramen (Auszüge), Abbildungen (Malerei, Grafik, Foto), Übersetzungen aus anderen Literaturen, Beiträge zur zeitgenössischen Musik, Präsentation bildender Künstler (in der Regel aus dem Raum Sachsen) 4 Profil: OSTRAGEHEGE publiziert aktuelle, bisher unveröffentlichte Texte aus den o.g. Rubriken. Markant sind die Rubrik „Lagebesprechung – Junge deutschsprachige Literatur“ (bisher 32 Folgen) sowie das ausführliche „Interview zum Werk“ (ca. 8 Seiten Text mit Foto). OSTRAGEHEGE öffnet den Blick nach anderen Literaturen. Dabei hat der Blick in die osteuropäischen Literaturen bereits Tradition. Allerdings wurde auch der Erdball literarisch bereits mehrmals umrundet (Rubrik „Neue Texte aus ...“, zuletzt u.a. Taiwan, Mexiko, Australien, Lateinamerika, Afrika, arabische Welt). OSTRAGEHEGE ist sehr interessiert an jungen Autoren und verhilft gern zum literarischen Debüt. 5 Hefte/Jahr: 4 6 Seiten: 70 7 Probeheft: kostenlos 8 AutorInnen: Jan Wagner, Monika Rinck, Franz Hodjak, Kurt Drawert, Elke Erb, Herta Müller, Arnold Stadler, Günter Kunert, Ilma Rakusa, Uwe Tellkamp, Franzobel, Kathrin Schmidt, Anja Utler 9 Texte erwünscht: Ja. Lyrik: bitte nicht mehr als 10 Gedichte; Prosa/Essay: bitte nicht mehr als 8 Seiten 10 Kontakt: ostragehege-redaktion@web.de, telefonisch: 0351/2691326 (mit Anrufbeantworter), postalisch: OSTRAGEHEGE, c/o Axel Helbig, Birkenstr. 16, 01328 Dresden 11 Honorar: ja 12 Sonstiges: Der Eingang von Texten wird bestätigt. Alle Texte werden gelesen und in den Redaktionskonferenzen besprochen. Aufgrund der Vielzahl von Einsendungen kann jedoch keine Bewertung der nicht für eine Veröffentlichung in Betracht gezogenen Texte erfolgen. Es werden keine Negativbescheide erstellt. 13 Tipp: Immer weiter schreiben. Immer weiter einsenden. Die Redaktion bemüht sich um objektive Sichten, kann aber subjektive Sichten nicht vollkommen ausschließen. Deshalb ist es für junge Autoren wichtig, an mehrere Medien heranzutreten. So kann ein verlässlicher Partner gefunden werden. Auch manche Bestseller sind ja erst beim 28. Verlag veröffentlicht worden. Allerdings sollte man Doppelveröffentlichungen vermeiden. Der wichtigste Tipp an junge Autoren: LESEN, LESEN, LESEN. – Das OSTRAGEHEGE-Abo kostet nur 13,50 € im Jahr (zzgl. Versand). Das ist möglich geworden durch einen Druckkostenzuschuss der Kulturstiftung des Freistaates Sachsen.

PANDORA – SCIENCE FICTION & FANTASY
http://pandora.corneredchicken.com

P

PARAGUAS – Magazin für junge Kunst
Herausgeber: Mark Heywinkel, Redaktion: Mark Heywinkel, Ulf Biallas, Manuel Förderer, Stefan Hornbach, Joel Krebs, Christina Krieglstein, Andreas Matt, Diana Schormann, Antonia Wille, Ort: D-Bielefeld, Mail: redaktion@paraguas.de Website: www.paraguas.de
1 Gegr.: 2005 3 Inhalt: Prosa, Lyrik, Fotografie, Malerei, Zeichnungen 4 Profil: *Paraguas* möchte eine Plattform für junge und unbekannte Künstler sein und veröffentlicht deren Text- und Bildwerke. Jede Ausgabe steht unter einem übergreifenden Thema. Gleichzeitig möchte *Paraguas* ein journalistisches Medium sein, das interessante kulturelle Projekte und Menschen abbildet, die von großen Zeitungen und Zeitschriften nicht oder unzureichend beachtet werden. 5 Hefte/Jahr: 3 (Januar, Mai, September) 6 Seiten: 30 8 AutorInnen: Klaus Roth, Cornelia Koepsell, Katja Leonhardt, Martin Dragosits, Thomas Steiner, Manfred Pricha 9 Texte erwünscht: ja, um die 3000 Zeichen 10 Kontakt: redaktion@paraguas.de 11 Honorar: nein

PASSAUER PEGASUS – Zeitschrift für Literatur
HerausgeberIn, Redaktion: Karl Krieg, Edith Ecker, Stefan Rammer Verlag: Selbstverlag, Ort: D-Passau, Mail: passauer.pegasus@gmx.de karl.krieg@uni-passau.de, Website: in Arbeit
1 Gegr.: 1983 2 Aufl.: 450 3 Inhalt: Lyrik, Prosa (Kurzprosa, aber auch Auszüge aus längeren Texten/Romanen), Essays, Rezensionen 4 Profil: das Präsentieren von neuer, unveröffentlichter deutschsprachiger Literatur, aber auch von Literatur in Übersetzung (vor allem aus osteuropäischen Ländern) 5 Hefte/Jahr: 1–2 6 Seiten: 160 7 Probeheft: ja 8 AutorInnen: Werner Fritsch, Bernhard Setzwein, Harald Grill, Dieter P. Meier-Lenz, Armin Kratzert, Sibylle Severus 9 Texte erwünscht: ja, Textlänge: keine Vorgaben 10 Kontakt: passauer.pegasus@gmx.de, karl.krieg@uni-passau.de, postalisch: Passauer Pegasus, Karl Krieg, Wörthstr. 8, 94032 Passau 11 Honorar: nein

PERSPEKTIVE – hefte für zeitgenössische literatur
Herausgeber: verein literaturgruppe perspektive, Redaktion: Helmut Schranz, Ralf B. Korte, Ort: A-Graz, Mail: helmut.schranz@perspektive.at, outofarea@perspektive.at, Website: www.perspektive.at
7 Probeheft: 5 €
(Angaben von der Handbuch-Redaktion)

PHANTASTISCH!
Redaktion: Klaus Bollhöfener (Chefredakteur), Ort: D-Hitzacker Mail: leserforum@phantastisch.net, Website: www.phantastisch.net
1 Gegr.: 2001 3 Inhalt: Artikel zu allen Facetten des phantastischen Genres; einen Schwerpunkt bilden die phantastischen Welten der Literatur und die Menschen „dahinter“. 5 Hefte/Jahr: 4 7 Probeheft: 4,90 € zzgl. Versand 9 Texte erwünscht: ja, nach vorherigem Kontakt, maximal 24 000 Zeichen für Kurzgeschichten 10 Kontakt:

leserforum@phantastisch.net 13 Tipp: Bei Interesse an einer Mitarbeit lesen Sie bitte vorher die Informationen für Autoren.
(Angaben von der Handbuch-Redaktion)

PLUMBUM – text und grafik
Herausgeberin: edition carpe plumbum, Redaktion: Carl-Christian Elze, Christian Kreis, Thomas Siemon, Michaela Siemon, Ort: D-Leipzig
Mail: info@carpe-plumbum.de, Website: www.carpe-plumbum.de
1 Gegr.: 2002 2 Aufl.: 400 3 Inhalt: Lyrik, Prosa, originalgrafische Illustrationen 4 Profil: Aus der Idee der *edition carpe plumbum* heraus und mit dem Ziel, ein Experimentierfeld für Literatur, Grafik und Gestaltung zu schaffen, ist die Literaturzeitschrift *plumbum* entstanden. Sie bietet Raum und Zeit für neue Literatur. *plumbum* erscheint derzeit ein bis zweimal im Jahr in loser Folge. Jede Ausgabe präsentiert großzügig im Quadrat und auf 24 Seiten Lyrik und Prosa vereint unter einem von der Redaktion gewählten Thema. Die neuen Ausgaben werden regelmäßig mit einer Veranstaltung, in der Regel mit musikalischer Begleitung, präsentiert. 5 Hefte/Jahr: 1–2 (meist Frühjahr, Herbst) 6 Seiten: 24 7 Probeheft: 8 € zzgl. 1 € Versand 9 Texte erwünscht: Ja. Texte bitte möglichst per Mail als Word- oder rtf-Datei und mit kurzer Biografie. Prosatexte sollten nicht länger als ca. 18 000 Zeichen sein, gerne auch kürzer. Gedichte bitte zusammen in eine Datei und nicht vergessen, in den Dokumenten den Namen mit Anschrift zu nennen. 10 Kontakt: texte@carpe-plumbum.de 11 Honorar: nein (3 Belegexemplare)

PODIUM – Literaturzeitschrift
Herausgeber: wechselnd, Redaktion: Nils Jensen, Barbara Neuwirth, Harald Friedl, Hannes Vyoral, Verlag: Podium, Ort: A-Wien, Mail: podium@chello.at
Website: www.podiumliteratur.at
1 Gegr.: 1971 2 Aufl.: 800–1200 3 Inhalt: Prosa, Lyrik, fallweise Essays u.a. literarische Gattungen, Rezensionen 4 Profil: Länder- und Themenhefte, wobei bei der Literatur österreichischer AutorInnen der Schwerpunkt auf Ostösterreich und bei den Länderheften der Schwerpunkt auf Osteuropa liegt (Tschechien, Slowakei, Ungarn, Polen, Serbien ...). 5 Hefte/Jahr: 2 Doppelhefte (Frühling, Herbst) 6 Seiten: 200 7 Probeheft: kostenloses Probeheft, sonst 12 € (A), 14,50 € (D) 8 AutorInnen: bisher über 1500 9 Texte erwünscht: nein 11 Honorar: nein

POESIEALBUM NEU
Herausgeber: Ralph Grüneberger, Redaktion: Redaktion für zeitgenössische Lyrik e. V., Verlag: Edition kunst & dichtung Leipzig, Ort: D-Leipzig
Mail: gzl-kontakt@web.de, Website: www.lyrikgesellschaft.de
1 Gegr.: 2007 2 Aufl.: 350 3 Inhalt: Gedichte, Übertragungen, Interviews zur Lyrik; für die farbigen Titelseiten werden vorrangig Gemälde von Künstlerinnen und Künstlern ausgewählt. 4 Profil: Thematische Anthologie, die vorrangig den Mitgliedern der Gesellschaft für zeitgenössische Lyrik e. V. (GZL) offensteht und bei der keine unverlangt eingesandten Texte Berücksichtigung finden, sondern durch die Redaktion vorrangig aus der eigenen Sammlung der GZL, der LEIPZIGER LYRIKBIBLIOTHEK ausgewählt werden.

5 Hefte/Jahr: 2 (März, Oktober) 6 Seiten: 32 7 Probeheft: 4,80 € zzgl. 1 € Versand 8 AutorInnen: Johanna Anderka, Volker Braun, Peter Gosse, Hans-Jürgen Heise, Ursula Krechel, Christoph Meckel, Wolf Peter Schnetz 9 Texte erwünscht: nein 11 Honorar: nein

POET – literaturmagazin
Herausgeber: Andreas Heidtmann, Redaktion: wechselnd
Verlag: poetenladen, Ort: D-Leipzig, Mail: info@poetenladen.de
Website: www.poetenladen-der-verlag.de/poetmag.php
1 Gegr.: 2007 2 Aufl.: 600 3 Inhalt: Lyrik, Prosa, Essays, Werkstattgespräche mit Autoren, literarische Neuübersetzungen 4 Profil: Das halbjährig erscheinende Magazin *poet* wirft auf über 200 Seiten einen Blick in die junge bzw. unbekanntere deutsche und internationale Literaturszene. Neben Prosa und Lyrik werden auch Werkstattgespräche mit AutorInnen zu wechselnden literarischen Themen präsentiert. Ein wichtiger Bestandteil des *poet* sind Übersetzungen von bisher noch nicht auf Deutsch erschienenen Arbeiten fremdsprachiger LyrikerInnen, die in Länderdossiers zusammengefasst werden. 5 Hefte/Jahr: 2 (Frühjahr, Herbst) 6 Seiten: 200 7 Probeheft: 8,80 € 8 AutorInnen: Friederike Mayröcker, Hans-Ulrich Treichel, Ann Cotten, Katharina Bendixen, Elke Erb, Sandra Trojan, Adolf Endler 9 Texte erwünscht: ja, Prosa 2–10 Seiten, Lyrik 2–8 Gedichte 10 Kontakt: info@poetenladen.de 11 Honorar: Auftragsarbeiten werden honoriert.

THE PUNCHLINER – Literatur, Satire und Slam Poetry
Herausgeber: Axel Klingenberg, Andreas Reiffer, Redaktion: Axel Klingenberg, Marcel Pollex, Reiffer, Verlag: Verlag Andreas Reiffer, Ort: D-Meine bei Braunschweig, Mail: info@verlag-reiffer.de, Website: www.verlag-reiffer.de
1 Gegr.: 2004 2 Aufl.: 750 3 Inhalt: Literatur, Satire und Slam Poetry in Form von Texten und Cartoons 4 Profil: Hochkarätige Autoren der Satire-, Slam- und Lesebühnenszene haben dem seit 2004 jährlich erscheinenden Buchmagazin *The Punchliner* zu seinem Ruf als „Zentralorgan der komischen Literatur" verholfen. Auch die Cartoons und Comics machen das Anschauen dieser 130 Seiten zu einem einzigen großen Spaß. 5 Hefte/Jahr: 1 6 Seiten: 128 7 Probeheft: 10 € 8 AutorInnen: Björn Högsdal, Tobias Kunze, Karsten Weyershausen, Jaromir Konecny, Daniel Terek, Hartmut El Kurdi, Nico Walser 9 Texte erwünscht: ja, maximal 7500 Zeichen 10 Kontakt: info@verlag-reiffer.de, postalisch: Verlag Andreas Reiffer, Hauptstr. 16 b, 38527 Meine 11 Honorar: nein 12 Sonstiges: Auf unseren Webseiten finden Sie Hör- und Leseproben aus dem *Punchliner*-Programm. So können Sie vorab einschätzen, ob Ihre Texte oder Zeichnungen für den *Punchliner* interessant sind.

QUARBER MERKUR
Franz Rottensteiners Literaturzeitschrift für Science Fiction und Phantastik
Herausgeber, Redaktion: Franz Rottensteiner, Verlag: Erster Deutscher Fantasy Club e.V. (edfc), Ort: D-Passau, Mail: edfc@edfc.de, Website: www.edfc.de
1 Gegr.: 1963 2 Aufl.: 200 3 Inhalt: Essays und Rezensionen zur Science Fiction und Phantastik 4 Profil: Franz Rottensteiners ehemals „unillustrierte Literaturzeitschrift",

1963 unter dem Schlachtruf „Kampf der verderblichen Schundliteratur" vom Herausgeber der „Phantastischen Bibliothek" im Suhrkamp Verlag gegründet, erscheint seit 1997 im edfc. Der *Quarber Merkur* ist die einzige Zeitschrift im deutschen Sprachraum, die sich kritisch mit allen Erscheinungsformen des Phantastischen, von der unheimlichen Erzählung bis zur Science Fiction, beschäftigt und selbst in amerikanischen Nachschlagewerken berücksichtigt wird. 5 Hefte/Jahr: 1 (Dezember) 6 Seiten: 300 7 Probeheft: 15,50 € zzgl. 1 € Versand 8 AutorInnen: Erik Simon, Florian F. Marzin, Thomas Ballhausen, Michael K. Hageböck, Simon Spiegel, Marianne Gruber, Frank Rainer Scheck 9 Texte erwünscht: ja, beliebig lang 10 Kontakt: edfc@edfc.de, postalisch: edfc, Postfach 1371, 94032 Passau 11 Honorar: nein

QUICKBORN – Zeitschrift für plattdeutsche Sprache und Literatur
Herausgeber: Quickborn – Vereinigung für niederdeutsche Sprache und Literatur e. V., Ort: D-Hamburg, Mail: info@quickborn.de
Website: www.quickborn-vereinigung.de
1 Gegr.: 1907/1993 3 Inhalt: Aufsätze, Rezensionen, Berichte und Nachrichten 5 Hefte/Jahr: 4 (vierteljährlich) 6 Seiten: 100
(Angaben von der Handbuch-Redaktion)

& RADIESCHEN – Zeitschrift für Literatur
HerausgeberIn: Judith Purkarthofer, Andreas Plammer, Redaktion: Judith Purkarthofer, Andreas Plammer, Florian Purkarthofer, Robert Anders, Katalin Pomikacsek, Nicole Urban, Yasmine Hafedh, Ute Hanel, Verlag: Mosaik Verlag
Ort: A-Wien, Mail: redaktion@radieschen.at, Website: http://radieschen.at
1 Gegr.: 2006 2 Aufl.: 350 3 Inhalt: Literatur und Grafik, Rezensionen, Veranstaltungshinweise 4 Profil: Die Literaturzeitschrift *& Radieschen* erscheint vierteljährlich, wobei jede Ausgabe unter einem bestimmten Themenschwerpunkt steht. Eingebettet in einen redaktionellen Teil, der von einem fixen Team betreut und gestaltet wird, werden literarische Einsendungen von AutorInnen, aber auch grafische oder fotografische Beiträge veröffentlicht, wobei hinsichtlich des Umfangs (52 Seiten im A5-Querformat) ein Verhältnis von einem Drittel redaktionellem Teil zu zwei Dritteln Literaturteil angestrebt wird. Die Auswahl der Beiträge übernimmt das Redaktionsteam, wobei auf eine ausgewogene Mischung unterschiedlichster literarischer Formen (Lyrik, Prosa, Essay etc.) Wert gelegt wird. 5 Hefte/Jahr: 4 (März, Juni, September, Dezember) 6 Seiten: 52 7 Probeheft: 3,50 € 8 AutorInnen: Markus Köhle, Doris Mitterbacher, Andi Pianka, Nadja Bucher, Didi Sommer, Robert Frittum, Robert Prosser 9 Texte erwünscht: ja, maximal 8000 Zeichen 10 Kontakt: redaktion@radieschen.at 11 Honorar: nein

DIE RAMPE
Herausgeber: Land Oberösterreich, StifterHaus, Zentrum für Literatur und Sprache in Oberösterreich, Redaktion: unabhängige Jury der Herausgeber

Verlag: StifterHaus, Linz, Ort: A-Linz, Mail: office@stifter-haus.at
Website: www.stifter-haus.at
1 Gegr.: 1975 2 Aufl.: ca. 1300 3 Inhalt: Zeitgenössische Literatur: Lyrik, Prosa, Essays ... 4 Profil: DIE RAMPE erscheint viermal im Jahr. Nummer 1: stellt oberösterreichische LandeskulturpreisträgerInnen vor, Nummer 2: steht für Einsendungen offen, gibt ein Thema vor (z.B. „ausgebrannt", „flanieren" etc.), Nummer 3: Autorenporträt für oberösterreichische AutorInnen (z.B. Christoph Ransmayr, Margit Schreiner), Nummer 4: ohne Themenvorgabe für Einsendungen vorgesehen. Da die dritte Ausgabe umfangreicher gestaltet ist, beträgt hier der Preis 10,90 € (statt 6,20 €). In den Jahren 2006–2008 wurde eine Nummer 5 für junges Lesepublikum herausgegeben, diese Reihe soll in unregelmäßiger Abfolge fortgeführt werden. 5 Hefte/Jahr: 4 (Jänner–April, Juni, September/Oktober, Dezember) 6 Seiten: 70 7 Probeheft: 6,20 € zzgl. 3,50 € Versand 8 AutorInnen: Christian Steinbacher, Adelheid Dahiméne, Andreas Renoldner, Patricia Marchart, Eugenie Kain, Christine Haidegger, Andreas Tiefenbacher 9 Texte erwünscht: ja, maximal 15 Manuskriptseiten 10 Kontakt: office@stifter-haus.at, telefonisch: 0043/732/7720-11294, postalisch: StifterHaus, Stichwort „Die RAMPE", Adalbert-Stifter-Platz 1, A-4020 Linz 11 Honorar: ja

RISSE – Zeitschrift für Literatur in Mecklenburg und Vorpommern
Herausgeber: Verein zur Förderung neuer Literatur in Mecklenburg-Vorpommern RISSE e.V., Redaktion: Dr. Wolfgang Gabler, Johanna Michallik, Dr. Helge Schilf, Anne Blaudzun, Jens Lippert, Matthias Schümann, Sven Lübbe, Juliane Holtz
Ort: D-Rostock, Mail: redaktion@risse-mv.de, Website: www.risse-mv.de
1 Gegr.: 1997 2 Aufl.: 350 3 Inhalt: Prosa, Lyrik, Literaturkritik; Grafiken 4 Profil: Themen und Genre sind individuell gewählt. Die Spannbreite des Erzählens spiegelt sich ebenso in den literarischen Arbeiten der *Risse*-Sonderhefte wider, die alle zwei Jahre unter thematischer Vorgabe stimuliert werden. Neben der literarischen Auswahl soll auch ein Einblick in den Bereich der Literaturkritik gegeben werden, und zwar mit den Rubriken: Essay, Wiedergelesen (Erinnerung an ein Werk oder eine/n SchriftstellerIn), Widergelesen (z.T. polemische Auseinandersetzung mit einem im vergangenen Halbjahr in den Feuilletons stark diskutierten Buch), Literaturkritik (Rezension zu Neuerscheinungen). 5 Hefte/Jahr: 2 (Frühjahr, Herbst; alle 2 Jahre erscheint ein Sonderheft) 6 Seiten: 100 7 Probeheft: 4,50 € zzgl. 1 € Versand 8 AutorInnen: Jürgen Landt, Holger Böwing, Kurt Scharf, Uwe Saeger 9 Texte erwünscht: ja, maximal 22 000 Zeichen 10 Kontakt: redaktion@risse-mv.de, telefonisch: 0381/4925581, postalisch: Risse e.V., Peter-Weiss-Haus e.V., Doberaner Str. 21, 18057 Rostock 11 Honorar: ja

SALBADER – Belehrung & Erbauung
Herausgeber, Redaktion: Bov Bjerg, Hinark Husen, Andreas Scheffler, Jürgen Witte
Ort: D-Berlin, Mail: redaktion@salbader.de, Website: www.salbader.de
1 Gegr.: 1989 2 Aufl.: 3500 3 Inhalt: Kurze, unterhaltsame Geschichten. Wenn sie witzig sind, umso besser. Die „flotte Schreibe", wie sie in manchen Zeitschriftenkolumnen und in der Werbewirtschaft gepflegt wird, muss leider draußen bleiben. Keine Rezensionen. 4 Profil: Der Schwerpunkt der veröffentlichten Texte liegt auf kurzen, unterhaltsamen

Geschichten, die traditionell aus dem Umfeld der Berliner Lesebühnen stammen. In den letzten Jahren hat sich die Zeitschrift aber auch anderen Autorinnen und Autoren geöffnet. Von Heft zu Heft wechselnde Gastredakteure entscheiden bei der Textauswahl mit. Jede Ausgabe wird von einem anderen Zeichner, einer anderen Zeichnerin illustriert: F. W. Bernstein, CX Huth, Fil, Atak, ©TOM, Rattelschneck u.a. Seit 1995 kann man den *Salbader* auch vollständig und kostenlos im Netz lesen. 5 Hefte/Jahr: 1–2 6 Seiten: 76 7 Probeheft: kostenlos 8 AutorInnen: Außer den Redakteuren: Ahne, Funny van Dannen, Frank Goosen, Horst Evers, Kirsten Fuchs, Wladimir Kaminer, Jochen Schmidt 9 Texte erwünscht: Ja. Kurze Geschichten haben bessere Chancen als lange. Geschichten mit mehr als 7000 Zeichen (ca. 3 Manuskript- oder 4 *Salbader*-Seiten) haben gar keine Chance. 10 Kontakt: redaktion@salbader.de 11 Honorar: ja 13 Tipp: Bevor Du uns etwas schickst, solltest Du mal in ein paar der neueren Ausgaben reingelesen haben. So bekommst Du einen Eindruck davon, ob Deine Texte überhaupt zum *Salbader* passen. Geschichten ohne Handlung, H.'s ohne erbert, Prosa ohne Pointe und Gedichte ohne Reim haben relativ schlechte Chancen.

DER SANITÄTER – Zeitschrift für Text und Bild
Verlag: Verlag Peter Engstler, Ort: D-Ostheim/Rhön, Oberwaldbehrungen
Mail: engstler-verlag@t-online.de, Website: www.engstler-verlag.de
1 Gegr.: 1988 3 Inhalt: Lyrik, Prosa 5 Hefte/Jahr: unregelmäßig 7 Probeheft: nicht kostenlos 9 Texte erwünscht: nein 10 Kontakt: engstler-verlag@t-online.de 11 Honorar: nein

SCHLAGZEILEN – SM aus der Szene für die Szene
Herausgeber: Matthias T. J. Grimme, Redaktion: Geli Maass, Verlag: Charon Verlag Grimme KG, Ort: D-Hamburg, Mail: redaktion@schlagzeilen.com
Website: www.schlagzeilen.com
1 Gegr.: 1988 2 Aufl.: 3800 3 Inhalt: Informationen, Geschichten, Fotos, Gruppentermine, Kontaktanzeigen, Buchvorstellungen, Schwerpunkte zu dem gesamten Themenbereich sadomasochistischer Erotik und nichtkommerzieller SM-Szene 4 Profil: Das Selbsthilfe-Organ der deutschsprachigen SM-Szene, mehr dazu hier: www.schlagzeilen.com/de/wir+ueber+uns+und+kolumne/ 5 Hefte/Jahr: 6 (Januar, März, Mai, Juli, September, November) 6 Seiten: 96 7 Probeheft: 14,90 € zzgl. 1,50 € Versand 8 AutorInnen: Matthias T. J. Grimme, Gregor Sakow, Fritz Walter, Michael Domas, Lilith of Dandelion 9 Texte erwünscht: ja, maximal 20 000 Zeichen 10 Kontakt: redaktion@schlagzeilen.com, telefonisch: 040/313290, postalisch: Charon Verlag Grimme KG, Postfach 304199, 20324 Hamburg 11 Honorar: ja 12 Sonstiges: Bitte schaut euch unsere Spielregeln an: www.schlagzeilen.com/de/autoren+und+fotografen und www.schlagzeilen.com/de/schreiben+für+die+schlagzeilen

S

SCHREIB – Zeitschrift für junge Literatur
Herausgeberin: Sarah Kugler, Ort: D-Potsdam, Mail: schreib2000@web.de
Website: www.schreib.org
1 Gegr.: 2001 2 Aufl.: 300 3 Inhalt: Prosa und Lyrik 4 Profil: *schreib* ist eine Zeitschrift, die jungen, unbekannten Autoren die Möglichkeit gibt, ihre Texte zu veröffentlichen. Ein Thema wird nicht vorgeschrieben und auch in Stil und Form gibt es keine Vorgaben. Lediglich die Zahl der Einsendungen beschränkt sich auf 5 Lyrik- und/oder Prosatexte. Die eingesandten Texte werden anonymisiert und von ständig wechselnden Kommissionen gelesen, welche die Endauswahl für das jeweilige Heft treffen. Begleitet wird jede Ausgabe von Illustrations- oder Fotoreihen, die dem jeweiligen Heft eine eigene Note geben. 5 Hefte/Jahr: 2 (Februar, Juli) 6 Seiten: 20 7 Probeheft: kostenlos 8 AutorInnen: Tini Anlauff, Maria Stolz, Kerstin Raatz, Fabian Börchers, Tobias Kraft, Stefan Lüttke 9 Texte erwünscht: ja, Textlänge: keine Vorgaben 10 Kontakt: schreib2000@web.de 11 Honorar: nein 13 Tipp: Niemals aufgeben, an sich glauben und immer weiterschreiben!

SCHREIBHEFT – Zeitschrift für Literatur
Herausgeber: Norbert Wehr, Verlag: Rigodon-Verlag, Ort: D-Essen
Mail: Schreibheft@NetCologne.de, Website: www.schreibheft.de
2 Aufl.: 2000 5 Hefte/Jahr: 2 (April, Oktober) 7 Probeheft: 12 € zzgl. Versand
(Angaben von der Handbuch-Redaktion)

SCHREIBKRAFT – Das Feuilletonmagazin
Herausgeber: Werner Schandor, Redaktion: Hermann Götz, Robert Hutter, Hannes Luxbacher, Andreas R. Peternell, Werner Schandor, Verlag: edition schreibkraft
Ort: A-Graz, Mail: schreibkraft@mur.at, Website: www.schreibkraft.adm.at
1 Gegr.: 1998 2 Aufl.: 1000 3 Inhalt: Essays, feuilletonistische Texte, Rezensionen und literarische Texte 4 Profil: Jedes Heft besteht aus drei Rubriken: 1. (Hauptteil): Intelligente Beschäftigung mit Themen, die von der Redaktion vorgegeben werden (z.B. „im ernst?“, „genug“, „alles bestens“ ...); 2. Besprechungen von Büchern vor allem aus Kleinverlagen; 3. literarische Erstveröffentlichungen. 5 Hefte/Jahr: 2 6 Seiten: 88 7 Probeheft: kostenlos 8 AutorInnen: Thomas E. Brunnsteiner, Ann Cotten, Anne Kramer, Markus Köhle, Roland Steiner, Harald A. Friedl, Bernhard Horwatitsch 9 Texte erwünscht: Ja. Essays und Feuilletons: bis 19 000 Zeichen. Literarische Texte: bis 12 000 Zeichen 10 Kontakt: schreibkraft@mur.at, postalisch: edition schreibkraft, Postfach 369, A-8011 Graz 11 Honorar: ja 12 Sonstiges: Bitte schicken Sie uns Texte gezielt zu unseren Themen! Aktuelle Ausschreibungen schicken wir Ihnen gerne per Mail. Mails mit umfangreichen Kostproben des bisherigen literarischen Schaffens im Anhang überfordern uns heillos und landen unbeantwortet im elektronischen Nirwana. 13 Tipp: Seien Sie allzeit inspiriert!

SCHREIB-LUST PRINT
Verlag: Schreiblust-Verlag, Ort: D-Dortmund, Mail: mail@schreib-lust.de
Website: www.schreib-lust.de
1 Gegr.: 2005 2 Aufl.: 150 3 Inhalt: Kurzgeschichten, Sachbeiträge rund um die Literatur, Wettbewerbstipps, Buch-Rezensionen 4 Profil: Die im Heft aufgenommenen Kurzgeschichten sind die Sieger-Geschichten aus dem Mitmachprojekt auf www.schreib-lust.de. Durch das Mitwirken zweier Diplom-Grafikerinnen im Redaktions-Team bemüht sich der Verlag, der Zeitschrift ein Aussehen zu geben, das sich über das Niveau vergleichbarer Publikationen hebt. Die Sachtexte, Interviews und Glossen stammen vom festen Redaktionsteam. 5 Hefte/Jahr: 4 (Februar, Mai, August, November) 6 Seiten: 72 7 Probeheft: kostenlos 8 AutorInnen: Fran Henz, Andreas Schröter, Sabine Ludwigs, Eva Markert, Hajo Nitschke, Bernd Kleber, Elsa Rieger 9 Texte erwünscht: nein 10 Kontakt: www.schreib-lust.de 13 Tipp: Sich im Internet einer Gruppe wie bei www.schreib-lust.de anschließen, deren Mitglieder einander helfen, die eingereichten Texte zu verbessern – hart arbeiten und nicht immer nur auf die Muse warten –, der Rest kommt von ganz allein.

[SIC] – Zeitschrift für Literatur
Herausgeber: Dr. Daniel Ketteler, Christoph Wenzel, Redaktion: Daniel Ketteler, Christoph Wenzel, Stefanie Aperdannier, Gilbert Dietrich
Verlag: [SIC]-Literaturverlag, Ort: D-Aachen, CH-Zürich, Mail: sic@siconline.de
Website: www.siconline.de
1 Gegr.: 2005 2 Aufl.: variiert 3 Inhalt: aktuelle Lyrik, Prosa, Szenisches, Essays, Illustrationen 4 Profil: [SIC] will heißen: „Es steht wirklich so da!“, „Du hast Dich nicht verlesen!“ [SIC] schafft Platz für Texte, die verstören dürfen, sich ins Gedächtnis hieven, Spuren hinterlassen. [SIC] rückt den Text ins Zentrum. [SIC] sucht die Offensive in Sprache und Schrift, sucht Texte, die begriffs-stutzig machen, ohne sprach-los zu sein. [SIC] schärft den Blick für die Wortwörtlichkeit der Metapher und die Bildlichkeit des Buchstäblichen. [SIC] hat Mut zu qualitativer Vielfalt, nur so kann auch jungen Autoren ein

Daniel Ketteler, Redakteur der Zeitschrift *[SIC]*, beantwortete uns drei Fragen:

› Was treibt Sie an (Geld, Zeit und Nerven zu opfern)?
Literaturzeitschriften werden vermutlich in den kommenden Jahren an Bedeutung gewinnen, a) weil gerade experimentelle Texte kaum noch Eingang in die Verlagsstrukturen finden und b) weil durch eine Zunahme der Netzpublikationen ein Bedürfnis nach Orientierung entsteht.

S

adäquates Forum und Spielraum zur Entfaltung geschaffen werden. 5 Hefte/Jahr: maximal 1 6 Seiten: 70–80 7 Probeheft: 5 € 8 AutorInnen: Adrian Kasnitz, Achim Wagner, Dominik Dombrowski, Martin Hagemeier, Christoph Leisten 9 Texte erwünscht: ja, maximal 5 Seiten Text (d.h. bei Lyrik auch maximal 5 Gedichte), zusätzlich eine Kurzvita 10 Kontakt: sic@siconline.de 11 Honorar: nein 12 Sonstiges: Bitte keine Briefposteinsendungen, Texteinsendungen bitte ausschließlich per Mail. Die Autoren sollten sich mit der Zeitschrift und ihrem Profil vertraut gemacht haben, um abzuwägen, ob die eigenen Texte zur Ausrichtung der Zeitschrift passen könnten.

SIGNUM – Blätter für Literatur und Kritik
Herausgeber, Redaktion: Norbert Weiß, Ort: D-Dresden
Mail: m.n.weiss@t-online.de, Website: www.zeitschrift-signum.de
1 Gegr.: 1999 2 Aufl.: 300–500 3 Inhalt: deutschsprachige Gegenwartsliteratur, alle Genres (auch Essays u. Dramatik), Kritiken 4 Profil: Kein Mainstream; es sollen auch die Nischen bedient werden. Wichtig ist in erster Linie die literarische Qualität. Es sollten noch nicht entdeckte Talente gefördert werden. Daneben bietet SIGNUM umfangreiche „Exkurse“ mit Texten einer bestimmten Region (bisher Salzburg, Ostbayern, Südtirol, das Banat, Thüringen, Sachsen-Anhalt, Aachen, Bodensee, Bern und Linz). 5 Hefte/Jahr: 2 (Winter, Sommer; außer der Reihe Sonderhefte) 6 Seiten: 140–150 7 Probeheft: 7 € 8 AutorInnen: Uwe Tellkamp, Eleonora Hummel, Jörg Bernig, Kerstin Hensel, Kathrin Schmidt, Jens Wonneberger 9 Texte erwünscht: ja, beliebig lang (Manuskripte bitte auf Papier) 10 Kontakt: m.n.weiss@t-online.de (für Rückfragen), postalisch: SIGNUM, c/o Norbert Weiß, Liliengasse 18, 01067 Dresden (Texte) 11 Honorar: ja

› Warum sollten AutorInnen in Literaturzeitschriften veröffentlichen, wenn sie dort für ihre Veröffentlichung in der Regel kein Honorar erhalten?
Weil heute ohnehin kaum noch jemand als Schriftsteller leben kann. Teilzeitkunst ist Chance und Schicksal. Das Leben als freier Schriftsteller ist vielleicht eine romantische Utopie, es sei denn, man hat sehr, sehr viel Glück oder den Bestsellerdreh raus.

› Schreiben Sie selbst? Wenn ja: Wie wirkt sich das Blattmachen auf Ihr Schreiben aus?
Die Herausgeber schreiben jeweils selbst, kennen somit sowohl die Untiefen der Literaturproduktion als auch die des Literaturbetriebes. Die Verlagsszene befindet sich in einem Umbruch. Verlagsnetzwerke unter den Autoren werden wahrscheinlich im E-Book-Zeitalter, analog zu den Umbrüchen in der Musikszene, wichtige traditionelle Verlagsaufgaben selbst übernehmen.

SINN UND FORM – Beiträge zur Literatur
Herausgeberin: Akademie der Künste, Redaktion: Sebastian Kleinschmidt, Matthias Weichelt, Gernot Krämer, Verlag: Aufbau-Verlag, Ort: D-Berlin
Mail: sinnform@adk.de, Website: www.sinn-und-form.de

1 Gegr.: 1949 2 Aufl.: 3000 3 Inhalt: Essay, Erzählprosa, Lyrik, Gespräch, Aphorismen, Tagebuch 4 Profil: SINN UND FORM zählt zu den maßgebenden Kulturzeitschriften in Deutschland. Erstrangige Autoren, ein klassisches literarisches Gattungsprofil, anspruchsvolle Komposition sowie die internationale Ausrichtung des Programms haben ihr im In- und Ausland hohes Ansehen verschafft. Sie hat sich, bei allem Wandel der geistigen Intentionen und geschichtlichen Konstellationen, ihren besonderen Stil bewahrt: das in gewissem Sinne Unpolitische, Distanzierte, Erlesene, die Balance zwischen Gedicht und Gedanken, den Ernst. Leitmotiv sind die überraschenden Begegnungen von Poesie und Philosophie, Anthropologie und Theologie, Kunst und Wissenschaft, Essay, Gedicht, Erzählung, Tagebuch, Brief und Gespräch. 5 Hefte/Jahr: 6 (Januar, März, Mai, Juli, September, November) 6 Seiten: 144 7 Probeheft: 9 € 9 Texte erwünscht: ja, maximal 30 000 Zeichen 10 Kontakt: sinnform@adk.de, postalisch: Redaktion SINN UND FORM, Akademie der Künste, Hanseatenweg 10, 10557 Berlin 11 Honorar: ja 13 Tipp: Bitte machen Sie sich mit der Zeitschrift vertraut, ehe Sie Beiträge einsenden!

SPRACHE IM TECHNISCHEN ZEITALTER
Herausgeber: Norbert Miller, Joachim Sartorius, Redaktion: Thomas Geiger, Thorsten Dönges, Verlag: sh-Verlag, Ort: D-Berlin, D-Köln
Mail: geiger@lcb.de, info@sh-verlag.de, Website: www.spritz.de

1 Gegr.: 1963 2 Aufl.: 1000 3 Inhalt: Essays, Prosa, Lyrik 4 Profil: Eine der bedeutendsten deutschen Literaturzeitschriften: Viermal im Jahr erscheint *Sprache im technischen Zeitalter*, unter Freunden: *SpritZ*. Viermal jährlich vermittelt sie mit herausragenden Originaltexten, erläuternden Beiträgen und anspruchsvollen Fotografien einen Überblick über das literarische und kulturelle Geschehen unserer Gegenwart. Autoren wie Marcel Beyer, György Dalos, Adolf Endler, Elke Erb, Reinhard Jirgl, Dzevad Karahasan, Katja Lange-Müller, Thomas Lehr, Sibylle Lewitscharoff, Terézia Mora, Ulrich Peltzer, Ingo Schulze, Volker Sielaff, Burkhard Spinnen, Jan Wagner und Hubert Winkels u. v. m.

Thomas Geiger, Redakteur der Zeitschrift *Sprache im technischen Zeitalter*, beantwortete uns drei Fragen:

› Was sollten AutorInnen beachten, wenn sie Ihnen Texte zusenden?
Unverlangte Einsendungen nehmen wir grundsätzlich nur auf dem Postweg und nicht per E-Mail an. Das Anschreiben soll kurz sein, es soll den literarischen Text nicht erläutern, er muss für sich sprechen. Viel weniger hilfreich als gedacht sind überschwängliche Einschätzungen bekannter Autoren – würden sie wirklich helfen wollen, hätten sie andere Möglichkeiten den Jungautor zu unterstützen. Und schließlich erwarte ich Geduld, die Mühlen einer Vierteljahreszeitschrift mahlen langsam.

S

sind der Zeitschrift eng verbunden und steuern immer wieder gern einen Beitrag bei. 5 Hefte/Jahr: 4 (März, Juni, September, Dezember) 6 Seiten: 128 7 Probeheft: kostenlos 8 AutorInnen: Marcel Beyer, György Dalos, Adolf Endler, Elke Erb, Reinhard Jirgl, Dzevad Karahasan, Katja Lange-Müller 9 Texte erwünscht: ja 10 Kontakt: geiger@lcb.de 11 Honorar: nein

SPRACHGEBUNDEN – zeitschrift für text + bild
Herausgeber, Redaktion: Jan Valk, Jonas Reuber, Verlag: edition chiméra
Ort: D-Köln, D-Berlin, Mail: redaktion@sprachgebunden.de
Website: www.sprachgebunden.de
1 Gegr.: 2005 2 Aufl.: 1000 3 Inhalt: Prosa, Lyrik, Essay 4 Profil: Das Magazin *sprachgebunden* befasst sich schwerpunktmäßig mit junger Literatur und Kunst aus dem deutschsprachigen Raum. Ein wichtiges Anliegen ist dabei das möglichst gleichberechtigte „Nebeneinander" von Text und Bild, wobei immer wieder auch Projekte unterstützt werden, die sich auf die Verbindung verschiedener künstlerischer Ausdrucksformen konzentrieren. Neben dem deutschsprachigen Fokus versuchen wir seit 2006 im Rahmen von Dossiers oder Themenheften auch intensiv fremdsprachige Literaturen mit einzubeziehen. (Genauere Angaben zu unserer Konzeption und aktuellen Themenschwerpunkten finden sich auf unserer Homepage.) 5 Hefte/Jahr: 2 (Frühjahr, Herbst) 6 Seiten: 116 7 Probeheft: 7–9 € zzgl. 1 € Versand 8 AutorInnen: Saša Stanišić, Thomas Pletzinger, Hendrik Jackson, Axel von Ernst, Alexander Konrad, Ron Winkler 9 Texte erwünscht: Ja. Prosa: maximal 5 Normseiten, Lyrik: maximal 10 Einzeltexte 10 Kontakt: redaktion@sprachgebunden.de 11 Honorar: nein (2 Belegexemplare) 13 Tipp: Wir empfehlen AutorInnen, vor der Einsendung von Texten eine Auseinandersetzung mit unserem inhaltlichen Profil/unserer bisherigen konzeptionellen Arbeit – und bitten darum, aktuelle Ausschreibungsdetails auf unserer Homepage zu beachten.

› Wenn Sie eines Tages aufhören, Ihre Zeitschrift zu machen, was wird voraussichtlich der Grund sein?
Fehlende Mittel.

› Schreiben Sie selbst? Was machen Sie stattdessen?
Nein. Stattdessen? Lesen und Joggen!

STERZ – Zeitschrift für Literatur, Kunst und Kulturpolitik
Herausgeber: Gernot Lauffer, Redaktion: Gernot Lauffer, Heinz Musker
Verlag: Verlag Sterz, Ort: A-Graz, Mail: zeitschrift@sterz.mur.at
Website: http://sterz.mur.at

1 Gegr.: 1977 2 Aufl.: 8000 3 Inhalt: *Sterz* ist auf dem Format 29/39 cm ein offenes Forum für Lyrik, Prosa, Essay, wissenschaftliche Abhandlungen, Bild(er)geschichten, Grafik, Fotografie und alle anderen abdruckbaren kreativen Äußerungen zum jeweils ausgegebenen Thema. 4 Profil: Erwünscht sind Originalität und Originärität. Im *Sterz* treffen Anfänger auf Meister, Dilettanten auf Profis, Interessierte auf Kreative. 5 Hefte/Jahr: 4 6 Seiten: 50 7 Probeheft: Probehefte werden innerhalb Österreichs kostenlos, ins Ausland gegen Portoersatz verschickt. 8 AutorInnen: Hans Georg Bulla, Elfriede Jelinek, Tim Krohn, Jürgen Landt, Leonore Mau, Julian Schutting, Ginka Steinwachs 9 Texte erwünscht: Ja, Prosa- und Essaybeiträge bitte etwa ca. 6000 Zeichen – mit Ausnahmen. 10 Kontakt: zeitschrift@sterz.mur.at, postalisch: Zeitschrift Sterz, Mandellstr. 10, A-8010 Graz 11 Honorar: nein (innerhalb Österreichs 3 Belegexemplare, im Ausland 1 Belegexemplar und, falls gewünscht, 2 weitere gegen Portoersatz) 13 Tipp: Lassen Sie von sich lesen!

STORYATELLA – Das Leben schreibt das Beste, aber nicht alles!
Herausgeber, Redaktion: Frank Nussbücker, Andreas B. Vornehm
Verlag: Storyapulpa Verlag, Ort: D-Berlin, Mail: verlag@storyatella.de
Website: www.storyatella.de

1 Gegr.: 2008 2 Aufl.: 1000 3 Inhalt: Kurzgeschichten, illustriert bzw. mit Zeichnungen 4 Profil: Die Amerikaner haben für das, was unsere Autoren & wir tun, die schöne Bezeichnung Storyteller. Genau darum geht es in STORYATELLA: Wir erzählen Geschichten, ganz im amerikanischen Sinne, deren Bandbreite von „Laurel & Hardy" bis zu „Fight Club" reicht. Tragödie, Komödie, Pulp, Lovestory, Satire, Science Fiction & der ganze Rest – alles kein Problem, solange es gut geschrieben und intelligent ist und – ganz wichtig – die Unterhaltung nicht zu kurz kommt. 5 Hefte/Jahr: 2 (April, November) 6 Seiten: 68 8 AutorInnen: Gabriela Reichert, Katrin Girgensohn, Maggy Bartscher, Anke Nussbücker, Stefan Strehler, Oliver Bauer, H. S. Eglund 9 Texte erwünscht: Ja. Jede Geschichte soll so lang sein, wie sie sein muss, keine formelle Begrenzung. 10 Kontakt: verlag@storyatella.de, telefonisch: 030/4483201, postalisch: Frank Nussbücker, Oderberger Str. 45, 10435 Berlin 11 Honorar: nein (3 Belegexemplare) 13 Tipp: Im Heft erscheinende Geschichten sollten wie Roadmovies funktionieren, interessierte Autorinnen & Autoren vorab einen Blick auf unsere Website oder, noch besser, in ein Heft STORYATELLA werfen.

STRECKENLÆUFER
Untertitel: (wechselt mit jeder Ausgabe), Redaktion: Peter Herbertz, Klaus Behringer, Steffen Aug, Andreas Dury, David Lemm, Ines Heisig, Stefan Helbig

T

Verlag: PoCul-Verlag, Ort: D-Saarbrücken, Mail: streckenlaeufer@pocul.de Website: www.pocul.de

1 Gegr.: 1990 2 Aufl.: 200 3 Inhalt: kurze und mittellange Prosa, Lyrik, Essayistik, Satire, Features, Fotografie u.a. 4 Profil: sorgfältiges und strenges Lektorat 5 Hefte/Jahr: 1–3 (unregelmäßig: immer dann, wenn genügend Texte der geforderten Qualität gesammelt sind) 6 Seiten: 44 7 Probeheft: 4 € zzgl. 1 € Versand 8 AutorInnen: Arnfrid Astel, Klaus Behringer, Nico Graf, Oleg Jurjew, Chris Schrauff, Marcella Berger, Andreas Dury 9 Texte erwünscht: ja, maximal 25 000 Zeichen 10 Kontakt: streckenlaeufer@pocul.de, postalisch: STRECKENLÆUFER, c/o Peter Herbertz, In der Fröhn 13, 66125 Saarbrücken 11 Honorar: nein 12 Sonstiges: Abonnement: 50 € für 10 Hefte 13 Tipp: Rückporto beilegen für Rücksendung der Manuskripte

TARANTEL – Zeitschrift für Kultur von unten
Herausgeber: Literatur der Arbeits(losen)Welt, Werkstatt Wien, Redaktion: Gerald Grassl, Werner Lang, Renate Mocza, Peter Schwarz, Alexander Weiss, Ort: A-Wien Mail: wuzgerald@gmx.at, Website: www.tarantel.at

1 Gegr.: 2006 2 Aufl.: unterschiedlich, 300–500 3 Inhalt: Nicht nur, aber hauptsächlich Literatur der Arbeits(losen)Welt 4 Profil: LINKS! Rebellisch. Widersetzlich. Hauptsächlich (aber nicht nur) sog. Realistische Literatur, die gesellschaftliche Wirklichkeit und deren Veränderungen darstellend. 5 Hefte/Jahr: 10 (davon 2 als Doppelnummern jeweils zu den Buchmessen Frankfurt und Leipzig) 6 Seiten: 40, Doppelnummer: 60–80 7 Probeheft: 3,50 € zzgl. 1,20 € Versand 8 AutorInnen: Eugen Bartmer, Christian Schreibmüller, Josef Rieser, Toni Mantler, Gabi Anders, Markus Dosch, Werner Lutz 9 Texte erwünscht: ja 10 Kontakt: wuzgerald@gmx.at 11 Honorar: nein 13 Tipp: Bitte bei Zusendungen beachten: Wir arbeiten natürlich ohne Gewinn und unter Bedingungen großer Selbstausbeutung, d.h. bitte, bitte wirklich nur Texte (Bilder) unserer „Programmatik" entsprechend, Nachsicht, wenn wir spät oder gar nicht (aus Schlamperei) antworten, E-Mail-Diskussionen bitte möglichst kurz und prägnant. Und wenn wir Texte ablehnen, können wir uns das „bitte nicht bös sein" eh sparen, denn da wären wir ja selbst auch böse ...

TORSO – Literatur München/Berlin
Herausgeber: Eike-Wolfgang Kornhass, Alexej Moir, Ulrich Schäfer-Newiger, Hermann Wenzel, Verlag: Torso-Verlag, Ort: D-München Mail: al.moir-autor@t-online.de, Website: www. torso-lit.de

1 Gegr.: 1992 2 Aufl.: ca. 1000 3 Inhalt: Prosa, Lyrik, Essay, Grafik 4 Profil: Entdeckung und Förderung unbekannter AutorInnen des deutschsprachigen Raumes. Jedes Heft enthält ein Schwerpunktthema, in dem unbekannte Literaturen und Kulturen vorgestellt werden, z.B. die der türkischen Aleviten, der Bosnier, Serben, Tunesier etc. Seit 2005 vergibt TORSO jährlich einen Literaturpreis, der mit 300 € dotiert ist. 5 Hefte/Jahr: 1–2 (meistens im Herbst) 6 Seiten: 85 7 Probeheft: 8 € zzgl. 0,85 € Versand 8 AutorInnen: Carina Nekolny, Ingo Schramm, Clemens Kuhnert, Wolfram Hirche, Lydia Mischkulnig 9 Texte erwünscht: Ja, ca. 12–14 000 Zeichen. Die akzeptierte Länge des Textes hängt auch von dessen Qualität ab. 10 Kontakt: al.moir-autor@t-online.de, postalisch: Alexej

Moir, c/o Literaturzeitschrift Torso, Hochstr. 33, 81541 München **11** Honorar: nein **12** Sonstiges: Bei Veranstaltungen und der Präsentation eines neuen Heftes können wir den Autoren ein Lesehonorar zahlen.

TRIËDERE – Halbjahresschrift für Theorie und Kunst
Herausgeber: Matthias Schmidt, Redaktion: Alexander Sprung, Christian König
Verlag: Verein Zeitschrift Triëdere, Ort: A-Wien, Mail: redaktion@triedere.com
Website: www.triedere.com

1 Gegr.: 2009 **2** Aufl.: 250 **3** Inhalt: Künstlerische Ausdrucksformen aller Art von theoretischer Reflexion über Lyrik und Prosa bis hin zu bildender Kunst **4** Profil: Triëdere konzentriert sich auf Randbereiche zwischen den Gattungen und Künsten. Die thematischen Einschränkungen bilden den Rahmen, in dem sich verschiedene künstlerische Ausdrucksformen befruchten sollen, wobei in jeder Ausgabe ein bildender Künstler ausführlich mittels einer Werkschau vorgestellt wird. Übersetzungen, die einen weiteren Schwerpunkt bilden, werden zweisprachig abgedruckt. Etablierte und Jungautoren werden gleichermaßen berücksichtigt. **5** Hefte/Jahr: 2 (Februar, August) **6** Seiten: 90 **7** Probeheft: 11 € zzgl. 1,50 € Versand **9** Texte erwünscht: ja, maximal 10 000 Zeichen **10** Kontakt: redaktion@triedere.com, postalisch: Verein Zeitschrift Triëdere, Belvederegasse 8/3/5, A-1040 Wien **11** Honorar: nein **12** Sonstiges: Bitte senden Sie uns ausschließlich unveröffentlichte Texte. Bitte senden Sie Ihre Manuskripte vorzugsweise in digitaler Form (offene Formate wie .doc, .txt, .docx, .rtf, bitte keine .pdf-Dateien) an die Redaktion. Analoge Einsendungen bitte immer in Kopie, da wir für verloren gegangene Originalmanuskripte keinerlei Haftung übernehmen können. Sollten Sie die eingesandten Unterlagen retourniert wünschen, legen Sie bitte ausreichend Rückporto bei.

UM[LAUT] MAGAZIN – junge kunst. politische kunst. mindestens.
Herausgeberin: anne von der bey, Redaktion: anne von der bey, marc holzenecher, volker best, sandra elgaß, nike marquardt, Verlag: um[laut] verlag, Ort: D-Köln
Mail: info@umlaut-magazin, Website: www.umlaut-magazin.de

1 Gegr.: 2008 **2** Aufl.: 1000 **3** Inhalt: kurzprosa und lyrik (weitere inhalte: fotografie, streetart, malerei, comics, zeitgenössische kunst) **4** Profil: das kunst-spricht-für-sich-prinzip: *um[laut]* lässt kunst für sich sprechen. *um[laut]* berichtet nicht über kunst – *um[laut]* zeigt kunst! das sendet-uns-was-ihr-kunst-nennt-prinzip: *um[laut]* fordert auf: sende uns, was du kunst nennst! die *um[laut]*-redaktion ist anspruchsvoll, aber immer offen für unbekanntes und ungewohntes. JUNGE KUNST heißt: unveröffentlichtes, neu entdecktes, nichtetabliertes aus den händen junger künstler. POLITISCHE KUNST heißt: gesellschaftskritisches, andersgedachtes von künstlern, die inspiriert werden von einer gewissen sorge um die welt, in der sie leben. die ART sich auszudrücken interessiert. **5** Hefte/Jahr: 4 (januar, april, juli, oktober) **6** Seiten: 40 **7** Probeheft: 5 € zzgl. 2 € Versand **9** Texte erwünscht: ja; keine absolute vorgabe, aber ab ca. 15 000 zeichen wird die luft dünn **10** Kontakt: info@umlaut-magazin, postalisch: um[laut] magazin, glasstr. 89, 50823 köln **11** Honorar: nein (2 belegexemplare) **13** Tipp: bitte beachte dabei folgende punkte: 1. triff eine wohl dosierte vorauswahl deiner texte/bilder/arbeiten, um uns eine auswahl zu erleichtern. 2. füge der einsendung eine kurze vita hinzu (geburtsjahr/-ort, evtl. bisherige veröffentl., homepage). 3. bildmaterial sollte in HOHER auflösung vorliegen (300 dpi auf A4).

VEILCHEN
Herausgeberin: Andrea Herrmann, Ort: D-Braunschweig
Mail: veilchen@geschichten-manufaktur.de
Website: www.geschichten-manufaktur.de/veilchen.html
1 Gegr.: 2003 2 Aufl.: 50 3 Inhalt: Kurzprosa (bis 4 Seiten), Lyrik, Rezensionen, Wettbewerbsankündigungen 4 Profil: Wir wollen unbekannte Schreibende bekannter machen. 5 Hefte/Jahr: 4 (Januar, April, Juli, Oktober) 6 Seiten: 36 7 Probeheft: kostenlos 9 Texte erwünscht: ja, maximal 11000 Zeichen 10 Kontakt: veilchen@geschichten-manufaktur.de, postalisch: Damm 20/21, 38100 Braunschweig 11 Honorar: nein (Belegexemplar) 12 Sonstiges: Wir suchen auch Bilder für das Titelblatt.

VOLLTEXT – ZEITUNG FÜR LITERATUR
http://volltext.net

WALTHARI – Zeitschrift für Literatur
Herausgeber, Redaktion, Verlag: Erich Dauenhauer, Ort: D-Münchweiler/Rod.
Mail: dauenhauer@walthari.de, Website: www.walthari.com
1 Gegr.: 1984/1998 3 Inhalt: Gedruckte und elektronische Ausgabe der Literaturzeitschrift mit aktuellen Texten, Medienporträts, Buchbesprechungen etc. Die Zeitschrift ist allein dem Wort gewidmet, es werden keine Bilder veröffentlicht. 5 Hefte/Jahr: 2 6 Seiten: 100 9 Texte erwünscht: nur nach vorheriger Anfrage 10 Kontakt: dauenhauer@walthari.de 11 Honorar: nein 13 Tipp: avantgardistische Texte

WEISZ AUF SCHWARZ – wechselnd (Zeitschrift für Sprache und Losigkeit, [...] kontraindizierte Wortbildung, [...] universalpoetische Langustengedanken)
Herausgeber: Steffen Dürre, Redaktion: Steffen Dürre, Ole Krüger, Martin Stobbe, Theresa Schmidtke, Ort: D-Rostock, Mail: weisz-auf-schwarz@mail.com
Website: www.weisz-auf-schwarz.de
1 Gegr.: 2007 2 Aufl.: 400 3 Inhalt: junge experimentierfreudige Texte jeden Genres, ebenfalls Fotografie 4 Profil: Die Redaktionäre fühlen sich für zwei der drei wichtigsten Grundpfeiler menschlicher Kultur mitverantwortlich: Schrift und Bild. Dabei stellt die in s/w gehaltene Zeitschrift einen interessanten „Abstrich" zeitgenössischer Literatur dar (Prosa, Lyrik, Essayistik), gepaart mit anspruchsvoller Fotografie und klarem, stilvollem Design. Sie soll eine Milieu-, Mentalitäts- und Manienstudie der vorwiegend jungen Generation abbilden. Mit dem Wunsch nach Experimentalität ist nicht der Bruch mit dem Traditionellen, sondern mit dem Traditionalistischen gemeint. 5 Hefte/Jahr: 2 (Frühjahr, Herbst) 6 Seiten: 40 7 Probeheft: 4 € zzgl. 1,50 € Versand 8 AutorInnen: Björn Kuhligk, Peter Wawerzinek, Martin Stegner, Volker Harry Altwasser, Lucy Fricke, Heike Geißler, Tom Bresemann 9 Texte erwünscht: ja, bis zu 4 Seiten 10 Kontakt: weisz-auf-schwarz@mail.com, postalisch: Steffen Dürre, Weisz auf Schwarz – Verein zur Förderung der Literatur e.V. An der Hasenbäk 10, 18057 Rostock 11 Honorar: nein

12 Sonstiges: jährlich zweimal Release-Party der jeweiligen Ausgabe unter dem Titel „Drinnen=Draußen. Textfest" mit Lesungen von geladenen Autoren

WESPENNEST – zeitschrift für brauchbare texte und bilder
Herausgeber: Walter Famler, Redaktion: Walter Famler, Thomas Eder, Erich Klein, Jan Koneffke, Ilija Trojanow, Andrea Zederbauer, Reinhard Öhner, Ort: A-Wien
Mail: office@wespennest.at, Website: www.wespennest.at
1 Gegr.: 1969 2 Aufl.: 5000 3 Inhalt: Literatur, Essay, Debatte, Kritik 4 Profil: *wespennest* publiziert vierteljährlich Arbeiten international renommierter Autorinnen und Autoren, Künstlerinnen und Künstler sowie neuer Talente. Neben länderspezifischen, literarischen, kunsttheoretischen oder politischen Themenschwerpunkten bietet jedes Heft auf 112 großformatigen Seiten Interviews, Polemiken, Buch- und Theaterbesprechungen sowie Fotoarbeiten. Durch die Kooperation mit Eurozine, zugleich Internet-Zeitschrift und Netzwerk europäischer Kulturzeitschriften, zu dessen Gründungszeitschriften *wespennest* zählt, besteht weiters ein reger Austausch mit intellektuellen Publikationsräumen in und über Europa hinaus. 5 Hefte/Jahr: 2 (März, November) 6 Seiten: 112 7 Probeheft: 12 € 9 Texte erwünscht: ja 10 Kontakt: postalisch: Rembrandtstr. 31/4, 1020 A-Wien 11 Honorar: nein

WIECKER BOTE – Literarische Hefte zur Zeit
Ort: D-Greifswald, Mail: info@wiecker-bote.de, Website: www.wiecker-bote.de
1 Gegr.: 1995
(Angaben von der Handbuch-Redaktion)

Peter Reuter und Wolfgang Allinger, Redakteure der Zeitschrift WORTSCHAU, beantworteten uns vier Fragen:

› Wie finanzieren Sie Ihre Zeitschrift? Was bleibt übrig?
Unsere Verlegerin finanziert die Zeitschrift durch Abos, Anzeigen und Ladenverkauf. Übrig bleibt nix. Manchmal können wir mit Ihr und Thorsten Keller ein, zwei Schoppen Wein davon trinken und weißen Käse mit Bratkartoffeln essen. Das mögen wir alle am liebsten.

› Was halten Sie von öffentlichen Fördergeldern für Literaturzeitschriften?
Öffentliche Fördergelder wären wunderbar. Wir könnten mehr für neue und unbekannte Autorinnen und Autoren tun. Vielleicht wäre sogar hier und da eine Vierfarb-Ausgabe möglich. Wichtig ist uns die Unabhängigkeit, die sollte bei Fördergeldern nicht berührt werden.

W

WILDBROT – WORTBILD
Herausgeber: SpreeAG – Verein für Literatur e.V., Redaktion: Kristin Lorenz, Kathrin Rothgänger, Melanie Streibelt, Mark Weber, Ort: D-Berlin
Mail: redaktion@SpreeAG.de, Website: www.SpreeAG.de
1 Gegr.: 2006 2 Aufl.: 200 3 Inhalt: hauptsächlich Lyrik und Prosa, aber auch vereinzelte Essays und Rezensionen 4 Profil: WILDBROT – WORTBILD schafft es durch eine Ausgewogenheit von Lyrik und Prosa, jedem Leser etwas zu bieten. Weitestgehend (noch) unbekannte Autoren erhalten die Möglichkeit zu publizieren. Durch die enge Zusammenarbeit der SpreeAG mit der Best-Sabel Fachhochschule für Design, ist es möglich, jeder Ausgabe ein anderes grafisches Erscheinungsbild zu geben. WILDBROT – WORTBILD erscheint im A4-Format mit 4-farbigem Außenteil und 2-farbigem Innenteil. 5 Hefte/Jahr: 1 (März) 6 Seiten: 36 7 Probeheft: 5 € zzgl. 1,45 € Versand 8 AutorInnen: Melanie Kieroth, Annika Senger, Volker Brauer, Philipp Sonntag, T a l o n, Mark Weber, Ernst Froh 9 Texte erwünscht: ja, maximal 3077 Zeichen 10 Kontakt: redaktion@SpreeAG.de 11 Honorar: nein (Belegexemplar) 13 Tipp: Da jede Ausgabe unter einem anderen Schwerpunkt erscheint, lohnt es sich, unter www.SpreeAG.de nachzuschauen, welches Thema das Heft hat. Üblicherweise läuft die Ausschreibung von Anfang Juni bis Mitte August.

WORTSCHAU – Bilder Berichte Begegnungen – tendenziös kulturlos verständlich
Herausgeber: Wolfgang Allinger, Peter Reuter
Redaktion: Peter Reuter, Wolfgang Allinger, Thorsten Keller (Layout und Satz)
Verlag: Vinscript, Ort: D-Herxheim-Hayna (Redaktion), D-Bad Bergzabern (Verlag), Mail: redaktion@wortschau.com, Website: www.wortschau.com
1 Gegr.: 2007 2 Aufl.: 300 3 Inhalt: Alle Textgattungen zum jeweils vorgegebenen Thema; Inhalte sollten nicht dem Grundgesetz widersprechen (besonders §§ 1 bis 5). 4 Profil: Bei der WORTSCHAU ist der wichtigste Indikator für das Verstehen der Welt die Sprache. Nur der nachlässige Umgang mit der Sprache ist ein Zeichen für den

› Was macht den idealen Autor/die ideale Autorin aus? – Vor welchen AutorInnen graust es Ihnen?
Über den idealen Autor/die ideale Autorin haben wir uns bisher noch keine Gedanken gemacht. Was reinkommt, wird gelesen und wie eine Achterbahn zusammengestellt. Nur die, die nicht passen, bleiben draußen und unser Geheimnis. Thorsten Keller macht dann die Gestaltung, setzt die Bildende Künstlerin/den Bildenden Künstler dazu. Uns beiden graust vor Betroffenheitslyrik. Da müssen wir öfter zum Friseur, weil alle Haare abstehen.

› Was treibt Sie an (Geld, Zeit und Nerven zu opfern)?
Lust!

nachlässigen Umgang mit der Welt im Allgemeinen. Darum wird jede Einreichung (mit Kurzbiografie zu einem Thema) sorgfältig ausgesucht und mit viel Gespür für die Beiträge gesetzt und gestaltet. Nicht abgehoben von der Welt, mit literarisch-künstlerischem Anspruch, klar, verständlich und im Einzelfall auch mundartlich. In jedem Menschen steckt eine Literatin/ein Literat, analog Beuys Worten über Kunst und Künstler. Erkennen müssen wir, ermutigen und, wenn es irgend geht, veröffentlichen. Das sind wir. 5 Hefte/Jahr: 4 (Januar, April, Juli, Oktober) 6 Seiten: 58 7 Probeheft: 6 € 8 AutorInnen: Elsa Rieger, Johanna Hansen, Maren Ruden, Brigitte Eberhard, Judith Lasar, Christoph Köhler, Gerry X 9 Texte erwünscht: ja, maximal rund 5000 Zeichen 10 Kontakt: redaktion@wortschau.com, telefonisch: 07276/6517, postalisch: WORTSCHAU, Im Bannholtz 25, 76863 Herxheim-Hayna 11 Honorar: nein (2 Belegexemplare) 12 Sonstiges: In jeder WORTSCHAU wird auch ein bildender Künstler vorgestellt. Jede neue Ausgabe wird vor Publikum präsentiert. Wir sind Herausgeber der „Wanthologie". 13 Tipp: Toben Sie sich in allen Textgattungen zum jeweils vorgegebenen Thema aus. Die WORTSCHAU ist und bleibt vielfältig und spannend.

WORTWUCHS – Erfurter Zeitschrift für junge Literatur
Herausgeber: wortwuchs e.V., Redaktion: Lisa Burkhardt, Peter Dietze, Jonas Geldschläger, Robert Lehnert, Kai Mertig, Ort: D-Erfurt
Mail: kontakt@wortwuchs.net, Website: www.wortwuchs.net
1 Gegr.: 2009 2 Aufl.: 1000 3 Inhalt: Kurzprosa, Lyrik 4 Profil: Die Zeitschrift entsteht in Erfurt, das heißt hier wird sie mit mühsamer Arbeit gedacht und gebaut und danach überall dort hingetragen, wo sie Sprachrohr sein kann. Wir wollen eine Plattform bieten für junge unbekannte Literatur, egal woher sie aus dem deutschsprachigen Raum kommt. Wir wollen Literatur fördern. 5 Hefte/Jahr: 3 (März, Juli, November) 6 Seiten: ca. 36 7 Probeheft: 1,60 € zzgl. 0,55 € Versand 8 AutorInnen: Lisa Burkhardt, Jonas Geldschläger, Robert Lehnert 9 Texte erwünscht: ja, maximal 2 Seiten 10 Kontakt: kontakt@wortwuchs.net, postalisch: wortwuchs e.V., Anger 74, 99084 Erfurt 11 Honorar: nein (Belegexemplar) 12 Sonstiges: gemeinsame Lesungen erwünscht

ZEICHEN & WUNDER – Zeitschrift für Lyrik, Prosa und Essays der Gegenwart
Herausgeber, Redaktion: Dr. Hubert Brunträger, Christoph Leisten, Andreas Lehmann, Anna Ertel, Ort: D-Frankfurt am Main, D-Mainz
Mail: bruntraeger@web.de, Website: www.zeichenwunder.de
1 Gegr.: 1989 2 Aufl.: 400 3 Inhalt: Lyrik, Prosa, Essays, Rezensionen, Illustrationen 4 Profil: Es handelt sich um eine kleine, aber etablierte Literaturzeitschrift, die mit bisher unveröffentlichten Texten an der Literatur unserer Zeit teilnimmt, durchaus auf Augenhöhe mit ihr. Die Texte sind zwar vielfältig, der Qualitätsanspruch aber relativ hoch. 5 Hefte/Jahr: 2 6 Seiten: 100 7 Probeheft: kostenlos 8 AutorInnen: Doris Runge, Rainer Wieczorek, Christoph Wenzel, Christoph Peters, Maike Wetzel, Henning Ahrens, Hermann Kurzke, Daniel Zahno 9 Texte erwünscht: ja, 1–10 Seiten 10 Kontakt: bruntraeger@web.de 11 Honorar: nein 13 Tipp: Lieber erst ein Heft schicken lassen, damit Sie sehen, welche Art Texte bei uns gedruckt werden. Wir versuchen, Schwerpunkte zu bilden, daher auf der Homepage nach einem aktuellen Thema sehen.

Z

ZENO – Jahrheft für Literatur und Kritik
Herausgeber: Gerd Brudermüller, Wolfgang Marx, Jakob Ossner, Michael Rumpf, Joachim Vahland, Redaktion: ZENO, Joachim Vahland, Klopstockstr. 5, 24103 Kiel
Verlag: Universitätsverlag Rhein-Ruhr, Duisburg, www.uvrr.de, Ort: D-Kiel, D-Duisburg, Mail: zeno.vahland@t-online.de, Website: www.zeno-jahrheft.de
1 Gegr.: 1980 5 Hefte/Jahr: 1 (jeweils im Dezember für das Folgejahr) 6 Seiten: 170 7 Probeheft: 15 € zzgl. 2,50 € Versand 8 AutorInnen: siehe Autorenverzeichnis unter www.zeno-jahrheft.de 9 Texte erwünscht: ja 10 Kontakt: no.vahland@t-online.de 11 Honorar: nein 13 Tipp: Besser schreiben!

ZWISCHEN DEN ZEILEN – Eine Zeitschrift für Gedichte und ihre Poetik
Herausgeber: Urs Engeler, Ort: D-Weil am Rhein, Mail: urs@engeler.de
Website: www.engeler.de
1 Gegr.: 1992
(Angaben von der Handbuch-Redaktion)

Zeitschriften der Berufsverbände und des Buchhandels

(Angaben von der Handbuch-Redaktion)

DER ANZEIGER
Herausgeber: Hauptverband des Österreichischen Buchhandels (HVB)
Ort: A-Wien, Mail: rabus@hvb.at, Website: www.buecher.at (via)
4 Profil: Der *Anzeiger* ist das Fachmagazin für die österreichische Buchbranche und richtet sich an Buchhändler, Verleger, Vertreter, Auslieferer und Antiquare. Er informiert einmal im Monat über die wichtigsten Ereignisse in der Buchbranche. Neben aktuellen Kurzberichten und vielen Serviceangeboten gibt es im *Anzeiger* Beiträge zu Schwerpunktthemen. „Das macht ihn zu einem unentbehrlichen Arbeitsinstrument für den buchhändlerischen Alltag."

AUTORENSOLIDARITÄT
Börsenblatt österreichischer Autorinnen, Autoren & Literatur
Herausgeber: IG Autorinnen Autoren, Ort: A-Wien
Mail: ig@literaturhaus.at, Website: www.literaturhaus.at/lh/ig/
1 Gegr.: 1993 2 Aufl.: 1200 4 Profil: Beiträge und Stellungnahmen zu den aktuellen kultur-, bildungs- und medienpolitischen sowie steuer- und sozialrechtlichen Entwicklungen. Ein umfangreicher Serviceteil informiert über Literaturpreise und Stipendien im gesamten deutschsprachigen Raum, weiter über Publikationsmöglichkeiten in Zeitschriften und Anthologien sowie über neugegründete Verlage und Verlagsinitiativen und über sonstige für AutorInnen relevante Initiativen, Projekte und Veranstaltungen.
5 Hefte/Jahr: 4 6 Seiten: ca. 40 7 Probeheft: kostenlos

BÖRSENBLATT – Wochenmagazin für den Deutschen Buchhandel
Herausgeber: Börsenverein des Deutschen Buchhandels, Ort: D-Frankfurt am Main
Mail: boersenblatt@mvb-online.de, Website: www.boersenverein.de/de/portal/Boersenblatt/158240
2 Aufl.: 12 120 4 Profil: „Das *Börsenblatt* ist das Verbandsorgan des Börsenvereins. Es ist die anzeigen- und auflagenstärkste Fachzeitschrift der Buchbranche." In den Rubriken „Markt", „Management", „Medien" und „Menschen" informiert das Branchenmagazin wöchentlich über Neuigkeiten und bietet Hintergrundinformationen zu den Entwicklungen der Branche und den Menschen, die sie gestalten.
5 Hefte/Jahr: wöchentlich

BOERSENBLATT.NET – Online-Magazin für den deutschen Buchhandel
Herausgeber: Börsenverein des Deutschen Buchhandels
Mail: boersenblatt@mvb-online.de, Website: www.boersenblatt.net
4 Profil: *boersenblatt.net* ist die kostenlose Online-Ausgabe des *Börsenblatts, Wochenmagazin für den Deutschen Buchhandel.* Sie wird täglich aktualisiert und bietet neben Artikeln zu Branchenthemen auch Foren und Blogs an.

BUCHMARKT – Das Ideenmagazin für den Buchhandel
Ort: D-Meerbusch, Mail: redaktion@buchmarkt.de, Website: www.buchmarkt.de
4 Profil: Brancheninfos monatlich im Printmagazin; täglich News auf der Website und nützliche Tools wie die Verlagsdatenbank „Wer gehört zu wem?"

BUCHREPORT
Ort: D-Dortmund, Mail: info@buchreport.de, Website: www.buchreport.de
4 Profil: Fachmagazin der deutschsprachigen Buchbranche, das „Informationsmedium für Buchhandel und Verlage in Deutschland, Österreich und der Schweiz sowie ihrer Dienstleister." *buchreport.online* ist das werktäglich laufend aktualisierte Service- und Informationsportal mit Nachrichten, Presseschau und aktuellen Medieninformationen der Marktteilnehmer, Rezensionsüberblick sowie den Bestsellerlisten und weiteren Analysen.

BULLETIN JUGEND & LITERATUR – Kritisches Monatsmagazin für Kinder- und Jugendmedien, Leseförderung und Lesekultur
Ort: D-Geesthacht, Website: www.bjlonline.de
2 Aufl.: 1800 4 Profil: Monatsmagazin für Kinder- und Jugendmedien, Leseförderung und Lesekultur. Jeden Monat Beiträge, Nachrichten und Kritiken für Erzieher, Eltern, Lehrer, Sozialpädagogen, Bibliothekare und Buchhändler, Kritiker, Studenten, Verleger, Autoren, Illustratoren und Redakteure beiderlei Geschlechts. 5 Hefte/Jahr: 12 7 Probeheft: 10 € zzgl. Versand

KUNST + KULTUR
Kulturpolitische Zeitschrift der Vereinten Dienstleistungsgewerkschaft (ver.di)
(› Literaturzeitschriften – Adressen und Profile)

LITERARISCHES ÖSTERREICH
Herausgeber: Österreichischer Schriftstellerverband, Ort: A-Wien
Mail: info@schriftstellerverband.at, Website: www.schriftstellerverband.at
4 Profil: *Literarisches Österreich* ist die Zeitschrift des Österreichischen Schriftstellerverbandes. Sie enthält vornehmlich Rezensionen über literarische Neuerscheinungen in Österreich. Darüber hinaus werden in jeder Nummer zumeist kürzere Essays österreichischer Schriftstellerinnen und Schriftsteller abgedruckt. 5 Hefte/Jahr: 2 6 Seiten: 50

SCHWEIZER BUCHHANDEL
Ort: CH-Zürich, Mail: carlo.bernasconi@swissbooks.ch
Website: www.schweizer-buchhandel.ch
4 Profil: „Der *Schweizer Buchhandel* ist die führende Fachzeitschrift für Buchhandel und Verlagswesen in der Schweiz. Das offizielle Organ des Schweizer Buchhändler- und Verlegerverbands erscheint monatlich als Print-Ausgabe und wird durch einen wöchentlichen E-Mail-Newsletter ergänzt. Über 2000 Profis – von den Top-Shots im Handel bis zu den Auszubildenden, von Verlegerinnen bis zu Journalisten – lesen regelmäßig den *Schweizer Buchhandel*."

ÜBERSETZEN

Herausgeber: VdÜ in Zusammenarbeit mit der Bundessparte Übersetzer im VS
Redaktion: Dr. Sabine Baumann, Ort: D-Berlin
Mail: baumasa@aol.com, Website: www.literaturuebersetzer.de

4 Profil: In Werkstattberichten geben Kolleginnen und Kollegen Einblick in ihre Arbeit, sei es zu speziellen Problemen und Herausforderungen eines bestimmten Buchs, sei es zu Seminaren, in denen grundsätzliche Sprach- und Übersetzungsfragen diskutiert werden. Berufspolitische Entwicklungen sind in *Übersetzen* ebenso Thema wie der Kontakt mit Autor und Autorin oder die Reise an den Schauplatz des zu übersetzenden Buches. Informationen über die Lage der Übersetzer in anderen Ländern, über Verbandsaktivitäten und Konferenzen im Ausland stellen die Arbeit in einen größeren Kontext. Mitglieder des VdÜ erhalten *Übersetzen* kostenlos.

Links & Literatur

LINKS

> www.junge-magazine.de (Website der Jungen Magazine)
> www.uschtrin.de/litzs.html

LITERATUR

> Katalog Internationaler Pressen, Klein- und Selbstverlage. Hrsg. vom Mainzer Minipresse-Archiv. Jürgen Kipp. Verlag der Minipresse. Mainz (erscheint alle 2 Jahre zur Messe)
> STAMM – Leitfaden durch Presse und Werbung, 2009. Essen: STAMM (www.stamm.de)

Weitere Zeitschriften

ESCEHAERIEFTE
Magazin für alphabete Kultur, Ort: D-München, Website: www.escehaeriefte.de
4 Profil: Projekt der Typographischen Gesellschaft München e.V.

FEDERWELT – Zeitschrift für Autorinnen und Autoren
4 Profil: praxisorientierte Fachartikel und Interviews zum Thema Schreiben und Veröffentlichen
(> Literaturzeitschriften – Adressen und Profile)

TEXTART – Magazin für kreatives Schreiben
Herausgeber: Oliver Buslau & Carsten Dürer, Verlag: TextArt-Verlag
Ort: D-Bergisch Gladbach, Mail: redaktion@textartmagazin.de
Website: www.textartmagazin.de
4 Profil: *TextArt* ist ein im gesamten deutschsprachigen Raum erscheinendes Magazin, das sich mit kreativem Schreiben beschäftigt. Es enthält praktische Tipps, Interviews, Rezensionen aktueller Ratgeber rund um das Schreiben, Berichte über die internationale Literaturszene, Artikel über geeignete Schreibgeräte vom Füller bis zum Computer.
5 Hefte/Jahr: 4

VIRGINIA – Zeitschrift für Frauenbuchkritik
Verlag: Christel Göttert Verlag, Rüsselsheim
Mail: redaktion@virginia-frauenbuchkritik.de
Website: www.virginia-frauenbuchkritik.de
2 Aufl.: 10 000 5 Hefte/Jahr: 2 (Oktober, März)

ZEITSCHRIFT SCHREIBEN
Schreiben in Schule, Hochschule und Beruf Ort: CH-Zürich,
Mail: info@zeitschrift-schreiben.eu, Website: www.zeitschrift-schreiben.eu
4 Profil: Schreiben gehört zum schulischen Unterricht, ist Teil der wissenschaftlichen Arbeitsmethodik und des akademischen Lernens und stellt einen zentralen Aspekt beruflicher Kommunikation dar. Die *Zeitschrift Schreiben* veröffentlicht zu diesen unterschiedlichen Themen Fachwissen aus interdisziplinärer Perspektive und hilft damit, sowohl die Praxis als auch die Didaktik des Schreibens zu optimieren. Sie wird herausgegeben vom Schreibzentrum der Pädagogischen Hochschule Zürich.

Literaturagenturen

5

oder auch: „Drum prüfe, wer ..."

BEITRÄGE

INTERVIEWS

ADRESSEN UND INFORMATIONEN

VERTRÄGE

Beitrag von Sandra Uschtrin

Literaturagenturen – Pro und Kontra

„Die Autorin/der Autor schreibt, die Agentin/der Agent regelt den Rest ..." (Petra Hermanns)

Literaturagenturen sind ein fester Bestandteil des deutschen Buchmarktes. Gute AgentInnen wissen, welche Texte zu welchen Verlagen passen und welcher Verlag welche Texte sucht. Außerdem verfügen sie über die nötigen Kontakte, um Manuskripte bei Verlagen unterzubringen. Als Vermittlerin zwischen der Autorin/dem Autor und dem Verlag wirkt eine Agentur dabei mit, den Verlagsvertrag abzuschließen und abzuwickeln.

Viele AutorInnen arbeiten erfolgreich mit Agenturen zusammen, egal ob sie beruflich noch am Anfang stehen oder bereits etabliert sind. Mittlerweile gibt es weit über hundert Agenturen im deutschsprachigen Raum. Da fällt es nicht leicht, die passende auszuwählen. Um Ihnen die Auswahl zu erleichtern, haben wir die Agenturen angeschrieben und sie gebeten, sich kurz vorzustellen.

Im Gegensatz zu England und den USA ist es in Deutschland immer noch möglich, ohne Agentur einen Verlag zu finden. Wer sein Werk bei einem der großen Publikumsverlage veröffentlichen möchte, tut allerdings gut daran, sich gleich einer Literaturagentur zu bedienen. Diese Verlage bekommen täglich so viele Manuskripte unaufgefordert zugesandt, dass Ihr Manuskript in dieser Flut wahrscheinlich untergehen würde. Ohne die Fürsprache einer renommierten Agentur werden Sie es dort schwer haben.

Von einer solchen Agentur vertreten zu werden ist allerdings nicht einfach. Bereiten Sie sich auf den ersten Kontakt mit einer Agentur mindestens so sorgsam vor wie auf ein Bewerbungsgespräch. Wer nicht in drei, vier Sätzen erzählen kann (vorher aufschreiben!), worum es in seinem Manuskript geht, wirkt unprofessionell und verärgert sein Gegenüber, weil er ihm die Zeit stiehlt. So jemand hat schlechte Karten. Studieren Sie auch das Kapitel „Kontaktaufnahme" in diesem Buch.

Einen wichtigen Aspekt möchten wir herausstellen: Literaturagenturen sind keine Inseln der Seligen, sondern Unternehmen, die Einnahmen erwirtschaften und gut kalkulieren müssen. Es kostet sehr viel Zeit, Energie und damit Geld, ein Erstlingswerk zu vermitteln und eine neue Autorin/einen neuen Autor „aufzubauen". Oft rechnet sich diese Investition für eine Agentur erst später mit weiteren Veröffentlichungen. Das heißt, Agenturen sind daran interessiert, längerfristig mit AutorInnen zusammenzuarbeiten. Wer den Eindruck vermittelt, dass die Schriftstellerei ihn nicht weiter interessiert und er sich nur mal etwas „von der Seele schreiben" wollte, wird eine Agentin/einen Agenten in der Regel nicht für sich und „dieses eine Buchprojekt" einnehmen. Chancen bei einer Agentur hat nur, wer signalisiert, dass er bereit ist, hart an sich und seiner Schriftstellerkarriere zu arbeiten. Wer nicht willens ist, die dafür nötige Disziplin aufzuwenden und täglich mit Buchstaben, Wörtern und Sätzen zu trainieren, sollte sich lieber gar nicht erst an eine Agentur wenden.

Warum sollte man eigentlich eine Literaturagentur als Vermittlerin einschalten? Ist das wirklich notwendig? Die Meinungen darüber gehen auseinander. Sicher gibt es keine Antwort, die für alle und noch dazu für jedes Projekt passt. Entscheiden Sie selbst, welche Argumente Sie überzeugen.

Stichwort	Pro	Kontra
Insiderwissen/ gute Kontakte	AgentInnen verfügen über Insiderwissen und gute Verlagskontakte. Viele von ihnen waren früher LektorInnen.	
Filter/ Fürsprecherin	Manuskripte, die eine Agentur als Fürsprecherin haben, werden im Verlag anders wahrgenommen. Denn dort weiß man, dass eine gute Agentur nur gute Manuskripte anbietet, sie also wertvolle Filterarbeit leistet.	
Zeitersparnis	Eine Agentur erspart Zeit. Man kann sich ganz auf das Schreiben konzentrieren. Den „Rest“ erledigt die Agentur.	Einen Verlag zu finden gehört zum Schriftstellerberuf. Bei der Suche lernt man viel über den Markt und knüpft neue Kontakte.
Konstante versus Abhängigkeit	In den Lektoraten herrscht ein ständiges Kommen und Gehen – der Agent/die Agentin bleibt und wird zur festen Kontaktperson.	An eine Agentur ist man für eine bestimmte Zeit gebunden. Findet sie keinen Verlag, behindert sie die Karriere. Ohne Agentur bleibt man beweglicher und autark.
Coach/ Karriereplanung	AgentInnen beraten und helfen, sich richtig zu positionieren.	Genies brauchen keine Agenturen. Wer gut ist, setzt sich irgendwann durch.
Partner versus Parasit	Die Provision hat sich die Agentur redlich verdient; das Geld ist klug investiert.	Agenturen nehmen AutorInnen etwas weg und schmälern deren Einkünfte.
Arbeitsteilung/ Naturell	Schreiben können ist eine andere Fähigkeit als Verträge auszuhandeln.	Man kann und sollte beides können und sich in beidem üben.
Professionalität/ Fachwissen	Verlagsverträge sind komplizierte juristische Texte, die Fachleute am besten verstehen.	Das Fachwissen der AgentInnen lässt sich leicht aneignen; schließlich gibt es für alles Bücher.
Verhandlungspartner	Verlage verhandeln lieber mit Agenturen, weil sie mit ihnen leichter als mit Laien reden können.	Verlage verhandeln lieber mit AutorInnen. Manche unterstellen, sie versprächen sich von deren Unerfahrenheit Vorteile.
marktkonform schreiben/ Verrat an der Kunst	Die meisten AutorInnen wollen möglichst viele LeserInnen erreichen – das ist nichts Schlechtes.	Agenturen verkaufen nur marktgerechte Texte. Das führt dazu, dass AutorInnen sich verbiegen, den Massengeschmack bedienen und nicht mehr ihrer inneren Stimme folgen. Auf der Strecke bleibt dabei die Kunst.

Beitrag von Sandra Uschtrin

Ein kurzer Ratgeber

Welche Kriterien sind für die Auswahl einer Agentur wichtig? Worauf müssen Sie achten? Wann sollten Sie misstrauisch werden? „Ein kurzer Ratgeber" hilft Ihnen, richtig vorzugehen und eine kluge Entscheidung zu treffen.

Was Sie tun sollten

- Die meisten Agenturen haben sich auf bestimmte Genres (Belletristik, Sachbuch, Kinder- und Jugendliteratur etc.) und/oder Themen (Wirtschaft, medizinische Ratgeber etc.) spezialisiert, vermitteln also nicht jede Art von Literatur. Informieren Sie sich daher über das Spezialgebiet einer Agentur. Sie ersparen sich Zeit und Mühe, wenn Sie vor einer Kontaktaufnahme wissen, ob Ihr Manuskript überhaupt in das Profil einer Agentur passt. Lyrik vermittelt übrigens keine Agentur, denn mit Lyrik lässt sich in der Regel kein Geld verdienen.
- Nutzen Sie für Ihre Recherche die gängigen Suchmaschinen im Internet. In Artikeln und Internetforen können Sie nachlesen, welche Erfahrungen Ihre Kolleginnen und Kollegen mit bestimmten Agenturen gemacht haben. Informationen über Agenturen finden Sie zum Beispiel im Montségur Autorenforum (http://autorenforum.montsegur.de) und auf den Seiten des Uschtrin Verlags (www.uschtrin.de/litag.html). Auf www.litscage.com können Sie nach (neuen) Agenturen suchen.
- Besuchen Sie die Website einer Agentur, bevor Sie sich an die Agentur Ihrer Wahl wenden. Die meisten Agenturen listen hier auf, welche Autorinnen und Autoren sie vertreten und in welchem Genre sie agieren. Suchen Sie auf der Website nach „Hinweisen für Autoren". Dort können Sie nachlesen, wie Sie mit der Agentur in Kontakt treten und welche Unterlagen Sie einreichen sollten.
- Besuchen Sie auch die Websites anderer Agenturen und studieren Sie die Profile der Agenturen in diesem Kapitel. Sie bekommen dadurch ein besseres Gefühl, was Agenturen leisten und wie sie agieren.
- Suchen Sie den persönlichen Kontakt, bevor Sie Projekte oder Texte schriftlich vorstellen. Auf Events wie der Criminale, den DeLiA-Liebesromantagen, dem Ingeborg-Bachmann-Wettbewerb oder dem Open Mike sind immer AgentInnen zugegen. Manche von ihnen geben Seminare oder melden sich in Internetforen zu Wort. Es ist kein Ding der Unmöglichkeit, AgentInnen kennenzulernen.

Worauf Sie vor einer Kontaktaufnahme achten sollten

- Ist die Agentur bereits seit einiger Zeit tätig, oder handelt es sich um eine Neugründung? Erfolgreich in diesem Metier zu arbeiten erfordert viel Erfahrung, die kaum durch Idealismus und Anfängerelan ersetzt werden kann. AnfängerInnen sollten zumindest solide Erfahrungen im Verlagsgeschäft mitbringen.
- Gibt es (nachprüfbare) Angaben über den „Erfolg" einer Agentur? Welche AutorInnen vertritt sie? Mit welchen Verlagen arbeitet sie zusammen?
- Sind die Informationen über die Leistungen der Agentur deutlich und umfassend? Dazu gehören auch Angaben darüber, was sie nicht leisten kann.
- Regelt die Agentur die Zusammenarbeit auf der Grundlage eines schriftlichen Vertrags?
- Macht die Darstellung in der Öffentlichkeit einen professionellen und seriösen Eindruck? Es ist schwierig zu entscheiden, ob dazu unbedingt eine eigene Website gehört.

Gerade unter den erfolgreichsten Agenturen gibt es etliche, die meinen, diese Art der Publizität nicht zu brauchen. Lassen Sie sich nicht von perfekt gestalteten Websites blenden! Zur Professionalität gehören auch sprachlich korrekte Veröffentlichungen, Websites und Korrespondenzen.

Wann Sie misstrauisch werden sollten

Leider gab es in der Vergangenheit immer wieder „Agenturen", die AutorInnen abzocken wollten. Gesundes Misstrauen ist daher nicht verkehrt. Achten Sie auf die folgenden Punkte; sie können – müssen aber nicht! – ein Hinweis darauf sein, dass die Agentur unseriös arbeitet:

- Verlangt die Agentur (vorab) eine Gebühr oder bietet sie gegen zusätzliche Gebühren Extradienste an wie das Bewerten und Lektorieren von Exposés oder Manuskripten? Macht sie dies zur Voraussetzung für eine Zusammenarbeit? Bietet sie an, solche Arbeiten am Manuskript an Dritte zu vermitteln? – Bedenken Sie bitte: Nur ein „hungriger" Agent ist ein guter Agent. Nach Zahlung einer wie auch immer gearteten Gebühr ist der Agent vielleicht schon zu „satt", um sich für das Manuskript wirklich einzusetzen. In zehn Manuskripte gegen Bares ein paar Kommas einzustreuen (manche nennen das „Lektorat"), geht fix und ist lukrativ. Und vor allem braucht es dafür nicht das, was eine gute Agentur auszeichnet und sich mühsam über viele Jahre hinweg erarbeitet hat: hervorragende Kontakte zu den einzelnen Ansprechpartnern in den Verlagen.
- Wirbt die Agentur mit Anzeigen für sich und fordert dazu auf, Manuskripte einzusenden? Bemüht sie sich dabei ausdrücklich um AnfängerInnen? – Die beste Werbung für eine Agentur sind erfolgreich vermittelte Manuskripte. Mehr Werbung hat eine seriöse Agentur für gewöhnlich nicht nötig.
- Lobt die Agentur Ihr Manuskript in den höchsten Tönen? Oder beschreibt sie im Gegenteil die Aussichten für Newcomer als niederschmetternd? Der Erfolg oder Misserfolg eines Buchprojekts ist kaum zu beurteilen, solange man sich nicht ernsthaft mit Ihrem Manuskript beschäftigt hat.
- Tritt eine Agentur von sich aus an Sie heran und fordert Sie zu einer Zusammenarbeit auf? Dies ist nur dann üblich (und unbedenklich), wenn Sie bereits veröffentlicht haben und eine Agentur auf der Grundlage Ihrer bisherigen Arbeit über ein bestimmtes Projekt mit Ihnen sprechen möchte.
- Wirbt eine Agentur damit, sie vermittle erfolgreich die Veröffentlichung von Lyrik? Der Markt für Lyrik ist zu klein, um für eine Agentur wirtschaftlich von Interesse zu sein.

Sehr detailliert und kenntnisreich listet Wolfgang Tischer in seinem Literaturcafé die Merkmale auf, die typisch sind für dubiose Literaturagenturen. Hier der Link: www.literaturcafe.de/so-erkennen-sie-dubiose-literaturagenten-und-literaturagenturen/.

Letztlich beruht eine erfolgreiche Zusammenarbeit zwischen Ihnen und einer Agentur auf gegenseitigem Vertrauen. Dieses ist ein zerbrechliches Gut. Seien Sie darauf vorbereitet, Ihre Interessen wahren zu müssen. Es geht ja nicht nur um einen wirtschaftlichen Erfolg, sondern um das Gelingen eines Projekts, in das Sie viel Zeit und Arbeit investiert haben.

Interview mit Oliver Buslau

„Das Optimale für mein Buch"

Oliver Buslau ist Chefredakteur der Zeitschrift „TextArt" und Autor einer Krimireihe, die im Bergischen Land spielt. Für sein neues Buch, „Die fünfte Passion", wollte er das Optimale und arbeitete zum ersten Mal mit einer Agentur zusammen. Der Erfolg blieb nicht aus: ein Zweibuchvertrag bei einem großen Publikumsverlag und zwei super Vorschüsse auf einen Streich! Können AgentInnen zaubern? Ein bisschen schon.

› *„Die fünfte Passion", Ihr neuer Krimi, ist gerade bei Goldmann erschienen. Bisher hat Emons Ihre Krimis verlegt. Warum haben Sie den Verlag gewechselt?*
Ich habe den Verlag nicht gewechselt, sondern es ist ein neuer Verlag dazugekommen. Meine Regionalkrimis für Emons, vor allem eine Reihe um den Wuppertaler Privatdetektiv Remigius Rott und auch einige bereits vorher abgesprochene Projekte schreibe ich weiter beziehungsweise setze ich bei Emons noch um. Ich habe das bei beiden Verlagen von Anfang an klargestellt, und alle Beteiligten sind damit einverstanden. Als ich die „Fünfte Passion" plante, war ich der Ansicht, dass ein solches Buch nur ein großer Verlag auf den Markt bringen sollte. Das hat nichts mit der Qualität des Buches zu tun, sondern eher mit den Vertriebsmöglichkeiten. Ich war der Ansicht, dass ein großes „überregionales" Potenzial in dem Buch steckt. Und wie man sieht, lag ich da nicht falsch.

› *Was ist der Vorteil eines großen Publikumsverlags gegenüber einem doch eher kleinen Verlag wie Emons? Gibt es auch Nachteile?*
Ich will nicht verhehlen, dass man sich beim Thema „Vorschüsse" bei einem Verlag wie Goldmann in ganz anderen Bereichen bewegt. Was aber die reine Arbeit am Buch angeht, kann man Vorteile und Nachteile nicht gegeneinander rechnen – es ist eben in jedem Verlag anders. Die Zusammenarbeit gefällt mir bei beiden Verlagen sehr gut. Ich kann auch die oft zu hörende Meinung, die großen Verlage würden weniger oder schlechter lektorieren, nicht bestätigen. In beiden Verlagen habe ich engen Kontakt zu den Lektorinnen. Man ist offen für meine Ideen – was nicht heißt, dass man sie mit Hurrageschrei annimmt, sondern dass man sich damit auseinandersetzt. Ablehnung erlebt man in jeder Phase des Autorenlebens.

› *Haben Sie sich selbst auf die Suche nach einem großen Publikumsverlag gemacht, oder haben Sie die Hilfe einer Agentur in Anspruch genommen?*
Ich habe für die „Fünfte Passion" die Hilfe der Agentur *Scripts for Sale* in Anspruch genommen. Ich bin der Ansicht, dass man so große Projekte wie dieses Buch nur optimal mit einer Agentur platzieren kann. Man weiß selbst ja gar nicht, welcher Verlag und welcher Lektor sich für einen solchen Krimi interessieren. Und ob es überhaupt Interesse gibt. Man glaubt das ja von seinen Projekten immer gerne, aber diese Sicht ist häufig leider unrealistisch. Und selbst wenn ich auf eigene Faust einen Verlag gefunden hätte, wäre ich sicher nicht in der Lage gewesen, die Detailverhandlungen zu führen. Allein der Vertrag, der schließlich zustande kommt, hat einen gehörigen Umfang, und man versteht nicht alles darin auf Anhieb.

› *Wie kamen Sie auf diese Agentur?*
Ich habe Petra Hermanns von *Scripts for Sale* auf dem Krimifestival „Criminale" kennengelernt. Nach einer Lesung kamen wir ins Gespräch, und ich erzählte ihr, dass ich die Themen „Krimi" und „Musik" in meinen nächsten Projekten gerne noch mehr miteinander verknüpfen würde. Vor der „Passion" hatte ich das nur auf regionaler Ebene getan – etwa im Rheintal-Krimi „Das Gift der Engel", der bei Emons erschien. Sie fand das interessant, und wir haben uns später zu einem Treffen verabredet, bei dem ich ihr dann das Konzept der „Passion" vorstellte. Ich habe andere Agenturen in Betracht gezogen, aber nicht kontaktiert. Ich war da sehr wählerisch. Mein Ziel war, das Buch überhaupt nur dann zu schreiben, wenn hinsichtlich der Agentur und dann des Verlages alles so läuft, wie ich mir das vorgestellt habe. Ich war der Ansicht, dass es keinen Sinn hat, sich an so ein Projekt zu machen, wenn es schließlich doch nur wenige Leser erreicht. Bei Petra Hermanns hatte ich von Anfang an das Gefühl, dass sie eine Antenne für den Stoff besaß, und sie hat mich auch gleich auf die richtige Weise ermuntert.

› *Sie hatten also noch gar kein fertiges Manuskript in der Tasche – das ist im Bereich Belletristik ungewöhnlich! Gab es wenigstens ein Exposé?*
Ich hatte gar nichts – oder alles, wie man's nimmt. Ich hatte die Idee. Ich bin zu Petra nach Frankfurt gefahren, um ihr einige Buchprojekte vorzustellen und um sie für meine Zeitschrift *TextArt – Magazin für Kreatives Schreiben* zu interviewen. Die Begegnung mit einer Agentin war natürlich auch für meine Magazinleser interessant. Manches hatte ich als Exposé dabei, die Idee zur „Fünften Passion" – ausgerechnet das wichtigste Projekt, wie ich heute weiß – gab es jedoch nur in meinem Kopf. Und so habe ich die Sache einfach mündlich vorgetragen. Ich habe gesagt: „Es gibt in der Musik von Johann Sebastian Bach verschlüsselte Botschaften. Das ist musikwissenschaftlich erwiesen, auch wenn einige Forscher darüber streiten, wie weit diese Verschlüsselungen gehen. Ich möchte gerne einen Krimi schreiben, in dem jemand herausfindet, dass in einer Partitur von Bach das Datum des Jüngsten Tages verschlüsselt ist." Das war alles, was ich sagte. Heute weiß ich, dass man diese sekundenschnelle Buchvorstellung *pitch* nennt. Und dass so ein *pitch* das wichtigste Hilfsmittel ist, wenn man jemanden von einem Stoff überzeugen will. Es lohnt sich, eigene Buchideen in diese Kurzform zu bringen, ehe man sich an die Ausarbeitung macht.
Petra Hermanns biss jedenfalls an. Sie forderte mich auf, daraus ein Exposé zu machen. Das hat mich dann ziemlich lange beschäftigt, während ich immer weiter Regionalkrimis für Emons schrieb. Es vergingen ungefähr zwei Jahre! In dieser Zeit recherchierte ich gründlich, schrieb ein Exposé nach dem anderen, und Petra lehnte jedes mit schöner Regelmäßigkeit ab: zu kompliziert, zu viel Musikwissenschaft und so weiter und so fort. Denn ich hatte aus der Idee noch immer nicht die wirklich gute Geschichte gemacht, die sie gerne gehabt hätte. „Wenn es richtig knallen soll, dann brauchen wir auch die Hammerstory", schärfte sie mir immer wieder ein. Zur Frankfurter Buchmesse 2005 gelang mir endlich eine überzeugende Version der Geschichte, und damit konnte Petra eine Reihe von Verlagen gewinnen. Ende November 2005 rief man von allen möglichen Seiten nach Probeseiten. Ich bin dann Anfang Dezember mitten im Weihnachtstrubel ein

paar Tage nach Leipzig gefahren, wo das Buch spielt, und habe bis Anfang 2006 achtzig Probeseiten geliefert. Dann begannen die eigentlichen Verhandlungen.

› *Haben Sie sich beim Schreiben dann strikt an Ihr Exposé gehalten? Und wenn ja, ist das nicht reichlich langweilig?*

Das Exposé, das ich 2006 abgab, unterscheidet sich deutlich von der Handlung des fertigen Romans. Der *pitch* trifft freilich immer noch zu. Ich bin ein Schriftsteller, der plant und nicht einfach drauflosschreibt. Der Plan ist jedoch keine Vorlage, die ich sklavisch einhalten muss. Es kommt darauf an, dass in jeder Phase – *pitch*, Exposé, Szenenplan, fertiges Manuskript – etwas entsteht, das für sich überzeugt und auf der Grundidee basiert. Man kann und soll auf jeder Stufe verbessern. Ich denke, die Verlage sehen das ähnlich. Man hat mir jedenfalls noch nie vorgeworfen, ich sei zu stark vom Exposé abgewichen. Ich halte mich natürlich genau an den Plan, wenn mir nichts Besseres einfällt. Das ist leider oft genug der Fall. Langweilig finde ich das nicht, eher erleichternd. Es ist beruhigend, eine Lösung zu haben, auf die ich zurückgreifen kann. Und die Gewissheit, dass ich nicht stecken bleibe. Auf diese Weise kann ich dann auch gut Termine einhalten.

› *Mit welchen Publikumsverlagen haben Sie geliebäugelt, und warum haben Sie sich schließlich für Goldmann entschieden?*

Ich habe mir von Petra etwas zu den verschiedenen Verlagen sagen lassen, die interessiert waren. Ich hatte selbst keine Meinung zur Verlagswahl. Nachdem Interesse aufkam und auch Vorschläge für Vorschüsse eingingen, habe ich mit den jeweiligen Lektoren persönlich gesprochen, um mir ein Bild von unserer etwaigen Zusammenarbeit zu machen – siehe oben: Ich wollte ja das Optimale für mein Buch! Ich konnte mich jedoch nicht entscheiden, was dann dazu führte, dass die Verlage reihum ihre Gebote abgaben. Das ähnelte dann tatsächlich einer Versteigerung. Irgendwann warf dann bei diesen mehrfachen Drehungen jemand die Option „Zweibuchvertrag“ in den Ring. Das fand ich überraschend: Ich hatte ja mit niemandem über ein zweites Buch gesprochen, und ich hatte auch noch keine Ahnung, wovon es handeln sollte. Man schien also große Stücke auf meine Fähigkeiten zu halten, was mich natürlich sehr froh machte. Dieses Angebot führte dann dazu, dass sich der Vorschuss verdoppelte, denn es ging ja nun schlagartig um zwei Bücher.

› *Wozu verpflichtet man sich mit einem Zweibuchvertrag?*

Ich unterschreibe, dass ich nach dem ersten ein zweites Buch schreibe. Im Vertrag hat es den Titel „N. N.“. Es wird nicht näher benannt, aber es soll natürlich wie die „Passion“ eine Verbindung von Thriller und Musik sein. Als der Vertrag unter Dach und Fach war, haben wir die genauen Termine vereinbart. Für das zweite Buch haben wir das nun so festgelegt, dass ich das Manuskript in der zweiten Jahreshälfte 2010 abgebe.

› Und was, wenn Sie das nicht schaffen? Ist irgendeine Strafe vorgesehen? Macht Sie ein solcher Vertrag vom Kopf her zum Leibeigenen des Verlags? Fühlen Sie sich noch frei?
Das Schlimmste, was passieren kann, ist, dass ich den Vorschuss zurückzahlen muss. Es gibt allerdings auch noch die Möglichkeit, das Buch zu schieben, wenn es sein muss. Wenn mich zum Beispiel gesundheitliche Gründe am Schreiben hindern. Leibeigenschaft sieht anders aus. Unfreiheit auch.

› Wer mit einem derart riesigen Konzernverlag paktiert, dessen innere Stimme mahnt beim Schreiben möglicherweise ständig: Jetzt musst du dem Geschmack der breiten Masse gerecht werden!
Wir paktieren nicht, wir machen Geschäfte. Ich verkaufe meine Arbeit. Das ist ein völlig normaler Vorgang. Und was soll denn der breite Geschmack der Masse sein? Auch wenn es viele nicht glauben: Den breiten Geschmack der Masse kennt niemand. Wenn es anders wäre, könnte man Bestseller am laufenden Band produzieren, und es gäbe nur einen einzigen Autor, der sie schreibt. Und natürlich auch nur einen einzigen Verlag. Selbstverständlich gehe ich von dem aus, was ich spannend, interessant und lesenswert finde. Und natürlich gehe ich mit meinem Text auf die Leute zu. Ich will ja, dass sie für ihr Geld etwas anderes bekommen als Langeweile. Aber das ist eine Anforderung, der sich jeder, der mit Veröffentlichungsabsichten schreibt, stellen muss. Allerdings soll es ja Leute geben, die allein darin schon eine Verbiegung zugunsten irgendeiner „Masse" sehen. Ich halte diese Meinung für absurd.

› Hatten Sie bereits mit dem Vorwurf zu kämpfen, Sie verkauften sich um des schnöden Mammons willen an einen großen Konzernverlag?
Nein. Das tue ich ja auch nicht. Ich verkaufe die Abdruckrechte meines Buches für eine gewisse Zeit. Warum sollte man mir das vorwerfen? Wie sollen die Leute denn das Buch sonst zu lesen bekommen?

› Rückblickend betrachtet: Sind Sie froh, sich an eine Agentur gewandt zu haben? Würden Sie es wieder so machen? Können Sie das anderen AutorInnen guten Gewissens empfehlen?
Das kann ich nur mit einem deutlichen „Ja" beantworten. Allerdings muss ich dringend vor der Meinung warnen, Agenturen könnten zaubern und aus allem, was ein Autor schreibt, einen Vertragsabschluss machen, nur weil es geschrieben wurde. Man muss als Autor erst mal sein Handwerk beherrschen, und man muss sich mit dem beschäftigen, was die Verlage da draußen tun. In dem Moment, in dem jemand Geld für ein Manuskript ausgeben soll, wird aus dem Manuskript ein Produkt, das den Regeln eines Marktes unterworfen ist. Das lässt sich nicht wegdiskutieren. Das heißt aber noch lange nicht, dass unter Marktbedingungen Schlechtes entstehen muss. Und der Markt ist groß.

› Wenn man sich so intensiv mit dem Kreativen Schreiben beschäftigt wie Sie als Herausgeber eines Magazins für Kreatives Schreiben, wird man dann eigentlich automatisch irgendwann ein erfolgreicher Autor?
Automatisch funktioniert auf diesem Gebiet wahrscheinlich nichts. Meine Vorgeschichte ist ja so, dass ich schon lange beruflich als Musikjournalist und Sachbuch- und

Sachtextautor geschrieben habe. In den 90er Jahren hat mich dann das Kreative Schreiben mehr und mehr interessiert. Ich wollte gerne einen Krimi schreiben, und das schob ich ewig lang vor mir her. Ich habe dann einige der bekannten Bücher gelesen und mir zu Herzen genommen, was ich heute selbst immer weitergebe: Dass man sich genau überlegen sollte, wie man an das Dasein als Autor herangeht – wenn man es ernsthaft haben will. Irgendwann fiel mir auf, dass eine große Zeitschrift über Kreatives Schreiben in Deutschland fehlte, und da habe ich sie zusammen mit meinen Partnern Carsten Dürer und Matthias Prell gegründet. Die erste Ausgabe erschien sicher nicht ganz zufällig im selben Jahr wie mein erster Krimi, nämlich im Jahre 2000. *TextArt* ist sozusagen ein Nebenprodukt meiner schriftstellerischen Arbeit. Dass ich bei dem Job als Redakteur selbst viel gelernt habe und immer noch lerne, ist klar. Ich bin der erste Leser des Magazins, und meine Aufgabe besteht ja darin, Autorinnen und Autoren zu finden, die auf diesem Gebiet etwas zu sagen haben. Auch dabei erfahre ich ständig Neues. Aber das ist ja auch das, was man als Autor nicht vernachlässigen darf: Man muss seine schriftstellerische Fähigkeit stets verbessern. Und es gibt wie in jeder Kunstfertigkeit kein Ende dabei. Ein Musiker hört auch nie auf zu üben. Ein Komponist macht sich immer wieder an neue Dinge, stellt sich neuen Herausforderungen.

› *2010 feiert TextArt zehnjähriges Jubiläum – vor zehn Jahren haben Sie damit begonnen, Romane zu schreiben. Wo werden Sie 2020 stehen? Wo wollen Sie stehen?*
Ich wage es nicht, Blicke in eine so ferne Zukunft zu werfen. Niemand weiß, was 2020 sein wird, und ich würde mich auch nicht so gerne in Bezug auf meine Arbeit auf diesen Zeitraum festlegen. Die letzten zehn Jahre haben gezeigt, dass das Schreiben von Romanen einen immer größeren Raum einnahm, und das wird sich mit großer Sicherheit noch steigern. Auch *TextArt* wird uns noch eine Weile beschäftigen. Aber wer weiß, ob nicht eine ganz neue Idee auftaucht?

› *Interview: Sandra Uschtrin*

„Drum prüfe, wer sich länger bindet" – Partnerin Agentur

Petra Hermanns, Frankfurt am Main, ist Mitinhaberin der Frankfurter Medienagentur „Scripts for sale", Website: www.scriptsforsale.de.

Brautschau

› *Wie sieht die Autorin/der Autor Ihrer Träume aus? Welche Eigenschaften zeichnen sie/ihn aus?*
Die Autorin/der Autor meiner Träume ist kreativ, fleißig, uneitel, professionell und kennt den Markt. Schreibt nicht, um sich selbst zu verwirklichen, sondern um gute Geschichten zu erzählen, die Leser gerne lesen wollen.

› *Wie gelangen Agenturen an ihre AutorInnen? Entdecken sie neue AutorInnen in der Regel aufgrund des Studiums der ihnen unverlangt zugeschickten Manuskripte? Wie gestaltet sich die Akquise?*
Meistens gelangen Agenturen durch Empfehlungen und durch persönliches Kennenlernen (Empfänge etc.) an ihre Autoren, nur selten (1 Prozent) durch unverlangt eingesandte Manuskripte. Die meisten Bewerber wissen zum einen nicht, welche Schwerpunkte die Agentur hat – obwohl man diese Infos ganz schnell via Homepage bekommen kann! Und sie kennen sich auch nicht auf dem Markt aus, kennen weder ihr Genre, noch ihre Zielgruppe, noch die Konkurrenz.

› *Und umgekehrt: Wie gelangt man als AutorIn an die richtige Agentur? Nach welchen Kriterien sollte man sie aussuchen?*
Zum einen muss das Profil der Agentur zu dem Genre passen, in dem ich schreibe. Sprich: Wenn man Sachbücher schreibt, sollte man zu einer Agentur gehen, die im Sachbuchbereich schon einige Autoren vertritt. Zum anderen sollte einem das Klientenumfeld gefallen und natürlich dann die Agentin, der Agent selbst. Die Beziehung ist eine sehr vertrauensvolle, und letztlich wird die persönliche Wellenlänge immer der letzte entscheidende Funke sein, wenn man die Auswahl hat.

› *Sollte ich mich mit meinem Manuskript gleichzeitig an mehrere Agenturen wenden?*
Wenn man offen sagt, dass das Manuskript auch noch bei anderen Agenturen liegt, ist es meiner Meinung nach in Ordnung, weil man von Autoren nicht verlangen kann, dass sie die Wartezeiten in Kauf nehmen. Aus Sicht der Agentur möchte man natürlich die Einzige sein, die ein Manuskript prüft. Einfach weil es ärgerlich ist, wenn man sich die Zeit nimmt, um es zu lesen, und dann erst erfährt, dass die Autorin sich auch bei anderen Agenturen beworben und sich vielleicht schon für eine andere entschieden hat. Dann war die gesamte Arbeit umsonst. Wenn man es als Agentur von Anfang an weiß, sollte man es sportlich nehmen.

› *Manche wenden sich mit ihrem Manuskript erst dann an eine Agentur, wenn sie von diversen Verlagen eine Absage erhalten haben. Was halten Sie von dieser Vorgehensweise?*
Wenn ein Manuskript schon bei Verlagen war und dort abgesagt wurde, kann man als Agentur in der Regel nichts mehr machen, weil man die Absagen eines Verlages natürlich ernst nehmen muss. Die Autoren denken oft, dass das Projekt sowieso keiner im Verlag gelesen hat, aber das ist ein Vorurteil. Es wird alles angeschaut und geprüft, und eine Absage ist eine Absage. Man hat als Autor dadurch einfach die Marktchancen verkleinert.

› *Ab welchem Zeitpunkt meiner schriftstellerischen Laufbahn sollte ich mich an eine Agentur wenden? Gleich zu Beginn meiner Karriere? Oder sollte ich bereits erste Lorbeeren geerntet haben?*
Meiner Meinung nach sollte man sich natürlich sofort bei Beginn einer Karriere an eine Agentur wenden, weil sie ausschlaggebend darauf Einfluss nehmen kann, wie eine Karriere dann verläuft. Autoren, die schon etabliert sind und sich dann erst an eine Agentur wenden, haben in der Regel Differenzen mit ihrem „Hausverlag", und da geht es für die Agentur dann um andere Dinge als darum, ein Manuskript überhaupt im Markt unterzubringen. Da hat jede Autorin/jeder Autor unterschiedliche Erwartungen an eine Agentur.

› *Wann kann ich mich mit einem Manuskript an eine Agentur wenden? Wenn das ganze Manuskript fertig ist? Oder schon vorher, zum Beispiel mit einem Exposé, um prüfen zu lassen, ob die Idee marktfähig ist?*
Man sollte sich dann an eine Agentur wenden, wenn man das ganze Manuskript geschrieben hat, besonders natürlich dann, wenn es das erste Projekt ist. Bewerben kann man sich dann mit dem Exposé und einer Leseprobe. Wenn die gefällt, fordert die Agentur das restliche Manuskript an, und dann ist es schade, wenn es das gar nicht gibt! Das gilt vor allen Dingen für die Belletristik. Bei Sachbüchern ist es anders, da kommt es auch sehr auf das „Standing" der Autorin im Fachgebiet an. Wenn DIE Expertin für Stressforschung einen neuen Stressratgeber schreibt, bräuchte man wohl nur ein Exposé sowie ein Probekapitel.

› *Wie sollte man idealerweise die erste Kontaktaufnahme gestalten? Was ist dabei zu beachten?*
Das Internet bietet viele Hinweise zum Bewerbungsprozedere. Etliche Agenturen beschreiben auf ihrer Homepage genau, wie sich Autoren an sie wenden sollten. Ansonsten, wenn die Agentur keine Homepage hat, empfehle ich einen kurzen Anruf, um zügig herauszufinden, ob die Agentur überhaupt noch neue Klienten aufnimmt. Das erspart einem Wartezeiten. Man muss sich dann aber auch wappnen, die Geschichte am Telefon kurz vorstellen können und läuft dabei natürlich Gefahr, dass der Agent gleich am Telefon sagt, dass ihn das so skizzierte Projekt nicht anspricht. Das heißt, man muss dann in drei bis vier Sätzen sagen können, worum es geht, welches Genre man bedient und wer die Zielgruppe sein soll.

› *Was ist dabei zu vermeiden?*
Vermeiden sollte man, sich nicht zu informieren, was die Agentur so macht! Man sollte sich gezielt bei den Agenturen bewerben, die für das Projekt infrage kommen. Beim Anschreiben sollte man sachlich bleiben, die Unterlagen sollten ordentlich sein, und ein Exposé sollte den Inhalt einer Geschichte gut wiedergeben.

› *Sollte man als AutorIn bei der Kontaktaufnahme fragen, mit welchen Verlagen die Agentur zusammenarbeitet, welche Manuskripte sie an welche Verlage von welchen AutorInnen in der letzten Zeit erfolgreich vermittelt hat und wie sich der berufliche Werdegang der Agentin/des Agenten bislang gestaltete, um etwas über ihre/seine Qualifikation zu erfahren? Oder mache ich mich mit solchen Fragen eher unbeliebt?*
Auch darüber finden sich heute ja schon viele Infos auf den Websites der Agenturen. Falls nicht, kann man natürlich fragen, welche Autorinnen und Autoren die Agentur vertritt, und dann kann man recherchieren, bei welchen Verlagen sie verlegt sind. Wenn man nur fragt, mit welchen Verlagen die Agentur zusammenarbeitet, kann man das schlecht überprüfen. Solche Fragen sind nur dann ärgerlich, wenn die Infos sowieso via Website zugänglich sind.

› *Was sollte eine Einsendung enthalten (Anschreiben, Exposé, Vita, Foto, frankierter Rückumschlag, Manuskript, Teile daraus ...?) und was ist dabei im Einzelnen zu beachten? Welche Fehler werden am häufigsten begangen?*
Unterlagen: Eine Bewerbung sollte ein Anschreiben, ein Exposé, eine Kurzvita sowie eine Leseprobe vom Anfang oder das ganze Manuskript enthalten – jede Agentur hat da ihre eigenen Vorlieben. Man sollte die Unterlagen so sorgfältig zusammenstellen wie bei einer Bewerbung um eine neue Stelle. Vermeiden sollte man lustige Kommentare, Eigenlob, Weitschweifigkeiten. Natürlich sollten der Firmenname und der Ansprechpartner richtig geschrieben sein; und man möchte nicht den Eindruck haben, dass dieses Schreiben so an alle Agenturen gegangen ist, da ist man einfach nicht mehr so neugierig.

› *Was kennzeichnet ein gutes Anschreiben? Ein gutes Exposé? Ein gutes Manuskript?*
Anschreiben: Sachlich, kurz, informativ; Exposé: zwei Seiten maximal, die Figuren und die Handlung sollen nachvollziehbar erzählt beziehungsweise charakterisiert werden. Man soll Lust auf die Geschichte bekommen. Gutes Manuskript: eine gute Geschichte, erzählerisch gut umgesetzt und irgendwie auch verkäuflich ...

› *Wie viele Seiten eines Manuskripts müssen Sie in der Regel lesen, um entscheiden zu können, ob Manuskript und AutorIn Ihren Qualitätsansprüchen gerecht werden?*
Meistens genügen mir das Anschreiben und die ersten fünf Seiten, um zu erkennen, ob das Manuskript zu dem passt, was ich momentan suche. Das sind ja zwei verschiedene Dinge: Ein Manuskript kann gut sein, aber ich kann es trotzdem ablehnen, weil es einfach nicht dem entspricht, wofür ich als Agentur stehe und was ich gerade suche.

› *Wann ist in der Regel mit einer Antwort der Agentur zu rechnen? Sollte ich mich zwischendurch immer mal in Erinnerung bringen?*
Nach sechs bis acht Wochen kann man bei kleineren bis mittleren Agenturen nachfragen, bei größeren kann es länger dauern.

› *Wie viele unverlangt eingesandte Manuskripte erhalten Sie in etwa pro Monat und wie viel Prozent davon lehnen Sie ab?*
Wir erhalten täglich etwa sechs bis acht Anfragen; von 300 Bewerbern kommt vielleicht ein Manuskript in Betracht. Diese schlechte Quote hängt leider damit zusammen, dass die meisten Bewerber sich nicht darüber informiert haben, was wir überhaupt vertreten, und dass die meisten Projekte gewissen kommerziellen Ansprüchen nicht genügen. Wir sind auf Unterhaltungsliteratur spezialisiert, und unsere Kunden sind die großen bis mittelgroßen Publikumsverlage. Die meisten Bewerber machen sich leider nicht klar, dass Agenturen von Verlagen Vorschüsse und Honorare erzielen müssen/wollen, denn davon leben sie ja. Das heißt, für eine Agentur sind alle Projekte nicht interessant, die nicht verkäuflich sind. Oft erlebe ich am Telefon, dass die Autoren sagen, na ja, auf das Geld käme es ihnen nicht an, sie wollten einfach nur verlegt werden. Das ist ein großes Missverständnis, denn Agenturen leben nun einmal davon, dass sie nur Projekte annehmen, die ihnen auch Geld bringen.

› *Wie lautet die Formulierung in Ihrem Standardablehnungsbrief, den Sie versenden, wenn Sie der Meinung sind, diese Autorin/dieser Autor sei ein hoffnungsloser Fall?*
Mir steht es gar nicht zu zu urteilen, ob Autoren ein hoffnungsloser Fall sind. Daher mache ich in meinen Absagen einfach deutlich, dass das ganze Projekt nicht zu uns passt oder dass mich eine Geschichte und deren Umsetzung nicht überzeugt haben.

› *Sollte ich die Agentur bei einer Ablehnung bitten, mir mitzuteilen, was ich am Manuskript verbessern sollte, damit es angenommen wird? Gehört es zum Job einer Agentur, Gutachten zu erstellen?*
Gutachten gehören nicht zum Job einer Agentur. Es ist wie bei einem Arbeitgeber: Es geht nur darum, ob man die Stelle bekommen hat oder nicht. Wenn ich mich nur mit der Begutachtung von abgelehnten Manuskripten beschäftigen würde, könnte ich die Firma nach zehn Tagen zumachen.

› *Was gehört zu den „Jobs“ einer Agentur? Was tun Sie, wenn Sie sich nicht mit Anfragen von neuen AutorInnen beschäftigen?*
Jobs einer Agentur: Betreuung der laufenden Projekte, Entwicklung neuer Projekte, Verhandlungen führen, Verträge überwachen, Konflikte regeln, Kundenkontakte pflegen, hören, was Verlage so für neue Projekte suchen, Trends raushören. Es ist ein vielfältiger Alltag. Vieles wickelt man via Telefon ab, administrative Dinge gibt es en masse. Zum Lesen kommt man im Büro nicht!

Heirat und Flitterwochen

› Es hat gefunkt! AutorIn und AgentIn haben zueinandergefunden. Was meinen Sie, hat dabei in der Tat die Chemie eine entscheidende Rolle gespielt?
Da wir ein kleines Autorenteam haben, ist bei uns die Chemie ganz wichtig. Ich würde Autoren auch zu Kollegen schicken, wenn ich das Gefühl hätte, jemand würde dort vielleicht doch besser hinpassen, so von der ganzen Mentalität, Erwartung und Arbeitsweise.

› AgentIn und AutorIn haben sich ihr Jawort gegeben und wollen fortan zusammenarbeiten. Reichen mündliche Absprachen, um die Zusammenarbeit zu regeln, oder sollte die Autorin/der Autor auf den Abschluss eines Agenturvertrags drängen?
Ein Agenturvertrag ist für alle Beteiligten die bessere Regelung als eine mündliche Absprache. Vor allen Dingen ist es sehr schwer, bei mündlichen Absprachen auch das Auseinandergehen wieder zu regeln.

› Wird für jedes einzelne Werk, das ich der Agentur anbiete, ein eigener Vertrag abgeschlossen? Sollte ich als AutorIn auf einen solchen Vertrag, der sich also nur auf dieses eine Buchprojekt bezieht, bestehen?
Bei uns wird für jedes Projekt ein einzelner Vertrag gemacht – leider kenne ich die Gepflogenheiten meiner Kollegen nicht. Da man sich auch als Agentur bei jedem Projekt neu absichern muss, was die Urheberrechte etc. betrifft, ist das auch für Agenten meiner Meinung nach der sicherere Weg. Man kann zudem nicht für zukünftige, noch nicht geschaffene Werke einfach so den Alleinwahrnehmungsanspruch regeln.

› Manche Agenturverträge enthalten einen Paragraphen, der besagt, dass die Autorin/der Autor sich verpflichtet, fortan alle ihre/seine Werke von dieser Agentur vertreten zu lassen. Ist das rechtens? Inwiefern profitiert die Agentur von einer solchen Regelung?
Natürlich ist eine Zusammenarbeit auf lange Frist angelegt, aber das lässt sich rechtlich nicht so leicht regeln, wenn es die Werke noch gar nicht gibt. Solche Paragraphen muss man sich genau anschauen und im Zweifel einen Anwalt befragen, bevor man unterschreibt.

› Ist es sinnvoll und üblich, mit einer Agentur zusammenzuarbeiten, um von ihr lediglich bestimmte Nutzungsrechte – zum Beispiel die Filmrechte – vermitteln zu lassen? Wäre also eine Art „Polygamie" denkbar: zum einen die Zusammenarbeit mit einer Agentur, die gute Kontakte zu den Verlagshäusern hat, zum anderen die Zusammenarbeit mit einer Agentur, die sich besser im Filmgeschäft auskennt?
Das halte ich nur für praktizierbar, wenn sich die Nutzungsrechte klar trennen lassen und die jeweils andere Agentur dieses Arbeitsgebiet auch wirklich nicht betreut. Zum Beispiel kann man eine Kinderbuch- und eine Sachbuchagentur haben, wenn die beiden jeweils wirklich nur auf diesem einen Gebiet tätig sind.

› *Ist es sinnvoll und üblich, mit einer Agentur zu vereinbaren, dass sie nur für bestimmte Genres, in denen ich tätig bin, zuständig ist, zum Beispiel nur meine Krimis oder nur meine Kinderbuchmanuskripte vermittelt?*
Dito. Eine Agentur, die mehrere Bereiche abdeckt, ist natürlich daran interessiert, alle Bereiche zu vertreten. Ausnahmen gibt es immer, etwa wenn jemand seit langer Zeit Regionalkrimis schreibt, jetzt aber auch historische Romane oder Kinderbücher – dann könnte man die Regionalkrimis aus der Vertretung herausnehmen. Aber im Grunde möchte man eine Autorin/einen Autor lieber ganz vertreten.

› *Was sollte in einem Agenturvertrag stehen? Welche Punkte sollten unbedingt geregelt sein?*
Geregelt sein sollte: Vertragsgegenstand, Provisionshöhe, Inkassovollmacht, Rechtsgarantien, Zeitraum der Zusammenarbeit.

› *Für wie lange (Laufzeit) wird ein Agenturvertrag in der Regel abgeschlossen?*
In der Regel zwischen sechs und zwölf Monate.

› *Was ist zum Thema Kündigungsfrist zu sagen?*
Unsere Verträge können acht Wochen vor Ablauf gekündigt werden. Natürlich besteht Provisionsanspruch, wenn die Agentur in dieser Zeit schon einen Verlagsvertrag verhandelt hat, das heißt, man kann dann nicht „im Nachhinein" kündigen.

› *Wie wird die Arbeit der Agentur entlohnt?*
Die Agentur erhält in der Regel 15 Prozent aller Einnahmen, die die Autorin/der Autor aufgrund eines Verlagsvertrags erhält. Das heißt, der Autorin/dem Autor bleiben dann 85 Prozent.

› *Auf welche Formen der Entlohnung sollte sich eine Autorin/ein Autor nicht einlassen und warum nicht?*
Eine Autorin/ein Autor kann sich auf alle Regelungen einlassen, wenn sie/er weiß, was sie/er dafür bekommt! Sie/er sollte sich einfach genau informieren, natürlich umso mehr, wenn Vorkosten entstehen oder größere Beträge für Gutachten zu bezahlen sind. Da kann man dann durchaus „Preisvergleiche" machen, wenn es einem darum geht, ein Manuskript begutachten oder redigieren zu lassen. In jedem Fall gilt: Nichts unterschreiben, was man nicht versteht, und im Zweifel immer eine Anwältin/einen Anwalt oder Verbände fragen!

› *Muss ich für die Auslagen der Agentur – Porto, Kopien, Telefonate – aufkommen?*
Eigentlich sollte man als AutorIn „lediglich" eine Erfolgsprovision zahlen. Es gibt aber Agenturen, die eine kleine Portopauschale verlangen. Wenn das im Vertrag auftaucht, sollte man natürlich umso mehr nachfragen, was die Agentur alles tun wird in der Akquise. Und vielleicht ist es auch sinnvoll, schon im Vorfeld zu besprechen, welchen Verlagen die Agentur das Projekt anbieten wird und das dann auch im Vertrag festzulegen. Außerdem kann man natürlich auch Nachweise verlangen, zum Beispiel, dass einem Absagen auch weitergeleitet werden.

› Wann und wie erfolgt in der Regel die Abrechnung?
Die Agentur hat in der Regel Inkassovollmacht, weil sie auch die Verträge überwacht, also auch das Honorar „eintreibt". Innerhalb von 14 bis 21 Tagen nachdem das Geld bei der Agentur eingegangen ist, sollte dann auch der Autorenanteil weitergeleitet werden.

› Was sollte in einem Vertrag – aus Sicht der Autorin/des Autors – nicht stehen?
Das ist schwer zu beantworten. Sinngemäß sollte nicht drinstehen, dass die Autorin/der Autor etwas bezahlt für eine Leistung, die nicht klar definiert ist und über die sie keinen Nachweis erhält. Im Zweifel noch einmal fragen, welche Autoren die Agentur vertritt. Die Autoren einer Agentur sind ihre beste Visitenkarte!

Die Ehe als solche

› Wie sieht die klassische Arbeitsteilung zwischen AgentIn und AutorIn aus?
Die Autorin/der Autor schreibt, die Agentin/der Agent regelt den Rest ...

› Wenn Sie überlegen, was Sie als Agentin für Ihre AutorInnen alles tun, welche Bezeichnungen fallen Ihnen dann ein? Coach? Freundin? Gatekeeper? Heiratsvermittlerin? Ideenlieferantin? Interessenvertreterin? Kritikerin? Lektorin? Mädchen für alles? Mediatorin? Mentorin? Mutter? Partnerin? Pfadfinderin? Psychologin? Rechtsbeistand? Seelsorgerin? Testleserin?
Alle die hier genannten Begriffe kann ich zu hundert Prozent unterschreiben.

› Welche Vorteile hat diese „Ehe" für die Autorin/den Autor?
Neben der stärkeren Position im Markt, die eine Agentur für eine Autorin/einen Autor natürlich erreichen sollte, geht es darum, einen Ansprechpartner für sämtliche Belange rund um ein Manuskript und eine Autorenkarriere zu haben. Eine Agentur stärkt die Interessen einer Autorin/eines Autors im Markt und bietet eben alle Vorteile, die hier unter der letzten Frage aufgeführt wurden.

› Zum Berufsalltag: Mit welchen Verlagen arbeiten Sie zusammen und wie viele sind das in etwa?
Wir arbeiten mit allen großen und mittleren Publikumsverlagen zusammen. In der Regel kommen bei uns für ein Projekt maximal zehn Verlage infrage.

› Wie treten Sie mit den einzelnen Verlagen in Kontakt?
Meistens telefonisch oder schriftlich per Mail, je nachdem, welche Unterlagen man losschickt. Die meisten Lektorinnen und Lektoren kennt man mit der Zeit ja persönlich, und man tauscht sich sowieso regelmäßig über Projekte aus.

› Mit wie vielen Verlagen treten Sie gleichzeitig in Kontakt?
Das ist ganz unterschiedlich; manchmal biete ich einem Verlag ein Projekt exklusiv für zwei Wochen an, manchmal schicke ich die Unterlagen gleich zehn Verlagen gleichzeitig.

› Was muss geschehen sein, damit Sie einen Titel für unvermittelbar halten und sich nicht mehr für ihn einsetzen?
Wenn ich all meine Verlagskontakte ausgeschöpft habe, verliere ich die Hoffnung, dass ich das Projekt bei meinen Kontakten noch unterbekomme. Es kann immer noch sein, dass es eine Kollegin/ein Kollege schaffen kann, wenn sie/er andere Kontakte hat oder mit anderen Verlagen zusammenarbeitet.

› Wenn Sie alles versucht haben, den Titel aber nicht vermitteln konnten, kündigen Sie dann den Agenturvertrag mit der Autorin/dem Autor? Beziehungsweise sagen Sie ihr/ihm Bescheid, sodass sie/er mit diesem Titel fortan ihr/sein Glück selbst versuchen kann?
Ja, dann löse ich die Zusammenarbeit auf, oder wir besprechen gemeinsam, ob wir es mit einem neuen Projekt versuchen sollen.

› Was geschieht, wenn Sie einen Verlag gefunden haben, der sich für den von Ihnen vertretenen Titel interessiert?
Dann wird verhandelt, und wenn alle Punkte besprochen sind und die Autorin zufrieden ist, wird der Verlagsvertrag losgeschickt.

› Verlagsverträge werden zwischen AutorInnen und Verlagen abgeschlossen. Handeln Sie die Konditionen im Sinne der Autorin/des Autors mit dem Verlag aus, oder sind diese Verhandlungen Sache der Autorin/des Autors?
Verhandlungen sind Sache der Agentur, das erwarten auch die Verlage. Gerade dafür wird man ja von den Autoren bezahlt! Natürlich wird aber alles abgestimmt mit den Autoren, die ja die Verträge dann selbst unterschreiben müssen/dürfen.

› Welche Punkte sollten in einem Verlagsvertrag unbedingt geregelt werden? Und was hat in einem Verlagsvertrag nichts zu suchen?
Siehe Normvertrag [> Kapitel „Recht und Soziales"].

› Was versteht man unter einem Vorschuss? Habe ich als AutorIn ein Anrecht darauf?
Vorschuss ist ein Vorschuss auf ein zu erwartendes Honorar und stellt ein garantiertes Honorar dar; ein Anrecht darauf hat eine Autorin/ein Autor nicht.

› Wie hoch ist der Vorschuss in der Regel, und muss ich dieses Geld später zurückzahlen?
Die Höhe hat leider keine Rechengrundlage mehr, es ist alles eine Frage der Nachfrage. Es gibt eine alte Faustregel für einen möglichen Vorschuss: 75 Prozent der Honorare, die man mit der ersten Auflage erreichen kann. Der Vorschuss ist ein garantiertes Mindesthonorar.

› *Warum zahlen manche Verlage keinen Vorschuss?*
Kleinere Verlage tun sich aus Finanzgründen oft schwer, Vorschüsse zu zahlen. Schließlich ist der Vorschuss fällig, egal ob nur ein Buch verkauft wird oder 10 000 Exemplare.

› *Was halten Sie von folgenden Interpretationen dieses Verhaltens:*
a) Die Weigerung, einen Vorschuss zu zahlen, deutet darauf hin, dass der Verlag wenig solvent ist, vielleicht sogar rote Zahlen schreibt.
b) Die Weigerung, einen Vorschuss zu zahlen, deutet darauf hin, dass der Verlag sich von vornherein nicht allzu viel von diesem Manuskript verspricht und sich demzufolge auch nicht allzu sehr dafür einsetzen wird.
Eher infrage kommt Antwort a). Bei b) würde der Verlag wohl sowieso kein Geld ausgeben, denn schließlich kosten Produktion und Lektorat etc. auch Geld.

› *Kann es dennoch sinnvoll sein, ein Manuskript von einem Verlag veröffentlichen zu lassen, der nicht bereit ist, mir einen Vorschuss zu zahlen?*
Ja, wenn die Titel dieses Verlages auch über den klassischen Buchhandel vertrieben werden. Es gibt viele kleine, engagierte Verlage, die einem Autor dafür dann eine höhere Honorarstaffel und mehr Prozente zahlen als die größeren Verlage.

› *Der Verband deutscher Schriftsteller (VS) empfiehlt bei Hardcovern ein Autorenhonorar von zehn Prozent des Nettoladenverkaufspreises. Können Sie diesen Prozentsatz in der Regel durchsetzen?*
Die zehn Prozent beziehen sich auf Hardcoverausgaben, und das setze ich in der Regel auch durch. Der gesamte Vertrag muss einfach stimmen, dazu gehören noch viele andere Verhandlungspunkte.

› *Wie sehen diese Prozentzahlen beim Paperback und beim Taschenbuch aus?*
Paperback ab acht Prozent, Taschenbuch fünf bis sechs Prozent. Aber auch hier gilt: Der gesamte Vertrag muss stimmen.

› *Gibt es bestimmte Genres, in denen üblicherweise weniger gezahlt wird?*
Bei Bildbänden, Bilderbüchern wird das Honorar zwischen AutorIn und IllustratorIn geteilt.

› *Zahlen kleinere Verlage weniger?*
Kleinere Verlage zahlen meist einen geringeren Vorschuss, aber höhere Prozente. Und die Honorarstaffel ist besser.

› *Was bedeutet ein gestaffeltes Honorar? Wie sehen solche Staffelungen in der Regel aus und wie im Idealfall?*
Das Honorar wird gestaffelt, je höher die Verkaufszahlen, desto höher kann die Beteiligung für den Autor ausfallen, da der Verlag ab einer bestimmten Verkaufszahl ja den „break even“ erreicht hat.

› Stichwort Nebenrechte: Bemühen Sie sich bei den Verhandlungen mit dem Verlag, die buchfernen Nebenrechte zu behalten, um sie anderweitig zu verkaufen, und dem Verlag nur die buchnahen Nebenrechte einzuräumen?
Da wir eine Medienagentur sind, die sich auf Filmrechte spezialisiert hat, behalten wir die Filmrechte. Alle anderen Rechte werden dem Verlag übertragen. Die Erlöse aus den Verkäufen werden ja zwischen Autor und Verlag geteilt.

› Können Sie als Agentin darauf Einfluss nehmen, mit welchem finanziellen Einsatz im Bereich Marketing der Verlag Ihrem Titel begegnen wird? Es ist ja ein Unterschied, ob der Verlag einen Titel als die Nummer eins im Herbstprogramm ankündigt oder ob er nur ein Titel unter „ferner liefen" ist.
Bei Spitzentiteln kann man auch Marketingausgaben im Vertrag festlegen, aber für einen „Normaltitel" ist das nicht möglich.

› Mit dem Verlagsvertrag bindet sich die Autorin/der Autor in der Regel bis 70 Jahre über ihren/seinen Tod hinaus an einen bestimmten Verlag, indem sie/er ihm bestimmte Nutzungsrechte an ihrem/seinem Werk überträgt. Genauso lange binde ich mich damit – bezogen auf diesen vermittelten Titel – an Ihre Agentur, nicht wahr?
Die Agentur ist so lange zuständig, wie der Verlagsvertrag läuft, das stimmt. Nicht genutzte Rechte kann die Autorin/der Autor nach einer bestimmten Frist einzeln zurückrufen. Agenturen schließen Verlagsverträge oft befristet auf sieben bis zehn oder zwölf Jahre ab.

› Was bleibt zu tun, nachdem Sie das Manuskript in einem Verlag untergebracht haben?
Im Minimum kommen dann noch die Abstimmungen über Cover, Erscheinungstermin, Presseaktivitäten, Buchhandelsmarketing etc. auf einen zu und dann natürlich die Überwachung der Zahlungen. Im Maximum gibt es Konflikte zu lösen, die zwischen LektorIn/Verlag und AutorIn oder vice versa geschehen können. Und da gibt es nichts, was ich nicht schon erlebt hätte. Was macht man zum Beispiel, wenn die Lektorin den Verlag verlässt?

› Wie sieht die ideale Beziehung zwischen Agentur und Verlag aus?
Ideale Partnerin ist man für einen Verlag, wenn dieser sicher ist, dass man im besten Sinne des Wortes eben eine Vermittlerin ist. Das heißt auch, ein Verlag möchte sich darauf verlassen, dass eine Agentur Probleme fair löst und auch für die Probleme des Verlags ein offenes Ohr hat.

› Was tun Sie, um diese Beziehung zu pflegen? Besuchen Sie regelmäßig die einzelnen Verlagshäuser?
Ja, Kontakte müssen gepflegt werden. Mindestens zweimal im Jahr versucht man, sich auf Messen zu sehen. Oft reist man aber im Frühjahr oder Frühherbst zusätzlich zu den Verlagen; dann hat man mehr Zeit als auf der Buchmesse!

› In welchen Abständen und in welcher Form (schriftlicher Bericht?) berichten Sie der Autorin/dem Autor über Erfolg und Misserfolg hinsichtlich Ihrer Vermittlungsbemühungen?
Wir berichten in der Regel immer dann, wenn sich irgendwas tut.

Ehekrach und Scheidung

› Wie sieht die ideale Beziehung zwischen Agentur und AutorIn aus und was kann diese Beziehung trüben?
Ideal ist die Beziehung, wenn das gegenseitige Vertrauen da ist; wenn das gestört wird, hat die Zusammenarbeit im Grunde keinen Sinn mehr.

› Was sind die häufigsten Ursachen, wenn es zwischen Agentur und AutorIn zum Streit kommt?
Konflikte entstehen, wenn die Autorin/der Autor das Gefühl hat, die Agentur glaube nicht an ihre/seine Qualität, beziehungsweise an die ihrer/seiner Manuskripte, und tue auch nicht genug, um sie erfolgreich zu vermitteln. Auf der anderen Seite entsteht ein Konflikt, wenn die Agentur mitbekommt, dass eine Autorin/ein Autor mit einem Projekt eigene Wege geht, was sie/er der Agentur nie gezeigt hat, oder wenn eine Autorin/ein Autor versucht, das Inkasso einer Agentur zu umgehen ...

› Wann sollte man als AutorIn die Zusammenarbeit mit einer Agentur beenden?
Wenn man eine Agentur nie erreichen kann und keine Infos erhält, was Stand der Dinge ist.

› „Meine Agentin kümmert sich nicht um mein Manuskript. Nie meldet sie sich bei mir. Und seit einiger Zeit beantwortet sie nicht mal mehr meine Briefe und Anrufe. Immer schaltet sich nur ihr Anrufbeantworter ein. Was soll ich tun?“ – Was würden Sie dieser Autorin raten?
Eine schwierige Situation: Wenn nichts im Vertrag zwischen Agentur und Autorin vereinbart ist, eine Frist setzen und dann die Zusammenarbeit kündigen. Die Autorin ist auf den Kontakt zur Agentur angewiesen!

› Was habe ich als AutorIn zu tun, um die Zusammenarbeit zu beenden?
Kündigen, so wie im Vertrag vereinbart; ansonsten fristlos kündigen, wenn Gründe vorliegen.

› Wird der Verkauf der Bücher für die Titel, die diese Agentur bereits bei Verlagen untergebracht hat, weiterhin über diese Agentur abgerechnet? Hat die Agentur also auch nach der Trennung weiterhin eine Art „Sorgerecht“ an den bislang von ihr vermittelten Titeln?
Alle abgeschlossenen Verlagsverträge laufen weiterhin über die Agentur. Dafür hat sie ja auch gearbeitet und ihre Kontakte zur Verfügung gestellt. In Ausnahmefällen lassen sich aber Auslauffristen vereinbaren.

› *Bezieht sich dieses „Sorgerecht" an den von der Agentur bereits vermittelten Titeln auch auf die Nebenrechte? Beispiel: Ein Roman soll nach Jahren verfilmt werden, die Autorin/der Autor hat aber mittlerweile die Agentur gewechselt. Welche Agentur partizipiert am Verkauf der Nebenrechte: die alte oder die neue Agentur?*
Nebenrechte können sowieso zurückgerufen werden, wenn sie nicht genutzt werden (in der Regel nach drei Jahren, das muss aber genau geprüft werden!). Das sollten Autoren auch tun, damit sie selbst wieder die Kontrolle über diese Rechte haben. Wenn die Rechte nicht zurückgerufen wurden, ist immer noch die alte Agentur zuständig. Die Regel ist einfach: Alle aus diesem Vertrag entstehenden Honorare/Lizenzsummen unterliegen der Provisionspflicht.

› *Und zum Schluss: Warum gibt es Deutschland keinen Verband der Agenturen so wie in den USA die Association of Authors' Representatives (AAR)?*
Eine gute Frage! Wahrscheinlich dauert das noch ein wenig, weil viele Agenturen einfach Einzelkämpfer sind und es – gemessen an England – noch wenig gibt.

› *Interview: Sandra Uschtrin*

Literaturagenturen – Adressen und Profile

Der Fragebogen Literaturagenturen wurde an 95 Agenturen verschickt; 87 Fragebögen wurden beantwortet. Alle Angaben wurden in der Regel unverändert übernommen. Die Angaben stammen also von den Agenturen selbst beziehungsweise von ihren Websites.
Nicht jede Agentur wollte ins Handbuch aufgenommen werden. Den Wunsch, hier nicht genannt zu werden, haben wir selbstverständlich respektiert.
Agenturen, die bei dieser Umfrage nicht erfasst wurden, können in das Online-Verzeichnis (www.uschtrin.de/litag.html) aufgenommen werden.

Fragebogen Literaturagenturen mit Abkürzungen

	Name der Agentur: ...	
	InhaberIn: ...	Inh.:
	Straße/PLZ/Ort: ...	Anschrift:
	Telefon: ...	Tel.:
	Mail: ...	Mail:
	Website: ...	Website:
1.	Wann wurde Ihre Agentur gegründet? ...	Gegr.:
2.	Bitte nennen Sie die Namen der einzelnen Ansprechpersonen/AgentInnen sowie ihre Fachgebiete (Genres): ...	Namen (Fachgebiete):
3.	Worauf ist Ihre Agentur besonders spezialisiert? ...	Spezialgebiet:
4.	Wie viel Prozent vom AutorInnenhonorar nehmen Sie als Provision? ...	Provision:
5.	Müssen AutorInnen darüber hinaus irgendeine (pauschale) Gebühr entrichten? Ja/nein: ...	Gebühr:
	Wenn ja: Wofür erheben Sie diese Gebühr und wie hoch ist sie (Euro)?	
6.	Lektorieren Sie die Texte der AutorInnen? Nie/auf Wunsch/immer: ...	Lektorat:
	Wenn ja: Wie teuer ist ein solches Lektorat pro Seite/Stunde für die Autorin/den Autor in Euro? ...	Kosten:

A

ABC MEDIENAGENTUR
Inh.: Sylvia und Niklas Schaab, Anschrift: Bäckergasse 10 a, 86150 Augsburg
Tel.: 0821/22939796, Mail: info@abc-medienagentur.de
Website: www.abc-medienagentur.de
Gegr.: 2002 Namen (Fachgebiete): Sylvia Schaab (Wirtschafts- und Berufsthemen, Frauenthemen), Niklas Schaab (Ratgeber und Sachbücher, Schwerpunkte: Unterhaltung, Fitness, Wellness und Verbraucherthemen) Spezialgebiet: Ratgeber und Sachbücher für Massenpublikum Provision: 20 Prozent Gebühr: nein Lektorat: auf Wunsch Kosten: Bei spannendem Thema und in geringem Umfang: ohne Kosten. Bei größerem Aufwand oder im Auftrag: 45 €/Std. Laufzeit: 2 Jahre Rapport: per Mail und telefonisch Kontakt: Im ersten Schritt: bevorzugt Kurzvorstellung des Themas per Mail AutorInnen: Dr. Matthias Marquardt, Heinz-Richard Heinemann, Birgit Adam, Karin Myria Pickl, Dörthe Huth u.v.a. Tipp: Bitte genau prüfen, was es zu einem Thema schon in der Buchhandlung gibt und wie das eigene Buch am ehesten eine Bereicherung für viele Leser darstellen könnte. Reiz: Wir sind begeistert von der Vielfältigkeit der Themen, die wir angeboten bekommen, und freuen uns darüber, im Rahmen unserer Tätigkeit so viele interessante und wertvolle Menschen kennenzulernen, die der Welt etwas Wichtiges zu sagen haben.

7. Über welche Mindestlaufzeit und mit welcher Kündigungsfrist – bezogen auf den Vermittlungsauftrag – schließen Sie einen Agenturvertrag ab? ... Laufzeit/Kündigungsfrist:
8. Wie halten Sie Ihre AutorInnen über Erfolg und Misserfolg Ihrer Bemühungen auf dem Laufenden? ... Rapport:
9. Wie sollte eine Autorin/ein Autor bei der ersten Kontaktaufnahme mit Ihrer Agentur vorgehen (Telefonat? E-Mail-Anfrage mit Attachments? Exposé? Manuskript? Textprobe? Biografie? Bibliografie? Foto? Rückporto?)? ... Kontakt:
10. Bei welchen Verlagen erschienen in letzter Zeit Titel von Ihnen? ... Verlage:
11. Wie viele AutorInnen hat Ihre Agentur unter Vertrag? ... Anzahl:
12. Welche AutorInnen vertritt Ihre Agentur u.a. (maximal 7 Namen)? ... AutorInnen:
13. Was raten Sie AutorInnen? ... Tipp:
14. Wie gestaltete sich Ihr beruflicher Werdegang, und was reizt Sie an Ihrem Beruf? ... Werdegang/Reiz:

ARIADNE-BUCH

Inh.: Christine Proske, Anschrift: Asamstr. 4, 81541 München
Tel.: 089/444490-0, Mail: info@ariadne-buch.de, Website: www.ariadne-buch.de

Gegr.: 1991 Namen (Fachgebiete): Christine Proske (Sachbuch, Memoires, Biografien, Autobiografien) Spezialgebiet: Wir vermitteln Sachbücher, interessante Lebensberichte, Biografien, Autobiografien und Ratgeber, die uns von Autoren angeboten werden. Darüber hinaus generieren wir in der Agentur Sachbuchthemen, erstellen dazu Konzepte und bieten diese den Verlagen an. Bei Interesse seitens des Verlages suchen wir den passenden Autor zum Thema und beauftragen ihn mit dem Buchprojekt, das wir vollständig betreuen. Die Autoren sind vertraglich nur für dieses eine Projekt an uns gebunden, können ansonsten ihre Interessen frei vertreten. Provision: 15 Prozent, wenn Idee vom Autor; 20 Prozent, wenn Idee von der Agentur Gebühr: nein Lektorat/Kosten: Exposés, die wir vertreten, immer ohne Gebühr. Autorenmanuskripte, die verkauft wurden, nur im Auftrag der Verlage, die dann auch das Honorar bezahlen. Laufzeit: 1 Jahr Rapport: telefonisch und per Mail Kontakt: Mail-Anfrage mit Exposé, Textprobe, Biografie, Bibliografie Verlage: Campus, Droemer Weltbild Gruppe, DVA, Econ, Eichborn, Fackelträger, Finanzbuch, Frederking & Thaler, Hanser, Haufe, Heyne, Humboldt, Linde, Lübbe, Orell Füssli, Piper, Redline, Residenz, Rowohlt, Ullstein Anzahl: 821 AutorInnen: Iris Berben, Christoph von Marschall, Liselotte Vogel, Aylin Korkmaz, Bernhard Kohl, Harriet Bruce-Annan, Rüdiger Gamm Tipp: sich durch Sachbücher optimal in ihrem beruflichen Umfeld zu positionieren Werdegang: Agenturgründung gleich nach dem Studienabschluss Reiz: interessante Themen, spannende Menschen, Vielfältigkeit und Kreativität

(› Siehe auch das Interview mit Christine Proske in Kapitel 1, Seite 47–49)

ARROWSMITH AGENCY

Inh.: Nina Arrowsmith, Anschrift: Poststr. 14–16, 20354 Hamburg
Tel.: 040/85100295, Mail: welcome@arrowsmith-agency.com
Website: www.arrowsmith-agency.com

Gegr.: 2005 Namen (Fachgebiete): Nina Arrowsmith (Agenturleitung und Vertragsverhandlungen), Gesa Weiß (Verlagskommunikation und Autorenbetreuung), Sarah Heidelberger (Lektorat und Manuskriptoptimierung) Spezialgebiet: Unterhaltungs-, Genre- sowie anspruchsvolle Literatur, Sachbücher mit starken Thesen, Geschenkbücher, (Auto-)Biografien Provision: 15 Prozent bei Autorenvertretung Gebühr: nein Lektorat: immer Kosten: Wir beschäftigen uns intensiv mit den Texten unserer Klienten und redigieren sie ggf. gebührenfrei in enger Abstimmung mit dem Autor, um die Erfolgsaussichten auf dem Markt zu steigern. Laufzeit: 12 Monate Kündigungsfrist: 3 Monate zum Quartalsende Rapport: Wir halten unsere Klienten über alle Vorgänge und Angebote in Bezug auf ihr(e) Werk(e) per Brief, Mail und in persönlichen Gesprächen auf dem Laufenden. Kontakt: Sollten Sie als Autor an einer Vertretung durch die Arrowsmith Agency interessiert sein, freuen wir uns, wenn Sie sich selbst und Ihr Buchprojekt zunächst per Mail oder am Telefon kurz vorstellen (Exposé, Vita). Im Anschluss prüfen wir gerne gründlich Ihr gesamtes Mauskript (Mail und Postsendung). Verlage: Random House, Ullstein, Hoffmann und Campe, Fischer, LangenMüller, Carlsen, Aufbau, Schwarzkopf und Schwarzkopf, Droemer Knaur, Knesebeck Anzahl: ca. 50 AutorInnen: Ivan Klasnić, Sebastian Schnoy, Jan Becker, Marcus Reichard, Jan Winter, Magdalena Felixa, Rebekka Pax Tipp: Für einen Autor ist es wichtig, sich und seinem Können treu zu bleiben und Energie darin zu investieren, ein Buch optimal für den Markt vorzubereiten. Wir erarbeiten mit unseren Autoren die Schnittmenge zwischen thematischer sowie stilistischer Kompetenz und aktuellen Markttrends. Aus dieser Konzeption entsteht unsere Verkaufs- und Marketingstrategie für das Werk eines Schriftstellers. Ein Autor sollte Experten vertrauen, jedoch nicht die Zügel aus der Hand geben. Er sollte Fragen stellen und alle Ressourcen nutzen, die ihm persönlich zur Verfügung stehen, um sein Werk zum Erfolg zu führen. Außerdem sollte ein Autor auf sein Bauchgefühl und auf seinen Kopf hören und an sich glauben! Werdegang: Tochter der Autoren Michael Korth & Nancy Arrowsmith; Studium der Marktkommunikation, Werbeakademie Wien; Management-Studium (Schwerpunkt Marketing) Webster University Wien; Assistant Executive Producer, Fish Film Wien; Medienagentur Görden und Presseagentur Lionel von dem Knesebeck, München; 2005 Gründung Arrowsmith Agency. Reiz: Um es mit den Worten von Gerhart Hauptmann zu sagen: „Die Kultur der Menschheit besitzt nichts Ehrwürdigeres als das Buch, nichts Wunderbareres und nichts, das wichtiger wäre.“ Ich kann mir ein Leben ohne Bücher nicht vorstellen. Ich verstehe mich als Anwältin der guten Bücher und lasse nichts unversucht, um ein Werk, an das ich glaube, optimal zu platzieren. (N. A.)

AVA – Autoren- und Verlags-Agentur GmbH
Inh.: Reinhold G. Stecher, Anschrift: Seeblickstr. 46, 82211 Herrsching-Breitbrunn
Tel.: 08152/925883, Mail: office@ava-bookagency.com, Website: im Entstehen
Gegr.: September 1978, als erste in der BRD ansässige, ausschließlich deutschsprachige Autoren betreuende literarische Agentur Namen (Fachgebiete): Reinhold G. Stecher (geschäftsführender Gesellschafter, literarischer Agent), Roman Hocke (Gesellschafter, literarischer Agent), Walia Stecher (Geschäftsführerin), Claudia von Hornstein (Geschäftsleitungsassistentin), Christine Tomme (Honorare/Verträge/Controlling) Spezialgebiet: Belletristik, Non-Fiction u. Ratgeber Provision: 20 Prozent Gebühr: nicht einen Cent Lektorat: ja, ist in der Provisionszahlung inbegriffen Laufzeit/Kündigungsfrist: Wenn sie/er will, kann jede Autorin/jeder Autor mit dreimonatiger Frist bereits zum Ende des ersten Jahres kündigen (davon wurde aber noch niemals Gebrauch gemacht). Rapport: Die Autorin/der Autor erhält umgehend Kopien der von uns in seinem Interesse geführten Korrespondenz u. kurz gefasste Mitteilungen über Telefonate etc. Kontakt: Wir erwarten zunächst einen Anruf. Wenn die von der Autorin/dem Autor gegebenen Informationen überzeugend sind, erbitten wir eine zweiseitige Inhaltsangabe, eine ca. 20-seitige Manuskriptprobe u. eine Vita. Rückporto ist beizufügen. Verlage: Kein Verlag bleibt von unseren Autor(inn)en verschont. Anzahl: zurzeit rund 40 AutorInnen: Charlotte Link, Utta Danella, Doris Jannausch, Stefan Murr, Irene Rodrian, Prof. Dr. Hermann Schreiber, Dr. Esther Vilar, Maria Freifrau von Welser, Dieter Zimmer. Nachlass-Verwaltungen: Heinz G. Konsalik, A. E. Johann, Lilli Palmer, Sandra Paretti, Wolf Uecker, Leni Riefenstahl, Will Berthold Tipp: mehr Selbstkritik zu wagen Werdegang: 1956 Studienabschluss als Diplom-Kaufmann; 1961–1965 Werbe- u. Vertriebsleiter im Verlag Moderne Industrie, München; 1956–1961 Werbeassistent u. erster Werbetexter in der

NCR-National Registrier Kassen GmbH, Augsburg; 1964–1967 Ordentlicher Dozent am Werbewissenschaftlichen Institut e.V., München; 1962–1966 beratender Mitarbeiter der Zeitschrift ERFOLG, Bad Wörishofen; 1966–1969 Geschäftsführer u. Verlagsleiter Kindler Verlag GmbH, München; 1969–1970 Geschäftsführer Axel Juncker Verlag GmbH, München; 1971–1977 Cheflektor u. Verlagsleiter des Wilhelm Heyne Verlages, München; 1977–1979 Geschäftsführer u. Verlagsleiter der C. Bertelsmann Verlage GmbH u. des Blanvalet Verlages GmbH, beide München; 1979–1982 Geschäftsführer u. persönlicher Bevollmächtigter des Verlegers im Wilhelm Heyne Verlag, München; ab 1983 freiberuflicher Berater des Wilhelm Heyne Verlages, der Verlagsgruppe Hestia–Diana–Neff, Bayreuth, daneben Gründung der AVA GmbH, München–Herrsching. Ab 1990 alleiniger Geschäftsführer u. Leiter der AVA GmbH, München–Herrsching. Reiz: Weil eine Agentur eine literarische Entbindungsstation ist. (Ich wollte eigentlich Frauenarzt werden.)

AVA INTERNATIONAL GMBH AUTOREN- UND VERLAGSAGENTUR
Inh.: Roman Hocke, Anschrift: Seeblickstr. 46, 82211 Herrsching/Breitbrunn
Tel.: 08152/983999, Mail: info@ava-international.de
Website: www.ava-international.de

Gegr.: 2001; seit 1997 Literaturagent Namen (Fachgebiete): Roman Hocke (Geschäftsführer), Dr. Uwe Neumahr (Redaktion), Claudia von Hornstein (Auslandsrechte/Assistenz der Geschäftsleitung), Christine Ziehl (Verträge und Honorare), Claudia Bachmann (Assistenz Verträge und Honorare) Spezialgebiet: Belletristik und Sachbuch aller Genres; originelle Bücher, die die Leser aufmerken lassen Provision: 20 Prozent Gebühr: nein Lektorat: nie Kosten: Gerne arbeiten wir mit unseren Autoren zur dramaturgischen Optimierung ihrer Werke zusammen. Diese Beratung ist Teil unserer Dienstleistung und muss nicht extra honoriert werden. Laufzeit: 1 Jahr Kündigungsfrist: sechs Monate zum Kalenderhalbjahr Rapport: durch persönlichen Kontakt (Mails, Telefonate, regelmäßige Treffen) Kontakt: Falls das Projekt noch keinem Verlag zur Prüfung vorgelegt wurde, bitte per Post ein Exposé, maximal 30-seitige Manuskriptprobe, Vita und Rückporto zusenden. Verlage: Ammann, Droemer Knaur, Dumont, dtv, Fischer, Hoffmann und Campe, Piper, Random House Verlage (Bertelsmann, Heyne etc.), Rowohlt, Ullstein Anzahl: ca. 80 AutorInnen: Sabine Ebert, Monika Felten, Sebastian Fitzek, Wolfram Fleischhauer, Markus Heitz, Jörg Kastner, Thor Kunkel, Charlotte Lyne, Peter Prange Tipp: Neugier für die Menschen und die unterschiedlichen Arten, wie sie die Welt erleben; Originalität in den Einfällen; erzähltechnischer Ehrgeiz; Lust am literarischen Spiel Werdegang/Reiz: Bevor ich 1997 Literaturagent wurde, bin ich 17 Jahre lang Lektor, Verlagsleiter und anschließend Geschäftsführer eines Verlages gewesen. Gemeinsam mit Uwe Neumahr entdecke ich gerne neue literarische Qualitäten und lege mich für Mensch und Werk ins Zeug, wenn der Funke überspringt.

LITERATURAGENTUR BEHRENS & RICHTER GBR
Inh.: Michaela Behrens, Dietmar Richter, Anschrift: Postfach 021065, 10122 Berlin
Tel.: 030/6944787, Mail: info@behrens-richter.de
Website: www.behrens-richter.de

B

Gegr.: 2005 Namen (Fachgebiete): Michaela Behrens und Dietmar Richter Spezialgebiet: Belletristik, Sachbuch Provision: 20 Prozent Gebühr: ja, Handlingskostenpauschale von 50 € bei Vertragsabschluss Lektorat: immer Kosten: kostenloses Vorlektorat für unsere Vertragsautorinnen und -autoren Laufzeit: 12 Monate Kündigungsfrist: 3 Monate Rapport: Per Mail; Vertragsangebote geben wir umgehend weiter. Kontakt: Per Mail; Exposé (bei Sachbüchern Gliederung/Inhaltsverzeichnis), Textprobe von ca. 30 Seiten und Kurzvita mit den vollständigen Kontaktdaten. Die Einsendung per Post ist ebenfalls möglich, es erfolgt aber keine Rücksendung der Unterlagen. Verlage: Piper Verlag, dtv, Emons Verlag, Gmeiner Verlag Anzahl: 21 AutorInnen: Willibald Spatz, Oliver G. Wachlin, Dr. Johannes Wilkes, Wolfgang Zander Tipp: Glauben Sie an Ihr Talent!

THE BERLIN AGENCY

Inh.: Dr. Frauke Jung-Lindemann, Anschrift: Niebuhrstr. 74, 10629 Berlin
Tel.: 030/88702888, Mail: jung-lindemann@berlinagency.de
Website: www.berlinagency.de

Gegr.: 2001 Namen (Fachgebiete): Dr. Frauke Jung-Lindemann Spezialgebiet: Belletristik und Sachbuch Provision: 15 Prozent Gebühr: nein Lektorat: auf Wunsch Laufzeit/Kündigungsfrist: 1 Jahr mit gesetzlicher Kündigungsfrist Rapport: ständig – per Telefon und Mail, u.a. bei jeder Rückmeldung eines Verlags Kontakt: Telefonat oder Mail. Per Mail bitte nur Exposé und Leseprobe schicken, den Rest (Manuskript, Anlagen etc.) per Post mit Rückporto. Verlage: Eichborn, Rowohlt, Droemer Knaur, Aufbau, dtv, Campus Anzahl: ca. 80 AutorInnen: siehe Website Tipp: siehe Website Werdegang/Reiz: siehe Website

AGENTUR BRAUER

Inh.: Oliver Brauer, Anschrift: Schwindstr. 5, Rgb., 80798 München
Tel.: 089/1250965-25, Mail: hallo@agentur-brauer.de
Website: www.agentur-brauer.de

Gegr.: 2009 Namen (Fachgebiete): Oliver Brauer: Belletristik und Sachbuch Spezialgebiet: Belletristik und Sachbuch Provision: 15 Prozent Gebühr: nein Lektorat: auf Wunsch Kosten: nichts, das ist Teil der Agenturleistungen Laufzeit: 18 Monate Kündigungsfrist: 3 Monate Rapport: enger Kontakt; regelmäßig per Telefon bzw. Mail Kontakt: Mail mit Attachments –gern Exposé, wenn sinnvoll & ggf. Bibliografie. Post bitte nur mit Rückporto. Verlage: Rowohlt Berlin, S. Fischer, cbj Anzahl: derzeit 15 AutorInnen: gern im persönlichen Gespräch Werdegang/Reiz: Nach Tätigkeiten in Verlagen (u.a. Ullstein Heyne List) und fast fünf Jahre bei Agence Hoffman seit 2009 unter eigener Flagge. Um direkt und individuell Autoren betreuen zu können.

DIE BUCHAGENTUR

Inh.: Heike Neumann, Anschrift: Mierendorffstr. 10, 10589 Berlin
Tel.: 030/36702211, Mail: info@die-buchagentur.de
Website: www.die-buchagentur.de

Gegr.: August 2009 Namen (Fachgebiete): Heike Neumann Spezialgebiet: Biografien/ Sachbücher in den Bereichen Lebenshilfe, Psychologie, Erfahrungsberichte, Schicksalsreportagen Provision: 15 Prozent Gebühr: nein Lektorat: auf Wunsch ja, aber gegen Honorar Kosten: je nach Aufwand zwischen 10 und 20 Euro die Seite Laufzeit: verschieden Rapport: Mail Kontakt: Mail mit Exposé ca. 20 Seiten, Inhalt, Einleitung, Probekapitel und Vita Verlage: Piper, Kreuz, mvg Verlag Anzahl: ca. 30 AutorInnen: Ernie Reinhardt (Lilo Wanders), Arne Hoffmann, Silvia Fauck, Horst Janson, Caroline Rusch, Vera Int-Veen u.v.a. Tipp: nicht beratungsresistent zu sein Werdegang: Ich war 20 Jahre Lektorin und Programmleiterin in namhaften Verlagen. Reiz: Es reizt mich, meine eigene Chefin zu sein, selbst entscheiden zu können, wofür ich mich engagiere.

BUCHPLANUNG

Inh.: Dirk Rainer Meynecke, Anschrift: Meussliessen 13, 29459 Clenze
Tel.: 05844/1511, Mail: buchplanung@freenet.de, Website: www.buchplanung.de

Gegr.: 1979 Spezialgebiet: Historische Romane, Frauenromane, Krimis, Sachbücher Provision: nach Verhandlung Gebühr: nein Lektorat: Teillektorat ohne Kosten Laufzeit: ca. 1 Jahr Rapport: Mail und Telefon Kontakt: Mail plus Anhang (Exposé/Vita) Verlage: rororo, Wunderlich, Droemer Knaur, Blanvalet, Aufbau, Rütten & Loening, Heyne, Piper Anzahl: ca. 70 in Verbindung mit Agentur Dörner AutorInnen: Martina André, Helga Glaesener, Hans-Ulrich Grimm, Kari Köster-Lösche, Andrea Schacht, Petra Schier, Jörg Zittlau Tipp: Wer U-Literatur schreibt, sollte genrespezifisch planen und möglichst schon im Planungsstadium mit der *Buchplanung* Kontakt aufnehmen. Werdegang: zuerst 14 Jahre Lektor in einem großen Publikumsverlag, danach mit der *Buchplanung* selbstständig in Kooperation mit der Agentur Dörner in Reinbek Reiz: aus einer Idee ein gut verkäufliches Buch zu machen

COPYWRITE LITERATURAGENTUR

Inh.: Georg Simader, Anschrift: Woogstr. 43, 60431 Frankfurt am Main
Tel.: 069/94410153, Mail: post@copywrite.de, Website: www.copywrite.de

Gegr.: 1999 Namen (Fachgebiete): Vanessa Gutenkunst (Neuautoren), Georg Simader (Ansprechpartner für Autoren, mit denen wir bereits arbeiten, und für Lektoren) Spezialgebiet: neue deutsche Literatur, Kriminalroman, „freche Frauen" Provision: 15 Prozent Gebühr: nein Lektorat: auf Wunsch Kosten: Wir lektorieren vor. Das kostet nichts. Befreit aber Autoren nicht davor, uns sauber durchgeschriebene Texte abzuliefern. Laufzeit/Kündigungsfrist: 1 Jahr. Wenn in dieser Zeit keine Vermittlung zustande kommt, kann der Vertrag von beiden Seiten aufgelöst werden. Rapport: ständig; telefonisch, persönlich und per Mail Kontakt: Erst auf die Website gehen, die genau durchlesen. Dort den entsprechenden Ansprechpartner ausfindig machen und anrufen. Verlage: Suhrkamp, Heyne, Kiepenheuer & Witsch, Rowohlt, S. Fischer, btb, Knaur, dtv, Goldmann, Eichborn u.v.m. Anzahl: ca. 30 AutorInnen: Alina Bronsky, Robert Hültner, Bernhard Jaumann, Mia Morgowski, Stephan Thome, Tine Wittler, Jan Costin Wagner Tipp: 1. Lesen, lesen, lesen. 2. Bei sich selbst bleiben, sich nicht verbiegen. 3. Sich beim Schreiben der Geschichte fragen: Wem will ich die Geschichte erzählen? Werdegang: Was den Chef der Agentur angeht: 1. Buchhändler, 2. Werbeleiter eines Zeitschriftenverlages,

3. Lehre als Verlagskaufmann, 4. Geschäftsführer eines Verlags, 5. Lektor, 6. Agent. Reiz: Was den Chef beim Job reizt? Agent sein ist eine veränderte und seriösere Form der Eheanbahnung. Dabei gilt: Nie außer Acht lassen, wie viel Mitgift der andere in die Ehe bringt.

DÖRNERSCHE VERLAGSGESELLSCHAFT MBH

Inh.: Brigitte Dörner, Ilse Sibylle Dörner, Anschrift: Silker Weg 1, 21465 Reinbek
Tel.: 040/7222227, Mail: agentur@doernersche.de, Website: www.doernersche.de

Gegr.: 1950 Spezialgebiet: Unterhaltung, Kurzprosa für Presse (Lovestorys, abgeschlossene Romane, Erzählungen, Krimis), Drehbücher, Frauenliteratur. Cooperation mit Buchplanung Dirk R. Meynecke, Clenze Provision: hängt von der Art des Textes und vom Medium ab Gebühr: nein Lektorat: für Vertragsautoren Kontakt: Mail mit Attachment, Exposé, Textprobe AutorInnen: siehe Website

MEDIENAGENTUR GERALD DREWS

Inh.: Gerald Drews, Anschrift: Neuschwansteinstr. 25a, 86163 Augsburg
Tel.: 0821/2623610, Mail: info@gerald-drews.de, Website: www.gerald-drews.de

Gegr.: Mitte der 1980er Jahre Namen (Fachgebiete): Gerald Drews (Agenturinhaber), Birgit Adam (freie Mitarbeiterin). Bei uns macht jeder alles. Spezialgebiet: Ratgeber, Sachbücher, Geschenkbücher, Ghostwriting Provision: in der Regel 20 Prozent Gebühr: nein Lektorat: auf Wunsch Kosten: nach Absprache; Stundenmindestlohn 35 € Laufzeit/Kündigungsfrist: Wir schließen nur objektbezogene Verträge ab. Ein Vertrag läuft, solange ein Buch auf dem Markt ist. Verträge behalten grundsätzlich die Option: Bringt die Agentur einen Autor bei einem Verlag unter, laufen auch künftige Verträge mit *diesem* Verlag über die Agentur. Im Übrigen binden wir Autoren nicht. Rapport: per Mail oder Telefon nach Absage/Annahme durch den Verlag Kontakt: Bitte ausschließlich per Mail: Konzept/kurze Textprobe nebst Kurzbiografie. Wir sind weder personell noch zeitlich in der Lage, unverlangt eingesandte Manuskripte zurückzuschicken. Verlage: in alphabetischer Reihenfolge: u.a. ars edition, Droemer Knaur, Herbig, Humboldt, Knesebeck, Moewig, Pattloch, Pendo, Random House (Heyne/Bassermann/Südwest), Weltbild, Willey Anzahl: im dreistelligen Bereich AutorInnen: in alphabetischer Reihenfolge: Birgit Adam, Christof Baur/Bernd Thurner, Dr. Michael Imhof, Detlef Pohl, Dr. Christiane Schlüter, Christina Zacker Tipp: Überlegen Sie sich gründlich, ob das, was Sie zu sagen haben, außer Ihrem engsten Freundes- und Bekanntenkreis wirklich jemanden interessiert! Machen Sie sich schlau, ob Sie etwas Neues zu sagen haben – über Amazon & Co geht so etwas heute kinderleicht. Den x-ten Aufguss eines Themas kauft heute kein Verlag mehr. Und: Besitzen Sie wirklich die Fachkompetenz für das, was Sie erzählen wollen? Aus vier vorhandenen Büchern ein fünftes machen – das war einmal ... Werdegang: Redakteur – freier Journalist – freier Buchautor. Und weil mehr Aufträge als Zeit da waren, habe ich befreundete Kollegen mit ins Boot genommen. Auf diese Weise entstand, also eher per Zufall, die Agentur. So halte ich es bis heute: Vieles schreibe ich selbst, was Verlage anfragen, und was ich mir (zeitlich und inhaltlich) nicht zutraue, vermittle ich. Der Weg, Verlagen seitens der Agentur etwas anzubieten, ist unendlich steiniger. Reiz: Was nach wie vor, nach über 1000 vermittelten Büchern, (fast) immer noch schön ist, ist die Kommunikation Autor – Agent – Verlag. Und das fertige Produkt in Händen zu halten!

EGGERS & LANDWEHR KG

Agentur Petra Eggers, Anschrift: Friedrichstr. 133, 10117 Berlin
Agentur Matthias Landwehr, Anschrift: Neue Schönhauser Str. 13, 10178 Berlin
Tel.: 030/3101030, Mail: info@eggers-landwehr.de
Website: www.eggers-landwehr.de

Hinweis auf der Website: „Wir bitten, von der Einsendung unverlangter Manuskripte abzusehen. Sie werden weder gelesen noch zurückgeschickt."

ERZÄHL:PERSPEKTIVE, AGENTUR UND VERLAG KLAUS GRÖNER

Inh.: Klaus Gröner, Anschrift: Karl-Theodor-Str. 82, 80803 München
Tel.: 089/20339926, Mail: info@erzaehlperspektive.de
Website: www.erzaehlperspektive.de

Gegr.: 12/2007 Namen (Fachgebiete): Michaela Gröner (Literatur/Belletristik, Kinder- und Jugendbuch, Historisches Sachbuch), Klaus Gröner (Sachbuch, Biografie, Belletristik [Krimi, Historischer Roman etc.], ggf. Fachbuch) Spezialgebiet: Krimi, Belletristik allgemein, populäres Sachbuch Provision: 20 Prozent Gebühr: nein Lektorat: immer Kosten: Korrektorat/Lektorat der Leseprobe, sofern zur Erhöhung der Vermittlungschancen erforderlich. Für AutorInnen grundsätzlich kostenfrei. Laufzeit: 12 Monate Kündigungsfrist: 3 Monate Rapport: ständiger Austausch per Mail oder Telefon Kontakt: Mail (Attachments als pdf) oder postalisch (keine Rücksendung!) mit Vita, Exposé (bitte Hinweise auf unserer Website beachten), 10–20 Seiten Leseprobe. Wir reagieren in der Regel sehr schnell. Verlage: Gmeiner-Verlag, Brendow-Verlag, Verlag Edition AV, Springer Science + Business Media Anzahl: derzeit 10–15 (deutschsprachige) AutorInnen: Bettina Szrama, Grit Hübener, Martin Mucha, Bernward Schneider, Andrea Karimé, Claudia Lampert, Maja Ilisch Tipp: Nicht nörgeln und schnörkeln, sondern lachen und machen! Werdegang: Michaela Gröner: Studium Germanistik und Geschichte, Foreign Rights beim Deutschen Taschenbuch Verlag (dtv), Freie Lektorin; Klaus Gröner: Studium Soziologie/Psychologie/Kriminologie, Mediaberatung bei Internationaler Verlagsvertretung Reiz: der schwierige Spagat zwischen Kunst und Kommerz

THE EXPERT IN PUBLISHING BOOKS

Inh.: Dr. Sonja Ulrike Klug, Anschrift: Gartenstr. 9, 53604 Bad Honnef
Tel.: 02224/9884253, Mail: info@buchbetreuung-klug.com
Website: www.buchbetreuung-klug.com und www.buchagentur-netzwerk.de

Gegr.: 1991 Namen (Fachgebiete): Ursula Hoitz (Erstkontakt, Organisation, Sekretariat), Dr. Sonja Ulrike Klug (Geschäftsführung, Konzeptentwicklung, Verlagsvermittlung usw.), Gabriele Becker (Presse- und Öffentlichkeitsarbeit) Spezialgebiet: Wir sind ausschließlich auf Unternehmensbücher, sog. *Corporate Books*, spezialisiert (siehe „Ergänzungen A"). Provision: keine Prozente, einmalige Provision Gebühr: nein Lektorat: auf Wunsch Kosten: Je nach Arbeitsaufwand. Intensive Lektorate mit fließendem Übergang zum Ghostwriting sind bei uns üblich. Bloße „Schönheitskorrekturen" an Texten nehmen

E

wir nicht vor. Laufzeit/Kündigungsfrist: Das ist von der Größe des Projektes abhängig; im Durchschnitt über ein bis anderthalb Jahre. Manchmal kann es länger dauern, etwa bei sehr aufwendigen oder umfangreichen Büchern (Nachschlagewerke usw.) auch schon mal drei Jahre. Rapport: per Telefon und Mail Kontakt: Erwünscht sind: Telefonat und direkt im Anschluss ausführliche Mail mit Attachment, Exposé und anderen Unterlagen, die das Unternehmen bereits erstellt, erarbeitet oder gesammelt hat. Verlage: Gabler, Springer, Ueberreuter, Moderne Industrie, Orell Füssli, Business Village, GABAL Anzahl: ca. 50 Unternehmen AutorInnen: Da es nicht um Autoren, sondern um Unternehmen geht, nenne ich hier einige Branchen: Unternehmensberatungen, Finanzdienstleister, Trainingsinstitute, Automobilzulieferer u.a. (siehe Referenzen auf unserer Website) Tipp: Wir bitten dringend darum, sich noch vor Beginn eines Buchprojektes mit uns in Verbindung zu setzen und nicht erst, wenn ein Manuskript schon (fast) fertig oder die Verlagssuche gescheitert ist (siehe „Ergänzungen B"). Werdegang/Reiz: Seit 1991 bin ich in der Buchbranche tätig und habe mich von Anfang an auf die Realisierung von Buchprojekten im Auftrag von Unternehmen spezialisiert. Ich bin selbst Autorin von 18 Büchern zu diversen Themen – und „Buchmacherin" aus Leidenschaft: Ich kann nur in Büchern denken. Bei jedem interessanten Thema, das mir begegnet, überlege ich fast automatisch, wie man ein spannendes Buch daraus machen kann.

Ergänzungen:

A) „Corporate Books" sind eine Sondergattung unter den Büchern, die anders vermarktet und verkauft wird als Bücher, die von Berufsschriftstellern oder Freizeitautoren geschrieben werden. Im Mittelpunkt der Unternehmensbücher steht dabei weniger der Autor als das betreffende Unternehmen. Firmen geben bei unserer Agentur Bücher in Auftrag, um sie z.B. als langfristig wirksame Marketinginstrumente zur Kundenakquisition oder als PR-Instrumente zur Erhöhung des Bekanntheitsgrades einzusetzen. Zu den publikationsinteressierten Unternehmen gehören mittelständische und große Unternehmen nahezu aller Branchen. Inhaltlich kann es sich um Sach- und Fachbücher zu wirtschaftlichen Themen, um Unternehmerbiografien oder Firmenchroniken, in Einzelfällen auch um Romane oder Kinderbücher handeln. Um den speziellen Bedürfnissen von Unternehmen gerecht zu werden, gehen wir anders vor und bieten zum Teil andere Dienstleistungen an, als dies Literaturagenturen üblicherweise tun. Unternehmen haben ein besonderes Bedürfnis nach einem Full Service, da sie nicht die Zeit und den Wunsch haben, die Bücher selbst zu verfassen. Vielmehr möchten sie mit minimalem eigenem Zeiteinsatz ein „fertiges" Buch, das von einem renommierten Verlag publiziert und anschließend von der Presse in den Medien vorgestellt wird.

Wir bieten folgendes Dienstleistungsspektrum für Unternehmen an:

1. Entwicklung eines Konzeptes, das die inhaltlichen Wünsche des Unternehmens mit der optimalen Vermarktung verbindet
2. Vermittlung an anerkannte Verlage
3. Erstellung des Buchtextes (Auswahl geeigneter Autoren, Ghostwriting, Lektorat usw.)
4. Bildredaktion (Foto- und Bilderauswahl, Zusammenarbeit mit Zeichnern usw.)
5. Unterstützung bei der Produktion (z.B. Layout in Übereinstimmung mit dem Corporate Design des Unternehmens)

6. Presse- und Öffentlichkeitsarbeit für Buch und Unternehmen nach dem Erscheinen des Buches
7. Ergänzende Produkte zum Buch (z.B. Homepage, Hörbuch, E-Books, Film)

B) Grundsätzlich vermitteln wir keine sogenannten „fertigen" Manuskripte, wie sie uns von Kleinunternehmen immer wieder angeboten werden. Wir haben die Erfahrung gemacht, dass diese Manuskripte niemals wirklich „ausgereift" sind. Häufig sind sie nicht nur stilistisch und gliederungstechnisch unzureichend, sondern auch inhaltlich am Thema und am Buchmarkt „vorbeigeschrieben", sodass sie komplett neu verfasst werden müssten, um überhaupt mit Erfolg an einen Verlag vermittelt werden zu können; mit einem bloßen Lektorat des vorhandenen Textes ist es dabei nicht getan. Wir verstehen uns ebenfalls nicht als „Notnagel" für Projekte, die aus dem Ruder gelaufen sind, weil sich z.B. nach etlichen Anläufen noch immer kein Verlag gefunden hat. Um ein Buch erfolgreich auf dem Markt zu platzieren, muss es von Anfang an richtig eingefädelt werden. Das geht nur, wenn wir als Agentur auch von Beginn an beratend (und später dann ausführend) tätig sind und mit dazu beitragen können, die Weichen richtigzustellen.

PAUL & PETER FRITZ AG

Anschrift: Jupiterstr. 1, Postfach 1773, 8032 Zürich, Schweiz
Tel.: 41/44/3884140, Mail: info@fritzagency.com, Website: www.fritzagency.com

LITERARISCHE AGENTUR MICHAEL GAEB

Inh.: Michael Gaeb, Anschrift: Stargarder Str. 8, 10437 Berlin
Tel.: 030/54714003, Mail: info@litagentur.com, Website: www.litagentur.com

Gegr.: 2003 Namen (Fachgebiete): Michael Gaeb (deutsche, spanischsprachige und italienische Belletristik, Sachbuch), Eva Semitzidou (deutsche, französische Belletristik, Jugendbuch, Sachbuch) Spezialgebiet: 1. deutschsprachige Belletristik: historische Romane, Krimis, Frauenunterhaltung, Jugendbuch 2. internationale Belletristik: spanischsprachige Autoren, Verlagsvertretung aus Spanien, Frankreich und Italien 3. Sachbuch: Politik, Lifestyle, Geschichte Provision: 15 Prozent Gebühr: nein Lektorat: nie Laufzeit: zwei Jahre Kündigungsfrist: 3 Monate Rapport: Telefon, Mail, Treffen etc. Kontakt: 1. Anfrage per Telefon 2. Zusendung der Leseprobe + Exposé + Kurzvita + Rückporto für das MS per Post Verlage: Karl Blessing, Berlin Verlag, Piper, Eichborn, Rütten & Loening, Gustav Kiepenheuer, Klett-Cotta etc. Anzahl: ca. 70 AutorInnen: Adam Soboczynski, Wolfram Eilenberger, Lale Akgün, César Aira, Sergio Pitol, Jorge Edwards, Alvaro Enrigue

LITERATURAGENTUR KAI GATHEMANN

Inh.: Kai Gathemann, Anschrift: Lorenzonistr. 74, 81545 München
Tel.: 089/76773752, Mail: info@literaturagentur-gathemann.de
Website: www.literaturagentur-gathemann.de

Gegr.: 2005 Namen (Fachgebiete): Kai Gathemann (Belletristik [Ernste Literatur, Unterhaltungsroman, Frauenroman, Historischer Roman, Krimi, Thriller], Sachbuch [Populäres Sachbuch, Populärwissenschaftliches Sachbuch, Ratgeber, Bildband], Jugendbuch [Belletristik und Sachbuch ab dem Lesealter 12 Jahre]). Was wir NICHT

G

vermitteln: Science Fiction, Horror, Fantasy, Lyrik, Theaterstücke, Fachbücher, Kinderbücher. Spezialgebiet: Aufbau talentierter Nachwuchsautoren Provision: 20 Prozent Gebühr: nein Lektorat: immer Kosten: keine Extrakosten, ist in Provision enthalten Laufzeit/Kündigungsfrist: variabel Kontakt: ausschließlich per Post, Infos siehe Website Verlage: siehe Website Anzahl: ca. 20 AutorInnen: siehe Website

AENNE GLIENKE – Agentur für Autoren und Verlage
Inh.: Aenne Glienke, Anschrift: Freyensteiner Str. 1, 17209 Massow
Tel.: 039925/77538, Mail: mail@aenneglienkeagentur.de
Website: www.aenneglienkeagentur.de

Gegr.: 2002 Spezialgebiet: Sachbücher und Biografien (auch für Jugendliche) deutschsprachiger Autoren Provision: 15 Prozent Gebühr: nein Lektorat: auf Wunsch Kontakt: siehe Homepage Verlage: Campus, Eichborn, Hanser, Jacoby & Stuart, Lübbe, Piper, Primus, Residenz, Rotbuch, Hoffmann und Campe u.a. Anzahl: 60 AutorInnen: Auswahl siehe Homepage

ARMIN GONTERMANN
Inh.: Armin Gontermann, Anschrift: Kermeterstr. 21, 50935 Köln
Tel.: 0221/78964643, Mail: a.gontermann@arcor.de

Gegr.: 2007 Namen (Fachgebiete): Armin Gontermann für alles Spezialgebiet: Belletristik, Unterhaltung, populäres Sachbuch, Jugendbuch Provision: 15 Prozent Gebühr: nein Lektorat: nie Kosten: Ich gebe, wo ich es für sinnvoll erachte, ein (kostenloses) Feedback. Laufzeit: 12 Monate Rapport: bei Abschluss oder auf Anfrage Kontakt: Mail mit Exposé, Manuskript oder Teilmanuskript (30–50 Seiten), biografische Angaben Verlage: Aufbau, Pendo/Piper, Kindler, Sauerländer; mehrere Buchverträge sind abgeschlossen, die Titel aber noch nicht erschienen Anzahl: 15 AutorInnen: Susanne Aernecke, Brigitte Glaser, Ulrike Rudolph, Mariana Schroeder, Andrea Steinert, Uli T. Swidler, Stephan Waldscheidt Tipp: Pauschal gar nichts. Die, mit denen ich zusammenarbeite, erfahren eine intensive Beratung. Werdegang: seit 25 Jahren im Verlagsgeschäft, zuletzt zehn Jahre Verlagsleiter des Ullstein Verlages, seitdem Agent Reiz: Ich finde es immer noch spannend, wenn aus einer kreativen Idee irgendwann ein Buch geworden ist, das man in die Hand nehmen kann.

AGENTUR GORUS
Inh.: Oliver Gorus und Jörg Achim Zoll, Anschrift: Mühlestr. 2
78345 Moos am Bodensee, Tel.: 07732/94075-0, Mail: info@gorus.de
Website: www.gorus.de

Gegr.: 2002 Namen (Fachgebiete): Ansprechpartner ist Oliver Gorus. Spezialgebiet: Non-Fiction, also Sachbuch, Fachbuch, Ratgeber, ausschließlich deutschsprachige Originalausgaben Provision: 20 Prozent Gebühr: nein Lektorat: immer Kosten: sehr unterschiedlich, je nach Aufgabenstellung, immer vorab pauschale, fixe Angebote Laufzeit/Kündigungsfrist: mindestens zwei Jahre, danach vier Wochen Frist zum Monatsende Rapport: regelmäßig per Telefon und Mail Kontakt: niemals per Post, am besten immer per Mail mit einer konkreten Beschreibung des Vorhabens Verlage: Campus,

Econ, Hanser, C. H. Beck, Gabal, Wiley, Kösel, Linde, Orell Füssli, Haufe, FAZ-Buch, Knaur, Ullstein, dtv, Gräfe und Unzer, Herder, Pendo, Thorbecke ... Anzahl: ca. 110 AutorInnen: Niels Pfläging, Peter Ballnik, Stefanie Kühn, Dagmar Säger, Stefan Fourier, Roland Jäger, Holger Senzel Tipp: Nicht einfach drauflos schreiben, sondern früh professionelle Unterstützung dazu holen. Werdegang: Als gelernter Buchhändler arbeitete ich Anfang der 1990er in verschiedenen Buchhandlungen in Konstanz und Umgebung. Danach bereiste ich als Verlagsvertreter für einen internationalen Verlagskonzern Deutschlands Süden, die Schweiz und Österreich, betreute und beriet Buchhändler. Ende der 1990er wechselte ich ins Lektorat und leitete für einen Bonner Fachverlag ein modernes Wirtschaftsprogramm. 2002 kehrte ich in den Südwesten zurück und gründete am Bodensee die Agentur Gorus. Reiz: In meinem Beruf arbeite ich intensiv mit vielen höchst interessanten Menschen zusammen, was ich sehr schätze.

GRAF & GRAF LITERATUR- UND MEDIENAGENTUR GMBH

Inh.: Karin Graf, Anschrift: Mommsenstr. 11, 10629 Berlin
Tel.: 030/315191-0, Mail: graf@agenturgraf.de, Website: keine

Gegr.: 1995 Namen (Fachgebiete): Karin Graf (Belletristik), Heinke Hager (Filmrechte), Rebekka Göpfert (Sachbuch) Spezialgebiet: deutschsprachige Literatur und Sachbuch Provision: 15 Prozent Gebühr: nein Lektorat: nie Laufzeit/Kündigungsfrist: Agenturverträge sind immer bezogen auf ein Manuskript. Rapport: im persönlichen Gespräch und per Mail, wobei die Agentur überwiegend mit Hausautoren arbeitet Kontakt: nur auf Empfehlung, keine unverlangten Manuskripte Verlage: rund hundert Bücher bei circa 40 Verlagen pro Jahr Anzahl: rund 150

HAGENBACH & BENDER GMBH

Literary and Media Agency, Anschrift: Postfach 6521, Gutenbergstr. 20
3011 Bern, Schweiz, Tel.: 41/31/3816666, Mail: rights@hagenbach-bender.com
Website: www.hagenbach-bender.com

AGENTUR LITERATUR GUDRUN HEBEL

Inh.: Gudrun Hebel, Anschrift: Paul-Lincke-Ufer 7c, 10999 Berlin
Tel.: 030/34707769, Mail: info@agentur-literatur.de
Website: www.agentur-literatur.de

Gegr.: 1997 Namen (Fachgebiete): Susan Bindermann, Gudrun Hebel Spezialgebiet: deutsche Belletristik, Sachbuch, Vermittlung von/nach Skandinavien und Griechenland Provision: 15 Prozent in Deutschland Gebühr: nein Lektorat: immer Kosten: kostenlos Kontakt: telefonische Anfrage

HERBACH & HAASE LITERARISCHE AGENTUR

Inh.: Axel Haase, Anschrift: Xantener Str. 2, 10707 Berlin
Tel.: 030/88001607, Mail: info@herbach-haase.de
Website: www.herbach-haase.de

Gegr.: 1997 Namen (Fachgebiete): Axel Haase (Belletristik, Sachbuch, Nebenrechte), Kati Sprung (Belletristik), Katja Lankow (Assistenz, Nebenrechte) Spezialgebiet: Belletristik,

Sachbuch, Vertretung von Verlagsnebenrechten Provision: 15 Prozent Gebühr: nein Laufzeit/Kündigungsfrist: 5/1 Rapport: regelmäßig Kontakt: Erstkontakt per Telefon oder Mail; dann bei Vereinbarung Zusendung von Textprobe (max. 30 Seiten), Exposé, Kurzvita per Post Verlage: Aufbau, Berlin Verlag, dtv, Haymon, Hoffmann und Campe, mare, Rotbuch, Rowohlt, Steidl, Verbrecher Verlag Anzahl: ca. 50 AutorInnen: Nina Jäckle, Martin Kluger, Rudolf Lorenzen, Birgit Müller-Wieland, Ulrike Purschke, Jens Wonneberger, Norbert Zähringer

BUCHAGENTUR KARIN HERTZER

Inh.: Karin Hertzer, Anschrift: Ysenburgstr. 6, 80634 München
Tel.: 089/50028445, Mail: info@karinhertzer.de, Website: www.karinhertzer.de
Gegr.: 2003 Namen (Fachgebiete): Sachbücher und Ratgeber Spezialgebiet: Gesundheit, Schulmedizin, Naturheilkunde, Psychosomatik, Psychologie, Fitness, Wellness, Ernährung Provision: 15 Prozent Gebühr: Für die Erstberatung berechne ich pro Stunde 80 € zzgl. MwSt. Die Treffen dauern meist zwei Stunden. Danach wissen die Autoren alles, was sie für den Kontakt mit den Verlagen brauchen. Falls wir danach weiter zusammenarbeiten wollen, verrechne ich das Honorar – sofern der Verlagsvertrag mehr als 8000 € einbringt. Viele Autoren empfinden das als faires Angebot. Lektorat: Das Lektorat übernehme ich nur selten. Ich helfe aber beim Exposé, damit sich die Lektoren vom Thema und vom Sprachstil sofort angesprochen fühlen. Laufzeit: 1 Jahr Kündigungsfrist: 3 Monate Rapport: Ich benachrichtige Sie sofort nach dem Kontakt mit den Buchverlagen, wobei ich die konkreten Ansprechpartner erst dann nenne, wenn eine Verhandlung zustande kommt. Kontakt: Zuerst bitte per Mail anfragen – mit kurzer Info über das Thema des Buchs und zur Person. Ich melde mich dann und bitte ggf. um die Mailzusendung des Exposés. Alles Weitere erfolgt telefonisch, per Mail oder im persönlichen Gespräch. Verlage/AutorInnen: Dr. Luise Mansel: *Das Wichtigste über Hormone,* Knaur 2008; Eva Loschky: *Gut klingen – gut ankommen,* Kösel 2005; Divo G. Müller: *Wild und Weiblich,* DVD bei telegym 2005 und Knaur 2004; Katrin Hoerner, Dr. Gudrun Starringer: *Phönix – Schluss mit Rauchen,* Knaur 2004 Anzahl: Derzeit (Ende 2009) betreue ich fünf Autoren, die neue Buchprojekte anbieten. Tipp: Überlegen Sie, welches Buch Sie nach dem ersten schreiben wollen. Verlage und Agenturen investieren nicht gern viel Zeit in Autoren, die nur eine Idee in petto haben. Werdegang/Reiz: Mittlerweile habe ich elf eigene Bücher bei verschiedenen Verlagen veröffentlicht, die in mehreren Sprachen erschienen sind. Ich kenne die Abläufe also auch aus eigener Erfahrung. Da ich mich auf die Pressearbeit für Ärzte und Kliniken spezialisiert habe, runden Bücher das Angebot für Gesundheitsexperten sinnvoll ab.

HML-MEDIA NÜRNBERG

Inh.: Harald M. Landgraf, Anschrift: Siemensstr. 47, 90459 Nürnberg
Tel.: 0911/4467835, Mail: agentur@hmlmedia.de, Website: www.hml-media.de
Gegr.: 2008 Namen (Fachgebiete): Harald M. Landgraf (Mail: hlandgraf@hmlmedia.de), Jacqueline Lochmüller, Autorin (Lektorat, Mail: lektorat@hmlmedia.de) Spezialgebiet: True-Stories und Kurzromane Provision: 20 Prozent Gebühr: nein Lektorat: immer Kosten: in der Pauschale von 20 Prozent enthalten Laufzeit/Kündigungsfrist: 1 Jahr,

3 Monate, Optionsklausel: Es darf während der Vertragslaufzeit an keine direkten Geschäftspartner auf eigene Rechnung verkauft werden. Über angenommene Arbeit wird ein Einzelvertrag abgeschlossen. Rapport: intensiver Mail- und Telefonkontakt: Autor – Agentur – Redaktionen Kontakt: kurzer Plot, Textprobe an lektorat@hmlmedia.de. Auch telefonische Anfragen sind möglich! Verlage: Martin Kelter Verlag, Pabel Verlag (VPM), Gong Verlag, diverse Zeitschriftenverlage Anzahl: ca. 20 AutorInnen: AutorInnen möchten ungenannt bleiben! Tipp: Schreiben Sie Ihre True-Stories mit Herz und Gefühl! Informieren Sie sich auf unserer Website, bevor Sie Kontakt aufnehmen! Werdegang/Reiz: Ich bin seit 40 Jahren erfolgreich als Autor in der Unterhaltungsliteratur tätig. Mein Streben geht dahin, Autoren zu unterstützen und Wege zu ebnen. Ich lege großen Wert auf eine individuelle Betreuung!

AGENCE HOFFMAN

Anschrift: Landshuter Allee 49, 80637 München
Mail: u.bender@agencehoffman.de, Website: www.agencehoffman.de

Gegr.: 1959 Spezialgebiet: Co-Agentur für US-Verlage und -Agenturen sowie einzelne deutsche Autorinnen und Autoren Provision: 15 Prozent Gebühr: nein Kontakt: E-Mail-Anfrage mit Attachments: Exposé, Textprobe, Biografie, Bibliografie

JORDANSTEXT

Inh.: Susanne Jordans, Anschrift: Hohenzollernstr. 252, 41063 Mönchengladbach
Tel.: 02161/2475755, Mail: sjordans@jordanstext.de
Website: www.jordanstext.de

Gegr.: 2000 Namen (Fachgebiete): Susanne Jordans Spezialgebiet: Belletristik, populäres Sachbuch Provision: 15 Prozent im Inland, 20 Prozent im Ausland Gebühr: nein Lektorat: nie Laufzeit/Kündigungsfrist: Der Vertrag kommt erst bei gelungener Vermittlung zustande. Er ist dann von beiden Seiten jederzeit mit einer Frist von 30 Tagen schriftlich aufkündbar. Rapport: Anschreiben, Telefonate, Treffen Kontakt: Telefonat Verlage: Droste Anzahl: eine Handvoll; mehr ist für meine kleine Agentur nicht machbar AutorInnen: Alexander Hoffmann Tipp: siehe Website [dort viele und sehr gute Tipps!] Werdegang: siehe Website Reiz: Nach all den Jahren im Literaturbetrieb lasse ich mich immer noch gerne von einem richtig guten, spannenden Schreibstil überraschen. Ab und zu passiert's auch mal!

AGENTUR FÜR AUTOREN THOMAS KARLAUF

Inh.: Thomas Karlauf, Anschrift: Bogotastr. 25, 14163 Berlin
Tel.: 030/32703868, Mail: thomas.karlauf@t-online.de

Gegr.: 1997 Spezialgebiet: Geschichte, Zeitgeschichte, Biografien Provision: 15 Prozent Gebühr: nein Lektorat: immer Kosten: ohne Berechnung Laufzeit/Kündigungsfrist: projektbezogen Rapport: projektbezogen Kontakt: Mail Verlage: Siedler, Blessing, Beck, C. Bertelsmann, Kiepenheuer, Rowohlt, Propyläen/Ullstein, Lübbe Anzahl: 60 AutorInnen: Helmut Schmidt, Jürgen Todenhöfer, Norbert Frei Werdegang: 1984–1991 Cheflektor Siedler Verlag; 1992–1996 Cheflektor Rowohlt Berlin

K

KEIL & KEIL LITERATUR-AGENTUR
Inh.: Bettina und Anja Keil, Anschrift: Schulterblatt 58, 20357 Hamburg
Tel.: 040/27166892, Mail: anfragen@Keil-Keil.com, Website: www.keil-keil.com

VERLAGS- UND AUTOREN-AGENTUR KLEIHUES
Inh.: Ingrid Anna Kleihues, Anschrift: Weinbergweg 62a, 70569 Stuttgart-Vaihingen, Tel.: 0711/6788800, Mail: info@agentur-kleihues.de
Website: www.agentur-kleihues.de
Gegr.: 1990 Spezialgebiet: Sachbuch: Gesundheit, Familie, Psychologie, Spiritualität Provision: 15 Prozent, darüber hinaus keine Gebühr Lektorat: auf Wunsch, Honorar nach Absprache Laufzeit/Kündigungsfrist: über 1 Jahr mit einer vierteljährlichen Kündigungsfrist Rapport: durch steten Kontakt Kontakt: Telefonat oder Mail zunächst, dann: Exposé, Textprobe, Vita und Bibliografie per Post, Rückporto bei unverlangt gesandten Manuskripten Verlage: Beltz, Kösel, Kreuz, Patmos, Rowohlt, Trias, Allegria, Schirner Werdegang: Bis 1996 war ich in der Deutschen Verlags-Anstalt Stuttgart verantwortlich für den Bereich der Lizenzen. Reiz: wirklich Wichtiges bewegen

LIONEL VON DEM KNESEBECK GMBH, PRESSEAGENTUR
Inh.: Lionel von dem Knesebeck, Anschrift: Widenmayerstr. 25, 80538 München
Tel.: 089/2163370, Mail: info@presseagenturknesebeck.de
Website: www.presseagenturknesebeck.de

VERLAGSAGENTUR LIANNE KOLF
Inh.: Lianne Kolf, Anschrift: Tengstr. 8, 80798 München
Tel.: 089/399059, Mail: LitagKolf@t-online.de und mail@agentur-kolf.de
Website: www.agentur-kolf.de
Gegr.: 1982 Namen (Fachgebiete): Lianne Kolf (Buch), Isabel Schickinger (Film) Spezialgebiet: deutschsprachige Autoren Gebühr: nein Lektorat: auf Wunsch Laufzeit: 2 Jahre Rapport: ja Kontakt: per Post Exposé, Biografie, Rückporto Verlage: Droemer Knaur, Rowohlt, S. Fischer, Random House, Gräfe und Unzer, Campus Anzahl: 500

KOMMAPRESS – Verlag, Literaturagentur und Pressebüro Susanne Silbermann-Seiferth
Inh.: Susanne Silbermann-Seiferth, Anschrift: Im Siensfeld 1, 49536 Lienen
Tel.: 05483/721601, Mail: seiferth.komma@t-online.de
Website: www.kommapress.de

SUSANNE KOPPE – Agentur für Literatur und Illustration
Inh.: Susanne Koppe, Anschrift: Lindenstr. 23, 20099 Hamburg, Tel.: 040/371729
Mail: agentur@susanne-koppe.de, Website: www.auserlesen-ausgezeichnet.de
Gegr.: 2002 Spezialgebiet: Kinder- und Jugendliteratur, daneben Belletristik; Illustrationen. Klassische Sachbücher und Krimis gehören nicht zu unserem Spektrum. Kontakt: Ein Anruf vorab ist nicht nötig. Wenn Sie meinen, in das auf dieser Website dargestellte literarische Umfeld zu passen, dann senden Sie Ihre Unterlagen mit der Post.

AutorInnen: Lili Thal, Olram, Anke Leitzgen, Françoise Cactus, Norbert Holoubek, Kilian Leypold, Franca Düwel, Uta Winterhager, Olaf Bryan Wielk IllustratorInnen: Antje Damm, Antje von Stemm, Artem, Charlie Sutcliffe, Claire Lenkova, Daniela Bunge, Elke Ehninger, Franziska Biermann, Katja Bandlow, Katja Spitzer, Larissa Bertonasco, Lola Renn, Maki Shimizu, Nina Blychert, Selda Marlin Soganci, Stephanie Wunderlich, Thomas Hamann, Vitali Konstantinov Werdegang: Programmleiterin in der Redaktion Rotfuchs des Rowohlt Verlags (seit 1997); davor Tätigkeit als literarischer Scout für Beltz & Gelberg und Bertelsmann; ab 2002 eigene Agentur

LITERARISCHE AGENTUR KOSSACK
Inh.: Lars Schultze-Kossack, Anschrift: Cäcilienstr. 14, 22301 Hamburg
Tel.: 040/27163828, Mail: lars.schultze@mp-litagency.com
Website: www.mp-litagency.com

Gegr.: 1995 Namen (Fachgebiete): Lars Schultze-Kossack (Geschäftsführer), Annette Wolf, Mareike Neukam Spezialgebiet: Belletristik, Literatur, Sachbuch, erzählendes Kinderbuch Provision: 15 Prozent Gebühr: nein Lektorat: auf Wunsch Kosten: keine Extrakosten Laufzeit: normalerweise 1 Jahr oder nach persönlicher Vereinbarung Rapport: per Mail oder telefonisch Kontakt: Bitte senden Sie uns eine aussagekräftige Textprobe von ca. 30–50 Seiten. Fügen Sie ein kurzes Exposé sowie die wichtigsten Lebensdaten dazu. Wir übernehmen keine Verantwortung für unverlangte Einsendungen. Rücksendungen erfolgen nur bei beigelegtem Porto. Sie können uns vorab gerne anrufen. Verlage: Blanvalet, Blumenbar, Diana, Droemer Knaur, Eichborn, Fischer, Goldmann, Heyne, Insel, List, Lübbe, Piper, Rotbuch, Schwarzkopf & Schwarzkopf, Ullstein Anzahl: ca. 70 AutorInnen: Waris Dirie, Gisbert Haefs, Marina Heib, Sandra Henke, Carsten Sebastian Henn, Stefan Kretzschmar, Bruni Prasske Tipp: Suchen Sie sich einen Agenten, der zu Ihnen persönlich passt.

BARBARA KÜPER – Literarische Agentur + Medienservice
Inh.: Barbara Küper, Anschrift: Alter Wartweg 3, 60388 Frankfurt am Main
Tel.: 06109/248730, Mail: litag@barbara-kueper.de
Website: www.barbara-kueper.de

Gegr.: 2002 Spezialgebiet: Kinder- u. Jugendbuchautoren und -illustratoren Provision: 15 Prozent Gebühr: nein Lektorat: auf Wunsch Kosten: je nach Text Pauschale, immer aber „Groblektorat" (Anregungen) Laufzeit: 1 Jahr Kündigungsfrist: 3 Monate Rapport: auf Wunsch 1/4-jährlicher Statusbericht; bei positiver Rückmeldung sofortige Kontaktaufnahme Kontakt: per Mail Verlage: Arena, Thienemann, Fischer, Coppenrath, moses, Ravensburger Anzahl: 50 AutorInnen: K. Boie, A. Bröger, U. Scheffler, S. Heinlein IllustratorInnen: J. Brandstetter, K. Schuld, J. Rieckhoff Tipp: sehr viel lesen, gründliches Sondieren des literarischen Umfelds in Buchhandlungen Werdegang: jahrelang Lektoratsleiterin in Kinderbuchverlagen, danach „reif" für die freiberufliche Herausforderung und zugleich Lust, in der Kinderbuchbranche sinnvoll weiterzuarbeiten

M

LITERARY AGENCY LIEPMAN AG

**Inh.: Eva Koralnik und Ruth Weibel, Anschrift: Englischviertelstr. 59
8032 Zürich, Schweiz, Tel.: 41/43/2682380, Mail: info@liepmanagency.com
Website: www.liepmanagency.com**

Gegr.: 1949 in Hamburg Spezialgebiet: keine Provision: 15 Prozent Gebühr: nein Lektorat: nie

LITERATURMANUFAKTUR

**Inh.: Ursula Richard, Anschrift: Arndtstr. 34, 10965 Berlin
Tel.: 030/6113020, Mail: info@literaturmanufaktur.de
Website: www.literaturmanufaktur.de**

Gegr.: 2006 Spezialgebiet: Buchprojekte im Bereich Spiritualität Provision: 15 Prozent Gebühr: nein Lektorat: auf Wunsch Kosten: nach Absprache, abhängig vom Aufwand Laufzeit/Kündigungsfrist: wird durch den Agenturvertrag geregelt Rapport: Telefon, Mail Kontakt: Telefonat oder Anfrage per Mail; Textprobe, Kurzbiografie, Rückporto Verlage: Kösel, Knaur Anzahl: ca. 20

WERNER LÖCHER-LAWRENCE

**Übersetzungen & Literarische Agentur, Anschrift: Bothmerstr. 3, 80634 München
Tel.: 089/13958030, Mail: w.lawrence@web.de
Website: www.loecher-lawrence.de**

Kontakt: Schicken Sie einen kopierten Auszug von bis zu dreißig Seiten, ein Exposé und ein paar Informationen über sich selbst, damit ich mir ein Bild von Ihnen und Ihrem Projekt machen kann. Ich gebe Ihnen möglichst schnell Bescheid, am besten über Ihre Mail-Adresse. Möchten Sie Ihr Manuskript zurück, legen Sie bitte einen frankierten Rückumschlag bei. Werdegang: Werner Löcher-Lawrence, studierte Journalismus, Literatur und Philosophie, arbeitete an der Universität München und rund zwanzig Jahre in verschiedenen Verlagen – als Assistent der Geschäftsführung bei Bertelsmann, als Lektor bei Hoffmann und Campe und als Programmleiter bei der Deutschen Verlags-Anstalt. Heute vertritt er ein gutes Dutzend Autoren.

MICHAEL MELLER LITERARY AGENCY

**Inh.: Michael Meller, Anschrift: Landwehrstr. 17, 80336 München
Tel.: 089/366371, Mail: info@melleragency.com, Website: www.melleragency.com**

Gegr.: 1988 Namen (Fachgebiete): Michael Meller, Franka Zastrow, Cristina Bernardi, Regina Seitz, Dorothea Rahn (Assistentin) Spezialgebiet: Belletristik, populäres Sachbuch, Kinder- und Jugendbuch (Wissenschaftliche Literatur, Theaterstücke, Kurzprosa und Lyrik vertreten wir nicht.) Provision: 15 Prozent Gebühr: nein Laufzeit: 12 Monate Kündigungsfrist: 3 Monate Rapport: regelmäßig persönlich, telefonisch oder per Mail Kontakt: siehe Website, dort „Für neue Autoren“ [Auszug]: Bitte senden Sie uns Ihr Material (bitte keine Originale) nur auf dem Postweg zu und bringen Sie bei Erstkontakt Ihr Manuskript nicht persönlich vorbei. Zusendungen auf Datenträgern oder per Mail nehmen wir nicht an. Bitte schicken Sie uns keine grob skizzierten „Romanideen“ zu, wenn noch kein weiterer Text vorhanden ist. Verlage: siehe Website AutorInnen: D. B.

Blettenberg, Ruth Eder, Thomas Finn, Rebecca Gablé, Stefanie Gercke, Detlef Gürtler, Meike Haas, Bernhard Hennen, Matthias Horx, Hilmar Klute, Kai Meyer, Moritz Müller-Wirth, Bernhard Peters, Erika Pluhar, Antonia Rados, Wolfgang Schmidbauer, Charlotte Thomas, Eva Völler, Sibylle Weischenberg u.a.

LKM LITERATURBETREUUNG KLAUS MIDDENDORF

Inh.: Klaus Middendorf, Anschrift: Auerbergweg 8, 86836 Graben
Tel.: 08232/78463, Mail: LKMcorp@t-online.de, Website: www.lkmcorp.com

Gegr.: 1986 Namen (Fachgebiete): Klaus Middendorf (Lektorat, Agentur), Gregor Middendorf (Marketing, Multimedia), Rotraud Middendorf-Schladofsky (Verwaltung), Serge Middendorf (Systemadministration) Spezialgebiet: Debütvermittlung, Talentförderung, Konzipierung und Betreuung von Publikationsprojekten, Vermittlungsschwerpunkte: anspruchsvolle Literatur, Spannungsliteratur, Historische Romane, Fantasy Provision: 15 Prozent Gebühr: Ja. Servicevergütung für hohe Vorlaufkosten in Höhe von 307 €. Wird bei Vermittlung voll zurückerstattet. Lektorat: auf Wunsch Kosten: individuelle Angebotserstellung je nach Anforderung Laufzeit/Kündigungsfrist: 2 Jahre; Verlängerung um jeweils ein weiteres Jahr, wenn er nicht von einem Vertragspartner spätestens 3 Monate vor Fristablauf per Einschreiben gekündigt wird Rapport: Bei wichtigen Nachrichten wie Manuskriptanforderungen oder Verlags-/Lizenzangeboten wird sofort informiert (telefonisch, schriftlich oder per Mail). Ansonsten kann jederzeit ein Angebotsspiegel mit dem aktuellen Vermittlungsstatus abgerufen werden. Kontakt: Keine besonderen Anforderungen beim Erstkontakt, d.h. es sind alle Optionen der offenen Kommunikation möglich und erwünscht. Die besonderen Anforderungen werden später an den Text gestellt. Vor Kenntnis des Textes sind weder eine Entscheidung noch eine Stellungnahme möglich. Verlage: Goldmann, Aufbau, Gmeiner, Conte, Oktober, Berenberg Anzahl: 40 AutorInnen: Andreas Winkelmann, Franziska Steinhauer, Dagmar Fohl, Ben Faridi, Klaus Erfmeyer, Rolf Bläsing, Ady Henry Kiss Tipp: Literaturbetreuung ist eine ausgesprochene Vertrauenssache. Daher empfehle ich, auf jeden Fall Erkundigungen über die Agentur beziehungsweise den Agenten einzuholen und sich von der Agentur aussagefähiges Informationsmaterial geben zu lassen. Dazu sollte unbedingt ein Publikationsspiegel gehören, damit man konkret weiß, was schon vermittelt wurde. Werdegang: unorthodox: nach Ausbildung zum Industriekaufmann zuerst Geschäftsführer im väterlichen Betrieb (Papierverarbeitung), dann Buchhändler, Literaturagent, Lektor

MOHRBOOKS AG, LITERARY AGENCY

Anschrift: Klosbachstr. 110, 8032 Zürich, Schweiz
Tel.: 41/43/2448626, Mail: info@mohrbooks.com, Website: www.mohrbooks.com

Für deutsche AutorInnen ist die Berliner Niederlassung zuständig, siehe nächsten Eintrag.

M

MOHRBOOKS AG LITERATURAGENTUR UWE HELDT

Inh.: Dr. Uwe Heldt, Anschrift: Hähnelstr. 19, 12159 Berlin
Tel.: 030/28879474, Mail: mohrberlin@mohrbooks.com
Website: www.mohrbooks.com

Gegr.: 2000 Namen (Fachgebiete): Dr. Uwe Heldt Spezialgebiet: Belletristik, Sachbuch Provision: 15 Prozent Gebühr: nein Lektorat: wenn nötig Kosten: kostenfrei Laufzeit: 1 Jahr Rapport: per Mail und Telefon Kontakt: möglichst Mail mit Exposé, maximal 30 Seiten Leseprobe, Vita; per Post: bitte Rückporto Anzahl: über 100 Tipp: selbstkritisch sein und weiterschreiben

MONTASSER MEDIA

Inh.: Mariam Montasser, Anschrift: Montenstr. 9, 80639 München
Tel.: 089/89129800, Mail: montassermedia@t-online.de
Website: www.montassermedia.de

Gegr.: 1989 Namen (Fachgebiete): Mariam Montasser, Thomas Montasser u.a. Wir vermitteln grundsätzlich jede Art von Literatur, Sachbuch u. Belletristik. Ausnahmen: Lediglich Kinderbuch und Lyrik zählen nicht zu unserem Themenkreis. Spezialgebiet: Die Autoren von Montasser Media bilden im besten Sinne so etwas wie ein Vollprogramm eines klassischen Publikumsverlages. Die Bandbreite reicht dabei von literarischen Romanen über gehobene Unterhaltung bis zum populären Sachbuch und zu Biografien bzw. Autobiografien bekannter Persönlichkeiten. Provision: Die Agenturprovision ist vom Einzelfall abhängig. Wir nehmen zwischen 15 und 25 Prozent, je nachdem, welchen Aufwand die Übernahme der Vertretung eines Werkes erfordert. Wo intensive Beratungsarbeit geleistet, wo ganze Manuskripte redigiert werden müssen (was in Einzelfällen vorkommt), wären 15 Prozent zu wenig. Wo es „nur“ um die Verhandlung eines neuen Vertrages geht, wären 25 Prozent zu viel. Gebühr: nein Lektorat: auf Wunsch Kosten: Wir lektorieren, wenn wir glauben, dass das Lektorat die Chancen des Werkes/des Autors erheblich steigert und dass das Ergebnis, das mit einer solchen Bearbeitung zu erzielen ist, den Aufwand rechtfertigt. Dafür nehmen wir keinen Stundensatz, sondern eine höhere Erfolgsbeteiligung, d.h. auch dieser Teil unserer Tätigkeit geschieht erfolgsabhängig, daher aber auch nur in wenigen Fällen. Laufzeit/Kündigungsfrist: Wir schließen eine kurze schriftliche Vereinbarung. Rapport: durch steten Kontakt Kontakt: Idealerweise schickt die Autorin/der Autor ein Exposé mit Stilprobe sowie einige Angaben zu sich selbst. Verlage: alle namhaften Publikumsverlage Anzahl: ca. 100 Tipp: Arbeiten Sie lieber länger an Ihrem Manuskript. Versuchen Sie es nicht zuerst ohne Agentur (egal, wem Sie sich letztlich anvertrauen) – Sie „verbrennen“ damit die nötigen Kontakte für Ihre professionellen Partner. Geben Sie sich nie mit einem Text zufrieden, der nur „okay“ ist. Sie sollten das Beste leisten, was zu leisten Sie im Stande sind. Werdegang/Reiz: Durch Zufall. Dabei geblieben sind wir, weil es eine der interessantesten Tätigkeiten ist, die man sich vorstellen kann!

DR. HARRY OLECHNOWITZ AUTOREN- & VERLAGSAGENTUR

Inh.: Dr. Harry Olechnowitz, Anschrift: Niebuhrstr. 74, 10629 Berlin
Tel.: 030/39906418, Mail: olechnowitz@agentur-olechnowitz.de
Website: www.agentur-olechnowitz.de

Gegr.: 2000 Namen (Fachgebiete): Dr. Harry Olechnowitz Spezialgebiet: Belletristik und Sachbuch; Vertretung ausländischer Verlage Provision: 15 Prozent Gebühr: nein Lektorat: auf Wunsch Laufzeit: 1 Jahr Kündigungsfrist: 3 Monate Rapport: ständig per Mail oder Telefon Kontakt: Telefonat oder Mail; Textproben oder Manuskripte per Post mit Rückporto Verlage: Rowohlt, Droemer Knaur, Econ, Aufbau, Random House Anzahl: ca. 60 AutorInnen: Susanne Reinker, Elmar Theveßen, Constanze Wilken, Marlene Faro, Gina Mayer, Armin Strohmeyr, Tanja Wekwerth, Claudio M. Mancini Tipp: Mit einer seriösen Agentur zusammenarbeiten und den Erfolg gemeinsam planen! Werdegang: Lektor, Cheflektor, Verlagsleiter in verschiedenen Publikumsverlagen

PARTNER + PROPAGANDA

Inh.: Christine Koschmieder, Anschrift: Tapetenwerk, Lützner Str. 91
04177 Leipzig, Tel.: 0341/9939177, Mail: info@partner-propaganda.de
Website: www.partner-propaganda.de

Gegr.: 2003 Namen (Fachgebiete): Christine Koschmieder (Gegenwartsliteratur aus Südosteuropa, deutschsprachige Gegenwartsliteratur), Matthias Teiting (deutschsprachige Gegenwartsliteratur) Spezialgebiet: zeitgenössische Literatur aus Südosteuropa, deutsche Debüts Provision: 15 Prozent Gebühr: nein Lektorat: auf Wunsch Kosten: Die Entscheidung über ein Lektorat trifft die Agentur; es entstehen keine Kosten für den/die AutorIn. Laufzeit: 1 Jahr Kündigungsfrist: 3 Monate Rapport: regelmäßig per Mail und telefonisch Kontakt: Kontaktaufnahme bitte per Mail (Kurzexposé, Autorenvita, 10–15 Seiten Leseprobe und Angaben zu bereits kontaktierten Verlagen/Agenturen); bei Interesse fordern wir das gesamte Manuskript an. Unverlangt eingesandt Manuskripte werden nicht berücksichtigt. Verlage: Rowohlt, Voland & Quist, Edition Erata Anzahl: 19 AutorInnen: Edo Popović, Goran Vojnović, Roman Simić, Axel Simon, Stephanie Gleißner, Ingo Arend, Inger-Maria Mahlke Tipp: www.autorenschrittmacher.de Werdegang/Reiz: Studium: Theater-, Medien- und Kommunikationswissenschaften, Intercultural Communication and European Studies. Abteilung Rechte, Lizenzen & Marketing in einem digitalen Volltextportal. Erkenntnis: 1. Literatur ist weniger vergänglich als Theater. 2. Literatur erreicht mehr Menschen als Theater. Wer Autoren vertritt und mit Rechten handelt, kombiniert beide Aspekte: Literatur & Marktgestaltung. (Und die Eintrittskarten für Literatur aus Südosteuropa auf den deutschen Markt sind an einer Hand abzuzählen ...)

PIPER & POPPENHUSEN GBR

Inh.: Ernst Piper, Astrid Poppenhusen, Anschrift: Gipsstr. 8/9, 10119 Berlin
Tel.: 030/28885868, 28384343, Mail: epiper@piper-poppenhusen.de,
apoppenhusen@piper-poppenhusen.de, Website: www.piper-poppenhusen.de

Gegr.: 2003 Namen (Fachgebiete): Ernst Piper (Sachbuch), Astrid Poppenhusen (Belletristik) Spezialgebiet: Belletristik und Sachbuch Provision: 15 Prozent Gebühr: nein

P

Lektorat/Kosten: Texte von Autoren, die wir bereits vertreten, lektorieren wir ggf. und nach Maßgabe unserer Möglichkeiten vor. Das ist für unsere Autoren kostenfrei. Laufzeit/Kündigungsfrist: über eine unbegrenzte Laufzeit mit einer möglichen Kündigungsfrist von 3 Monaten zum Quartal Rapport: durch regelmäßigen Kontakt Kontakt: bitte zunächst per Mail; genauere Angaben dazu siehe Website (Rubrik „Zusammenarbeit") Verlage: bei vielen großen Publikumsverlagen, siehe Website (Rubrik „Bücher") Anzahl: ca. 80 AutorInnen: Leonie Swann, Paul Ingendaay, Inge Kloepfer, Walter Kappacher, Manuel J. Hartung, Bernhard Lassahn, Edzard Reuter, Michael Schophaus Werdegang/Reiz: Zu unseren beruflichen Werdegängen siehe unsere Website. Wir können unsere jahrelangen Verlags- und/oder Agenturerfahrungen, also unser Fach- und Konditionenwissen, unsere Kontakte, unser Verhandlungsgeschick nutzen, um Autoren bei allen „geschäftlichen" Aspekten ihrer Arbeit zu unterstützen. Wir wissen, dass Autoren allein ihre Forderungen bei Verlagen nur schwer durchsetzen können. Außerdem benötigen sie für ihre Arbeit persönliche Vertrauensverhältnisse und Kontinuität, die Verlage ihnen oft nicht mehr gewährleisten können. Es macht uns Freude, unseren Autoren möglichst gute Rahmenbedingungen für ihre kreative Arbeit zu schaffen.

POLITYCKI & PARTNER, LITERATUR- UND PRESSEBÜRO
Inh.: Birgit Politycki, Anschrift: Schulweg 16, 20259 Hamburg
Tel.: 040/4309315-0, Mail: info@politycki-partner.de
Website: www.politycki-partner.de

Gegr.: 2006 Spezialgebiet: *Politycki & Partner* berät AutorInnen und gibt einen Einblick in die Verlagsstrukturen u. Agenturtätigkeiten. Danach sind die AutorInnen in der Lage, selber zu entscheiden, ob sie eine Agentur einschalten wollen oder lieber persönlich an einen Verlag herantreten wollen. *Politycki & Partner* prüft auf Wunsch das Manuskript bzw. das Material, mit dem die AutorInnen nach außen gehen wollen, und hilft so, die erste Kontaktaufnahme zu Verlagen und/oder Agenturen zu professionalisieren. Provision/Gebühr: *Politycki & Partner* verzichtet auf eine prozentuale Beteiligung. Kosten: Beraterhonorar, das nach Aufwand berechnet wird. Darin enthalten sind die Prüfung von Manuskript, Exposé, Vita und Anschreiben sowie eine persönliche Beratung. Lektorat: nein Kontakt: Die erste Kontaktaufnahme kann gerne per Telefon oder per Mail stattfinden. Darüber hinaus sollte als Material ein Exposé (nicht länger als 3 Seiten), eine Textprobe (ca. 50 Seiten) und eine Biografie geschickt werden. Tipp: gut vorbereiten, Geduld mitbringen und nicht die Freude am Schreiben verlieren Werdegang: nach Stationen im Verlag erste Selbstständigkeit mit zwei Partnerinnen, danach Gründung einer eigenen Firma Reiz: Wenn schon Kommunikation, dann am liebsten in Zusammenhang mit Büchern.

AUTOREN & MANAGEMENT DR. PÖLLINGER
Inh.: Dr. Andreas Pöllinger, Anschrift: Clemensstr. 105, 80796 München
Tel.: 089/3089156, Mail: dr-poellinger@autoren-management.de
Website: www.autoren-management.de

Gegr.: 1994 Spezialgebiet: Belletristik, Sachbuch Provision: 15 Prozent Gebühr: nein Lektorat: nie Laufzeit: 6–12 Monate Rapport: telefonisch, per Mail Kontakt: Mail oder Post (bitte mit Rückporto), Exposé, Textprobe, Kurzvita Anzahl: ca. 60

LITERATUR- UND MEDIENAGENTUR ULRICH PÖPPL

Inh.: Ulrich Pöppl, Anschrift: Schellingstr. 133, 80798 München
Tel.: 089/54217634, Mail: Ulrich.Poeppl@t-online.de

Gegr.: 1998; damals als Agentur Pinilla & Pöppl Namen (Fachgebiete): Ulrich Pöppl (Literatur, Sachbuch, Kriminalromane, Kinder- und Jugendbuch), Regine Weisbrod (historische Romane, Kriminalromane, Ratgeber) Spezialgebiet: Es gibt gewisse Schwerpunkte im Bereich der Genre-Literatur (s.o.), im Kinder- und Jugendbuchbereich und beim Sachbuch. Provision: 15 Prozent Gebühr: nein Lektorat: immer Kosten: Wir machen das unentgeltlich. Wir bearbeiten dabei nicht nur eingereichte Manuskripte, sondern entwickeln selbst mit den Autoren neue Projekte. Laufzeit: in der Regel 12 bis 18 Monate bei automatischer Verlängerung Kündigungsfrist: 3 Monate Kontakt: Bitte nur schriftlich! Am liebsten per Mail mit Attachments: Exposé, kurze Bio- und Bibliografie, Leseprobe der ersten 30 Seiten sowie Angaben darüber, ob das Projekt bereits Verlagen vorlag/vorliegt. Verlage: C. Hanser, Rowohlt Berlin, S. Fischer, Goldmann, Berlin Verlag, Droemer, dtv, Aufbau, Sauerländer, Ullstein, Thienemann

GUDRUN ROHE, PR-CONSULTING

Inhaberin: Gudrun Rohe, Anschrift: Humesstr. 43, 66793 Saarwellingen
Tel.: 06838/860778, Mail: info@gudrunrohe.de

Gegr.: 1999 Spezialgebiet: Bücher, die für größere Publikumsverlage interessant sind, Sachbücher, Romane (Unterhaltung, historische Romane, Literatur), Biografien, Autobiografien, bei prominenten Namen auch andere Bereiche Provision: 15 Prozent Gebühr: nein Lektorat: Falls ich einen Autor annehme, in der Regel ja – bevor ich das Manuskript einem Verlag anbiete. Lektorat ist, wenn ich den Autor vertrete, umsonst. Falls von einem (abgelehnten) Autor gewünscht, biete ich gegen Honorar einen Tag bzw. ein Wochenende an, um gemeinsam den Text zu überarbeiten bzw. die größten „Fehler" und Schwächen herauszuarbeiten. Diese individuelle Beratung kostet pro Tag 500 €. Ein Gutachten für ein Manuskript mit genauerer Begründung, welche Stärken u. Schwächen der Text hat, erstelle ich ebenfalls nach Vereinbarung, dafür nehme ich ein Honorar von 200 €. Laufzeit: 1 Jahr Rapport: per Mail und telefonisch Kontakt: Exposé, Textprobe ca. 40 Seiten, Biografie, Bibliografie, Foto, Rückporto Verlage: Argon „Bildungslüge", Eichborn „Jungs sind so", Droemer „Angst darfst Du haben, fürchten sollst Du dich nicht", Goldmann „Online-Dating" AutorInnen: Lisa Fitz, Werner Fuld, Stefan Esser, Sobo Swobodnik, Eric Hegmann, Butz Peters, Dr. Michael Spitzbart, Peter Schilling Tipp: viel Geduld, harte Arbeit am Text, nicht zu hohe Erwartungshaltung, aber Beharrlichkeit Werdegang: insgesamt 18 Jahre in Verlagen tätig, davon 4 Jahre Pressechefin bei Bertelsmann u. 14 Jahre Leiterin der Öffentlichkeitsarbeit und Pressechefin Heyne. Reiz: Bücher lesen zu können, die ich mag und von denen ich glaube, dass sie Erfolg verdient haben.

S

AUTOREN- UND PROJEKTAGENTUR GERD F. RUMLER

Inh.: Gerd F. Rumler, Anschrift: Jutastr. 13, 80636 München
Tel.: 089/13928955, Mail: rumler@agentur-rumler.de
Website: www.agentur-rumler.de

Gegr.: 2004 Namen: Gerd Rumler, Sophie Schultheis Spezialgebiet: Kinder- und Jugendliteratur, Belletristik, Krimi, Fantasy, Humor und Satire, Sachbuch Provision: 15 Prozent Gebühr: nein, nie Lektorat: 1. Vorlektorat und Abstimmung/Gespräch mit Autor vor Angebot an Verlage (ohne Kosten für den Autor!) 2. Lektorat nur auf Wunsch und in Absprache mit Autor und Verlag, d.h. Honorierung durch Verlag (Lektorat aber nicht Bedingung für Vermittlung und Vertretung) 3. eventuell auch Vermittlung von freien/selbstständigen Lektoren Laufzeit: zwei Jahre Kündigungsfrist: halbes Jahr Rapport: bei Erfolg sofortige Rückmeldung, ansonsten individuelle Information Kontakt: E-Mail-Anfrage mit Attachments oder brieflich; Exposé, Textprobe, Biografie und Bibliografie; bei Manuskriptsendung Rückporto Verlage: Random House, Ullstein, Piper, dtv, Thienemann, Arena, Sauerländer, Ravensburger, Ueberreuter, Schneider, Heyne Anzahl: ca. 30 AutorInnen: Torsten Dewi, Sylvia Englert, Katja Brandis, Andreas Franz, Sigrid Heuck, Katrin Kaiser, Frauke Nahrgang, Oliver Potzsch Tipp: genaue Vorbereitung der Exposés und Manuskripte; Realisierung von „Lieblingsthemen", die dem Autor wichtig sind Werdegang: Studium (Germanistik/Politik/Geschichte), 25 Jahre Verlagserfahrung als Verlagsleiter und Geschäftsführer in verschiedenen (Kinderbuch-) Verlagen, dann Agenturgründung Reiz: Vielfalt der Zusammenarbeit mit unterschiedlichen Autoren, Themen und Verlagen; die Möglichkeit, „neue" Autoren zu entdecken und zu vermitteln

THOMAS SCHLÜCK GMBH

Inh.: Thomas Schlück, Joachim Jessen, Bastian Schlück
Anschrift: Hinter der Worth 12, 30827 Garbsen, Tel.: 05131/497560,
Mail: mail@schlueckagent.com, Website: www.schlueckagent.com

Gegr.: 1973 Namen (Fachgebiete): Joachim Jessen (Sachbuch, Belletristik), Bastian Schlück (vor allem Belletristik), Tanja Heitmann (Kinder- und Jugendliteratur, Belletristik) Spezialgebiet: Unsere Projekte sind im großen Bereich der Populärliteratur anzuordnen. Lyrik und Kurzgeschichten vertreten wir aber grundsätzlich nicht. Provision: 15 Prozent Gebühr: nein Lektorat: immer Kosten: Wir besprechen die Projekte mit unseren AutorInnen und machen, sofern es gewünscht wird, Anmerkungen zum Text. Natürlich ist das kostenlos. Das Endlektorat obliegt dem Verlag. Laufzeit: 12 Monate Kündigungsfrist: 3 Monate Rapport: regelmäßig Kontakt: Erste Kontaktaufnahme am besten über das Kontaktformular auf unserer Homepage. Sollte uns ein Projekt interessieren, fordern wir zeitnah Leseprobe, Exposé und Kurzvita an. Verlage: Wir stehen in Kontakt mit allen großen Publikumsverlagen. Anzahl: Jeder Agent hat eine gewisse Anzahl von AutorInnen, und immer mal wieder kommt ein/e neu/e AutorIn dazu. AutorInnen: eine kleine Auswahl: Andreas Eschbach, Dora Heldt, Tess Gerritsen, Ken Follett, Ines Thorn, Thomas Thiemeyer, Sarah Lark Tipp: Vor einer ersten Kontaktaufnahme nach der Fertigstellung eines Manuskriptes sollten sich AutorInnen darüber im Klaren sein, ob sie selbst einen Verlag für ihr Projekt suchen oder doch lieber eine Agentur beauftragen möchten. Tatsächlich sind für uns vor allem jene Projekte interessant, die noch keinen Verlagen zur Prüfung angeboten worden sind.

SCHMIDT & ABRAHAMS GBR
Inh.: Natalja Schmidt, Julia Abrahams
Anschrift: Schröderstr. 17, 69120 Heidelberg, Tel.: 06221/7502663
Mail: lektorat@schrift-art.net, Website: www.schrift-art.net

Gegr.: 2005 Namen (Fachgebiete): Natalja Schmidt (Fantasy, Krimi & Thriller), Julia Abrahams (Historischer Roman, Jugend- und All-Age-Literatur) Spezialgebiet: Fantasy, Historische Romane, Krimi & Thriller Provision: 15 Prozent Gebühr: nein Lektorat: auf Wunsch Kosten: Gelegentlich übernehmen wir das Vorlektorat oder lektorieren einzelne Kapitel; beides ist kostenlos. Kündigungsfrist: 3 Monate Rapport: durch regelmäßige Mails und Telefonate Kontakt: Als Bewerbung wünschen wir uns ein Exposé (3 Seiten), eine ca. 20-seitige Leseprobe sowie eine Bio- und Bibliografie. Einsendungen sind sowohl per Mail (Dateien bitte aussagekräftig benennen) als auch auf dem Postweg möglich (bitte einen Umschlag mit Rückporto beilegen). Verlage: Bastei Lübbe, Blanvalet, Droemer Knaur, dtv, Egmont Lyx, Gmeiner, Heyne, Klett Cotta, Piper, Rowohlt, Ueberreuter, Ullstein Anzahl: 50 AutorInnen: Peter S. Beagle, Christoph Hardebusch, Lena Klassen, Daniela Knor, Juliane Korelski, Thomas R. P. Mielke, Sabine Wassermann Tipp: neben der Inspiration auch das Handwerk des Schreibens zu erlernen, sich Testleser und Kritiker zu suchen, mit Spaß an den eigenen Texten zu arbeiten und nicht die Geduld zu verlieren Werdegang: Nach Abschluss eines literaturwissenschaftlichen Studiums und der Arbeit als freie Lektorinnen und Gutachterinnen entschlossen wir uns 2005, gemeinsam eine Literaturagentur zu gründen. Wir begannen mit einem kleinen Stamm unveröffentlichter Talente und vertreten mittlerweile über fünfzig deutschsprachige und internationale Autorinnen und Autoren. Reiz: Reizvoll am Agentenberuf allgemein ist die Möglichkeit, guten Büchern auf den Weg zu helfen, die Zusammenarbeit mit vielen interessanten Menschen und in unserem speziellen Fall die Möglichkeit, die phantastische Literatur in Deutschland zu fördern.

LITERATURAGENTUR DAGMAR SCHRUF
Inh.: Dagmar Schruf, Anschrift: Werrastr. 26, 53332 Bornheim
Tel.: 02222/922798, Mail: litag@schruf.de, Website: www.schruf.de

Gegr.: 1997 Spezialgebiet: slavisch-sprachige Literatur, insbesondere aus Südosteuropa Provision: 20 Prozent Gebühr: nein Lektorat: Ich lasse Probeübersetzungen anfertigen, die ich lektoriere. Für den Autor/die Autorin entstehen dadurch keine Kosten. Laufzeit: 1 Jahr Kündigungsfrist: 3 Monate Rapport: per Mail im Erfolgsfall, über Misserfolge auf Nachfrage Kontakt: Telefonat oder E-Mail-Anfrage Verlage: dtv, List, Voland & Quist, Wieser Anzahl: 15–20 AutorInnen: Olja Savičević, Goran Petrović, Srđan Valjarević, Jurica Pavičić, Goce Smilevski, Boris Dežulović, Marinko Koščec Reiz: bemerkenswerte Werke in anderen Literaturen zu entdecken und in überzeugender Qualität anderssprachigen Leserinnen und Lesern zugänglich zu machen

S

SCRIPTA LITERATUR-STUDIO

Inh.: Monika Hofko, Klaus Sollinger, Dr. Lutz Steinhoff
Anschrift: Maximilian-Wetzger-Str. 5, 80636 München, Tel.: 089/1295005
Mail: info@scripta-literaturstudio.de, Website: www.scripta-literaturstudio.de

Gegr.: 1991 Namen (Fachgebiete): Monika Hofko, Klaus Sollinger, Dr. Lutz Steinhoff – alle erzählerischen Genres Spezialgebiet: neue, noch nicht bekannte Autoren Provision: 15 Prozent Gebühr: nein Lektorat: nie Laufzeit: mindestens 1 Jahr Kündigungsfrist: 3 Monate Rapport: Die AutorInnen werden laufend über die Verlagsreaktionen informiert. Kontakt: Zusendung von Textprobe, Exposé, Biografie, Bibliografie, Rückporto per Post Verlage: Arena, Imagine, Jungbrunnen Anzahl: 30 AutorInnen: Susanne Clay, Max Inzinger, Max Kruse Tipp: das Schreibhandwerk zu erlernen und den Anspruch zu haben, möglichst perfekte Texte zu schreiben Werdegang: nach Angestelltenverhältnis (als Agent, Lektor) Gründung einer eigenen Agentur

SCRIPTS FOR SALE MEDIENAGENTUR OHG

Inh.: Petra Hermanns und Elke Brand, Anschrift: Petra Hermanns
Löwengasse 27 B, 60385 Frankfurt am Main, Tel.: 069/24277860
Mail: bewerbung@scriptsforsale.de, Website: www.scriptsforsale.de

Gegr.: 1998 Namen (Fachgebiete): Petra Hermanns (Buchagentin), Frankfurt Spezialgebiet: Unterhaltungsliteratur und populäres Sachbuch Provision: 15 Prozent Gebühr: nein Lektorat: nie Laufzeit/Kündigungsfrist: sechs Monate Rapport: per Mail, immer wenn sich etwas tut Kontakt: Auf der Homepage schauen unter „Kontakt", da steht alles, was die Bewerber wissen müssen! Tipp: Wer im kommerziellen Buchmarkt veröffentlichen will, muss den Markt kennen und Verlagsprogramme und aktuelle Veröffentlichungen auch im Blick haben. Zudem soll man sich – im Unterhaltungsbereich – sicher sein, in welchem Genre man schreibt, bevor man mit dem Schreiben beginnt. Werdegang: Nach einer Lehre als Verlagskauffrau habe ich Germanistik, Publizistik und Buchwesen studiert. Über kurze Umwege kam ich zu einer Agentur, in der ich zwei Jahre gelernt habe, bevor ich mich 1998 selbstständig gemacht habe.

AGENTUR SCRIPTZZ

Inh.: Anja Koeseling, Anschrift: Wolliner Str. 4, 10435 Berlin
Tel.: 030/68835706, Mail: anja.koeseling@scriptzz.de, Website: www.scriptzz.de

Gegr.: Oktober 2009 Namen (Fachgebiete): Anja Koeseling (Geschäftsführung; Kinder/Jugendbuch, Historischer Roman, Thriller, Krimi, Frauenliteratur), Dr. Andreas Schaale (Scriptmaster; Sachbuch, historischer Roman), Franziska Fischer (Lektorin; Belletristik, alle Fragen im Bereich Stilistik, Rechtschreibung/Grammatik), Stefan M. Fischer (Exposémaster; alle Fragen um das Exposé), Anne Garske (Scriptmaster; Fantasy/Mystery), Manuel Bonik (Lektorat) Spezialgebiet: Kinder/Jugendbuch, Historischer Roman, Thriller, Krimi, Fantasy/Mystery, Frauenliteratur Provision: 15 Prozent Gebühr: nein Lektorat: immer Kosten: Das Lektorat ist eine kostenlose Dienstleistung der Agentur. Laufzeit: 12 Monate Kündigungsfrist: 3 Monate Rapport: persönliches Gespräch, per Mail Kontakt: am besten telefonisch, um das Projekt zu besprechen; ansonsten Exposé und 30 Seiten Leseprobe Verlage: Thienemann Anzahl: 72 AutorInnen: Peter Brendt, Stefan

M. Fischer, J. Anja Wagner, Oliver Becker, John Paulsen, Annelie Durth, Melanie Feja Tipp: Mut zur Neuordnung und Überarbeitung von Manuskripten Werdegang/Reiz: In erster Linie habe ich meine Lieblingsbeschäftigung – das Lesen – zum Beruf gemacht. Nichts ist spannender, als dadurch in andere Welten zu tauchen. Die Mitentwicklung eines Manuskripts von der Idee, der Figurenausarbeitung bis zur Fertigstellung des Buches sind die reizvollsten Aufgaben als Literaturagentin.

LITERATURAGENTUR UND LEKTORAT W. SEIFERT

Anschrift: Heinrich-Schütz-Str. 76, 09130 Chemnitz
Tel.: 0371/5739714, Mail: seifert@literaturagentur-seifert.de
Website: http://literaturagentur-seifert.de

Gegr.: 2005 Spezialgebiet: vor allem Belletristik, siehe Website Gebühr: pauschal für Vermittlung an Verlag nach Erhalt eines Verlagsvertrages Lektorat: auf Wunsch/immer Kosten: abhängig von der Anzahl der Normseiten und Korrektur-/Lektoratbedarf Laufzeit: 1 Jahr für die Vermittlung Rapport: Telefonat, Mail Kontakt: Mail-Anfrage verbunden mit Zusendung von Exposé, Leseprobe und Biografie, ebenfalls per Post möglich; falls Rücksendung des Manuskripts in Papierform erwünscht, Rückporto

LITERARISCHE AGENTUR SIMON

Inh.: Alexander Simon, Anschrift: Eisenacher Str. 76, 10823 Berlin
Tel.: 030/31518844, Mail: info@agentursimon.com
Website: www.agentursimon.com

Gegr.: 1999 Namen (Fachgebiete): Wir vertreten vorwiegend deutschsprachige, aber auch internationale Autoren aus den Bereichen Literatur, Sachbuch, Unterhaltungsliteratur und Jugendbuch. Im Sachbuch spielen neben zeitgeschichtlichen Themen sowohl Debattenbücher als auch Memoiren eine wichtige Rolle. Im Mittelpunkt stehen die Entwicklung von Politik, Wirtschaft, Kultur und Gesellschaft im In- und Ausland. Provision: 15 Prozent Gebühr: nein Lektorat: immer Rapport: persönlich Kontakt: Informationen auf der Website unter „Einsendungen"

SKRIPTYCHON

Inh.: Gregor Schweitzer, Anschrift: Team Skriptychon, Apartado de Correos 509, E-03730 Javea/Alicante, Spanien
Tel.: 0034/966470071, Mail: office@skriptychon.de
Website: www.skriptychon.de und www.wellenwetterwind.com

Gegr.: März 2009 Namen (Fachgebiete): Gregor Schweitzer (Belletristik, Sachbuch), Susanne Schweitzer (Illustratorin, Websitegestaltung) Spezialgebiet: Belletristik, Sachbuch, Reisen, Kinder-, Jugend- und Abenteuerromane Provision: 15 Prozent; darüber hinaus honorieren wir Autoren für ihre bei uns auf der Website veröffentlichten, besonders aussagekräftigen Texte. Gebühr: nein Lektorat: immer Kosten: Normalerweise fallen für die Autoren bezüglich des Lektorats/Korrektorats keine Kosten an. In besonders schwierigen oder in Ausnahmefällen legen wir nach Rücksprache mit den Urhebern zur Berechnung den Satz des VFLL zugrunde. Laufzeit/Kündigungsfrist: auf zwei Jahre, uneingeschränkte Kündigungsfrist Rapport: per Mail, Surfacemail oder

T

telefonisch Kontakt: dringend empfohlen: Besuch und Studium unserer Website, dann per Mail: Exposé von nicht mehr als 2 Seiten, Leseprobe von nicht mehr als 10 Seiten, Kurzvita von nicht mehr als 2 Seiten Verlage: Conbook Verlag Tipp: 1. absolute Ehrlichkeit 2. Teamfähigkeit, Belastbarkeit, Lernfähigkeit 3. Ausdauer und Flexibilität Werdegang: Jahrgang 1959, Abitur, Offizierslaufbahn bei der Bundeswehr, abgeschlossenes Studium an der LMU München, Lehrtätigkeit an Privatschulen, ausgedehnte USA-Reisen, Buchautor, XING-Mitglied Reiz: Die spannende Aufgabe zu sehen wie versucht wird, Wahrheit und Wirklichkeit einer vielschichtigen Gesellschaft und die damit verbundenen Probleme durch schriftliche Ausdruckform eindrucksvoll und zeitlos darzustellen. Ferner möchten wir durch das Schaffen geistreicher Themen unseren bescheidenen Beitrag leisten, um einerseits gegen die Bildungsmisere anzugehen, Klischees aufzubrechen, und so versuchen, die Welt ein bisschen besser zu gestalten, andererseits schreibenden KollegInnen das jahrelange und nervenaufreibende Warten auf ordentliche Veröffentlichung ihres Geistesguts erträglicher zu gestalten und eventuell zu verkürzen.

LITERATURAGENTUR + TEXTREDAKTION SWANTJE STEINBRINK
Inh.: Swantje Steinbrink, Anschrift: Neuenburger Str. 17, 10969 Berlin
Tel.: 030/28039656, Mail: info@swantje-steinbrink.de
Website: www.swantje-steinbrink.de
Gegr.: 2004 Spezialgebiet: Entwicklung und Vermittlung von Sachbuch- und Ratgeberprojekten (Lebenshilfe, Gesundheit/Body & Spirit, Lifestyle, Gesellschaft, Business, Biografien) für Publikumsverlage; individuelles Autorenmanagement Provision: 20 Prozent Gebühr: nein Lektorat/Kosten: Notwendige redaktionelle Arbeiten – über die obligatorische Exposé-Entwicklung und -Redaktion hinaus – erfolgen nach Absprache auf Honorarbasis. Rapport: regelmäßig per Mail und telefonisch Kontakt: Telefonat

LITERATUR-AGENTUR TÜBINGEN
Inh.: Rose Bienia, Anschrift: Alberstr. 5, 72074 Tübingen
Tel.: 07071/9698772, Mail: rosebienia@literatur-agentur-tuebingen.de
Website: www.literatur-agentur-tuebingen.de
Gegr.: 2005 Namen (Fachgebiete): 2 Mitarbeiter/innen Spezialgebiet: Belletristik, aber auch populäres Sachbuch; nicht zuständig: Kinderbuch Provision: 15 Prozent Gebühr: nein Lektorat: auf Wunsch Kosten: Projektpreis Laufzeit: ein halbes Jahr mit Verlängerungsmöglichkeit Rapport: Mail und Telefonat Kontakt: telefonische Kontaktaufnahme, Exposé, Probeseiten per Mail oder postalisch Verlage: diverse Titel in unterschiedlichen Verlagen Anzahl: 15 Tipp: AutorInnenberatung ist individuell, jederzeit in meiner Agentur. Außerdem: Bildet Schreibgruppen, bleibt für Anregungen, z.B. creative-writing-Kurse, Präsentationsübungen offen. Werdegang: geisteswissenschaftliches Studium Reiz: Motivation: 1. schätze Originalität und Lebendigkeit im literarischen Ausdruck 2. mag die Idee, dass der Autor/die Autorin eine Stimme sein kann für diejenigen, die sich – ob privat abhängig oder beruflich loyal – nicht frei äußern dürfen.

ANKE VOGEL LITERATURAGENTUR

Inh.: Dr. Anke Vogel, Anschrift: Postfach 1108, 85568 Markt Schwaben
Tel.: 08121/2238818, Mail: info@ankevogel.com, Website: www.ankevogel.com

Gegr.: 1997 Provision: 15 Prozent Gebühr: nein Kontakt: Mail-Anfrage mit Attachments

VOGELMEDIA GMBH

Inh.: Richard und Johanna Vogel, Anschrift: Korneuburger Str. 21
2102 Bisamberg, Österreich, Tel.: 43/2262/73666
Mail: lektorat@literaturagent.at, Website: www.literaturagent.at

Gegr.: 2004 Namen (Fachgebiete): Richard Vogel (generell) Spezialgebiet: medizinische/psychologische Ratgeber, Krimis, Thriller, Belletristik, Kinderbücher Provision: 15 Prozent (20 Prozent fremdsprachige Veröffentlichungen/Nebenrechte) Gebühr: nein Lektorat: immer Kosten: kostenlos für Autor(inn)en, die von uns vertreten werden; Manuskripte, die wir nicht annehmen können, nur auf besonderen Wunsch (aktuelle Preise siehe Website) Laufzeit/Kündigungsfrist: abgestellt, jedoch jährlich mit Halbjahresfrist kündbar Rapport: ausschließlich per Mail Kontakt: Mail, nähere Angaben auf der Website Tipp: Keine halbfertigen Manuskripte anbieten. Überarbeiten, überarbeiten, überarbeiten! Werdegang: Seit mehr als 35 Jahren im Verlagsgeschäft, in verschiedensten Führungspositionen im kaufmännischen, vor allem aber im Lektoratsbereich.

AGENTUR RAIJA WENGLER

Inh.: Raija Wengler, Anschrift: Schwalbenweg 7, 76532 Baden-Baden
Tel.: 07221/802569, Mail: r.wengler@agentur-wengler.de
Website: www.agentur-wengler.de

Gegr.: 2000 Namen (Fachgebiete): Ralf Zahn (Sachbuch, Belletristik, Kurzgeschichten für Publikumszeitschriften), Raija Wengler (allgemeine Anfragen und Informationen über Schreibseminare der ProSkript-AKADEMIE) Spezialgebiet: Sachbuch, Belletristik, Kurzgeschichten für Publikumszeitschriften, Autorentraining und Schreibseminare Provision: 25 Prozent Gebühr: nein Lektorat: auf Wunsch Kosten: nach Absprache gemäß den Honorarempfehlungen des VFLL Rapport: per Mail und persönliche Telefonate Kontakt: Anfrage per Telefon Tipp: Die Basis ist eine seriöse und fundierte Schreibausbildung, in der die Techniken und Stilmittel vermittelt werden sowie die Kreativität trainiert wird. Manuskripte vor dem Anbieten von Freunden und Bekannten lesen und beurteilen lassen. Reiz: Die Freude am Schreiben und Lesen.

LITERARISCHE AGENTUR SILKE WENIGER

Inh.: Silke Weniger, Anschrift: Bahnhofstr. 77, 82166 Gräfelfing
Tel.: 089/26018926, Mail: weniger@litag.de, Website: www.litag.de

Gegr.: 2000 Namen (Fachgebiete): Silke Weniger (Geschäftsführung), Alexandra Legath (Kinder- und Jugendbuch), Gerlinde Moorkamp (Belletristik, Unterhaltung) Spezialgebiet: Kinder- und Jugendbuch ab 10 Jahren; gehobene Unterhaltung, insbesondere Historische Romane, Krimis, Liebesgeschichten Provision: 15 Prozent Gebühr: nein Lektorat: nie Laufzeit: mindestens 1 Jahr Kündigungsfrist: 3 Monate Rapport: auf

Anfrage Kontakt: Mail-Anfrage mit Exposé und Leseprobe Verlage: bei allen bekannten Jugendbuchverlagen sowie diversen Publikumsverlagen mit Unterhaltungsprogramm Anzahl: ca. 40 Tipp: Unsere Website konsultieren; dort stehen unter „Presse" unsere Tipps für AutorInnen. Werdegang: Fremdsprachenausbildung, Studium, 1 Jahr in Paris, 3 Jahre in verschiedenen Verlagen, 9 Jahre Agence Hoffman Reiz: der tagtägliche Kontakt mit Verlagen in den USA, England, Frankreich und vielen anderen Ländern sowie der persönliche Austausch mit Autorinnen und Autoren

LITERATURAGENTUR BARBARA WENNER
Anschrift: Albrechtstr. 18, 10117 Berlin
Tel.: 030/28045750, Website: www.agenturwenner.de
Provision: 15 Prozent

MEDIENAGENTUR WILHELMI
Inh.: Heike Wilhelmi, Anschrift: Grindelallee 43, 20146 Hamburg
Tel.: 040/4102560, Mail: mail@agenturwilhelmi.de
Website: www.agenturwilhelmi.de
Gegr.: 1999 Namen (Fachgebiete): Heike Wilhelmi Spezialgebiet: AutorInnenagentur für Sachbücher (Gesellschaft, Soziales, Politik, Wirtschaft, Biografien, Erzählendes Sachbuch); nur Deutschsprachiges Provision: 15 Prozent Gebühr: nein Lektorat: nie Laufzeit: 1 Jahr Kündigungsfrist: vierteljährlich zum Quartal Rapport: regelmäßige Infos via Telefon und/oder Mail Kontakt: Exposé inkl. Gliederung plus Textprobe via Mail, evtl. vorab telefonisch Kontakt aufnehmen Verlage: Campus, Econ, Eichborn, S. Fischer, Murmann, Pendo, Rowohlt, Ullstein Anzahl: etwa 50 AutorInnen: Günter Amendt, Simon Borowiak, Tom Buhrow, Christoph Drösser, Christian Rickens, Michaela Vieser Tipp: Gilt fürs Sachbuch: das inhaltliche Profil schärfen; offensives Selbst-Marketing betreiben; Mut zu provokanten Thesen haben; Infos in gut erzählte Geschichten verpacken! Werdegang: Verlagslehre, Studium, 12 Jahre als Lektorin und Programmleiterin angestellt, davon 10 Jahre bei Rowohlt, seit 1999 als Autorenagentin selbstständig Reiz: Reizvoll und erfüllend sind die enge und intensive Zusammenarbeit mit den AutorInnen, die Auseinandersetzung mit immer neuen, vielfältigen Themen sowie sehr abwechslungsreiche Arbeitsabläufe.

WORTVOLLENDET
Inh.: Marion Appelt, Pia Gelpke, Anschrift: Luisenstr. 3, 65185 Wiesbaden
Tel.: 0611/3413683 (Büro Berlin: 030/78891168)
Mail: info@wortvollendet.de, Website: www.wortvollendet.de
Gegr.: Oktober 2007 Namen (Fachgebiete): Marion Appelt (Büro Wiesbaden; Sachbuch), Pia Gelpke (Büro Berlin; Sachbuch) Spezialgebiet: Biografien, zeitgeschichtliche, gesellschaftskritische, historische und psychologische Sachbücher sowie Ratgeber Provision: 15 Prozent Gebühr: nein Lektorat: auf Wunsch Kosten: Der Seitenpreis ist abhängig von Inhalt und Qualität des Manuskripts und liegt zwischen 3,80 und 5,50 €. Wir erstellen ein individuelles Angebot auf Basis einer Leseprobe. Laufzeit: Unsere Autorenverträge werden in der Regel über 1 Jahr abgeschlossen. Kündigungsfrist: Der

Vertrag verlängert sich um jeweils sechs Monate, wenn er nicht wenigstens acht Wochen vor Ablauf schriftlich gekündigt wird. Rapport: Zu unseren Autoren halten wir kontinuierlich Kontakt. Wenn möglich, streben wir auch ein persönliches Kennenlernen an. Wir sind jederzeit per Mail oder Telefon erreichbar und informieren regelmäßig über unsere Vermittlungstätigkeit bzw. die Rückmeldung der Verlage. Kontakt: Erste Fragen beantworten wir gern telefonisch. Konkrete Buchprojekte können per Mail anhand eines Exposés (kurze Inhaltsbeschreibung, Autorenvita, bisherige Veröffentlichungen, Zielgruppe, Aktualität/Relevanz, Konkurrenzumfeld) vorgestellt werden. Es sollte eine Leseprobe von max. 30 Seiten beigefügt werden. Verlage: Redline Verlag, Siedler Verlag Anzahl: zwölf (unsere Agentur befindet sich noch im Aufbau) AutorInnen: Victor Dolnik, Lilo Endriss, Christophe Fricker, Maja Roedenbeck, Daniel Siemens, Joachim Schaffer-Suchomel, Peter Vollbrecht Tipp: Bevor Sie sich daran machen, ein Sachbuchprojekt umzusetzen, sollten Sie Ihre Idee kritisch hinterfragen und ein Konzept erstellen. Schauen Sie sich an, ob es bereits Konkurrenztitel gibt. Wie können Sie sich von diesen abgrenzen? Wer würde Ihr Buch kaufen, welche Zielgruppe möchten Sie erreichen? Wieso ist das Thema relevant, wie aktuell ist es? Für Verlage sind bei der Programmplanung all diese Aspekte von Belang. Deshalb ist es sinnvoll, diese Fragen im Vorfeld zu beantworten, bevor man mit dem Schreiben beginnt. Es bietet sich an, sich so früh wie möglich mit uns in Verbindung zu setzen. Wir unterstützen Sie gern bereits in der Ideenfindungsphase. Werdegang: Wir waren in den Lektoraten verschiedener Verlage tätig, zuletzt als Lektorinnen des mvg Verlags. Seit 2007 arbeiten wir u.a. mit den Verlagen Campus, Econ, Redline, Rowohlt sowie Tre Torri als freie Lektorinnen und Korrektorinnen zusammen. Als junge Agentinnen gewinnen wir kontinuierlich neue Autoren hinzu und konzipieren eigene Buchprojekte. Reiz: Uns reizt der Kontakt zu Menschen, die sich für ein Thema starkmachen, andere dafür begeistern möchten und mit denen wir gemeinsam Buchideen realisieren, die bewegen, verändern und bereichern.

WRITERS CLUB
Inh.: Margit Schönberger, Anschrift: Edelweißstr. 128, 82024 Taufkirchen
Tel.: 089/66611860, Mail: ms@writersclub.de
Gegr.: 2004 Spezialgebiet: Sachbücher Gebühr: nein Kontakt: Mail/Exposé mit Leseprobe

YELLOW AND MORE
Inh.: Rosita Wolf, Anschrift: Flößerbachweg 2, 76437 Rastatt
Tel.: 07222/933018, Mail: rosita.wolf@yellow-and-more.de
Website: www.yellow-and-more.de

LINKS

> www.literaturcafe.de/so-erkennen-sie-dubiose-literaturagenten-und-literaturagenturen/
> www.litscage.com
> www.montsegur.de/branche/agenturen.html
> www.sfwa.org/for-authors/writer-beware/ > Literary Agents
> www.uschtrin.de/litag.html

LITERATUR

> Jessen, Joachim; Meyer-Maluck, Martin; Schlück, Bastian u. Thomas: Literaturagentur. Erfolgreiche Zusammenarbeit Autor – Agentur – Verlag. Berlin: Autorenhaus 2006

Der Agenturvertrag: ein Beispiel

Für die Rechtsbeziehungen zwischen AutorInnen und Agenturen gibt es keinen Normvertrag wie beim Verlagsvertrag. Die Partner müssen also die rechtlichen Bedingungen für ihre Zusammenarbeit individuell aushandeln und vereinbaren. Dies sollte schriftlich erfolgen.

AutorInnen bitten uns immer wieder, etwas Licht in das Dunkel dieses juristischen Verhältnisses zu bringen. Die *Copywrite Literaturagentur* in Frankfurt am Main hat uns jetzt dankenswerterweise erlaubt, das dort verwendete Vertragsformular abzudrucken. Bitte beachten Sie, dass dieser Text nur ein Beispiel sein soll, wie eine Vereinbarung zwischen einer Autorin/einem Autor und einer Agentur aussehen kann. Eine konkrete Vereinbarung sollte immer den jeweiligen individuellen Bedürfnissen und Gegebenheiten angepasst sein.

Vereinbarung

Zwischen

- nachfolgend Autor genannt -

copywrite
LiteraturAgentur

• Woogstraße 43
D 60431 Frankfurt am Main
Telefon +49/69/944 101 53
Telefax +49/69/944 101 69

• www.copywrite.de
info@copywrite.de

- nachfolgend Agentur genannt -

wird folgende Vereinbarung, die auch für die Rechtsnachfolger der Vertragsschließenden bindend ist, getroffen.

1. Der Autor bevollmächtigt die Agentur, seine Rechte als Autor des Werkes mit dem Arbeitstitel:

   gegenüber Verlagen exklusiv wahrzunehmen.

   Er erklärt, gegenüber Dritten keine Verpflichtungen eingegangen zu sein oder während der Gültigkeit dieser Vereinbarung einzugehen, die diese Rechtewahrnehmung in irgendeiner Weise einschränken.

2. Die Agentur handelt gegenüber Dritten als bevollmächtigter Vertreter des Autors. Sie verpflichtet sich, seine materiellen und immateriellen Interessen in der für ihn günstigsten Weise zu vertreten und durchzusetzen. Dies gilt sowohl für die Verhandlungsführung im Vorfeld eines Vertragsabschlusses und den Abschluss eines Verlagsvertrages als auch für die gesamte Dauer der Gültigkeit des geschlossenen Verlagsvertrages. Die Agentur trifft die notwendigen Entscheidungen nach Rücksprache und in Übereinstimmung mit dem Autor.

3. Der Autor erklärt, dass Idee und Manuskript sein geistiges Eigentum sind, dass er über das Urheberrecht an diesem Werk verfügungsberechtigt ist und dass er die Verfügungsberechtigung weder ganz noch teilweise dritten Personen übertragen hat.

4. Der Verlagsvertrag wird zwischen dem Autor und dem Verlag geschlossen. Im Falle von Streitigkeiten zwischen Autor und Verlag ist die Agentur bemüht, eine Regelung im Interesse des Autors herbeizuführen.

5. Die Agentur erhält für ihre Vermittlung und für die weitere Wahrnehmung der Interessen des Autors gegenüber dem Verlag eine Provision in Höhe von 15 (fünfzehn) Prozent (zzgl. MwSt.) auf sämtliche dem Autor laut Verlagsvertrag zustehenden und tatsächlich überwiesenen Honorare.

6. Die Abrechnung der Verlagshonorare mit dem Autor erfolgt innerhalb von 14 Tagen nach Eingang der Honorare auf dem Konto der Agentur. Der Autor tritt von seinem Auszahlungsanspruch aus eingegangenen Honoraren 15 Prozent an die Agentur ab. Die Agentur überwacht den ordnungsgemäßen Eingang der Honorare und überprüft die Abrechnung des Verlages.

7. Die hier getroffenen Vereinbarungen gelten vom Datum der Unterzeichnung bis zum Erlöschen der Gültigkeit des Verlagsvertrages. Wenn einer der Unterzeichnenden in grob fahrlässiger Weise oder mit Vorsatz gegen einzelne dieser Bestimmungen verstößt, steht der Gegenseite das Recht zu, die Vereinbarung mit sofortiger Wirkung zu kündigen. Die Kündigung hat schriftlich zu erfolgen. Das Recht zu sofortiger Kündigung gilt auch für den Fall, dass der Verlag aus Gründen, die der Autor zu verantworten hat, vom Verlagsvertrag zurücktritt.

8. Der Vermittlungsauftrag gilt für eine Laufzeit von 12 Monaten und verlängert sich automatisch um weitere 12 Monate, wenn nicht 3 Monate vor dieser Frist von einer der beiden Parteien widersprochen wird. Steht die Agentur zu diesem Zeitpunkt in aussichtsreichen Verhandlungen mit einem Interessenten, so verlängert sich der Vertrag auch über den Kündigungstermin hinaus weitere acht Wochen, in denen der betreffende Verhandlungspartner, den die Agentur zu benennen hat, positiv oder negativ eine Entscheidung mitzuteilen hat.

   Sind innerhalb der Laufzeit die Vermittlungsbemühungen der Agentur erfolgreich, richtet sich die Laufzeit und Honorierung nach den Absätzen 5., 6., und 7. dieses Vertrages.

9. Autor und Agentur unterrichten sich während der Dauer dieser Vereinbarung gegenseitig über thematisch und publizistisch verwandte Verlagsangebote, die von dritter Seite an sie herangetragen werden.

10. Wird durch die Agentur in Verfolgung des vorliegenden Vertrages eine dauerhafte Zusammenarbeit zwischen dem Erwerber und dem Autor hergestellt, so unterliegen innerhalb von 18 Monaten nach Abschluss des ersten Vertrages mit dem Erwerber alle Aufträge des Erwerbers an den Autor der vertraglichen Wahrnehmung durch die Agentur, und zwar zu den gleichen Bedingungen, die auch für den vorliegenden Vertrag gelten.

11. Soweit dieser Vertrag keine Regelungen enthält, gelten die allgemeinen gesetzlichen Bestimmungen des Rechts der Bundesrepublik Deutschland. Er kann nur aufgrund schriftlicher Vereinbarungen geändert oder außer Kraft gesetzt werden. Die Nichtigkeit oder Unwirksamkeit einzelner Bestimmungen dieses Vertrages berührt die Gültigkeit der übrigen Bestimmungen nicht.

Gerichtsstand ist Frankfurt am Main.
Frankfurt, den

Georg Simader
Copywrite Literaturagentur

Datum, Ort, Unterschrift des Autors

____

Kontoinhaber
Kontonummer des Autors
Steuernummer des Autors
Bankleitzahl
MwSt-pflichtig? ☐ Ja / ☐ Nein
Falls ja, bitte Prozentsatz angeben

Kolumnen schreiben
Plots im historischen Roman
literarisches Erinnern
Prinzip Maus
Basiskurse Erzählen: Stil, Perspektive, Dialoge
Hörspiel
Beruf „Autor“
Literaturkritik
Schreiben lernen am Beispiel Philipp Roth
Wolfenbütteler Übersetzergespräche
Lese- und Auftrittstraining
Jahrestagung des VdÜ
Wie man besser lektoriert
Werkstatt biografischer Roman
Phantastische Literatur schreiben
Bundesakademie
für kulturelle Bildung
Wolfenbüttel
www.bundesakademie.de | post@bundesakademie.de
05331.808-417 | Postfach 1140 | 38281 Wolfenbüttel
© Foto:Peter Larisch, Braunschweig

Schreiben fürs Theater

6

oder auch „Gebt Ihr ein Stück, so gebt es gleich in Stücken!“

Kapitelbeitrag von Christine Hegenbart

BEITRÄGE

INTERVIEWS

ADRESSEN UND INFORMATIONEN

Beitrag von Christine Hegenbart

Schreiben fürs Theater

„Theaterautoren sind oft seltsame, traurige, dann wieder träumende, hin und wieder begeisterte Zwitterwesen. Sie leben mit einer Hälfte in der Literatur, wollen auch mit den Maßstäben des Literarischen bewertet werden, aber wenn [ihr Werk von einem Theater auf die Bühne gebracht wird], dann merken sie oft, dass sie ganz anders betrachtet werden und dass sie sich einsam dahinverteidigen, wenn sie sich auf [den von ihnen geschriebenen Text berufen].
Viele halten das nicht aus und geben auf. Andere machen weiter. Und vielleicht kann man so unterscheiden: Die Literaturdramatiker geben eher auf, und die Betriebsdramatiker machen eher weiter – vielleicht, weil sie mit einem ihrer Zwitterbeine mehr im Theater stecken und wissen, welche Wunder das Theater manchmal bewirken kann. Dass es nicht nur zerstören, nein, dass es auch zaubern kann. Dass es die Buchstaben fliegen und leben lassen kann! In vollkommen andere Richtungen manchmal als auf dem Papier, und ich selbst habe diese Zaubermomente im Theater erlebt."

Moritz Rinke, Theaterautor

Mit dem Beruf Dramatiker/Dramatikerin sind von jeher romantische Vorstellungen verbunden – obwohl „TheaterautorIn" objektiv betrachtet kein Traumberuf ist. Für viele ist er jedoch eine Leidenschaft, so auch für Katharina Schlender, Andreas Sauter und Rolf Kemnitzer. In einem Interview berichten die drei, wie es ihnen als Stückeschreiber geht und welche Erfahrungen sie bislang in diesem Beruf gesammelt haben.
Für StückeschreiberInnen sind Theaterverlage wichtige Partner. Theaterverlage arbeiten ähnlich wie Agenturen und übernehmen für gewöhnlich die Vertragsverhandlungen mit den Theatern. Über die Arbeit eines Theaterverlags berichtet Marion Victor, Lektorin des *Verlags der Autoren*.
Jan Ehrhardt informiert über die „Regelsammlung Bühne", an der sich die Verträge zwischen Verlagen und Bühnen orientieren. Hier geht es um die Aufführungstantiemen, also darum, wie viel die Theater von ihren Einnahmen an AutorIn und Verlag abgeben müssen.

Verlage und Theater suchen „händeringend" nach guten Stücken. Doch was ist ein gutes Stück? Tobias Philippen, Lektor, Dramaturg und Verlagsgründer, meint: „Mich begeistert oder inspiriert [ein Stück] nicht in dem Sinne, dass unbedingt meine eigene Lebenswirklichkeit verhandelt werden muss, sondern eher in der Weise, dass etwas daran – Figuren, Stimmungen, Situationen, eine Sprache, ein Thema – mich trifft und nachhaltig beschäftigt." Für ihn sind gute Dramen solche, „die etwas in die Waagschale werfen, indem sie aktuelle Themen diskutieren oder politisch Stellung beziehen." Für den Lektor Nils Tabert vom Rowohlt Theater Verlag ist das zentrale Kriterium die Sprache. Zwar seien Figuren, Handlung und Dramaturgie ebenfalls wichtig, sie träten „aber in den Hintergrund, wenn die Sprache nicht verfängt, wenn sie ohne Klang und Rhythmus bleibt oder, das andere Extrem, Kunst mit riesengroßem K schreibt." Die Texte müssten „eine ganz eigene Stimme haben, ihren eigenen souveränen Sound".
Damit ein Stück aber überhaupt „funktioniert" und spielbar ist, muss es handwerklich solide gearbeitet sein. Die formale Qualität der Stücke sei – so die einhellige Meinung von Lektorinnen und Kritikern – in den letzten Jahren stark gestiegen. Wahrscheinlich liegt das an den Hochschulen und deren Lehrangeboten. Auch Workshops verhelfen zu

professionelleren Texten. Wir stellen Ihnen in diesem Kapitel die wichtigsten Aus- und Fortbildungsangebote vor.

Obwohl viele Stücke gut „gearbeitet" sind, kommt wenig Begeisterung auf, wenn von ihnen die Rede ist. Der jungen deutschen Dramatik fehle die „Welthaltigkeit", wird moniert. „Welthaltigkeit" meint die großen Figuren und Themen, die unbedingte Zeitgenossenschaft und selbstverständlich die Relevanz. Den zeitgenössischen Theaterstücken mangle es an szenischer Fantasie, sprachlicher Eigenständigkeit und der Dringlichkeit der verhandelten Themen.
Hinter dieser Diskussion über die Welthaltigkeit von Stücken erkennt man die Legitimationskrise des heutigen Theaters. Theaterkritiker Nikolaus Merck beschreibt sie mit folgenden Worten: „Das Theater hat seine einstige Monopolstellung eingebüßt. Drama und Handlung, große Gefühle, Worte und Gesten sind überall. Und sei es als Surrogat in den Vorabendserien. Unter den Bildmedien nimmt Theater nur noch eine marginale Position ein. Seine Kunst macht keine Skandale mehr, erregt kaum noch Aufsehen und bringt nur noch selten ins Gespräch."
Wirft man einen Blick auf die Spielpläne deutscher Theater, findet man auf den großen Bühnen die üblichen Verdächtigen: Gespielt werden die Dramen von Shakespeare, Schiller und Goethe nebst anderen Klassikern von diversen alten Griechen sowie die Theater-Evergreens von Thomas Bernhard. Auch der Anteil an Film- bzw. Romanadaptionen und Projekten, die ohne Theatertext auskommen, hat zugenommen. Die neue deutsche Dramatik ist in den großen Häusern nur selten zu sehen. Sie wurde auf die kleineren Bühnen verbannt. Die meisten Stücke, die dort aufgeführt werden, sind Uraufführungen – denn diese ziehen das überregionale Medieninteresse auf sich und verschaffen den IntendantInnen Prestige. Nach der Uraufführung werden die Stücke allerdings nur selten an einem anderen Theater nachgespielt. So erreicht jedes Stück nur wenige ZuschauerInnen. Für die AutorInnen heißt das: Ebbe im Geldbeutel.

In der Theaterszene wird der Ruf nach mehr Hausautorenstellen, die DramatikerInnen ein festes Einkommen sichern könnten, immer lauter. Doch diese Stellen sind immer noch rar, wie die Zusammenstellung in diesem Kapitel zeigt. Außerdem sind derartige Posten mit Verpflichtungen und Einschränkungen verbunden. Denn die Hausautorenschaft geht mit einer festen Anbindung an ein Theater einher, einer Bindung auf Zeit, die viel Flexibilität und Mobilität von den AutorInnen verlangt – und natürlich die Fähigkeit, Kontakte zu knüpfen und zu halten.
Persönliche Kontakte sind – wie überall – auch in der Theaterwelt entscheidend. Zwar werden unaufgefordert an die Theater eingeschickte Stücke von den DramaturgInnen durchaus gelesen oder zumindest angelesen. Persönlich auf sich aufmerksam zu machen, das Gespräch mit Dramaturginnen und Regisseuren zu suchen und zu netzwerken ist oft Erfolg versprechender.
Besonders gut klappt das bei den diversen Autorentagen, szenischen Lesungen und Festivals, die es hierzulande gibt. Nutzen Sie diese Gelegenheiten, um sich und Ihre Texte ins rechte Licht zu setzen und andere Theaterschaffende kennenzulernen. Wir stellen Ihnen einige Veranstaltungen vor.

Interview mit Marion Victor

Der fatale Ruf nach Frischfleisch

Marion Victor ist Lektorin und Geschäftsführerin des „Verlags der Autoren". Der in Frankfurt beheimatete Verlag vertritt die Werke von mehr als 300 AutorInnen und ÜbersetzerInnen. Die Werke – das sind bisher: über 1000 Theaterstücke, 700 Hörspiele und 500 Drehbücher. Der „Verlag der Autoren" (www.verlagderautoren.de) zählt zu den großen Theater- und Medienagenturen Deutschlands.

› *Wie suchen und finden Sie neue Stücke und neue Autorinnen und Autoren für Ihren Verlag? Oder: Wie können AutorInnen von Ihnen gefunden werden?*
Zum einen schicken uns Autoren unverlangt ihre Manuskripte, die wir lesen und begutachten. Vieles läuft aber auch über persönliche Kontakte: Oft ist es so, dass einer unserer Autoren uns auf einen unbekannten Autor aufmerksam macht, dessen Arbeiten er kennengelernt hat. Oder wir Lektoren gehen selbst zu Workshops, Theaterfestivals oder ähnlichen Veranstaltungen und schauen uns dort nach neuen Talenten um.

› *Wie gehen Sie mit unaufgefordert eingesandten Stücken um?*
Im Jahr erhalten wir etwa 500 Manuskripte. Zunächst lesen die Anfänger sie. Die für gut befundenen Manuskripte gehen innerhalb des Verlags in die nächste Runde. Hält die betreffende Lektorin das Manuskript für interessant, lesen wir es im Lektorat alle. Das sind die Hürden innerhalb unseres Verlages, die ein Manuskript nehmen muss.

› *Erfahren die Autorinnen und Autoren der abgelehnten Stücke, was ihren Werken fehlt?*
Ja, das erfahren sie immer. Wir begründen unsere Absagen. Nicht nur: „Das passt nicht in unser Programm" – diese Antwort ist nicht die Regel.

› *Nach welchen Kriterien sichten Sie die Stücke?*
Die Sprache spielt die vielleicht wichtigste Rolle. Gerade bei unaufgefordert eingesandten Stücken achten wir besonders darauf, ob eine Autorin eine Sprache hat, die uns packt und einen Sog entwickelt. Dann folgt die Frage nach der Form: Inwiefern ist sie in sich schlüssig und gebaut? Das heißt nicht, dass wir von den Autorinnen und Autoren ein klassisches Drama mit fünf Akten erwarten.

› *Woran erkennen Sie ein gutes Stück?*
Es ist sehr schwierig zu sagen oder zu formulieren, was ein gutes Stück ausmacht. Die wichtigsten Kriterien sind jedoch, dass der Autor über eine individuelle Sprache verfügt und etwas Essenzielles zu sagen hat. Man misst das Stück an dem, was es will.
Theater ist eine Kunst, die vieler Leute bedarf. Sie setzt normalerweise eine Riesenmaschinerie in Gang: Schauspielerinnen und Regisseure, Bühnenbildner, Kostümbildnerinnen, Garderobieren, Techniker und so weiter. Um diesen ganzen Apparat in Bewegung zu setzen, muss der Text wirklich eine Dringlichkeit haben und eine Notwendigkeit.

› *Sie sind auch Dramaturgin, sehen Sie das Stück auch auf Ihrer „inneren Bühne"?*
Sicher. Es ist wichtig, den Text nicht nur als einen literarischen zu lesen, sondern auch auf seine Bühnentauglichkeit hin. Man muss sich vorstellen können, dass er im Raum funktioniert. Und das sollte ein Autor auch beim Schreiben mit bedenken.

› *Wenn Sie ein Stück eines Autors angenommen haben, akzeptieren Sie dann automatisch jedes weitere Werk von ihm oder ihr?*
Bei der Annahme eines Stückes haben wir die Absicht, den Autor zu halten und nicht nur ein Stück anzunehmen. Es gehört zu unserem Selbstverständnis, junge Autorinnen und Autoren zu entdecken, zu betreuen und zu fördern. Deshalb sagen wir nicht, wir nehmen ein Stück an, sondern wir nehmen eine Autorin, einen Autor an. Die Wahrscheinlichkeit, dass wir uns dann auch für das zweite Stück entscheiden, ist sehr groß.

› *Geben Sie Ihren AutorInnen konkrete Anregungen für neue Stücke?*
Wir geben keine Vorgaben, was Inhalt und Form eines Stückes betrifft. Aber je nachdem, wie eng die Beziehung zu einem Autor ist, kann es in Gesprächen schon zu derartigen Anregungen kommen.
Manchmal wird man durch Anfragen von Theatern auf ein Thema aufmerksam. Ich habe selbst zweimal solche Projekte gemacht. Bei der Vergabe von derartigen Auftragsstücken überlegt man, welchem Autor dieses Thema am ehesten liegen könnte. Aber solche Fälle sind doch eher selten.

› *Wie sieht Ihre Arbeit mit den Autorinnen und Autoren aus?*
Das variiert von Mensch zu Mensch. Der eine muss kontinuierlich begleitet werden und benötigt viel Betreuung und Aufmerksamkeit, der andere nicht. Als Lektoren leisten wir Hilfestellungen und beraten, geben konstruktives Feedback.

› *Was steht in einem Vertrag zwischen AutorIn und Verlag?*
Im Vertrag wird einerseits das Vertragsgebiet festgelegt, das heißt, ob der Verlag das Stück nur für die deutschsprachigen Länder vertritt oder weltweit. Andererseits werden auch die Nutzungsrechte geregelt. Beispielsweise erwirbt der *Verlag der Autoren* nicht die Publikationsrechte, sondern nur die Aufführungsrechte der Stücke. Darüber hinaus verpflichten wir uns in dem Vertrag, alles Mögliche zu tun, damit das Werk aufgeführt und möglichst international durchgesetzt wird. Auch regelt der Vertrag, nach welchen Modalitäten abgerechnet und wie der Tantieme-Kuchen geteilt wird: Üblicherweise erhält der Verlag für seine Arbeit eine Provision von der eingehenden Tantieme im Theater in Höhe von 25 Prozent, und es wird alle drei Monate abgerechnet.

› *Wie viel verdient ein Autor Ihres Verlages durchschnittlich an einem Stück?*
Was ein Autor mit einem Stück verdient, hängt sehr stark davon ab, wo und wie oft sein Stück aufgeführt wird. Die Theater sind vom *Deutschen Bühnenverein* in sieben beziehungsweise acht Kategorien eingeteilt. Sieben bei den staatlichen und subventionierten Häusern, und dann kommen noch die freien Häuser dazu. Bei den freien und privaten Theatern gehen zehn Prozent der Kasseneinnahmen an den Autor. Bei den größeren Bühnen hat das Theater eine Abgabe pro Besucher zu zahlen, die sich in der Höhe nach dem künstlerischen Etat des Theaters richtet. Je größer die Bühne ist, je erfolgreicher das Stück, desto mehr verdient der Autor. Der Verdienst eines Autors ist also vollkommen abhängig vom Erfolg seiner Stücke.

› *Nach Vertragsabschluss liegen die Rechte an einem Stück beim Verlag. Kann ein Autor in bestimmten Klauseln Bedingungen stellen – beispielsweise dass nichts gestrichen und der Nebentext nicht ignoriert wird?*
Das kann der Autor machen, aber das würden wir ihm nicht empfehlen. Natürlich müssen wir darauf achten, dass die Stücke nicht entstellt werden. Es dürfen grundsätzlich keine Texte hinzugefügt, ihre Struktur darf nicht verändert werden. Das ist eine komplizierte Frage, die im Zweifel von Fall zu Fall entschieden werden muss. Eine Inszenierung ist ein zusammengesetztes Kunstwerk. Auf der einen Seite gibt es den Text, auf der anderen die Inszenierung beziehungsweise das Urheberrecht des Regisseurs. Früher war es so, dass das Recht des Autors stärker bewertet wurde als das des Regisseurs, aber das hat sich umgekehrt. Heute geht es darum, die richtige Balance zu finden. Es ist auch wichtig, dass wir für das Stück den richtigen Regisseur am richtigen Haus finden, damit einigermaßen gewährleistet ist, dass der Autor mit der Inszenierung zufrieden ist. Aber natürlich kann man dafür keine Gewährleistung übernehmen, das geht nicht, weil einfach auch Regiefehler passieren. Und Dummheit ist nicht justiziabel.

› *Wie bringen Sie die Stücke an das Theater und damit auf die Bühne?*
Wir, die Lektorinnen und Lektoren in den Theaterverlagen, übernehmen – anders als in den Buchverlagen – auch den Vertrieb der Stücke. Kontakte sind dabei das A und O. Wir kennen sehr viele Dramaturgen, Intendanten und Regisseure. Wir überlegen uns, für wen welches Stück das richtige sein könnte. Dabei ist es entscheidend, dass wir die Ensembles und die Spielstätten kennen. Wir fahren sehr viel herum und suchen das direkte Gespräch mit den Theaterschaffenden. Sehr viel passiert aber auch am Telefon. Darüber hinaus produzieren und versenden wir regelmäßig Theaterbroschüren, in denen wir die neuen Stücke vorstellen. Alle vier bis fünf Wochen schicken wir einen Newsletter mit Neuigkeiten an die Theater.

› *Der Werkstatistik zufolge betrug 2007/08 der Anteil von ur- und erstaufgeführten Werken an den Spielplänen der Bühnen in Deutschland, Österreich und der Schweiz 16 Prozent. Woran liegt es Ihrer Meinung nach, dass zeitgenössische Stücke zum großen Teil so schnell wieder von den Spielplänen verschwinden?*
Auf der einen Seite werden Stücke uraufgeführt, weil die Uraufführung die Aufmerksamkeit der Presse auf das Theater und die Theatermacher lenkt, was deren Karriere fördert. Die zeitgenössischen Autorinnen und Autoren werden dabei – manchmal kann man sich des Eindrucks nicht erwehren – verheizt. Dieser Ruf nach „Frischfleisch" ist fatal! Denn was das Publikum betrifft, glaube ich, dass es fast keine Rolle spielt, ob es sich um eine Uraufführung handelt oder nicht.
Auf der anderen Seite vermissen die Theater – und das ist nicht ganz von der Hand zu weisen – in der zeitgenössischen Dramatik oft die „Welthaltigkeit". Daher spielen sie häufig Bearbeitungen von großen Romanen und Filmen sowie Klassiker.

› *Wie versuchen Sie dem entgegenzuwirken?*
Wie bringen jährlich ungefähr 40 neue Stücke heraus. Wir versuchen vor allem durch die Auswahl der Stücke und ein sorgfältiges Lektorat zu vermeiden, dass ein Text lediglich

uraufgeführt wird und anschließend von der Bühne verschwindet. Ein Stück soll nachgespielt werden und Eingang ins Repertoire finden – das ist die größte Anstrengung. Denn erst dann kann ein Autor wirklich davon leben – von einer Uraufführung kann er das nicht.

› *Hat ein Autor ohne Theaterverlag eine Chance, gespielt zu werden und mit seinem Stück Geld zu verdienen?*
Das glaube ich nicht, das wird schwierig. In Deutschland wird traditionell der Kontakt zwischen Theatern und den Autoren über die Theaterverlage vermittelt.

› *Welche Tipps haben Sie für junge oder auch nicht mehr ganz so junge Autorinnen und Autoren, die ihre Stücke gerne auf die Bühne bringen würden?*
Gute Stücke schreiben! Mit einem guten Stück findet man auch einen Verlag und das setzt sich durch.

› *Interview: Christine Hegenbart*

Gespräch mit Katharina Schlender, Andreas Sauter und Rolf Kemnitzer

Leidenschaft und Leidensfähigkeit

Rolf Kemnitzer, geboren 1964 im bayerischen Lengenfeld, studierte Regie an der Ulmer Theaterakademie und lebt als Regisseur und Autor in Berlin. Er erhielt verschiedene Stipendien und Preise. Mit dem Stück „Die Herzschrittmacherin" wurde er 1998 zu den Autorentheatertagen in Hannover eingeladen.

Andreas Sauter, geboren 1974 in Zürich, lebt in Berlin. Er ist freischaffender Autor und Regisseur für Theater, Hörspiele und Film und studierte an der Universität der Künste (UdK) in Berlin Szenisches Schreiben. Seit zehn Jahren schreibt Andreas Sauter auch im Duo mit Bernhard Studlar, mit dem er 2000 für „A. ist eine Andere" den Kleist-Förderpreis für junge Dramatik erhielt. Andreas Sauter war Jurymitglied des Jugendtheaterpreises Baden-Württemberg 2010.

Katharina Schlender, geboren 1977 in Neubrandenburg, studierte ebenfalls Szenisches Schreiben an der UdK. Sie lebt und arbeitet als freie Autorin in Berlin. Neben verschiedenen Stipendien erhielt Schlender Theaterpreise wie den Kleist-Förderpreis (2001) und den Autorenpreis des Heidelberger Stückemarkts (2003).

Katharina Schlender, Andreas Sauter und Rolf Kemnitzer gründeten 2007 die Autoreninitiative „BattleAutor" und verfassten „10 Wünsche für ein künftiges Autorentheater". Darin formulieren sie konkrete Vorschläge zur Verbesserung der Arbeitsbedingungen von zeitgenössischen Autorinnen und Autoren und rufen zur Solidarisierung auf. Bis heute haben sich fast 200 Personen dem Aufruf angeschlossen. Die „10 Wünsche" haben Diskussionen, Berichte, Umfragen und Interviews nach sich gezogen und die Probleme von TheaterautorInnen ins Bewusstsein der Theateröffentlichkeit gerückt. Die „BattleAutoren" haben so einen Dialog angestoßen: über festgefahrene Strukturen im deutschen Theatersystem und die Probleme der DramatikerInnen. Oft wird in der Öffentlichkeit die mangelnde Qualität zeitgenössischer Dramatik moniert – die „BattleAutoren" fragen, unter welchen Bedingungen ein besseres Theater möglich wäre, und kämpfen für diese Veränderungen. An dem von ihnen begründeten Berliner „DramaTisch" treffen sich jeden Monat Autoren, Dramaturginnen und Regisseure. Dort entstanden auch die Ideen zum Berliner Autorenfestival „DramaTischTage" und zum Symposium zur Zukunft zeitgenössischer Dramatik „Schleudergang – Neue Dramatik". Beide Veranstaltungen wurden 2009 realisiert.
Mehr Informationen unter www.battle-autoren.de.

› *Ihr habt 2007 die Autoreninitiative „BattleAutor" ins Leben gerufen. Wie kam es dazu und was wollt ihr konkret erreichen?*

Katharina Schlender: Seit Jahren gibt es scheinbar einen Boom neuer Stücke auf deutschen Bühnen. In immer weniger Tagen immer mehr Uraufführungen zu stemmen, wurde ein Trendsport für Intendanten nach dem Motto: „Schöner Theater machen heißt schneller produzieren und schneller spielen!" So wollen die Intendanten die Aufmerksamkeit der überregionalen Presse auf sich ziehen und sich selber profilieren. Auf die negativen Auswirkungen dieses Trends für die Autoren wollen wir aufmerksam machen.

Rolf Kemnitzer: Die Honorare für Stückaufträge, Ur- und Erstaufführungen sind im Keller. Die zusätzlichen Tantiemen für ein uraufgeführtes Stück sind meist sehr gering, da es oft nur auf kleinen Bühnen und nur an wenigen Aufführungsterminen gespielt wird. Dabei sind diese Einnahmen oft alles, was ein Autor mit einem Stück verdienen kann, denn meist werden sie nicht nachgespielt. Aber es ist nicht nur der finanzielle Aspekt: Durch diese nahezu groteske Zahl an Uraufführungen leidet auch die Qualität der Inszenierungen.
Andreas Sauter: Wir sind der Überzeugung, dass es notwendig ist, wieder ins Gespräch zu kommen: Das zeitgenössische Theater wird es nicht überleben, wenn wir nicht anfangen, unter Theaterschaffenden aller Sparten einen Dialog zu führen – über das, wo man steht und das, wo man hin will. Es fehlt eine nachhaltige Zusammenarbeit, ein konstruktiver Ideenaustausch. Darauf haben wir mit unserer Initiative nun aufmerksam gemacht. Die Frage ist jetzt nur: Wird sich etwas ändern? Und da bin ich mir noch nicht so sicher.

› *In eurem Aufruf „10 Wünsche an ein künftiges Autorentheater" wendet ihr euch gegen die „Uraufführungssucht". Auch aus der aktuellen Statistik des deutschen Bühnenvereins geht hervor, dass die Zahl der Uraufführungen wieder gestiegen ist.*
Andreas Sauter: Es ist ja nicht so, dass wir nur sagen, wir wollen weniger Uraufführungen. Wir wollen vor allem mehr Nachspiele, mehr Substanz, mehr Qualität. Wir wollen besseres Theater! Die Arbeitsbedingungen für Autoren sind momentan so, dass man mindestens vier Stücke in einem Jahr schreiben muss, um zu überleben. Was das für die Qualität bedeutet, kann sich jeder vorstellen.
Rolf Kemnitzer: Wenn man den Dramaturgen und Regisseuren sagt, dass der Text des Stücks, das eben gelaufen ist, schlechter sei als eine *Bravo*-Foto-Lovestory, dann erschrecken sie.
Katharina Schlender: Die Frage ist, ob sich die Theater einen Gefallen tun, wenn sie in jeder Spielzeit zehn Uraufführungen auf die Bühne bringen. Wäre es nicht klüger, fünf Uraufführungen zu machen und diese fünf doppelt so gut zu bezahlen, damit ein besseres Stück dabei herauskommt? Es ist kein Wunder, wenn gesagt wird, die zeitgenössischen Texte seien so schwach – den Autoren mangelt es schlichtweg an Zeit, um gute Stücke zu schreiben!

› *Wie seid ihr zum Theater gekommen?*
Andreas Sauter: Ich habe mich schon immer für das Theater interessiert und mich als Schauspieler und Regisseur mit dem Theater aktiv beschäftigt. Irgendwann habe ich nach einem zeitgenössischen Stück gesucht, das mir gefällt – als ich keins fand, beschloss ich, selbst eins zu schreiben. Und so bin ich da hineingeraten.
Katharina Schlender: Ich glaube, zum Theater, zum Schreiben, „kommt" man nicht. Eine Autorin schreibt, weil sie schreiben muss, weil es ihre genuine Ausdrucksform ist. Und auch beim Schreiben gibt es ein Handwerkszeug, daher habe ich in Berlin Szenisches Schreiben studiert. Doch eigentlich waren die vier Jahre Studium eher eine Suche. Die Suche danach, wie man schreiben will. Man hat Zeit, seine eigene Sprache zu finden, seinen Stil und seine Richtung.

Rolf Kemnitzer: Ich habe Regie an der Theaterakademie Ulm studiert und danach als Regisseur, Schauspieler und Dramaturg gearbeitet. Die Arbeitsbedingungen für einen jungen Regisseur an den Theatern waren so kunstfeindlich, dass ich immer die Autonomie jenseits der Institutionen gesucht habe, und das hat mich dann auch dazu gebracht, das Schreiben zu intensivieren.

› *Wie ist euer erstes Stück auf die Bühne gekommen?*
Rolf Kemnitzer: Bei meinem Theaterdebüt ging alles sehr schnell: Zwei Monate nachdem ich das Manuskript von *Der Herzschrittmacher* an den Verlag geschickt hatte, wurde das Stück durch das Staatsschauspiel Dresden uraufgeführt. Das war wirklich ein Glücksfall. Sie hatten in ihrem Spielplan gerade Platz und haben das Stück dann sofort inszeniert. Das war eine gute Erfahrung. Ich dachte, das geht jetzt immer so. Normalerweise dauert das Ganze länger.
Katharina Schlender: Mein erstes Stück *Harmonika hin – Liebe her* wurde in Potsdam uraufgeführt. Das lief über die dortige Dramaturgin, die ein Freund von mir kannte. Ich habe es direkt beim Theater eingereicht. Dort hat es erst mal niemanden sonderlich interessiert, da die Theater mit Texten wahrlich überhäuft werden. Der Regisseur hat immer wieder in den Stücken herumgeblättert und ist an meinem Text hängengeblieben. Er hat es zu Ende gelesen und gesagt: „Das mache ich."

› *Um als TheaterautorIn Erfolg zu haben, zählt also nicht nur Können, sondern auch Glück?*
Rolf Kemnitzer: Und natürlich Beziehungen. Ein Freund von mir hat es so formuliert: 95 Prozent läuft über Beziehungen und 5 Prozent der Stücke sind so gut, dass kein Dramaturg dran vorbei kommt.

› *Nun seid ihr alle schon seit mehreren Jahren im Theatergeschäft. Wie sieht eure momentane Bilanz aus – wie viele eurer Stücke wurden uraufgeführt und wie oft wurden sie nachgespielt?*
Katharina Schlender: Viele meiner Stücke wurden uraufgeführt, aber Neuinszenierungen gab es nur wenige: Ich habe bisher ungefähr 20 Stücke geschrieben, davon sind 16 beim *henschel SCHAUSPIEL Theaterverlag Berlin* und ein Stück bei *Whale Songs* in Hamburg. Von den 17 Stücken, die beim Verlag sind, wurden bisher 16 Stücke uraufgeführt. Vier davon wurden auch nachgespielt. Drei Stücke sind zur UA frei.
Rolf Kemnitzer: Was Katharina beschreibt, ist das Normale: dass ein Stück einmal gespielt wird und wenn man Glück hat, noch ein zweites Mal. Und so ist es auch bei mir. Selbst bei Autoren, die bekannter sind als ich, ist es häufig der Fall, dass ihre Texte nur eine einzige Inszenierung bekommen. Jene Autoren, die „Themenstücke" schreiben, also zum Beispiel zum Thema Arbeitslosigkeit oder Rechtsradikalismus einen Text liefern, haben es leichter, aufgeführt und nachgespielt zu werden als die Autoren, die solche aktuellen Dramaturgen-Themen kalt lassen und lieber „ihr Ding machen".
Andreas Sauter: Bei mir sind es zwei Stücke, die ganz gut gelaufen sind. Beide habe ich zusammen mit Bernhard Studlar geschrieben. *A. ist eine Andere* wurde zwölf oder dreizehn Mal inszeniert. Es wurde auch übersetzt und im Ausland gespielt. Mit so einem Erfolg kann man auch in Ruhe ein zweites und drittes Stück schreiben, weil man davon

leben kann. Auch sehr erfolgreich war das Weihnachtsstück *Rote Kometen:* Es wurde in zwei Spielzeiten in Oldenburg um die 30 Mal vor ausverkauftem Haus aufgeführt. Das ist ein tolles Gefühl, weil das Publikum über den Erfolg entschieden hat. In den Momenten, wenn es so läuft, macht der Beruf Spaß, und man erkennt, dass so das System gedacht ist. Doch meist ist es eben so, dass man sich freuen muss, wenn ein Stück ein zweites Mal inszeniert wird. So war es auch bei meinen Einzelstücken. Ich habe vier Stücke geschrieben, die wurden insgesamt sechsmal inszeniert. Das letzte ist noch zur Uraufführung frei.

› *Könnt ihr von eurem Verdienst als Theaterautoren leben?*
Rolf Kemnitzer: Ich mache noch andere Dinge nebenher. Bei mir haben diese idealerweise auch mit Theater zu tun. So machen es die meisten Autoren. Selbst Marius von Mayenburg, ein „Theater-Promi", arbeitet als Dramaturg. Das ist also kein Los von weniger bekannten Autoren, sondern auch die bekannteren würden auf dem Zahnfleisch kriechen, wenn sie von den Tantiemen allein leben wollten. Theaterautoren sind die Verlierer in einem System, das die Autoren wesentlich schlechter bezahlt als Regisseure oder andere Theaterschaffende. Sie sind die Einzigen, die nicht an den Subventionen des Theaters beteiligt werden.
Andreas Sauter: Ich mache den Beruf jetzt seit zehn Jahren und konnte meist von meinen Stücken allein nicht leben, die vorhin genannten ausgenommen. Ich finanziere mich durch Stipendien und Werkbeiträge.
Katharina Schlender: Bei mir ist es ähnlich: Es ist ein Hangeln von Stück zu Stück, von Förderung zu Förderung. Und das ist ja schon die gute Seite, der Luxus. Die meisten der Autoren finanzieren sich durch Kellnern oder sind Hartz-IV-Empfänger. Wenn man irgendwie davon leben kann, ist das schon ein Erfolg.

› *Wie viel verdient man durchschnittlich mit einem Stück? Wie hoch sind die Tantiemen?*
Rolf Kemnitzer: Zunächst einmal gibt es eine Uraufführungsprämie, die mindestens zwischen 4000 und 6000 Euro liegen sollte, aber gerade bei weniger bekannten Autoren niedriger liegt. Bei der Uraufführungsprämie ist der Marktwert des Autors entscheidend. Wenn man bereits einen Namen hat, dann verdient man logischerweise mehr. Wenn man noch sehr unbekannt ist, gehen die Theater davon aus, dass die Autoren froh sein müssten, gespielt zu werden, und versuchen, sich um die Uraufführungsprämien zu drücken.
Katharina Schlender: Bei mir lagen die Uraufführungsprämien bisher zwischen 1500 und 2500 Euro.
Andreas Sauter: Aber nicht nur die Uraufführungsprämien schwanken sehr stark, sondern auch die Tantiemen. Oft wird auf Studiobühnen gespielt mit bis zu 99 Plätzen. Da bekommt man als Autor pro Abend zwischen 80 und 150 Euro. Bei einer mittleren Bühne mit rund 300 Plätzen können es bei ausverkaufter Vorstellung bis zu 350 Euro sein. Zudem ist es ein großer Unterschied, ob das Stück in namhaften Theatern, zum Beispiel in Wien, oder in einem weniger prestigeträchtigen Theater wie in Bielefeld gespielt wird. Im Burg- oder Akademietheater kann man als Autor am Abend bis zu 1000 Euro verdienen. Da ist es dann egal, ob es eine große oder kleine Bühne ist.

Katharina Schlender: Ich habe zum Beispiel letztes Jahr für ein Erwachsenenstück in der Probebühne eines Off-Theaters, das neunmal gespielt worden ist, 1875 Euro bekommen. Und für ein Kindertheaterstück, das in einem großen Haus 25 Mal gespielt wurde, 1131 Euro.

› *Wie kommt man an Stipendien?*
Katharina Schlender: Auf die Stipendien bewirbt man sich in der Regel mit Textmaterial: mit einem Exposé und mit der Vita. Die ist für Stipendien meines Wissens am wichtigsten. Und eine eigene Handschrift in den Stücken ist auch nicht schlecht.
Rolf Kemnitzer: Wenn man ein Stipendium bekommen hat, dann fängt das Karussell an, sich zu drehen, dann ist es einfacher. Wenn man einmal aufgesprungen ist, geht es meist weiter. Wenn man gar keine Uraufführungen und Preise vorzuweisen hat, ist es allerdings schwierig, ein Stipendium zu bekommen.
Andreas Sauter: Bei Preisen läuft das Ganze etwas anders. Vor allem wenn die Wettbewerbe anonym laufen. Dann geht es vor allem um die Qualität. Aber man muss nicht nur gute Stücke schreiben, sondern man braucht vor allem Glück, um einem Preis zu gewinnen: Man muss zum richtigen Zeitpunkt mit dem richtigen Stück am richtigen Ort sein.

› *Andreas, du bist aus der Schweiz, wie fördert die Schweiz ihre DramatikerInnen?*
Andreas Sauter: Unsere Kulturpolitik ist in puncto Autorenförderung einfach spitze: Das Förderungssystem bietet den Autorinnen und Autoren sehr gute Bedingungen. Ich lebe seit Jahren von Stipendien beziehungsweise stocke durch diese Mittel das auf, was ich mit den Stücken und Hörspielen verdiene. Ohne diese Stipendien wäre es schwierig. Ich schreibe sehr langsam. Manchmal brauche ich ein oder zwei Jahre für ein Stück.

› *Ihr seid alle bei einem Verlag unter Vertrag. Wie sieht die Zusammenarbeit mit dem Verlag aus und welche Vorteile habt ihr dadurch?*
Andreas Sauter: Es gibt ja unterschiedliche Erwartungen, die ein Autor an einen Verlag hat. Ich habe den Verlag gerade gewechselt. Die gemeinsame Zusammenarbeit hat nicht mehr funktioniert, besonders was den inhaltlichen Dialog über die Stücke betraf. Mir als Autor ist es am wichtigsten, dass man in einem Verlag ein Gegenüber hat, mit dem eine inhaltliche Auseinandersetzung stattfindet. Und gleichzeitig hat man einen Partner, einen Geschäftspartner, der die Vertragsverhandlungen und dergleichen übernimmt. Es gibt im Theaterbereich keine standardisierten Verträge. Es gibt zwar Regeln, aber mit jedem Vertrag wird der Marktwert neu verhandelt.
Katharina Schlender: Es hat auf alle Fälle Vorteile, einen Verlag hinter sich zu wissen. Wenn man inhaltlich mit einem Theater arbeitet, will man nicht immer in Gelddebatten verwickelt werden. Darüber hinaus macht der Verlag Werbung für mich als Autorin und bemüht sich, meine Texte unter die Leute zu bringen.
Rolf Kemnitzer: Die meisten Autoren, die ich kenne, sind eher unzufrieden mit dem Lektorat – auch wenn ich schon Positives erlebt habe. Der Schwerpunkt liegt meist auf dem Marketing. Dabei gibt es Unterschiede zwischen Agenturen und Verlagen. Agenturen arbeiten mit dem Autor gar nicht mehr am Text, sie bieten also kein Lektorat an. Sie machen ihren Stempel auf den Text und vermarkten ihn.

› *Habt ihr Ratschläge für Menschen, die von einer Zukunft als TheaterautorIn träumen?*
Rolf Kemnitzer: Zuerst einmal kann ich empfehlen, kein Autor zu werden. Und wenn man das Problem hat, dass man doch Dramatiker sein will, dann sollte man sich bestmöglich mit einem Intendanten oder Dramaturgen befreunden. Wichtig sind Leidenschaft und Leidensfähigkeit. Es geht dabei nicht um die viel beschworene Kreativität, die aus Leiden entsteht, sondern darum, dass man vorbereitet ist auf die oft nicht einfachen Bedingungen als Autor, die die deutsche Theaterlandschaft bietet. Es muss jedem klar sein, dass man als Theaterautor nur sehr selten reich und berühmt wird und schlimmstenfalls für längere Zeit Hartz IV beziehen muss.
Katharina Schlender: Das Niveau auf dem geschrieben wird, ist merklich höher als noch vor zehn Jahren. Sehr viele zeitgenössische Autoren wissen, wie man ein Stück von hoher formaler Qualität schreibt. Doch man sollte nicht Theaterstücke schreiben, weil man es kann, sondern weil man muss, auch wenn sich das sehr romantisch anhört.
Andreas Sauter: Ich kann dem nur zustimmen: Dieser Beruf ist eine Leidenschaft – wenn man damit Geld verdienen will, sollte man einen andern Beruf wählen.

› *Interview: Christine Hegenbart*

Beitrag von Jan Ehrhardt

Die „Regelsammlung Bühne“ in Fragen und Antworten

Eine Einführung für Wortautoren

Die folgenden Fragen und Antworten verschaffen einen ersten Eindruck von Inhalt und Aufbau der „Regelsammlung Bühne“ und ihrer rechtlichen und wirtschaftlichen Bedeutung für Verlage und Autoren. Die Darstellung verfolgt nicht das Ziel, die „Regelsammlung Bühne“ in allen Einzelheiten wiederzugeben und zu erläutern. Der Autor ist geschäftsführender Justiziar des Verbandes Deutscher Bühnen- und Medienverlage e.V., Berlin.

Was ist die „Regelsammlung Bühne“?

Die „Regelsammlung Bühne“ (mit vollem Namen „Regelsammlung Verlage [Vertriebe]/Bühnen“) ist eine Rahmenvereinbarung auf Verbandsebene zwischen dem *Verband Deutscher Bühnen- und Medienverlage* und dem *Deutschen Bühnenverein – Bundesverband der Theater und Orchester* für Aufführungsverträge über Bühnenwerke. Sie betrifft nur das Rechtsverhältnis des Verlages zum Theater und schafft kein originäres Recht des Autors gegenüber dem Theater.

Für wen gilt die „Regelsammlung Bühne“?

Angewandt wird die „Regelsammlung Bühne“ nur bei Aufführungsverträgen, die zwischen den Mitgliedern dieser beiden Verbände abgeschlossen werden. Beim *Deutschen Bühnenverein* sind das die Stadt- und Staatstheater, die Landesbühnen sowie einige Privattheater und Veranstalter. Die Mitgliedsverlage des *Verbandes Deutscher Bühnen- und Medienverlage* sind auf der Verbandswebsite www.buehnenverleger.de zu finden, die Mitglieder des *Deutschen Bühnenvereins* auf www.buehnenverein.de.

Die „Regelsammlung Bühne“ gilt also *nicht*

- für Aufführungsverträge mit Amateurtheatern, Tourneetheatern oder Schulen,
- für Verträge, die der Autor selbst als Rechteinhaber abschließen möchte,
- für Verträge, die der Autor über einen Verlag mit Theatern abschließen möchte, der nicht Mitglied im *Verband Deutscher Bühnen- und Medienverlage* ist.

Welche rechtliche Bedeutung hat die „Regelsammlung Bühne“?

Als die „Regelsammlung Bühne“ Mitte der siebziger Jahre eingeführt wurde, war sie eine bloße Zusammenstellung von branchenüblichen Gepflogenheiten im Geschäftsverkehr zwischen Verlagen und Theatern. Sie war rechtlich nicht verbindlich.

Mit dem 2002 in Kraft getretenen „Gesetz zur Stärkung der vertraglichen Stellung von Urhebern und ausübenden Künstlern“ erhielten alle Worturheber, also auch Bühnenautorinnen und -autoren, einen gesetzlichen Anspruch auf eine „angemessene Vergütung“ ihrer Werke, wenn sie Dritten die Werknutzung erlauben und ihnen die Nutzungsrechte dafür einräumen (§ 32 Urheberrechtsgesetz). Zugleich erhielten „Vereinigungen von Urhebern“ und „Vereinigungen von Werknutzern“ die Möglichkeit, die Angemessenheit der Vergütung in „gemeinsamen Vergütungsregeln“ näher zu bestimmen (§ 36 Urheberrechtsgesetz).

Manche meinen, die „Regelsammlung Bühne“ könne als eine solche gemeinsame Vergütungsregel angesehen werden, obwohl die Sammlung selbst nicht von einer „Vereinigung von Urhebern“ aufgestellt worden ist. Als Argument dient die treuhänderische

Stellung des Bühnenverlages bei der Wahrnehmung der Rechte seiner Autoren. Diese Meinung ist nicht unumstritten. Unstrittig ist, dass mit der Einführung der gemeinsamen Vergütungsregeln zugleich auch bestehende Regelungswerke zu urheberrechtlichen Vergütungsansprüchen anerkannt worden sind.

Welche Bedeutung hat die „Regelsammlung Bühne" für Theaterautoren?

Der Bundesgerichtshof sieht mit Aufführungsverträgen, die auf der Grundlage der „Regelsammlung Bühne" abgeschlossen werden, zugleich den Anspruch des Autors auf angemessene Vergütung für die Einräumung der Nutzungsrechte an den Verlag gewährleistet („Salome III" – Entscheidung vom 13. Januar 2000).
Von den Aufführungstantiemen für Sprachwerke erhält der Autor entsprechend seinem mit dem Verlag geschlossenen Vertrag üblicherweise 75 Prozent, wobei der Verteilungsschlüssel im Einzelfall von diesem Durchschnittswert abweichen kann. Die „Regelsammlung Bühne" garantiert damit dem Autor im Ergebnis – mittelbar – eine Vergütung, die dem Anliegen des Gesetzgebers und der Urheberrechtsreform von 2002 gerecht wird.

Welche Systematik liegt der „Regelsammlung Bühne" zugrunde?

Die „Regelsammlung Bühne" wurde nach mehrjährigen Verhandlungen vollständig neu gefasst und 2005 von beiden Verbänden verabschiedet (sogenannte „Kölner Fassung"). Sie gliedert sich in einen vertragsrechtlichen Teil und in einen Teil, der Art und Umfang verschiedener Nutzungsrechte enthält, die Verlag und Theater im Aufführungsvertrag vereinbaren können. Gegenstand des Aufführungsvertrages ist damit nicht nur das eigentliche (Bühnen-) Aufführungsrecht (§ 19 Absatz 2 zweite Alternative Urheberrechtsgesetz). Dem Theater werden darüber hinaus u.a. das Vervielfältigungsrecht für Aufzeichnungen auf Bild- und/oder Tonträger (§ 16 Urheberrechtsgesetz) sowie das Recht der öffentlichen Zugänglichmachung (insbesondere das „Internet-Recht", § 19a Urheberrechtsgesetz) übertragen, soweit diese Rechte beim Verlag liegen und er hierüber verfügen darf. Ebenfalls geregelt sind die Übertitelung von Bühnenwerken und die öffentliche Wahrnehmbarmachung von Bühnenaufführungen. Für das sogenannte „Public Viewing" mit „Event-Charakter" hat man sich auf eine Einzelfallregelung verständigt.
Der „Regelsammlung Bühne" sind Muster-Aufführungsverträge beigefügt, die sich ihrerseits auf die Regelungen in der Regelsammlung beziehen. Inhaltliche Abweichungen müssen danach ausdrücklich im Aufführungsvertrag kenntlich gemacht werden, können aber ebenso wie ergänzende weitere Bestimmungen von Verlag und Theater vertraglich vereinbart werden.

Welche Aufführungstantiemen sieht die „Regelsammlung Bühne" vor?

Maßgebend für das Vergütungssystem der „Regelsammlung Bühne" ist die Eingruppierung der Theater. Wie ein Theater eingruppiert ist, wird in Abständen von den Verbänden auf der Grundlage des künstlerischen Etats des einzelnen Hauses überprüft und gegebenenfalls neu festgelegt. Zurzeit bestehen für Sprachwerke sieben Gruppen. Die Aufführungstantiemen („Urhebervergütungen") werden als Urheberabgabe (Anteil des Urheberanteils pro Besucher und Vorstellung) vereinbart.

Bei Sprachwerken liegt die Urheberabgabe aktuell (Spielzeiten 2008/2009 bis 2010/2011) zwischen 1,86 Euro (Gruppe 1, z.B. *Deutsches Theater* und *Kammerspiele Berlin*) und 0,91 Euro (Gruppe 7, z.B. *Grenzlandtheater Aachen*). Die Aufführungstantiemen betragen insgesamt höchstens 17 Prozent der „Roheinnahme"[1] des Theaters (Bemessungsgrundlage), mindestens jedoch 13 Prozent. Diese Regelungen gelten für Spielstätten mit über 200 Plätzen („Großes Haus"), für die jedoch in der „Regelsammlung Bühne" festgelegte Garantiebeträge vereinbart werden können (von 190 Euro bei Gruppe 1 bis 90 Euro bei Gruppe 7).
Für kleine Spielstätten mit bis zu 99 beziehungsweise von 100 mit bis zu 200 Plätzen sind „pauschalierte Urhebervergütungen" vorgesehen, die der Eingruppierung des Theaters folgen. Als Besonderheit gibt es hier sogenannte „Vergütungskorridore"[2], sodass sich Verlag und Theater jeweils über die konkrete Höhe verständigen müssen. Bei den kleineren Spielstätten liegen diese zwischen 182 und 87 Euro (Gruppe 1 und 2) beziehungsweise zwischen 103 und 87 Euro (zusammengelegte Gruppen 5 bis 7). Für Spielstätten mit bis zu 200 Plätzen beträgt die von der „Regelsammlung Bühne" vorgesehene Höhe der pauschalierten Urhebervergütungen höchstens 294 Euro (Gruppe 1 und 2) bzw. 136 Euro (zusammengelegte Gruppen 5 bis 7).
Fiktives Beispiel: An einer vollständig ausverkauften Vorstellung am Deutschen Theater, Berlin (maximal 608 Plätze), betrüge der Anteil des Autors an der Urheberabgabe also 848,16 Euro (1,86 Euro x 608 = 1130,88 Euro und davon 75 Prozent) und der seines Verlages 282,72 Euro (25 Prozent). Die Urheberabgabe würde dann verglichen werden mit der tatsächlich vom Theater erzielten Roheinnahme (Kappungsgrenze mindestens 13 Prozent, höchstens 17 Prozent), die maßgeblich vom Kartenpreis bestimmt wird. Ergibt sich aus dem Vergleich eine abweichende Höhe der Urhebervergütung, ist diese die vom Theater geschuldete Aufführungstantieme.
Für urheberrechtlich geschützte Übersetzungen von urheberrechtlich nicht oder nicht mehr geschützten Sprachwerken, Werkverbindungen, bei denen nur noch ein Werk geschützt ist, Tagesvorstellungen zu ermäßigten Eintrittspreisen sowie für Tagesvorstellungen des Kinder- und Jugendtheaters sind Ermäßigungen der Urheberabgabe in Form von Vergütungskorridoren vorgesehen.
In allen Fällen, in denen Vergütungskorridore vorgesehen sind, ist nach der Systematik der „Regelsammlung Bühne" der jeweilige Mittelwert Ausgangspunkt der Gespräche zwischen Verlag und Bühne über die konkret zu vereinbarenden Aufführungstantiemen.
Für nicht eingruppierte Privattheater und bei Gastspielen betragen die Aufführungstantiemen entsprechend der „Regelsammlung Bühne" 10 Prozent der Roheinnahme.

Sieht die „Regelsammlung Bühne" außer Aufführungstantiemen weitere Vergütungen vor?

Die „Regelsammlung Bühne" sieht „sonstige Vergütungen" u.a. für die öffentliche Wahrnehmbarmachung vor. Hierzu zählen insbesondere die Übertitelung und das „Public Viewing" sowie die Aufzeichnung und die Vervielfältigung auf Bild- und/oder Tonträger.

Können die Abrechnungen der Theater überprüft werden?

Die „Regelsammlung Bühne" ermöglicht es Autoren, Komponisten und Verlagen, die Tantiemeabrechnungen der Theater durch die *Zentralstelle Bühne Service GmbH* überprüfen zu lassen. Die Überprüfung („Revision") wird in deren Auftrag von einer Wirtschaftsprüfungsgesellschaft durchgeführt.

Ist die „Regelsammlung Bühne" veröffentlicht?

Als vertragliche Vereinbarung ist die „Regelsammlung Bühne" nur für die jeweiligen Mitglieder der beiden Verbände bestimmt (interner Bereich der Internetseiten). In den Kommentaren zum Urheberrechtsgesetz sowie in Handbüchern zum Urheberrecht finden sich vielfach nähere Ausführungen zu Inhalt und rechtlicher Einordnung der „Regelsammlung Bühne".

Anmerkungen:

[1] „Roheinnahme" ist die Einnahme des Theaters aus dem Verkauf von Theaterkarten einschließlich theatereigener Vorverkaufsaufschläge, dem Verkauf von Gebührenkarten sowie dem auf die einzelne Vorstellung entfallenden Anteil an Platzmieten und von Dritten für die einzelne Vorstellung konkret gezahlten Platzzuschüssen. Nicht zur Roheinnahme gehören u. a. AVA-Zuschläge (Abgabe der Altersversorgung der Bühnenschaffenden), Kartensystemgebühren und Abgaben für den öffentlichen Nahverkehr.

[2] „Vergütungskorridore" sind von-bis-Sätze. In diesem Rahmen sollen sich die Aufführungstantiemen bewegen.

Aus- und Fortbildung für TheaterautorInnen

Akademische Studiengänge

UNIVERSITÄT DER KÜNSTE (UDK) BERLIN: STUDIENGANG SZENISCHES SCHREIBEN

Die Liste seiner AbsolventInnen liest sich wie das „Who is who" der zeitgenössischen Dramatik. Nur alle zwei Jahre nimmt der europaweit vielleicht erfolgreichste Studiengang dieser Art neue StudentInnen auf. Studieren lässt sich hier, wie man für die Bühne und verwandte Medien schreibt. „Das Studium gründet sich auf die drei Schwerpunkte Schreiben, Szene und Dramaturgie. Einem zweijährigen Grundstudium unter Einschluss eines Theaterpraktikums folgt nach der Zwischenprüfung ein etwas freieres zweijähriges Hauptstudium; es umfasst auch die Beschäftigung mit Hörspiel und Drehbuch." Das Bewerbungsverfahren findet jeweils im Herbst vor geraden Jahren statt. Von bislang durchschnittlich 120 BewerberInnen werden etwa sechs bis zehn aufgenommen.
www.udk-berlin.de

DEUTSCHES LITERATURINSTITUT LEIPZIG (DLL)

Das DLL bietet einen künstlerischen Bachelor-Studiengang *Literarisches Schreiben* an, der die drei Fächer Prosa, Lyrik, Szenisches Schreiben umfasst.
www.uni-leipzig.de/dll/

UNIVERSITÄT HILDESHEIM

Im Bachelor-Studiengang *Kreatives Schreiben und Kulturjournalismus* an der Universität Hildesheim müssen neben dem Hauptfach „Literatur" zwei künstlerisch-wissenschaftliche Beifächer belegt werden. Zur Auswahl stehen u.a. „Theater", „Medien", „Bildende Kunst" und „Musik".
www.uni-hildesheim.de/de/ks.htm

HOCHSCHULE DER KÜNSTE BERN

Am Schweizerischen Literaturinstitut in Biel, das zur Hochschule der Künste in Bern gehört, gibt es seit 2006 den Bachelor-Studiengang *Literarisches Schreiben*. Während des Studiums setzen sich die StudentInnen mit verschiedenen Textarten auseinander, darunter auch dialogische Formen wie Drama und Hörspiel.
www.literaturinstitut.ch, www.hkb.bfh.ch

UNIVERSITÄT FÜR ANGEWANDTE KUNST WIEN

Im Wintersemester 2009/2010 wurde erstmals das Bachelor-Studium der Sprachkunst angeboten; parallel dazu wurde das Institut für Sprachkunst an der „Angewandten" gegründet. Die StudentInnen sollen in allen Textarten ausgebildet werden.
www.dieangewandte.at

Workshops (Auswahl)

BERLINER THEATERTREFFEN: DRAMATIKERWORKSHOP BEIM STÜCKEMARKT

AutorInnen, die einen Text für den *Stückemarkt* des Berliner Theatertreffens eingereicht haben und deren Talent die Jury überzeugt, werden zu einem einwöchigen Workshop eingeladen. Dieser findet während des Theatertreffens statt. Eine direkte Bewerbung ist nicht möglich.
www.berlinerfestspiele.de | stueckemarkt@berlinerfestspiele.de

BUNDESAKADEMIE FÜR KULTURELLE BILDUNG WOLFENBÜTTEL

Im Programmbereich Theater werden in Wolfenbüttel regelmäßig Wochenendkurse im Szenischen Schreiben angeboten.
www.bundesakademie.de

BURGTHEATER WIEN: WERKSTATTTAGE FÜR JUNGE DRAMATIKER

Acht junge deutschsprachige DramatikerInnen erhalten die Gelegenheit, ihre noch nicht abgeschlossenen Werke zu diskutieren und weiterzuentwickeln. Die Ergebnisse werden bei der *WerkstattNacht* vor Publikum präsentiert. InteressentInnen bewerben sich mit einem fertigen und einem unfertigen Stück. Bewerbungsvoraussetzung ist entweder die Teilnahme an einem Studiengang des Szenischen Schreibens oder eine Verlagsanbindung oder die persönliche Empfehlung von zwei Persönlichkeiten des Theaterlebens. Ansprechpartnerin Burgtheater: Britta Kampert; Ansprechpartner Deutscher Literaturfonds: Gunther Nickel
www.burgtheater.de | www.deutscher-literaturfonds.de

DEUTSCHES SCHAUSPIELHAUS HAMBURG: NACHWUCHS.TEXTE

Junge Menschen im Alter von 16 bis 23 Jahren sind eingeladen, sich unter Anleitung von professionellen AutorInnen im szenischen Schreiben zu erproben und weiterzuentwickeln. Die Teilnahme ist kostenlos. Bewerben kann sich jedeR im genannten Alter mit einer Schreibprobe (es muss nichts Szenisches und auch nichts Abgeschlossenes sein) bis Mitte Januar beim Organisationsleiter der Schreibwerkstatt, Michael Müller.
www.schauspielhaus.de | junges@schauspielhaus.de

INTERNETKURS – SZENISCHES SCHREIBEN (GOTTFRIED FISCHBORN)

Der Dramaturg, Literatur- und Theaterwissenschaftler Prof. Dr. Gottfried Fischborn bietet verschiedene Internetkurse an, vom Grundkurs bis zur Betreuung beim Verfassen eines abendfüllenden Theaterstücks. Die Kurse wenden sich sowohl an Interessenten mit wenig Erfahrung als auch an Fortgeschrittene.
www.szenisches-schreiben.de | kgfischborn@t-online.de

KARL-FRANZENS-UNIVERSITÄT GRAZ: UNIT ARTLAB-WORKSHOP „SCHREIBEN FÜR DIE BÜHNE“

„Ein Aktiv-Schreibkurs, der sich mit den Möglichkeiten und der Realisation von kreativen Ideen für die Theaterbühne beschäftigt. Die TeilnehmerInnen sollen in geblockten

Einheiten Kenntnisse zur Ideenfindung, Recherche und tatsächlichen Niederschrift eines dramatischen Textes erwerben. Neben der Vermittlung von grundlegenden Dramenstrukturen (anhand ausgewählter Stücke), liegt das Hauptaugenmerk auf Figurenzeichnung, Dialog, dramatischem Konflikt und Struktur – immer bezogen auf die Möglichkeiten der Bühne."
www.uni-t.org | office@uni-t.org

KARL-FRANZENS-UNIVERSITÄT GRAZ: UNIT FORUM TEXT – FÖRDERPROGRAMM FÜR SZENISCHES SCHREIBEN

„Das FORUM Text bietet jungen AutorInnen eine in Österreich einmalige Möglichkeit, sich als DramatikerInnen zu entwickeln und zu bilden. Einzelmentoring, Stückentwicklungswochen mit SchauspielerInnen und RegisseurInnen sowie Workshops in und um das szenische Schreiben bilden das Herzstück der angebotenen vier Semester. Namhafte Autoren wie Oliver Bukowski, Roland Schimmelpfennig, Marius von Mayenburg und René Pollesch betreuten und betreuen als Mentoren und Workshopleiter die AutorInnen. Die AutorInnen sind gefordert, in dieser Zeit zwei Stücke zu schreiben."
Durch ein Bewerbungsverfahren werden die sechs bis acht Begabtesten für den zweijährigen Lehrgang ausgewählt.
www.uni-t.org | office@uni-t.org

SCHAUSPIELHAUS WIEN: SCHREIBKLASSE

„Dieses Autorenprojekt in Kooperation mit uniT Graz richtet sich an junge Menschen bis 30 Jahren mit schriftstellerischer Ambition und Begabung, die lernen wollen, wie man fürs Theater schreibt. Ziel ist es, in monatlich stattfindenden Workshops die Grundlagen szenischen Schreibens zu erlernen, Einblicke in die theatrale Praxis zu gewinnen und eigene Dramen-Texte zu verfassen." Ein jährlich im Januar stattfindendes Einführungswochenende steht allen Interessierten offen. Durch eine Talentprobe werden die TeilnehmerInnen ausgewählt. Ansprechpartner: Leonhard Oberzaucher
www.schauspielhaus.at | office@schauspielhaus.at

SCHAUSPIELHAUS WIEN: STÜCK/FÜR/STÜCK

Maximal fünf junge österreichische bzw. deutschsprachige AutorInnen werden von einer Jury, bestehend aus DramaturgInnen und RegisseurInnen, ausgewählt und von diesem Team ein Jahr im Schreibprozess begleitet. Die/der beste AutorIn aus *stück/für/stück* erhält das mit 5000 Euro dotierte Hans-Gratzer-Stipendium, um das Theaterstück fertig zu schreiben, welches am Schauspielhaus uraufgeführt werden soll. Ansprechpartnerin: Brigitte Auer
www.schauspielhaus.at | office@schauspielhaus.at

STAATSTHEATER WIESBADEN IN KOOPERATION MIT DEM STAATSTHEATER MAINZ: FORUM JUNGER AUTOREN EUROPAS

Im *Forum junger Autoren Europas*, das im Rahmen der *Theaterbiennale Neue Stücke aus Europa* stattfindet, haben 20 AutorInnen die Gelegenheit, sich mit anderen Dra-

matikerInnen auszutauschen und zehn Tage lang an szenischen Texten zu arbeiten. Ansprechpartnerin: Yvonne Büdenhölzer
www.newplays.de | biennale@staatstheater-wiesbaden.de

THEATER BASEL: AUTOREN- UND SCHREIBWERKSTATT

In unregelmäßigen Abständen treffen sich in der *Autorenwerkstatt Dramatisches Schreiben* um Thomas Freyer und in der *Schreibwerkstatt „Sprachbefall"* um Lea Schäppi und Nico Grüninger „Menschen mit Lust am Schreiben, Diskutieren und am Experimentieren mit Sprache", um ihre Texte und Talente weiterzuentwickeln. Die Autorenwerkstatt *Dramatisches Schreiben* findet an vier Wochenenden während der Spielzeit statt. Die Teilnahmegebühr beträgt 500 CHF. Ansprechpartner: Martin Frank
www.theater-basel.ch | vitamin.T@theater-basel.ch

THEATER BASEL: STÜCK LABOR BASEL. WERKSTATTTAGE SCHWEIZER DRAMATIK

„Vier bis sechs AutorInnen erhalten im Rahmen des *Stück Labors Basel* die Möglichkeit, Stückprojekte von der Konzeptions- bis zur Realisierungsphase unter Begleitung qualifizierter MentorInnen zu erarbeiten, sie unter den Bedingungen der Theaterpraxis zu erproben und sie in Form einer Werkstattinszenierung bzw. Szenischen Lesung dem Publikum vorzustellen. Der/die MentorIn steht vom Beginn des Projektes als GesprächspartnerIn zur Verfügung." Ansprechpartner: Peter-Jakob Kelting
www.stuecklaborbasel.ch | info@stuecklaborbasel.ch

UNIVERSITÄT TÜBINGEN: STUDIO LITERATUR UND THEATER

Studierende aller Fachbereiche können hier Kurse zu den diversen Formen des nicht-wissenschaftlichen Schreibens belegen, darunter auch Seminare zum szenischen Schreiben. Auf der Theaterbühne werden die Stücke ausprobiert und nach Möglichkeiten öffentlich vorgetragen.
www.uni-tuebingen.de/Studio-Literatur-Theater/ | elisabeth.bohley@uni-tuebingen.de

Veranstaltungen und Stellen für HausautorInnen

Autorentage, szenische Lesungen, Werkstattinszenierungen, Festivals ... eine Auswahl

SCHAUBÜHNE BERLIN: F.I.N.D.

„Die Schaubühne veranstaltet jährlich einen Stückewettbewerb. Aus den Einsendungen wählt die Dramaturgie der Schaubühne ein Stück aus, das dann im Rahmen des kommenden *Festivals Internationale Neue Dramatik (F.I.N.D.)* als szenische Lesung in der Regie eines namhaften Regisseurs vorgestellt wird. Angenommen werden nur unveröffentlichte deutschsprachige Stücke, die noch von keinem Verlag vertreten werden."
Ansprechpartner: Nils Haarmann
www.schaubuehne.de | nhaarmann@schaubuehne.de

FRANKFURTER AUTORENFORUM FÜR KINDER- UND JUGENDTHEATER

Das *Kinder- und Jugendtheaterzentrum in der Bundesrepublik Deutschland* veranstaltet jährlich im Dezember das Frankfurter Autorenforum für Kinder- und Jugendtheater mit szenischen Lesungen, Diskussions- oder Interviewrunden. Vorgestellt werden Stücke von etwa acht bis zwölf AutorInnen.
www.kjtz.de | zentrum@kjtz.de

HEIDELBERGER STÜCKEMARKT – FORUM JUNGER AUTOREN

Während des zehntägigen Festivals werden die besten Wettbewerbsstücke des Dramatikerwettbewerbs in Szenischen Lesungen und Aufführungen dem Publikum vorgestellt. Ziel ist die Entdeckung und Förderung junger AutorInnen.
www.heidelbergerstueckemarkt.de

INTERPLAY WORLD UND INTERPLAY EUROPE-FESTIVAL

Alle zwei Jahre findet im australischen Townsville das *World Interplay – Festival of Young Playwrights* statt. Im Wechsel damit veranstaltet *Interplay Europe e. V.* Festivals in Europa. Die Festivals richten sich vorwiegend an AnfängerInnen des szenischen Schreibens. Bewerbungsschluss ist jährlich der erste Februar. Die Teilnahmegebühr beträgt etwa 300 Euro. Ansprechpartner: Henning Fangauf
www.interplay-europe.de | interplay@kjtz.de
www.worldinterplay.org | info@worldinterplay.org

THEATER DER JUNGEN WELT LEIPZIG: WERKSTATT-TAGE DER KINDER- UND JUGENDTHEATER UND BOXENSTOPP LEIPZIG

Die alle zwei Jahre stattfindenden *Werkstatt-Tage der Kinder- und Jugendtheater* sind einerseits ein Festival, anderseits aber auch ein offenes Arbeitstreffen. Dazu gehören Gespräche mit Theaterkünstlern ebenso wie Werkateliers mit den AutorInnen. Im Rahmen der Werkstatt-Tage findet das Autoren-Theater-Projekt *BOXENSTOPP* Leipzig statt. „Durch *BOXENSTOPP* sollen Autoren angeregt werden, neue Stücke für das Kindertheater zu schreiben und diese in Kooperationen mit professionellen Theatern in Werkstattinszenierungen auf der Bühne zu erproben. Drei durch eine Jury ausgewählte Projekte

werden mit einem Stipendium zum Deutschen Kindertheaterpreis gefördert und im Rahmen der Werkstatt-Tage szenisch präsentiert." Ansprechpartnerin: Marion Firlus
www.theaterderjungenwelt.de | kontakt@tdjw.de

MÜNCHNER KAMMERSPIELE: LANGE NACHT DER NEUEN DRAMATIK

In der *Langen Nacht der Neuen Dramatik* zeigen die Kammerspiele die aufregendsten Texte, die sich um den *Münchner Förderpreis für deutschsprachige Dramatik* beworben haben. Die nächste *Lange Nacht* ist für Herbst 2011 geplant.
www.muenchner-kammerspiele.de | maiken.hagemeister@muenchen.de

SCHAUSPIEL NÜRNBERG: STÜCKETESTEN

Stücketesten ist ein jährlich stattfindendes Autorenwochenende, an dem in Form von szenischen Lesungen, neue, noch nicht gespielte Theatertexte vorgestellt werden. Die Stücke werden so auf ihre Bühnentauglichkeit geprüft und in Publikumsgesprächen mit den AutorInnen diskutiert. Ansprechpartner: Frank Behnke
www.staatstheater-nuernberg.de | info@staatstheater.nuernberg.de

THEATER OSNABRÜCK:
SPIELTRIEBE-FESTIVAL FÜR ZEITGENÖSSISCHES THEATER

Das alle zwei Jahre stattfindende Festival *Spieltriebe* will ein Bewusstsein für die Probleme des zeitgenössischen Theaters schaffen. Mit dem Festival ist eine Autorenwerkstatt verbunden, zu der alle AutorInnen der Festivalstücke eingeladen werden. Eine Ausschreibung gibt es nicht. Die Inszenierungen werden, wenn möglich, ins Repertoire des Theaters Osnabrück übernommen. Ansprechpartner: Jürgen Popig
www.theater-osnabrueck.de
www.spieltriebe-osnabrueck.de | Popig@Theater.Osnabrueck.de

Stellen für HausautorInnen

MAXIM GORKI THEATER BERLIN

Das *Maxim Gorki Theater Berlin* arbeitet in unterschiedlichen Formaten mit AutorInnen zusammen. Die Hausautorenstelle, derzeit besetzt mit Philipp Löhle, ist an die Dramaturgie des Hauses angebunden und beinhaltet unter anderem die redaktionelle Arbeit für die Zeitschrift des Theaters *Gorki Planet*. Die Stelle wurde nicht aufgrund einer Ausschreibung vergeben. Ob es auch in kommenden Spielzeiten wieder einen Hausautor geben wird, ist unklar.
www.gorki.de

STAATSSCHAUSPIEL DRESDEN

„Die Stelle am Staatsschauspiel Dresden teilt sich in Hausautor und Dramaturg und ist vorerst auf zwei Jahre befristet. In diesen zwei Jahren gibt es pro Spielzeit einen Stückauftrag, dessen Vergütung unabhängig ausgehandelt wird – neben dem üblichen Gehalt für eine halbe Stelle in der Dramaturgie. Als Dramaturg übernimmt der Hausautor

zwei bis drei Produktionen im Jahr und ist bei allen relevanten Sitzungen anwesend. Das Besondere an dieser Hausautorenschaft ist also vor allem die Nähe zum Ensemble und zur Leitung, ein unüblicher Einblick für Autoren in die Abläufe eines Theaters." Ob und wie die Stelle weitergeführt wird, ist noch nicht entschieden.
www.staatsschauspiel-dresden.de

FRANKFURTER SCHAUSPIEL

Das *Frankfurter Schauspiel* hat gelegentlich einen Hausautor. Eine Ausschreibung für die Stelle gibt es nicht – sie wird eher aufgrund von bisheriger guter Zusammenarbeit vom Intendanten vergeben. Der derzeitige Hausautor Nis-Momme Stockmann ist für drei Jahre an das Haus gebunden. Er wird neben Auftragswerken auch verschiedene Formate für das Theater entwickeln, u.a. hat er einen Blog auf der Homepage des Theaters.
www.schauspielfrankfurt.de

THEATERHAUS JENA

Seit September 2009 ist Rebekka Kricheldorf Hausautorin, Dramaturgin und Mitglied der Künstlerischen Leitung am Theaterhaus Jena.
www.theaterhaus-jena.de

THEATER KOBLENZ

Die Dramaturgin Sibylle Dudek ist seit Dezember 2009 erste Hausautorin des Stadttheaters Koblenz.
www.theater-koblenz.de

NATIONALTHEATER MANNHEIM

„Die Hausautorenschaft umfasst ein zwölfmonatiges Aufenthaltsstipendium in Mannheim. Ein konkreter Stückauftrag ist damit nicht verbunden, vielmehr soll es eine Möglichkeit des gegenseitigen Kennenlernens darstellen, woraus die Art der Zusammenarbeit sich dann ergibt. Die Vergabe der Stelle erfolgt über Einladungen auf Empfehlungen der Schauspieldramaturgie." Hausautorin ist derzeit Ulrike Syha.
www.nationaltheater.de | www.freunde.nationaltheater.de

STAATSTHEATER OLDENBURG

Auch das *Staatstheater Oldenburg* hat einen Hausautor: Nach mehrjährigem gutem Kontakt entschied sich das Theater, den Autor Marc Becker fest an das Haus zu binden, zunächst für fünf Jahre. Eine Ausschreibung gab es nicht. „Marc Becker ist außerdem Hausregisseur und so auch beim Vorsprechen und bei Schauspielsitzungen anwesend. Er hat also auch Einfluss auf die Ensemblegestaltung und den Spielplan. Ferner schreibt er in der Regel jedes Jahr für das Oldenburgische Staatstheater ein Stück."
www.staatstheater.de

SCHAUSPIELHAUS WIEN

Eine Ausschreibung für die Hausautorenstelle gibt es nicht und auch keine Garantie, dass die „Stelle" jede Spielzeit besetzt wird. Ausgewählt werden die AutorInnen durch

die künstlerische Leitung des Theaters. Die Hausautorenschaft ist mit einem Stückauftrag verbunden. Darüber hinaus soll der Autor/die Autorin Einblicke in den Produktionsprozess des Theaters erhalten und nimmt daher an Proben teil. Auch wird er/sie in andere Projekte des Hauses eingebunden: So ist er/sie Mitglied der Jury der vom Schauspielhaus ausgeschriebenen Förderprogramme und Autorenpreise.
www.schauspielhaus.at

Theaterverlage und ihre Programmschwerpunkte

In den verfügbaren Verzeichnissen werden die Theaterverlage ohne Auffächerung ihrer Programmschwerpunkte aufgelistet. Um AutorInnen die Suche nach einem geeigneten Verlag zu erleichtern, wurden die Verlage angeschrieben und darum gebeten, ihre Programmschwerpunkte zu nennen. Viele Adressen konnten mit der Adressenliste der Mitglieder des *Verbands Deutscher Bühnen- und Medienverlage e. V.* (Stand: November 2009) abgeglichen werden.

ABKÜRZUNGEN:
Drehbücher = Drehb.
Fernsehspiele = Fernsehsp.
Filmdrehbücher = Filmdrehb.
Grotesken = Grot.
Hörspiele = Hörsp.
Jugendstücke = Jugendst.
Kinderstücke = Kinderst.
Komödien = Kom.
Kriminalstücke = Krimi.
Krippenspiele = Krippensp.
Kurzstücke = Kurzst.
Lustspiele = Lustsp.
Märchenstücke = Märchen.
Melodramen = Melodr.
Monologe = Mono.
Mundartstücke = Mundartst.
Musicals = Music.
Pantomimen = Pant.
Singspiel = Singsp.
Tragödien = Trag.
Übersetzungen = Übers.
Volksstücke = Volksst.
zeitgenössische Dramatik = zeit. Dram.

A

Ahn & Simrock Bühnen- und Musikverlag GmbH, Hamburg
www.ahnundsimrockverlag.de
› Programm: Dramen, Einakter, Hörsp., Jugendst., Kom., Krimi., Märchen., Mono., Mundartst., Music., Schauspiele, Schwänke, Singsp., Übers., Volksst. etc.

AIH Verlag und Leasing GMBH, Kaarst
Tel.: 02131/666107
› Programm: Boulevardtheaterstücke in Übers.

Ammann Verlag & Co., Zürich
www.ammann.ch
› Programm: Stücke der Verlagsautoren Thomas Hürlimann u. Hansjörg Schneider

Arnos Theaterladen – Verlag für das Amateurtheater, Creglingen
www.arnos-theaterladen.de
› Programm: abendfüllende Stücke, Einakter, Kurzst., Sketche, Weihnachtsst., Stücke für Senioren

Bernd Bauer Verlag, Berlin
www.berndbauerverlag.de
› Programm: Fernsehstoffe, Jugendst., Kinderst., Kom., Music., Schauspiele

Eva Bieler Verlag, Wien
www.bieler.at
› Programm: Volksst., Lustsp., Schauspiele, Bauernkom., Kriminalkom., Einakter, Sketche, Märchen.

Felix Bloch Erben GmbH & Co. KG
Verlag für Bühne, Film und Funk, Berlin
www.felix-bloch-erben.de
› Programm: Dramen, Hörsp., Filmdrehb., Jugendst., Kinderst., Kom., Krimi., Märchen., Volksst., Musiktheater, Kinderst., Jugendst.

Carciofoli Verlagshaus, Zürich
www.carciofoli.com
› Programm: internat. Dramatik, v.a. rumänischer Autoren des 20. Jh., Übers.

Chronos Verlag Martin Mörike GmbH
Verlag für Kindertheater, Hamburg
www.chronosverlag.de
› Programm: Einakter, Kom., Krimi., v.a. für Amateurtheater

Theater-Verlag Desch GmbH, München
www.theater-verlag-desch.de
› Programm: zeitgenössische Schauspiele u. Klassiker der Moderne, französischsprachige Dramatik, Music.

Deutscher Theaterverlag GmbH, Weinheim
www.dtver.de
› Programm: Schul- und Amateurtheaterstücke, Weihnachtsspiele, Märchen., Music., Sketche

Diogenes Verlag AG, Zürich
www.diogenes.ch/theaterverlag
› Programm: moderne Klassiker und dramatisches Werk der Verlagsautoren

Drei Masken Verlag GmbH, München
www.dreimaskenverlag.de
› Programm: zeit. Dram., Märchen., Kinderst., Hörsp., Fernsehsp., Neuübersetzungen klassischer Weltdramatik

Edition Meisel GmbH Musik- und Bühnenverlage, Berlin
www.meiselmusic.de
› Programm: Dramen, Einakter, Hörsp., Jugendst., Kinderst., Kom., Krimi., Krippensp., Märchen., Music., Operetten, Schwänke, Singsp., Volksst. etc.

edition smidt, Pullach
www.editionsmidt.de
› Programm: zeit. Dram. aller Genres

Akademie für Darstellende Kunst Ulm, edition reimann
Ralf Rainer Reimann, Ulm
Tel.: 0731/387531, reimann@adk-ulm.de
› Programm: experimentelles Theater, Jugendst., Kinderst., zeit. Dram.

Theater-Verlag Eirich Ges.m.b.H.
Verlag für Bühne, Funk und Film, A-Langenzersdorf
www.theaterverlag-eirich.at
› Programm: Kinder-Music., Operetten, Opern, Ballett, Schauspiele

S. Fischer Verlag GmbH,
Theater & Medien, Frankfurt am Main
www.fischertheater.de
› Programm: Dramen, Einakter, Hörsp., Jugendst., Kinderst., Kom., Krimi., Pant., Trag. etc.

Carl Hanser Verlag GmbH & Co. KG, München
www.hanser.de
› Programm: zeit. Dram. fast ausschließlich von Verlagsautoren

HARLEKIN Theaterverlag, Tübingen
www.harlekintheater.de
› Programm: Jugendst., Kinderst., Music., Opern, Singsp.; Übersetzungen aus dem Dänischen, Schwedischen und bras. Portugiesischen

Hartmann & Stauffacher GmbH – Verlag für Bühne, Film, Funk und Fernsehen, Köln
www.hsverlag.com
› Programm: zeit. Dram. aller Genres, Übers., Drehb., Fernsehsp., Filmdrehb., Hörsp.

henschel SCHAUSPIEL Theaterverlag Berlin GmbH, Berlin
www.henschel-schauspiel.de
› Programm: internat. u. deutschsprachige (zeitgenössische) Dramatik, Jugendst., Kinderst., Märchen., Hörsp., Drehb., Filmdrehb., Übers.

Theaterverlag Hofmann-Paul, Berlin
www.theaterverlaghofmann-paul.de
› Programm: zeit. Dram. aller Genres, Music., Übers.

Impuls-Theater-Verlag/Buschfunk, Planegg
www.buschfunk.de
› Programm: Kom., Krimi., Drama, Volksst., Kabarett, Sketch, Comedy, Schultheater, Seniorentheater v.a. für Amateurtheater

Jussenhoven & Fischer GmbH & Co. KG, Köln
www.jussenhoven-fischer.de
› Programm: Jugendst., Kinderst., Fernsehsp., Hörsp., Übers., zeit. Dram.

Gustav Kiepenheuer Bühnenvertriebs-GmbH, Berlin
www.kiepenheuer-medien.de
› Programm: zeit. Dram. aller Genres, Filmdehb., Hörsp.

Theaterverlag Kiepenheuer & Witsch GmbH, Köln
www.kiwi-koeln.de
› Programm: vertreten durch Rowohlt Theater & Medien, siehe unten

Wilhelm Köhler Verlag, München
www.wilhelm-koehler-verlag.de
› Programm: Kom., Lustsp., Mundartst., Volksst.

Per H. Lauke Verlag, Hamburg
www.laukeverlag.de
› Programm: zeit. Dram., Mono., Fernsehsp., Fernsehdrehb., Hörsp., Jugendst., Übers.

Litag Theaterverlag GmbH, Bremen
www.litagverlag.de
› Programm: zeitgenössische deutschsprachige Dramatik, Übers. aus dem Englischen, Hebräischen u. Niederländischen: Farcen, Jugendst., Kinderst., Kom., Krimi., Märchen., Melodr., Mono., Music., Trag.

Theaterverlag Kaliolabusto, CH-Messen
www.theaterstuecke.ch
› Programm: Kom., Sketche

Karl Mahnke Theaterverlag, Verden
www.mahnke-verlag.de
› Programm: Einakter, Jugendst., Kinderst., Kom., Krimi., Krippensp., Kurzsp., Märchen., Mundartst., Music., Parodien, Possen, Singsp., Trag., Volksst. etc.

M

MERLIN VERLAG, Vastorf
www.merlin-verlag.de
› Programm: Theaterstücke aller Genres

mtt – Marianne Terplan Theaterverlag, Düsseldorf
www.mttheaterverlag.de
› Programm: Kinderst., Jugendst., zeit. Dram. verschiedener Genres, Music., Kindermusic., Übers. rumänischer Autoren

MundArt-Verlag, Aßling
www.mundart-verlag.de
› Programm: bayer. Dialektstücke, Boulevardst., Kom., Krimi., Music., Sketche

Musik und Bühne Verlagsgesellschaft mbH, Wiesbaden
www.musikundbuehne.de
› Programm: Jugendst., Kinderst., Kom., Music., Oper, Operette, Singsp.

Österreichischer Bühnenverlag Kaiser & Co., Wien
www.kaiserverlag.at
› Programm: zeitgenössische deutschsprachige und internat. Dramatik aller Genres, v.a. Jugendst., Kinderst., Kom., Boulevardtheaterst.

Pegasus GmbH, Berlin
www.pegasus-agency.de
› Programm: zeit. Dram., u.a. Grot., Hörsp., Jugendst., Kom., Krimi., Melodrama, Mono., Music., Trag., Volksst.; Übers., Fernsehsp., Hörsp.

Gerhard Pegler Verlag, München
www.pegler-verlag.de
› Programm: Hörsp., Kom., Krimi., zeit. Dram.

Bühnen- und Musikverlag Hans Pero, Wien
www.peroverlag.at
› Programm: Drehb., Hörsp., Jugendst., Kinderst., Kom., Krimi., Märchen., Mundartst., Music., Übers., Volksst.

Plausus Theaterverlag, Bonn
www.plausus.de
› Programm: Kom., Volksst., Krim., Kurzsp., Sketche, Mundartst., Kinderst., Jugendst., Weihnachtssp.

proScript Verlag für Bücher und Bühnenwerke, A-Tulln,
www.proscript.at
› Programm: szenische Werke aller Genres für Theater und Film

Reinehr-Verlag, Mühltal
www.reinehr-verlag.de
› Programm: Kom., Lustsp., Schwänke, Possen v.a. für Amateurtheater

Theaterverlag Rieder, Wemding
www.theaterverlag-rieder.de
› Programm: Boulevardst., Kom., Lustsp., Mundartst., Schwänke, Volksst., Zeitst., Weihnachtsp., Kinderst., Jugendst., Einakter, Passions- und Historienspiele.

Rowohlt Theater Verlag, Reinbek b. Hamburg
www.rowohlt-theater.de
› Programm: zeit. Dram. verschiedenster Genres, u.a. Kinderst., Kom., Mono., Übers., Klassiker der Moderne

Thomas Sessler Verlag GmbH, Wien
www.sesslerverlag.at
› Programm: Dramen, Einakter, Jugendst., Kinderst., Kom., Krimi., Märchen., Music., Schwänke

Bühnen- und Musikverlage Dr. Sikorski KG Arcadia-Verlag GmbH, Hamburg
www.sikorski.de
› Programm: Music., Kom.

stückgut Bühnen- und Musikverlag GmbH, München
www.stueckgutverlag.de
› Programm: Dramen, Drehb., Fernsehsp., Filmdrehb., Hörsp., Jugendst., Kinderst., Music., Volksst., zeit. Dram.

Suhrkamp Theaterverlag, Berlin
www.suhrkamp.de
› Programm: internat. u. deutschsprachige Dramatik, klassische Stücke in neuen dt. Übers., Hörsp., Fernsehsp., Filmdreh.

Teiresias Verlag Köln, Köln
www.teiresias.de
› Programm: junge Bühnenstücke, Kinderst., Hörsp., Märchen.

Theaterstückverlag B. Korn-Wimmer & F. Wimmer, München
www.theaterstueckverlag.de
› Programm: zeit. Dram., u.a. Jugendst., Kinderst., Kom., Märchen., Mono., Music., Trag., Volksst., Übers.

Thespis-Verlag, Berlin
www.thespis-verlag.de
› Programm: vorwiegend zeitgenössische Theaterstücke (dramat. Werke, Einakter, Filmscripte, Jugendst., Kinderst., Kom., Puppenspiel, Satiren), die vollständig online oder offline gelesen werden können

TM Theaterverlag München, Hamburg
www.laukeverlag.de
› Programm: Kinderst., Jugendst.

Verlag Autorenagentur GmbH, Berlin
www.verlag-autorenagentur.de
› Programm: Jugendst., Kinderst., zeit. Dram. verschiedener Genres

Verlag der Autoren GmbH & Co. KG, Frankfurt am Main
www.verlag-der-autoren.de
› Programm: internat. u.v.a. deutschsprachige Dramatik, klassische Stücke in neuen dt. Übers., Kinderst., Jugendst., Hörsp., Fernsehsp., Filmdrehb.

Verlag für Kindertheater Uwe Weitendorf GmbH, Hamburg
www.kindertheater.de
› Programm: Kinderst., Jugendst., Märchen., Music. f. Kinder etc.

Vertriebsstelle und Verlag Deutscher Bühnenschriftsteller und Bühnenkomponisten GmbH, Norderstedt
www.vvb.de
› Programm: Dramen, Jugendst., Kinderst., Kom., Krimi., Märchen., Mundartst., Music., Trag., Volksst.

Whale Songs Communications Verlagsgesellschaft mbH & Co., Hamburg
www.whalesongs.de
› Programm: zeit. Dram., u.a. Kom., Krimi., Märchen., Mono., Mundartst., Trag., Jugendst., Kinderst., Music., Singsp., Übers.

LINKS

- **www.bdat-online.de:** Website des *Bunds Deutscher Amateurtheater e. V.* Von dort geht es zu den Landesverbänden und zu deren Mitgliedsbühnen.
- **www.buehnenverein.de:** Internetauftritt des *Deutschen Bühnenvereins* mit Suchfunktion für Theateradressen, Jobbörse
- **www.die-deutsche-buehne.de:** Website der Zeitschrift *Die Deutsche Bühne*. Ältestes deutsches Theatermagazin mit Berichten, Reportagen, Essays und Interviews über das Theater auf, vor und hinter der Bühne
- **http://dramablog.henschel-schauspiel.de:** Diskussionsforum von *henschel SCHAUSPIEL*
- **www.goethe.de/theaterbibliothek:** Auswahl wichtiger neuer Theaterstücke der letzten Spielzeiten und ihren AutorInnen
- **www.jugendtheater.net:** „Das Portal zum Kinder- und Jugendtheater für Aktive und Interessierte." Aktuelle Informationen, Berichte und Meinungen, Links und Basisinformationen zum Kinder- und Jugendtheater im In- und Ausland; Fachadressen zur Kinder- und Jugendkultur, Termine von Kinder- und Jugendtheaterfestivals; Webforum u. v. m. „Augenblick mal! Das Deutsche Kinder- und Jugendtheater-Treffen" in Berlin wird seit 1999 dokumentiert.
- **www.kjtz.de:** Internetauftritt des *Kinder- und Jugendtheaterzentrums in der Bundesrepublik Deutschland.* Neben dem Veranstaltungskalender finden sich Informationen über Preise, Stipendien, Ausstellungen und der Online-Katalog der Bibliothek des Zentrums.
- **www.kultiversum.de/Schauspiel-Theaterheute/:** Neue Website der Zeitschrift *Theaterheute:* Inhaltsverzeichnis und einzelne Artikel der aktuellen Ausgabe mit Suchfunktion in Zeitschrift und Artikeln; Premieren, Links zu deutschsprachigen Theatern, Festspielen und Festivals; auf der alten Website www.theaterheute.de findet man ein chronologisches Archiv mit Inhaltsverzeichnissen und Artikeln.
- **www.medien-buehne-film.de:** virtuelle Fachbibliothek *medien buehne film,* Recherche in Bibliothekskatalog, Aufsatzdatenbank, E-Journals, Internetquellen etc.
- **www.mykenae.de**: *my Theater Korrespondenz* erscheint alle zwei Wochen mit aktuellen Nachrichten aus den Theatern, Verlagen, Kulturbetrieben sowie mit einem umfangreichen Premierenspiegel als Print- und PDF-Ausgabe.
- **www.nachtkritik.de:** Das unabhängige Online-Theaterfeuilleton veröffentlicht zu allen wichtigen Aufführungen der deutschsprachigen Theater bereits am Morgen nach der Premiere eine Theaterkritik und am Folgetag eine Kritikenrundschau aus den regionalen und überregionalen Medien. Neben einem interaktiven Diskussionsforum bietet die Seite aktuelle Meldungen aus der Theaterszene.
- **www.theater.de/theater:** Online-Version des *Theateralmanachs,* eine Zusammenstellung der aktuellen Spielpläne, Theaterdaten und Gagen von über 500 Theatern aus Deutschland, Österreich und der Schweiz
- **www.theaterderzeit.de:** Website der Zeitschrift *Theater der Zeit:* Inhaltsverzeichnis und einzelne Artikel der aktuellen Ausgabe, Index der letzten zwei Jahrgänge, Premierenkalender, Meldungen zu Ausschreibungen und Wettbewerben sowie Workshops und Tagungen

- **www.theaterderzeit.de (via), IXYPSILONZETT:** *Das Magazin für Kinder- und Jugendtheater* (Beilage in *Theater der Zeit*): Berichte und Essays, Gespräche und Nachrichten, Dokumente und Kolumnen beschreiben die zeitgenössische deutsche und europäische Kinder- und Jugendtheaterlandschaft.
- **www.theaterjobs.de:** teilweise kostenpflichtiges Forum für Stellen-, Ausbildungs- und Fortbildungsangebote sowie Kurse und Workshops aus dem Theaterbereich; Forum mit Fragen und Antworten zu den Themen „Auf der Bühne", „Hinter der Bühne", „Vor der Bühne" und „Gagen"; Plattform für Profile von professionellen TheatermacherInnen, auch für AutorInnen
- **www.theaterkanal.de:** aktuelle Meldungen aus der Theaterwelt und zum ZDF-Theaterkanal
- **www.theaterkompass.de:** Theaterportal für Theaterbesucher und Theatermacher mit Neuigkeiten aus der Theaterszene, Kritiken, Theaterverzeichnis u.v.m.
- **www.theaterparadies-deutschland.de:** in Kategorien gegliederte, unkommentierte Linksammlung zu Ensembles in deutschsprachigen Ländern, Kinder- und Jugendtheatern, Kabaretts, Figuren-, Tanztheatern, Verlagen, Zeitschriften, Festivals, Institutionen, Schulen, Agenturen
- **www.theaterportal.de:** Verzeichnis und Spielpläne der deutschen Bühnen mit Premieren- und Festivalkalender
- **www.theatertexte.de:** Internetseite des *Verbandes Deutscher Bühnen- und Medienverlage e.V.* mit Online-Datenbank zu deutschsprachigen Bühnenwerken (Wortdramatik und Musikdramatik; ehemals „Stückekartei"). Die Datenbank weist Aufführungsrechte und ggf. weitere urheberrechtliche Nutzungsrechte nach und enthält zusätzliche Informationen zu den Bühnenwerken.
- **www.uschtrin.de/preise_genre.html#theater:** Ausschreibungen von Wettbewerben für DramatikerInnen auf der Website des Uschtrin Verlages

LITERATUR

- Ayckbourn, Alan: Theaterhandwerk: 101 selbstverständliche Regeln zum Schreiben und Inszenieren. 2. Auflage. Berlin: Alexander Verlag 2006
- Deutsches Bühnenjahrbuch. Hrsg. von der Genossenschaft Deutscher Bühnen-Angehöriger. Jährlich. Hamburg: Verlag der Bühnenschriften-Vertriebsgesellschaft mbH
- Egri, Lajos: Dramatisches Schreiben. Theater – Film – Roman. Aus dem Englischen von Kerstin Winter. Berlin: Autorenhaus Verlag 2006
- Fo, Dario: Wo lernt der Autor seinen Beruf? In: Kleines Handbuch des Schauspielers. Frankfurt am Main: Verlag der Autoren 1989. S. 185–186
- Haas, Birgit (Hg.): Dramenpoetik 2007. Einblicke in die Herstellung des Theatertextes. Aus der Reihe Germanistische Texte und Studien 81. Oldenburg: Georg Olms Verlag 2009
- Merck, Nikolaus: Scheitern der Geister. Zur Theatersituation in Deutschland. In: Theater der Zeit, 09/2003, S. 14–17

- Philippen, Tobias: „So what" – Stücke und gute Stücke. Über die Freiheit des Theaterverlegers und seine gnadenlose Subjektivität. In: Theater der Zeit, 05/2007, S. 23–25
- Rinke, Moritz: Nichts ist älter als die Uraufführung von gestern Abend. In: Impulsreferate, Berichte und Reaktionen zum Symposium „Schleudergang Neue Dramatik" 9. bis 11. Oktober 2009. Hrsg. v. Haus der Berliner Festspiele (hörbar auf: www.nachtkritik.de)
- Tabert, Nils: Monokulturen sind öde. Antworten auf drei Fragen, die Lektorenarbeit betreffend. In: Theater der Zeit, 05/2007, S. 26–29
- Wer spielt was? Werkstatistik 2007/2008. Hrsg. v. Deutschen Bühnenverein – Bundesverband deutscher Theater. Jährlich. Darmstadt: Mykenae

LITERATURWETTBEWERBE (THEATERSTÜCKE)

- Autorenpreis des Heidelberger Stückemarkts, www.heidelberger-stueckemarkt.de
- Baden-Württembergischer Jugendtheaterpreis, www.jugendtheaterpreis-bw.de
- Brüder-Grimm-Preis des Landes Berlin, www.parkaue.de
- Christian-Dietrich-Grabbe-Preis, www.grabbe.de
- Deutscher Jugendtheaterpreis, www.kjtz.de
- Deutscher Kindertheaterpreis, www.kjtz.de
- Dramatikerpreis des Bundes der Theatergemeinden, www.bund-der-theatergemeinden.de/preise.htm
- Else-Lasker-Schüler-Dramatikerpreis/-Stückepreis, www.pfalztheater.de
- International Playwriting Competition, www.playwrightsforum.com/competition.html
- Jakob-Michael-Reinhold-Lenz-Preis für Dramatik der Stadt Jena, www.jena.de
- Kleist-Förderpreis, www.muv-ffo.de/kleistforum-foerderpreis.htm
- Landespreis für Volkstheaterstücke, www.amateurtheater-bw.de
- Leonhard-Frank-Preis, www.theaterwuerzburg.de
- Marburger-Kurzdramen-Wettbewerb, www.theater-gegenstand.de
- Niederländisch-Deutscher Kinder- und Jugenddramatikerpreis in Duisburg, www.kaasundkappes.de
- Stückemarkt/Theatertreffen Berlin, www.berlinerfestspiele.de
- ThOP-Dramatiker-Wettbewerb, www.thop.uni-goettingen.de
- Wortschatz Rheinland-Pfalz, www.wortschatz-rlp.de

Hörspiele schreiben und produzieren

7

oder auch: „Wer fühlen will, muss hören."

Kapitelbeitrag von Florentine Egger

INTERVIEWS

ADRESSEN UND INFORMATIONEN

Interview mit Hilke Veth, Hörspieldramaturgin und Redakteurin

Hören! Hören! Hören!

› *Frau Veth, Sie arbeiten seit vielen Jahren als Hörspieldramaturgin, freie Hörspielautorin und leiten Hörspielseminare. Was machen Sie als Dramaturgin?*

Die dramaturgische Tätigkeit umfasst alles, was mit der Auswahl, der Bearbeitung und Einrichtung von literarischen Texten für eine Hörspielproduktion zu tun hat. Als Redakteurin betreue ich mit einer Kollegin zwei Sendeplätze die Woche. Wir schlagen Neuproduktionen vor, konzipieren Sendereihen und Sendungen aus Neu- und Altproduktionen und Übernahmen, liefern für unser Programmheft halbjährlich Texte oder schreiben Ansagen. Eine vielfältige, immer wieder spannende Tätigkeit.

› *Landet ein eingereichtes Hörspielmanuskript auf Ihrem Tisch? Ist es erforderlich, ein Exposé beizufügen?*

Wöchentlich erhalten die Hörspielredaktionen zahlreiche Manuskripte. Diese werden unter den Dramaturgen verteilt und begutachtet, zum Teil im Außenlektorat, und dann in der Redaktion gelesen. Es gibt Manuskripte von bereits produzierten Hörspielen, die schicken die Sender den Autoren auf Anfrage zu. So können sie sehen, wie ein Manuskript aufgebaut ist und viel daran lernen. Ein Exposé ist nicht unbedingt erforderlich. Sie können drei Zeilen zum Inhalt schreiben.

Das Manuskript wird grundsätzlich geprüft. Nach drei bis fünf Seiten kann man schon etwas über die Qualität des Manuskriptes sagen. Wenn es überhaupt nicht den Vorstellungen der Redaktion entspricht, wird es mit einem Formbrief zurückgeschickt. Wenn das Manuskript neugierig macht, dann wird es entweder gleich selber gelesen oder ins Lektorat gegeben. Die Lektoren arbeiten freiberuflich. Sie schicken die Manuskripte in relativ kurzer Zeit mit einer Inhaltsangabe und einer Beurteilung zurück.

› *Wann wird ein Manuskript nicht angenommen?*

Die Qualitätsvorstellungen messen sich häufig an der Sprache. Und natürlich auch am Verständnis für Szenen, für szenisches Erzählen im Hörspiel. Das kann man schon relativ schnell sehen. Wenn zum Beispiel ein Krimiautor für eine Szene fünf oder zehn Seiten benötigt, nur um zu beschreiben, wie der Detektiv engagiert wird, dann ist das schon out. Das ist viel zu lang. Man muss im Kopf haben, dass ein 55-minütiges Hörspiel – das ist die normale Sendelänge – etwa 40 bis 50 Manuskriptseiten sind, um die 50 000 Zeichen mit Leerzeichen. Da muss die Dramaturgie stimmen. Wenn schon die Einleitung die Hälfte oder fast ein Drittel des Hörspiels ausmacht, ist das Unternehmen hoffnungslos. Man kann eigentlich auch ziemlich schnell erkennen, ob der Autor ein Stilbewusstsein, ob er eine eigene Sprache hat oder ob er – was bei Anfängern sehr häufig ist – eine sehr konventionelle Vorstellung von Text hat, die eher aus den 50er Jahren kommt, schlichtes realistisches Erzählen.

Das Hörspiel verfügt heute über eine eigene Erzähltradition. Ich kann allen nur raten zu hören, zu hören, zu hören, um ein Gefühl dafür zu bekommen, was Szene heißt, was Hörspiel heute bedeutet, was ein szenischer Aufbau ist und was für stilistische Mittel es außerdem gibt. Der innere Monolog zum Beispiel ist etwas ganz Wichtiges und kann im Hörspiel sehr gut benutzt werden, um den Figuren noch eine neue Dimension über das rein Szenische hinaus zu geben.

› Eine Autorin hat einen literarischen Text veröffentlicht und möchte daraus ein Hörspiel machen. Ist das mit jedem Text möglich? Was ist für Sie ein Hörspiel, und wie schreibt man ein Hörspiel?
Es gibt eine Vielzahl literarischer Texte, die als Hörspiel funktionieren. Es ist durchaus möglich, dass eine Autorin einen Prosatext einreicht und sagt, ich würde den gerne zur Bearbeitung vorschlagen. Meistens würde ich dann diesen Prosatext nur anlesen. Und anschließend sagen, grundsätzlich interessiert das oder nicht. Bitte machen Sie daraus ein Hörspielmanuskript. Aber das gilt bei versierten Autoren. Bei Anfängern würde ich das nicht vorschlagen.
Es gibt auch Bearbeiter und Regisseure, die Romane zur Bearbeitung vorschlagen. Die Vorschläge werden geprüft. Ein Hörspieltext ist ein Text fürs Hören, nicht für die Augen oder fürs Lesen. Eine simple Aussage, die besondere Erfahrungen beim Schreiben oder bei der Bearbeitung von Prosa oder dramatischer Literatur braucht: zum Beispiel die Einsicht, dass der Hörer den Lauf dessen, was er hört, nicht einfach unterbrechen kann (außer er schaltet ab). Oder: dass es Angaben braucht, die akustisch umzusetzen sind. Als literarische Zwischenform kann ein Hörspieltext szenische, epische, lyrische Elemente verwenden und sich an Techniken des Films orientieren. Alles ist möglich, wenn es denn „inneres Erleben" ermöglicht, wie schon der erste Hörspieltheoretiker Richard Kolb 1932 feststellte. Helmut Heißenbüttel spricht von einer offenen Form zwischen reinem Inhalt auf der einen und Geräusch- und Musikpoesie auf der anderen Seite. Theaterstücke, Romane, Prosa wurden und werden als Hörspiele eingerichtet. Einige Texte eignen sich besser, vieles ist machbar. Regeln möchte ich nicht aufstellen. Der Bruch von Regeln ist immer wieder interessant.

› Wie viel verdient man mit dem Schreiben von Hörspielen? Kann man davon leben? Ist es möglich, mit einem Hörspiel gleich mehrmals Geld zu verdienen, indem man es unterschiedlichen Sendern anbietet?
In den 50er Jahren haben viele der bedeutenden Autorinnen und Autoren vom Hörspielschreiben gelebt. Das ist schon lange nicht mehr möglich. Mit einer Sendung kann man nicht immer seinen Arbeitsaufwand finanzieren; aber durch Übernahmen, das heißt Sendungen bei anderen Rundfunkanstalten, rechnet sich der Einsatz doch. Die Honorierung kann mit der von Theatern verglichen werden. Sie hängt allerdings von der Größe der Sendeanstalten ab. Beim Hörspielmanuskript ist es so, dass eine Autorin, wenn es produziert wird, ein Honorar nach den ARD-Regelsätzen erhält. Diese Sätze unterscheiden sich von Sender zu Sender. Wenn das Hörspiel von anderen Sendern übernommen wird, erhält die Autorin je nach Größe der Sender noch mal etwa 30 bis 60 Prozent. Da gibt es Regularien. Keine Dramaturgin nimmt es einer Autorin übel, wenn sie beim Einreichen des Textes angibt, sie habe ihn an verschiedene Sender geschickt. Es gibt auch viele Exklusivangebote. Wenn man im Gespräch über einen Text ist, geht man davon aus, dass keine andere Dramaturgie involviert ist.

› *Unterscheiden sich die Honorare, die man für ein Hörspielmanuskript erhält, von den Honoraren, die man für eine Eigenproduktion bekommt?*
Soweit ich weiß, ja. Alles hängt vom Einzelfall ab. Bei einer Eigenproduktion kauft der Sender ja die ganze Produktion. Trotzdem wird meistens nicht viel mehr bezahlt, als eine Durchschnittssendung kostet. Das heißt, für den Sender ist es eigentlich billiger, eine Eigenproduktion einzukaufen, als selbst zu produzieren. Eigenproduktionen werden von den Sendern für eine einmalige Ausstrahlung honoriert. Die Sender können diese Hörspiele also nicht einfach wiederholen. Und bei jeder Ausstrahlung bei einem anderen Sender können die Produzenten neu verhandeln, wie viel sie haben wollen. Denn alle Rechte sind in der Hand des Produzenten.

› *Wie sehen Sie die Entwicklung der selbst produzierten Hörspiele in puncto Qualität?*
Viele der eingesandten Eigenproduktionen entsprechen nicht den Qualitätsnormen der Rundfunkanstalten. Aber es gibt natürlich Ausnahmen.

› *Empfehlen Sie Autorinnen und Autoren, Kurse zu besuchen, um das Schreiben von Hörspielen zu lernen?*
Ja, wenn man professionell Hörspieltexte schreiben möchte, würde ich das auf jeden Fall empfehlen. In den Kursen können die Autoren erst mal gemeinsam hinhören und von den jeweiligen Fachleuten die Kriterien eines guten Hörspiels kennenlernen. Zum Beispiel am *Nordkolleg Rendsburg*, an der *Bundesakademie für kulturelle Bildung* oder in der *Textmanufaktur* in Leipzig. Götz Schmedes, Hörspieldramaturg beim WDR, hält dort Kurse.
Jeder Sender hat Programmhefte, die können angefordert werden. Damit kann man sich über das Angebot informieren, also das Spektrum abchecken und herausfinden, was in den einzelnen Ländern produziert wird. Das ist ja durchaus unterschiedlich. Beim BR doch ziemlich anders als beim NDR zum Beispiel oder beim WDR. Die Autorin kann erkennen, zu welchem Sender sie passt.
Leonhard Koppelmann und ich bieten im Zwei-Jahres-Rhythmus einen allgemeinen Hörspiel-Workshop an der *Bundesakademie für kulturelle Bildung Wolfenbüttel* an. In den letzten Jahren war er als Workshop für Kurzhörspiele ausgeschrieben. Es nahmen aber auch viele Autoren daran teil, die längere Hörspiele hatten. Das war für uns kein Problem. Was wir machen, hängt jeweils vom Interesse der Teilnehmer ab. Im Mittelpunkt stehen immer die Texte der Autorinnen und Autoren. Die werden diskutiert und auf ihre Tauglichkeit als Hörspieltexte geprüft. Gleichzeitig erhalten die Autoren immer eine Einführung in das Hörspiel, und wir reden über die Situation in den Sendern. Wenn sich die Gelegenheit ergibt, gibt es auch einen Einblick in die Geschichte des Hörspiels oder über die aktuelle Situation. Alle Fragen, die ein Autor, eine Autorin haben kann, versuchen wir zu beantworten. Bei diesem allgemeinen Workshop gibt es keine Altersbegrenzung.

› *Seit 2004 veranstaltet der Deutsche Literaturfonds in Kooperation mit dem NDR Hörspiel Hamburg eine Hörspiel-Werkstatt für Nachwuchsautorinnen und -autoren unter dem Titel „Ganz Ohr“. Neben Leonhard Koppelmann (Hörspiel-Regisseur und Autor), Dr. Gunther*

Nickel (Deutscher Literaturfonds) und Sabine Stein (Hörspiel-Autorin) leiten Sie das Seminar. Was passiert in der Hörspiel-Werkstatt? Was lernen die HörspielautorInnen dort?
Wir sind fünf Tage in Wolfenbüttel und zwei Tage im Studio des NDR. In Diskussionen werden eingereichte Texte auf ihre Realisierbarkeit geprüft und in Einzelarbeit – wenn möglich – überarbeitet. Audiobeispiele vertiefen den Einblick in die Besonderheiten und die Geschichte des Genres und seine medialen Möglichkeiten. Ein Ausschnitt jedes Hörspiels wird probeweise inszeniert, damit die Autorin einmal die Gelegenheit bekommt zu hören, wie ihr Text klingen könnte. Einer der Hörspieltexte wird ausgewählt und drei bis vier Wochen später von Leonhard Koppelmann als Hörspiel im Studio inszeniert und später gesendet. Die Autorin erhält dafür das ganz normale Honorar. Es gibt eine Altersbegrenzung von 35 Jahren. Bedingung ist, dass die Autoren vorher einen Text einreichen. Und: Sie müssen mit einer oder mehreren Arbeiten von einem anerkannten Verlag vertreten werden, das heißt einen Roman, einen Prosatext oder ein Drama publiziert haben. Das Internet oder kleinere Literaturzeitschriften zählen nicht. Eingereicht werden können auch Erzählungen oder Theaterstücke, die geschrieben worden sind. Wir bilden eine Jury, die die Texte prüft und acht Autorinnen und Autoren auswählt, die dann ein Stipendium zu diesem Workshop erhalten.

› *Was sind typische Anfängerfehler?*
Das ist schwierig zu sagen. Das könnte beispielsweise falsches Timing bei verschiedenen Textpassagen sein. Oft kommt es vor, dass zu viele Regieanweisungen und auch visuelle Angaben gegeben werden, Verortungen fehlen oder dass das Besondere des Genres, die Abbildung von inneren Welten, nicht ausgeschöpft wird. Bei Geschichten: eine schlechte Dramaturgie, schlichte Figurenführung, schlichte Handlung. Wenn ich Ihre Frage jedoch so beantworte, hört sich das nach Aufzählen von Mustern an. Was mich stört, ist der Begriff „Fehler“. Man kann ja Fehler machen, und die könnten sogar richtig gut sein. Deshalb möchte ich am liebsten gar keine Anweisungen geben.

› *Was empfehlen Sie Nachwuchsautoren?*
Hören! Hören! Hören! Und so die Möglichkeiten des Genres kennenlernen.

› *Was macht aus Ihrer Sicht einen Hörspielautor, eine Hörspielautorin erfolgreich?*
Ein Autor ist dann erfolgreich, wenn es ihm gelingt, eine eigene Stimme im Kanon der anderen Autoren zu entwickeln.

› *Wie kann man es schaffen, vom Hörspiel-Schreiben zu leben?*
Die Illusion, das zu können, möchte ich allen Autoren nehmen. Ermutigen möchte ich, dem Genre im Rahmen einer vielseitigen Autorschaft einen Platz zu geben. Zum Beispiel kann eine Theaterautorin ihren Stoff im Hörspiel ausprobieren oder ein Hörspiel aus einem Theatertext entwickeln. Ebenso der Prosaist ...

› Gibt es Literatur und Links, die Sie HörspielautorInnen besonders empfehlen können?

Ich empfehle:

- die Recherche im Internet und hier speziell „HörDat" als Informationsquelle für einzelne Hörspiele.
- Das Buch „Intermedialität und offene Form – Hörspiel und Medienkunst im Bayerischen Rundfunk" von Herbert Kapfer, Barbara Schäfer und Katarina Agathos, erschienen im Belleville Verlag. Das ist interessant, um zu sehen, was die da beim BR so machen.
- „Das neue Hörspiel" von Reinhard Döhl, ein Standardwerk über die Geschichte des Hörspiels.
- „HörWelten – 50 Jahre Hörspielpreis der Kriegsblinden", erschienen im Aufbau Verlag. Mit diesem Buch bekommen Interessierte einen Eindruck, was qualitativ von einem Hörspiel gefordert wird.
- Sehr sinnvoll, wenn man Kriminalhörspiele schreiben will, finde ich die Veröffentlichung des Deutschen Rundfunkarchivs, Band 14, „Kriminalhörspiele 1924–1994: eine Dokumentation", erschienen im Verlag für Berlin-Brandenburg 1998.

› Haben Sie einen Wettbewerbsliebling; was ist für Sie ein Hörspiel-Highlight?

Interessant sind die „ARD-Hörspieltage". Dieses Festival in Karlsruhe ist sehr gut gemacht. Dort sind viele Hörspiele zu hören und es gibt auch interessante Workshops. Ein gutes Treffen für Leute, die auch die Macher kennenlernen wollen.

› Was gibt es Neues in Sachen Hörspiel? Wohin geht der Trend Ihrer Meinung nach?

Sehr beliebt und auch erfolgreich sind in den letzten Jahren sogenannte Doku-Hörspiele, die mit dokumentarischem Material arbeiten. Auch Arbeiten, die in der Improvisation entstanden sind. O-Töne werden verwendet, oder Laien sprechen die Texte. Ich liebe immer wieder gute literarische Texte.

› Sie begeistern sich seit Jahren für das Hörspiel. Wie kommt es zu dieser großen Liebe?

Das Hören vom Kinderfunk am Sonntag war in unserer Familie ein Ritual. Wir saßen mit unseren Freunden ums Radio herum und hörten „Kalle Blomquist" etc. Später arbeitete meine Mutter und ich wurde ein „Schlüsselkind". Wir hatten keinen Fernseher. Also habe ich viel Rundfunk gehört, jeden Tag den Schulfunk, bald auch die Hörspiele abends im Bett. Das prägt.

› Erzählen Sie uns eine lustige oder spannende Anekdote aus Ihrem Hörspielleben.

Wir lachen viel. Und am meisten über unsere Fehler und wenn wir versagen. Denn jede Produktion, sei sie noch so gut geplant, ist Unwägbarkeiten ausgesetzt. Bei der letzten Produktion fiel zum Beispiel in der letzten Minute der Toningenieur aus. So eine Produktion steht und fällt mit dem Ton-Ing.

Aber am meisten lache ich über meine eigene Vergesslichkeit. Ich habe gestern ein Hörspiel gehört und weiß heute nicht mehr, wie der Autor heißt. Und dann sage ich der Kollegin: „Du, ich habe ein tolles Hörspiel gehört!" Und ich kann nicht mehr erzählen, worüber es ging. Das „Problem" ist, dass wir so viele Hörspiele hören und Texte lesen,

dass unser Gedächtnis exponentiell dazu geringer wird. Man kann sich nicht mehr erinnern. „Sag mal, wie heißt denn noch der Autor. Der Soundso?" So geht das die ganze Zeit. Das ist erstaunlich.
Der Herausgeber der FAZ, Frank Schirrmacher, hat ein Buch über die Auswirkungen des Internets geschrieben. Er thematisiert das auch. Seit wir mit dem Internet arbeiten, hat die Vergesslichkeit erstaunlich zugenommen. Alles bekommt eine größere Beliebigkeit. Das ist ein Problem und sehr schade, denn die Autoren arbeiten immer noch genauso lange an ihren Texten und die Regisseure genauso lange im Studio.
Bei uns ist es ja auch so, dass alle Hörspiele inzwischen gespeichert sind. Wir können sie auf Abruf hören. Das ist etwas anderes, als wenn man das Hörspiel aus dem Archiv bestellt und die Sekretärin oder ich rübergehen, das Tonband holen, es auflegen und hören. Das ist eine andere Tätigkeit. Und dann hat man natürlich in 15 Jahren Berufstätigkeit schon so viel gehört, dass man überhaupt gar nichts mehr erinnert. Ja, ich lache über meine Vergesslichkeit. Und gleichzeitig macht sie mich traurig. Denn ich weiß sehr wohl, wie viel Einsatz jede Produktion von allen Beteiligten erfordert.

› *Interview: Florentine Egger*

Ranzige Lappen – Meine Arbeit als Hörspielmacher

Paul Plamper, geboren 1972, ist Hörspielmacher und Theaterregisseur. Für sein Hörspiel „TOP HIT leicht gemacht" erhielt er 2002 den Prix Europa. 2009 wurde er mit dem Hörspielpreis der Kriegsblinden für sein Werk „Ruhe 1" ausgezeichnet. Paul Plamper lebt in Berlin.

› *Herr Plamper, seit wann schreiben Sie Hörspiele? Erzählen Sie von Ihren Anfängen als Hörspielschreiber.*

Ich mache Hörspiel seit 1999. Da hat der Hessische Rundfunk gefragt, ob wir nicht „Projekt RAF" als Hörspiel machen wollen. Das war eine Collage aus Briefen von Gefangenen der RAF, die ich am Berliner Ensemble als Theaterstück inszeniert hatte. Bei „Projekt RAF" trafen drei Schauspieler auf zwei Schlagzeuger. Die Audioebene dieser sehr musiklastigen Aufführung hat als Hörspiel funktioniert.

Als Nächstes meldete sich die Dramaturgin Martina Müller-Wallraf vom WDR. Sie unterbreitete mir mein erstes „reines" Hörspielangebot für den 23-Uhr-Sendeplatz auf dem Musiksender 1Live. Dort werden junge Hörspielhandschriften gefördert. Ich sollte die Kurzgeschichte „Hüttenkäse" von Tim Staffel adaptieren. Der Text klingt wie von der Straße abgelauscht, ist Literatur, die mit Slang umgeht und dabei aber eben nicht peinlich pseudo-jugendlich wirkt. Gleichzeitig ist das eine Kunstsprache, die ihre brachiale Energie aus einer seit Fauser und Brinkmann nicht da gewesenen Rhythmik entwickelt. Ich hab das als Zwitter aus Musikalbum und Hörstück umgesetzt. Meine Fassung verteilt den Text auf vier MCs, die ihn auf Beats rappen. Es entstanden zwölf Tracks, die man als Musikstücke hören kann, die aber über die 45 Minuten Länge einen musikalischen Aufbau haben, der aus der Dramaturgie des Textes kommt, eine Rap-Oper. Ziel war auf jeden Fall ein tanzbares Hörspiel. Das Ganze hatte ich gar nicht so sehr als Radiosendung gedacht, sondern von Anfang an als Veröffentlichung bei einem Musiklabel als Album.

Zum Hörfunk hatte ich noch keinen großen Bezug. Ich war damals Theatermensch, gerade Regieassistent am Berliner Ensemble von Zadek, Müller, Wilson, Schroeter und anderen gewesen – das hat mich sicher geprägt. Mein Ideal von kreativer Arbeit entsprach aber eigentlich eher dem, was ich vorher im Proberaum bei Sessions mit meiner Funkband während der Schulzeit erlebt hatte. Meine Initialzündung war afroamerikanisch, und das kam mit den ersten Hörspielarbeiten dann wieder hervor, wo ich eng mit Musikern zusammengearbeitet habe. Die ließen mich am Computer über die Schulter schauen und brachten mir viel zu Aufnahme, musikalischem Arrangement und Schnitt bei.

› *Wie haben Sie sich in Ihrer Schaffensweise verändert?*

Die Begegnung mit dem Schauspieler Milan Peschel bei „TOP HIT leicht gemacht" hat dazu geführt, dass ich seitdem viel mit Improvisation gearbeitet habe. Milan hat mir die Augen geöffnet, was da möglich ist. So hat sich eine Arbeitsweise entwickelt, bei der die Akteure meine Figurenprofile und Dialogentwürfe zwar durchlesen, damit sie wissen, was die Stoßrichtung ist, die Fassung dann aber für die Aufnahmen weglegen. Die Sprecher sollen die Szene aus dem Zusammenspiel entwickeln.

Wir nehmen meist an Original-Orten auf, was tontechnisch manchmal Quatsch, aber für die Fantasie und das Spiel der Akteure sehr wichtig ist. Ich probe nichts vorher und

schneide vom ersten Moment an alles mit. Wir denken sozusagen spielend über die Szene nach. Deswegen entstehen oft sehr viele Varianten. Mit diesem Material wird im Schnitt dann in monatelanger Arbeit das Hörspiel collagiert, musiziert.
Ich lege Wert darauf, dass die Arbeit mit den Schauspielern und der Schnitt als Teil meiner Autorschaft gesehen werden. Dazu gehört auch die konzeptionelle und planerische Arbeit im Vorfeld der Aufnahmen. Bei den Aufnahmen „überimprovisieren" wir die Fassung dann meistens. Die Spieler schrauben sich im besten Fall davon weg, bringen etwas Neues hinzu. Oder sie legen den Kern meiner Fantasie frei, der mir bisher vielleicht selber verborgen war, und zeigen mir, was alles in meiner Grundidee steckt. Oft sind die Aufnahmen pures Chaos und manchmal enden sie in Verwirrung – dann haben wir vieles probiert, wissen aber noch weniger, was das Richtige war. Danach folgt mit dem Schnitt eine sehr einsame, aber ruhige, ordnende Arbeit, bei der ich musikalische und inhaltliche Entscheidungen absolut gleichberechtigt treffe und ein Konzentrat schaffe.
Weil ich gemerkt habe, dass ich mit dieser Arbeitsweise ziemlich schnörkellos erzählen kann, habe ich mich dann auch getraut, seltener fremde Texte zu inszenieren oder Adaptionen zu machen, und zunehmend meine eigenen Ideen realisiert. Ich erfinde einfach sehr gerne, und in meinen Fassungen stehen mittlerweile auch manche Dialoge, die mein innerer Scharfrichter so stehen lässt. Aber ich sehe mich selbst weniger als Autor, sondern als Macher, als Hörspielmacher.

› *Wie sind Sie auf die Idee gekommen, ihre Hörspiele selbst zu produzieren? Das machen ja längst nicht alle Hörspielautorinnen und -autoren.*
Das hat sich so ergeben. Beim WDR war es von Anfang an so, dass ich meine Arbeiten als Autorenproduktionen machen konnte. Ich produziere also im Schutz eines vorher ausgehandelten Etats komplett eigenverantwortlich und schicke dem Sender dann das fertige Hörspiel. Dabei trage ich das unternehmerische Risiko und muss auch den ganzen Finanzkram selber erledigen, also Verträge machen, uns alle bezahlen etc. Aber so habe ich mehr Handlungsspielraum. Bei der letzten Arbeit, „Der Assistent", haben wir zum Beispiel ein ganzes Hörspiel aufgenommen, die Idee dann aber verworfen. Dann haben wir den Gürtel enger geschnallt und noch mal komplett von vorne angefangen. Das war zum Teil sehr schmerzhaft. Aber die Freiheit, Fehler machen zu dürfen und die Dinge überdenken, überarbeiten zu können, ist für mich elementar.

› *Verraten Sie uns einige technische Details: Wo machen Sie Ihre Tonaufnahmen? Wo und wie schneiden, vertonen Sie Ihre Stücke?*
Meine Arbeitsweise ist ohne die technische Entwicklung der letzten 15 Jahre nicht denkbar. Die Technik ist klein und mobil geworden. Deswegen haben die großen Studios ihre Vorherrschaft verloren – weil Audiotechnik eben auch für Heimaudio-Frickler wie meine Berliner Musikerfreunde erschwinglich wurde. Es geht jetzt nicht mehr darum, wer was hat, sondern wer es wie benutzt. Für die ersten Hörspielaufnahmen haben wir in irgendeiner Wohnung ein paar Lappen aufgehängt, um die Raum-Reflexionen loszuwerden. Der Computer, der zu laut gebrummt hat, wurde in den Kleiderschrank gesperrt. Fertig. Gerade gucke ich um mich, sehe hier ranzige Lappen hängen und stelle fest, dass das heute peinlicherweise nicht viel anders ist. Wenn ich nicht irgendwo in der Stadt

aufnehme, arbeite ich meist in dieser kleinen Einzimmerwohnung. Sie ist sehr günstig. Das macht die langen Schnittphasen möglich, die durch die Arbeit mit Improvisation anfallen. Ich will mir kein größeres Studio ans Bein binden, weil ich dann mehr Geld für Miete bräuchte und Angst hätte, in schlechten Zeiten deprimierende Geldverdienprojekte machen zu müssen. Der Raum hier ist eine Art „Naturstudio", er klingt einfach gut. Hier ist es ruhig, gleichzeitig sind die Nachbarn tolerant gegenüber dem Lärm, den ich mache ... Mein einziges Problem ist in kalten Berliner Wintern das frostige Außenklo.

› *Machen Sie die Geräusche selbst? Wie kommen Sie an Geräusche?*
Wir nehmen möglichst viele unserer Geräusche am Aufnahmeort der jeweiligen Szene auf, damit sie zu den Sprachaufnahmen passen. Den Rest machen wir selbst im Studio oder wir bitten das Soundarchiv des Senders um Geräusche.

› *Haben Sie Tipps für angehende Hörspielautoren, wie sie ihre eigene Hörspielproduktion verwirklichen können?*
Ja! Genau deswegen gebe ich dieses Interview. Ich möchte junge Autorinnen und Autoren ermutigen, Hörspiele zu entwickeln, die spezifisch für dieses Medium gedacht sind und mit dessen Möglichkeiten spielen. Ich selber mache zum Beispiel gerade eine Serie von Arbeiten zum Thema Ruhe. Dabei entwickle ich dramatische Strukturen ausgehend von Momenten der Stille. In „Ruhe 1" ging es um einen Moment von Ruhe als unbegrenzten Raum für Möglichkeiten und das Drama, dass diese Möglichkeiten nicht wahrgenommen werden. Es ging um Zivilcourage und unterlassene Hilfeleistung. In einer der nächsten Arbeiten geht es um Ruhe als Ausdruck der Unterdrückung von Inhalten, also im weitesten Sinne um verschiedene Formen von Zensur. So was kann ich mit keiner anderen Kunstform besser erzählen. Ich sage das, weil ich finde, dass das Hörspiel nicht den anderen Künsten hinterherhecheln muss. Klar, die Gattung ist literarisch geprägt, und auch ich liebe die Sprache, aber wenn das Hörspiel virulent sein will, muss es den Medien Literatur und Film/Fernsehen etwas Ureigenes entgegensetzen. Also bitte entwickle doch mal jemand wirklich zwingende *Hör*stoffe – da gibt es noch so viel zu entdecken!

› *Was kostet ein selbst produziertes Hörspiel?*
Das schwankt sehr und ich bin wegen meiner eher aus dem Rahmen fallenden Arbeitsweise wirklich nicht der Richtige, hier repräsentative Zahlen zu nennen. Aber man braucht wirklich nicht viel, um loszulegen. Das Wichtigste sind das Aufnahmegerät und das Mikrofon. Der Vorteil an teurem Aufnahme-Equipment ist, dass es toleranter auf Fehler reagiert, die man gerade am Anfang als tontechnischer Laie machen kann. Mit rauscharmen Mikrofonen kann man sich beispielsweise schwer verpegeln. Aber wenn man sich Zeit nimmt und ein gutes Ohr hat, kriegt man auch mit billigem Equipment erstaunlich gute und sendefähige Resultate hin.
Für die Nachbearbeitung braucht man eigentlich nur noch einen kleinen Schnittplatz mit Computer, Tonprogramm, Soundkarte, neutral klingenden Lautsprechern und pas-

sabler Raumakustik. Das Teuerste ist bei mir das Personal, also meine Mitarbeiter und vor allem die Sprecher.

› *Können Sie vom Hörspielschreiben leben?*
Weil ich sehr langsam arbeite, bin ich extrem darauf angewiesen, dass meine Hörspiele auch in anderen Sendern wiederholt werden. Ich lebe während des Schnitts und der Entwicklung der neuen Projekte meist von den Wiederholungsgagen älterer Hörspiele. Es gibt Durststrecken als Freischaffender. Aber wenn ein Preis hereinweht wie letztes Jahr der *Hörspielpreis der Kriegsblinden* für „Ruhe 1", dann dreht das Hörspiel eine Ehrenrunde durch fast alle öffentlich-rechtlichen Sender. Dann kann ich gut davon leben.
Ich glaube, ich habe Glück und gehöre zu einem sehr kleinen Kreis von privilegierten Autorenproduzenten, die es schaffen, so über die Runden zu kommen. Und die künstlerische Freiheit etwa im Vergleich zum Medium Fernsehen ist enorm. Dort werden viele gute Skripte von quotengläubigen Produzenten verwässert und vernichtet, weil mehr Geld im Spiel ist und man deswegen glaubt, in vorauseilendem Gehorsam einen angeblichen Massengeschmack bedienen zu müssen. Schlimm! Und jetzt schwappt das mit so einfallslosen Konzepten wie einem Radio-Tatort auch aufs Hörspiel über, wo es noch unnötiger ist. Ich kann aber erstaunlicherweise berichten, dass meine Redakteurinnen mir immer vertraut und keine Experimente gescheut haben. Sie waren tatsächlich neugierig. Das ist unbezahlbar!

› *Wie vermarkten Sie Ihre Hörspiele?*
Fünf Hörspiele sind auf CD rausgekommen, aber ich habe keinen Verlag gefunden, der mich dauerhaft ins Programm nehmen wollte. Außer dem Radio gibt es leider keinen Markt für Autorenhörspiele. Deswegen haben wir Selbsthilfe betrieben und eine Internetplattform namens HOERSPIELPARK entwickelt. Unter www.hoerspielpark.de gibt es schon drei meiner Hörspiele. Nach und nach werden dort alle meine Arbeiten als CD und 320-Kbit-MP3 zu fairen Preisen erhältlich gemacht. Im „Park" ist außerdem Material zu meiner Arbeit zu finden. Und wir sind im Gespräch mit weiteren Hörspielmachern, die ich gerne mit ihrem Gesamtwerk auf dieser Plattform hätte.

› *Interview: Florentine Egger*

Öffentlich-rechtliche Hörfunkanstalten

Bayerischer Rundfunk (BR)
Abteilung: Hörspiel und Medienkunst, Rundfunkplatz 1, D-80335 München
Telefon allg.: 089/5900-01, Telefon Abt.: 089/5900-2252
hoerspiel@brnet.de, www.br-online.de/hoerspiel
Leiter der Abteilung: Herbert Kapfer

1. Abteilung zuständig für alle Hörspielarten: ja
2. Formate und Länge: sowohl als auch
3. Hörspiel-Sendedauer, die am häufigsten vorkommt: 60 Minuten
4. Form der Einsendung: egal
5. Kontakt: an Lektorat der Abteilung schreiben
6. Anteil der Autorenproduktionen: ca. 10 Prozent
7. Rat: Viel Kulturradio hören bzw. Radio überhaupt!
8. Honorar: –
9. Übernahmen: bei der Programmplanung; ca. 50 Prozent
10. Zukunft: Hörspiel ist in wie lange nicht.

Fragebogen

Um über den Hörspielbetrieb der öffentlich-rechtlichen Hörfunkanstalten möglichst aktuell informieren zu können, wurde ein Fragebogen entwickelt und an alle Hörfunkanstalten gesandt.

Die 10 Fragen:

1. Ist die Abteilung „Hörspiel" für alle Hörspielarten zuständig? Wenn nicht, welche Abteilungen in Ihrem Haus produzieren ebenfalls Hörspiele (z.B. Kriminalhörspiele, Hörspiele für Kinder und Jugendliche, SF, Mundart etc.)
1. Abteilung zuständig für alle Hörspielarten? Weitere Abteilungen: ...

2. Welche Formate (abendfüllendes Hörspiel/Kurzhörspiel etc.) werden bei Ihnen gesendet und welche Länge haben sie in etwa?
2. Formate und Länge: ...

3. Welche Sendedauer haben die Hörspiele, die Ihr Sender am häufigsten ausstrahlt?
3. Hörspiel-Sendedauer, die am häufigsten vorkommt: ...

4. Sollte Ihnen die Autorin/der Autor ein Exposé, ein fertiges Hörspiel-Manuskript oder ein sendefertiges Band/eine Audiodatei (Format?) zusenden?
4. Form der Einsendung: ...

DLF

Deutschlandfunk
Redaktion Hörspiel, Raderberggürtel 40, D-50968 Köln
Telefon allg.: 0221/345-0, Telefon Abt.: 0221/345-1562
www.dradio.de, anne.etzkorn@dradio.de
Leiterin der Abteilung: Elisabeth Panknin

1. Abteilung zuständig für alle Hörspielarten? Weitere Abteilungen: Hörspiele werden ausschließlich von uns produziert. Allerdings hat der DLF eine Panorama-Funktion für das deutschsprachige Hörspiel und bestreitet sein Programm vorwiegend aus Übernahmen. Wir produzieren ca. 5 Stücke pro Jahr.
2. Formate und Länge: Bei uns werden alle Formate gesendet, Kurzhörspiele sind die absolute Ausnahme.
3. Hörspiel-Sendedauer, die am häufigsten vorkommt: von 35 bis 50 Minuten sowie 60 bis 115 Minuten
4. Form der Einsendung: Das bleibt dem Autor überlassen. Aufgrund von Exposés gibt es keine Aufträge.
5. Kontakt: Sie sollten ein Manuskript schicken.
6. Anteil der Autorenproduktionen: ca. 8 Prozent
7. Rat: Sich mit dem Genre zu beschäftigen, um zu erfahren, dass es im Hörspiel eine enorme Vielfalt gibt, von der Epik über lyrische Texte bis hin zu Dramatik, O-Ton-Hörspiele etc.

5. Wie sollten AutorInnen bei der ersten Kontaktaufnahme vorgehen?
5. Kontakt: ...

6. Wie hoch ist der Anteil an AutorInnenproduktionen am Gesamt aller Hörspiele, die Ihr Sender ausstrahlt?
6. Anteil der Autorenproduktionen: ...

7. Was würden Sie HörspielautorInnen raten?
7. Rat: ...

8. Wie hoch ist das Honorar (Richtwert) für ein abendfüllendes Hörspiel von ca. 60 Minuten? Und für ein Kurzhörspiel?
8. Honorar: ...

9. Wie und wie oft kommt es zu Übernahmen? Wie hoch ist ein Übernahmehonorar?
9. Übernahmen: ...

10. Die Zukunft des Hörspiels – was fällt Ihnen dazu ein (z.B. Stichwort Piraterie)?
10. Zukunft: ...

8. Honorar: Zwischen 3000 Euro und 5000 Euro. Mit Kurz-Hörspielen haben wir keine Erfahrung. Allerdings gibt es ja einen Honorar-Rahmen, der nach Sendeminuten geht.
9. Übernahmen: (siehe Punkt 1) Übernahme-Honorare richten sich nach dem jeweiligen Vertrag, von 50 Prozent bis zur gleichen Summe des Ersthonorars.
10. Zukunft: Vielfalt neuer technischer Möglichkeiten, neue Distributionswege, neue Hörerschichten

Deutschlandradio Kultur
Hörspiel/Künstlerisches Feature/Wortproduktion,
Hans-Rosenthal-Platz, 10825 Berlin
Telefon allg.: 030/8503-0, Telefon Abt.: 030/8503-5575
www.dradio.de, stefanie.hoster@dradio.de
Leiterin der Abteilung: Stefanie Hoster

1. Abteilung zuständig für alle Hörspielarten? Weitere Abteilungen: Abteilung „Bildung und Wissen": Kinderhörspiele (Kinderfunk macht Kinderhörspiele, die wir disponieren und besetzen, bei denen wir aber nicht die Redaktion machen.)
2. Formate und Länge: Seit September 2004 haben wir 1500 „Wurfsendungen" produziert, das sind Minihörspiele von 10 bis 45 Sekunden Länge; die „Wurfsendungen" werden tagsüber im Radiofeuilleton gesendet. Ansonsten Hörspiele mit einer Dauer von 54'30 und 56'30 (Krimi und Mittwochshörspiel) und Literarisches Hörspiel à 90 Minuten.
3. Hörspiel-Sendedauer, die am häufigsten vorkommt: 56'30
4. Form der Einsendung: Nur Manuskripte oder fertige Produktionen. (Ich mag nicht endlos Dateien ausdrucken.)
5. Kontakt: Nur Manuskript/Produktion schicken – dann (leider) lange warten.
6. Anteil der Autorenproduktionen: Ein Viertel der Produktionen sind AutorInnenproduktionen. Dabei ist zu bedenken, dass auch *ars acustica* bei uns einen regelmäßigen wöchentlichen Termin hat.
7. Rat: Möglichst gute Texte schreiben, die nicht optisch gedacht sind. Regieanweisungen spielen keine Rolle – weglassen. Keine Bearbeitungen.
8. Honorar: Laut Tarif über 55 Minuten bis 90 Minuten ca. 4388 Euro.
9. Übernahmen: Das Übernahmehonorar richtet sich nach dem Grundhonorar der produzierenden Anstalt. Wir zahlen 50 Prozent des ursprünglichen Honorars. Bei sehr alten Hörspielen gibt es einen Alt-Produktionszuschlag.
10. Zukunft: Podcasts oder wenigstens Archiv im Netz werden immer wichtiger. Nur wenige Sender haben so gut besetzte Honorar- und Lizenzabteilungen, dass das auch möglich ist.

Hessischer Rundfunk (hr)
Abteilung Hörspiel, Bertramstr. 8, D-60320 Frankfurt
Telefon allg.: 069/155-1, Telefon Abt.: 069/155-2321, -2655
www.hr-online.de, uruppel@hr-online.de

1. Abteilung zuständig für alle Hörspielarten: Ja, wir sind für alle Hörspiele zuständig.
2. Formate und Länge: Hörspiel

MDR

3. Hörspiel-Sendedauer, die am häufigsten vorkommt: Kinderhörspiel maximal 50 Minuten, sonstige 45–85 Minuten
4. Form der Einsendung: fertiges Hörspiel-Manuskript, eine sendefertige Audiodatei (CD)
5. Kontakt: Manuskript oder CD zusenden, ausschließlich per Post, Manuskripte per Mail werden nicht geprüft.
6. Anteil der Autorenproduktionen: gering

Mitteldeutscher Rundfunk (mdr)
MDR FIGARO, Künstlerisches Wort, Gerberstr. 2, D-06108 Halle
Telefon allg.: 0345/300-0, Telefon Abt.: 0345/300-5404, -5405
www.mdr-figaro.de, thekla.harre@mdr.de
Leiter der Abteilung: Mathias Thalheim
1. Abteilung zuständig für alle Hörspielarten? Weitere Abteilungen: Ja, sie ist für letztlich alle Hörspiele im Programm von MDR FIGARO zuständig – Literarisches Hörspiel, Kinderhörspiel und Kriminalhörspiel. Comedys, Radionovelas etc. werden u.U. in Sonder-Staffeln auch vom Tagesprogramm verantwortet und produziert.
2. Formate und Länge: Literarisches Hörspiel (45–85 Minuten), Kinderhörspiel (30–50 Minuten), Kriminalhörspiel (45–59 Minuten). Es gibt keine Regel-Sendeplätze für Kurzhörspiele.
3. Hörspiel-Sendedauer, die am häufigsten vorkommt: 50–54 Minuten
4. Form der Einsendung: Bitte keine Exposés, bitte ausgeschriebene Hörspielmanuskripte in ausgedruckter Form; Autorenproduktionen bitte auf Info-CD. Theoretisch könnte man auch Textdateien mailen, aber praktisch kann man Manuskripte nur auf Papier vorliegend wirklich gut lesen. Alle eintreffenden Dateien bei uns auszudrucken, ist uns leider nicht möglich.
5. Kontakt: Bitte Hörspiel-Manuskript bzw. Info-CD an die Hörspieldramaturgie von MDR FIGARO, Herrn Thomas Fritz, einsenden.
6. Anteil der Autorenproduktionen: ca. 10–15 Prozent
7. Rat: Bitte sich über den Hörspiel-Spielplan der vergangenen Quartale und Halbjahre im Internet ausführlich informieren; auf diese Weise kann man gut erfahren, welche Stoffe und Macharten den Kern des jeweiligen Hörspiel-Programms ausmachen. Bitte auch einen Blick und ein Ohr auf das Repertoire von 80 Jahren Hörspiel werfen.
8. Honorar: ca. 3000 Euro für ein 60-Minuten-Stück
9. Übernahmen: Pro Jahr laufen im Programm von MDR FIGARO etwa 52 Literarische Hörspiele, etwa 60 Kinderhörspiele, etwa 30 Krimis bzw. Unterhaltende Hörspiele. Pro Jahr produziert MDR FIGARO etwa 7 Literarische Hörspiele, etwa 2 Kinderhörspiele, etwa 2 Krimis. Der Hauptanteil des Hörspielprogramms wird also mit Übernahmen und Wiederholungen veranstaltet. Wiederholungs- und Übernahmehonorare für Autoren belaufen sich in der Regel auf 50 Prozent der Erstvergütungen.
10. Zukunft: Die Zukunft des Hörspiels liegt in der Seriosität und der handwerklichen Bravour des Erzählens – dies natürlich auch, wenn es um Komik oder Absurditäten geht. Hörspiel leidet sehr unter seiner Selbstbezüglichkeit und droht auf diese Weise, sein Publikum zu verspielen. Wir Menschen sind langsamer, als uns zugestanden wird, und

langsamer, als wir es einzuräumen bereit sind. Hörspiel kann mit diesem Wissen in der Intensität des Wortes und der Magie des Klanges viel ergiebiger als alle multimedialen Anstrengungen sein. Hörspiele leben von Geschichten.

Norddeutscher Rundfunk (NDR)
NDR Kultur, Hörspiel/Feature, Rothenbaumchaussee 132–134, D-20149 Hamburg
Telefon allg.: 040/4156-0, Telefon Abt.: 040/4156-2325
www.ndr.de, hoerspiel@ndr.de
Leiter der Abteilung: Dr. Norbert Schaeffer

1. Abteilung zuständig für alle Hörspielarten? Weitere Abteilungen: Die Abteilung Hörspiel produziert Hörspiele (die auf NDR Kultur, NDR-Info und N-JOY gesendet werden) und Kriminalhörspiele (die auf NDR-Info gesendet werden). Hörspiele für Kinder und Jugendliche produziert die Kinderradioredaktion von NDR-Info.
2. Formate und Länge: Wir senden abendfüllende Hörspiele (zwischen 55 und 90 Minuten). Die Produktion/Sendung von Kurzhörspielen wird derzeit hausintern vorbereitet.
3. Hörspiel-Sendedauer, die am häufigsten vorkommt: zwischen 55 und 90 Minuten
4. Form der Einsendung: Wir sind für alle Formen offen.
5. Kontakt: Im Mittelpunkt unseres Interesses steht der Text. Macht er uns neugierig, findet sich alles Weitere von selbst. Es spielt keine Rolle, ob sich AutorInnen über einen Verlag oder direkt an uns wenden.
6. Anteil der Autorenproduktionen: Der Anteil ist sehr gering. (Im Jahr 2009 haben wir nur eine Autorenproduktion gesendet.)
7. Rat: Der Fantasie zu vertrauen und Rezeptdenken zu misstrauen.
8. Honorar: –
9. Übernahmen: Im Jahr 2009 sendete der NDR auf 3 Wellen 157 Hörspiele. 23 davon waren Ursendungen, 4 Koproduktionen, 28 Wiederholungen und 102 Übernahmen.
10. Zukunft: Solange es öffentlich-rechtliches Radio gibt, gibt es Hörspiele.

Radio Bremen (RB)/Nordwestradio
Fachredaktion Kultur (Hörspiel), Diepenau 10, D-28195 Bremen
Telefon allg.: 0421/246-40, Telefon Abt.: 0421/246-42625
www.radiobremen.de, holger.rink@radiobremen.de, hoerspiel@radiobremen.de
Leiter der Redaktion Hörspiel: Holger Rink

1. Abteilung zuständig für alle Hörspielarten? Weitere Abteilungen: Die „Abteilung" Hörspiel von RB ist integriert in der übergeordneten Fachredaktion Kultur. Dazu gehört auch der Bereich des Niederdeutschen Hörspiels (NH), das von RB in Kooperation mit dem NDR verantwortet wird. Das Niederdeutsche Hörspiel ist mundartlich gebunden, es entstehen ca. 8–10 Produktionen im Jahr.
2. Formate und Länge: Auf unserem Hörspieltermin senden wir in der Regel abendfüllende Hörspiele bis zu einer Länge von 85 Minuten. Gelegentlich bündeln wir auch mehrere kurze Stücke in einem Termin, das ist allerdings die Ausnahme. Auf einem eigenständigen Termin senden wir einmal im Monat Krimis (ARD Radio Tatort). Der Termin für das NH ist 55 Minuten lang.

RBB

3. Hörspiel-Sendedauer, die am häufigsten vorkommt: unterschiedlich: von 40–80 Minuten
4. Form der Einsendung: ein fertiges Hörspiel-Manuskript (Zur Information: Bänder werden in Funkhäusern nicht mehr verwendet.)
5. Kontakt: Anrufen und fragen, ob das angebotene Thema für uns von Interesse sein könnte.
6. Anteil der Autorenproduktionen: Gerne mehr, zumeist aber bedienen die AutorInnenproduktionen eher kürzere Formate.
7. Rat: Vor Beginn der Schreibarbeit herauszufinden, ob das gewählte Thema auch auf Interesse stoßen könnte.
8. Honorar: Die Honorare sind vorgegeben durch RB-Honorarsätze.
9. Übernahmen: Übernahmen haben wir häufiger im Programm. Die Übernahmehonorare bemessen sich in der Regel an der Höhe der gezahlten Autorenhonorare durch die produzierenden Sender.
10. Zukunft: Das Hörspiel hat in jedem Fall Zukunft. Es sollte sich jedoch auf neue, „nicht-lineare" Verbreitungswege einstellen, damit einhergehende Chancen für neue Dramaturgien und Formate offensiv nutzen.

Rundfunk Berlin/Brandenburg (RBB)
Redaktion Hörspiel/Radiogeschichten, Masurenallee 8–14, D-14057 Berlin
Telefon allg.: 030/97993-0, Telefon Abt.: 030/97993-33401
hoerspiel@rbb-online.de, www.daskulturradio.de, www.rbb-online.de
Leiter der Abteilung: Dr. Renate Jurzik
1. Abteilung zuständig für alle Hörspielarten? Weitere Abteilungen: Einmal im Jahr wird ein Kinderhörspiel produziert, das von der Redaktion „Ohrenbär" betreut wird. Kriminalhörspiel/SF/Mundart wird bei uns nicht produziert.
2. Formate und Länge: 1 Abendtermin pro Woche von maximal 55 Minuten Länge; Kurzstücke von 5 Minuten täglich von Montag bis Freitag in Fünfer- oder Zehner-Serien.
3. Hörspiel-Sendedauer, die am häufigsten vorkommt: ca. 50 Minuten
4. Form der Einsendung: Fertige Hörspielmanuskripte, und zwar nur auf postalischem Weg, also nicht als Mail-Anhang. Auch die Zusendung fertiger Produktionen ist möglich.
5. Kontakt: eventuell anrufen und fragen, ob das Thema passt
6. Anteil der Autorenproduktionen: vielleicht 5 Prozent
7. Rat: Sie sollten sich vorher informieren, ob Genre, Format und Länge des geplanten Projekts überhaupt für unseren Sender passend sind.
8. Honorar: ca. 3200 Euro/ca. 250 Euro
9. Übernahmen: Wir haben 1–2 Übernahmen pro Monat. Gezahlt wird in der Regel 50 Prozent des Ausgangshonorars des produzierenden Senders.
10. Zukunft: Das Hörspiel lebt! Die Entwicklung der letzten Jahre zeigt, es ist sogar lebendiger als je zuvor. Eine Situation, die sich nicht unbedingt in den Programmen der öffentlich-rechtlichen Anstalten abbildet. Dort führen Sparzwänge immer mehr zu budgetären und personellen Einschnitten auch in den Hörspielprogrammen. Allerdings findet Hörspiel heutzutage auch auf vielen anderen Plattformen statt – als Hörbuch, im

Internet, auf Festivals und Live-Hörspielveranstaltungen etc. Auch diese Plattformen sollten genutzt werden.

Saarländischer Rundfunk (SR)
Redaktion: Hörspiel, Funkhaus Halberg, D-66100 Saarbrücken
Telefon allg.: 0681/602-0, Telefon Abt.: 0681/602-2161
cpurkarthofer@sr-online.de, akuehrmeyer@sr-online.de, www.sr-online.de
Leiterin der Redaktion: Anette Kührmeyer

1. Abteilung zuständig für alle Hörspielarten: Hörspielredaktion ist für alle Hörspielarten zuständig.
2. Formate und Länge: In der wöchentlichen „Hörspielzeit" werden literarische Erzählhörspiele und der ARD-Radiotatort gesendet. Keine Kurz-/Kinder-/Mundart-/SF-/Kriminalhörspiele.
3. Hörspiel-Sendedauer, die am häufigsten vorkommt: mindestens ca. 40 Minuten
4. Form der Einsendung: prinzipiell alle Formen möglich, Exposés aber nur mit Arbeitsproben oder Probeszenen
5. Kontakt: projektabhängig, grundsätzlich: Manuskripte bitte per Post, nicht per Mail schicken
6. Anteil der Autorenproduktionen: gering
7. Rat: –
8. Honorar: projektabhängig
9. Übernahmen: Regelmäßige Übernahmen, Honorar basiert im Regelfall auf den Angaben des produzierenden Senders.
10. Zukunft: Die Zukunft hat schon begonnen.

Südwestrundfunk (SWR)
SWR2 Künstlerisches Wort/Hörspiel, Hans-Bredow-Str. 20, D-76530 Baden-Baden
Telefon allg.: 07221/929-0, Telefon Abt.: 07221/929-2263
info@swr.de, www.swr.de
Leiter der Abteilung: Ekkehard Skoruppa

1. Abteilung zuständig für alle Hörspielarten? Weitere Abteilungen: Die Abteilung „SWR2 Künstlerisches Wort/Hörspiel" ist für alle Hörspielformen im SWR zuständig.
2. Formate und Länge: Gelegentlich Kurzhörspiel-Reihen (neue geplant), Kinder (1–2 x monatlich, 55 Minuten), Krimi (wöchentlich, 55 Minuten), (literarisches) Hörspiel (2 x wöchentlich, 55–100 Minuten), „junges" Hörspiel im „SWR2 Dschungel" (einmal wöchentlich, ca. 30 Minuten), Ars Acustica (einmal monatlich, 55 Minuten), Mundarthörspiel (12–15 pro Jahr, 55 Minuten).
3. Hörspiel-Sendedauer, die am häufigsten vorkommt: 55 Minuten
4. Form der Einsendung: grundsätzlich alle Möglichkeiten offen, Entscheidungsvorlage i.d.R. aber fertiges Manuskript (auch per Mail) oder CD/Audiofile
5. Kontakt: Stückvorschlag (Manuskript oder aussagekräftiges Exposé), Angaben zu Vita/Werken, falls vorhanden: CD-Kopien früherer Hörspiele
6. Anteil der Autorenproduktionen: ca. 10–15 Prozent
7. Rat: –

WDR

8. Honorar: ca. 2300– 4400 Euro, hängt von Sendetermin, Projekt und weiteren Faktoren ab; Kurzhörspiel nach Umfang ca. 400–800 Euro
9. Übernahmen: Durchschnittlich 1–2 Übernahmen, wenige Produktionen häufiger, andere gar nicht. Übernahmehonorare 50–75 Prozent des Ersthonorars, falls kein Buy-Out oder abweichende Vereinbarung getroffen wurde. Kollegen aus anderen Häusern entscheiden nach eigenen Maßgaben und Spielplanüberlegungen.
10. Zukunft: „Piraterie" ist für uns kein gravierendes Problem. Bestand und Entwicklung des Hörspiels scheinen mir gesichert – auch wenn die Zahl der Produktionen etwas zurückgehen dürfte.

Westdeutscher Rundfunk Köln (WDR)
WDR 3 PG Wort, Programmgruppe Hörspiel und Feature, Appellhofplatz 1,
D-50667 Köln, Telefon allg.: 0221/220-0, Telefon Abt.: 0221/220-3160
hoerspiel@wdr.de, www.wdr.de
Leiter der Abteilung: Wolfgang Schiffer
Leiterin des Ressorts Hörspiel und Feature: Martina Müller-Wallraf
1. Abteilung zuständig für alle Hörspielarten? Weitere Abteilungen: Alles zwischen Krimi und Akustischer Kunst, zwischen Avantgarde und Serienunterhaltung. Ausnahme: Kinderhörspiele und *1Live*-Krimi.
2. Formate und Länge: 8 feste Sendeplätze für Stundenhörspiele (bzw. ca. 54 Minuten); andere Formate im Einzelfall möglich
3. Hörspiel-Sendedauer, die am häufigsten vorkommt: siehe oben
4. Form der Einsendung: Was auch immer: Es muss überzeugend sein.
5. Kontakt: Material schicken an WDR-Hörspiel, 50600 Köln. Bei der Bewertung des eingesandten Materials gibt es keinen Bonus für persönliche Kontaktaufnahme. Postweg reicht völlig.
6. Anteil der Autorenproduktionen: ca. ein Fünftel
7. Rat: Ins Kino gehen; viel Musik hören; lesen schadet auch nicht – und immer volles Risiko.
8. Honorar: Für 60 Minuten Hörspiel sieht der Honorarrahmen des WDR vor: zwischen ca. 3400 und 4800 Euro.
9. Übernahmen: Produktionen anderer ARD-Sender werden abgehört und begutachtet. Im Übernahmefall zahlen wir gemäß den Tarifabsprachen der ARD: 50 Prozent des Urhonorars für Autoren.
10. Zukunft: Hörspiel ist (und bleibt) das, was man daraus macht: Solange man als Autor und Produzent neugierig bleibt, euphorisch und fordernd und sich nicht selbst feiert und erstarrt, wird auch das Ergebnis lebendig und überzeugend sein – und gehört werden.

Österreichischer Rundfunk (ORF)
Abteilung Literatur, Hörspiel & Feature, Argentinierstr. 30a, A-1040 Wien
Telefon allg.: 0043/1/50101-0, Telefon-Literatur: 0043/1/50101-18532
Hörspiel: 0043/1/50101-18879, Feature: 0043/1/50101-18467
peter.klein@orf.at, hoerspiel@orf.at, www.orf.at
Leiter der Abteilung: Dr. Peter Klein

1. Abteilung zuständig für alle Hörspielarten? Weitere Abteilungen: Die Abteilung „Hörspiel" ist grundsätzlich für alle Hörspielarten zuständig. Allerdings produzieren wir, da sich Ö1 explizit an ein „älteres" Publikum wendet, keine Kinderhörspiele. Alles andere ist möglich. Wobei Mundarthörspiele – seit die ORF-Landesstudios die Hörspielproduktion nahezu eingestellt haben – äußerst selten bis nie vorkommen.

2. Formate und Länge: Ö1 hat zwei Hörspielreihen pro Woche. Das HÖRSPIEL-Studio (Dienstag, 21 Uhr) und die HÖRSPIEL-Galerie (Samstag, 14 Uhr). Beide Reihen sind jeweils eine Stunde lang, einige Male pro Jahr haben wir am Samstagstermin 90 Minuten zur Verfügung. Freilich sind nicht alle Hörspiele eine Stunde lang. Den Rest füllen wir mit Hinweisen und Musik. 2–3 x im Jahr senden wir auch eine Stunde lang Kurzhörspiele. Allerdings nur im Zusammenhang mit Kurzhörspielwettbewerben, die wir entweder selbst ausschreiben (z.B. „Track 5") oder an denen wir sonst irgendwie beteiligt sind (z.B. „Radio Play 09").

3. Hörspiel-Sendedauer, die am häufigsten vorkommt: durchschnittlich zwischen 40 und 55 Minuten

4. Form der Einsendung: Das ist uns alles gleichermaßen recht.

5. Kontakt: am besten ein Mail oder ein Anruf

6. Anteil der Autorenproduktionen: etwa 10–20 Prozent, Tendenz steigend

7. Rat: Ich würde ihnen raten, verstärkt in Radiokategorien zu denken und das Hörspiel nicht allein als literarische Form zu begreifen. Das Hörspiel ist die freieste Form, die das Radio hervorgebracht hat. Alles ist möglich.

8. Honorar: 58 Minuten: etwa 2200 Euro, 12 Minuten: etwa 470 Euro, 8 Minuten: etwa 310 Euro, 5 Minuten: etwa 200 Euro

9. Übernahmen: Die Rechteabgeltung ist bei Übernahmen und bei Eigenproduktionen gleich. Der ORF übernimmt etwa 20–25 Hörspiele pro Jahr.

10. Zukunft: Die Zukunft des Hörspiels wird und wurde wesentlich durch die Digitalisierung geprägt. Die Computer haben den Rundfunkanstalten das Produktionsmonopol genommen. Und das ist gut so. Dadurch ist ein neues kreatives Potential entstanden, das die Hörspielszene ohne Frage bereichert. Allerdings sind durch die neuen Vertriebswege (Internet, Downloads etc.) rechtliche Probleme aufgetaucht, die bis heute nicht wirklich gelöst sind. Generell ist davon auszugehen, dass das Hörspiel gleichzeitig in verschiedene Richtungen driften wird. Das Genre wird heterogener werden.

SCHWEIZ

Schweizer Radio DRS
Abteilung: Hörspiel DRS 2, Postfach, CH-4002 Basel
Telefon allg.: 0041/61/365-3411, Telefon Abt.: 0041/61/365-3557
www.drs2.ch, franziska.hirsbrunner@srdrs.ch
Leiterin der Abteilung: Franziska Hirsbrunner

1. Abteilung zuständig für alle Hörspielarten? Weitere Abteilungen: Wir senden keine Hörspiele für Kinder und Jugendliche (dafür ist Hörspiel und Unterhaltung DRS 1 in Zürich zuständig) und kaum Mundart.
2. Formate und Länge: Unsere Termine sind mittwochs, 20–21 Uhr, und samstags, 21–23 Uhr. Wir senden in aller Regel nur abendfüllende Hörspiele.
3. Hörspiel-Sendedauer, die am häufigsten vorkommt: 60 bis 110 Minuten
4. Form der Einsendung: nach Belieben
5. Kontakt: siehe oben
6. Anteil der Autorenproduktionen: Wenn Sie unter AutorInnenproduktionen Produktionen verstehen, die von AutorInnen produziert wurden, so ist der Anteil an unseren jährlich 104 Sendungen relativ gering, da die meisten Hörspiele immer noch von Rundfunkanstalten produziert werden.
8. Honorar: AutorInnen werden von uns bei einer Übernahme gemäss den Tarifen von *ProLitteris* bzw. *Schweizerischer Bühnenverlegerverband* für die Sendung entschädigt; abgerechnet wird pro Sendeminute. Geben wir einer Autorin, einem Autor den Auftrag, ein Hörspiel für uns zu schreiben, kommt zur Senderechtsentschädigung eine Auftragspauschale nach unseren Ansätzen dazu.
9. Übernahmen: Unser Programm setzt sich aus etwa einem Drittel neuen Produktionen, einem Drittel Wiederholungen und einem Drittel Übernahmen zusammen. Wir haben eine guten Überblick über die Produktionen anderer Sender und bestellen Produktionen, die uns für unser jeweiliges Programm (mit Schwerpunkten und Rubriken) geeignet scheinen. Natürlich können uns AutorInnen ihre Produktionen auch zuschicken. Das Honorar richtet sich nach den Minutenansätzen der Tarife von *ProLitteris* bzw. *Schweizerischer Bühnenverlegerverband*.
10. Zukunft: Das Hörspiel als die einzige genuine Kunstform des Radios und nun schon bald 80jährig wird in der Produktion angewiesen bleiben auf die Finanzierung durch die öffentlich-rechtlichen Sender; bekommt es die nötigen Mittel und Plattformen, wird es so beliebt bleiben wie eh und je.

Hörspielpreise

Ausschreibungen von Wettbewerben für HörspielautorInnen finden sich auch auf der Website des Uschtrin Verlages unter www.uschtrin.de/preise_genre.html#spiele.
Für Arbeitsstipendien, die von den Kultusministerien der jeweiligen Länder (> Kap. „Literarische Einrichtungen“) vergeben werden, können sich HörspielautorInnen in der Regel ebenfalls bewerben.

- > **Axel-Eggebrecht-Preis** der Medienstiftung der Sparkasse Leipzig, www.axel-eggebrecht-preis.de
- > **Berliner Hörspielfestival** – Das Festival des Freien Hörspiels, diverse Hörspielwettbewerbe, www.berliner-hoerspielfestival.de
- > **Deutscher Kinderhörspielpreis**, Filmstiftung NRW, ARD/Stadt Wuppertal, www.filmstiftung.de > Förderungen > Hörspiel
- > **Europäischer CIVIS Medienpreis** (Interkulturelle Kompetenz in den Medien), www.civismedia.eu
- > **Freudenthal-Preis**, Freudenthal-Gesellschaft, www.freudenthal-gesellschaft.de > Freudenthalpreis (für niederdeutsche Literatur)
- > **Günter-Eich-Preis** der Medienstiftung der Sparkasse Leipzig, www.guenter-eich-preis.de
- > **Hörspieler des Jahres** im Rahmen der Messe „Die Hörspiel“, www.diehoerspiel.de
- > **Hans-Henning-Holm-Preis** der Niedersächsischen Sparkassenstiftung, www.bevensen-tagung.de > Kulturpreise > Hans-Henning-Holm-Preis
- > **Hörspiel des Monats**, Ehrenpreis, Deutsche Akademie der Darstellenden Künste, www.darstellendekuenste.de > Hörspiel (Die Hörspiele können nicht selbst eingereicht werden, sondern werden von einer Jury aus allen Ursendungen ausgewählt.)
- > **Hörspielpreis der Kriegsblinden**, Bund der Kriegsblinden Deutschland, Filmstiftung NRW, www.kriegsblindenbund.de > Publikationen > Hörspielpreis der Kriegsblinden
- > **Karl-Sczuka-Preis**, Südwestrundfunk, www.swr.de > SWR 2 > Hörspiel > Karl-Sczuka-Preis
- > **Kinderhörspielpreis des MDR-Rundfunkrates**, www.mdr.de/mdr-rundfunkrat/preisverleihungen/
- > **Kurd-Laßwitz-Preis**, vergeben von den deutschsprachigen Science-Fiction-Schaffenden, www.epilog.de > Science Fiction & Fantasy > Kurd Laßwitz Preis
- > **Kurt-Magnus-Preis**, Hessischer Rundfunk, www.hr-online.de > Radio > Kurt-Magnus-Preis
- > **Medienpreis der Deutschen AIDS-Stiftung**, www.aids-stiftung.de/presse/medienpreis/
- > **Leipziger Hörspielsommer**, Hörspielsommer e.V., www.hoerspielsommer.de
- > **Prix Europa**, Europäische Rundfunk Union (EBU), www.prix-europa.de
- > **Radio-, TV-, Neue-Medien-Preis der RIAS Berlin Kommission**, www.riasberlin.de > Medienpreise
- > **radioeins-Hörspielkino-Publikumspreis**, www.radioeins.de (honoriert die besten ARD-Hörspielproduktionen)
- > **Track 5’** – Ö1 Kurzhörspiel-Wettbewerb, Österreich, ORF, http://oe1.orf.at > Hörspiel > Aktuell oder Hörspiel > Infos > Preise

Webguide

Wer den Begriff „Hörspiel“ in Google eingibt, erhält über zwei Millionen Hinweise und könnte sich online monatelang mit dem Thema Hörspiel befassen. Im Folgenden haben wir eine Auswahl getroffen. Lesen Sie selbst und „linken“ Sie sich bei Bedarf oder Interesse weiter.

www.:

> **ard.de**: die Seiten der öffentlich-rechtlichen Hörspielsender; informatives Angebot zum Schmökern, aktuell, unterhaltsam, ansprechend dargestellt. Viele Links, lange Literaturlisten und vieles mehr.

> **bundesakademie.de**: Die Bundesakademie für kulturelle Bildung Wolfenbüttel bietet einmal im Jahr eine Werkstatt für Hörspiel-Autorinnen und -Autoren an. Kooperationspartner sind der Deutsche Literaturfonds und der NDR.

> **filmstiftung.de**: Die Website der Filmstiftung Nordrhein-Westfalen. Mit detaillierten Infos zum Hörspielforum NRW, einem der größten Austauschforen der Hörspielszene mit Vorträgen, Diskussionen und Arbeitsgruppen. Außerdem: Hinweise zu Stipendien und Fördermöglichkeiten.

> **hoerdat.in-berlin.de**: die Hörspieldatenbank von Herbert Piechot (u.a.) und als Ergänzung HoerDat-Wiki, die freie Wissensdatenbank. Auf der HoerDat-Wiki-Seite meint ein „Sponsor“, die Seite sei „die beste, vollständigste, von Leidenschaft und Enthusiasmus getragene Seite zum Thema Hörspiel im Internet. Alle Dramaturgien der ARD nutzen Hördat, alle Hörspielfreaks haben sie als Bookmark, jeder Macher sieht regelmäßig nach, wann seine Hörspiele wo laufen, jeder Sammler druckt die Booklets aus. Hördat ist ein zuverlässiger Stein in der Brandung von Hörbuchquatsch und 0815-Fansites“.

> **hoergold.de**: Die Seite von Martin Paff mit einem ausführlichen Verlagsverzeichnis. Einfach auf „Verlage“ klicken und schon erscheint eine Seite mit Verlagen von A–Z. Adresse, Anzahl der Titel und URL werden ebenfalls angegeben. Hörproben sind großenteils möglich.

> **hoerspiel.com**: Jürgen Gisselbrecht beschreibt seine Seite, die seit 1997 permanent gewachsen ist, als „Treffpunkt, Portal und Forum für Hörspielmacher und Hörspielinteressierte – für Laien und Profis, Hörer und Redakteure, Regisseure und und ...“ Eine der informativsten Internetseiten mit Informationen und praktischen Tipps rund um das Thema Hörspiel.

> **hoerspielbox.de**: Hier gibt es viele Sounds zum Herunterladen und Beschreibungen von Soundprogrammen. „hoerspielbox.de bündelt alle Inhalte, die für Audioproduktionen nützlich sind: Sounds, Programme, Know-how, Aktionen, Austausch und Ergebnisse.“

> **hoerspielprojekt.de**: die Community für Hörspielmacher. „Produziert werden die Hörspiele über die angeschlossene große Community: www.Hoer-Talk.de. Das Projekt hat es sich zur Aufgabe gemacht, eine Plattform für Sprecher, Autoren und Musiker anzubieten. Mittlerweile ist es das größte deutsche Forum in diesem Bereich. Von Hobbyautoren über ausgebildete Sprecher bis hin zu Labeleigentümern ist alles vertreten, und es lassen sich in lockerer Atmosphäre schnell Kontakte knüpfen. Aber das Beste ist: Hier wird nicht geredet, sondern gemacht! Über die Plattform werden eure Hörspiele in der Gemeinschaft produziert – und das völlig kostenlos! Neben

Sprechtraining, einem Schreibkurs und vielen anderen interessanten Sachen gibt es auch einen Teamspeak-Server zur Audiokommunikation und Skriptabsprache."

- **hoerspielwerkstatt.de** von Jürgen Edmund Richard Maaß: „Die Hörspielwerkstatt hat sich zum Ziel gesetzt, eigene Hörspiele zu schreiben und zu produzieren. Darüber hinaus sollen andere Amateure bei der praktischen Arbeit und bei ihrer Recherche nach Grundlagenliteratur, bei Fragen der Gestaltung oder bei der Suche nach Atmos oder Einzelgeräuschen unterstützt werden."
- **hoer-talk.de**: die Community für Hörspielmacher › hoerspielprojekt.de
- **hoerzentrale.de**: In der „HörZentrale", dem Online-Magazin von Anke Bokelberg, gibt es aktuelle Tipps aus der Hörspielszene, Interviews und Rezensionen.
- **jokan.de** von Gerhard Menz: sehr umfangreich und informativ! „Jokan.de bietet einen einfachen und schnellen Zugang zu relevanten Informationen zu deutschsprachigen Radiohörspielen." Sehr empfehlenswert!
- **mediaculture-online.de**: DIE Internetseite für Sekundärliteratur zum Thema Hörspiel (unter „Bibliothek") und auch sonst eine Seite mit viel Know-how über das Hörspiel-Machen (› „Medien" › „Audio" › „Technik fürs Radiomachen"). MediaCulture-Online ist ein Internetportal, das Informationen rund um die Themen Medienbildung, Medienpraxis und Medienkultur für den schulischen und außerschulischen Bereich zur Verfügung stellt.
- **nordkolleg.de**: Website des Nordkollegs Rendsburg mit Informationen zum „Hörspielsymposium an der Eider"
- **tonarchiv.de** von Prior/Sextro GbR „bietet seit 1999 online Tausende Geräusche und GEMAfreie Musik kostenlos an. Neben über 4000 kostenlosen Soundfiles finden Sie auch ein umfangreiches Premium-Archiv mit lizenzfreier Hintergrundmusik (alle Musikrichtungen), Geräuschen (Tiergeräusche, Meeresrauschen, Verkehr, hochwertige Kunstkopfaufnahmen), Musikloops und anderen Audiofiles. Alle Sounds stehen in bester mp3-Qualität direkt online zum Download zur Verfügung."

Drehbuchschreiben

8

oder auch: „Kein Drehbuch. Kein Film."

BEITRÄGE

INTERVIEWS

ADRESSEN UND INFORMATIONEN

Beitrag von Marcus Seibert

Schreiben für TV-Serien

Marcus Seibert (www.marcus-seibert.de) ist freier Drehbuchautor, Schriftsteller und Übersetzer. Neben zahlreichen Buchveröffentlichungen ist er als Drehbuchautor für die „Lindenstraße" tätig. Er hat u. a. Drehbücher für „Verbotene Liebe" und „Die Wache" geschrieben und war beteiligt an der Entwicklung neuer Serien wie „Rote Rosen" und „Alles was zählt".

Im Regelfall träumt jeder, der Drehbuchautor werden will, von der Geschichte, die zur Produktion von „Knockin' on heavens door" geführt haben soll: Ein aufstrebender und noch unbekannter Autor spricht zufällig in einem Buchladen den Schauspieler und Produzenten Til Schweiger an und drückt ihm sein Drehbuch in die Hand. Ein Jahr später wird der Film ein Kinoerfolg, der Autor berühmt.

Die tägliche Realität in der Medienbranche empfindet derselbe Autor dagegen als erdrückend: Nach fünfzehn teils zynischen Ablehnungen auf sein 120-seitiges Erstlingsdrehbuch gibt er den leidenschaftlich gehegten Traum frustriert und demotiviert auf, den maßgeblichen Special-Effects-Film über die Besiedlung des Mars zu schreiben, und widmet sich anderen Lebensplänen.
Irgendwo zwischen diesen beiden Extremen verläuft der übliche Werdegang eines Drehbuchautors. Und, was gerne von Anfängern vergessen wird: Das Schreiben lernt der Schreiber beim Schreiben. Man lernt gewöhnlich erst durch diverse schlechte Drehbücher, gute zu schreiben. Anders gesagt: Kein Autor ohne Praxis; und diese Praxis bedeutet auch, dass jemand die Sachen liest und kommentiert, für gut befindet oder gnadenlos verreißt. Wenn also der Branchenneuling eine Reaktion auf sein Produkt erhalten und nicht für die Schublade schreiben will, muss er sich die deutsche Filmlandschaft erst einmal genauer ansehen und sich ihr auch aussetzen: Wer vom Kinofilm träumt, sollte sich klarmachen, dass bundesweit im Jahr kaum mehr als 50 abendfüllende Kinofilme nach deutschem Originaldrehbuch gedreht werden, von denen längst nicht jeder ins Kino kommt. Das sind weniger Filme, als jährlich Absolventen die deutschen Filmakademien verlassen!

Wo die Chancen am größten sind

Dieser bedauerlichen Notlage steht ein gigantischer Fernsehmarkt gegenüber, der weltweit zweitgrößte nach dem US-amerikanischen. Pro Jahr werden in Deutschland ca. 220 TV-Movies, Fernsehspiele oder Teile einer Reihe (wie z.B. „Tatort") produziert, wenn auch in den letzten Jahren mit fallender Tendenz. Daneben gibt es hohen Bedarf an Serien nach deutschsprachigen Originaldrehbüchern. Allein für die diversen laufenden Daily Soaps werden mehr Sendeminuten pro Jahr produziert als für alle TV-Movies aller Sender zusammen. Die Wahrscheinlichkeit, in einer Serie irgendwo eine Einstiegsmöglichkeit zu bekommen, ist also rein quantitativ deutlich größer.
Natürlich: Die Lage ist schwierig, zahlreiche Autorinnen und Autoren sind bereits auf dem Markt. Die Quoten für langlaufende Serien sind nach dem Boom vor fünf Jahren neuerdings wieder rückläufig. Serien wie „Marienhof" und „Verbotene Liebe" droht das Aus, was vielleicht auch ein Inflationsproblem ist. Außerdem haben sich die Privatsender aus Kostengründen weitgehend von deutschsprachig produzierten Serien

verabschiedet. Die Lage ist ernst, aber nicht hoffnungslos. Die entscheidende Frage ist und bleibt: Wie macht man den Anfang?

Eine Portion Realismus ist gefragt

Jeder „werdende Autor", der sich entschlossen hat, den Marsch durch die Institutionen anzutreten und bescheiden erst einmal für Serien zu schreiben, statt einen unverzichtbaren Beitrag zur Kinogeschichte zu leisten, hat sich schon einmal den Dialog eines Bewerbungsgespräches ausgedacht, der stattfindet, wenn er zum ersten Mal auf einen echten Produzenten trifft:
Der Produzent ist natürlich übergewichtig, cholerisch und raucht Zigarre. Er hat die Füße auf den Tisch gelegt. Der Autor sitzt ihm, mit Blick auf die abgetretenen Sohlen, an denen der Zipfel eines zerrissenen Vertrags klebt, gegenüber.

PRODUZENT
Also, Sie wollen für uns schreiben.

AUTOR
Ja, ich meine, ich dachte, ich könnte ...

PRODUZENT
Was haben Sie denn schon so gemacht?

AUTOR
Also ich hab erst mal studiert ...

PRODUZENT
Nicht von Adam und Eva. Ich meine, für welche Firma haben Sie zuletzt geschrieben?

AUTOR
Ehrlich gesagt habe ich für unsere Schülerzeitung ...

Das Telefon klingelt. Der Produzent hebt ab.

PRODUZENT
Ja? ... Was? ... Alles Quatsch! Nein, kommt nicht infrage. Schmeißt den Idioten sofort raus.

Der Produzent knallt den Hörer auf.

PRODUZENT
Vollidioten ...! Also. Wo waren wir? Ach ja, du willst bei uns ein Praktikum oder einen Job als Kabelträger ...

AUTOR (entsetzt)
Nein, ich will für Ihre Serie schreiben.

PRODUZENT
Aber du hast doch gar keine Ahnung, wie das geht.

Der Produzent wirft einen Blick auf ein Papier, das unter seinem Bein halb zum Vorschein kommt, ohne eine Zeile des Schreibens zu lesen.

PRODUZENT
Ich sehe hier im Lebenslauf kein Drehbuch, nichts ...

AUTOR
Ja, aber ich habe ganz genaue Vorstellungen, was ich schreiben will. Mir schweben da so Dialoge vor, so ähnlich wie in „The Wire", aber in Berlin ...

Der Produzent unterbricht mit einer Handbewegung, zeigt mit der Zigarre auf den Autor, die Zigarrenasche fällt vor dem Autor auf die Tischplatte.

PRODUZENT
Okay. Mit einem Wort: Du bist ein Fan! Stimmt's?

AUTOR
Was?

PRODUZENT
Du bist einer von diesen Serienfreaks, die den ganzen Tag vor dem Fernseher sitzen und von allen Serien der letzten zwanzig Jahre alle Folgen gesehen haben ...

AUTOR
Nein. Ich sehe mir doch nicht jeden Müll an ...

PRODUZENT
Verstehe, du machst Unterschiede. Du kennst und liebst unsere Serie seit der ersten Folge, trägst zu Hause heimlich die Kleidung unserer weiblichen Hauptfigur. In die bist du auch noch seit Jahren unsterblich verliebt. Du willst ihr unbedingt näher sein. Und hier um die Ecke sind die Studios. Du hast fast alle ihre Autogrammkarten. Aber eine fehlt dir noch. Und für diese eine würdest du alles tun, weil deine Neigung ...

AUTOR
Das ist ein Missverständnis. Ich bin doch nicht pervers!

PRODUZENT (irritiert)
Aber das hat doch keiner gesagt! Hast du was gegen unsere weibliche Hauptfigur? Gefällt dir unsere Serie nicht?

AUTOR
Nein ... Aber ich habe erst eine Folge gesehen, weil ich bis vorgestern keinen Fernseher hatte ...

PRODUZENT (angewidert)
Und wieso willst du dann *ausgerechnet* für uns schreiben?

Zum Glück stellt sich der Autor in spe meist etwas geschickter an, und ich kenne keinen Produzenten, der die oben genannten Klischees erfüllt. Aber es schadet nicht, einmal die Perspektive des Produzenten einzunehmen, bevor man ihm eine Mitarbeit vorschlägt. Wie kann ich ihm glaubhaft machen, dass ich schreiben kann? Kann ich ihm das beweisen? Was kann ich tun, damit dieser wildfremde Mensch mir für meine Arbeit Geld gibt, obwohl ich von den handwerklichen Grundbedingungen dieser Arbeit bislang nur eine ungefähre Ahnung habe?
Die Berufsbezeichnung *Drehbuchautorin/Drehbuchautor* ist nach wie vor nicht geschützt, auch wenn es inzwischen diverse Möglichkeiten gibt, den Beruf an Schreib- oder Autorenschulen zu lernen oder an Filmhochschulen zu studieren. JedeR kann sich so nennen. Beweisen, dass man das Zeug zu einer Drehbuchautorin hat, kann man nur anhand von entsprechenden Stationen in der eigenen Vita, die auf irgendeine handwerkliche Qualifikation schließen lassen. Das können Erfahrungen in Printmedien, im Radio, Praktika, Redaktionsarbeit, ein eigenes Amateurvideo, ein eigener Roman, eben ein Studium an einer Filmhochschule oder schlicht *Kontakte* sein. Aber selbst Leuten, die all das vorweisen können, bleiben die meisten Drehbuchjobs im Fernsehen unzugänglich, wenn sie noch keine Erfahrung mit dem Drehbuchschreiben vorweisen können.

Weeklies sind nichts für Anfänger

Das Misstrauen der Produzenten ist speziell bei *Weeklies*, den wöchentlich einmal ausgestrahlten Serien, verständlich. Die Episoden sind 45 Minuten oder eine Stunde lang. Die Autorin oder das Autorenteam schreibt gewöhnlich in verschiedenen Arbeitsschritten die ganze Episode allein. Das bedeutet, man muss eine Geschichte *pitchen*, das heißt in drei Sätzen mündlich vorstellen können, diesen Pitch dann in ein attraktiv formuliertes Exposé von ein bis fünf Seiten Länge umwandeln, dieses in spannende Szenen ausplotten, hinterher dialogisieren und in allen Schritten Produktion und Redaktion davon überzeugen können, dass man weiß, was man da tut. Mindestens vier voneinander verschiedene Fähigkeiten sind gefragt, die man separat trainieren muss, wenn man nicht als Wunderkind auf die Welt gekommen ist. Selbst gestandene AutorInnen können nicht alles gleich gut, aber sie können zudem etwas, was beim Schreiben für eine Serie absolut erforderlich ist: Sie haben gelernt, sich in eine bestehende Serie hineinzudenken, in ihre Figuren zu schlüpfen, so zu schreiben, wie die Serie das fordert. Kein Produzent der Welt wird einem totalen Anfänger in diesem Bereich mehr als ein Probebuch zu schreiben geben. Selbst das wäre schon ein unglaublicher Glücksfall. Der Wunsch, DrehbuchautorIn zu werden, sollte mit der Erkenntnis einhergehen, dass es bis dahin einiges zu lernen gibt. Jeder hat gute Ideen, aber die muss man auch ausführen können. Und: Auf einen neuen Autor hat niemand wirklich gewartet, egal, was man in Zeitungsberichten über die chronisch schlechte Lage auf dem Drehbuchmarkt zu lesen bekommt.

Der erste Schritt

Um schreiben zu lernen, muss man schreiben. Die Gelegenheit dazu bekommt man am ehesten in den Bereichen des Fernsehens, in denen schnell und mit mageren Budgets viel Material produziert werden muss und viele Autorinnen und Autoren gebraucht, aber auch *verschlissen* werden. Das gilt zum Beispiel für die zahlreichen Doku Soaps, Crime Dokus oder scripted Docufictionserien und Gerichtsshows der Nachmittagsprogramme. Für Drehbücher gibt es nur ein Handgeld. Das hat aber für angehende AutorInnen Vorteile: Produzenten sind eher bereit, Anfängern eine Chance zu geben, weil sie für diese *Niedriglohnjobs* selten ausgebildete oder erfahrene Autoren kriegen werden. Ein weiterer Vorteil: Aus Kostengründen soll hier der Autor wie in einer Weekly den Stoff von der ersten Idee bis zum Dialogbuch vollständig selbst entwickeln, also beispielsweise einen Krimiplot, den er immer mal irgendwie schreiben wollte.
Die Produktionsbedingungen lassen allerdings nur einen sehr kleinen Spielraum für eigene Einfälle. Weil alles billig sein muss, gibt es kaum Außendrehs, kaum Personal, keine Effekte. Gerade die Disziplin, die man sich dabei angewöhnen kann, den Blick dafür, was wie viel beim Dreh kostet, kann später von unschätzbarem Vorteil sein. Man kann als AnfängerIn bei einigen dieser Serien sogar eine feste Anstellung bekommen, wenn man Glück hat. Andernfalls aber immerhin als Story-Praktikantin wichtige Erfahrungen im Drehbuchschreiben sammeln. Das ist mehr wert als das magere Honorar, auch wenn selten Zeit genug ist, dass man genau gesagt bekommt, was man hätte besser machen können. Wer nicht auf Anhieb einigermaßen *funktioniert,* ist allerdings auch in diesen Serien schnell wieder draußen. Was nicht heißt, dass der Job sich nicht in der Vita für eine nächste Bewerbung als nützlich erweisen kann.
Ähnliches gilt, falls man in dieser Richtung eher Ambitionen hat, im Bereich des Kinderfernsehens, wo viele Serien äußerst billig produziert werden müssen, weil sie einen spezialisierten Spartenmarkt bedienen. Wer das Handwerk des Drehbuchschreibens (ich rede hier nicht von Comedy-Formaten) von der Pieke auf lernen möchte, der kommt um den Crashkurs einer Mitarbeit (Praktikum, Trainee) bei einer der laufenden Soaps kaum herum. Die bieten nach wie vor die besten Einstiegsmöglichkeiten und haben grundsätzlich immer Bedarf an neuen Geschichtenerzählern – egal was die Storyverantwortlichen einem am Telefon erzählen.

Die Industrie der Seifenopern

Soap hat ihr eigenes Publikum. Wer nicht dazugehört, wer kein *Soapy* ist, findet die DarstellerInnen schlecht, die Kulisse im Vergleich zu Kinofilmen zu billig, das parallel Erzählte nicht wirklich zusammenhängend, die Geschichten kitschig oder gefühlslastig. Wer das so sieht, sollte die folgenden Seiten überschlagen. Er wird nicht verstehen, was an Soaps *dran* ist und wie sehr es Spaß machen kann, für eine Soap zu arbeiten. Denn alles, was ihm da nicht gefällt, gehört zur Soap wie früher das Knochenmehl zur Seife. Generell: Wer sich zu einer Serie zwingen muss, sie als minderwertiges Genre empfindet, wird an der Arbeit keinen Spaß haben – und auch keinen Erfolg. Nicht selten erlebt man Anfänger, die einem erklären: „Ich kann Soap nicht ausstehen, aber ich will halt schnell viel Geld verdienen." All denen sei gesagt: Wer die Serie nicht liebt, für die er schreibt, soll sich schnellstens einen anderen Job suchen. Und wer immer noch glaubt, mit Drehbuchschreiben lasse sich automatisch viel Geld verdienen, dem ist ohnehin nicht zu helfen.

Der Name *Soap Opera*, zu Deutsch *Seifenoper,* stammt vermutlich aus einem Artikel der Zeitung *Variety* in den späten 30er Jahren. *Soap Opera* war durchaus als Spottname gedacht. Waschmittelhersteller in Amerika sponserten zu Werbezwecken für die Nachmittagssendungen der kommerziellen Radiosender viertelstündige Endlosserien mit Liebesgeschichten, die sich vor allem an Hausfrauen richteten. Das Konzept war so erfolgreich, dass Soaps recht bald auch im Fernsehen mit halb- oder ganzstündigen Episoden liefen. Der Dinosaurier unter den laufenden Soaps war bis 2009 „The guiding light" (CBS). Die Serie wurde seit 1952 im Fernsehen ausgestrahlt und war davor schon seit 1937 (und nach 1952 noch mehrere Jahre) als Radiosendung zu hören.

Seifen-Geschichte

Hierzulande wurden daily-Formate erst relativ spät entdeckt. Die meisten deutschen Soaps sind Übernahmen existierender Konzepte australischer Erfolgsserien. Die in Köln gedrehte „Lindenstraße" erzählt seit 1985 in Anlehnung an „Coronation Street" die Geschicke der Bewohner der Münchener „Lindenstraße". Die ersten 230 Folgen von „Gute Zeiten, schlechte Zeiten" waren Übersetzungen der ersten Folgen von „The restless years". „Verbotene Liebe" ist eine auf deutsche Verhältnisse zugeschnittene Version von „Sons and daughters", „Unter uns" von „Neighbours". Nur „Alles was zählt" folgt einer eigenen Idee. Alle vier Konzepte stammen von der australischen Firma Grundy und werden für den deutschen Markt in Koproduktion mit Ufa hergestellt.

Diverse Telenovelas wie „Verliebt in Berlin" sind Adaptionen südamerikanischer Telenovelas, wobei „Verliebt in Berlin" sogar in die USA zurückverkauft worden ist. Die Serien haben sich nach anfangs klaren Parallelen teils weit von ihren Vorbildern entfernt, aber immer noch ist „Unter uns" eine Serie, die hauptsächlich in einem Haus spielt, „Verbotene Liebe" eine Serie, in der Glamour mit Bürgerlichem konfrontiert wird, die „Lindenstraße" eine Serie mit sozialkritischer Bodenhaftung. „Marienhof" ist eine deutsche Erfindung. Die Sendung wird von der Bavaria in München produziert.

Die älteste deutsche Daily Soap ist „Gute Zeiten, schlechte Zeiten". Sie ging 1992 bei RTL auf Sendung. Zur gleichen Zeit begann auch „Marienhof" mit zwei Sendungen pro Woche bei der ARD. 1994 lancierte RTL „Unter uns". Ein halbes Jahr später startete

„Verbotene Liebe". Gleichzeitig wurde „Marienhof" daily. Immer wieder wurden neue Formate ausprobiert, unter anderem „Alle zusammen", „Geliebte Schwestern" und „Mallorca", alle als Halbstundenformate. Seit einiger Zeit gibt es Stundenformate wie „Rote Rosen" (ARD), „Bianca/Julia – Wege zum Glück" (ZDF) oder „Sturm der Liebe" (ARD). Die meisten sind als endliche Telenovelas aufgelegt worden, haben aber im Nachmittagsprogramm ihre feste Zuschauerschaft gefunden und sind inzwischen immer wieder verlängert worden. Aufgrund des heftigen Drehpensums ist hier allerdings die Fluktuation an Darstellern und Autoren eher groß. Eine Unbeständigkeit, die aus mancher Serie wohl in nächster Zeit noch eine endliche machen wird.

Arbeitsteilung in der Seifenmaschine

Für alle diese Formate gilt die Verpflichtung auf Masse: Jede Woche werden fünf Folgen à ca. fünfundzwanzig Minuten gesendet. Aufs Jahr gerechnet kommen da in einer Halbstundenserie gute 6000 Sendeminuten zusammen, also etwa 100 Stunden Soap. Bei einer Stundenserie ungefähr die doppelte Zeit. Jede Woche muss mehr als das Volumen eines Kinofilms erfunden, geschrieben, mit Requisiten, Kostümen und Bühne ausgestattet, inszeniert, gespielt, ausgeleuchtet, aufgenommen, geschnitten und vertont werden. Pro Tag werden 25 Sendeminuten parallel von einem Studio- und einem Außendreh-Team oder bei den Stundensoaps 50 Minuten parallel von zwei unabhängigen Studioteams produziert, wobei drei Viertel davon per Mehrkamerasystem im Studio entstehen. Zum Vergleich: Für Kinofilme geht man im Durchschnitt von höchstens drei gedrehten Filmminuten pro Tag aus. Die Vorlaufzeit für ein Spielfilm-Drehbuch beträgt nicht selten zwei Jahre.

Um das enorme Pensum einer Soap unter dem Zeitdruck der täglichen Sendeform jede Woche neu zu bewältigen, müssen Soap-Produktionen wie gut geölte Maschinen funktionieren, die auch *Formkrisen* einzelner EntscheidungsträgerInnen kompensieren können – zum Beispiel auch Tage, an denen einem Autor *einfach nichts einfällt.* Arbeitsteilung ist groß geschrieben, auch in den Schreibabteilungen. Wo sonst eine einzelne Autorin aus einer Idee langsam ein hoffentlich immer besser werdendes Drehbuch entwickelt, spinnen hier in Großraumbüros über zwanzig Schreiberinnen und Schreiber in verschiedenen Funktionen am ewigen Geschichtenfaden.

Weil es unmöglich ist, in einem Arbeitsgang fünf komplette Drehbücher pro Woche zu schreiben, gibt es im sogenannten *Storydepartment* zwei grundsätzlich voneinander getrennte Abteilungen, die Storyliner und die Dialogschreiber. Die Storyline- oder Outline-Abteilung kümmert sich nur um die Entwicklung der Geschichten, der Plots. Hier wird in Gruppenarbeit die Geschichte erfunden, festgelegt, wer wann mit wem und wie der dramatische Bogen ablaufen soll. In Wochenhäppchen, sogenannten „Blöcken" wird das Ergebnis in Grobform und pro Szene als Absatz in knapper Prosa zu Papier gebracht, der sogenannten *Storyline* oder *Outline.* Die Progression der Szene, das, was die Handlung vorantreibt, wird meist in einem sogenannten *Oneliner* festgehalten, einem kurzen prägnanten Satz des Stils „A erkennt, dass B sie betrogen hat". Die gemeinsam entwickelte Storyline wird dann episodenweise von je einem Storyliner aufgeschrieben. Nur hier treten die eigentlichen Geschichtenerzähler der Soaps de facto als AutorInnen auf.

Korrigiert und auf eine einheitliche Linie gebracht werden die einzelnen Folgen von sogenannten Editoren. Das Ergebnis wird von der Senderredaktion abgenommen, sprich kritisiert, und danach eventuell noch einmal überarbeitet. Die DialogautorInnen haben die Aufgabe, aus den knappen Sätzen der Storyline Drehbücher mit Dialogen zu fertigen. Sie haben dazu ein bis zwei Wochen Zeit. Die beiden Abteilungen koordiniert eine Chefautorin. Bei „Rote Rosen" ist man aus Kostengründen dazu übergegangen, die Blöcke von einem Chefautor, einem Autor vor Ort und einem Storyliner der Woche plotten zu lassen, wobei alle drei erfahrene Autoren sein müssen. Überhaupt hat die Vielzahl billig zu produzierender Serien in den letzten Jahren kurioserweise zu einem Abbau billiger Praktikumsstellen geführt: Es gibt inzwischen in Deutschland einen großen Pool erfahrener Soapautoren, die bei schwindenden Quoten die vorhandenen Jobs verteidigen. Wieso soll man da noch neue ausbilden? Andererseits: Konkurrenz belebt das Geschäft. Und immer wieder wechselt jemand das Fach oder gar den Beruf. In diversen Serien gibt es deshalb noch Ausbildungsstellen.

Der Stoff, aus dem die Seife ist

Wer neu für eine Soap arbeitet, wird möglicherweise mit der *Bibel* konfrontiert. Der religiöse Name meint vor allem eins: Nach ein paar Jahren Laufzeit ist das ein Dokument von biblischem Umfang, ein echter Wälzer, durch den man sich hindurchackern sollte, wenn man nicht selbst fast alle Folgen gesehen hat. Hier wird Woche für Woche in knapper Prosa eingetragen, was zuletzt geschah. Die Bibel ist das Gedächtnis einer Soap und bei den erfundenen Stoffmassen ein lebenswichtiges Arbeitsmittel. Besser noch, man kennt die Serie. Wer sich in den bereits erzählten Geschichten auskennt, ist auf jeden Fall gern gesehener Mitarbeiter, weil er Wiederholungen vermeiden hilft – ein Riesenproblem bei Soaps generell – und die Geschichte der Figuren kennt.

a) Figurenprofile

Keine Rolle ohne *Figurenprofil*. Für jeden Charakter, der in der Serie mitspielt, gibt es mehrseitige Ausführungen, was ihn auszeichnet, wie seine Biografie aussieht, wie er auf Probleme reagiert, was ihn interessiert. Kurz: ein möglichst umfangreicher psychologischer und biografischer Steckbrief, in dem Kindheitserinnerungen genauso verzeichnet sind wie Ticks oder spezielle Angewohnheiten. Mit Hilfe dieser Steckbriefe sollen sich alle Teammitglieder unter *ihrer* Figur möglichst das Gleiche vorstellen. Es soll ja die Figur nicht alle halbe Jahr eine andere *Backstory* haben – so nennt man die fiktive Biografie einer Figur. Dass Figuren sich trotzdem plötzlich und unerwartet ändern, Dinge tun, die sie *nie tun würden,* hängt nicht selten mit *höherer Gewalt* zusammen. Dazu später.
Die Auswirkungen der Figurenprofile sind erheblich: Wenn man von einer Figur behauptet, sie konnte noch nie mit Geld umgehen und neige außerdem zu waghalsigen Experimenten mit sich selbst, was schon mal zu einer Spielsucht mit völligem Bankrott geführt habe, so lenkt das automatisch in andere Bahnen, als wenn man behauptet, die gleiche Person sei eine geradezu geizige Pedantin, deren größtes Problem darin bestehe, sich nicht lockern zu können. Das Ergebnis sind nicht nur gänzlich andere Darsteller und Figuren, sondern auch andere Geschichten. Auch wenn manche Figurenprofile nachträglich an die Darstellerinnen angepasst werden müssen: In nahezu allen Fällen

876 . 06 N5 1:00 **ZENTRUM**
/ FLUR
/ FAHRSTUHL OG

RICHARD STEINKAMP
SIMONE STEINKAMP

Richard ist ungewollt getroffen von Simones bitteren Vorwürfen.

NACHT

FEIERABEND. RICHARD STEHT ZUFRIEDEN MIT MANTEL UND TASCHE IM AUFZUG.

KURZ BEVOR DER SICH SCHLIESST, STEIGT SIMONE DAZU: SIE HAT EIN PAAR UNTERLAGEN AUS IHREM BÜRO GEHOLT. SIMONE SIEHT ERST JETZT, DASS AUCH RICHARD IM AUFZUG STEHT. UM WIEDER AUSZUSTEIGEN, IST ES ZU SPÄT ... ALSO WENDET SICH SIMONE VON RICHARD AB.

KOMMENTIERT VON EINEM SÜFFISANTEN LÄCHELN RICHARDS.

SCHWEIGEN. DANN KANN SICH RICHARD EINEN KOMMENTAR NICHT VERKNEIFEN:

1. RICHARD
Du solltest deinen Sohn in den schwärzesten Stunden seines Lebens nicht alleine lassen, Mönchen ...

SIMONE LÄSST SICH NICHT PROVOZIEREN.

2. RICHARD
Wobei ... seine schwärzesten Stunden hatte Maximilian ja eigentlich in den Slums von Argentinien ...

JETZT REICHT ES SIMONE. WÜTEND FÄHRT SIE ZU RICHARD HERUM.

3. SIMONE
Das sieht dir ähnlich, Richard: nachtreten, auch wenn dein Gegner schon am Boden liegt.

4. RICHARD
Alles gelernt, Simone. Alles gelernt. Von der Frau, mit der ich seit fast 30 Jahren verheiratet bin.

DIE AUFZUGTÜR ÖFFNET SICH.
SIMONE SIEHT RICHARD VERNICHTEND AN.

5. SIMONE
Und du hast keine Ahnung, wie sehr ich jedes einzelne davon bereue.

BUMM.

SIMONE GEHT OHNE EINEN WEITEREN BLICK DAVON.

RICHARD KANN SEIN LÄCHELN NUR SCHWER HALTEN. SIMONES AUSSAGE SITZT.

***

Auszug aus einer Szene aus „Alles was zählt" mit freundlicher Genehmigung der Grundy Ufa TV Produktions GmbH

RICHARD STEINKAMP

Alter, Familienverhältnisse, Herkunft: 52, verheiratet mit Simone, ehelicher Vater von Jenny und Vanessa, unehelicher Vater von Ben (Mutter: Nadja Roschinski, ehemalige Choreographin im Steinkamp-Zentrum); kommt aus mittelständischen Verhältnissen und hat sich mit Hilfe von Simones Mitgift hochgearbeitet.

Aussehen: gutaussehend, gut gekleidet, sportlich, jung geblieben.

Typus: Mischung aus Patriarch und großem Kind. Ein Frauentyp. Dynamisch, immer auf der Überholspur. Mit großem Herzen und viel Sentimentalität.

Träume und Ziele: ganz nach oben zu kommen. Es allen zu zeigen. Sich irgendwann zurücklehnen zu können und stolz auf das zu blicken, was er geschaffen hat: ein Imperium. Familie ist für ihn jedoch ein ebenso wichtiges Gut.

Stärken: lässt sich nicht unterkriegen. Läuft unter Zeitdruck zur Hochform auf und verliert dabei nicht die Nerven. Kann sich auf jede Situation optimal einstellen.

Schwächen: emotionale Unzuverlässigkeit. Nimmt es mit der Moral nicht so ernst. Frauen. Braucht viel Aufmerksamkeit/Bewunderung.

Vergangenheit/Backwound: die Ablehnung als „nicht standesgemäßer Kretin" durch Simones Familie.

Zentraler Konflikt: Moral gegen Erfolg und Gewinn.

Konfliktlösungsstrategien: Schmiergelder, Warnungen, Drohungen, Ausweichen, Aussitzen, Lächerlichmachen - was am besten passt.

Dramatische Funktion im Ensemble: Chef des Steinkamp-Zentrums; in Krisenmomenten oft einzige Bezugsperson für Vanessa; ein rotes Tuch für ihn: Maximilian, Simones Sohn.

Liebesbeziehungen: Affäre mit Nadja, aus der Ben entstand; Beziehung mit Nadja 2008.

Angewohnheiten & Macken: raucht gerne mal einen Joint. Hat öfter eine Sinnkrise, in der er alles hinwerfen und auswandern will.

Geheimnisse: viele; diverse Affären während seiner Ehe; einige geschäftliche „Leichen" im Keller.

Hobbys/Interessen: Frauen, guter Wein & gutes Essen. Golf.

Werte/Moral/Was würde er nie tun/Was ist ihm wichtig: SEHR wichtig ist ihm das Wohl seiner Töchter.

Persönliche Schätze: sein Weinkeller

Auszug aus dem Figurenprofil Richard Steinkamps aus „Alles was zählt" mit freundlicher Genehmigung der Grundy Ufa TV Produktions GmbH werden Schauspieler nach den vorher aufgeschriebenen Rollenprofilen überhaupt erst ausgesucht.

b) Future/Major

Damit hat man Figuren, aber noch keine Geschichte. Die Keimzelle jeder erzählten Geschichte nennt sich *Future* oder *Major*. Das sind Texte, die von der Form her Kurzgeschichten ähneln. Sie sollen garantieren, dass nicht *von der Hand in den Mund* erzählt wird, was meistens heißen würde, dass eine Geschichte jede Woche in eine andere Richtung schlingert. Futures erzählen den *großen Bogen* der nächsten Monate, die langsamen Entwicklungen, wie sie für Soaps so typisch sind. In den Futures wird die Hauptgeschichte von üblicherweise drei bis vier Charakteren beschrieben. Wer verliebt sich in wen, warum, wann und mit welchen Folgen und gegen welche Widerstände kriegen sie sich oder auch nicht? Wer intrigiert warum gegen wen? Wer erfährt, dass er krank ist, lehnt das erst ab, akzeptiert es schließlich und findet zu einer neuen Perspektive und dann auch zu einer Heilung?

Futures werden in der Storyline-Abteilung hergestellt, meist an sogenannten *Future-Wochenenden*. Weil sich in den Futures die Richtung und damit auch das Geschick der Serie bereits abzeichnet, entstehen die hier entwickelten Geschichten unter Federführung der Chefautorin/des Chefautors und in Absprache mit den anderen Abteilungen, speziell der Produktion, die für den Gesamtablauf der Serie verantwortlich ist. Auch die Redaktionen der auftraggebenden Fernsehsender haben hier ein gewichtiges Wort mitzureden. Nicht selten auch, über Umfrageergebnisse, Quotenanalysen und Marktforschungsstudien, die Zuschauerinnen und Zuschauer selbst.

Von diesen Futures braucht eine Soap bis zu acht oder neun, wenn alle Schauspieler bedient werden sollen. Meist gibt es in Dailies zwanzig Darsteller, diverse Telenovelas sparen auch hier und beschränken sich auf ein „dreckiges Dutzend“. Futures sind der *Speck*, von dem die Serie zehrt, und sie sind das bestgehütete Geheimnis jeder Soap, weil ja niemand wissen soll, *„wie es weiter geht“*. Auf Basis der Futures wird pro Woche ein *Block* (fünf Folgen) *geplottet*. Die grob vorformulierte Geschichte wird in einzelne Episoden und Szenen ausgesponnen. Nur selten heißt das, die Geschichte wird aus dem Future *„abgeschrieben“*. Was in einem Future logisch klingt, wirkt meist kahl, wenn Folgen daraus werden sollen. „Ohne es zu merken, verliebt sich A in B“ wird in der Wochenarbeit beispielsweise zu einer Geschichte über einen missglückten Wochenendausflug, der die zwei Protagonisten, die bislang eher platonisch befreundet waren, in eine brenzlige Situation bringt, die sie enger zusammenschmiedet, bis sie schließlich sogar Spaß an der Aktion und aneinander finden. Es kann aber auch die Geschichte eines Missverständnisses sein, das durch C entsteht und A und B nach wüsten Streitereien in der Einsicht vereint, dass C eine Tratschtante ist, auf die sie beide nicht hören sollten. Was genau hier erzählt wird, bestimmen die Storyliner und Editoren.

c) Stränge

Wer Soaps kennt, der ist mit der dramaturgischen Mixtur der Folgen vertraut: Nach einer ungeschriebenen Konvention werden pro Folge in etwa zwanzig Szenen drei *Stränge* erzählt – so nennen sich die Häppchen aus den verschiedenen vorfabrizierten Majors oder Futures. Diese drei Stränge sollten, müssen aber nicht zwangsläufig etwas miteinander zu tun haben. Sogenannte *Crossings* sind zwar erwünscht, aber nicht zwingend.

d) Cliffhanger

Stränge werden über mehrere Episoden verfolgt, wechseln sich aber immer wieder ab, sodass im Idealfall alle parallel laufenden Futures einmal pro Woche weitergeführt werden. Entscheidend für die Erzählweise sind nicht selten die Schauspielerverträge, die Urlaub festlegen, aber auch verpflichten, Charaktere in soundso vielen Folgen pro Woche zu zeigen. Je nach Erzählstoff ist das schwierig. Die Kunst besteht immer darin, Geschichten einfach, unter den Produktionsbedingungen wendungsreich und dadurch spannend, emotional und/oder witzig zu erzählen und in einer offenen und möglichst dramatischen Situation enden zu lassen. Das gilt besonders für die letzte Szene einer Folge, den sogenannten *Cliffhanger,* der meist zum Hauptstrang der Folge gehört. Der Cliffhanger soll die Folge mit einer besonders spannenden Wendung – oder der Aussicht auf dieselbe in der nächsten Folge – beenden. Die Zuschauerinnen und Zuschauer sollen ja am nächsten Tag wieder einschalten. Cliffhanger stellen eine Frage, die der Fortgang der Handlung mit neuen Fragen beantwortet.

Je mehr dramatische Wendungen, desto besser. Je länger sich eine dramatische Situation spannungsreich auskosten lässt, desto faszinierender wird diese Geschichte für die Zuschauer. Hochzeiten, die über Jahre hinweg wegen turmhohen und immer wieder neuen Hindernissen nicht zustande kamen, an die niemand mehr geglaubt hat und die dann doch wieder möglich wurden, sind Highlights der Soapwelt.

Wegen der langsamen Erzählweise und dem Schwerpunkt auf innere Dramen, Intrigen und verbale Lösungen eignen sich nicht alle Geschichten als Soap-Geschichten. Spannungsbögen von Krimi- und Thrillergeschichten im Stil eines „Tatorts" lassen sich kaum über lange Zeit und wegen der ständigen Unterbrechungen der Parallelstränge mit vergleichbarer Intensität erzählen. Die Zuschauer erwarten außerdem von Soaps, dass jeder Vorfall von Betroffenen und Freunden beraten und kommentiert wird. Der Entscheidungsprozess der wichtigen Personen lässt sich so transparent und leicht nachvollziehbar darstellen, wird aber auch gelegentlich bis zur Banalität ausgewalzt. Der Verzicht auf *großes Kino* ist allerdings auch ein Gebot des vergleichsweise geringen Drehbudgets. Dialogszenen im Studio sind eindeutig billiger als aufwändig choreografierte Außendrehs. Was in Amerika aufgrund der wesentlich größeren Summen, die zur Verfügung stehen, möglich ist, wird in Deutschland zum seltenen Sonderfall: Stunts, aufwändige Massenszenen, Spezialeffekte. Bei etwa 1000 bis 1250 Euro pro Sendeminute, Tendenz fallend (selbst der billigste Kinofilm rechnet mit mindestens dem zehnfachen Budget) ist das nur in Ausnahmen drin.

Höhere Gewalt

Außer den Kosten gibt es aber noch eine Reihe anderer Faktoren, die auf die Geschichten und ihre Umsetzung einwirken. Eine begeistert erfundene Geschichte mit deren Umsetzung zu vergleichen kann für den Autor ernüchternd sein. Vielleicht ist eine ganz besonders geliebte Geschichte aus Kostengründen im Dialog grob vereinfacht oder in der Regie ganz anders umgesetzt worden. Dass im Licht der Studioscheinwerfer alles

anders aussieht, ist eine Erfahrung, an die sich jede Drehbuchautorin gewöhnen muss. Je schneller, desto besser! Hinterher weiß sie, was geht und was nicht. Ein Verlobungsring mit hohem Symbolwert sieht vielleicht auf dem Bildschirm klein und popelig aus, eine Geschichte, die einen Liebhaber unter das Bett zwingt, wirkt im Studio wie Komödienstadl, eine witzige Episode scheitert möglicherweise daran, dass einer der beteiligten Darsteller, sonst eher ein düsterer Charakter, mit der komischen Rolle überfordert ist. In allen Fällen bietet die Umsetzung die Widerlegung einer Geschichte, die auf dem Papier gut aussah, aber nicht wirklich *funktioniert*.
Oft genug wird aber aufgrund *besonderer Umstände* alles über den Haufen geworfen und die Storyabteilung muss versuchen, eine Geschichte so hinzubiegen, dass die Zuschauer nicht merken, dass es hinter den Kulissen gekracht hat.

CHEFAUTORIN
Der Mann wurde 1973 bei einem Autounfall getötet!

PRODUCER
Dann wurde er eben nicht getötet, sondern nur verstümmelt. Wir verpassen ihm eine kosmetische Operation ...

CHEFAUTORIN
Der Kerl wurde enthauptet! Er war in einem rosa Cabrio unterwegs zum Yukon, um seinen Bruder zu besuchen, als ein Mähdrescher vorbeikam und ihn enthauptete. Du weißt, was das bedeutet? Er hat keinen Kopf mehr!

PRODUCER
Der Kopf lag im Kühlschrank ...

CHEFAUTORIN
Wo lag er?

PRODUCER
Er war tiefgefroren und sie haben ihn in einer beispielhaften Operation wieder draufgesetzt. Nun lass' doch mal deine Fantasie spielen.

CHEFAUTORIN (resigniert)
Okay. Ich werde das schon irgendwie hinbiegen. Aber eins musst du mir einleuchtend erklären: Wie soll ich Celeste zu Montanas Mutter machen? Hat Celeste sie nun mit fünf, sechs oder sieben bekommen? Wann??

PRODUCER
Weißt du was? Das überlasse ich dir. Du bist unsere Autorin ...

Der Dialog stammt aus „Soapdish", in dem Whoopie Goldberg die Chefautorin spielt, die sich gegen den Vorschlag ihres Produzenten wehrt, eine seit Jahren tote Figur in der Serie wiederauferstehen zu lassen.
Oft reicht schon, dass ein Schauspieler Urlaub hat oder krank geworden ist, um einen einschneidenden Umbau in der Geschichte nötig zu machen. Schlimmer ist, wenn Schauspieler überraschend die Serie verlassen, wenn den Darstellern Unfälle passieren oder wenn sie sogar sterben. In allen Fällen ist Sturheit nicht angebracht: Lieber eine Geschichte schnell ändern oder abkürzen, als sie gründlich und für die Zuschauer sichtbar vor die Wand zu fahren.
Soaps sind lebendige Organismen, mit einer manchmal erschreckenden Eigendynamik. König Zufall entscheidet oft genug über eine Geschichte: Plötzlich stellt sich heraus, dass für eine bestimmte Dekoration, die man unbedingt braucht, kein Platz mehr im Studio ist, ein Außendrehort nicht zu bekommen ist, ein Gastschauspieler in der vorgesehenen Woche nur im Außendreh verfügbar ist, bereits alle in dieser Woche möglichen Szenen in Studio A vergeben sind. In all diesen Fällen muss die Geschichte den Produktionsgegebenheiten angepasst werden. Der Spießrutenlauf durch die Produktionszwänge ist immer wieder mühsam, aber das ist auch die besondere Herausforderung einer Soap: Gefragt ist die Kunst, erzählerisch zu improvisieren, Dinge auch dann plausibel zu erzählen, wenn sie das nicht sind.

Gemeinsam werden wir es schaffen

Außenstehende können sich immer schwer vorstellen, wie es funktionieren soll, eine Geschichte in der Gruppe zu entwickeln. Autorentätigkeit ist nach landläufiger Meinung die Tätigkeit einsamer Wölfe, die von Inspirationen heimgesucht werden wie vom Wetterleuchten und der erschütterten Nachwelt posthum ein Werk hinterlassen. Generell ist das im Film selten der Fall. In Soaps ist Gruppenarbeit der einzig mögliche Weg, schnell große Mengen Stoff zu entwickeln. Wer einmal an einem solchen Prozess beteiligt war, wird die schnellen Korrektur-Effekte durch die verschiedenen Mitarbeiter, das schnelle Weiterspinnen an einmal gefundenen guten Ideen schätzen lernen.
Gerade für AnfängerInnen ist die Arbeit in einer Storyline-Abteilung, in der man zu seinen Ideen unmittelbares Feedback erhält, von unschätzbarem Wert. In einigen Soaps gibt es die Möglichkeit, sich für ein Storyliner-Praktikum zu bewerben. Zum Praktikum gehört zwar Kopieren und die eine oder andere Laufarbeit. Aber von diesen eher überschaubaren Pflichten abgesehen, ist eine Praktikantin in den kreativen Prozess, dem die Soap ihr Leben verdankt, vollwertig eingebunden. Der Verschleiß an Autorinnen und Autoren ist bei Arbeitszeiten von 9 bis 19 Uhr und oft auch länger sowieso hoch, auch wenn diverse Serien in letzter Zeit langfristige Arbeitsmodelle entwickelt haben, die es Autoren ermöglichen, den nächsten Burn-out ein paar Jahre hinauszuzögern. Die Tatsache, dass Soap von vielen AutorInnen als Sprungbrett genutzt wird, kurbelt die Fluktuation durchaus an. Eine Praktikantin hat also Chancen, eines Tages Storyliner zu werden – wenn sie gut ist.
Von vornherein muss sie eine gewisse Bereitschaft mitbringen, ihre Ideen nicht für die letzte Weisheit der Filmgeschichte zu halten. Die unmittelbare Reaktion der anderen Storyliner kann gerade für AnfängerInnen unerfreulich sein. Bei jeder Kritik sollte man

aber daran denken: Wenn es nicht gelingt, begeisterungsfähige KollegInnen für eine Geschichte zu erwärmen, dann wird man mit den Zuschauerinnen und Zuschauern noch größere Schwierigkeiten haben. Wer sich weigert, die Hosen runterzulassen, oder Angst hat, sich zu blamieren, wird sich nicht mit diesem Job anfreunden. Wer das als Herausforderung sieht, der wird vom Dasein als Storyliner auf jeden Fall begeistert sein.
Von Soap-Feinden wird man als bekennender Soapschreiber gelegentlich gefragt, wie man denn den galoppierenden Stumpfsinn dieser Serien aushält. Die Antwort ist einfach: Von innen sieht alles anders aus und Geschichtenerfinden macht einfach Spaß. Wo ist man sonst schon *hauptberuflich Schicksal?* Es ist ungeheuer befriedigend – und für die SchauspielerInnen oft höchst beängstigend –, unter den eigenen Händen das Leben von Figuren entstehen zu sehen oder so zu gestalten, wie man das möchte, und das auch noch mit ziemlicher Sicherheit drei Monate später verfilmt zu sehen. Wer für das hohe Lob des Soapschreibens eine Autorität braucht, kann sich sogar bei Arno Schmidt Argumente holen.

Geschichtenerzählen am Lagerfeuer

Feste Voraussetzungen für die Bewerbung als Storyliner gibt es nicht. Ein guter Storyliner kann schreiben, aber er ist vor allem ein Meister des *alten arabischen Handwerks,* des Geschichtenerzählens. Man muss sich das so vorstellen. Eine Runde sitzt zusammen und sucht zu „A verliebt sich langsam in B" eine Geschichte. Jemand hat einen Vorschlag, was B veranstaltet, um A auf sich aufmerksam zu machen. Der Vorschlag ist zwar nicht durchführbar, weil sich A in B verlieben soll, nicht umgekehrt, aber in dem Vorschlag taucht ein Motiv auf, das sich auch umkehren lässt. Das baut ein anderer Storyliner nun zu einer kleinen Geschichte aus. Die ist leider nicht umsetzbar, weil keine Außendrehszenen mehr zur Verfügung stehen, aber ein anderer kommt dadurch auf eine Idee, die zwar auch noch nicht ganz stimmt, aber in der Dekoration spielbar ist. Die anderen nehmen auf, ergänzen, verwerfen. Die mündlich erzählte Geschichte wird immer länger. Schließlich gibt es eine fertige Geschichte mit Anfang, Mitte und Schluss, die sich über drei Folgen zieht und sogar noch den gewünschten Cliff in der zweiten Folge hat.
Um als Storyliner erfolgreich zu sein, können sehr unterschiedliche Talente erforderlich sein. Unter Storylinern gibt es begnadete Witzeerzählerinnen, Meisterinnen der dramaturgischen Analyse, Leute mit ausgeprägtem psychologischem Fingerspitzengefühl, aber auch ehemalige oder noch nicht entdeckte Schauspielerinnen, Leute, die Geschichten als optische oder symbolische Tableaus angehen, *Plotmaschinen,* die pro Minute eine witzige Idee ausspucken, von denen drei Viertel zwar ziemlich daneben sind, der Rest aber dafür um so wertvoller. Auch die Seherfahrungen können sehr verschieden sein. Es gibt Storyliner, die in ihrem Leben vorher kaum Soap gesehen haben und Soap-Junkies, die ihr halbes Leben vor dem Fernseher verbracht haben. Hauptsache, man hat Sinn für emotionale Geschichten. Das aber, so zeigt die Erfahrung, ist nur sehr bedingt lernbar.

Einstieg in die Seife

Natürlich gibt es auch in Deutschland Weekly Soaps wie die „Lindenstraße". Für alle Weekly Formate gilt jedoch, was eingangs generell zu Weeklies gesagt wurde: Als Anfängerin dort eine Chance als Schreiberin zu bekommen, ist extrem schwer, weil die

Anforderungen dieser Formate umfangreiche handwerkliche Kenntnisse voraussetzen. Jahrelang wurden zum Beispiel die Folgen der „Lindenstraße" von immer den gleichen zwei Autorinnen geschrieben. Das Team von „Hinter Gittern" bestand vorwiegend aus ehemaligen Soap-Storyeditoren und -Chefautoren. Die Einstiegsmöglichkeiten in Weekly Soaps sind denen aller wöchentlichen Serienformate sehr ähnlich: Selbst für erfahrene AutorInnen ist es nicht einfach, da einen Fuß in die Tür zu bekommen. Wer also glaubt, Sinn fürs Geschichtenerzählen zu haben und speziell Talent für Soap, der sollte es sinnvollerweise bei den Daily Soaps und Telenovelas versuchen. Am besten wendet man sich direkt an die Serien-Produzenten. Wer für Bewerbungen zuständig ist, sollte im Zweifelsfall telefonisch erfragt werden. Der Vollständigkeit halber sind auch die Adressen der wichtigsten Weekly Soaps angegeben.

Links

› ARD, Lindenstraße, GFF Geißendörfer Film- u. Fernsehproduktion, www.daserste.de/lindenstrasse/ + www.geissendoerfer-film.de
› ARD, Marienhof, Bavaria Fernsehproduktion, www.daserste.de/marienhof/ + www.bavaria-fernsehproduktion.de
› ARD, Rote Rosen, Studio Hamburg, www.daserste.de/roterosen/ + www.studio-hamburg.de
› ARD, Sturm der Liebe, Bavaria Fernsehproduktion, www.daserste.de/sturmderLiebe/ + www.bavaria-fernsehproduktion.de
› ARD, Verbotene Liebe, Grundy Ufa TV Produktions GmbH, www.daserste.de/verboteneliebe/ + www.ufa.de
› RTL, Alles was zählt, Grundy Ufa TV Produktions GmbH, www.rtl.de/cms/unterhaltung/awz.html + www.ufa.de
› RTL, Gute Zeiten, schlechte Zeiten, Grundy Ufa TV Produktions GmbH, http://gzsz.rtl.de + www.ufa.de
› RTL, Unter uns, Grundy Ufa TV Produktions GmbH, www.rtl.de/cms/unterhaltung/unter-uns/ + www.ufa.de

Crime- + Doku-Serien

› Sat.1, K11, Constantin Entertainment GmbH, www.sat1.de/filme_serien/k11/ + www.constantinentertainment.de
› Sat.1, Lenßen und Partner, Constantin Entertainment GmbH, www.sat1.de/filme_serien/lenssen/ + www.constantinentertainment.de
› Sat.1, Niedrig & Kuhnt, filmpool GmbH & Co. KG, www.sat1.de/filme_serien/niedrigundkuhnt/ + www.filmpool.de
› Sat.1, Richterin Barbara Salesch, filmpool, www.sat1.de/comedy_show/barbarasalesch/ + www.filmpool.de
› Sat.1, Richter Alexander Hold, Constantin Entertainment, www.sat1.de/comedy_show/alexanderhold/ + www.constantinentertainment.de

Geschichten Leben einhauchen

Justus Hütter, geboren 1982, ist zurzeit TV-Redakteur und freier Drehbuchautor. Beim Fernsehen fing er vor zwei Jahren als Praktikant an. Anschließend wurde er fest angestellter Jungautor. Neben seinem Broterwerb beim Fernsehen schreibt er Rezensionen für die HipHop-Zeitschrift „Juice“ und Kolumnen für die Zeitschrift „Corner“.

› *Für welche Serien schreibst du beziehungsweise hast du geschrieben?*
Ich schrieb und schreibe für *K11 – Die Kommissare im Einsatz*. Früher in Festanstellung, mittlerweile als freier Autor. *K11* ist eine halbstündige Krimiserie, die unter der Woche täglich um 19:30 Uhr auf Sat1 ausgestrahlt wird. Außerdem habe ich bereits ein Drehbuch für die RTL-Serie *Die Schulermittler* geschrieben.

› *Wie kommt man an eine Stelle als Drehbuchautor für eine Serie?*
Ganz klassisch über ein Praktikum. Ich schrieb eine Bewerbung und wurde dann für ein Probedrehbuch eingeladen. Meiner Headautorin hat meine Arbeit wohl gefallen, also bekam ich einen Praktikumsvertrag über sechs Monate, danach wurde ich zum Jungautor befördert. Aber schon als Praktikant habe ich Drehbücher geschrieben, die letztlich auch im Fernsehen liefen. Ich wurde quasi ins kalte Wasser geschmissen. Der Job des Drehbuchautors ist natürlich eher selten, deshalb hält sich auch die Zahl der angebotenen Praktika in Grenzen. Trotzdem lohnt es sich, auf Internetportalen wie crew-united.com danach Ausschau zu halten.

› *Was ist eine Headautorin?*
Da man beim Fernsehen sehr schnell schreiben muss, erarbeitet man die Ideen und den Szenenaufbau immer zusammen mit einem Headautor. Das ist eine Art Dramaturg, der darauf achtet, dass das Buch auch ins Format passt. Die meisten Headautoren bei uns waren früher selbst Autoren, die das Format sehr gut kennen und oft schneller als der eigentliche Autor auf dramatische Lösungen kommen. In manchem Plot steckt viel mehr vom Headautor als von dem Autor, der schlussendlich die Folge schreibt.

› *Macht es einen Unterschied, wie oft die Serie ausgestrahlt wird?*
Finanziell schon. Da ich ja Urheber- und Leistungsrechte an meinen Drehbüchern halte, bekomme ich für jede Erstausstrahlung und Wiederholung Tantiemen. Um die Tantiemen kümmert sich für mich, wie für die meisten Autoren, die Verwertungsgesellschaft Wort. Ich muss nur regelmäßig melden, wann welche Folge von mir gelaufen ist. Die VG Wort nimmt für mich allerdings nur die sogenannten Zweitrechte wahr, dementsprechend kommt dabei auch nicht sonderlich viel Geld heraus. Mein tägliches Brot verdiene ich durch die Nutzungsrechte an meinen Drehbüchern, die ich durch meinen Arbeitsvertrag oder einen Werkvertrag an die Produktionsfirma abgebe.

› *Die Abgabe der Nutzungsrechte bedeutet im Klartext, dass du keinerlei Einfluss darauf hast, was mit deinem Drehbuch passiert?*
Das kommt auf den Vertrag an, also darauf, welche Rechte sich die Produktionsfirma vorbehält. Prinzipiell darf der Produzent mit deinem Werk machen, was er will. Allerdings

ist das deutsche Urheberrecht sehr urheberfreundlich. Sollte der Produzent Schindluder mit deinem Werk treiben und anschließend deinen Namen drunterschreiben, könnte man schon dagegen vorgehen.

› *Welche Vorkenntnisse braucht man?*
Das ist schwer zu sagen. Mir hat mein Studium der Theaterwissenschaft sicherlich einiges gebracht, weil ich darin gelernt habe, einen dramatischen Aufbau aufzuschlüsseln. Die klassische Regeldramaturgie ist schon eine Art Handwerk, das man sich anlesen und antrainieren kann. Trotzdem denke ich, dass es nicht die Ausbildung ist, die einen guten Drehbuchautor ausmacht. Quentin Tarantino zum Beispiel hat weder studiert noch eine Ausbildung gemacht, er war einfach nur ein Filmfan, der in einer Videothek gearbeitet hat. Man braucht eine gute Beobachtungsgabe, man sollte sich dafür interessieren, wie Menschen funktionieren, und die Spannung und die Komik darin sehen. Außerdem sollte man Sprache lieben und damit spielen wollen. Ich schreibe am liebsten die Dialoge.

› *Warum ausgerechnet die Dialoge? Was gefällt dir daran?*
Die Dialoge hauchen den Figuren erst Leben ein. Sag mir, wie du sprichst, und ich sag dir, wer du bist. Die Dialoge bestimmen den Rhythmus der Szene und die latente Beziehung zwischen den Figuren. Dialoge stehen auch für sich selbst, der Plot des Films kann noch so beschissen sein, wenn die Dialoge gut sind, macht er trotzdem Spaß.

› *Wie sieht die Arbeit aus? Arbeitet jeder für sich oder arbeitet man ihm Team? Wird in der Regel im (Großraum-)Büro gearbeitet oder ist jeder für sich im stillen Kämmerlein kreativ?*
Das ist von Format zu Format verschieden. Als ich bei *Constantin-Entertainment* fest angestellt war, saß ich mit zwei anderen Autoren in einem Büro. Wir haben uns dauernd ausgetauscht oder uns einfach nur über Gott und die Welt unterhalten. Bei den freien Autoren sieht das natürlich anders aus. Da ist es eher diese Nummer mit dem stillen Kämmerlein. Allerdings arbeitet kein Fernsehautor ganz allein, weil er immer einen Dramaturgen, Redakteur oder Headautor hat, der seine Arbeit begleitet und auf Format- und Sendertauglichkeit überprüft.

› *Was passiert, wenn der Dramaturg, Redakteur oder Headautor das Drehbuch für nicht format- oder sendertauglich hält?*
Dann muss ich es eben umschreiben. Meistens haben die entsprechenden Verantwortlichen schon genaue Vorstellungen davon, was sich ändern muss. Diese Änderungswünsche können einem schon mal die gesamte Dramaturgie versauen. Das muss man dann erst mal reparieren, was einen nicht selten die ganze Nacht kosten kann. In sehr seltenen Fällen wird das Buch dann auch abgeschossen, das bedeutet, nicht gedreht, und verschwindet in der Schublade. Das passiert allerdings eher selten, da in so einem Buch einerseits viel Zeit, Geld und Arbeit stecken, andererseits weil wir alle immer unter Zeitdruck stehen. Jedes Buch, das ausfällt, muss ersetzt werden.

› Gibt es geregelte Arbeitszeiten?
Hat man eine Festanstellung als Autor, ist das ein ganz normaler Neun-bis-fünf-Uhr-Job. Man geht morgens ins Büro, sitzt acht bis neun Stunden vorm Computer, schreibt, recherchiert, telefoniert durch die Gegend und geht wieder nach Hause. Die meisten Autoren sind allerdings freiberuflich, haben dementsprechend kein Büro und schreiben dann, wann sie lustig sind. Ob das nun morgens um acht oder nachts um drei passiert, ist egal. Wichtig ist nur, dass sie das Buch fristgerecht abliefern. Jeder freie Autor muss seinen eigenen Arbeitsrhythmus finden.

› Beschreib doch mal einen typischen Arbeitstag.
Auch hier muss man zwischen Festanstellung und freiberuflicher Tätigkeit unterscheiden. Als fest angestellter Autor kommt man morgens ins Büro, checkt seine Mails und holt sich dann einen Kaffee. Wenn ich gerade an einem Kurzablauf oder einem Drehbuch sitze, lese ich mir erst mal die Szenen durch, die ich bisher geschrieben habe. So tauche ich wieder in die Geschichte ein und kann auch gleich Fehler verbessern oder Passagen ändern, die sich irgendwie nicht richtig anfühlen.

› Und dann gibt's eine schöne Mittagspause mit den Kollegen oder ist das Verhältnis beim Film nicht so eng?
Na ja, das kommt wohl auf den jeweiligen Mitarbeiter und dessen Geselligkeit an. Zugegebenermaßen gelten die Autoren immer ein bisschen als die wunderlichen Nerds, quasi als Sozialkrüppel. Ich habe das aber nie so empfunden. Meine Autorenkollegen und ich sind eigentlich immer mit irgendwelchen Leuten aus der Redaktion in die Kantine gegangen. Die älteren Autoren waren allerdings etwas eigenbrötlerischer. Vielleicht liegt das aber auch daran, dass die Autoren eigentlich nie am Set sind. Diese Setarbeit schweißt die Teams schon sehr zusammen, und da gehören wir ja nicht dazu.

› Gibt es Richtlinien, an die du dich beim Schreiben halten musst, also Ereignisse, Länge, Besetzung und so etwas?
Ja. Fernsehsendungen sind primär Produkte, die möglichst gewinnbringend verkauft werden sollen. Wie in jeder anderen Branche auch versuchen Producer und Auftraggeber, den Preis pro Folge so tief es geht zu drücken. Zeit und Geld sind immer die knappsten Ressourcen. Ich kann nicht einfach zehn Figuren und eine Szene auf dem Eiffelturm in ein Drehbuch schreiben, das innerhalb von zwei Tagen gedreht werden soll.
Es gibt aber natürlich auch inhaltliche Grenzen, die nicht finanziell begründet sind. Jedes Format hat ja einen gewissen Stil und jede Serienfigur hat ihre eigene Geschichte und ihre eigene Psychologie, die nicht einfach durchbrochen werden dürfen. Der chronisch griesgrämige Kommissar einer düsteren Krimiserie kann nicht plötzlich aus einer Torte springen und eine Musicalnummer aufführen, auch wenn ich so etwas ab und zu wirklich erfrischend fände.

› *Welche Stationen durchläuft ein Manuskript von dir?*
Ich darf hier keine Interna ausplaudern, das ist vertraglich geregelt. Grob durchläuft ein Drehbuch aber etwa drei wichtige Phasen. Man beginnt mit dem Plot, das heißt mit der eigentlichen Geschichte, die man erzählen will. Die lässt sich oft auf drei bis vier Sätze runterbrechen. Im simpelsten Fall: Ein Mann tötet seine Frau, weil diese ihn betrogen hat, und lässt es wie einen Selbstmord aussehen und so weiter ... Mit dieser Idee setzt man sich dann mit einem Dramaturgen oder Headautor zusammen und überlegt sich den Szenenaufbau der Geschichte, gibt den Figuren und ihrer Psychologie eine individuelle Note und versucht, möglichst überraschende Wendungen einzubauen. Als Nächstes schreibt man dann einen Kurzablauf oder ein Treatment, in dem die Szenen als Fließtext ausgearbeitet werden. Dieses Treatment bekommen dann der Producer und der zuständige Redakteur beim Sender, die es entweder unverändert durchwinken oder Veränderungen daran haben wollen. Zu guter Letzt schreibt man anhand des Treatments das endgültige Dialogbuch. Dabei konzentriert man sich vor allem darauf, der Geschichte durch Details und sprachliche Finesse Leben einzuhauchen.

› *Wie viel Vorlauf hat das Fernsehen? Wie lange nach Fertigstellung des Drehbuchs wird gedreht und wann wird ausgestrahlt?*
Das ist wirklich sehr unterschiedlich. Da *K11* täglich läuft, muss sichergestellt sein, dass sich die Folgen thematisch nicht zu sehr ähneln. Deshalb kann es schon passieren, dass manche Folgen erst drei Monate nach Fertigstellung des Drehbuchs gesendet werden. Ein Monat Vorlaufzeit ist aber eigentlich das Mindeste.

› *Wie sieht das mit der Bezahlung aus? Wie viel kann man erwarten und wonach richtet sich das?*
Die Bezahlung für ein Drehbuch reicht vom Hungerlohn bis zur fünfstelligen Summe. Beim Privatfernsehen verdient man normalerweise sehr viel weniger als beim öffentlich-rechtlichen Rundfunk. Ich habe bisher nur für das Privatfernsehen geschrieben. Ich kann hier keine konkreten Zahlen nennen, aber ich kann von meiner Arbeit ganz okay leben. Eine Familie könnte ich hingegen nicht von meinem Einkommen durchbringen, ich kann mir ehrlich gesagt nicht mal ein Auto leisten. Ich bin aber auch noch sehr am Anfang meiner Karriere. An sich kann man als Drehbuchautor schon ganz gutes Geld verdienen, wenn man denn zu den guten Schreibern gehört.

› *Wann weiß man, dass man es geschafft hat? Woran merkt man, dass man zu den „guten" Schreibern gehört?*
Ha! Ich würde sagen, wenn du ein Schweinegeld damit verdienst. Zumindest was das Fernsehgeschäft angeht. Da steht der künstlerische Anspruch erst mal hinten an, da musst du präzise, schnell und formatkompatibel sein, dann bist du gut.

› *Inwiefern unterscheidet sich deine Arbeit von der eines Romanschriftstellers? Kann ein Romanschriftsteller problemlos auch deine Arbeit machen?*
Da ich noch nie einen Roman geschrieben habe und wahrscheinlich auch nie einen schreiben werde, kann ich das wirklich nicht sagen. Es gibt wahrscheinlich einige

Gemeinsamkeiten zwischen den beiden Disziplinen, aber auch riesige Unterschiede. Eine Geschichte ist eine Geschichte, und die funktioniert nun mal oder nicht. Auch was den Figurenaufbau und solche Dinge angeht, gibt es Überschneidungen. Trotzdem, ein Drehbuch ist ein Mittel zum Zweck. Es ist quasi die Bauanleitung zu einem Film, nur dafür wird es geschrieben. Ein Roman hingegen ist ein Selbstzweck. Drehbücher sind viel eingeschränkter als Romane, da sich das ganze Innenleben der Figuren, das ein Roman einfach ausbreiten kann, hier nur durch Dialoge und Handlungen zeigen lässt. Aber das ist ja nur ein Aspekt eines ewig langen Diskurses, für den hier kein Platz ist.

› *Möchtest du noch etwas erwähnen?*
Man muss sich klarmachen, dass man als Autor fürs Fernsehen stark an die Wünsche des Auftraggebers gebunden ist. Wer sich selbst als Autorenfilmer betrachtet, der nur seine eigene Vision umsetzen will, der hat beim Fernsehen wahrscheinlich schlechte Karten oder wird irgendwann wahnsinnig. Wenn man das Ganze sportlich sieht, kann man in dem Job wirklich viel Spaß haben.

› *Interview: Jennifer Muhr*

Beitrag von Mark Werner

Der Lacher kommt zum Schluss – Drehbuchschreiben für Sitcoms

Mark Werner (www.mark-werner.com), geboren 1969, studierte Germanistik und Geschichte und arbeitete als Zeitungsreporter und Fernsehredakteur, bevor er als Headwriter für Fernsehproduktionsfirmen Filme und Serien entwickelte. Er schrieb Drehbücher für TV-Erfolge wie „Mein Leben & Ich", „Ritas Welt", „Alles Atze" und „Nikola". Für seine Arbeit wurde er mehrfach ausgezeichnet, unter anderem mit dem Deutschen Fernsehpreis. Im Rowohlt Verlag erschien 2009 sein erster Roman „Hölle, all inclusive".

Der deutsche Markt giert nach Sitcoms, die Sender brauchen lang laufende Quotenhits, Produktionsfirmen suchen dringend Autoren, die ihnen die nächste Hitserie schreiben! Und doch gibt es für einen Autor nichts Schwierigeres, als genau dies zu schaffen. Die meisten bekommen nicht einmal den Auftrag, ein einziges Buch für eine der bereits laufenden Serien zu schreiben. Warum? Weil Sender, Produktionsfirmen und Zuschauer nur handwerklich perfekt gemachte Sitcoms akzeptieren; Sitcoms, die ehrliche und realistische Figuren zeigen und das Leben der Zuschauer widerspiegeln – und all das auch noch möglichst komisch. Diese Zielvorgabe aber erreichen nur Autoren, die gut ausgebildet und bereit sind, sehr hart in eingespielten Teams zu arbeiten.

Sitcom. Eine Formatdefinition

Es gibt etliche Definitionen von Sitcom, und die meistverbreitete, dass es sich um eine Komödie *(com)* handelt, bei der die Hauptfiguren auf einem Wohnzimmersofa sitzen *(sit)* und Späße machen, ist falsch. Sitcom ist die Kurzform von *situation comedy*. Das Format lässt sich definieren als eine halbstündige, wöchentliche Fernsehserie mit festem Hauptcast in stabiler Umgebung, in sich geschlossenen Episodengeschichten und einem komödiantischen Grundton.

Sitcoms in Deutschland

In Deutschland war die Sitcom als Genre bis zu Beginn der Neunziger eher unbekannt und ist es im Grunde immer noch. Obwohl es eklatante formale, inhaltliche und erzählerische Unterschiede gibt, weiß kaum ein Mensch außerhalb der TV-Branche Sitcom, Daily Soap, Weekly Soap, Weekly Drama, Sketch, Comedyshow usw. voneinander zu unterscheiden. Warum auch? Hauptsache, es ist gute Unterhaltung! Das dachte sich der deutsche Zuschauer schon bei Ekel Alfred in „Ein Herz und eine Seele" – nicht ahnend, dass er sich bei einer klassischen Sitcom amüsierte. Auch etablierte amerikanische Sitcoms wurden in Deutschland als lustige Fernsehserien mit Zuschauergelächter aus dem Off (dem sogenannten *laugh track)* wahrgenommen, aber niemals mit dem Etikett Sitcom belegt.

Anfang der Neunziger unternahm RTL gemeinsam mit der Produktionsfirma *Columbia TriStar Film und Fernseh Produktions GmbH* (heute *Sony Pictures Film und Fernseh Produktions GmbH*) erste Versuche, das Genre in Deutschland mit eigenen Produktionen neu zu etablieren. Man nahm erfolgreiche amerikanische Formate wie „Who's the boss?" („Ein Job fürs Leben"), „Married ... with children" („Hilfe, meine Familie spinnt") oder „Coach" („Is' was, Trainer?"), adaptierte die englischen Drehbücher und bemühte sich um eine

perfekte Kopie der Originale, bis hin zu den amerikanischen Wohnzimmern mit Couch und Treppenaufgang im Hintergrund – und natürlich dem unvermeidlichen *laugh track*. Alle Versuche fielen beim Publikum durch. Die Zuschauer hatten kein Problem mit den Originalen, wohl aber mit deutschen Figuren, die in einer amerikanischen Umgebung mit amerikanischen Problemen kämpften. Es mussten also Serien und Charaktere entwickelt werden, die dem deutschen Kulturkreis entstammten, mehr Identifikationsmöglichkeiten und nicht zuletzt auch auf den deutschen Humor abgestimmte Komik boten. Als die Macher von RTL und der Produktionsfirma *Columbia Tristar FFP* dies erkannt und umgesetzt hatten, produzierten sie plötzlich Hit auf Hit: „Die Camper" und „Nikola" avancierten mit „Lukas" (ZDF) zu Zuschauerlieblingen, die bis heute Rekordquoten einfahren.
Waren Serien wie „Ritas Welt", „Alles Atze" oder „Mein Leben & Ich" (alle RTL), die folgten und ebenso große Erfolge waren, also einfach nur Ergebnisse eines endlich gefundenen Rezepts, einer Erfolgsformel? Nein, alle, wirklich alle der mehr als drei oder vier Jahre in Deutschland laufenden Sitcoms sind das Ergebnis eines harten, arbeitsreichen Prozesses, an dessen Anfang ein (möglichst) perfektes Drehbuch steht.

Die Erzählform Sitcom

Eine Episode ist in der Regel dreißig Minuten lang, bei den Privaten auf Grund der Werbung ca. fünf bis acht Minuten kürzer. Technisch besteht die Struktur aus zwei Akten, in der Mitte ist der sogenannte *act break*, jeder Akt hat einen *turning point*. Ansonsten wird den klassischen Erzählprinzipien gefolgt. Im Prinzip muss sich jede Sitcom-Folge auch als Drama erzählen lassen, folgt sie doch auch dramatisch der dreiteiligen Struktur mit Anfang – Mitte – Ende.
Es gibt einen festen Stamm von Hauptfiguren, die sich im Wesentlichen charakterlich nicht entwickeln, außerdem werden feste *sets* (Studioräume oder *on location*, also reale Räume) bespielt, in der Regel Innenräume.
Meist steht ein Charakter im Zentrum (z.B. „Lukas", „Atze", „Nikola", „Pastewka", „Stromberg"), manchmal aber auch ein Ensemble (z.B. „Friends", „Die Camper"). Die Figuren werden in der Regel in ihrer häuslichen *(domestic sitcom)* oder ihrer beruflichen Umgebung gezeigt *(workplace sitcom)*, wobei am Arbeitsplatz oft eine Art Ersatzfamilie dargestellt wird. Oft aber werden auch beide Umgebungen vermischt und kombiniert (z.B. „Ritas Welt", „Alles Atze").
Jeder Sitcom liegt ein starker Konflikt mit menschlicher und gesellschaftlicher Relevanz und ein besonderer *point of view* (Blickwinkel) zugrunde, von der Teenager- und Pubertätsproblematik („Mein Leben & Ich") über die kämpfende Single-Mutter („Nikola") bis hin zur von wirtschaftlichen Nöten geplagten Arbeiterfamilie („Ritas Welt").
Viele der allgemein zu findenden Gesetze und Prinzipien von Sitcoms werden heute vermischt, aufgeweicht und bewusst verändert. Heute werden Sitcoms längst nicht nur im Studio vor Publikum gedreht, sondern auf 16-mm-Film an *normalen* Filmsets. Auch der *laugh track* ist bei deutschen Produktionen so gut wie verbannt. Das Geschlossenheitsprinzip, das besagt, die Hauptfiguren befinden sich am Ende immer wieder dort, wo sie am Anfang waren (sie erfahren also keinerlei Entwicklung!), ist im Grunde noch gültig, weicht aber einem serielleren Erzählen. Allerdings nur so weit, wie Prämisse und

Grundkonflikt der Serie nicht berührt oder gar gefährdet werden. Den Sendern ist in der Regel das nicht-serielle Erzählen lieber – so lassen sich einzelne Folgen auch unabhängig oder in anderer Reihenfolge wiederholen.

Wie werde ich Sitcom-Autor?

„Ich bin Autor und habe 'ne super lustige, originelle Idee für eine Sitcom! Genau das, was ihr sucht! Geile Gags, total absurde Situationen! Würde ich gerne mit eurer Firma machen. Soll ich's euch mal schicken?"

So oder ähnlich lauten die täglich in einer Produktionsfirma wie Sony Pictures eintrudelnden Anrufe, Mails, Faxe und Briefe. Meist sind das Konzept und ein Pilotdrehbuch auch schon beigelegt. Als Nächstes können dann Wetten abgegeben werden: Handelt es sich mal wieder um die „super-originelle" Tankstellen-, WG-, Puff-, Altersheim-, Kegelclub-, Schul-, Kneipen- oder Laden-Sitcom? Mit natürlich „irrsinnig komischen, verrückten Typen" und Geschichten „wie bei ‚Seinfeld'" (ersetze wahlweise mit „Friends", „Cheers", „Mad about you").

In der Regel hat der Autor des Konzepts zuvor noch nie für eine Sitcom geschrieben, er kennt weder das Genre noch seine Gesetze. Im besten Fall liebt er es, weiß aber nicht, warum („Weil ich's lustig finde!" reicht leider nicht). Also: „Nein! Bitte nichts schicken!"

Wer Sitcoms schreiben möchte, muss das Genre und die klassischen Serien zumindest konzeptionell kennen, typische Plots erkennen und analysieren können, er muss Schreiberfahrung haben, teamfähig sein – und er muss zunächst einmal überzeugen. Aber wie? Ganz einfach: Mit einem *spec* (oder *sample*) *script* oder *spec scenes!* Das sind ein paar Probeszenen oder ein ganzes Buch, die der Autor als Arbeitsprobe für eine *bestehende* Sitcom schreibt (im besten Fall die, für die er sich bewirbt). Unentgeltlich und nicht mal mit Resonanzgarantie. Dieses Bewerbungssystem entspringt dem amerikanischen Markt und fasst seit einigen Jahren auch in Deutschland Fuß. Aus gutem Grund. Anhand des Probematerials können *Executive* oder *Creative Producer* (die ausführenden und kreativen Produzenten, die nicht nur alle Fäden bei der Drehbucharbeit in der Hand halten, sondern auch die Komplettverantwortung für den Dreh bis hin zum Sendeband haben) und *Headwriter* (entweder der/die Serienerfinder oder ein Chefautor, der mit *Freelancern* und *Staffwritern,* also freien und angestellten Autoren, arbeitet und die Drehfassung schreibt) eine Menge erkennen: Weiß der Autor, wie ein Drehbuch aussieht? Kennt er die Serie? Hat der Autor die Show verstanden, kennt er die Charaktere, hört er sie beim Schreiben des Buches sprechen, sieht er die Situationen vor sich? Kann er Dialoge schreiben, die Subtext und Tiefe haben? Ist er in der Lage, der Szene einen Bogen zu geben? Beherrscht er die strukturellen Grundgesetze? Bedient er Charakterkomik und kann er eine gute *punchline* (prägnante witzige Dialogzeile) schreiben?

Wenn nach Lektüre des Probematerials wenigstens ein Teil dieser Fragen positiv beantwortet wird, besteht die Aussicht, vielleicht zu einem persönlichen Gespräch eingeladen zu werden. Schließlich muss auch die Nase passen, wenn man in den nächsten Jahren fünf bis sieben Tage die Woche und bis zu zehn, zwölf Stunden täglich unter Hochdruck und im Produktionsstress zusammen arbeitet. Und zusammen heißt in einer Firma, auf einem Flur, vielleicht sogar in einem Raum! Sitcom-Autoren arbeiten in Teams. Dichter

und Denker, die mittags aufstehen und sich an ihren Eichenholzschreibtisch setzen, um sich von der Muse den Schlaf vertreiben zu lassen, haben keine Chance!
Die meisten Sitcoms entstehen aus einem Kreativteam heraus, das eine Vision (für die Serie, die Staffel, die Episode) entwickelt und diese Vision viele Wochen diskutiert, kritisiert und weiterführt (oder auch manchmal verwirft und wieder von vorne beginnt). Dieses Team aus Producer(n) und Autor(en) begleitet die Serie im besten Fall bis zu ihrer letzten Folge nach hoffentlich vielen erfolgreichen Jahren. Das Team lebt in dieser Zeit mit den Figuren, kennt sie so gut wie die eigene Familie und versucht, auch nach fünf Jahren noch neue Wege und Winkel zu entdecken, die spannende und komische Episoden ermöglichen. In so ein Team kann man sich nicht von heute auf morgen einfügen. Das dauert und muss passen – deshalb das *spec script!*

Alle wollen mitreden

Bedingt durch das *Prinzip Teamarbeit* beim Sitcom-Schreiben dürfen eine Menge Leute bei einem Drehbuch mitreden: Die Serienerfinder, der Produzent, die Executive Producer, die Headwriter, die Producer, die Staffwriter, die Freelancer, dann die Herstellungsleitung, die Produktionsleitung, der Regisseur, die Schauspieler und die Redakteure des Senders, der die Sitcom in Auftrag gegeben hat, sie bezahlt und ausstrahlt. Am Ende müssen alle glücklich sein. Unmöglich? Stimmt. Aber alle versuchen, dem vollständigen Glück so nahe wie möglich zu kommen. Das kostet allerdings – Geld und noch mehr Zeit.
Aber zum Glück hat der Autor ja Ruhe, sobald er sein Script abgegeben hat! – Falsch! Der Autor hat erst Ruhe, wenn die Episode im Kasten ist. Bis dahin muss er jederzeit damit rechnen, dass eine Szene umgeschrieben, ein neuer Gag erfunden oder bereits Geschriebenes weggekürzt werden muss. Und selbst wenn alles abgedreht ist, kann es noch Arbeit geben: Die Folge ist zu kurz geworden, es fehlt eine Minute. Jetzt muss das *perfekte* Buch um eine Szene verlängert werden. Eine Szene, die sich nahtlos in das gedrehte Material fügt, die am Ende nicht langweilig und drangepappt aussieht, eine Szene, die ohne Reibungsverluste in die Episode integriert werden kann.

Doch zunächst einen Schritt zurück: Wie arbeiten die Autoren eigentlich zusammen?
Bei einer Sitcom gibt es in der Regel den oder die *creator(s)*, also die Erfinder des Konzepts und Autoren des Pilotbuchs – des ersten Buchs einer Serie, das für den auftraggebenden TV-Sender produziert wird, in die Medienforschung geht und als Grundlage einer Serienbestellung oder Absage dient. Gemeinsam mit dem oder den *Producern* und dem *Headwriter* wird zu Beginn des Jahres die Staffel (auch *season)* geplant. Das sind in der Regel acht bis dreizehn Folgen.
Das kreative Kernteam entwirft Bögen (Entwicklungsstränge von Figuren und Beziehungen), plant *signpost episodes* (Episoden, die eben jene Bögen abstecken, meist zu Beginn, in der Mitte und am Ende der Staffel) und entwickelt die einzelnen Episoden. Bei diesem sogenannten *plotting* entsteht das Grundgerüst einer Episode, also Anfang, Mitte, Ende. Dabei werden das Thema der Folge, das *Problem* der Hauptfigur(en) und ihre Konflikte definiert.

5. Szene | Wohnung Nikola | Innen/Tag

Im Anschluss. Schmidt und Nikola kommen in den Flur.

SCHMIDT
Ich stehe meiner Kollegin lediglich in einer schweren Stunde bei.

NIKOLA
Gut, das Gleiche können Sie jetzt für mich tun!

Schmidt schaut sich um und fährt mit der Hand über die Wand.

SCHMIDT
Wieso? Sehen Sie sich das doch an – perfekt gestrichen!

NIKOLA
Ja, vor fünf Jahren.

Sie gehen ins Wohnzimmer, das einem Schlachtfeld gleicht: Die Möbel sind in der Mitte zusammengeschoben und mit Malerfolie bedeckt, überall stehen Farbeimer, Pinsel, Rollen und andere Utensilien. Nur eine Wand ist gerade mal zur Hälfte gestrichen.

NIKOLA (Cont.)
Hey, er hat heut' 'ne halbe Wand geschafft!

Schmidt mustert die Wand.

SCHMIDT
Dafür ist die aber auch perfekt – keine Farbnasen und alles akkurat in Faserrichtung gestrichen!

NIKOLA
Aber eine wichtige Sache fehlt eben.

SCHMIDT
Wenn Sie guten Geschmack meinen – die Farbe haben Sie selbst gewählt.

NIKOLA **Nikolas Geburtstag**

NIKOLA
Nein, ich meine den Anstreicher.

SCHMIDT
Vielleicht hat er <u>auch</u> Mittagspause?

NIKOLA
Oder <u>immer</u> <u>noch</u> Frühstückspause.

Seibel kommt aus der Küche dazu, er steckt einen Schraubenzieher in seinen Overall.

SEIBEL
Oh. Tach, Doktor Schmidt! Wie geht's Ihnen?

SCHMIDT
Sehr gut, Herr Seibel – und selbst?!

Seibel lächelt kurz.

NIKOLA *(ungeduldig)*
Soll ich den Herren vielleicht noch 'nen Kaffee machen?

SEIBEL
Nee, davon werd' ich immer ganz hektisch.

NIKOLA
Das glaub' ich erst, wenn ich's sehe.

Seibel streicht weiter die Wohnzimmerwand. Schmidt sieht ihm dabei zu.

SCHMIDT
Saubere Pinselführung.

NIKOLA
Sonst haben Sie nichts zu sagen?! *(guckt auffordernd)*

 Autoren: Michael Gantenberg, Marko Lucht, Marcus Raffel, Mark Werner

Erst Outline, dann Script

Der fertige Plot wird einem Autor gegeben (entweder einem Staffwriter, einem ehemaligen Staffwriter oder einem langjährig mit der Sitcom bzw. Produktionsfirma vertrauten Autor), der in enger Zusammenarbeit mit Producer und Headwriter eine *outline* erstellt. Die Outline ist ein szenischer Abriss der Episode, in dem auch mal eine *punchline* oder ein Dialogwechsel zur Belebung des Ganzen erlaubt ist. Meist entstehen zwei, drei und mehr Fassungen einer Outline, da man hier grobe und oft auch schon verstecktere Mängel im *storytelling* erkennen und ausmerzen kann. In der Outline steckt mindestens so viel Arbeit wie später im Script.
Der Autor geht schließlich, nach unzähligen Besprechungen, zum Scriptschreiben über, nimmt sich dafür zwei, drei Wochen Zeit – nur um dann den ganzen Prozess noch mal über sich ergehen zu lassen. Plötzlich funktioniert ein ganzer Akt nicht, der Autor hat die gewünschte Vision nicht getroffen oder konnte dies nicht, weil die Vision gar nicht funktionsfähig war und, und, und ... Es lässt sich ein Dutzend Gründe für eine weitere Scriptfassung finden. In der Regel treffen mindestens elf davon zu.
Weitere Wochen und weitere Besprechungen folgen, irgendwann ist der Autor erschöpft, dem Wahnsinn nahe und kann und will nicht mehr. Jetzt sind die Staffwriter dran!

Das Script wird von einem Autorenteam übernommen, das sämtliche Bücher der Serie in die Mangel nimmt. Sie sorgen mit dem Headwriter dafür, dass die Story stimmt, die Figuren sprechen, wie der Zuschauer es kennt, dass die Dialoge glänzen und die Witze immer wieder originell klingen und *in character* sind. In dieser Phase ist es nicht ungewöhnlich, dass ein Script zu sechzig bis hundert Prozent neu geschrieben wird. Was für ein Wahnsinn!

Wahnsinn mit (Autoren-)System

Wofür dann all die Gespräche, warum wurde der Buchautor so lange gequält? – Weil es notwendig war! Producer und Headwriter betreuen nicht nur ein Buch, sie müssen die ganze Staffel in Gang setzen und in Gang halten. Dazu arbeiten sie mit mehreren Autoren parallel (oft sogar an verschiedenen Serien gleichzeitig). Erst wenn ihr Team ein Buch übernimmt, geht es um alles oder nichts. Bis dahin aber müssen alle Fehler gemacht sein, wenn es jetzt nicht glatt läuft, explodiert der Motor.
Der Buchautor ist also gewissermaßen in den Wald gelaufen und hat jeden gangbaren Weg ausgekundschaftet, dabei hat er sich natürlich in unzählige Sackgassen verirrt. Das Team aber hat dadurch am Ende den Luxus, alle falschen Wege zu kennen und an ihnen vorbei den richtigen *Storyweg* gehen zu können. Der erste Autor hat ihnen also die schlimmste und mühseligste Arbeit abgenommen und ist im besten Falle selbst schon auf dem richtigen Pfad gelandet und möglichst weit gekommen.
Die Staffwriter treffen sich jeden Morgen mit Executive Producer und Headwriter zur Besprechung des Tagesplans. Dazu hat jeder das aktuelle Script gelesen und sich Notizen gemacht. Dann werden Mängel besprochen, Lösungsvorschläge gemacht, Szenen und Dialoge *gepitcht* und die Arbeit verteilt. Oft schreiben die Staffwriter einzelne Szenen, der Headwriter übernimmt sie, fügt sie zusammen, ändert, ergänzt oder glättet sie. Am Abend hat man dann eine neue Fassung des Aktes oder des Scripts, die wiederum

am nächsten Morgen besprochen wird. So wird jedes Buch noch einmal einige Wochen lang bearbeitet. So lange, bis alles stimmt: Das Buch hat ein Thema, die Hauptfigur ein Problem, die Charaktere agieren wie lebendige Menschen, die Struktur ist wasserdicht, die Dialoge sind witzig! Hm ... Aber witzig genug? Nein! Bevor das Buch an den Regisseur und alle anderen Beteiligten geht, setzen sich alle Autoren noch einmal hin. Beim sogenannten *punch up* werden Dialogwitze und Szenen-Enden verbessert. Das kann einen ganzen Tag in Anspruch nehmen. Jeder Autor überlegt sich neue Gags und denkt noch einmal um die Ecke. Im besten Fall kann dann aus einem Dutzend Alternativen die ansprechendste und originellste ausgewählt werden. Beim Sitcom-Schreiben kommt der Lacher zum Schluss!

Neben diesem vom Staffwriting geprägten Sitcomschreiben findet sich in Deutschland seit einigen Jahren auch die noch stärker vom einzelnen Headwriter geprägte Art des seriellen Schreibens. In diesem Fall kommt die Produktionsfirma ohne ein festes *In-House*-Autorenteam aus, nur der Headwriter (der meist auch Creative Producer der Sitcom ist) arbeitet angestellt. Das liegt nicht nur an unterschiedlichen Arbeits- und Unternehmensphilosophien der Produktionsfirmen, sondern ist auch ein Ergebnis der geringeren Episodenzahl, die pro Staffel vom Sender bestellt wird (früher meist 13 Folgen/Staffel, heute eher 8 bis 9 Folgen/Staffel). Auch hier zeigt sich: Muss wirtschaftlich anders kalkuliert werden, führt dies meist automatisch zu Veränderungen bei der kreativen Arbeit.

Wie sieht ein Sitcom-Drehbuch aus?

Die Länge eines Sitcom-Drehbuchs hängt ganz von der Serie ab. Eine Serie, in der es schnelle Dialogwechsel gibt wie z.B. „Nikola“, hat natürlich mehr Seiten als beispielsweise „Mein Leben & Ich“, wo mit einem erzählerischen *voice over* (Alex' Tagebuchstimme) gearbeitet und ein völlig anderer Stil verwendet wird. Im Zweifelsfall fragt man am besten bei der Produktionsfirma nach, wie viele Seiten bzw. Wörter oder Zeichen im Schnitt pro Buch benötigt werden.

Es gibt nicht DAS Drehbuchformat, es gibt nur eine Menge Fehler, die man bei der Benutzung von Regieanweisungen und Formatierungen machen kann. Die einfachste Lösung für das Problem: Entweder man verlässt sich auf die Scriptbeispiele der Drehbuchsoftware, wo die Formate für verschiedene Fernsehserien vorgefertigt sind, oder man fragt bei der Produktionsfirma nach, für die man ein Probebuch schreiben möchte, und bekommt im besten Fall sogar ein Beispielscript zugeschickt.

Ist es überhaupt sinnvoll, sich als Sitcom-Autor zu bewerben?

Wenn bisher vielleicht manches negativ klang – ja, es ist sinnvoll, sich zu bewerben! Talentierte, teamfähige und disziplinierte Autoren setzen sich am Ende immer durch.

Die hier geschilderten Abläufe und Arbeitssysteme entsprechen zum größten Teil dem amerikanisierten System einer Produktionsfirma wie *Sony Pictures FFP GmbH*. Die Methodik des langjährigen deutschen Marktführers in Sachen Sitcom hat sich aber auch bei anderen Produktionsfirmen durchgesetzt.

Es existieren allerdings auch völlig andere, ebenfalls erfolgreiche Autorensysteme, die einem Anfänger durchlässiger erscheinen mögen. Das heißt aber nicht, dass man mit einem *spec script* auch dort nicht noch viel bessere Chancen hat und auf einem höheren Level einsteigen kann. Die Mühe lohnt sich also in jedem Fall. Ein gutes *spec script* ist die Visitenkarte eines Autors.

Und die gute Nachricht zum Schluss: Beim Sitcom-Schreiben ist man (fast) nie allein, jeder darf auch mal einen schlechten Tag haben – und es gibt auf jeden Fall viel zu lachen!

Adressen & Produktionsfirmen (Auswahl)

> Cologne Sitcom, www.cologne-sitcom.de (z.B. „Bernds Hexe", „Das Amt")
> UFA Film & TV Produktion GmbH, www.ufa.de (z.B. „Der Heiland auf dem Eiland", „Kalle kocht")
> Brainpool TV GmbH, www.brainpool.de (z.B. „Stromberg", „Der kleine Mann", „Anke", „Pastewka")
> Zeitsprung Film + TV Produktions GmbH, www.zeitsprung.de (z.B. „Krista", „Frech wie Janine")
> Endemol Deutschland GmbH, www.endemol.de (z.B. „Unter Brüdern")
> Sony Pictures Film und Fernseh Produktions GmbH, www.sonypictures-tv.de (z.B. „Alles Atze", „Die Camper", „Nikola", „Mein Leben & Ich", „Ritas Welt", „Herzog")

Literaturtipps (Auswahl)

> Wolff, Jürgen: Sitcom. Ein Handbuch für Autoren. Köln: Emons 1997 (sehr empfehlenswertes Standardwerk, muss jeder Sitcom-Autor kennen)
> Vorhaus, John: Handwerk Humor. Frankfurt am Main: Zweitausendeins 2001 (*Das* Buch zum Thema Comedyschreiben)
> Holzer, Daniela: Die deutsche Sitcom. Bergisch Gladbach: Bastei Lübbe 1999 (ausführliche Forschungsarbeit zum Genre)

Drehbuchautoren ausbilden

Michael Gutmann, 1956 in Frankfurt am Main geboren, ist Filmregisseur („Tatort"), Drehbuchautor („Krabat") und seit 2005 Lehrstuhlinhaber des Studiengangs Drehbuch an der Hochschule für Fernsehen und Film (HFF) München (www.hff-muenchen.de/studium/drehbuch/index.html).

› *Herr Professor Gutmann, wie schauen Sie heute auf ihr eigenes Studium an der Hochschule für Fernsehen und Film München (HFF) zurück?*
Als junger Filmstudent war es schwer für mich, mir auszumalen, was man eines Tages beruflich sein wird. Wir haben Gegenpositionen bezogen. Gegen das Etablierte. Man hat irgendwie versucht, etwas Sperriges, Eigenes zu machen. Eine Drehbuchausbildung gab es kaum.

› *Seit 2005 leiten Sie den neu gegründeten Studiengang Drehbuch an der HFF. Was ist es für ein Gefühl, an seine eigene Ausbildungsstätte zurückzukehren?*
Anfangs ist es ein merkwürdiges Gefühl, wenn sich ein Kreis schließt und man an den Ort zurückkehrt, wo man schon mal war. Aber die HFF ist heute nicht mehr dieselbe Schule wie 1981. Ich bin hier neuen Gesichtern begegnet und sehr freundlich aufgenommen worden. Es ist ein schönes Gefühl, weil ich etwas zurückgeben kann von dem, was ich der HFF verdanke.

› *Sie haben an der HFF ein Regiestudium absolviert. Welche Vorstellung hatten Sie als junger Filmstudent vom Drehbuchschreiben?*
Ich habe schon immer gelesen und geschrieben. Aber ich muss zugeben, dass die Filme, die ich damals angesehen habe, häufig Autorenkino waren. Godard, Cassavetes, Wenders und viele andere. Wenn es, wie bei TAXI DRIVER, hinter dem Regisseur einen Drehbuchautor gab, dann blieb er meist unsichtbar. Man kannte die Gesichter der Regisseure von zahllosen Fotos, aber die Drehbuchautoren waren nirgends abgebildet, als wären sie irgendwelche Grottenolme, nicht wirklich vorzeigbar.
Heute weiß ich, dass sich auch die großen Autorenfilmer Rat geholt haben oder im Stillen Co-Autoren hatten, weil es sehr schwer ist, mehrmals im Leben ein Drehbuch alleine zu schreiben. Drehbuchschreiben ist heute immer mehr ein arbeitsteiliger Prozess. Deshalb sind Romanautor und Drehbuchautor zwei völlig verschiedene Berufe geworden.

› *Sie schreiben nicht nur Drehbücher, sondern führen auch Regie. In welchem Verhältnis stehen diese beiden Tätigkeiten für Sie?*
Wenn ich Regie führe, dann mit Büchern anderer Autoren wie Alexander Adolph oder Ruth Toma. Und wenn ich schreibe, dann oft für andere. Ich kann nicht erklären, warum das so ist, aber es gefällt mir. Das Schreiben ist eine Arbeit, wo ich mich in mich selbst versenken kann. Vor allem zu Beginn der Stoffentwicklung. Wie jemand, der zu Hause sitzt und Gitarre spielt. Man hört sich selber zu, eine Art Selbstvergessenheit. Regie führen funktioniert immer nur, wenn andere Menschen da sind, die Schauspieler, das Team, die Zuschauer.

› *Ist die HFF im Nachteil gegenüber anderen Filmhochschulen, weil sie aufgrund ihrer Autorenfilmer-Tradition erst 2005 einen eigenständigen Drehbuchstudiengang eingerichtet hat?*
Schon vorher begann mit Doris Dörrie und ihrem Lehrstuhl für *Creative Writing* ein Umdenken. Dort konnte ich anknüpfen. Für meine Begriffe ist die Idee hinter der Entstehung eines Films ein arbeitsteiliger Prozess und das Hoffen auf positive Effekte, weil verschiedene Menschen ihre Köpfe zusammenstecken. Mich interessiert, was andere Leute denken. Wenn nur eine Person auf sich selbst trifft, kann das schnell redundant werden. Aus diesen Gründen brauchen Regisseure die Autoren und umgekehrt.

› *Welche Ausbildungssituation fanden Sie vor, als Sie 2005 an der HFF anfingen?*
Regiestudenten wollen zunächst ihre eigenen Stoffe verfilmen. Das hat verschiedene Gründe. Sie wollen zeigen, was in ihnen steckt. So wie man sagt, dass in jedem Menschen eine Kurzgeschichte schlummert oder vielleicht sogar ein Roman, so steckt wahrscheinlich in jedem Filmstudenten erst einmal ein Film.
Dann kommt noch eine zweite Sache hinzu: Es ist ein Unterschied, ob man alleine Gitarre spielt, zu zweit oder in einer Band. Es ist schwierig, mit einer zweiten Person die eigenen Gedanken zu kommunizieren, dieser Person zuzuhören und nicht sofort dazwischenzugehen. Es ist sehr anstrengend, denn man möchte eigentlich schon wieder darüber reden, was man selbst wichtig findet. Der Austausch über Stoffe ist ein Lernprozess, der an der HFF großen Raum erhält.

› *Wie sahen die Anfänge Ihrer Lehrzeit konkret aus?*
Ich brachte meine Unterrichtserfahrungen von den Filmschulen in Ludwigsburg, Hamburg und Köln mit und habe zunächst einmal geschaut, was Doris Dörrie und die anderen Professoren hier aufgebaut haben. Mit Jörg Zimmermann und Heike Heerwagen habe ich im Drehbuchbereich ein kleines, schlagkräftiges Team zusammengestellt nach dem Motto „Immer ansprechbar für die Studenten".
Doris Dörrie und ich waren uns einig, dass die neuen Drehbuchstudenten nicht nur im fiktionalen Erzählen, sondern auch im Dokumentarfilm ausgebildet werden sollten. Es hat ein Jahr und viel Unterstützung durch die anderen Professoren und Mitarbeiter der HFF gebraucht, bis ich begriffen habe, wie man das im Detail bewerkstelligen kann.
Heute drehen die Drehbuchstudenten als Erstes einen kurzen Dokumentarfilm, bevor sie sich dann schrittweise in die Welt des Fiktionalen bewegen, immer begleitet durch Recherche-Aufgaben.
Die erste Generation der Drehbuchstudenten hat das Studium im Selbstversuch mit aufgebaut. Sie bezeichnen sich ironisch als die Versuchskaninchen. Ich habe mich darum bemüht, dass die neuen Drehbuchstudenten an der HFF Respekt genießen. Es müssen kontinuierliche Leistungen her, damit die Produktions-, Kamera- oder Regiestudenten sagen, okay, das ist gar nicht so schlecht, was die machen. Eine meiner Hauptaufgaben hier ist es, Ehen zu stiften, damit Studenten anderer Abteilungen mit den Drehbuchstudenten zusammenarbeiten. Ich habe an anderen Schulen Drehbuchstudenten beobachtet, die während ihres gesamten Studiums keinen einzigen Stoff verfilmt bekamen.
Eine weitere Aufgabe war natürlich der Aufbau eines Curriculums. Der Unterricht in Drehbuchtheorie findet hier für alle Studenten aller Abteilungen statt. Das ist ein großer

Vorteil. Es wird keine einzelne Theorie unterrichtet, sondern ein Baukastensystem aus verschiedenen Dingen, von den ältesten Erkenntnissen bis zu den modernsten gedanklichen Ansätzen. Alles ist sofort praktisch anwendbar. Am ehesten ist das mit einer Schreinerwerkstatt vergleichbar. Die Theorie muss beweglich bleiben und sich dem jeweiligen Projekt und der persönlichen Situation des Studenten anpassen.

› *Welche Schwierigkeiten haben die Drehbuchstudenten am Anfang ihres Studiums zu überwinden?*
Am Anfang wollen viele erst einmal einen Prosatext auf ein Drehbuch herunterbrechen. Es dauert eine Weile, bis die Studenten begreifen, dass ein Drehbuchtext überhaupt nicht Prosa ist. Typisch ist, dass die ersten Drehbuchideen voller komplexer Gedankengänge sind, die eine Kamera nicht zeigen und ein Schauspieler so nicht spielen kann.

› *Im Herbst schließen die ersten Absolventen ihr Drehbuchstudium an der HFF ab. In welcher Situation werden sie sich wiederfinden?*
Nach dem Studium kommt eine Phase von zwei, vielleicht auch fünf Jahren, wo man herausfindet, was man selber kann, was man noch lernen muss und wo in der Branche man andocken kann. Diese Zeitspanne ist kürzer nicht zu haben.
Das Schreiben eines langen Drehbuches muss ein Prozess werden, den man selber einleiten, mit viel Geduld pflegen und vor allem auch zu einem Abschluss bringen kann. Das Diplombuch war eine große Kraftanstrengung, und erst nach dem Studium wird den Studenten langsam klar, dass sie das wieder und wieder tun können. Sie begreifen, dass man das Schreiben eines Drehbuches als Arbeit erledigt, so wie Millionen anderer Menschen auch ihre Arbeit erledigen. Mit dem Kuss der Muse oder mit göttlicher Fügung hat das nichts zu tun. Er dauert seine Zeit, bis man diesen rein handwerklichen Aspekt so hinbekommt.

› *Sind die Arbeitsmöglichkeiten für Drehbuchautoren in Deutschland nicht sehr begrenzt?*
Da muss ich Ihnen widersprechen. Die Chancen und Möglichkeiten sind groß. Es werden händeringend Autoren gesucht. Die Frage, die ich mir als Autor stellen muss, ist: Kann ich das leisten, was die Leute in der Branche von mir wollen? Kann ich einen Kinofilm schreiben, kann ich einen „Tatort" schreiben, kann ich eine Serienfolge schreiben? Man muss das realistisch sehen, sonst fällt man auf die Nase.
Noch ein Beispiel aus der Musik: Von Opernmusik bis zur Radiomusik beim Staubsaugen gibt es eine gewaltige Bandbreite, und jede Art von Musik stellt unterschiedliche Anforderungen an den Komponisten. Je klarer einem ist, was man kann und was man noch lernen muss, desto schneller wird man sich zurechtfinden. Ich habe nach dem HFF-Studium für eine Vorabendserie geschrieben. Es hat mir nicht geschadet.

› *Wie beurteilen Sie die Stellung der Drehbuchautoren gegenüber Redakteuren und Produzenten?*
Wenn ein Autor gleichbleibende Arbeitsbeziehungen über mehrere Projekte hinweg hat, kann er oder sie sich enorm steigern. Durch anhaltendes Vertrauen wird man ein guter

Autor. Falls dieses Vertrauen fehlt, sollte man nicht gleich weglaufen, sondern um das Vertrauen kämpfen.
Drehbuchautoren sind meistens weisungsgebunden. Das steht in ihren Verträgen. Und sie treffen heute auf ein ganz anderes Klima als früher. Produzenten, Redakteure und Producer besuchen Fortbildungsseminare und sind mit verschiedenen Drehbuchtheorien vertraut. Sie wollen viel stärker inhaltlich mitreden und gestalten und nicht nur das finanzielle Risiko tragen.
Jeder kennt das Problem, dass Autoren ab einem bestimmten Punkt des Stoffgespräches nicht mehr aufnahmefähig sind, sondern nur noch leiden und auf die Uhr schauen. Woran liegt das? Einen fremden Stoff zu kritisieren, ist weniger anstrengend, als den eigenen in Schutz zu nehmen. Der Autor verbraucht in einem Stoffgespräch viel emotionale Energie, muss aber gleichzeitig auch analytisch denken.

› *Wie wichtig ist die Lebenserfahrung beim Drehbuchschreiben?*
Zunächst geht es um handwerkliche Erfahrung. Man muss viel geschrieben haben, um sicherer zu werden. Und dann geht es auch sehr stark um die Lebenserfahrungen der Mitmenschen, die persönliche Recherche – ohne den schnellen Blick ins Internet. Doris Dörrie und ich möchten bei den Studenten Neugier auf das Fremde auslösen. Doris und ihr Team machen das auf ihren Exkursionen, bei denen die Studenten eine Woche lang in fremder Umgebung Leute studieren, darüber schreiben und sich dann austauschen. Eine enorm hilfreiche Erfahrung!

› *Welche Vorteile haben Quereinsteiger gegenüber den Absolventen eines Studiengangs?*
Autoren, die aus dem Journalismus kommen, haben zunächst Vorteile. Sie sind Abgabetermine gewohnt, sie kennen das Recherchieren, das Interview, die Beschäftigung mit Themen, die außerhalb von ihnen selbst liegen. Aber es sind natürlich auch Leute vorstellbar, die im Krankenhaus gearbeitet haben oder an anderen Orten, wo sich menschliche Schicksale verdichten. Natürlich gibt es auch Quereinsteiger aus der Filmbranche. Auch Schauspieler studieren an der HFF Drehbuch und Regie.

› *Wie schwer fällt Ihnen die Auswahl unter den zahlreichen Bewerbungen für Ihren Studiengang?*
Es ist eine sehr große Verantwortung und für alle der wichtigste Termin des Jahres. Ich habe mich damals zwei Jahre hintereinander an der HFF bewerben müssen. Wenn ich nicht doch genommen worden wäre, hätte ich vielleicht den Mut verloren. Ich hätte ganz sicher nicht den Freundeskreis Gleichgesinnter gefunden, das berufliche Netzwerk. Mit diesen Gedanken im Hinterkopf schaue ich mir die Bewerber an. In den Aufnahmegremien wird sehr intensiv diskutiert. Leicht macht es sich da niemand. Wir wissen allerdings auch, dass viele Bewerber es an mehreren Schulen gleichzeitig versuchen.

› *Wie stark spüren Sie einen Konkurrenzdruck zu anderen Filmhochschulen?*
Es ist eine Wettbewerbssituation und das ist gut so. Jede Filmhochschule hat ihre Vorteile, und Berlin hat obendrein noch günstige Lebenshaltungskosten. Wir bieten hier eine Ausbildung, die technisch, handwerklich und akademisch sehr hohe Anforderungen

an alle stellt. Die Studenten erlernen nicht nur ihren eigenen Bereich, zum Beispiel Drehbuch, sondern auch die anderen Schlüsselpositionen der Filmbranche. Hinzu kommt die tief greifende Ausbildung in Filmgeschichte und Medienwissenschaft. Wer sich hier bewirbt, will die hohen Anforderungen. Es ist eine Eliteausbildung und kein Breitensport.

› *Wie versuchen Sie unter den Bewerbern die richtigen Kandidaten zu finden?*
Das führt natürlich zu der Frage „Was ist Talent?“. Für Doris Dörrie und mich spielt eine große Rolle, ob jemand wirklich kontinuierlich schreibt, ob jemand neugierig auf die Menschen und deren Umgebung schaut und ob der Text beim Klischee stehen bleibt oder darüber hinausgeht.
Zu einem langen Studium an der HFF gehört die Fähigkeit zum Teamwork und auch mal mit Frustration umzugehen. Drehbuchschreiben ist häufig ein Umschreiben und daraus folgt, dass man unglaublich viel Geduld braucht. Und dann kommt manchmal, nicht immer, noch ein Faktor dazu, den man Talent nennt: Die Fähigkeit etwas zu schreiben, was so noch nicht da war. Eine eigene Stimme. Das versuchen wir auch zu bewerten, aber nicht zu hoch. Denn die innere Stimme wird dann im Studium beim *Creative Writing* entwickelt.
Wir erwarten von Bewerbern für das Drehbuchstudium nicht, dass sie bereits so sehr eine eigene Stimme haben wie Kafka, der nachts alleine in seinem Zimmer saß und sich ohne jeden Unterricht die Geschichte vom Heizer ausdachte.

› *Interview: David Steinitz*

Beitrag von Johanna Hunder

Der Verband Deutscher Drehbuchautoren (VDD)

Monatelang schaute die Medienwelt gebannt auf die Streiks rund um die Hollywood-Studios. Damals, im Winter 2007/08, geriet die US-Unterhaltungsmaschinerie ins Stocken: Die Gewerkschaft *Writers Guild of America* forderte von den Studios und Produzenten eine bessere Bezahlung für die Arbeit ihrer Mitglieder. Es ging vor allem um die Gewinnbeteiligung bei der Weiterverwertung im Internet. Doch was auf den ersten Blick wie eine David-gegen-Goliath-Geschichte aussah, entpuppte sich als Kampf zweier starker Kontrahenten: Denn mit etwa 12 000 Mitgliedern ist die WGA ebenfalls ein Goliath, der die Interessen der kreativen Schreiber selbstbewusst vertreten kann. Das macht Mut.

Von großen Veränderungen können Drehbuchautoren hierzulande aber vorerst nur träumen. Mit der Situation in Deutschland könne man das nicht vergleichen, sagte damals in einem Interview mit der Süddeutschen Zeitung der Drehbuchautor Arne Sommer. Einen ähnlichen Streik halte er hier für kaum denkbar, denn es gäbe keine vergleichbare Gewerkschaft, die für eine ähnliche Hebelwirkung wie in den USA sorgen könne.

Ganz allein auf sich gestellt sind Drehbuchautorinnen und -autoren in Deutschland jedoch nicht. Mit dem Verband Deutscher Drehbuchautoren (VDD) existiert seit 1986 ein Berufsverband, der die Interessen von Drehbuchautoren vertritt. Etwa 420 Mitglieder hat der VDD heute. Arne Sommer, Vorstandsmitglied zwischen 2003 und 2007, schätzt, dass dies etwa die Hälfte der in Deutschland arbeitenden Drehbuchautorinnen und -autoren ist.

Die Internetpräsenz des VDD unter www.drehbuchautoren.de ist eine Fundgrube für alle, die sich fürs Drehbuchschreiben interessieren. Hier gibt es jede Menge Informationen, Linksammlungen und Erfahrungsberichte. Unter der Rubrik „Autorenguide" sind alle im VDD organisierten DrehbuchautorInnen mit ihren bisherigen Projekten verzeichnet. Im Downloadbereich können verfilmte Drehbücher eingesehen werden. Der VDD bietet auch eine Sammlung von Podcasts (www.stichwortdrehbuch.de) an. Exklusiv für Mitglieder gibt der Verband regelmäßig einen Honorarspiegel heraus; Mitglieder erhalten kostenlose Rechtsberatung. Außerdem organisiert der VDD in mehreren Städten regelmäßig Autoren-Treffs und präsentiert sich online via Twitter und Facebook.

Gemeinsam mit anderen europäischen Verbänden gründete der VDD im Jahr 2000 den Dachverband der europäischen Drehbuchautorenverbände: *Federation of Screenwriters in Europe (FSE)* mit Sitz in Brüssel. Auch diese Vernetzung auf europäischer Ebene ermöglicht es, den Berufsstand zu stärken und aus der ewigen Nebenrolle zu treten. Derzeit sind in der FSE 28 Verbände aus 22 Ländern Mitglied (www.scenaristes.org/members.htm). David wächst!

LINKS ALLGEMEIN

- Arbeitsgemeinschaft Dokumentarfilm, www.agdok.de
- crew united: Informationen zur Filmbranche, www.crew-united.com
- Drehbuchforum: Mailing-Liste für Drehbuchautoren, www.drehbuchforum.de
- Drehbuchsoftware: www.filmidee.de/drehbuch/drehbuch_software.asp
- Drehbuchverband Austria, www.drehbuchverband.at
- epguides.de – Archiv für Episodenführer und -listen: www.epguides.de
- FilmCreativ-Drehbuchbörse: 25 Original-Drehbücher als PDF, www.filmevona-z.de/FilmCreativ_Drehbuch.cfm
- Filmportal.de, www.das-filmportal.de
- GENRE-Leitfaden der DrehbuchWerkstatt München, Sonderdruck Genres – Themen – Töne, PDF (zu beziehen über www.drehbuchwerkstatt.de)
- Hollywood Network: News from Hollywood, www.hollywoodnet.com
- Internet Movie Database, www.imdb.com
- Moving Plot: Drehbuchsoftware, www.moving-plot.de
- Screenwriting: Information about Screenwriting in USA, www.screenwriting.com
- /SCRIPT: Rund um das Schreiben für den Film: www.focal.ch/script/
- Script Fly – Movie Scripts for your Screenwriting Education, www.scriptfly.com
- Script-o-rama, www.script-o-rama.com (Drehbücher)
- scriptwriting.de: Informationen zum Drehbuchschreiben, www.scriptwriting.de
- Simply Scripts – Read Scripts Online, www.simplyscripts.com
- Stichwort Drehbuch: Podcasts zu aktuellen Filmen, www.stichwortdrehbuch.de
- TwelvePoint.com: ScriptWriter magazine online, www.twelvepoint.com
- Updatefilm.de, www.updatefilm.de
- Verband der Agenturen für Film, Fernsehen und Theater (VdA), www.verband-der-agenturen.de
- Verband Deutscher Drehbuchautoren (VDD), www.drehbuchautoren.de
- Verband Deutscher Film- und Fernsehdramaturgen e.V. (VeDRA), www.dramaturgenverband.org
- ZDF: „Das kleine Fernsehspiel“, www.daskleinefernsehspiel.zdf.de

AUS- UND WEITERBILDUNG (AUSWAHL)

- Adolf Grimme Institut, Marl, www.grimme-akademie.de
- Binger Filmlab, Amsterdam, www.binger.nl
- Deutsche Film und Fernsehakademie (dffb), Berlin, www.dffb.de
- Drehbuchcamp e.V., www.drehbuchcamp.de
- drehbuchFORUM Wien, http://drehbuchforum.at
- Drehbuchschule Wolfgang Pfeiffer, www.drehbuchschule-berlin.de
- Drehbuchwerkstatt Hamburg e.V., www.drehbuchwerkstatt-hamburg.de
- DrehbuchWerkstatt München, München, www.drehbuchwerkstatt.de
- Erich Pommer Institut, www.epi-medieninstitut.de
- Filmakademie Baden-Württemberg, Ludwigsburg, www.filmakademie.de
- Filmarche e.V. Berlin, www.filmarche.de
- Filmcollege, Wien, www.filmcollege.at

› Filmschule Wien, www.die-filmschule.at
› Filmwerkstatt Düsseldorf, www.filmwerkstatt-duesseldorf.de
› Filmwerkstatt Münster, www.muenster.org/filmwerkstatt
› FOCAL, Stiftung Weiterbildung Film und Audiovision, www.focal.ch
› Hamburg Media School, Master-Studiengang Film, www.hamburgmediaschool.com
› Hochschule für Fernsehen und Film, München, www.hff-muc.de
› Hochschule für Film und Fernsehen „Konrad Wolf", Potsdam, www.hff-potsdam.de
› ifs internationale filmschule köln, www.filmschule.de
› Interspherial Pictures Entertainment Film, Stuttgart, www.interspherial.com
› Kölner Filmhaus, www.koelner-filmhaus.de
› Kunsthochschule für Medien Köln, www.khm.de
› Master School Drehbuch/TV–Akademie, www.film-tv-autor.de
› Master School Drehbuch, Berlin, www.masterschool.de
› Movie-College, Online-Filmschule, www.movie-college.de
› Skript Akademie, www.skript-akademie.de
› SOURCES 2, www.sources2.de
› TOP:Talente, München, www.toptalente.org
› TV-Akademie, www.tv-akademie.tv
› Universität Hamburg, Aufbaustudiengang Film, www.rrz.uni-hamburg.de/as-film/

DREHBUCHAGENTUREN (AUSWAHL)

› ABOVE THE LINE: www.abovetheline.de
› AGENTUR HEPPELER: www.agentur-heppeler.de
› Agentur la gente: www.la-gente-agentur.de
› BUCH & MEDIEN – Sieglinde Stähler: www.buchundmedien-agentur.de
› etz&wels – Agentur für Filmschaffende: www.etzundwels.de
› FREE X: www.freex.de
› Funke & Stertz – Medienagenten: www.funke-stertz.de
› Grünberg Film: www.gruenbergfilm.de
› Gustav Kiepenheuer Bühnenvertriebs GmbH: www.kiepenheuer-medien.de
› Hartmann und Stauffacher: http://cms.hsverlag.com
› PageMagnet – Screenwriters Park: www.pagemagnet.de
› Rowohlt Medienagentur: www.rowohlt-medienagentur.de
› scenario – agentur für film und fernsehen: www.agentur-scenario.de
› Scripts for sale – Medienagentur: www.scriptsforsale.de
› Sibylle Seidel Medienagentur: www.medienagenturseidel.de
› Verlag der Autoren: www.verlagderautoren.de

FILMFÖRDERUNG

› Beauftragter der Bundesregierung für Kultur und Medien: www.bundesregierung.de › Bundesregierung › Beauftragter für Kultur und Medien › Medienpolitik

- Filmförderungsanstalt: www.ffa.de (mit Linkliste für die Filmförderung durch die einzelnen Bundesländer)
- Kuratorium junger deutscher Film: www.kuratorium-junger-film.de

FILM- UND FERNSEHPRODUZENTEN

- Allianz Deutscher Produzenten – Film & Fernsehen e.V., www.produzentenallianz.de
- Verband österreichischer Filmproduzenten, www.austrian-film.com

LITERATUR

- Adolf Grimme Institut – Jahrbuch Fernsehen (jährlich), zu bestellen online über www.grimme-institut.de
- Mills, Brett: Television Sitcom. British Film Institute 2006
- Bronner, Vivien: Drehbuch-Dramaturgie für TV-Film und TV-Serie. Berlin: Autorenhaus 2004
- Brunow, Jochen (Hg.): Scenario 1 [bis 4] – Film- und Drehbuch-Almanach. Berlin: BERTZ + FISCHER 2007 [bis 2010]
- Davis, Sam: Quotenfieber. Das Geheimnis erfolgreicher TV-Movies. Köln: Bastei Lübbe 2000
- Eick, Dennis: Drehbuchtheorien – Eine vergleichende Analyse. Konstanz: UVK 2006
- Feil, Georg; Kließ, Werner: Profikiller. So schreiben Sie das perfekte Krimidrehbuch. Köln: Bastei Lübbe 2003
- Field, Syd: Das Drehbuch – Die Grundlagen des Drehbuchschreibens. Schritt für Schritt vom Konzept zum fertigen Drehbuch. Autorenhaus 2007
- Huber, Heidrun: Filmrecht für Drehbuchautoren. Konstanz: UVK 2004
- Kallas, Christina: Kreatives Drehbuchschreiben. Konstanz: UVK 2007
- Kurz, Sibylle: Pitch it! Die Kunst, Filmprojekte erfolgreich zu verkaufen. 2., überarb. Aufl. Konstanz: UVK 2006
- Lazarus, Tom: Drehbuch schreiben. Erfolgsmethoden für Film & TV. Berlin: Autorenhaus 2003
- McKee, Robert: Story. Die Prinzipien des Drehbuchschreibens. 5. Aufl. Berlin: Alexander Verlag 2008
- Ottersbach, Béatrice; Schadt, Thomas (Hg.): Drehbuchautoren-Bekenntnisse. Konstanz: UVK 2007
- Parker, Philip: Die kreative Matrix – Kunst und Handwerk des Drehbuchschreibens. Konstanz: UVK 2005
- Schütte, Oliver: Die Kunst des Drehbuchlesens. 4. Aufl. Konstanz: UVK 2009
- Schütte, Oliver: Schau mir in die Augen, Kleines. Die Kunst der Dialoggestaltung. Bergisch Gladbach: Bastei Lübbe 2002
- Vogler, Christopher: Die Odyssee des Drehbuchschreibers. 5. Aufl. Frankfurt am Main: Zweitausendeins 2004
- Völcker, Beate: Kinderfilm. Stoff- und Projektentwicklung. Konstanz: UVK 2005

Kontaktaufnahme:
Anschreiben, Exposé, Textprobe/Manuskript

oder auch: „Wie man in den Wald hineinruft ...“

9

BEITRÄGE

ORIGINALTEXTE / EXPOSÉS

ADRESSEN UND INFORMATIONEN

Einführung von Sandra Uschtrin

„Wie man in den Wald hineinruft ..."

Manuskripte, Anschreiben und Exposés, die erkennbar mit Liebe und Sorgfalt sowie professionell „gearbeitet" sind, findet man selten. Das liegt vermutlich an etlichen Missverständnissen, die sich rund um das Schreiben und die Schriftstellerei ranken.

Eines der größten Missverständnisse lautet: *Kreative haben ein Anrecht darauf zu schludern.* In der Langfassung heißt das: *Lektorinnen sind Textputzfrauen, die dafür bezahlt werden, Sinn-, Rechtschreib- und Grammatikfehler aufzuspüren und auszubessern. Sie sind dazu da, holprige Stellen zu glätten und unverständliche Passagen umzuschreiben. Daher ist es Zeitverschwendung, Texte mehrfach zu überarbeiten und um die besten aller Buchstabenkombinationen zu ringen. Man will den Putzfrauen ja nicht die Arbeit wegnehmen. Unnötig auch, im Duden nachzuschlagen, wie ein Wort geschrieben wird. Nur Kleingeister regen sich über „Nordrhein-Westfahlen" oder „Angelika Merkel" auf.*

Wer das glaubt, wird es schwer haben, einen Verlag für sein Manuskript zu finden. Das Angebot an Manuskripten übersteigt die Nachfrage bei Weitem. Ein Verlag wie Goldmann erhält jährlich etwa 6000 Manuskripte von hoffnungsfrohen AutorInnen. Auf schlampig gearbeitete Manuskripte sind Lektorinnen daher nicht angewiesen. Und sie hätten auch gar nicht die Zeit dafür, diese Texte umzuschreiben und auf Hochglanz zu polieren, selbst wenn sie es gerne täten.

Womit wir bei einem weiteren Missverständnis wären, das offenbar weit verbreitet ist. Es lautet: *Lektorinnen haben ganz viel Zeit.* Die Langfassung: *Bücher machen und verkaufen sich nahezu von selbst. Daher können Lektorinnen den lieben langen Tag Manuskripte lesen (und ein bisschen in ihnen herumkorrigieren). Das macht natürlich mehr Spaß, als Absagen zu begründen und Autoren mit konstruktiver Kritik zu helfen. Daher die vielen Standardabsagen. Die schreiben sich flink, was der natürlichen Faulheit des Menschen entgegenkommt.*

Wer so denkt und sich über Standardabsagen ärgert, weiß nicht, welches Arbeitspensum in den Lektoraten täglich geleistet wird. Genauer zu begründen, warum ein Manuskript nicht überzeugen konnte, würde viel Zeit kosten. Ihre Zeit müssen Lektorinnen aber in die Manuskripte investieren, die sie angenommen haben und die darauf warten, als Bücher zu erscheinen.

Außerdem: Welches Anrecht haben wildfremde Personen darauf, mit konstruktiver Kritik versorgt zu werden? Lektorinnen sind keine Schreiblehrerinnen, Verlage keine Nachhilfeinstitute in Sachen gutes Deutsch.

„Wie man in den Wald hineinruft ...", ist das Motto dieses Kapitels. Achten Sie Ihre LektorInnen, indem Sie sich Wissen darüber aneignen, was Verlage und ihre LektorInnen leisten (> Kapitel 1, „Beruf Lektor"). Verscherzen Sie es sich nicht mit ihnen, indem Sie ein Anschreiben wie dieses formulieren:

„Betreffend der Möglichkeit ihnen ausagekräftige Seiten meiner Buchidee (Roman) zur unverbindlichen Prüfung zu schicken,habe ich nun entschlossen dies zu tun." (Originaltext aus einem Anschreiben)

Denken Sie immer daran, dass Sie es mit Textprofis zu tun haben. Die folgenden Beiträge helfen Ihnen dabei, Verlage und Agenturen professionell zu kontaktieren.

Wie trete ich mit einem Verlag in Verbindung? Anschreiben, Exposé, Vita, Manuskript

Nehmen Sie Ihr Schreiben ernst

Professionelle Autorinnen und Autoren wissen, dass Anschreiben, Exposé und Vita ebenso zu einem eingesandten Manuskript gehören wie ein ausreichend frankierter Umschlag mit gut leserlichem Absender und genauer Verlagsanschrift – möglichst sogar an die zuständige Lektorin adressiert. Darüber hinaus gibt es aber noch viele andere Dinge, deren Beachtung Auskunft darüber gibt, ob sich ein Autor vorbereitet hat oder eben nicht. Vermeiden Sie also alle Fehler, die viele Ihrer Kolleginnen und Kollegen machen, und schaffen Sie so optimale Voraussetzungen für eine wohlwollende Prüfung Ihres Manuskripts.

Konkret bedeutet das: Informieren Sie sich vor der Kontaktaufnahme zu einem Verlag über dessen Profil, die Ansprechpartner sowie die formalen Anforderungen an das einzusendende Material. Das sollten Sie auch tun, wenn Sie sich an eine Literaturagentur wenden möchten. Es passiert immer wieder, dass AutorInnen erst dann darüber nachdenken, ob Anschreiben, Exposé und/oder Manuskript richtig formuliert und formatiert sind, wenn bereits alle großen Verlage und Agenturen kontaktiert wurden und den Text abgelehnt haben. Kann es vielleicht auch am „Drumherum" gelegen haben? Warum nicht in einer Autorengruppe gemeinsam über Anschreiben und Exposés diskutieren? Im Folgenden ein kleiner Leitfaden.

Vorbereitung

- Suchen Sie die Verlage heraus, bei denen Sie gerne Ihr Buch veröffentlichen wollen. (Lassen Sie sich inspirieren, indem Sie mal wieder Ihre Lieblingsbuchhandlung aufsuchen, bei Amazon stöbern oder im eigenen Bücherregal. Es gibt mehr Verlage als Hanser und Suhrkamp ...)
- Fragen Sie Ihre Kolleginnen und Kollegen, in welchen Verlagen ihre Bücher erscheinen und wie sie mit diesen Verlagen zufrieden sind. Oder geben Sie die Namen der AutorInnen, die dasselbe Genre bedienen wie Sie, bei Amazon ein: In welchen Verlagen erscheinen deren Bücher?
- Verschaffen Sie sich einen Überblick über das Verlagsprofil Ihrer Favoriten. Die meisten Verlage haben mittlerweile eine gute und informative Website. Oft finden Sie dort genaue Hinweise, ob Manuskripte eingesandt werden dürfen und wenn ja, in welcher Form. Auch die Namen der zuständigen LektorInnen werden dort manchmal genannt.
- Hilfreich sind zudem Verlagsvorschauen (auch „Programmvorschauen" genannt), die jeweils im Frühjahr und Herbst an die Buchhandlungen verschickt werden und einen guten Überblick über das aktuelle Programm bieten. Viele Verlage stellen diese Vorschauen als PDF auf ihre Website. Machen Sie Ihre Hausaufgaben und studieren Sie Ihr Gegenüber – gründlich!
- Prüfen Sie, ob es in dem Verlag überhaupt einen möglichen Programmplatz für Ihr Buch gäbe. Haben Sie zum Beispiel einen Krimi geschrieben oder einen historischen Roman, sollten Sie vorher prüfen, ob der Verlag dieses Genre bedient. Ein Kinderbuchmanuskript an einen Verlag zu senden, der keine Kinderbücher verlegt, ist sinnlos.

Lassen Sie sich nicht von dem Wunsch leiten, Ihr Buch unbedingt bei Ihrem Lieblingsverlag zu veröffentlichen. Wenn das Verlagsprofil eine ganz andere Ausrichtung hat,

nutzen selbst das beste Manuskript und die besten Verbindungen nichts. Kein Verlag wird mit einer unbekannten Autorin ein neues Programmsegment starten.
Über Verlage kann man sich sehr gut im Internet, auf Buchmessen und/oder in einer Buchhandlung informieren. Wenn Sie recherchieren, sollten Sie auf folgende Punkte achten:

Recherche

- Wie präsentiert sich der Verlag?
- Passt das literarische Umfeld? (Sollten Sie zum Beispiel zu den Popliteraten gehören, hat es wenig Sinn, bei einem Verlag anzufragen, der Bücher à la Rosamunde Pilcher verlegt.)
- Gibt es (und das ist besonders im Bereich Sachbuch sehr wichtig) Reihen, in die Ihr Buch passen könnte?
- Hat der Verlag vielleicht sogar ein eigenes Taschenbuchprogramm? (Das ist für Ihre langfristige Planung von Bedeutung. Manche Bücher, wie zum Beispiel Erzählungsbände und/oder Krimis, lassen sich mitunter im Taschenbuch besser verkaufen als im Hardcover.)
- Gefällt Ihnen die Gestaltung der Umschläge? (Sicherlich steht dieser Punkt nicht ganz oben auf der Prioritätenliste; aber denken Sie immer daran, dass der Verlag bei der Umschlaggestaltung das letzte Wort hat.)
- Kennen Sie jemanden aus dem Verlagsumfeld?

Erst wenn Sie ganz sicher sind, dass Sie die richtigen Verlage gefunden haben, sollten Sie Kontakt aufnehmen. Es empfiehlt sich, zunächst nicht mehr als zwei bis drei Verlage anzuschreiben und deren Reaktion abzuwarten. Mitunter geben die Verlage sinnvolle Anregungen zum Manuskript.

Welche Möglichkeiten gibt es, mit einem Verlag in Kontakt zu treten?

Ob Sie lieber den Hörer in die Hand nehmen und sich mit der zuständigen Lektorin verbinden lassen oder mit Ihrem Manuskript unterm Arm persönlich vorsprechen oder lieber schriftlich mit dem Verlag (oder der Agentur) Kontakt aufnehmen möchten: Alles ist denkbar und hängt von der Situation bzw. Ihrem Naturell ab. Damit Sie nicht schon bei der Kontaktaufnahme scheitern, hier ein paar wichtige Informationen zu den einzelnen Möglichkeiten:

- *Schriftlich:* Schicken Sie Ihr Material an eine bestimmte Person im Verlag. Wenn Sie den Namen der zuständigen Lektorin nicht wissen, finden Sie ihn heraus. In der Regel reicht dafür ein Besuch auf der Verlagswebsite oder ein Anruf beim Verlag. Nehmen Sie nur im Notfall „das Lektorat“ als Ansprechpartner oder die uns allen unbekannten „sehr geehrten Damen und Herren“.
  Falls Sie möchten, dass das Material zurückgeschickt wird – versenden Sie immer Kopien, niemals Originale! –, legen Sie Rückporto bei. Fragen Sie frühestens nach vier bis acht Wochen nach, ob Ihr Manuskript gelesen wurde.
- *Telefonisch:* Bei der telefonischen Kontaktaufnahme kommt es darauf an, den richtigen Zeitpunkt zu wählen. Den zu bestimmen ist schwer. Dafür ist es umso eindeutiger,

welche Zeiträume vermieden werden sollten. Als äußerst ungünstig haben sich die Termine vor und nach den Buchmessen, direkt nach der Urlaubssaison und auch der Montagmorgen erwiesen.
Ansonsten hängt der telefonische Erfolg von Ihrem Gespür und einer guten Vorbereitung ab. Wichtige Regeln sind: Wenn Sie merken, dass Sie stören, fragen Sie nach einem Telefontermin. Legen Sie neben das Telefon eine Liste mit Stichpunkten zu Ihrem Text (Genre/was?, Zielgruppe/für wen?, Besonderheit? etc.); so vergessen Sie in der Aufregung nichts und können sich gegebenenfalls sogar neue Stichpunkte notieren. Erläutern Sie in drei, vier Sätzen, worum es in Ihrem Manuskript geht. Vermeiden Sie lange Inhaltsangaben und lassen Sie auch Ihren Gesprächspartner zu Wort kommen. Sollte Ihr Ansprechpartner nach dem Gespräch entscheiden, dass das Manuskript nichts für seinen Verlag ist, vermeiden Sie langatmige Argumentationen. Und vor allem, auch wenn es schmerzt: Schicken Sie Ihr Manuskript nicht trotzdem.
Etwas am Telefon zu verkaufen – nämlich Ihr Manuskript! – ist eine Kunst, die auch Sie lernen können. Das Internet ist dafür eine gute Hilfe: Zu den Themen Telefonakquise, Verkaufsgespräch oder (Elevator-)Pitch gibt es dort jede Menge Seiten mit guten Tipps. Auch in der (Schreib-)Gruppe lässt es sich bestens üben, Manuskripte zu „pitchen", also in maximal 45 Sekunden auf den Punkt zu bringen, worum es in einem Text geht und weshalb ein Verlag oder eine Agentur ihn prüfen sollte.

- *Persönlich:* Die persönliche Kontaktaufnahme ist sicher die schwierigste. Es sei denn, Sie kennen jemanden im Verlag, der Sie vorstellen kann. Ansonsten können Buchmessen und/oder literarische Veranstaltungen wie Lesungen, Workshops, Tagungen, Festivals oder Wettbewerbe die Möglichkeit zu einem ersten Kennenlernen bieten. Wichtig ist auch hier, den richtigen Zeitpunkt abzupassen. Was Sie auf jeden Fall vermeiden sollten ist, mit dem Manuskript gut sichtbar in der Hand auf eine Verlagsmitarbeiterin zuzustürzen (und sie damit womöglich in einem Gespräch zu unterbrechen). Sollte sich kein persönliches Gespräch ergeben, verzichten Sie lieber diesmal darauf, als einen aufdringlichen Eindruck zu hinterlassen. Eine schlechte Gelegenheit zu nutzen ist langfristig weniger ergiebig, als auf eine gute Gelegenheit zu warten.

Welche formalen Kriterien muss das eingesandte Material erfüllen?

Sie haben es geschafft: Sie haben den Namen der zuständigen Lektorin erfahren, vielleicht sogar ein persönliches Gespräch führen können. Und nun werden Sie aufgefordert, Ihre Unterlagen einzuschicken. Die Chancen, dass Ihr Manuskript wohlwollend begutachtet wird, steigen, wenn Sie Folgendes beachten:

Für Anschreiben, Exposé, Vita, Manuskript gilt:

- Verwenden Sie weißes (kein farbiges) DIN-A4-Papier.
- Beschreiben Sie es immer nur einseitig, lassen Sie also die Rückseite leer.
- Scheiben Sie schwarz (nicht grau, weil die Druckerpatrone/das Farbband bald alle ist) auf weiß.
- Verwenden Sie eine „normale" Schrift (zum Beispiel Times New Roman oder Arial) in einer augenfreundlichen Größe wie 12 Punkt.

- Schreiben Sie mit dem PC oder mit der Schreibmaschine. Handschriftliches ist nicht erwünscht, auch nicht beim Lebenslauf.

Anschreiben

- Legen Sie viel Sorgfalt in das Anschreiben, das nach Möglichkeit nicht länger als eine Seite sein sollte. Lassen Sie das Anschreiben inhaltlich und stilistisch überprüfen, zum Beispiel von den KollegInnen aus Ihrer Schreibgruppe.
- Keine flapsige Anrede („Hallo ihr da!“)! Das Datum nicht vergessen.
- Vermeiden Sie großartige Anpreisungen Ihrer Lebensgeschichte und/oder Ihres Textes. Gehen Sie nur kurz auf Ihre Person und den Inhalt des Textes ein.
- Sind Sie Expertin/Fachmann auf einem Gebiet, das für Ihr Manuskript relevant ist, weisen Sie darauf hin.
- Schreiben Sie nicht, dass dieser Verlag die letzte Hoffnung für Sie sei, Sie es schon bei vierzig anderen versucht haben, alle ihre Verwandten und Bekannten Ihre Geschichten ganz toll finden etc.
- Geben Sie einen kleinen Hinweis, warum Sie sich ausgerechnet an diesen speziellen Verlag wenden.
- Vermeiden Sie orthografische Fehler im Anschreiben. (Es empfiehlt sich, das Anschreiben gegenlesen zu lassen.)
- Vergessen Sie nicht, Ihren vollständigen Absender mit Telefonnummer und E-Mail-Adresse auch auf den Briefbogen zu setzen.

Exposé

- Verfassen Sie ein Exposé zu Ihrem Manuskript. Das Exposé ist Ihre Visitenkarte – verwenden Sie darauf besondere Sorgfalt. Es sollte nicht (viel) länger als 2 Seiten sein (à 30 Zeilen zu jeweils 60 Anschlägen = Normseite).
- Das Exposé besteht bei einem belletristischen Werk aus einer Inhaltsangabe und einer ersten versuchsweisen Einordnung des Textes ins literarische Umfeld. (Handelt es sich zum Beispiel um ein Jugendbuch, einen Krimi, Frauenroman, literarisch anspruchsvollen Text ...) Wenn Sie sich über die Einordnung im Unklaren sein sollten, lassen Sie diese lieber weg, anstatt mit Vorbildern und ersten begeisterten Reaktionen aus Ihrem Freundeskreis punkten zu wollen – das geht immer nach hinten los. Immer.
- Vermerken Sie im Exposé, wie viele Normseiten das Manuskript hat. Das ist besonders wichtig, wenn Sie lediglich eine Textprobe einsenden.
- Bei einem Sachbuchprojekt sollte aus dem Exposé zudem hervorgehen, welche Zielgruppe (Alter, Bildung, Geschlecht, Verbreitung etc.) Sie vor Augen haben, was das Besondere an diesem Thema ist (Konkurrenzanalyse), welchen Nutzen ein solches Buch für den Leser hätte (Verkaufsargumente), was Sie als Autorin dazu befähigt, über das Thema zu schreiben (Hinweis auf Ihre spezielle Qualifikation/Sind Sie ExpertIn?), mit welchen Maßnahmen (Vorträge, Seminare) Sie den Absatz des Buches unterstützen könnten.

Vita

Die Vita kann, muss aber nicht in tabellarischer Form abgefasst sein. Wichtig sind Informationen, die auf Ihr literarisches Interesse hinweisen. Dazu gehören die Teilnahme an literarischen Seminaren, Schreibschulen, Workshops, aber auch Bewerbungen um Preise und Stipendien. Ein Foto kann mitgeschickt werden, ist aber nicht zwingend. Auf keinen Fall einen Urlaubsschnappschuss oder ein Ganzkörperfoto beilegen!

Manuskript

- Schicken Sie eine Leseprobe von maximal 30–40 Seiten. Ich empfehle den Anfang, auch wenn Sie eine andere Stelle eventuell spannender finden. Wenn Sie eine andere Passage für gelungener halten und diese als Textprobe verwenden möchten, sollten Sie mit ein paar Worten darauf hinweisen, wie diese Passage inhaltlich in das Gesamtgefüge einzuordnen ist.
- Der Text sollte 1 ½-zeilig ausgedruckt werden. Auch hier wird von Ihnen die Normseite erwartet (à 30 Zeilen zu 60 Anschlägen).
- Fügen Sie Ihrem Manuskript/Ihrer Textprobe ein Deckblatt bei, auf dem der vorläufige Titel Ihres Werkes (Arbeitstitel/AT) und Ihr Name mit Anschrift stehen.
- Paginieren Sie Ihr Manuskript/Ihre Textprobe.
- Schreiben Sie auf jede Manuskriptseite in kleiner Schriftgröße (z.B. 8 Punkt) Ihre Adresse in einer Kopf- oder Fußzeile. Sollten die Seiten durcheinandergeraten (Windstoß!), ist es leicht, sie dem jeweils richtigen Manuskript zuzuordnen.
- Binden, lochen, heften, leimen, klammern Sie Ihr Manuskript nicht. Senden Sie einfach die losen Blätter, Gummiband drum herum – fertig! So machen es auch die Profis, denn sie wissen: Manuskripte lesen sich am besten Seite um Seite, ohne störenden Schnickschnack.
- Formatieren Sie den Text so sparsam wie möglich: Schreiben Sie linksbündig; nicht im Blocksatz, sondern im Flattersatz; verwenden Sie keine Silbentrennung.
- Wenn Sie eine Textprobe einreichen, sollten Sie bei einem belletristischen Werk den „Rest" bereits fertig geschrieben haben, um ihn der Lektorin auf Wunsch zusenden zu können. Denn bei Texten dieser Art kommt es besonders auf das Wie, die stilistische Umsetzung an. Bei einem Sachbuchprojekt ist es dagegen sinnvoll, sich bereits im Anfangsstadium an die Verlage zu wenden, damit es die Zielvorgaben (Preissegment etc.) bedienen und ggf. in die Reihe eingepasst werden kann.

Natürlich gibt es keine Garantie dafür, dass Ihr Manuskript angenommen wird, wenn Sie die oben genannten Ratschläge beherzigen. Dennoch ist jede Lektorin, jeder Lektor dankbar, wenn das zugesandte Material bestimmten Anforderungen genügt. Und damit punkten Sie schon mal, egal wie es dann weitergehen mag.

Muster-Exposé

Die Haushälterin

Roman (Umfang: ca. 160 Seiten)

Gerade hat der sechzehnjährige Philipp den Tod der Mutter verkraftet, als sein Vater arbeitslos wird, zu trinken beginnt, alte Liebschaften aufwärmt und schließlich die Kellertreppe hinabstürzt. Philipp sucht in seiner Verzweiflung per Anzeige eine Haushälterin. Ada stellt sich vor, die Ökonomiestudentin aus Lublin, und bald führt sie den Haushalt mit leichter Hand. Doch da nimmt das Schicksal seinen Lauf: Philipp Merz und sein Vater verlieben sich in dieselbe Frau.
Zunächst will der Vater die Fremde zwar nicht in seinem Haus dulden, er erliegt jedoch rasch ihrem Charme: Nun kocht er, riecht wieder wie ein Frischrasierter und rezitiert polnische Gedichte. Philipp verbirgt seine Eifersucht, verletzt sich bei einer Mutprobe - und Ada gewährt ihm dafür einen Kuß.

Ein erster Kuß! Kurz darauf findet er in Adas Rucksack allerdings einen Brief, adressiert an ihren Verlobten in Lublin. Philipp fühlt sich betrogen und verfolgt sie bis zu ihrer Wohnung. Prompt lädt ihn Ada zu einem ausufernden Fest ihrer Freunde ein, doch Philipp durchschaut ihren Plan, ihn mit ihrer Nichte zu verkuppeln, flieht betrunken nach Hause. Der Vater, der die Verwirrung des Jungen beobachtet hat, verliert die Beherrschung: Er schlägt Ada, die darauf spurlos verschwindet.

Philipp wartet. Er beschließt, nicht mehr zu sprechen und denkt an Selbstmord. Als er spürt, daß der Vater schwerer leidet als er selbst, macht er sich auf die Suche: Adas Wohnung steht leer. Von ihren Freunden erfährt Philipp, daß sie nach Polen geflohen sei. Ein paar Tage später ist sie jedoch schon wieder zurück. Der Vater behauptet, sie sei in Geldnot, und tut nun alles, damit sie bleibt: Ada soll ins Klavierzimmer ziehen, das in Gedenken an die Mutter nie benutzt, geschweige umgeräumt wurde. Philipp spürt, daß sich Ada auf ihre stille Weise dagegen wehrt; als sie krank wird, umsorgt sie der Vater auf penetrante Weise, und plötzlich erkennt Philipp, daß sie eine Gefangene ist. Während der folgenden Nacht wird seine schlimmste Ahnung bestätigt ...

Vordergründig erzählt der Roman in vierundzwanzig kurzen Kapiteln von Glück und Unglück der ersten Liebe. Man kann ihn als Generations- wie als Männerroman lesen, als Beschreibung des schmerzhaften Weges

zur männlichen Identität. Spannung erwächst aus der Perspektive und der sprachlichen Gestaltung des scheinbar Alltäglichen: In einem zwischen tapferer Nüchternheit und dezenter Melancholie changierenden Duktus beschreibt der Sohn seine Liebe und die daraus entstehenden Konflikte mit den Erwachsenen, deren Welt ihm ebenso unzugänglich wie faszinierend erscheint.
Seine Lebendigkeit gewinnt der Text aus den Dialogen, den atmosphärischen Details und den Halbtönen. Hier versucht ein traditioneller Stoff, den schon Iwan Turgenjew („Erste Liebe") und Charles Simmons („Salzwasser") bearbeitet haben, seine zeitgemäße Form zu finden.

Jens Petersen (www.jenspetersen.eu) wurde in der Nähe von Hamburg geboren. „Die Haushälterin", sein erster Roman, erschien 2005 bei der Deutschen Verlags-Anstalt und erhielt mehrere Preise.

Korrespondenz über das Muster-Exposé von Jens Petersen

Sehr geehrte Frau Uschtrin,

in Ihrem sonst wirklich klaren und nützlichen Handbuch habe ich mich über eine Sache sehr gewundert. Es handelt sich um das Muster-Exposé von Jens Petersen. [Dieses Exposé, siehe oben, veröffentlichten wir bereits in der letzten Handbuch-Auflage. Es war das einzige Exposé in dem Band.]

Es sieht aus, als handele es sich da um ein authentisches, vom Autor so an den Verlag geschicktes Exposé. Und doch kann ich mir kaum vorstellen, als Autor(in) selbst über die „Lebendigkeit" meines Textes zu schreiben, über die „atmosphärischen Details" und die „Halbtöne". All diese Beschreibungen wirken auf mich nicht wie sachliche Tatsachen, sondern wie Lob, das ich mir im Klappentext eines Buches, von jemand anders geschrieben, gut vorstellen kann – aber schlecht als etwas, mit dem ich mich selbst einem Verlag erst einmal vorstellen möchte.

Ich mühe mich gerade damit ab, das Exposé über mein erstes Kinderbuch zu schreiben, und wäre Ihnen wirklich dankbar, wenn Sie mir die Frage beantworten könnten: Muss man sich als Autor wirklich selbst so „anpreisen" oder könnte das nicht sogar vielleicht eher unangenehm auffallen?

Mit freundlichen Grüßen
Heidemarie Köhler

Liebe Frau Köhler,

Frau Politycki hat mir dieses Muster-Exposé so gemailt und ich glaube, sie hat daran nichts verändert.

Zum Thema Anpreisen: Anpreisen ist nie verkehrt. Das machen schon die Obstverkäuferinnen auf dem Viktualienmarkt so. Und wir Frauen tendieren ohnehin dazu, unser Licht untern Scheffel zu stellen. Also: ruhig einmal an den Männern ein Beispiel nehmen und etwas dicker auftragen, und zwar nicht die Schminke, sondern das Eigenlob („Eigenlob stimmt" – ein schöner Buchtitel von Sabine Asgodom).

Außerdem sind selbstbewusste Menschen anziehend. Also bitte den für Sie güldenen Mittelweg finden und ruhig nach außen selbstbewusst auftreten - von Selbstzweifeln geplagt sind wir alle ohnehin insgeheim hin und wieder. Und wenn ihr Kinderbuch supertoll, nämlich ideenreich, sprachlich gelungen, humorvoll, spannend etc. ist, warum das dann nicht auch sagen? Dass das alles subjektiv ist, wissen wir ja sowieso.

Mit freundlichen Grüßen
Sandra Uschtrin

Liebe Frau Uschtrin,

vielen Dank für Ihre so prompte und ausführliche Antwort auf meine Frage nach dem Muster-Exposé. Sie hat mir sehr geholfen.

Ich bin jetzt auf die Idee gekommen, mir vorzustellen, ich wolle einer Freundin ein Buch empfehlen, ein fremdes Buch. Was würde ich ihr über den Inhalt erzählen, wie würde ich Thema und Anspruch des Buches beschreiben? So schaue ich mein eigenes Buch mit einem fremden Blick an, und es fällt mir weniger schwer, die guten Seiten hervorzuheben. Das wäre vielleicht auch ein Tipp für andere eher zurückhaltende AutorInnen, die damit Probleme haben, sich zu verkaufen.

Mit freundlichen Grüßen
Heidemarie Köhler

Beitrag von Sandra Uschtrin

Normseite – „30 Zeilen à 60 Anschläge“

Für Menschen, die mit Büchern zu tun haben, ist es wichtig, genau zu wissen, was mit „einer Seite“ gemeint ist. Warum? Stellen Sie sich Folgendes vor: Ein Verlag oder eine Privatperson bittet Sie, hundert Seiten zu übersetzen. Nach langem Tauziehen einigen Sie sich auf ein Seitenhonorar von 22 Euro. Wie würden Sie reagieren, wenn diese hundert Seiten dann mit Buchstaben nur so vollgequetscht wären? Oben und unten, links und rechts ein Rand von knapp einem Zentimeter, die Zeilen ohne Luft dazwischen und die Schrift so klein, dass Sie zur Lupe greifen müssen. Würde Ihnen das gefallen? Um Streitigkeiten zu vermeiden, sollte man vorab vereinbaren, dass mit Seiten „Normseiten“ gemeint sind.

Die Normseite dient als Berechnungsgrundlage für den Umfang von Manuskripten und ist anerkannter Branchenstandard. *Jede* Manuskriptseite, die man als AutorIn aus der Hand gibt, sollte so formatiert sein. Wer das nicht tut, riskiert, nicht für voll genommen zu werden. Nur SchreibanfängerInnen quetschen auf eine Seite 4000 Zeichen und mehr.

Mit Leerzeichen

Näher beschrieben wird der Begriff „Normseite“ – etwa bei Ausschreibungen für literarische Wettbewerbe – mit einer Angabe, für die genau 24 Anschläge benötigt werden: „30 Zeilen à 60 Anschläge“. Für alle, die noch nicht so lange in der Buchbranche sind, beginnt nun das Rätselraten: Was sind Anschläge? Muss ich da die Leerzeichen mitzählen, bei einem Programm wie *Microsoft Word* also unter „Zeichen (inklusive Leerzeichen)“ nachsehen? Antwort: ja! Oder zähle ich die Leerzeichen nicht mit und schaue unter „Zeichen (ohne Leerzeichen)“ nach? Antwort: nein!

Merke also: Anschläge = Zeichen plus (d.h. inklusive) Leerzeichen.

Vor einiger Zeit habe ich gelesen, dass zwischen mit und ohne Leerzeichen erst unterschieden wird, seit *Microsoft Word* auf dem Markt ist. Bis dahin sei es selbstverständlich gewesen, die Leerzeichen mitzuzählen, denn schließlich muss die Leerzeichentaste beim Schreiben ja ebenfalls angeschlagen werden.

30 x 60 < 1800

30 x 60 = 1800. Eine Normseite hat allerdings fast immer *weniger* als 1800 Zeichen (häufig um die 1500 Zeichen), da sie im Flattersatz formatiert wird und freie Zeilenenden und Leerzeilen, etwa vor einem Absatz, mitzählen.

Wenn ein Verlag Sie bittet, „100 Normseiten à 1800 Zeichen“ zu schreiben, sollten Sie *immer* nachfragen, was genau die betreffende Person darunter versteht. 180 000 Zeichen geteilt durch beispielsweise 1500 Zeichen macht 120 (Norm)Seiten – ein Unterschied, der bei 300 Seiten immerhin mit etwa 60 Seiten zu Buche schlägt. Es ist ärgerlich, aneinander vorbeizureden und später viele Seiten streichen zu müssen, weil die Lektorin doch von richtigen Normseiten ausging.

Von Fällen, in denen die Normseite mit 1800 Zeichen gleichgesetzt und damit falsch definiert wurde, berichten immer wieder Übersetzerinnen und freie Lektoren. Die meisten werten solche Fälle – sicher oft zu Recht – als Versuche, sie im Honorar zu drücken.

[123456789012345678901234567890123456789012345678901234567890]

[Kopfzeile] Die Normseite [Seitenzahl] 1

Die Normseite ...

... dient als Berechnungsgrundlage für den Umfang von
Manuskripten und ist anerkannter Branchenstandard.
Eine Normseite hat 30 Zeilen zu 60 Anschlägen. Jede
Manuskriptseite, die Sie als Autorin, als Autor abgeben,
sollte so formatiert sein, dass sie der Normseite
entspricht. Verwenden Sie weißes Papier im A4-Format und
beschreiben Sie es nur auf der Vorderseite (nie beidseitig).

Merken & anwenden:
- Anschläge pro Zeile: maximal 60 Anschläge (Zeichen
inklusive Leerzeichen)
- Zeilen pro Seite: 30 Zeilen. Freie Zeilenenden, etwa vor
einem Absatz, Leerzeilen oder leere Seitenreste am
Kapitelende zählen mit! Demzufolge hat eine Normseite immer
weniger als 1.800 Zeichen [hier z.B. 1.247 Zeichen].
- Schriftart: z.B. Courier [wie hier], aber auch jede
andere, gut lesbare Schrift (z.B. Times New Roman)
- Schriftgröße: etwa 12–14 Punkt (gut lesbar [hier 9 Punkt])
- Zeilenabstand: ca. 1 1/2-zeilig

Hilfreich & professionell:
- Nummerierung der Seiten: Seitenzahl oben oder unten, dabei
mittig/zentriert oder rechts positioniert
- Name und Adresse sowie Textname oben oder unten in der
Kopf- oder Fußzeile (in etwas kleinerer Schriftgröße)
- Textausrichtung: Flattersatz; keine Silbentrennung

Wie also sieht die Normseite aus? – Luftig, wie ein Soufflé!
Pfui!!! Eine Zeile zu viel!

[Fußzeile] Sandra Uschtrin, Taxisstr. 15, 80637 München, info@uschtrin.de

30 Zeilen à maximal 60 Anschläge pro Zeile

Geschrieben wird mit einem Zeilenabstand von etwa 1 ½ Zeilen bei einer Schriftgröße von etwa 12 Punkt. Die Schrift sollte leicht lesbar sein (bitte keine Schnörkelschriften, die das Lesen erschweren!) und weit verbreitet sein. Wählen Sie also Schriften wie Times New Roman oder Arial. Eine nichtproportionale Schrift wie Courier, bei der jeder Buchstabe gleich viel Platz benötigt, müssen Sie heutzutage nicht mehr verwenden.
Über die Zählfunktion Ihres Textverarbeitungsprogramms können Sie rasch herausfinden, wie breit die Seitenränder links und rechts sein müssen, damit *maximal* 60 Anschläge auf eine Zeile passen. Dann noch die Seitenränder oben und unten einstellen, sodass 30 Zeilen auf der Seite Platz haben – fertig!
Wer seine Seiten so ausdruckt, kann oft feststellen, dass sein Schreibprogramm die Seiten mal nach 29, mal nach 30 oder 31 Zeilen umbricht. Perfektionisten macht das wahnsinnig. Das Problem lässt sich lösen, indem man den Zeilenabstand statt auf „1,5" auf „genau" oder „mindestens" stellt und als Maß zum Beispiel „24" wählt (bei einer Schriftgröße von 12 Punkt).

Formatierung

Viele Autorinnen und Autoren stehen mit ihrem Textverarbeitungsprogramm auf Kriegsfuß. Das muss und sollte nicht sein. Gönnen Sie sich einen Kurs zum Thema Textverarbeitung oder wechseln Sie das Schreibprogramm. *Microsoft Word,* mit dem die meisten arbeiten, ist für den Büroalltag entwickelt worden. Ein Programm wie *Papyrus Autor* (www.papyrus.de) eignet sich für AutorInnen sehr viel besser und ist noch dazu billiger. Soll ein Dokument als Normseite formatiert werden, drückt man dort einfach den „Normseiten-Button".
Normseiten-Vorlagen für *Microsoft Word* und *Open Office (Writer)* kann man kostenlos im Internet downloaden. Es gibt sie in Wolfgang Tischers Literaturcafé (www.literaturcafe.de/text-in-normseite-umwandeln/).
Noch ein Rat: Machen Sie aus der Formatierung Ihrer Seiten keine Religion! Ihre Texte wandern in den Lektoraten der Verlage nicht in den Papierkorb, nur weil Ihr Drucker 32 Zeilen pro Seite ausgedruckt hat. Wichtig ist vielmehr, dass Sie über und unter den Zeilen sowie am Rand genügend Raum für Korrekturen lassen. Es liest sich auch angenehmer, wenn „ordentlich Luft" zwischen den Zeilen ist. Und Sie wollen doch, dass Ihre Lektorin gerne zu Ihrem Manuskript greift und beim Lesen keine schlimme Augenkrankheit bekommt.
Wenn Sie an literarischen Wettbewerben teilnehmen, sollten Sie sich allerdings peinlich genau an die vorgegebene Seiten- oder Zeichenzahl halten. Ihr Text kommt sonst gar nicht erst in die engere Wahl. Schade um all die Arbeit!

Außerdem

Bitte trennen Sie keine Wörter am Zeilenende. Schalten Sie die automatische Silbentrennung also gegebenenfalls aus. Verwenden Sie weißes Papier im DIN-A4-Format und bedrucken Sie es nur vorne, nie beidseitig. Nummerieren Sie die Seiten durch. Schreiben Sie Ihren Namen und Ihre Adresse sowie den Textnamen/Arbeitstitel oben oder unten in die Kopf- oder Fußzeile Ihres Dokuments.

Keine Angst vor Exposés!

Viele Verlage und Agenturen platzieren auf ihren Internetseiten „Hinweise für Autorinnen und Autoren". Vermerkt ist dort für gewöhnlich, ob Sie Ihr gesamtes Manuskript oder nur eine Textprobe einreichen sollen, welche Unterlagen sonst noch gewünscht sind und ob Ihr Gegenüber Ihre Einsendung lieber mit der Post oder per Mail erhält.
Beim Deutschen Taschenbuch Verlag heißt es beispielsweise:

> **„Wichtige Hinweise für das Einsenden von Manuskripten:**
> Bitte senden Sie uns keine Manuskripte per E-Mail zu, sondern ausschließlich per (Druck)Post. Die so eingesendeten Manuskripte werden von unseren Lektoraten geprüft und beantwortet. Per Mail eingereichte Manuskripte können wir leider nicht bearbeiten.
> Bitte beachten Sie beim Einreichen Ihrer Manuskripte auch folgende Punkte:
> 1. Senden Sie uns bitte ein Anschreiben zusammen mit einem kurzen Exposé mit, in dem Sie Ihr Projekt kurz skizzieren.
> 2. Reichen Sie bitte nicht das ganze Manuskript ein, sondern lediglich die ersten 30 Seiten (Bei Bedarf fordern wir das restliche Manuskript an).
> 3. Fügen Sie bitte ein adressiertes und frankiertes Rückkuvert bei.
> Bitte bedenken Sie aber, dass uns täglich eine Vielzahl von unaufgeforderten Manuskripten erreicht und wir nur einen winzigen Bruchteil davon realisieren können; eine Absage ist also sehr viel wahrscheinlicher als eine Zusage. [...]"
> (› www.dtv.de/kontakt_276.html)

Die meisten Verlage und Agenturen möchten, dass man der Sendung ein Exposé beifügt. Wie ein solches Exposé aussehen sollte, dazu gibt es verschiedene Meinungen. Birgit Politycki hat in ihrem Beitrag (siehe oben) bereits Grundlegendes dazu gesagt. Viele empfehlen, ein Exposé möglichst knapp zu halten. Oft ist die Rede von „nicht mehr als zwei Seiten".
Als wir nach Exposés suchten, um sie hier als Beispiele zu veröffentlichen, mussten wir allerdings feststellen, dass die meisten Exposés länger sind als zwei Seiten. Zwei Seiten – das ist offenbar der Wunschtraum gestresster LektorInnen. In der Realität sind es dann doch häufig fünf oder mehr Seiten (freilich großzügig formatiert).
Zu definieren, was genau ein „gutes Exposé" ausmacht, ist gar nicht so einfach. Vermutlich verhält es sich dabei ähnlich wie mit einem „guten Buch": Die Geschmäcker sind verschieden. In der Verlagswelt, und darauf kommt es hier an, ist ein gutes Buch ein verkauftes Buch. Folglich ist ein „gutes Exposé" ein Exposé, aufgrund dessen aus einem Manuskript schlussendlich ein Buch wurde. Ein Exposé ist wie ein Köder: Wenn ein Verlag anbeißt, hat es seinen Zweck erfüllt. Vergessen Sie dabei nie: Der Köder muss dem Fisch schmecken, nicht Ihnen!
Alle 13 „Köder", die wir Ihnen im Folgenden präsentieren, fanden LektorInnen „lecker". Offenbar stimmten die Zutaten. Überlegen Sie bei der Lektüre, welche es sind. Sie werden sehen: Es ist gar nicht so schwer, ein gutes Exposé zu verfassen.

Exposé-Vorlage des Gmeiner-Verlages

Beim Gmeiner-Verlag können AutorInnen eine Exposé-Vorlage anfordern. Armin Gmeiner, Geschäftsführer des Verlages, hat uns erlaubt, diese Vorlage zu veröffentlichen. Auch für AutorInnen, die keine Krimis schreiben, dürfte sie interessant sein.

Exposé – Anforderungen

Allgemeines

Das Exposé soll Informationen zu Inhalt, Autor und Vermarktung des Manuskriptes geben, nicht das Manuskript selbst ersetzen. Es ist für den Autor zwar aufwändig, ein Exposé zu verfassen, doch trägt es zu der Entscheidung bei, ob ein Titel veröffentlicht werden kann oder nicht. Gleichzeitig bietet es wertvolle Informationen für die zukünftige Vermarktung. Es soll aus der Perspektive eines Dritten formuliert sein. Die einzelnen Fragen unterhalb der Überschriften sollen ersetzt werden und dienen als Anhalt für die auszuführenden Punkte.

Im Gmeiner-Verlag werden Krimis mit Regionalbezug und Serienfiguren bevorzugt.

Aufbau

- **Arbeitstitel**: Der Gmeiner-Verlag verwendet Einwort-Titel, um sich am Markt zwischen vielen anderen Büchern herauszuheben und wahrgenommen zu werden. Diese Titel können auch aus zusammengesetzten Wörtern bestehen, sollen jedoch möglichst kurz sein. Zudem soll noch kein Roman unter diesem Titel erschienen sein. Ob ein Titel bereits verwendet wurde, kann unter www.buchhandel.de recherchiert werden.
  Erläuterung des Titels: Warum wurde dieser Titel gewählt? Welcher Bezug zum Inhalt besteht?
  Alternativvorschlag für den Titel.
- **Zeitraum**: Zu welcher Zeit spielt Ihr Krimi? (Jahreszahl)
- **Thema (Idee)**: Welches Thema bzw. welche Themen behandelt der Krimi? Kann der Krimi einem bestimmten Subgenre zugeordnet werden (z.B. Psychokrimi, Gesellschaftskrimi, Medizinkrimi, Wirtschaftskrimi, Weinkrimi etc.)?
  Was ist das für ein Krimi? Hintergrundinformationen, Recherche (z.B. evtl. in kurzen Sätzen, wie die Polizeiarbeit recherchiert wurde). Welche ähnlichen oder vergleichbaren Titel gab es oder gibt es auf dem Markt?
- **Inhalt**: Darstellung der Handlung auf ca. einer Seite. Motiv, Täter und Auflösung sollten hier offenbart werden, damit die Verlagsmitarbeiter und Verlagsvertreter sich einen schnellen Überblick verschaffen können. Die Vertreter werden sich in

den Buchhandlungen vor Ort teilweise auf diese Informationen stützen – deshalb sollte in kurzer und knapper Form das Wichtigste reflektiert werden.

- **Figurenbiografien**: Protagonisten, Gegenspieler, Platzhalter und Randfiguren? Alter, Aussehen und Charakter der wichtigsten Figuren? Was treibt die Charaktere an? Was wollen sie und wie erreichen sie es?
- **Seriencharakter**: Worin besteht die mögliche Serientauglichkeit des/der Protagonisten/Protagonistin? Wie könnte die Geschichte fortgesetzt werden? Wie könnten sich die Charaktere weiterentwickeln?
- **Regionalbezug**: Handlungsort(e), besondere regionale Bezüge und Schauplätze. Kulturelle Besonderheiten der Region (Sprache/ Dialekt, Brauchtum, Mentalität etc.)
- **Zielgruppe/Marketing**: Wer soll mit diesem Buch angesprochen werden? Warum soll gerade dieses Buch gekauft werden? In welcher Hinsicht kann der Roman im Buchhandel von anderen Romanen abgegrenzt oder auch mit ihnen verglichen werden? Welche Besonderheiten bestehen hinsichtlich der Wahl des Themas, der Sprache, des Stils oder der Intention? Gibt es bereits Krimis in derselben Region? Titel? Autor? Ist ein Buchhändler in der Region zu einer Buchvorstellung bereit? Wie heißt Ihre Lieblingsbuchhandlung?
- **Motivation**: Warum hat der Autor/die Autorin *dieses* Buch geschrieben und kein anderes? Wie ist er/sie auf die Idee für den Krimi gekommen? (Formulierung aus der Perspektive eines Dritten, nicht in der Ich-Form)
- **Autor**: Einige Sätze zur Biografie des Autors (Geburtsjahr, -ort, beruflicher Werdegang, bisherige Veröffentlichungen etc.); insbesondere soll deutlich werden, welcher Bezug zum Thema des Romans besteht. (Formulierung aus der Perspektive eines Dritten, nicht in der Ich-Form)
  Erfahrung mit Lesungen? Kontakte zu Buchhandlungen und/oder Presse? Sind Sie Mitglied in Autorenvereinigungen (z.B. Syndikat, Mörderische Schwestern [Sisters in Crime])?
- **Manuskriptumfang**: Anzahl Tastenanschläge (Buchstaben mit Leerzeichen); unter Microsoft Word unter dem Menü Datei > Eigenschaften > Statistik einsehbar.
  Anforderung: ca. 350 000–450 000 Anschläge.

Leseprobe

Auszug aus dem Manuskript (die ersten 2–3 Kapitel bzw. maximal 50 Seiten)

13 Beispiel-Exposés

Bei der Wiedergabe der Exposés konnten wir die Originalformatierung leider nicht übernehmen – dafür hätte der Platz nicht gereicht. Wir haben uns bemüht, Struktur und Auszeichnung der Texte in etwa beizubehalten. Grundsätzlich gilt: Sparen Sie nicht mit Papier (so wie hier) und beschreiben Sie es immer nur vorne, also nie auf der Rückseite.

Exposé-Übersicht

Exposé Nummer 1:

Historischer Roman: „Des Teufels Sanduhr"

Die Agentur über dieses Exposé von Simone Neumann:

„Für uns als Agentinnen war das Exposé (Arbeitstitel ‚Die Sanduhr') deswegen so beeindruckend, weil es eine gute Arbeitsgrundlage bildete. Frau Neumann hat sowohl ein klares Exposé verfasst, überschrieben mit ‚Um was geht es' und sich darüber hinaus die Fragen gestellt und beantwortet ‚Wie ist der Charakter dieses Romans?' und ‚Wer soll mein Buch lesen?' Dass eine Autorin ihre eigenen Ansprüche reflektiert und sich Gedanken macht, welcher Verlag den Titel publizieren könnte, erleben wir selten. Leider!"
„Des Teufels Sanduhr" – so der Buchtitel letztendlich – erschien im Sommer 2009 im Goldmann Verlag.

A) Anschreiben [per Mail]:

Sehr geehrte Frau [Name der Agentin],

aus eigener Erfahrung als Lektorin hätte ich wissen müssen, dass ein unaufgefordert eingereichtes Manuskript im Verlag meistens ein trauriges Schicksal erleidet. Unberührt landet es zusammen mit anderen auf einem meterhohen Stapel und wird dort monatelang, manchmal sogar jahrelang vergessen. Dennoch war ich naiv genug zu glauben, dass Wunder möglich sind – doch es rührt sich nichts. Nicht einmal Absagen.
Mein Name ist Simone Neumann und ich habe einen historischen Roman geschrieben, den ich Ihnen gerne vorstellen möchte. Im Anhang finden Sie alles, was Sie über mich und mein Projekt wissen sollten, auch eine Leseprobe ist angehängt.
Ich würde mich unglaublich freuen, wenn Ihnen mein Werk gefällt und Sie mir helfen könnten, endlich auch die Aufmerksamkeit der Verlagsredaktionen zu erregen.
Sie können mich jederzeit kontaktieren, und falls Sie das gesamte Manuskript anschauen wollen, ist es sofort in der Post.

Mit freundlichen Grüßen
Simone Neumann

B) Exposé:

Exposé zum Manuskript „Die Sanduhr":

Um was geht es?

„Die Sanduhr" (Arbeitstitel) ist ein historischer Kriminalroman, dessen Handlung im Deutschland des 30-Jährigen Krieges spielt.

Anna, eine junge Landarme, verliert in den Wirren des Krieges ihren Mann, ihre Schwester und ihre gesamte Habe. Vor die Trümmer ihrer bescheidenen Existenz gestellt, sieht sie keinen anderen Ausweg, als das zerstörte Dorf zu verlassen und sich dem Tross eines Heeres anzuschließen.

Dort findet die schüchterne Anna in der resoluten Marketenderin Liese und in dem kauzigen Geschichtenerzähler Hans Mergel eine neue Familie. Doch das Leben in einem Kriegsheer ist rau und zudem geschehen, das begreift Anna sehr bald, ausgerechnet in ihrer nächsten Umgebung immer wieder Frauenmorde, die nicht auf das Konto betrunkener Soldaten oder wilder Marodeure gehen. Hier ist ein Mörder am Werk, der den Krieg lediglich nutzt, um im Schatten eines großen, das gesamte Land überziehenden Leides, seine eigenen Schreckenstaten zu verbergen.

Doch wer ist der Mörder, der für den Tod so vieler Trosshuren, Bauersfrauen und Landstreicherinnen verantwortlich ist? Warum mordet er immer auf die gleiche Art und Weise? Wieso wurde auch Mine, Annas Schwester, zu einem seiner Opfer? Und was hat es mit den Sanduhren auf sich, die er den Frauen schon Tage vor ihrem Tod zusteckt? Verbirgt er sich etwa hinter dem mysteriösen Schatten, welchen Anna immerzu in ihrer Nähe spürt? Ist er gar der Teufel?

Je mehr solcher Morde geschehen, desto unruhiger wird es im Tross. Man will einen Schuldigen sehen. Schnell fällt der Verdacht auf die geschäftstüchtige Liese Kroll und ihre Begleiter. Liese, Anna, Mergel und ein Mädchen namens Therese werden der Hexerei beschuldigt. Liese und Therese werden hingerichtet, Anna und der alte Mergel aus dem Tross vertrieben. Die Morde nehmen tatsächlich ein Ende - vorläufig.

Anna, die in dem einflussreichen Emporkömmling Andreas Moosberger einen Beschützer gefunden hat, flüchtet auf dessen Rat hin zusammen mit dem alten Mergel nach Bayern. Dort herrscht - noch - kein Krieg. Auf dem Hof der Tante Moosbergers finden sie eine Anstellung als Gesinde. Es ist ein arbeitsreiches, aber glücklicherweise ruhiges Leben. Doch dann kommen die Schweden und mit ihnen auch die sie bekämpfenden Kaiserlichen.

Der Krieg hat Anna eingeholt, aber nicht nur er - eines Tages geht auch das mysteriöse Morden weiter. Nun weiß Anna genau: Es kann kein Zufall sein. Er verfolgt sie. Ausgerechnet sie, die unscheinbare und einfache Tagelöhnerin Anna Pippel aus Westfalen. Sie beschließt, den Mörder zu suchen und ihn zu finden, bevor er sie findet.

Wie ist der Charakter dieses Romans?

Bei der Arbeit an diesem Buch habe ich mich bemüht, drei Regeln immerzu im Kopf zu behalten:

1. Historische Präzision: Das, was geschieht, hätte genauso zur damaligen Zeit geschehen können. Die fiktive Handlung ist in einen genauen historischen Rahmen eingebettet. Die politischen Ereignisse beruhen auf Fakten und auch die gesellschaftlichen, alltagsgeschichtlichen Aspekte sind wissenschaftlich recherchiert. Alles, was irrational, „teuflisch" oder mystisch erscheint, besitzt einen realen Hintergrund und spiegelt lediglich den vorherrschenden Aberglauben des 17. Jahrhunderts wider.

2. Realismus: Der Stil des Buches ist durch und durch realistisch. Mein Ziel ist es, die Menschen möglichst lebensnah darzustellen. Alle leben ein Leben, wie es im 17. Jahrhundert üblich war und das zeigt sich auch in ihrer Mentalität. Niemand ist seiner Zeit um 400 Jahre voraus, nicht in Taten, nicht in Gedanken. Anna entwickelt sich im Laufe der Handlung, sie bleibt aber dennoch eine typische Frau ihrer Zeit und der sozialen Schicht, in die sie hineingeboren wurde.

3. Spannung: Ein Roman, der von vielen Menschen gelesen werden soll, muss spannend sein, aber dennoch dem Leser auch einmal eine - humorige - Ruhepause gönnen. In jedem einzelnen Kapitel geschieht etwas, in den einen geschieht mehr, in den anderen weniger. Manchmal wird der Leser auch auf eine falsche Fährte gelockt. Aber eines wird ihm - so hoffe ich - niemals: langweilig.

Wer soll mein Buch lesen?

Die Gemeinde von Lesern historischer Romane ist bekanntlich groß und auch im populären Bereich wachsen die Ansprüche bezüglich der historischen Genauigkeit. Mein Buch soll auf schaurig-schöne Art unterhalten, es soll den Leser in eine andere Zeit entführen, ihn mit den Figuren leiden und lachen lassen und er soll sich natürlich die ganze Zeit den Kopf darüber zerbrechen, wie die Kriminalgeschichte zu Ende gehen könnte. Es ist ein Buch, dass, so denke ich, ideal in das Programm von [...] passen würde. Aber natürlich bin ich offen für alles ...

Exposé Nummer 2:

Fantasyroman: „Magyria"

Das Exposé zum Fantasyroman „Magyria" stammt aus der Feder von Lena Klassen, die von der *Literaturagentur Schmidt & Abrahams* (www.schrift-art.net) vertreten wird. Der Roman erschien im Dezember 2009 bei *Penhaligon. Penhaligon*, gegründet 2008, ist ein Ableger von *Blanvalet* und gehört zur *Verlagsgruppe Random House.* Mit seinem „All-Age-Fantasy"-Programm wendet sich der Verlag an ein erwachsenes Publikum zwischen 18 und 30 Jahren, das mit „Harry Potter" groß geworden ist.
Penhaligon in der Ankündigung: „Mit MAGYRIA ist der jungen deutschen Autorin LENA KLASSEN ein romantischer und spannender Vampir-Liebesroman vor der stimmungsvollen Kulisse Budapests gelungen."
Lena Klassen (www.lenaklassen.de), geboren 1971, studierte Literaturwissenschaften, Anglistik und Philosophie an der Universität Bielefeld, wo sie 1999 über den walisischen Phantastik-Autor Arthur Machen promovierte.

Exposé zum Manuskript „Magyria":

Kurztext

In Budapest absolviert die 18-jährige Hanna ein Jahr als Au-pair-Mädchen. Schnell merkt sie, dass sich ihre Gastschwester Réka mit einem geheimnisvollen Fremden trifft, der einen unheimlichen Einfluss auf sie auszuüben scheint. Unfreiwillig gerät Hanna zwischen die Fronten eines uralten Krieges zwischen Vampiren und den Bewohnern einer magischen Parallelwelt und macht dabei die Bekanntschaft von Mattim, dem letzten Prinzen des Lichts, der selbst zum Vampir wurde, um sein Volk zu retten.

Romantische Urban Fantasy vor der einzigartigen Kulisse Budapests.

Inhalt

Die junge Hanna verbringt ein Jahr als Au-pair in Budapest. Ihre ungarische Gastfamilie nimmt sie freundlich auf, doch Hanna macht sich Sorgen um ihre 14-jährige Gastschwester Réka. Diese leidet unter Albträumen und wirkt merkwürdig verstört. Hanna vermutet bald, dass die Probleme des Mädchens mit ihrem geheimnisvollen Freund Kunun zu tun haben. Um Réka zu helfen, beschließt Hanna, sich diesen Kunun einmal näher anzusehen – sie ahnt nicht, dass sie sich damit den mächtigsten Vampir von Budapest zum Feind macht.

Kunun stammt aus der alten Stadt Akink, welche parallel zum heutigen Budapest existiert. Dort wird der Kampf gegen die Schatten, wie die Vampire auch genannt werden, bereits offen geführt. Mattim, der Thronfolger von Akink und Bruder Kununs, ist vor kurzer Zeit gegen seinen Willen zum Vampir gemacht worden. Er hat es sich zur Aufgabe gemacht herauszufinden, warum die Vampire nicht mehr im Tageslicht dahinschwinden, wie sie es eigentlich tun müssten, und erfährt dabei, dass die unglaubliche Lebenskraft der Schatten vom Blut der Menschen aus Budapest stammt.

Hanna und Mattim begegnen sich, als das Au-pair-Mädchen Kunun eines Abends folgt und schließlich in eine Falle gerät: Zusammen mit dem Prinzen bleibt sie in einem gläsernen Aufzug stecken. Da Mattim bei Sonnenaufgang verbrennen würde, wenn er nicht menschliches Blut trinkt, kann er nicht anders, als Hanna zu beißen.

Verwirrt und ohne Erinnerung an diese Nacht kehrt Hanna zu ihrer Familie zurück, doch mithilfe ihrer Aufzeichnungen und Fotos gelingt es ihr, sich alles ins Gedächtnis zurückzurufen. Als sie erneut auf Mattim trifft, berichtet ihr dieser von seinem Plan, die Tür nach Magyria ausfindig zu machen und diese zu verschließen und damit den Vampiren den Weg nach Budapest und zum Blut der Menschen auf immer zu verwehren. Hanna erklärt sich sofort bereit, ihm dabei zu helfen.

Gemeinsam finden sie heraus, dass nur ein Mitglied der Familie des Lichts die Tür, die der dunkle Prinz geschaffen hat, schließen kann. Da Mattim und seine Geschwister inzwischen alle zu Schatten geworden sind, bleiben für diese Aufgabe nur der König oder die Königin.

Kunun schmiedet währenddessen finstere Pläne. Als Schatten sehnt er sich nach dem Licht und ist aufgrund einer alten Legende davon überzeugt, dass in Akink, der Stadt des Lichts, die Erlösung aus dem Schattendasein liegt. Kunun will die Stadt erobern und wartet darauf, dass der Fluss dazu vollständig zufriert. Zudem experimentiert er mit menschlichem Blut - der Schatten glaubt, dass dieses den Vampiren helfen wird, über das Eis zu gelangen, denn eigentlich können die Schatten kein fließendes Gewässer überqueren. Kunun kommt zu dem Schluss, dass es das Blut eines jungen Menschen bedarf, welches freiwillig gegeben sein muss - Rékas Blut. Wenn sie ihm gar ihr Leben opfern würde, wäre die Kraft, die er dadurch gewänne, sogar dauerhaft.

Um Kununs Plan zu vereiteln, gehen Hanna und Mattim getrennte Wege. Während Hanna Réka in Sicherheit bringen soll, will Mattim dafür sorgen, dass die Tür geschlossen wird. Er arrangiert ein Treffen mit der Königin, seiner Mutter. In der Zwischenzeit versucht Hanna, Réka klarzumachen, dass Kunun ein Vampir ist und ihren Tod will. Réka zeigt sich einsichtig, doch nur, um Hannas Wachsamkeit zu entgehen. Bei der ersten Gelegenheit entwischt das junge Mädchen.

Verzweifelt macht Hanna sich auf die Suche nach ihr, kann sie aber nicht finden. In ihrer Not sucht sie Mattim auf, um ihn zu bitten, ihr bei der Suche zu helfen. Mattim dagegen will die Geliebte überreden, mit nach Magyria zu kommen. Hanna wird plötzlich klar, was geschehen soll: Die Tür soll geschlossen werden, während alle

Vampire noch in Budapest sind. Und das würde bedeuten, dass sie für immer die menschliche Stadt unsicher machen würden!

Es kommt zu einem heftigen Streit zwischen Hanna und Mattim. Dadurch verpassen sie den richtigen Zeitpunkt. Kunun und die übrigen Vampire erscheinen. Mattim muss seine Mutter schnell in Sicherheit bringen, obwohl sie die Tür noch nicht geschlossen hat. Die Vampire folgen ihnen nach Magyria und eilen auf den Fluss zu.

Hanna fühlt sich unendlich schuldig. Sowohl Rékas Leben als auch Akink scheinen verloren. Aber noch kann sie die Hoffnung nicht aufgeben, wenigstens Réka zu finden, tot oder lebendig. Schließlich entdeckt sie das Mädchen, fast verblutet, aber noch am Leben. Hanna gelingt es, sie rechtzeitig ins Krankenhaus zu bringen.

Der Angriff der Vampire auf Akink steht unmittelbar bevor. Dennoch versucht Mattim, seinen Vater dazu zu bringen, die Tür zu schließen, auch wenn das bedeutet, dass die Schatten für immer in Magyria festsitzen. Mattim hofft darauf, dass Akink sie für dieses Mal abwehren kann und die Schatten, wenn die Wirkung des Blutes nachlässt, langsam harmloser werden. Es ist eine waghalsige Entscheidung für Hanna und ihr geliebtes Budapest, denn falls Réka tot sein sollte, wären die Vampire unschlagbar. Mattim gelingt es schließlich, seinen Vater von seinem Plan zu überzeugen.

Die Vampire stellen unterdessen fest, dass sie doch nicht so leicht über den Fluss kommen; Rékas Blut wirkt zwar, hat die Schatten aber nicht so stark gemacht, wie gedacht. Und der von seiner Mission zurückkehrende König lässt mit seinem Licht das Eis des Flusses schmelzen, sodass der Angriff gänzlich scheitern muss.

Nach dem Sieg glaubt Hanna, dass Mattim in Magyria geblieben ist, und ist darüber tief unglücklich. In der Tat hat der König Mattim angeboten, zurück nach Akink zu kommen, bevor er die Tür geschlossen hat.

Doch plötzlich steht Mattim vor Hanna; er hat das Angebot seines Vaters abgelehnt, um bei ihr sein zu können.

Anknüpfungspunkt für einen möglichen Folgeband

Eigentlich müsste am Ende von „Magyria" alles perfekt sein, doch Mattim und Hanna glauben, eine dunkel gewandete Gestalt gesehen zu haben – Kunun? Aber wie könnte er wieder in Budapest sein, wo es die Tür doch nicht mehr gibt? Die Liebenden ahnen, dass ihr Kampf noch nicht endgültig gewonnen ist.

Erotikroman: „Mandy“

Als Ednor Mier uns ihr Exposé zur Veröffentlichung im Handbuch mailte, hatte sie den Roman (Arbeitstitel „Mandy“) noch nicht fertig geschrieben. „Bei Erotikromanen, die in Reihen erscheinen, ist das so üblich“, erklärt die Autorin. „Ich kenne den Verlag und den Lektor und der Lektor kennt mich. Das Exposé, das ich ihm geschickt habe, dient als Angebot. Der Lektor kann jetzt noch Änderungen vorschlagen, die ich dann umsetzen würde.“

Wer ins Geschäft einsteigen möchte, sollte sich vorher erkundigen, wie lang das Manuskript sein soll (bei „Mandy“ 300–400 Normseiten). Bewerben sollte man sich als Neuling mit einem vollständigen Manuskript sowie einem Exposé.

Ednor Mier, geboren 1951, ist Mitglied bei *DeLiA*, der *Vereinigung deutschsprachiger Liebesromanautoren* (www.delia-online.de). Etliche Erotikromane und rund 360 Heftromane sind bisher von ihr erschienen, außerdem zahlreiche Kurzgeschichten in den Genres Wahre Geschichte, Liebe, Krimi, Erotik. Website: www.ednor-mier.de

A) Anschreiben [hier ohne Anschrift, Datum, Betreff]:

Sehr geehrter Herr [Name des Lektors],

Bezug nehmend auf unser Telefongespräch am 26.09.09 sende ich Ihnen das Exposé mit dem Arbeitstitel „Mandy" für Ihre Erotikreihe [Name der Reihe] sowie ein Probekapitel (50 Seiten).
Es würde mich freuen, wenn Ihnen der Plot und die Ideen gefielen und es zu einer Zusammenarbeit käme. Für Änderungsvorschläge, Anregungen und Kritik stehe ich jederzeit zur Verfügung. Sie erreichen mich tagsüber unter den oben angegebenen Telefonnummern oder gerne auch per E-Mail.

Mit freundlichen Grüßen
Ednor Mier

B) Exposé:

Exposé zum Manuskript „Mandy":

Arbeitstitel: Mandy
Autorin: Ednor Mier
Pseudonym: Sarah-Lee Jones
Telefon: [...]
E-Mail: [...]

Kurzübersicht: Mandy kann nicht vergessen, was Nick ihr einmal angetan hat. Als sie sich nach zehn Jahren in Colorado wiedertreffen, muss Nick nicht nur gegen die Geister der Vergangenheit kämpfen, um Mandys Herz zu gewinnen. Seine Nerven werden auch von ihrem Verlobten und ihren Freunden auf eine harte Probe gestellt.

Inhaltsangabe:

Anhang: Probekapitel 50 Seiten

Personenübersicht:

Mandolyn - Mandy - Jonas leitet eine eigene Versicherungs- und Immobilienagentur. Sie weiß ziemlich genau, was sie will, ist temperamentvoll und manchmal unberechenbar. Sie ist verlobt, kann sich aber nicht auf einen Hochzeitstermin festlegen. Die Ehe mit Clemens verspricht Sicherheit und Ruhe, aber sie zweifelt immer häufiger daran, ob es das ist, was sie wirklich will.

Nicholas - Nick - Clayton, Sohn reicher Eltern, hat inzwischen gelernt, dass sich die Welt nicht um ihn dreht. Zielstrebig, trotzdem ein eher geduldiger Mensch.

Rudolfina - Rudy, Mandys beste Freundin, chaotisch, ausgestattet mit einem trockenen Humor, denkt leider nie über die Konsequenzen ihres Handelns nach.

Dr. Clemens - Clem - Sufforth, Oberarzt der Gynäkologischen Station des Swedish-Medical-Centers. Er plant, demnächst eine eigene Praxis zu eröffnen, und will sich auf Fertilitätsprobleme und künstliche Befruchtung spezialisieren. Er ist der Typ des Mitläufers, der nicht gerne gegen den Strom schwimmt. Kurz, ein Spießer, der sich jedoch von Mandys Temperament angezogen fühlt.

Dr. Carla Young, Neurologin am Swedish-Med. Karrieretyp, die der Meinung ist, dass Clemens Sufforth hervorragend zu ihr passt.

Frederik - Fred - Hallink, Rechtsanwalt und notorischer Fremdgänger.

Nebenfiguren (weitere Nebenfiguren können sich während der Arbeit am Manuskript noch entwickeln):

Madeleine Vernon, Nicks Ex-Verlobte. Hobby: Sex und Geld ausgeben, vorzugsweise das anderer Leute.

Carlos Evagelucci, Madeleines Geliebter, arbeitet nicht gerne und hofft darauf, von Madeleine ernährt zu werden, wenn diese endlich mit Nicholas Clayton verheiratet ist.

Tammy Lennert, Krankenschwester, hat ein Bettverhältnis mit Clemens. Sie träumt von mehr.
Samantha Hallink kämpft weniger um ihren Mann als um den Wohlstand, den ihr die Ehe mit ihm sichert.
Cyrill, Fred Hallinks zweite Freundin, mit der er seine Frau und Rudy betrügt.

Handlungsorte: Colorado: Summerpike-Springs (imaginäre Kleinstadt in den Rockys) - Denver

Recherche:

Fotos
Internet: Google: Colorado-Denver, Onmeda (Medizinportal)
Lektüre: Thieme „Klinik" - „Notfallmedizin" - Marco Polo Reiseführer: Colorado, Südstaaten, Denver, Tennessee, der Westen Amerikas

Explizite Sexszenen: 13-16

Handlungsübersicht:

Als Kind hat Mandy die Clayton-Geschwister glühend beneidet, denn sie hatten alles, wovon Mandy nur träumen konnte: ein großes Haus, eigene Zimmer, jede Menge Spielzeug, Bedienstete, die sich um sie kümmerten, und noch vieles mehr.

Als Teenager war Mandy in Nicholas, den Ältesten der drei Clayton-Geschwister, verliebt. Aber er hat sie lange Zeit überhaupt nicht beachtet. Familien wie die der Claytons, die auf einen ellenlangen Stammbaum zurückblicken können und zukünftige Konzernmanager, Senatoren und Präsidenten hervorbringen, bleiben auch heute noch unter sich - jedenfalls in Louisiana.

Inzwischen ist Mandy erwachsen, lebt in Colorado und ist mit Clemens, einem Arzt, verlobt. Nick ist hingegen mit der temperamentvollen Madeleine liiert. In beiden Beziehungen kriselt es, und als Nick und Mandy sich wieder sehen, sind die Partner rasch vergessen. Zwischen ihnen sprühen zwar die Funken, allerdings will Mandy sich nicht auf eine emotionale Bindung mit Nick einlassen. Er ist eben immer noch der reiche Südstaatenjunge, dessen arrogante Familie niemals die Tochter eines Polizisten akzeptieren würde.

Weiteres Handicap: Auf dem Unabhängigkeits-Picknick haben Nick und Mandy das erste Mal miteinander geschlafen. Es war Mandys allererstes Mal, aber Nick hat sich danach vor seinen Freunden damit gebrüstet. Die demütigende Bloßstellung vor seinen College-Freunden hat Mandy nie vergessen können.

Es steht viel zwischen den beiden. Aber obwohl Mandy ihm von Herzen misstraut - einst hat sie sich geschworen, nie wieder auf seine schönen Worte, auf sein zärtliches Getue hereinzufallen –, kann sie sich Nicks sexueller Anziehung nicht entziehen. Doch eine reine Bettgeschichte reicht Nicholas nicht. Er will Mandy ganz und gar und kämpft deshalb mit allen Mitteln, um sie von seinen Gefühlen zu überzeugen. Das wird allerdings von Madeleine boykottiert, die eines Tages in Sommerpike auftaucht. Völlig pleite, wohnungslos und schwanger von Carlos bittet sie Nick, sie bei sich aufzunehmen. Er lässt sich überreden, was Mandy ihm natürlich sofort übel nimmt. Nach einem heftigen Streit herrscht zwischen den beiden Funkstille.

Rudy, die nebenher als Babysitter arbeitet, hat sich in den attraktiven Rechtsanwalt Fred Hallink verliebt, dessen Kinder sie hütet. Als seine Frau dahinterkommt, fliegen die Fetzen.

Und auch Clemens ist längst nicht so brav, wie er die anderen glauben machen möchte. Während er bei Mandy Blümchensex bevorzugt, lebt er mit Tammy seine geheimen sexuellen Gelüste aus. Als er Tammy eines Tages überredet, während der Nachtwache ihren Platz zu verlassen, um sich mit ihm zu treffen, und ein Patient während Tammys Abwesenheit stirbt, lässt er sie jedoch eiskalt fallen.

Auf Nicks großer Party, zu der die halbe Stadt und alles, was Rang und Namen hat, eingeladen ist, kommt es dann zum großen Finale: Nicht nur, dass Carlos' Mutter mit Sohn im Schlepptau auftaucht und Madeleine mitnehmen will, auch das Rechtsanwaltspaar ist anwesend sowie Mandy mit ihrem Immernoch-Verlobten Clemens. Als Samantha und ihre Freundinnen anfangen, Tammy zu beleidigen, kommt es zu turbulenten Szenen, in deren Verlauf Mandy der Kragen platzt. Sie schubst Samantha samt Freundin und untreuen Ehemann in den Pool. Der Eklat ist perfekt und macht Mandy wieder mal bewusst, dass sie nicht in die vornehme Clayton-Familie passt, in der sich immer alle beherrschen. Sie will die Party und Nick endgültig verlassen, aber Nicholas ist anderer Meinung. Er zwingt Mandy zu einer Aussprache, setzt seine ganze Überzeugungskraft ein, um sie vom Gegenteil und von seiner wahren Liebe zu überzeugen, was ihm letztendlich auch gelingt. Die Party läuft eine ganze Weile ohne die beiden weiter ...

Exposé Nummer 4:

Jugendbuch: „Schilly-Billy Superstar“

Das Jugendbuch-Exposé mit dem Arbeitstitel „Döner und Kartoffel“ reichte Heidemarie Brosche (www.h-brosche.de) beim *Hase und Igel Verlag* (www.hase-und-igel.com) im Oktober 2008 ein. Das fertige Buch erschien dort im August 2009 unter dem Titel „Schilly-Billy Superstar“.

Wie dieses Beispiel zeigt, ist es durchaus möglich, Verlage von einer Idee zu überzeugen, ohne dass bereits das vollständige Manuskript vorliegt. In diesem Fall hatte Heidemarie Brosche eine Idee zu Papier gebracht und einige Seiten Probetext geschrieben. Der Verlag vertraute darauf, dass auch das fertige Manuskript den Anforderungen genügen würde.

Heidemarie Brosche dazu: „In den Anfängen meiner Autorinnentätigkeit hätte diese Methode nicht funktioniert. Da gab es einen Vertrag erst nach Vorlage eines kompletten Manuskriptes. Aber je mehr ich zu tun habe, umso weniger kann ich mir Energieverschwendung in Form von vergebens verbrachter Schreib-Zeit leisten. Und so versuche ich, Verlage mit einem guten Exposé und einer knackigen Textprobe zu überzeugen. Wenn dies gelungen ist, schreibe ich motiviert weiter. Falls sich während des Schreibens manches weg vom Exposé entwickelt, stimme ich mich mit dem Verlag ab. Bis jetzt hat das noch immer geklappt.“

Patrick Eis, Lektor bei *Hase und Igel,* nennt die Gründe, weshalb ihn Exposé und Textprobe überzeugten:

1. Sprache: frech, jugendnah, humorvoll, leicht zu lesen;
2. Perspektive: Handlung eindeutig aus der Perspektive des jugendlichen Protagonisten geschildert;
3. Thematik: Story und Background der Geschichte nah an der Erlebniswelt heutiger Jugendlicher;
4. Reihe: „Hase und Igel light“ war bereits erfolgreich eingeführt: Die Reihe spricht insbesondere leseschwächere und in der Regel nicht sehr lesebegeisterte Schüler der Klassen 5 bis 7 an. Für diese Reihe erschien uns der Titel passend, was jedoch auch bedeutete, dass er sprachlich noch an einigen Stellen auf diese Zielgruppe ausgerichtet werden musste (Wortwahl/Satzbau).

Exposé zum Manuskript „Schilly-Billy Superstar":

AT: Döner und Kartoffel –
Exposé für ein Jugendbuch

Geplanter Inhalt:

Der 15-jährige Dennis fühlt sich ziemlich schlecht. Zu Hause haben die Eltern mal wieder übel gestritten, in der Schule hat er schon lange auf Sparflamme geschaltet, und sein Auftreten vor den Mädchen gelingt nie so, wie er sich das wünscht. Er ist weder besonders sportlich, noch hält er sich für besonders schön, noch kann er irgendetwas anderes besonders gut. Dennis verbringt viel Zeit am PC – und mit seinen Freunden Halil und Andrej. Insgeheim schwärmt er für Susy.

In dieser Situation entdeckt er im Internet die Ausschreibung eines Casting-Wettbewerbs: Ein sehr ausgefallenes Talent ist gefragt. Es geht einmal nicht um das beste Aussehen, den besten Tänzer oder die beste Sängerin …, sondern um etwas Besonderes eben. Da ist Originalität gefragt! Das könnte doch etwas für Dennis sein! Endlich einmal aus der Masse heraustreten …
Was sich daraufhin abspielt, bietet nicht nur Anlass zu Situationskomik, sondern es bringt Susy auch dazu, Dennis anders als bisher wahrzunehmen - was der aber lange nicht erkennt.
Am Ende hat Dennis neues Selbstbewusstsein gewonnen - und Susy, als erste „richtige" Freundin.

Charakterisierung der Hauptfiguren:

Dennis, 15,
deutsch, Vater Lkw-Fahrer, Mutter Kosmetikerin.
Problem: Vater ist selten da, wenn er da ist, gibt es oft Reibereien.
Dennis ist - wie seine Freunde - verliebt in Susy.

Andrej, 14,
Russlandaussiedler, ist mit seinen Schwestern Elena (7) und Kristina (15), Eltern und Großmutter vor sechs Jahren aus Russland nach Deutschland gekommen. Vater und Mutter vertragen sich nicht mehr gut, auch wegen der Großmutter, die mit in der sehr engen Wohnung lebt. Der Vater arbeitet hier in Deutschland als Helfer des Hausmeisters der Hauptschule, die alle Protagonisten besuchen. Die Mutter geht putzen.
Problem: Andrej leidet unter den häuslichen Querelen. Dass sein Vater an seiner eigenen Schule arbeitet, ist ihm total peinlich und führt immer wieder zu Situationskomik. Auch dass seine Mutter, die in Russland als Musiklehrerin gearbeitet hat, putzen geht, gefällt ihm nicht. Gegen das Geld, das seine Eltern auf diese Weise verdienen, hat er allerdings nichts.
Elena ist für ihn die reine Nervensäge, Kristina geht ihm mit ihrem ewigen Musizieren auf die Nerven. Er treibt sich nachmittags und - wenn es irgendwie möglich ist - auch abends gerne auf der Straße rum.
Andrej findet Susy ebenfalls gut und hat bessere Karten als Dennis, denn Susy ist mit Kristina befreundet.

Halil, 16,
Türke, Moslem, in Deutschland geboren, lebt mit seinen kleinen Geschwistern Meltem (4) und Enes (9) und seinen Eltern, die auch schon in Deutschland geboren sind, in einer geräumigen Wohnung.

Vater und Mutter betreiben einen Döner-Stand. Halil hilft dort öfter.
Problem: Halil ist stolz auf den Wohlstand seiner Eltern, aber seinen Spitznamen „Döner" mag er gar nicht. In Meltem ist er richtig verschossen, aber seinen Bruder Enes, der sehr dominant ist, versucht er klein zu halten. In unbeobachteten Momenten nennt er ihn Enis-Penis.
Halil will nicht zugeben, dass ihm Susy gefällt, sie tut es aber doch.

Susy, 14,
sehr hübsch, von Jungen umschwärmt, aber nicht eingebildet, verantwortungsbewusst, lässt sich nichts gefallen. Vater dunkelhäutiger Amerikaner, wieder zurück in den USA, Mutter Deutsche (Metzgereifachverkäuferin mit Hang zum Vegetarischen und Käse).
Problem: Susy mag alle drei Jungen, leidet aber unter deren Eifersüchteleien. Im Laufe der Geschichte erwärmt sie sich immer mehr für Dennis. Der bemerkt es aber nicht, weil er eine „Begabung" im Falschauffassen von Verhaltensweisen hat.

Neben diesen vier Jugendlichen spielen natürlich die Eltern, Geschwister und Klassenkameraden eine Rolle – UND die Lehrkräfte, allen voran:

- Herr Melsenbeck, der Klassenlehrer, der viel schimpft, aber wenig durchgreift;
- Frau Großmann, die Deutsch- und Kunstlehrerin, der man ihre jeweilige Stimmung immer schon 100 Meter gegen den Wind ansieht, die gerne gut duftet, viel lacht, aber auch leicht tobt, die ständig neue Ideen hat und manchmal alle mit ihrer chaotischen Art konfus macht;
- Herr Kratzer, der Sportlehrer, der den Ehrgeiz hat, die Jungs zur Fußballstadtmeisterschaft zu führen;
- Herr Eiche, der Rektor, den alle achten bis fürchten, der seine Schule im Griff hat, der ein wenig umständlich ist, auf den die Klasse manchmal schimpft, der aber – wenn es darauf ankommt – ein offenes Ohr für alle Nöte hat
  und
- Herr Schweiger, ein dicker, konfliktscheuer Lehrer, den Dennis nicht im Unterricht hat,
- Frau Knapp, eine sehr strenge Lehrerin, die Dennis ebenfalls nicht im Unterricht hat.

Warum dieses Buch?

Als Hauptschullehrerin habe ich es mit vielen Schülerinnen und vor allem Schülern zu tun, die sehr ungerne lesen. Auf Nachfragen bekam ich immer wieder zu hören, dass sie gerade die in dieser Altersstufe häufig eingesetzten Problembücher nicht gerne mögen. Andersherum habe ich immer wieder bemerkt, dass die SchülerInnen es sehr wohl wertschätzen, wenn sie durch eine Lektüre - z.B. von Christian Bieniek - so richtig zum Lachen gebracht werden.
Dies ist nun mein Ansatz: Ich versuche, den Lebensalltag meiner SchülerInnen, wie ich ihn tagein, tagaus erlebe, in ein Buch zu packen - kein Riesenproblem, aber viele kleine Alltagsprobleme zu integrieren und das Ganze mit möglichst viel Humor zu würzen.

Warum in Ihrem Verlag?

HauptschülerInnen und ihr familiäres Umfeld finden in der Regel nicht von selbst den Weg in die Buchhandlungen. Ein Verlag wie Hase und Igel, der die Schulen und damit die LehrerInnen direkt anspricht, scheint mir deshalb gut geeignet. Gerade Lesestoff, der Pubertierenden Spaß macht, wird von Lehrkräften ja händeringend gesucht.
Dazu kommt, dass mir dieses Buch in der Light-Reihe Ihres Verlages sehr gut aufgehoben scheint, weil der eher geringe Textumfang die Lesemüden (auch wenn sie keine Förderschüler, sondern ganz normale Hauptschüler sind) nicht so abschreckt.

Wie erreicht man die Zielgruppe?

Den Lehrkräften sollte ganz klar vermittelt werden, dass es sich hier um etwas handelt, was von der Norm in dieser Hinsicht abweicht: Der Lesespaß steht im Vordergrund und die Schreibe ist etwas frecher als gemeinhin üblich - aber natürlich nicht auf Kosten der Qualität. Sie sollten also das Gefühl haben: Hier ist das, was ich schon lange suche, nämlich eine Lektüre, die sogar meine Schüler mit Freude lesen werden.

Und was geschah, nachdem Heidemarie Brosche ihr Exposé eingereicht hatte? Die Autorin:

- nächster Schritt: Einreichung eines Probetextes
- daraufhin: Akzeptanz beim Verlag
- sodann: Fortsetzung des Probetextes

Während des Schreibens entwickelte sich die Geschichte in einigen Punkten weg vom Exposé:

- Als ich die erste Szene weiterschrieb, hatte ich plötzlich die letzten Zeilen von Schillers Bürgschaft im Kopf: „Ich sei, gewährt mir die Bitte, / In eurem Bunde der Dritte!"
- Dies brachte mich auf die Idee (auch anlässlich des 250. Geburtstags von Friedrich Schiller im Jahr 2009), seiner Ballade „Die Bürgschaft" Raum in der Geschichte zu geben.
- Da ich an unserer Schillerschule die Schülerzeitung „SchillySchote" und das Schulkino „SchillyWood" betreue, kam mir in den Sinn, der Hauptfigur einen witzigen Namen mit „Schilly" zu geben. So wurde aus Dennis Billy – wegen des möglichen Wortspiels mit Schilly-Billy.
- Die Bürgschaft wurde zunehmend zum zentralen Thema – immer gepaart mit Situationskomik. Erstens fallen Billy zu allen möglichen und unmöglichen Gelegenheiten Stellen aus der Ballade ein. Zweitens erwächst daraus die Idee, dass die Freunde gemeinsam mit einer Bürgschaft-Parodie auftreten – Billy, der sie vorträgt, Ömer, der beatboxt und Andrej, der dazu witzige Cartoons zeichnet.
- Aus dem Titel „Döner und Kartoffel" wurde sehr schnell „Schilly-Billy Superstar". Zum einen, weil die Kartoffel plötzlich nicht mehr wichtig war und zum anderen, weil dies zum „Casting-Fieber" viel besser passte.
- Aus Halil wurde Ömer – wegen des möglichen Wortspiels mit Döner-Ömer (entsprechend zu Schilly-Billy).
- Aus Susy wurde Jenny, weil ich das Gefühl hatte, wesentlich mehr Jennys als Susys zu kennen.
- Aus Frau Großmann wurde Frau Bauer – wegen des möglichen Wortspiels mit Power-Bauer.
- Lehrer Melsenbeck wurde durch Lehrer Großmann ersetzt – wegen des möglichen Wortspiels mit „klein".
- Lehrer Kratzer war plötzlich überflüssig.
- Billys Mutter wurde von der Kosmetikerin zur Fußpflegerin, weil das besser in die entstehende Story passte.
- Weitere im Exposé aufgelistete Details rund um das familiäre Umfeld der jugendlichen Protagonisten habe ich deshalb ebenfalls geändert.

Exposé Nummer 5:

Jugendroman: „Herz, klopf!"

Der Jugendroman „Herz, klopf!" von Agnes Hammer erschien im September 2009 bei *script5* (www.script5.de), einem Imprint des *Loewe Verlags* mit Büchern für 16- bis 25-Jährige. Das Manuskript wurde über eine Literaturagentur an den Verlag vermittelt.
Agnes Hammer zu ihrer Vorgehensweise und zum Thema „Anschreiben":
Ein richtiges Anschreiben zu diesem Jugendroman-Projekt gibt es nicht. Ich habe damals den Kontakt zur Agentin telefonisch hergestellt und ihr auf ihre Bitte hin ein Exposé und die ersten dreißig Seiten per Mail geschickt. Mein „Anschreiben" bestand also nur aus etwa einem Satz, der ungefähr so lautete: „Wie am Telefon vereinbart, sende ich Ihnen im Anhang das Exposé und die ersten dreißig Seiten des Textes zu."
Ich glaube, geholfen hat mir damals vor allem, dass ich mit dem Text „Bewegliche Ziele" beim *Hans-im-Glück-Preis* den 3. Platz belegt hatte und dieser Text bereits über diese Agentur an *Loewe* verkauft worden war. Auch für diesen ersten Text hatte ich vorher ein kurzes Telefonat mit der Agentin, in dem ich (fern-)mündlich den Text vorstellte. Das hatte ich vorher „trocken" geübt (ich habe mich trotzdem verhaspelt) und die wichtigsten Stichpunkte des Plots vor mir auf einem Blatt notiert. Ich halte das – naja, ich hatte Erfolg damit – für eine gute Methode, einen Text an eine Agentur schicken zu können.

Exposé zum Manuskript „Herz, klopf!":

Ein Mädchen verschwindet: Schauplatz ist ein Stadtteil von Düsseldorf in den kalten Februartagen des Karnevals. Während die Stadt feiert, macht sich die 16-jährige Lissy auf, um ihre 13-jährige Freundin Franka wiederzufinden. Begleitet wird sie von ihrer Freundin Tamara, einer minderjährigen Mutter, und Hulle, einem Kumpel ihres obdachlosen Vaters.
Ihr Gegenspieler ist Gianluca di Battista, ein 38-jähriger Übersetzer, der – selbst bedroht von Schulden und sozialem Abstieg – via Internet eine Freundschaft zu Franka pflegt, die geprägt ist von ihrer gemeinsamen Liebe zur Literatur. Als er entdeckt, dass Franka in seiner Nachbarschaft wohnt und mit den von ihm verachteten Obdachlosen und „billigen Schlampen" Umgang hat, beschließt er, sie vor diesem Milieu zu retten.
Beschrieben wird die beklemmende Enge der prekären Verhältnisse, in denen sich viele Jugendliche heute befinden, die – abgehängt von einem ungerechten Bildungssystem und jedem sozialem Aufstieg – nach eigenen Regeln leben, deren Miteinander und soziales Umfeld aber nicht nur von Gewalt und Alkohol geprägt ist, sondern auch von Solidarität.

Die Personen

Lissy, die jugendliche Ermittlerin, lebt bei ihrer *Mutter,* die überschuldet ist und sich mit Mini-Jobs über Wasser hält. Lissy besucht nur sporadisch die Schule und hat einen Bewährungshelfer, der sie zu Selbsthilfegruppen und Anti-Aggressions-Trainings zu überreden

versucht. Lissys Freund *Can,* ein Türke, soll sich mit einer anderen verloben. Lissys beste Freundin Tamara hat - seit sie Mutter ist - wenig Zeit für sie.
Lissys größte Sorge gilt allerdings ihrem obdachlosen *Vater,* der trinkt, sich prügelt und seinen Lebensunterhalt mit dem Sammeln von Flaschen verdient. Sie bemüht sich immer wieder, eine Beziehung zu ihm aufzunehmen, wird aber immer wieder enttäuscht. Stattdessen kümmert sich der obdachlose ehemalige Lehrer *Hulle* - neben dem behinderten *Zwei-Neunzehn,* der aus der Psychiatrie abgehauen ist - um Lissy.
Gianluca di Battista ist das Kind italienischer Einwanderer. Er lebt zurückgezogen mit seinen Büchern und seiner Musik - besonders Schubert-Lieder liebt er - in der Nachbarschaft. Er sieht sich als gescheitertes Wunderkind und wurde von seiner Musiklehrerin *Elfriede Arndt* einerseits vielfältig unterstützt, jedoch auch sexuell missbraucht, und schlägt sich als freier Übersetzer durch.
In seinen Fantasien ist er der Erlkönig, der - in einer verdrehten Interpretation der Goethe-Ballade - Kinder in sein Reich holt, um diese vor einer „schlechten Welt" zu retten.

Der Plot

Franka kommt am Abend von Weiberfastnacht nicht nach Hause. Lissy macht sich zunächst widerwillig auf die Suche, da sie weit mehr mit ihren eigenen Problemen beschäftigt ist. Dass Franka ihre Kladde, in die sie ihre Gedichte schreibt, nicht mitgenommen hat, macht Lissy jedoch klar, dass Franka entführt wurde. Während Lissy versucht, das wenige, was sie herausbekommt, zueinander in Beziehung zu setzen, entdeckt di Battista, dass Franka nicht bereit ist, die Rolle zu übernehmen, die er ihr in seiner Fantasiewelt zugedacht hat. In der kleinen Gartenlaube, in der er sie in einem Erdloch versteckt hält, schlägt sein Wunsch, sie zu behüten, in Wut um, die sich nicht nur gegen Franka richtet, sondern auch gegen Lissy.
Denn er erkennt, dass Lissy ihm auf der Spur ist, und nimmt seinerseits die Verfolgung auf. Für Lissy wird die Situation während des Rosenmontagzuges am Rheinufer bedrohlich, als di Battista versucht, sie zu ertränken.
Lissy entkommt und bricht in di Battistas Wohnung ein. Hier findet sie eine Amateur-CD mit Schubertaufnahmen, auf der die alte Lehrerin Arndt mitgespielt hat. Durch einen Hinweis von Hulle kann Lissy die Lehrerin ausmachen. Unfreiwillig führt diese Lissy zur Gartenlaube, in der Franka eingesperrt ist.
Während Lissy Franka befreit, kommt di Battista hinzu. Er will fliehen, Lissy verfolgt ihn, wird jedoch von ihm in eine Falle

gelockt. Hulle, der auf Lissy aufpasst, gelingt es, den Erlkönig zu überwältigen.

Erzähltechnik

Die Handlung wird in der dritten Person, personal aus der Perspektive von Lissy und di Battista erzählt.

Die einzelnen Kapitel entsprechen den jeweiligen Feiertagen des Karnevals und werden jeweils von einem kurzen Text eingeleitet, die die Handlung in den Worten von Franka in ihrem Erdloch zusammenfasst.

Der Titel „Herz, klopf!" ist gleichzeitig der Beginn des Textes, in dem Franka ihr Erwachen im Erdloch schildert.

Kinderbuch: „Biete Bruder! Suche Hund!"

2007 gewann Nikola Huppertz, geboren 1976 in Mönchengladbach, den 1. Preis beim Literaturwettbewerb „Meine Nachbarn" der *Bonner Buchmesse Migration* (www.bonner-buchmesse-migration.de). Das eingereichte Manuskript verarbeitete sie anschließend zu ihrem ersten Kinderroman „Karla, Sengül und das Fenster zur Welt". Er erschien 2009 bei *Thienemann*. Ein Jahr darauf veröffentlichte der *Gabriel Verlag*, ein *Thienemann*-Imprint, „Biete Bruder! Suche Hund!" (www.gabriel-verlag.de). Der Roman ist für Kinder ab 8 Jahren.
Nikola Huppertz wird vertreten von *Barbara Küper, Literarische Agentur und Medienservice* (www.barbara-kueper.de). Die Agentin über das Exposé: „Was mich und offenbar auch den Verlag am Exposé überzeugt hat: Es ist zwar vergleichsweise lang (normalerweise sollte ein Exposé nicht mehr als 2 Seiten umfassen), aber dafür sehr übersichtlich und gut strukturiert. Es gibt präzise den Inhalt der Geschichte wieder und lässt zugleich bereits deren Witz und Lebendigkeit durchschimmern. So etwas macht neugierig – und die Erwartungen wurden auch tatsächlich nicht enttäuscht!"

Exposé zum Manuskript „Biete Bruder! Suche Hund!":

Themen:

- Geschwisterbeziehung (Interessenkonflikte und Streitereien vs. Zusammengehörigkeitsgefühl; Stellung in der Familie)
- Unterschiede zwischen Geschwister- und Einzelkindern
- Mut und Ängstlichkeit
- Geheimnis, Abenteuer, Wunsch nach einem Tier

Personen:

- Janne, fast neun Jahre alt, ist ein großer Fan von Tieren, insbesondere Hunden, aber weniger von kleinen, lästigen Brüdern.
- Emil, ihr sechsjähriger Bruder. Er kommt zwar demnächst erst in die Schule, hat jedoch seine Berufswahl bereits getroffen: Geheimagent.
- Sonja, ihre Mutter. Sie geht zurzeit zur Uni, um ihr jahrelang unterbrochenes Studium zu beenden.
- Alexander, ihr Vater. Er arbeitet von zu Hause aus als Programmierer.
- Philine, Jannes beste Freundin und einziges Kind wohlhabender Eltern. Sie ist stolze Besitzerin von Trinchen, einer betagten Dackeldame.
- Herr Kutschenreuter, ein etwas dubioser Nachbar, der urplötzlich auftauchen kann – bevorzugt, wenn es ungelegen ist.

Handlung:

Eigentlich könnte alles so schön sein, findet Janne. Sie hat liebe Eltern – meistens! –, eine nette Lehrerin und eine supergute

Freundin. Aber dann ist da noch Emil, ihr kleiner Bruder, und auf den könnte sie gut verzichten. Immer nervt er sie, wenn sie ungestört spielen will. Und schmeißt sie ihn dann aus dem gemeinsamen Kinderzimmer, veranstaltet er ein Riesentheater.

Oder seine Prahlereien - kaum auszuhalten! Dauernd muss er verkünden, wie toll und mutig er ist und dass er später mal Geheimagent wird. Dabei fürchtet er sich sogar vor Hunden, und die sind ja nun wirklich das Süßeste der Welt. Aber wehe, Janne reibt ihm unter die Nase, was für ein Schisshase er ist! Dann wird sie natürlich zurechtgewiesen und Emil in Schutz genommen.

Wie viel besser hat es da Philine! Die Glückliche hat nämlich keine Geschwister. Dafür besitzt sie einen eigenen Hund, die schmusige Dackeloma Trinchen. Außerdem kriegt sie tausendmal mehr Geschenke, muss nicht immer „groß und vernünftig" sein und hat ihre Eltern ganz für sich allein. Und die machen obendrein so tolle Sachen mir ihr! Gerade planen sie zum Beispiel einen Kurzurlaub nach Paris. Mit Eiffelturm, Disneyland und allem Drum und Dran. Und Janne muss übers verlängerte Wochenende mal wieder mit dem nervigen Emil zu Hause rumhocken. Aber da fragt Philines Mutter, ob sie Lust hat, in der Zeit Trinchen zu versorgen. Janne ist begeistert. Doch es ist mal wieder typisch: Aus Rücksicht auf Emils Hundeangst erlauben ihre Eltern ihr nicht, den Dackel mit nach Hause zu bringen.

Verärgert schmiedet sie einen Plan. Sie flunkert, dass ihre Eltern einverstanden seien, und bringt Trinchen heimlich auf dem Dachboden des Mietshauses unter. Zuerst klappt auch alles bestens, lieb und ein bisschen träge, wie die Hundeseniorin ist. Weder Jannes Eltern noch der mysteriöse Nachbar Kutschenreuter kommen ihr bei ihrem Schmuggel auf die Schliche.

Aber Janne hätte mit Emil rechnen müssen. Als angehender Geheimagent spioniert er ihr nach und entdeckt schon nach kurzer Zeit das Hundeversteck - allerdings schlägt er Trinchen dabei vor lauter Schreck in die Flucht. Und plötzlich sitzen die Geschwister in einem Boot. Gemeinsam müssen sie den Hund suchen, und es ist Emil, dem schließlich der rettende Gedanke kommt, wo er hingelaufen sein könnte. Was bleibt Janne da anderes übrig, als ihn weiterhin mitmachen zu lassen? Emil stellt sich zwar anfangs fürchterlich an, findet sie, aber sie kann ihn nach und nach davon überzeugen, wie harmlos Trinchen ist. Gleichzeitig bemerkt sie, dass in Emil viel mehr steckt, als sie ihm zugetraut hat und dass er sie gar nicht ärgert, wenn sie ihn nicht ausschließt oder ihn ihre Überlegenheit spüren lässt. Eigentlich macht ihr Geheimnis mit Emil zusammen sogar noch mehr Spaß als allein!

Doch früh am nächsten Morgen ist Trinchen zum zweiten Mal verschwunden. Da kann nur eines passiert sein, das ist Janne und

Emil klar: Der Dackel ist über Nacht gekidnappt worden! Und ihre Spur führt sie ausgerechnet zum unheimlichen Herrn Kutschenreuter. Bestimmt will der mit Trinchen einen Batzen Lösegeld erpressen oder sie womöglich an ein Labor verkaufen. Und Janne ist auch noch schuld an allem! Sie ist verzweifelt und weiß nicht ein noch aus, aber Geheimagent Emil geht todesmutig zum Angriff über.

Allerdings entpuppt sich der Nachbar doch nicht als Gangster, sondern als aufmerksamer Mitbewohner, der das winselnde Trinchen mitten in der Nacht vom Dachboden befreit hat.

Das Geheimnis wird gelüftet, und Janne kriegt gehörigen Ärger für ihr unüberlegtes Handeln. Zur großen Überraschung der Eltern stellt Emil sich jedoch auf ihre Seite und besteht darauf, auch ausgeschimpft zu werden. Noch verwunderter sind sie darüber, dass Janne es fertiggebracht hat, ihn ein gutes Stück von seiner Hundeangst zu befreien. Sie kommen zu dem Schluss, dass selbst große Schwestern nicht ständig nachgiebig und vernünftig sein können. Und womöglich sind kleine Brüder auch nicht immer nur unschuldig und schutzbedürftig?!

Schließlich erlauben sie, dass Trinchen das Restwochenende bei ihnen bleiben darf - unter der Voraussetzung, dass Janne nun wirklich verantwortungsvoll für sie sorgt.

Als Philine aus dem Urlaub zurückkommt, fällt es Janne schwer, den Hund wieder herzugeben. Doch nachdem sie erfahren hat, wie langweilig ihre Freundin es manchmal ohne ein Kind zum Spielen fand, wird ihr klar, dass sie es mit Emil gar nicht so schlecht hat, wie sie immer dachte. Da kann sie Philine wenigstens ihr Trinchen gönnen. Und noch etwas anderes hat sie an diesem Wochenende für sich entdeckt: ein gemütliches Plätzchen auf dem Dachboden, an das sie sich zurückziehen kann, wenn es im Kinderzimmer mal wieder Zoff gibt.

Exposé Nummer 7:

Kriminalroman: „Januskopf“

„Januskopf. Katinka Palfys sechster Fall“ von Friederike Schmöe (www.friederike-schmoee.de) erschien 2007 im Gmeiner-Verlag (www.gmeiner-verlag.de). Im Verlag kannte man die Autorin bereits aufgrund ihrer vorherigen fünf „Fälle“.
Claudia Senghaas, Schmöes Lektorin, auf die Frage, was ihr an diesem Exposé gefällt und warum sie damals zugegriffen habe:
„Weil uns mit jedem weiteren Krimi sowohl die Autorin als auch die Hauptprotagonisten ans Herz gewachsen sind. Die Figuren sind durchgängig so angelegt, dass man wissen möchte, wie sich deren Leben und Beziehungen weiter gestalten. Alle Krimis der Autorin sind gut durchdacht und stilistisch ausgefeilt. Es wird aber nicht nur ermittelt, sondern auch private und persönliche Dinge spielen eine Rolle, und die Mischung stimmt immer.
An ‚Januskopf‘ hat mir besonders der literarische Bezug zu den ‚Elixieren des Teufels‘ gefallen, die der Mörder nachzuspielen scheint. Der Bezug war von Anfang an da, aber wir haben das während des Lektorats ausgebaut, weil mich E. T. A. Hoffmann schon immer begeistert hat und ich es mag, wenn man durch eine Lektüre zu anderen Büchern hingeführt wird. Was gibt es Besseres? Ein spannender Krimi also und: ein überraschendes Ende!
Außerdem war Frau Schmöe zu diesem Zeitpunkt kein unbeschriebenes Blatt mehr für uns. Sie ist eine faszinierende Frau, die einfach gut schreiben kann, sich in der Literaturgeschichte auskennt und ihre Figuren auch einen Alltag leben lässt – mit allem, was so an Verwirrendem dazugehört. Man nimmt ihr die Figuren ab, weil sie diese einfach gut zeichnet und charakterisiert.“

Exposé zum Manuskript „Januskopf“:

Thematik:

Dostojewski-Syndrom;
literarischer Bezug zu E.T.A. Hoffmanns „Die Elixiere des Teufels“ (1815/16): Die Täterfigur überträgt Konflikte, Stimmungen und Verbrechen des Romans in die „reale“ Welt, die Opferfigur ist der eigenen Geisteskrankheit und den Machenschaften ausgeliefert. Sie ist gezwungen, gegen etwas zu kämpfen, gegen das sie nicht gewinnen kann (Prämisse des Romans).

Serie:

Detektivin Katinka Palfy

Inhalt:

Katinka Palfy hat einen neuen Fall: Charlotte Isenstein bittet sie, ihren Mann Ewald zu entlasten. Anonyme Briefe diffamieren ihn als den Verursacher eines tödlichen Unfalls, und er hat kein Alibi. Seine Ticks (beispielsweise trägt er stets eine Flasche italienischen Messwein mit sich herum, den er „Teufelselixier“ nennt) und seine Anlage zur Persönlichkeitsspaltung erschweren die Zusammenarbeit.

Katinka ermittelt im Umfeld Ewald Isensteins. Seine Frau und seine Kinder scheinen rührend um ihn besorgt. Auch Ewalds früherer Kollege Bernhard Kroll hält sich häufig bei den Isensteins auf. Dieser hat Katinka im Visier: Er behauptet, sie wolle Ewald schaden.

Zwei weitere Morde geschehen, die in einem anonymen Brief wieder Ewald Isenstein angelastet werden – doch Kroll scheidet als Verdächtiger aus.

Zwischenzeitlich erfährt Katinka, dass Markus Isenstein ein Schmarotzer ist und auf Kosten seines Vaters lebt. Kurz darauf gerät sie ins Visier eines Schützen, kann jedoch fliehen. Alle Indizien weisen jetzt auf Bernhard Kroll hin – er kommt in Untersuchungshaft, doch Katinka ist skeptisch. Die Lösung „Kroll" erscheint ihr zu einfach. Plötzlich ist Tom [Katinkas ehemaliger Freund/Partner – Serie!] verschwunden.

In der folgenden Nacht wird Ewald Isenstein aufgegriffen. Er streift durch die Straßen Bambergs, in der Jackentasche eine Flasche Messwein, und redet von einem Doppelgänger, der ihn bedroht. Er ist am Ende. In einem Zustand von Selbstauflösung und Verwirrung ruft er Katinka an und verabredet sich mit ihr. Als sie sich treffen, spricht Ewald, immer noch verwirrt, von einem Doppelgänger, der hinter ihm her sei.

Ein Gedanke lässt Kommissar Uttenreuther [Katinkas neuer Gefährte], den Bücherfreak, nicht los. Die Abfolge von einem Unfall, zwei Morden und einem Mordversuch in Zusammenhang mit Persönlichkeitsspaltung und Geisteskrankheit erinnert ihn an „Die Elixiere des Teufels". Endlich versteht der Kommissar, dass der Täter den Roman E.T.A. Hoffmanns „nachspielt". Wenn er recht hat, wird ein dritter Mord geschehen. Als er bei Katinka anruft, erfährt er, dass sie sich mit Ewald verabredet hat. Bei dem Treffen wird auf Katinka und Ewald ein Anschlag verübt, den Ewald Isenstein nicht überlebt. Katinka flieht, der Täter folgt ihr, kann jedoch in letzter Minute gefasst werden.

Es ist Ewalds Sohn Markus. Er spielt gern den begüterten Geschäftsmann, gaukelt Erfolge vor und hält Frauen aus. Ein Darlehen bei der Bank von 500 000 Euro lässt ihn auf großem Fuß leben. Seine monatlichen Einkünfte gehen gegen Null. Sein Architekturbüro ist schöner Schein.

Ewald hat für seinen Sohn eine knappe Million Euro auf einem Nummernkonto in Österreich angelegt. Nach Ewalds Tod soll Markus alles bekommen. Mit dem Geld kauft Ewald sich von seinem Sohn „frei", denn Markus wurde und wird von seiner Mutter als schwarzes Schaf behandelt. Doch Ewald kam trotz bester Absichten weder gegen den verächtlichen Ton der Mutter dem Sohn gegenüber an, noch gegen deren Bevorzugung der Tochter. Jetzt ist Markus Isenstein pleite und will an das Geld. Minutiös plant er eine Serie von Verbrechen, die er seinem Vater in die Schuhe schiebt. Er kennt die Literaturbesessenheit seines Vaters, seine Vorliebe für E.T.A. Hoffmann, seine Ticks. Ein Wirrkopf wie Ewald ist ein schwacher Gegner. Markus ist sicher, dass Ewald dem Druck nicht lange standhalten und Selbstmord begehen wird. Er verursacht den tödlichen Unfall, er ist der zweifache Mörder, er entwendet Krolls Jagdgewehr und schießt auf Katinka. Er entführt Tom, um Katinka an anderer Stelle zu beschäftigen und währenddessen seinen perfiden Plan zu Ende zu bringen. Markus ist es auch, der den Anschlag auf seinen Vater und Katinka verübt. Er gesteht, Tom entführt zu haben, verrät das Versteck und Tom wird befreit.

Regionalbezug:

Bamberg

Autorin:

Friederike Schmöe wurde 1967 in Coburg geboren. Nach dem Abitur studierte sie Germanistik und Romanistik, promovierte und habilitierte an der Universität Bamberg, wo sie inzwischen über zehn Jahre als Dozentin tätig ist. Sie lebt mit ihrem Mann in Bamberg.

Anmerkungen zur Thematik:

Beim Dostojewski-Syndrom leiden die Patienten an Stimmungsschwankungen, rauschhaften Zuständen und Formen von Persönlichkeitsspaltung, die sie die Präsenz eines „Doppelgängers" oder eines zweiten Ich fühlen lassen. Das Syndrom geht mit überschießender Sprachproduktion einher, die Betroffenen werden redselig oder verfallen in einen Schreibrausch. In der Literaturgeschichte ist die Pathologie dieser Eigenschaften v. a. im 19. Jahrhundert ein beliebtes Motiv gewesen (z. B. Stevensons „Der seltsame Fall des Dr. Jekyll und Mr. Hyde" oder E.T.A. Hoffmanns „Die Elixiere des Teufels").
Im Krimi wird der Seelenzustand einer Figur mit dem des Mönchs Medardus (der Hauptfigur aus E.T.A. Hoffmann, Die Elixiere des Teufels) verknüpft. E.T.A Hoffmann hatte einige Jahre in Bamberg gelebt. Ein Besuch bei seinem Bamberger Verleger Kunz im Jahr 1812 inspirierte Hoffmann zu seinem Schauerroman. Er ist in Bamberg sehr präsent (E.T.A.-Hoffmann-Theater, E.T.A.-Hoffmann-Museum, E.T.A.-Hoffmann-Haus, E.T.A.-Hoffmann-Gesellschaft ...)

Literarische Bezüge:

Parallelen zu „Die Elixiere des Teufels":

1. Wie der Protagonist aus Hoffmanns Roman ist Ewald auf Irrfahrt durch sein Leben und auf der Suche nach tiefem Verständnis.
2. Er reimt sich eine düstere, von einem Fluch belegte Familienabstammung zusammen.
3. Ewald erfährt sein Leben als gespalten. Seine Taten nimmt er als die eines „Doppelgängers" wahr: Er leidet an Identitätsauflösung. Wie Hoffmanns Hauptfigur Medardus wird Ewald durch sein Leben getrieben, den Befehlen seines kranken Geistes ausgeliefert. Anders als in „Die Elixiere des Teufels" hat Isenstein jedoch keine Chance mehr, seine Lebensbeichte aufzuschreiben.
4. Der „Trunk" steht für das, was Ewald schlucken musste: Flucht, Lieblosigkeit, der Unfall und die Verletzung, die Forderung seiner Familie, zu funktionieren.

Zum Titel:

Janus (nach lat. ianua „Tür", vgl. „Januar") ist der römische Gott des Eingangs und des Ausgangs, meist dargestellt mit zwei Gesichtern, die wie die beiden Seiten einer Tür nach innen (ins Haus) und nach außen blicken (oder auch vorwärts und rückwärts).
Der Januskopf steht heute als Symbol der Zwiespältigkeit (Begriff „doppelköpfig"). Ewald, die „Opferfigur", ist ein Paradebeispiel: Er blickt nach innen in seine verworrene Welt und auch nach außen in die „wirkliche" Welt - beide Welten kollidieren, sind nicht zu versöhnen.

Exposé Nummer 8:

Memoir/Reisebericht: „Eine Freundschaft in Saigon"

Lars Schultze-Kossack von der *Literarischen Agentur Kossack* (www.mp-litagency.com) über die Autorin Bruni Prasske (www.bruni-prasske.de) und ihr Buch:

„Bruni Prasske ist den meisten Lesern für ihre Reisegeschichten in den Iran bekannt. Ihr erstes Buch ‚Mögen deine Hände niemals schmerzen' ist seit Jahren ein Longseller im Hoffmann und Campe Verlag/Bastei-Lübbe Verlag und erzählt die Reise von Bruni in den Iran. Bruni reist immer allein, und ihr erklärtes Ziel ist es, Menschen und Schicksale aufzustöbern, und vor allem ist es ihre ganz große Stärke, ihren ‚neuen Bekannten' ganz nah zu kommen. So erhält der Leser auf eine ganz besonders menschliche Art eine ganz neue Sicht auf das Land und die Leute.

Als Bruni von ihrer Vietnamreise zurückkam, erzählte sie mir die Geschichte von Dien und sagte, dass sie unbedingt ein Buch über Dien machen wolle.

Als ihr Agent musste ich ihr leider sagen, dass das Buch nur dann eine Chance auf dem Markt haben würde, wenn wir Bruni vorne mit auf den Umschlag stellen, und das leider aus dem einfachen Grund, dass Verlage nicht gerne erlebte Schicksale von Männern einkaufen. Im Nachhinein erwies sich dieser Kunstgriff als absoluter Volltreffer, denn die beiden begannen sehr schnell nach dem Erscheinen des Buches viele Lesungen zu geben und schafften es so, ihre besondere Freundschaft auch ‚live' zu transportieren. Bruni und Dien sind heute noch regelmäßig mit dem Buch unterwegs und sind, glaube ich, was verkaufte Bücher bei Lesungen angeht, eines der erfolgreichsten Autorenpaare in ganz Deutschland."

Exposé zum Manuskript „Eine Freundschaft in Saigon":

BRUNI PRASSKE

Vertreten durch:
Literarische Agentur Kossack
Cäcilienstraße 14
22301 Hamburg
Tel. 0049-40-27163828
www.mp-litagency.com

EINE FREUNDSCHAFT IN SAIGON

Oder wie ich NGUYEN PHONG DIEN kennenlernte

EXPOSÉ

Dien lebt in Saigon im heißen Süden Vietnams. Er hat sechs Jahre seiner Kindheit in Deutschland verbracht. Ursprünglich stammt Dien aus einem kleinen Ort im Mekong Delta. Dort wurde er als fünfjähriger Junge von einem Granatsplitter verletzt. Der winzige Fremdkörper steckt noch immer in seiner Wirbelsäule. Seit dem Tag der Bomben-

explosion ist Dien querschnittsgelähmt. Der Vietnamkrieg, der 1974 offiziell beendet wurde, wird für Dien niemals vorüber sein.
1968, einige Monate nachdem er bei einem Bombenangriff seine Verwundung erlitten hatte, war Dien mit einer Gruppe kriegsverletzter Kinder nach Deutschland ausgeflogen worden.

Er verbrachte sechs Jahre in Krankenhäusern, Reha-Maßnahmen, bei einer Pflegefamilie und in einem pädagogischen Zentrum in Dehme/Niedersachsen. Heute spricht er von dieser Zeit als die glücklichsten Jahre seines Lebens, die Zeit der Liebe und Mitmenschlichkeit. Seine bemerkenswert klaren Erinnerungen reichen von leckeren Nutella-Broten über Bonanza, den Schlagern der Siebziger, nächtlichen Boxkämpfen mit Cassius Clay, der Mondlandung bis zu detaillierten Beschreibungen seiner deutschen Krankenschwestern, Betreuerinnen und Lehrerinnen aus dieser Zeit.

Über Dien und andere kriegsverletzte Kinder aus Vietnam hat der renommierte Dokumentarfilmer Hans-Dieter Grabe zwei Filme gedreht, die mehrfach vom ZDF ausgestrahlt worden sind. Grabe hat die Kinder 1974 bei ihrer Rückführung nach Vietnam begleitet und sie 1990 erneut aufgesucht, als das Land sich dem Westen öffnete und die Einreisebestimmungen erleichtert worden waren. Im zweiten Film wird Dien als siebenundzwanzigjähriger Mann in einem ergreifenden Interview gezeigt. (Einige Ausschnitte der Filme liegen diesem Exposé als DVD bei.)

Ich lernte Dien im Januar 2007 zufällig kennen. Auf der Suche nach Vietnamesen, die als Vertragsarbeiter in der ehemaligen DDR gelebt hatten, war mir auch Diens E-Mail-Anschrift gegeben worden, obwohl er mit dieser Gruppe von Vietnamesen kaum etwas gemeinsam hat. Ich wusste über ihn nur, dass er ungefähr in meinem Alter ist und im Rollstuhl sitzt.

Unsere erste Begegnung fand vor einer typisch vietnamesischen Suppenküche statt. Ich konnte ihm keinen anderen Ort für ein Treffen nennen, denn das Chaos auf den Straßen Saigons war mir noch fremd und unentwirrbar. Sein nahezu perfektes Deutsch beeindruckte mich, sein Witz verwirrte mich und verursachte ein Dauergrinsen auf meinem Gesicht.

Wenig später saß ich bereits auf dem Rücksitz seines dreirädrigen Mopeds und sauste mit ihm durch einen Verkehr, der keiner mir bekannten Regel folgt. Dien gestattete mir Einblicke in seine Welt, die fernab der touristischen Pfade in einem Wohnviertel liegt. Nach europäischen Maßstäben würde man dieses Viertel als extrem ärmlich bezeichnen, für hiesige Verhältnisse gilt es aber als „normal". Die blonde Europäerin auf seinem Rücksitz verursachte einiges Aufsehen, und schon bald machten wir uns einen Spaß daraus, die Passanten über unser „Verhältnis" zu verwirren.

Im Frühjahr 2007, als es noch keine Pläne für dieses Buchprojekt gab, verbrachte ich zehn Tage mit Dien in Saigon und Umgebung. Zwischen uns entwickelte sich eine Vertrautheit, die seiner „deutschen" Seele gut tat. Mein zwangloses Verhalten und mein Umgang mit seiner Behinderung lösten viele der Hemmungen, die sein normales Leben üblicherweise begrenzen. Das Geschlechterverhältnis in Vietnam folgt strengen Regeln und eine Liebesbeziehung zu einem Behinderten scheint gar tabuisiert zu sein.

Nach meiner Rückkehr nach Deutschland ging Dien mir nicht mehr aus dem Kopf. Ich dachte an die rührenden Momente, die wir miteinander verbracht hatten, an unsere verrückten Mopedfahrten durch das nächtliche Saigon und an sein schmerzendes „Heimweh" nach Deutschland. Wir schrieben uns unzählige Mails und telefonierten regelmäßig miteinander.

Nun, im September 2007 bin ich für fünf Wochen zurück nach Vietnam gekommen, um mit Dien auf den Spuren seiner Vergangenheit und seines täglichen Lebens zu wandeln. Wir reisen gemeinsam durchs Land, besuchen sein Heimatdorf und besichtigen als „normale" Touristen sehenswerte Orte. Bisher ist Dien in Vietnam noch nie gereist. Seine Behinderung und seine äußerst beschränkten finanziellen Mittel fesseln ihn an das ungeliebte Saigon, eine Stadt, in der es für Rollstuhlfahrer keinerlei Hilfsmittel gibt. Unsere Reiseroute führt uns in Regionen, die für uns beide gleichermaßen fremd sind.

Für mich ist es das erste Mal, dass ich mit einem Rollstuhlfahrer unterwegs bin. Ich habe kaum Erfahrungen im Umgang mit Behinderten, und von Dien weiß ich, dass Vietnam keinesfalls ein behindertenfreundliches Land ist.

Meine Einstellung als Reisende, die mit „wir kommen schon irgendwie durch" beschrieben werden kann, trifft auf Diens äußerst skeptische Meinung gegenüber seinen eigenen Landsleuten. Aufgrund seiner Behinderung hat er in Vietnam viel zu erleiden. Die überwiegend buddhistisch geprägte Bevölkerung sieht in einer körperlichen oder geistigen Beeinträchtigung die Strafe für ein Vergehen des Menschen im vorherigen Leben.

Unsere Freundschaft hat sich in den vergangenen Wochen, seitdem ich wieder in Vietnam bin, zu einer besonderen Tiefe entwickelt. Dien redet sich vergrabenen Kummer von der Seele, und gemeinsam stöbern wir in seiner Vergangenheit und sprechen Fragen aus, die er sich lange nicht getraut hatte zu stellen. Dien fasste den Mut, nach alten Dokumenten zu forschen, die aus seiner Zeit in Deutschland stammen. Wir entdeckten Krankenhausberichte aus Hamburg und Briefe seiner Mutter, die er sich nie getraut hatte, anzuschauen.

Warum hatte man ihn als Elfjährigen zurück in seine Heimat geschickt? In Vietnam wütete noch der Krieg, sein Vater war inzwischen gefallen. Immer wieder stellt er sich die Frage, was aus ihm geworden wäre, wenn er hätte in Deutschland bleiben dürfen. So wie andere vietnamesische Kinder aus seiner damaligen Gruppe. Immer wieder vergleicht er deren Leben mit seinem. Deutschland ist für ihn zum Synonym für Mitmenschlichkeit und Verständnis geworden. Dien ist enttäuscht von seiner Heimat. Gleichzeitig schafft er es, sich gegen alle Beschwernisse durchzusetzen und ist - nicht zuletzt durch seine Intelligenz und seinen Lebensmut - zum Ernährer seiner Mutter und teilweise seiner Geschwister geworden.

Dien wurde seit 1990 (durch die Ausstrahlung des zweiten Films im ZDF) dreimal für kurze Aufenthalte nach Deutschland eingeladen. Seine ohnehin schon positive Meinung über die Deutschen wurde durch diese Aufenthalte noch gestärkt.

Berlin erlebte er im Jahre 2005 als außerordentlich behindertenfreundlich. Seine Perspektive ist manchmal überraschend, aber auf den zweiten Blick immer nachvollziehbar.

Dien verfügt über die Fähigkeit, andere Menschen an seinem Schicksal, seinen Empfindungen, Sichtweisen und Träumen teilhaben zu lassen. Damit kann er nicht nur anderen Behinderten Mut machen. Sein Schicksal, das maßgeblich durch Kriegserfahrungen geprägt ist, zeigt Möglichkeiten auf, die das Leben bieten kann, wenn man trotz aller gegenteiligen Erfahrungen weiterhin am Optimismus festhält.

Dien träumt noch immer von blühenden Rapsfeldern, saftigen Äpfeln aus norddeutschen Bauerngärten, frischer Luft und einer nächtlichen Stille, die es in Saigon nicht gibt.

Die Erinnerungen an seine Kindheit spiegeln in besonderer Weise seine Erlebnisse in Deutschland wider. In vieler Hinsicht ist Dien ein Deutscher in Vietnam, der bis heute versucht, seine (vietnamesischen) Landsleute zu verstehen und sie manchmal sogar „deutsch" zu erziehen.

In der letzten Woche sind wir gemeinsam ans Meer gereist, und Dien ist zum ersten Mal im offenen Wasser geschwommen. Er wusste aus seiner Kindheit noch, dass er schwimmen kann, aber bisher gab es für ihn keinen Ort, an dem er erneut versuchen konnte. Die Blicke der anderen Badegäste, wenn ich ihn ins Meer trug, sind ihm egal geworden. Gemeinsam genossen wir das besondere Vergnügen, die Wellen und die Brandung. Seine Glücksgefühle in solchen Momenten rühren mich regelmäßig zu Tränen. Unsere gemeinsamen Erlebnisse haben uns noch näher zueinander gebracht. Es gibt keine Tabuthemen mehr, alle Fragen können ausgesprochen und alle Gefühle und Bedürfnisse gezeigt werden. Was ihn über Jahrzehnte von einem „freieren" Leben abgehalten hat - der fehlende Zugang zu einer rollstuhlgerechten Toilette - lösen wir auf unseren Reisen mit großer Improvisation.

Jetzt, während ich diese Zeilen an einem schwül-heißen Abend in Saigon schreibe, denke ich an die Folgen eines Krieges, der über dreißig Jahre zurückliegt, denke an die kriegerischen Kämpfe im heutigen Irak und anderen Ländern unserer Welt und frage mich, was aus den vielen körperlich und seelisch Behinderten wird, die jeder Krieg hervorbringt. In Diens Wirbelsäule steckt ein winziger Granatsplitter, der jede Sekunde seines Lebens bestimmt. Es vergeht kein einziger Tag, an dem er sich nicht vorstellt, wieder gehen zu können.

Zur methodischen Vorgehensweise:

In meinen beiden „Iran-Büchern" habe ich das fremde Land, seine kulturellen und religiösen Besonderheiten und vor allem seine Menschen aus meiner persönlichen Perspektive beschrieben. Die Veröffentlichungen haben eine große Resonanz hervorgerufen, wobei meinen Lesern insbesondere mein offener Erzählstil gefällt. Ich gebe vieles von mir preis und versuche, meine Leser mit auf die Reise zu nehmen. Meine zufälligen Begegnungen mit den Menschen im Iran entwickelten sich nicht selten zu anhaltenden Freundschaften. Eine Vielzahl biografischer Elemente in meinen Büchern lassen die Iraner weniger fremd erscheinen, als gemeinhin angenommen. Meine authentische Erzählweise hat bereits häufiger zu direkten Kontakten zwischen meinen Lesern und den Protagonisten meiner Bücher geführt. Nicht wenige Deutsche und Exiliraner haben sich nach der Lektüre meiner Bücher sogar auf die Reise gemacht.

In den Veröffentlichungen WAS MEINE HEIMAT WAR (über einen ruhelosen Afghanen zwischen den Welten Europas und Asiens), AMAZONASKIND (die tragische und abenteuerliche Lebensgeschichte eines

Zum Genre Memoir/Memoire – eine Definition:

Memoirs sind unterhaltsame Frauen-Abenteuer-Geschichten mit schicksalhaften Fügungen, die bevorzugt in exotischen Ländern spielen. Bekannte Memoirs sind „Nicht ohne meine Tochter" von Betty Mahmoody, „Die weiße Massai", „Wüstenblume" oder „Dschungelkind". Ein Memoir wird nicht erfunden; es ist eine authentische Geschichte, mit Fotos belegt, die in den meisten Büchern mit abgedruckt sind. Ein gut geschriebenes Memoir, hinter dem oft ein Ghostwriter steckt, erzählt nicht nur eine packende Story, es transportiert auch Botschaften. So kann es Missstände oder Unrecht aufdecken, es

brasilianischen Mädchens vom Amazonas, die es als junge Frau nach Österreich verschlägt) sowie TRÄNEN ZWISCHEN HIMMEL UND ERDE (mit China Keitetsi, über ihr Leben als ehemalige Kindersoldatin) erzählen die Protagonisten aus der „Ich-Perspektive".
Bei meinem neuen Buchprojekt mit Dien möchte ich diese unterschiedlichen Erzählformen vereinen. Das Buch soll also aus meiner weiblichen Perspektive geschrieben werden und dennoch soll Dien auch zu Wort kommen. Meine Rolle als Reisende, Beobachtende und Handelnde im exotischen Vietnam soll verknüpft werden mit der Erzählung über die Freundschaft zu Dien und seiner ergreifenden Lebensgeschichte. Es ist eine Annäherung an ein Land und seine kulturellen und gesellschaftlichen Besonderheiten, an einen besonderen Menschen und an das Thema Körperbehinderung.
Wie in den beigefügten Filmausschnitten deutlich wird, ist Dien ein guter Erzähler und seine hervorragenden Deutschkenntnisse machen das Zuhören zu einem ergreifenden Vergnügen.

Bisherige Veröffentlichungen:
„Mögen Deine Hände niemals schmerzen"
(Hoffmann und Campe Verlag 2000, TB bei Lübbe)

„Was meine Heimat war"
(Hoffmann und Campe Verlag 2002, TB bei Lübbe)

„Amazonaskind" (mit Sueli Menezes)
(Hoffmann und Campe Verlag 2005, TB bei Ullstein)

„Küsse in der Moschee"
(Blanvalet Hardcover 2007, TB im Frühjahr 2008)

„Tränen zwischen Himmel und Erde" (mit China Keitesi)
(Marion von Schröder Verlag, 2007)

kann die Kluft zu Randgruppen schmälern und Verständnis wecken, und natürlich liefert es eine Menge Informationen über fremde Länder und Gebräuche. Vor allem aber hat es eine Heldin, die trotz aller Widrigkeiten nicht an ihrem manchmal sehr schweren Schicksal zerbricht, und damit hat das Memoir eine Mut machende Funktion. Ein Memoir ist – im Gegensatz zum Tagebuch – ein dramaturgisch spannend durchkomponiertes Werk und widmet sich, anders als eine Autobiografie, einer besonders schicksalhaften Episode aus einem Leben.
(Nach Sonja Freytag in: Federwelt, Heft 77, August/September 2009, S. 21)

Exposé Nummer 9:

Roman: „Soul Kitchen“

Lars Schultze-Kossack von der *Literarischen Agentur Kossack* (www.mp-litagency.com) erzählt, wie das Buch entstand:

„Die Idee für SOUL KITCHEN – DIE GESCHICHTE ERSTER TEIL. DAS BUCH VOR DEM FILM wurde vom Regisseur Fatih Akin angestoßen. Als alter Jugendfreund von der Autorin Jasmin Ramadan hatte er die Idee, dass sie einen Roman zu seinem neuen Film SOUL KITCHEN schreiben sollte. Dieser Film ist Fatihs erste Komödie und so etwas wie Fathis Liebeserklärung an seine Heimatstadt Hamburg, aber auch eine Hommage an seine Freunde. Da lag es also nahe für ihn, Jasmin zu fragen.

So trafen sich Fatih, Jasmin, der Hauptdarsteller und auch Jugendfreund Jasmins, Adam Bousdoukos, und ich (als Jasmins Agent) zum Mittagessen in einer bekannten Pizzeria in Hamburg Ottensen. Dabei sprachen wir über die Idee und schnell kamen wir darauf, dass wir die Vorgeschichte von Zinos, der Hauptfigur des Films erzählen wollten, da weder Fatih noch Jasmin Lust hatten, den Film nachzuerzählen bzw. aufzuschreiben. Nebenbei bemerkt haben wir bei dem Mittagessen sehr viel gelacht und Adam hat dabei schweigend seine Pizza verdrückt, die er mit einer kompletten Flasche Tabasco nach seinem Gusto würzte.

Jasmin entwickelte schnell ein Exposé für das Buch und wir begaben uns damit auf Verlagssuche, denn die Zeit eilte. Klar war auch, dass es ein Verlag sein sollte, der nicht nur ein ‚Buch zum Film‘ wollte, sondern der auch unsere ungewöhnliche und für manche heute immer noch unverständliche Idee kaufen sollte. Glücklicherweise meldete sich relativ schnell Wolfgang Farkas von Blumenbar aus München (jetzt Berlin). Und nach einem äußerst netten Abend in Adams Lokal, er war damals wirklich Wirt, war klar, das Buch erscheint im Blumenbar Verlag.

Heute ist Jasmins Buch eines der bestverkauften Bücher des Verlags und der Film Soul Kitchen mit über eine Million Kinozuschauer der erfolgreichste Film Fatih Akins überhaupt.“

Exposé zum Manuskript „Soul Kitchen" [Auszug]:

Jasmin Ramadan

Soul Kitchen, die Vorgeschichte

Roman-Prequel zu einem Film von Fatih Akin

Der Grieche Zinos erlebt einen irrwitzigen Selbstfindungstrip.

In Soul Kitchen werden Coming of Age, Abenteuerroman und Thriller zu einem delikaten Stoff verwoben.

Der Grieche Zinos erfährt das Pech der Liebe, entdeckt kulinarische Mikrokosmen, reist durch die Welt und gerät weit weg von Zuhause in eine lebensbedrohliche Lage.

Der junge Grieche Zinos lebt ohne Schulabschluss und auf sich allein gestellt in Hamburg-Altona. Sein Bruder sitzt im Gefängnis, die Eltern sind überraschend nach Griechenland zurückgekehrt.

Zinos fühlt sich verlassen. Er hat keinen festen Job, experimentiert mit Drogen und hat keine Perspektive.
Sein Ersatzvater versucht ihm zu helfen. Weil Zinos seinen Lebensstil nicht ändert, verspielt er dessen Unterstützung.

Zinos versucht sein Glück auf den griechischen Inseln, ein gebrochenes Herz bringt ihn zurück nach Hamburg. Er lernt kochen, fällt aber durch die Abschlussprüfung.
Er kocht in einem wunderlichen Puff, bricht Herzen, verliebt sich, verliert die Liebe, baut in konservativ-muffigen Hotels Hunderte Buffets auf, rettet seiner kokainabhängigen Freundin das Leben und verlässt sie nach ihrer Rückkehr aus der Psychiatrie.

Schließlich strandet er durch den Job in der Pizzeria eines Kreuzfahrtschiffes in dem bizarren Ort Adios auf einer Karibikinsel. Zinos wähnt sich im Paradies. Doch dann wird er mit allerlei irrem Zauber, Elend, weiblichem Sextourismus und den Machenschaften eines Pharmakonzerns konfrontiert - was ihn beinahe das Leben kostet.
Als er am düsteren Ende seines Lebens angekommen scheint, weiß er endlich, was er wirklich will und was zu tun ist, damit die Fülle seltsamer Geschehnisse endlich ein Ende nimmt. Er entkommt den mörderischen Handlangern des Pharmakonzerns und erhält durch eine List das Geld für einen Flug zurück nach Deutschland.

Zurück in Hamburg eröffnet Zinos in Hamburg ein Restaurant, das Soul Kittchen, und hofft, dass seine Irrfahrt nun ein Ende hat. Eine Weile kehrt tatsächlich Ruhe ein, doch dann ahnt Zinos plötzlich, dass sich die Unbeständigkeit seines Lebens fortsetzen könnte.

(Das Restaurant Soul Kittchen ist der Haupt-Schauplatz von Fatih Akins Film und auch Titel des Films.)

Exposé Nummer 10:

Zeitgenössischer Roman: „Schneetage"

Mit dem Roman „Schneetage" gewann Jan Christophersen 2009 den *Debütpreis des Buddenbrookhauses.* Jan Christophersen (www.janchristophersen.de), 1974 in Flensburg geboren, studierte am *Deutschen Literaturinstitut Leipzig* und lebt mit seiner Familie bei Schleswig. „Schneetage" ist sein erster Roman und erschien im Februar 2009 im *mareverlag,* Hamburg (www.mare.de).

Jan Christophersen bediente sich keiner Agentur, sondern reichte sein Exposé zusammen mit seinem Manuskript selbst ein, ganz so, wie es auf der Website des *mareverlags* unter dem Stichpunkt „Manuskripteinsendungen" beschrieben wird. Obwohl der *mareverlag* im Monat rund 50 unverlangt eingesandte Einsendungen erhält, „fischte" das Lektorat sein Angebot heraus.

Der *mareverlag* publiziert ausschließlich Belletristik und Sachbücher mit einem eindeutigen und zentralen Bezug zum Meer. Dazu das Lektorat: „Die inhaltliche Ausrichtung unseres Programms wird von ‚Erst-Einreichern' von Manuskripten oft nicht wahrgenommen. Das ist schade. Denn wir müssen dann eine Absage schreiben, was weder den Autoren noch uns eine Freude bereitet."

Exposé zum Manuskript „Schneetage":

Zum Jahreswechsel 1978/79 setzt an der deutsch-dänischen Grenze unerwartet starker Schneefall ein. Schnell sind die Straßen nicht mehr befahrbar, Autos und Häuser verschwinden unter Verwehungen, ganze Dörfer sind bald von der Außenwelt abgeschnitten, das Stromnetz bricht zusammen – und weitere vier Tage schneit es beinahe ohne Unterbrechung. Schon bald spricht man von der sogenannten Schneekatastrophe.

In dem friesischen Grenzdorf Vidtoft führt diese ohnehin schwierige Situation für die Familie Tamm, die Eigentümer des „Grenzkrugs", zu besonderen Belastungen. Außerdem ist Paul nicht da. Er, der Vater der Familie, ist nach den Weihnachtstagen wegen akuter Herzprobleme ins Krankenhaus nach Niebüll gebracht worden. Seine Frau, die Chefin, muss derweil die Arbeit im Krug alleine bewältigen. Trotz Stromausfalls und Kälte ist sie bemüht, den festsitzenden Gästen so gut es geht zu helfen. Zudem werden die Räumlichkeiten des Grenzkrugs für Krisensitzungen der Gemeindevertretung genutzt, und jeden Abend trifft sich das halbe Dorf im Saal, um zu erzählen, zu beratschlagen und – trotz allem – zu feiern.

Jannis, Erzähler und Faktotum des Hauses, beobachtet alles genau. Er lebt seit dem Ende des Krieges hier, ist noch als Kind in die Familie gekommen, nachdem seine Mutter gestorben ist. Seitdem gehört er zur Familie „dazu". Er spürt – und erfährt schließlich auch –, dass etwas die Situation noch komplizierter macht, als sie es auf den ersten Blick zu sein scheint. Denn die „Nachricht aus Schleswig" ist gekommen, auf die Paul sehnsüchtig gewartet hat. Die Familie hat es bis jetzt jedoch hinausgezögert, ihn davon in

Kenntnis zu setzen, denn ihre Befürchtung ist, dass auch diese Nachricht kein abschließendes Ergebnis bringen wird: Pauls Forschungen werden noch immer nicht an ein Ziel gekommen sein.

Bei diesen Forschungen handelt es sich um die Arbeit an einem Mythos, die Paul schon seit vielen Jahren umtreibt. Während der Kriegsgefangenschaft auf der Halbinsel Eiderstedt hatte man ihn auf Funde des untergegangenen Rungholt hingewiesen, die draußen im Watt gemacht worden seien, eines Ortes, der im vierzehnten Jahrhundert von einer Sturmflut zerstört wurde. Überreste von Rungholt werden von Zeit zu Zeit durch Fluten freigelegt; im Schlick zeichnen sich dann ehemalige Schleusen ab, Mauern werden sichtbar, man kann Reste von Tonkrügen und vielem mehr finden. Fasziniert von der Idee, einer Sage auf die Spur zu kommen, die von einer „goldenen Stadt" spricht, widmet Paul sich zunehmend der Erforschung von Rungholt. Und er kommt zu keinem Ende. Jeder Fund, jede Entdeckung wirft neue Fragen auf.

Die Familie aber ist mit den Jahren immer weniger gewillt, seinen Forscherdrang mitzutragen. Dabei führen nicht nur die finanziellen Schwierigkeiten, in die sie durch seine vielen Exkursionen und Gutachten gerät, und seine häufige Abwesenheit vom Krug zu Spannungen, sondern insbesondere auch der übertriebene Erfolgsdruck, unter den er sich ihrer Meinung nach setzt.

Jannis teilt Pauls Leidenschaft, allerdings aus einem anderen Grund. Da Paul es war, der damals, als seine Mutter starb, dafür gesorgt hatte, dass er ein neues Zuhause bekam, glaubt er, ihm alles zu verdanken. Außerdem ist Paul derjenige, der ihm als einziger befriedigende Informationen über seine Herkunft geben, der die Lücken in der eigenen Geschichte füllen kann. So erfährt er beispielsweise nach und nach, dass er der Sohn eines englischen Soldaten ist, und sein Leben scheint auf rätselhafte Weise mit der Okarina verknüpft zu sein, die vor Jahren im Nordseeschlick gefunden wurde. Und so begleitet er Paul auf den unzähligen Fahrten ins Watt und verteidigt ihn immer wieder gegen die Vorwürfe der Familie. Die Forschungen verbinden sie.

Die Situation während der Schneekatastrophe stellt Jannis vor eine schwierige Entscheidung. Er kennt die Bedenken der Familie, weiß auch um die finanzielle Lage, und wie sie befürchtet auch er, dass die „Nachricht aus Schleswig" eine Enttäuschung sein könnte. Andererseits fühlt er sich Paul gegenüber verpflichtet und glaubt, ihm die Ergebnisse auch gegen den Willen der Familie übermitteln zu müssen.

Bei dieser „Nachricht aus Schleswig" handelt es sich um die Ergebnisse einer Untersuchung. Eine Eisenscherbe, die sie während einer Exkursion im Watt entdeckt haben, könnte nun von einer

Glocke stammen: der Kirchenglocke von Rungholt. Zudem hatten sie die Scherbe in einer Gegend gefunden, in der noch niemand zuvor Rungholt vermutet hat. Vielleicht liegt das echte Rungholt also an ganz anderer Stelle? Vielleicht war es viel größer, als bisher bekannt?

In seiner Erinnerung erlebt Jannis noch einmal die ganze Zeit, die er bei der Familie Tamm in Vidtoft verbracht hat: Beginnend mit der Nachkriegszeit, die auf der einen Seite die erste Berührung mit Rungholt, auf der anderen die gesellschaftlich und politisch schwierige Situation an der deutsch-dänischen Grenze brachte, über die Zeit des kurzen Aufstiegs des Krugs und der zunehmenden Anerkennung von Pauls Rungholtforschungen, bis hin zur familiären Krise, dem finanziellen Kollaps und Pauls sich verschlechterndem Gesundheitszustand. Alles ist wieder da, und in gewissem Sinne wiederholt es sich während der Schneekatastrophe.

Schließlich erfährt Jannis die Ergebnisse der Untersuchung: Es ist ein Erfolg, und es ist keiner. Die Scherbe kann auf das dreizehnte Jahrhundert datiert werden, in dem den Chroniken zufolge in Rungholt auch eine Kirche gebaut wurde. Nicht feststellbar ist allerdings, ob die Scherbe von einer Glocke stammt; dafür wären weitere Funde vonnöten. Die Forschungen müssen also weitergehen.

Er bricht auf und schlägt sich durch den Schnee bis nach Niebüll durch. Dort besucht er Paul im Krankenhaus und erzählt ihm von den Ergebnissen. Ihm ist dabei bewusst, dass auch für ihn einiges davon abhängt, wie Paul diese aufnehmen wird, und er weiß, dass er trotz allem weitermachen würde, zusammen mit Paul. Aber Paul hat sich in der Zwischenzeit anders entschieden: Er wird seine Forschungen mit diesem Ergebnis beenden. Ihm genügt die Möglichkeit eines Erfolges.

Und während sich damit ein Kapitel in Jannis' Leben schließt, wird gleichzeitig ein neues eröffnet, denn nun fühlt er sich frei, sich endlich auf die Suche nach seinem leiblichen Vater zu machen.

Sachbuch/Ratgeber: „Ich verlasse dich"

Sandra Lüpkes lebt als erfolgreiche Krimiautorin und Sängerin mit ihren beiden Kindern in Münster. „Ich verlasse dich" ist ihr erstes Sachbuch. Es erschien 2008 im *Krüger Verlag* als Hardcover. Die Idee dazu entstand, als sie selbst nach elf Jahren Ehe an einen Wendepunkt gekommen war und einen Rat gebraucht hätte.
Sandra Lüpkes (www.sandraluepkes.de) wird vertreten von der *Copywrite Literaturagentur Georg Simader* (www.copywrite.de).

Exposé zum Manuskript „Ich verlasse dich":

Arbeitstitel: Ich verlasse dich. *Ratgeber für den, der geht*

Autorin: Sandra Lüpkes

Idee: Als ich meinem Mann mitgeteilt habe, dass ich ihn verlassen werde, haben wir beide eine Beratungsstelle aufgesucht. Während mein Mann mit einem ganzen Stapel Ratgeber versorgt wurde („Auf einmal allein" ... „Wenn der Partner geht" ... usw.), bekam ich noch nicht einmal einen kopierten Zettel in die Hand gedrückt. Auf meine Nachfrage erhielt ich die Information: „Es gibt keine Hilfe für den, der geht."
Im weiteren Verlauf meiner Trennung stieß ich immer wieder auf die Tatsache, dass derjenige, der eine Beziehung beendet, ziemlich allein gelassen wird.
Wenn ich meinen Schmerz und meine Trauer zum Ausdruck bringen wollte, bekam ich direkt oder indirekt gesagt: „Aber du hast es doch so gewollt, also jammere hier nicht rum!"
Ist das so?
Verliert man mit dem Satz „Ich verlasse dich" jedes Recht auf Leid, Mitleid oder Unterstützung?
In Gesprächen mit verschiedenen Betroffenen und Psychologen reifte mein Entschluss, diesen Missstand zu beheben. In diesem Buch möchte ich anhand von Fallbeispielen, Expertenmeinungen und Tipps, aber auch mit positiv stimmenden Zwischeneinschüben (z.B. mit Mut machenden E-Mails von einer imaginären Freundin) die Menschen unterstützen, die sich bewusst für eine Trennung entschieden haben und nun mit Vorwürfen, Zweifeln, Gewissensbissen und Ablehnung zurecht kommen müssen.

Themen: Der richtige Zeitpunkt: Schonfrist oder kurzer Prozess?

Die endgültigen Worte: erklären oder vollendete Tatsachen?
Der Ex-Partner: Kann ich sein Leid irgendwie mindern?
Die Kinder: Kann ich ihr Urvertrauen retten?
Die Familie/Freunde: Muss ich mich vor allen rechtfertigen?
Das Gewissen: Bin ich schuldig?
Die Trennung: Steht es mir zu, überhaupt irgendetwas zu fordern?

Die Zukunft: Darf ich gleich damit anfangen?

Umfang: ca. 180 Seiten

Zeit: mit Recherche ca. 1 Jahr

Exposé Nummer 12:

Ratgeber: „Gratulieren mit Stil"

Nina Pohlmann über ihr Exposé:
Manche Verlagslektoren bevorzugen eine einleitende Projektskizze, andere nicht. Manche wünschen ausdrücklich eine detaillierte Konkurrenzanalyse, andere empfinden eine solche Analyse als Bevormundung. Es ist daher wichtig, das Exposé dem Verlag und den Gepflogenheiten dort anzupassen, wenn es Erfolg haben soll.
Da ich schon mehrere Bücher für den Gräfe und Unzer Verlag (GU) geschrieben habe, kann ich eine verkürzte Form von Exposé anbieten und weiß, worauf die betreuenden Redakteure Wert legen. Für einen anderen Verlag würde ich dieses Exposé vielleicht anders aufbauen oder anders darbieten. Diesem Konzept ging ein langes Gespräch voraus. Ich wusste also, was der Verlag gerne im Buch sehen wollte. Als Autorin bewerbe ich mich um einen „Schreibauftrag". Erhalte ich ihn, muss ich zeigen, dass ich mit den Vorgaben des Verlages kreativ arbeiten kann. Ich mache auch Gegenvorschläge, wenn ich sie aufgrund meiner Vertrautheit mit dem Thema für nötig halte.

Exposé zum Manuskript „Gratulieren mit Stil":

- Kleine Schreibschule für Glückwünsche
- Inspiration für alle Anlässe, beruflich und privat

oder

- Glückwünsche und Grüße zu allen Gelegenheiten
- Formvollendet gratulieren – von klassisch bis modern
- So treffen Sie den richtigen Ton, privat und beruflich

128 Seiten, ca. 20 Illustrationen
Softcover mit Klappen

Klappe vorne:
In fünf Schritten zur perfekten Gratulation
- Quickfinder. Leser stellt eine Frage wie etwa: „Sollte ich eine Karte schicken oder persönlich gratulieren?" und erhält dann 4 Bedingungen, bei denen er jeweils weiter nachlesen kann.

Klappe hinten:
- Autoren-Bio
- Der Glückwunsch-Knigge (Die „Do's")

1. Das hat Stil ((16 Seiten))
- Viel Glück wünschen – so machen Sie es richtig
- Lasst Karten sprechen? Verschiedene „Glückwunsch-Wege" (die Infografik aus der Klappe ausformuliert: Karte schicken? Blumen und Karte vorbeibringen? ...)
- Typische Fettnäpfchen – und wie man sie vermeidet (Übersicht typische Fehler beim Gratulieren, schriftlich oder mündlich. Auch: verspätete Gratulation)

- Informell ist inakzeptabel? Gratulieren per SMS, E-Card und E-Mail
- Der Ton macht die Musik - telefonisch gratulieren
- *Special: Durch die Blume sprechen*
- Der berittene Bote sind Sie - Glückwünsche persönlich überbringen (mit Blumen oder anderem Geschenk; Tipps für die Übergabe und für Besonderheiten wie Darbietungen auf Feiern)
- Musikalische Gestaltung als eine Option erwähnen (Kasten), aber nicht weiter ausführen

2. Kleine Schreibschule für Glückwünsche ((24 Seiten))
- So wird ein Glückwunschtext aufgebaut
- Ihre private Schatzkammer: Mustertexte sammeln (Tipp: Zitate aus dem Internet)
- Keine Angst vor dem leeren Blatt - hier finden Sie Inspiration (z. B. kleines Mindmap erstellen über den Anlass oder den Jubilar; die so gefundenen Stichworte kann man dann mit Zitaten belegen oder mit Reimlexikon ausbauen zu einem Gedicht etc.)
- Besser gut kopiert als schlecht formuliert (mit Mustertexten arbeiten)
- Zitate richtig einbauen
- *Special (Doppelseite): So geben Sie Ihren Glückwünschen eine persönliche Note*
- Dichter sein dagegen sehr: Gelegenheitsgedichte selber schreiben

3. Von Geburt bis Hochzeit - zu privaten Anlässen gratulieren ((42 Seiten))

((Jeweils 1 Seite, 1 DS oder 3 Seiten, keine halben Seiten))
- Geburt
- Taufe
- Kommunion und Konfirmation
- Toasts im Familien- und Freundeskreis
- Muttertag/ Vatertag/ Namenstag
- Hochzeiten (auch Silberhochzeit, Goldene Hochzeit)
- Geburtstag (Schwerpunkt; auch Tipps für runde Geburtstage)
- Einschulung (auf 1 Seite mit Tipp: Grüße für Kinder altersgerecht formulieren)
- Mittlere Reife, Abitur, Examen und bestandene Prüfungen

4. Glückwünsche im Beruf ((26 Seiten))
- Firmenjubiläum
- Beförderung
- Geburtstag
- Toasts bei Betriebsfeiern

- Special: „Congratulations on your ..." Glückwünsche in verschiedenen Sprachen
- Pensionierung

5. Ihre Schatzkiste - Gedichte und Zitate für alle Anlässe ((14 Seiten))

((Gedichte und Zitate sind eigentlich Inhalt von Kapitel 3 und 4. Eventuell ist es aber besser, sie an einer Stelle gebündelt zu bringen, die man beim Blättern schnell findet. Das wird vermutlich auch einige der Layout-Probleme aus den Kapiteln 3 und 4 beheben, wo sich Mustertexte und Zitate geballt treffen.))

6. Service ((4 Seiten))

- Websites, die weiterhelfen
- Register
- ((Verlagswerbeseite?))
- Impressum

Über die Autorin

Nina Weber, Jahrgang 1973, hat unter ihrem Mädchennamen Nina Pohlmann bisher fünf Ratgeber veröffentlicht, der sechste ist in Vorbereitung.

Zuletzt erschien von ihr der Band „Prinzessin Pepita und die Kuchen-Monster" für Kinder ab 6 in der neuen Erstlese-Reihe bei Klett.

2006 hat Nina Weber sich als Autorin selbstständig gemacht. Seit 2008 gibt sie auch Schreibcoachings (für Einzelpersonen oder Gruppen) in den Bereichen Sachbuch, Belletristik und Kreatives Schreiben.

Kontakt: ninaweber@gmx.com. Website: www.seashell-productions.de

Exposé Nummer 13:

Erzählendes Sachbuch (Erfahrungen): „Tee mit Buddha"

Die Agentin, Heike Wilhelmi (medienagentur wilhelmi), über dieses Exposé: „Das Buch mit dem Arbeitstitel ‚Im Westen die Sonne, im Osten der Mond' ist unter dem Titel ‚Tee mit Buddha. Mein Jahr in einem japanischen Kloster' im Frühjahr 2009 bei Pendo erschienen. Das Exposé habe ich mit der Autorin gemeinsam erarbeitet. Es ging im Frühsommer 2008 zusammen mit einem Probekapitel an gut ein Dutzend Verlage. Mehr als die Hälfte davon hat bei der anschließenden Auktion mitgeboten. Pendo erhielt den Zuschlag."

Exposé zum Manuskript „Tee mit Buddha":

Michaela Vieser

Im Westen die Sonne, im Osten der Mond
Ein Jahr im japanischen Kloster

Inhalt

„Lost in Translation" meets „Ich bin dann mal weg"

Eigentlich war die Reise der jungen Japanologiestudentin schon festgezurrt: ein Jahr lang sollte sie dank eines Stipendiums der renommierten Stanford Universität japanischen Sprach- und Kulturunterricht in Tokyo erhalten. Drei Monate vor ihrer Abreise aber begegnet sie dem letzten Schüler des großen Zen-Meisters Daisetsu Suzuki, der sie zu sich ins Kloster einlädt – hier soll sie ein Jahr lang am Klosteralltag teilnehmen. Sie sagt zu.

Ausgerüstet mit einem „Visum für besondere kulturelle Erfahrung", das die Mönche für sie ausstellen lassen, begibt sie sich auf eine Reise, die ihr Leben verändern wird. Ein Jahr lang wird sie im Joudoushinshu Kloster wohnen, arbeiten und lernen.

Sie ist die erste westliche Person, die sich auf die intensive Auseinandersetzung mit der Spiritualität und der im Kloster wohl gehüteten japanischen Kultur einlassen darf. Sie wohnt zusammen mit japanischen Frauen und Männern, die ihr normales Leben hinter sich gelassen haben, um in und mit der Gemeinschaft zu wachsen. Es sind Japaner aus den unterschiedlichsten sozialen Schichten, denen sie hier begegnet und die ihr das Land hinter dem Lächeln zeigen.

Ein Teemeister, ein Kriegsverbrecher, eine Witwe, eine Kalligrafielehrerin, ein berenteter Bauer, ein Kunststudent, ein Kimonoverkäufer und eine ehemalige Prinzessin – durch die Monotonie des Klosteralltags wirken die Begegnungen mit den Menschen, die dort leben, umso intensiver. Jedes Treffen ist wie ein Baustein, der das Japanbild der Autorin vervollständigt. Die Personen werden im Buch zu Vehikeln, durch die jeweils ein Aspekt der japanischen Kultur an den Leser herangetragen wird.

Nicht romantisch verklärt oder mystifizierend schreibt Michaela Vieser über ihre Zeit im Kloster, sondern sachlich, klar und realistisch, oft auch mit einem Augenzwinkern. Andachten im Haupttempel, auf Tatamimatten kniend, bis die Füße schmerzen, Unkraut jäten im Steingarten, Einsichten beim Erlernen der Teezeremonie, aber auch Zickenalarm beim Küche putzen und lange Gespräche über arrangierte Hochzeiten oder geheime Flirts mit den Mönchen gehören dazu.

Michaela Vieser berichtet in „Im Westen die Sonne, im Osten der Mond" von einer besonderen Zeit an einem besonderen Ort. Es ist ihre eigene Geschichte, die sie mit dem Leser teilt – über die Einsamkeit in der Fremde, über das Erlernen der traditionellen japanischen Künste und über die Suche nach einer Gesellschaft, in der das harmonische Zusammenleben, die soziale Verantwortung und die Dankbarkeit an das Leben im Mittelpunkt stehen.

Umfang: 250 bis 300 Norm-MS-Seiten (à 1800 Anschläge)
MS-Abgabe: Anfang 2009
Abbildungen: private Fotos der Autorin, wenn gewünscht

Die Autorin

Michaela Vieser, geboren 1972, studierte Japanologie und Asiatische Kunstgeschichte an der Londoner School of Oriental and African Studies. Während ihres Studiums lebte sie ein Jahr lang (1995/96) in einem buddhistischen Kloster im Süden Japans.

Nach Abschluss ihres Studiums in London erhielt sie ein Stipendium des japanischen Kultusministeriums, um an der Tohoku Universität im Norden der Hauptinsel die Kunst der japanischen Bergasketen zu erforschen. Sie blieb insgesamt fünf Jahre in Japan – von 1997 bis 2002. Zuletzt arbeitet sie als Produzentin in Tokyo, entwickelte multimediale Reiseführer für junge, hippe Japaner und war Autorin eines preisgekrönten Dokumentarfilms („Tokyo Love Stories").

Seit 2002 lebt sie mit ihrem Partner Reto Wettach, Sohn Baldur (geboren 2003) und Tochter Elisabeth (geboren 2006) in Berlin.

Von 2004 bis 2006 schrieb sie für die *Financial Times Deutschland* eine Kolumne über deutsche Orte „Abklappern". Parallel entstand ihr erstes Buch „Übersehene Sehenswürdigkeiten", das in Auszügen auch auf den Websites von *Geo* und der offiziellen Deutschlandseite des Bundespresseamtes (www.deutschland.de) erschien.

Von 2005 bis 2006 arbeitete sie für die PR-Agentur Scholz und Friends Agenda an der Kampagne „Deutschland – Land der Ideen", wo sie das Projekt „365 Orte im Land der Ideen" (erschienen 2005 bei DuMont) entwickelte.

Michaela Vieser übersetzt außerdem japanische Filme für das deutsche Fernsehen, schreibt für Magazine und Zeitungen *(Geo, FTD, Vanity Fair, NZZ)* und arbeitet als Trendscout, u. a. für das Trendbüro Hamburg und Walt Disney.

Buchveröffentlichungen:

- Heimatkunde für Fortgeschrittene. Bodenlose Löcher, Lügenmuseen und andere kuriose Sehenswürdigkeiten. Knaur 2008
- Berlin. Bildband (mit Fotos von Klaus G. Förg), Rosenheimer 2007
- Übersehene Sehenswürdigkeiten. Deutsche Orte (mit Reto Wettach). ic!berlin 2004 (siehe auch www.driftingfriends.de)

Das Konkurrenzumfeld

Zurzeit werden Bücher mit spiritueller Message in Deutschland viel gelesen. Sei es „Was in zwei Koffer passt", der Bericht der ehemaligen Benediktinernonne Veronika Peters oder „Ich bin dann mal weg" von Hape Kerkeling. Auch ungewöhnliche Biografien, wie „Das Dschungelkind" von Sabine Kuegler, sind Bestseller.

Michaela Viesers Buch ist in diesem Spannungsfeld anzusiedeln.

Ein großes Plus an Michaela Viesers Bericht ist die Tatsache, dass sie als Japanologin nach ihrem einjährigen Klosteraufenthalt weitere fünf Jahre in Japan gelebt hat und viel über Land und Leute zu erzählen weiß.

Veronika Peters: Was in zwei Koffer passt.
Klosterjahre. Goldmann 2007

Zwölf Jahre lang lebt Veronika Peters als Benediktinernonne in einem Kloster im Süden Deutschlands. In dem Buch schildert sie offen, wie es dazu kam, wie es war und warum sie aufhörte.

Einschätzung: leicht lesbare Lektüre, in der das Klosterleben gut dargestellt wird. Thematisch sehr nahe an Michaela Viesers Buch, nur in Deutschland.

Hape Kerkeling: Ich bin dann mal weg.
Meine Reise auf dem Jakobsweg. Malik 2006

Der Komiker Hape Kerkeling pilgert den alten Jakobsweg nach Santiago de Compostela. Unterwegs meditiert er über Gott, Religion, Wiedergeburt und die zentrale Frage „Wer bin ich?"

Einschätzung: Die großen Fragen werden auch in Michaela Viesers Buch gestellt und zum Teil beantwortet. Auch sie kann durch die Exotik ihrer Situation besser über das Leben nachdenken.

Sabine Kuegler: Das Dschungelkind.
Vom Mädchen, das aus der Steinzeit kam. Droemer Knaur 2005
Sabine Kuegler wächst bei einem Stamm in Papua Neuguinea auf. Im Urwald ist das Leben zwar anstrengender, aber emotional einfacher.
Einschätzung: *Wie bei Michaela Vieser ist dies eine Biografie eines Lebens an einem Ort, der unserer Kultur in nur wenigen Dingen ähnelt, aber gerade deshalb Rückschlüsse zulässt.*

Janwillem van de Wetering: Der leere Spiegel.
Erfahrungen in einem japanischen Zen-Kloster.
KiWi 1990 / Rowohlt TB 2002 (23. Auflage)
Der bekannte Krimiautor lebte 1958 für 18 Monate in einem Zen-Kloster in Kyoto. Er berichtet hier von seinem Alltag im Kloster und wie er durch knochenhartes Training geht. Durch den zeitlichen Abstand kann er über sich selbst schmunzeln.
Einschätzung: *Van de Wetering versteht kein Japanisch und berichtet ausschließlich von den Erfahrungen im Kloster.*

Gerta Ital: Der Meister, die Mönche und ich.
Eine Frau im Zen-Buddhistischen Kloster. O.W.Barth 1966 & 1986 / Sierra TB bei Frederking und Thaler 2000
Rezension aus amazon.de: „Das Lesen des Buches erfordert Konzentration. Es verlangt, dass sich sein Leser völlig auf die Empfindungen, die Gedankenwelt und die Logik der Autorin einlässt. ... Ist man jedoch bereit, sich fallen zu lassen, erfährt man erstaunliche Dinge, die das eigene Leben durchaus positiv beeinflussen können. Doch um dazu in der Lage zu sein, bedarf es neben eines Grundinteresses auch einiger Vorkenntnisse in östlichen Philosophien. Ohne diese Voraussetzungen wird die Lektüre schnell zum Kampf."
Einschätzung: *Wieder dasselbe: Gerda Ital konnte kein Japanisch und befasste sich ausschließlich mit dem Klosteralltag und dem Buddhismus.*

Maura O'Halloran: Im Herzen der Stille: Briefe und Tagebücher einer Zen-Schülerin. Krüger 1995/Fischer TB 2002
Maura O'Halloran lebt drei Jahre lang in einem Zen-Kloster, erhält dort auch den Lehrerstatus. Kurz nachdem sie das Kloster verlässt, verunglückt sie tödlich bei einem Busunglück in Thailand. Das Buch besteht aus Aufzeichnungen aus ihrem Tagebuch.
Einschätzung: *sehr ehrlich, allerdings reine Tagebucheinträge und Briefe. Kein Erzählstrang.*

Lies Groening: Die lautlose Stimme der einen Hand. Zen-Erfahrungen in einem japanischen Kloster. Rowohlt TB 1985
Autobiografische Beschreibung einer Europäerin, die nach Japan auszog um Zen in einem japanischen Kloster bei einem Meister zu lernen. Persönliche Beschreibung der Zeit des Lernens.
Einschätzung: Auch Groening versteht kein Japanisch und so sind ihre Beobachtungen auf das Leben im Kloster beschränkt.

Gliederung

1. Runterkommen, Reinkommen und die Realität

„... he wanted to get to that other shore and get on to his business. His business was with the Dharma." Jack Kerouac, Dharma Bums

- Landeanflug und erstes Treffen mit einem Mönch: Wajun
- Die ersten Eindrücke: auf Tatamis knien, Sutren singen, eins werden mit dem Gemurmel der Mönche. Aber auch mein Quartier: eine Wohnung mit allem Komfort, sogar einer Toilette, die automatisch den Hintern putzt. Vieles ist so anders als erwartet.
- Eine nächtliche Überraschung: Sind das Geister an meinem Bett oder leide ich akut an Jetlag?

2. Göttliche Worte, menschliche Taten und die Familie eines Kriegsverbrechers

„Ich bin stolz darauf, dass aus meiner Familie immer ein Sohn Mönch werden wird." Herr Sudo, Rentner

- Verständigungsprobleme: Alles ist neu und verwirrend und die Sprache ein größeres Hindernis als erwartet.
- Herr Sudo spricht Englisch und liest mit mir jeden Morgen die Tageszeitung. Er erzählt: Sein Vater war Statthalter in Indonesien und hat dort in den Wirren des Krieges so viel Schuld auf sich geladen, dass er geschworen hat, aus jeder Generation seiner Familie mindestens einen Sohn als Mönch dem Kloster anzuvertrauen. Herr Sudo hat drei Söhne. Der älteste, Wajun, hat Informatik studiert und erklärt sich bereit.
- Langsam kommt Rhythmus in mein Leben. Wenn ich nichts zu tun habe, klettere ich auf einen nahegelegenen Berg.

3. Der Meister, das Dharma und Zickenalarm

„Eins sein mit allem." Goinge Sama, der Oberabt

- Treffen mit dem Oberabt, Reflexionen über seine Person als Lehrer des Dharma.
- Die Gründungsgeschichte des Klosters.

- Auseinandersetzungen mit der Schwägerin des Oberabts, die die Kontrolle über meine Arbeitseinsätze in der Küche hat.

4. Nazi-Lieder, Schatzkammern und ein Vögelchen

„Geschichten und Wissen werden nur wahr, wenn man die Menschen dahinter versteht." Kojun, der strenge Mönch

((Probekapitel in Arbeit))

5. Mondgeflüster, Schattendasein und ein Versprechen

„Das Leben ist wie ein Fluss, es fließt und fließt. Wenn man den Fluss nicht reinigt, wird er dreckig." Shinsho und Shodo, die Brüder

- Shinsho und Shodo sind zwei Mönche in meinem Alter. Shodo ist der ältere, er passt sich sehr dem Tempel an, lässt aber durch kurze Blicke und Gesten spüren, dass er mir sehr nahe ist.
- Sein jüngerer Bruder Shinsho ist Künstler. Er hat ein Grundstudium an der besten Kunsthochschule Japans absolviert, hatte sich aber mit neun Jahren entschlossen, Mönch zu werden, und versucht, sein Versprechen zu halten. Ein Jahr nachdem ich das Kloster verlassen habe, wird er abhauen.

6. Teezeremonie, Blumenstecken und Mozart im Kaffeehaus

„Dein Gast muss sich wohl fühlen." Eshin, der Teemeister

- Beim Teemeister Eshin erhalte ich im wöchentlichen Rhythmus abwechselnd Unterricht in Ikebana, der Kunst des Blumensteckens, und der Teezeremonie.
- Teezeremonie ist ein Eintauchen in die Welt des alten traditionellen Japans. So, wie es heute nur noch selten durchschimmert.
- Auf der anderen Seite des Flusses steht ein kleines Kaffeehaus. Hier hat es jemand geschafft, die Kunst der Teezeremonie auf Kaffee zu übertragen. Das ist Japan!

7. Tusche, Papier und die Leere

„Spüre, wie aus dem Nichts Wörter wachsen." Michiko, die Kalligrafie-Lehrerin

- Auch Kalligrafie will ich lernen, die japanische Kunst, Buchstaben wie Gedichte auf einem Blatt zu verewigen. Da ich immer gut im Malen war, sehe ich darin keine große Herausforderung. Von wegen! Im wöchentlichen Rhythmus muss ich erkennen, dass japanische Kalligrafie mit Malen nichts gemein hat.

- Michiko, meine Lehrerin, hat viel Geduld mit mir. Mehr, als ich mit ihr.
- Die frühe japanische Literaturgeschichte wurde von Autorinnen geprägt. Warum ist Schreiben in Japan gerade bei Frauen so wichtig?

8. Zen, Whiskey und ein langer Weg

„Was auch immer du tust, tue es mit deinem vollen Bewusstsein." Oshou, der Zen-Meister

- Bei Oshou im Kaidan-In, einem Zen-Tempel aus dem Jahre 761 n.Chr. und der älteste Japans, erhalte ich jede Woche Unterricht in Zen-Meditation. Dabei lerne ich nicht nur Einblicke in die Stille, sondern sehe mich einem sehr neugierigen Zen-Mönch konfrontiert.
- Am letzten Tag verabredet sich Oshou mit mir in der Stadt. Er zeigt mir seine Freundin, geht mit uns Whiskey trinken und singt auf Karaoke alte Enkas, schnulzige Lieder von Liebe und Sehnsucht. Seine Botschaft an mich: Erleuchtung findet man nicht nur hinter Tempelmauern.

9. Versailles, Verhandlung und Kinoverbot

„Wenn du richtig handelst, wird man dir nichts nehmen können." Junko, die Frau des Ex-Premierministers

- Auch die Gemahlin des ehemaligen Premierministers Hosokawa besucht regelmäßig das Kloster. Sie übernimmt die Aufgabe, mir gelebte japanische Geschichte zu vermitteln, indem sie mich mit zu ihrem Palast nimmt. Sie stammt aus einer alten japanischen Adelsfamilie.
- Wie bedeutungsvoll ist Geschichte im modernen Japan?

10. Ein Berg, eine doofe Idee und Tengus

„Auch jeden Abend nur den Sonnenuntergang suchen, kann zur Erleuchtung führen." Mari und Kawa, die beiden Alten vom Berg

- Auf dem heiligen Berg Hiko besuche ich ein Einsiedlerehepaar. Während meines Besuchs dort faste ich und besteige die wilde Bergwelt.
- Ich suche die Spuren der Bergasketen, die hier früher gelebt haben - ein Thema, das ich zwei Jahre später dank eines Stipendiums erforschen werde.
- Reflexionen über die japanische Natur.

11. Schwerter, Schweigen und ein Schrei

„Der Schrei muss aus dem Bauch heraus kommen. Tief, aus deinem Innersten. Du kannst das." Hirano, mein Schwertkampf-Lehrer

((siehe Probekapitel))

12. Eine Witwe, ein Garten und viel Moos

„Manchmal sind die Welten nur durch hauchdünne Wände voneinander getrennt." Ayumi, die Witwe

- Ayumi: Eigentlich kenne ich sie gar nicht, ich sehe sie nur immer in der Küche arbeiten, dann weghuschen. Sie erinnert mich ein wenig an das Aschenputtel, denn sie ist wunderschön und wirkt unantastbar. Oft habe ich das Gefühl, dass nicht nur sie sich versteckt, sondern dass die anderen Frauen in der Küche sie verstecken. Ein unerwartetes Treffen außerhalb der Klostermauern bricht die Distanz: Der Annäherungsprozess vollzieht sich ganz sanft, über mehrere Wochen hin.
- Ayumi war verheiratet, ihr Mann starb an Krebs. Einmal nimmt sie mich mit zu einem nahen Tempelgarten, der nur aus Moos besteht. Viele verschiedenen Grüns, satt, schattig. Sie erzählt mir, dass sie hier ihren verstorbenen Mann trifft.
- Japan ist oft so: Es braucht seine Zeit, um sich den Dingen zu nähern.

13. Abschied, Neustart und ein Beatnik

„Raus in die Welt, denn es ist einfach, ein guter Mensch zu sein, wo alle gut sind." Michaela

- Ein Jahr ist vorbei. Soll ich länger bleiben oder habe ich genug gelernt? Ich entscheide mich zu gehen.
- Der Goinge Sama sagt, ich solle darauf achten, mit wem ich Freundschaft schließe. Es sei wichtig von Menschen umgeben zu sein, die ein ähnliches Lebensziel haben.
- Zuerst gehe ich nach Tokio, dann besuche ich einen japanischen Freund, der in den Bergen wohnt und den ich beim Trampen kennengelernt habe. Ich verbringe zwei Monate in seinem Haus und helfe in seiner Firma mit. Er ist mit Gary Snyder befreundet, und ich soll Gary Snyder vom Flughafen abholen. Am Ende kommt es nicht dazu, aber das ist auch egal. Ich gehe zurück nach London, das Leben geht weiter.

14. Steine, Ahnen und die Gegenwart

„Weißt du, wie wertvoll dein Leben ist?" Taira, der letzte Schüler von Daisetz Suzuki

- Zwölf Jahre später sitze ich in einem Zen-Garten in London und spreche mit dem Mönch Taira, der mir damals den Aufenthalt im Kloster ermöglichte.
- Hat das Jahr im Kloster mein Leben beeinflusst? Hat es mich verändert?

Anhang

Glossar

Literatur

Links & Literatur

LINKS

> **www.ihrwebvideo.de/EP/SR08-09ElevatorPitch.pdf:** Rupp, Thomas: In 40 Sekunden auf den Punkt. Über den Sinn und Zweck eines Elevator Pitch. StrategieReport 08/2009
> **www.literaturcafe.de/text-in-normseite-umwandeln/:** Normseiten-Vorlagen für MS Word und OpenOffice (Writer)
> **www.literaturuebersetzer.de/pages/wissenswertes-archiv/normseite.htm:** Burkhart Kroeber vom Übersetzerverband VdÜ zum Thema „Was ist und wozu dient die Normseite?"
> **www.papyrus.de:** Schreibprogramm „Papyrus Autor" von Ulli Ramps
> **www.uschtrin.de/normseite.html:** Frühstücksbrettchen mit dem Motiv „Die Normseite"

LITERATUR

> Haase, Axel: Anschreiben – Leseprobe – Exposé. Kontaktaufnahme mit dem ersten Leser. In: Federwelt – Zeitschrift für Autorinnen und Autoren, 12. Jg. Heft 76. Juni/Juli 2009. S. 21–23
> Kurz, Sibylle: Heute schon gepitcht? Die Kunst des Pitchings für eine gute Projekt- und Selbstvermarktung. In: Uschtrin, Sandra; Küspert, Michael Joe (Hg.): Handbuch für Autorinnen und Autoren. 6. Auflage. München: Uschtrin Verlag 2005. S. 385–389
> Kurz, Sibylle: Pitch it! Die Kunst, Filmprojekte erfolgreich zu verkaufen. 2. Auflage. Konstanz: UVK 2008
> Rosa, Laura: Auf den Punkt gebracht. Exposés für die Streichholzschachtel. In: Federwelt – Zeitschrift für Autorinnen und Autoren, 12. Jg. Heft 76. Juni/Juli 2009. S. 24–25
> Roentgen, Hans Peter: Drei Seiten für ein Exposé. Schreibratgeber. Fischbachtal: Sieben Verlag 2010

Aus- und Fortbildung für SchriftstellerInnen 10

oder auch: „Wer ewig strebend sich bemüht ..."

Kapitelbeitrag von Heribert Hinrichs

BEITRÄGE

ADRESSEN UND INFORMATIONEN

Beitrag von Heribert Hinrichs

Aus- und Fortbildung – Einleitung

Der Maler soll nicht bloß malen, was er vor sich sieht, sondern auch, was er in sich sieht. Sieht er also nichts in sich, so unterlasse er auch zu malen, was er vor sich sieht. (Caspar David Friedrich)

Schreiben ist ein Handwerk: Man kann es lernen und man muss es üben. (Ingrid Glomp)

SchriftstellerInnen aus- oder fortbilden? Ja, geht denn das? Und was bedeutet das im Einzelnen? Um diesen Beruf professionell zu betreiben und damit erfolgreich zu sein, braucht man viele Fähigkeiten und Fertigkeiten. Sicher ist, die meisten von ihnen können erlernt, geübt und verbessert werden.

Sprache unterliegt bestimmten Konventionen, deren Verletzung oder Vernachlässigung nicht nur die Leser irritiert, sondern auch die vom Schriftsteller angestrebte Kommunikation erschwert, in groben Fällen sogar verhindert. Wird es zu viel, legt man das Buch einfach beiseite. Die Beherrschung der grammatikalischen und orthografischen Regeln sollte für alle, die schreiben, nicht lästige Pflicht, sondern Ausdruck des Respekts und der Wertschätzung ihrer LeserInnen sein.

Das Werk vieler Stunden ist fertig und soll veröffentlicht werden? Als Profi haben Sie sich kundig gemacht, welche Verlage überhaupt infrage kommen. Sie sparen sich viel Zeit, Geld und bittere Enttäuschungen, wenn Sie Ihr Manuskript nur gezielt vorlegen. Lassen Sie sich auch bei mehreren Absagen nicht entmutigen! Denken Sie an J. K. Rowling, deren erster Harry-Potter-Band acht Mal abgelehnt wurde, unter anderem mit der Begründung, mit Kinderbüchern ließe sich kein Geld verdienen.

Versetzen Sie sich in die Lage einer von Angeboten überhäuften Lektorin oder Agentin. Was würden Sie an ihrer Stelle von einem Manuskript erwarten, damit es Ihre Aufmerksamkeit erregt? Wie sollte es aussehen und präsentiert werden? Sie sollten sich bewusst sein, dass Sie ein Produkt verkaufen wollen und dabei viele Konkurrenten haben. Wie man in dieser Situation erfolgreich auftritt, dazu gibt es viele Überlegungen und Erfahrungen (› Kapitel „Kontaktaufnahme“). Auch hier gilt: Sie können lernen, üben und besser werden.

Will man eine Tätigkeit professionell ausüben, sollte man sich auch rechtlich absichern. Kennen Sie Ihre Rechte und Pflichten als Autor? Wie vereinbaren Sie ein Honorar? Wie übertragen Sie welche Nutzungsrechte (und wie bekommen Sie sie zurück)? Welche Bestimmungen des Sozialversicherungsrechts sollten Sie als unabhängige und freischaffende Künstlerin beachten? (› Kapitel „Recht und Soziales“)

Ihr Werk soll am Markt möglichst erfolgreich sein und viele KäuferInnen finden? Das ist nur mit einer professionellen Öffentlichkeitsarbeit möglich, bei der Sie als AutorIn eine wichtige Rolle spielen. Sind Sie bei öffentlichen Auftritten rhetorisch sicher und gewandt? Lernen Sie, mit der Presse umzugehen und sich bei Lesungen dem Publikum zu präsentieren.

Literarische Werke können heute in vielen Medien publiziert werden. Informieren Sie sich, wie Sie Ihren Text weiter bearbeiten müssen, damit Sie ihn im Internet, auf der Bühne oder im Rundfunk verwerten können.

Für alle diese Bereiche gibt es ein kaum noch überschaubares Angebot zur Aus- oder Fortbildung, und zwar auf unterschiedlichen Ebenen und in verschiedenen Gestaltungen. Dazu tragen neben großen und etablierten Institutionen und kommunalen Einrichtungen vor allem auch private Anbieter, Ein-Frau/Mann-Unternehmen bei, die zum Beispiel Schreibworkshops und darüber hinaus Unterstützung in vielen wichtigen Bereichen anbieten.
Einige sind sehr strukturiert, an einen Ort und eine feste Zeit gebunden. Bei anderen können Sie entscheiden, wie stark Sie sich engagieren wollen. Es gibt Möglichkeiten zum Fernstudium, virtuelle Seminare und Autorenforen im Internet.
Ihnen stehen Bücher und Zeitschriften über das Schreiben zur Verfügung, und es werden immer mehr. Der Uschtrin Verlag zeigt Ihnen die aktuellen Angebote stets so „frisch" wie möglich auf www.uschtrin.de/aus_fort.html.

Geht das denn überhaupt, jemanden zum Schriftsteller und zum Schreiben auszubilden? Ist nicht das Talent entscheidend? Hans-Ulrich Treichel, erfolgreicher Autor und seit 1995 Professor am *Deutschen Literaturinstitut Leipzig,* antwortete mir so: „Talent muss meines Erachtens keine Konstante, sondern kann eine dynamische Größe sein. Wer heute sein Talent nicht zeigt, zeigt es vielleicht morgen. Man kann nicht alles lehren und wohl auch nicht lernen. Am Literaturinstitut lehren wir darum auch nicht in einem mechanisch oder kausal pädagogischen Sinne das Schreiben. Ich würde eher sagen, dass wir Schreibprozesse initiieren, begleiten, unterstützen und betreuen."
Und noch eine Frage kam mir in den Sinn: Welche Rolle spielen die ganz persönlichen Erfahrungen, die Erfolge und Niederlagen, die glücklichen und unglücklichen Momente im Leben eines Autors, mit anderen Worten seine durch das Leben geformte Persönlichkeit? Meint nicht Caspar David Friedrich genau das, wenn er in dem Zitat am Anfang des Kapitels davon spricht, der Maler (aber sicher auch SchriftstellerInnen und alle KünstlerInnen) solle in sich hineinschauen? Dazu noch einmal Hans-Ulrich Treichel: „Erfahrungen im Sinn von Lebenserfahrungen kann man nicht unterrichten. Seine glückliche oder unglückliche Kindheit muss jeder selbst mitbringen. Auch das Gefühl und der richtige Blick für Stoffe beispielsweise lassen sich schwer vermitteln. Und natürlich muss auch das, was man das jeweilige Selbstverhältnis nennen könnte, diese Mischung aus Distanz und Empathie sich selbst gegenüber, ein jeder Autor mitbringen. Hier hat jede Pädagogik ihre Grenzen. Und ich denke, dass dies auch gut so ist."

Fortbildungsseminare und Studium

Bei der folgenden Auswahl beachten Sie bitte: Das Angebot ist zu umfangreich für diese Seiten. Wir erheben also keinen Anspruch auf Vollständigkeit. Die Aufnahme hier bedeutet weder ein Qualitätsurteil noch eine Empfehlung. Wenn ein Angebot nicht genannt wird, heißt das nicht, wir hätten es nicht für gut befunden. Wir möchten Ihnen Beispiele geben und Sie zum Weitersuchen ermutigen. Wählen Sie unter den Angeboten je nach Ihrer persönlichen Situation und Ihrem individuellen Lernverhalten. Schließlich macht es einen großen Unterschied, ob Sie am Anfang eines Studiums stehen oder in einen „Brotberuf" eingespannt sind.

AUTORENDOCK, HAMBURG

Das Hamburger Autorendock wird veranstaltet vom Büro für Literaturangelegenheiten, das von Sven Amtsberg betrieben wird. Seit 2010 finden Wochenendseminare statt für „Menschen, die bereit sind, für ihren Traum Schriftsteller/in zu werden, hart zu arbeiten". DozentInnen sind AutorInnen wie Juli Zeh, Tilman Rammstedt oder Alexa Hennig von Lange.
www.autorendock.de | info@autorendock.de

AUTORENSCHULE BERLIN

In der Autorenschule Berlin werden Schreibworkshops aller Art angeboten. Angesprochen sind alle, ob Anfänger oder Profis, die Lust am Schreiben haben und sich in einem anderen Metier erproben, Schreibblockaden lösen oder der Einsamkeit des Schreibtisches entfliehen möchten. Die Kurs-Arbeiten werden in Form von Lesungen öffentlich vorgestellt.
www.autorenschule-berlin.de | info@autorenschule-berlin.de

BIOGRAPHIEZENTRUM

Das Biographiezentrum ist die Vereinigung deutschsprachiger Biographinnen und Biographen. Es hilft Menschen, ihre Lebensgeschichte zu bewahren – als Buch, Film oder Hörbuch. Die Akademie bildet künftige Biographinnen und Biographen aus, die diese Arbeit haupt- oder nebenberuflich ausüben wollen. Daneben findet man Seminare und Workshops, die Schreibende individuell auf ihrem biographischen Berufsweg unterstützen.
www.biographiezentrum.de | info@biographiezentrum.de

BUNDESAKADEMIE FÜR KULTURELLE BILDUNG WOLFENBÜTTEL

Die Akademie hat einen bundesweiten öffentlichen kultur- und bildungspolitischen Auftrag. Sie fördert die Weiterentwicklung der kulturellen Bildung in unserer Gesellschaft und arbeitet für Menschen, die künstlerisch arbeiten sowie Kultur vermitteln und dafür ihr Wissen und Können erweitern wollen. Das Angebot umfasst zahlreiche, hochrangig besetzte Veranstaltungen in den Bereichen Bildende Kunst, Literatur, Museum, Musik und Theater. Im Bereich Literatur sind das jedes Jahr rund ein Dutzend Literaturwerkstätten sowie etliche Workshops, darunter etwa ein Lese- und Auftrittstraining für

AutorInnen. Kontinuierliche Zuwendungsgeber sind das Land Niedersachsen (institutionelle Förderung) und die Bundesrepublik Deutschland (Projektförderung).
www.bundesakademie.de | post@bundesakademie.de

CELLER SCHULE

Die Celler Schule vergibt Stipendien für deutsche LiedtexterInnen. Finanziert wird sie von der GEMA-Stiftung. 1996 von Edith Jeske gegründet, wird sie seit 2008 von ihr und Tobias Reitz geleitet. Gefördert werden Handwerk und Kreativität, ferner sind prominente Gäste aus der Musikbranche eingeladen. Die Ausschreibung erscheint jeweils zum Jahresende. Eine Fachjury wählt 10 Teilnehmende aus. Das Seminar findet im Sommer statt.
www.celler-schule.de | info@celler-schule.de

DARMSTÄDTER TEXTWERKSTATT/ZENTRUM JUNGE LITERATUR

„Ziel der über ein bis zwei Jahre fortlaufenden Seminare und Autorenbetreuung ist es, den jungen oder publizistisch noch unerfahrenen Schreibenden einen vor den Erwartungen der Öffentlichkeit geschützten Raum des Dialogs anzubieten, ein Experimentierfeld der Verständigungen und der kritischen Reflexion." Geleitet wird die Darmstädter Textwerkstatt von Kurt Drawert.
www.darmstadt.de › Kunst Kultur › Literatur | Kanita.Hartmann@darmstadt.de

FERNSTUDIUM „DAS LYRISCHE SCHREIBEN"

Die *Bibliothek deutschsprachiger Gedichte* bietet den staatlich zugelassenen Fernstudiengang „Das lyrische Schreiben" an. Das Studium mit monatlich übersandten Arbeitsmappen dauert zwölf Monate und wird von einem persönlichen Betreuer sowie erfahrenen Dozenten und Lektoren begleitet. Die erfolgreiche Teilnahme wird durch ein Abschlusszertifikat bestätigt.
www.gedichte-bibliothek.de | Kontaktformular auf der Website

FREIE JOURNALISTENSCHULE BERLIN

„Den Studenten wird vermittelt, wie man ein Buchprojekt von A bis Z ergebnisorientiert plant und umsetzt. Dabei geht es allerdings ausschließlich und ganz spezifisch um das Genre Sachbuch, Fachbuch oder Ratgeberliteratur. Angefangen bei der Entwicklung des Themas und eines Buchkonzepts, über die Verlagssuche, die Autorenrechte und die Manuskriptarbeit bis hin zur Vermarktung des Buches – jeder Bereich wird zielorientiert und strukturiert angegangen." Dozent ist Oliver Gorus von der Agentur Gorus (› Kapitel „Literaturagenturen").
www.freie-journalistenschule.de | Kontaktformular auf der Website

FREIES LITERATURPROJEKT MÜNCHEN (FLP)

„Das Freie Literaturprojekt in München unter der Leitung von Arwed Vogel bietet Seminare zur Aus- und Weiterbildung von schriftstellerischen Fähigkeiten mit individueller Betreuung. In vier Aufbaukursen werden die Grundlagen des schriftstellerischen Handwerks vermittelt, im Werkstattunterricht eigene Projekte begonnen. Spezielle Themen

werden auf Exkursionen und Arbeitswochen unterrichtet, die Projekte in Einzel- und Gruppenunterricht weiter betreut."
www.literaturprojekt.com | arwedvogelflp@aol.com

INKAS – INSTITUT FÜR KREATIVES SCHREIBEN, BAD KREUZNACH UND BINGEN

INKAS fördert AutorInnen in Seminaren, im Studiengang „Creative Writing", bei Lesungen und durch Publikationen. Im viersemestrigen Studiengang werden in Wochenendseminaren Grundlagen und literarisches Handwerkszeug vermittelt. Ein weiterer Schwerpunkt ist die Förderung von Kindern und Jugendlichen. Studien- und Institutsleiter ist Rüdiger Heins. Dem Institut angeschlossen ist das Online-Magazin *eXperimenta*.
www.inkas-id.de | info@inkas-id.de

INSTITUT FÜR ANGEWANDTE KREATIVITÄTSPSYCHOLOGIE (IAK), MÜNCHEN

Das IAK wurde 1979 von Jürgen vom Scheidt gegründet. Die sechs MitarbeiterInnen führen Seminare und Langzeit-Kurse in Creative Writing/HyperWriting durch. Dabei wird Schreiben verstanden als Instrument der Selbsterkenntnis in erzählenden und autobiografischen Texten sowie als vielfältiges Kreativitäts- und Denkwerkzeug.
www.iak-talente.de | info@iak-talente.de

INSTITUT FÜR KREATIVES SCHREIBEN, BERLIN

Das ermutigende Motto des Instituts ist: „Kreatives Schreiben ist eine erlernbare, trainierbare, professionelle Schreibmethode." Der eingetragene Verein fördert seit 1986 das kreative Schreiben durch Forschen, Publizieren, Lehren, Ausbilden und Anleiten. Angeboten werden Präsenzkurse in Berlin und Karlsruhe sowie ein Fernstudium.
www.iks-schreibinstitut.de | IKS.schreibinstitut@t-online.de

LITERARISCHES COLLOQUIUM BERLIN (LCB)

Das LCB veranstaltet regelmäßig „Werkstätten" zur Nachwuchsförderung, zum Beispiel die renommierte „Autorenwerkstatt Prosa" und die „Übersetzerwerkstatt".
www.lcb.de | mail@lcb.de

LITERARISCHES SCHREIBEN MIT RAINER WÜRTH, PFORZHEIM

„Im Mittelpunkt der Kursreihe steht das Handwerk des Erzählens. Die literarischen Techniken werden anhand von Texten aus der Weltliteratur und durch Schreibübungen vertieft. Die Kursreihe besteht aus sechs Workshops." Rainer Würth ist Autor und Journalist. 2009 erschien sein erster Krimi bei Goldmann.
www.rainerwuerth.de | info@rainerwuerth.de

LITERATURWERK RHEINLAND-PFALZ-SAAR

Das Literaturwerk veranstaltet Fortbildungsseminare für AutorInnen zu zeitgenössischen Themen und literarischen Genres. Weitere Aktivitäten: Auslobung des Preises „Buch des Jahres" (1500 Euro Hauptpreis, 500 Euro Sonderpreis) sowie die Organisation der Rheinland-Pfälzischen Literaturtage und der Leseaktion „LiteraMobil".
www.literaturwerk-rlp-saar.de | kontakt@literaturwerk-rlp-saar.de

LYRIKWERKSTATT (ALEPH VERLAG)

Ziele: künstlerische Empfindsamkeit entwickeln, Wissen über inhaltliche und formale Aspekte der Lyrik im Speziellen und der Kunst im Allgemeinen vermitteln. Mit erfahrenen Schriftstellern arbeitet man sich durch 49 Lektionen, in denen es um die lyrische Sprache im Konkreten, sprachliche Stilmittel, die verschiedenen Gedichtformen, bildhafte Stilmittel, das lyrische Ich, die Analyse des selbstverfassten Gedichtes, Publikationsmöglichkeiten und Übungen zur Präsentation geht.
www.lyrikwerkstatt.de | lyrikwerkstatt@aol.com

MICHAUD SCHREIBEN, BERLIN

Workshops, Schreibgruppen und Einzelbetreuung (Coaching) für Menschen jeden Alters. „In Kursen zum Kreativen Schreiben werden spezielle Techniken eingesetzt, mit deren Hilfe das schöpferische Potenzial der Schreibenden erschlossen und gezielt gefördert wird."
www.michaudpr.de | schreiben@michaudpr.de

NORDKOLLEG RENDSBURG, AKADEMIE FÜR KULTURELLE BILDUNG

Der Fachbereich Literatur & Medien am Nordkolleg Rendsburg bietet Seminare, Fortbildungen und Tagungen an, die sich insbesondere an Literaturinteressierte, (Hörspiel-) Autoren, Lehrerinnen, Wissenschaftler, Studentinnen, Übersetzer, Medienschaffende und Existenzgründerinnen wenden. Neben dem regulären Kursangebot werden auch öffentliche Veranstaltungen durchgeführt.
www.nordkolleg.de | Kontaktformular auf der Website

SCHÖNER SCHREIBEN – STEFAN SCHWIDDER

Das Angebot von Stefan Schwidder und Co-Dozenten umfasst Schreibseminare (Kreatives Schreiben, Autobiographisches Schreiben, Kurse zu Präsenz- und Lesungstraining sowie zu den Themen Roman, Drehbuch und Veröffentlichung), Schreibreisen (aktuell u.a. Schreiben in der Bretagne, Schreiben im Kloster), Lektorat und Buchherstellung sowie biografische Beratung und Schreibcoaching.
www.schoener-schreiben.de | stefan.schwidder@gmx.de

SCHREIBCOACHING – DIE ETWAS ANDERE SCHREIBSCHULE

„Um literarisches Schreiben zu lernen, reicht pure Technikvermittlung oft nicht aus. Schreibcoaching stellt eine sehr individuelle Methode dar, den eigenen Stil zu entwickeln und besser schreiben zu lernen. JedeR Lernende wird individuell per Mailkontakt betreut; die Lerninhalte werden auf die jeweiligen Voraussetzungen und Ziele abgestimmt. In einem sehr persönlichen Mailkontakt werden Verbesserungsmöglichkeiten aufgezeigt und Fortschritte besprochen."
www.katrinstehle.de | katrin.stehle@web.de

SCHREIBWERKSTATT ANNA GRÜTTE

Anna Grütte veranstaltet Schreibseminare und Schreibreisen in Hamburg und Norddeutschland. „Anliegen der Seminare ist es, den Teilnehmern sowohl Vertrauen in die

eigene Kreativität als auch solides Handwerkszeug zu vermitteln." Schwerpunkte: Lyrik, Kurzprosa, autobiografisches Schreiben, Schreiben in der Natur und Schreibreisen. Weiteres Angebot: Lektorat, Übersetzungen (Niederländisch) und Energie-Arbeit.
www.gruette.de | info@gruette.de

SCHULE DES SCHREIBENS – HAMBURGER AKADEMIE FÜR FERNSTUDIEN

Die Schule des Schreibens an der Hamburger Akademie für Fernstudien ist ein Unternehmen der Klett-Verlagsgruppe. Das Angebot umfasst mehrere Speziallehrgänge, die im Fernstudium durchgeführt werden. Das Lernmaterial und die Lehrgänge sind von der *Staatlichen Zentralstelle für Fernunterricht* zugelassen und werden regelmäßig überprüft.
www.schule-des-schreibens.de | info@schule-des-schreibens.de

SCHULE FÜR ANGEWANDTE LINGUISTIK, ZÜRICH

Ausbildung für alle, die Schreiben als „Handwerk" verstehen und erlernen wollen. Studiengänge für „Literarisches Schreiben", „Journalismus" und „Übersetzen". Der Lehrgang „Literarisches Schreiben" macht mit der literarischen Produktion vertraut und bietet die Möglichkeit, diese, unterstützt von namhaften Autorinnen und Autoren, zu erproben. Für Berufe in der Literaturproduktion (Belletristik, Theater, Hörspiel, Drehbuch), aber auch in der Literaturvermittlung (Übersetzung, Lektorat, Verlagsarbeit).
www.sal.ch | info@sal.ch

SCHULE FÜR DICHTUNG (SFD), WIEN

Die „schule für dichtung" ist ein gemeinnütziger Verein (unterstützt vom Bundesministerium für Unterricht, Kunst und Kultur/Kunstsektion und der Kulturabteilung der Stadt Wien) und will ein autonom verwaltetes Lehr- und Lerninstitut für Literatur und ein Ort

Interview mit Silvio Huonder, Dozent am Schweizerischen Literaturinstitut

Silvio Huonder ist Dozent am Schweizerischen Literaturinstitut und Gastprofessor beim Studiengang „Szenisches Schreiben" an der Universität der Künste Berlin, wo er Anfang der Neunzigerjahre selbst zu den ersten Absolventen gehörte. Er schreibt Theaterstücke, Hörspiele, Erzählungen und Romane (www.silviohuonder.de) und lebt in der Nähe von Berlin.

› *Nach welchen Kriterien wählen Sie die BewerberInnen aus?*
Wer sich um einen Studienplatz am *Schweizerischen Literaturinstitut* bewirbt, muss eigene Texte als Arbeitsproben und einen biografischen Abriss seines bisherigen Werdegangs einreichen. Nach einer Vorauswahl durch die Aufnahmejury werden die Kandidatinnen und Kandidaten, die in die engere Wahl gekommen sind, zu einem halbstündigen Gespräch nach Biel eingeladen. Maßgebend für die Aufnahme sind neben der Qualität der Texte eine Sensibilität für Sprache, der deutlich erkennbare Wille, sich für längere Zeit dem literarischen Schreiben zu widmen, sowie die Bereitschaft, sich mit Dozenten

für poetologische Kommunikation sein. Angeboten werden „analoge" und „digitale" Klassen, also Vor-Ort- und Internet-Kurse.
www.sfd.at | sfd@sfd.at

SCHWEIZERISCHES LITERATURINSTITUT – HOCHSCHULE DER KÜNSTE BERN, BIEL/BIENNE
„Das Literaturinstitut bietet seit 2006 die schweizweit einzigartige Ausbildung zum Autor, zur Autorin an. Das literarische Schreiben an sich wird zum Gegenstand von Lehre und Forschung – das Wort den anderen Medien in den Künsten gleich gestellt."

- *BA Literarisches Schreiben:* künstlerisch-literarische Grundausbildung mit Vertiefungsmöglichkeiten Literarisches Schreiben, Literarische Übersetzung oder Literaturvermittlung
- *MA Contemporary Arts Practice:* fächerübergreifendes Masterstudium mit Vertiefungsmöglichkeit Literarisches Schreiben
- *Weiterbildungsprogramm:* Literarisches Schreiben für verschiedene Zielgruppen

www.hkb.bfh.ch/literaturinstitut.html | lit@hkb.bfh.ch

SEGEBERGER KREIS – GESELLSCHAFT FÜR KREATIVES SCHREIBEN
Der Segeberger Kreis ist ein Verein von Schreibenden, die in Hochschulen, Schulen und in der Erwachsenenbildung oder als freie AutorInnen und JournalistInnen tätig sind. Regelmäßige Treffen dienen dem Schreiben in Gruppen, dem Austausch der dabei gemachten Erfahrungen und der gegenseitigen Fortbildung als SchreiblehrerIn.
www.segeberger-kreis.de | info@segeberger-kreis.de

und anderen Studierenden auseinanderzusetzen. Veröffentlichungen vor dem Studium werden nicht verlangt.

› *Welches Wissen und wie viele praktische Erfahrungen bringen die Anfänger im Allgemeinen mit?*
„Im Allgemeinen" ist in der künstlerischen Ausbildung ein unbrauchbarer Terminus. Unter den Studierenden der ersten drei Jahrgänge sind von der frischgebackenen Abiturientin bis zum 35-jährigen promovierten Juristen recht unterschiedliche Einzelpersönlichkeiten vertreten. Erfahrungen mit Verlagen, Publikum oder Medien haben eher wenige vorzuweisen.

› *Wie beurteilen Sie den Zuwachs an Qualifikation und Professionalisierung bei den Absolventen?*
Die Studierenden lernen in den drei Jahren, die sie am Literaturinstitut verbringen, eine wirklich große Anzahl Personen aus dem Literaturbetrieb kennen: von bekannten

STILISTICO SCHREIBKULTUR – ISA SCHIKORSKY, KÖLN

Die Seminare zum kreativen, literarischen und biografischen Schreiben finden an attraktiven Orten statt. Je nach Thema werden professionelle Schreibtechniken vermittelt oder Impulse für die Entwicklung von Schreibfreude gegeben. Die Leitung hat die Germanistin Isa Schikorsky, die seit langem als Dozentin, Autorin und Lektorin tätig ist. Außerdem im Angebot: Lektorat, Schreibcoaching und Textgutachten.
www.stilistico.de | schikorsky@stilistico.de

STORIALS

„die schreibweisen" geben Download-Kurse und Workshops in Berlin, München, Sylt, Kroatien und Italien zu diversen Textsorten (Autobiografie, Krimi, Kurzgeschichte, Roman etc.) und Schreibanlässen. Gegen Honorar werden Gutachten erstellt und (Kurz-)Lektorate durchgeführt. Bei den Kurzlektoraten können spezielle Problemthemen gewählt werden wie Stil, Dialog oder Charakterisierung. Ein Text wird dann darauf abgeklopft; beim Dialog-Lektorat wären das: „Rhythmus, Melodie, Tempo, Tiefe, lautloser Dialog, formale Umsetzung, Dialogkontinuität, Charakterisierung der sprechenden Person, Konflikttauglichkeit, Emotionalität." Texte können per Post oder per Mail eingereicht werden.
www.storials.com | info@storials.com

STUDIENWELT LAUDIUS

Die Studienwelt Laudius bietet einen Fernkurs Kreatives Schreiben an, der AutorInnen die Möglichkeit gibt, in 36 Lerneinheiten sämtliche Aspekte des Schreibhandwerks gründlich durchzuarbeiten. Vom Erschaffen der Figuren, der Handlungsentwicklung, Dialogen, Beschreibungen etc. reicht das Themenspektrum bis zu speziellen Textformen wie der Kurz- und Kürzestgeschichte, Märchen, Hörspielen, Kindergeschichten,

Autoren über Verleger, Lektoren, Sprachwissenschaftler bis hin zu Medienvertretern und Kulturveranstaltern. Sie erfahren dabei eine intensive und persönliche Auseinandersetzung mit ihren eigenen Texten. Das kann man natürlich alles auch in der „freien Wildbahn" erleben, aber nicht annähernd so komprimiert und auf solch hohem Niveau wie an der Hochschule.

› *Was bedeutet diese Aussage auf Ihrer Website in der Praxis: „Das literarische Schreiben an sich wird zum Gegenstand von Lehre und Forschung"?*
Wir betreiben verschiedene Forschungsprojekte, zum Beispiel das Projekt „Digitale Literatur". In diesem Projekt erforschen wir an Fallstudien den Schreibprozess literarischer AutorInnen – insbesondere den Einfluss der neuen Medien. Wir wollen eine Anwendung konzipieren und realisieren, die es AutorInnen erlaubt, Dokumente zu verwalten, zu sichern und langfristig zu archivieren. In erster Linie soll dabei ein Arbeitsinstrument für AutorInnen entstehen. Gleichzeitig soll diese Lösung aber auch der Literaturwissenschaft dienen und den Zugang zur Werkgenese offenhalten.

Novellen, Romanen. Alle als Hausaufgaben eingereichten Texte werden individuell besprochen.
www.laudius.de | info@laudius.de

TEXTERSCHMIEDE HAMBURG E.V.

Die Texterschmiede ist die erste und bisher einzige Texterschule Deutschlands. Sie ist keine gewinnorientierte Privatschule, sondern ein eingetragener, gemeinnütziger Verein. Sie wird finanziell ausschließlich getragen von den Studiengebühren, von Sponsorengeldern und vor allem durch die Unterstützung der 65 größten Werbeagenturen und Industrieunternehmen Deutschlands. Die Ausbildung dauert 12 Monate; rund 400 „Ausgebildete Texter" kamen in den letzten neun Jahren aus der Texterschmiede.
www.texterschmiede.de | info@texterschmiede.de

TEXTKRAFT

teXtkraft bietet eine jährliche Internet-Romanwerkstatt (www.romanwerkstatt.net), Coaching von Romanprojekten, Exposékritik und Schnupperlektorate (www.schnupperlektorat.de). Mehr Infos finden Sie auf der Website oder in den Büchern „Vier Seiten für ein Halleluja" mit Textkritiken und in „Drei Seiten für ein Exposé" mit Exposékritiken, beide von Hans Peter Roentgen, dem Geschäftsführer von teXtkraft.
www.textkraft.de | hp@textkraft.de

TEXTMANUFAKTUR LEIPZIG

Die Textmanufaktur, 2008 gegründet von André Hille, begleitet AutorInnen in jeder Phase und auf jedem Niveau des Schreibens auf ihrem Weg zum fertigen Manuskript. Grundlage aller Kurse ist die Arbeit an eingereichten Texten unter Anleitung renommierter Autoren und Lektoren. „Die Autorenschule hat sich bereits einen hervorragenden

› *Wie schätzen Sie den Beitrag eines Studiums zur Entwicklung auch kommerziell erfolgreicher AutorInnen ein?*
Ob und wie sehr jemand mit Schreiben kommerziell erfolgreich ist, kann und soll eine staatliche Hochschule nicht steuern. Literarische Qualität und kommerzieller Erfolg sind verschiedene Kategorien und bedingen einander kaum. Das Studium soll dazu führen, dass die Absolventen ihre eigene Arbeit im Kontext des Marktes realistisch einschätzen können.

› *Was ist für Sie persönlich das Wichtigste an Ihrer beruflichen Aufgabe?*
Junge Schreibende erfahren im Literaturbetrieb entschieden zu wenig Auseinandersetzung mit ihren literarischen Versuchen. Ihnen am Literaturinstitut den Raum und das Know-how kompetenter Leute zur Verfügung zu stellen, ist eine ungemein wichtige und befriedigende Aufgabe. Die eigene Vorstellung von literarischer Qualität vor jungen Autorinnen und Autoren zu formulieren und zu behaupten, hält mich persönlich auf Trab. Die Diskussion mit ihnen ist anregend und bereichernd.

Namen in der Szene erarbeitet, denn die Seminare mit moderaten Preisen werden von absoluten Profis und Kennern der Literaturszene durchgeführt." (literaturcafe.de)
www.text-manufaktur.de | a.hille@text-manufaktur.de

TEXTWERK – SEMINARE FÜR AUTOREN UND ÜBERSETZER IM LITERATURHAUS MÜNCHEN

Die seit 1999 vom Literaturhaus München angebotenen Seminare richten sich an junge AutorInnen und ÜbersetzerInnen mit ersten Publikationen. In den von erfahrenen AutorInnen und LektorInnen geleiteten Seminaren haben schon Annette Pehnt, Thomas Lang oder Jens Petersen an ihren ersten Romanen gearbeitet. Im Mittelpunkt der Seminare steht die intensive Arbeit an den eingereichten Texten. Diskussionen über handwerkliche und ästhetische Fragen sowie Informationen zum Literaturbetrieb ergänzen das Programm. ReferentInnen sind Autoren, Übersetzerinnen, Lektorinnen und Kritiker.
www.literaturhaus-muenchen.de | klange@literaturhaus-muenchen.de

UNIVERSITÄT DER KÜNSTE BERLIN: SZENISCHES SCHREIBEN

Der Studiengang Szenisches Schreiben ermöglicht das Studium des Schreibens für die Bühne und verwandte Medien. Das Studium gründet sich auf die drei Schwerpunkte

Interview mit Textmanufaktur-Gründer André Hille

› *Die Textmanufaktur gibt es seit relativ kurzer Zeit. Haben sich Ihre Erwartungen bisher erfüllt? Gibt es auch Enttäuschungen?*
Die Erfahrungen sind bislang ausgesprochen positiv. Ein wenig musste sich am Anfang das Prozedere in den Seminaren erst ordnen, aber nun finden etwa jedes zweites Wochenende Kurse mit renommierten Dozenten zu einem immer stärker ausdifferenzierten Themenspektrum statt. Insofern haben sich meine Erwartungen mehr als erfüllt. Enttäuschungen gibt es allenfalls im formalen Bereich, etwa wenn Teilnehmer sehr kurzfristig absagen. Sicher laufen nicht alle Kurse gleichermaßen gut, was auch immer eine kleine Enttäuschung ist; hier muss man über einige Jahre seine Erfahrungen machen.

› *Woher kommen die TeilnehmerInnen? Welche Ausbildung und/oder Erfahrungen bringen sie mit? Nehmen mehr Autorinnen oder mehr Autoren an den Kursen teil?*
Die TeilnehmerInnen kommen aus dem gesamten deutschsprachigen Raum. Erstaunlicherweise nehmen an den meisten Kursen mehr AutorInnen aus Wien als aus Leipzig teil. In der Regel sind es Menschen, die schon lange schreiben, sich aber aus nachvollziehbaren Gründen irgendwann für eine normale berufliche Laufbahn entschieden haben, ohne den Traum vom Schreiben aufzugeben. Gerade hier findet man oft die interessanteren Geschichten, weil die Menschen schon etwas erlebt haben. Nur ist das Erleben die eine, die formale Umsetzung die andere Seite. Und zum Geschlechterverhältnis: Wie nahezu im gesamten Buchmarkt – von der Buchhändlerin bis zur Leserin – sind die Mehrzahl der Teilnehmenden Frauen.

Schreiben, Szene und Dramaturgie. „Einem zweijährigen Grundstudium unter Einschluss eines Theaterpraktikums folgt nach der Zwischenprüfung ein etwas freieres zweijähriges Hauptstudium; es umfasst auch die Beschäftigung mit Hörspiel und Drehbuch. Den Studienabschluss bildet eine Hochschulprüfung ohne speziellen akademischen Grad oder Titel."
www.udk-berlin.de | Kontaktformular auf der Website

UNIVERSITÄT DÜSSELDORF: LITERATURÜBERSETZEN
Übersetzen spielt eine bedeutende Rolle im Kontakt der Kulturen. Die Übersetzung von Literatur ist besonders wichtig, denn sie gilt als sprachlich-ästhetisches, schrift- und textbasiertes Speicher- und Repräsentationsmedium interkulturellen Wissens. Es gibt wachsenden Bedarf an qualifizierten, wissenschaftlich ausgebildeten Literaturübersetzern. Der integrative Masterstudiengang, der Forschungsorientierung mit berufsspezifischer Qualifikation verbindet, vermittelt Wissenskompetenz in den prägenden europäischen Sprachen. Das Masterstudium dauert vier Semester und schließt mit dem akademischen Grad „Master of Arts" ab.
www.phil-fak.uni-duesseldorf.de | rehbein@phil-fak.uni-duesseldorf

› *Beobachten Sie einen Zuwachs an Qualität, Professionalisierung, Motivation zum Schreiben?*
Ich glaube, die Motivation eines Schreibenden ist durch alle Zeiten gleich geblieben. Es geht um Selbstausdruck, um Weltwahrnehmung, aber auch um Unterhaltung. Allenfalls stellt man in unserer Zeit eine stärkere Fokussierung auf das eigene Ich fest. Dem eigenen (Er-)Leben wird eine höhere Bedeutung zugemessen – so hoch, dass ein Text möglichst in Buchform erscheinen soll. Professioneller werden die Autoren nur langsam. Immerhin setzt sich die Erkenntnis durch, dass Lernen nichts Negatives ist – auch nicht beim Schreiben. Als ob die Großen nicht auch vorher gelernt hätten! Bei der Selbstvermarktung, etwa im Internet, oder was kreative Wege der Verlagssuche anbelangt, geht die Schere noch auseinander. Hier könnten Autoren noch eine Menge tun.

› *Was ist das Wichtigste, das Sie den TeilnehmerInnen vermitteln wollen?*
Ein Bewusstsein für ihre Texte. Wenn man im Kämmerlein vor sich hinschreibt, verliert man irgendwann die Distanz zum Geschriebenen. Was eben noch (bei einem Gläschen Wein) genial erschien, sieht am nächsten Morgen eher blass aus. Für mich ist es entscheidend, dass Profis einen realistischen Blick auf die Texte werfen, auch unter Berücksichtigung der derzeitigen Marktbedingungen. Wichtig ist dabei, immer konstruktiv zu bleiben, also das Potenzial eines Textes zu erkennen. Das kann in der Dramaturgie, einer Figur, den Dialogen, der Atmosphäre oder der Sprache liegen. An allem anderen muss dann eben noch gearbeitet werden. Schwächen erkennen, vor sich selbst zugeben und daran arbeiten – einen anderen Weg gibt es nicht.

UNIVERSITÄT DUISBURG-ESSEN: SCHREIBWERKSTATT

Die Schreibwerkstatt der Universität Duisburg-Essen richtet ihre Angebote an Studierende aller Fächer. Ziel ist es, den Studierenden durch Information über den Prozess des wissenschaftlichen Schreibens Sicherheit zu vermitteln und – soweit nötig – Hilfestellung zu bieten.
www.uni-due.de > A–Z > Schreibwerkstatt | schreibwerkstatt@uni-essen.de

UNIVERSITÄT HILDESHEIM: KREATIVES SCHREIBEN UND KULTURJOURNALISMUS

Die Studiengänge „Kreatives Schreiben“ und „Kulturjournalismus“ (Diplom und B.A.) lehren das literarische und kulturjournalistische Schreiben in Verbindung mit anderen Künsten sowohl in der Theorie wie in der Praxis. Kerngebiete und Ziele sind die reflektierte Beherrschung einer breiten Palette literarischer und kulturjournalistischer Ausdrucksmittel und Gattungen sowie der damit verbundenen Poetiken und literaturwissenschaftlichen Theoriebildungen.
www.uni-hildesheim.de > Fachbereiche > Institut für Literarisches Schreiben und Literaturwissenschaft | Kontaktformular auf der Website

UNIVERSITÄT LEIPZIG: DEUTSCHES LITERATURINSTITUT LEIPZIG (DLL)

„Ziel des Studiums ist es, den Studierenden in den beiden angebotenen Studiengängen (B.A. und M.A.) sowohl eine möglichst professionelle Schreibkompetenz und literarische Gestaltungsfähigkeit als auch literarhistorische und literaturtheoretische Kenntnisse zu vermitteln. Dies geschieht innerhalb der Module in Seminaren, Übungen, Colloquien, Werkstattseminaren, Lesungen und Projektseminaren sowie in Einzellektoraten.“
www.deutsches-literaturinstitut.de | dll@uni-leipzig.de

UNIVERSITÄT MÜNCHEN: MANUSKRIPTUM – MÜNCHENER KURSE FÜR KREATIVES SCHREIBEN

Der Kurs für kreatives Schreiben ist offen für die StudentInnen aller Münchner Hochschulen. Er vermittelt Einsichten in das literarische Schreiben und gibt Gelegenheit, die eigenen Texte mit renommierten Autoren und erfahrenen Praktikern zu diskutieren. Grundlage dafür sind: klassische Übungen des kreativen Schreibens und die Arbeit an den eingereichten Prosatexten. Der Kurs umfasst zwei Semester. Die Teilnahme ist unentgeltlich.
www.germanistik.uni-muenchen.de > Studium > Manuskriptum | manuskriptum@germanistik.uni-muenchen.de

UNIVERSITÄT TÜBINGEN: SEMINAR FÜR ALLGEMEINE RHETORIK

„Am Seminar für Allgemeine Rhetorik werden Experten für strategische Kommunikation ausgebildet und rhetorische Phänomene auf wissenschaftlichem Niveau erforscht.“ Auf der Website gibt es gute Linklisten zu Rhetorik-Seiten im Internet.
www.uni-tuebingen.de/uni/nas/

UNIVERSITÄT TÜBINGEN: STUDIO LITERATUR UND THEATER

„Das Studio Literatur und Theater bietet Raum für alle Aspekte des Kreativen Schreibens. Vom Diskutieren im Seminar bis zum Realisieren im Rundfunkstudio oder auf der Theaterbühne stehen alle Möglichkeiten offen. Das Studio Literatur und Theater richtet sich an Studentinnen und Studenten aller Studiengänge. Die Teilnehmer erhalten zum Abschluss Nachweise über die erworbene Zusatzqualifikation."
www.uni-tuebingen.de/Studio-Literatur-Theater/ | elisabeth.bohley@uni-tuebingen.de

UNIVERSITÄT FÜR ANGEWANDTE KUNST WIEN: INSTITUT FÜR SPRACHKUNST

Seit dem Wintersemester 2009/2010 bietet die Universität das künstlerische Bakkalaureat-Studium Sprachkunst an. Studienziel ist, AbsolventInnen in den beiden Bereichen Textproduktion (Entstehung neuer literarischer Texte, Überarbeitung und Übersetzung) und Textvermittlung (Rezeption, Lektorat, Kritik, Präsentationen und Wirkungsweisen) zu qualifizieren. Dazu gehört auch die kritische Reflexion über Sprache(n), über die Formen der mündlichen und schriftlichen Literatur, über die Beziehungen zu den anderen Künsten, über die kulturellen und interkulturellen Kontexte der Textproduktion und Textvermittlung. Die Leitung des Instituts für Sprachkunst hat Robert Schindel.
www.dieangewandte.at | robert.schindel@uni-ak.ac.at

UNTERNEHMEN LYRIK, MÜNCHEN

Michaela Didyk bietet online Lyrikkurse und Lyrikwerkstätten vor Ort an. Coaching und Lektorat im Bereich Lyrik; Vergabe eines Lyrikstipendiums.
www.unternehmen-lyrik.de | info@unternehmen-lyrik.de

VERBAND DEUTSCHER SCHRIFTSTELLER (VS) IN VER.DI

Zielgruppe der Professionalisierungsseminare sind Autorinnen und Autoren am Beginn der beruflichen Laufbahn. Erfahrene Autoren und Lektoren leiten die Seminare. Weitere Themenschwerpunkte sind Öffentlichkeitsarbeit, Werbung, Normvertrag, Verhandlungsführung, Vermarktungsstrategien, Fortbildung, Organisation und Gestaltung von Lesungen, Literaturpreise sowie Berufsinformationen.
www.vs.verdi.de | Kontaktformular auf der Website

VOLKSHOCHSCHULEN

Im *Verzeichnis der Volkshochschulen* gibt es für Deutschland 2381, für Österreich 279 und für die Schweiz 94 Einträge. Fast alle Einrichtungen veranstalten Wochenendseminare im Kreativen Schreiben oder Schreibkurse, die sich über mehrere Abende erstrecken. Geleitet werden diese Kurse häufig von SchriftstellerInnen. Teilnehmen kann jeder, ohne viel Geld zu investieren.
www.vhs.de

WORTWERKSTATT „SCHREIBUNDWEISE", MÜNCHEN

Das Kursangebot umfasst Schreibkurse für Einsteiger, Fortgeschrittene und Intensiv-Workshops. Die Autorin Diana Hillebrand schafft Möglichkeiten der kreativen

Zusammenarbeit von Gleichgesinnten. Außerdem: Einzelcoaching sowie monatlicher Literaturtreff.
www.schreibundweise.de | Diana.Hillebrand@SCHREIBundWEISE.de

Zum Abschluss dieses Abschnitts über Angebote zur Aus- und Fortbildung noch einmal der Hinweis: Wir konnten Ihnen nur einen Teil des viel größeren Angebots vorstellen. Jetzt ist es an Ihnen, Ihren Bedarf und Ihre Bedürfnisse zu prüfen und zu entscheiden, wie viel Zeit und Geld Sie investieren möchten. In den folgenden Abschnitten erfahren Sie von Möglichkeiten der Fortbildung, die ganz unabhängig von großen oder kleinen Veranstaltern sind. Und sie stehen allen offen.

Martin Hielscher: Literaturwerkstätten und Seminare

Martin Hielscher, geboren 1957, studierte Literaturwissenschaft und Philosophie, arbeitete als Autor, Redakteur, Übersetzer und Dozent, war Lektor in verschiedenen Verlagen und ist heute Programmleiter für Literatur beim Verlag C. H. Beck in München.

Seit vielen Jahren leite ich, oft gemeinsam mit anderen Autoren oder Lektoren, Schreibseminare und Literaturwerkstätten. So zum Beispiel an der *Georg-von-Vollmar-Akademie* in Kochel am See, bei *textwerk* in München, am *Deutschen Literaturinstitut* in Leipzig, an der LMU in München *(Manuskriptum)*, am *Studio für Literatur und Theater* in Tübingen, im *Lyrik Kabinett* in München oder an der *Bundesakademie für kulturelle Bildung Wolfenbüttel.* Ich habe viele TeilnehmerInnen erlebt und kennengelernt und manchen erfolgreichen Werdegang beobachten oder sogar befördern können, etwa bei Antje Rávic Strubel, Jörg Matheis, Thomas von Steinaecker, Jens Petersen und Daniel Grohn. In den meisten Fällen müssen sich die TeilnehmerInnen an solchen Seminaren bewerben und einem Wettbewerb stellen. Das heißt, aus einer Vielzahl von Bewerbern werden einige ausgewählt,

Autoren- und Schreibgruppen

Autorengruppen spielen in vielen Ländern eine wichtige Rolle. Legendär für Deutschland ist die „Gruppe 47". Sie gewann in den Fünfzigerjahren nach den Verwüstungen auch der kulturellen Landschaft durch die Nationalsozialisten schnell großen Einfluss. Für viele junge und noch unbekannte Autorinnen und Autoren waren Lesungen in dieser Gruppe ein unverzichtbarer Prüfstein für ihr Können und zugleich die erste Stufe zum Erfolg.

Heute sieht die literarische Welt in Deutschland anders aus. Eine derart dominante Vereinigung wie die „Gruppe 47" fehlt. Warum ist das so und ist es ein Nachteil? Ich fragte Joachim Sartorius, Poet, Übersetzer, Diplomat, Kulturpolitiker, Leiter der *Berliner Festspiele* und Gastprofessor an der *Universität der Künste Berlin.* Seine Antwort:

„Es mag an der Vielzahl von formellen und informellen Kontakten unter Autoren liegen, die inzwischen von Stipendien, Preisen, Open Mikes und Festivals generiert werden. Für den jungen Poeten, für die gerade beginnende Prosaautorin sind sie wichtige Trampoline für den Karrierestart. Alle naselang treffen sich Gleichgesinnte an den verschiedensten Orten zum Gedankenaustausch, zu Lesungen und Schreibwerkstätten. Man kann sagen, die eine mächtige, auch Kontrollfunktionen ausübende Gruppe ist ersetzt worden durch viele kleinere ‚Schulen' und Zirkel – wie zum Beispiel die jungen, fantasievollen Leute um die Zeitschrift *BELLA Triste* in Hildesheim, die Leipziger Schreibschule oder die von dem Verleger Urs Engeler versammelten experimentellen Dichter wie Oskar Pastior, Elke Erb und Ulf Stolterfoht. Diese fast schon unübersichtliche Pluralität scheint mir sympathischer, munterer, auch zeitgemäßer als vergangene Großorganismen."

Autoren- und Schreibgruppen gibt es in zahllosen Variationen. Das reicht von Gruppen, in denen die Mitglieder schon fast fertige Texte lesen und – hoffentlich – konstruktiv

und zwar aufgrund von eingereichten Textproben. Insofern haben die TeilnehmerInnen immer schon eine bestimmte Begabung und ein ernsthaftes Interesse erkennen lassen. Was man in solchen Seminaren erreichen kann, ist ein höherer Reflexionsgrad dem eigenen Schreiben und eine gewisse professionelle, handwerkliche Distanz den eigenen Texten gegenüber, die es erlauben, Texte als vorläufig, als veränderbar, als Prozesse zu begreifen. Das Bewusstsein dafür zu schärfen und es konkret an den Texten festmachen zu können sowie – wenn man die immanenten Probleme eines Textes erkannt hat – Änderungs- und Verbesserungsvorschläge zu machen, sehe ich unter anderem als meine Aufgabe in solchen Seminaren.

Die TeilnehmerInnen unterscheiden sich letztlich nur im Grad der „existenziellen" Bedeutung des Schreibens für sie beziehungsweise der Stärke ihrer Begabung/ihres Willens, SchriftstellerInnen zu sein oder zu werden (was miteinander zusammenhängt). Sie werden alle von mir ernst genommen und ihre Texte mit der gleichen Sorgfalt gelesen und diskutiert, weil man auf diesem Niveau von jedem Text etwas lernen, an jedem Text etwas zeigen kann.

In der Regel sind die TeilnehmerInnen belesen. Manche haben bereits andere Seminare besucht, mitunter schon veröffentlicht, manchmal schon Erfahrungen mit dem

kritisieren und diskutieren, bis zu Treffen, bei denen gemeinsam an Texten geschrieben und geübt wird. Die Übergänge sind fließend.
Positiv auch: Die Gruppe kann an die Öffentlichkeit gehen und gemeinsame Lesungen veranstalten. Besonders für AnfängerInnen sind solche Lesungen ideal, denn so wird die Last, den Abend vorzubereiten und zu gestalten, auf mehrere Schultern verteilt und jeder profitiert von den Kontakten und dem Know-how der anderen.
Der Erfolg einer Gruppe – und damit auch Ihr Erfolg – hängt neben dem Können der einzelnen Mitglieder allein von der Initiative, den Ideen und dem Einsatz ihrer Mitglieder ab. Sie können sich einer bestehenden Gruppe anschließen oder in Ihrer Umgebung nach Gleichgesinnten suchen und eine neue Gruppe gründen. Hinweise auf bestehende Gruppen finden Sie zum Beispiel in den Kulturkalendern Ihrer Stadt oder Ihres Kreises. Natürlich ist auch das Internet eine hervorragende Quelle für Informationen. Probieren Sie es! Sie werden erstaunt sein von der großen Anzahl der Hits.

Gruppen für Literarisches Schreiben

Wir haben exemplarisch einige Gruppen herausgesucht:

AUTORENFRÜHSTÜCK

Zum *Autorenfrühstück* in München, einem offenen Angebot von P.l.o.t. e.V., trifft man sich jeden 3. Sonntag im Monat von 10.00 bis 14.00 Uhr. Nach Frühstück und kurzer Hinführung zu einem Thema verfassen die TeilnehmerInnen eigene Texte, die dann besprochen werden. Die Leitung haben Stefan Leichsenring und Christel Steigenberger. Für das Frühstück wird derzeit ein Beitrag von 8 Euro (Mitglieder 5 Euro) erhoben.

Literaturbetrieb gemacht. Ich versuche, neben der Textarbeit immer auch einen umfassenden Überblick über die Situation im Literaturbetrieb und in den Verlagen zu vermitteln. Ich bekomme ganz konkrete und pragmatische Fragen gestellt, die ich so genau wie möglich beantworte. Das heißt, die meisten TeilnehmerInnen kommen bereits mit Kenntnissen und Erfahrungen und wollen ganz konkrete Dinge wissen. Selten ist jemand völlig „unbeleckt".
Bei den TeilnehmerInnen, die, wie in München, Tübingen oder Leipzig, im Rahmen eines Universitätsstudiums an Schreibseminaren teilnehmen oder ausdrücklich Kreatives Schreiben studieren, bin ich nicht auf Studienabbrecher gestoßen, sondern immer auf sehr motivierte, ernsthafte Studenten und Studentinnen. Sie kamen nicht selten auch aus anderen Fachbereichen als Germanistik/Journalistik. Ich glaube, dass sie durch die Bank von einem solchen Studium, solchen Seminaren profitieren, auch wenn nicht jeder, der etwa in Leipzig studiert hat, anschließend Schriftsteller werden kann. Das gibt der Markt einfach nicht her. Dennoch sind der Erkenntniszuwachs, eine Verbesserung der handwerklichen, technischen Mittel, eine Erweiterung des eigenen Themen- und Formenspektrums, der Austausch mit anderen, die auch schreiben, ein gesteigertes Bewusstsein Texten und der Literatur gegenüber sicher in jedem Fall ein Gewinn, wenn

Ich habe Christel Steigenberger nach den Mitgliedern und ihren Erfahrungen mit der Arbeit in der Gruppe gefragt. Sie schätzt den Stamm, der mehr oder weniger regelmäßig teilnimmt, auf 20 bis 25 Personen. Von diesen kommen zu den jeweiligen Treffen um die zehn TeilnehmerInnen. Willkommen sind auch Schreibneulinge oder Besucher, die nur mal „schnuppern" wollen.
Mich interessierte, ob sich ein ungleiches Niveau der Teilnehmenden störend auf die Arbeit in der Gruppe auswirkt. Das ist offenbar nicht der Fall. „Wir stellen immer wieder fest, dass das unterschiedliche Niveau für den Prozess des gemeinsamen Arbeitens an Texten kein Hindernis, sondern eher eine Bereicherung ist", berichtet Frau Steigenberger. Und weiter: „Ich bin selbst immer wieder erstaunt, welch ein Reichtum an spannenden Texten auf diese Weise in doch sehr kurzer Zeit entsteht. Einige Teilnehmerinnen berichten uns, dass ihr Schreiben sich durch diese Anregungen verändert und verbessert hat. Ich kann dies bei vielen – auch bei mir selbst – bestätigen. Manche arbeiten die Texte nach den Treffen weiter aus und haben sich so zu längeren Werken inspirieren lassen. Einige haben mit Autorenfrühstückstexten ihre erste Veröffentlichung in einer Zeitschrift geschafft. Für andere ist das Autorenfrühstück einer der wenigen Freiräume, die sie für ihr Schreiben finden."
Eine rundherum positive Erfahrung also? „Wir haben alle viel Spaß bei diesen Treffen. Es wird viel gelacht und gealbert, und immer wieder entstehen auch Freundschaften, die über diesen Rahmen hinausreichen", fasst Christel Steigenberger zusammen.
www.ausserdem.de | info@ausserdem.de

man im weitesten Sinne mit Literatur und Texten zu tun haben will. Eine Professionalisierung beim Schreiben ist ja in jedem Fall sinnvoll und nützlich.
Wenn ich etwas vermitteln kann – und das ist mir persönlich in meinem Beruf auch wichtig –, dann sind das Genauigkeit, Leidenschaft und ein existenzieller Ernst, eine Hingabe, die sich durchaus mit Komik, Ironie und etwas Spielerischem verbinden lassen, das muss sich gar nicht ausschließen. Literatur bedeutet für mich vor allem, wacher zu leben, mehr zu verstehen und mehr zu empfinden. Dazu bedarf es einer genauen Sprache, eines Hinsehens und Hinhörens. Es ist eine Öffnung der Sinne; und natürlich ist es auch eine Form der Geschichtsschreibung, bei der sich Persönliches und Allgemeines auf unvergleichliche Weise verbinden; man erfährt etwas über sich selbst und zugleich über die Zeit, in der man lebt.
Für mich ist Literatur so wichtig wie atmen und essen, und ich bin immer sofort „da", wenn es um Literatur geht. Ich versuche selbst, diese Wachheit und Intensität in meiner Arbeit zu leben. Sie möchte ich in meinen Seminaren vermitteln – abgesehen von all den Details, also der Textarbeit, den Erfahrungen im Literaturbetrieb, dem Wissen um literarische Strategien und Schicksale von Autoren und Büchern, über die ich einiges sagen kann.

KALIBER – DIE MÜNCHENER SCHREIB- UND LESE-LOUNGE

Die Workshops von *KaLiber* sind für begabte Nachwuchstalente und ernsthaft Schreibende gedacht. Texte werden gelesen, begutachtet und redigiert. Es wird über literarische Formen informiert, darüber hinaus auch allgemein über das Verlagswesen und Neuerscheinungen. Ziel ist ein veröffentlichungsreifes Manuskript. Die Gruppe trifft sich einmal monatlich in den Räumen des Münchner Frauenforums.
www.kaliber-muenchen.de | Kontaktformular auf der Website

SCHWABINGER SCHREIBGRUPPE

Die *Schwabinger Schreibgruppe* trifft sich alle zwei Wochen donnerstags von 18.30 bis 22.00 Uhr. So wie sich die Gruppe in 20 Jahren verändert hat, so entwickelte sich auch das Schreiben. War es anfangs eher inhaltlich motiviert, werden zunehmend Form und Sprache interessanter. Jedes Treffen wird von einem anderen Teilnehmer vorbereitet und thematisch geführt. Mitschreibende Gäste und neue Mitglieder sind willkommen!
birgit.bruester@web.de

AUTORENGRUPPE SEITENSPINNER

Die *Seitenspinner* treffen sich monatlich zur intensiven Textarbeit. Leitmotiv ist die gegenseitige Förderung und Motivation durch konstruktive Kritik. Die Treffen finden nach vorheriger Anmeldung samstags im privaten Rahmen statt und sind auf jeweils sechs bis acht Teilnehmer begrenzt. Die Seitenspinner verstehen sich als gewachsene Gruppe, in der „alte Hasen“ ebenso ihren Platz finden wie neue Mitglieder. Bei der Auswahl neuer Teilnehmer wird Wert auf literarisch lesbare Texte sowie die Bereitschaft gelegt, offen und fair miteinander umzugehen. In letzter Zeit gehen die Seitenspinner über Lesungen und Anthologien vermehrt an die Öffentlichkeit.
www.autorengruppe-seitenspinner.de | simone.pusch@gmx.de

Gruppen für Wissenschaftliches Schreiben

EUROPA-UNIVERSITÄT VIADRINA FRANKFURT (ODER)

„In autonomen Schreibgruppen für BA-Arbeiten, Abschlussarbeiten und Dissertationen tauschen sich die Prüflinge über Strukturierung, Themenfindung, Zeitplanung und Schreibblockaden aus.“ Besonders sympathisch: „TeXtgarten“. Dort „ist Wildwuchs angesagt. Gejätet wird hinterher. Die Stilblüten blühen und die Wortstämme schlagen aus. Der spielerische und kreative Umgang mit Worten und Sprache ist gefragt.“
www.euv-frankfurt-o.de › Campus › Hilfen rund ums Studium › Schreibzentrum | schreibzentrum@euv-frankfurt-o.de

TECHNISCHE UNIVERSITÄT DARMSTADT

Die Schreibgruppe soll Unterstützung, Hilfe, Austausch und einen Diskussionsraum bieten. Es gibt unendlich viele Probleme, die mit dem Schreiben einer Hausarbeit einhergehen können. Sei es die Themenfindung, die Erstellung der Gliederung, die Themeneingrenzung, die Literaturrecherche, eine Schreibblockade, fehlende Informationen über wissenschaftliches Arbeiten und Schreiben.

www.abpaed.tu-darmstadt.de > Humanw > Allgemeine Pädagogik und Berufspädagogik > Lernzentrum > Angebote > Schreibgruppen | lz.paedagogik@apaed.tu-darmstadt.de

UNIVERSITÄT HILDESHEIM

Online-Schreibgruppen bieten einen guten Rahmen, um mit regelmäßigen Terminen für Feedback kontinuierlich und nicht allein an Hausarbeiten, Abschlussarbeiten oder Fachartikeln zu arbeiten. Man gewinnt

- ein Gespür für seine Arbeitsweise, seinen Schreibstil,
- einen frischen Blick auf den eigenen Text,
- eine authentische Leserschaft,
- Einsicht in die Arbeitsweise der anderen,
- Vertrauen in die eigene Arbeit,
- einen Rhythmus bei der Textproduktion.

In den Gruppen können sich BA- und MA-Studierende ebenso wie Promovierende, Lehrende/Forschende zusammenfinden.
www.uni-hildesheim.de > Sprach- und Informationswissenschaften > Institut für deutsche Sprache und Literatur > Lese- und Schreibzentrum | schreibt@uni-hildesheim.de

Überregionale Gruppen/Genre-Gruppen

Es gibt auch Autorengruppen, die bundesweit oder sogar international tätig sind.
Hier eine Liste der Gruppen, die sich einem bestimmten Genre verschrieben haben. Netzwerken wird in diesen Gruppen, zum Beispiel über Mailinglisten, groß geschrieben. Regelmäßig stattfindende Jahrestreffen mit Lesungen und Workshops dienen dem gegenseitigen Kennenlernen, dem Austausch über die Zusammenarbeit mit Verlagen und Agenturen, der Fortbildung und Öffentlichkeitsarbeit.

DELIA – VEREINIGUNG DEUTSCHSPRACHIGER LIEBESROMANAUTOREN

Die Vereinigung veranstaltet Lesungen und Treffen und vergibt den DeLiA-Literaturpreis. Mitglied kann werden, wer mindestens einen Liebesroman oder drei Heftromane in einem kommerziellen Verlag veröffentlicht hat. Vergleichbares gilt für AutorInnen von Drehbüchern, Hörspielen und Theaterstücken. Treffen: einmal jährlich bei den DeLiA-Liebesromantagen.
www.delia-online.de | heide.john@delia-online.de

MÖRDERISCHE SCHWESTERN – VEREINIGUNG DEUTSCHSPRACHIGER KRIMIAUTORINNEN

Das „deutschsprachige, europäische Netzwerk" mit mehreren Hundert Mitgliedern unterhält regionale Gruppen für den persönlichen Austausch, betreibt gemeinsame Öffentlichkeits- und Medienarbeit und unterstützt bei Recherchen. Mitglied werden kann jede Frau, die sich für Krimis interessiert und sich mit den Zielen der Vereinigung identifiziert. Erwähnenswert das Mentoring-Programm.
www.moerderische-schwestern.eu | info@moerderische-schwestern.eu

SYNDIKAT – DIE AUTORENGRUPPE DEUTSCHSPRACHIGE KRIMINALLITERATUR
Im SYNDIKAT sind mehr als 500 KrimiautorInnen aus Deutschland, Österreich und der Schweiz organisiert. Das SYNDIKAT nimmt KriminalschriftstellerInnen auf, die mindestens eine selbstständige Veröffentlichung in einem kommerziellen Verlag (keine Book-on-Demand-Verlage, kein Eigenverlag, keine Druckkostenzuschussverlage oder Verlage, bei denen Lektoratskosten, Mindestabnahmen für eine Veröffentlichung fällig werden o.Ä.) vorzuweisen haben. Es veranstaltet jedes Jahr die CRIMINALE, ein großes deutsches Krimifestival, und schreibt Autorenpreise aus.
www.das-syndikat.com | Kontaktformular auf der Website

QUO VADIS – AUTORENKREIS HISTORISCHER ROMAN
QUO VADIS ist ein Zusammenschluss von derzeit über 100 SchriftstellerInnen, die im Bereich Historischer Roman, Erzählung oder fiktionale, historische Hör- und Fernsehtexte arbeiten. Beitreten darf, wer mindestens einen Roman in einem Publikumsverlag veröffentlicht hat. Druckkostenzuschussverlage und Selbstverlag werden nicht anerkannt. Im Diskussionsforum und über Mailingliste und Rundbrief können Neuigkeiten ausgetauscht werden. Auf der „Historica", dem Jahrestreffen, wird der *Sir-Walter-Scott-Literaturpreis* verliehen.
www.akqv.de | qv@akqv.org

Natürlich bieten auch die Landesverbände der großen Berufsverbände (> Kapitel „Literarische Einrichtungen"), also der *Verband deutscher Schriftsteller (VS) in ver.di* oder der *Freie Deutsche Autorenverband (FDA)*, zahlreiche Fortbildungsveranstaltungen an. Der Umfang der Aktivitäten hängt – wie bei allen Vereinigungen – stark vom Engagement der jeweiligen Mitglieder ab.

Hilfe für Neugründungen

Gleichgesinnte für eine Neugründung finden Sie sicher, wenn Sie BesucherInnen bei literarischen Veranstaltungen und Leseabenden ansprechen. Auch Anzeigen oder Anschläge an den Schwarzen Brettern entsprechender Einrichtungen sind eine Möglichkeit. Im Internet findet man gelegentlich Aufrufe in literarischen Foren.
Geht die Initiative zu einer Neugründung von Ihnen aus, haben Sie einen großen Startvorteil, denn Sie können die Richtung und Gestaltung der Gruppe zumindest während der Gründungsphase stark beeinflussen. Dafür liegt aber auch die Last bei Ihnen, alles vorbereiten zu müssen. Für die Kontaktsuche ist es sicher nützlich, wenn Sie anderen Interessenten erzählen können, wie Sie sich Ihre neue Gruppe vorstellen.

Überlegen Sie also:
- Was will ich in der Gruppe für mich erreichen?
- Welche Arbeitsformen sind die richtigen für dieses Ziel? Welchen Stellenwert soll das gemeinsame Schreiben, welchen das Lesen und Diskutieren haben?
- Wie groß soll die Gruppe sein?
- Wie viel Zeit kann ich/können andere wahrscheinlich dafür einsetzen?
- Wo können wir uns treffen?
- Gibt es Kosten, die aufgeteilt werden müssen?
- Wer soll die Gruppe leiten?
- Brauchen wir feste Regeln? Welche?

Gerade die letzte Frage scheint mir wichtig für das Miteinander von kreativen Individualisten zu sein. Den Aspekt „Umgang mit Kritik" behandelt Pia Helfferich in ihrem Artikel „Über den Umgang mit Kritik: Faire Textdiskussionen in Schreibgruppen" (http://kreatives-schreiben.suite101.de/article.cfm/ueber_den_umgang_mit_kritik).
Teilweise recht detaillierte Informationen und Ratschläge zur Gründung und Gestaltung von Schreibgruppen und zum Umgang miteinander finden Sie unter
› www.buecher-wiki.de/index.php/BuecherWiki/Schreibgruppen
› www.ratschlag24.com/index.php/zehn-gebote-fuer-schreibgruppen
› www.schreibtutorial.de/Artikel/Schreibgruppe.pdf

Eine Lektüre für alle, die sich in das Thema vertiefen wollen, ist „Neue Wege zur Schlüsselqualifikation Schreiben" von Katrin Girgensohn. Auch dieses Buch geht von dem Grundsatz aus: Schreibkompetenzen können erlernt werden!

Ich konnte Sie hoffentlich davon überzeugen, dass es in Ihrer Umgebung viele Möglichkeiten gibt, Kontakte zu anderen zu knüpfen und sie gemeinsam dafür zu nutzen, immer noch besser zu werden. Deswegen mein Rat: Verlassen Sie gelegentlich die Einsamkeit Ihres Schreibtisches und beteiligen Sie sich am literarischen Leben. Engagieren Sie sich! Sie können nur profitieren.

Und wenn Sie auf einer Insel in der Nordsee oder auf einem Bauernhof in der Toscana wohnen? Oder vielleicht nicht mobil sind? Oder einfach Lust auf viele neue Kontakte haben? Im nächsten Abschnitt erfahren Sie, wie Sie das Internet für Ihre Fortbildung nutzen können.

Internetforen

Auch im Internet gibt es Autoren- und Schreibgruppen, die Autorenforen. Neben den Schreibgruppen, in denen die Arbeit an Texten im Vordergrund steht, existieren Foren, in denen es um berufsrelevante Fragen geht wie zum Beispiel: Kennt hier jemand die Agentur ...? Welche Verlage veröffentlichen Reiseberichte? Wie formatiere ich die Normseite? Ist folgende Passage in meinem Verlagsvertrag rechtens? Insofern gleichen diese Foren den im letzten Abschnitt besprochenen Gruppen vor Ort. Worin liegen nun die Unterschiede?
Zunächst einmal können Autorenforen viel mehr Mitglieder haben. Sie finden also ein größeres Publikum für Ihre Texte und damit mehr und oft auch kompetentere GesprächspartnerInnen für Ihre Fragen und bei den Diskussionen. Damit verbunden ist die Vielzahl der Themen, die in einem Forum gleichzeitig behandelt werden können. Denn viele Foren sind in Unterforen gegliedert. Selbstverständlich kann jeder Teilnehmer auch jederzeit eine Frage stellen, ein Thema vorschlagen und damit eine Diskussion beginnen. Und schließlich können Foren viel aktueller sein als Gruppen, die sich vielleicht alle zwei Wochen mit einem vorher festgelegten Programm treffen. Das alles sind eindeutig Vorteile – auch wenn vielleicht mancher die physische Präsenz seiner Gesprächspartner vermisst und schon mal gern Ellbogen an Ellbogen scheuert. Aber das ist Temperamentssache. Und das eine schließt das andere ja nicht aus.

Einige Foren beschränken ganz bewusst die Anzahl der Themen. In anderen werden alle Themen behandelt, die mit dem Schreiben zusammenhängen: von der Motivation zum Schreiben über das Gegenlesen bis zur Unterstützung bei Fragen der Verlagssuche und der rechtlichen Absicherung als AutorIn. Auch die Anzahl der TeilnehmerInnen kann sehr unterschiedlich sein. Einige Foren nehmen nur wenige ausgesuchte Bewerber auf, andere haben Hunderte von Mitgliedern und Besuchern.

www.42erautoren.de – 42erAutoren e.V.
Website der Schriftstellervereinigung 42erAutoren e.V. mit Forum. Die wöchentliche Textbesprechung und aktuelle Diskussionen zum Literaturbetrieb sind auch für Nichtmitglieder zugänglich.

www.autorenforum.de – Das Wissensportal für AutorInnen
In der Rubrik „Frag die Experten" geben AutorInnen/ExpertInnen Antworten zu u.a. folgenden Themen: Drehbuch, Fandom, Fantasy, Heftroman, Historischer Roman, Kinderbuch, Kriminalistik, Lesungen, Literaturagenturen, Lyrik, Reiseführer, Sachbuch, Schreibaus- und -fortbildung, Schreibgruppen, Schreibhandwerk, Science Fiction, Verlagswesen, Übersetzung. Die interessantesten Fragen und Antworten werden im Newsletter „The Tempest" und auf der Website veröffentlicht.

www.federfeuer.de – Die Hölle der gnadenlosen Textkritik
Das Forum verspricht gnadenlose, aber ehrliche und faire Kritik für eingestellte Texte. Neuankömmlinge werden ausdrücklich gewarnt und aufgefordert, ihrerseits die Texte anderer Mitglieder mit der gleichen fairen Offenheit zu bewerten.

http://forum.tintenzirkel.de – Der Fantasyautorenkreis
Das Forum ist eine Online-Selbsthilfegruppe für Fantasyautoren, die das Genre ernst nehmen. Anfänger erhalten Rat von erfahrenen Autoren, Lektoren und Buchhändlern.

www.leserattenbuecherforum.de
Eine öffentliche Diskussionsplattform rund um das Buch, die Literaturszene und das Autorendasein, auch für JungautorInnen. Handwerkliche Fragen, Fragen zu Verlagen, Veröffentlichungsmöglichkeiten etc. können in einem nicht öffentlichen Bereich besprochen werden.

www.literaturcafe.de – Das Literatur-Café
Wolfgang Tischers literarischer Treffpunkt im Internet (seit 1996) – mit Abstand eine der informativsten Seiten im Internet! Unter der Rubrik „Textkritik" bespricht Malte Bremer Texte. Ungefähr einmal im Monat erscheint ein neuer Text.

www.montsegur.de – Montségur Autorenforum
(siehe unten das Interview mit Andreas Wilhelm)

www.schreibprojekt.at – Die Infoseite für Autoren
Das *Schreibprojekt* gehört zu den Foren, die klein sind und klein bleiben wollen.
Wir baten Iris Scharf, die Ansprechpartnerin des Forums, uns dieses „Schreibprojekt" kurz vorzustellen:
„Im Moment haben wir 33 Mitglieder, darunter mittlerweile auch Autoren, die bei namhaften Verlagen untergekommen sind (Piper, Heyne), sowie Schreibanfänger. Das Herzstück des Forums sind die Textarbeit und ein separater Bereich für die Autorengruppe. Wir achten sehr auf konstruktives Miteinander, das heißt Ehrlichkeit und Freundlichkeit. Es gibt keine Lobhudelei schlechter Texte, aber auch kein Schlechtreden guter Geschichten. Mitglieder können Texte einstellen und von den anderen erwarten, dass sie konstruktive, ehrliche Kommentare zu ihren Texten erhalten oder auch Antworten auf so manche Frage zum Autorenhandwerk oder dem Literaturbetrieb.
Die Mitgliedszahl ist auf 50 Leute begrenzt, da wir das Forum nicht ausufern lassen wollen. Das Forum ist nur den Mitgliedern vorbehalten, einen Gastbereich gibt es mittlerweile nicht mehr. Wir stellen den Autoren einen virtuellen Treffpunkt zur Verfügung, dessen Atmosphäre familiär, aber auch kompetent ist. Uns ist es wichtig, dass die Mitglieder sich vertrauen und sich gegenseitig helfen. Und das ist uns bisher sehr gut gelungen. Anmelden kann man sich über www.schreibprojekt.at."

www.spruchreif.net – Doppelpunkt: Das professionelle Autorenforum
Talentierte AutorInnen erhalten Hinweise, wie Manuskripte in einem Verlag untergebracht werden können. Weitere Schwerpunkte: Textarbeit, Informationen zu Verlagen und Literaturagenten, Vertragsangelegenheiten, Vorstellen von Texten, Ausschreibungen und eigenen Veröffentlichungen.

http://textartmagazin.eomis.de – TextArt: Magazin für kreatives Schreiben
Im Online-Forum des Magazins Text*Art* können Sie sich über Ihre Erfahrungen austauschen, Autoren treffen, Magazinbeiträge diskutieren und Antworten auf Ihre Fragen zur Schriftstellerei finden.

www.webstories.cc – WebStories ... für Leser und Schreiber
WebStories stellt AutorInnen und ihre Storys vor. Leser können so viele Texte, geordnet nach Kategorien, kennenlernen. Im Forum werden Fragen rund um die Texte diskutiert und beantwortet.

Interview mit Andreas Wilhelm, Montségur Autorenforum

› Das Montségur Autorenforum existiert seit Februar 2005. Wie war der Anfang? War es schwierig, seinen Platz im großen Internetangebot zu finden und ein eigenes Profil zu entwickeln?
Von der Technik her ist das Aufsetzen eines Diskussionsforums ganz leicht. Und solange man ein Thema bedient, das viele Interessenten hat, und man diese auf das neue Forum aufmerksam machen kann, ist sogar gewährleistet, dass sich schnell die ersten Gäste einfinden und Beiträge geschrieben werden. Die Frage ist aber, wie man es schafft, dass das Forum kein Strohfeuer wird, dass es lebendig bleibt, in gesundem Maße wächst und sich als maßgebliche Anlaufstelle seiner Mitglieder etabliert.
Diskussionsforen im Internet für Autoren gibt es viele. Manche haben nur einige Dutzend, andere mehrere Hundert registrierte Nutzer und zum Teil Zehntausende von Beiträgen. Wenn man näher hinsieht, stellt man allerdings schnell fest, dass es sich bei den Nutzern vor allem um „CyberMaus16" und „AvatarK177OR" handelt. Die meisten Beiträge finden sich in den Rubriken „Sonstiges Geplauder" oder „Hier könnt ihr eure eigenen Storys einstellen". Dies hat alles seinen Sinn und Zweck. Aber die Ausrichtung von Montségur war von Anfang an eine andere.

› Was war Ihr Ziel?
Ziel war es, ein Diskussionsforum zu gründen, in dem Menschen mit ernsthaften Ambitionen, Schriftsteller zu werden, im Austausch mit Profis erfahren können, wie das Handwerk funktioniert, wie die Branche tickt. Dieses Ziel hat Montségur nun im fünften Jahr seines Bestehens erreicht und übertroffen. Das Forum ist zu einer Instanz geworden. Viele deutsche Belletristikautoren sind hier anzutreffen. Damals noch unerfahrene Mitglieder haben mittlerweile Agentur- und Verlagsverträge abschließen können und das nicht zuletzt dank des kollegialen Austauschs untereinander hier im Forum. Die Diskussionen im Forum werden in der Branche von Agenten und Verlagen beachtet. Durch

Sie sehen, Autorenforen im Internet bieten eine breite Palette an Möglichkeiten, sich mit anderen Schreibbegeisterten auszutauschen, Rat einzuholen und Texte schon vor einer Veröffentlichung zu besprechen. Haben diese Informationen Sie genützt?
Sind Sie gerade zusammengezuckt? Sie meinen, da ist etwas falsch? Ganz sicher? Wenn Sie beim Schreiben zweifeln – im nächsten kurzen Abschnitt sagen wir Ihnen, wo Sie Rat bekommen. Und Sie erfahren auch, wie falsch oder richtig meine Formulierung war.

die enge persönliche Zusammenarbeit mit den Betreibern anderer Literatursites sind Vernetzung und gegenseitiger Informationsaustausch bestens. Gemeint sind hier der Uschtrin Verlag, das Autoren-Magazin, das Literaturcafé und Schriftstellervereinigungen und -verbände wie DeLiA, Quo Vadis, die 42erAutoren, der BVjA und der VS (in ver.di) sowie das *Aktionsbündnis für faire Verlage*.
Viele Schritte und viel Mühe waren auf diesem Weg nötig. Immer wieder von außen kritisiert als „elitäre Maßnahme", aber letztlich eines der wirksamsten Mittel war die Entscheidung, dass sich Nutzer nicht selbst registrieren können, sondern sich für eine Aufnahme bewerben müssen. Ein Gremium aus Autoren prüft diese Bewerbungen nach harten und weichen Kriterien und entscheidet individuell über jedes Aufnahmegesuch. Nur so ist eine schriftstellerische beziehungsweise handwerkliche „Mindest-Entwicklungsstufe" aller neuen Mitglieder zu gewährleisten und das hohe Niveau der Diskussionsbeiträge bleibt erhalten.

› *Sie sprechen von viel Mühe. Wo liegen die Probleme? Und wie werden sie gelöst?*
Dies ist die Schwierigkeit: Ein Forum nur für veröffentlichte Profis geriete schnell zur Nabelschau, und die Mitglieder hätten sich bald nichts mehr zu sagen. Für Diskussionen, hilfreiche Antworten und Erfahrungsberichte braucht es eine gewisse Menge an Amateuren, die diese Diskussionen lostreten, die Fragen stellen, die Unterstützung benötigen. Zu viele dürfen es allerdings auch nicht sein, sonst besteht die Gefahr, dass sich die Profis zurückziehen und die Diskussionen ihr Fachniveau verlieren. Hier muss also für ein Gleichgewicht gesorgt werden und das geht nur manuell: zum einen durch die Auswahl der Bewerber und zum anderen durch die Arbeit der Moderatoren, die Diskussionen strukturieren, aufsplitten, gegebenenfalls zur Fokussierung auf das Thema aufrufen oder Leserunden und Arbeitsgruppen im Forum anleiten. Ohne die viele und ehrenamtliche Arbeit meiner sechs Moderatoren, die allesamt professionelle Schriftsteller sind, wäre das Forum unmöglich zu betreuen. Ich verdanke ihnen viel.

Sprachberatung am Telefon und im Internet

CANOONET

Bei canoonet finden Sie auf den Unterseiten *Wörterbücher*, *Wortgrammatik*, *Wortbildung*, *Satzgrammatik* und *Rechtschreibung* viele Hilfen bei Sprachproblemen. E-Mail-Anfragen zur deutschen Sprache beantwortet Dr. Bopp unter dem Motto „Dumme Fragen gibt es nicht! – Jede Frage wird beantwortet!“

Er tut es wirklich. Ich habe ihn gefragt, ob die Formulierung „das nützt dich nichts“ falsch sei, und bekam per Mail nach einer knappen Stunde kompetente und erschöpfende Auskunft:

› *Wo stehen Sie heute? Was sagt die Statistik?*

Das Forum hat sich in den letzten fünf Jahren stetig weiterentwickelt, ist gewachsen und hat an Gewicht zugenommen. Dieses Gewicht bezieht sich allerdings in erster Linie auf seine Bedeutung und sein Ansehen. Natürlich ist auch die Anzahl der Beiträge gewachsen, inzwischen sind es rund 180 000 Beiträge, von denen nur etwa 60 Prozent öffentlich lesbar sind. Aber trotzdem ist die Anzahl der Mitglieder in den letzten drei Jahren bei rund 350 in etwa konstant geblieben. Wir nehmen im Schnitt nur ein neues Mitglied pro Woche auf, obwohl die fünffache Menge an Bewerbungen eingeht (trotz ausdrücklicher und restriktiver Aufnahmebedingungen). Und zugleich entfernen wir in regelmäßigen Abständen die Konten von Mitgliedern, die sich über einen längeren Zeitraum nicht mehr beteiligen. Abgesehen von einem harten Kern von vielleicht sechzig Mitgliedern wechselt der Rest des Forums ständig. Wir beobachten, dass das Interesse und die Beteiligung in der Regel ein bis zwei Jahre anhalten. Konnten bis dahin freundschaftliche Bande geknüpft werden, bleiben die Leute länger, andernfalls wandern sie ab. Offenbar ist dieser Zeitraum nötig, um alle drängenden Fragen zu klären, die man in Bezug auf das Schreiben hat. Wer dann geht, ist bis dahin entweder noch immer nicht weitergekommen und gibt das Schreiben vielleicht auf, oder er hat sich vollgesogen und kommt nun alleine zurecht.

› *Haben Sie Ihr Ziel erreicht? Sind Sie zufrieden?*

Ich denke, dass das Montségur Autorenforum sein Ziel erreicht hat. Es ist ein Forum von Autoren für Autoren. Es ist ganz bewusst nicht für Einsteiger gedacht (die können immerhin im öffentlichen Bereich alle Beiträge mitlesen – quasi ein kostenloser Schreibratgeber aus erster Hand). Und es ist auch ganz bewusst keine kommerzielle Veranstaltung. Es soll und muss immer ein persönlicher und privater Austausch für Autoren untereinander bleiben. Die vielen regionalen Treffen, die hier vereinbart werden, in Städten oder auf den Messen, oder auch die jährliche Gesamtveranstaltung in der Nähe

Sehr geehrter Herr Hinrichs,

in alten Texten stand unpersönliches „nützen“ auch mit dem Akkusativ.
In einigen süddeutschen Dialekten kommt diese Verwendung von „nützen“ mit Akkusativ auch jetzt vor. Im heutigen Standarddeutschen ist aber nur der Dativ gebräuchlich:

Das nützt dir nichts.
Das hat ihnen nichts genützt.

Mit freundlichen Grüßen

Stephan Bopp

http://canoo.net | http://canoo.net/blog/feedback

von Frankfurt mit ihren ehrenamtlichen Vorträgen und Workshops, all das schweißt die Autorinnen und Autoren zusammen.
Wenn ich heute in eine Buchhandlung gehe, kann ich über jeden zweiten deutschen Roman sagen: „Den Autor kenn' ich“ oder „Mit der habe ich neulich einen Büchertausch gemacht.“ Dieser persönliche Draht hilft uns allen sehr, auch mit den Unwägbarkeiten und Rückschlägen im Geschäft zurechtzukommen. Ich weiß, dass auch Bestsellerautoren ihr neues Exposé mal abgelehnt bekommen, dass auch meine Kollegen Ärger mit ihrem Agenten oder ihrer Lektorin haben oder sich über das neue Cover schwarz ärgern. Das macht uns menschlich und hält uns zusammen.

› *Auch wenn Ihre Begründung, Einsteiger nur als passive Besucher zuzulassen, schlüssig klingt: Für Anfänger muss dieser Ausschluss frustrierend sein. Wissen Sie Rat?*
Es ist klar, dass gerade für Einsteiger der Bedarf an Informationen, Rat und aktiver Hilfe sehr groß ist. Das Montségur Autorenforum ist aufgrund seines Konzepts nicht dafür geeignet, diesen Einsteigern heute mehr als eine passive Hilfe zu sein. Aus diesem Grund denken wir zurzeit über eine „Montségur-Akademie“ nach. Sie wird sich ausdrücklich und exklusiv an Einsteiger richten. Hier wird es nicht nur von Profis moderierte Diskussionen geben, sondern auch Workshops und professionell angeleitete Arbeitsgruppen, in denen an Exposés und an Texten gefeilt wird. Dies wird natürlich nicht mehr rein ehrenamtlich zu betreiben sein und wie jede andere Privatschule auch etwas kosten müssen. Aber erstens ist dies dann ein effektiver Filter, der diejenigen, die ernsthaft in ihre Ausbildung investieren möchten, von denjenigen trennt, die nur temporär Flausen im Kopf haben. Und zweitens werden wir die Kosten natürlich in einem fairen Rahmen halten.
Damit öffnet sich ein weiteres Kapitel und viel Arbeit liegt vor allen Beteiligten. Doch ich bin zuversichtlich, dass wir auch das gut in Fahrt bringen.

DUDEN-SPRACHBERATUNG

Diese Beratung ist die älteste und wohl am stärksten frequentierte Serviceeinrichtung dieser Art in Deutschland. Zu erreichen ist sie montags bis freitags von 8.00–18.00 Uhr unter folgenden kostenpflichtigen Telefonnummern:

- aus Deutschland: 09001/870098 (1,86 Euro pro Minute aus dem Festnetz),
- aus Österreich: 0900/844144 (1,80 Euro pro Minute aus dem Festnetz)
- aus der Schweiz: 0900/383360 (3,13 CHF pro Minute aus dem Festnetz).

Alle Preisangaben sind vom Februar 2010. Bitte beachten Sie: Die Tarife für Anrufe aus Mobilfunknetzen können davon abweichen.

Online können Sie unter der Rubrik „Rechtschreibprüfung" Texte mit einer maximalen Länge von 1600 Zeichen kostenlos prüfen lassen. Angezeigt werden Rechtschreib- und Grammatikfehler.

www.duden.de

PONS

Ein relativ neuer Service: Auf dem Sprachenportal können Sie 140 000 Stichwörter der deutschen Sprache auf die richtige (amtliche) Schreibweise überprüfen.

www.pons.eu

ESSENER SPRACHTELEFON DER UNIVERSITÄT DUISBURG-ESSEN

Kostenloser telefonischer Auskunftsdienst für Fragen rund um die deutsche Sprache – zu Orthografie und Zeichensetzung, zu grammatischen Zweifelsfällen, zu Wortherkunft und Wortbedeutung. Sprechzeiten: Mo., Di., Mi. und Do. 10.30–11.30 Uhr unter der Telefonnummer 0201/183-3405.

www.uni-due.de › A–Z › Schreibwerkstatt | sprachtelefon@uni-due.de

GESELLSCHAFT FÜR DEUTSCHE SPRACHE (GFDS)

Die Sprachberatung der GfdS ist telefonisch erreichbar montags bis freitags von 9.00–17.00 Uhr unter 09001/888128 (1,86 Euro je Minute, Stand: Februar 2010). Für Mitglieder, Ministerien und Ratsuchende aus dem Ausland ist die telefonische Sprachberatung kostenfrei. Sie wählen bitte die zentrale Rufnummer der GfdS: 0611/99955-0.

www.gfds.de | sekr@gfds.de

AACHENER SPRACHTELEFON (EHEM. GRAMMATISCHES TELEFON)

ist eine kostenfreie telefonische Sprachberatung. Beantwortet werden Fragen zu Rechtschreibung, Grammatik und Zeichensetzung. Beratungszeiten sind montags bis freitags von 10.00–12.00 Uhr. Telefon: 0241/80-96074, Fax: 0241/80-92269

www.grammatisches-telefon.de + www.isk.rwth-aachen.de/166.html
beratung@grammatisches-telefon.de

Gedruckte Ratgeber

Es gibt eine reiche Auswahl für (bzw. gegen) alle Schwierigkeiten beim Schreiben – und danach.

Poetologien

Zunächst ein Blick auf einen Kanon poetologischer und rhetorischer Werke und Schriften, die bis ins antike Griechenland zurückreichen. Dazu gehören:

- Platon: *Gorgias*
- Platon: *Phaidros*
- Aristoteles: *Poetik*
- Aristoteles: *Rhetorik*
- Cicero: *Über den Redner*
- Quintus Horatius Flaccus (Horaz): *Über die Dichtkunst*
- Julius Caesar Scaliger: *Sieben Bücher über die Dichtkunst*
- Martin Opitz: *Buch von der Deutschen Poeterey*
- Johann Christoph Gottsched: *Versuch einer Critischen Dichtkunst vor die Deutschen*
- Gotthold Ephraim Lessing: *Hamburgische Dramaturgie*
- Christian Friedrich von Blanckenburg: *Versuch über den Roman*
- Johann Wolfgang Goethe: *Rede zum Shakespeare-Tag*
- Johann Wolfgang Goethe: *Naturformen der Dichtung*
- Friedrich Schlegel: *Progressive Universalpoesie*
- Georg Wilhelm Friedrich Hegel: *Vorlesungen über die Ästhetik*
- Georg Lukács: *Theorie des Romans*
- Walter Benjamin: *Der Erzähler*
- Theodor W. Adorno: *Standort des Erzählers im modernen Roman*
- Roman Jakobson: *Linguistik und Poetik*
- Manfred Bierwisch: *Poetik und Linguistik*

Diese Werke bilden das Fundament für alle theoretischen Reflexionen über die verschiedenen Genres und die Wirkungsweisen unterschiedlicher literarischer/rhetorischer Figuren.

Rechtschreibung, Grammatik und Stil

Die Duden-Bände zur Rechtschreibung und Grammatik sind Standardwerke und unerlässliche Handwerkszeuge für jeden Schreibenden. Hilfreich auch die Bände zu Zweifelsfällen, Stilfragen, Synonymen und das neue Wörterbuch der Szenesprachen (September 2009).

Eine nicht nur lehrreiche, sondern auch immer höchst vergnügliche Lektüre sind die Bücher von Wolf Schneider:

- Deutsch für Profis: Handbuch der Journalistensprache (Stern-Buch 1982, Goldmann TB 1985, 29. Auflage 2008)
- Deutsch für Kenner: Die neue Stilkunde (Stern-Buch 1987, 7. Auflage 1994, Serie Piper 1996, 19. Auflage 2009)
- Wörter machen Leute: Magie und Macht der Sprache (Piper 1976, Rowohlt TB 1979, Serie Piper 1986, 16. Auflage 2008)

Wolf Schneider, geboren 1925, bildet seit 50 Jahren Journalisten aus; auch 2009 hat er wieder an fünf Journalistenschulen unterrichtet. Seit 25 Jahren belehrt er Öffentlichkeitsarbeiter, Pressesprecher, Redenschreiber über lesbares Deutsch. Schneider war Korrespondent der *Süddeutschen Zeitung* in Washington, Verlagsleiter des *Sterns,* Chefredakteur der *Welt* und Moderator der *NDR-Talkshow.* 1994 „Medienpreis für Sprachkultur" der Gesellschaft für deutsche Sprache, 2007 Honorarprofessor der Universität Salzburg.
Wir baten ihn um seinen Rat für die Leserinnen und Leser dieses Handbuchs.

Wolf Schneider: Kleiner Katechismus für Berufsschreiber – zumal solche, die es werden wollen

Sie lieben also die deutsche Sprache und wollen einen Beruf daraus machen, sich in ihr auszudrücken. Sie haben hoffentlich den Ehrgeiz, dies erfolgreich zu tun, vielleicht sogar ein bisschen Ehre damit einzulegen. Dann seien Sie bereit, hart zu arbeiten – vor allem aber, sich von manchen Irrlehren des Deutschunterrichts ebenso zu verabschieden wie von verbreiteten Fehlvorstellungen über das Studium. Hier fünf Empfehlungen.
1. Studieren Sie *nicht* Germanistik, Linguistik, Journalistik, Publizistik oder Kommunikationswissenschaft. Erwerben Sie lieber ein Fachwissen, das entweder Ihre speziellen Schreibpläne stützt oder für Journalisten wie Öffentlichkeitsarbeiter allgemein willkommen ist: Naturwissenschaften, Jura, Volkswirtschaft.
2. Lesen Sie viel – und vor allem das Richtige: eine sehr gute Zeitung und sehr gute Bücher. Es ist bereichernd, sich an Virtuosen der deutschen Prosa heranzutasten wie Kleist, Nietzsche, Thomas Mann. Wichtiger für Sie aber sind diejenigen Schriftsteller, deren Texte zweierlei auf einmal leisten: farbiges, feuriges Deutsch – in einer Form, die auch der Unbelesene verstehen, ja würdigen kann. Heinrich Böll schreibt so und Hans Magnus Enzensberger, Heinrich Heine hat durchweg so geschrieben (Lektüre-Empfehlung: seine gesamte Prosa!), auch Georg Christoph Lichtenberg und Bert Brecht (der sich immer wieder an Luther schulte).
3. Von Ihrem Deutschlehrer übernehmen Sie, falls Sie viele Leser finden wollen, nichts als die korrekte Grammatik (die unbedingt!). Alles, womit Sie, zumal in einer Doktorarbeit, Beifall finden würden, verwerfen Sie: Die zielt auf einen einzigen Leser, den kennen Sie, er liest immer bis zum bitteren Ende, und von Hinz und Kunz verstanden zu werden

Kreatives und Literarisches Schreiben

Bei den folgenden Büchern geht es praktisch zu. Die AutorInnen dieser Bücher beschreiben nicht nur die Regeln der Kunst, sondern zeigen auch, wie man Texte spannend und lebendig gestaltet, Fehler aufspürt und beseitigt – und bei alledem die Freude am Schreiben nicht verliert! Wir beschränken uns vor allem auf Werke aus den letzten Jahren.

> Allen, Roberta: Literatur in 5 Minuten. Ein Schnellkurs. Zweitausendeins 2002
> Bahr, Robert: Dramentechnik für Prosatexte. Zweitausendeins 1998
> Brosche, Heidemarie: Kinder- und Jugendbuch schreiben und veröffentlichen. Autorenhaus 2009
> Clark, Roy Peter: Die 50 Werkzeuge für gutes Schreiben. Handbuch für Autoren, Journalisten & Texter. Autorenhaus 2008
> Doughty, Louise: Ein Roman in einem Jahr. Eine Anleitung in 52 Kapiteln. Autorenhaus 2008
> Frey, James N.: Wie man einen verdammt guten Roman schreibt. Emons 1997
> Gay, Marion: Türen zur Fantasie. Kreatives Schreiben im Unterricht – mit 100 Schreibspielen. Autorenhaus 2008

wünscht er nicht. Verliebt ist der Professor in vielsilbige griechische und lateinische Wörter, und wo sich ein deutscher Begriff einschleicht, sollte es mindestens etwas sein wie der *Missbefindlichkeitspegel*. Sie aber (sobald Sie Ihren Doktor haben) erklären dem akademischen Jargon, mit dem Sie ihn erworben haben, den Krieg.

4. Das heißt vor allem: Sie wählen immer die schlichtesten, die konkretesten verfügbaren *Wörter* und fügen sie zu schlanken, transparenten *Sätzen* zusammen. Hauptsätze sind immer erste Wahl – Handlungen finden nur in ihnen statt. Ein Nebensatz darf nie länger oder wichtiger als der Hauptsatz sein; eingeschobene Nebensätze sind Missgeburten. Der beste Test für die Lesbarkeit Ihres Textes ist das *laute* Lesen: Wir haben eine Lautschrift, die Ohren lesen immer mit.

5. Wenn Ihr Text komplett ist und die Grammatik stimmt: Dann also *beginnt* die Arbeit. Am Anfang steht die schmerzliche Einsicht: „Ein Text ist nicht schon deshalb gut, weil er von mir ist." Auch nicht deshalb, weil er auf dem Bildschirm immer aussieht wie gedruckt (eine schlimme Versuchung). Prüfen – stolpern – ändern – auch zweimal schreiben: Das ist der Einstieg in die Qualität. *Einer* muss sich immer plagen: der Leser oder der Schreiber. Da Leser gar nicht daran denken, sich um Texte zu bemühen, liegt es an Ihnen, ob Sie so schreiben wollen, dass Sie gelesen werden.

Aber die Sprache verändert sich doch! Ist Heinrich Heine denn noch zumutbar, ist der Wortschatz nicht in ständiger Bewegung? Ja. Aber die einfachsten Wörter bleiben immer die besten, und was ein guter *Satz* ist, daran hat sich überhaupt nichts geändert seit Tacitus und den Evangelien. Besser als „Man stelle sich vor, dass kriegerische Handlungen in Ermangelung hinlänglicher Teilnehmerzahlen gar nicht stattfinden könnten" war schon immer – und wird immer sein – und ist für alle Bildungsschichten dieser Satz: „Stell dir vor, es ist Krieg, und keiner geht hin."

- George, Elizabeth: Wort für Wort. Oder die Kunst, ein gutes Buch zu schreiben. Goldmann 2004
- Gesing, Fritz: Kreativ schreiben. Handwerk und Technik des Erzählens. DuMont 2008
- Girgensohn, Katrin; Jakob, Ramona: 66 Schreibnächte. Anstiftung zur literarischen Geselligkeit. Edition Isele 2001
- Goldberg, Nathalie: Schreiben in Cafés. Autorenhaus 2006
- Hagel, Manfred: Die eigene literarische Stimme finden. Mit kreativen Schreibübungen von Dada bis zur Amerikanischen Moderne. Autorenhaus 2009
- Haslinger, Josef; Treichel, Hans-Ulrich: Schreiben lernen – Schreiben lehren. Fischer 2006
- Heimes, Silke: Kreatives und therapeutisches Schreiben. Ein Arbeitsbuch. Vandenhoeck & Ruprecht 2008
- Heins, Rüdiger: Handbuch des Kreativen Schreibens. Creative Writing für Sozialpädagogen. Schneider Verlag 2005
- King, Stephen: Das Leben und das Schreiben. Ullstein 2006
- Kaplan, David Michael: Die Überarbeitung: wie Geschichten packender, Charaktere plastischer, Dialoge stärker und Beschreibungen anschaulicher werden. Zweitausendeins 2002
- Knauss, Sibylle: Schule des Erzählens. Autorenhaus 2006
- Kellermann, Ron: Fiktionales Schreiben. Geschichten erfinden, Schreiben verbessern, Kreativität steigern. Emons 2006
- LeGuin, Ursula: Kleiner Autoren-Workshop. Autorenhaus 2007
- Lütkemeyer, Ilona: Mit 80 Seiten um die Welt. Schreiben unterwegs – Ihr persönlicher Weg zum kreativen Reisetagebuch. Schibri Verlag 2007
- Meier-Dell'Olivo, Rosemarie: Schreiben wollte ich schon immer. Gekonnt Tagebuch führen: schärft die Sinne, befreit die Seele. Eine Anleitung. Oesch Verlag 2008
- Oates, Joyce Carol: Beim Schreiben allein. Handwerk und Kunst, Aufsatzsammlung. Autorenhaus 2006
- Pusch, Luise F.: Alle Menschen werden Schwestern. Feministische Sprachkritik. 5. Auflage. Suhrkamp 2005
- Rico, Gabriele: Garantiert schreiben lernen. Sprachliche Kreativität methodisch entwickeln – ein Intensivkurs auf der Grundlage der modernen Gehirnforschung. Rowohlt 2004
- Stein, Sol: Über das Schreiben. Zweitausendeins 2009
- Scheidt, Jürgen vom: Kreatives Schreiben – Hyperwriting. Texte als Wege zu sich selbst und zu anderen. Fischer 2003
- Schenk, Herrad: Die Heilkraft des Schreibens. Wie man vom eigenen Leben erzählt. Beck 2009
- Weber, Martina: Zwischen Handwerk und Inspiration. Lyrik schreiben und veröffentlichen. Uschtrin Verlag 2008
- Werder, Lutz von: Lehrbuch des Kreativen Schreibens. Marixverlag 2007
- Waldscheidt, Stephan: Schreib den verd... Roman. Uschtrin Verlag 2006
- Zuckerman, Albert: Bestseller. Der Agent von Ken Follett über das Handwerk, einen Bestseller zu schreiben. Lübbe 2000

Exkurs: Gut und verständlich schreiben in zehn einfachen Schritten

Schreiben ist ein Handwerk: Man kann es lernen und man muss es üben.

Ich bin Journalistin. Schreiben ist mein Beruf. Außerdem überarbeite ich Texte von Menschen, die nicht hauptberuflich schreiben, zum Beispiel von Wissenschaftlern. Dabei ist mir aufgefallen, dass die Autoren nur einige einfache Regeln beachten müssten und ihre Texte wären schlagartig besser.
So entstand dieser Workshop. Um von ihm zu profitieren, benötigen Sie kein Vorwissen, denn es geht um die Grundlagen jeglichen guten Schreibens.

Warum „gut und verständlich schreiben"?

Verständlich zu schreiben ist das wichtigste Ziel. Sonst kann man es gleich sein lassen. Viele Menschen, darunter auch einige Schreib-Profis, haben Probleme, sich verständlich auszudrücken. Manchmal ist man betriebsblind, weil man selbst ja weiß, worum es geht und was man sagen will. Sinn der Sache ist jedoch, andere zu erreichen, sich ihnen mitzuteilen. (Wenn man nicht Tagebuch schreibt.) Ohne Verständlichkeit keine Verständigung.
Verständlich zu schreiben reicht jedoch nicht. Das Geschriebene muss die Leserinnen und Leser interessieren. Das Lesen muss leicht fallen, sogar Spaß machen. Das alles verbirgt sich hinter dem Wort **„gut"**. Ein guter Text ist verständlich **und außerdem lesefreundlich.**
Ich habe früher Beilagen für Ärztezeitschriften geschrieben. Der zuständige Redakteur hat mir gleich zu Anfang sinngemäß gesagt: „Der Arzt muss das nicht lesen, was Sie schreiben. Stellen Sie sich den müden Arzt, die abgekämpfte Ärztin vor, die nach einem langen Tag das Heft in die Hand nehmen und durchblättern. Wenn denen nicht gefällt, was sie lesen, wenn es zu schwierig ist, blättern sie weiter oder legen die Zeitschrift ganz weg."
Die schockierende Wahrheit ist: **Niemand muss Ihren Text lesen.** Egal welche Art von Texten Sie produzieren: ob Jahres- oder andere Berichte, Informationen für Kunden, Klienten oder Patienten, Broschüren, Zeitschriftenartikel, „Content" für Websites oder ein Buch. Das Ziel muss sein, so lesefreundlich wie möglich zu schreiben.
Es geht also darum, beim Schreiben alles zu vermeiden beziehungsweise beim Überarbeiten alles zu beseitigen, was den Lesefluss stört und/oder das Verstehen erschwert. Wie man das macht, erfahren Sie hier.

Die zehn Schritte:

1. Das leidige Passiv
2. Schreib positiv
3. Wider vermeidbare Wiederholungen
4. Sag es einfach
5. Powerverben
6. Kein Wort zu viel
7. Gute Beziehungen
8. Sätze: Aus eins mach zwei (oder drei)
9. Auf Du und Du mit dem Duden: Rechtschreibung, Zeichensetzung und Grammatik
10. Texte mit Struktur

Kurz vorm Ziel: Überarbeiten – gewusst wie

Schritt 1: Das leidige Passiv

Beginnen wir mit einer häufigen Unart, die sich leicht vermeiden lässt. Das Passiv bezeichnet man auch als die Leideform eines Verbs (Zeitworts). Ein unschöner Nebeneffekt ist, dass es auch den Leser quält.

Die Passivform macht Ihre Sätze hölzern, schwerer verständlich und bremst den Lesefluss – ganz besonders, wenn die Handelnden sogar erwähnt werden (mittels „von" oder „durch"). Beispiel: *Das Problem kann von uns gelöst werden.* Wie viel besser, weil tatkräftiger, klingt: *Wir können das Problem lösen.*

Ich wette, Passiv-Konstrukte finden sich recht häufig in Ihren Texten. Dann werden sie zum Problem. Zum Glück gibt es verschiedene Möglichkeiten, anders zu formulieren. Denn beim Schreiben gilt: Es gibt immer eine Alternative. Welche, erfahren Sie hier.

Alternativen:

- Wenn Sie ihn kennen, nennen Sie den Handelnden und machen Sie ihn zum Subjekt des Satzes. Nicht *Das Angebot der Arbeitgeber wurde von der Gewerkschaft abgelehnt,* sondern *Die Gewerkschaft lehnte das Angebot der Arbeitgeber ab.* Der Handelnde/das Subjekt muss keine Person sein. Statt *Schiffer und Kahn werden am Ende von den Wellen verschlungen* schreiben Sie (wie Heinrich Heine) *Die Wellen verschlingen am Ende Schiffer und Kahn.*
- Wenn Sie den Handelnden nicht kennen, ersetzen Sie ihn durch „man". Nicht *In diesem Fall wird operiert,* sondern *In diesem Fall operiert man.*
- Oder Sie verwenden ein Konstrukt mit „sich" (bei so genannten reflexiven Verben): Nicht *Die Aufmerksamkeit der Zuschauer wurde auf die Bühnenmitte gerichtet,* sondern *Die Aufmerksamkeit der Zuschauer richtete sich auf die Bühnenmitte.* (Noch besser: *Die Zuschauer richteten ihre Aufmerksamkeit auf die Bühnenmitte* oder *Die Zuschauer blickten gebannt auf die Bühnenmitte.*)
- Entsprechend lassen sich Formulierungen mit „können" plus Passiv umwandeln in Konstrukte mit „sich lassen". Nicht *Ein Fortschreiten der Krankheit kann meist verhindert werden,* sondern *Ein Fortschreiten der Krankheit lässt sich meist verhindern.*
- Oder wählen Sie ein anderes Verb. Nicht *Das Ausmaß des Schadens wird durch die Größe der Hagelkörner bestimmt,* sondern *Das Ausmaß des Schadens hängt von der Größe der Hagelkörner ab.*

Ein schöner Nebeneffekt: Die aktive Form eines Verbs klingt nicht nur besser, sie ist auch kürzer. Und in den meisten Fällen gilt – vom Wort über den Satz und den Absatz bis zum gesamten Text: kürzer ist besser.

Streichen Sie bei dieser Gelegenheit bitte das Wort „seitens" aus Ihrem Wortschatz. Es klingt nicht nur gestelzt. Oft bringt es auch das Passiv mit sich. Wie in *Der Mietvertrag wurde seitens des Vermieters gekündigt. Seitens der Bank wurden Umbuchungen durchgeführt. Es wurde seitens der Stadtverwaltung bekannt gegeben, dass ...* Furchtbar! So wollen Sie nicht schreiben. Also macht man schnell aus *Vermieter, Bank* und *Stadtverwaltung* ein Subjekt, das *kündigt, umbucht* oder *bekannt gibt.*

Die Ausnahme zu unserer ersten Schreib-Regel (gibt es die nicht immer?): Sie wollen den Leidenden und sein Schicksal in den Mittelpunkt stellen. Dann ist die Passivform angebracht. Etwa: *Als Kind wurde er oft geschlagen. Von seinen Eltern, den Geschwistern, dem Lehrer* ... Sie verstehen, was ich meine.

Tipp: Durchsuchen Sie Ihren Text mit der „Suchen"-Funktion von *Word* nach „w?rd". So finden Sie Passiv-Konstrukte schnell. (Dazu müssen Sie bei der „Suchen"-Funktion unter „Erweitern" „Platzhalterzeichen verwenden" aktivieren.) Diesen Tipp erhielt ich übrigens zu Beginn meiner Journalistenlaufbahn von einer Redakteurin der Süddeutschen Zeitung. Aber Vorsicht! In seltenen Fällen handelt es sich bei einem „wird" oder „werden" um die Zukunftsform eines Verbs, das Futur.

Fazit: Meiden Sie das Passiv, wann immer Sie können. Wenn Sie die Handelnden kennen, machen Sie sie zum Subjekt des Satzes.

Übungssätze:
Bitte ersetzen Sie das Passiv durch die aktive Form eines Verbs. Sollten Sie nicht weiter wissen, lesen Sie sich noch einmal die oben genannten Alternativen durch.

- *Beim Biofeedback werden den Patienten durch Geräte körperliche Signale zurückgemeldet.*
- *Nach der Wahl werden Versprechen von den Politikern, von denen sie gegeben wurden, schnell wieder vergessen.*
- *Vonseiten der behandelnden Ärzte wird oft nicht wahrgenommen, dass die Patienten sie nicht verstehen.*
- *Seitens der Gefängnisleitung wurde mit systematischer Gewalt gegen die Frauenrechtlerinnen vorgegangen.*
- *In einer Fachgruppe werden gemeinsam die Richtlinien erarbeitet.*
- *Bei den Arbeiten wurde sich an die historische Streckenführung gehalten.*
- *Es ist nötig, dass möglichst viele Fachkräfte in den ostdeutschen Regionen gehalten werden.*
- *Das Kupfer wird in giftigen Mengen in der Leber abgelagert.*
- *Von dort können alle Sehenswürdigkeiten zu Fuß erreicht werden.*
- *Je besser ein Text ist, desto mühevoller ist er geschrieben worden.*
- *Füllwörter können manchmal nicht vermieden werden.*

Und zum Schluss: Üben Sie mit einem eigenen Text. Wandeln Sie alle Passiv-Formulierungen um. (Das ist übertrieben, ich weiß. Aber es ist eine gute Übung.)

Schritt 2: Schreib positiv

„Jede Verneinung ist ein Problem; die doppelte Verneinung ist eine Katastrophe." Das sagt Wolf Schneider, ein Journalist und der Groß- und Altmeister des guten Schreibstils. Natürlich kann und soll man nicht jede Verneinung vermeiden. Oft ist sie aber die kompliziertere, die schwerer verständliche Formulierung. Denn im Allgemeinen verstehen Menschen positive – Fachleute sagen „affirmative" – Sätze schneller und besser. Wolf Schneider erwähnt eine amerikanische Studie, der zufolge man etwa 50 Prozent mehr Zeit braucht, eine verneinende Satzaussage zu verstehen als eine bejahende.

Häufig gibt es einen Begriff, der das Gegenteil bedeutet und mit dem sich dasselbe in positiver Form sagen lässt. Schreiben Sie also *oft* statt *nicht selten*, *nah* statt *unweit*. Nicht *Nicht weit entfernt gibt es einen Kindergarten und eine Schule*, sondern *In der Nähe gibt es einen Kindergarten und eine Schule*.
Eine Katastrophe ist, wie gesagt, die doppelte Verneinung, etwa eine Kombination aus *nicht* und der Vorsilbe *un-* wie in *Sie ist nicht unbegabt*.
Man weiß, dass doppelte Verneinungen erstaunlich viele Leser überfordern. Und alle Leser müssen sich mehr anstrengen.
Den folgenden Satz habe ich im Reiseteil einer Frauenzeitschrift gefunden: *Auch von November bis Juli gibt es keine Garantie, dass es nie regnet*. Geben Sie zu: Man muss schon genau aufpassen, den Satz vielleicht zwei- oder dreimal lesen, um zu begreifen, was gemeint ist. In diesem Fall kann man leider nicht einfach die Verneinungen streichen. Denn dann steht da: *Auch von November bis Juli gibt es eine Garantie, dass es regnet*. Wahrscheinlich meinte die Autorin: ... *kann es hin und wieder regnen* oder ... *ist Regen nicht ausgeschlossen*. So ist es verständlicher, oder? Denn das Gehirn muss beim Lesen – und Begreifen – einen Schlenker weniger machen als bei der zweifachen Verneinung.

Alternativen:

- Mit einem entgegengesetzten Begriff positiv formulieren. Nicht *Degustationen laufen bei Wodka nicht anders ab als bei Wein*, sondern *Degustationen laufen bei Wodka genauso ab wie bei Wein*.
- Bei doppelten Verneinungen kann man häufig *nicht* und *un-* streichen. Nicht *Sie ist nicht unbegabt*, sondern *Sie ist begabt*.
- Oder man kombiniert die beiden Methoden: Ersetzt ein Wort durch einen gegenteiligen Begriff und streicht die Verneinung. Nicht *Die wenigsten hatten es nicht bemerkt*, sondern *Die meisten hatten es bemerkt*.
- Übrigens sind Verneinungen in der deutschen Sprache besonders problematisch, weil sich das „nicht" noch kurz vor dem Ende in einen Satz hineinquetschen und dessen Sinn ins Gegenteil wenden kann. Das treibt besonders Dolmetscher zur Verzweiflung.

Fazit: Benutzen Sie keine Verneinungen, wenn es ein positives Wort gibt. Und vermeiden Sie doppelte ganz.

Übungssätze:

- *Sie fühlte sich nicht wohl, wenn sie nicht jeden Tag mit ihrer Mutter sprach.*
- *Es ist unwahr, dass er nicht gelogen hat.*
- *Kein Studienteilnehmer unter 18 Jahren hat die Fragen nicht beantwortet.*
- *Die wenigsten waren am nächsten Morgen unausgeschlafen.*
- *Es ist unmöglich, in Bezug auf Geld furchtlos zu sein, wenn man nicht andere Teile seines Lebens mehr schätzt als sein Bankkonto.*
- *Zur Befürchtung, dass die Sendung nicht erfolgreich sein wird, besteht kein Anlass.*

Und zum Schluss: Üben Sie mit einem eigenen Text. Überlegen Sie bei jeder Verneinung, ob die positive Formulierung nicht klarer ist. Entfernen Sie alle doppelten Verneinungen.

Schritt 3: Wider vermeidbare Wiederholungen

Das ist eine Schreibregel, die Sie bestimmt aus der Schule kennen: Wiederholungen sollte man vermeiden, denn sie wirken monoton und unbeholfen. Sie verraten: Hier hat sich jemand keine Mühe gegeben.
Eintönig wirkt es auch, wenn eine Reihe von Sätzen immer mit demselben Wort anfangen. Schon in der Schule haben wir gelernt, Sätze nicht nur mit *dann* zu beginnen oder eine Reihe von Nebensätzen mit *dass*.

Alternativen:

- Die Wiederholung ist überflüssig, man kann das Wort streichen. Nicht *Negative Äußerungen sind schwieriger zu verarbeiten als affirmative Äußerungen,* sondern *Negative Äußerungen sind schwieriger zu verarbeiten als affirmative.*
- Manchmal kann man eine Wiederholung vermeiden, indem man ein Personalpronomen verwendet. Sie wissen schon: er, sie, es. Nicht *Überflüssige Wörter blähen einen Text auf. Überflüssige Wörter kosten Lese- und Lebenszeit,* sondern im zweiten Satz: *Sie kosten Lese- und Lebenszeit.*
- Oder man benutzt *derjenige* usw. Nicht *Unter den Verbalsubstantiven nehmen die Substantive auf -ung eine besondere Stellung ein,* sondern ... *nehmen diejenigen auf -ung eine besondere Stellung ein.*
- Oft lässt sich eine andere Formulierung finden. *Text* kann man zum Beispiel ersetzen durch *das, was Sie geschrieben haben.*
- Oder benutzen Sie einen konkreteren Begriff. Um beim vorherigen Beispiel zu bleiben, statt *Text* also *Artikel, Buch, Dissertation* oder *Brief.*
- Andererseits können Sie auch allgemeiner werden, also *Text* schreiben statt *Artikel.*
- Die üblichste, aber nicht immer die beste Lösung: Man sucht ein sinnverwandtes Wort (Synonym). Für *Krankheit: Erkrankung, Leiden, Störung(en), Problem, Beschwerden.* Für *und: sowie.* Für *zum Beispiel: beispielsweise, etwa, wie.*

Aber Vorsicht, hier kommen die **Ausnahmen**:
Wenn man die Wahl hat zwischen einer Wortwiederholung und einem unverständlichen oder gestelzt klingenden Synonym, sollte man sich für die Wiederholung entscheiden. (Deshalb steht im Titel „*vermeidbare* Wiederholungen".) Bei Relativsätzen kann es geschehen, dass sich ein Artikel doppelt, etwa *Das Mädchen, das das blaue Kleid trug ...* Manche schreiben dann lieber *welches das.* Hier finde ich persönlich die Lösung schlimmer als das Problem, weil Konstrukte mit *welche/welches* gekünstelt wirken. Ich bin auch keine Freundin des Wortes *Letzteres,* selbst dann nicht, wenn es hilft, eine Wiederholung zu vermeiden.
Die zweite Ausnahme: Für manche (Fach)Wörter gibt es einfach keinen Ersatz.
Und drittens kann man eine Wiederholung als Stilmittel einsetzen, wenn man ein Wort oder einen Sachverhalt besonders betonen will.

Tipp: Wenn Sie das Gefühl haben, dass Sie einen bestimmten Begriff überstrapazieren, zählen Sie ihn bei *Word* mit der Funktion „Suchen/Alle ersetzen". Wenn der gesamte Text durchsucht ist, erscheint nämlich die Angabe „Es wurden ... Ersetzungen vorgenommen." Machen Sie anschließend das Ersetzen rückgängig, indem Sie auf „Rückgängig: Alle ersetzen" klicken. (Um sicher zu gehen, sollten Sie die Datei zuvor zusätzlich unter einem anderen Namen speichern. So sparen Sie sich Arbeit, falls Sie den Text mit den Ersetzungen aus Versehen vorschnell gespeichert haben.)

Internet-Tipp: Bei *letter-factory.com* können Sie einen Text von maximal 10 000 Zeichen nach Lieblingswörtern durchsuchen lassen: www.letter-factory.com/wordcount.php.

Fazit: Sie sollten Wiederholungen vermeiden, wenn es möglich ist. Andererseits sind sie unüblichen Begriffen oder gestelzten Formulierungen vorzuziehen.

Übungssätze:

- *Im Garten blühten rote Tulpen und gelbe Tulpen.*
- *350 Personen nahmen an der Studie teil. Diese Personen wurden insgesamt fünfmal befragt.*
- *Bevor die Ärzte Antibiotika verordnen, müssen Blutproben gezielt abgenommen werden, um eine Diagnose für eine gezielte Therapie zu stellen.*
- *Die Teilnehmer lernen, wie sie mit der Angst besser umgehen können, indem sie neue Fertigkeiten für den Umgang mit der Angst erlernen und üben.*
- *Dass die Kurse gut ankamen, erkennt man daran, dass die meisten Teilnehmer die Kurse weiterempfehlen würden.*
- *In Ostdeutschland bahnt sich eine Fachkräftelücke an, und es erscheint notwendig, dass möglichst viele Fachkräfte nach ihrem Studienabschluss in den ostdeutschen Regionen gehalten werden.*

Und zum Schluss: Üben Sie mit einem eigenen Text. Suchen Sie gezielt nach Wiederholungen und ersetzen Sie sie alle. Denken Sie daran, dass Sie Sätze auch neu formulieren können, solange der Sinn gleich bleibt.
Wenn Sie bestimmte Lieblingswörter entdecken, überprüfen Sie Ihren Text mit der „Suchen"-Funktion von *Word*. Wie, steht bei „Tipp".

Schritt 4: Sag es einfach

„Kurze Wörter sind die besten und die alten Wörter, wenn kurz, sind die allerbesten." Das meinte Winston Churchill, englischer Premierminister und Literatur-Nobelpreisträger. Sicher kennen Sie das Zitat aus Churchills berühmter Rede. Was er seinen Landsleuten während des zweiten Weltkriegs bieten konnte, waren „Blut", „Schweiß" und „Tränen". Diese Wörter erfüllen beide Kriterien: Sie sind kurz und sie sind alt – aus den Kindertagen der Menschheit. Das vollständige Zitat lautet übrigens: „I have nothing to offer but blood, toil, tears and sweat." Mühsal, toil, klingt auf Deutsch schon nicht mehr ganz so gut. Aber zumindest sind alle vier Begriffe kurz und einfach, besonders im Englischen.

Auch die Krimiautorin Agatha Christie ist ein Beispiel dafür, wie man die Leserinnen und Leser mit einfachen Wörtern packt. Wissenschaftler haben herausgefunden, dass Dame Agatha ein sehr begrenztes Vokabular verwendete.
Einfache Wörter haben mehr Schlagkraft.
Lange und abstrakte Wörter sowie Fremdwörter dagegen hemmen den Lesefluss.
Beispiel: *Nicht zufällig hat sich an dieser Schnittstelle ein „Interface" herausgebildet, innerhalb dessen die Wissenschaftskommunikation in öffentliche Kommunikation „umformatiert" wird, um „Public Understanding" zu erzeugen.*
Eine kurze Anmerkung zu diesem Beispiel: Wenn ein Autor Begriffe in Anführungszeichen setzt, bedeutet es häufig, dass er sie selbst für zu kompliziert hält, sie jedoch nicht übersetzen kann oder will. Achten Sie einmal in Ihren eigenen Texten darauf.

Alternativen:

- Wählen Sie von zwei Begriffen den kürzeren. Also *Blut,* nicht *Blutbahn, Leser,* nicht *Leserschaft.* Sicher haben Sie von Bastian Sicks Buch „Der Dativ ist dem Genitiv sein Tod" gehört oder es selbst gelesen. Dort beschreibt er, wie das Anhängsel *-bereich* um sich greift. Oft kann man es streichen, ohne dass es dem Sinn schadet: *Schulter* statt *Schulterbereich, Sport* statt *Sportbereich, Sprache* statt *Sprachbereich* und so weiter. Ein anderes beliebtes Anhängsel ist *-problematik.* Vorsilben, etwa aus Präpositionen wie *nach* oder *auf,* kann man ebenfalls häufig streichen: *~~nach~~folgen, ~~auf~~zeigen, ~~zurück~~erinnern, ~~er~~ahnen, ~~ab~~töten. Antibiotika töten Bakterien.* Das reicht. Manche AutorInnen müssen sich erst an eine Ausdrucksweise ohne Verzierungen gewöhnen. Die LeserInnen werden es ihnen jedoch danken.
- Wählen Sie von zwei Formulierungen die konkretere. Also *Arme und Beine*, nicht *Gliedmaßen.* Schreiben Sie: *Rose,* nicht *Blume. Eiche,* nicht *Baum.* Warum? Konkrete Ausdrücke lassen vor dem geistigen Auge ein Bild entstehen und bleiben besser im Gedächtnis. Churchill kannte die Wucht konkreter Begriffe. Er stellte seinen Landsleuten nicht *Lebensgefahr, Leid und Anstrengung* in Aussicht, sondern *Blut, Tränen und Schweiß.* Das zweite Wort dieser Aufzählung in seiner berühmten Rede – „blood, toil/ Mühsal, tears and sweat" – vergessen die meisten. Es ist zu abstrakt.
- Wenn es ein gängiges deutsches Wort gibt, verwenden Sie es und verzichten Sie auf das Fremdwort. Also *Vorbeugung,* nicht *Prophylaxe, Entzündung,* nicht *Inflammation.* Wenn das Fremdwort das gebräuchlichere ist, benutzen Sie es natürlich. Das gilt zum Beispiel für Begriffe aus der Computerwelt. Sie stammen zwar aus einer anderen Sprache, aber sie sind uns nicht fremd. Es kommt auch darauf an, für wen man schreibt. Fachleuten sind andere Begriffe geläufig als Laien.
- Oder formulieren Sie den gesamten Satz um. Denjenigen aus dem Beispiel von oben etwa so: *Hier werden wissenschaftliche Erkenntnisse allgemein verständlich erklärt.* (Wenn ich wüsste, worum es genau geht, ließe sich das Passiv auch noch vermeiden.) Nicht *Der Altersgipfel der Erstmanifestation liegt in der zweiten und dritten Lebensdekade,* sondern *Meist erkranken Menschen zwischen zehn und dreißig Jahren.*

Einsilbigkeit muss nichts Schlechtes sein. Die kurzen, die alten Wörter sind die elementaren, wie *Haus, Baum, Gras, Stein, Bach, Meer, Pferd, Hund, Fisch, Herz* und so weiter und

so fort. Wolf Schneider, den ich schon einmal zitiert habe, bezeichnet die Einsilber, vor allem die alten, als „Königswörter".
Ein spezielles Problem der deutschen Sprache sind die ewig langen, zusammengesetzten Substantive (Hauptwörter), etwa *Donaudampfschifffahrtskapitän.* Zum Glück kann man sie auflösen. Entweder man macht daraus den *Kapitän eines Donaudampfers.* Oder man setzt einen Bindestrich, damit das Wort lesbarer wird: *Programm-Macherin* statt *Programmmacherin.*

Tipp: Englische Wörter wirken auf manche Menschen nicht nur abschreckend, weil sie sie nicht verstehen. Viele Menschen wissen auch nicht, wie sie sie aussprechen sollen. An einer Klinik gibt es das Programm *Second Opinion,* das sich an Patienten (!) wendet. Eine lobenswerte Sache. Aber es würde vermutlich mehr Menschen erreichen, wenn von *zweiter Meinung* die Rede wäre.

Tipp: Wenn sich ein spezieller Fachausdruck nicht vermeiden lässt, sollte man das Wort bei der ersten Verwendung in Klammern oder in einem eigenen Satz erklären.

Bei dieser Regel gibt es keine Ausnahme. Einfacher ist besser.

Fazit: Von zwei Begriffen wählen Sie den kürzeren und den konkreteren. Wenn es für ein Fremdwort ein übliches deutsches Wort gibt, benutzen Sie es.

Übungssätze:
- *Bitte setzen Sie sich telefonisch mit uns in Verbindung.*
- *Alle Mitarbeiter sollen an dem Erfolg unserer Firma partizipieren.*
- *Leider sind wir gezwungen, Ihren Antrag abschlägig zu bescheiden.*
- *Wenn Sie Krebspatientin sind, ist das keine Kontraindikation gegen den Sport.*
- *Der Leser kann erahnen, wie komplex die Zusammenhänge sind.*
- *Formulieren Sie Ihre Texte und Gedanken unkompliziert und in simplen Ausdrücken und Satzgebilden, damit Ihre Leserschaft Ihre Botschaft auch in den nachfolgenden Tagen und Wochen noch ohne allzu große Anstrengungen memorieren kann.*
- *Das Implementieren früher Hilfen gestaltet sich diffizil, wenn Eltern vor dem Hintergrund ihrer eigenen Sozialisation kein adäquates Wahrnehmungs- und Reflexionsvermögen bezüglich der prekären Situation ihres Kindes zeigen, keinen Hilfebedarf erkennen oder diesen verleugnen.*

Und zum Schluss: Üben Sie mit einem eigenen Text. Markieren Sie alle Fremdwörter. Überlegen Sie bei jedem, ob es sinnvoll ist, es durch ein deutsches Wort zu ersetzen. Markieren Sie alle Wörter mit drei und mehr Silben. Überlegen Sie bei jedem Wort, ob Sie es durch ein einfacheres und konkreteres ersetzen können.

Schritt 5: Powerverben

Ein Text mit viel mehr Substantiven (Hauptwörtern) als Verben (Tätigkeitswörtern, Zeitwörtern) wirkt gestelzt und ist langweilig und schwer verständlich. Kurz: Er klingt wie

Beamtendeutsch. Das gilt besonders, wenn es sich um abstrakte Substantive handelt und um solche, die sich von Verben ableiten.

Beispiel: *Eine effektive Blutdrucksenkung ist daher eine entscheidende Voraussetzung zur Verlangsamung des Fortschreitens der Niereninsuffizienz.* Hier muss ein (Hilfs)Verb, nämlich „ist", fünf Substantive tragen.
Man bezeichnet diese Art zu schreiben auch als Nominalstil. Zwar führt das Hineinpressen von Tätigkeiten (Verben) in Substantive manchmal dazu, dass ein Satz kürzer wird. Aber in diesem Fall ist kürzer nicht besser. Denn man verdichtet den Sinn des Gesagten so sehr, dass es schwer verständlich wird.

Alternativen:

- Kleiden Sie dieselbe Aussage in Verben statt in Substantive. Beim Beispielsatz von oben geht das so: *Man muss den Blutdruck senken, damit die Nierenschwäche so langsam wie möglich voranschreitet.* Schreiben Sie nicht *Entlang von vier Thesen wird die Reformbedürftigkeit des Rollenverständnisses von Wissenschaftlern in der Gesellschaft verortet,* sondern *Vier Thesen belegen, warum Wissenschaftler ihr Rollenverständnis ändern müssen.* Die Wörter *in der Gesellschaft* können entfallen.
- Ausdrücke mit „zu" lassen sich in Nebensätze mit „um ... zu" oder „damit" verwandeln. Nicht *Zur Sicherstellung der Einhaltung der Vorschriften ...*, sondern *Um sicherzustellen, dass die Vorschriften eingehalten werden ...* Manchmal passt auch ein anderer Nebensatz. Nicht *Wir bieten Kurse zur Studienplanung, Studienauswertung und Ergebnisdarstellung an,* sondern *Wir bieten Kurse darüber an, wie man Studien plant und auswertet und ihre Ergebnisse darstellt.*
- Ausdrücke mit „durch" oder „mit" lassen sich in Nebensätze mit „indem" umformen. Nicht *Das Ziel ist, die Schmerzattacken mit Steigerung der Dosis unter Kontrolle zu bekommen,* sondern *Das Ziel ist, die Schmerzattacken unter Kontrolle zu bekommen, indem man die Dosis nach und nach steigert.*
- Vorsicht bei Substantiven auf „-ung"! Damit meine ich nicht eindeutige Hauptwörter wie Zeitung oder Kreuzung, sondern solche wie *Planung, Darstellung, Auswertung,* in denen ein Verb gefangen ist. Lassen Sie es heraus! Bilden Sie einen Satz mit *planen* statt *Planung* usw.

Zu Ihrer Unterhaltung folgt ein extremes **Beispiel** samt Übersetzung:
Die Funktion der nominalen Verdichtung scheint also in der Bestätigung dessen zu liegen, dass man sich wissenschaftlich adäquat ausdrücken kann. Der so erreichten Distanzierung gegenüber dem normalen sprachlichen Verstehen kommt in der Binneneinschätzung der Fachleute eine positive soziale Einschätzung zu. Dazu gehört der Ausgrenzungseffekt gegenüber dem Nichteingeweihten.
Das bedeutet: *Der Einsatz vieler Substantive soll anscheinend zeigen, dass man sich wissenschaftlich ausdrücken kann. Fachleute glauben, dass sie wichtiger erscheinen, wenn sie sich unverständlich ausdrücken. Denn damit grenzen sie Nichteingeweihte aus.* Ich nehme an, dem Autor hat es Spaß gemacht, seine Botschaft im Nominalstil zu verschlüsseln.

Tipp: Finger weg von Formulierungen wie *zur Anwendung kommen, zur Anzeige bringen* (Beamtendeutsch!). Schreiben Sie *anwenden, anzeigen* usw.

Tipp: „Powerverben" in der Kapitelüberschrift bedeutet nicht nur, dass Verben kraftvoller sind als Substantive. Es ist auch eine Aufforderung, starke Verben zu verwenden. Wenn Sie die Wahl haben zwischen mehreren Verben, suchen Sie das aktivste, das anschaulichste, das lebendigste aus. Das ideale Verb ist im wahrsten Sinne ein Tätigkeitswort. Manche Verben sind Schwächlinge, sie transportieren wenig Sinn, tragen wenig zur Botschaft eines Satzes bei. Dazu gehören die Hilfsverben *sein* und *haben*. Schwach sind aber auch Verben wie *erfolgen, durchführen, auftreten, stattfinden, betreffen, sich befinden*. Starke Verben sind aktiv und konkret.

Fazit: Verwenden Sie so wenig Substantive wie möglich und viele starke Verben.

Übungssätze:

- *Einsparpotenzial gibt es aber nicht nur in Energiefragen.*
- *Erstsemester können die Beratung der Universität wahrnehmen.*
- *Das Immunsystem nimmt es übel, wenn man die Leistungsfähigkeit des Körpers beim Sport überbeansprucht.*
- *Zur Erlangung der deutschen Staatsbürgerschaft müssen Ausländer künftig Sprachtests absolvieren.*
- *Füllwörter sollten möglichst nicht zur Anwendung kommen.*
- *Die Wiederausbreitung der Masern wollen Experten durch die Intensivierung der Impfanstrengungen verhindern.*
- *Die Beherrschung der Fertigungsprozesse in der Produktion komplexer Bauteile ist eine Grundvoraussetzung für die Wirtschaftlichkeit eines modernen Unternehmens.*
- *Die Maßnahmen dienen der Bindung von Fachkräften bereits während des Studiums an die hiesigen Firmen.*
- *Durch die Beobachtung und Erforschung der wirtschaftlichen Entwicklung wird die Schaffung eines Hilfsprogramms möglich.*

Und zum Schluss: Üben Sie mit einem eigenen Text. Zählen Sie in einzelnen oder in allen Sätzen die Substantive und Verben. Wenn Sie häufiger fünf oder mehr Hauptwörter pro Verb finden, sollten Sie etwas unternehmen.
Unterstreichen Sie alle Substantive auf *-ung*. Ersetzen Sie so viele wie möglich durch Formulierungen mit den entsprechenden Verben.

Schritt 6: Kein Wort zu viel

Überflüssige Wörter und komplizierte Formulierungen blähen einen Text auf. Sie erschweren das Verständnis und schmälern die Freude am Lesen.
Dafür, dass ein Text unnötig lang ist, gibt es drei Gründe:
1. Der Autor hat sich nicht genug angestrengt. „Entschuldigen Sie, dass ich Ihnen einen langen Brief schreibe, für einen kurzen habe ich keine Zeit." Dieses Zitat wird so oder ähnlich verschiedenen Autoren zugeschrieben, unter anderem Johann Wolfgang von

Goethe. Wer auch immer es verfasst hat – es macht klar, dass es Arbeit bedeutet, sich kurz und prägnant auszudrücken.
2. Der Autor möchte sich nicht festlegen. Entweder, weil er nicht genau Bescheid weiß. Diesen Fall beschreibt Wilhelm Busch: „Gedanken sind nicht stets parat. Man schreibt auch, wenn man keine hat." Oder, weil er nicht zur Satzaussage steht. Das erkennt der Leser an relativierenden Formulierungen wie *an sich* und *im Prinzip.* Absichern will sich auch jemand, der einen Satz beginnt mit *es darf als gesichert gelten.* „Den Stil verbessern – das heißt den Gedanken verbessern ...", wusste Friedrich Nietzsche. Und umgekehrt, möchte ich hinzufügen.
3. Der Autor glaubt, dass lange Formulierungen und Texte wichtig wirken, und schreibt *zur Anzeige bringen* statt *anzeigen, operativ eingreifen* statt *operieren.* Wer aber Wichtiges zu sagen hat und will, dass die anderen es sich merken, der fasst sich kurz. Alle guten Reden und Sprüche sind kurz und prägnant. Denken Sie an Caesar: „Ich kam, ich sah, ich siegte." Oder Goethe: „In der Beschränkung zeigt sich erst der Meister." „Edel sei der Mensch, hilfreich und gut." „Das also ist des Pudels Kern." Shakespeare: „Sein oder nicht sein, das ist hier die Frage." Das fünfte Gebot: „Du sollst nicht töten." Das Grundgesetz: „Die Würde des Menschen ist unantastbar." „Männer und Frauen sind gleichberechtigt." „Eine Zensur findet nicht statt." Und schließlich John F. Kennedy: „Ich bin ein Berliner." Einfache Wörter, kurze Sätze.
Die meisten Sätze von Goethe, Schiller oder Shakespeare, an die wir uns erinnern, stammen aus ihren Theaterstücken. Sie sind leicht zu sprechen – und der Zuschauer versteht sie auf Anhieb. Das ist wichtig, denn er kann schließlich nicht zurückblättern. Papier dagegen ist geduldig. Aber diese Geduld sollten wir nicht überstrapazieren.

Überflüssige Wörter fallen in verschiedene Kategorien:

- unnötig lange, geschraubte Formulierungen: *in korrekter Weise* statt *korrekt, operativ eingreifen* statt *operieren, eine ganze Reihe von/eine Vielzahl von* statt *viele.*
- Füllwörter wie *ja, wohl, an sich, hinlänglich, zweifellos, wirklich, doch, nun, durchaus, rundheraus, sicher, völlig, voll und ganz, ganz und gar, ziemlich, regelrecht, sozusagen, definitiv* und viele mehr.
- Wörter wie *auch* und *außerdem, denn* und *nämlich, jedoch* und *aber* verdeutlichen einen Zusammenhang. Zu viele *(allerdings)* verwässern *(ebenfalls)* den Text.
  Eine Untergruppe bilden vage Begriffe (auf Englisch *weasel words*), die andeuten, dass sich der Schreiber nicht festlegen will, etwa *grundsätzlich, gewöhnlich, meist.*
- Pleonasmen, also das, was man auf Deutsch mit „doppelt gemoppelt" bezeichnet: *neu renoviert, runder Kreis, ursächlich verantwortlich, geplante Vorhaben, angepeilte Zielgruppe, Therapieoptionen und Behandlungsmöglichkeiten.*
  Sehr beliebt ist *wie beispielsweise.* Dabei bedeutet *wie* nichts anderes als *beispielsweise.* Man findet sogar dreifache Moppelungen: *wie (1) beispielsweise (2) ... und ... und Ähnliche (3).* An der zweiten Stelle findet man auch *zum Beispiel* oder *etwa* an der dritten *oder Ähnliches, usw.* oder *etc.*
  Auch das *HIV-Virus* und die *PIN-Nummer* gehören in diese Gruppe. Wobei diese, weil inzwischen üblich, manchmal dem besseren Verständnis dienen, weil die *PI-Nummer* und das *HI-Virus,* wenn auch korrekt, viele verwirren.

Alternativen:

Suchen Sie eine einfachere Formulierung: *anzeigen*, nicht *zur Anzeige bringen*. Nicht *Wie kommuniziert die Redaktion mit Wissenschaftlern, um sie zu überzeugen, so zu schreiben, wie es das Medium erfordert?*, sondern *Wie überzeugt die Redaktion Wissenschaftler, mediengerecht zu schreiben?*

Streichen Sie Füllwörter, Doppelungen und andere überflüssige Ausdrücke. Nicht *Grundsätzlich wird die Prognose der Kinder mit Schlaganfall im Vergleich zu Erwachsenen als deutlich günstiger eingestuft: Die aufgetretenen Probleme bilden sich meist erfreulich gut zurück*, sondern *Die Prognose von Kindern mit Schlaganfall ist deutlich günstiger als die von Erwachsenen, denn die Probleme bilden sich meist gut zurück*. Oder *Ein Gift ist ein ~~chemischer~~ Stoff, der ~~durch seine toxische Wirkung~~ vorübergehende oder bleibende Gesundheitsschäden beziehungsweise den Tod verursachen kann.*

Tipp: Um Füllwörter aufzuspüren und zu streichen, sollten Sie einen eigenen Textdurchgang vorsehen. Wenn Sie wissen, dass Sie eine Vorliebe für ein bestimmtes Füllwort haben, versuchen Sie Folgendes: Tragen Sie es bei der „Suche"-Funktion von *Word* ein und lassen Sie das „Ersetzen"-Feld leer. Dann gehen Sie den Text schrittweise durch und ersetzen, wenn möglich, das Füllwort durch nichts, entfernen es also.

Internet-Tipp: Der elektronische Lektor von *letter-factory.com* prüft einen Text auf Füllwörter. Wie jedes Computer-Programm ist er nicht so gut wie der Mensch, aber man bekommt wichtige Hinweise und das Ergebnis des Tests kann die Augen für persönliche Schwächen öffnen: www.letter-factory.com (siehe dort unter „Werkstatt", „e-Lektorat").

Denken Sie dran: Die Entfernen/Delete-Taste ist Ihre Freundin!

Fazit: Wenn man ein Wort streichen kann, tun Sie's. Und wählen Sie von zwei Formulierungen die einfachere.

Übungssätze:

- *Die Wissenschaftler warben erfolgreich Fördermittel ein.*
- *Die angepeilte Zielgruppe sind Schüler ab 14 Jahren.*
- *Die Kapitel des E-Books sind individualisiert auf den jeweiligen Informationsbedarf des Einzelnen hin ausgerichtet, sozusagen ein eigenes persönliches Lernmodul.*
- *Innovationen und neue Produktideen liegen sozusagen in der Luft.*
- *Wir vermitteln Spezialisten und Experten als Ansprechpartner.*
- *Es darf als gesichert gelten, dass ein späterer Unterrichtsbeginn dem Biorhythmus der Kinder eher entspricht.*
- *Die Fachgesellschaft betonte, dass Vorbeugung und Prävention eine zentrale Bedeutung in der Behandlung einnehmen.*
- *Die Epidemiologie untersucht die Verteilung und Verbreitung von Krankheiten in Bezug auf das Auftreten in verschiedenen Bevölkerungsgruppen.*

- *Hier hat sich eine tragfähige, erfolgreiche, vernetzte und in höchstem Maße funktionierende Zusammenarbeit entwickelt.*
- *In den ostdeutschen Bundesländern bahnt sich eine Fachkräftelücke an, und es erscheint notwendig, dass möglichst viele Fachkräfte nach ihrem Studienabschluss in den ostdeutschen Regionen gehalten werden.*

Und zum Schluss: Üben Sie mit einem eigenen Text. Oder üben Sie – Spaß muss sein – mit meinem Text. Jeder Autor hat seine Schwächen; und ich gebe zu, eine meiner größten sind Füllwörter. Nur zu: Können Sie in diesem Beitrag Wörter entdecken, die man ~~problemlos~~ streichen kann?

Schritt 7: Gute Beziehungen

Hier geht es um Unklarheiten und mögliche Missverständnisse. Beides will ein guter Autor seinen Lesern nicht zumuten. Die Probleme entstehen, wenn nicht eindeutig zu erkennen ist, worauf ein Wort sich bezieht. Oder wenn der Bezug zwischen den Teilen eines Textes nicht stimmt. Das verwirrt den Leser und bremst den Lesefluss.

Problem Nr. 1

Ein falscher Bezug entsteht häufig durch unzulässige Verkürzungen von Formulierungen und Gedanken. Der Text bleibt zwar verständlich, aber er holpert, der Leser stockt. Solche Verkürzungen wirken wie Sand im Getriebe.

Beispiel: *Für dieses Rezept brauchen Sie einen großen oder zwei kleine Äpfel.* Irgendetwas stimmt da nicht. Unser Gehirn arbeitet so: Es macht aus „eine rote und eine gelbe Blume" „eine rote Blume und eine gelbe Blume". Entsprechend macht es aus der Angabe im Beispielsatz *einen großen Äpfel oder zwei kleine Äpfel.* Das stört – ob nun bewusst oder unbewusst.

Schreiben Sie also nicht *Für diesen Versuch brauchen Sie ein oder mehrere Reagenzgläser,* sondern *Für diesen Versuch brauchen Sie ein Reagenzglas oder mehrere.* Hier ergänzt unser Gehirn automatisch am Ende des Satzes *Reagenzgläser* und gerät beim Lesen nicht ins Stocken.

Noch ein Beispiel gefällig? Nicht *Texte mit weniger bzw. genau 100 Wörtern* muss es heißen, sondern *Texte mit weniger als bzw. genau 100 Wörtern.* Oder eleganter: *Texte mit bis zu 100 Wörtern.*

Auch solche Verkürzungen kommen vor, wenn man nicht aufpasst: *Säubern und entfernen Sie alle Verkrustungen im Bereich der Augenlider.* Verkrustungen säubern? Gemeint war *Säubern Sie die Augenlider und entfernen Sie alle Verkrustungen.*

Problem Nr. 2

Es besteht ein unklarer oder falscher Bezug

- zwischen Relativsatz und Substantiv: *Die Patientinnen profitieren von der Nähe des Brustzentrums zur Röntgenabteilung, dessen Direktor Professor XY ist.* Das Relativpronomen bezieht sich immer auf das am nächsten stehende vorhergehende Substantiv. In diesem Fall *Röntgenabteilung.* Je nachdem, ob gemeint ist *Röntgenabteilung, deren* oder *Brustzentrum, dessen,* muss man den Satz also entsprechend umschreiben.

- zwischen Sätzen: *Zunächst sind hier Medikamente, die den Schmerzattacken vorbeugen, Mittel der Wahl. Das Ziel ist, die Schmerzattacken mit Steigerung der Dosis unter Kontrolle zu bekommen. Die haben aber Nebenwirkungen wie Müdigkeit und Schwindel.* Nach den Regeln der Logik und der Grammatik bezieht sich *die* auf ein Wort im vorhergehenden Satz (Schmerzattacken). Gemeint ist aber das Wort *Medikamente* im ersten Satz.
- nach dem Wörtchen „als": *Als Verlag oder Redaktion sind Ihre Texte das Aushängeschild Ihres Unternehmens.* Dieser Fehler wird häufig gemacht. Das nächste Substantiv nach der *als*-Formulierung ist *Texte.* Die sind aber kein Verlag und auch keine Redaktion. Eine ähnliche Stolperfalle ist das Wort „neben".

Die Lösung: Lesen Sie Ihren Text sorgfältig und prüfen Sie, ob der Bezug zwischen Satzelementen und von Satz zu Satz logisch und stimmig ist. Das ist besonders wichtig, wenn Sie Wörter oder Sätze einfügen oder streichen.

Tipp: Steht ein Adjektiv vor einem zusammengesetzten Substantiv, so bezieht es sich nicht nur auf dessen ersten Teil. Beim *vierstöckigen Hausbesitzer* also nicht nur auf das Haus, sondern auf die Person des Hausbesitzers. Da hilft nur, das Hauptwort in seine Bestandteile zu zerlegen: *der Besitzer eines vierstöckigen Hauses.*

Fazit: Stellen Sie eindeutige Bezüge zwischen Wörtern, Satzteilen und Sätzen her.

Übungssätze:

- *Wissenschaftsjournalisten kommunizieren Wissenschaft als Mittlerin zwischen Fachwelt und Öffentlichkeit.*
- *Der dreiköpfige Familienvater wurde über Nacht arbeitslos.*
- *Besonders gefährdet sind Lendenwirbelsäule und Hüfte. Hier kann es im Alter zu den gefürchteten Oberschenkelhalsbrüchen kommen.*
- *Der Zufall hat zwei völlig unterschiedliche Gesichter, meint der Autor. Der eine ist der Zufall erster Ordnung.*
- *Die Studie untersucht die Akzeptanz und das Einkaufsverhalten von Nahrungsergänzungsstoffen bei Erwachsenen.*
- *Als Medizinjournalistin gehört das klinische Wörterbuch „Der Pschyrembel" zu meinem Handwerkszeug.*
- *Neben ausführlichen Beratungsgesprächen stehen wir Ihnen auch als Kooperationspartner zur Verfügung.*
- *Als die Leiche des Werkstattbesitzers aufgefunden wird, in dem das Unfallauto repariert wurde, ahnen die Kommissare, dass es um den Handel mit gefälschten Ersatzteilen geht.*
- *Dabei wird deutlich, dass sich hinter dem Gesicht des freundlichen Nachbarn auch eine hässliche Fratze verbergen könnte, die urplötzlich losschlägt und seinem Opfer einen grauenvollen Tod beschert.*
- *Bei aller Ehrlichkeit: Wägen Sie bei einem Vorstellungsgespräch die Bedeutsamkeit und Erlernbarkeit von Schwachstellen ab.*

Und zum Schluss: Üben Sie mit einem eigenen Text. Lesen Sie Ihren Text sorgfältig und korrigieren Sie jeden Bezug, der falsch oder missverständlich ist.

Schritt 8: Aus eins mach zwei (oder drei)

Sätze, die sich über mehrere Zeilen hinziehen, sind das beste Mittel, um einen Leser abzuschrecken. Wenn man Pech hat, wendet er sich gleich ganz vom Text ab. Denn Bandwurmsätze sind unübersichtlich und unverständlich, kurz: unlesbar. Besonders schlimm wird es, wenn Hauptsatz und Nebensätze ineinander verschachtelt sind.

Beispiel:
Wenn die These zutrifft, dass eine offene Kommunikation mit der Öffentlichkeit, die nicht nur der Akzeptanzbeschaffung für die Wissenschaft dient, sondern eine demokratische und gleichberechtigte Auseinandersetzung ist und damit die Öffentlichkeit ernst nimmt, für die Wissenschaft zu einer Überlebensfrage geworden ist, dann stellt sich die Frage, wie dies denn zu bewerkstelligen sei.
Dieser Satz ist konstruiert wie eine Matrjoschka, eine russische Puppe – ein Nebensatz, darin ein zweiter, dann ein dritter.

Hauptsatz
Nebensatz 1. O. N. 1. O.
N. 2. O. N. 2. O.
N. 3. O.

Spätestens, wenn man versucht, einen solchen Satz laut zu lesen, merkt man, dass es so nicht geht.

Die Alternative:
Sätze, die sich über viele Zeilen hinziehen und verschachtelt sind, muss man in mehrere Einzelsätze zerlegen. Bei unserem Beispiel könnte das so aussehen: *Eine offene Kommunikation mit der Öffentlichkeit, so die These, ist für die Wissenschaft lebenswichtig. Sie sollte nicht nur dafür sorgen, dass die Bevölkerung die Wissenschaft akzeptiert. Vielmehr sollte sie eine demokratische und gleichberechtigte Auseinandersetzung sein und so die Öffentlichkeit ernst nehmen. Trifft diese These zu, dann stellt sich die Frage, wie sich dies erreichen lässt.* (Damit sind allerdings längst nicht alle Probleme dieser Textpassage gelöst.)

Zwei Faustregeln beziehungsweise Maße helfen zu beurteilen, ob ein Satz problematisch ist:
Erstens die Satzlänge in Wörtern. Ludwig Reiners (1896–1957), ein Experte für gutes Schreiben, unterschied in seiner Stilfibel als groben Anhaltspunkt folgende Satzlängen:
- Sätze mit bis zu 13 Wörtern sind sehr leicht verständlich,
- mit 14 bis 18 Wörtern leicht verständlich,
- mit 19 bis 25 Wörtern verständlich,
- mit 25 bis 30 Wörtern schwer verständlich
- und ab 31 Wörtern sehr schwer verständlich.

Nun sollen Sie nicht das Kind mit dem Bade ausschütten und Ihre Texte nur aus kurzen Sätzen zusammenstellen. Speziell, wenn Sie ausschließlich Hauptsätze verwenden, ist das Ergebnis vielleicht leicht verständlich, aber auch monoton und einschläfernd. Wenn sich jedoch die schwierigen Sätze häufen oder ein Satz extrem lang ist wie unser Beispielsatz ganz oben (52 Wörter), dann müssen Sie etwas unternehmen. Was, ist klar: Machen Sie aus einem Satz zwei, drei oder, wie ich beim obigen Beispiel, vier (mit 12 bis 15 Wörtern). Ganz sparsam einsetzen sollten Sie eingeschobene Nebensätze, denn sie erschweren das Verständnis.

Tipp: Kausalsätze, also Nebensätze, die mit „weil“ oder „da“ beginnen, kann man in Hauptsätze umwandeln, indem man „denn“ oder „nämlich“ verwendet.

Ob ein Satz gut lesbar ist, hängt nicht nur von der Länge ab, sondern auch von seinem Aufbau. Hier kommt die zweite Maßzahl ins Spiel. Damit ein Satz leicht verständlich ist, sollen möglichst nah zusammenstehen:

1. Subjekt und Prädikat,
2. die zwei Teile eines Prädikats,
3. Artikel und Substantiv.

Eine Eigenheit der deutschen Sprache, die Verständnisprobleme bereiten und den Lesefluss hemmen kann, besteht darin, dass das Prädikat – also das Verb, das erklärt, was jemand tut – ganz am Ende eines Satzes beziehungsweise Nebensatzes steht. Wie *steht* im vorherigen Satz.

Wolf Schneider sagt, es sollen nicht mehr als sechs Wörter zwischen Subjekt und Prädikat kommen. Das Gleiche gilt für die beiden Teile eines Prädikats (wie im vorherigen Satz *sollen … kommen*) sowie Artikel (also *der, die, das* und *ein, eine* usw.) und Substantiv. Einen größeren Abstand beziehungsweise eine längere Zeit als drei Sekunden könne das Kurzzeitgedächtnis nicht überbrücken. Dann wird das Lesen mühsam. Wer ganz genau sein will, kann auch zwölf Silben zählen – weil es sehr lange Wortungetüme gibt, und davon können schon vier zu viel sein. Wolf Schneider bezeichnet das Ganze als „das Gesetz der 6 Wörter/12 Silben“.

Wie immer gilt: Dies sind Richtlinien, keine eisernen Regeln.

Alternativen:

1) Wenn sich eine lange Aufzählung zwischen Subjekt und Prädikat drängt, hat man mehrere Möglichkeiten:

- Man verfrachtet die Aufzählung in einen eigenen Satz mit Formulierungen wie *dazu gehören …* Nicht *Tiere wie Hunde, Katzen, Kaninchen, Meerschweinchen, Hamster und Mäuse erfreuen sich bei Kindern großer Beliebtheit,* sondern *Eine Reihe von Tieren erfreuen sich bei Kindern großer Beliebtheit. Dazu gehören Hunde, Katzen, Kaninchen, Meerschweinchen, Hamster und Mäuse.*
- Man formuliert ein wenig um und setzt die Aufzählung ans Satzende, hinter einen Doppelpunkt oder ein Komma. Nicht *Das Inhalieren von Tabakrauch ist für 80–90 % der chronischen Atemwegs-, 80–85 % der Lungenkrebs- und 25–43 % der koronaren Herzerkrankungen verantwortlich,* sondern *Das Inhalieren von Tabakrauch ist für eine Reihe*

von Krankheiten verantwortlich: für 80–90 % der chronischen Atemwegs-, 80–85 % der Lungenkrebs- und 25–43 % der koronaren Herzerkrankungen.

- Man zieht das Verb vor. Nicht *So wie die Super-Nanny eine perfekte Symbiose aus warmherzig (lange, offene Haare, häufiges Lachen, Hinknien vor Eltern und Kind) und streng (schwarze Kleider, direktive Sprache, schnelle Reaktionen) bildet, so ist Zwegat eine Mischung aus besorgtem Vater und seriösem Buchhalter,* sondern *So wie die Super-Nanny eine perfekte Symbiose bildet aus warmherzig ...*

2) Wenn ein Verb beziehungsweise Prädikat aufgespalten ist, kann man ebenfalls den zweiten Teil vorziehen. Nicht *Zunächst sind hier Medikamente, die auf Dauer den Schmerzattacken der Patienten vorbeugen, Mittel der Wahl,* sondern *Zunächst sind hier Medikamente Mittel der Wahl, die ...*

3) Wenn sich ein langes Attribut zwischen Artikel und Substantiv drängt, kann man diese Beschreibung in einen Relativsatz verlagern. Also nicht *Eine verständliche Sprache ist ein wichtiger Beitrag zu dem von Bürgern, Verbänden, Wissenschaftlern und Politikern aller Parteien angestrebten Bürokratieabbau,* sondern *Eine verständliche Sprache ist ein wichtiger Beitrag zum Bürokratieabbau, den Bürger, Verbände, Wissenschaftler und Politiker aller Parteien anstreben.*

Tipp: Wenn Sie unsicher sind, ob ein Satz zu kompliziert ist, lesen Sie ihn sich laut vor.

Fazit: Beachten Sie die 6 Wörter/12 Silben-Regel und vermeiden Sie Schachtelsätze.

Übungssätze:

Formen Sie die Übungssätze so um, dass sie der 6 Wörter/12 Silben-Regel genügen und maximal 25 Wörter enthalten.

- *Unsere Dozenten bieten regelmäßig Kurse zur Gestaltung von Websites, zum Schreiben von E-Books, zur Vermarktung von Blogs und zu Verdienstmöglichkeiten im Internet an.*
- *Täterverbindungen, die man aufgrund einer größeren Mitgliederzahl, eines bestimmten Umfangs und einer längeren Dauer ihrer kriminellen Tätigkeit, des dabei entstehenden Gewinns sowie einer gewissen über das Interesse der einzelnen Individuen hinausgehenden Identität als eigenständige kriminelle Organisationen ansehen könnte, waren kaum zu finden.*
- *Doppelpunkte zur Unterstützung des nachfolgenden Satzes oder Gedankenstriche, um sichtbare Gliederungen oder die Trennung von Wichtigem und eher Unwichtigem anzuzeigen, sowie Semikolons, die Aufzählungen gliedern oder eine engere Zusammengehörigkeit von Gedankengängen darstellen, können einen Satz strukturieren.*
- *Wenn man die Wahl zwischen einer Wortwiederholung und einem unverständlichen oder gestelzt klingenden Synonym hat, sollte man sich für die Wiederholung entscheiden.*
- *Seit Yvonne Catterfelds medienwirksamem Ausscheiden aus der Fernseh-Soap „Gute Zeiten, schlechte Zeiten" unter paralleler Verlautbarung ihrer Konzentration auf die Gesangskarriere konnte die während ihres knapp zweistündigen Gastspiels stets etwas spröde wirkende Erfurterin mit der fundierten Ausbildung an der Leipziger Musikhochschule ihre Bekanntheit erstaunlicherweise noch steigern.*

Und zum Schluss: Üben Sie mit einem eigenen Text. Nehmen Sie sich zwei oder drei Absätze Ihres Textes vor und machen Sie aus allen Sätzen (möglichst kurze) Hauptsätze. Prüfen Sie, ob Ihre Sätze der 6 Wörter/12 Silben-Regel genügen.

Schritt 9: Auf Du und Du mit dem Duden: Rechtschreibung, Zeichensetzung und Grammatik

Auch der interessanteste Text verprellt den Leser, wenn er mit Fehlern gespickt ist. Ich möchte hier auf einige spezielle Probleme eingehen, die mir immer wieder begegnen.

9.1 Rechtschreibung

Rechtschreibfehler hemmen den Lesefluss, weil Sie dne Leeser stöhren. Stimmt's? Und alles, was den Leser stört, verleitet ihn dazu, den Text beiseitezulegen und sich anderem zuzuwenden.

Groß- und Kleinschreibung:

1. Ja, die Sache mit der Anrede in Briefen ist verwirrend. „Du" darf man groß oder klein schreiben, „Sie" und das zugehörige „Ihr" sollen groß bleiben. Manche Menschen überfordert das, sodass sie plötzlich bei Texten, in denen niemand angesprochen wird, die Umschalttaste drücken.

Möglicherweise empfinden sie (oder Sie) ein fälschlicherweise kleingeschriebenes Wort als peinlich. Das würde auch ein zweites Phänomen erklären:

2. Den großgeschriebenen Superlativ. Sie erinnern sich? Groß, größer, am größten. Gut, besser, am besten. Am größten, am besten – das sind die Superlative der jeweiligen Adjektive, und wie die Grundform schreibt man sie klein.

Trotzdem sehe ich in letzter Zeit häufig Formulierungen wie *Am Schlimmsten wäre es, wenn ...* oder *Wir treffen uns am Besten ...* (Vielleicht denken die Schreiber dabei an *das Schlimmste* oder *das Beste*?)

Tipp: Im Zweifelsfall kann es helfen, sich zu überlegen, ob man das „am" zu einem „an dem" auseinanderziehen kann. Beispiel: *Es mangelte am Nötigsten. Es mangelte an dem Nötigsten. Am einfachsten wäre es ... ~~An dem Einfachsten~~ wäre es ...*

3. Unbestimmte Zahlwörter werden normalerweise kleingeschrieben: *viele, alles, wenige, jeder, keiner.* Auch *„die meisten", „der eine, der andere"*. Man darf sie großschreiben, wenn man ihren substantivischen Charakter hervorheben möchte – wie in dem Filmtitel „Das Leben der Anderen". Man schreibt *die beiden,* aber *der Einzelne.* (Verwirrend, ich weiß. Deshalb bin ich für rigorose Kleinschreibung. In anderen Ländern funktioniert das auch.)

Einheitlichkeit: Wenn es zwei oder mehrere Möglichkeiten gibt, ein Wort zu schreiben, entscheiden Sie sich für eine Schreibweise und bleiben Sie dabei. Nichts verursacht bei einer Redakteurin oder einem Lektor schneller nervöse Zuckungen als ein Wort, das mal so und dann wieder anders geschrieben ist. Also nicht einmal *Wissenschafts-Journalismus* schreiben und dann im selben Text *Wissenschaftsjournalist*. Nicht einmal *soziale*

Angst, dann wieder *Soziale Angst.* Probleme gibt es besonders häufig, wenn man Wörter aus dem Englischen übernimmt oder eindeutscht.

Tipp: So machen's die Profis in vielen Verlagen und Redaktionen: Sie schreiben Zahlen bis zwölf aus. Und sie verwenden keine Abkürzungen, schreiben also *zum Beispiel,* nicht *z. B.* (Texte für den Bildschirm, etwa fürs Internet oder ein E-Book, sind weniger formell und sollten möglichst kurz sein. Da passen Abkürzungen eher.)

9.2 Zeichensetzung

Hier geht es nicht um Regeln der Zeichensetzung im Sinne von „Wann steht wo ein Komma?", sondern um spezielle Probleme, die mir immer wieder in Manuskripten begegnen. Konkret: Wann sollte man die Leertaste bedienen und wann nicht?
Kein Leerschritt kommt vor das jeweilige Satzzeichen, jedoch einer danach bei Komma, Semikolon, Punkt, Doppelpunkt, Ausrufezeichen und Fragezeichen. Beim Gedankenstrich bleibt eine Stelle davor und eine danach frei. Keine Stelle bleibt frei vor und nach dem Schrägstrich, und es gibt auch keine Leerschritte zwischen den Klammern und dem, was sie umschließen.
Da wir schon beim Thema Leertaste sind: Wenn ein Strich im Sinne von „bis" gebraucht wird, gibt es keinen Abstand zum Wort oder zur Zahl davor oder danach (10–30 Jahre). Frei bleibt aber eine Stelle zwischen einer Zahl und dem %-Zeichen (20 %) sowie zwischen einer Zahl und einer abgekürzten Einheit (1 m, 2,5 kg, 3 Euro).

9.3 Grammatik

1. Der Fall einer Ergänzung (einer sogenannten Apposition) richtet sich nach dem Wort, auf das sie sich bezieht. Jedenfalls, wenn es sich bei der Ergänzung um ein Substantiv plus Artikel handelt. Deshalb stehen im ersten Satz die Wörter in der Klammer im Genitiv (im Wesfall oder 2. Fall) oder in diesem Satz im Dativ. Nicht *Am Ufer des Inns, einem Nebenfluss der Donau, hielten sie an,* sondern *Am Ufer des Inns, eines Nebenflusses der Donau, ...* Nicht *Mit dem neuen Roman, sein bestes Buch, erreichte er Platz 1 der Bestsellerliste,* sondern *Mit dem neuen Roman, seinem besten Buch, ...*
2. Manche Wörter kann man nicht steigern: *weiß, kein, einzig* sowie Superlative wie *optimal* oder *maximal.* Das wissen die meisten, aber manche versuchen es trotzdem.
3. Unvollständige Sätze, also solche, in denen Subjekt, Prädikat oder beide fehlen, sind nach der deutschen Grammatik verpönt. Ich finde aber, dass sie einen Text beleben können. Meine Faustregel lautet: In sehr formellen Texten sollte man darauf verzichten. Sonst kann man Satzfragmente durchaus einstreuen. Aber nicht zu oft. Sonst klingt der Text atemlos.
(Haben Sie's gemerkt? Im vorletzten „Satz" des letzten Absatzes fehlen Subjekt und Prädikat.)
Dieses Beispiel zeigt: Es gibt Ausnahmen. Man muss sich nicht sklavisch an Grammatikregeln halten. Finde ich jedenfalls. Die allerwichtigsten Kriterien sind Klarheit und Lesbarkeit. Wenn Sie gegen eine Regel verstoßen müssen, um es dem Leser leichter zu machen, tun Sie's.

Fazit: Im Zweifelsfall hilft nur der Griff zum Duden oder zu einem vergleichbaren Regelwerk.

Übungssätze: ... gibt es dieses Mal nicht. Das würde doch zu sehr an Schultests erinnern.

Und zum Schluss: Üben Sie mit einem eigenen Text. Lesen Sie Ihren Text sorgfältig durch, prüfen Sie Rechtschreibung und Zeichensetzung und schlagen Sie im Zweifelsfall im Duden nach.

Schritt 10: Texte mit Struktur

Wie jeder Satz so soll auch der gesamte Text klar und übersichtlich sein. Denn unstrukturierte Wortreihen, ellenlange Absätze und Seiten um Seiten ohne klare Gliederung erschweren das Lesen und schrecken den Leser ab.
Ich gebe zu, bei diesem Kapitel habe ich gemogelt, denn es geht nicht um eine einzelne Regel. Vielmehr habe ich hier die wichtigsten Kriterien für einen klar strukturierten Text notiert.
Ein gut aufgebauter Text besteht aus

- kurzen Absätzen
- Sätzen, die durch unterschiedliche Satzzeichen gegliedert sind:
    - Komma,
    - Punkt,
    - Semikolon,
    - Gedankenstrich,
    - Klammern,
    - Doppelpunkt,
    - Fragezeichen,
    - Ausrufezeichen (sparsam verwenden).

Kürzere Absätze sind übersichtlicher und leichter lesbar. Machen Sie deutlich, wo der eine Absatz endet und der nächste beginnt. Entweder durch eine Leerzeile oder indem Sie die erste Zeile eines jeden Absatzes einrücken. Besonders lebendig wirkt ein Text, wenn die Länge der Sätze und Absätze variiert.
Ein weiteres Mittel gegen Eintönigkeit und Langeweile sind unterschiedliche Satzzeichen. Punkt und Komma benutzen Sie regelmäßig; aber wie wäre es hin und wieder mit einem Semikolon – oder einem Gedankenstrich?

Tipp: Benutzen Sie bei Aufzählungen Listen, in denen Sie die einzelnen Punkte untereinander anordnen. Das ist übersichtlicher und erleichtert das Verständnis.
Heben Sie Wörter und Textpassagen jedoch nicht unnötig oft hervor, indem Sie sie kursiv oder in einer anderen Schriftart schreiben oder unterstreichen. Fettdruck und Großbuchstaben sollten Überschriften vorbehalten bleiben. Wenn Sie diese Mittel zu häufig einsetzen, ist das Ergebnis ein unruhiges Schriftbild, und das erschwert das Lesen. Denken Sie an das Salz in der Suppe. Ein wenig verbessert den Geschmack, zu viel und Sie müssen sie wegschütten. (Ein Text lässt sich zum Glück leichter retten.)

Die Ausnahme zu dieser Regel und gleichzeitig ein
Tipp: Indem Sie einzelne Wörter fett setzen, erleichtern Sie das Überfliegen des Textes. Deshalb eignet sich dieses Mittel für alles, was man am Bildschirm liest, wie E-Books, Blogs und Websites.

Ein klar gegliederter Text hat:
- einen Einstieg, der leicht verständlich ist und neugierig macht auf das Thema;
- einen Hauptteil, der einem roten Faden folgt (eine, aber keineswegs die einzige Möglichkeit des Aufbaus: vom Wichtigen zum Unwichtigen);
- einen Schluss, der klar und leicht verständlich ist und das Fazit enthält, zum Beispiel noch einmal die wichtigste Botschaft.

Der Einstieg muss den Leser in den Text hineinlocken. Das gelingt am besten, wenn man dreierlei beachtet:
- Erstens sollte man besonders klar und einfach formulieren, um niemanden von vornherein abzuschrecken.
- Zweitens muss man neugierig machen auf das Geschriebene. Wie? Indem man zum Beispiel die Frage des Lesers beantwortet: Warum sollte mich das interessieren? Was habe ich davon, diesen Artikel oder diesen Brief oder diesen Bericht zu lesen? Indem man also den Nutzwert herausstellt. Oder man verblüfft, berichtet etwas Unerwartetes. Dann möchte der Leser die Erklärung erfahren und ist schon mittendrin im Text. Was Menschen außerdem immer interessiert, sind Geschichten von anderen Menschen. Auch damit kann man also einsteigen. Oder man setzt an den Anfang ein provokantes Zitat.
- Drittens muss der Leser gleich zu Anfang erfahren, worum es im weiteren Text geht. Das schönste Zitat und die spannendste Geschichte sind nutzlos, wenn sie mit dem Thema nichts zu tun haben. Niemand wird gern in die Irre geführt. Auch Leser nicht.

Hier gibt es zur Abwechslung einmal gute **Beispiele**. Sie stammen aus der Süddeutschen Zeitung und sind somit von Profis geschrieben.
- *Der Guineawurm ist weltweit fast ausgerottet – es wäre der zweite große Sieg über eine Krankheit nach den Pocken.*
- *Im Schlaf clean werden – der Wunschtraum Drogensüchtiger. In vielen Ländern setzt man den sogenannten Turbo-Entzug bereits ein, doch in Deutschland gibt es noch Bedenken.*
- *Die Eisdecken in Grönland und der Antarktis schmelzen offenbar schneller als bislang gedacht. Vom steigenden Meeresspiegel wären etliche Küstenstädte massiv bedroht.*

Alle drei Einstiege erfüllen, denke ich, sehr gut die drei oben genannten Kriterien. Sie sind verständlich, machen neugierig und verraten, worum es geht.

Ich wiederhole: Bitte nie, nie, nie – wirklich nie – einen Text mit komplizierten Sätzen und schwer verständlichen Zusammenhängen beginnen. Sie wollen den Leser anlocken und nicht abblocken (reimt sich sogar).

Im Hauptteil, wenn das Interesse einmal geweckt ist, darf es etwas schwieriger werden. Bei einem längeren Text ist es hilfreich, wichtige Fakten, Argumente usw. zu sammeln und eine Gliederung zu machen, ehe Sie mit dem Schreiben beginnen: Was soll in den Text, und wo soll es stehen? Anhand einer solchen Unterteilung in einzelne Blöcke lassen sich längere Werke außerdem besser bewältigen, indem man nämlich Punkt für Punkt abarbeitet. Natürlich muss der Aufbau logisch sein, das heißt, eines muss sich aus dem anderen ergeben, also einem roten Faden folgen. *Eine* Möglichkeit – nicht nur für nachrichtenartige Texte: Beginnen Sie mit dem Wichtigsten und arbeiten Sie sich dann vor zu immer weniger Wichtigem.
Nach dem Einstieg ist der Schluss eines Textes der Teil, den die meisten Menschen am ehesten lesen. Viele lesen ihn sogar zuerst. Um dann zu entscheiden, ob es sich lohnt, fünf oder 30 Minuten ihrer Lebenszeit zu investieren und sich weiter mit dem Thema zu beschäftigen. Der Schluss sollte wie der Anfang besonders leicht verständlich sein. Es muss klar werden, worum es geht, und die letzten Sätze sollten das Ganze sinnvoll abrunden. Etwa durch ein Fazit, einen Ausblick, eine Botschaft oder ein Zitat. Oder indem Sie den Leser auffordern zu handeln, etwa an Ihrer Studie teilzunehmen oder Ihr Buch zu kaufen.

Fazit: Ein gut strukturierter Text besteht aus kurzen Absätzen mit Sätzen, die durch unterschiedliche Satzzeichen gegliedert sind. Einstieg und Schluss sind besonders leicht verständlich.

Übungstext: Unterteilen Sie den folgenden Text in Absätze und heben Sie wichtige Begriffe durch **Fettung** hervor. Wenn Sie fertig sind, gehen Sie zurück zur Einleitung dieses Schreibkurses und schauen Sie sich an, wie ich es gemacht habe.

Warum „gut und verständlich schreiben"?
Verständlich zu schreiben ist das wichtigste Ziel. Sonst kann man es gleich sein lassen. Viele Menschen, darunter auch einige Schreib-Profis, haben Probleme, sich verständlich auszudrücken. Manchmal ist man betriebsblind, weil man selbst ja weiß, worum es geht und was man sagen will. Sinn der Sache ist jedoch, andere zu erreichen, sich ihnen mitzuteilen. (Wenn man nicht Tagebuch schreibt.) Ohne Verständlichkeit keine Verständigung. Verständlich zu schreiben reicht jedoch nicht. Das Geschriebene muss die Leserinnen und Leser interessieren. Das Lesen muss leicht fallen, sogar Spaß machen. Das alles verbirgt sich hinter dem Wort „gut". Ein guter Text ist verständlich *und außerdem* lesefreundlich. Ich habe früher Beilagen für Ärztezeitschriften geschrieben. Der zuständige Redakteur hat mir gleich zu Anfang sinngemäß gesagt: „Der Arzt muss das nicht lesen, was Sie schreiben. Stellen Sie sich den müden Arzt, die abgekämpfte Ärztin vor, die nach einem langen Tag das Heft in die Hand nehmen und durchblättern. Wenn denen nicht gefällt, was sie lesen, wenn es zu schwierig ist, blättern sie weiter oder legen die Zeitschrift ganz weg." Die schockierende Wahrheit ist: Niemand *muss* Ihren Text lesen. Egal welche Art von Texten Sie produzieren: ob Jahres- oder andere Berichte, Informationen für Kunden, Klienten oder Patienten, Broschüren, Zeitschriftenartikel, „Content" für Websites oder ein Buch. Das Ziel muss sein, so lesefreundlich wie möglich

zu schreiben. Es geht also darum, beim Schreiben alles zu vermeiden beziehungsweise beim Überarbeiten alles zu beseitigen, was den Lesefluss stört und/oder das Verstehen erschwert. Wie man das macht, erfahren Sie hier.

Und zum Schluss: Üben Sie mit einem eigenen Text. Überlegen Sie, durch welche Maßnahmen und Kunstgriffe Sie Ihren Text klarer strukturieren können. Wenn Ihnen nichts einfällt, lesen Sie noch einmal das vorhergehende Kapitel.

Zehn einfache Regeln: Hier finden Sie alle Regeln noch einmal als Checkliste kurz und knapp zusammengefasst.
Diese Liste können Sie beim Schreiben zu Rate ziehen, und beim Überarbeiten eines Textes sollten Sie sie immer zur Hand haben. Mein Vorschlag: Schneiden Sie die Checkliste aus und legen Sie sie neben Ihren Computer.

Checkliste für gute und verständliche Texte

1. Text klar gliedern, Anfang und Schluss besonders lesefreundlich gestalten
2. lange Sätze unterteilen
3. den richtigen Bezug herstellen
4. überflüssige Wörter streichen
5. (starke) Verben bevorzugen
6. einfache Wörter wählen
7. Wiederholungen vermeiden
8. positiv formulieren
9. Passiv vermeiden
10. Regeln der Rechtschreibung, Zeichensetzung und Grammatik beachten

Kurz vorm Ziel: Überarbeiten – gewusst wie

Vielleicht ist es Ihnen aufgefallen: Die Reihenfolge der Regeln auf der Checkliste weicht von der der betreffenden Kapitel in diesem Schreibkurs ab. Denn in der Praxis beginnt man normalerweise mit der Gliederung und endet mit der Überprüfung der Rechtschreibung. Sie können die einzelnen Punkte beim Schreiben oder Überarbeiten berücksichtigen, wann Sie wollen. Hauptsache, Sie haben sie am Ende alle beachtet. Wenn Sie die Checkliste immer brav benutzen, werden Sie sie eines Tages gar nicht mehr brauchen, weil Sie die Regeln verinnerlicht haben.
Jeder Autor weiß, dass das Anfertigen eines Textes in zwei Phasen erfolgt – dem Schreiben (der ersten Fassung) und dem Überarbeiten. Was im ersten Schritt entsteht, ist normalerweise noch nicht druckreif. Wie sehr man den Text im zweiten Schritt umgestalten und ausbessern muss, ist von Fall zu Fall und von Autor zu Autor verschieden. Es spielt aber auch keine Rolle. Hauptsache, der Text, der dabei herauskommt, ist verständlich und gut lesbar.
Langer Rede kurzer Sinn: Machen Sie sich beim Schreiben der ersten Fassung keinen Stress. Denn wie sagte schon Hemingway? „The first draft of anything is shit." Ich behaupte, das gilt nicht nur für Literatur. Die Tatsache, dass die erste Fassung selten

etwas taugt, hat ja auch etwas Befreiendes. Weil man weiß, dass man beim Redigieren noch alles rausreißen kann.
Fragen Sie sich immer: Für wen ist der Text gedacht? Nur weil Sie – als Spezialist – den Sinn verstehen, muss das nicht für den Leser gelten. Fragen Sie sich auch: Für welches Medium ist der Text gedacht? Wer fürs Internet schreibt, muss sich noch mehr um Kürze und Klarheit bemühen.
Wie viel Arbeit Sie in das Redigieren investieren können und sollten, hängt davon ab, wie lang der Text ist, wie wichtig er ist und wie viel Zeit Ihnen zur Verfügung steht.

Wenn Sie einen Text auf Hochglanz polieren wollen, weil er wichtig ist und/oder Sie mehr Zeit investieren können:

- Überarbeiten Sie verschiedene Formen. Was meine ich damit? Irgendwann kennt man einen Text so gut, dass man über Fehler und Schwächen hinwegliest und nicht mehr aufnimmt, was da eigentlich steht. Alles ist gut, was Ihnen hilft, Ihren Text mit neuen Augen zu sehen: mal am Bildschirm redigieren, mal auf dem Papier. Einen Tag oder mehrere Pause machen. Zeit schafft Abstand. Wenn Sie die nicht haben, benutzen Sie zur Abwechslung eine andere Schriftart (Font) oder Schriftgröße.
- Lesen Sie den Text laut vor. Auch dies ist eine Methode, um das Geschriebene anders wahrzunehmen. Dabei merken Sie sehr schnell, welche Formulierung hakt, welcher Satz zu lang ist.
- Oder Sie geben den Text jemand anderem (am besten aus Ihrer Zielgruppe) mit der Bitte, ihn durchzulesen und ein paar konkrete Fragen zu beantworten. Das ist wichtig. Sie wollen nicht wissen, ob Ihrer Mutter, dem Nachbarn oder der Kollegin der Text „gefallen" hat oder nicht. Sie wollen wissen: War irgendetwas unverständlich? War irgendeine Stelle anstrengend zu lesen? Sie wollen auch nicht unbedingt Lösungsvorschläge hören. Dafür ist der Leser vielleicht nicht kompetent genug. – Es sei denn, er hat an meinem Workshop teilgenommen ... :-)

Tipp: Lassen Sie *Word* zu Anfang vor und nach dem Redigieren eine Lesbarkeitsstatistik anfertigen. Am Ende der Rechtschreib- und Grammatikprüfung blendet *Word* Informationen zur Lesbarkeit des Textes ein, nämlich Zeichen pro Wort, Wörter pro Satz, Sätze pro Absatz. Mit anderen Worten: Es misst die Länge von Wörtern, Sätzen und Absätzen. Und solange es im Rahmen bleibt, gilt: kurz ist besser.

Internet-Tipp: Bei http://leichtlesbar.ch können Sie die Lesbarkeit Ihres Textes messen.

Und wenn Sie Artikel, Bücher oder sonst etwas lesen, achten Sie einmal darauf: Wie machen es die anderen? Wie machen es gute Autoren? Was gefällt Ihnen, was stört Sie? Schließlich lernt man nie aus.

Warum nicht mal einen Schreibkurs verschenken?
Für alle, die mühelos lernen wollen, wie man besser schreibt.

Hier im Handbuch Kapitel 10
»Aus- und Fortbildung für SchriftstellerInnen«
oder: einzeln broschiert für nur 9,80 Euro

Ingrid Glomp
Gut und verständlich schreiben
in zehn einfachen Schritten.
Norderstedt: BoD 2010
ISBN 978-3839162477

für: · Marina
· Barbara
· Christoph
· Kai/Ute
· Sabine
· Oliver?

www.boerboom-vogt.de

11

Geld verdienen mit literarischen Dienstleistungen

oder auch: „Nach Golde drängt, / Am Golde hängt / Doch alles. Ach wir Armen!“

BEITRÄGE

INTERVIEWS

ADRESSEN UND INFORMATIONEN

Beitrag von Sandra Uschtrin

Das liebe Geld

Ein Auftrag muss entweder Spaß machen oder stolz machen oder reich machen. (Goetz Buchholz, Ratgeber Freie)

Die Einkommenssituation der meisten Autorinnen und Autoren ist schlecht. Laut *Künstlersozialkasse* betrug das durchschnittliche Jahreseinkommen (Einnahmen minus Ausgaben vor Steuern) der Versicherten im Bereich Wort zum 01.01.2009:

- Männlich: 18 649 Euro (Berufsanfänger: 15 267 Euro)
- Weiblich: 13 884 Euro (Berufsanfängerinnen: 11 988 Euro)
- Insgesamt: 16 232 Euro (BerufsanfängerInnen: 13 240 Euro)

Im Bereich Wort sind Schriftsteller, Dichter und Autoren aller Sparten sowie Lektoren, Journalisten, Pressefotografen, Kritiker, Übersetzer und Werbetexter versichert. Da JournalistInnen in der Regel mehr verdienen als AutorInnen, ist davon auszugehen, dass das durchschnittliche Jahreseinkommen der AutorInnen niedriger anzusetzen ist. Bemerkenswert, dass Frauen immer noch so viel weniger (25 Prozent!) verdienen als Männer. Frauen, bitte mal aufwachen!

Ohne Brotberuf geht es selten

Vom Verkauf der eigenen Bücher kann kaum eine Schriftstellerin, kaum ein Schriftsteller leben. Das bestätigen auch die LektorInnen großer Verlage. Die meisten ihrer Autoren gingen einem Brotberuf nach. Aufgezählt werden Berufe wie Postbote, Altenpflegerin, Sekretärin, Rechtsanwalt, Ärztin oder Lehrer.

SF-Bestseller-Autor Andreas Eschbach erklärt auf seiner Homepage (www.AndreasEschbach.de): „Die Wahrheit ist, dass die meisten Schriftsteller nicht einmal notdürftig vom Schreiben leben können. Verschiedene Untersuchungen ergeben immer wieder, dass die Hälfte aller veröffentlichten Schriftsteller weniger als 3000 € pro Jahr (!) verdienen, und man schätzt, dass weniger als 100 Autoren in Deutschland vom Schreiben allein leben können. Wobei Deutschland mit Österreich und der deutschsprachigen Schweiz zusammen der drittgrößte Buchmarkt der Welt ist; in kleineren Sprachräumen sieht es noch wesentlich düsterer aus. Wer reich werden will, gründet besser eine Firma, statt zu schreiben. Richtig reich (reicher noch als die vielbeneideten Top-Manager) wird man nur als – erfolgreicher – Unternehmer."

Und auf unsere Nachfrage, nach wie vielen Jahren des Schreibens er vom Schreiben allein leben konnte und sich finanziell einigermaßen sicher fühlte, meint Andreas Eschbach: „Mein erster Roman erschien 1995. Den Schritt in die wirtschaftliche Selbstständigkeit als Schriftsteller habe ich 2001 getan – bis dahin war ich allerdings auch schon selbstständig, als Softwareentwickler eben, was eine gute Vorübung war. Denn als Selbstständiger muss man anders denken und wirtschaften, als man es als Empfänger eines monatlichen Gehalts lernt.

Doch man sollte nicht den Eindruck erwecken, es hätte etwas mit der Zahl der Jahre zu tun oder mit kaufmännischen Grundkenntnissen", so Andreas Eschbach weiter. „Um vom Schreiben leben zu können, brauchen Sie zwei ganz andere Vorbedingungen: erstens einen Bestseller und zweitens die berechtigte Aussicht auf weitere. Bei mir war der

Erfolg des *Jesus Videos* der entscheidende Punkt, und dass das Buch sich vom Best- zum Longseller entwickelte (was noch seltener ist), hat sicherlich nicht geschadet."

Hier eine einfache Rechnung: Ein gutes Jahr hat Autorin X an ihrem Roman geschrieben, der mit einer Auflage von 5000 Exemplaren – was nicht wenig ist – im Verlag Y als Hardcover erscheint. Der Roman kostet im Buchhandel 19,90 Euro. Minus 7 Prozent Mehrwertsteuer macht das einen Nettoladenverkaufspreis von 18,60 Euro. Davon zehn Prozent Autorenhonorar – was besonders als AnfängerIn nicht immer durchzusetzen sein wird – macht 1,86 Euro pro verkauftes Exemplar. Angenommen 3500 Exemplare werden im ersten Jahr verkauft, so erhält die Autorin 6510 Euro, das ergibt einen zu versteuernden Verdienst von monatlich 542,50 Euro – hurra!?

Kann man von 542,50 Euro pro Monat leben? Wäre es nicht ratsam, Autorin X würde ihre Produktivität erhöhen und pro Jahr zwei, drei Bücher mehr schreiben? Aber könnte der Markt diese zwei, drei Bücher mehr pro AutorIn verkraften, obwohl 2008 nach Angaben des *Börsenvereins des Deutschen Buchhandels* bereits 83 381 Novitäten (Erstauflagen) erschienen? Und obwohl immer weniger Menschen immer seltener zum Buch greifen? Außerdem bringen Verlage in der Regel höchstens ein Buch pro Jahr und AutorIn neu heraus und sehen es nicht gern, wenn AutorInnen gleichzeitig in verschiedenen Verlagen publizieren.

Der Ausweg heißt für viele, es nicht beim Romaneschreiben zu belassen (vom Gedichteschreiben ist hier bewusst nicht die Rede, denn da beträgt die Auflage selten mehr als 650 Exemplare), sondern „nebenher" „schreibnahen" und/oder „schreibfernen" Tätigkeiten nachzugehen, mit denen sich das Geld für Nahrungsmittel, Miete, Strom, Heizkosten, Versicherungen, Altersvorsorge verdienen lässt.
Die meisten wählen eine „schreibferne" Tätigkeit, einen „Brotberuf", unterrichten also tagsüber fremde Kinder, ziehen Zähne, wälzen Paragraphen, tippen Geschäftsbriefe, füllen Regale auf und dergleichen mehr. Das hat den großen Vorteil, nicht der Marketingabteilung und den Launen der ständig wechselnden Lektorinnen und Lektoren in den Verlagen ausgesetzt zu sein und nicht irgendeinen Ratgeber à la „Feng Shui für Meerschweinchen" verfassen zu müssen, nur um irgendwie vom Schreiben leben zu können. „Brotberufe" sind außerdem Impulsgeber, sorgen für den beim Schreiben so wichtigen Kontakt zu den anderen, zu Frau Musterfrau und Herrn Ottonormalbürger, für hautnah Erlebtes und real Erlauschtes. Für Bodenhaftung und Inspiration. Sie sind ideal zur Schulung des Beobachtungsvermögens und der Empathie. Vermeiden, immer nur im eigenen Saft zu schmoren, was auf die Dauer an die Substanz geht.
Viele berühmte Schriftstellerinnen und Schriftsteller hatten bzw. haben „nebenher" einen anderen Beruf. Gottfried Benn wird bei dieser Gelegenheit gerne genannt. Goethe natürlich. Der Bachmann-Preisträger 2009, Jens Petersen, ist Arzt und hat mit einem Text gewonnen, bei dem ihn seine Erfahrungen als Mediziner inspiriert haben. Den Kelag-Preis, der während des Bachmann-Wettbewerbs vergeben wird, erhielt im selben Jahr der Physiker Ralf Bönt mit einem Text über Michael Faraday und Heinrich Hertz. Erzähler ist ein Phonon, eine ungewöhnliche Idee, auf die man ohne Fachwissen wohl kaum käme.

Lesungen

Neben diesen „Brotberufen" kommen natürlich auch Einnahmequellen infrage, die mit der Fähigkeit zusammenhängen, mit Sprache besser umgehen zu können als der Durchschnitt. Eine der beliebtesten dieser „schreibnahen" Tätigkeiten ist es, Lesungen abzuhalten. Der *Verband deutscher Schriftsteller (VS)* empfiehlt pro Lesung ein Mindesthonorar von 300 Euro. Es ist kein Geheimnis, dass viele SchriftstellerInnen mit Lesungen mehr Geld verdienen als durch den Verkauf ihrer Bücher. Mehr zum Thema Lesungen in Kapitel 12.

Geld verdienen mit Unterrichten

Und sonst? Mit welchen literarischen Dienstleistungen lässt sich die finanzielle Situation – abgesehen vom Vorlesen – noch verbessern? Als VS-FunktionärIn einem Landesverband vorzustehen oder in der Jury von literarischen Wettbewerben zu sitzen lohnt sich finanziell nicht. Mehr als eine Aufwandsentschädigung erhält man in der Regel nicht. Doch was verdient zum Beispiel eine VHS-Dozentin, die Kurse im Kreativen Schreiben abhält? Was der Leiter eines Seminars an der *Bundesakademie für kulturelle Bildung Wolfenbüttel?* Rentiert es sich, in eigener Regie online oder offline Schreibkurse anzubieten? Dem Bereich „Geld verdienen mit Unterrichten" widmet sich der erste Teil des Kapitels.

Geld verdienen mit Schreiben für andere

Und dann lässt sich natürlich noch Geld verdienen, indem man für diejenigen schreibt, die selbst nicht schreiben wollen oder können. Hier geht es um das Thema „Ghostwriting/Co-Autorenschaft", von dem der zweite Teil dieses Kapitels handelt.

Im Mittelpunkt beider Bereiche steht immer die Frage nach dem Geld. Mit dieser Frage eckt man in Deutschland nach wie vor an. Dabei interessiert es die meisten brennend, wie viel sich womit verdienen lässt. „Bitte haben Sie Verständnis, wenn wir die Höhe unserer Honorarzahlungen nicht preisgeben. Unsere Juroren erhalten natürlich ein Honorar, das aber immer wieder neu verhandelt wird." Oder: „Ich muss Sie dringend bitten, die Information ausschließlich als vertrauliche Hintergrundinformation zu behandeln und das nicht publik zu machen – zumindest keine konkreten Zahlen –, da es weder in unserem noch im Interesse des Förderers ist, wenn solche Zahlen abrufbar sind, unter anderem da sich die Beträge oft ändern wegen geänderten (also verminderten) Fördergeldern etc. Ich danke für Ihr Verständnis!"

Wir danken allen, die dennoch bereit waren, konkrete Zahlen zu nennen, und die wir im Folgenden zitieren dürfen.

In eigener Regie: Schreibworkshops geben

Schreibworkshops auf Inseln oder im Gebirge, Textarbeit in Räumen einer kommunalen Einrichtung oder im Nebenraum einer Kirche oder via Internet – es gibt viele Möglichkeiten, sein Wissen und Können an „junge" AutorInnen weiterzugeben und dabei die eigenen Finanzen aufzubessern. „Aufzubessern"! Denn, um es gleich vorwegzunehmen: Reich werden kann man mit dieser Tätigkeit nicht.

Arwed Vogel – ein Beispiel

Arwed Vogel, VS-Regionalgruppenleiter für München-Oberbayern, gibt seit vielen Jahren Schreibkurse an der Münchner Volkshochschule. Mit seinem „Freien Literaturprojekt München" ist er außerdem Veranstalter eigener Kurse. Arwed Vogel: „Selbst organisierte Kurse können einen höheren Ertrag abwerfen, sind aber meist mit größerem Aufwand verbunden – von Werbung und Verwaltung ganz zu schweigen. Zumindest ist der Gewinn nicht hoch genug, um für Verwaltungstätigkeiten jemanden zu bezahlen. Schließlich muss ja auch eine ordentliche Buchführung gemacht werden."
Hier als Beispiel eine Kalkulation von einem seiner Aufbaukurse (fortgeschrittene Anfänger), der nicht neu vorbereitet werden muss:

Kursgebühr für 6 Abende je 2 Stunden 95 Euro (inklusive 19 % MwSt.)
bei zehn Teilnehmern: 798 Euro Einnahmen (ohne MwSt.)
minus anteilige Raumkosten: 45 Euro
minus Kopierkosten: 20 Euro
minus anteilige Fahrkosten: 30 Euro
bleiben: 703 Euro
Vorbereitungszeit: 2 Stunden
Unterrichtszeit: 12 Stunden
Korrekturzeit: 25 Stunden
anteilige Verwaltungszeit: 5 Stunden
703 Euro durch 44 Stunden = 16 Euro Stundenverdienst

Arwed Vogel: „Nicht eingerechnet wurden Kosten für Büromaterial, Fachbücher, häusliches Arbeitszimmer usw. Selbst ohne Korrektur der Teilnehmertexte bleibt nicht mehr Geld als bei VHS-Kursen. Das Kalkulationsbeispiel zeigt, dass die Träume mancher Kollegen, ganz schnell eine Menge Geld mit einer selbst gegründeten Akademie zu verdienen, Illusionen sind. Und: Bei all diesen Tätigkeiten bleibt festzuhalten, dass sie, obwohl sie meine schriftstellerische Arbeit zu ergänzen scheinen, sie doch behindern und man immer Gefahr läuft, von ihnen aufgefressen zu werden, sodass der Gedanke immer da ist, ob es nicht vernünftiger wäre, einen gut bezahlten, aber ‚normalen' Halbtagsjob anzunehmen."
Wie ist es bei anderen, die AutorInnen im Schreiben unterrichten? Welche Erfahrungen haben die Kolleginnen und Kollegen von Arwed Vogel gemacht? Welche Fähigkeiten sollte man als angehende SchreibtrainerIn mitbringen?

Wir haben nachgefragt:

1. Rechnet es sich und wenn ja, wie rechnet es sich, Seminare/Workshops zu veranstalten (Raummiete, Werbung, Vorbereitungszeit)? ... **1. Rechnet es sich?**
2. Konkret: Wie viel Euro verdienen Sie dadurch im Jahr in etwa zusätzlich? ... **2. Wie viel mehr?**
3. Welche Qualifikation sollte man als AutorIn mitbringen, um solche Seminare/Workshops für AutorInnen anbieten zu können? ... **3. Qualifikation?**
4. Vor fünf Jahren beantworteten Sie der Handbuch-Redaktion schon einmal diese Fragen. Hat sich seither etwas verändert? ... **4. Damals/heute?**

Hier die Antworten von Hans Peter Roentgen, Anna Grütte, Stefan Schwidder und Isa Schikorsky
(Informationen zu ihren Kursangeboten finden Sie auf ihrer Website):

Hans Peter Roentgen (www.textkraft.de)
1. Rechnet es sich? Das ist natürlich die Frage, was man unter „rechnet sich" versteht. So wie es aussieht, ist es lukrativer (und langweiliger) in einer Tankstelle Brötchen zu verkaufen. Als Hauptverdienst eignet es sich meist nicht.
2. Wie viel mehr? Das hängt stark davon ab, wie bekannt man ist. Und das wiederum hängt davon ab, wie lange man im Geschäft ist. Wie beim Schreiben auch ist es nichts, mit dem man schnell Geld verdient, und es braucht Jahre, bevor man erwähnenswerte Einnahmen erzielt. Ausnahme auch hier: wer bereits einen Namen hat. Das ist nicht anders als beim Bücherschreiben auch.
3. Qualifikation? Man sollte möglichst viele unterschiedliche Seminare besucht, zahlreiche Texte mit anderen durchgesprochen und mehrere Jahre in einer Diskussionsgruppe über Texte gearbeitet haben. Und zwar in einer, die wirklich an die Substanz der Texte geht und in der auch die überarbeiteten Texte noch mal diskutiert werden.
Wer schreiben kann, kann nicht notwendigerweise auch Schreibseminare leiten. Jedenfalls ist eine solche Tätigkeit kein Notparkplatz für Autoren, die vom Schreiben nicht leben können. Man muss sie wirklich ernst nehmen und verstehen und braucht einiges an Erfahrung und natürlich auch Kenntnis über den Buchmarkt.
Was niemand vergessen sollte: Theoretisches Rüstzeug ist auch nötig. Weder die wichtigsten Schreibbücher (auch hier: möglichst unterschiedliche) noch ein wenig Literaturwissenschaft schaden da.
Nicht zu vergessen: Alle diese Arbeiten nehmen Zeit vom eigenen Schreiben weg. Weil es eben die gleichen oder ähnliche Arbeiten sind. Nach acht Stunden Brötchenverkauf kann man noch eigene Texte schreiben, nach acht Stunden Lektorieren fällt das sehr schwer. Weshalb ich wirklich empfehle zu prüfen, ob man Spaß an solcher Arbeit hat oder nicht. Wenn nicht, sollte man sich einen Aushilfsjob suchen, der gar nichts mit Texten zu tun hat.
4. Damals/heute? Verändert hat sich nichts gegenüber damals, eher hat sich bestärkt, was ich damals gesagt habe: Das ist ein Beruf wie der des Autors auch, man braucht einen langen Atem, Freude daran und viel Zeit, um sich einen Ruf aufzubauen.

Anna Grütte (www.inselschreibwerkstatt.de)
1. Rechnet es sich? Wie bei allen anderen kommerziellen Angeboten sollte man mit einer mehrjährigen Anlaufzeit rechnen, bis sich die Kurse rechnen und man in der Branche bekannt ist. Im Laufe der Jahre wird auch die Seminarvorbereitung weniger zeitaufwendig.
Wer im Hintergrund einen großen Veranstalter wie die VHS hat, hat weniger Verwaltungskosten, aber oft gerade bei gut laufenden Kursen niedrigere Einnahmen. Ich habe festgestellt, dass sich ein gutes Angebot durchaus rechnet. Viel hat sich in den letzten Jahren professionalisiert – und das ist auch gut so.
2. Wie viel mehr? Das hängt ganz vom Kursangebot ab. Bei mir hat sich in den letzten Jahren der Schwerpunkt verschoben.
3. Qualifikation? Solides Handwerkszeug und Kreativität sind die Basis. Das gilt für die eigenen Texte genauso wie für die Dozententätigkeit. Von dieser Basis ausgehend kann man improvisieren und sich entfalten. Meine Erfahrung ist, dass Teilnehmer nicht nur Anregungen suchen, sondern vor allem auch detaillierte Rückmeldungen, in denen Stärken und Schwächen von Texten aufgezeigt werden. Wer mit Menschen arbeitet, sollte natürlich die entsprechenden sozialen Fähigkeiten mitbringen.
4. Damals/heute? Das Angebot hat zugenommen und damit auch die Konkurrenz. Durch das Internet haben sich aber auch die Möglichkeiten erweitert, zum Beispiel was Online-Kurse betrifft.

Stefan Schwidder (www.schoener-schreiben.de)
1. Rechnet es sich? Seminare und Workshops rechnen sich durchaus, sie stellen für mich eine gute Einnahmequelle da. Allerdings sind verschiedene Punkte zu berücksichtigen: Die Seminare sollten ausgelastet sein (mehr als 5 und bis zu 12 Teilnehmende) – gleichzeitig darf die Raummiete nicht zu hoch sein. Es bietet sich an, mit entsprechenden Institutionen zu kooperieren (Geschichtswerkstätten, Seniorenbüros, Vereine, Firmen etc.), sodass die Kurse dort auch über den hauseigenen Verteiler oder über das Programmheft angekündigt werden. Die Kursgebühr sollte in einem Bereich liegen, der den/die Leitende/n glücklich macht und gleichzeitig im angemessenen Rahmen für die Teilnehmenden liegt. Ich habe damit gute Erfahrungen gemacht: Den Leuten macht es Spaß, sie „lernen" etwas und kommen dann gerne wieder, da es sie finanziell nicht überfordert. So ergibt sich ein Multiplikatoreneffekt, der letztendlich mehr bringt als eine einmalige (zu) hohe Kursgebühr.
Die Vorbereitungszeit ist nicht sonderlich lang, da nach mehreren Jahren Kursleitung die Unterlagen und Abläufe „stehen". Das individuelle Eingehen auf die Wünsche und Fähigkeiten der jeweiligen Kursteilnehmer ist ohnehin nicht planbar.
Bei der Werbung habe ich gemerkt, dass es sich für mich nicht rechnet, teure Anzeigen zu schalten. Das Internet stellt auf lange Sicht eine vorzügliche Werbeplattform dar (kostenlose Inserate auf Literatur-Websites sowie die eigene Website oder der eigene Blog).
2. Wie viel mehr? Der Gesamtverdienst pro Jahr für die Seminartätigkeit schwankt. Da ich in unterschiedlicher Frequenz Kurse anbiete, variiert entsprechend auch das Jahreseinkommen, das ich dadurch erziele. Ich glaube, es ist eine Frage, wie man individuell

veranlagt ist und welche Verpflichtungen man zu erfüllen hat: Möchte ich mehr arbeiten und damit mehr verdienen, oder setze ich Prioritäten in anderen Bereichen wie Freizeit, eigene Kreativität oder alternative Interessen (mit denen man ja gegebenenfalls auch Geld verdienen kann :-)).
Bei umfangreicheren Veranstaltungen wie Schreibreisen oder Seminaren über mehrere Tage bleibt unter dem Strich natürlich mehr übrig; dafür ist die Vorbereitungsarbeit und Gesamtorganisation aber vergleichsweise groß.
3. Qualifikation? Neben der fachlichen Qualifikation finde ich es überaus wichtig, genügend Feingefühl (Menschenkenntnis, Einfühlungsvermögen, Sensibilität) für die Kursteilnehmenden sowie Grundkenntnisse in Psychologie und Gruppendynamik mitzubringen. Ein/e Kursleiter/in, der/die diese Fähigkeiten besitzt, kann bessere Seminare leiten als ein fachlich perfekter Dozent, der nur sein Programm herunterspult. Der Grund liegt meiner Meinung nach darin, dass Schreiben ja ein sehr intimes Geschäft ist, das per se viel Vertrauen erfordert – von beiden Seiten. Dieses „Grundwohlfühlen“ kann nur über einen entsprechenden Umgang miteinander und die daraus resultierende freundschaftlich-respektvolle Atmosphäre erreicht werden. Auch kritische Seminarsituationen, die immer auftreten können, sind so besser und konstruktiver zu bewältigen. Daneben ist eine Neugier auf die Menschen und ihre Geschichten unverzichtbar. Wenn ein/e Autor/in nur seine/ihre eigenen Werke in den Mittelpunkt stellen möchte, sollte er/sie keine Seminartätigkeit aufnehmen.

Isa Schikorsky (www.stilistico.de)
1. Rechnet es sich? Es rechnet sich, wenn mindestens acht, besser zehn Personen an einem Seminar teilnehmen. Zehn ist bei meinen Seminaren zugleich die Höchstteilnehmerzahl. Dann bleiben nach Abzug aller Kosten etwa 600 bis 800 Euro für ein Seminar von Freitagnachmittag bis Sonntagmittag. Da meine Seminare fast alle außerhalb meines Wohnorts stattfinden, kommt zur Vorbereitungszeit noch die Anreisezeit. Oft lasse ich Seminare aber auch mit vier oder fünf Teilnehmern stattfinden, dann rechnet es sich im Grunde nicht, ist aber trotzdem ein Gewinn, weil ich (meist) begeisterungsfähigen Menschen etwas vermitteln kann, was sie auf ihrem Weg zu professioneller Autorschaft ein Stück weiterbringt.
2. Wie viel mehr? zwischen 2000 und 4000 Euro (netto)
3. Qualifikation? Einfühlungsvermögen, Kenntnisse von kreativen Methoden und vom Handwerkszeug des Schreibens, pädagogisches Geschick, Organisations- und Improvisationstalent, ausgeprägte soziale Kompetenz, Gespür für Umfang und Grenzen von Kritik.

Volkshochschulkurse leiten

Volkshochschulen sind ein weiteres Betätigungsfeld für AutorInnen, die nebenher Geld verdienen möchten. Nutzt man ihre Strukturen, spart man an Kosten für Raummiete und Werbung. Doch wie wird man Volkshochschuldozentin?

Laut Auskunft des *Deutschen Volkshochschul-Verbandes e.V. (DVV)* gibt es bundesweit rund 2381 Volkshochschulen (einschließlich Nebenstellen). Die Adressen finden Sie unter www.vhs.de. Für Österreich gibt es dort 279 und für die Schweiz 94 Einträge.

Wie die Volkshochschulen den Einsatz ihrer Lehrkräfte pro Unterrichtseinheit (45 Minuten) entlohnen, ist von Bundesland zu Bundesland und dort wiederum von Volkshochschule zu Volkshochschule verschieden. Folgende Variablen spielen eine besondere Rolle:

- die Honorar-/Gebührenordnung der jeweiligen Kommune;
- der Bekanntheitsgrad der Autorin/des Autors;
- das Verhandlungsgeschick der Autorin/des Autors.

Die Stundensätze sind sehr unterschiedlich und variieren bereits von Kommune zu Kommune. Es wäre deshalb irreführend, hier einen Durchschnittssatz zu nennen. Sinnvoller ist es, vor Ort die jeweiligen Stundensätze auf eigene Faust zu recherchieren. Für eine Schleswig-Holsteinerin aus dem Hamburger Umland kann sich zum Beispiel eine Fahrt ins Stadtgebiet Hamburg durchaus rechnen; ein Bremer tut möglicherweise gut daran, es einmal an einer niedersächsischen Volkshochschule zu versuchen.

Gut beraten ist, wer seinen jeweiligen VHS-Landesverband als Serviceeinrichtung begreift und sich dort erkundigt, welche Volkshochschulen Schreib- und Literaturwerkstätten besonders aufgeschlossen gegenüberstehen. Beim Landesverband wird man auch wissen, ob und wo es Kurse gibt, in denen das Rüstzeug vermittelt wird, das man als Lehrkraft in der Erwachsenenbildung mitbringen sollte. Besonders vorbildlich in Sachen Fortbildung sind die Bundesländer Baden-Württemberg und Niedersachsen. Hier gibt es Trainingskurse für LeiterInnen von Schreibwerkstätten (siehe zum Beispiel unter www.schreibwerkstaetten.de oder www.emagister.de). Überregional bietet die *Bundesakademie für kulturelle Bildung Wolfenbüttel* ab und an in ihrem Jahresprogramm ein Methodenseminar für LeiterInnen von Schreibwerkstätten mit verschiedenen Schwerpunkten an, die von wechselnden Dozenten geleitet werden.

Noch zur Vorgehensweise: Nachdem man die Volkshochschule seiner Wahl ausfindig gemacht hat, unterbreitet man ihr in der Regel einen Programmvorschlag/ein Kursangebot. Wenn der Vorschlag angenommen worden ist, heißt es abwarten. Melden sich genügend TeilnehmerInnen? Kommt der Kurs überhaupt zustande? Und wenn ja, was passiert dann? Wer sind die KursteilnehmerInnen? Welche Schreib- und Lebenserfahrungen bringen sie mit? Jetzt wird es richtig spannend, sodass die mageren Stundensätze (zwischen ca. 15 und 25 Euro) für viele denn auch kaum eine Rolle spielen. Wichtiger ist der direkte Draht zur Basis der Schreibenden, der oft als sehr inspirierend für die eigene Arbeit empfunden wird. Und wer nebenher noch eigene Schreibkurse anbietet, zum Beispiel im Internet, findet unter den TeilnehmerInnen bestimmt neue KundInnen. Also: ausprobieren – sofern die Qualifikation dafür schon ausreicht!

Unterrichten im Auftrag von Institutionen

Wie das Kapitel „Aus- und Fortbildung für SchriftstellerInnen" zeigt, gibt es in Deutschland, abgesehen von den Volkshochschulen, nicht viele große Institutionen, die in ihren eigenen Räumen und mit festen Strukturen Schreibworkshops oder Professionalisierungsseminare für Autorinnen und Autoren anbieten. Wer für diese Einrichtungen tätig werden will, kann sich mit ihnen direkt in Verbindung setzen. Erfolgversprechend ist diese Vorgehensweise allerdings nur dann, wenn man als AutorIn hinreichend bekannt ist. In den meisten Fällen wird es so sein, dass der Kontakt von der Einrichtung selbst hergestellt wird. Eines schönen Tages klingelt also das Telefon, der Autor hebt ab, und eine freundliche Stimme fragt, ob er sich vorstellen könne, dann und dann über das und das Thema ein Seminar zu leiten. Klar, kann er! Er freut sich, legt wenig später auf – und stellt fest, dass er ja ganz vergessen hat, über das Thema Honorar zu reden. Das wäre die eine Variante. In der anderen, auf mehr Professionalität beruhend, beendet der Autor das Gespräch erst, wenn er sich nach dem angebotenen Honorar erkundigt hat. Und sich daraufhin die Freiheit nimmt, das Angebot zu „überschlafen".
Zum Thema Honorarforderung schreibt Goetz Buchholz in seinem schon erwähnten „Ratgeber Freie" (www.ratgeber-freie.de): „Nein, es geht nicht nur euch so: Auch Leute, die seit Jahren gut im Geschäft sind, kommen mit ihren Honorarforderungen immer wieder ins Schleudern. Tagelang ‚verhandeln' sie mit sich selbst, ringen sich endlich dazu durch, dieses Mal aber wirklich ein saftiges Honorar zu verlangen, nennen dem Kunden klopfenden Herzens ihre Forderung, und der sagt nur: ‚Ist in Ordnung.' Es war also wieder zu wenig. Ich gestehe: Ich habe sechs Jahre freier Arbeit gebraucht, bis ich zum ersten Mal [...] auf eine Honorarforderung den Satz gehört habe: ‚Da muss ich erst mal nachfragen.' (Nach der Nachfrage hat er Ja gesagt. War also immer noch zu wenig.)" Und weiter: „Freie bieten ihre Leistungen fast durchweg zu niedrig an. Die vorhandenen Verhandlungsspielräume werden nur selten ausgeschöpft. Schlimmer noch ist, dass viele Freie nicht einmal eine Vorstellung davon haben, wie hoch ein vernünftiges Honorar denn eigentlich sein müsste."

Was ist ein „vernünftiges Honorar"?

In der berufsorientierten Erwachsenenbildung geht man davon aus, dass ein freiberuflicher Referent maximal 100 Tage pro Jahr Seminare geben kann, will er nicht nach ein paar Jahren am Ende sein. Der Rest der Zeit ist für Aktivitäten reserviert wie: Marketing, Weiterbildung, Überarbeiten von Seminarunterlagen sowie Verwaltung, Rechnungen schreiben, Buchhaltung etc. Also ist die Rechnung einfach: angestrebtes Jahreseinkommen vor Steuern geteilt durch 100 = notwendiges Honorar pro Seminartag. Bei einem angestrebten Jahreseinkommen von 50 000 Euro wären das 500 Euro pro Seminartag. Bemühen wir als weiteren Anhaltspunkt den Vergleich mit dem Redakteur einer Tageszeitung, der monatlich 3937 Euro verdient, was unter Berücksichtigung aller sonstigen tariflichen Leistungen im Jahr rund 57 000 Euro sind. Wer als Freier unterm Strich genauso viel auf seinem Konto haben möchte, braucht pro Arbeitstag einen Umsatz von rund 400 Euro (ausführliche Berechnung im „Ratgeber Freie"). Macht für ein Wochenendseminar nach dieser Berechnung also rund 800 Euro plus Spesen (Hin- und Rückfahrt, Übernachtungskosten, Verpflegung).

Ist das in der Tat der übliche Satz, den die Seminaranbieter in diesem Bereich zahlen? Eine erschöpfende Recherche hierzu trifft auf Hindernisse. Trotzdem bekamen wir erfreulicherweise einige konkrete Zahlen:

- Das *Literaturbüro Ruhr e.V.* zahlt für die Leitung eines Wochenendseminars 1000 Euro; allerdings habe man kein festes Budget für Lesungen und Seminare und müsse stets neue Projektgelder beantragen.
- Ausführlich auch die Auskunft des *Literaturwerks Rheinland-Pfalz-Saar e. V.*: „Wir zahlen für das Referat, das in das Seminarthema einführt, 450 Euro. Für die Leitung eines Workshops oder einer Diskussionsrunde (davon gibt es während eines solchen Wochenendseminars ca. 3) gibt es 300 Euro Honorar. Daneben kommen auch immer 3 Jungautoren während einer ca. 90-minütigen Lesung zu Wort. Sie erhalten jeweils 130 Euro. Fahrt, Verpflegung und Unterkunft sind dabei jeweils frei."
- Die *Bundesakademie für kulturelle Bildung Wolfenbüttel* erwiderte auf unsere Anfrage: „Der Tagessatz bei uns beträgt 200 Euro. Für ein Standardseminar (Beginn 1. Tag: 16 Uhr; Ende 3. Tag: 12.30 Uhr) ergibt das 600 Euro."
- Und *textwerk* im Literaturhaus München: „Die *textwerk*- oder *textwerkspezial*-Seminare im Literaturhaus haben unterschiedliche Zielgruppen und Kooperationspartner und eine unterschiedliche Dauer. Bei einigen wird ein Teilnahmebeitrag erhoben, bei anderen tragen die Teilnehmer nur die Reisekosten. Abhängig von diesen Größen erhalten die Leiter der Seminare Honorare zwischen 800 bis 2500 Euro."

Andere Institutionen, bei denen wir nachgefragt haben, verwiesen auf die Vertraulichkeit bei Honorarabsprachen.

„Redet über eure Honorare!"

Wie kann man trotzdem an brauchbare Zahlen gelangen, während man das Angebot seines potenziellen Auftraggebers „überschläft"? Man kann die Kolleginnen und Kollegen fragen, die mit der jeweiligen Einrichtung bereits zusammengearbeitet haben. Auf der Homepage des betreffenden Autors steht meist seine Mailadresse oder Telefonnummer. Auch *Kürschners Deutscher Literatur-Kalender* verzeichnet die genauen Anschriften von AutorInnen, sodass man leicht Kontakt aufnehmen kann. Hierzu noch einmal Goetz Buchholz: „Und redet über eure Honorare! Egal, ob sie gut oder schlecht sind. Macht den Markt durchsichtig. Von der Unsitte, Honorare als Geheimsache zu behandeln, profitieren allein die Honorardrücker auf Auftraggeberseite. Euch interessiert es doch auch, was die Kollegin bekommt. Sie will es nicht sagen? Dann brecht einfach das Eis und erzählt erst mal, was ihr selbst bekommt. Das hilft allen."
Das Problem ist nur, dass fast alle großen Einrichtungen, die zurzeit Autorenseminare anbieten, von öffentlichen Geldern abhängig sind. Gibt man ihnen gegenüber zu bedenken, dass die Honorare mager sind, ist von Haushaltskürzungen die Rede. Die einzige Alternative sei, dann eben gar keine Kurse mehr anzubieten.
Alles in allem aber, so lässt sich unsere Recherche zusammenfassen, liegen die gezahlten Honorare im angemessenen Bereich. Womit wir nicht sagen möchten, dass AutorInnen für ein Wochenendseminar immer mindestens 800 Euro verlangen sollten. Natürlich gibt es kleinere Institutionen, die nicht so viel zahlen können, zum Beispiel den

Autorenkreis, der beschließt, für seine Mitglieder einen Workshop anzubieten, oder die Schule von nebenan, die für ihre Projektwoche im Deutschunterricht einen gestandenen Autor sucht. Die Fragen, die man sich stellen sollte, lauten aber immer: Kann ich mit diesem Honorar leben? Fühle ich mich damit gut? Arbeite ich dafür gerne? Und auch: Kann ich bei diesem „Job" etwas dazulernen? Etwas, was mich und meine schriftstellerische Arbeit voranbringt?

Wir zitieren noch einmal Goetz Buchholz: „Ob die [...] errechneten Honorare zu realisieren sind, ist ein ganz anderes Problem. Natürlich kann es viele auch ehrenwerte Gründe geben, für deutlich weniger Geld zu arbeiten. Aber zumindest *wissen* sollte man, auf wie viel Geld man bei niedrigeren Honoraren verzichtet. Ich selbst habe mir für solche Fälle drei Kriterien zurechtgelegt: Ein Auftrag muss entweder Spaß machen oder stolz machen oder reich machen. Also entweder interessant sein oder Renommee bringen oder richtig gut bezahlt sein. Ist das erste oder zweite Kriterium erfüllt, nehme ich auch mal schlecht bezahlte Aufträge an. Wenn nicht, dann nicht."

Gastdozent am DLL

Zur Höhe der Vergütung für AutorInnen, die für ein Semester an der „Autorenschmiede", dem *Deutschen Literaturinstitut Leipzig (DLL),* als GastdozentIn unterrichten, erhielten wir keine Auskunft. Wie hoch – oder wie niedrig – die Vergütung auch immer sein mag, es gibt zurzeit nur wenige bezahlte Stellen für SchriftstellerInnen, die es an Beliebtheit mit Leipzig aufnehmen können. Denn letztlich spielt nicht nur das Geld eine Rolle.

Wir befragten hierzu Sabine Scholl, Gastdozentin am DLL im WS 2009/2010. Sie verfügt über Lehrerfahrungen in Portugal, USA, Japan, Österreich und veröffentlicht Poesie, Prosa, Romane, Essays und literarische Reiseführer. Uns interessierte, wie man eine Gastdozentur am DLL bekommt, was sie bewog, neben dem Schreiben zu lehren, und welche Erfahrungen sie dabei gemacht hat:

„Der kontakt zum dll kam über den kollegen haslinger zustande. Ich hatte ihn konsultiert, da ich zusammen mit anderen autoren an der etablierung eines universitären lehrgangs literarischen schreibens in wien arbeitete (den es mittlerweile, seit WS 2009/10 gibt, zu finden unter www.dieangewandte.at, institut für sprachkunst). Für die lehrtätigkeit gibt es zwei gründe: geld und weitergeben von erfahrung, austausch mit studenten. Vom schreiben alleine zu leben ist so gut wie unmöglich und vor allem nie beständig. Gute und schlechte phasen wechseln sich ab, egal in welchem genre man arbeitet. Bei mir persönlich kommt hinzu, dass ich alleinerziehend für zwei kinder verantwortlich und daher auf zusätzliche einkünfte angewiesen bin. Die lehre des kreativen schreibens macht mir tatsächlich freude. Ich kann ideen, thesen, themen mit den studenten erproben und vieles an wissen, das sich im laufe meines autorenlebens angesammelt hat, produktiv weitergeben. Zu sehen, wie sich studenten entwickeln, wie sie in ihrem schreiben weiterkommen, ist einfach sehr befriedigend. Ich fühle mich in dieser aufgabe richtig am platz (ist vielleicht eine altersfrage), da vieles, das man gerne in die welt tragen möchte, sich nicht in das doch begrenzte medium buch packen lässt."

Poetik-Dozenturen

Der *poet in residence* ist in Großbritannien und in den USA seit langem eine feste und geachtete Einrichtung an zahlreichen Universitäten und Colleges. Auch in Deutschland ist in den letzten Jahrzehnten eine beachtenswerte Tradition entstanden. Zurzeit sind 15 Poetik-Dozenturen und eine Dozentur für die Poetik der Übersetzung eingerichtet. Die Lesungen sind zumeist öffentlich, die Universitäten geben sich damit bürgernah. Anders als in den USA, wo eine Residenz eine Dauerstellung sein kann, bieten Poetik-Dozenturen in Deutschland nur in Ausnahmefällen nennenswerte zusätzliche Einnahmen für die Schreibenden. Mit Prestige und Werbung sind sie allerdings immer verbunden.
Poetik-Dozenturen gibt es in folgenden Städten: Bamberg, Berlin, Dresden, Duisburg-Essen, Frankfurt, Heidelberg, Hildesheim, Kiel, Lüneburg, Mainz, München, Oldenburg, Paderborn, Tübingen, Wiesbaden. Für alle Dozenturen gilt, dass Eigenbewerbungen nicht möglich und unerwünscht sind.

BAMBERG

Seit 1986 kommen alljährlich namhafte Autorinnen und Autoren zur **Bamberger Poetik-Professur** an die *Otto-Friedrich-Universität.* Über die Auswahl entscheidet der *Lehrstuhl für Neuere deutsche Literaturwissenschaft* in Kooperation mit den Fachkollegen und der Universitätsleitung. Der/die PoetikprofessorIn ist zu vier abendlichen Poetikvorträgen und vier Seminarsitzungen mit Studierenden verpflichtet. Außerdem finden im Zusammenhang mit der Poetik-Professur Forschungskolloquien statt, bei denen sich Literaturwissenschaftlerinnen, Literaturkritiker, Übersetzerinnen und Literaturvermittler mit dem Werk der jeweiligen PoetikprofessorInnen auseinandersetzen. Die Beiträge der Forschungskolloquien werden in der von Friedhelm Marx herausgegebenen Reihe *Poiesis. Standpunkte zur Gegenwartsliteratur* im Wallstein Verlag veröffentlicht. Die Poetik-Professur wird von der Universität finanziert.
Website: www.uni-bamberg.de/germ-lit1/poetikprofessur/

BERLIN

Das *Peter-Szondi-Institut für Allgemeine und Vergleichende Literaturwissenschaft* an der *Freien Universität Berlin* vergibt regelmäßig drei gesponserte Gastprofessuren an renommierte SchriftstellerInnen und ÜbersetzerInnen, die für je ein Semester am Institut lehren.
Die **Samuel-Fischer-Gastprofessur für Literatur** wird getragen von der *Freien Universität Berlin,* dem *Deutschen Akademischen Austauschdienst,* dem *S. Fischer Verlag* und dem Veranstaltungsforum der *Verlagsgruppe Georg von Holtzbrinck.* Ziel ist die kritische Reflexion über die Literaturen der Welt gemeinsam mit SchriftstellerInnen aus verschiedenen kulturellen Kontexten. Der/die Samuel-Fischer-GastprofessorIn ist Mitglied des Lehrkörpers und leitet ein Seminar, in dem sowohl Pro- als auch Hauptseminarscheine erworben werden können. Der/die von einer Jury ausgewählte AutorIn erhält ein Stipendium des DAAD sowie Unterkunft, Büro, Sekretariat, Hilfskraft, Betreuung und Unterstützung bei der Organisation öffentlicher Veranstaltungen.
Website: www.geisteswissenschaften.fu-berlin.de/we03/
Die **Heiner-Müller-Gastprofessur für deutschsprachige Poetik** ist Ergebnis einer Zusammenarbeit mit der *Stiftung Preußische Seehandlung.* Die Auswahl trifft eine Jury beim

Berliner Literaturpreis. Die PreisträgerInnen des mit 30 000 Euro dotierten Berliner Literaturpreises leiten als GastprofessorInnen jeweils eine Literarische Werkstatt für NachwuchsschriftstellerInnen. Die Professur wird jeweils zum Sommersemester besetzt. Hier haben maximal zwanzig literaturinteressierte AutorInnen unter den Berliner Studierenden die Möglichkeit, ihre ersten literarischen Arbeiten dem/der PreisträgerIn vorzulegen und mit diesem/dieser zu diskutieren. Neben dem Preisgeld erhalten die GastprofessorInnen Unterkunft, Büro, Sekretariat, Hilfskraft, Betreuung und Unterstützung bei der Organisation öffentlicher Veranstaltungen.
Website: www.geisteswissenschaften.fu-berlin.de/we03/
Die **August-Wilhelm-von-Schlegel-Gastprofessur für Poetik der Übersetzung** entstand 2007/2008 aufgrund einer Initiative des *Deutschen Übersetzerfonds*. Dieser ermöglicht die Dotation der Professur aus Mitteln des *Bundesbeauftragten für Kultur und Medien (BKM)* und wählt gemeinsam mit Vertretern des *Szondi-Institutes* den/die InhaberIn der Professur aus. Die Professur wird jeweils zum Wintersemester an renommierte ÜbersetzerInnen verliehen. „Aufgabe der Professur ist die poetologische Reflexion der Übersetzung als literarischem Genre. Zudem soll die Professur ein exponierter Ort der historischen Reflexion von Methoden und Theorien literarischen Übersetzens und der literatur- und kulturgeschichtlichen Relevanz des Übersetzens werden." Der/die GastprofessorIn ist zu einer Lehrveranstaltung, einer Sprechstunde und einer öffentlichen Antrittsvorlesung verpflichtet. Er/sie erhält ein Stipendium in Höhe von 15 000 Euro und kostenlose Unterbringung in einer Gästewohnung.
Website: www.geisteswissenschaften.fu-berlin.de/we03/

DRESDEN

Die **Dresdner Chamisso-Poetikdozentur** widmet sich der biografischen und poetologischen Reflexion von Migrationserfahrungen und freiwilliger und erzwungener Mobilität. Über die Auswahl entscheiden der *Lehrstuhl für Neuere deutsche Literatur und Kulturgeschichte*, die *Sächsische Akademie der Künste* und die *Robert Bosch Stiftung*. Die AutorInnen halten fünf Vorlesungen im Wintersemester. Wenn möglich treffen die AutorInnen im Rahmen eines Seminars/Workshops an der TU Dresden mit Studierenden zu einem ausführlichen Werkstattgespräch zusammen. Die *Dresdener Chamisso-Poetikdozentur* wird von der *Robert Bosch Stiftung* gefördert.
Website: http://tu-dresden.de/die_tu_dresden/zentrale_einrichtungen/mez > Projekte

DUISBURG-ESSEN

Dem Beispiel vieler amerikanischer Universitäten folgend richtete die *Universität Duisburg-Essen* 1975 die Dozentur **poet in residence** ein. Seitdem sind zahlreiche namhafte Autorinnen und Autoren einer Einladung gefolgt. Ursprünglich erstreckte sich die Dozentur über ein Semester mit wöchentlichen Vorlesungen. Mittlerweile hält sich die/der Eingeladene (vom Fachvertreter für Neuere Literaturwissenschaften ausgewählt) nur noch eine Woche an der Universität auf. In dieser Zeit führt sie/er eine sechs- bis achtstündige Schreibwerkstatt durch und hält eine dreistündige Poetikvorlesung. Als

Gegenleistung erhält der/die AutorIn ein Honorar. Dazu kommt meist eine – separat honorierte – öffentliche Lesung im Theater oder in der Stadtbibliothek.
Website: www.uni-due.de/poet_in_residence/

FRANKFURT

Die **Stiftungsgastdozentur für Poetik** an der *Goethe-Universität* besteht seit 50 Jahren. Die Auswahl unter geeigneten deutschsprachigen DichterInnen und LiteraturkritikerInnen trifft eine Kommission, bestehend aus Mitgliedern des Fachbereichs Neuere Philologien, dem Präsidium der Universität sowie des Suhrkamp Verlags und der *Vereinigung von Freunden und Förderern der Goethe-Universität.* Der/die PoetikdozentIn hält öffentlich fünf jeweils einstündige Vorlesungen vor Studierenden und literarisch interessierten Bürgerinnen und Bürgern aus Frankfurt und Umgebung. Die Wahl der Themen für die fünf Lektionen steht den GastdozentInnen frei. Als Abschluss ist eine Lesung aus den literarischen Schriften im Frankfurter Literaturhaus vorgesehen. Der/die GastdozentIn erhält ein Honorar; die Reise- und Übernachtungskosten werden erstattet. Die erste Dozentin war Ingeborg Bachmann im Herbst 1959.
Website: www.poetikvorlesung.uni-frankfurt.de

HEIDELBERG

Die **Heidelberger Poetikdozentur** an der *Ruprecht-Karls-Universität* findet im zweijährlichen Turnus statt. Über die Auswahl entscheidet das Direktorium des Germanistischen Seminars. Der/die GastdozentIn hält drei Vorlesungen und veranstaltet zwei Lesungen mit Diskussion. Außerdem nimmt er/sie am Hauptseminar über sein/ihr Werk teil (insgesamt drei mal zwei Stunden). Das Honorar für die Dozentur beträgt 7500 Euro, die Unterbringung im Gästehaus der Universität ist frei. Die Dozentur wird finanziert von der *Stadt-Heidelberg-Stiftung,* dem Kulturamt der Stadt Heidelberg in Kooperation mit den *Heidelberger Literaturtagen.*
Website: www.gs.uni-heidelberg.de/aktuelles/poetik-dozentur/

HILDESHEIM

Die **Hildesheimer Poetik-Dozentur** an der *Stiftung Universität Hildesheim* wird vom *Institut für Literarisches Schreiben und Literaturwissenschaft* der Universität durchgeführt und finanziert. Über die Auswahl der DozentInnen entscheidet der Vorstand des Instituts. Der/die Dozentin verpflichtet sich, ein Seminar zu geben, gemeinsam mit den StudentInnen an einem literarischen Projekt zu arbeiten sowie zu einer öffentlichen Lesung. Dafür erhält er/sie ein Honorar; die Unterbringungs- und Fahrtkosten werden erstattet.
Website: www.uni-hildesheim.de/de/37174.htm

KIEL

Die **Kieler Liliencron-Dozentur** ist die einzige allein der Lyrik vorbehaltene Poetikdozentur in Deutschland. Sie wird gemeinsam vom *Institut für Neuere Deutsche Literatur und Medien* der *Christian-Albrechts-Universität Kiel* und dem Literaturhaus Schleswig-Holstein durchgeführt und mit Fördermitteln des Landes Schleswig-Holstein und einer Spende der *Stiftung kunst:raum sylt quelle* finanziert. Veranstaltungen im Rahmen der

Dozentur sind eine Vorlesung zu einem vom Dozenten/von der Dozentin gewählten Thema, ein begleitendes Kolloquium und eine Lesung aus eigenen Werken, mit der die Dozentur eröffnet wird. Über die Auswahl entscheidet eine Jury. Neben einem Honorar gehört zur *Liliencron-Dozentur* auch ein vierwöchiges Aufenthaltsstipendium der *Stiftung kunst:raum sylt quelle* in Rantum auf Sylt.
Website: www.literaturhaus-sh.de/projekte/43.htm

LÜNEBURG

Die **Heinrich-Heine-Gastdozentur** entstand in Zusammenarbeit zwischen dem Literaturbüro Lüneburg e.V. und der *Leuphana Universität Lüneburg* und wird vom *Niedersächsischen Ministerium für Wissenschaft und Kultur* finanziert. Der/die ausgewählte AutorIn hält eine öffentliche Vorlesung an der Universität und gibt am nachfolgenden Wochenende ein Kompaktseminar für Studierende. Begleitend wird während des gesamten Semesters ein Werkstattseminar „Literarisches Schreiben“ angeboten. Studierenden soll einerseits Literatur und Poetik einer Autorin/eines Autors vermittelt werden, andererseits sollen sie im Rahmen des Werkstattseminars die Gelegenheit erhalten, die eigene literarische Kreativität zu entwickeln.
Website: www.leuphana.de

MAINZ

Die **Mainzer Poetikdozentur** der *Akademie der Wissenschaften und der Literatur* an der Johannes-Gutenberg-Universität Mainz bietet StudentInnen der Literaturwissenschaft die Möglichkeit, mit SchriftstellerInnen über deren Poetik zu diskutieren. Mit einem öffentlichen Vortrag oder einer Lesung in der Universität stellen sich die AutorInnen einem größeren Publikum vor. Die Auswahl der Poetik-DozentInnen trifft eine Kommission. Die Kosten trägt die *Akademie der Wissenschaften und der Literatur,* die vom Land Rheinland-Pfalz finanziert wird.
Website: www.adwmainz.de

MÜNCHEN

Die *Ludwig-Maximilians-Universität* setzt die **Poetikprofessur** an der LMU auch in den nächsten Jahren fort. Sie ist modellhaft in Lehre und Forschung eingebettet und versteht sich als „ein Ort, an dem sich Literatur und Wissenschaft zum Gespräch über Literatur treffen und sich einem breiten, ebenso literarisch wie auch wissenschaftlich interessierten Publikum mitteilen.“ Der/die von der Universität ausgewählte AutorIn soll in Seminaren und öffentlichen Vorlesungen einen kritischen Blick in seine/ihre „Schreibwerkstatt“ ermöglichen. Ein dreitägiges Kolloquium am Ende der Vorlesungen dient der wissenschaftlichen Erforschung seines/ihres Werks. Die Kosten werden aus Drittmitteln getragen.
Website: www.poetikprofessur.lmu.de

OLDENBURG

Die **Oldenburger Poetik-Professur für Kinder- und Jugendliteratur** bietet ein Forum für Autorinnen und Autoren von Kinder- und Jugendliteratur. Im Rahmen einer

Vortragsreihe erhalten sie Gelegenheit, über Bedingungen und Prozesse des Schreibens für Kinder nachzudenken und eigene Positionen und Werdegänge zu reflektieren. Über die Auswahl entscheidet die Forschungsstelle für Kinder- und Jugendliteratur der *Carl-von-Ossietzky-Universität Oldenburg*. Erwartet werden drei öffentliche Vorlesungen und Diskussionen über Fragen der Kinderliteratur, die wissenschaftliche Auseinandersetzungen anregen sollen. Als Gegenleistung erhält der/die PoetikprofessorIn ein Honorar, das aus Sponsorenmitteln finanziert wird.
Website: www.germanistik.uni-oldenburg.de/30103.html

PADERBORN

Die **Paderborner Gastdozentur für Schriftstellerinnen und Schriftsteller** soll Einblicke in die Arbeitsweisen und -bedingungen des Schreibens heute gewähren und das Verständnis für Literatur als Kunst fördern. Die Auswahl der GastdozentInnen trifft der Lehrstuhlinhaber für Neuere deutsche Literatur. Erwartet werden fünf Lesungen/Vorlesungen zu einem frei gewählten Thema. Der/die DozentIn erhält ein Honorar sowie Fahrt- und Unterbringungskosten. Die Kosten trägt die Universität.
Website: http://kw.uni-paderborn.de/institute-einrichtungen/institut-fuer-germanistik-und-vergleichende-literaturwissenschaft/germanistik/gastdozentur/

TÜBINGEN

In den Veranstaltungen der **Tübinger Poetik-Dozentur** erhalten StudentInnen, DozentInnen, Universitätsangehörige und die Öffentlichkeit die Gelegenheit, herausragende Autorinnen und Autoren aus dem In- und Ausland kennenzulernen und mit ihnen ins Gespräch zu kommen. Die Dozentur trägt zum inneruniversitären Dialog bei und fördert den kulturellen Austausch zwischen Universität und Stadt, Universität und Region. Die Dozentur ist Projekt der Adolf Würth GmbH & Co KG in Künzelsau. Erwartet werden Vorträge, Vorlesungen, Workshops, Lesungen und gegebenenfalls Teilnahme an Interviews. Als Gegenleistung erhält der/die DozentIn ein Honorar; die Übernachtungs- und Reisekosten werden erstattet.
Website: www.poetik-dozentur.de

WIESBADEN

Die **Poetikdozentur: junge Autoren** an der *Hochschule RheinMain* ist in jedem Semester ein besonderer Beitrag zum kulturellen Leben Wiesbadens. Eine sechsköpfige Jury ermittelt geeignete Autorinnen und Autoren, die sich in zwei Vorlesungen mit dem eigenen Werk auseinandersetzen. Dabei können biografische Hintergründe des Werks erhellt, poetologische Erklärungen geliefert oder beispielsweise motivische und literaturgeschichtliche Einordnungen „gewagt" werden. Die AutorInnen sind frei in der inhaltlichen Ausgestaltung ihrer Gastdozentur. Zwei Lesungen bieten ausgewählte Texte, nach Möglichkeit aus den neuesten Werken. Die AutorInnen erhalten ein Honorar; Fahrt- und Hotelkosten werden erstattet. Die Kosten tragen die Stadt Wiesbaden und die *Hochschule RheinMain.*
Website: www.hs-rm.de/hochschule/ueber/poetikdozentur-junge-autoren/allgemeine-informationen/index.html

Geld verdienen mit Schreiben für andere

Dieter Bohlen mit Katja Kessler, Uschi Glas mit Renate von Matuschka, Thomas Gottschalk mit Gert Heidenreich, Andre Agassi mit J. R. Moehringer, Claudia Effenberg mit Michael von Dessauer – für sich schreiben zu lassen und diese Selbstdarstellungen in Buchform zu veröffentlichen, liegt seit einigen Jahren voll im Trend.
Engagiert werden die AutorInnen von Verlagen/Agenturen, die sich von solchen Büchern hohe Einnahmen versprechen, oder direkt von den Prominenten selbst. Doch nicht nur Prominente wollen ihre Lebensgeschichte zu Papier bringen lassen, auch Experten, Firmenchefs und Privatpersonen wissen die Arbeit von Ghostwritern zu schätzen. Ein Markt ist entstanden, „Memoirenwerkstätten" und „Biografiezentren" wurden gegründet, gute Zeiten also für Ghostwriterinnen und Co-Autoren.

Ghostwriter oder Co-Autorin?

Zwei Begriffe und schon sind wir mittendrin. Denn was unterscheidet einen Ghostwriter von einer Co-Autorin? Was macht der eine, was die andere?
In der Praxis sind die Grenzen oft fließend und verschieben sich von Projekt zu Projekt. Juristisch gesehen ist es egal, welcher Begriff gewählt wird. Entscheidend ist immer der jeweilige Vertrag mit den darin enthaltenen Vereinbarungen, auch wenn der Begriff „Ghostwriter" darauf hindeutet, dass auf das Namensnennungsrecht verzichtet wurde. Möchte man die Begriffe dennoch näher definieren, könnte man vom Ghostwriter behaupten, er schreibe lediglich das, was ihm sein Auftraggeber in die Feder beziehungsweise aufs Band diktiere, und halte sich darin zurück, eigene Gedanken und Ideen ins Buch einfließen zu lassen. Als Co-Autorin wäre hingegen zu bezeichnen, wer gemeinsam mit oder im Auftrag der Kunden eigene Ideen für das (Sach-)Buch entwickelt und dabei selbst recherchiertes Material mit einfließen lässt.
Zwei Beispiele aus der Praxis: Ein Sachbuch-Lektor, der das unlesbare Gestammel einer hoch geschätzten Medizinerin wochenlang in Lesbares umwandelt und dessen Name – trotz all der Arbeit – später nirgendwo genannt wird, betreibt demzufolge Ghostwriting. Das kommt häufiger vor, als man denkt und den Lektoren lieb ist – auch im belletristischen Bereich. Eine wissenschaftliche Hilfskraft, von der ganze Teile einer Forschungsarbeit stammen, fungiert (dieser Definition nach) dagegen als Co-Autorin, auch wenn ihr Name neben dem ihres Professors später nicht auftaucht.
Steht auf dem Cover eines Sachbuchtitels „Monika Schmidt und Petra Huber", kann das also Verschiedenes bedeuten:

- Beide sind Expertinnen und eine oder beide haben das Buch geschrieben.
- Beide sind Expertinnen; sie haben einen Ghostwriter engagiert, der das Buch geschrieben hat.
- Monika Schmidt ist die Expertin und Petra Huber ist die, die das Buch geschrieben hat. In diesem Fall wird statt „und" gerne „mit" geschrieben, also „Monika Schmidt mit Petra Huber".

Ob man als Ghostwriter oder als Co-Autorin agiert und später im Buch genannt oder nicht genannt werden möchte, sollte vorab geklärt und vertraglich festgehalten werden.
Aber wie wird man überhaupt Ghostwriterin/Co-Autorin – zumal, wenn man nicht Lektorin oder wissenschaftliche Hilfskraft ist? Wie findet man potenzielle Kunden? Alle, die sich das fragen, sollten zuvor unbedingt in sich gehen und überlegen, ob sie den

Anforderungen gewachsen wären, die diese Arbeit an sie stellt. Denn die sind immens. Hier reicht es nicht aus, launige Hochzeitsreden und kurze Prosatexte schreiben zu können. Man muss gut sein! Möglichst sehr gut! Damit man nicht nach einem Viertel der Strecke schlappmacht. Damit man die Töne anschlagen kann, die der Kunde respektive der Verlag zu hören wünscht – der Kunde und nicht man selbst. Das heißt: AutorInnen, die als Ghostwriter arbeiten möchten, müssen sich von ihren eigenen Ansprüchen, besonders ihren literarischen, trennen können.

Verschiedene Töne

Die einzelnen „Töne", die es zu treffen gilt, klingen je nach Genre und Thema verschieden, und sie müssen vor allem zu der Person passen, die im „Rampenlicht" steht. Hier ein paar Beispiele.

O-Ton Promi-Ghostwriting:

Wenn da so ein anderer Kerl nackig über den Beckenrand kraxelt, machst du als Mann natürlich gern mal den Nudel-Test. Dabei bin ich nicht ganz so gierig wie Naddel: Die guckt in solchen Fällen ja mindestens zehn Minuten. Und wie heißt es doch immer? Wie die Nase eines Mannes so sein Johannes. In dieser Hinsicht durfte man bei Hartmut ja viel erwarten. „Gackergackergacker!", fing Naddel spontan an zu lachen. Ist klar, durch extreme Kälte geht selbst die stolzeste Bandnudel auf Tauchstation.
(In: Hinter den Kulissen. Dieter Bohlen mit Katja Kessler. Blanvalet 2003)

O-Ton Firmenbiografie:

Der elegante gläserne Turm am Hang im Heidelberger Stadtteil Emmertsgrund, in dem die Marschollek, Lautenschläger und Partner AG (MLP) seit 1992 ihre Zentrale beherbergt, ist schon von weitem sichtbar, weit reicht der Blick aus meinem Büro im 16. Stockwerk über die geschäftige Ebene hinweg zum fernen Speyerer Dom und bis zur Silhouette des Pfälzer Waldes.
(In: Mythos MLP. Erfolgsgeschichte eines Finanzdienstleisters. Manfred Lautenschläger mit Imre Török. Campus Verlag 1996)

O-Ton Erfahrungsbericht/Memoir:

Der Arzt, schon wieder ein anderer, legte einen Papierausdruck auf den Tisch.
„So sieht das EEG Ihres Sohnes aus."
Ich beugte mich darüber. Wieder diese wilden Zacken.
„Und hier zum Vergleich", der Arzt legte einen anderen Papierausdruck daneben, „das EEG eines gesunden Kindes."
Mir wurde schlagartig schlecht. Lieblich und gleichmäßig plätscherten die Wellen im EEG des gesunden Kindes. Fast hörte ich Vöglein singen und ein Bächlein rauschen. Bei Aljoscha fuhren schwarze breite Balken auf und ab, auf und ab, hin und her. Ich hätte schreien mögen. Wenn es so in Brösels Gehirn aussah, dann war er krank, sehr krank, schwer krank. Wie musste er leiden unter diesen schwarzen unkontrollierten Zuckungen. Ich fasste mir an den Hals und schaute mich suchend um. Mir war übel.

„Frau Kuffner", sagte der Arzt, und seine Stimme klang so ernst, dass ich kaum mehr Luft bekam, „wir müssen herausfinden, warum Aljoschas EEG so aussieht."
(In: Mogli. Der Kampf um mein wunderbares Kind. Manuela Kuffner mit Shirley Michaela Seul. Knaur 2010)

O-Ton Biografie/Memoir:
Am Tisch in der Stube saß die Hebamme. „Ich will nicht lange herumreden, Dora. Der Bauer in Ottmannshofen sucht ein Mädle zum Helfen. Willst hingehen?" Im Ofen brannte Feuer und auf der Ofenstange hingen Socken, ein Hemd und Fridas blaue Schürze. Es roch nach Holz und auch ein wenig nach den Krautknödeln vom Nachtessen. Ich hockte mich auf die Ofenbank. „Er hat gesagt, ich soll mich umhören, weil ich in viele Häuser komm." Die Hebamme sah mich an, wieder mit diesem prüfenden Blick. Eine Fliege landete auf meinem Kinn. Die Pendeluhr schlug; es war Viertel vor zehn.
(In: Ein Tagwerk Leben. Erinnerungen einer Magd. Dora Prinz mit Sabine Eichhorst: Droemer 2009)

O-Ton Experten-Sachbuch:
Im Normalfall sollten wir nicht mehr als 6 g Salz pro Tag zu uns nehmen. Doch wenn der Heißhunger auf Kapern, Chips, Salzstangen, ja sogar Salz pur Sie erfasst, dann versucht Ihr Körper vielleicht, seinen Salzhaushalt nach einer sportlichen Leistung, bei der sehr viel geschwitzt wurde, auszugleichen. Denn beim Schwitzen verliert der Körper Mineralstoffe. Lust auf Salziges kann aber auch auf eine Funktionsstörung der Nebenniere oder der Schilddrüse hinweisen.
(In: Den Hunger austricksen. Nie wieder Diät. Iris Mäusl mit Shirley Seul. Nymphenburger 2009)

Kunden finden

Zu Beginn einer „Karriere" als GhostwriterIn sollte eine kritische Analyse der eigenen Fähigkeiten stehen: Was kann ich? Was kann ich (noch) nicht? Wo liegen meine Stärken, wo meine Schwächen? Wie und wo kann ich mich verbessern?
Erst dann ist es an der Zeit, über mögliche Kunden nachzudenken. Viele Ghostwriterinnen und Co-Autoren sind durch Zufall an ihren ersten Auftraggeber geraten. In „Der schwarze Grat" beschreibt Burkhard Spinnen, wie ein Schriftsteller seinen ersten Kunden, einen mittelständischen Unternehmer, kennenlernt, beide sind Gäste einer langweiligen Hochzeitsfeier. Der Ghost aus unserem Interview „Ghostwriting – Blicke in fremde Seelen" (siehe unten) rät, im Freundeskreis oder besser im Freundes- und Bekanntenkreis der Eltern „einfach mal rum[zu]fragen", ob vielleicht jemand wen kennt, der oder die schon immer mal gerne ein Buch mit den eigenen Ideen füllen wollte.
Und wer dem Zufall noch mehr auf die Sprünge helfen möchte, kann eine Liste möglicher Kunden erstellen. Welche Leute kenne ich oder kennen meine Freunde, die auf einem bestimmten Gebiet über Expertenwissen verfügen, ein ungewöhnliches Schicksal haben, berühmt sind oder vielleicht demnächst berühmt werden? Das müssen keine Fernsehstars sein. Vielleicht möchte die Kräuterfrau vom Wochenmarkt mit ihren selbst

gemixten Salben und Tinkturen schon seit langem ein Buch schreiben und wartet bereits auf ihren „Ghost".

Doch ein Buch zu schreiben heißt noch lange nicht, dass man dafür auch einen Verlag findet! Und wenn man keinen Verlag findet – ist das Ghostwriting dann nicht nur ein Hobby? Und wenn man schon als Hobby schreibt – schreibt man dann nicht am besten die eigenen Sachen, in die einem niemand hineinredet? Das alles sollte man sich gut überlegen. Denn als Ghostwriter ist man nicht frei. Der Auftraggeber redet mit – wer zahlt, schafft an. Womit wir beim Thema Honorar wären.

Honorar

Vorweg ein paar Zahlen, um den Sinn für die Realität zu schärfen:

Professionelle AutorInnen wie zum Beispiel HeftromanautorInnen, die darauf gedrillt sind, Abgabetermine einzuhalten, brauchen für ein 64-seitiges Heft = 118 Normseiten (1 Normseite = 30 Zeilen à 60 Anschläge) etwa 80 Stunden, haben also eine durchschnittliche Schreibgeschwindigkeit von knapp 1 ½ Normseiten pro Stunde, und zwar inklusive Recherche und inklusive des mehrfachen Überarbeitens bis zur Endfassung. Für ein solches Heft erhalten sie von ihrem Auftraggeber, dem Verlag, etwa 700 Euro, macht also knapp 6 Euro pro Normseite oder einen Bruttolohn von 9 Euro die Stunde. Zum Vergleich: Um so viel zu verdienen wie ein Redakteur einer Tageszeitung (monatlich 3937 Euro) braucht man als Freier ein Stundenhonorar von 68 Euro (ausführliche Berechnung von Goetz Buchholz in seinem „Ratgeber Freie", www.ratgeber-freie.de › Honorarkalkulation für Anfänger).

Wer seinen zukünftigen Kunden annähernd realistische Preisvorschläge unterbreiten will, sollte sich also kennen und wissen, wie viel er pro Stunde schreiben und was er pro Tag leisten kann. Wer seine Hausaufgaben hier gemacht hat, wird auch viel seltener Schwierigkeiten damit haben, Abgabetermine zu planen und einzuhalten. Und noch etwas zur Kalkulation des Honorars: Mit eingerechnet werden müssen neben der reinen Schreibzeit natürlich auch die Stunden, die man mit der Auftraggeberin verbringt, die Fahrtkosten sowie die Kosten für Recherchen, Telefonate, Faxe, Kassetten, Büromaterial und einen Schreibdienst, sofern man die Interviews aufnimmt und die Bänder nicht selbst abtippt. Auch an die Betriebsausgaben – Computer, Software, Büro, Berufsunfallversicherung, Steuerberater etc. – sollte bei dieser Gelegenheit mal wieder gedacht werden.

Was also wird gezahlt? Das lässt sich leider nicht so leicht beantworten. Denn es kommt nicht nur auf das Renommee der Autorin, ihr Verhandlungsgeschick und ihre Verhandlungstaktik an, sondern natürlich auch auf den Auftraggeber, seine Finanzkraft, den Umfang, den das Manuskript haben soll, und auf die Menge des Hintergrundwissens, das sich der Ghost aneignen muss, um Gutes zu leisten. Mit anderen Worten: auf die Umstände.

Folgende Fragen tun sich auf: Besteht bereits ein Verlagsvertrag und wird der Ghost nachträglich gesucht oder bietet ein Agent den Ghost im Package mit einem Prominenten/Experten? Sucht ein Prominenter oder ein Experte selbst einen Ghost oder Co-Autor oder lässt er suchen? Überredet ein Ghost einen Experten/eine Privatperson zu einem Buch und akquiriert einen Verlag oder ist dem Experten/der Privatperson der Verlag

egal, Hauptsache die Enkel lesen sein Buch? Geht es allein um eine Veröffentlichung oder ums Geldverdienen? Um bei den Finanzen zu bleiben: Die oben erwähnte Kräuterfrau (Expertin) vom Wochenmarkt wird weniger zahlen können als ein börsennotiertes Unternehmen wie der Finanzdienstleister MLP oder ein mittelständischer Unternehmer, der seine Firmenchronik zu Papier bringen möchte. Über Buchhonorare wird viel gemunkelt.
Im finanziell unteren Bereich sind die Zahlen kein Geheimnis. Privatpersonen, die bei „Mein Leben, Werkstatt und Verlag für Memoiren" eine Biografie in Auftrag geben, müssen mit einem Schreibhonorar von 65 Euro pro Buchseite rechnen, hinzu kommen die Kosten für den Buchsatz, das Drucken und Binden und Einarbeiten der Bilder. Der Autor selbst, der mit „Mein Leben" einen Projektvertrag abschließt, bekommt 30 Euro pro geschriebener DIN-A4-Seite. Das fertige, gut 200-seitige Buch kostet die Auftraggeber, nicht selten die Kinder oder Enkel der Person, die ihre Memoiren erzählt, rund 15 000 Euro.

Wer seine Kunden auf eigene Faust akquiriert, kann als Ghost natürlich mehr Geld verdienen. Die Spannen für Ghostwriting/Co-Autorenschaft liegen etwa zwischen 5000 und 50 000 Euro, letzteres wenn ein Bestsellerautor mitarbeitet. Normalerweise – so die Auskunft einer Agentin – sind 10 000 bis 15 000 Euro üblich. Geht man, der Übung halber, von 15 000 Euro für ein eher belletristisch gefärbtes Memoiren-Manuskript einer nicht sonderlich berühmten Person aus, das keiner aufwändigen Recherchen bedarf, wären das – bezogen auf 300 Normseiten – etwa 50 Euro pro Seite, bei einer Schreibgeschwindigkeit von 1 ½ Seiten pro Stunde – was sehr viel ist! – also rund 75 Euro die Stunde. Schon mal nicht schlecht, verglichen mit dem Honorar eines Heftromanautors, siehe oben, oder dem durchschnittlichen Stundenhonorar von 13,82 Euro einer Übersetzerin (laut IMU-Gutachten). Dass es bei hohem Zeitaufwand für die Recherchen – Stichwort Unternehmenschronik – mit einem Honorar von 15 000 Euro nicht mehr getan ist und gegebenenfalls auch das Doppelte noch zu wenig sein kann, sollte sich nun von selbst verstehen. Sitzt eine Profischreiberin selten länger als drei Monate an einem „eher belletristisch gefärbten Memoiren-Manuskript einer nicht sonderlich berühmten Person", so ist für schwierigere Projekte mindestens ein halbes Jahr zu veranschlagen. Ein halbes Jahr – das kann eine lange Zeit sein! Drum prüfe, auch wer sich nur für ein paar Monate binden will, ob der Kunde hinreichend sympathisch und das Thema ausreichend spannend ist. Ist dem nicht so, sollte man sorgfältig überlegen, ob man das Angebot annimmt. Die Zeit kann sonst zum Albtraum werden, und sechs Monate lang in einem Albtraum zu leben, lässt sich mit Geld nicht aufwiegen.
Mehr zum Thema Ghostwriting in den folgenden Beiträgen.

Beitrag von Andreas Mäckler

Privatbiographien schreiben

Über das Geschäft mit den Lebensgeschichten anderer Menschen

Je dienstleistungsorientierter ein Autor arbeitet, desto eher kann er ein regelmäßiges Einkommen erzielen, das ihn nährt. In den letzten Jahren hat sich ein scheinbar neuer, in Wirklichkeit aber uralter Markt eröffnet, der lukrativ ist: das Schreiben von Privat- und Firmenbiographien.

Wie vieles in unserer deutschen Nachkriegskultur kommt auch dieser Trend aus den USA, wo Biographen die Vereinigung der „Personal Historians" gegründet haben (www.personalhistorians.org).

Alt ist der Markt deshalb, weil die Biographie eine der ältesten Literaturgattungen ist. Schon immer haben Autoren auch als Dienstleister (Ghostwriter) geschrieben. Neu ist, welcher Aufwand heutzutage für eine private Biographie betrieben wird, für die sich in der Regel nur ein paar Menschen, Familie und Nachkommen, interessieren, nicht aber die Öffentlichkeit.

Vor der Erfindung des Kopiergeräts hatten Privatbiographien meist die Auflage eins. Das Manuskript wurde als Unikat wie ein Familienschatz gehütet und in einer Mappe verwahrt oder als Buch in Leinen oder Leder gebunden. Mit der Schreibmaschine gab es die Möglichkeit, mehrere Durchschläge eines Typoskripts herzustellen. Die Kopiertechnik half, Manuskripte beliebig oft zu vervielfältigen. Mit der Digitalisierung von Daten, Internet und digitaler Drucktechnologie (Print on Demand [PoD]) hat sich nun ein neues Geschäftsfeld für Autoren als Biographiedienstleister/Auftragsbiographen aufgetan und ein weiteres Genre etabliert: das der Privatbiographien.

Der Markt in Deutschland ist klein, aber wachstumsstark und dennoch statistisch nicht erfassbar. Einige Hundert Biographiedienstleister mit folgendem Leistungsspektrum sind über das Internet zu finden:

- (Auto-)Biographie als Buch, Film, Hörbuch, Skizze, Roman, Spielszene, Fotobuch
- Biographische Erzählungen zu einzelnen Themen wie Abschied, Jubiläum, Kinder, Liebe, Reisen, Studium, Beruf
- Familiengeschichte mit oder ohne Stammbaum
- Firmengeschichte, Chroniken
- Textcoaching/biographische Schreibbegleitung
- Therapeutische Biographieberatung
- Biographische Schreibkurse und Vorträge

Die Leistungsangebote im Einzelnen:

- Texterfassung mit oder ohne Buchproduktion
- Schreibbegleitung/Lektorat
- Verlagsarbeit/Produktion biographischer Medien (Buch, CD, DVD)
- Organisation von Lesungen und Erzählsalons
- Fort- und Weiterbildungen für Biographen
- Vernetzung von biographischen Dienstleistern

Der Markt und seine Preise

Was kostet eine Biographie? Diese Frage taucht in jedem Erstgespräch auf: sei es mit potenziellen Kunden, sei es mit Autoren, die in den Markt einsteigen wollen (zunächst am besten als zweites Standbein).

Lassen Sie es mich gleich sagen: Ein Unternehmen ist schnell gegründet. Besonders Autoren und Journalisten, die sich als Biographen dem wachsenden Markt der Privatbiographien widmen möchten, glauben, ein Internetauftritt, Flyer und einige Anzeigen in der regionalen Presse oder Schreibkurse in Volkshochschulen und Altenheimen reichten aus, um ins Geschäft zu kommen. Das ist ein Irrtum! Das Problem, an dem die meisten biographischen Dienstleister scheitern, ist nicht die Produktion von Texten und Büchern, sondern die Akquise von Aufträgen. Das Verkaufsgespräch beherrschen die wenigsten!

Die wahre Kunst besteht darin, zumeist ältere Menschen zur Ausgabe von 7000 bis 20 000 Euro und mehr für ihre wohlfeil edierten Memoiren zu bewegen. Natürlich gibt es Autoren, die pauschal für 3000 Euro ein 150-seitiges Paperback schreiben und in kleiner Auflage von 30 Exemplaren als PoD drucken lassen. Doch auf Dauer können Billiganbieter wirtschaftlich nicht überleben. Allein für die Akquise neuer Kunden sollte man mindestens 300 Euro pro Monat als Werbebudget einplanen.

Auch das Gegenteil gab es bereits: Ein Biographieanbieter verlangte vor einigen Jahren 50 000 Euro und mehr für ein 200-seitiges Werk inklusive 70 Hardcover-Exemplaren. Das führte allerdings zu Streitigkeiten mit dem überraschten Kunden, die vor dem Berliner Amtsgericht ausgetragen wurden (siehe *Federwelt – Zeitschrift für Autorinnen und Autoren,* Nr. 65, August/September 2007, S. 14–17, sowie www.biographiezentrum.de/fachartikel/pdf/fw_65_maeckler.pdf). Der Kunde hatte in diesem Fall einen Vertrag unterschrieben, dessen Zahlungsmodalitäten er nicht durchschauen konnte.

In vielen Branchen ist es üblich, hohe Preisangebote durch Splitten in kleine, überschaubar wirkende Produktionssegmente verkaufspsychologisch abzufedern und jede Leistung einzeln abzurechnen (Beratung, Interview, Transkription, Rohmanuskript erstellen, Ergänzungen machen, Redaktion, Lektorat etc.). Dann sieht ein Stundensatz von 40 bis 80 Euro, wie ihn ordentliche Handwerksbetriebe haben, für den Kunden nachvollziehbar aus. Doch wenn dem Kunden im Laufe der Zeit 900 Arbeitsstunden und mehr abgerechnet werden, staunt er nicht schlecht über das, was er bezahlen soll. Dieser schwer zu kalkulierende Aufwand ist ein großes Problem beim Verkauf. Viele Dienstleister bieten daher feste Seitenpreise zwischen 30 und 70 Euro an und hoffen, dass sie innerhalb ihres kalkulierten Zeitrahmens bleiben.

Ein erfahrener Autor sollte 10 bis 20 Interviewstunden und 200 bis 300 Arbeitsstunden für das Schreiben von 150 bis 200 Seiten biographischem Text einplanen. Hinzu kommt die Produktion des Buchs. Ein anspruchsvolles Layout mit Hardcover-Edition von 50 Exemplaren kostet rund 3000 Euro.

Ich habe die Erfahrung gemacht, dass bei entsprechender Reputation des Anbieters der Preis für den Kunden nicht so wichtig ist. Wichtiger ist, dem Kunden das Gefühl zu vermitteln, genau der richtige Partner für seine Lebensgeschichte zu sein! An der Darstellung ihrer Kompetenz scheitern die meisten Anbieter; letztlich möchte der Kunde nicht „die Katze im Sack“ kaufen, sondern mit dem Buch seinen Traum von – zumindest kleiner – Unsterblichkeit verwirklichen.

Die Kosten anspruchsvoller Unternehmenschroniken sind höher als die von Privatbiographien. Je nach Aufwand belaufen sie sich auf 30 000 bis 60 000 Euro. Dabei entfällt rund die Hälfte auf die Produktion des Buchs, das zumeist in Farbe gedruckt und in

Hardcover gebunden wird. Die andere Hälfte geht als Honorar an Autoren und Dienstleister, die sich auf die Recherche und das Schreiben von Firmenchroniken spezialisiert haben. Bei solchen Budgets entfällt die Frage nach kostengünstigen Alternativen. Der Etat wird als Werbung und PR verbucht, ein Bereich, in dem bei vielen Unternehmen ohnehin mehr geklotzt als gekleckert wird.

Das Biographiezentrum und seine Autorinnen und Autoren

Die Berliner Publizistin Katrin Rohnstock erkannte frühzeitig, dass Auftragsbiographien im Trend liegen. 1998 startete sie ihr Unternehmen *Rohnstock-Biografien,* das sich gern als Branchenprimus darstellt (www.rohnstock-biografien.de).

Zusammen mit dem Hamburger Dozenten für Kreatives Schreiben, Stefan Schwidder, gründete ich 2004 das *Biographiezentrum* – die *Vereinigung deutschsprachiger Biographinnen und Biographen,* mit derzeit rund 54 Mitgliedern (www.biographiezentrum.de). Damit schufen wir ein leistungsfähiges Netzwerk biographischer Dienstleister. Es dient dem Informationsaustausch, der Weiterbildung und der Steigerung des Einkommens seiner Mitglieder.

Seit 2007 schreibt das Biographiezentrum den *Deutschen Biographiepreis* für Privat- und Verlagsbiographien aus. Workshops zur Professionalisierung von Biographen und solchen, die es werden wollen, bietet die Akademie des Biographiezentrums an, außerdem eine Zertifikatsausbildung zum Biographen/zur Biographin. Der *Verlag des Biographiezentrums* publiziert Biographien in kleiner Auflage, die für den regionalen oder zielgruppenorientierten Buchmarkt ediert werden. Der Verlag hat auch eine Ratgeber-Reihe mit höheren Auflagen von mehreren tausend Exemplaren, in der zum Beispiel Stefan Schwidders erfolgreicher Ratgeber *Ich schreibe, also bin ich – Schritt für Schritt zur eigenen Biographie* in 2. Auflage erscheint.

Die Mitglieder des Biographiezentrums spiegeln die Vielfalt der wachsenden Szene von Biographen und deren Kunden. Interessenten, die einen geeigneten Autor in ihrer Region suchen, können über die Website des Biographiezentrums das Mitgliederverzeichnis durchstöbern und über die dort hinterlegten Angebotsprofile ihren Wunschautor finden und direkt mit ihm Kontakt aufnehmen. Im Mitgliedsbereich werden nützliche Arbeitsmaterialien, Muster-Verträge, Terminlisten von (Senioren-)Messen, ein Verzeichnis der Seniorenpresse und vieles mehr zum Download angeboten. Außerdem gibt es ein internes Diskussionsforum sowie eine Mailingliste, die dem Austausch über alle Fragen rund um das biographische Schreiben und Publizieren dient. Den *BioZen – Newsletter des Biographiezentrums,* der etwa alle zwei Monate erscheint und ebenfalls downloadbar ist, gibt es in einer öffentlichen und einer Mitglieder-Version. Marketing-Tipps und Interna zum Verein und der biographischen Szene sind nur in der Mitglieder-Ausgabe enthalten.

Weitere Informationen erhalten Sie unter www.biographiezentrum.de und www.meine-biographie.com.

Beitrag von Claudia Cremer und Kerstin Murmann

Berufsbild Biograph/Biographin: das Leben anderer Menschen aufschreiben

Claudia Cremer (www.cremer-biografien.de) und Kerstin Murmann (www.biographieservice.net) arbeiten als Biographinnen. In ihrem Beitrag erläutern sie, was man können muss, um in diesem Metier erfolgreich zu sein. Dabei begleiten wir sie Schritt für Schritt vom ersten Kontakt mit dem Kunden bis zum fertigen Buch.

Der Traum eines jeden, der für sein Leben gerne schreibt, ist es, mit dem Schreiben Geld verdienen zu können. Am besten so viel, dass er davon leben kann. Als freier Schriftsteller ist das aber verdammt schwierig.

Als ich mir Gedanken darüber machte, wie ich vom Schreiben leben könnte, kam mir eine Idee. Mit Belletristik würde ich nicht weit kommen, denn ich schreibe zwar gerne, habe aber einfach nicht genug Ideen für dreißig bis vierzig Romane. Wie wäre es also, wenn ich Geschichten aufschreibe, die es schon gibt, die nur noch nicht für die Nachwelt festgehalten wurden? Wie wäre es, wenn ich die Lebenserinnerungen älterer Menschen aufschreibe und daraus ein Buch für sie mache? Für sie selbst und ihre Familie? Denn es kann und mag nicht jeder selbst aufschreiben, was er erlebt hat.

Schulung durchs Biographiezentrum

Nun, die Idee hatten andere auch schon. Das musste ich feststellen, als ich ins Internet ging und mich dort umsah. Ich stieß auf das *Biographiezentrum,* und damit begann mein neues Leben als Biographin. Denn dort konnte ich mich mit diversen Fortbildungen auf meine neue freiberufliche Tätigkeit vorbereiten und lernen, wie man mit dem Schreiben von Biographien seinen Lebensunterhalt verdient. Nicht A- oder B-Promis sind seitdem meine Kunden, nein, ganz normale Leute wie Lieschen Müller, die Erstaunliches zu erzählen hat.

Was man können sollte

Um als Biographin für Privatpersonen zu arbeiten, braucht es ein paar grundsätzliche und wichtige Voraussetzungen:

1. Man muss echtes Interesse an anderen Menschen haben und sich auf sie einstellen können.
2. Man muss *zuhören* können. Und das ist mehr, als einfach nur den Mund zu halten. Es bedeutet, nachzufragen, aber nicht investigativ, sondern einfühlsam. Es bedeutet, eine innere Haltung der Zuwendung aufzubauen, mit der ich dem Kunden signalisiere, dass ich mit meiner ganzen Aufmerksamkeit bei ihm bin.
3. Man muss damit umgehen können, wenn beim Erzählen unschöner Erinnerungen beim Kunden starke Gefühle hochkommen. Tränen und Trauer muss man mit ihm aushalten können, ohne ihn zu beschwichtigen oder gar tröstend-tätschelnd zu nahe zu kommen. Man sollte also in Gesprächsführung und Emotionalarbeit fit sein.
4. Man muss wissen, dass man nicht die eigene, sondern eben die Geschichte des Kunden aufschreibt. Man leiht dem Kunden das eigene Geschick, mit Worten umzugehen, das eigene Sprachgefühl. Aber die Persönlichkeit des Kunden steht immer im Vordergrund. Meine Meinung hat in der Geschichte des Kunden nichts zu suchen. Keine Wertungen, keine Kommentare. Die eigene Person tritt hinter der Person des Kunden

zurück. Wer das nicht kann oder möchte, für den ist das Schreiben von Biographien nicht das Richtige.

5. Man braucht außerdem wenigstens Grundkenntnisse, was Buchherstellung und Layout betrifft. Oder eine Person, die sich damit auskennt und die man mit Gestaltung und Druck beauftragen kann.

Vieles davon kann man lernen. Zum Beispiel beim *Biographiezentrum* in Bad Sooden-Allendorf, das einen Ausbildungsgang zum Biographen anbietet und diverse Fortbildungsseminare (www.biographiezentrum.de). Ist man mit dem nötigen Rüstzeug ausgestattet, entweder von Natur aus oder teuer erkauft, kann's losgehen.

Kundenakquise

Am Anfang steht die Hürde der Kundenakquise. Meiner Erfahrung nach bringen teure und weit gestreute Anzeigen wenig. Sinnvoller sind klug platzierte Zeitungsartikel in den regionalen Medien oder in Seniorenzeitschriften. Darauf kommt in der Regel das meiste Echo.

Es gibt aber noch weitere Möglichkeiten, auf sich aufmerksam zu machen: Ich kann Vorträge über das Schreiben von Biographien halten, Schreibwerkstätten und Erzählsalons anbieten und mich bei Businesstreffs bekannt machen. Eine Visitenkarte habe ich immer in der Tasche. Auf der steht meine Web-Adresse, sodass wer mag, mehr über mich und das, was ich tue, erfahren kann.

Grundsätzlich gilt: Ob Schreibwerkstätten, Businesstreffs oder Vorträge – nicht jede Form der Akquise ist für jeden geeignet. Über das gute alte Learning by Doing muss jeder selbst herausfinden, was ihm entspricht.

Wenn ein Kunde mein Angebot entdeckt und sich überwunden hat, bei mir anzurufen, will er in der Regel wissen, „wie das denn funktioniert". Ich erkläre es in groben Zügen und biete an, zu einem unverbindlichen Kennenlernen bei ihm vorbeizukommen, ihm Beispiele zu zeigen und ihn näher zu informieren. Vor allem soll er dabei einen Eindruck von mir gewinnen, denn er muss sich vorstellen können, mir später gegenüberzusitzen und Dinge zu erzählen, die er sonst vielleicht noch niemandem erzählt hat. Er muss mir vertrauen können. Also bin ich am Telefon freundlich, versuche aber nie, meine Dienstleistung zu „verkaufen". Es ist die Entscheidung des Kunden, ob er mehr wissen will. Meistens will er das. Vor allem will er wissen, was es kostet. Und jetzt ist es gut, nicht um den heißen Brei herumzureden, sondern ihm einen realistischen Preisrahmen zu nennen. Denn: Sich eine Biographie schreiben zu lassen ist nicht billig. Der Kunde sollte schon das nötige Kleingeld haben, um meine Arbeit angemessen vergüten zu können. Sonst macht sie mir nämlich keinen Spaß. Ich sitze immerhin, je nach vereinbartem Umfang, drei bis vier Monate lang an nichts anderem als an seinem Text. Das kostet schon ein paar Tausend Euro.

Blind Date bei Kaffee und Kuchen

Die erste Begegnung mit meinem Kunden ist eine Art Blind Date. Das Treffen findet in einem Café, in meinem Büro oder – das ist in der Regel am besten – beim Kunden zu Hause statt. Hier kann ich mir ein Bild von ihm und seiner Umgebung machen, und er kann mir Fotos oder eigene Notizen zeigen. Manchmal gibt es Kaffee und Kuchen, und

dabei lässt es sich ganz gut plaudern. Ich erzähle von meiner Arbeit und der Kunde schon ein wenig von seinem Leben. Jetzt ist es wichtig, genau hinzuhören, wie er sich seine Biographie vorstellt. Falls er keine Ideen hat, schlage ich etwas vor. Auf der Grundlage unseres Gesprächs erarbeite ich ein Angebot, das ich ihm zwei oder drei Tage später zuschicke.
Wie die Kunden auf dieses erste Gespräch und das Angebot reagieren, ist meist unvorhersehbar. Es gibt die Kurzentschlossenen, die schon am nächsten Tag anrufen und sofort mit der Biographie anfangen wollen, und es gibt die Zauderer, die zwischen dem Gespräch und der Vergabe des Schreibauftrages Wochen, Monate oder sogar ein Jahr verstreichen lassen. Und dann gibt es noch die Unsicheren, die plötzlich Angst vor der eigenen Courage bekommen und ganz absagen oder sich einfach nicht mehr melden.

Wichtig: die schriftliche Vereinbarung

Hat sich ein Kunde entschieden, mich zu beauftragen, unterzeichnen wir eine schriftliche Vereinbarung, in der ich mich zur Verschwiegenheit verpflichte und versichere, meine Arbeit ordnungsgemäß abzuliefern. Der Kunde unterschreibt, dass er rechtzeitig zahlen wird. Es ist übrigens sinnvoll, Vorschuss- und Teilzahlungen zu vereinbaren. Damit arbeiten fast alle Biographen. Wenn dann alles geklärt ist, kann die Arbeit beginnen.

Erst zuhören ...

Für eine Biographie von rund 100 Seiten braucht man etwa sechs bis acht Stunden Interview. Es kommt ganz darauf an, wie konzentriert der Kunde erzählen kann und wie gut seine Erinnerung ist. Manche sprudeln über vor Enthusiasmus und schweifen ständig ab. Andere berichten strukturiert, reden langsam und bedächtig. Die Interviews sind oftmals sehr bewegend, denn der Kunde erzählt von seinen ganz privaten Erlebnissen und Schicksalsschlägen, und manch einer gewährt tiefen Einblick in seine Seele.
Anders als eine Journalistin werde ich nicht versuchen, tief verborgene und wohl gehütete Geheimnisse aus meinem Kunden herauszukitzeln. Ich werde ihm lediglich helfen, seine Erinnerungen wieder lebendig werden zu lassen, und ihn danach fragen, wie er etwas erlebt hat, was er dabei empfunden hat. Wenn er etwas nicht sagen will, werde ich ihn nie bedrängen. Ich höre zu, freundlich, offen, zugewandt und ohne zu werten. Währenddessen läuft so unauffällig, dass mein Kunde es vergisst, mein kleines digitales Aufnahmegerät mit.

... dann schreiben

Nach den Interviews beginnt das Schreiben. Ich versuche die Transkription der Audiodateien, die mühseligste Arbeit von allem, möglichst zügig zu erledigen: Hören, Tippen, wieder Zurückspulen – Hören, Korrigieren, Weitertippen. Das kostet Zeit und eine Menge Nerven.
Wenn der Text einmal steht, fange ich mit der Strukturierung an, stelle Abschnitte um, überprüfe Daten und Fakten und recherchiere. Dann schreibe ich. Aber nicht nach Lust und Laune, so wie es mir gefällt, sondern ich habe immer meinen Kunden im Kopf: Wird er mir wohl verzeihen, wenn ich die langweilige Episode mit Onkel Willi in Bad Mergentheim streiche? Kann er damit leben, dass ich den Autodiebstahl ganz an den

Anfang stelle? Wird er akzeptieren, dass ich seine etwas rührseligen Formulierungen abschwäche?

Den Kunden einbinden

Das Verfassen einer Biographie ist eine Gratwanderung. Einerseits soll die Lebensgeschichte gut geschrieben und spannend sein, um den Lesern zu gefallen, andererseits sollte sie auch authentisch sein und mein Kunde sich in ihr wiederfinden. Letzteres ist ihm unter Umständen viel wichtiger als jede schriftstellerische Finesse.
Was mache ich also mit Onkel Willi, dessen Aufenthalt in Bad Mergentheim die Spannung killt? Ich erkläre dem Kunden freundlich, warum es besser wäre, Willi aus der Geschichte verschwinden zu lassen. Wenn er dann immer noch nicht auf Willi verzichten will, richte ich mich danach. Es ist schließlich die Geschichte des Kunden und in erster Linie muss er mit ihr glücklich werden.

An die Persönlichkeitsrechte denken

Zu meinen Aufgaben gehört es auch, meinem Kunden zu sagen, dass er eventuell mit einigen seiner Aussagen die Persönlichkeitsrechte anderer verletzen könnte. Privatbiographien werden zwar meist nur in geringer Auflage produziert und in der Regel an wenige Familienmitglieder, Freunde und Bekannte verschenkt, doch meinem Kunden muss klar sein, wer sein Buch liest und welche Wirkung seine Äußerungen darin haben könnten. Er – und nicht ich – muss für den Inhalt der Biographie geradestehen, doch es gehört zu *meiner* Verantwortung, ihn auf beleidigend wirkende Passagen aufmerksam zu machen und andere Formulierungen vorzuschlagen. Das ist vor allem wichtig, wenn eine Biographie veröffentlicht werden soll. Dann muss ich meinen Kunden auch auf Urheberrechte von Bilddokumenten und Zeitungsartikeln hinweisen und die Erlaubnis für deren Abdruck bei den zuständigen Stellen einholen.

Die Stunde der Wahrheit ...

... kommt für mich, wenn ich das Manuskript fertiggestellt habe und es dem Kunden zum Gegenlesen übergebe. Wenn nach einigen Tagen bangen Wartens das Telefon klingelt und mein Kunde meint: „Die Geschichte ist so spannend, dass ich das Buch nicht aus der Hand legen konnte. Dabei kenne ich doch jeden Teil in- und auswendig!“ oder „Sie haben ein Stück meiner Seele erkannt. Ich danke Ihnen!“, dann weiß ich, dass ich meine Aufgabe gut gemacht habe.
In den meisten Fällen hat der Kunde für das Manuskript nur kleine Änderungswünsche. Ihm ist beim Lesen das eine oder andere Detail eingefallen, das ergänzt werden müsste, oder ein Name soll umgeändert werden. Nur selten gibt es Diskussionen über Stil und Sprache, denn mein Kunde hat mich schließlich beauftragt, weil er selbst kein großes Talent zum Schreiben hat.

Vom Typoskript zum fertigen Buch

Wenn das Manuskript von ihm abgesegnet worden ist, beginnt die Buchproduktion. Jede Biographin muss ein Textsatzprogramm bzw. ein Desktop-Publishing-Programm (wie *QuarkXPress, InDesign* oder *LaTeX*) beherrschen oder zumindest jemanden kennen, der

es für sie beherrscht, um Satz und Layout des Buches professionell gestalten zu können. Mal eben bei *Word* auf Blocksatz klicken und schon habe ich gerade Ränder – das reicht nicht! Fotos, Briefe, Tagebuchseiten und andere Dokumente müssen oft sorgfältig nachbearbeitet werden, bevor sie in das Manuskript eingefügt werden können.
Das Buchcover lasse ich von meiner Grafikerin gestalten, doch es gibt auch Kolleginnen, die es selbst am Computer herstellen. Es kommt eben auch darauf an, wie wichtig dem Kunden das Aussehen des Buches ist und wie viel Geld er dafür ausgeben möchte. Der Druck der Biographie stellt in der Regel kein großes Problem dar, denn es gibt genügend Print-on-Demand-Dienstleister, die Bücher in kleinen Auflagen preiswert und gut drucken.
Ob die Biographie nun 75 oder 150 Seiten umfasst, auf Bilder- oder Werkdruckpapier gedruckt wird, mit einem Soft- oder Hardcover versehen ist – eins ist sicher: Die eigene Lebensgeschichte als Buch in Händen zu halten, ist für meinen Kunden ein absoluter Glücksmoment. Sie an Familie, Freunde und Bekannte zu verteilen, ein weiterer Höhepunkt in seinem Leben. Ist der Kunde glücklich und hat er mein Honorar ordnungsgemäß bezahlt, bin auch ich zufrieden. Ich bekomme ein paar Belegexemplare der Biographie und, wenn alles gut läuft, neue Kunden durch Weiterempfehlung.

Fazit

Um vom Beruf Biograph/Biographin leben zu können, braucht es neben Talent fürs Schreiben unternehmerisches Geschick, Organisationstalent, Durchhaltevermögen, gute Nerven und immer wieder neue Ideen. Und nicht zuletzt: viel Einfühlungsvermögen und Geduld mit den Kunden.

Ghostwriting – Blicke in fremde Seelen

› *Was ist das eigentlich, ein Ghostwriter?*
Berühmte Zeitgenossen oder solche, die sich dafür halten, manchmal auch völlig normale Menschen, wie man sie bei Tengelmann an der Käsetheke trifft oder bei Aldi in der Kassenschlange, möchten ein Buch schreiben. Sie haben eine Idee, wissen aber nicht, wie sie sie umsetzen sollen. Gelegentlich haben sie keine Idee, aber trotzdem den Wunsch, sich in einem Buch verewigt zu sehen. *Du sollst ein Haus bauen, ein Kind gebären, ein Buch schreiben.* Ich helfe ihnen dabei, das Buch zu schreiben beziehungsweise: Ich schreibe es.

› *Und wo wird das Buch dann veröffentlicht?*
Für manche Menschen ist die Veröffentlichung nicht wichtig. Das kommt allerdings selten vor. Die meisten Menschen möchten das Buch auch veröffentlicht sehen. Diese Frage ist dringend im Vorfeld zu klären – wie vieles andere. Für einen Ghostwriter ist es meistens besser, direkt mit im Verlagsvertrag aufgenommen zu sein. Privatpersonen kommen ihren finanziellen Verpflichtungen zuweilen nur ungern nach, und der direkte Geldfluss von „Scheinautor" zu Ghostwriter kann die Zusammenarbeit unangenehm beeinflussen.

› *Kommt es auch vor, dass Verlage einen Autor einkaufen, der gar nicht schreiben kann?*
Das kommt sehr häufig vor. Der Verlag kauft dann praktisch den Namen eines Prominenten oder Experten. Eine Co-Autorin oder ein Ghost wird damit beauftragt, ein Buch um diesen Namen „herumzustricken". In extremen Fällen kennen sich der Namensträger und der Ghost dabei gar nicht. Hier wird deutlich, dass es auch beim Büchermachen vor allem ums Geldmachen geht.

› *Kann man von der Ghostwriterei leben?*
Ich lebe besser davon als früher, als ich meine eigenen Themen bearbeitete, da bezahlte mich nämlich niemand.

› *Und wie wird man Ghostwriter?*
Das weiß ich nicht. Das Geschäft findet ja im Dunkeln statt. Ich kenne gerade mal zwei Ghostwriter. Und die kenne ich eigentlich nur, weil sie einen ähnlichen Werdegang haben wie ich. Literaturagenturen kennen zwangsläufig meistens Ghostwriter. Aber sie sehen nicht anders aus als die Menschen bei Tengelmann an der Käsetheke und bei Aldi in der Kassenschlange.

› *Was muss man dafür können?*
Gut schreiben können. Geduld und Fantasie haben. Flexibel und psychologisch geschult sein. Kritik konstruktiv nutzen und zuhören können. Man braucht Menschenkenntnis, sehr viel Feingefühl, Gelassenheit. Eine Ausbildung im Bereich Kommunikation oder als Coach ist von Vorteil. Und selbstverständlich muss man wissen, wie man ein Buch „macht". Dramaturgisch fit sein. Persönliche Eitelkeit erschwert die Arbeit. Eine stabile seelische Konstitution erleichtert sie.

› *Was verdient eine Ghostwriterin?*
Das ist Verhandlungssache. Zwischen sehr wenig und sehr viel. Aber nichts Genaues weiß man nicht.
Bei meinem ersten Auftrag erkundigte ich mich bei *mediafon.net,* dem ver.di-Beratungsservice für Solo-Selbstständige. Dort riet man mir, ein Monatshonorar und eine ungefähre Zeitspanne festzulegen. Das Monatshonorar sollte ich an dem messen, was ich üblicherweise verdiene, wenn ich mich ausschließlich mit einem Projekt beschäftige.
Die Anfrage war von einem mir flüchtig bekannten Galeristen gekommen, der sich in einer Lebenskrise befand. Seine Frau hatte ihn verlassen. Er hatte seine Galerie an einen Geschäftsführer abgegeben und kam nicht damit zurecht, im Ruhestand zu sein. Seine drei erwachsenen Kinder rieten ihm, sein Leben aufzuschreiben, um beschäftigt zu sein.
Ich verlangte 3000 Mark im Monat. Als Zeitspanne gab ich drei bis fünf Monate an. Im dritten Monat hatte ich eine Identitätskrise. Ich hatte mich verirrt in diesem fremden Leben, das nicht meines war, das ich aber dennoch so behandelte. Ich musste lernen, mich abzugrenzen, ohne Empathie zu verlieren.
Es ist anstrengend, als Geist zu arbeiten, und nicht zu vergleichen mit der Arbeit an einem eigenen Buch. Ein bisschen erinnert es mich an „Seele verkaufen“, denn wenn ich ein Buch schreibe, identifiziere – und infiziere – ich mich damit total.
Es ist für mich sehr reizvoll, die Lebensgeschichte eines mir im Grunde wildfremden Menschen zu hören. Das herauszuschälen, um was es eigentlich geht. Ich habe festgestellt, dass das die wenigsten meiner „PartnerInnen“ wissen. Sie fangen an mit einer ungefähren Vorstellung, wie es sein sollte – und dann begeben sie sich auf eine Reise. Mir kommt die Aufgabe einer Reiseleiterin zu. Oft bin ich sogar Therapeutin. Das begriff ich bei meinem zweiten Projekt, bei dem ich das Doppelte verlangte – zum Glück, denn diese Arbeit war sehr zeitintensiv, bis zu sechs Mal am Tag rief mich meine Auftraggeberin an.
Als Tipp für KollegInnen, die es auch mal versuchen wollen und nicht wissen, wie sie an Kunden kommen: einfach mal rumfragen im Freundeskreis oder besser dem Freundes- und Bekanntenkreis der Eltern. Kennt vielleicht jemand wen, der oder die schon immer mal gerne ein Buch mit den eigenen Ideen füllen wollte – aber eben nicht weiß, wie das geht? Ich habe auch schon Anzeigen in Zeitungen gesehen: *Ghostwriter schreibt für Sie Ihr Leben auf.* Ich habe keine Erfahrungen mit solchen Anzeigen. Ich habe allerdings Erfahrungen mit Anfragen von Menschen, die glauben, ihre Geschichte sei so atemberaubend ungewöhnlich und spannend und bemerkenswert, dass ich ihnen etwas bezahlen sollte, damit sie mir ihr Leben erzählen ...

› *Sind Ihre Bücher alle veröffentlicht?*
Fast alle.

› *Wie viele Bücher haben Sie für andere Menschen geschrieben?*
Zwei Dutzend.

› *Wie kam das? Ist das nicht sehr schwierig? Es ist ja schon schwer genug, einen Verlag für ein Buch zu finden, das man selbst geschrieben hat.*
Meine Erfahrung ist es, dass es leichter ist, ein Buch als Ghost zu veröffentlichen, wenn man es klug anstellt. Wenn eine berühmte oder „gerade angesagte" Person ein Buch geschrieben hat/schreiben ließ, ist es relativ einfach, das zu verkaufen. Fast jede Woche höre ich von A-, B-, C-Prominenten, die ihre Biografie veröffentlichen – egal ob sie achtzehn oder achtzig sind. Manchmal reicht auch ein außergewöhnliches Thema, das die Verlage interessant finden – meistens, weil das Thema „gerade angesagt" ist. Unter Umständen hilft hier eine Agentin, die sich in der Branche gut auskennt.
Relativ häufig suchen Verlage AutorInnen, die prominente Persönlichkeiten oder Experten auf einem bestimmten Gebiet beim Verfassen eines Buches unterstützen – oder es eben ganz schreiben. Das sagt natürlich niemand laut. Aber meistens ist klar, dass die Hauptarbeit beim Ghost liegt. Der Ghost wiederum muss sich darüber klar sein, dass das nicht laut gesagt wird. Das heißt: Eitelkeit ist in diesem Beruf ein Fallstrick und macht unglücklich!
Manche Menschen möchten ihr Buch aber gar nicht veröffentlichen lassen. Es genügt ihnen, wenn sie ein Exemplar in Händen halten. Oder sie lassen fünf, zehn Stück binden. Durch Print on Demand ist das unkompliziert und relativ preisgünstig. Wie gesagt, das veröffentlichte Buch oder überhaupt das gebundene Buch muss nicht das Ziel sein. Manchem genügt das Manuskript. Einmal das eigene Leben oder eine Geschichte daraus aufgeschrieben vor sich haben. Zum Anfassen und darin Blättern. Es gibt mittlerweile Dienstleister, die sich genau darauf spezialisiert haben: Sie bringen Menschen, die ihr Leben in einem Buch lesen möchten, mit AutorInnen zusammen und wickeln vom ersten Beratungsgespräch bis zum fertig gedruckten Buch alles für ihre Kunden ab. Solche Aufträge nehme ich allerdings nur noch selten an, da ich seit einigen Jahren als Ghost vor allem für große Verlage tätig bin, die mich großzügig mit Aufträgen versorgen. Wenn man einmal auf der Bestsellerliste war – das ist auch als Ghost möglich, nur wissen es dann nicht so viele Leute –, bieten einem die Verlage immer bessere Stoffe an. Man bekommt die Titel, die Prominenten, die Stoffe, auf die die Verlage setzen. Das ist die Pole Position. Für diese Bücher tun die Verlage richtig viel. Denn sie haben allerhand Geld in sie investiert. Und je höher die Investition, desto lauter die Werbetrommeln. Merke: Wer sich billig verkauft, tut sich und dem Buch keinen Gefallen.

› *Wie nah an der Wahrheit der sogenannten Hauptautoren muss die Geschichte sein?*
Das kommt darauf an. Bei einem Memoir ist Wahrheit oberstes Gebot. Doch selbstverständlich greife ich dramaturgisch ein. Es ist meine Aufgabe, einen Stoff in ein Buch zu verdichten. In den letzten Jahren gab es einige spektakuläre Geschichten im Memoirbereich, die sich im Nachhinein als Halbwahrheit herausstellen. So etwas schadet der Glaubwürdigkeit eines Verlages. Ein Profi braucht nichts dazu erfinden. Ich will mal mit Goethe sprechen: Es kommt nicht auf das Was an, sondern auf das Wie. Ich empfehle, bei der Wahrheit zu bleiben. Das klappt, auch wenn man aus dramaturgischen Gründen – stets nach Rücksprache mit dem Hauptautor – hier etwas weglässt, dort etwas strafft. Es gibt aber auch Projekte, bei denen gerade die Fantasie des Ghosts sehr

gefragt ist. Das ist das Schöne an dem Beruf: Jedes Buch ist ein neues Spiel mit neuen Figuren und Gegebenheiten.

› *Darf eine Ghostwriterin für sich in Anspruch nehmen, dass sie dies oder jenes Buch geschrieben hat?*
Auch das ist Verhandlungssache und sollte im Vorfeld vertraglich geklärt sein. Meistens haben die Verlage genaue Vorstellungen, wie sich ein Buch besser verkauft. Manche glauben, zwei Namen auf dem Cover seien irritierend und nennen den Ghostnamen, der dann als Co-Autor gilt, im Innenteil des Buches. Manchmal wird auch der Hauptname größer gesetzt. Während es vor einigen Jahren oft noch üblich war, den Ghost unsichtbar zu lassen, habe ich den Eindruck, dass sich nun immer mehr Verlage und Prominente dafür entscheiden, ihn zu nennen. Es ist auch eine Frage des Selbstbewusstseins. Glaube ich als sogenannter Autor, dass ich alles können muss, oder erleichtert es mich, wenn ich klarstelle, dass ich mir professionelle Hilfe geholt habe? Durchaus üblich ist aber auch die vertragliche Absicherung vonseiten meiner AuftraggeberInnen. Das heißt, ich unterschreibe einen Vertrag, mit dem ich bei Androhung einer nicht unbeträchtlichen Konventionalstrafe zusichere, Schweigen über das Arrangement zu bewahren. Das ist der Ghost in Reinform. Ich habe für Leute geschrieben, denen war es egal, ob sie allein oder mit mir auf dem Titel standen. Und ein besonders liebenswürdiger Mann mit einer sehr ungewöhnlichen Lebensgeschichte bombardierte einen großen Verlag einmal mit Mails und Anrufen: Er wollte unbedingt, dass mein und sein Name in gleicher Größe auf dem Titel abgedruckt würden – obwohl es im Verlagsvertrag anders vereinbart war. Der Verlag war aus marketingtechnischen Gründen, wie es dann gerne heißt, lange nicht dazu bereit. Letztlich gab er klein bei. Für mich war das nicht wichtig, aber es hat mich sehr gerührt.

› *Was ist vertraglich zu berücksichtigen?*
Am besten ist ein ordentlicher Verlagsvertrag auch für den Ghost. Wenn noch kein Verlagsvertrag vorliegt, der ja oft die Belange der Ghostwriterin mitregelt, sollte man achtsam sein! Nicht dass man womöglich für etwaige Vertragsverletzungen oder sonstigen Verletzungen Dritter (Verleumdungen etc.) haftbar gemacht wird. Am besten ist eine schriftliche Vereinbarung bevor man mit der Arbeit beginnt. So merkt man auch schnell, welche Fragen noch geklärt werden müssen. Als da wären: Tritt man nur die Nutzungsrechte an dem Werk ab oder auch das Namensnennungsrecht? Was passiert, wenn ein Verlag das Buch veröffentlicht – wie erhält der Ghost Einsicht in die Abrechnungen, ist er überhaupt beteiligt und wenn ja, wie? In einer solchen Vereinbarung sollte auch das Honorar genannt sein. Um bösen Überraschungen vorzubeugen, empfehle ich einen Vorschuss bei Vertragsabschluss und bei Privatpersonen monatliche Zahlungsweise der Restsumme. Das hat den Vorteil, dass es später bei der Abnahme zu keinen Streitigkeiten kommt. Denn mit ihren jeweiligen Ratenzahlungen hat die Auftraggeberin die einzelnen Kapitel gewissermaßen schon abgesegnet. Gerne lasse ich mir auch zusichern, dass ich später, sollte das Manuskript in einem Verlag erscheinen, prozentual am Autorenhonorar beteiligt werde. Diese Prozente können, wenn ein Buch gut läuft, ein hübsches Zubrot sein.

› *Wie sieht die Zusammenarbeit mit Ihren Kunden aus?*
Auch das ist völlig unterschiedlich. Ich habe mit Prominenten gearbeitet, die sehr wenig Zeit hatten. Man hat sich zwei-, dreimal getroffen, und ich habe in sehr kurzer Zeit so viel wie möglich aus ihnen „herausgequetscht". Wenig Zeit bedeutet auch wenig Zeit, um Vertrauen zu bilden. Aber manchmal ist die Zeit ohnehin sehr knapp. Es kommt vor, dass ich ein Buch in drei Wochen schreibe, weil es beispielsweise zur Messe herauskommen soll.
Bewährt hat sich bei meiner Arbeitsweise ein wöchentliches Treffen. Ich nehme das Gespräch, das zwischen zwei und vier Stunden dauert, auf Band auf. In den nächsten Tagen bearbeite ich die Informationen. Vor dem nächsten Treffen faxe oder maile ich den fertig geschriebenen Text – damit er besprochen werden kann, ehe es mit neuen Informationen weitergeht. Manchmal ist das wöchentliche Treffen nicht möglich. Wenn zwischen Ghostwriterin und sogenanntem Autor ein paar tausend Kilometer Entfernung liegen, dann muss man andere Arrangements treffen: vielleicht mal zwei, drei Tage zusammen verbringen – je nachdem, womit sich beide am wohlsten fühlen und was für das Projekt die sinnvollste und Erfolg versprechende Methode ist.
Ich persönlich arbeite am liebsten mit „Pausen", denn ein Buch wächst wie ein Hefeteig. Kürzlich hatte ich ein Projekt, bei dem mir in sieben Tagen ein Leben erzählt wurde. Das Buch musste noch sehr oft korrigiert werden – da die Auftraggeberin immer neue Ideen hatte. Ich glaube, mit wöchentlichen Verabredungen wäre das nicht geschehen, das Buch wäre dann einfach gewachsen ... und gereift.
Unter Zeitdruck verzichte ich auf die Bandaufnahmen und tippe gleich in meinen Laptop. Im Gespräch achte ich besonders auf Zitate. Denn ich kreiere für jeden meiner Partner eine eigene Sprache. Genau hinzuhören und Zitate zu notieren hilft mir später dabei, den richtigen Duktus für genau diese Person zu finden. Und das betrifft nicht nur die wörtliche Rede, sondern auch die Art und Weise, wie dieser Mensch durch die Welt geht. Wie er schaut, was er wahrnimmt, seine ganz persönliche Note. Ich verschmelze mit seiner Persönlichkeit. Im Laptop erstelle ich eine sehr grobe Rohfassung, mit der ich später arbeite. Der Vorteil ist, dass ich die Zeit für das Abtippen spare, was ich stets selbst erledige, da ich an der Stimme oft höre, was wirklich wichtig ist. Um dies zu können, muss man aber sehr schnell und auch blind tippen können, da man ja ständig Augenkontakt halten sollte. Sonst ist das nicht vertrauensbildend, und ohne Vertrauen geht der Hefeteig nicht auf.

› *Welche Probleme oder Fallstricke gibt es in der Zusammenarbeit?*
Keine Probleme gibt es, wenn man sich als Ghost oder Co-Autorin von vornherein im Klaren darüber ist, dass man die zweite Geige oder die hundertste spielt (auch wenn ein Buch zu neunzig Prozent aus eigenen Ideen besteht), wenn man alle Fragen vor Beginn der Zusammenarbeit geklärt hat, wenn man mit dem Honorar zufrieden ist und beide Seiten das Gefühl haben, in einer Win-win-Situation zu sein. Vor allem muss man akzeptieren, dass es nicht darum geht, die eigenen Vorstellungen von einem guten Buch zu verwirklichen. Es geht darum, aus den Möglichkeiten des Gegenübers ein gutes Buch zu machen und niemals die Zielgruppe aus den Augen zu verlieren, die sich meistens sehr von der Zielgruppe unterscheidet, die man mit einem eigenen Werk erfreuen möchte.

Fallen sind vor allem im zwischenmenschlichen Bereich zu finden: Der Ghost kann heftige Identitätskrisen bekommen. Er kann sein Leben mit dem seines Partners vergleichen. Bei sehr reichen erfolgreichen Personen besteht die Gefahr, diese dann abzuwerten: „Er ist zwar reich und schön und berühmt, aber menschlich eine Niete." Mit solch einer Haltung kann kein gutes Buch entstehen. Der liebevolle Blick auf das Gegenüber inspiriert und bereichert die Arbeit. Die Kunst liegt in der Balance zwischen Nähe und Abgrenzung. Das lernt man mit den Jahren. Ich lerne heute noch bei jedem Projekt immer etwas Neues. Sehr spannend und persönlichkeitsbildend! Gerade bei Memoirs sollte man auch nie vergessen, dass die Partnerin in einer schwierigen Situation ist. Sie breitet ihr gesamtes Leben vor dem Ghost aus. Und der/die ... hüllt sich in Schweigen. Wir sind keine Maschinen, und deshalb sind Feingefühl und Menschenliebe bei diesem Beruf Voraussetzung. Und selbstverständlich Diskretion.

› *Gefällt dir deine Arbeit?*
Es ist ein wundervoller Beruf. Er schenkt mir Blicke in fremde Seelen. Ich verreise oft in die Leben anderer Menschen. Ich würde das mit der Schauspielerei vergleichen. Ich bin nicht nur ich selbst, wobei das eigentlich schon ziemlich toll ist, hin und wieder bin ich auch andere. Großartig! So viele Leben auf einmal! Ich habe viel gelernt durch diese manchmal sehr tiefen Begegnungen mit anderen Menschen. Bei dieser Arbeit kommt oft eine Nähe zustande, die sonst nicht so oft zu finden ist – wenigstens nicht in der kurzen Zeit. Das bereichert mich sehr und macht mich oft glücklich, besonders, wenn ich höre und spüre, dass meine Partner sich im Allerinnersten von mir verstanden fühlen, wenn sie sagen: „Genauso hätte ich es gesagt, wenn ich die richtigen Worte dafür hätte."
Viele Bücher, die ich für andere schrieb, waren eine Art Therapie für diese Menschen. Es gab etwas in ihrem Leben, das mussten sie sich von der Seele reden. Sogar in einem meistens an der Oberfläche bleibenden Werk findet sich eine solche Offenbarung. Natürlich entscheiden meine PartnerInnen, wie tief sie sich wagen, aber ich führe sie oft ein wenig tiefer, als sie es allein gemeistert hätten. Nicht alles, was besprochen wird, findet Platz im Buch. Meine Aufgabe ist es auch, meine PartnerInnen zu schützen: *Sag nicht zu viel. Sag es mir und dann hast du es gesagt. Ich werde es unsichtbar verweben mit dem Stoff. Es wird gesagt, aber nicht nachzuweisen sein. Ich kann das. Ich kenne den Zauber. Ich bin ein Geist.*

› *Interview: Sandra Uschtrin*

➔ Diesen Ghost können Sie buchen unter: 01577/1951362

LINKS

- **www.ahnenforschung.net** – Suchmöglichkeit in verschiedenen Datenbanken nach Familiennamen
- **www.biographie-portal.eu:** Biographie-Portal mit über 100 000 wissenschaftlich fundierten Biographien aus allen gesellschaftlichen Bereichen und fast allen Epochen der deutschen, österreichischen und der schweizerischen Geschichte
- www.fembio.org/biographie.php: Hier können Informationen zu derzeit 6400 der in der Offline-Datenbank repräsentierten 32 000 bedeutenden Frauen frei recherchiert werden.
- **www.personalhistorians.org:** Association of Personal Historians, USA
- **www.ratgeber-freie.de:** „Ratgeber Freie – Kunst und Medien" von Goetz Buchholz
- **www.tagebucharchiv.de:** Im Deutschen Tagebucharchiv (DTA) werden seit 1998 private Tagebücher, Lebenserinnerungen und Briefwechsel aus dem gesamten Bundesgebiet gesammelt und archiviert. Die persönlichen Lebenszeugnisse werden der Wissenschaft und der Allgemeinheit für Recherchezwecke zugänglich gemacht. Jeder und jede Interessierte kann hier autobiographische Texte abgeben.

LITERATUR

- „20 Jahre poet in residence". Essener Unikate 8. Berichte aus Forschung und Lehre. Universität GH Essen 1996
- Crofts, Andrew: Ghostwriter. Bücher schreiben lassen. Autorenhaus: Berlin 2007
- Kürschners Deutscher Literatur-Kalender: 2008/2009: 66. Jg. Hrsg. von Andreas Klimt. München: de Gruyter Saur 2008
- Mäckler, Andreas: Meine Biographie als Buch gestalten. Schritt für Schritt zur Publikation Ihrer Lebenserinnerungen, Chroniken und Festschriften. Fuchstal: Verlag des Biographiezentrums 2007
- Schenk, Herrad: Die Heilkraft des Schreibens: Wie man vom eigenen Leben erzählt. München: C. H. Beck 2009
- Schmitz-Emans, Monika; Lindemann, Uwe; Schmeling, Manfred (Hg.): Poetiken. Autoren – Texte – Begriffe. Reihe: de Gruyter Lexikon. Berlin: Walter de Gruyter 2009 (www.reference-global.com/doi/abs/10.1515/9783110215960.445)
- Schwidder, Stefan: Ich schreibe, also bin ich: Schritt für Schritt zur eigenen Biographie. 2. Auflage 2008. Fuchstal: Verlag des Biographiezentrums
- Weber-Bock, Jutta: Autobiographisches Schreiben. Ein Handbuch für Schreibende und Kursleitende. Waldburg: demand Verlag 2006
- Werder, Lutz von: Erinnern, Wiederholen, Durcharbeiten: Die eigene Lebensgeschichte kreativ schreiben. 2. Auflage. Uckerland/Milow: Schibri-Verlag 2009

Marketing

12

oder auch: „Es gibt keine gesättigten Märkte …“

BEITRÄGE

INTERVIEWS

ADRESSEN UND INFORMATIONEN

Beitrag von Heribert Hinrichs und Sandra Uschtrin

Lesungen und andere Marketinginstrumente

Lesungen sind für AutorInnen das wichtigste Marketinginstrument. Das Publikum mag sie als literarische Ereignisse schätzen – Sie als AutorIn sollten auch den kommerziellen Aspekt beachten.
Agenturen und Verlage bestätigen immer wieder, dass vor allem die Bücher Erfolg haben, für deren „Abverkauf" – so der Fachbegriff in den Marketingabteilungen der Verlage – sich die AutorInnen durch Lesungen und andere Aktionen engagieren.

Was Verlage leisten

Verlage sind darauf angewiesen, dass AutorInnen an der Promotion tätig mitwirken. Noch bevor ein Buch in den Buchhandlungen ausliegt – und das schafft schon aus Platzgründen nur ein Bruchteil der jährlich über 90 000 Neuerscheinungen –, läuft in den Verlagen die Arbeit in den Abteilungen Marketing/Vertrieb und Presse- und Öffentlichkeitsarbeit auf Hochtouren: Die Verlagsvertreter werden auf der Vertreterkonferenz gebrieft, bevor sie auf Reisen gehen, um Bestellungen zu akquirieren. Leseexemplare und Leseproben werden versandt, Pressemitteilungen verfasst und verschickt, (Vorab-) Interviews mit der Autorin/dem Autor mit Zeitungs- und Zeitschriften-, Hörfunk- und Fernsehredaktionen vereinbart, die wichtigsten Buchhandlungen, ein-, zweitausend Sortimenter, mit Fax-Bestellscheinen kontaktiert. Die Autorin/der Autor wird herumgereicht, je häufiger desto besser. Hier ein Termin beim Frühstücksfernsehen, da ein Interview für den Hörfunk. Wer da nicht mitspielen will oder kann, wird auf wenig Gegenliebe stoßen.
Was die Abteilung Presse- und Öffentlichkeit und der Vertrieb in zwei, drei Monaten nicht schaffen, nämlich zumindest den Spitzentitel und ein, zwei weitere Titel durchzuboxen, das wird ihnen für gewöhnlich danach auch nicht mehr gelingen. Denn „danach" ist zu spät. Dann drängt schon das neue Herbst- oder das neue Frühjahrsprogramm mit seiner Titelflut auf den Markt und keine Zeitung, kein Rundfunksender will einen „alten" Titel besprechen. Was nicht verkauft wird, bleibt in den Lagern der Verlagsauslieferungen liegen und verursacht – weil es Platz braucht – Kosten. Über kurz oder lang landet der Rest daher in den Ramschkisten oder im Schredder.

Spitzentitel und Programmfüller

Zu bedenken ist, dass die eben beschriebene Maschinerie natürlich nicht für alle Titel eines Herbst- oder Frühjahrsprogramms gleichermaßen auf Hochtouren läuft. Für den Spitzentitel, selbstverständlich. Ihm wird schon in der Programmvorschau (einer bunten Werbebroschüre, mit der die Verlage zweimal jährlich, noch bevor ihre Vertreter reisen, die Buchhandlungen überschwemmen) der beste und meiste Platz eingeräumt: gleich vorne auf der ersten Doppelseite – wo sonst? Was aber wird für einen Titel getan, dem der Verlag schon in der Vorschau nur eine der hinterletzten Seiten zubilligen mag? Wer entscheidet, welcher Titel in dieser Saison als Spitzentitel gehandelt wird und welcher nicht?
Oft ist es gar nicht so kompliziert, wie man denkt: Die Wahl fällt einfach auf den Titel, der im Einkauf am meisten gekostet hat. Denn die Ausgaben für teuer eingekaufte Lizenzen oder für hohe Vorschüsse, ausgehandelt von findigen AgentInnen, müssen schließlich wieder hereingewirtschaftet werden. Das geht am ehesten, wenn man den

Werbeaufwand für einen solchen Titel entsprechend erhöht, schließlich sollen möglichst viele Exemplare verkauft werden. Ein Titel dagegen, der wenig gekostet hat, in den man kaum investieren musste, kann kein allzu tiefes Loch in die Kasse reißen. Er darf ruhig die Rolle des Ladenhüters übernehmen, eine Rolle, die zwar immer schmerzt, bei einem „Billigtitel“ aber am wenigsten wehtut – zumindest dem Verlag. Vielleicht sollte man daraus folgern: AutorInnen! Lasst die Verlage bluten! Umso mehr werden sie sich später für euch einsetzen?
Welchen Stellenwert man Ihrem Titel im Verlag auch einräumt, Sie als AutorIn sollten so viel wie möglich dabei helfen, das Buch in der Öffentlichkeit bekannt zu machen. Am besten gelingt das nach wie vor mit Lesungen. Und wer noch keinen Verlag für sein Manuskript gefunden hat, den „entdeckt“ möglicherweise eine Lektorin bei einem solchen „Event“ – es wäre nicht das erste Mal.

Lesungen – ein wichtiger Schritt in die Öffentlichkeit

Für die meisten jungen AutorInnen sind Lesungen und/oder auch Poetry Slams ein wichtiger Schritt in die Öffentlichkeit. Die meisten erfahren erstmals Kritik, die ihnen bei ihrer Arbeit weiterhilft. Zudem ergeben sich Diskussionen und Kontakte mit Gleichgesinnten. Es ist allen AutorInnen zu empfehlen, diesen Sprung in die Praxis des literarischen Lebens zu wagen, denn sie bringen damit ihre schriftstellerische Arbeit direkt und persönlich an das Publikum. Für viele SchriftstellerInnen sind Lesungen außerdem eine Chance, sich finanziell über Wasser zu halten.
Um wichtige Erfahrungen zu sammeln und sich auf diese Weise „hochzuarbeiten“, können AutorInnen selbst die Initiative ergreifen und in ihrem Freundes- und Bekanntenkreis Lesungen organisieren. Auch Autorenvereinigungen und die Kulturämter und Literaturbüros/Literaturhäuser (› Kapitel 14) der einzelnen Städte geben Rat suchenden AutorInnen gerne Tipps und veranstalten manchmal selbst Lesungen.
Gelegentlich besteht die Chance, als GastleserIn das Debüt „im Huckepack“ zu geben. Im weitesten Sinn mit der Vorgruppe bei einem Popkonzert vergleichbar, können sich AutorInnen mit bekannteren KollegInnen zusammentun und ihre Texte vor deren „Auftritt“ lesen. AutorInnen, die bereits ein Buch veröffentlicht haben, werden vielleicht von ihren Verlagen angesprochen, die dann für sie Lesungen organisieren.

Autorenverzeichnisse

In den meisten Bundesländern gibt es regionale AutorInnen-Verzeichnisse in einer Print- und/oder Online-Version. Unter dem Stichwort „Länderliteraturportale“ finden Sie die Literaturportale, sortiert nach Bundesländern (› Kapitel 14). Etliche verfügen über eine AutorInnen-Datenbank. Lassen Sie sich darin aufnehmen. Es ist wichtig, Sie finden zu können. Begreifen Sie den Eintrag in eine solche Datenbank als Marketingmaßnahme.
Auch das Literaturbüro vor Ort wird wissen, ob und in welcher Version ein regionales Verzeichnis existiert und an wen man sich wenden muss, um bei einer Neuauflage bzw. einem Update berücksichtigt zu werden.
Außerdem gibt es Verzeichnisse für bestimmte Genres. Der *Autorenkreis Historischer Roman Quo Vadis* publiziert beispielsweise eine PDF-Datei, in der SchriftstellerInnen verzeichnet sind, die historische Romane schreiben (www.akqv.org/mitglied.shtml).

Ein bundesweites Verzeichnis für AutorInnen, die bereit sind, in Schulen zu lesen, veröffentlicht der Friedrich-Bödecker-Kreis, siehe unten.

Schullesungen

Lesungen lassen sich in Schul- und öffentliche Lesungen einteilen. Öffentliche Lesungen werden oft von Bibliotheken, Buchhandlungen und Volkshochschulen veranstaltet. Diese Einrichtungen zahlen AutorInnen nicht aus lauter Gefälligkeit ein Honorar, sondern verbinden damit oft die Absicht, für sich zu werben. Schullesungen dienen dazu, SchülerInnen mit Literatur und allem, was damit zusammenhängt, bekannt zu machen. Es geht darum, die Freude am Lesen zu wecken; kommerzielle Interessen stehen dabei nicht im Vordergrund.
SchriftstellerInnen sollten sich diese Unterscheidung bewusst machen, um auf das jeweilige Publikum eingehen zu können: Bei Lesungen vor Kindern und Jugendlichen ist es wichtig, Literatur interessant und faszinierend darzustellen, um sie zu weiterem Lesen zu motivieren; Erwachsene sind meist an speziellen Themen oder Gattungen interessiert.
Bei der Vermittlung von Schullesungen spielen in Deutschland die Friedrich-Bödecker-Kreise eine große Rolle.

Friedrich-Bödecker-Kreise – Lesungen an Schulen

Pädagogisches Ziel der in allen Bundesländern tätigen *Friedrich-Bödecker-Kreise (FBK)* ist es, „Kinder und Jugendliche zu befähigen, aktiv am literarischen Leben teilzunehmen". Dies geschieht besonders durch die Vermittlung, Organisation und Finanzierung von Autorenlesungen, die überwiegend in Schulen, aber auch in anderen Einrichtungen wie in Kindergärten, Bibliotheken, Jugendeinrichtungen, Jugendstrafanstalten und in Eltern- und Lehrerfortbildungen stattfinden. „Die Veranstaltungen, die neben der Lesung immer auch Gespräch und Diskussion beinhalten, werden als kurzweiliges Ereignis im (meist schulischen) Alltag erfahren und wirken über den Tag hinaus. Die Erfahrungen zeigen, dass Kinder und Jugendliche durch die persönliche Begegnung mit einem Autor oder einer Autorin eine ganz neue Beziehung zur Sprache, zum Lesen und zur Literatur herstellen."
Kinder- und Jugendbuch-AutorInnen, die vor Kindern und Jugendlichen lesen möchten, können sich auf der Homepage der Friedrich-Bödecker-Kreise über die Konditionen informieren. Diese sind von Landesverband zu Landesverband verschieden. Die Honorare liegen oft unterhalb des vom *Verband deutscher Schriftsteller (VS)* empfohlenen Mindesthonorarsatzes von 300 Euro. Die Fahrt- und Übernachtungskosten übernehmen üblicherweise der Friedrich-Bödecker-Kreis und/oder der Veranstalter.
Die Bödecker-Kreise arbeiten vor allem für Kinder und Jugendliche. Allerdings können auch AutorInnen mit einem anderen Repertoire begrenzt vermittelt werden, indem sie als Zielgruppe zum Beispiel Oberstufen von Gymnasien angeben. Jährlich vermitteln die Bödecker-Kreise rund 5500 Lesungen.
Weitere Informationen und die Adressen der Landesverbände finden Sie auf der Website des Bundesverbandes: www.boedecker-kreis.de.

Den öffentlichen Auftritt vorbereiten

Egal ob die Lesung für die Öffentlichkeit oder an einer Schule stattfindet, Sie sollten sich gut vorbereiten. Einige Literaturbüros bieten Workshops zum Thema „Lesen und Reden" an – sicherlich eine gute Idee, wenn man an manche SchriftstellerInnen denkt, die ihre Texte erbarmungslos „herunternölen" oder so leise sprechen, dass sie schon in der dritten Reihe kaum noch zu verstehen sind. Ein Stimm-, Sprech- und Atemtraining hilft, bei Auftritten in der Öffentlichkeit sicherer zu werden und an Ausdruckskraft zu gewinnen. Investieren Sie in sich und Ihre Entwicklung!

Rhetorik-Kurse sowie Kurse zum Thema Selbstdarstellung/Selbst-PR sind für AutorInnen ebenfalls nützlich. Alle, die ihre Bücher selbst verkaufen wollen, Stichwort Books on Demand oder Selbstverlag, und den Abverkauf ankurbeln möchten, tun gut daran, ihre Fähigkeiten auf diesen Gebieten zu vervollkommnen. Preisgünstige Anbieterinnen solcher Kurse sind die Volkshochschulen; teurere, aber nicht unbedingt bessere Kurse finden sich zuhauf; Literatur zum Thema füllt die Regale der Bibliotheken und Buchhandlungen.

Honorar

Der *Verband deutscher Schriftsteller (VS) in ver.di* empfiehlt als Mindesthonorar zurzeit 300 Euro pro Lesung zuzüglich Spesen (Fahrt und Übernachtung). Auch namhafte AutorInnen erhalten derzeit selten mehr als 300 Euro. Lesehonorare von über 500 Euro sind die Ausnahme. Da wundert es nicht, dass sich die meisten (noch) wenig bekannten Schriftstellerinnen mit einem geringeren Entgelt zufriedengeben müssen und oft für weniger als 300 Euro lesen.

Bei Lesungen im Freundeskreis und ersten Gehversuchen auf dem literarischen Parkett wird Geld kaum eine Rolle spielen. Sobald die Lesungen jedoch in Schulen, Bibliotheken, Buchhandlungen und ähnlichen Foren stattfinden, die über einen entsprechenden Etat verfügen, sollten AutorInnen die empfohlenen 300 Euro aber durchaus verlangen, schon um ihren schriftstellernden KollegInnen nicht in den Rücken zu fallen.

Lesungsagenturen

Neuerdings gibt es Agenturen, die sich darauf spezialisiert haben, Lesungen für Autorinnen und Autoren zu akquirieren. In Autorenforen und über Google haben wir nach ihnen Ausschau gehalten. Hier das Ergebnis unserer Recherche:

AGENTUR FÜR AUTORENLESUNGEN Helga Bieniek
Vermittlungsservice zwischen Veranstaltern und AutorInnen, von Kinderbuch-AutorInnen über Belletristik- und Krimi- bis hin zu Sachbuch-AutorInnen
www.autorenlesungen-bieniek.de | Helgabieniek@aol.com

DRESDNER LESEAGENTUR Dorit Kostall
Organisation von Lesungen in Sachsen, Thüringen und Sachsen-Anhalt, derzeit vor allem in Dresden
www.leseagentur-dresden.de | dorit@leseagentur-dresden.de

KULTURBÜRO Tamara Steg
Agentur für Lesungen und Autorenmanagement mit Sitz in Hamburg
www.tamara-steg.de | kulturbuero@tamara-steg.de

LESE-AGENTUR Sabine Fecke
Vermittlung von Lesungen, Öffentlichkeitsarbeit für Verlage, Vertrieb von englischen Kinderbüchern
www.Lese-Agentur.de | info02@Lese-Agentur.de

MEDIAKONTAKT LAUMER Pressearbeit und Buch-PR
Eine auf Verlags- und Buch-PR sowie Kultur-PR spezialisierte Agentur mit Sitz in Marburg
www.mediakontakt-laumer.de | info@mediakontakt-laumer.de

TOM PRODUKT Michael Bugmann und Marcel Vega
www.tomprodukt.de | info@tomprodukt.de

Literaturtelefone, Web-Lesungen, LiteraturLines

Literaturtelefone, Web-Lesungen oder LiteraturLines machen es möglich, mit kurzen Texten oder Textausschnitten an die Öffentlichkeit zu treten. Auskünfte geben die AnsprechpartnerInnen des jeweiligen Literaturtelefons beziehungsweise der „Literatur-Line“. Die Texte dürfen in der Regel nicht länger als 4–5 Minuten sein. Manchmal wird ein geringes Honorar von etwa 25 Euro gezahlt.

› *Aurich:* Im Literaturtelefon Ostfriesland sind Geschichten und Gedichte in Hoch- und Plattdeutsch von AutorInnen aus Ostfriesland zu hören.
www.arbeitskreis-ostfriesischer-autoren.de

› *Frankfurt am Main:* Zu hören sind die Texte lebender AutorInnen der Rhein-Main-Region.
www.kunstraum-liebusch.de

› *Hamburg:* Die Texte der Web-Lesungen müssen sich inhaltlich nicht auf Hamburg beziehen; die AutorInnen brauchen nicht aus Hamburg zu kommen.
www.weblesungen.de

› *Kiel:* Erstes Literaturtelefon in Deutschland. Fast alle deutschsprachigen AutorInnen von Rang haben beim Kieler Literaturtelefon gelesen.
www.kiel.de/Kultur/Literaturtelefon/literaturtelefon_start.htm

› *Mainz:* AutorInnen müssen nicht notwendigerweise aus Mainz kommen. Zu hören sind Lyrik und Prosatexte.
www.literaturbuero-rlp.de

› *Münster:* Die „LiteraturLine“ (im Internet) bietet Lyrik und Prosa in Textauszügen und Hörproben. Die AutorInnen müssen nicht aus Münster kommen.
www.stadt-muenster.de/literaturline/

› *Rhein-Kreis Neuss:* Im Literaturtelefon werden die Texte von Mundart-AutorInnen vorgestellt, die aus dem Rhein-Kreis Neuss kommen.
www.rhein-kreis-neuss.de › Internationales Mundartarchiv

Marketinginstrumente

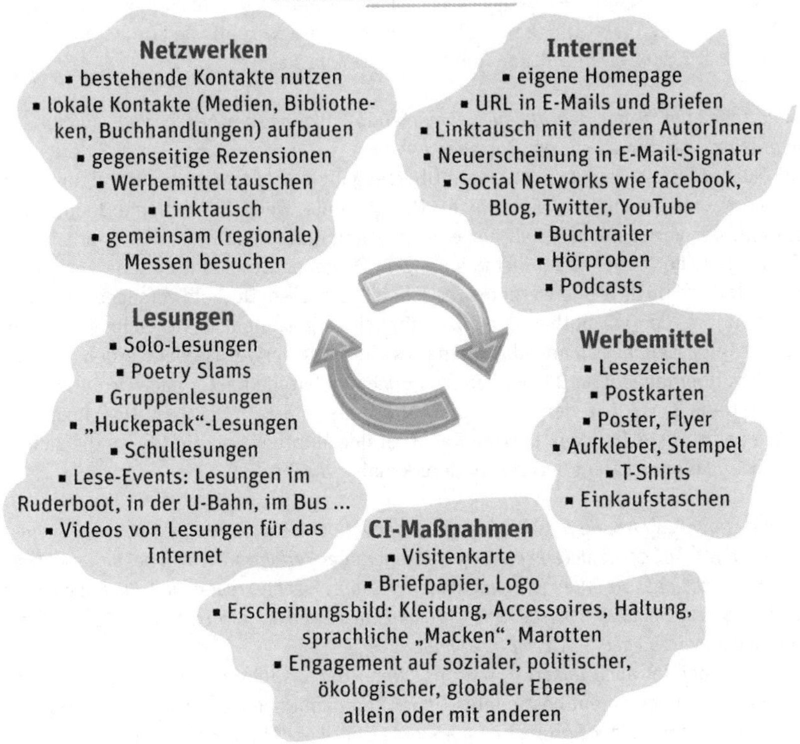

Weitere Marketinginstrumente

Neben Lesungen gibt es selbstverständlich noch weitere Möglichkeiten, sich und sein Werk der Öffentlichkeit zu präsentieren. Gerade bei AutorInnen, die ihr Buch selbst herausgeben wollen, zum Beispiel als Book on Demand, steht alles, was mit Öffentlichkeitsarbeit und Marketing zu tun hat, hoch im Kurs, ganz nach dem Motto: „Selbst ist die Autorin" beziehungsweise „Jeder ist sein eigener Stephen King".

Zahlreiche Marketingmaßnahmen sind mit geringen oder überhaupt keinen Kosten verbunden und doch wirkungsvoll. Entwickeln Sie Fantasie! Lassen Sie sich von unserer Grafik anregen.

Autorenmarketing: Rudern in einem Boot

Klaus Kluge, geboren 1958, ist Geschäftsführer der Verlagsgruppe Lübbe (www.luebbe.de) und arbeitete zuvor als Verlagsleiter Marketing bei der Verlagsgruppe Droemer Knaur. An der Universität München und der Akademie des Deutschen Buchhandels leitet er Seminare zum Thema „Autorenmarketing".

› *Wie definieren Sie den Begriff „Autorenmarketing"? Warum sprechen Sie von „Autorenmarketing" und nicht etwa von „Buchmarketing"?*
Bei Büchern ist es nach meiner festen Überzeugung der Autorenname, der dem potenziellen Käufer signalisiert: „Kauf mich!" Natürlich nur, wenn dieser Name Qualität verspricht. Der Verlagsname spielt nur eine sehr untergeordnete Rolle. Mit ihm kann der Endverbraucher in der Regel nichts anfangen. Diogenes ist da eine seltene Ausnahme. Buchtitel sind flüchtig und werden auch schnell vergessen. Deshalb versuchen wir, Titel eines Autors, den wir aufbauen wollen, ähnlich zu gestalten. Das Gleiche gilt für die Cover. Aufpassen muss man lediglich, dass sie nicht zu verwechselbar werden.
Bei dem Überangebot an Büchern suchen Buchhändler und Käufer nach Orientierungshilfen. Dafür muss man den Autor, die Autorin als „Marke" aufbauen. Das muss oder sollte das oberste Ziel sein. Letzten Endes ist der Autorenname die Marke, die sich im Schriftbild niederschlägt und sie wiedererkennbar macht.

› *Dann stimmt es also, dass es für AutorInnen heutzutage eher hinderlich ist, wenn sie vielseitig sind? Eine Schriftstellerin erzählte mir, einer ihrer Verlage hätte sich bei ihr beschwert: Es ginge nicht, dass sie unter demselben Namen Krimis, Freche-Frauen-Titel, Sachbücher und als Co-Autorin Memoirs schriebe. Das würde die Buchhändler verwirren. Sie möge sich bitte ein Pseudonym zulegen. – Was ist Ihre Meinung dazu?*
Das ist in der Tat auch unsere Erfahrung. Wenn Buchhändler und Endverbraucher mit einem Autorennamen ein bestimmtes Genre und damit zugleich eine gewisse Qualität verbinden, dann ist der Sprung in ein anderes Genre eher hinderlich. Buchhändler denken schon sehr in diesen Erfahrungsmustern und sind eher unwillig zu akzeptieren, dass aus der begnadeten Krimiautorin auf einmal eine nicht minder begnadete Historienschreiberin geworden sein soll. Dieser Spagat ist nur in wenigen Fällen gelungen.
Wenn eine Autorin ganz bewusst auf ein anderes Genre setzt, würden wir ihr in der Regel empfehlen, entweder ein Pseudonym zu nehmen oder vielleicht sogar den Verlag zu wechseln. Das wäre natürlich ultima ratio. Aber manchmal muss man ganz uneigennützig sagen: „Nein, mit Texten dieser Art bist du bei uns nicht wirklich gut aufgehoben."

› *Henning Mankell hat auch nicht nur Wallander-Krimis geschrieben …*
Das ist die Ausnahme von der Regel. Die Erfahrung lehrt, dass bei weit über neunzig Prozent der Autoren davon abzuraten ist. Nur bei wenigen, wirklich großen Namen ist es – fast – egal, in welchem Genre sie schreiben.

› *Nehmen wir an, ein Verlag ist von einer Autorin begeistert und möchte sie aufbauen. Was kann sie tun, damit sich ihr Buch gut verkauft? Wie kann sie ihren Verlag dabei unterstützen?*
Das Entscheidende ist zunächst die Bereitschaft, intensiv mit dem Lektorat zusammenzuarbeiten. Das ist nicht immer gegeben. Wir wünschen uns Autoren, die diese

Bereitschaft zeigen, die wissen: Wir – Verlag und Autor – sitzen in einem Boot. Denn es gibt selten den ganz großen Wurf, bei dem man nur noch die Zeichensetzung überarbeiten muss. Oft ist die intensive Arbeit am Text eine der Voraussetzungen, dass sich das Buch gut verkauft.
Wichtig ist für uns außerdem die Bereitschaft, sich schon im Vorfeld mit dem Verlag zu treffen. Einfach um zu spüren: Passen wir überhaupt zueinander, stimmt die Chemie? Sind sozusagen Autor und Verlag füreinander gemacht?
Ebenso entscheidend ist die Bereitschaft, sich am gesamten Entstehungsprozess zu beteiligen. Wir wollen unsere Autoren zum Beispiel in unsere Überlegungen zum Marketing oder zur Covergestaltung mit einbeziehen. Nicht in dem Sinne, dass wir alles von ihnen abnicken lassen, aber dass sie wissen, wie der Verlag denkt und handelt. Und nicht später überrascht sind vom Endergebnis, dem fertigen Buch mit der fertigen Kampagne.
Und ganz wichtig: Ein Autor muss nicht nur das Manuskript abgeben, sondern sollte im Rahmen seiner Möglichkeiten dazu beitragen, dass das Buch ins Gespräch kommt. Das ist natürlich letztlich abhängig von der Persönlichkeit des Autors, nicht jeder ist der geborene Entertainer.

› *Sie meinen, er sollte bereit sein, Interviews zu geben oder im Frühstücksfernsehen aufzutreten?*
Ja. Er sollte bereit sein, medial mitzuspielen. Bei Memoirs und ähnlich personenzentrierten Geschichten ist das ohnehin unabdingbar. Denn natürlich haben Verlag, Buchhändler und Endkunden mehr Freude an einem Autor, der sich in Szene setzen und seine Texte so vortragen kann, dass es Spaß macht, ihm zuzuhören. Wir bei Lübbe bieten unseren Autoren zum Beispiel ein Sprechtraining an.
Und dann gibt es mittlerweile ein ganz entscheidendes Medium: das Internet mit all seinen Diskussionsforen. Da sammelt ein Autor natürlich Pluspunkte, wenn er sagt: „Ich bin bereit, auf meinen Foren zu kommunizieren. Ich bin bereit, mich Diskussionen zu stellen und auf Leseranfragen zu reagieren." Überhaupt sollten sich Autorinnen und Autoren aktiv in das Geschehen einbringen, nachdem ihr Buch erschienen ist, und nicht die Hände in den Schoß legen, voller Erwartung, der Verlag werde alles Weitere schon richten.

› *Sie haben also bessere Karten, wenn sie tüchtig mitrudern. Und nicht draußen auf dem Steg darauf warten, dass sich ihre Bücher gut verkaufen.*
Richtig. Denn es ist einfach so, dass man ein Buch nicht mit ein paar Anzeigen ins Laufen bringen kann. Viele Faktoren sind dafür entscheidend: Das fängt an bei der richtigen Buchgestaltung, beim richtigen Inhalt, bei den richtigen Buchrückentexten. All das muss stimmen. Und dann, wenn das Buch draußen liegt, bedarf es der Mundpropaganda. Dieses Darüberreden kann man nicht mit zwei, drei Anzeigen erreichen. Wer das glaubt, sich zurücklehnt und sagt: „Verlag, mach mal!", liegt falsch. Man muss schon bereit sein, sich einzubringen. Nun kann und will der Verlag niemanden zwingen, eine Lesereise zu machen oder auf ein Podium zu klettern, wenn er das schlicht nicht möchte. Klar. Wir würden das auch von keinem Autor verlangen. Aber: Der Autor ist und bleibt sein bester

Promotor. Nur er kann – mit einem gelungenen Auftritt – erreichen, dass seine Fans, seine Käufer und Leser darüber im Freundes- und Familienkreis sprechen. Und das kann, wenn alles gut geht, den Abverkauf spürbar beflügeln.

› *Inwiefern spielt die Größe des Verlags eine Rolle? Schließlich hat ein größerer Verlag auch ein größeres Marketingbudget.*

Nein, das spielt keine Rolle, überhaupt nicht. Es gibt einen ganz anderen Faktor, der entscheidend ist. Die Größe eines Verlages würde ich als Autor niemals zur Entscheidungsgrundlage nehmen, um mich für Verlag A oder für B zu entscheiden. Man kann bei so ziemlich allen Verlagen davon ausgehen, dass sie, gemessen an ihrem Umsatz, etwa acht bis zehn Prozent für Marketing ausgeben. Das ist bei den großen Häusern ähnlich wie bei den kleinen. Der Vorteil bei einem kleineren Haus kann sein, dass die Betreuung intensiver, persönlicher ist, weil der Lektor oder Verlagsmitarbeiter weniger Autoren parallel zu betreuen hat. Aber es sollte nie der Vorschuss, die Garantie sein, die vertragsentscheidend ist, das ist wirklich nur ein Teil des Ganzen.

Entscheidend ist zunächst das Engagement, dass das Lektorat Feuer fängt, dass dieses Feuer der Begeisterung sich überträgt auf den Vertrieb, auf das Marketing, dass alle wie eine Eins hinter diesem Autor stehen.

Noch entscheidender ist, dass alle wissen, um was es bei dem Buch geht, also sich auf die gleiche Botschaft einigen. Nicht, dass die Presseabteilung etwas völlig anderes verkauft als der Vertrieb und das Marketing eine Kampagne gestaltet, die nichts mehr mit den Presseaktivitäten zu tun hat. Wie wollen wir diesen Autor, dieses Buch in den Handel und zum Endverbraucher bringen? Darüber muss man sich beizeiten verständigen, sodass alle gemeinsam dieselbe Kommunikationsstrategie verfolgen, also am selben Strang ziehen.

Das Allerwichtigste für Autorinnen und Autoren, wenn sie einen Vertrag unterschreiben, ist aber: Sie müssen wissen, wo in etwa sie in der Gewichtung des jeweiligen Verlagsprogramms stehen. Egal ob bei 5 oder 45 Novitäten, sie müssen wissen: In welchem Umfeld stehe ich? Passe ich in das Programmprofil? Bin ich bewusst als Solitär vorgesehen? Und auch: Welchen Stellenwert habe ich? Bekomme ich einen hervorgehobenen Platz in der Vorschau oder bin ich einer unter vielen? Darauf sollte man im Vorfeld unbedingt achten.

› *Sie würden AutorInnen also raten, ihren Vertrag nicht gleich zu unterschreiben, sondern sich vorher zu erkundigen, wie der Verlag den Titel einordnet, wie er beabsichtigt, ihn zu positionieren. Kann ich als Autorin einfach danach fragen oder sollte ich so viel Fingerspitzengefühl beweisen und versuchen, das zu erahnen?*

Erahnen können Sie da gar nichts. Sie müssen sehr konkret nachfragen. Es ist halt immer so: Wenn ich froh bin, einen Vertrag zu bekommen, dann bin ich froh, einen Vertrag zu bekommen. Das bleibt nicht unbemerkt, und der Autor wird dort platziert, wo es dem Verlag als angemessen erscheint, selbstverständlich immer abhängig von der Güte des Manuskripts. Der Autor, der mit einem gewissen Selbstbewusstsein auftritt und sagt: „Ich nehme nicht jeden Verlag und ich nehme nicht jedes Angebot, nur weil ich froh bin, veröffentlicht zu werden", dieser Autor hat ein ganz anderes Standing. Das ist ja auch

psychologisch absolut nachzuvollziehen. Grundvoraussetzung ist natürlich immer, dass das Manuskript wirklich etwas Besonderes ist. Mit einem 08/15-Manuskript habe ich kaum eine Chance. Da ist es auch egal, ob ich über eine Agentur an den Verlag herantrete oder direkt.
Ich kann wirklich nur empfehlen, wenn es denn möglich ist, den Verlag persönlich kennenzulernen. Denn bevor unterschrieben wird, sollte man die Leute sehen, die dem Buch zum Leben verhelfen. In diesem Gespräch würde ich selbstbewusst auftreten und sagen, dass ich gerne wissen möchte, in welchem Umfeld ich erscheine. Das kann man nicht festschreiben, das wird vermutlich kein Verlag machen, dass er sich abschließend festlegt. Aber man spürt als Lektor sehr wohl, wenn einem ein Autor gegenübersitzt, der weiß, dass die Gewichtung, die Platzierung innerhalb des Verlagsprogramms entscheidend ist. Das Buch eines Debütanten hinten im Programm auf einer Drittelseite hat es nun mal sehr schwer. Es sei denn, der große Pressehype setzt plötzlich ein – auch das gibt es immer wieder.

› *Sie erwähnten Literaturagenturen. Ich denke, dass man gerade Anfängern empfehlen kann, über eine Agentur an Verlage heranzutreten. Eine anständige Agentur kann bei den Verhandlungen eher Forderungen stellen, weiß in der Regel besser, was sich herausholen lässt.*
Ich würde immer raten, zum Agenten zu gehen, grundsätzlich. Man wird anders wahrgenommen vom Verlag. In den Agenturen weiß man ja, was thematisch, inhaltlich zu dem jeweiligen Verlag passt. Das ist eine sehr praktische Vorauswahl, die dort getroffen wird.

› *Ich habe beim Goldmann Verlag gefragt, wie viele Manuskripte sie im Monat unaufgefordert erhalten: Es sind vierhundert bis sechshundert, im Jahr also etwa sechstausend Manuskripte.*
Ja, das ist so die Zahl.

› *Wer soll das alles durchsehen, geschweige denn durchlesen? Die Praktikanten? Denn die Lektorinnen haben im Verlagsalltag ja gar nicht die Zeit, sich durch diese Stapel zu wühlen.*
Es wird alles angeschaut, nicht nur von den Lektoratsvolontärinnen, aber natürlich vorrangig. Klar, es rutscht immer mal wieder etwas durch, aber das passiert auch dem erfahrensten Lektor. Der Weg über eine Agentur ist zwar für den Autor etwas teurer, sicherlich aber Erfolg versprechender.

› *Eines Ihrer Seminare wurde mit den Worten angekündigt: „Nur in enger Abstimmung zwischen den Bereichen Lektorat, Presse, Vertrieb und Marketing kann es gelingen, ‚Autorenmarken‘ aufzubauen und dauerhaft zu etablieren. Marktvolumina und Marktattraktivität spielen dabei eine ebenso bedeutende Rolle wie die zielgruppengerecht ausgerichtete Produktausstattung, eine marktgerechte Preisgestaltung, ein klar definiertes Distributionskonzept und eine auf die Persönlichkeit des Autors abgestimmte Kommunikationsstrategie.“ „Eine auf die Persönlichkeit des Autors abgestimmte Kommunikationsstrategie" – was bedeutet das konkret?*

Dieser Punkt ist ganz entscheidend. Hier geht es um die Fragen: Was bringt der Autor neben seinem Schreiben persönlich mit ein? Ist er sehr präsent? Ist er jemand, der eher zurückhaltend ist? Ist er eine schillernde Persönlichkeit oder ist er sehr nüchtern? Kann er sich selbst vermarkten oder eher nicht? Das ist wichtig, weil wir ja niemanden dazu zwingen wollen, etwas zu tun, was ihm zuwider ist. Das Publikum würde das sofort spüren. Insofern muss man die Kampagne immer auf die jeweilige Person abstimmen. Dabei mit was Falschem zu arbeiten, bringt nichts, zumindest dann nicht, wenn diese Person in irgendeiner Weise in der Öffentlichkeit auftritt – sei es auf einer Lesung oder sei es auch nur im Autorengespräch oder im Fernsehen. Autoren kann man sich nicht nach seinem Wunsch gestalten, aber man kann die Kampagne auf sie zuschneiden. Gerade wenn es darum geht, den Titel auch über den Autor zu verkaufen und durch den Autor lebendig zu machen. Auf allen Diskussionsforen merken wir, dass dies interessiert: Wer steckt dahinter? Was ist das für ein Mensch? Wes Geistes Kind? Deswegen ist es so wichtig, alles genau auf die Persönlichkeit des Autors abzustimmen.

› *Können Sie ein, zwei Beispiele nennen?*

Gerne. Nehmen wir Kerstin Gier. Das ist eine Autorin unseres Hauses, eine ausgesprochen lebensfrohe, hoch sympathische Person. Sie erfreut sich denn auch entsprechend vieler Rezensionen oder Besprechungen auf Amazon. Das ist eine Autorin, die man wirklich gerne zum Buchhändler oder auf Buchhändlerabende mitnimmt. Wenn die Buchhändler nach langen Programmpräsentationen erschöpft dasitzen, kommt diese lebensfrohe, lustige, witzige Frau. Es gelingt ihr im Nu, die Menschen für sich einzunehmen. Und schon sind die Buchhändler bereit und willens, sie zu Lesungen in ihre Buchhandlungen einzuladen. Sie verkörpert das, was sie in ihren Büchern schreibt, in idealer Weise durch ihre eigene Person. Das sind die Glücksfälle, wo man sagt: „Genau! Wunderbar! Passt alles zusammen!"

Und noch ein weiteres Beispiel: Es geht in dieselbe Richtung, betrifft aber nicht die Frauen-Belletristik, sondern die Spannungsliteratur. Das ist bei Droemer Knaur Sebastian Fitzek, einer der erfolgreichsten Krimi-Autoren. Ihm ist es gelungen, sich durch seine enorme Präsenz, durch seine schon schauspielerischen Fähigkeiten und seine Kreativität ein Publikum zu erspielen, zu erlesen, zu erarbeiten. Das geht jetzt in Verkaufszahlen von weit über 300 000 Exemplaren pro Buchtitel – einfach großartig! Sebastian Fitzek hat es genauso gemacht, wie vorhin beschrieben: Der inszeniert sich selbst, der ist sehr aktiv im Internet, der reagiert auf E-Mail-Anfragen, ist in allen Foren vertreten. Etwas Besseres kann Ihnen als Verlag gar nicht passieren. Zumal er auch noch sehr gut, sehr spannend schreibt.

› *Interview: Sandra Uschtrin*

Beitrag von Wolfgang Tischer

Internet: Plappern gehört zum Handwerk

Wolfgang Tischer, geboren 1967, spielte in zahlreichen Theaterstücken und trat jahrelang mit einem eigenen Kabarettprogramm auf. Seit einigen Jahren hat er sich ganz auf die Interpretation von Texten spezialisiert und liest bei privaten und öffentlichen Veranstaltungen (www.vorleser.de). Wolfgang Tischer ist Inhaber des Literatur-Cafés (www.literaturcafé.de), eines der renommiertesten und ältesten Literaturprojekte im Internet.

Pflicht: die eigene Website

Die eigene Website ist Pflicht. Nur hier hat man die Möglichkeit, aktuell und ungefiltert Informationen über sich, seine Bücher, Termine und Erfolge zu publizieren, die Minuten später von jedermann via Google gefunden werden können.

Ein gesundes Maß an Eigenwerbung ist wichtig, und nirgendwo kann sie besser und kostengünstiger betrieben werden als im Internet. Das haben mittlerweile auch die Web-Muffel unter den Schreibenden erkannt, die sich bislang damit herausgeredet haben, dass alles, was man über sie wissen müsse und was sie zu sagen hätten, in ihren Büchern zu finden sei, oder die sich nicht mit technischen Internet-Dingen und -Begriffen herumschlagen wollten.

Eine Netz-Abstinenz können sich höchstens Bestseller-Autorinnen und -Autoren leisten, bei denen der Verlag die Website stellvertretend für den Autor pflegt. Doch selbst bekannte AutorInnen überlassen dies mittlerweile nicht mehr dem Verlag, sondern kümmern sich persönlich um die eigene Website. Umgekehrt gilt, dass es Verlage mehr denn je begrüßen, wenn ihre AutorInnen selbst aktiv sind. Jedoch sollte man seine Aktivitäten mit dem Verlag absprechen, damit zum Beispiel bei einer Presseanfrage zu einer Online-Aktion auch der Verlag Auskunft geben kann.

Bei Informationen, die man ins Netz stellt, sollte man nicht ausschließlich an die Leserinnen und Leser denken. Auch Buchhändlerinnen, Veranstalter von Lesungen, Verlage und die Presse schätzen es, wenn sie auf der Website der Autorin mundgerechte Texthäppchen für Veranstaltungskalender oder Presseartikel per Copy and Paste übernehmen können. Ausufernd sollte der Text auf der eigenen Website ohnehin nicht sein. Das liest dort niemand. „Kurz und informativ" lautet die Devise.

Gerade bei unbekannteren AutorInnen muss bereits die Startseite klar vermitteln, dass man AutorIn ist und welche Art von Texten und Büchern man schreibt. Das klingt banal, wird jedoch häufig nicht berücksichtigt.

Pressefotos, Leseproben, Termine

Aussagekräftige Menüpunkte führen zu den Infos über den Autor, zu seinen oder ihren Büchern, zu Leseproben und aktuellen Terminen. Für Presse und Veranstalter sollte man zudem ein oder mehrere Autorenfotos honorarfrei zum Download anbieten – natürlich in einer hochauflösenden Version, die auch für Print geeignet ist, und in bester Qualität.

Und apropos Leseprobe: Häufig wird diese als PDF-Datei zum Herunterladen bereitgestellt. Dies verkennt jedoch, dass nur die Hälfte der Web-Nutzer ein PDF-Leseprogramm installiert haben. Die andere Hälfte wird somit die Leseprobe nicht zu Gesicht bekommen. Daran ändert ein Download-Link zum aktuellen Adobe-Reader wenig. Eine sofort lesbare Textversion ist sinnvoller.

Zum Glück muss sich heute niemand mehr mit HTML-Quellcode und Bildkomprimierungen herumschlagen, wenn er oder sie die Inhalte der eigenen Website pflegen will. Moderne Content-Management-Systeme wie WordPress oder Joomla sind kostenfrei erhältlich. Wer einen Web-Browser bedienen kann, kann damit auch die Inhalte der eigenen Website pflegen. Hilfe benötigt man, wenn überhaupt, nur bei der Installation und Einrichtung des Systems.

Auf jeden Fall sollte die eigene Web-Präsenz unter einem eigenen Domain-Namen (URL) online stehen, die in der Regel dem Autorennamen entspricht. Domains und Web-Speicher gibt es für wenige Euro im Monat, und das sollte man sich leisten. Internet-Auftritte unter einer „fremden" Adresse eines Drittanbieters wirken unprofessionell.

Ansonsten gilt für den Inhalt: Aktualität, Aktualität, Aktualität.

Social-Media/Web-Plattformen

Doch wie sieht es mit dem Netz-Engagement jenseits der eigenen Website aus?

Die Art, wie Menschen das Internet nutzen und was sie dort machen, verändert sich ständig. Das Stichwort „Web 2.0" ist seit 2005 populär und das Internet zum „Mitmachweb" ohne große Einstiegshürden geworden. Eine ganze Reihe spezieller Websites erlaubt es, sich virtuell zu treffen und zu vernetzen. Soziale Gemeinschaften gibt es nicht nur im richtigen Leben, sondern auch im virtuellen. Als dieses Handbuch auf den Markt kam, waren *Twitter* und *Facebook* besonders populär. Wenn Sie dies lesen, sind es vielleicht schon wieder andere Namen und Dienste, von denen man spricht. Eines ist jedoch gleich: Hier vernetzt man sich und kommuniziert. Auf Facebook knüpft man Kontakte zu alten Bekannten oder Unbekannten mit gleichen Interessen, bei Twitter werden die Kommunikationshappen auf 140 Zeichen begrenzt.

Allen diesen Diensten gemein ist, dass sie sich für Außenstehende und Nicht-Nutzer zunächst schwer erschließen. Neben der allgemeinen und längst widerlegten Kritik, dass Netz-Nutzer kein „reales" Leben mehr hätten, kommt immer wieder die Frage nach dem Sinn auf, den es beispielsweise haben soll, wenn Nichtigkeiten per Twitter verbreitet werden. Dabei wird allzu oft vergessen, welche Nichtigkeiten im realen Leben diskutiert werden.

Tatsache ist: Auch in den virtuellen Gemeinschaften wird über Bücher und Autoren diskutiert.

Plappern gehört zum Handwerk

Ein Bestseller wird nicht durch Werbung gemacht. Der wirkliche Erfolg eines Buches beginnt dann, wenn es persönlich auf Partys oder im Büro weiterempfohlen wird. Der persönlichen Empfehlung vertrauen die meisten Menschen. Erfolgt dieser Austausch über Lesevorlieben und -tipps nicht mehr nur im realen Leben, sondern auch im virtuellen, wird schnell klar, welches Potenzial sich hier auftut. Nicht umsonst versuchen die Marketing- und Online-Abteilungen der Verlage, ihre Bücher in Foren und Blogs, bei Facebook, Twitter und Co. ins Gespräch zu bringen.

Was bedeutet dies für die Autorin oder den Autor? Welches zusätzliche Engagement ist dort notwendig und sinnvoll? 140 Zeichen lange Werkstattberichte über die Entstehung des neuen Romans? Der „direkte" Kontakt mit dem Leser als „Facebook-Freund"?

Die wichtigste Voraussetzung: Man muss es wollen! Man muss die Neugier haben, die Dinge auszuprobieren, und zweifelsohne benötigt man zumindest ein geringes Maß an Exhibitionismus und Freude an der Selbstdarstellung. Wer dies nicht mitbringt oder Ressentiments gegen das Internet hegt, der wird damit nicht glücklich werden. Die Faszination, die Twitter und Co. ausüben können, erschließt sich nur durch Ausprobieren. Seminare oder Artikel wie diese allein helfen nicht.

Der unbestreitbare Vorteil der meisten Mitmach-Websites ist, dass die Teilnahme kein Geld kostet. Twittern oder die eigene Fanseite bei Facebook erfordert keine monatliche Grundgebühr (zumindest war dies so, als dieser Beitrag geschrieben wurde). Das macht den Einstieg einfach. Die einzige Investition ist Zeit.

Nach dem Ausprobieren gilt es festzulegen, wie man die Dienste künftig für sich nutzen möchte. Twitter kann ein höchst effektiver und schneller Nachrichtenkanal sein – aber auch eine banale Laberbude. Wie man den Dienst für sich nutzt, ist die eigene Entscheidung. Eine Frage, die sich bei Facebook stellt: Nutzt man die Site als Möglichkeit, mit Freunden und Bekannten in Kontakt zu bleiben oder darf jede Leserin und jeder Leser ein „Freund" werden?

Den goldenen Mittelweg finden

Das wiederum bringt uns zum nicht unwichtigen Aspekt der Privatsphäre. Wie viel möchte ich von mir und von mir als AutorIn preisgeben? Sollte ich twittern, in welchem Café ich gerne sitze, um meine Manuskripte zu überarbeiten? Vom Privatleben prominenter Zeitgenossen leben Klatschmagazine, die Nachfrage ist da. Was aber soll und kann ich freiwillig im Web preisgeben? Dass ich morgen Abend eine Lesung in der Buchhandlung XY habe, kann eine sinnvolle Meldung auf der eigenen Facebook-Seite sein. Mit wem ich danach in welchem Restaurant essen gehe, muss nicht unbedingt vermeldet werden.

Sind Sie dem Reiz der sozialen Gemeinschaften im Web erlegen, so gilt es umgekehrt, sich oft auch zu zügeln. Werden Sie nicht zur Plaudertasche! Sich rarzumachen, kann interessanter sein. Wer immer und überall präsent ist und Kommentare abgibt, kann leicht auch nerven. Eine einstündige und vorab angekündigte Twitter-Fragerunde kann interessanter sein als die ständige Erreichbarkeit für die Leser. Speziell bei Facebook ist es sinnvoll, die wirklich privaten Kontakte über das persönliche Profil zu organisieren und sich für die „Rolle" als AutorIn eine sogenannte „Fansite" auf Facebook anzulegen. Genaue Anleitungen dazu finden Sie natürlich im Internet.

Möglichkeiten, sich im Web außerhalb der eigenen Website zu präsentieren und ins Gespräch zu bringen, gibt es viele. Denken Sie etwa an den eigenen *YouTube*-Kanal, über den Sie Mitschnitte Ihrer Lesungen anbieten könnten, sofern dies rechtlich mit dem Verlag abgeklärt ist.

Im Zentrum all Ihrer Web-Aktivitäten sollte jedoch immer die eigene Website stehen. Dorthin sollten Sie regelmäßig verlinken und weitere Infos zur Verfügung stellen. Ein „Fan", „Freund" oder „Follower" zeigt – wie bislang höchstens ein Newsletter-Abonnent –, dass er oder sie Interesse an Ihnen oder Ihrem Werk hat und regelmäßig informiert werden will. Eine solche Bindung ist nicht zu unterschätzen und sollte gepflegt werden.

Eine Antwort, was speziell für Sie das richtige Web-Engagement ist, kann es jedoch nicht geben. Natürlich können Tweets (Twitter-Beiträge) über die Recherche zu Ihrem neuen Roman für die Leserinnen und Leser interessant sein.
Als Sachbuch- oder Fachbuch-AutorIn – speziell bei Nischenthemen – können Sie Ihre Website zum Themenportal ausbauen, in dem Leser weitere Infos finden können und Websurfer auf Ihre gedruckten Bücher und/oder Ihre E-Books aufmerksam werden.
Schauen Sie sich bei den schreibenden Kolleginnen und Kollegen um, die im Web aktiv sind: Welche Aktionen finden Sie gut, was bringt eher wenig oder ist gar peinlich? Adaptieren Sie das Gute.
Vieles ist im Web denkbar – wenn es passt und Sie es (ausprobieren) wollen.

Links & Literatur

LINKS

- www.boedecker-kreis.de
- www.lesungslabor.de
- http://wiki.podcast.de
- http://de.wikipedia.org/wiki/Poetry_Slam
- www.sprechertraining.de/de-hoerbeispiele
- www.toastmasters.org
- www.zehnseiten.de

LITERATUR

- Böhm, Thomas: Auf kurze Distanz – Die Autorenlesung. O-Töne, Geschichten, Ideen. Köln: Tropen-Verlag 2003
- Boesken, Gesine: Literarisches Handeln im Internet. Schreib- und Leseräume auf Literaturplattformen. Konstanz: UVK Verlagsgesellschaft 2010
- Haag, Klaus: Lesung & Vortrag. Ein Lesebuch mit Ratschlägen für Autoren, Referenten und Veranstalter. Mit 50 Auftrittskonzepten. Speyer: Marsilius 2001
- Jagnow, Bjørn: Marketing für Autoren. Der Weg zur erfolgreichen Veröffentlichung. 3. Auflage. München: Uschtrin Verlag 2005
- Liehr, Tom: Was noch gut ist und was nicht mehr. Wie Autorenwebsites aussehen sollten. In: Autorenkalender 2010. Hrsg. von den 42er Autoren – Verein zur Förderung der Literatur e.V. München: Uschtrin Verlag 2009. S. 183–191
- Reifsteck, Peter: Handbuch Lesungen und Literaturveranstaltungen. Konzeption – Organisation – Öffentlichkeitsarbeit. 3. aktualisierte und erweiterte Auflage 2005
- Rossié, Michael: Sprechertraining: Texte präsentieren in Radio, Fernsehen und vor Publikum. 5. Auflage. Berlin: Econ 2009
- Röthlingshöfer, Bernd: Kauf! Mich! Jetzt!: Die besten Werbestrategien für Autoren und Selbstverleger. Norderstedt: Books on Demand 2004

Recht und Soziales

13

oder auch: „Denn was man schwarz auf weiß besitzt …“

Kapitelbeitrag von Heribert Hinrichs

BEITRÄGE

ADRESSEN UND INFORMATIONEN

VERTRÄGE

Urheberrecht: der Schutz der Rechte an Werken der Literatur

Es erben sich Gesetz' und Rechte
Wie eine ew'ge Krankheit fort,
Sie schleppen von Geschlecht sich zum Geschlechte
Und rücken sacht von Ort zu Ort.
Vernunft wird Unsinn, Wohltat Plage ...
(Johann Wolfgang von Goethe, Faust I)

Ein Blick ins Gesetzbuch erleichtert die Rechtsfindung.
(Ältere Juristenweisheit)

Beim Schreiben müssen Sie nur sprachliche und literarische Regeln beachten und auf Ihr Gewissen hören. Anders ist es, sobald Sie Ihr Werk veröffentlichen, wenn Sie es drucken und verlegen lassen wollen. Dann entstehen Rechtsverhältnisse und es gelten rechtliche Regeln. Besonders wenn Sie beruflich schreiben, ist es nützlich, die wichtigsten Grundsätze und Gesetzestexte zu kennen. Dazu müssen Sie nicht zum Juristen werden. Es genügt schon, wenn Sie wissen, wo Sie im Einzelfall etwas nachschlagen können. Wird es richtig ernst, brauchen Sie ohnehin professionellen Rat.

Die Urheberinnen und Urheber von Werken der Literatur, Wissenschaft und Kunst genießen für ihre Werke Schutz nach Maßgabe des *Gesetzes über Urheberrecht und verwandte Schutzrechte (UrhG)* von 1965, zuletzt geändert 2008.
Online ist der Text unter http://bundesrecht.juris.de/urhg/ einzusehen.
Goetz Buchholz bezeichnet das Urhebergesetz in seinem *Ratgeber Freie* zutreffend als „Grundgesetz aller schöpferisch Tätigen".

Urhebergesetz

Die Definitionen und Regeln kurz vorweg:

- *Werke* im Sinne des Gesetzes sind nur persönliche geistige Schöpfungen; für den Bereich der Literatur werden Sprachwerke wie Schriftwerke und Reden genannt (§ 2).
- *Urheber* ist der Schöpfer des Werkes (§ 7).
- *Übersetzungen* und andere Bearbeitungen eines Werkes, die persönliche geistige Schöpfungen des Bearbeiters sind, werden unbeschadet des Urheberrechts am bearbeiteten Werk wie selbstständige Werke geschützt (§ 3).
- Ein Werk ist *veröffentlicht,* wenn es mit Zustimmung des Berechtigten der Öffentlichkeit zugänglich gemacht worden ist. Ein Werk ist *erschienen,* wenn mit Zustimmung des Berechtigten Vervielfältigungsstücke des Werkes nach ihrer Herstellung in genügender Anzahl der Öffentlichkeit angeboten oder in Verkehr gebracht worden sind (§ 6).
- Sinn und Zweck des Gesetzes: Das Urheberrecht schützt den Urheber [die Autorin] in seinen geistigen und persönlichen Beziehungen zum Werk und in der Nutzung des Werkes. Es dient zugleich der Sicherung einer *angemessenen Vergütung* für die Nutzung des Werkes (§ 11).
- Nutzungsarten; einfaches und ausschließliches Nutzungsrecht: Der Urheber [die Autorin] kann einem anderen [z.B. einem Verlag] das Recht einräumen, das Werk auf *einzelne oder alle Nutzungsarten* zu nutzen (Nutzungsrecht).
  Das Nutzungsrecht kann als einfaches oder ausschließliches Recht sowie räumlich, zeitlich oder inhaltlich beschränkt eingeräumt werden (§ 31).
  Das *einfache Nutzungsrecht* berechtigt den Inhaber [z.B. einen Verlag], das Werk auf die erlaubte Art zu nutzen, ohne dass eine Nutzung durch andere [z.B. andere Verlage] ausgeschlossen ist. Das *ausschließliche Nutzungsrecht* berechtigt den Inhaber [z.B. einen Verlag], das Werk unter Ausschluss aller anderen Personen [auch die der Autorin selbst] auf die ihm erlaubte Art zu nutzen und Nutzungsrechte einzuräumen. Es kann bestimmt werden, dass die Nutzung durch den Urheber [die Autorin] vorbehalten bleibt.
- Unbekannte Nutzungsarten: Ein Vertrag, durch den der Urheber [die Autorin] Rechte für *unbekannte Nutzungsarten* einräumt oder sich dazu verpflichtet, bedarf der Schriftform (§ 31a).
- Vereinbarte und *angemessene Vergütung:* Der Urheber [die Autorin] hat für die Einräumung von Nutzungsrechten und die Erlaubnis zur Werknutzung Anspruch auf die vertraglich vereinbarte Vergütung. Sie muss angemessen sein (§ 32). Vereinigungen von Urhebern und Vereinigungen von Werknutzern stellen gemeinsame Vergütungsregeln auf (§ 36).

- *Rückrufsrecht:* Der Urheber [die Autorin] kann unter bestimmten Bedingungen das Nutzungsrecht zurückrufen (§ 41 „Rückrufsrecht wegen Nichtausübung").
- Einschränkungen: Das Urheberrecht unterliegt bestimmten gesetzlichen Einschränkungen (§§ 44a–63a).
- *Dauer:* Das Urheberrecht erlischt siebzig Jahre nach dem Tod des Urhebers [der Autorin] (§ 64).
- Vererbung: Das Urheberrecht ist vererblich (§ 28).
- Rechtsverletzungen: Die §§ 97–111a regeln die zivilrechtlichen und strafrechtlichen Folgen von Rechtsverletzungen.

Wichtig zu wissen

1. Das Entstehen des Urheberrechts ist nach dem Gesetz an kein formales Verfahren gebunden. Anders ausgedrückt: Der Urheber/die Autorin genießt den rechtlichen Schutz für sein/ihr Werk, sobald er/sie es erstellt hat. Dafür muss man es in Deutschland *nicht* bei einem Copyright-Register eintragen oder mit einem besonderen Kennzeichen versehen, etwa dem Copyright-Zeichen ©. Gleichwohl kann dieses als vager Hinweis auf einen bestehenden Rechtsschutz nützlich sein, da viele das deutsche Urheberrecht nicht kennen. Sicher ist, man sollte kein Werk aus der Hand geben, ohne als Urheber/Autorin genannt zu sein.
Vom Entstehen des Urheberrechts an ist der Urheber/die Autorin berechtigt zu bestimmen, wie das Werk genutzt wird. Andere dürfen das Werk nicht ohne seine/ihre vorherige Erlaubnis nutzen.

2. Der Umfang des Urheberrechts umfasst immaterielle, persönlichkeitsbezogene Rechte und das Recht, das Werk wirtschaftlich zu verwerten.
Persönlichkeitsbezogen sind die Rechte, das Werk zu veröffentlichen und als sein Urheber/seine Urheberin anerkannt zu werden sowie anderen zu verbieten, es zu entstellen oder auf andere Weise zu beeinträchtigen.
Um das Werk wirtschaftlich zu verwerten, kann der Urheber/die Autorin es vervielfältigen und das Original oder die vervielfältigten Stücke in Verkehr bringen und zum Verkauf anbieten (lassen).

3. Gegenstand des Rechtsschutzes ist das konkrete Werk als persönliche geistige Schöpfung. Nicht geschützt ist also die *Idee.* Es besteht keine Möglichkeit, eine Idee schützen zu lassen, indem man sie irgendwo anmeldet oder registrieren lässt. Vor Ideenklau schützt daher nur Verschwiegenheit oder aber eben die Ausformung der Idee in ein konkret ausgestaltetes Werk. Ebenso wenig lassen sich zum Beispiel historische und aktuelle Ereignisse schützen oder allgemeines Volksgut als Material des Werkes.
Im literarischen Bereich sind auch markante Werkbestandteile (zum Beispiel Erzähl- oder Handlungsstränge und Charaktere) geschützt. Keiner darf also seine eigenen *Harry-Potter*-Romane veröffentlichen; das darf nur Joanne K. Rowling.
In der Praxis kommt es hin und wieder vor, dass jemand meint, eine andere Person habe bei ihm abgeschrieben, sich also eines *Plagiats* schuldig gemacht. Vor Gericht wird es

hier meist darum gehen, die Priorität zu beweisen. Dazu Rechtsanwalt Alexander Setzer-Rubruck: „Autoren können gelegentlich in Bedrängnis kommen, wenn sie beweisen müssen, die Urheber eines Treatments, Drehbuchs oder Theaterstückes zu sein. Es bietet sich deshalb vor einer Weitergabe von Treatments, Drehbüchern und Bühnenfassungen an, einen geschaffenen Text an eine Person des Vertrauens zu geben und sich von dieser den Eingang mit Datum schriftlich bestätigen zu lassen. Eine weitere Möglichkeit ist, das Werk bei einem Notar zu hinterlegen, damit dieser den Zeitpunkt der Hinterlegung bestätigt. Solch einer notariellen Prioritätsbestätigung kommt in einem späteren Plagiatsprozess gesteigerter Beweiswert zu."

4. Geschützt ist auch der Titel ab Erscheinen des Werks, und zwar nicht nach dem Urhebergesetz, sondern nach dem Markengesetz (§ 5 und § 15 MarkenG). In der Regel ist der Verlag dafür zuständig, den Titel zu vergeben. AutorInnen, die ihre Bücher selbst verlegen wollen, sollten sich das Merkblatt zum Thema „Titelschutz" durchlesen, das das *Börsenblatt* auf seiner Website anbietet (www.boersenblatt.net/sixcms/media.php/747/Merkblatt_fuer_Titelschutzfragen.pdf). Darin heißt es unter anderem: „Titelschutz kann derjenige für sich in Anspruch nehmen, der die jeweilige Bezeichnung zuerst benutzt, im Zweifel also derjenige, dessen Druckschrift zuerst auf dem Markt erscheint. Hierbei ist zu beachten, dass sich ein Verlag die Priorität auch dadurch sichern kann, indem er eine entsprechende Titelanzeige schaltet. Wer einen schutzfähigen Titel verwendet, den ein anderer Verlag schon länger in Gebrauch hat, verletzt dessen Titelrecht und läuft Gefahr, auf Unterlassung der weiteren Titelverwendung in Anspruch genommen zu werden. Deshalb obliegt es dem Verlag [oder eben dem Selbstverleger], der einen bestimmten Titel publizieren möchte, anhand bibliographischen Materials (z.B. Verzeichnis lieferbarer Bücher) zu prüfen, ob der Titel bereits von einem anderen Verlag benutzt wird."

5. Dauer des Urheberrechtsschutzes: Der Schutz des Urheberrechts erlischt nach deutschem Recht erst siebzig Jahre nach dem Tode des Urhebers/der Autorin. Danach wird ein Werk *gemeinfrei* und darf von allen unentgeltlich genutzt werden.
Oft überträgt eine Autorin im Verlagsvertrag „dem Verlag [...] *für die Dauer des gesetzlichen Urheberrechts [= 70 Jahre bis nach ihrem Ableben]* das ausschließliche Recht zur Vervielfältigung und Verbreitung (Verlagsrecht) des Werkes [...]." (› Normvertrag § 2 Abs. 1). Solange der Verlag die ihm übertragenen Nutzungsrechte nutzt und sich die daraus erzielten Erlöse mit der Autorin bzw. ihren Erben redlich teilt, ist dagegen nichts zu sagen.
Es ist allerdings durchaus möglich (da Verträge grundsätzlich verhandelbar sind), im Verlagsvertrag eine kürzere Zeitspanne zu vereinbaren. Etliche Agenturen raten dazu, Verlagsverträge nur über einen Zeitraum von 15 Jahren (während man noch lebt) abzuschließen. Bei neuen Nutzungsarten wie der Nutzung von Werken als E-Book ist es sinnvoll, die Dauer noch weiter einzuschränken. Der Markt sei derzeit sehr in Bewegung, erklärt Ernst Piper von der Berliner Literaturagentur Piper & Poppenhusen. Die Zürcher Agentur Paul & Peter Fritz, mit der Piper eng zusammenarbeitet, wolle die Konditionen für die digitalen Rechte daher nicht mehr für 36, sondern nur noch für zwölf Monate fixieren, hieß es Februar 2010 auf boersenblatt.net.

6. Rechterückruf: Übt ein Verlag ein ihm eingeräumtes ausschließliches Nutzungsrecht nicht aus, kann die Autorin es nach § 41 UrhG zurückrufen. Musterschreiben zum Rechterückruf sowie zum Rücktritt vom Verlagsvertrag nach § 17 Verlagsgesetz (wenn das Buch vergriffen ist und nicht mehr neu aufgelegt wird), gibt es auf den Seiten von *mediafon* (www.mediafon.net), dem Beratungsservice der *ver.di* für Solo-Selbstständige.
Hierzu Rechtsanwalt Alexander Setzer-Rubruck: „Wer auch immer die Rechte als Verlag oder Filmproduzent erwirbt, ist verpflichtet, sie zu nutzen, wenn er sie behalten will. Ein Verlag darf kein Friedhof für Urheberrechte sein. Autoren haben ein Recht darauf, dass ihr Werk so weit wie möglich bekannt und vertrieben wird. Die meisten Verlagsverträge lassen dies jedoch nicht erkennen. Meist ist nur eine Rechtsübertragung aller Rechte für die Dauer des gesetzlichen Urheberrechts, das heißt für die Lebenszeit des Autors zuzüglich 70 Jahre, vorgesehen. Das Urheberrechtsgesetz hilft auch hier dem Autor, indem es ihm die Möglichkeit gibt, alle oder einzelne Nutzungsrechte zurückzurufen. So hat jeder Autor nach Ablauf von 2 Jahren nach Manuskriptübergabe die Möglichkeit, Hardcover-, Taschenbuch- und andere Rechte zurückzuerhalten, wenn der Verlag sie nicht oder nicht hinreichend nutzen sollte. Jeder Autor sollte dann seinen Verlag um die Rückgabe der Rechte oder eine Veröffentlichung ersuchen. Auch in Verlagsverträgen lässt sich dieses Rückrufrecht höchstens für 5 Jahre wirksam ausschließen."

7. Wichtige Unterschiede zum angloamerikanischen Copyright Law: Wie schon gesagt, entsteht der Schutz nach deutschem Recht, ohne dass der Urheber/die Autorin das Werk anmelden oder registrieren lassen muss.
Ein weiterer wesentlicher Unterschied liegt in den persönlichkeitsrechtlichen Elementen des deutschen Urheberrechts. Die in anderen historischen Situationen entstandenen englischen und amerikanischen Gesetze sollten beitragen, Wissen zu erweitern und zu verbreiten. Als finanzieller Anreiz für UrheberInnen sind dort daher Elemente enthalten, die ihr Recht schützen, das Werk wirtschaftlich zu verwerten. Die immateriellen Rechte sind jedoch im Interesse der Allgemeinheit eher schwach ausgebildet oder fehlen ganz. Dieser Unterschied erklärt vielleicht das beiderseitige Unverständnis über die Position der anderen Seite in der Diskussion über das *Google Library Project*.

8. Unbekannte Nutzungsarten sind in den letzten Jahren aufgrund des rasanten technologischen Fortschritts für den Urheberrechtsschutz besonders wichtig geworden. Nach intensiven Diskussionen bestimmt das Gesetz jetzt, dass Rechte für unbekannte Nutzungsarten nur schriftlich vereinbart werden können.

9. Das Urheberrecht ändert und entwickelt sich. Der in den letzten Jahren rasche und immer noch andauernde Fortschritt bei neuen Technologien (Kopieren, Scannen, Digitalisieren, Übertragen von Dateien im Internet) gefährdet ohne Frage den Schutz des geistigen Eigentums. Nutzer erhalten einen schnellen und fast unkontrollierbaren Zugriff auf die von anderen geschaffenen Werke. Das verletzt nicht nur die Rechte der Urheber/Autorinnen an ihren Werken, sondern gefährdet auch ihre wirtschaftliche Existenz. War dies schon seit einiger Zeit in der Musikbranche brisant, so gilt es jetzt auch für den literarischen Bereich.

Der Gesetzgeber hat darauf reagiert, indem er das Urheberrecht 2003 und 2008 geändert hat. Doch noch immer sind viele unzufrieden. Die eine Seite befürchtet nach wie vor, dass neue Technologien das Recht am geistigen Eigentum gefährden. Die andere Seite meint, das Recht auf Information werde in wichtigen Bereichen unzulässig eingeschränkt, und will die bereits gefundenen Kompromisse korrigieren. Die Aufgabe, den Schutz des geistigen Eigentums mit dem Recht auf Information auszubalancieren, scheint jedenfalls noch nicht gelöst zu sein.

Sicher ist der Schutz geistigen Eigentums in unserer Kultur sehr bedeutend, und jedes Gesetz muss die wirtschaftlichen Grundlagen geistiger und künstlerischer Tätigkeit sicherstellen. Aber gilt nicht auch für diesen Bereich der Gedanke im Grundgesetz, dass Eigentum verpflichtet? Und legt unsere Gesellschaft nicht hohe Priorität darauf, Informationen und Wissen zu verbreiten und zugänglich zu machen? Die Diskussion darüber ist nicht abgeschlossen.

Jeder Urheber/jede Autorin eines geschützten Werks sollte sich gerade in diesen Zeiten schneller technologischer Fortschritte kontinuierlich informieren, wie sich das Urheberrecht ändert. Denn Änderungen wirken sich unmittelbar auf das Rechtsverhältnis zwischen Autorin/Übersetzer und Verlag und auf den finanziellen Nutzen des Werkes aus.

Verträge und Honorare

Verträge: studieren – verhandeln – unterschreiben/nicht unterschreiben

Natürlich ist das Glück groß, wenn endlich ein Verlag das Manuskript akzeptiert und einen Vertrag vorlegt – möglicherweise nach langer Suche und zähem Hin und Her. Jedoch sollten Sie als Autorin oder Autor in Ihrer verständlichen Euphorie keinen Vertrag, den man Ihnen anbietet, ungeprüft unterschreiben. Denken Sie immer daran: Verträge sind verhandelbar. Begreifen Sie einen Vertrag als Angebot des Verlags.

Lassen Sie uns offen reden: Manche Verlage formulieren Verträge ausschließlich in ihrem eigenen Interesse. Das muss nicht immer eine totale „Abzocke“ zu Ihrem Nachteil sein, aber zwischen ganz unfair und ein bisschen unfair gibt es viele Zwischenstufen. Das ist genauso wie bei den Anlagenberatern mancher Banken, die auch nicht unbedingt von Ihrem Vorteil sprechen, wenn sie eine Anlage als „sehr gut“ anpreisen. Ein Vertrag wird nun einmal zwischen gleichberechtigten Parteien ausgehandelt, und beide Vertragspartner dürfen erwarten, dass der andere dabei seine Interessen vertritt.

Persönlichkeitsrecht

Beachten Sie für die Gespräche folgenden wichtigen Hinweis:

„Der Autor ist verpflichtet, den Verlag schriftlich auf im Werk enthaltene Darstellungen von Personen oder Ereignissen hinzuweisen, mit denen das Risiko einer Persönlichkeitsrechtsverletzung verbunden ist. Nur wenn der Autor dieser Vertragspflicht in vollem Umfang nach bestem Wissen und Gewissen genügt hat, trägt der Verlag alle Kosten einer eventuell erforderlichen Rechtsverteidigung. Wird der Autor wegen solcher Verletzungen in Anspruch genommen, sichert ihm der Verlag seine Unterstützung zu, wie auch der Autor bei der Abwehr solcher Ansprüche gegen den Verlag mitwirkt.“ (> § 1 Abs. 4 Normvertrag).

Dazu Rechtsanwalt Alexander Setzer-Rubruck: „Autoren brauchen die Einwilligung der [dargestellten] Betroffenen, es sei denn, es handelt sich um prominente Personen der Zeitgeschichte. Je berühmter die Prominenten sind, desto privater können die Darstellungen über diese werden. Darstellungen über Liebes- und Sexualleben oder Krankheiten – die Juristen nennen das Intimsphäre – verbieten sich jedoch. Nicht tatsachengetreue und ehrenrührige Darstellungen von Prominenten in Romanen sind gleichermaßen rechtswidrig. Gleiches versteht sich von selbst für Sachbücher. Auch eine Schmähkritik ist nach deutschem Recht nicht möglich. So konnte Heinrich Böll gerichtlich untersagen lassen, dass man ihn als ‚steindummen, kenntnislosen und talentfreien Autor‘ bezeichnet. Für Autoren ist wichtig zu wissen, dass sie verpflichtet sind, den Verlag schriftlich auf die problematischen Darstellungen von Personen oder Ereignissen hinzuweisen. Wer seinen Verleger bei der Möglichkeit einer Persönlichkeitsrechtsverletzung nicht mit ins Boot holt, läuft nicht nur Gefahr, dass er seinen Verlag verliert. Auch Schadenersatzansprüche des Verlegers drohen, wenn Passagen eines Buches geschwärzt werden müssen. Wer meint, dass sein Verleger hier Schwierigkeiten machen könnte, sollte in jedem Fall das Manuskript von einem erfahrenen Anwalt überprüfen lassen, damit das Werk gerichtsfest gemacht werden kann.“

Hausaufgaben machen
Machen Sie sich kundig, lesen Sie das Verlags- und das Urhebergesetz. Und meinen Sie nicht, Ihre Verantwortung abgeben zu können, wenn Sie sich von einer Agentur vertreten lassen: Auch in diesem Fall sind Sie es, der/die den Verlagsvertrag unterschreibt und letztlich die Konsequenzen zu tragen hat.
Das Verlagsgesetz finden Sie online unter www.gesetze-im-internet.de/verlg/index.html; das Urhebergesetz unter http://bundesrecht.juris.de/urhg/. In der Reihe *Beck-Texte* gibt es die beiden Gesetzestexte in Buchform.
Wenn Sie dann den Vertrag des Verlags (jeder Verlag verwendet seinen eigenen) erhalten, lesen Sie ihn ganz und sorgfältig.
Notieren Sie die Punkte, die Sie nicht verstehen. Sie können Ihre Lektorin oder Ihren Verleger bitten, Ihnen diese Punkte zu erklären. Lassen Sie sich außerdem von *mediafon* (www.mediafon.net) beraten; das kostet nicht viel. Mitglieder in *ver.di* und damit auch Mitglieder im *Verband deutscher Schriftsteller (VS)* werden kostenlos beraten und erhalten über ihren Berufsverband Rechtsschutz.
Auch in einem Autorenforum wie dem *Montségur Autorenforum* finden Sie kompetente Hilfe. Denn so wie Ihnen geht es den meisten Ihrer Kolleginnen und Kollegen: Nicht alles, was in Verlagsverträgen steht, erklärt sich von selbst. Niemand braucht sich zu schämen, wenn er einen juristischen Fachtext wie einen Verlagsvertrag nicht sogleich versteht.
Lassen Sie sich nicht drängen, einen Vertrag zu unterschreiben. Unterschreiben Sie einen Vertrag immer erst und nur dann, wenn Sie genau wissen, was Sie unterschreiben – das sind Sie Ihrem Werk schuldig!

Noch ein wichtiger Rat:
Vergleichen Sie den Vertrag, den Ihnen Ihr Verlag zugeschickt hat, Paragraph für Paragraph, Absatz für Absatz und Wort für Wort mit dem Normvertrag. Fast immer werden Sie feststellen können, dass der Verlagsvertrag, wie ihn Ihr Verlag verwendet, in etlichen Punkten vom Normvertrag abweicht. Gehen Sie immer davon aus, dass jede Abweichung etwas zu bedeuten hat und im Zweifelsfall zu Ihren Ungunsten ist. Mit welchen Regelungen sind Sie einverstanden? Was geht Ihnen gegen den Strich? Machen Sie sich Notizen und sagen Sie deutlich, was Sie fordern.
Bedenken Sie: Der Verlag möchte Ihr Buch veröffentlichen, weil er einen Vorteil für sich sieht. Das ist der Moment, in dem Sie am stärksten im Verhältnis AutorIn – VerlegerIn sind. Nutzen Sie den Augenblick und erreichen Sie das bestmögliche Ergebnis für sich.

Normverträge
Es gibt zwei Normverträge: Der *Normvertrag für den Abschluß von Verlagsverträgen* wurde vom *Verband deutscher Schriftsteller (VS)* und dem *Börsenverein des Deutschen Buchhandels* ausgehandelt. Er ist schon etwas in die Tage gekommen: Die letzte gültige Fassung ist von 1999.
Der *Normvertrag für den Abschluß von Übersetzungsverträgen* wurde ebenfalls zwischen den eben genannten Parteien ausgehandelt und ist noch älter: Die letzte gültige Fassung ist von 1992.

Beide Normverträge geben die zwischen den Interessenvertretern der AutorInnen/ ÜbersetzerInnen und den VerlegerInnen ausgehandelten Kompromisse wieder. Sie sind nicht verbindlich. Jeder Verlag kann also seinen eigenen Verlagsvertrag entwickeln und verwenden; in Deutschland herrscht Vertragsfreiheit.
Oft entsprechen die Verträge, die die Verlage verwenden, in vielen Punkten den Normverträgen. „In vielen Punkten" heißt nicht „in allen Punkten". Abweichungen im „Hausvertrag" fallen in der Regel zugunsten des Verlages aus.
Die Normverträge sind keine fertigen Verträge, die nur noch der Unterschriften bedürfen. Bei einigen Punkten müssen Sie bzw. der Verlag zwischen Alternativen wählen, und die wichtige Frage des Honorars ist offengelassen. Bedenken Sie: Die Normverträge sind Kompromisse; sie können deswegen nicht in allen Punkten ideal für beide Vertragsparteien sein. Auch ein Vertrag auf ihrer Grundlage kann günstiger oder weniger günstig für Sie formuliert werden.

Auf folgende Punkte sollten Sie bei Verlagsverträgen besonders achten. Hier können – für den Laien nur schwer erkennbar – für Sie Nachteile versteckt sein:

1. Im Bereich Belletristik/Sachbuch sollte die Bezugsgröße, nach der das Honorar berechnet wird, der **Nettoladenverkaufspreis** sein. Das ist der Ladenverkaufspreis minus Mehrwertsteuer. Warnglocken sollten bei Ihnen läuten, wenn vom **(Netto-) Verlagsabgabepreis** die Rede ist. Das ist der Preis wie ihn der Verlag erzielt, wenn er die Rabatte abzieht, die er dem Buchhandel gewährt. Da das um die fünfzig Prozent vom Nettoladenverkaufspreis ausmachen kann, erhalten Sie in einem solchen Fall nur etwa halb so viel.
2. Ein Honorar sollte für alle verkauften und bezahlten Exemplare mit Ausnahme der Pflicht-, Prüf-, Werbe- und Besprechungsexemplare gezahlt werden. Auch die sogenannten **Partieexemplare und Porto-Ersatzstücke** (Rabatt-Exemplare für Buchhändler) sollten Ihnen vergütet werden (› Normvertrag § 4 Abs. 5).
3. Ihr Anteil bei den Erlösen aus den Nebenrechten sollte aus dem gesamten Erlös und **ohne Abzug der Verlagsunkosten** berechnet werden.
4. Für eine Autorin ist es wünschenswert, sich die Freiheit zu bewahren, ihr Werk dem Verlag anzubieten, der ihr die besten Bedingungen gewährt. Daher sind Verträge, die eine **Optionsklausel** enthalten, mit Vorsicht zu genießen. Denn unterschreibt man einen Vertrag, der diese Klausel aufweist, verpflichtet man sich, das nächste Werk zuerst diesem Verlag anzubieten.
5. Das Übersetzerhonorar sollte sich immer auf die Anzahl von **Normseiten** beziehen. Angaben wie „Seite à 1800 Zeichen" mindern das Honorar, denn eine Normseite hat weniger als 1800 Zeichen. Aufgrund der Struktur des Textes (Dialoge, viele Absätze etc.) kann sich die Anzahl der Zeichen auf einer Normseite um bis zu 30 Prozent verringern (› *Normseite*, Kapitel 9).

Musterverträge für Anthologien

In Anlehnung an den Normvertrag für AutorInnen hat der *Verband Deutscher Schriftsteller (VS) in ver.di* zwei „abgespeckte" und leicht verständliche Musterverträge für Anthologien (Sammelwerke) entwickelt. Der eine Mustervertrag ist für HerausgeberInnen, der andere für AutorInnen von Anthologien. *mediafon* scheibt dazu: „Genauso wie der Normvertrag enthalten diese Muster noch einige Wahlmöglichkeiten und müssen an den entscheidenden Stellen (vor allem beim Honorar) durch konkrete Zahlen ergänzt werden. Welche Werte hier üblich sind und wie man Abweichungen von diesem Vertrag zu bewerten hat, die Verlage vorschlagen, erfahren Interessierte durch einen Anruf bei mediafon [01805/754444]."

Wichtig hierbei: AutorInnen sollten dem Verlag für ihren Beitrag nur das *einfache* Nutzungsrecht (und nicht das ausschließliche N.) geben. Dadurch hat man als AutorIn die Möglichkeit, seinen Beitrag auch noch anderswo zu veröffentlichen, zum Beispiel in einer Sammlung mit eigenen Kurzgeschichten bei einem anderen Verlag.

Vermeiden sollte man Pauschalhonorare. Der *Verband deutscher Schriftsteller (VS)* hierzu: „Das Honorar sollte sich immer an der Höhe der zu erwartenden Auflage und am Umfang des Beitrags orientieren. Wird das Honorar nach Druckseiten berechnet, sollte zugleich die Anzahl von gedruckten Exemplaren festgelegt sein, auf die sich dieses Honorar bezieht, und für die Nachdrucke eine Nachhonorierung vereinbart werden."

Honorare

Der Urheber/die Autorin hat nach § 32 Urhebergesetz einen Anspruch darauf, *angemessen* vergütet zu werden, wenn sein/ihr Werk genutzt und verwertet wird. Eine Vergütung ist laut Gesetz dann angemessen, wenn sie dem entspricht, was in vergleichbaren Fällen üblicher- und redlicherweise zu leisten ist.

„Gemeinsame Vergütungsregel für Autoren belletristischer Werke in deutscher Sprache"

Als erste – und bisher einzige – Vereinbarung gelten seit Januar 2005 die *Gemeinsamen Vergütungsregeln für Autoren belletristischer Werke in deutscher Sprache* zwischen dem *Verband deutscher Schriftsteller (VS) in ver.di* und neun Belletristik-Verlagen (Berlin-Verlag, Fischer, Hanser, Antje Kunstmann, Lübbe, Piper, Random House, Rowohlt und Seemann-Henschel).

Diese Vergütungsregeln gelten *nicht* für Verlagsverträge aus den Bereichen Sachbuch, Ratgeber, Lexika, Fachbuch, Kinder- und Jugendbuch, Schul- und Lehrbuch sowie Hörbuch, weil dort andere Bedingungen gelten.

Außerdem gelten diese Regeln „auch nicht für Fälle, in denen der Wunsch des Urhebers, einen Text gedruckt zu sehen, und nicht ein verlegerisches Interesse im Vordergrund stehen und der Urheber deshalb kein Honorar erwartet und billigerweise auch nicht erwarten kann (Memoiren, private Familiengeschichten, Manuskripte unbekannter Autoren, an denen kaum Interesse der literarischen Öffentlichkeit zu erwarten ist und für die sich zu den allgemein üblichen Konditionen kein Verleger finden lässt)."

Bei Belletristik-Hardcover-Ausgaben sind demnach **10 Prozent vom Nettoladenverkaufspreis** angemessen, und zwar „für jedes verkaufte, bezahlte und nicht remittierte Exemplar".

„Für Fälle großen Verkaufserfolgs wird der Vertrag die Ausgangsvergütung mit einer ansteigenden **Vergütungsstaffel** verknüpfen."
„Der Verlag kann eine Beteiligung von 8 bis 10 Prozent vereinbaren, wenn und soweit im Einzelfall beachtliche Gründe die Abweichung vom Richtwert gerechtfertigt erscheinen lassen. Solche Gründe können insbesondere sein:

1. die in § 36 Abs. 1 UrhG genannte Rücksicht auf Struktur und Größe des Verwerters [Verlags],
2. die mutmaßlich geringe Verkaufserwartung,
3. das Vorliegen eines Erstlingswerkes,
4. die beschränkte Möglichkeit der Rechteverwertung,
5. der außergewöhnliche Lektoratsaufwand,
6. die Notwendigkeit umfangreicher Lizenzeinholung,
7. der niedrige Endverkaufspreis,
8. genrespezifische Entstehungs- und Marktbedingungen."

„Eine Beteiligung unter 8 Prozent kann nur in außergewöhnlichen Ausnahmefällen vereinbart werden, in denen besondere Umstände dies angemessen erscheinen lassen, z. B. bei besonders hohem Aufwand bei der Herstellung oder bei Werbung oder Marketing oder Vertrieb oder bei wissenschaftlichen Gesamtausgaben."
Im Regelfall erhält der Autor einen **Vorschuss** auf seine Honoraransprüche. Wenn „Umstände es rechtfertigen", kann von der Zahlung eines Vorschusses allerdings abgesehen werden; „das gilt insbesondere für kleine und mittlere Verlage".

Was ist eigentlich ein Autorenhonorar?
Valesca Schober, Medienagentur scripts for sale

Ein Autorenhonorar besteht üblicherweise aus einem Vorschuss, einer prozentualen Beteiligung an den verkauften Exemplaren sowie den Erlösen aus der Auswertung der sogenannten Nebenrechte.
Die prozentuale Beteiligung am Verkaufspreis wird nach Höhe der Verkäufe gestaffelt. Sie fällt je nach Art der Veröffentlichung unterschiedlich aus. Ein Beispiel für eine Staffelung bei einem Taschenbuch: 5 Prozent bei bis zu 25 000 verkauften Büchern, 6 Prozent bei 25 001 bis zu 50 000 und 7 Prozent bei allem, was darüber hinausgeht. Hardcover fangen meistens mit höheren prozentualen Beteiligungen an und gehen bei der Staffelung mit kleineren Schritten vorwärts. Das kann bei einem Hardcover in der Belletristik etwa so aussehen: 9 Prozent bei bis 10 000 verkauften Exemplaren, 10 Prozent von 10 001 bis 20 000 Exemplaren; 11 Prozent von 20 001 bis 30 000 Exemplaren und 12 Prozent danach. Als Hardcover gelten hier auch die sogenannten Softcover oder „Flexcover", die sich bezüglich Ausstattung und Verkaufspreis kaum

Taschenbuchausgaben
Bei Taschenbuchausgaben, die der Verlag selbst veranstaltet, gelten folgende Beteiligungen am Nettoladenverkaufspreis aufgrund der *Gemeinsamen Vergütungsregeln* als angemessen:
1.) bis 20 000 Exemplare 5 Prozent
2.) ab 20 000 Exemplare 6 Prozent
3.) ab 40 000 Exemplare 7 Prozent
4.) ab 100 000 Exemplare 8 Prozent.

Nebenrechte
Der aus der Verwertung der Nebenrechte durch Dritte beim Verlag erzielte Erlös wird nach Eingang zwischen AutorIn und Verlag geteilt, und zwar erhält der Autor/die Autorin, sofern nicht noch weitere Rechtsinhaber zu berücksichtigen sind, einen Anteil von:
- 50 Prozent bei *buchnahen* Nebenrechten (z.B. Übersetzung, siehe § 2 Abs. 2 Normvertrag)
- 60 Prozent bei *buchfernen* Nebenrechten (z.B. Medien- und Bühnenrechte, siehe § 2 Abs. 3 Normvertrag)

Das sehen ebenfalls die *Gemeinsamen Vergütungsregeln* vor. Auch 60 Prozent bei den buchnahen und 70 Prozent bei den buchfernen Nebenrechten für die Autorin/den Autor waren und sind durchaus üblich.

E-Books
Auf diesem Markt ist noch alles in Bewegung. Niemand weiß derzeit, wie sich die Preise von E-Books, auf denen der volle Mehrwertsteuersatz lastet, entwickeln werden. Auch die Autorenhonorare sind noch nicht „festgezurrt".

von einem Taschenbuch unterscheiden – die Arbeit für den Autor ist leider in allen Fällen gleich.
Nicht alle Debütroman-AutorInnen kommen an diese Zahlen heran – auf der anderen Seite kann aber auch eine internationale Bestsellerautorin nicht mit mehr als einer 20-prozentigen Beteiligung rechnen. Kleinere Verlage zahlen oft einen niedrigen Vorschuss, bieten dafür aber meistens eine sehr gute Staffelung.
Wichtig zu wissen: Es gibt zwei verschiedene Verkaufspreise, auf deren Basis die Autorenbeteiligung berechnet werden kann. Erstrebenswert ist es, am sogenannten Nettoladenverkaufspreis (auch: Ladenverkaufspreis) beteiligt zu werden. Das ist der Preis, den der Kunde im Laden zahlt, minus der Mehrwertsteuer. Die Rechenbeispiele oben haben den Nettoladenverkaufspreis als Grundlage.
Niedriger fallen die Erträge aus, wenn man als AutorIn am Handelsabgabepreis (bzw. Nettoverlagsabgabepreis) beteiligt wird. Dieser Betrag ergibt sich aus dem Preis, zu dem ein Verlag an die Händler verkauft minus der Mehrwertsteuer. Dieser Preis ist etwa um die Hälfte niedriger, da die Verlage den Händlern Rabatte gewähren – entsprechend höher sollte die prozentuale Beteiligung für den Autor oder die Autorin ausfallen.

Dazu Peter S. Fritz, Literaturagent der Paul & Peter Fritz AG, Zürich: „Von den Verlagen wird den Autoren ein Standard von 20 Prozent vom Nettoerlös (welcher mindestens 50 Prozent vom empfohlenen Endkundenpreis betragen soll) angeboten. Aufgrund der vorgelegten Kalkulationen ist das für die Agenten denkbar, wobei mit den gesammelten Erfahrungen später die Berechnungen wieder überprüft werden müssen. Ich denke an die weitere Zukunft: Sollte es mal Autoren mit fünfstelligen Verkäufen im E-Book-Bereich geben, dann wären die Stückkosten geringer und für einen solchen Autor 25 Prozent vom Nettoerlös angemessen. In absehbarer Zeit werden den Autoren bestenfalls dreistellige Summen an Honoraren gutgeschrieben. In Euro und Cent betrachtet, ist gegenwärtig der Honorarsatz zweitrangig. Wichtig für Verlage wie auch Autoren ist, dass die Verlage zunächst versuchen, dieses Geschäftsfeld zu besetzen. [...] Es gibt aber auch Firmen in Deutschland, zum Beispiel Readbox, welche den Autoren 30 Prozent Honorar vom Erlös anbieten und imstande sind, die gängigen Formate preiswerter zu erstellen. In der Honorarfrage vertraue ich dem Wettbewerb." (Quelle: Round Table zu E-Books. „Preise nah am Hardcover" vom 29.01.2009. In: www.boersenblatt.net/303771/)

Literarische Übersetzungen

Im Bereich literarische Übersetzungen war lange zwischen ÜbersetzerInnen und Verlagen verhandelt worden. Auch das Bundesjustizministerium hatte versucht zu vermitteln – erfolglos. Letztlich hatten sich dann zwar zwei Verlage und die *Tarifkommission Bundessparte Übersetzer in der Gewerkschaft ver.di/VdÜ* auf eine Vergütungsregel geeinigt. Jedoch lehnten die Mitglieder des VdÜ dieses sogenannte „Berliner Modell" im

Was ist eigentlich ein Vorschuss?

Valesca Schober, Medienagentur scripts for sale

Ein Vorschuss ist eine Vorauszahlung auf zu erwartende Honorareinnahmen. Das Besondere daran: Er ist ein Garantiehonorar, das heißt, der Vorschuss verbleibt auf jeden Fall bei der Autorin/beim Autor. Er muss also auch dann nicht zurückgezahlt werden, wenn das Buch floppt und der Verlag nur wenige Exemplare verkauft. Deshalb werden die Begriffe „Garantiehonorar", „Mindestgarantie" und „Vorschuss" auch parallel benutzt.

Wichtig zu wissen ist, dass der Vorschuss mit allen Einnahmen verrechnet wird, die der Autor/die Autorin aus diesem Verlagsvertrag erhält. Die Erlöse aus der Verwertung der Nebenrechte – etwa der Verkauf einer Hörbuchlizenz – werden also ebenso mit dem Vorschuss verrechnet wie die Honorare aus der Erstauswertung als Hard- oder Softcover.

Die Höhe des Vorschusses errechnet der Verlag aus den Einnahmen, die er mit dem Projekt zu erzielen hofft. Zwei Drittel des zu erwartenden Autorenhonorars, bezogen auf den Verkauf der ersten Auflage, waren zumindest früher durchaus üblich. Auch der Marktwert der Autorin/des Autors spielt eine Rolle.

September 2008 ab. Von ihm hätten nur ÜbersetzerInnen von Büchern mit Verkaufszahlen zwischen 5000 und 30 000 profitiert.
Rund 20 ÜbersetzerInnen haben die Gerichte angerufen und auf ein angemessenes Honorar geklagt. Waren die Urteile in der ersten Instanz durchgehend günstig für die KlägerInnen, ergaben sich in der zweiten Instanz Widersprüche zwischen den Gerichten. Über die Revisionsklagen hat der Bundesgerichtshof am 7. Oktober 2009 zugunsten der ÜbersetzerInnen entschieden und fünf Verfahren an die Oberlandesgerichte zurückverwiesen.
Kernsätze aus der schriftlichen Begründung eines Urteils können in vielen Bereichen der Medienbranche wirksam werden:

- „Auch wenn eine bestimmte Honorierung – wie hier – branchenüblich ist, besagt dies nicht notwendig, dass sie auch redlich ist."
- „Eine Vergütung ist vielmehr nur dann redlich, wenn sie die Interessen des Urhebers neben den Interessen des Verwerters gleichberechtigt berücksichtigt."
- „Die Interessen des Urhebers sind grundsätzlich nur dann ausreichend gewahrt, wenn er an jeder wirtschaftlichen Nutzung seines Werkes angemessen beteiligt ist."
- Auch eine Pauschalvergütung könne der Redlichkeit entsprechen, vorausgesetzt „dass die Pauschalvergütung – bei objektiver Betrachtung zum Zeitpunkt des Vertragsschlusses – eine angemessene Beteiligung am voraussichtlichen Gesamtertrag der Nutzung gewährleistet."

Konkret ging es in diesem Verfahren um einen Übersetzervertrag für die Übersetzung eines Romans aus dem Englischen ins Deutsche. Dafür war ein Honorar von 15 Euro pro

Gezahlt wird der Vorschuss in der Regel in drei Raten: 1/3 bei Vertragsunterzeichnung, 1/3 bei Lieferung und Abnahme des Manuskripts, 1/3 bei Erscheinen. Wer eine gute Verhandlungsposition hat, kann erreichen, dass 50 Prozent bei Vertragsabschluss und 50 Prozent bei Lieferung des Manuskripts gezahlt werden.
Wichtig für den Verlag ist es, den Vorschuss möglichst schnell durch die Buchverkäufe auszugleichen, denn er hat sich ja in Vorleistung begeben. Die Erfahrung zeigt: Je höher ein Vorschuss ist, desto mehr muss sich ein Verlag anstrengen, um dieses Geld wieder einzuspielen. Spitzentitel (siehe *Federwelt* Nr. 79) werden selbstverständlich anders eingekauft als Titel, die nur als Programmfüller dienen – leider gibt es immer nur ein bis zwei Spitzentitel pro Programm.
Bei erfahrenen/eingeführten (Haus-)AutorInnen ist es üblich, dass ein Verlag auf der Basis von Konzepten/Exposés/kurzen Leseproben ein Vertragsangebot unterbreitet und einen Vorschuss zahlt; bei einem Debüt ist das eher unüblich. Hier möchte man in der Regel das fertige Manuskript vorliegen haben, um die Qualität der neuen Autorin/des neuen Autors beurteilen zu können. Das bedeutet, dass die Autorin/der Autor erst einmal auf eigene Kosten schreiben muss.
Da Autorenhonorare in der Regel jährlich oder halbjährlich gezahlt werden, kann es viele Monate dauern, bis das erste Honorar überwiesen wird.

Manuskriptseite vereinbart worden. Außerdem sollte der Übersetzer am Nettoladenverkaufspreis mit 0,5 Prozent ab 30 000 verkauften Exemplaren beteiligt werden.
Um ein angemessenes Honorar zu bestimmen, zog der BGH ausdrücklich die *Gemeinsamen Vergütungsregeln für Autoren belletristischer Werke in deutscher Sprache* heran und bewertete die Übersetzerleistung mit einem Fünftel der dort vorgesehenen Autorenhonorare. Der BGH billigte insbesondere auch nicht den Schwellenwert von 30 000 Exemplaren, der nur selten überschritten werde. Es gelte grundsätzlich, dass nur ein am tatsächlichen Absatz orientiertes Honorar angemessen sei. Eine Pauschalvergütung könne dann ausreichend sein, wenn sie eine „angemessene Beteiligung am voraussichtlichen Gesamtertrag der Nutzung gewährleistet". Das sah das Gericht bei der vereinbarten Anzahl von 30 000 Exemplaren nicht erfüllt. Nach allem kam das Gericht zu folgendem Ergebnis für ein angemessenes Honorar: Die ersten 5000 Exemplare seien angemessen honoriert mit dem Seitenhonorar, das Übersetzer üblicherweise als Garantiehonorar bekommen, darüber hinaus sei eine Beteiligung von 0,8 Prozent bzw. 0,4 Prozent *zusätzlich* zum Seitenhonorar ab dem 5000. Exemplar angemessen.

KNÜLL-Datei

Die vom Frankfurter Übersetzertreff initiierte *KNÜLL-Datei* informiert, wie sich die Honorare entwickeln. Dort werden Beispiele und Informationen zur Vertrags- und Honorarpraxis von Verlagen gesammelt und veröffentlicht. Auf der Website des VdÜ werden die Ergebnisse aus den Jahren 2002–2004 und 2004–2008 so zusammengefasst:

- „Literaturübersetzungen werden zunächst pro Normseite honoriert (30 Zeilen zu maximal 60 Anschlägen). Dabei unterscheiden die Verlage in aller Regel, ob die Übersetzung im Hardcover oder als Taschenbuch erscheinen soll. Obwohl die Ausstattung des Buchs für die Arbeit der LiteraturübersetzerInnen ohne Belang ist, wurden dennoch im Hardcover zwischen 2004–2008 durchschnittlich 17,83 Euro (17,50 Euro) erzielt, im Taschenbuch jedoch nur 15,30 Euro (14,50 Euro). Im Vergleich der beiden Zeiträume sind die Seitenhonorare seit 2002 real *gefallen*.
- Eine zweite Komponente der Vergütung stellt die Beteiligung an den Verwertungserlösen dar. In beiden Zeiträumen sahen nur 45 Prozent aller gemeldeten Verträge eine solche Beteiligung überhaupt vor. Sie lag zumeist zwischen 0,5 und 1,5 Prozent am Nettoladenpreis des verkauften Buchs ab einer bestimmten Auflagenhöhe als Schwelle (meist zwischen 5000 und 30 000 verkauften Exemplaren).
- Als dritte Komponente sahen im Zeitraum 2004–2008 weniger als 40 Prozent der Verträge eine Beteiligung der Übersetzer am Erlös der Nebenrechtsverwertung vor, z.B. Taschenbuch-, Hörbuchlizenzen oder Buchklubausgaben, digitale Nutzungsrechte etc. In der Praxis bedeutet das, dass LiteraturübersetzerInnen nur selten einen Cent von den Gewinnen aus der Verwertung ihrer Rechte sehen und sich vollständig über das Seitenhonorar finanzieren müssen.
- Erfolgreiche, vollständig ausgelastete Literaturübersetzer erzielen einen Betriebsgewinn von durchschnittlich 13 000 bis 14 000 Euro jährlich, ihr Nettoeinkommen liegt damit an oder unter der Armutsgrenze."

Verwertungsgesellschaft WORT

Die Verwertungsgesellschaft WORT (VG WORT, www.vgwort.de) wurde als rechtsfähiger Verein mit dem Zweck gegründet, die urheberrechtlichen Befugnisse seiner Mitglieder und Berechtigten treuhänderisch wahrzunehmen. Sie ist gemeinnützig und nicht darauf gerichtet, Gewinn zu erzielen (§ 1 der Satzung).

Für AutorInnen und Verlage

Über 390 000 AutorInnen und Verlage haben die VG WORT beauftragt, ihre Rechte wahrzunehmen. Es sind jene Rechte, die durch eine Einzelperson nicht wahrgenommen werden können. Oder anders ausgedrückt: „Wir kassieren Geld von denjenigen, die das geistige Eigentum anderer nutzen, und wir verteilen dieses Geld an die Eigentümer jener Sprachwerke – also an die Autoren und Verlage, die uns angeschlossen sind." Das Recht auf Tantiemen ist übrigens „völlig unabhängig von Ihrer beruflichen Situation. Ganz gleich, ob Sie mit Arbeitsvertrag, Werkvertrag oder ‚einfach so' veröffentlichen, die Gelder der VG WORT stehen Ihnen in jedem Fall zu."

Zu den Rechten, die von der VG WORT wahrgenommen werden, gehören u.a. Rechte aus der öffentlichen Wiedergabe von Rundfunk- und Fernsehsendungen (kleines Senderecht und Wiederholungen), Sprechplatten und -kassetten sowie Videokassetten. Weitere Erlöse stammen u.a. aus den Bereichen: Bibliothekstantieme, Lesezirkel, Videovermietung, Fotokopien in Schulen, Kopiergeräteabgabe, Kopier-Betreiberabgabe, Kopienversand, Pressespiegel, Schulbuch.

Die Gesellschaft hat das Ziel, „optimale" Erträge für AutorInnen und Verlage von den Nutzern einzuziehen und diese Beträge mit möglichst geringem Aufwand an die Berechtigten weiterzuleiten.

Im Mai 2009 beschloss die Mitgliederversammlung, dass die VG WORT auch bestimmte Rechte im Zusammenhang mit dem *Google Library Project* und dem einschlägigen Vergleich zwischen Google und amerikanischen Autoren- und Verlegerverbänden wahrnehmen soll. Allerdings sind inzwischen die meisten deutschen Werke vom Vergleich ausgenommen.

Es ist denkbar einfach und absolut empfehlenswert, sich der VG WORT anzuschließen. Berechtigt sind AutorInnen, ÜbersetzerInnen, JournalistInnen oder VerlegerInnen schöngeistiger, dramatischer oder wissenschaftlicher Texte. Sie müssen deutsche Staatsangehörige im Sinne des Grundgesetzes sein oder in der Bundesrepublik Deutschland ihren ständigen Wohnsitz haben.

Drei Berufsgruppen

Für Autorinnen und Autoren gibt es innerhalb der VG WORT drei Berufsgruppen:

1. „Schöngeister" (Berufsgruppe 1: AutorInnen und ÜbersetzerInnen schöngeistiger und dramatischer Literatur);
2. JournalistInnen (Berufsgruppe 2: JournalistInnen, AutorInnen und ÜbersetzerInnen von Sachliteratur);
3. WissenschaftlerInnen (Berufsgruppe 3: AutorInnen und ÜbersetzerInnen von wissenschaftlicher und Fachliteratur).

Wahrnehmungsvertrag

Belletristik-, Sachbuch- und alle anderen AutorInnen und ÜbersetzerInnen schließen einen *Wahrnehmungsvertrag* ab. Der Abschluss des Vertrags ist kostenlos; die Verwaltungskosten werden vom Gesamtaufkommen abgezogen. Belletristik- und Kinderbuchautorinnen, deren Werke in öffentlichen Bibliotheken stehen, müssen ihre Titel grundsätzlich nicht melden (sondern nur den Wahrnehmungsvertrag abschließen); die Höhe der Tantiemen richtet sich nach der Ausleihhäufigkeit: Wird ein Titel häufig ausgeliehen, gibt es viel Geld, wird er nicht ausgeliehen, kein Geld. Wissenschaftliche AutorInnen benötigen keinen Wahrnehmungsvertrag, sondern nur eine Teilnahmeerklärung. Wissenschaftliche Titel, Sach- und Fachbücher, Zeitschriftenartikel oder Rundfunksendungen müssen der VG WORT auf eigens dafür vorgesehenen Meldekarten gemeldet werden, in manchen Bereichen ist dies auch online möglich.

Sonderverteilung Bibliothekstantieme

Alle drei Jahre führt die VG WORT ein Meldeverfahren zur *Sonderverteilung Bibliothekstantieme* durch. „Es richtet sich an all jene Autoren (Autoren, Übersetzer, Herausgeber, Bearbeiter) mit Wahrnehmungsvertrag, deren Werke zwar in den Ausleihbeständen der öffentlichen Bibliotheken einstehen, die aber in den vorangegangenen drei Jahren keine Bibliothekstantiemen erhalten haben. Gemeldet werden können Bücher belletristischen Inhalts. Außerdem meldbar sind hier – und nur hier – belletristische Beiträge in Sammelwerken und literarischen Zeitschriften, ferner Kinder-/Jugendbücher und Lyrik sowie Sachbücher für Kinder und Jugendliche." Zur nächsten Sonderverteilung Bibliothekstantieme ruft die VG WORT im Herbst 2012 auf.

Meldeschluss: 31. Januar

Die jährliche Hauptausschüttung findet jeweils Ende Juni für das Vorjahr statt. Um an ihr teilnehmen zu können, muss man seine Meldekarte(n) bis spätestens 31. Januar bei der VG WORT einreichen. Die VG WORT schickt dann einen Verrechnungsscheck (gegen 15 Euro Gebühr erhält man eine detaillierte Abrechnung). Für viele ist dieses Geld „zu einem festen Bestandteil ihrer Einnahmen" geworden.

2008 beliefen sich die Erlöse aus der Wahrnehmung von Urheberrechten auf 117,89 Millionen Euro. Ausgeschüttet wurde diese Summe an 138 363 AutorInnen und 6448 Verlage. Ebenfalls 2008 erhielten im Bereich öffentliche Bibliothekstantieme 30 191 AutorInnen und 1886 Verlage insgesamt 5,32 Millionen Euro.

Durchschnittlich wurden hier pro AutorIn 120,26 Euro „ausgeschüttet" – fast schwebt einem dabei das Bild vom Sterntaler vor Augen. Allerdings dürften männliche „Überschüttete" fast ein Drittel mehr Taler erhalten haben als weibliche; das ist zumindest nach Lektüre des „Berichts der Bundesregierung über die soziale Lage der Künstlerinnen und Künstler in Deutschland" zu schlussfolgern. Über nach Gender aufgeschlüsselte Zahlen verfügt die VG WORT nicht.

Mitglied werden

Wer nicht nur sein Hemdchen bzw. Händchen aufhalten, sondern sich für die berechtigten Interessen der Kreativen – AutorInnen sind ein Wirtschaftsfaktor! – engagieren will und mitbestimmen möchte, wie die Millionen verteilt werden, sollte Mitglied bei der VG WORT werden. Dafür muss man als AutorIn der Berufsgruppen 1 und 2 mindestens seit drei Jahren WahrnehmungsberechtigeR sein und in den letzten 3 Kalenderjahren im Durchschnitt pro Jahr insgesamt mindestens folgende Beträge erhalten haben: a) 1000 Euro als AutorIn oder ÜbersetzerIn oder b) 500 Euro als AutorIn oder ÜbersetzerIn dramatischer Literatur oder c) 500 Euro aus den Ausschüttungen der Bibliothekstantieme.

Und noch ein Tipp:
Fallen die Rechte an einem Buch an die Autorin zurück (Stichwort „Rechterückruf"), sollte sie dies der VG WORT mitteilen und vom Verlag bestätigen lassen. Entsprechende Meldekarten gibt es bei der Geschäftsstelle. Die Autorin erhält dann nicht nur den Autoren-, sondern auch den Verlagsanteil für die Nutzung ihres Werkes.

Autorenversorgungswerk, Sozialfonds und weitere Fonds

Der VG WORT angegliedert sind drei Institutionen: das Autorenversorgungswerk, der Sozialfonds und der Förderungs- und Beihilfefonds Wissenschaft. Das seit Juli 1996 für Neuzugänge geschlossene *Autorenversorgungswerk* ist seit Januar 2010 neu eröffnet.
Freiberufliche AutorInnen, die über die Künstlersozialkasse (KSK) rentenpflichtversichert sind, können einen Zuschuss zu einer Altersvorsorge wie Lebens- und Rentenversicherungen oder Sparverträgen in dem Jahr beantragen, in dem sie 55 Jahre alt werden. Die Versicherungs- bzw. Anlagesumme muss zum Ende der Laufzeit mindestens 5000 Euro betragen. Derzeit ist ein Zuschuss von mindestens 2500 Euro vorgesehen. Auszahlungen erfolgen erstmals im November 2011. Für die Jahrgänge 1942 bis 1954 gibt es eine Sonderregelung.
AutorInnen, die bereits Zuschüsse vom Autorenversorgungswerk erhalten oder erhalten haben, werden nicht berücksichtigt.
Aufgabe des *Sozialfonds* ist es, in Not geratene WortautorInnen, VerlegerInnen oder deren Hinterbliebene zu unterstützen. „Er hilft Personen, die bedürftig im Sinne des Steuerrechts sind – gewährt also nicht etwa Stipendien."
Der *Förderungs- und Beihilfefonds Wissenschaft* gliedert sich – wie der Name schon sagt – in zwei Bereiche:
a) Beihilfefonds: Er gewährt Zuwendungen an in Not geratene wissenschaftliche AutorInnen oder deren Hinterbliebene und an wissenschaftliche VerlegerInnen.
b) Förderungsfonds: Er „gewährt Druckkostenzuschüsse für die Erstveröffentlichung wissenschaftlicher Werke, die wegen ihrer hohen Spezialisierung ohne seine Hilfe nicht erscheinen könnten."

Soziale Sicherheit

Die soziale Sicherheit der selbstständigen Künstlerinnen und Publizistinnen wird durch das *Gesetz über die Sozialversicherung der selbstständigen Künstler und Publizisten* (Künstlersozialversicherungsgesetz – KSVG) gewährleistet.

Die wichtigsten Regeln und Grundsätze:

- Die Künstlersozialversicherung ist eine Pflichtversicherung. Der vom Gesetz erfasste Personenkreis – und dazu gehören AutorInnen und ÜbersetzerInnen – muss sich über die Künstlersozialkasse (KSK) versichern.
- Versicherungspflicht besteht für selbstständige Künstler und Publizisten, die ihre Tätigkeit erwerbsmäßig und nicht nur vorübergehend ausüben.
- *Erwerbsmäßig* ist jede nachhaltige, auf Dauer angelegte Tätigkeit, um Einnahmen zu erzielen. *Selbstständig* ist die künstlerische oder publizistische Tätigkeit nur, wenn sie nicht im Rahmen eines Arbeitsverhältnisses abhängig ausgeübt wird.
- Aus der Tätigkeit müssen Einkünfte von mindestens 3900 Euro jährlich bzw. 325 Euro monatlich erzielt werden. BerufsanfängerInnen sind in den ersten drei Jahren ihrer beruflichen Tätigkeit auch bei einem geringeren Einkommen versicherungspflichtig.
- Wer die künstlerische oder publizistische Tätigkeit nicht erwerbsmäßig, sondern als Hobby ausübt, wird nicht versichert.
- Wer neben dem Einkommen aus freier künstlerischer oder publizistischer Tätigkeit noch ein anderes, nicht geringfügiges Arbeitseinkommen hat, kann ganz oder teilweise von der Künstlersozialversicherung ausgeschlossen werden.
- Die soziale Sicherung umfasst Krankenversicherung, Pflegeversicherung und Rentenversicherung.
- Diese Versicherungen werden über die Künstlersozialkasse (KSK) abgewickelt. Sie selbst ist keine Versicherung. Die/der Versicherte wählt die Kranken- und Pflegeversicherung und wendet sich im Krankheitsfall an sie. Die Rentenversicherung erfolgt über die Deutsche Rentenversicherung – Bund (DRV, früher BfA).
- Der/die Versicherte (AutorIn) zahlt 50 Prozent der Beiträge. Sie werden an die KSK entrichtet. Die anderen 50 Prozent zahlt die KSK aus der Künstlersozialabgabe, zu der die einschlägigen Unternehmen (z.B. Verlage, Rundfunksender) durch Gesetz verpflichtet sind, und aus Zuschüssen des Bundes.
- Die Beiträge richten sich nach dem für das Folgejahr geschätzten Einkommen (Termin: 1. Dezember) und werden von der KSK für das ganze Jahr festgelegt.

Die Beitragshöhen (2010):

- Der Beitragssatz zur gesetzlichen Rentenversicherung im Jahr 2010 beträgt 19,9 Prozent.
- Der einheitliche Beitragssatz zur gesetzlichen Krankenversicherung 2010 liegt bei 14,9 Prozent.
- Der Beitragssatz zur sozialen Pflegeversicherung im Jahr 2010 beträgt 1,95 Prozent (Elterneigenschaft) bzw. 2,20 Prozent (Kinderlose).

Für die Beitragsberechnung der versicherten Künstler und Publizisten sind diese Beitragssätze etwa zur Hälfte sowie die gesetzlichen Zusatzbeiträge zugrunde zu legen.

Beispielberechnung für das Jahr 2010 auf der Basis eines voraussichtlichen Jahresarbeitseinkommens in Höhe von 10 000 Euro:

- **Rentenversicherung**
  Beitragssatz in der Rentenversicherung 19,9 %
  Rentenversicherungsbeitrag = Anteil des Versicherten 9,95 % von 10 000 € = 995 € jährlich ÷ 12 = 82,92 € monatlich
- **Krankenversicherung**
  Beitragssatz in der Krankenversicherung 14,9 %
  Krankenversicherungsbeitrag = Anteil des Versicherten 7,45 % + 0,45 % gesetzlicher Zusatzbeitrag = 7,90 % von 10 000 € = 790 € jährlich ÷ 12 = 65,83 € monatlich
  Mit dem gesetzlichen Zusatzbeitrag, der von den Versicherten alleine aufzubringen ist, sollen sich die Mitglieder der Krankenkassen nach dem Willen des Gesetzgebers an den gestiegenen Kosten der gesetzlichen Krankenversicherung beteiligen.
- **Pflegeversicherung**
  Beitragssatz in der Pflegeversicherung 1,95 % (Elterneigenschaft) bzw. 2,20 % (Kinderlose)
  Pflegeversicherungsbeitrag = Anteil des Versicherten 0,975% (+ 0,25% für Kinderlose) von 10 000 € = 97,50 € (bzw. 122,50 €) jährlich ÷ 12 = 8,12 € (bzw. 10,21 €) monatlich

Was gibt es noch zu bedenken?

Um keine wertvolle Zeit zu verlieren, sollte man sich möglichst frühzeitig bei der KSK anmelden. Der Versicherungsbeginn fällt mit dem Termin der Arbeitsaufnahme zusammen, ansonsten gilt als Stichtag der Tag, an dem man sich gemeldet hat.
Wer zur Aufnahme berechtigt ist, entscheidet die KSK aufgrund von Fragebögen, die sie an die Antragstellerin/den Antragsteller verschickt.
Versicherte brauchen sich nicht darum zu kümmern, ob die Verlage jeweils ihren Arbeitgeberanteil an die KSK entrichten. Die Arbeitgeberabgaben müssen von den Verlagen personenungebunden an die KSK abgeführt werden, also unabhängig davon, ob eine Autorin/ein Autor versicherungspflichtig ist oder nicht.
Website der KSK: www.kuenstlersozialkasse.de

Links & Literatur

LINKS

- **www.bmj.de/media/archive/962.pdf**: Gemeinsame Vergütungsregeln für Autoren belletristischer Werke in deutscher Sprache
- www.boersenblatt.net/sixcms/media.php/747/ Merkblatt_fuer_Titelschutzfragen.pdf
- **www.bpb.de/themen** (> Medien): Website der Bundeszentrale für politische Bildung mit Informationen zum Urheberrecht mit optisch gut aufbereiteten Abbildungen
- **http://bundesrecht.juris.de/urhg/**: Gesetz über Urheberrecht und verwandte Schutzrechte
- **www.gesetze-im-internet.de/verlg/**: Gesetz über das Verlagsrecht
- **www.literaturuebersetzer.de/pages/wissenswertes-archiv/knuell.htm**: KNÜLL-Datei
- **www.kopienbrauchenoriginale.de**: Website des Bundesministeriums der Justiz zum Thema Urheberrecht
- **www.kuenstlersozialkasse.de**: Künstlersozialkasse
- **www.literar.at**: Literar-Mechana (Verwertungsgesellschaft in Österreich)
- **http://literaturuebersetzer.de/download/wissenswertes/Normvertrag.pdf** (Normvertrag für ÜbersetzerInnen)
- **www.mediafon.net**: mediafon, gewerkschaftlicher Service für Solo-Selbstständige
- **http://plagiat.htw-berlin.de/**: Portal Plagiat von der Hochschule für Technik und Wirtschaft Berlin
- **www.prolitteris.ch**: (Verwertungsgesellschaft in der Schweiz)
- **www.ratgeber-freie.de**: der „Ratgeber Freie“ von Goetz Buchholz in der Online-Fassung
- **www.suissimage.ch**: Schweizerische Genossenschaft für Urheberrechte an audiovisuellen Werken SUISSIMAGE
- **www.vgwort.de**: Verwertungsgesellschaft WORT

LITERATUR

- Delp, Ludwig: Kleines Praktikum für Urheber- und Verlagsrecht, 5., aktualisierte Auflage. München: C. H. Beck Verlag 2005
- Hillig, Hans-Peter (Hg.): Urheber- und Verlagsrecht. 13. Auflage. München: dtv-Beck 2010
- Ruoss, Christof (Hg.): ICOM-Ratgeber. Honorare, Verträge, Urheberrecht. 3. aktualisierte Auflage. Stuttgart: Interessenverband Comic e.V. ICOM 2002
- Schulze, Gernot: Meine Rechte als Urheber. Urheber- und Verlagsrecht. Urheber- und Verlagsrechte schützen und durchsetzen. 6. Auflage. München: dtv-Beck 2009
- Selbstständige Künstlerinnen und Künstler in Deutschland – zwischen brotloser Kunst und freiem Unternehmertum? Herausgegeben vom Deutschen Kulturrat. Berlin 2006

Normvertrag für den Abschluß von Verlagsverträgen

Rahmenvertrag
(vom 19. Oktober 1978 in der ab 1. April 1999 gültigen Fassung)

Zwischen dem Verband deutscher Schriftsteller (VS) in der IG Medien und dem Börsenverein des Deutschen Buchhandels e.V. – Verleger-Ausschuß – ist folgendes vereinbart:

1. Die Vertragschließenden haben den diesem Rahmenvertrag beiliegenden Normvertrag für den Abschluß von Verlagsverträgen vereinbart. Die Vertragschließenden verpflichten sich, darauf hinzuwirken, daß ihre Mitglieder nicht ohne sachlich gerechtfertigten Grund zu Lasten des Autors von diesem Normvertrag abweichen.
2. Die Vertragschließenden sind sich darüber einig, daß einige Probleme sich einer generellen Regelung im Sinne eines Normvertrags entziehen. Dies gilt insbesondere für Options- und Konkurrenzausschlußklauseln einschließlich etwaiger Vergütungsregelungen, bei deren individueller Vereinbarung die schwierigen rechtlichen Zulässigkeitsvoraussetzungen besonders sorgfältig zu prüfen sind.
3. Dieser Vertrag wird in der Regel für folgende Werke und Bücher nicht gelten:
a) Fach- und wissenschaftliche Werke im engeren Sinn einschließlich Schulbücher, wohl aber für Sachbücher;
b) Werke, deren Charakter wesentlich durch Illustrationen bestimmt wird; Briefausgaben und Buchausgaben nicht original für das Buch geschriebener Werke;
c) Werke mit mehreren Rechtsinhabern wie z.B. Anthologien, Bearbeitungen;
d) Werke, bei denen der Autor nur Herausgeber ist;
e) Werke im Sinne des § 47 Verlagsgesetz, für welche eine Publikationspflicht des Verlages nicht besteht.
4. Soweit es sich um Werke nach Ziffer 3 b) bis e) handelt, sollen die Verträge unter Berücksichtigung der besonderen Gegebenheiten des Einzelfalles so gestaltet werden, daß sie den Intentionen des Normvertrags entsprechen.
5. Die Vertragschließenden haben eine „Schlichtungs- und Schiedsstelle Buch" eingerichtet, die im Rahmen der vereinbarten Statuten über die vertragsschließenden Verbände von jedem ihrer Mitglieder angerufen werden kann.
6. Die Vertragschließenden nehmen nunmehr Verhandlungen über die Vereinbarung von Regelhonoraren auf.*
7. Dieser Vertrag tritt am 1.4.1999 in Kraft. Er ist auf unbestimmte Zeit geschlossen und kann – mit einer Frist von sechs Monaten zum Jahresende – erstmals zum 31.12.2001 gekündigt werden. Die Vertragschließenden erklären sich bereit, auch ohne Kündigung auf Verlangen einer Seite in Verhandlungen über Änderungen des Vertrages einzutreten.

Stuttgart und Frankfurt am Main, den 19. Februar 1999

Industriegewerkschaft Medien
– Verband deutscher Schriftsteller –

Börsenverein des Deutschen Buchhandels e.V.
– Verleger-Ausschuß –

* Der Verleger-Ausschuß hat den VS darauf hingewiesen, daß er für eine Vereinbarung von Regelhonoraren nach wie vor kein Mandat hat. Der VS legt jedoch Wert darauf, diese bei der Änderung des Rahmenvertrags vom 1.1.1984 aufgenommene Bestimmung in die Neufassung zu übernehmen.

Verlagsvertrag

zwischen

....

(nachstehend: Autor)

und

....

(nachstehend: Verlag)

§ 1 Vertragsgegenstand

1. Gegenstand dieses Vertrages ist das vorliegende/noch zu verfassende Werk des Autors unter dem Titel/Arbeitstitel:

....

....

(ggf. einsetzen: vereinbarter Umfang des Werks, Spezifikation des Themas usw.)

2. Der endgültige Titel wird in Abstimmung zwischen Autor und Verlag festgelegt, wobei der Autor dem Stichentscheid des Verlages zu widersprechen berechtigt ist, soweit sein Persönlichkeitsrecht verletzt würde.

3. Der Autor versichert, daß er allein berechtigt ist, über die urheberrechtlichen Nutzungsrechte an seinem Werk zu verfügen, und daß er, soweit sich aus § 14 Absatz 3 nichts anderes ergibt, bisher keine den Rechtseinräumungen dieses Vertrages entgegenstehende Verfügung getroffen hat. Das gilt auch für die vom Autor gelieferten Text- oder Bildvorlagen, deren Nutzungsrechte bei ihm liegen. Bietet er dem Verlag Text- oder Bildvorlagen an, für die dies nicht zutrifft oder nicht sicher ist, so hat er den Verlag darüber und über alle ihm bekannten oder erkennbaren rechtlich relevanten Fakten zu informieren. Soweit der Verlag den Autor mit der Beschaffung fremder Text- oder Bildvorlagen beauftragt, bedarf es einer besonderen Vereinbarung.

4. Der Autor ist verpflichtet, den Verlag schriftlich auf im Werk enthaltene Darstellungen von Personen oder Ereignissen hinzuweisen, mit denen das Risiko einer Persönlichkeitsrechtsverletzung verbunden ist. Nur wenn der Autor dieser Vertragspflicht in vollem Umfang nach bestem Wissen und Gewissen genügt hat, trägt der Verlag alle Kosten einer eventuell erforderlichen Rechtsverteidigung. Wird der Autor wegen solcher Verletzungen in Anspruch genommen, sichert ihm der Verlag seine Unterstützung zu, wie auch der Autor bei der Abwehr solcher Ansprüche gegen den Verlag mitwirkt.

§ 2 Rechtseinräumungen

1. Der Autor überträgt dem Verlag räumlich unbeschränkt für die Dauer des gesetzlichen Urheberrechts das ausschließliche Recht zur Vervielfältigung und Verbreitung (Verlagsrecht) des Werkes für alle Druck- und körperlichen elektronischen Ausgaben* sowie für alle Auflagen ohne Stückzahlbegrenzung für die deutsche Sprache.
(* Sobald sich die Rahmenbedingungen für eine elektronische Werknutzung in Datenbanken und Online-Diensten geklärt haben, werden sich VS in der IG Medien und Börsenverein über eine

entsprechende Ergänzung des Normvertrages verständigen. Bis dahin sollten entsprechende Rechtseinräumungen einzelvertraglich geregelt werden.)

2. Der Autor räumt dem Verlag für die Dauer des Hauptrechts gemäß Absatz 1 und § 5 Absatz 2 außerdem folgende ausschließliche Nebenrechte – insgesamt oder einzeln – ein:

a) Das Recht des ganzen oder teilweisen Vorabdrucks und Nachdrucks, auch in Zeitungen und Zeitschriften;
b) das Recht der Übersetzung in eine andere Sprache oder Mundart;
c) das Recht zur Vergabe von Lizenzen für deutschsprachige Ausgaben in anderen Ländern sowie für Taschenbuch-, Volks-, Sonder-, Reprint-, Schul- oder Buchgemeinschaftsausgaben oder andere Druck- und körperlichen elektronischen Ausgaben;
d) das Recht der Herausgabe von Mikrokopieausgaben;
e) das Recht zu sonstiger Vervielfältigung, insbesondere durch fotomechanische oder ähnliche Verfahren (z.B. Fotokopie);
f) das Recht zur Aufnahme auf Vorrichtungen zur wiederholbaren Wiedergabe mittels Bild- oder Tonträger (z.B. Hörbuch), sowie das Recht zu deren Vervielfältigung, Verbreitung und Wiedergabe;
g) das Recht zum Vortrag des Werks durch Dritte;
h) die am Werk oder seiner Bild- oder Tonträgerfixierung oder durch Lautsprecherübertragung oder Sendung entstehenden Wiedergabe- und Überspielungsrechte;
i) das Recht zur Vergabe von deutsch- oder fremdsprachigen Lizenzen in das In- und Ausland zur Ausübung der Nebenrechte a) bis h).

3. Darüber hinaus räumt der Autor dem Verlag für die Dauer des Hauptrechts gemäß Absatz 1 weitere ausschließliche Nebenrechte – insgesamt oder einzeln – ein:

a) Das Recht zur Bearbeitung als Bühnenstück sowie das Recht der Aufführung des so bearbeiteten Werkes;
b) das Recht zur Verfilmung einschließlich der Rechte zur Bearbeitung als Drehbuch und zur Vorführung des so hergestellten Films;
c) das Recht zur Bearbeitung und Verwertung des Werks im Fernsehfunk einschließlich Wiedergaberecht;
d) das Recht zur Bearbeitung und Verwertung des Werks im Hörfunk, z. B. als Hörspiel einschließlich Wiedergaberecht;
e) das Recht zur Vertonung des Werks;
f) das Recht zur Vergabe von Lizenzen zur Ausübung der Nebenrechte a) bis e).

4. Der Autor räumt dem Verlag schließlich für die Dauer des Hauptrechts gemäß Absatz 1 alle durch die Verwertungsgesellschaft Wort wahrgenommenen Rechte nach deren Satzung, Wahrnehmungsvertrag und Verteilungsplan zur gemeinsamen Einbringung ein. Bereits abgeschlossene Wahrnehmungsverträge bleiben davon unberührt.

5. Für die Rechtseinräumungen nach Absatz 2 bis 4 gelten folgende Beschränkungen:

a) Soweit der Verlag selbst die Nebenrechte gemäß Absatz 2 und 3 ausübt, gelten für die Ermittlung des Honorars die Bestimmungen über das Absatzhonorar nach § 4 anstelle der Bestimmungen für die Verwertung von Nebenrechten. Enthält § 4 für das jeweilige Nebenrecht keine Vergütungsregelung, so ist eine solche nachträglich zu vereinbaren.
b) Der Verlag darf das ihm nach Absatz 2 bis 4 eingeräumte Vergaberecht nicht ohne Zustimmung des Autors abtreten. Dies gilt nicht gegenüber ausländischen Lizenznehmern für die Einräumung von Sublizenzen in ihrem Sprachgebiet sowie für die branchenübliche Sicherungsabtretung von Verfilmungsrechten zur Produktionsfinanzierung.

§

c) Das Recht zur Vergabe von Nebenrechten nach Absatz 2 bis 4 endet mit der Beendigung des Hauptrechts gemäß Absatz 1; der Bestand bereits abgeschlossener Lizenzverträge bleibt hiervon unberührt.

d) Ist der Verlag berechtigt, das Werk zu bearbeiten oder bearbeiten zu lassen, so hat er Beeinträchtigungen des Werkes zu unterlassen, die geistige und persönliche Rechte des Autors am Werk zu gefährden geeignet sind. Im Falle einer Vergabe von Lizenzen zur Ausübung der Nebenrechte gemäß Absatz 2 und Absatz 3 wird der Verlag darauf hinwirken, daß der Autor vor Beginn einer entsprechenden Bearbeitung des Werkes vom Lizenznehmer gehört wird. Möchte der Verlag einzelne Nebenrechte selbst ausüben, so hat er den Autor anzuhören und ihm bei persönlicher und fachlicher Eignung die entsprechende Bearbeitung des Werkes anzubieten, bevor damit Dritte beauftragt werden.

§ 3 Verlagspflicht

1. Das Werk wird zunächst als .... -Ausgabe (z.B. Hardcover, Paperback, Taschenbuch, CD-ROM) erscheinen; nachträgliche Änderungen der Form der Erstausgabe bedürfen des Einvernehmens mit dem Autor.

2. Der Verlag ist verpflichtet, das Werk in der in Absatz 1 genannten Form zu vervielfältigen, zu verbreiten und dafür angemessen zu werben.

3. Ausstattung, Buchumschlag, Auflagenhöhe, Auslieferungstermin, Ladenpreis und Werbemaßnahmen werden vom Verlag nach pflichtgemäßem Ermessen unter Berücksichtigung des Vertragszwecks sowie der im Verlagsbuchhandel für Ausgaben dieser Art herrschenden Übung bestimmt.

4. Das Recht des Verlags zur Bestimmung des Ladenpreises nach pflichtgemäßem Ermessen schließt auch dessen spätere Herauf- oder Herabsetzung ein. Vor Herabsetzung des Ladenpreises wird der Autor benachrichtigt.

5. Als Erscheinungstermin ist vorgesehen: .... Eine Änderung des Erscheinungstermins erfolgt in Absprache mit dem Autor.

§ 4 Absatzhonorar für Verlagsausgaben

1. Der Autor erhält für jedes verkaufte und bezahlte Exemplar ein Honorar auf der Basis des um die darin enthaltene Mehrwertsteuer verminderten Ladenverkaufspreises (Nettoladenverkaufspreis).
oder
Der Autor erhält für jedes verkaufte und bezahlte Exemplar ein Honorar auf der Basis des um die darin enthaltene Mehrwertsteuer verminderten Verlagsabgabepreises (Nettoverlagsabgabepreis). In diesem Falle ist bei der Vereinbarung des Honorarsatzes die im Vergleich zum Nettoladenverkaufspreis geringere Bemessungsgrundlage zu berücksichtigen.
oder
Der Autor erhält ein Honorar auf der Basis des mit der Verlagsausgabe des Werkes erzielten, um die Mehrwertsteuer verminderten Umsatzes (Nettoumsatzbeteiligung). Dabei hat der Autor Anspruch auf Ausweis der verkauften Exemplare einschließlich der Partie- und Portoersatzstücke, für die dann Absatz 5 nicht gilt. In diesem Falle ist bei der Vereinbarung des Honorarsatzes die im Vergleich zum Nettoladenverkaufspreis geringere Bemessungsgrundlage zu berücksichtigen.

2. Das Honorar für die verschiedenen Arten von Ausgaben (z.B. Hardcover, Taschenbuch usw.) beträgt für
a) .... -Ausgaben ..... % vom Preis gemäß Absatz 1.

Es erhöht sich nach dem Absatz des Werkes
von .... bis .... Exemplaren auf ..... %;
von .... bis .... Exemplaren auf ..... %;
ab .... Exemplaren auf ..... %.
b) .... -Ausgaben ..... % vom Preis gemäß Absatz 1.
Es erhöht sich nach dem Absatz des Werkes
von .... bis .... Exemplaren auf ..... %;
von .... bis .... Exemplaren auf ..... %;
ab ....Exemplaren auf ..... %.
c) .... -Ausgaben ..... % vom Preis gemäß Absatz 1.
Es erhöht sich nach dem Absatz des Werkes
von .... bis .... Exemplaren auf ..... %;
von .... bis .... Exemplaren auf ..... %;
ab .... Exemplaren auf ..... %.
d) Für Verlagserzeugnisse, die nicht der Preisbindung unterliegen (z. B. Hörbücher), erhält der Autor für jedes verkaufte und bezahlte Exemplar ein Honorar auf der Basis des um die darin enthaltene Mehrwertsteuer verminderten Verlagsabgabepreises (Nettoverlagsabgabepreis), und zwar für .... -Ausgaben ..... % vom Nettoverlagsabgabepreis.
Es erhöht sich nach dem Absatz des Werkes
von .... bis .... Exemplaren auf ..... %;
von .... bis .... Exemplaren auf ..... %;
ab .... Exemplaren auf ..... %.
e) Beim Verkauf von Rohbogen der Originalausgabe außerhalb von Nebenrechtseinräumungen gilt ein Honorarsatz von ..... % vom Verlagsabgabepreis.

3. Auf seine Honoraransprüche – einschließlich der Ansprüche aus § 5 – erhält der Autor einen Vorschuß in Höhe von DM/EUR .... Dieser Vorschuß ist fällig
zu ..... % bei Abschluß des Vertrages,
zu ..... % bei Ablieferung des Manuskripts gemäß § 1 Absatz 1 und § 6 Absatz 1,
zu ..... % bei Erscheinen des Werkes, spätestens am ....

4. Der Vorschuß gemäß Absatz 3 stellt ein garantiertes Mindesthonorar für dieses Werk dar. Er ist nicht rückzahlbar, jedoch mit allen Ansprüchen des Autors aus diesem Vertrag verrechenbar.

5. Pflicht-, Prüf-, Werbe- und Besprechungsexemplare sind honorarfrei; darunter fallen nicht Partie- und Portoersatzstücke sowie solche Exemplare, die für Werbezwecke des Verlages, nicht aber des Buches abgegeben werden.

6. Ist der Autor mehrwertsteuerpflichtig, zahlt der Verlag die auf die Honorarbeträge anfallende gesetzliche Mehrwertsteuer zusätzlich.

7. Honorarabrechnung und Zahlung erfolgen halbjährlich zum 30. Juni und zum 31. Dezember innerhalb der auf den Stichtag folgenden 3 Monate.
oder:
Honorarabrechnung und Zahlung erfolgen zum 31. Dezember jedes Jahres innerhalb der auf den Stichtag folgenden drei Monate.
Der Verlag leistet dem Autor entsprechende Abschlagszahlungen, sobald er Guthaben von mehr als DM/EUR .... feststellt. Honorare auf im Abrechnungszeitraum remittierte Exemplare werden vom Guthaben abgezogen.

§

8. Der Verlag ist verpflichtet, einem vom Autor beauftragten Wirtschaftsprüfer, Steuerberater oder vereidigten Buchsachverständigen zur Überprüfung der Honorarabrechnungen Einsicht in die Bücher und Unterlagen zu gewähren. Die hierdurch anfallenden Kosten trägt der Verlag, wenn sich die Abrechnungen als fehlerhaft erweisen.

9. Nach dem Tode des Autors bestehen die Verpflichtungen des Verlags nach Absatz 1 bis 8 gegenüber den durch Erbschein ausgewiesenen Erben, die bei einer Mehrzahl von Erben einen gemeinsamen Bevollmächtigten zu benennen haben.

§ 5 Nebenrechtsverwertung

1. Der Verlag ist verpflichtet, sich intensiv um die Verwertung der ihm eingeräumten Nebenrechte innerhalb der für das jeweilige Nebenrecht unter Berücksichtigung von Art und Absatz der Originalausgabe angemessenen Frist zu bemühen und den Autor auf Verlangen zu informieren. Bei mehreren sich untereinander ausschließenden Verwertungsmöglichkeiten wird er die für den Autor materiell und ideell möglichst günstige wählen, auch wenn er selbst bei dieser Nebenrechtsverwertung konkurriert. Der Verlag unterrichtet den Autor unaufgefordert über erfolgte Verwertungen und deren Bedingungen.

2. Verletzt der Verlag seine Verpflichtungen gemäß Absatz 1, so kann der Autor die hiervon betroffenen Nebenrechte – auch einzeln – nach den Regeln des § 41 UrhG zurückrufen; der Bestand des Vertrages im übrigen wird hiervon nicht berührt.

3. Der aus der Verwertung der Nebenrechte erzielte Erlös wird zwischen Autor und Verlag geteilt, und zwar erhält der Autor
..... % bei den Nebenrechten des § 2 Absatz 2;
..... % bei den Nebenrechten des § 2 Absatz 3;
(Bei der Berechnung des Erlöses wird davon ausgegangen, daß in der Regel etwaige aus der Inlandsverwertung anfallende Agenturprovisionen und ähnliche Nebenkosten allein auf den Verlagsanteil zu verrechnen, für Auslandsverwertung anfallende Nebenkosten vom Gesamterlös vor Aufteilung abzuziehen sind.) Soweit Nebenrechte durch Verwertungsgesellschaften wahrgenommen werden, richten sich die Anteile von Verlag und Autor nach deren satzungsgemäßen Bestimmungen.

4. Für Abrechnung und Fälligkeit gelten die Bestimmungen von § 4 Absatz 7, 8 und 9 entsprechend.

5. Die Vergabe von Lizenzen an gemeinnützige Blindenselbsthilfeorganisationen für Ausgaben, die ausschließlich für Blinde und Sehbehinderte bestimmt sind (Druckausgaben in Punktschrift, Tonträgerausgaben mit akustischen Benutzungsanweisungen und entsprechende Ausgaben auf Datenträgern), darf vergütungsfrei erfolgen.

§ 6 Manuskriptablieferung

1. Der Autor verpflichtet sich, dem Verlag bis spätestens .... /binnen .... das vollständige und vervielfältigungsfähige Manuskript gemäß § 1 Absatz 1 (einschließlich etwa vorgesehener und vom Autor zu beschaffender Bildvorlagen) mit Maschine geschrieben oder in folgender Form zu übergeben: ....* (* Erfolgt die Manuskriptabgabe in elektronischer Form, so ist ein entsprechender Papierausdruck beizufügen.) Wird diese(r) Termin/Frist nicht eingehalten, gilt als angemessene Nachfrist im Sinne des § 30 Verlagsgesetz ein Zeitraum von ..... Monaten.

2. Der Autor behält eine Kopie des Manuskripts bei sich.

3. Das Manuskript bleibt Eigentum des Autors und ist ihm vom Verlag nach Erscheinen des Werkes auf Verlangen zurückzugeben.

§ 7 Freiexemplar

1. Der Autor erhält für seinen eigenen Bedarf .... Freiexemplare. Bei der Herstellung von mehr als .... Exemplaren erhält der Autor .... weitere Freiexemplare und bei der Herstellung von mehr als .... Exemplaren ...... weitere Freiexemplare.

2. Darüber hinaus kann der Autor Exemplare seines Werkes zu einem Höchstrabatt von ..... % vom Ladenpreis vom Verlag beziehen.

3. Sämtliche gemäß Absatz 1 oder 2 übernommenen Exemplare dürfen nicht weiterverkauft werden.

§ 8 Satz, Korrektur

1. Die erste Korrektur des Satzes wird vom Verlag oder von der Druckerei vorgenommen. Der Verlag ist sodann verpflichtet, dem Autor in allen Teilen gut lesbare Abzüge zu übersenden, die der Autor unverzüglich honorarfrei korrigiert und mit dem Vermerk „druckfertig" versieht; durch diesen Vermerk werden auch etwaige Abweichungen vom Manuskript genehmigt. Abzüge gelten auch dann als „druckfertig", wenn sich der Autor nicht innerhalb angemessener Frist nach Erhalt zu ihnen erklärt hat.

2. Nimmt der Autor Änderungen im fertigen Satz vor, so hat er die dadurch entstehenden Mehrkosten – berechnet nach dem Selbstkostenpreis des Verlages – insoweit zu tragen, als sie 10 % der Satzkosten übersteigen. Dies gilt nicht für Änderungen bei Sachbüchern, die durch Entwicklungen der Fakten nach Ablieferung des Manuskripts erforderlich geworden sind.

§ 9 Lieferbarkeit, veränderte Neuauflagen

1. Wenn die Verlagsausgabe des Werkes vergriffen ist und nicht mehr angeboten und ausgeliefert wird, ist der Autor zu benachrichtigen. Der Autor ist dann berechtigt, den Verlag schriftlich aufzufordern, sich spätestens innerhalb von 3 Monaten nach Eingang der Aufforderung zu verpflichten, innerhalb einer Frist von ..... Monat(en)/Jahr(en) nach Ablauf der Dreimonatsfrist eine ausreichende Anzahl weiterer Exemplare des Werkes herzustellen und zu verbreiten. Geht der Verlag eine solche Verpflichtung nicht fristgerecht ein oder wird die Neuherstellungsfrist nicht gewahrt, ist der Autor berechtigt, durch schriftliche Erklärung von diesem Verlagsvertrag zurückzutreten. Bei Verschulden des Verlages kann er stattdessen Schadenersatz wegen Nichterfüllung verlangen. Der Verlag bleibt im Falle des Rückrufs zum Verkauf der ihm danach (z.B. aus Remissionen) noch zufließenden Restexemplare innerhalb einer Frist von .... berechtigt; er ist verpflichtet, dem Autor die Anzahl dieser Exemplare anzugeben und ihm die Übernahme anzubieten.

2. Der Autor ist berechtigt und, wenn es der Charakter des Werkes (z.B. eines Sachbuchs) erfordert, auch verpflichtet, das Werk für weitere Auflagen zu überarbeiten; wesentliche Veränderungen von Art und Umfang des Werkes bedürfen der Zustimmung des Verlages. Ist der Autor zu der Bearbeitung nicht bereit oder nicht in der Lage oder liefert er die Überarbeitung nicht innerhalb einer angemessenen Frist nach Aufforderung durch den Verlag ab, so ist der Verlag zur Bestellung eines anderen Bearbeiters berechtigt. Wesentliche Änderungen des Charakters des Werkes bedürfen dann der Zustimmung des Autors.

§

§ 10 Verramschung, Makulierung

1. Der Verlag kann das Werk verramschen, wenn der Verkauf in zwei aufeinanderfolgenden Kalenderjahren unter ..... Exemplaren pro Jahr gelegen hat. Am Erlös ist der Autor in Höhe seines sich aus § 4 Absatz 2 ergebenden Grundhonorarprozentsatzes beteiligt.

2. Erweist sich auch ein Absatz zum Ramschpreis als nicht durchführbar, kann der Verlag die Restauflage makulieren.

3. Der Verlag ist verpflichtet, den Autor vor einer beabsichtigten Verramschung bzw. Makulierung zu informieren. Der Autor hat das Recht, durch einseitige Erklärung die noch vorhandene Restauflage bei beabsichtigter Verramschung zum Ramschpreis abzüglich des Prozentsatzes seiner Beteiligung und bei beabsichtigter Makulierung unentgeltlich – ganz oder teilweise – ab Lager zu übernehmen. Bei beabsichtigter Verramschung kann das Übernahmerecht nur bezüglich der gesamten noch vorhandenen Restauflage ausgeübt werden.

4. Das Recht des Autors, im Falle der Verramschung oder Makulierung vom Vertrag zurückzutreten, richtet sich nach den §§ 32, 30 Verlagsgesetz.

§ 11 Rezensionen

Der Verlag wird bei ihm eingehende Rezensionen des Werkes innerhalb des ersten Jahres nach Ersterscheinen umgehend, danach in angemessenen Zeitabständen dem Autor zur Kenntnis bringen.

§ 12 Urheberbenennung, Copyright-Vermerk

1. Der Verlag ist verpflichtet, den Autor in angemessener Weise als Urheber des Werkes auszuweisen.

2. Der Verlag ist verpflichtet, bei der Veröffentlichung des Werkes den Copyright-Vermerk im Sinne des Welturheberrechtsabkommens anzubringen.

§ 13 Änderungen der Eigentums- und Programmstrukturen des Verlags

1. Der Verlag ist verpflichtet, dem Autor anzuzeigen, wenn sich in seinen Eigentums- oder Beteiligungsverhältnissen eine wesentliche Veränderung ergibt. Eine Veränderung ist wesentlich, wenn
a) der Verlag oder Verlagsteile veräußert werden;
b) sich in den Beteiligungsverhältnissen einer den Verlag betreibenden Gesellschaft gegenüber denen zum Zeitpunkt dieses Vertragsabschlusses Veränderungen um mindestens 25 % der Kapital- oder Stimmrechtsanteile ergeben.
Wird eine Beteiligung an der den Verlag betreibenden Gesellschaft von einer anderen Gesellschaft gehalten, gelten Veränderungen in deren Kapital- oder Stimmrechtsverhältnissen als solche des Verlages. Der Prozentsatz der Veränderungen ist entsprechend der Beteiligung dieser Gesellschaft an der Verlagsgesellschaft umzurechnen.

2. Der Autor ist berechtigt, durch schriftliche Erklärung gegenüber dem Verlag von etwa bestehenden Optionen oder von Verlagsverträgen über Werke, deren Herstellung der Verlag noch nicht begonnen hat, zurückzutreten, wenn sich durch eine Veränderung gemäß Absatz 1 oder durch Änderung der über das Verlagsprogramm entscheidenden Verlagsleitung eine so grundsätzliche Veränderung des Verlagsprogramms in seiner Struktur und Tendenz ergibt, daß dem Autor nach der Art seines Werkes und unter Berücksichtigung des bei Abschluß dieses Vertrages bestehenden Verlagsprogramms ein Festhalten am Vertrag nicht zugemutet werden kann.

3. Das Rücktrittsrecht kann nur innerhalb eines Jahres nach Zugang der Anzeige des Verlages gemäß Absatz 1 ausgeübt werden.

§ 14 Schlußbestimmungen

1. Soweit dieser Vertrag keine Regelungen enthält, gelten die allgemeinen gesetzlichen Bestimmungen des Rechts der Bundesrepublik Deutschland und der Europäischen Union. Die Nichtigkeit oder Unwirksamkeit einzelner Bestimmungen dieses Vertrages berührt die Gültigkeit der übrigen Bestimmungen nicht. Die Parteien sind alsdann verpflichtet, die mangelhafte Bestimmung durch eine solche zu ersetzen, deren wirtschaftlicher und juristischer Sinn dem der mangelhaften Bestimmung möglichst nahekommt.

2. Die Parteien erklären, Mitglieder bzw. Wahrnehmungsberechtigte folgender Verwertungsgesellschaften zu sein:
Der Autor: ....
Der Verlag: ....

3. Im Rahmen von Mandatsverträgen hat der Autor bereits folgende Rechte an Verwertungsgesellschaften übertragen:
.... an die VG: ....
.... an die VG: ....
.... an die VG: ....

........................, den ...., den ....

....
(Autorin) (Verlag)

Literarische Einrichtungen 14

oder auch: „Was dem Einzelnen nicht möglich ist, das vermögen viele.“

ADRESSEN UND INFORMATIONEN

Zahlreiche und vielfältige literarische Einrichtungen bilden das Netzwerk, in dem Autorinnen und Autoren ihre Interessen verfolgen und vertreten sowie Rat und Unterstützung erhalten können. Es reicht von fast privaten Zirkeln mit wenigen Teilnehmern über kleine und große Vereine bis zu Institutionen mit gesetzlichem oder staatlichem Auftrag und öffentlicher Finanzierung. Nicht zu vergessen sind die Aktivitäten von Kommunen, Regionen und Bundesländern – in der Bundesrepublik Deutschland sind nach dem Grundgesetz ja die Länder für die Kultur zuständig.
Die Einrichtungen verfolgen unterschiedliche Ziele: Manche richten sich mehr an das Publikum, wollen das Lesen und das Interesse an Literatur fördern. In anderen Gruppen können AutorInnen ihre Werke vor einer Veröffentlichung vorstellen und mit KollegInnen kritisch diskutieren. Wieder andere machen es sich zur Aufgabe, junge Autorinnen und Autoren durch Lesungen bekannt zu machen und finanziell zu unterstützen. Und schließlich gibt es die Berufsverbände. Abgrenzungen zwischen den Gruppen und klare Zuordnungen sind manchmal schwierig, denn selten beschränkt sich eine Vereinigung auf nur ein Ziel. Sie alle leisten jedenfalls ihren Beitrag zu unserer Kulturgesellschaft.

Länderliteraturportale

Über Länderliteraturportale lässt sich leicht herausfinden, was in der näheren Umgebung literarisch los ist. Viele dieser Portale verfügen über eine AutorInnen-Datenbank, in die man sich als AutorIn eintragen (lassen) kann – hilfreich für Veranstalter oder Redakteure, die sich rasch über AutorInnen informieren möchten. Ein besonders vorbildliches Länderliteraturportal ist der *Literaturport* in Berlin.
Das *Literaturportal* des *Deutschen Literaturarchivs Marbach* ist bundesweit ausgerichtet und unter www.literaturportal.de zu finden.

› **Baden-Württemberg:** www.autoren-bw.de sowie www.literaturland-bw.de
› **Bayern:** www.baylit.de
› **Berlin, Brandenburg:** www.literaturport.de
› **Bremen:** www.literaturhaus-bremen.de
› **Hamburg:** www.literaturinhamburg.de
› **Hessen:** www.autorenhessen.de sowie www.hessischer-literaturrat.de
› **Mecklenburg-Vorpommern:** www.kulturportal-mv.de
› **Niedersachsen:** www.literatur-niedersachsen.de
› **Nordrhein-Westfalen:** www.nrw-autoren-im-netz.de
› **Rheinland-Pfalz:** www.literatur-rlp.de
› **Saarland:** www.saarland.de/2455.htm
› **Sachsen-Anhalt:** www.literatur-lsa.de sowie www.literaturtradition-sachsen-anhalt.de
› **Sachsen:** www.saechsischer-literaturrat.de
› **Schleswig-Holstein:** www.schleswig-holstein.de/Kultur/DE/Kultur__node.html
› **Thüringen:** www.thueringer-literaturrat.de

Literaturbüros & Literaturhäuser

In einigen Städten sind Literaturbüros und Literaturhäuser wichtige Informationsbörsen für den Literatur- und Medienbetrieb. Sie sind zum überwiegenden Teil privatrechtlich als Vereine organisiert. Kennen Sie in Ihrer Nähe kein Literaturbüro oder Literaturhaus, sollten Sie sich mit ihren Fragen an das Kulturamt Ihrer Stadt wenden. Dort kann man oft – telefonisch oder auf einer Website – Auskunft über literarische Vereinigungen in der Stadt oder der Region erhalten. Man erfährt auch, ob die Stadt, der Regierungsbezirk und/oder das jeweilige Kultusministerium Druckkostenzuschüsse und Literaturpreise und/oder Stipendien vergeben. Auch die Stadtbüchereien sind mancherorts wichtige Anlaufstellen für AutorInnen. Sie sind zuweilen Drehscheiben im literarischen Leben einer Stadt oder einer ganzen Region.

Aufgaben und Ziele der meisten Literaturbüros und Literaturhäuser sind:

- Förderung des Interesses an Literatur
- Förderung des literarischen Lebens in der Region
- Organisation/Koordination und Durchführung literarischer Veranstaltungen (zum Beispiel Lesungen oder Seminare zur Aus- und Weiterbildung; Buchwochen; AutorInnengespräche; Tagungen)
- Vernetzung und Unterstützung bestehender Initiativen
- Beratung und Förderung von AutorInnen
- Nachwuchsförderung
- Beratung von VeranstalterInnen bei der Planung und Durchführung von Lesungen und Literaturtagungen (unter anderem Vermittlung von SchriftstellerInnen und ReferentInnen)
- Informationsweitergabe, zum Beispiel zum Thema Stipendien und Wettbewerbe
- Veröffentlichung eines regelmäßig erscheinenden Veranstaltungskalenders mit Angeboten für Fortbildungsveranstaltungen
- Veröffentlichung eines Verzeichnisses der AutorInnen der Region

literaturhaus.net
Das Netzwerk literaturhaus.net ist eine zentrale Informationsplattform von elf Literaturhäusern in Deutschland, Österreich und der Schweiz: Berlin, Frankfurt, Graz, Hamburg, Köln, Leipzig, München, Rostock, Salzburg, Stuttgart und Zürich.
www.literaturhaus.net | nolte@literaturhaus.net

Deutschland

> **Aachen:** Literaturbüro Euregio Maas-Rhein e. V., www.literaturbuero-emr.de, literaturbuero-emr@heimat.de
> **Berlin:** Literarisches Colloquium Berlin e. V., www.lcb.de, mail@lcb.de
> **Berlin:** Literaturforum im Brecht-Haus, www.lfbrecht.de, info@lfbrecht.de
> **Berlin:** Literaturhaus Berlin e. V., www.literaturhaus-berlin.de, literaturhaus@berlin.de
> **Berlin:** literaturWERKstatt berlin, www.literaturwerkstatt.org, mail@literaturwerkstatt.org
> **Bonn:** Haus der Sprache und Literatur e. V., www.hsl-bonn.de, hslbonn@hslbonn.de
> **Braunschweig:** Literaturzentrum Braunschweig, www.literaturzentrum-braunschweig.de, raabe-haus@braunschweig.de
> **Bremen:** Bremer Literaturkontor e. V., www.bremer-literaturkontor.de, info@literaturkontor-bremen.de
> **Bremen:** Bremer Literaturhaus (virt.) e. V., www.literaturhaus-bremen.de, kontakt@literaturhaus-bremen.de
> **Darmstadt:** Haus der Literatur, www.literaturhaus-darmstadt.de, info@literaturhaus-darmstadt.de
> **Detmold:** Literaturbüro Ostwestfalen-Lippe in Detmold e. V., www.literaturbuero-detmold.de, literaturbuero@owl-online.de
> **Dresden:** Dresdner Literaturbüro e. V., www.dresdner-literaturbuero.de, info@dresdner-literaturbuero.de
> **Düsseldorf:** Literaturbüro NRW in Düsseldorf e. V., www.literaturbuero-nrw.de, mail@literaturbuero-nrw.de
> **Erfurt:** Literaturbüro Thüringen e. V., Anger 37, 99084 Erfurt, Tel./Fax: 0361/5612918
> **Frankfurt am Main:** Hessisches Literaturforum im Mousonturm e. V., www.hlfm.de, info@hlfm.de
> **Frankfurt am Main:** Literaturhaus Frankfurt, www.literaturhaus-frankfurt.de, info@literaturhaus-frankfurt.de
> **Freiburg:** Literaturbüro Freiburg, LiteraturForumSüdwest e. V., www.literaturbuero-freiburg.de, info@literaturbuero-freiburg.de
> **Gladbeck:** Literaturbüro Ruhr e. V., www.literaturbuero-ruhr.de, info@literaturbuero-ruhr.de
> **Göttingen:** Literarisches Zentrum Göttingen e. V., www.lit-zentrum-goe.de, info@lit-zentrum-goe.de
> **Greifswald:** Literaturzentrum Vorpommern im Wolfgang-Koeppen-Haus, Internationales Kulturaustausch-Zentrum e. V. (IKAZ), www.koeppenhaus.de, info@ikaz.org
> **Greifswald:** Literatursalon Greifswald e. V., www.literatur-salon.de, kontakt@literatur-salon.de
> **Hamburg:** Literaturhaus Hamburg e. V., www.literaturhaus-hamburg.de, info@literaturhaus-hamburg.de
> **Hamburg:** Literaturzentrum Hamburg e. V. im Literaturhaus Hamburg, www.lit-hamburg.de, lit@lit-hamburg.de

- › **Hamburg:** Writers' Room e. V., www.writersroom.de, info@writersroom.de
- › **Hannover:** Literarischer Salon, Universität Hannover, www.literarischer-salon.uni-hannover.de, info@literarischer-salon.de
- › **Hannover:** Literaturbüro Hannover e. V., www.literaturbuero-hannover.de, info@literaturbuero-hannover.de
- › **Kassel:** Literaturbüro, Literaturhaus Nordhessen e. V., www.literaturbuero-nordhessen.de, info@literaturbuero-nordhessen.de
- › **Kiel:** Literaturhaus Schleswig-Holstein e. V., www.literaturhaus-sh.de, info@literaturhaus-sh.de
- › **Köln:** Literaturhaus Köln e. V., www.literaturhaus-koeln.de, info@literaturhaus-koeln.de
- › **Leipzig:** Haus des Buches e. V., Literaturhaus Leipzig, www.haus-des-buches-leipzig.de, kontakt@literaturhaus-leipzig.de
- › **Lüneburg:** Literaturbüro Lüneburg e. V., Heinrich-Heine-Haus, www.literaturbuero-lueneburg.de, literaturbuero@stadt.lueneburg.de
- › **Magdeburg:** Literaturhaus Magdeburg e. V., www.literaturhaus-magdeburg.de, info@literaturhaus-magdeburg.de
- › **Mainz:** LiteraturBüro Mainz e. V. für Rheinland-Pfalz, www.literaturbuero-rlp.de, info@literaturbuero-rlp.de
- › **München:** Münchner Literaturbüro – Haidhauser Werkstatt e. V., www.muenchner-literaturbuero.de, post@muenchner-literaturbuero.de
- › **München:** Literaturhaus München, www.literaturhaus-muenchen.de, info@literaturhaus-muenchen.de
- › **Neubrandenburg:** Literaturzentrum Neubrandenburg e. V., www.literaturzentrum-nb.de, info@literaturzentrum-nb.de
- › **Nürnberg:** Literaturhaus Nürnberg e. V., www.literatur-nuernberg.de, literaturhaus-nuernberg@odn.de
- › **Oldenburg:** literatur büro oldenburg, www.literaturbuero-oldenburg.de, literaturbuero@stadt-oldenburg.de
- › **Osnabrück:** Literaturbüro Westniedersachsen, www.literaturbueros.de, litos-info@gmx.de
- › **Potsdam:** Brandenburgisches Literaturbüro, www.literatur-im-land-brandenburg.de, blb@literaturlandschaft.de
- › **Rostock:** Literaturhaus Rostock im Kuhtor, www.literaturhaus-rostock.de, info@literaturhaus-rostock.de
- › **Stuttgart:** Literaturhaus Stuttgart, www.literaturhaus-stuttgart.de, info@literaturhaus-stuttgart.de
- › **Stuttgart:** Stuttgarter Schriftstellerhaus e. V., www.stuttgarter-schriftstellerhaus.de, info@stuttgarter-schriftstellerhaus.de
- › **Unna:** Westfälisches Literaturbüro in Unna e. V., www.wlb.de, post@wlb.de
- › **Wiesbaden:** Literaturhaus in Wiesbaden, www.literatur-in-wiesbaden.de, Schreeb@t-online.de

Luxemburg
› **Mersch:** Centre National de Littérature Mersch, www.etat.lu/CNL, info@cnl.public.lu

Österreich
› **Feldkirch:** Forum für Literaturschaffende und Literaturinteressierte (LiLi), www.li-li.at, lili@li-li.at
› **Innsbruck:** Literaturhaus am Inn, www.uibk.ac.at/literaturhaus, Literaturhaus@uibk.ac.at
› **Krems/Stein:** Unabhängiges LiteraturHaus NÖ (ULNÖ), www.ulnoe.at, Kontaktformular auf der Website
› **Mattersburg:** Literaturhaus Mattersburg, www.literaturhausmattersburg.at, office@literaturhausmattersburg.at
› **Salzburg:** Literaturhaus Salzburg, www.literaturhaus-salzburg.at, info@literaturhaus-salzburg.at
› **Wien:** Literaturhaus, www.literaturhaus.at, info@literaturhaus.at
› **Wien:** Österreichischer Buchklub der Jugend, www.buchklub.at, info@buchklub.at

Schweiz
› **Basel:** Literaturhaus Basel, www.literaturhaus-basel.ch, info@literaturhaus-basel.ch
› **Bern:** Kulturbüro Bern, www.kulturbuero.ch, bern@kulturbuero.ch
› **Lenzburg:** Müllerhaus, www.muellerhaus.ch, info@muellerhaus.ch
› **Zürich:** Literaturhaus Zürich, www.literaturhaus.ch, info@literaturhaus.ch

Autorenvereinigungen & Förderkreise

Die genaue Anzahl an Autorenvereinigungen oder Autorengruppen lässt sich nicht bestimmen, es gibt unüberschaubar viele. Sinn und Zweck vieler dieser Vereinigungen ist es, sich mit Gleichgesinnten zu treffen, um Tipps und Informationen untereinander auszutauschen, sich gegenseitig den Rücken zu stärken und das eigene Schaffen durch gegenseitige Werkkritik zu vervollkommnen. Je professioneller und engagierter sich die einzelnen Mitglieder für ihre Vereinigung einsetzen, desto umfangreicher liest sich der Katalog an vorzeigbaren Tätigkeiten: Einige Autorenvereinigungen veröffentlichen Anthologien oder geben Zeitschriften heraus, organisieren Lesungen und Reisen für ihre Mitglieder oder laden zu Werkstattgesprächen, Seminaren oder literarischen Wettbewerben ein.
Welche Vereinigung für eine Autorin oder einen Autor geeignet ist, hängt von den Interessen und Bedürfnissen der jeweiligen Person ab. Wer die Begegnung mit Gleichgesinnten und geselliges Beisammensein sucht, sollte sich an eine kleinere, regional beschränkte Autorenvereinigung wenden. Nützlich ist es aber zumeist, sowohl in einer regional als auch in einer landesweit operierenden Vereinigung organisiert zu sein. Denn ein großer Dachverband informiert über das literarische Geschehen auf Landesebene oft besser und kennt sich vor allem in rechtlichen Dingen sehr gut aus.

Vereinigungen von AutorInnen und Schreibgruppen lassen sich leicht übers Internet recherchieren. Viele Kulturbehörden, Literaturbüros und Länderliteraturportale listen auf ihren Internetseiten die Autorengruppen ihrer Region auf.
Wir nennen hier nur Vereinigungen, die überregional bedeutsam sind oder sich durch ihre feste Struktur oder besondere Aktivitäten hervortun, zum Beispiel regelmäßig einen Literaturwettbewerb ausschreiben.
Weitere Informationen über Autoren- und/oder Schreibgruppen sowie Internetforen finden Sie in Kapitel „Aus- und Fortbildung“.

„Was ich bräuchte, ist jemand, der mir kompetent sagen kann, ob das, was ich zu Papier gebracht habe, überhaupt lesenswert ist (für andere), was ich besser machen müsste ... Solch eine Bewertung bräuchte ich – natürlich nicht umsonst!“ – Briefe und Anrufe dieser Art erhält die Handbuch-Redaktion häufig. Unser Rat: Werden Sie Mitglied in einer Autorengruppe! Tauschen Sie sich mit Ihren Kolleginnen und Kollegen aus! Manchmal müssen Sie einen Mitgliedsbeitrag bezahlen, der aber selten 50 Euro im Jahr übersteigt. Manchmal kostet es Sie nur eine Fahrkarte für Bus oder Bahn, dafür aber ganz schön viel Mut. Doch es bringt Sie, wohin Sie wollen: nämlich weiter in Ihrem Schaffen.
Auch Förderkreise und Fördervereine unterstützen Autorinnen und Autoren. Diese Einrichtungen sind im Allgemeinen keine Interessengemeinschaften von AutorInnen auf ideeller Basis. Es sind vielmehr Vereine, an die sich AutorInnen wenden können, wenn sie einer (finanziellen) Förderung und Unterstützung bedürfen. Was die jeweiligen Vereine fördern, ist von Verein zu Verein, von Bundesland zu Bundesland verschieden. Manche kümmern sich um AutorInnen, die in finanzielle Not geraten sind und vergeben Arbeits- und Reisestipendien. Andere sehen den Schwerpunkt ihrer Arbeit vor allem darin, Lesungen zu vermitteln und diese finanziell zu unterstützen. Neben diesen „reinen“ Fördervereinen gibt es natürlich auch „Zwitter“, Vereine, die eine Mischung aus Förderverein und Autorenvereinigung sind.

› **42erAutoren – Verein zur Förderung der Literatur e.V.**
www.42erAutoren.de | info@42erAutoren.de
› **Arbeitskreis Ostfriesischer Autorinnen und Autoren**
www.arbeitskreis-ostfriesischer-autoren.de | platt@ostfriesischelandschaft.de
› **Autorinnenvereinigung e.V.**
www.autorinnenvereinigung.de | Kontaktformular auf der Website
› **Autorenkreis Historischer Roman Quo Vadis**
www.akqv.org | qv@akqv.org
› **AutorenVerband Franken e.V. (AVF)**
www.avf-autorenverband-franken.de | autorenverband-franken@web.de
› **BLAutor – Arbeitskreis blinder und sehbehinderter Autoren**
www.blautor.de | tho.mau@web.de
› **DeLiA – Vereinigung deutschsprachiger Liebesroman-Autorinnen und -Autoren**
www.delia-online.de | rebecca.michele@delia-online.de
› **Deutsche Haiku-Gesellschaft e.V.**
www.haikugesellschaft.de | info@haikugesellschaft.de
› **Die Fähre – Sächsischer Verein zur Förderung literarischer Übersetzung e.V., Leipzig**
www.faehre-sachsen.de | info@faehre-sachsen.de
› **Erster Deutscher Fantasy Club e.V. (EDFC)**
www.edfc.de | info@edfc.de
› **Europäische Autorenvereinigung Die Kogge e.V.**
www.die kogge.eu | kulturbuero@minden.de
› **Förderkreis der Schriftsteller in Sachsen-Anhalt e.V.**
www.foerderkreis-halle.de | foerderkreis-halle@t-online.de
› **Förderkreis deutscher Schriftsteller in Baden-Württemberg e.V.**
www.schriftsteller-in-bawue.de | info@schriftsteller-in-bawue.de
› **Förderkreis deutscher Schriftsteller in Niedersachsen und Bremen e.V.**
Sophienstr. 2, 30159 Hannover, Tel.: 0511/329088
› **Förderkreis deutscher Schriftsteller in Rheinland-Pfalz e.V. (FöK)**
www.foerderkreis-rlp.de | mail@foerderkreis-rlp.de
› **Förderkreis Freie Literaturgesellschaft e.V. Leipzig, c/o Haus des Buches**
www.literatur-leipzig.de | ffl@literatur-leipzig.de
› **Förderkreis Phantastik in Wetzlar e.V.**
www.diestrasse.de | mail@phantastik.eu
› **Hamburger Autorenvereinigung e.V.**
www.hamburger-autorenvereinigung.de | info@hamburger-autorenvereinigung.de
› **Interessengemeinschaft deutschsprachiger Autoren (IGdA) e.V.**
www.igda.net | info@igda.net
› **Die Künstlergilde e.V., Esslingen**
www.atelier-gombar.de/kuenstlergilde.htm | kuenstlergilde@t-online.de
› **Lese-Zeichen e.V., Thüringer Büro zur Autoren- und Leseförderung, Jena**
www.lesezeichen-ev.de | info@lesezeichen-ev.de
› **Literarische Gesellschaft Magdeburg e.V.**
www.kukma.net/literaturverein/mitglieder/lit-gesellschaft.htm

› **Literarische Gesellschaft Thüringen e.V., Weimar**
www.lg-th.de | literarische-gesellschaft@t-online.de

› **Literaturförderkreis Kuhtor e.V., Rostock**
www.literaturhaus-rostock.de | info@literaturhaus-rostock.de

› **Literatur-Kollegium Brandenburg e.V.**
www.literaturkollegium.de | schreiben@literaturkollegium.de

› **Literatursalon Greifswald e.V.**
www.literatur-salon.de | kontakt@literatur-salon.de

› **Lübecker Autorenkreis und seine Freunde e.V.**
www.luebecker-autorenkreis.de | lina-gol@t-online.de

› **MACHT e.V., Hamburg**
www.macht-ev.de | macht@macht-ev.de

› **Mecklenburgische Literaturgesellschaft e.V.**
www.mlg.de

› **Mörderische Schwestern**
www.moerderische-schwestern.eu | info@moerderische-schwestern.eu

› **Münsteraner Autorengruppe MS-Lyrik**
www.muenster.org/autorengruppe | autoreng@muenster.de

› **Neue Gesellschaft für Literatur Erlangen e.V. (NGL)**
www.ngl-erlangen.de | info@cumart.de

› **Neue Literarische Gesellschaft, Marburg e.V.**
www.literatur-um-11.de | nlg_vorstand@yahoo.de

› **Regensburger Schriftstellergruppe International e.V. (RSGI), Regensburg**
www.rsgi.de | rsgi@rsgi.de

› **Schrieverkring Weser-Ems e.V.,**
Überregionale Vereinigung niederdeutscher Autoren
www.schrieverkring.de | platt@ostfriesischelandschaft.de

› **Schriftsteller in Schleswig-Holstein e.V.**
www.schriftsteller-in-sh.de

› **Science Fiction Club Deutschland (SFCD) e.V.**
www.sfcd-online.de | stefan.manske@web.de

› **Segeberger Kreis – Gesellschaft für Kreatives Schreiben e.V.**
www.segeberger-kreis.de | info@segeberger-kreis.de

› **Sorbischer Künstlerbund e.V.**
www.zsw-skb.de | zsw-skb@gmx.de

› **Die Spiele-Autoren-Zunft e.V. (SAZ) | Game Designer Association**
www.spieleautorenzunft.de | Kontaktformular auf der Website

› **DAS SYNDIKAT, Autorengruppe deutschsprachige Kriminalliteratur**
www.das-syndikat.com | www.die-criminale.de

› **Texttreff | das Netzwerk für wortstarke Frauen**
www.texttreff.de | kontakt@texttreff.de

Akademie des Deutschen Buchhandels, München
Ursprünglich ins Leben gerufen vom *Börsenverein des Deutschen Buchhandels* und der *Bertelsmann Stiftung* veranstaltet die Akademie Konferenzen und Fortbildungsseminare für die Buchbranche (vor allem für Verlage u. Sortimenter) sowie Inhouse-Seminare mit speziell zugeschnittenen Programmen.
www.buchakademie.de | info@buchakademie.de

Akademie der Künste, Berlin
„Die Akademie der Künste ist eine von der Bundesrepublik Deutschland getragene Körperschaft des öffentlichen Rechts. Sie hat die Aufgabe, die Künste zu fördern und die Bundesrepublik Deutschland in Angelegenheiten der Kunst und Kultur zu beraten." Vergabe diverser Preise und Stipendien, Durchführung von Seminaren, Ausstellungen, Werkstattgesprächen.
www.adk.de | info@adk.de

Arbeitsgemeinschaft von Jugendbuchverlagen e.V. (avj), Stuttgart
Die avj ist der Fachverband für Verlage, die Kinder- und Jugendbücher, aber auch audiovisuelle Medien, Kalender, BuchPlus-Produkte herausgeben. Ihr gehören fast 80 Verlage aus Deutschland, Österreich und der Schweiz an. Im Mittelpunkt ihrer Aktivitäten stehen die Interessenvertretung und die Vernetzung der ihr angehörenden Verlage sowie die Förderung der Kinder- und Jugendliteratur und des Lesens.
www.avj-online.de | info.avj@boev.de

Arbeitsgemeinschaft Literarischer Gesellschaften und Gedenkstätten e.V. (ALG), Berlin
Dem Dachverband gehören 209 literarische Gesellschaften, Literaturmuseen und literarische Gedenkstätten an. Sie reichen von A (Hermann-Allmers-Gesellschaft) bis Z (Carl-Zuckmayer-Gesellschaft). Diverse Publikationen; Mitgliederzeitung „ALGUmschau". Verleihung des Hartmut-Vogel-Preises für literarische Projekte, die in ihrer Art von besonderem Gewicht für das kulturelle Leben in Deutschland sind und/oder Vorbildcharakter für die Arbeitsmöglichkeiten literarischer Gesellschaften oder Gedenkstätten haben.
www.alg.de | alg@alg.de

Arbeitskreis für Jugendliteratur e.V. (AKJ), München
Der *Arbeitskreis für Jugendliteratur e.V.* ist der Dachverband der Kinder- und Jugendliteratur in Deutschland. Rund 40 Mitgliedsverbände und 200 Einzelpersonen, ausgewiesene ExpertInnen der Kinder- und Jugendliteratur, haben sich in diesem Netzwerk zusammengeschlossen. Ziel ist es, die Kinder- und Jugendliteratur und die literarästhetische Bildung von Kindern und Jugendlichen in Deutschland zu stärken. Der Arbeitskreis organisiert die Preisfindung und die Bekanntgabe des Deutschen Jugendliteraturpreises.
www.jugendliteratur.org | info@jugendliteratur.org

BücherFrauen e.V. – Women in Publishing, Berlin
Der Verein bündelt die Interessen von rund 800 deutschen Verlagsfrauen, Buchhändlerinnen, Übersetzerinnen, Agentinnen und allen anderen Frauen, die rund ums Buch tätig sind. BücherFrauen treffen sich in den größeren Städten regelmäßig zu Austausch und Fortbildung, besuchen gemeinsam Bücher-MacherInnen und Orte rund ums Buch, organisieren Veranstaltungen und netzwerken unterdessen.
www.buecherfrauen.de | info@buecherfrauen.de

Börsenverein des Deutschen Buchhandels e.V., Frankfurt am Main
Der Börsenverein vertritt die Interessen von Verlagen, Buchhandlungen, Zwischenbuchhandel, Antiquariaten und Verlagsvertretungen. Als Sprachrohr der Buchbranche steht er Öffentlichkeit und Politik beratend zur Seite. Als Berufsverband setzt sich der Börsenverein für wirtschaftlich und politisch optimale Rahmenbedingungen für seine Mitglieder ein. Im Börsenverein sind insgesamt rund 5900 Verlage, Buchhandlungen und Antiquariate, Zwischenbuchhändler und Verlagsvertreter organisiert. Er publiziert das „Börsenblatt – Wochenmagazin für den Deutschen Buchhandel" (www.mvb-boersenblatt.de, boersenblatt@mvb-online.de).
www.boersenverein.de | info@boev.de

Arbeitsgemeinschaften und Arbeitskreise im Börsenverein:
› Arbeitsgemeinschaft Publikumsverlage
› Arbeitsgemeinschaft Zeitschriftenverlage (AGZV)
› Arbeitskreis Elektronisches Publizieren (AKEP)
› Arbeitskreis Hörbuchverlage
› Arbeitskreis kleinerer unabhängiger Verlage (AKV)
› Arbeitsgruppe Piraterie
› Arbeitskreis Ratgeberverlage
› Arbeitsgruppe Taschenbuchverlage
› Arbeitskreis Touristikverlage

Landesverbände im Börsenverein:
› **Baden-Württemberg e.V., Stuttgart:** www.buchhandelsverband.de, post@buchhandelsverband.de
› **Bayern e.V., München:** www.buchhandel-bayern.de, info@buchhandel-bayern.de
› **Berlin-Brandenburg e.V., Berlin:** www.berlinerbuchhandel.de, verband@berlinerbuchhandel.de
› **Hessen, Rheinland-Pfalz und Saarland, Wiesbaden:** www.boersenverein-hessen.de, briefe@boersenverein-hessen.de
› **Niedersachsen-Bremen e.V., Hannover:** www.boersenverein-niedersachsen-bremen.de, info@boersenverein-niedersachsen-bremen.de
› **Region Norddeutschland, Hamburg:** www.boersenverein-nord.de, info@boersenverein-nord.de
› **Nordrhein-Westfalen, Düsseldorf:** www.buchnrw.de, info@buchnrw.de

› **Sachsen, Sachsen-Anhalt und Thüringen e.V., Leipzig:**
www.boersenverein-sasathue.de, lvsasathue@t-online.de

Bundesakademie für kulturelle Bildung Wolfenbüttel e.V.
(› Kapitel „Aus- und Fortbildung")
www.bundesakademie.de | post@bundesakademie.de

Bundesverband der Friedrich-Bödecker-Kreise e.V., Hannover
Friedrich-Bödecker-Kreise gibt es in allen Bundesländern. Sie sind gemeinnützige Vereine, die jeweils in ihrem Landesbereich selbstständig agieren. Gemeinsame Aufgabe ist die Leseförderung von Kindern und Jugendlichen. Pädagogisches Ziel ist es, Kinder und Jugendliche zu befähigen, aktiv am literarischen Leben teilzunehmen. Dies geschieht in der Hauptsache durch Autorenlesungen, die überwiegend in Schulen, aber auch in anderen Einrichtungen wie in Kindergärten, Bibliotheken, Jugendeinrichtungen, Jugendstrafanstalten und in Eltern- und Lehrerfortbildungen stattfinden.
www.boedecker-kreis.de | bundesverband@boedecker-kreis.de

Bundesverband junger Autoren und Autorinnen e.V. (BVjA), Bonn
Der Bundesverband fördert junge AutorInnen. Zu diesem Zweck gibt er mehrere Publikationen heraus, veranstaltet Seminare, unterhält lokale Gesprächskreise und Arbeitsgruppen (Theater, Hörspiel, Drehbuch) und informiert seine Mitglieder regelmäßig über literarische Neuigkeiten.
www.bvja-online.de | info@bvja-online.de

Deutsche Akademie für Sprache und Dichtung e.V., Darmstadt
Die Akademie vertritt die Interessen der deutschen Literatur und Sprache im In- und Ausland und fördert die Begegnung mit anderen Sprachkulturen. Sie begleitet die Entwicklung der deutschen Sprache mit kritischer Aufmerksamkeit und wirkt auf ihre pflegliche Behandlung im öffentlichen und privaten Gebrauch ein. Die Akademie vergibt mehrere Preise, darunter den Georg-Büchner-Preis.
www.deutscheakademie.de | sekretariat@deutscheakademie.de

Deutsche Journalistinnen- und Journalisten-Union in ver.di (dju), Berlin
Mitglied der Berufsgruppe *dju in ver.di* können alle werden, die in Wort, Bild, Ton oder Layout, Dokumentation oder Archiv hauptberuflich journalistisch arbeiten oder sich in einer journalistischen Ausbildung befinden.
http://dju.verdi.de | Kontaktformular auf der Website

Deutsche Literaturkonferenz e.V., Berlin
Satzungszweck des Vereins ist die Förderung der deutschen Literatur. Als Vereinigung der am literarischen Leben in der Bundesrepublik Deutschland maßgeblich beteiligten Verbände und Institutionen will die *Deutsche Literaturkonferenz* auf die öffentliche Meinung, die Erziehung und die Gesetzgebung einwirken, um der Literatur die ihrer gesellschaftlichen Bedeutung entsprechende Stellung zu verschaffen und zur

Weiterentwicklung der Literatur beizutragen. Die *Deutsche Literaturkonferenz* bildet als einziges Mitglied die Sektion Literatur im *Deutschen Kulturrat* (siehe unten). Die Vereinigung hat 22 Mitglieder, darunter *VS* und den *FDA*, siehe unten.
www.literaturkonferenz.de | info@literaturkonferenz.de

Deutsche Nationalbibliothek, Frankfurt am Main
Deutsche Nationalbibliothek, Leipzig
„Die Deutsche Nationalbibliothek ist die zentrale Archivbibliothek und das nationalbibliografische Zentrum der Bundesrepublik Deutschland. Sie hat die für Deutschland einzigartige Aufgabe, lückenlos alle deutschen und deutschsprachigen Publikationen ab 1913, im Ausland erscheinende Germanica und Übersetzungen deutschsprachiger Werke sowie die zwischen 1933 und 1945 erschienenen Werke deutschsprachiger Emigranten zu sammeln, dauerhaft zu archivieren, umfassend zu dokumentieren und bibliografisch zu verzeichnen sowie der Öffentlichkeit zur Verfügung zu stellen."
Unter http://dnb.d-nb.de kann jeder über öffentliche Netze kostenfrei in der Datenbank der *Deutschen Nationalbibliothek* recherchieren.
Gewerbliche und nicht gewerbliche VerlegerInnen in der Bundesrepublik Deutschland müssen von den Medienwerken, die sie veröffentlichen, zwei Exemplare kostenlos an die *Deutsche Nationalbibliothek* abliefern (Pflichtablieferung).
www.ddb.de | info-f@d-nb.de (Frankfurt) und info-l@d-nb.de (Leipzig)

Deutscher Bühnenverein – Bundesverband der Theater und Orchester, Köln
Der Verein will die einzigartige Vielfalt unserer Theater- und Orchesterlandschaft und deren kulturelles Angebot erhalten, fördern und pflegen. In diesem Sinne versteht sich der *Bühnenverein* als ein Theatererhalterverband, aber auch als ein Zusammenschluss, der Kunst und Kultur als unverzichtbaren Bestandteil städtischen Lebens in das Zentrum seines Bemühens stellt.
www.buehnenverein.de | debue@buehnenverein.de

Deutscher Fachjournalisten-Verband AG (DFJV), Berlin
Beim *DFJV* handelt es sich um einen Berufsverband für Journalisten, die sich auf ein Fach oder Ressort spezialisiert haben. „Wir arbeiten für unsere Mitglieder als Sprachrohr, Anwalt und Berater. Kurz: als moderner Dienstleister."
www.dfjv.de | Kontaktformular auf der Website

Deutscher Journalisten-Verband e.V. (DJV), Berlin
Der *DJV* vertritt die berufs- und medienpolitischen Ziele und Forderungen der hauptberuflichen Journalistinnen und Journalisten aller Medien.
www.djv.de | djv@djv.de

Deutscher Kulturrat e.V., Berlin
„Der Deutsche Kulturrat ist der *Ansprechpartner der Politik und Verwaltung* des Bundes, der Länder und der Europäischen Union in allen die einzelnen Sparten des Deutschen Kulturrates e.V. übergreifenden kulturpolitischen Angelegenheiten." Mitglieder sind

u.a. die *Deutsche Literaturkonferenz* (siehe oben) und die *Sektion Film und audiovisuelle Medien.*
www.kulturrat.de | post@kulturrat.de

Deutscher Literaturfonds e.V., Darmstadt
„Die Arbeitsschwerpunkte des Deutschen Literaturfonds liegen in der Autoren- und Vermittlungsförderung. Schriftstellerinnen und Schriftsteller können im Rahmen der Autorenförderung für ein bestimmtes literarisches Projekt ein Stipendium in Höhe von 2000 Euro für maximal ein Jahr beantragen." Außerdem vergibt der *Deutsche Literaturfonds* jährlich den Kranichsteiner Literaturpreis, den Kranichsteiner Literaturförderpreis, das New-York-Stipendium, das London Stipendium sowie den Paul-Celan-Preis für Übersetzungen.
www.deutscher-literaturfonds.de | info@deutscher-literaturfonds.de

Deutscher Übersetzerfonds e.V., Berlin
Der *Deutsche Übersetzerfonds* verfolgt das Ziel, „eine qualitätsorientierte und bundesweit wirksame Übersetzerförderung aus öffentlichen und privaten Mitteln zu entwickeln." Der gemeinnützige Verein hat seinen Sitz im *Literarischen Colloquium Berlin.* Er vergibt Fördermittel an ÜbersetzerInnen in Form von Arbeitsstipendien, Reise- und Aufenthaltsstipendien und unterstützt Initiativen und Projekte, die der Entwicklung der Übersetzungskunst förderlich sind.
www.uebersetzerfonds.de | mail@uebersetzerfonds.de

Deutsches Literaturinstitut Leipzig (DLL)
(> Kapitel „Aus- und Fortbildung")
www.deutsches-literaturinstitut.de | dll@uni-leipzig.de

Deutsches Netzwerk der Indexer (DNI)
Das *DNI* ist die Fachgruppe für professionelle Registererstellung im deutschsprachigen Raum und bietet eine fachliche Plattform zur Information, Weiterbildung und Dienstleistung. Moderne Registererstellung, insbesondere die Erstellung von Sachregistern, ist ein eigenständiges Fachgebiet. Mitglieder des *DNI* veröffentlichen Fachbeiträge in Zeitschriften und Büchern, halten Seminare ab, beraten Verlage und Autoren – und bieten Registererstellung als Service an, bei der spezielle Software zum Einsatz kommt. Das *DNI* unterhält sehr gute Beziehungen zu den weltweit führenden angloamerikanischen Fachverbänden.
www.d-indexer.org | info@d-indexer.org

Dramatiker-Union (Schriftsteller und Komponisten von Bühne, Film, Funk, Fernsehen) e.V., Berlin
Die *Dramatiker-Union,* gegründet 1871 und damit der älteste überregionale Autorenverband in Deutschland, vertritt die Interessen der UrheberInnen wort- und musikdrama-

tischer Werke gegenüber deren Verwertern wie Bühnen, Funk- und Fernsehanstalten, Film- und Schallplattenproduzenten, Interpreten und Verlegern.
www.dramatikerunion.de | dramatikerunion@t-online.de

Dramaturgische Gesellschaft e.V. (dg), Berlin
Die *dg* vereinigt TheatermacherInnen aus Deutschland, Österreich und der Schweiz. Ihr zentrales Interesse gilt der Auseinandersetzung mit Themen und Stoffen, die im engeren oder weiteren Sinn dramaturgische Fragestellungen aufwerfen. Ziel ihrer Arbeit ist es, aktuelle künstlerische und gesellschaftspolitische Fragen und Positionen aufzugreifen, zu diskutieren und zu formulieren. Die *dg* versteht sich als ein offenes Gesprächs- und Diskussionsnetzwerk und Forum des Erfahrungsaustauschs zwischen TheatermacherInnen.
www.dramaturgische-gesellschaft.de | post@dramaturgische-gesellschaft.de

Europäisches Übersetzer-Kollegium Nordrhein-Westfalen in Straelen e.V. (EUK)
„Man kann in Straelen nicht übersetzen lernen und nicht übersetzen lassen, sondern nur übersetzen – aber unter idealen Bedingungen: Übersetzer aus allen Teilen der Welt kommen nach Straelen, um die vielfältigen Hilfsmittel des Hauses zu nutzen, Kollegen zu treffen, miteinander zu arbeiten und Tipps und Erfahrungen auszutauschen." Das *EUK* ist keine staatliche oder allgemeine Einrichtung, sondern bietet freiwillige, hoch subventionierte Leistungen für die genau umrissene Personengruppe professioneller literarischer Übersetzerinnen und Übersetzer.
www.euk-straelen.de | euk.straelen@t-online.de

EWC – European Writers' Congress, Brüssel
Der *EWC* ist eine internationale gemeinnützige Vereinigung nach belgischem Recht. Mitglieder sind 58 Mitgliedsorganisationen aus 30 europäischen Ländern mit 60 000 Einzelmitgliedern. Deutsche Mitglieder sind der *Verband deutscher Schriftsteller (VS) in ver.di* und der *Verband deutschsprachiger Übersetzer literarischer und wissenschaftlicher Werke e.V.* Der *EWC* will gemeinsame Strategien in den Bereichen freie Meinungsäußerung, Urheberpersönlichkeitsrecht, Urheberrecht, sonstige ökonomische Rechte, Steuerrecht und Sozialversicherung, internationaler Kulturaustausch ausarbeiten und verfolgen sowie die Interessen seiner Mitgliedsorganisationen in diesen und anderen Bereichen vertreten.
www.european-writers-congress.org | EWC-Secretariat@inter.nl.net

Fachverband Freier Werbetexter e.V. (FFW), Berlin
Der *FFW* ist der einzige Berufsverband Deutschlands für Texter und Konzeptioner in der Kommunikationswirtschaft und repräsentiert gut ein Drittel der freiberuflich arbeitenden WerbetexterInnen. Mitglied kann nur werden, wer über eine ausreichende Berufserfahrung verfügt und seine professionelle Qualifikation nachgewiesen hat.
www.texterverband.de | kontakt@texterverband.de

Fortbildung-Verlag.com + Fortbildung-Buchhandel.com
Internet-Seminardatenbank der Landesverbände des *Börsenvereins des Deutschen Buchhandels* und der *Schulen des Deutschen Buchhandels*. Seminar-Suche nach Themen, Bundesländern und ReferentInnen. Verantwortlich: *Börsenverein des Deutschen Buchhandels Bayern e. V.,* Literaturhaus, München.
www.fortbildung-verlag.com + www.fortbildung-buchhandel.com
www.buchhandel-bayern.de | seminare@buchhandel-bayern.de

Freier Deutscher Autorenverband (FDA), Leipzig
„Als ‚Schutzverband Deutscher Schriftsteller' setzt der *Freie Deutsche Autorenverband (FDA)* mit seiner Selbstverpflichtung auf die Freiheit des Wortes und die Interessenvertretung aller Schreibenden das Wirken des 1909 gegründeten gleichnamigen Verbandes fort." Der *FDA* ist einer der Berufsverbände für deutschsprachige AutorInnen.
www.fda.de | kontakt@fda.de

Landesverbände:
› **Baden-Württemberg:** www.fda-lv-bw.de, hartmut.brie@t-online.de
› **Bayern:** f.westner@salonline.de
› **Berlin:** fda.berlin@alice.de
› **Brandenburg:** TextArt-Hoffmann@web.de
› **Hamburg:** www.fda-hamburg.de, info@fda-hamburg.de
› **Hessen:** www.fda-hessen.de, info@fda-hessen.de
› **Mecklenburg-Vorpommern:** kontakt@fda.de
› **Niedersachsen:** fda-nds@web.de
› **Nordrhein-Westfalen:** www.fda-lv-nrw.de
› **Rheinland-Pfalz:** jan@cattepoel.de
› **Saarland:** jan@cattepoel.de
› **Sachsen-Anhalt:** kontakt@fda.de
› **Sachsen:** Almutfehrmann@gmx.de
› **Thüringen:** verlag.espero@t-online.de

Freischreiber – Berufsverband freier Journalistinnen und Journalisten, Berlin
Der Verband vertritt als Lobby und Verhandlungspartner die Interessen freier Journalistinnen und Journalisten mit dem Ziel, die Arbeits- und Honorarbedingungen für freie JournalistInnen zu verbessern, um unabhängigen Qualitätsjournalismus sicherzustellen. Der Verband trägt dazu bei, die Zusammenarbeit zwischen freien JournalistInnen und Redaktionen weiter zu professionalisieren. Der Verband vernetzt freie JournalistInnen untereinander.
www.freischreiber.de | Kontaktformular auf der Website

GEDOK – Verband der Gemeinschaften der Künstlerinnen und Kunstförderer e.V., Bonn
Die *GEDOK* ist das älteste und europaweit größte Netzwerk für Künstlerinnen aller Sparten. Sie setzt sich über ein Netzwerk von Kontakten zu Kultur, Politik und Medien für

die Belange der Künstlerinnen aller Sparten ein: Bildende Kunst, Angewandte Kunst, Neue Medien, Musik, Literatur, Sprechkunst und Darstellende Kunst. „Nach wie vor sind Frauen trotz formaler Gleichberechtigung und künstlerischer Qualifikation im Kunstbetrieb unterrepräsentiert und finden nicht die gebührende Anerkennung."
www.gedok.de | gedok@gedok.de

Institut für Ghostwriting, Manzell
Ilona Aranys und Irene Todtenhöfers Textschmiede am Bodensee.
www.institut-fuer-ghostwriting.de

ISBN-Agentur für die Bundesrepublik Deutschland, Frankfurt am Main
Die 13-stellige ISBN (Internationale Standard-Buchnummer) kennzeichnet als kurzes und eindeutiges (in Verbindung mit einem EAN-Strichcode auch maschinenlesbares) Identifikationsmerkmal unverwechselbar jedes in der Welt veröffentlichte Buch. Sowohl Verlage mit fortgesetzter Produktion als auch Selbstverlage finden auf der Website der Agentur alles, um eine ISBN zu beantragen.
www.german-isbn.org | isbn@mvb-online.de

Journalistinnenbund e.V.
Der *Journalistinnenbund* wurde 1987 von frauenpolitisch engagierten und interessierten Kolleginnen gegründet und zählt heute fast 500 Mitglieder. „Wir sind ein bundesweites, berufsbezogenes und Generationen übergreifendes Netzwerk für Frauen, die hauptamtlich im journalistischen Bereich tätig sind."
www.journalistinnenbund.de | journalistinnenbund@t-online.de

Kinder- und Jugendtheaterzentrum in der Bundesrepublik Deutschland, Frankfurt am Main
Das Zentrum ist eine vom Bundesjugendministerium geschaffene Einrichtung. Es soll das Kinder- und Jugendtheater in allen Bereichen unterstützen und fördern. Das Zentrum ist Veranstalter des *Deutschen Kinder und Jugendtheater-Treffens* (alle zwei Jahre in Berlin) sowie des alljährlich im Dezember stattfindenden *Frankfurter Autorenforums für Kinder- und Jugendtheater.*
www.kjtz.de | zentrum@kjtz.de

Künstlersozialkasse (KSK), Wilhelmshaven
(> Kapitel „Recht und Soziales")
www.kuenstlersozialkasse.de | auskunft@kuenstlersozialkasse.de

Kulturstiftung der Länder (KSL), Berlin
Die *KSL* unterstützt deutsche Museen, Bibliotheken und Archive dabei, bedeutende Kunstwerke und Kulturgüter zu erwerben. Über die finanzielle Beteiligung an wichtigen Akquisitionen hinaus leistet sie umfassende fachliche Beratung und hilft bei der Suche nach Expertinnen und Förderern.
www.kulturstiftung.de | kontakt@kulturstiftung.de

Kultusministerien der Bundesländer

Die Kultusministerien der Länder fördern literarische Einrichtungen. Sie geben zuverlässig Auskunft über Möglichkeiten der individuellen Förderung durch Literaturpreise und Stipendien.

› **Baden-Württemberg:** Ministerium für Wissenschaft, Forschung und Kunst Baden-Württemberg, Stuttgart
www.mwk-bw.de › Kunst und Kultur

› **Bayern:** Bayerisches Staatsministerium für Wissenschaft, Forschung und Kunst, München
www.stmwfk.bayern.de › Kunst und Kultur › Literatur

› **Berlin:** Der Regierende Bürgermeister von Berlin, Senatskanzlei, Kulturelle Angelegenheiten, Berlin
www.kultur.berlin.de › Kunst- & Künstlerförderung

› **Brandenburg:** Ministerium für Wissenschaft, Forschung und Kultur Brandenburg, Potsdam
www.mwfk.brandenburg.de › Kultur › Literatur

› **Bremen:** Der Senator für Kultur, Bremen
www.kultur.bremen.de

› **Hamburg:** Behörde für Kultur, Sport und Medien, Hamburg
www.hamburg.de/kultur-sport › Literatur

› **Hessen:** Hessisches Ministerium für Wissenschaft und Kunst, Wiesbaden
www.hmwk.hessen.de › Kultur

› **Mecklenburg-Vorpommern:** Ministerium für Bildung, Wissenschaft und Kultur, Schwerin
www.bm.regierung-mv.de

› **Niedersachsen:** Niedersächs. Ministerium für Wissenschaft und Kultur, Hannover
www.mwk.niedersachsen.de

› **Nordrhein-Westfalen:** Die Landesregierung Nordrhein-Westfalen, Düsseldorf
www.kultur.nrw.de › Literatur

› **Rheinland-Pfalz:** Ministerium für Bildung, Wissenschaft, Jugend und Kultur, Mainz
www.mbwjk.rlp.de

› **Saarland:** Der Minister für Bundesangelegenheiten, Kultur und Chef der Staatskanzlei, Saarbrücken
www.saarland.de/kultur.htm › Literatur/Bibliotheken

› **Sachsen:** Sächsisches Staatsministerium für Wissenschaft und Kunst, Dresden
www.smwk.sachsen.de

› **Sachsen-Anhalt:** Kultusministerium des Landes Sachsen-Anhalt, Magdeburg
www.sachsen-anhalt.de › Kultur, Medien + Kirchen

› **Schleswig-Holstein:** Ministerium für Bildung und Kultur des Landes Schleswig-Holstein, Kiel
www.kultur.schleswig-holstein.de

› **Thüringen:** Ministerium für Bildung, Wissenschaft und Kultur, Erfurt
www.thueringen.de/de/tmbwk/ › Literatur

Literarisches Colloquium Berlin e. V. (LCB)
Das *LCB* veranstaltet Workshops, Seminare, Lesungen, Arbeitstagungen, Ausstellungen, Übersetzercolloquien. Es ist Veranstaltungsforum und Gästehaus, Arbeitsstätte und Talentschmiede für AutorInnen und ÜbersetzerInnen. Das *LCB* richtet den von Günter Grass gestifteten Alfred-Döblin-Preis aus und vergibt Stipendien.
www.lcb.de | mail@lcb.de

mediafon/ver.di – Referat Selbstständige, Berlin
mediafon ist ein Beratungsservice der *ver.di* für Solo-Selbstständige. Neben einem umfassenden Webangebot und einem Newsletter bietet *mediafon* individuelle Beratung durch berufliche Expertinnen und Experten. Diesen Service können auch Nicht-Mitglieder für eine geringe Gebühr in Anspruch nehmen. Das *mediafon*-Team, das Beratungen vermittelt, ist über ein Anfrageformular oder telefonisch zu erreichen; Tel.: 01805/754444, Montag–Freitag, 10.00–16.00 Uhr. Auf der Website gibt es Informationen über „Marktpreise" und Auftragsbedingungen, Musterverträge und vieles mehr.
www.mediafon.net | info@mediafon.net

MVB Marketing- und Verlagsservice des Buchhandels GmbH , Frankfurt am Main
Der *MVB* ist ein Tochterunternehmen des *Börsenvereins des Deutschen Buchhandels.* Er bietet Verlagsprodukte und Dienstleistungen an, die das Marketing von Büchern unterstützen und die Orientierung am Markt erleichtern. Priorität hat der Service für BuchhändlerInnen und VerlegerInnen. Der MVB gibt „Das Börsenblatt – Wochenmagazin für den deutschen Buchhandel", und das „VLB Verzeichnis lieferbarer Bücher" (s. u.) heraus. Die ISBN-Agentur (s. o.) hat hier ihren Sitz.
www.mvb-online.de | info@mvb-online.de

Nordkolleg Rendsburg, Akademie für kulturelle Bildung
(> Kapitel „Aus- und Fortbildung")
www.nordkolleg.de | Kontaktformular auf der Website

P.E.N.-Zentrum Deutschland, Darmstadt
Das *P.E.N.-Zentrum Deutschland* ist eine der weltweit über 140 Schriftstellervereinigungen, die im Internationalen P.E.N. vereint sind. Die drei Buchstaben stehen für die Wörter *Poets, Essayists, Novelists*. Der *P.E.N.* wurde 1921 in England als literarischer Freundeskreis gegründet. Schnell hat er sich über die Länder der Erde ausgebreitet und sich als Anwalt des freien Wortes etabliert. Er gilt als Stimme verfolgter und unterdrückter Schriftsteller. Mitglied des *P.E.N.* kann nur werden, wer aufgrund besonderer schriftstellerischer Leistungen hinzugewählt wird und sich durch seine Unterschrift unter die Charta zu den Prinzipien des Clubs bekennt. Besonders intensiv widmet sich der deutsche *P.E.N.* dem international einmaligen Programm *Writers in Exile* als Fortsetzung seiner *Writers-in-Prison*-Aktivitäten.
www.pen-deutschland.de | pen-germany@t-online.de

Verband Deutscher Bühnen- und Medienverlage e.V. (VDB), Berlin
Der *VDB* ist die Interessenvertretung der Theater-, Musik- und Medienverlage (Medienagenturen) des deutschen Sprachraums. Seine Mitglieder nehmen treuhänderisch die Rechte ihrer Autorinnen und Autoren insbesondere gegenüber Theatern, Sendeunternehmen und Film- und Fernsehproduzenten wahr, die nicht von Verwertungsgesellschaften kollektiv verwaltet und lizenziert werden. VerlagsautorInnen sind Bühnenautorinnen, Bühnenkomponisten, Hörspiel- und Drehbuchautorinnen. Der *VDB* vertritt die Interessen seiner Mitglieder und ihrer AutorInnen gegenüber den genannten Verwertern, ihren Verbänden und sonstigen Institutionen und Organisationen.
www.theatertexte.de | info@buehnenverleger.de

Verband Deutscher Drehbuchautoren (VDD), Berlin
Der *VDD* ist der Berufsverband der DrehbuchautorInnen. Neben den klassischen Aufgaben eines Berufsverbandes wie der Interessenvertretung und Lobbyarbeit für DrehbuchautorInnen bietet er u.a. die kostenlose Rechtsberatung durch einen Fachanwalt, den Newsletter *SCRIPTonline,* die Herausgabe des *Drehbuchautoren:Guide* sowie eine Übersicht über den aktuellen Marktwert von Drehbüchern etwa für Serien, TV-Movies oder Kinofilme.
www.drehbuchautoren.de | info@drehbuchautoren.de

Verband deutscher Schriftsteller (VS) in ver.di, Berlin
Der *VS* ist der Berufsverband der SchriftstellerInnen in Deutschland. Organisatorisch ist er eine Fachgruppe der *Vereinten Dienstleistungsgewerkschaft ver.di*. Er hat den Zweck, die kulturellen, rechtlichen, beruflichen, sozialen und tariflichen Interessen seiner Mitglieder in Übereinstimmung mit der Satzung der *ver.di* und den Zielen des *Deutschen Gewerkschaftsbundes* zu fördern und zu vertreten sowie die internationalen Beziehungen der AutorInnen und ÜbersetzerInnen zu pflegen. Zu den Zielen des *VS* gehört es insbesondere, auf den Abschluss von Tarifverträgen für seinen Bereich hinzuwirken.
Mitglied des *VS* kann jedeR haupt- oder nebenberufliche deutschsprachige AutorIn und jedeR im Organisationsbereich der ver.di lebende fremdsprachige AutorIn werden, sofern sie/er ihr/sein fachliches Können hinreichend ausweist. „Als Ausweis des fachlichen Könnens gelten: Eine Buchveröffentlichung, die nicht durch Einsatz eigener Geldmittel erkauft sein darf; die Sendung oder Aufführung eines Hör- oder Fernsehspiels, Theaterstücks oder Films; mehrere Veröffentlichungen in literarischen Anthologien, Literaturzeitschriften, elektronischen Medien und Feuilletons oder eine vergleichbare literarische Tätigkeit."
Der *VS* organisiert sich auf Bezirks-, Landes- u. Bundesebene. Im Folgenden werden nur die Landesverbände (LV) genannt. In jedem Landesverband gibt es aber noch etliche Dependancen auf Bezirksebene. Wer also nach Gleichgesinnten in der näheren Umgebung sucht, wende sich an die Landesverbände.
http://vs.verdi.de | vs@verdi.de

Landesverbände:
- › **Baden-Württemberg:** www.verdi.de/vs-bawue
- › **Bayern:** www.vs-bayern.de
- › **Berlin:** www.vs-berlin-brandenburg.de
- › **Brandenburg:** www.vs-berlin-brandenburg.de
- › **Hamburg:** www.vs-hamburg.de
- › **Hessen:** www.vs-hessen.de
- › **Mecklenburg-Vorpommern:** Hans-Jürgen Schumacher, Greifswald, Post: Besenbinderhof 60, 20097 Hamburg, Tel.: 040/2858-4080/-4085
- › **Niedersachsen, Bremen:** https://nds-bremen.verdi.de/-/qra
- › **Nordrhein-Westfalen:** www.vs-nrw.de
- › **Rheinland-Pfalz:** www.vs-rlp.de
- › **Saarland:** www.vs-saar.de
- › **Sachsen:** www.vs-in-leipzig.de
- › **Sachsen-Anhalt:** www.literatur-lsa.de
- › **Schleswig-Holstein:** http://kiel-ploen.verdi.de/bezirk_aktiv/vs_s-h
- › **Thüringen:** www.schriftsteller-in-thueringen.de sowie www.lesezeichen-ev.de

Verband deutschsprachiger Übersetzer literarischer und wissenschaftlicher Werke e.V. (VdÜ)/Bundessparte Übersetzer im Verband deutscher Schriftsteller (VS) in ver.di, Berlin

Der *VdÜ* ist der Berufsverband der LiteraturübersetzerInnen und vertritt ihre Interessen in der Öffentlichkeit gegenüber den Vertragspartnern und deren Verbänden. Die Verbesserung der rechtlichen und ökonomischen Bedingungen ist eines der wesentlichen Ziele. Mitglieder erhalten Information, Weiterbildung, Rat und Unterstützung, Rechtsschutz. AutorInnen und ÜbersetzerInnen sind natürliche Verbündete: Der VdÜ ist eingebunden in den *Verband deutscher Schriftsteller (VS)* in der Gewerkschaft *ver.di* (siehe oben).
www.literaturuebersetzer.de | vs@verdi.de

Verband der Freien Lektorinnen und Lektoren e.V. (VFLL), Frankfurt am Main

Der *VFLL* wurde 2000 gegründet und hatte Ende 2009 etwa 770 Mitglieder. Als Berufsverband ist er Forum, Netzwerk sowie berufliche Interessenvertretung. Der *VFLL* bietet zahlreiche Möglichkeiten zum Erfahrungsaustausch unter anderen in Regional- und Arbeitsgruppen, in der Mailingliste, im Weblog und E-Forum. Ein Schwerpunkt seiner Arbeit ist die Qualifizierung der Mitglieder durch eigene Fortbildungsangebote. Zweimal im Jahr findet das *VFLL*-Seminar für Berufseinsteiger statt. Es gibt zahlreiche Gründe, warum der Verband wächst: Dazu gehören der Verhaltenskodex „Richtlinien für das Freie Lektorat", das „Verzeichnis der Freien Lektorinnen und Lektoren" als Buch/als Datenbank, die Honorarempfehlungen sowie der „Leitfaden Freies Lektorat".
www.vfll.de, www.lektoren.de | geschaeftsstelle@vfll.de, presse@vfll.de

Verband der Redenschreiber deutscher Sprache (VRdS), Königswinter

Der Verband ist die Berufsorganisation der RedenschreiberInnen deutscher Sprache. Er wirkt mit dem Ziel, die bisher isoliert arbeitenden RedenschreiberInnen in Deutschland,

Österreich und der Schweiz zu einem Berufsverband zu vereinen, ihren Interessen zu dienen und sie nach außen zu vertreten (§ 1 der Satzung).
www.vrds.de | Kontaktformular auf der Website

Verwertungsgesellschaft WORT (VG WORT), München
(> Kapitel „Recht und Soziales")
www.vgwort.de | vgw@vgwort.de

VLB Verzeichnis Lieferbarer Bücher, Frankfurt am Main
Das *VLB* ist die wichtigste und umfassendste Datenbank für Buchhandel und Bibliothekswesen und damit das unverzichtbare Medium für die gesamte Branche: Nahezu alle lieferbaren deutschsprachigen Bücher und elektronischen Publikationen sowie fremdsprachigen Veröffentlichungen von Verlagen aus Deutschland, Österreich und der Schweiz werden nachgewiesen. Verzeichnet sind zurzeit etwa 1,2 Millionen Titel aus rund 20 000 Verlagen. Das *VLB* ist eines der Verzeichnisse der *MVB Marketing- und Verlagsservice des Buchhandels GmbH* (siehe oben).
www.vlb.de | serviceline@mvb-online.de

Einrichtungen im Ausland

Eine Adressenliste der Berufsverbände der SchriftstellerInnen innerhalb Europas gibt es auf der Website des European Writers' Congress, www.european-writers-congress.org.

Frankreich: Das *Centre National du Livre*, eine Einrichtung des französischen Ministeriums für Kultur und Kommunikation, unterstützt die Akteure im Buchmarkt (Autoren, Verleger, Buchhändler, Bibliotheken und Veranstalter literarischer Veranstaltungen) und ermutigt sie so, Werke von hoher Qualität zu schaffen und zu vertreiben.
www.centrenationaldulivre.fr

Frankreich: Die *Société des Gens de Lettres* (gegründet 1838) bietet Serviceleistungen zur Unterstützung von AutorInnen aus allen Sparten und unabhängig von der Publikationsart ihrer Werke.
www.sgdl.org

Frankreich: Das *Maison des écrivains et de la littérature* hat die Aufgabe, AutorInnen zu vereinen, zu schützen, zu verteidigen und damit die Literatur zu fördern.
www.m-e-l.fr

Frankreich: Blog der *Union des écrivains*: http://uniondesecrivains.blogspot.com/

Großbritannien: *The Society of Authors* (gegründet 1884) hat über 8500 Mitglieder und vertritt die Interessen professioneller Autorinnen und Autoren, unabhängig von ihrer Spezialisierung.
www.societyofauthors.org

Italien: Das *Sindacato Nazionale Scrittori* vertritt AutorInnen aller Sparten und ÜbersetzerInnen. Es verteidigt ihre künstlerische Freiheit und schützt ihre immateriellen und wirtschaftlichen Interessen.
www.sindacatoscrittori.net

Österreich: Der *Hauptverband des Österreichischen Buchhandels (HBV)* in Wien vertritt die Interessen von Buchhandlungen, Verlagen, Antiquariaten, Grossisten und Verlagsvertretern.
www.buecher.at | sekretariat@hvb.at

Österreich: Die *IG Autorinnen Autoren,* Wien, hat derzeit rund 3400 Mitglieder und 70 Mitgliederverbände und ist der österreichische Berufsverband der AutorInnen. Die wichtigsten Aufgabenbereiche der Interessengemeinschaft sind: Förderung und Wahrung der beruflichen, rechtlichen und sozialen Interessen der österreichischen SchriftstellerInnen insbesondere Vertragspartnern und Behörden gegenüber; generelle und individuelle soziale und rechtliche Beratung und Information; Rechtsberatung und Rechtsschutz in vertraglichen Angelegenheiten und in allen Fällen von Zensur; Initiativen auf dem Gebiet des Steuer-, Sozial- und Urheberrechts; Entwicklung und

Begutachtung von für schriftstellerisches Arbeiten relevanten Gesetzen und generellen vertraglichen Regelungen.
www.literaturhaus.at/lh/ig | ig@literaturhaus.at

Schweiz: Der *AdS Autorinnen & Autoren der Schweiz* setzt sich gesamtschweizerisch ein für optimale gesellschaftliche, kulturpolitische, rechtliche und ökonomische Rahmenbedingungen seiner Mitglieder (Schriftstellerinnen und Schriftsteller sowie literarische Übersetzerinnen und Übersetzer) und soweit wie möglich aller Autorinnen und Autoren. Er versteht sich in diesem Sinne als Berufsverband.
www.a-d-s.ch | sekretariat@a-d-s.ch

Schweiz: Der *Schweizer Buchhändler- und Verleger-Verband (SBVV)* ist ein Dienstleistungsbetrieb für über 500 organisierte Mitglieder, von der Quartierbuchhandlung über den Zwischenbuchhandel bis zum Großverlag. Die angebotenen Dienstleistungen reichen vom Messewesen bis zur ISBN-Nummer oder dem Adressverkauf.
www.sbvv.ch, www.swissbooks.ch | sbvv@swissbooks.ch

USA: *The Authors Guild* (gegründet 1912 als Authors League of America) vertritt die Interessen von AutorInnen im Urheberrechtsschutz, bei einer fairen Vertragsgestaltung und in Fragen der künstlerischen Freiheit. Im Verfahren um das *Google Library Project* ist sie eine der klagenden Parteien.
www.authorsguild.org

USA: Die *Writers Guild of America* ist die gemeinsame Gewerkschaft der AutorInnen in der Film- und Fernsehindustrie der USA, unterteilt in einen westlichen und östlichen Bereich. Sie zählt zurzeit etwa 12 000 Mitglieder. Der von der WGA 2007/2008 ausgerufene mehrmonatige Streik beeinträchtigte und verhinderte die Produktion zahlreicher Fernsehshows.
www.wga.org + www.wgaeast.org

15

Übersetzen – „das zweitälteste Gewerbe der Welt“

oder auch: „Quasi dasselbe mit anderen Worten“?

Kapitelbeitrag von Eike Fuhrmann

BEITRÄGE

ADRESSEN UND INFORMATIONEN

Übersetzen – „das zweitälteste Gewerbe der Welt"[1]

Geschichtliches

Was das älteste Gewerbe der Welt ist, daran besteht wenig Zweifel. Um den zweiten Platz streiten sich Spione, Philosophen, Bauern, Soldaten, Kaufleute ..., und einiges spricht dafür, dass Dolmetscher und Übersetzer einen Anspruch auf den Titel haben. Gedolmetscht wurde mit Sicherheit schon, bevor es mit dem Entstehen der Schrift zu Übersetzungen kam; vermutlich bald nachdem die Menschen vor etwa 100 000 bis 150 000 Jahren damit begonnen hatten, per Sprache zu kommunizieren (1).

Seit Entstehung der Schrift

Übersetzungen fördern seit Entstehung der Schrift den Kultur- und Wissensaustausch zwischen Angehörigen verschiedener Sprachen. Auf etwa 6600 v. Chr. werden die auf Schildkrötenpanzer und Knochen geritzten Symbole datiert, die als „Jiahu-Schrift" bekannt sind (2). Im Mittelmeerraum nahm die Schrift am Ende des vierten Jahrtausends v. Chr. bei den Sumerern im südlichen Mesopotamien ihren Ausgang. Babylonische Schreiber fertigten ab der altbabylonischen Zeit (im 3. vorchristlichen Jahrtausend) akkadische Übersetzungen zu literarischen sumerischen Texten an.[2]
Aus den Kulturen außerhalb Europas bzw. des Mittelmeerraumes ist über das Übersetzen nur wenig bekannt. Übersetzungen müssen bei der Verbreitung des Buddhismus in Süd-, Zentral- und Ostasien ab dem 3. Jahrhundert v. Chr. eine Rolle gespielt haben. Gesicherte Erkenntnisse über Übersetzungen beispielsweise aus dem indischen Pali ins Han-Chinesische gibt es erst aus dem 3. Jahrhundert n. Chr. (3).

Bibelübersetzungen

Zu gewissen Zeiten kam es zwischen bestimmten Sprachen gehäuft zu Übersetzungen. Solche Konzentrationen machen es heute möglich nachzuvollziehen, wann, von wo und nach wo in der Vergangenheit Wissensströme flossen. Zum Beispiel entstand 247 v. Chr. eine erste Übersetzung der Bibel aus dem Hebräischen ins Griechische, die sog. „Septuaginta". Diesem Namen (lat. *septuaginta = siebzig*) liegt die Legende zugrunde, dass die Übersetzung von 72 Übersetzern in 72 Tagen angefertigt worden sein soll (4). Der *Septuaginta* verdanken wir übrigens die „Jungfrauengeburt": das hebräische Wort *alma*, „junge Frau", wurde dort mit dem griechischen *παρθένος*, „Jungfrau", wiedergegeben.
Berühmt ist der Stein von Rosetta (arab. Raschid, eine Hafenstadt in Ägypten). Es handelt sich um eine Stele mit einem in drei Sprachen (demotisches und hieroglyphisches Ägyptisch sowie Griechisch) eingemeißelten Dekret der Priester von Memphis zu Ehren des Ptolemaios von Epiphanes. Der etwa 196 v. Chr. entstandene Stein trug maßgeblich zur Entschlüsselung der Hieroglyphen bei (5).
Die vom Schutzheiligen der Übersetzer, Hieronymus (331–420 n. Chr.), im Auftrag des Papstes Damasus erstellte lateinische Übersetzung des Neuen Testaments aus dem Griechischen und des Alten Testaments aus dem Hebräischen, die sog. „Vulgata", war Jahrhunderte lang die offizielle Bibel der katholischen Kirche. Wie der Septuaginta die „Jungfrauengeburt" so verdanken wir der Vulgata den „gehörnten Moses", wie etwa Michelangelo ihn in der Skulptur (Basilika San Pietro in Vincoli) darstellt. Das hebräi-

sche *qāran* wird in der Vulgata mit dem lateinischen *cornuta*, „gehörnt“, anstatt *coronata*, „strahlend“, übersetzt.
Bibelübersetzungen in die Volkssprachen, welche die Vulgata verdrängt hatte, lebten erst in der Folge von Luthers Übersetzung ins Deutsche wieder auf (6).
In der Antike war Rom ein Zentrum der Übersetzungstätigkeit; hier wurde vor allem griechische Literatur ins Lateinische übertragen. In diesem Kontext entstanden auch theoretische Schriften über Literatur und Redekunst, die sich mit der noch Jahrhunderte später aktuellen Debatte über „wortgetreues“ oder „freies“ Übersetzen beschäftigen.[3] Auch Luther nahm in seinem *Sendbrief vom Dolmetschen* 1530 an dieser Auseinandersetzung teil (siehe unten).
Im 9. und 10. Jahrhundert wurden in Bagdad am „Haus der Weisheit“ wissenschaftliche Werke aus dem Griechischen ins Arabische übersetzt, die beginnend im 12. Jahrhundert über das arabische Spanien („Schule von Toledo“) in lateinischen und später auch spanischen Übersetzungen ihren Weg zurück nach Europa nahmen. Am „Haus der Weisheit“ wurde unter Leitung des Christen *Abū Zayd Hunayn ibn Ishāq al-'Ibādī* eine Technik des konzeptionellen anstelle des wörtlichen Übersetzens entwickelt (7).
Neuen Schub erhielt die Übersetzertätigkeit durch das in der Renaissance einsetzende Interesse an der Antike, die Erfindung der Buchdruckerei sowie die in der Folge der Reformation entstehenden Bibelübersetzungen in die Volkssprachen.
Die Literatur in den europäischen Nationalsprachen hat mit Übersetzungen aus dem Lateinischen und Griechischen begonnen. Zunächst handelte es sich bei diesen um Glossen und Interlinearversionen. Der westgotische Bischof Wulfila übersetzte in der zweiten Hälfte des 4. Jahrhunderts die Bibel aus dem Griechischen ins Gotische und musste zu diesem Zweck eigene Schriftzeichen erfinden, für die er auch auf germanische Runen zurückgriff (8).
Nicht nur für die Entwicklung einer deutschen Einheitsschriftsprache folgenreich war die Bibelübersetzung Martin Luthers, der in seinem *Sendbrief vom Dolmetschen* auch einen gewissermaßen theoretischen Überbau zu seiner Praxis mitlieferte. Der Finne Mikael Olavinpoika, der sich später Agricola nannte und 1539 in Wittenberg (bei Melanchthon und Bugenhagen, vielleicht sogar bei Luther selbst) sein Studium mit dem Magistergrad abgeschlossen hatte, begründete – unter anderem auch durch seine an Luther orientierte Übersetzung des Neuen Testaments – die finnische Schriftsprache (9).
Seit der Klassik und Romantik gilt Deutschland als klassisches Übersetzerland. Die Idee einer „Weltliteratur“ entstand parallel zum Begriff der Nationalliteratur und wurde 1802 zum ersten Mal von August Wilhelm Schlegel in seinen *Vorlesungen über schöne Literatur und Kunst*[4] verwendet. Bekannt und über die Grenzen des deutschen Sprachraums hinaus wirksam wurde der Begriff durch Goethe (10). In seinem Gespräch mit Eckermann vom 31. Januar 1827 erklärt er:

> *National-Literatur will jetzt nicht viel sagen, die Epoche der Welt-Literatur ist an der Zeit, und jeder muss jetzt dazu wirken, diese Epoche zu beschleunigen.*[5]

Auch eine quasi theoretische Auseinandersetzung mit dem Übersetzen findet bei Goethe statt (siehe unten).
Während des Mittelalters tauschten sich Staaten, Wissenschaftler und Theologen im nicht-byzantinischen und später nicht-türkischen Europa in Latein aus. Bei Kontakt

mit Menschen aus dem Vorderen Orient (z.B. während der Kreuzzüge oder in den Türkenkriegen) bediente man sich eingeborener Sprachkundiger, der sog. „Dragomanen", die, etwa als Juden oder andalusische Christen, nicht selten religiösen Minderheiten angehörten (11). Da die Dragomanen jedoch als unzuverlässig galten, begannen die europäischen Staaten im 18. Jahrhundert ihre eigene Dolmetscherausbildung. In Frankreich war von Colbert schon 1670 eine Schule gegründet worden, in der „armenische Knaben" (unter ihnen waren auch Griechen, Syrer und Araber) eine gründliche französische Ausbildung und zugleich Unterricht in Italienisch, Türkisch, vermutlich auch etwas Arabisch erhielten (12). Das Unternehmen scheiterte daran, dass die Absolventen nach der Rückkehr in den Orient sich ihren Herkunftskulturen enger verpflichtet fühlten als Frankreich. Man ging daraufhin den anderen Weg. In der 1721 gegründeten *École des jeunes de langue* wurden Jungen ab einem Alter von acht Jahren trainiert. Sie erhielten eine gründliche Allgemeinbildung, wozu auch Latein zählte, und Sprachunterricht in Türkisch und Arabisch. Acht Jahre nach ihrem Eintritt wurden sie zur weiteren Ausbildung nach Istanbul an die französische Gesandtschaft geschickt, um ihre Kenntnisse zu vertiefen. Die *École des jeunes de langue* ging nach der Französischen Revolution in die *École des langues orientales vivantes* über.
1754 rief Österreich seine *Orientalische Akademie* ins Leben (13).

Dolmetscherschulen

Die Industrialisierung und der intensivierte Welthandel führten im 19. Jahrhundert zur Einrichtung von wirtschafts- und handelsorientierten Dolmetscherschulen. Auch in Deutschland wurde 1887 die Ausbildung von Sprachmittlern institutionalisiert, als das *Seminar für orientalische Sprachen* an der Friedrich-Wilhelms-Universität Berlin seinen Lehrbetrieb aufnahm. Geschult wurden in erster Linie Beamte des Auswärtigen und des Reichskolonialamtes, daneben in der Außenwirtschaft Tätige sowie Journalisten. 1889 wurde eine Diplomprüfung eingeführt. Die Zielsprachen waren Türkisch, Persisch und Arabisch. Seit 1897 kamen die chinesischen Sprachen, Farsi, Griechisch, Japanisch, Kisuaheli, Russisch und Spanisch hinzu, bis 1926 Englisch, Französisch, Italienisch, Rumänisch, Portugiesisch, Polnisch, Serbokroatisch und Tschechisch.[6]
Die literarische Übersetzung ist die wohl bekannteste Erscheinungsform des Übersetzens. Obwohl derzeit fast jede vierte Neuerscheinung der schönen Literatur eine Übersetzung ist[7], macht „Literatur" nur einen geringen Anteil des Übersetzungsmarktes aus. Literarische Übersetzungen spielten und spielen eine bedeutende Rolle für den interkulturellen Austausch, das Bild anderer Kulturen in einer bestimmten Sprachgemeinschaft und die Entwicklung nationaler Kultur und Identität. Pragmatische (= Sachtext-) Übersetzungen übertreffen zahlenmäßig die literarischen jedoch um ein Vielfaches. Die zunehmenden weltweiten Wirtschaftsbeziehungen hatten und haben im 20. und 21. Jahrhundert ein explosionsartiges Wachstum von Fach- und Gebrauchstext-Übersetzungen zur Folge. Man denke nur an die Tausende, die als Übersetzer oder Dolmetscher, fest angestellt oder freiberuflich, für die EU tätig sind und täglich Zigtausend Textseiten produzieren.[8]
Im deutschen Sprachraum war der Oberbegriff für Übersetzer jahrhundertelang „Dolmetscher" (vom Ungarischen *tolmács*, dieses aus dem Türkischen *dilmaç*). Wenn Luther

in seinem *Sendbrief* also vom „Dolmetschen“ schreibt, dann meint er für uns Heutige „Übersetzen“.

Nach 1945 unterscheidet man das **Übersetzen** als

> *optisch-grafische Translation eines fixierten und permanent dargebotenen Textes einer Ausgangssprache in einen jederzeit kontrollierbaren und korrigierbaren Text einer bestimmten Zielsprache*

vom **Dolmetschen** als

> *akustisch-phonetische Translation eines nur einmal dargebotenen Textes einer Ausgangssprache in einen … nur bedingt kontrollierbaren und kaum korrigierbaren Text einer bestimmten Zielsprache.*[9]

Da Beruf und Bezeichnung „Dolmetscher“ oder „Übersetzer“ (außer „Diplom-Übersetzer/Diplom-Dolmetscher“, „Staatlich geprüfter Übersetzer/Dolmetscher“, „Geprüfter Übersetzer/Geprüfter Dolmetscher“) nicht geschützt sind, kann jeder, der sich dazu berufen fühlt, die Tätigkeit eines Sprachmittlers ausüben; das ist rechtlich zulässig. Während das Übersetzen von Fach- und Gebrauchstexten („pragmatisches“ Übersetzen) durchaus in einschlägigen Studiengängen angeboten wird, wird literarisches Übersetzen mit Ausnahme der Universität Düsseldorf[10] nicht als Hauptfach gelehrt. Universitäre Hauptfach-Studiengänge für pragmatisches Übersetzen gibt es in Germersheim (Universität Mainz), Heidelberg und Saarbrücken. Sie führen zum Abschluss eines „akademisch geprüften Übersetzers“; an Fachakademien kann der Titel eines „staatlich geprüften Übersetzers“ erworben werden. Zurzeit befindet sich die Übersetzer-Ausbildung aufgrund des Bologna-Prozesses im Umbruch.

Theoretisches

Die Übersetzungswissenschaft, heute auch Translatologie genannt, ist relativ jung. Sie „beginnt“ nach dem Ende des Zweiten Weltkriegs. An ihrer Entwicklung beteiligt waren und sind Vertreter der traditionellen Linguistik, Pragmatik, Sozio- und Psycholinguistik sowie der Kommunikationswissenschaft. Die Translatologie bezeichnet ihr Erkenntnisobjekt, das Übersetzen bzw. Dolmetschen, auch als „translatorisches Handeln“. Den zuvor gebräuchlichen Terminus „Sprachmittlung“ verdrängte Ende der 1960er, Anfang der 1970er Jahre der Begriff „Translation“. „Translatorisches Handeln“ wird als komplexer kommunikativer (auch psychologischer) Vorgang verstanden. Die Beschreibung dieses Vorgangs bereitet Probleme, da sehr viele voneinander abhängige und aufeinander einwirkende Faktoren an ihm beteiligt sind. Weitgehend Einigkeit herrscht über die Kompetenzbereiche des Übersetzers (Translators).[11]

In einem 1998 vom *Bundesverband der Dolmetscher und Übersetzer (BDÜ)* herausgegebenen Memorandum[12] sind als Gegenstände der Übersetzungswissenschaft aufgezählt:

1. *die Analyse von Kommunikationsprozessen und der sie beeinflussenden Faktoren,*
2. *die Verbesserung des Verständnisses der speziell beim Übersetzen und Dolmetschen ablaufenden Prozesse,*
3. *die Schulung der Fähigkeit, die eigene Übersetzungs- bzw. Dolmetschtätigkeit methodisch zu reflektieren und durch eine Recherche zu optimieren,*

4. die Entwicklung von Kriterien zur Beurteilung der Qualität von Übersetzungs- bzw. Dolmetschleistungen,

5. die Forschung im Bereich der Didaktik des Dolmetschens und Übersetzens.

Wichtige Beiträge zur Translatologie geleistet haben unter anderen Wolfgang Ulrich Dressler, Fritz Paepcke, Katharina Reiss, Wolfram Wilss. Letzterer hat kritisiert, dass

> *die Übersetzungswissenschaft in ihrem Elfenbeinturm [...] sitzt und sich für die Übersetzungspraxis weitgehend folgenlose theoretische oder gar metatheoretische Argumentationskontexte ausdenkt.*[13]

Als besonders theorieresistent erweist sich das literarische Übersetzen. Das hängt vermutlich damit zusammen, dass Literaturübersetzer ihre Arbeit als einen subjektiv-kreativen Prozess sehen, der sich wissenschaftlichem Kategorisieren entzieht.

> *Übersetzte Bücher haben grundsätzlich zwei Autoren. Literaturübersetzer sind [...] Mit- oder Zweitautoren der von ihnen übersetzten Bücher.*[14]

In der Tat waren und sind literarische Übersetzer nicht selten selbst Schriftsteller (Goethe oder Tieck, in unserer Zeit Hans Magnus Enzensberger, Harry Rowohlt, Arno Schmidt, um nur wenige zu nennen). Im Sinne von Goethe (s.u.) verstehen sie unter Übersetzen eine Abfolge (unter Umständen auch ein Gleichzeitiges) von individuell-subjektiver Aneignung des Fremden und von „schöpferischer" Reproduktion. Derartiges entzieht sich per se einer wissenschaftlich-theoretischen Verallgemeinerung.

So beschreibt das Institut für Englische Philologie der Ludwig-Maximilians-Universität München einen Aufbaustudiengang („Voraussetzung ein abgeschlossenes Hochschulstudium – in der Regel Anglistik/Amerikanistik – und sehr gute Englischkenntnisse") Literarisches Übersetzen folgendermaßen:

> *In zwei Semestern werden Sie mit den Grundlagen der Literaturübersetzung vertraut gemacht. Der Schwerpunkt liegt auf der Praxis: In Übersetzerworkshops werden Erzähltexte von James Joyce bis Rosamunde Pilcher übersetzt, aber auch Sprechtexte und nicht-fiktionale Texte. Daneben werden Kurse zur Hilfsmittelkunde, zur Textanalyse, zur kontrastiven Linguistik und zur Berufskunde angeboten. Auch die wissenschaftliche Auseinandersetzung mit Übersetzungstheorie und Übersetzungskritik kommt nicht zu kurz.*[15]

An der Universität Tübingen startete die *Robert Bosch Stiftung* im Sommersemester 2009 ein Pilotprojekt zum literarischen Übersetzen:

> *Jedes Semester kommen namhafte Übersetzer aus den slavischen und ostasiatischen Sprachen jeweils für einen Monat als „Translator in Residence", um Lehrveranstaltungen zum literarischen Übersetzen anzubieten. Sie vertreten dabei im Tandem beide Übersetzungsrichtungen einer Sprachkombination. Das Modul „Literarisches Übersetzen" richtet sich an Studierende der Neuphilologie, der Kulturwissenschaften und anderer Fakultäten. Veranstaltungen mit Autoren und Übersetzern sollen auch die breite Öffentlichkeit ansprechen. Langfristig sollen die Übersetzungsmodule in einen internationalen Studiengang eingebunden werden.*[16]

Praktisches

Luther: „recht und gut verdeutschen“

Sich gegen (vorgebliche oder tatsächliche) beckmesserische Angriffe verteidigend stellt Luther im *Sendbrief vom Dolmetschen*[17] am Beispiel einer Textstelle[18] die Prinzipien dar, die ihn bei der Übersetzung des Neuen Testaments geleitet haben:

Als übergeordnetes Ziel erklärt Luther, er habe das Neue Testament

> *recht und gut verdeutschen wollen, [...] nach [...] bestem Vermögen, und in (Verantwortung vor) meinem Gewissen.*

Also habe er sich

> *beim Übersetzen beflissen, dass ich reines und klares Deutsch geben möchte –*

was jedoch nicht immer einfach war,

> *denn die lateinischen Buchstaben hindern über alle Maßen, sehr gutes Deutsch zu reden.*

Wichtig sei es daher gewesen, im *Gesagten* das *Gemeinte* zu erkennen[19], um es sodann nicht nur sprach*richtig*, sondern auch sprach*üblich* wiederzugeben:

> *Ex abundantia cordis os loquitur: wenn ich den Eseln folgen soll, die werden mir die Buchstaben vorlegen, und so übersetzen: „Aus dem Überfluss des Herzens redet der Mund“ [...] Welcher Deutsche verstehet so etwas? [...] Denn „Überfluss des Herzens“ ist kein Deutsch [...] sondern so redet die Mutter im Haus und der Mann auf der Straße: „Wes das Herz voll ist, des gehet der Mund über.“*

Allerdings kann die Frage nach der Sprachüblichkeit *(Welcher Deutsche redet so?)* nicht in allen Fällen den Ausschlag geben. Wo es Luther notwendig erscheint, es ihm *auf eine Stelle ankommt,*

> *habe ich umgekehrt die Buchstaben nicht allzu frei fahren lassen, sondern mit großer Sorgfalt samt meinen Gehilfen darauf geachtet. Wo es etwa auf eine Stelle ankommt, habe ichs nach den Buchstaben behalten, und bin nicht so frei davongegangen, wie z. B. Joh. 6,27, da Christus spricht: „Diesen hat Gott der Vater versiegelt.“ Da wäre wohl besseres Deutsch gewesen: „Diesen hat Gott der Vater gezeichnet“, oder: „Diesen meinet Gott der Vater.“ Aber ich habe eher der deutschen Sprache Abbruch tun wollen, als von dem Wort weichen.*

Es gibt mithin kein Entweder-oder in der Frage nach „wörtlichem“ oder „sinngemäßem“ Übersetzen. Ob so oder so verfahren wird, ergibt sich im Einzelfall aus der Analyse, im obigen Beispiel aus der Abwägung zwischen zielsprachlicher Üblichkeit und notwendiger Wortgetreue gegenüber dem Ausgangstext. Luther lässt allerdings offen, inwiefern es *auf eine Stelle ankommt.*

Neben die im engeren Sinne „linguistische“ Beherrschung von Ausgangs- und Zielsprache *(der Sprache Art)* stellt Luther die pragmatische Analyse des Kontextes im Blick auf die vom Sprecher/Schreiber beabsichtigte Wirkung *(Text und ... Absicht)*:

> *Aber nun habe ich nicht allein der Sprache Art vertrauet und gefolgt, dass ich Römer 3,28 „solum“ („allein“) hinzugesetzt habe; sondern der Text und die Absicht des Paulus fordern und erzwingens mit Gewalt. Denn er behandelt ja daselbst das Hauptstück christlicher Lehre, nämlich dass wir durch den Glauben an Christus, ohne alle Werke des Gesetzes, gerecht werden, und schneidet alle Werke so ganz ab, dass er auch sagt: des Gesetzes (das doch Gottes Gesetz und Wort ist) Werke helfen nicht zur Gerechtigkeit, und setzt zum*

Exempel Abraham, dass derselbe so ganz ohne Werke gerecht geworden sei […] Wo man aber alle Werke so ganz abschneidet, da muss ja die Meinung sein, dass allein der Glaube gerecht mache.

Abschließend fordert er eine über die linguistische hinausgehende umfassend allgemeine Kompetenz des Übersetzers:

So will ich mich auch wider diese meine Esel rühmen. Sie sind Doktoren? Ich auch. Sie sind gelehrt? Ich auch. Sie sind Prediger? Ich auch. […] Ich will weiter rühmen: Ich kann Psalmen und Propheten auslegen; das können sie nicht. Ich kann übersetzen; das können sie nicht. Ich kann die heilige Schrift lesen; das können sie nicht […].

Die Übersetzung rechtfertigt bzw. autorisiert sich somit aus der Kompetenz des Übersetzers in der Ausgangssprache, in der Zielsprache, in der (pragmatischen) Analyse sowie in der Sache. Sie befähigt ihn zur „übersetzungsrelevanten Textanalyse“[20] und zur Produktion eines „funktional äquivalenten Textes in der Zielsprache“[21]. Ausgestattet mit diesen Fähigkeiten kann der Übersetzer Luther seinen Text, die Bibel, „recht und gut verdeutschen“.

Goethe: „das eingedeutschte Fremde“

In den *Noten und Abhandlungen zum Westöstlichen Divan*[22] stellt Goethe „dreierlei Arten Übersetzung“ vor, wobei die Unterscheidung zwischen Übersetzungs*art* und Übersetzungs*epoche* unscharf bleibt:

Die erste macht uns in unserm eigenen Sinne mit dem Ausland bekannt; eine schlicht-prosaische ist hierzu die beste. Denn indem die Prosa alle Eigentümlichkeiten einer jeden Dichtkunst völlig aufhebt […] so leistet sie für den Anfang den größten Dienst, weil sie uns mit dem fremden Vortrefflichen mitten in unserer nationellen Häuslichkeit, in unserem gemeinen Leben überrascht und […] wahrhaft erbaut. Eine solche Wirkung wird Luthers Bibelübersetzung jederzeit hervorbringen […].

Eine zweite Epoche folgt hierauf, wo man sich in die Zustände des Auslandes zwar zu versetzen, aber eigentlich nur fremden Sinn sich anzueignen und mit eigenem Sinne wieder darzustellen bemüht ist. Solche Zeit möchte ich im reinsten Wortverstande die parodistische *nennen […].*

Weil man aber weder im Vollkommenen noch Unvollkommenen lange verharren kann, sondern eine Umwandlung nach der anderen immerhin erfolgen muß, so erlebten wir den dritten Zeitraum, welcher der höchste und letzte zu nennen ist, […] wo man die Übersetzung dem Original identisch machen möchte, so dass eins nicht anstatt des andern, sondern an der Stelle des andern gelten solle. […] Diese Art erlitt anfangs den größten Widerstand; denn der Übersetzer, der sich fest an sein Original anschließt, gibt mehr oder weniger die Originalität seiner Nation auf, und so entsteht ein Drittes …

Für die Texte, die Goethe im Blick hat, sind *Eigentümlichkeiten der Dichtkunst* konstituierend; es handelt sich vereinfacht gesprochen um Texte in gebundener Sprache.

Das Übersetzen solcher Texte zielt in der dritten, der *höchsten und letzten*, also Goethes „Epoche“ auf Aneignung: Übersetzen ist ein Prozess, an dessen Ende Teilhabe steht: *[…] Ariost und Tasso, Shakespeare und Calderon als eingedeutschte Fremde*: nicht Ersatz *(anstatt des andern)*, sondern sozusagen ein anderes Original in der Zielsprache *(an der Stelle des andern)*.[23]

Unübersetzbar? Ein „Fall“-Beispiel

In seinem Beitrag zum Sammelband *The Making of ... Genie: Wittgenstein und Mozart*[24] schildert der finnische Entertainer und Autor M. A. Numminen, wie er sich in „nahezu vierzigjähriger Suche“ um die „richtige“ Übertragung des ersten Satzes von Ludwig Wittgensteins *Tractatus Logico-philosophicus* bemüht hat[25]. Der Satz lautet: *Die Welt ist alles, was der Fall ist.* (Dem deutschen Übersetzer des finnischen Originals stellte sich die „Aufgabe“, dem des Finnischen nicht mächtigen Leser vor Augen zu führen, dass und inwiefern für einen Finnen ein deutscher Schlüsselbegriff „unübersetzbar“ sein soll.) Numminen:

> *Als ich 1970 den ersten Satz des Tractatus in der finnischen Übersetzung des Philosophen Heikki Nyman sah, tat ich das mit gemischten Gefühlen: So hat Wittgenstein das nicht gesagt! Heikki Nyman hat den „Fall“-Satz nämlich folgendermaßen übersetzt: „Maailmaa on kaikki, mikä on niin kuin se on“ (wörtlich „Die Welt ist alles, was so ist wie es ist“). Mit ganz besonders viel gutem Willen ließe sich der intendierte Sinn des Wortes „Fall“ auf Finnisch so denken. Ich selbst habe 1989 [...] die finnische Übersetzung erstellt, und zwar wie folgt: „Maailmaa on kaikki, mitä se tapauksittain on“ (wörtlich: „Die Welt ist alles, was sie fallweise ist“). „Tapaus“ ist das finnische Wort für „Fall“ (jedoch enthält „tapaus“ nicht alle Konnotationen des deutschen Begriffs). Und doch blieb da ein Unbehagen [...] Die Übersetzung war nicht gut genug. In der französischen Fassung, die ich gelesen hatte, lautet der Satz so: „Le monde est tout ce qui arrive“. Das klang vertrauter. Dann, gegen Ende der 1990er Jahre, fiel mir die italienische Übersetzung des Tractatus in die Hände. Hier lautet der erste Satz: „Il mondo è tutto ciò che accade.“ Heureka! Das italienische Verb „accadere“ bedeutet „geschehen, sich ereignen“, „jemandem zustoßen, zufallen“. Eine nahezu vierzigjährige Suche war beendet. Endlich konnte ich den Satz „Die Welt ist alles, was der Fall ist“ ins Finnische übersetzen, und zwar so: „Maailmaa on kaikkea, mikä tapahtuu“ (wörtlich: „Die Welt ist alles, was sich ereignet“ – einschließlich der o.g. Konnotationen). [...] Näher nämlich kommt die finnische Sprache dem „Fall“-Gedanken nicht.*

Es lässt sich darüber streiten, ob Numminen mit seinem abschließenden Versuch tatsächlich ins Schwarze getroffen hat. Man sieht jedoch an dem Beispiel, wie Sprachen sich zur Codierung komplexer semantischer Konzepte unterschiedlicher lexikalisch-syntaktischer Mittel bedienen – hier eine Nominalphrase („alles, was *der Fall* ist“), dort eine Verbalphrase („tout ce qui *arrive*“ / „tutto ciò che *accade*“ / „kaikkea, mikä *tapahtuu*“). „Unübersetzbarkeit“ ergibt sich aus dieser Tatsache nicht – lediglich die Notwendigkeit zur „übersetzungsrelevanten Textanalyse“ (s. Anm. 17).

Umberto Eco setzt sich in seinem Buch *Dire quasi la stessa cosa*[26] ausführlich und lesenswert mit der Tatsache (d.h. dem Übersetzungsproblem) auseinander, dass Sprachen nie deckungsgleich sind. „Übersetzungsrelevante Textanalyse“ ist für Eco „Verhandeln“: Der Übersetzer müsse mit dem Originaltext und nach Möglichkeit mit dessen Autor das Ergebnis in der Zielsprache „verhandeln“ oder „aushandeln“.

Übersetzungskritik

Geschrieben steht: „Im Anfang war das Wort!"
Hier stock' ich schon! Wer hilft mir weiter fort?
Ich kann das Wort so hoch unmöglich schätzen,
Ich muss es anders übersetzen,
Wenn ich vom Geiste recht erleuchtet bin.
Geschrieben steht: Im Anfang war der Sinn.
Bedenke wohl die erste Zeile,
Dass deine Feder sich nicht übereile!
Ist es der Sinn, der alles wirkt und schafft?
Es sollte stehn: Im Anfang war die Kraft!
Doch, auch indem ich dieses niederschreibe,
Schon warnt mich was, dass ich dabei nicht bleibe.
Mir hilft der Geist! Auf einmal seh' ich Rat
Und schreib' getrost: Im Anfang war die Tat![27]

Was Faust/Goethe hier kritisch betrachten, hat ein lange Tradition: Es geht um die Frage, wie der Begriff „Logos" im Prolog des Johannesevangeliums zu übersetzen sei. Der Prolog beginnt im griechischen Original mit den Worten:

Ἐν ἀρχῇ ἦν ὁ λόγος, καὶ ὁ λόγος ἦν
πρὸς τὸν θεόν, καὶ θεὸς ἦν ὁ λόγος.

(Am Anfang war *der Logos*, und *der Logos* war bei Gott und Gott war *der Logos*.)
Aus „logos" wurde in der Vulgata ein „verbum" *(In Principio erat Verbum)*, Luther schloss sich dem auf Deutsch an und übersetzte „Am Anfang war das Wort."
Die Zürcher Bibel von 2007 gibt die Stelle so wieder:

Im Anfang war das Wort, der Logos, und der Logos war bei Gott, und von Gottes Wesen war der Logos.[28]

Die Elberfelder Bibel[29], die als wortgenaueste Bibel in deutscher Sprache gilt, bleibt wie die meisten jüngeren Übersetzungen bei „Wort".
Historisch ist Übersetzungskritik Teil der Exegese, der Auslegung/Interpretation heiliger Schriften wie des Talmuds, des Alten und Neuen Testaments oder des Korans. Es geht dabei nicht um Übertragung von einer in eine andere Sprache im Sinne von Ausgangs- und Zielsprache. Es geht um *ἐξήγησις*, „Herausführung" des Gemeinten aus dem Gesagten[30].
„Übersetzungskritik" als Teil der Translationswissenschaft strebt danach, „objektive" Bewertungskriterien für das Ergebnis eines Übersetzungsprozesses zu finden, messbar zu machen, ob/in welchem Maße der Zieltext die Forderung nach „funktionaler Äquivalenz" (s. Anm. 18) erfüllt.
In der Praxis haben wir es bei der literarischen „Übersetzungskritik" mit dem zu tun, was das Feuilleton anbietet, sollte es bei der Besprechung einer (literarischen) Neuerscheinung einen Blick auf die Qualität der Übersetzung werfen; was ja nicht unbedingt

immer der Fall ist. Auch hier werden Bewertungskriterien angelegt, und am Ende wird bilanziert: Handelt es sich um einen „funktional äquivalenten" Text? Ein Beispiel[31]:

> *„Kongenial" tönt es derzeit in den Medien oft in Verbindung mit Ulrich Blumenbachs Übersetzung von David Foster Wallace' „Infinite Jest". Das ist allerdings etwas zu hoch gegriffen. Zwar hat er in seinen sechs Jahren Arbeit eine beeindruckend erschöpfende Recherche der zahllosen Anspielungen und lexikalischen Ausnahmeerscheinungen betrieben [...]. Doch: Es finden sich auch etliche fragwürdige Entscheidungen – die nervigste, weil durchgängigste: Das Speichermedium für Filme heißt im Original „cartdrige" – Reminiszenz an die Steckmodule, mit denen man früher Spielkonsolen fütterte. Daraus wird „Patrone" – als wären Daten eine Flüssigkeit. Und es gibt sinnentstellende Fehler: In einer zentralen Stelle umrundet die Mutter hilflos ihr Kind („lapping") – auf Deutsch verpasst sie ihm Ohrfeigen (wohl von „slapping")! Was diese Figur genau NIE tun würde. Das unverwechselbare Spiel mit Satzbau und Rhythmus bleibt auf der Strecke. Auf Deutsch wirkt der Text ungleich flacher, gewöhnlicher – zugleich aber sperriger, gewollter. Übersetzung und Original verhalten sich eher wie mittlere Hochbegabung und wahres Genie.*

Organisatorisches

Über Ausbildung und Qualifikation, Fortbildung, Berufsbild, Honorierung, Berufsverbände u.a. gibt Sigrid Vagt in der 6. Auflage dieses Handbuchs ausführlich Auskunft[32].
Als zentrale Instanz für die Interessen der literarischen Übersetzer sieht sich der 1954 gegründete *Verband deutschsprachiger Übersetzer literarischer und wissenschaftlicher Werke* (VdÜ, www.literaturuebersetzer.de). Seinerseits ist der VdÜ eingebunden in den 1969 entstandenen *Verband deutscher Schriftsteller* (VS, http://vs.verdi.de), wiederum eine Unterorganisation der Gewerkschaft *ver.di*.
Auf internationaler Ebene ist der VdÜ Mitglied des *Conseil Européen des Associations des Traducteurs Littéraires* (CEATL, www.ceatl.org), des *European Writers' Congress* (EWC, www.european-writers-congress.org) und assoziiertes Mitglied der *Fédération Internationale des Traducteurs* (FIT, www.fit-ift.org).
Unter dem URL www.literaturuebersetzer.de findet man im Menü samt Untermenüs neben einer synchronen und diachronen Selbstdarstellung des VdÜ sowie den Bedingungen für eine Mitgliedschaft ausführliche Informationen zu den Themen Vergütung, Ausbildung, Berufliches und Rechtliches, Veranstaltungskalender, Aktuelles unter dem Titel „Feuilleton", Auskünfte zu Übersetzer-Preisen (unter diesen ein „Hieronymus-Ring") und -Stipendien, Links zu Presse, internationalen einschlägigen Organisationen sowie eine Übersetzerdatenbank.
1964 wurde die Zeitschrift *Der Übersetzer* gegründet; seit 1997 firmiert sie unter dem Titel *Übersetzen* (www.literaturuebersetzer.de/pages/wissenswertes-archiv/uebersetzen.htm).
Der „größte Berufsverband der Dolmetscher und Übersetzer in Deutschland" – so die Eigenwerbung – ist der *Bundesverband der Dolmetscher und Übersetzer* (BDÜ, www.bdue.de). Er ist etwa so alt wie der VdÜ, vertritt die Interessen der Übersetzer pragmatischer Texte und tritt als Ansprechpartner für Handel, Industrie, Politik und Ausbildungs-

wesen auf. Auch der BDÜ bietet auf seinen Internetseiten eine umfangreiche Palette an Informationen und Dienstleistungen an.
Über die internationale Übersetzungstätigkeit berichtet der 1932 ins Leben gerufene *Index translationum.* Die Datenbank unter dem URL www.unesco.org/culture/xtrans/ enthält bibliografische Informationen zu übersetzten Büchern in etwa 100 UNESCO-Mitgliedstaaten seit 1979 und umfasst inzwischen mehr als 1,8 Millionen Datensätze zu Literatur, Sozial-, Geistes-, Naturwissenschaften, Kunst, Geschichte etc. Zwischen 1932 und 1979 publizierte Bücher können in der gedruckten Fassung recherchiert werden. Diese steht in allen nationalen Pflichtexemplar-Bibliotheken zur Verfügung.

Literatur

Zu Stichworten in der Chronologie des Abschnitts „Geschichtliches"

(1) *Entstehung der Sprache:*
- Berger, Ruth: Warum der Mensch spricht: Eine Naturgeschichte der Sprache. Frankfurt: Eichborn 2008
- Liebi, Roger: Ursprung und Entwicklung der Sprachen. Linguistik contra Evolution. 2. Auflage. Holzgerlingen: Hänssler 2003
- Müller, Horst M.: Sprachevolution. Die Entstehung der Sprache. In: Arbeitsbuch Linguistik. Stuttgart: UTB 2002. S. 223 ff.

(2) *Jiahu-Schrift:* Xueqin, L., Harbottle, G., Zhang, J. and Wang, C., 2003: The earliest writing? Sign use in the seventh millennium BC at Jiahu, Henan Province, China. Antiquity 77 (295): 31–45

(3) *Verbreitung des Buddhismus:* Bechert, Heinz: Der Buddhismus I: Der indische Buddhismus und seine Verzweigungen. Stuttgart: Kohlhammer 2000

(4) *Septuaginta:* Tilly, Michael: Einführung in die Septuaginta. Darmstadt: Wiss. Buchgesellschaft 2005

(5) *Stein von Rosetta:* Ray, John: The Rosetta Stone and the rebirth of ancient Egypt. London: Profile Books 2007

(6) *Bibelübersetzung:* Kuschmierz, Monika und Rainer: Handbuch Bibelübersetzungen. R. Brockhaus 2007

(7) *Haus der Weisheit:* Balty-Guesdon, M.-G: Le Bayt Al-Hikma de Baghdad. In: Arabica Revue d'études Arabes, XXXIX 1992. S. 131 ff.

(8) *Wulfila:* Lippold, Adolf: Wulfila in Paulys Realencyclopädie der classischen Altertumswissenschaft IX A. 1961. Sp. 512–531

(9) *Mikael Agricola:* Gummerus, Jaakko: Michael Agricola, der Reformer Finnlands. Helsinki: Luther-Agricola-Gesellschaft 1941

(10) *Weltliteratur:* Birus, Hendrik: Goethes Idee der Weltliteratur. Eine historische Vergegenwärtigung. In: Schmeling, Manfred (Hg.): Weltliteratur heute. Konzepte und Perspektiven. Würzburg: Königshausen & Neumann 1995. S. 5–28

(11) *Dragomanen:* de Testa, Marie und Gautier, Antoine: Drogmans et diplomates européens auprès de la Porte ottomane. éditions ISIS, Istanbul 2003
(12) *Armenische Knaben:* www.culture.hu-berlin.de/diplomatie/index.php?c=heine_full
(13) *Orientalische Akademie:* www.otw.co.at/otw/index.php/g/a/112

Allgemeines und Spezielles zum Thema

› Auroux, Sylvain u.a. (Hg.): History of the Language Sciences/Geschichte der Sprachwissenschaften/Histoire des sciences du langage. An International Handbook on the Evolution of the Study of Language from the Beginnings to the Present/Ein internationales Handbuch zur Entwicklung der Sprachforschung von den Anfängen bis zur Gegenwart. Berlin, New York: de Gruyter 2001
› Beaugrande, Robert-Alain de und Dressler, Wolfgang Ulrich: Einführung in die Textlinguistik. Tübingen: Niemeyer 1981
› Chomsky, Noam: Language and Mind. New York: Harcourt Brace & World 1968 (In deutscher Übersetzung: *Sprache und Geist.* Frankfurt am Main: Suhrkamp 1999)
› Dressler, Wolfgang: Einführung in die Textlinguistik. Tübingen: Niemeyer 1973 (s.o. Beaugrande)
› Eco, Umberto: Quasi dasselbe mit anderen Worten: Über das Übersetzen (aus dem Italienischen von Burkhart Kroeber). München: Hanser 2006
› Fleischmann, Eberhard; Kutz, Wladimir; Schmitt, Peter A.: Translationsdidaktik. Tübingen: Narr 1997
› Kupsch-Losereit, Sigrid: Auswahlbibliographie zum Thema unter www.fask.uni-mainz.de/user/kupsch/biblioUew.html (Stand 1999)
› Kupsch-Losereit, Sigrid: Vom Ausgangstext zum Zieltext. Eine Wegbeschreibung translatorischen Handelns. Berlin: Saxa-Verlag 2008
› Paepcke, Fritz: Im Übersetzen leben. Übersetzen und Textvergleich. Tübingen: Narr 1986
› Reiss, Katharina: Texttyp und Übersetzungsmethode. Der operative Text. 3. Auflage. Tübingen: Julius Groos 1993
› Stähle, Jürgen: Vom Übersetzen zum Simultandolmetschen. Handwerk und Kunst des zweitältesten Gewerbes. Stuttgart: Franz Steiner 2009 (auch zum Thema Ausbildung)
› Übersetzungswissenschaft: *Literaturempfehlungen* unter www.uebersetzungswissenschaft.de/Lit-liste.htm
› Vagt, Sigrid: Übersetzen – Ohne Übersetzungen keine Weltliteratur. In: Uschtrin, Sandra und Küspert, Michael Joe (Hg.): Handbuch für Autorinnen und Autoren. 6. Ausgabe. München: Uschtrin 2005. S. 552–560
› Wilss, Wolfram: Translation and interpreting in the 20th century: Amsterdam: J. Benjamins 1999

> Wotjak, Gerd (Hg.): Quo vadis Translatologie? Ein halbes Jahrhundert universitäre Ausbildung von Dolmetschern und Übersetzern in Leipzig.
Berlin: Frank & Timme 2006

Endnoten

1 Keil, Regina in: TextConText (3) 1989, S. 177–197; desgl. unter www.uebersetzungswissenschaft.de/keil-gewerbe.htm; siehe auch Jürgen Stähle (Literaturverzeichnis)

2 Schipper, Friedrich (Hg.): Zwischen Euphrat und Tigris. Österreichische Forschungen zum Alten Orient. Wiener Offene Orientalistik. Band 3. 2004. S. 26 Dass „bei archäologischen Grabungen ... 4500 Jahre alte, zweisprachig sumerisch-hebräische Vokabellisten auf Steintafeln gefunden" wurden, behauptet www.evb-metropol.ch/de/ges_ueb.php; statt „hebräisch" müsste es wohl „akkadisch" heißen.

3 Ausführlich bei Wilss, Wolfram: Übersetzungsunterricht: eine Einführung. Tübingen: Narr 1996

4 Hg. von Minor, Jacob, Heilbronn, Gebr. Henninger 1884 (Nachdruck 1966)

5 Zitiert nach: http://gutenberg.spiegel.de/?id=5&xid=515&kapitel=80&cHash=3caa6cf7792#gb_found. Weiteres in Weltliteratur. Die Lust am Übersetzen im Jahrhundert Goethes. Marbach 1982 (www.zeit.de/1982/31/Die-Lust-am-Uebersetzen)

6 www.zeno.org/Meyers-1905/A/Seminar+f%C3%BCr+orientalische+Sprachen

7 Börsenverein des Deutschen Buchhandels (Hg.): Buch und Buchhandel in Zahlen 2009. Frankfurt. S. 82

8 http://ec.europa.eu/dgs/translation/whoweare/index_de.htm und http://europa.eu/languages/de/chapter/15

9 Bausch, Karl-Richard in: Lexikon der Germanistischen Linguistik. Tübingen: Niemeyer 1973. S. 612 (nach Otto Kade)

10 Ausführlicher zu diesem Thema: Vagt, Sigrid: Übersetzen – Ohne Übersetzungen keine Weltliteratur. In: Uschtrin, Sandra und Küspert, Michael Joe (Hg.): Handbuch für Autorinnen und Autoren. 6. Ausgabe. München: Uschtrin 2005. S. 552–560

11 s. www.uebersetzungswissenschaft.de

12 Sagawe, Helmuth in: www.uebersetzungswissenschaft.de

13 Wilss, Wolfram: Übersetzungsunterricht (s. Anm. 3). S. 21

14 Kroeber, Burkhart, zitiert von Oliv, Freia in: Die Unsichtbaren (gemeint sind die Übersetzer). Münchner Merkur/Journal vom 12./13. September 2009

15 www.anglistik.uni-muenchen.de/studium_lehre/lituebers/index.html

16 www.bosch-stiftung.de/content/language1/html/21353.asp

17 Zitiert nach: www.payer.de/exegese/exeg04a.htm

[18] Den Ausgang bildet die Begründung dafür, dass er in Römer 3, 28 „allein durch den Glauben“ schreibt, obgleich der lateinische Text lautet „per fidem“ – ohne ein „solum“ oder „sola“.

[19] Paepcke, Fritz: Im Übersetzen leben. Tübingen: Narr 1986. S. 306

[20] Cseho, Tamas in: Germanistische Studien VI. 2007. S. 63

[21] Bausch, Karl-Richard in: Sprachmittlung – Lexikon der Germanistischen Linguistik III. Tübingen 1973. S. 610 ff.

[22] Goethes Werke. Hamburger Ausgabe. Band 2. S. 255 ff.

[23] Mehr hierzu bei Rüdiger, Horst: Goethe und Europa. Berlin, New York: de Gruyter 1990. S. 28 ff.

[24] Numminen, M. A. in: Immler, Nicole L. (Hg.): The making of ... Genie: Wittgenstein & Mozart. Innsbruck, Wien, Bozen: StudienVerlag 2009. S. 147 ff. – aus dem Finnischen von Eike Fuhrmann

[25] Wittgenstein, Ludwig: Tractatus logico-philosophicus. Frankfurt: Suhrkamp 1963

[26] (deutsch von Burkhart Kroeber *Quasi dasselbe mit anderen Worten*), München: Hanser 2006

[27] Faust I, Studierzimmer. In: Goethes Werke. Hamburger Ausgabe. Band 3. S. 44

[28] www.die-bibel.de/online-bibeln/zuercher-bibel/

[29] www.joyma.com/elberfe.htm

[30] Paepcke, Fritz: wie Anm. 19

[31] Willmann, Thomas: Münchener Merkur vom 28. August 2009

[32] Vagt, Sigrid: wie Anm. 10

REGISTER